D1720079

Frei wie eine Möwe möchte ich sein

Die Geschichte einer west-östlichen Liebe

in Zeiten des Kalten Krieges

Bibliografische Information der Deutschen Nationalbibliothek:
Die Deutsche Nationalbibliothek verzeichnet diese Publikation
in der Deutschen Nationalbibliografie: detaillierte bibliografische
Daten sind im Internet über http://dnb.dnb.de abrufbar.

Copyright © 2020 Emma Breuninger.
Herstellung und Verlag
BoD – Books on Demand, Norderstedt
ISBN: 9 783752 609189

Fotos Cover: Emma Breuninger

Für Maxim
In Dankbarbeit

Ich liebe diese Möwen, die Schiffe begleiten,
Schön zu sehen, wie sie in den Lüften sich halten.
Ach, wie gern möcht' ich solch eine Möwe sein.
So frei und fliegen in Wind und Sonnenschein.

Gedanken auf der Fähre von Norderney nach
Norddeich / März 2011

Inhalt

Schiffe haben eine Seele

Schiffe haben eine Persönlichkeit, ja, sie haben eine Seele. Jeder, der einmal auf einem Schiff gefahren ist, wird dies bestätigen können.

Sprachlich gesehen ist „das Schiff" ein Neutrum, auch im Englischen. The ship = it - dennoch ist ein Schiff im Englischen „she" = sie - also weiblich. Man sagt „die Titanic", „die Queen Mary", die „Ivan Franko". Diese Tradition, ein Schiff als weibliches Wesen anzusehen, existiert schon seit langer Zeit. Selbst von Schiffen mit männlichen Namen spricht man von „ihr".

Schiffe werden - wie kleine Kinder - getauft. Schiffe haben einen Taufpaten, eine Taufpatin.

Getauft wurden die Schiffe meist direkt vor dem Stapellauf, d.h. unmittelbar, bevor sie „in das Leben hinausgehen". Diese Tradition hat sich allerdings weitgehend geändert. Heute fahren die Schiffe schon einige Zeit über Meere oder Flüsse und werden erst dann getauft, ähnlich wie wir auch unsere Kinder nicht mehr gleich nach der Geburt, sondern erst nach ein paar Monaten taufen lassen.

Warum sind Schiffe weiblich? Ist für die Seeleute das Meer eine Mätresse und all die Schiffe sind der Seeleute Haut, mit der sie das Meer streicheln?

Ein Schiff kämpft sich - so ganz selbstverständlich - durch Sturm, Wind und Wellen und schützt dabei die ihm anvertrauten Menschen. Aber nicht immer gehorcht es den Befehlen des Kapitäns, tut manchmal einfach, was es will. Kapriziös eben, zickig.

Alle Menschen, die auf einem Schiff fahren, sind im wahrsten Sinne des Wortes „im gleichen Boot" - sie sind eine Schicksalsgemeinschaft. Geschieht dem Schiff etwas draußen auf dem weiten Meer, so wird ihnen allen das gleiche Schicksal zuteil.

Die Menschen auf einem Schiff fühlen sich mit diesem, „ihrem" Schiff verbunden, sie fühlen sich geborgen auf und in diesem Schiff. Im Inneren des Schiffes ist es fast so wie wir es in der Zeit vor unserer Geburt erlebt haben. Wir werden getragen von diesem Schiff, werden ständig irgendwohin transportiert und es schläft sich so herrlich im Inneren eines Schiffes, leicht wiegen uns seine Bewegungen in den Schlaf, einen gesunden Schlaf, fast so wie im mütterlichen Bauch, umgeben vom Fruchtwasser und geschützt und behütet. Selbst im Schutze eines Hafens wiegt sich ein Schiff ständig leicht hin und her. Ist es die unbewusste Erinnerung an eine Zeit, in der wir so gut behütet waren?

Wenn wir „unser" Schiff im Hafen erblicken, freuen wir uns. Wir betreten das Schiff und fühlen uns zu Hause. Das Schiff ist Freund, Kamerad, Schicksalsgefährte. Es wird zu einem Teil von uns.

Schiffe haben eine Seele !

Dies hier ist die Geschichte einer jungen Frau und eines Schiffes, welches zu ihrem Schicksal wurde, die Geschichte eines Schiffes mit einer besonders großen Seele.

Vergangenheit ~ Gegenwart ~ Zukunft

Ein kalter Schauer lief Dorothee über den Rücken, die feinen Härchen an den Armen stellten sich auf, sie bekam eine Gänsehaut. Nein, das konnte sie nicht glauben. Sie saß hier in dem kleinen alten Kino und sah diesen Film. Nicht alle Worte waren ihr verständlich, nur den ungefähren Inhalt konnte sie nachvollziehen. Ihre Kenntnisse der russischen Sprache waren längst nicht mehr das, was sie früher einmal waren. Man vergisst doch so schnell. Aber sie verstand, dass dies ein bedeutender Moment in ihrem Leben war. Sie saß hier in diesem Kino und sah jetzt gerade diese Szene des Filmes. Sie spürte es ganz deutlich: Sie saß hier am Ort ihrer Vergangenheit, es war Gegenwart und sie sah ihre Zukunft auf der Leinwand. Es gibt sie, diese Momente im Leben, die man niemals vergisst, Momente von denen man weiß, dass sie die Weichen stellen für die Zukunft. Sie verstand, dass dies jetzt und hier solch ein Moment war.

Der Film nannte sich „Портрет с дождем" - Portrait mit Regen. Er handelte von einem Seemann, der nach Hause zurückkehrt und den Kindern einer Freundin von seinen Erlebnissen erzählt. So erklärt er den Kindern, dass er im fernen Mexiko gewesen war. Plötzlich hält er einen kleinen so genannten Aztekenkalender in der Hand und beschreibt ihn genau, seine Funktionen und dass es genau genommen gar kein Kalender ist, sondern ein Stein zur Erinnerung an die Entstehung der Fünften Sonne, gemäß der Weltanschauung der Völker Mittelamerikas, bevor die Spanier sie eroberten und ihre Kulturen zerstört wurden.

Nur wenige Monate zuvor hatte Dorothee beschlossen, nach Mexiko auszuwandern. Ja, auswandern, nicht nur einfach mal für eine Zeit dorthin gehen und dort leben. Nein, auswandern, weg aus diesem Europa, diesem geteilten Kontinent, weg aus Deutschland, dem geteilten Land. Und sie wusste auch schon ziemlich genau, dass sie diesen Plan im Herbst des darauf folgenden Jahres verwirklichen würde.

Das Kino war ein kleines Gebäude in einer Wohnsiedlung eines Stadtteiles im Nordwesten Moskaus. Moskau, die Hauptstadt des größten Landes unseres Planeten, der Union der Sozialistischen Sowjetrepubliken, der UdSSR oder auch einfach Sowjetunion genannt. Fälschlicherweise oft einfach als Russland bezeichnet, obwohl diese Union aus 15 Republiken bestand, in denen so viele verschiedene Völker lebten.

Moskau war Dorothees Geburtsstadt. Hier wurde sie geboren, an einem kalten Wintertag im Jahr 1953. Charlotte, ihre Mutter, erzählte später immer wieder, dass die Temperatur an jenem Montag bei 36 Grad unter Null lag.

Hier in dieser Siedlung hatte sie ihre ersten Schritte getan. Das heutige Kino diente zu jener Zeit als Klubhaus für die Spezialisten, jene deutschen Wissenschaftler, Ingenieure, Techniker, die mit ihren Familien hier interniert waren, um nach dem verlorenen Krieg Reparationsarbeiten zu leisten. Im Klubhaus fand das kulturelle und gesellschaftliche Leben der Spezialisten-Familien statt. Theateraufführungen, Vorträge, Kinderfeste, Sommerfeste, Weihnachtsfeiern im deutschen Stil.

Rechts daneben stand das Magazin, ein kleiner Laden, in dem man die nötigsten Sachen einkaufen konnte, links stand die Grundschule, in der die Spezialistenkinder von einer deutschsprachigen Lehrerin unterrichtet wurden. Diese Lehrerin war jung und sehr schön, weshalb die Väter allesamt von ihr begeistert waren. Aber auch die kleinen Schüler liebten diese Frau, die mit Leib und Seele Unterricht gab und nur das Beste für ihre Schüler wollte, obwohl es doch die Kinder der Feinde waren.

Sie waren die einzigen Personen in jener Nachmittagsvorstellung, sie - Dorothee - und ihr Vater Hartmut Broningen. Es war Juli 1980 und gerade fanden die XXII. Olympischen Sommerspiele in Moskau statt. Hartmut war der Meinung, dass trotz des Boykotts vieler westlicher Staaten dennoch genügend Touristen in Moskau sein würden, so dass nicht alle ständig von den Behörden beobachtet werden könnten. Man könne sich sicher etwas freier als sonst in dieser Stadt bewegen. Das war einer der Gründe, warum sie diese Reise gerade jetzt unternommen hatten. Hofften sie doch auf die Möglichkeit, die Stätten der Vergangenheit ungestört besuchen zu können.

Schon letzte Woche waren sie hier gewesen, waren zuerst um das Gebäude des heutigen Kinos herum gegangen. An jenem Tag lief hier ein Kinderfilm und viele Kinder kamen aus dem Gebäude. Hartmut und Dorothee wagten es und gingen hinein. Und schon standen sie im Foyer. Niemand war mehr weit und breit zu sehen, und so wagten sie sogar, die Tür zum Kinosaal zu öffnen. Drin war eine große, blonde, etwas korpulente typische Russin, die sie erstaunt ansah und sofort in dem so typisch unfreundlichen Ton jener Zeit loslegte: „Что вы хотите? - Was möchten Sie?" Doch dem Ton nach könnte man dies auch mit „Was fällt Ihnen ein, hier einfach so einzudringen?" übersetzen.

Hartmut stotterte los: „Wir haben hier vor 25 Jahren gelebt. Dies hier war unser Klubhaus." Der Gesichtsausdruck der Russin veränderte sich sofort. Offensichtlich wusste sie Bescheid, wer die beiden Eindringlinge waren. Möglicherweise hatte sie damals auch schon hier gelebt, als junges Mädchen und, wer weiß, eventuell arbeitete sie sogar als Verkäuferin in jenem „Magazin", dem einzigen Einkaufsladen in der abgesperrten Spezialisten-Siedlung, in der die Deutschen leben mussten. Sie erwähnte, dass dieses baufällige, inzwischen geschlossene Gebäude da nebenan das Magazin gewesen war.

4

Jedenfalls wurde die Frau erstaunlich freundlich, fast herzlich und meinte: „Ja, das waren andere Zeiten. Kommen Sie doch noch einmal hierher, besuchen sie uns zu einer Vorstellung. Schauen Sie sich hier einen Film an."

Genau dies also hatten sie heute getan. Sie waren wieder gekommen. Hartmut ging zur Kasse und kaufte zwei Eintrittskarten. Dabei erwähnte er wieder: „Vor 25 Jahren haben wir hier gelebt." Die Frau an der Kasse nickte, man merkte, wie sie nachdachte. Sie schaute Dorothee tief in die Augen und Dorothee konnte förmlich sehen, was sie dachte, wie es im Hirn dieser Frau ratterte, wie sie zurückrechnete: Dieses junge Mädchen, vor 25 Jahren muss das ein kleines Kind, ein Baby gewesen sein, stand deutlich in den Augen der Kassiererin zu lesen. Und dann hatte diese plötzlich Tränen in den Augen und sagte: „Да, это было трудное время" – Da, eto bylo trudnoje vremja - Ja, das war eine schwere Zeit. Dorothee weinte mit ihr. Mehr konnte man sich nicht unterhalten. Denn offiziell hat es die Deutschen Spezialisten in der Sowjetunion nie gegeben. Also durfte man auch 1980 immer noch nicht darüber sprechen.

Nun also saßen Dorothee und Hartmut im Kino, sie saßen am Ort ihrer Vergangenheit, es war Gegenwart, auf der Leinwand sah Dorothee ihre Zukunft in Form des mexikanischen Aztekenkalenders. Es war ein bedeutsamer, bewegender Moment.

Drei Tage später gingen die Olympischen Spiele zu Ende, das Maskottchen, der Bär „Mischa" weinte im Stadion ein paar Abschiedstränen, ein riesiger Ballon in Form des Mischa flog langsam in den Himmel hinauf und winkte zum Abschied. Dorothee flog mit ihrem Vater wieder zurück nach Deutschland. Wann würde sie ihre Geburtsstadt wieder sehen? Würde sie diese Stadt jemals wieder sehen?

Vergangenheit

Tag X

„Oben klopft es". Charlotte versuchte ihren Mann zu wecken. Hartmut murmelte im Halbschlaf: „Es ist noch nicht 6 Uhr". Schließlich hatte der Wecker ja noch nicht geläutet. Doch Charlotte ließ keine Ruhe: „Aber man klopft heftig". Nun hörte auch Hartmut das Klopfen an der oberen Tür und sprang aus dem Bett.

Zuerst entfernte er die elektrischen Leitungen zwischen den Heizkörpern und der Zimmersteckdose, denn nachts heizte er das Zimmer mit Schwarzstrom auf. Dadurch trocknete die halb unterirdische und daher feuchte Wohnung nachts wenigstens ein bisschen. Man durfte nur 1kWh pro Tag Stromenergie über den Zähler verbrauchen. Nachts versorgte er die Wohnung mit etwa 30 kWh Energie am Zähler vorbei. Als Zweites zog er sich an, ohne Licht zu machen. Er wollte den kleinen Sohn nicht wecken. Als Drittes entfernte er im Flur die Sonde, die in einem Loch eines Verteilerkastens unter dem Zähler steckte und mit deren Hilfe er den Schwarzstrom abzapfte, sowie deren Verbindung zu einer Flursteckdose. Als Viertes schraubte er die elektrische Sicherung im Flur wieder fest und schaltete das Licht ein. In diesem Moment verstummte das dauernde Klopfen an der Tür oben.
Für diese vier Handlungen brauchte er ungefähr nur eine Minute. Hartmut ging die Treppe hinauf und erblickte hinter der Glastür zum Eingang im beleuchteten oberen Vorraum drei „Sowjetmenschen" in Uniform und den Nachbarn, der über ihnen wohnte. Als er die Tür aufschloss, verschwand der Nachbar sehr schnell. Einer der drei war ein Offizier, den Hartmut schon einmal an seinem derzeitigen Arbeitsplatz in Berlin-Friedrichshagen gesehen hatte. Er grüßte freundlich. Der zweite, ein Unteroffizier, sagte auf Deutsch: „Wir müssen über eine sehr wichtige Sache mit Ihnen sprechen. Können wir in Ihre Wohnung kommen?" Hartmut führte sie die Treppe hinunter in die Küche. Der Unteroffizier meinte: „Das ist kein schöner Ort, und wo ist Ihre Frau?". „Frau und Kind sind noch im Bett im Zimmer." „Ihre Frau soll bei der Besprechung dabei sein; wir wollen in das Zimmer gehen."

Im Zimmer setzte sich der Offizier gleich an den runden Tisch auf den mittleren Stuhl; der Unteroffizier nahm den Stuhl rechts davon und Hartmut den linken. Der dritte „Sowjetmensch", ein einfacher Soldat, nahm einen Stuhl, stellte ihn neben die Tür und setzte sich darauf, mit seiner Maschinenpistole auf dem Schoß. Der Offizier begann Russisch zu sprechen; der Unteroffizier übersetzte. Der Offizier zog eine große rote Karteikarte aus seiner Aktentasche, fragte Hartmut nach Namen, Vornamen und Vatersnamen[1], Beruf usw..

---

[1] In Russland ist es üblich sich mit Vornamen und Vatersnamen anzusprechen. Der Familienname wird im Umgang selten gebraucht.

9

Seine Antworten waren offensichtlich zufrieden stellend; sie schienen mit den Angaben auf der Karteikarte überein zu stimmen. Sofort wurde Hartmuts Name russifiziert. Der Offizier redete ihn mit „Gartmut Wilgelmowitsch"[2] an und sagte:

„Auf Befehl der sowjetischen Militäradministration müssen Sie fünf Jahre in Ihrem Fach in der Sowjetunion arbeiten. Die Arbeitsbedingungen sind dieselben wie für einen Russen in entsprechender Stellung. Sie werden Ihre Frau und Ihr Kind mitnehmen. Sie können von Ihren Sachen so viel mitnehmen, wie Sie wollen. Packen Sie!"

Hartmut zwang sich, die Fassung nicht zu verlieren: „Wann ist die Abfahrt, nach einer Woche oder einem Monat?" Antwort: „Heute; wo ist Kaulsdorf? Dort steht schon der Zug. Er wird um 12.00 Uhr abfahren." Hartmut gab dem Offizier einen Stadtplan von Berlin und sagte: „Ich muss doch erst nach Friedrichshagen gehen, wo ich arbeite, und Ihren Befehl bekannt geben." Darauf der Offizier: „Unnötig."

Hartmut: „Aber man muss doch verschiedene Sachen noch in Ordnung bringen, Rechnungen zahlen, geliehene Gegenstände zurückgeben, uns bei der Polizei abmelden."

Der Offizier: „Unnötig, packen Sie."

Hartmut: „Ich kann bis 12.00 Uhr nicht fertig packen; ich habe kein Packmaterial."

Er: „Packen Sie, es sind genügend Soldaten um Ihr Haus positioniert, welche Ihnen helfen können; auch ein Lastwagen steht vor dem Haus."

Hartmut: „Aber zunächst muss ich mich richtig anziehen und frühstücken."

Der Offizier öffnete seine Aktentasche, nahm ein halbes Kilo Butter heraus und legte sie auf den Tisch, und dazu noch Brot.

Die Lage war klar. Ein Kollege von Hartmut erzählte später, dass er seinen „Abhol-Offizier" gefragt habe, was passiere, wenn er sich weigere, in die UdSSR zu gehen. Der Offizier sagte nichts, nahm seine Aktentasche, kramte darin herum, machte dabei einen Revolver sichtbar, verschloss die Aktentasche wieder und stellte sie weg.

Hartmut zog sich nun endgültig an und frühstückte. Charlotte stand auf und ging an dem an der Tür sitzenden Soldaten vorbei in die Küche, wo sie sich anzog. Indessen war es bereits 07.00 Uhr vorbei. Hartmut begann, seinen Schreibtisch zu ordnen. Der Offizier saß am runden Tisch und ließ ihn nicht aus den Augen. Nach etwa einer Stunde war der Schreibtisch zum Transport fertig und Hartmut begann mit der Demontage der Betten. Die Nerven lagen blank, doch was tun? Charlotte ging zu einer befreundeten Nachbarin und erzählte, was gerade bei ihnen zu Hause geschah. Die Freundin wollte helfen,

---

[2] Im russischen Alphabet gibt es kein „H". Dies wird entweder durch ein „G" oder ein „Ch" ersetzt. So wird aus Hamburg = Gamburg, aus Hamlet = Gamlet und aus Hitler = Gitler.

versuchte irgendetwas herauszufinden, was das zu bedeuten hatte und ging zur Ortsverwaltung. Inzwischen war es weit nach 08.00 Uhr. In der Ortsverwaltung erfuhr die Freundin, dass scheinbar im ganzen sowjetischen Sektor Berlins eine besondere Aktion im Gang sei. Die Sache sprach sich schnell in der Nachbarschaft herum.

Während sich Hartmut mit den Betten beschäftigte, packten einige russische Soldaten den schwarzen Schrank, der voller Transformatoren, Elektroröhren, Kabel, Bücher u. ä. war, und schoben ihn durch ein Fenster ins Freie. Es folgten der runde Tisch und das Sofa. Der Offizier selber war im Allgemeinen ruhig und hetzte niemanden. Aber plötzlich kam gegen 10.00 Uhr ein zweiter Offizier mit einem zweiten Lastwagen und einer weiteren Gruppe Soldaten. Dieser Offizier hatte einen ganz anderen Charakter. Er rief: „Gartmut Wilgelmowitsch, dawaj, dawaj - schnell, schnell!" Die Soldaten trugen alles, dessen sie habhaft werden konnten, durch die Fenster zu den Lastwagen.
Bis 11.00 Uhr war das Zimmer leer bis auf die Deckenlampe. Von der Kücheneinrichtung kam aus Zeitmangel nur ein kleiner Teil mit. Küchenschrank, Küchentisch und viele andere kleinere Dinge blieben zurück. Um 11.30 Uhr waren Hartmut, Charlotte und der zweijährige Rudolf reisefertig. Ihrer Abfahrt sahen viele Leute zu. Im ersten Lastwagen saßen Charlotte und Rudi vorne beim Chauffeur. Hartmut saß im gleichen Lastwagen hinten, umgeben von sowjetischen Soldaten. Genau um 12.00 Uhr fuhren die beiden Lastwagen weg.

Bald lag Berlin-Müggelheim hinter ihnen. Im Krieg waren sie ausgebombt worden und hatten dieses Zimmer mit Küche im Kellergeschoss im idyllischen Müggelheim zugewiesen bekommen. Es wurde ihr Zuhause, das sie nun so komplett unvorbereitet und schlagartig verlassen mussten. Welch Schock!
Durch Köpenick ging es zum Güterbahnhof Kaulsdorf. Dort sah Hartmut gleich eine ihm bekannte Person, das 27-jährige, weinende Fräulein Huber, die Sekretärin aus dem Vorzimmer des Laboratoriums. Nachdem er vom LKW abgestiegen war, bemerkte er viele andere Bekannte aus seiner Firma. Auf dem Bahnhof standen mehrere Züge, jeder mit einigen Personenwagen und vielen Güterwagen. Vorne war jeweils eine dampfende Lokomotive, so als ob der Zug gleich abfahren sollte. Die beiden Lastwagen waren an einen Güterwagen herangefahren, welcher nun für den Hausrat allein zur Verfügung stand. Mit den Soldaten lud Hartmut alles von den Lastwagen in den Güterwagen um. Indessen waren Charlotte und Rudi zu einem Personenwagen gebracht worden, wo sie ein Abteil 2. Klasse in der so genannten „weichen Klasse" (heute 1. Klasse) erhielten. In zwei Zügen wurden so die wesentlichsten Mitarbeiter der Fabrik untergebracht. Jeder Mitarbeiter hatte einen ganzen Güterwagen zur Verfügung, unabhängig davon, ob er als Junggeselle oder Strohwitwer allein war und fast nichts hatte oder ob es sich um eine Familie aus einer 4-Zimmer-Wohnung handelte.

Es war Dienstag, der 22. Oktober 1946, in der ganzen SBZ - der Sowjetischen Besatzungszone, aus der 1949 dann die DDR entstand, wurden Wissenschaftler, Ingenieure, Mechaniker, Techniker aller Art samt ihren Familien zur gleichen Zeit aus ihren Betten geholt und saßen mittags in den vorgeheizten Zügen, die sie in die Weiten des Riesenreiches Russland bringen würden in eine ungewisse, unheimliche Zukunft.

Berlin

Charlotte war Münchnerin, doch schon mit 14 Jahren hatte sie sowohl Mutter als auch Vater verloren. Beide Eltern waren viel zu jung gestorben, die Mutter in den Wirren des Ersten Weltkrieges an Tuberkulose, der Vater in den 20-er Jahren an einem Herzfehler. Der Vater hatte nach dem Tod seiner geliebten Frau verzweifelt nach einer Ersatzmutter für seine drei Töchter gesucht und schließlich eine Frau gefunden, die sich sehr um die Mädchen bemühte, aber einen herrischen Charakter hatte. Charlotte kam mit der Stiefmutter überhaupt nicht zurecht und so beschloss sie schon mit 17 Jahren, nach Berlin zu gehen, wo sie zunächst bei Bekannten unterkam. Sie wurde Krankenschwester und arbeitete in verschiedenen Kliniken.

Hartmut stammte aus einer Stuttgarter Familie, kam aber in Aachen zur Welt, weil sein Vater dort eine gute Arbeitsstelle gefunden hatte. Bald nach seiner Geburt zog die Familie in die Schweiz, wo Hartmut aufwuchs, zur Schule ging und schließlich sein Physikstudium begann. Seine Eltern waren streng religiös, puritanisch. Und er, der vom gläubigen Kind zum atheistischen Erwachsenen geworden war, fühlte sich eingeengt, nicht frei genug. Er beschloss, sein Studium in Berlin fortzuführen. Das Studium beendete er 1937, promovierte zum Doktor der Naturwissenschaften und begann zu arbeiten - leider in der Rüstungsindustrie. Dies hatte zur Folge, dass er nicht mehr in die Schweiz reisen durfte, um seine Eltern dort zu besuchen.

Eines Tages wurde Hartmut krank. Zunächst war es nur eine Erkältung, der er keine allzu große Aufmerksamkeit widmete. Und somit geschah das, was oft passiert in solchen Fällen. Er verschleppte die Erkältung und bekam schließlich eine Rippenfellentzündung. Es gibt immer einen Grund, warum im Leben gewisse Dinge geschehen. So wollte es das Schicksal, dass Hartmut schließlich so krank war, dass er ins Krankenhaus musste. Man schickte ihn nach Köpenick. Und wer arbeitete just auf der Station, auf der er Patient war? „Schwester" Charlotte.

Sie war klein, hatte tief schwarze Augen und schwarzes Haar. Sie lachte gerne und war eigentlich immer guter Laune. Welchem Mann hätte sie nicht gefallen, die charmante kleine Charlotte? Doch die meisten Männer waren inzwischen im Krieg, kämpften für ein teuflisches System und verloren ihre Gesundheit, ihre Hoffnungen und allzu viele auch das Leben. Hartmut war dies bis jetzt erspart geblieben, Dank seiner „für das Land so wichtigen Arbeit als Physiker". Kein Wunder also, dass er sich in Charlotte verliebte.

Im Sommer 1942 wurde geheiratet und bald darauf erwartete Charlotte ihr erstes Kind. Die Schwangerschaft verlief ohne Komplikationen trotz der schwierigen Umstände in der Kriegszeit. Dann eines Tages setzten die Wehen ein. Schleunigst ins Krankenhaus. Doch weit und breit kein Transportmittel in Sicht. Es war eine jener schrecklichen Nächte, in denen Berlin fast pausenlos bombardiert wurde. Die Feuerwehr war damit beschäftigt, Brände zu löschen und versuchte, wenigstens ein paar Menschen aus den Trümmern zu befreien. Da war keine Zeit für eine hochschwangere Frau, deren Wehen immer stärker wurden. Irgendwie aber ging die Geburt nicht vorwärts. Ein Arzt wäre jetzt dringend notwendig. Hartmut verzweifelte, doch es gab keine Lösung. Bis zum nächsten Vormittag, da endlich kam ein Feuerwehrauto vors Haus gefahren, und Charlotte konnte in die Klinik gebracht werden. Noch lange kämpfte sie, bis ihr kleines Mädchen es endlich schaffte, in diese kalte und fremde Welt hinauszuschlüpfen. Das winzige Herz schlug, einigermaßen regelmäßig, jedoch wollte der Winzling nicht atmen. Keine Kraft nach all der Anstrengung, zu lange im Geburtskanal eingequetscht. Das Mädchen starb zehn Minuten nach der Geburt. Es gibt nichts Schlimmeres im Leben, als ein Kind zu verlieren. Ganz egal, wie alt es ist.

Die Ärzte gaben Hartmut den Rat, um über den Tod der Tochter am Schnellsten hinweg zu kommen, wäre es das Beste, wenn Charlotte bald wieder ein dann hoffentlich gesundes Kind bekäme. Und so kam 13 Monate später Rudolf zur Welt, ein gesunder Wonnebrocken.
Das war nun zwei Jahre her. Inzwischen war der Krieg zu Ende, Deutschland war in vier Besatzungszonen aufgeteilt worden, ebenso die Hauptstadt Berlin. Überall lagen Trümmer herum, es gab kaum Männer im arbeitsfähigen Alter, die Frauen übernahmen Männerarbeit, räumten die Trümmer weg, begannen mit dem Wiederaufbau und hofften auf die Rückkehr ihrer Männer. Viele hofften umsonst, andere mussten lange Jahre warten, bis die Männer aus der Kriegsgefangenschaft zurückkehrten. Aber das Leben ging weiter. Es war zumindest wieder Frieden.

Familie Broningen wohnte nun schon seit über drei Jahren in den Kellerräumen des Hauses im idyllisch gelegenen Müggelheim im Südosten Berlins. Bis dann eineinhalb Jahre nach Kriegsende eines Tages morgens kurz vor 6.00 Uhr heftig an die Tür geklopft wurde und das Leben die Weichen für eine unbekannte und bedrohliche Zukunft stellte.

Die Fahrt ins Ungewisse

„Wan-ze, Wan-ze", der kleine Rudolf hatte eines dieser ekelhaften Tierchen im Zugabteil entdeckt. Sie waren nun schon elf Tage unterwegs und wussten immer noch nicht, wo genau diese Reise enden würde. Die Sowjetunion war riesig, jenseits des Uralgebirges gibt es eine Gegend, vor der jeder Angst hatte - Sibirien. Würden sie bis dorthin fahren müssen, so weit weg? Oder würden sie noch im europäischen Teil der UdSSR bleiben können? Die Ungewissheit zermürbte die Menschen. Es waren mehrere Züge, die aus der gesamten Sowjetischen Besatzungszone in Richtung Sowjetunion unterwegs waren. In ihnen saßen die deutschen Spezialisten, wie sie von den Russen genannt wurden, eben jene Wissenschaftler, Ingenieure, Flugzeugkonstrukteure, Mechaniker und ihre Familien, die am 22. Oktober von den sowjetischen Militärs aus dem Schlaf geholt und abtransportiert worden waren.

Sie schliefen in ihrem Abteil. Am nächsten Morgen, als sie aufwachten, standen sie immer noch auf dem Bahnhof Kaulsdorf. Die Lokomotive des Zuges dampfte, sie war schon seit gestern startbereit. Nur der erste „Berliner" Zug war während der Nacht abgefahren. Am Mittwoch, 23. Oktober 1946, war schönes Wetter. Schließlich, gegen 8.30 Uhr setzte sich auch ihr Zug mit seinen 41 Spezialisten und den mitgenommenen Angehörigen in Bewegung - und zwar rückwärts. Es ging auf einer Umgehungsstrecke über Biesdorf und Biesenhorst zum Bahnhof Wuhlheide. Von dort aus ging es dann vorwärts zur Stadtbahnlinie Richtung Erkner. Hartmut Broningen stand am Fenster, um die letzten Orte von Berlin noch einmal zu sehen - Köpenick, Friedrichshagen, Rahnsdorf. „Wann werde ich dich, Berlin, wieder sehen?", dachte er melancholisch.

Nach Verlassen des Berliner Stadtgebietes gab es Kaffee und Frühstück. Der Zug fuhr über Erkner und Fürstenwalde nach Frankfurt an der Oder, mit mehrfachem Halt unterwegs, besonders kurz vor Frankfurt. Das Wetter wurde trübe, zum Mittagessen gab es Gemüsesuppe. In Frankfurt stand der Zug längere Zeit. Die Lokomotive musste gewechselt werden. Sie hatten die Zeit genutzt und einige Briefe geschrieben. Ein auf dem Bahnsteig stehender Bahnarbeiter wurde gefragt, ob er ihre Briefe mitnehmen wolle. „Wenn der Zug weiterfährt, kommt gleich eine Kurve. Hier werfen Sie ihre Briefe auf der Kurvenaußenseite aus den Fenstern. Die sowjetischen Bewacher des Zuges bemerken es nicht und wir Bahnarbeiter können dann die Briefe einsammeln und abschicken. So machen wir das immer mit den Zügen der Kriegsgefangenen", schlug der Bahnarbeiter vor. „Wir sind keine Kriegsgefangenen. Unsere Bewacher haben sicher nichts dagegen, dass die Briefe abgeschickt werden", erklärten sie dem Mann und übergaben ihm ihre Briefe persönlich.

Dazu erhielt er noch ein paar Schachteln Zigaretten, denn eine Hand wäscht die andere.

Kurz vor der Oder musste der Zug noch einmal anhalten. Dann ging es langsam über eine provisorische Brücke, eine neue Eisenbahnbrücke war im Bau. Viele deutsche Kriegsgefangene arbeiteten hier unter polnischer Aufsicht. Von der ursprünglichen Brücke war fast nichts mehr zu sehen. Sie verließen nun Deutschland und kamen nach „Neu"-Polen, jenem Gebiet, das bis zum Kriegsende noch Deutschland gewesen war, dann aber Polen zugeteilt wurde. Dafür hatte Polen große Gebiete im Osten an die Sowjetunion verloren. Polen war sozusagen einfach nach Westen „verschoben" worden. Der erste polnische Bahnhof war Slubice - so hieß jetzt der östlich der Oder gelegene, frühere Teil von Frankfurt an der Oder. Hier sprangen polnische Grenzbeamte auf den langsam fahrenden Zug. Dieser stoppte erneut. Auf dem Bahnsteig fand eine laute Diskussion zwischen den Polen und der sowjetischen Zugleitung statt. Dies sei kein Militärzug, dieser Zug transportiere Zivilisten. Also hätten sie, die Polen, das Recht, den Zug zu kontrollieren.

Die Gegend, durch die sie jetzt fuhren war verödet, ein richtiges Niemandsland. Die Felder waren offensichtlich seit Anfang 1945 nicht mehr bestellt worden, sie waren voller Unkraut. Dörfer und Hütten waren verlassen. Man sah weder Mensch noch Tier. Abends hielt der Zug schon wieder auf freier Strecke. Ein Angehöriger des deutschen Lokomotivpersonals ging den Zug entlang und unterhielt sich mit den Passagieren. So erfuhren sie, dass die Züge schon acht Tage lang unter Dampf gestanden hatten. Es war verlangt worden, dass die Personenwagen einwandfrei und gut heizbar seien. Ihre Waggons sollten aus dem Schnellzug Berlin - Halle stammen. Das Bahnpersonal hatte keine Ahnung, wer mit den Zügen wohin transportiert werden sollte. Auf die Bemerkung der Reisenden, dass diese besseren Personenwagen der Deutschen Reichsbahn nicht ganz ohne Ungeziefer seien, gab er ihnen im Tausch gegen Zigaretten eine Schachtel Wanzenpulver.

In der Nacht zum 25. Oktober passierten sie Warschau. Hartmut wachte auf, weil der Zug sehr langsam fuhr. Er sah zum Fenster hinaus und bemerkte, dass sie über eine Brücke fuhren, unter ihnen ein breiter Fluss, vermutlich die Weichsel. Nachmittags kamen sie in Bjalystok an. Und weiter ging es, immer nach Osten. Die Grenze zur Sowjetunion war nun schon sehr nahe. Erst als es dunkel wurde, passierten sie diese Grenze. Jetzt waren sie endgültig hinter dem „Eisernen Vorhang". Der Zug fuhr noch bis Grodno. Hier musste nun umgeladen werden, vom deutschen Zug mit Spurbreite 1435 mm auf den russischen Zug mit Spurbreite 1524 mm. Zunächst mussten die Passagiere umsteigen. Der deutsche D-Zugwaggon wurde gegen einen russischen getauscht. Es war eine Art Liegewagen ohne Abteile und nur „harte" Klasse. Der Wagen war gut geheizt, hatte Doppelfenster, die dicht waren. Sie erhielten Bettzeug und machten es sich so gemütlich, wie es unter diesen Umständen ging. Zwei Schaffnerinnen hatten die Reisenden zu betreuen, den Wagen zu reinigen und mit Kohlen zu heizen. Eine davon stammte aus Lettland und war zu diesem Dienst verpflichtet worden.

Auch der mitgenommene Haushalt aus den Güterwagen musste umgeladen werden. Da die russischen Wagen um einiges größer waren, gab es jetzt einen Waggon für mehrere Familien. Dass dabei so einiges durcheinander geriet, war vorprogrammiert. Es wurde aber nichts kontrolliert, und so konnte einiges an Literatur und anderem in das Land gelangen, was vom Standpunkt des sowjetischen Kommunismus und seiner Moral keinesfalls zulässig gewesen wäre.

Hartmut wachte morgens durch ein äußerst merkwürdiges Geräusch auf. Er sah, wie die lettische Schaffnerin ein Gefäß mit Wasser in der einen Hand hatte, daraus immer wieder einen Mund voll Wasser nahm, dieses dann mit aller Kraft durch den geschlossenen Mund auspustete, so einen Teil des Ganges besprühte und gleichzeitig mit der anderen Hand fegte. Man muss sich nur zu helfen wissen.

Der nächste Halt war Welikije Luki. Hartmut erinnerte sich an jenes russische Dienstmädchen, das ihre Labors und Büros geputzt hatte, als er 1944 in Bayern arbeiten musste, weil seine Firma dorthin verlagert worden war. Jenes Mädchen freute sich über jeden anglo-amerikanischen Luftangriff, weil dadurch das Kriegsende näher rückte und sie bald wieder nach Hause, nach Welikije Luki könne. Hoffentlich war sie nicht eine von jenen, die nach der Rückkehr in eines der sibirischen Gulags geschickt wurden, weil Stalin sie als Kollaborateure der Nazis beschuldigte.

Da sie nun in der Sowjetunion waren, durften sie auch den Zug verlassen, wenn er wieder einmal an einem Bahnhof hielt. Bisher hatten sie nur ihre direkten Nachbarn aus den anderen Abteilen kennen gelernt. Jetzt aber konnte man sich auch mit den Leuten aus den anderen Waggons unterhalten. Es tat gut, nicht alleine in diesem Schicksalszug zu sitzen.

Eine Woche nach jenem Tag X, am Dienstag, 29. Oktober, kam der Zug in einem Güterbahnhof im Norden Moskaus an. Erst hieß es, sie würden hier in der Moskauer Gegend bleiben, würden mit Lastwagen zu ihrem Ziel gebracht. Doch abends hatte sich diese Meldung schon wieder überholt, man wartete auf weitere Anweisungen aus Moskau. Das Warten gab Gelegenheit, sich gegenseitig auszutauschen. Woher kam man, wo hatten die Männer gearbeitet, wie viele Familienmitglieder waren mitgekommen? Und, ganz wichtig, die Wanzen mussten bekämpft werden. Ein Mechaniker hatte Werkzeug mitgenommen. Er entfernte einen Teil der Verschalung des Waggonfensters. Und siehe da, es kam ein ganzes Volk von Wanzen mit Insassen vom Baby bis zur dicken Urgroßmutter zum Vorschein. Mit der Flamme einer Kerze, die eigentlich der Beleuchtung diente, wurden die Wanzen vernichtet. Aber einige entkamen.

Wolga - Mütterchen Russland

Ihre Reise ins Ungewisse endete ungefähr 1000 km östlich von Moskau an der Wolga. Der Ort hatte einen für sie fast unaussprechlichen Namen. Uprawlentscheskij Gorodok - das bedeutete so viel wie „Verwaltungsstädtchen". Sie nannten es der Einfachheit halber „Upra".
Upra lag wenige Kilometer nördlich von Kujbyschew, einer Stadt, deren Namen Hartmut auch nicht kannte. Früher hieß diese Stadt Samara, benannt nach dem Fluss, der dort in die Wolga mündet. Das Verwaltungsstädtchen war einst errichtet worden, weil dort ein Staudamm in der Wolga errichtet werden sollte, die Bauarbeiter und Angestellten dieses großen Unternehmens sollten hier wohnen. Doch die Stelle erwies sich als sehr ungeeignet. Der Staudamm wurde einige Hundert Kilomenter weiter flussabwärts gebaut.

Ihr Zug hatte noch einige Tage in der Gegend von Moskau herumgestanden, wurde immer wieder hin und her rangiert. Offensichtlich war nicht sofort klar, welche Gruppe von Spezialisten an welchen Ort gebracht werden sollte. Nun also, am 4. November, fast 2 Wochen, nachdem sie Berlin verlassen hatten, kamen sie hier an, im tiefsten Russland, im Herzen Russlands, an der Wolga.

Nach Kujbyschew war die sowjetische Regierung verlagert worden, als Ende 1941 die deutsche Wehrmacht vor den Toren Moskaus stand. Die Regierungsspitze saß im Sanatorium Krasnaja Glinka (Roter Lehm). Nach dem Feldzugplan von 1942 sollte Kujbyschew am 15. August erobert worden sein. Daraus wurde bekanntlich nichts. Dafür waren sie nun hier. Aber nicht nur sie. Auf dem Verschiebebahnhof sahen sie in einiger Entfernung deutsche Kriegsgefangene an den Gleisen arbeiten. „Ihr fahrt ja in die verkehrte Richtung", riefen die Kriegsgefangenen. Sie waren sehr erstaunt, deutsche Zivilisten hier zu sehen. Der Zug blieb über Nacht auf dem Bahnhof stehen. Morgens wurden sie früh geweckt. Anziehen, aussteigen. Sie waren am Ziel angekommen.
Familie Broningen erhielt ein Zimmer in einer Zweizimmerwohnung und musste Bad, Flur und Küche mit anderen Schicksalsgenossen teilen. Das Zimmer hatte etwa 18 m^2. Hier sollte nun alles Platz finden, was sie mitgenommen hatten. Irgendwie schafften sie es, Betten, Tisch, Stühle, Schränkchen so zu arrangieren, dass man sich noch bewegen konnte. Die Tischplatte war auf dem Transport leider in der Mitte durchgebrochen. Die Keramikschüssel mit rohen Eiern, die sie unter der Platte platziert hatten, hatte keinerlei Schaden erlitten. Ja - ein Wunder - von den Eiern selbst war kein einziges zu Schaden gekommen.
Die Wohnungen befanden sich in Häuserblocks mit jeweils vier Stockwerken. Hier hatten Russen gewohnt, die in Holzbaracken umziehen mussten, damit

die deutschen Spezialisten mit ihren Familien in die komfortableren Wohnungen einziehen konnten. Die sowjetische Zivilbevölkerung hatte im Krieg unter der deutschen Wehrmacht sehr zu leiden gehabt. In jeder Familie waren Verluste zu beklagen. Und dennoch, sie bekamen als Deutsche keinerlei Hass oder Groll seitens der Einheimischen zu spüren.

Offiziell begannen die Spezialisten am 1. November 1946 mit ihrer Reparationsarbeit, wie es genannt wurde. Ab diesem Tag erhielt dann auch ein jeder ein russisches Gehalt. Das Oktober-Gehalt sollte jedoch noch aus Deutschland kommen. Sie wurden zu einer Versammlung gerufen. Ihr deutscher Vorgesetzter sollte ihnen die Gehaltstüten mit dem letzten deutschen Gehalt überreichen. Zunächst aber öffnete er seine eigene Tüte - und siehe da, sie war leer. Auch alle anderen Gehaltstüten waren leer.
Während nun die Männer täglich zu ihrer Arbeit in die Fabrik gingen, mussten sich die Frauen mit dem Alltagsleben zurechtfinden. Es wurde Winter, die Temperaturen sanken auf bis zu 40 Grad unter Null. Man musste sich sehr warm anziehen, um dieser Kälte zu trotzen. Mützen, Schals, dicke Mäntel, dicke Jacken, warme Schuhe. Am Besten waren Walinki, typisch russische Stiefel aus Filz. Mit ihnen konnte man sich auf den verschneiten Wegen sicher fühlen, sie ließen die Kälte nicht durch, man hatte warme Füße. Auch die Pelzmützen, Schapkas genannt, hielten gut warm. Diese Pelzmützen kann man bis über die Stirn ziehen, so dass die Gedanken nicht einfrieren, sie haben Ohrenklappen, die man entweder hochgeklappt und oben auf dem Kopf mit einem Lederband zusammengebunden oder bei starker Kälte herunterklappen und über die Ohren tragen kann, wobei das Lederband dann zum Zusammenbinden unter dem Kinn dient. So waren Ohren und Nacken auch gut vor der Kälte geschützt. Ja selbst ein dicker Schal, mit dem man sich die untere Gesichtshälfte, Mund und Nase zudecken konnte, war nötig. So konnte man oft nur noch die Augen eines Gesichtes erkennen. Es gab viel Schnee.
Für die Kinder war das herrlich. Es wurden Schlitten gekauft und raus ging es ins Freie zum nächsten Hang, auf dem man Wettrennen veranstalten konnten. Rudi erhielt einen kleinen Schlitten aus Aluminium, der mit olivgrüner Farbe bestrichen war. Dieser war besonders leicht, was das Hochziehen des Schlittens, wenn man wieder den Hang durch den Tiefschnee hinaufstiefeln musste, sehr erleichterte. So manch einer beneidete Rudi um seinen schönen leichten Schlitten.

Upra liegt am linken Ufer der Wolga an einem Steilhang. Eine Holztreppe mit über 100 Stufen führte hinunter zum Flussufer. Dort gab es eine Anlegestelle. Im Sommer konnte man von hier aus mit einem Boot hinüber zu einer Insel fahren. Das Ufer der Insel war flach und man konnte dort herrlich baden und in der Wolga schwimmen. Die Strömung war nicht stark, die Gefahr, dass etwas passieren könnte, sehr gering. Besonders die größeren Kinder, die in eine eigens für sie eingerichtete deutsche Schule gingen, liebten es, auf der

Insel Lagerfeuer zu machen, durch die Kieferwälder zu wandern, Verstecken oder Indianer zu spielen. Ja, für die Kinder war es fast ein Paradies.

Wollte aber einer der Erwachsenen Upra verlassen, so musste ein Antrag gestellt werden. In Begleitung eines Angestellten des Staatssicherheitsdienstes konnte man dann nach Kujbyschew fahren, mit dem Schiff oder mit dem Bus. Es war schon eine starke Freiheitseinschränkung, aber der Kontakt zur einheimischen Bevölkerung sollte absolut vermieden werden. Nun war das nicht so einfach. Zumindest nicht direkt in Upra selbst. Die Familien freundeten sich untereinander an, die Kinder spielten zusammen, wuchsen gemeinsam unter diesen so besonderen Umständen auf. Für kulturelle Veranstaltungen stand den Deutschen das so genannte Klubhaus zur Verfügung. Man organisierte Feste, besonders Feste für die Kinder. Man veranstaltete Konzerte, übte Theaterstücke ein. Nur nicht trübsinnig werden, etwas tun, sich ablenken und sich gegenseitig stützen. So unterschiedlich diese Menschen auch waren, das gemeinsame Schicksal schmiedete sie zusammen. Es entstanden Freundschaften, die ein ganzes Leben lang halten sollten. Man dichtete sogar Lieder oder änderte bekannte Liedtexte einfach passend zur eigenen Lage ab. Aus dem Text „An der Donau steht Marika...." entstand:

An der Wolga
steht die Olga,
denn sie will nach Kujbyschew.
Doch das geht nicht,
Dampfer fährt nicht,
Omnibus ist auch schon weg,
O Olga, Olga, Olga - savtra ist auch noch ein Tag.

Savtra (завтра) auf Russisch bedeutet „morgen".

So vergingen die Jahre und die Hoffnung auf eine Rückkehr in die Heimat wurde immer stärker.

Moskau - im Zentrum der Macht

Der Sommer des Jahres 1950 ging langsam zu Ende. Nur noch ein Jahr! Würde es dabei bleiben? Die Ungewissheit war nervenaufreibend. Dann kamen Gerüchte auf. Es sollte eine Verlagerung nach Moskau geplant sein. Aber sollte das alle betreffen? Anfang September wurden etwa 200 der insgesamt über 700 Deutschen in Upra in das Klubhaus beordert. Sie durften mit ihrer baldigen Repatriierung, der baldigen Rückkehr in die Heimat, rechnen. Was aber war mit all den anderen?

„Dr. Broningen, gehen Sie sofort nach Hause, packen sie die nötigsten Sachen und kommen Sie mit Ihrem Gepäck in zwei Stunden zum Haus No. 45. Sie werden zusammen mit 7 anderen Wissenschaftlern zum Flughafen gebracht, von wo aus Sie nach Moskau fliegen werden." Hartmut nahm diese Nachricht mit äußerlicher Ruhe auf, innerlich war er sehr aufgewühlt. Wie sollte er Charlotte erklären, dass an eine Heimkehr noch lange nicht zu denken sei? Im Gegenteil, es würden noch einige Jahre - wie viele Jahre? - in Moskau folgen. Moskau, das klang so bedrohlich. Moskau, die Hauptstadt dieses Landes. Moskau das Zentrum der sowjetischen Macht.

Die Familienangehörigen wurden wenige Tage später mit einem Sonderzug nach Moskau gebracht. In dem Vorort, in dem sie wieder in Häuserblocks untergebracht wurden, trafen sie deutsche Spezialisten, die in den letzten vier Jahren an anderen Orten der Sowjetunion untergebracht waren, darunter eine große Gruppe, die auf der Insel Gorodomlija im Seliger-See nördlich von Moskau gelebt hatten. Hier nun verbrachten sie ein ganzes Jahr. Dann war eine speziell für sie gebaute Häusersiedlung im Norden von Moskau fertig gestellt. Die Siedlung No. 100, so genannt, da es ungefähr 100 Einfamilienhäuser aus Holz waren, die finnische Kriegsgefangene hatten bauen müssen. Die Siedlung war umzäunt und wurde streng bewacht. Überhaupt unterlagen sie hier einer sehr strengen Aufsicht durch Inspektoren des Staatsicherheitsdienstes. Diese Maßnahmen sollten ihnen Schutz und Freiheit gewähren. So sagte man ihnen.

Auch in dieser Siedlung gab es ein „Klubhaus", das für Versammlungen und Veranstaltungen dienen sollte. Zum Eingang führte eine Treppe mit vier Stufen, rechts und links Säulen mit griechischen Kapitellen, ein Gebäude im klassischen Stil. Links vor dem Klubhaus die Schule, rechts das Magazin, ein kleiner Laden, in dem man die nötigsten Sachen einkaufen konnte. Die Männer wurden jeden Morgen mit einem Bus ins Stadtzentrum zu ihrer Arbeit gefahren, die Frauen blieben in der Siedlung. Kein Erwachsener durfte die Siedlung ohne Begleitung verlassen. Mit einem Vorlauf von zwei Tagen musste angemeldet werden, wenn man plante, die Siedlung zu irgendeinem Zweck zu verlassen, sei es ein Besuch im Bolschoi Theater, sei es ein Kinobesuch, oder auch nur ein Spaziergang, immer war ein Begleiter des Staatssicherheitsdienstes dabei. Sie lebten im Käfig. Nur die noch minderjährigen Kinder durften ohne Begleitung aus der Siedlung raus.

In Moskau waren die Winter auch verdammt kalt und die Sommer warm. Einen Hügel zum Schlitten fahren gab es weder in noch außerhalb der Siedlung und im Sommer fehlten ihnen die Ausflüge zu ihrer geliebten Wolga-Insel.

Rudi war im Sommer sechs Jahre alt geworden, also musste er nun in die Schule gehen. Damit die Kinder abgeschottet von der einheimischen Bevölkerung unterrichtet werden konnten, hatte man die Grundschule gebaut, die links neben dem Klubhaus stand. Es war ein schöner, sonniger und warmer Herbsttag als Rudi zusammen mit anderen gleichaltrigen Spezialistenkindern eingeschult wurde. Geschickte Hände hatten für jeden ABC-Schützen nach deutscher Tradition eine Schultüte gebastelt, die mit Schokolade und anderen Süßigkeiten gefüllt war. Die Lehrerin war Russin, eine junge und schöne Frau, äußerst sympathisch. Sie sprach perfekt Deutsch, hatte die letzten Jahre seit Kriegsende als Dolmetscherin für die Sowjetischen Kommandanten in Ost-Berlin gearbeitet und war nach Moskau zurückbeordert worden, um nun die Kinder der Feinde zu unterrichten. Sie aber liebte „ihre" Kinder und die Kinder liebten sie. Ihrem Charme unterlagen auch die Väter. Ihr Name war Olga Wladimirowna.

Charlotte und Hartmut wollten ein zweites Kind haben. Aber sollte dieses in der Sowjetunion auf die Welt kommen? Nein, lieber nicht. Sie waren bis jetzt davon ausgegangen, spätestens 1951 wieder nach Deutschland zurückkehren zu dürfen. Nun aber war eine Heimreise ungewiss. Würden sie überhaupt je wieder nach Hause kommen? Charlotte war schon 40 Jahre alt. Viel Zeit gab ihr die biologische Uhr nicht mehr, um noch ein zweites Kind zu planen. Jetzt oder nie! Und Charlotte wurde schwanger. Ende des zweiten Schwangerschaftsmonats setzten Blutungen ein und sie verlor ihr Kind. Es war das zweite Kind, das sie verlor. Beide waren froh, als Charlotte ein Jahr später wieder schwanger wurde.

Dorothee

„Ich verliere Blut". Charlotte hatte die Pause während der Aufführung von Peter Tschaikowskijs Ballett „Schwanensee" im Bolschoi Theater genutzt und war auf die Toilette gegangen. Die Blutspuren, die sie entdeckte, waren beunruhigend. Es war wieder Ende des zweiten Schwangerschaftsmonats. Hartmut konnte den restlichen Teil der Vorstellung nicht genießen, er war mit den Gedanken überhaupt nicht mehr im Theater. „Wie bringe ich meine Frau jetzt schnellstmöglich in die Klinik?" Aber wozu hat man einen Begleiter des Staatssicherheitsdienstes, der ständig um einen herum ist? Negatives kann manchmal auch positiv sein. Der Begleiter kümmerte sich darum, dass Charlotte direkt nach der Vorstellung in eine Spezialklinik gebracht wurde. Sie musste dort einen ganzen Monat lang bleiben, bis das Kind sich in der Gebärmutter so gefestigt hatte, dass die Gefahr einer Fehlgeburt weitgehend gebannt war. Die restliche Schwangerschaft verlief gut. Wieder war ein Sommer vorbei und der nächste Winter nahte.
Mitte Januar musste Charlotte in die Klinik. Als Gattin eines der deutschen Wissenschaftler und aufgrund der Risikoschwangerschaft - Charlotte war inzwischen 42 Jahre alt - kam sie in eine spezielle Geburtsklinik im Zentrum von Moskau, die zu den besten der Stadt gehörte. Hartmut konnte sie nur an den arbeitsfreien Sonntagen besuchen, natürlich stets nur in Begleitung, samstags musste er auch arbeiten. Und er musste sich um Rudi kümmern.

Der Winter war kalt. Die Temperatur lag tagsüber bei 36 Grad unter Null. Am Sonntag, 25. Januar, besuchte Hartmut wieder Charlotte in der Klinik. Die Geburt stand unmittelbar bevor und so ließ er zwei Tage später in der Klinik anrufen, um zu erfahren, wie es ginge. „Alles in Ordnung, kein Fieber".

„Merkwürdige Antwort! Kein Fieber?" Hartmut verstand nicht, was das nun schon wieder bedeuten sollte. Er bestand darauf, am nächsten Tag abends nach der Arbeit Charlotte in der Klinik zu besuchen. Als Begleiterin wurde ihm Natascha zugeteilt. Wie üblich wollten sie in die Abteilung, in der die Frauen lagen, die noch auf die Entbindung warteten. An der Anmeldung standen viele Leute, die Menschenschlange bewegte sich nur langsam vorwärts. Und während sie geduldig darauf warteten, endlich an die Reihe zu kommen, fiel Hartmuts Blick auf die Tafel, an der die Geburten der letzten Tage notiert waren:

Broningen 26/I, Mädchen 4000 / 53.

Das war, ja das war doch....jetzt verstand er. Am Montag, 26. Januar, war seine Tochter auf die Welt gekommen, daher die seltsame Auskunft vom Dienstag: „Alles in Ordnung, kein Fieber".

„Natascha, wir stehen hier in der falschen Schlange, meine Frau hat schon entbunden. Sehen Sie, dort an der Tafel steht es: 26. Januar, ein Mädchen, 4000 g, 53 cm groß. Wir müssen uns auf der anderen Seite anstellen."

Nun durfte Hartmut seine Charlotte nicht mehr besuchen. Das war so üblich, die Männer durften die Wöchnerinnen aus hygienischen Gründen nicht besuchen, damit es nicht zu Infektionen kam. Überhaupt musste er sich gedulden. Die Geburt war nicht einfach gewesen, Charlotte bekam nach einigen Tagen eine Venenentzündung und musste im Bett bleiben. Erst drei Wochen später, als Charlotte wieder aufstehen durfte, konnten sie sich sprechen. Hartmut stand draußen auf der Straße und Charlotte öffnete das Fenster ihres Zimmers. Ein richtiges Gespräch war so natürlich nicht möglich, aber immerhin, sie sahen sich und konnten ein paar Worte wechseln.

Charlotte und Hartmut hatten sich ein Mädchen gewünscht. Dass dieses Dorothee heißen solle, hatte Hartmut bestimmt. Seine Mutter hieß so, und diese war 1948 gestorben. Da waren sie schon in der UdSSR, Hartmut hatte keine Möglichkeit zur Beerdigung zu fahren. Der Brief seines Vaters mit der Nachricht, dass es der Mutter sehr schlecht gehe, kam erst an, als er bereits den Folgebrief des Vaters erhalten hatte, in dem stand, dass die Mutter gestorben war. Keine Möglichkeit, sich seelisch auf den Verlust vorzubereiten.

Dorothee entwickelte sich gut, sie war ein richtiges Wonnepäckchen. Die Kinderschwestern brachten sie mehrmals am Tag zu Charlotte zum Stillen, stets von oben bis unten eng in Windeln eingewickelt. Charlotte gefiel es gar nicht, dass ihr Töchterchen so fest zugeschnürt war und die Händchen gar nicht bewegen konnte. Das wird bei uns so gemacht, das führt dazu, dass die Kinder gehorsame Bürger werden, hieß es.

Der Tag kam, Mutter und Tochter konnten endlich nach Hause. Inzwischen war schon fast ein Monat vergangen. Hartmut durfte sich den Dienstwagen seines Chefs ausleihen. Mit Chauffeur und Begleiter fuhr er zur Klinik. Wieder mussten sie lange warten, dann endlich konnte er sein Töchterchen in den Arm nehmen.

Rudi bekam die Erlaubnis, heute etwas früher den Unterricht zu verlassen. Mutti und Schwesterchen kamen doch nach Hause. Dorothee, die die ganze Zeit geschlafen hatte, wachte gerade auf, als der große Bruder das Haus betrat. Sie fing an zu schreien. Rudi sah das Schwesterchen und sagte enttäuscht: „Die hat ja gar keine Zähne."

Armer Rudi, er musste nun jeden Tag Milch holen gehen. Die Erwachsenen durften die Siedlung ja nie ohne Begleitung verlassen. Und so kam es, dass Rudi nun jeden Tag nach der Schule ungefähr einen Kilometer zu einem Bauern gehen musste, um dort zwei Liter frische Milch zu holen, bei jedem Wetter, egal, ob es 30 Grad unter Null war oder ob es regnete. Hartmut baute im Garten vor dem Häuschen einen Sandkasten, in dem Dorothee nun spielen konnte. Sobald sie gehen konnte, nahm sie den Besen und wollte den Gehweg vor dem Haus kehren. Sie schien einen ausgeprägten Putzfimmel zu haben.

Im Sommer 1954 musste Charlotte ins Krankenhaus. Sie hatte eine nicht sofort erkannte schwere eitrige Mittelohrentzündung und musste nun operiert werden. Ein Knochen war bereits vom Eiter beschädigt. Eine Dame des Staatssicherheitsdienstes musste sie auch jetzt begleiten. Diese wurde also ebenfalls in der Klinik als Patientin aufgenommen, mit irgendeiner erfundenen Diagnose und lag im Bett neben Charlotte. Hartmut erhielt zwei freie Tage, um Dorothee betreuen zu können. Dann aber musste er wieder arbeiten. Dorothee wurde also tagsüber bei der mit ihnen besonders gut befreundeten Familie Rochelle untergebracht. Erika und Erhard Rochelle waren aus Berlin, den französischen Familiennamen trugen sie, weil sie von den Hugenotten abstammten, von jenen französischen Protestanten, die in der Zeit vor der französischen Revolution dort verfolgt wurden und daher in verschiedene Gegenden auswanderten, darunter auch viele nach Berlin. Familie Rochelle hatte drei Töchter - Hildegard, Judith und Annette.

Jeden Morgen, wenn Hartmut Dorothee zu Erika Rochelle brachte, gab es tragische Szenen. Dorothee heulte und heulte und heulte. Und so beschlossen sie, Dorothee einfach ganz bei Familie Rochelle zu lassen, bis Mutti wieder nach Hause kommen würde.

Der tapfere Rudi holte nach wie vor die Milch für seine kleine Schwester beim Bauern, marschierte täglich die Strecke von einem Kilometer hin und wieder einen Kilometer zurück. Hartmut bereitete abends die Milchfläschchen vor und brachte sie zu Familie Rochelle, aber erst, wenn sicher war, dass Dorothee schlief. Es dauerte einen ganzen Monat, bis Charlotte aus der Klinik entlassen wurde. Und dann war Charlotte zwar zu Hause, aber Dorothee blieb noch einige Tage bei Familie Rochelle, damit Charlotte sich noch etwas erholen konnte.

Ganz sprachlos schaute Dorothee auf ihre Mutter, sie konnte es gar nicht glauben, dass diese jetzt wieder da war. Charlotte war zu Rochelles gekommen, um ihre Kleine abzuholen. Dorothee streckte ihre Ärmchen aus und umarmte ihre Mutter ganz fest, nie wieder wollte sie ihre Mutti los lassen. Gemeinsam spazierten sie nach Hause, und dort warteten schon Papa und Rudi. War das eine Freude, alle wieder vereint! Jetzt war die Welt wieder in Ordnung.
Dorothee war ein lebhaftes Kind. Sie wollte immer unbedingt bei allem dabei sein, mithelfen. Sie deckte den Esstisch, holte dazu jeden Teller einzeln aus dem Schrank. Natürlich gab es hin und wieder Scherben und folglich Tränen. Zu essen begann sie erst dann, wenn ihr großer Bruder Rudi auch seine Portion auf dem Teller hatte. Als Rudi die Windpocken bekam, wollte sie ihn unbedingt pflegen. Ja, sie wuchs wohl behütet in dieser Siedlung auf. Für sie als Kind war die Welt in Ordnung.

Im Sommer 1955, Dorothee war nun schon 2 ½ Jahre alt, durfte sie mit Mutti und einer Begleiterin nach Moskau ins Stadtzentrum fahren, das erste Mal. Da gab es sehr viel Neues zu sehen. Da gab es eine „große Badewanne", wie Dorothee den Fluss Moskva bezeichnete. Da gab es „Treppen mit Stufen, die plötzlich weg sind", die Rolltreppen der Metro, der Untergrundbahn. Und es gab so viele Menschen und so viele Autos und Busse.

Keine Heimkehr in Sicht

„Erscheinen Sie heute alle um 15 Uhr im Klubhaus, aber ohne Angehörige". Sie erhielten den Befehl am 30. Juni 1955. Inzwischen waren sie schon 5 Jahre in Moskau interniert, hatten 1951 Verträge erhalten, in denen stand, dass sie nach 4 Jahren nach Deutschland zurückkehren dürften. Was sollte nun diese mysteriöse Versammlung um 15 Uhr? Ohne Angehörige, das löste Unruhe unter den Deutschen aus. Es war wie ein schlechtes Omen.
Um 15 Uhr versammelten sich die Spezialisten alle im Klubhaus, auf dem Podium saßen zehn Regierungsvertreter. Die Angehörigen versammelten sich auf dem Platz vor dem Klub. Die Eingangstür wurde verriegelt. Durch die Scheiben der Tür sah man eine Frau, die dort Wache hielt.

„Wir werden Sie jetzt über die Anordnung der Regierung der Union der Sozialistischen Sowjetrepubliken informieren: Sie werden bis zum 17. Juli 1955 nach dem kleinen Kurort Agudsery bei Suchumi versetzt, wo Sie in einem Institut arbeiten werden. Ihr Aufenthalt in der UdSSR wird bis Dezember 1957 verlängert, dann können diejenigen nach Hause zurückkehren, die noch wollen."

Das war ein Schock. Es kam Tumult auf: „Was ist mit unseren Verträgen? In denen steht, dass wir 1955 nach Hause zurückkehren können. Da oben unter Ihnen sitzt doch einer, der beim Abschluss der Verträge dabei war." Die Männer waren aufgestanden, sprachen durcheinander, diskutierten.

Hildegard, die älteste Tochter der Familie Rochelle, war 23 Jahre alt. Sie arbeitete bereits und zwar als technische Zeichnerin im Institut, in dem die deutschen Spezialisten arbeiteten. Sie war somit die einzige Frau, die zu dieser Versammlung zugelassen war. Hildegard begann jämmerlich zu weinen und verließ den Saal, ging ins Foyer.
Draußen auf dem Platz standen die beunruhigten Frauen, versuchten durch die Fenster zu sehen, was drinnen geschah. Doch die Fenster waren viel zu hoch. Nun entdeckten sie die weinende Hildegard durch die Scheiben der Eingangstür und hörten den immer stärker werdenden Lärm von Rede und Widerrede aus dem Inneren des Klubhauses. Was war da nur los? Sie wollten nun unbedingt auch ins Klubhaus. Sie begannen zu schreien, begehrten Einlass. „Alle mir nach!" Die kleinste und mutigste unter den Frauen, Susanne Gram, rief dies den Frauen zu. Es erinnerte an den Aufruf zu einer Schlacht. Sie holten Stühle aus ihren Häusern, zertrümmerten die Scheiben der Eingangstür und marschierten schnurstracks durch den Saal nach vorne auf das Podium zu, wo die Regierungsvertreter saßen. Diese wurden ganz bleich im Gesicht. Der Schweiß trat auf ihre Stirn.
Sie waren eine vor Wurt schäumende Menge. Alles Mögliche wurde den Russen auf dem Podium an den Kopf geworfen.
„Diese Verordnung ist unmenschlich."
„Zu Hause warten unsere Familien auf uns".
„Ihre Familien können ja in die Sowjetunion kommen".
„Wer lässt schon seine Familie freiwillig ins Gefängnis nachkommen!"
„Wir wollen mit unserer deutschen Vertretung sprechen."
„Es ist doch mörderisch, uns Deutsche ausgerechnet in der heißesten Jahreszeit in den Süden zu schicken."
Dies war der einzige Punkt, auf den die russischen Vertreter eingingen. Ja, dies sei ein ernsthafter Punkt, den sie sich noch einmal überlegen werden. Und sie versprachen sogar, ihnen die Möglichkeit zu einem Kontakt mit den zuständigen deutschen Regierungsvertretern zu verschaffen. Diese Zusagen beruhigten die Lage etwas.

Immerhin, seit jenem Tag wurde nie mehr von irgendeiner Regierungsstelle aus ihnen gegenüber auch nur die Möglichkeit angedeutet, sie könnten auf Dauer freiwillig in der Sowjetunion bleiben.

Draußen vor dem Klubhaus wurde noch lange weiter diskutiert. Die Männer beschlossen, am nächsten Tag zu streiken, einfach nicht zur Arbeit zu gehen. Diesen Entschluss machten sie auch wahr, das Gehalt für diesen verlorenen Tag wurde ihnen dann abgezogen.

Freitags konnten die Frauen gemeinsam unter Begleitung in einem Sonderbus zum Markt zum Einkaufen fahren. Die Busse waren in der Regel sehr staubig, besonders die Heckscheibe. Irgendeines der Kinder schrieb in diesen Staub „Свобода немецкым специалистам" – Svoboda njemezkim Spezialistam - Freiheit den deutschen Spezialisten. Der Busfahrer bemerkte dies nicht. Und so stand der Bus mit dieser Aufschrift auf der Heckscheibe auf dem Marktplatz. Den Begleitern des Staatssicherheitsdienstes fiel auf, dass sich hinter dem Bus eine Menschenmenge versammelte und interessiert irgendetwas las. Sie entdeckten die Aufschrift und wischten sie sofort ab.

Abends bat Rudolf seinen Vater um Farbstifte, Tinte und Papier. Hartmut fragte, wozu er dies benötige. Rudolf grinste nur und meinte, das brauche der Vater nicht zu wissen. Was planten die Kinder? Sie taten das, was sie in der Schule gelernt hatten. Man hatte ihnen erzählt, dass in den kapitalistischen Staaten, wo die Freiheit der Arbeiter unterdrückt werde, die Kinder Losungen an Hauswände und Plakatsäulen anbringen, wie etwa: Freiheit, Friede u. ä. Nun sahen sie, wie ihre eigene Freiheit unterdrückt wurde. Rudolf und seine Freunde schrieben Losungen in russischer Sprache, wie z. B. „Nicht nach Suchumi, sondern nach Deutschland".
Diese Zettel schoben sie durch Ritzen im Zaun den draußen wartenden russischen Kindern zu, welche diese Zettel dann an Laternenpfählen anklebten. In der ganzen Gegend klebten eine zeitlang diese Zettel an den Laternenpfählen. Natürlich wurden sie entfernt, sobald der Staatssicherheitsdienst diese neue Protestaktion entdeckte. Die Väter wurden gebeten, doch auf die Kinder besser aufzupassen. Das versprachen sie auch, nicht aber ohne vorher zu erklären, dass diese Reaktion der Kinder ein Ergebnis der sowjetischen Erziehung sei. Schließlich habe man ja den Kindern in der Schule erklärt, wie man sich wehren kann, wenn die eigene Freiheit eingeschränkt wird. Von nun an wurde der Zaun um die Siedlung tags- und nachtsüber durch gesonderte Patrouillen bewacht. Die Kinder konnten keinen Kontakt mehr zu ihren russischen Freunden außerhalb des Zaunes aufnehmen.

Inzwischen gab es zwei deutsche Staaten. Da sie, die Spezialisten, sich zur Zeit der Entstehung der beiden deutschen Staaten im Jahr 1949 im Ausland befanden, stand ihnen im Prinzip das Recht zu, frei zu wählen, in welches Deutschland sie zurückkehren wollten. Man ging allerdings davon aus, dass sie sich für die DDR entscheiden würden. Und so wurden drei Vertreter aus der DDR nach Moskau geschickt, die nun die Vorbereitungen zur Rückkehr der Deutschen unterstützten sollten. Jeder der Spezialisten wurde zu einem persönlichen Gespräch mit diesen DDR-Vertretern eingeladen. Anwesend waren, wie sollte es anders sein, auch Personen der sowjetischen Verwaltung, die für sie zuständig waren.

„Wir haben uns bereits mit einigen Ihrer Kollegen unterhalten. Es gibt drei grundlegende Fragen, über die man wohl nicht mehr zu sprechen braucht. Das ist erstens die Frage der Staatszugehörigkeit. Es ist wohl klar, dass Sie zur Deutschen Demokratischen Republik gehören, sofern Sie nicht ausdrücklich etwas anderes wünschen. Desweiteren sind dies die Frage der Anrechnung Ihrer sowjetischen Arbeitszeit in der Deutschen Demokratischen Republik und die Frage Ihrer Rückkehr. Da diese drei Fragen im Wesentlichen ja schon mit denjenigen geklärt wurden, die vor Ihnen zum Gespräch hier waren, können wir direkt zu Ihren persönlichen Fragen übergehen, z. B. Ihrem späteren Einsatz in der DDR. Sie können sich dann schon während Ihres restlichen Aufenthaltes in der Sowjetunion auf Ihre neue Arbeit in der Heimat vorbereiten."

Auf dieses Spiel ließ sich Hartmut nicht ein: „Zunächst möchte ich doch auf die ersten drei Fragen zurückkommen, und zwar besonders auf die erste. Leider ist die politische Situation so, dass mit einer Wiedervereinigung Deutschlands in Kürze nicht zu rechnen ist."
Auf diese Bemerkung Hartmuts musste der DDR-Vertreter sofort etwas antworten: „Wir wünschen aber die Wiedervereinigung." „Selbstverständlich, aber die Situation ist zunächst so, dass in der nächsten Zeit nicht damit gerechnet werden kann. Wie man nun weiß, gibt es zwei Deutschland, die Deutsche Demokratische Republik und die Bundesrepublik Deutschland, welche als gleichberechtigt anerkannt sind."
„Noch nicht".
„Die diplomatischen Beziehungen sind noch nicht aufgenommen, darüber laufen aber Verhandlungen und wir alle hoffen, dass die diplomatischen Beziehungen zwischen der Bundesrepublik Deutschland und der Sowjetunion bald aufgenommen werden können. Meine Frau und ich haben keine Verwandten in der DDR, unsere Verwandten leben alle in der Bundesrepublik Deutschland. Wir stammen aus München bzw. Stuttgart. Ich erkläre mich daher als zur Bundesrepublik Deutschland gehörig."

Damit hatten die Vertreter der DDR nun wirklich nicht gerechnet: „Einige in die USA verschleppte deutsche Spezialisten wurden gezwungen die amerikanische Staatsangehörigkeit anzunehmen, damit sie nie mehr die Möglichkeit hätten, in für die US-Amerikaner nicht erwünschte Gebiete zu reisen und dort über ihre Arbeit in den USA sprechen zu können. Wir nehmen aber an, dass die Regierung der Sowjetunion keine derartigen Pläne hat. Können wir trotz

Ihrer Entscheidung für die Bundesrepublik Deutschland weiter mit Ihnen verhandeln?"

„Da noch keine diplomatischen Beziehungen zwischen der Bundesrepublik Deutschland und der Sowjetunion bestehen, bitte ich Sie darum und werde Ihnen dankbar sein dafür, auch meine Interessen im Sinne einer baldigen Repatriierung zu vertreten."

Einer der Vertreter notierte in seinem Buch: „Dr. Broningen, westdeutscher Staatsangehöriger, besteht auf Repatriierung". Hartmut war somit der Erste, der sich für die Bundesrepublik Deutschland entschied. Es folgten ihm viele andere.

Anfang September 1955 wurde ihnen allen bekannt gegeben, dass ihr Aufenthalt in der UdSSR durch Fürsprache der DDR bis Dezember 1956 festgelegt worden sei, also etwas verkürzt wurde. Bis zum 12. September sollten sie in den Süden, nach Suchumi ans Schwarze Meer verlagert werden, wo sie in einem Institut mit offenen, also nicht geheimen, Arbeiten beschäftigt werden sollten. Es wurde ihnen größere Bewegungsfreiheit zugesichert, ohne Begleiter sollten sie in Zukunft bis in die Stadt fahren dürfen.

Genau an diesem 12. September 1955 kam Bundeskanzler Konrad Adenauer in Moskau an, um Gespräche mit der sowjetischen Regierung aufzunehmen. Es hatte also einen wichtigen Grund, warum sie bis zu diesem Tag nicht mehr in Moskau sein sollten.

Es wurden ihnen Kisten, Verpackungsmaterial, Kartons zur Verfügung gestellt, und sie begannen einzupacken. Mit zwei Sonderzügen ging es nach Süden. Das Hab und Gut der Familie Broningen wurde mit drei Lastwagen zum Güterbahnhof gebracht. Sie fuhren im ersten Sonderzug und hatten ein eigenes Zugabteil mit vier Betten, zwei unten, zwei oben. Je weiter sie nach Süden kamen, desto wärmer wurde es. Am Abend des 15. September kamen sie am Bahnhof in Sotschi an. Nachts ging die Fahrt dann weiter in Richtung Süden. Die Strecke hat viele Tunnel. Das Fenster des Zugabteils war etwas geöffnet. Der Zug wurde von einer Dampflokomotive gezogen. In jedem Tunnel kam daher etwas schwefeliger Gestank ins Abteil. Dorothee lag schon in ihrem Bett, richtete sich plötzlich auf und sagte: „Durchfall".

Gut, dass der Nachttopf aus Emaille mitgenommen worden war. Der Topf war außen hellblau, innen weiß und hatte einen blauen Deckel. Also Dorothee schnellstens auf das Töpfchen gesetzt. Doch es kam nichts. Also wurde Dorothee wieder hingelegt. Es dauerte nicht lange, da setzte sich Dorothee wieder auf: „Durchfall" - also wieder auf das Töpfchen gesetzt. „Nein, Durchfall vorne". Oje, ihr war übel und sie musste erbrechen. Also wurde das Töpfchen „vorne" hingehalten - und da kam „Durchfall vorne" heraus.

Am 12. September um 14.00 Uhr hatten sie die Reise begonnen, vier Tage später kamen sie am Güterbahnhof Kelasuri in Suchumi, der Hauptstadt Abchasiens an. Damals nannte sich das noch „Autonome Sozialistische Sowjetrepublik Abchasien" und gehörte zur Georgischen Sozialistischen Sowjetrepublik.

Im Paradies

Als Gott die Erde erschaffen hatte, rief er jeweils zwei Vertreter eines jeden Volkes zu sich, um die Erde unter ihnen aufzuteilen. Sie sollten am nächsten Tag nachmittags bei ihm sein.
Und so geschah es, dass jeweils zwei Vertreter eines fast jeden Volkes pünktlich am nächsten Nachmittag bei Gott erschienen. Es fehlten nur die Vertreter des georgischen Volkes. „Nun", sagte Gott, „sie werden sich verspätet haben. Vielleicht hatten sie Schwierigkeiten auf dem Weg hierher. Wir warten noch ein bisschen auf sie." Doch die Zeit verging, keine Georgier waren in Sicht.
„Ich kann ja schon mal anfangen, die Erde aufzuteilen, die Georgier werden sicher bald kommen", so beschloss es Gott und begann, die Erde unter den Völkern aufzuteilen. Er war sehr auf diese Arbeit konzentriert und vergaß darüber, dass die Georgier noch immer nicht kamen.
Als nun die letzten Volksvertreter gerade gegangen waren, erblickte Gott in der Ferne zwei Männer, die umarmt und offensichtlich angeheitert etwas schwankend sich näherten. Es waren die beiden Georgier.
„Ja, um Himmels Willen, wo seid Ihr denn gewesen? Was war denn los mit Euch?", wollte Gott wissen.
„Oh, Herr, wir haben uns pünktlich auf den Weg gemacht, doch unterwegs sahen wir eine Weinschänke. Da beschlossen wir, hineinzugehen und mit einem Glas Wein auf Dein Wohl anzustoßen. Und dann haben wir mit noch einem Glas Wein auf Dein Wohl angestoßen und dann mit noch einem...., und so haben wir die Zeit etwas vergessen und sind nun leider spät gekommen."
Da meinte Gott: „Ich war so auf meine Arbeit des Verteilens konzentriert, dass ich ganz vergessen habe, dass Ihr nicht da wart. Und so habe ich versehentlich bereits die ganze Erde unter den anderen Völkern aufgeteilt. Es ist nichts mehr übrig geblieben. Aber, wisst Ihr was? Eure Ausrede hat mir so gut gefallen; ich werde Euch einfach ein Stück von meinem Paradies geben."

Und so kam es, dass die Georgier ein Stück vom Paradies geschenkt bekamen.

Diese Legende aus Georgien beschreibt in liebevoller Weise, wie schön dieses Land im Kaukasus ist, wie reich an Bergen, Tälern, Wäldern, Küsten. Sie beschreibt auch, wie sehr die Georgier ihr Land, ihre eigene Kultur und ihre besondere Geschichte lieben.

****

Verglichen mit ihrer Lage in Moskau war es tatsächlich fast wie im Paradies. Sie wohnten auch hier in einer eingezäunten Siedlung, konnten diese aber problemlos verlassen; brauchten keine Begleitung mehr. Die Siedlung lag ungefähr zehn Kilometer südlich von Suchumi. Mit dem öffentlichen Bus konnten sie in die Stadt fahren. Weiter weg allerdings durften sie sich nicht bewegen. Das Klima war subtropisch, und jetzt im Herbst war es noch sehr warm.

Auf der Westseite endete die Siedlung direkt an der Bahnlinie, die von Suchumi nach Tbilissi (Tiflis, Hauptstadt Georgiens) führte. Hier stand ein Wärterhäuschen, in dem immer eine Person saß, um die Schranke zu öffnen, wenn mal ein Auto in die Siedlung wollte. In die Siedlung durften nur diejenigen hinein, die dort wohnten oder vorangemeldet waren.

Gleich hinter den Gleisen begann eine Zypressenallee. Diese schönen tiefgrünen schlanken Bäume umrahmten den Blick auf einen Turm mit sechseckigem Grundriss am Ende der Allee, der im für die Gegend typischen architektonischen Stil gebaut worden war. Es waren deutsche Kriegsgefangene, die diesen Turm Ende der 40-er Jahre hatten bauen müssen. Damals diente er als Wachturm. Innen führte eine Wendeltreppe hinauf auf eine Plattform, von der aus man einen herrlichen Blick auf die Zypressenallee auf der einen, und das Meer auf der anderen Seite hatte. Eine schmalere Wendeltreppe führte auf eine zweite Plattform. Von hier aus konnte man auch einen Blick auf die Siedlung werfen. Der Turm stand direkt am Strand. Dorothee durfte immer nur bis zur ersten Plattform hoch gehen. Hartmut ließ sie nie bis zur zweiten Plattform gehen, weil dort oben das Geländer sehr niedrig war. Unten am Eingang roch es unangenehm nach Urin. Die Ecke hinter der Wendeltreppe wurde offensichtlich von vielen Männern besucht.

In den Jahren bevor sie hierher kamen, lebte eine andere Gruppe deutscher Spezialisten in der Siedlung. Diese durften nicht ohne Begleitung ans Meer, weshalb man einen Stacheldrahtzaun entlang des Strandes gebaut hatte. Da sie im Laufe der Jahre stets mehr Freiheit genießen durften, hatte man in regelmäßigen Abständen Treppen über diesen Zaun gebaut, so dass sie und die mit ihnen in der Siedlung lebenden Russen und Georgier ungehindert an den Strand gehen und im Meer baden konnten. Der Zaun diente jetzt nur noch dazu, unerwünschte Tiere, wie Kühe, Schafe, Ziegen aus der Siedlung fernzuhalten.

Der Strand war nur in Nähe des Zaunes etwas sandig, näher am Meer gab es nur Kieselsteine oder gar richtig große Steine. Zum Sonnen lag man also etwas weiter vom Meer entfernt im sandigen Bereich. Hier konnten die Kinder auch Sandburgen bauen und spielen. Welch herrliche Sonnenuntergänge konnte man hier beobachten, wie schön war es, dem Rauschen des Meeres zuzuhören! Man wanderte am Strand entlang, weiter nach Süden, bis zum nächsten kleinen Ort Gulripschi. Dann bog man nach links ab in einen Weg, der zum weiß-blauen Bahnhofsgebäude des Ortes führte. Auf den Gleisen entlang konnte man dann wieder zum Wärterhäuschen am Eingang der Siedlung zurückspazieren. Die großen Lokomotiven der schweren Züge pfiffen immer wieder, und das Nähern eines Zuges spürte man ganz deutlich am starken Vibrieren der Gleise. So kam es nie zu einem Unfall. Dorothee genoss es, auf den Schultern ihres Vaters Huckepack zu sitzen und die Welt von ganz weit oben betrachten zu können. Sie freute sich jedes Mal, wenn man sich zu solch einem Rundgang entschloss. Manchmal, wenn die Gleise zu vibrieren begannen, musste sie von Hartmuts Schultern absteigen. Sie kletterten den Bahndamm hinunter und warteten, bis der Zug vorbeigefahren war. Die Züge fuhren nicht sonderlich schnell. Oft hatten die Passagiere die Fenster geöffnet und winkten ihnen zu. Es war jedes Mal ein Abenteuer.

Bei einem dieser Spaziergänge, als Dorothee wieder Huckepack bei Papa auf den Schultern saß, kippte sie etwas nach hinten. Hartmut zog sie reflexartig sofort wieder nach vorne, wobei er aber nicht ihren linken Unterarm, sondern nur ihre linke Hand erwischte. Dorothee heulte fürchterlich los. Sie hatte wohl eine Zerrung erlitten. Mutti legte ihr einen Verband an. Nachts schlief sie ganz ruhig. Doch am nächsten Tag jammerte sie weiter. Also beschloss Hartmut, doch lieber die Ärztin der Institutspoliklinik zu konsultieren. Dorothees Hand durfte er gar nicht berühren, sofort jammerte sie wieder los. Die Ärztin nahm Dorothees Hand, drehte sie hin und her, bewegte jeden einzelnen Finger, drehte das Handgelenk nach oben, nach unten. Dorothee nahm kaum Notiz davon, schaute gelangweilt zum Fenster hinaus. Von Schmerzen keine Spur. Wie peinlich das Hartmut war. Aber es war doch gut, die Ärztin aufgesucht zu haben, denn die jetzt nur noch eingebildeten Schmerzen hätten sonst noch einige Tage anhalten können.
Nicht weit vom Meer gab es einen Teich. Hier lebten unzählige Frösche, die bei Dämmerung anfingen zu quaken. Es war ein richtiges Konzert, welches man sogar bis in die Siedlung hören konnte. Manchmal gar so laut, dass man morgens davon aufwachte und abends die Kinder damit einschlafen konnten.

Familie Broningen hatte ein Holzhäuschen zugewiesen bekommen mit einem großen Garten außen herum. Die vorherigen Bewohner hatten einen schwarzen Kater gehabt, den sie nicht mitnehmen konnten. Der Kater schlich nun ständig um das Haus herum, saß vor der Tür und miaute. „Papa, lass doch den Kater zu uns ins Haus, bitte, bitte, bitte". Dorothee schaute ihren Vater mit großen Augen an. Obwohl Hartmut grundsätzlich keine Haustiere mochte, ließ er sich erweichen und erlaubte dem Kater, ins Haus zu kommen. Dieser wurde auf den Namen „Peter" getauft und gehörte von nun an zur Familie.

Nur wenige Wochen nach ihrer Ankunft wurde ein Ausflug für die Spezialisten und ihre Familien organisiert. Mit Bussen ging es hinauf zu den Bergen des Kaukasus zum Rizasee. Dieser See liegt 950 m über dem Meeresspiegel, umgeben von drei hohen Bergen: Der Legende nach war Riza ein schönes

Mädchen, das drei Brüder hatte - Agepsta, Atsetuka und Pschegischchja. Riza hütete tagsüber die Schafe, ihre Brüder gingen in die Berge um zu jagen. Eines Tages verirrte sich einer der Brüder und kam nicht rechtzeitig abends zurück. Riza suchte ihn. Da wurde sie von zwei Banditen entführt. Die Brüder hörten ihre Schreie und kamen ihr zu Hilfe. Riza konnte sich befreien, verlor dabei aber das Gleichgewicht und stürzte in den kalten Gebirgssee. Ihre Brüder konnten sie nicht mehr retten. Riza ertrank. Die Brüder waren so traurig darüber, dass sie in die Berge zogen, von wo aus sie den Ort, an dem ihre Schwester Riza starb, heute noch beschützen.

Und so heißen die drei Berge am Rizasee denn auch Agepsta, Atsetuka und Pschegischchja. Der höchste von ihnen ist Agepsta mit 3.256 m Höhe. Er hat oben eine flache Wand, die schräg zum See hin abfällt. Auf ihr liegt ewiger Schnee.

In einer kleinen Bucht am See hatte Stalin 1930 sich ein Sommerhaus bauen lassen - eine Datscha, ein typisches Gebäude, weiß mit Säulen an der Vorderfront. Zwischen all dem Grün fiel dieses Haus schon von weitem auf.

Die Fahrt von Suchumi zum Rizasee dauerte etwas über fünf Stunden. Zunächst ging es zum Kurort Gagra, noch an der Küste entlang. Dann aber schlängelte sich die Straße in nicht enden wollenden Serpentinen zwischen den Bergen immer mehr hinauf. Einige Leute äußerten Bedenken, ob es nicht zu riskant sei, so ein kleines Kind wie Dorothee auf diesen Ausflug mitzunehmen, doch weder Hartmut noch Charlotte ließen sich davon abhalten. Sie wollten mit der gesamten Familie diesen Ausflug genießen. Charlotte hatte sicherheitshalber den blau-weißen Nachttopf für Dorothee mitgenommen. Man konnte ja nie wissen. Doch Dorothee hatte überhaupt keine Probleme. Das Reisen gefiel ihr sehr. Wer den Nachttopf brauchte war Charlotte - und zwar für „Durchfall vorne".

Es war Mitte Oktober und noch angenehm warm, nicht so schwül-warm wie am Meer. Nicht weit vom Parkplatz entfernt gab es eine Anlegestelle für Motorboote, mit denen man eine Ausflugsfahrt über den See machen konnte. Hartmut mietete solch ein Boot. Mit rasender Geschwindigkeit ging es los. Dorothee fand das herrlich. Dieses tiefgrüne saubere Wasser, da musste man doch den Finger reinstecken.

„Setz Dich sofort wieder hin". Hartmut blieb fast das Herz stehen. Da beugte sich seine Tochter doch wahrhaftig über das Boot raus und versuchte die Hand ins Wasser zu stecken. Dorothee erschrak, Papas Ton war so streng. Nein, sie traute sich wirklich nicht, noch einmal einen Versuch zu starten, dieses Wasser zu berühren. „Da hinten, das muss die Datscha von Stalin sein", meinte Charlotte, als ein weißes Haus in einer Bucht auftauchte.

An diesen Ausflug zum Rizasee konnte sich Dorothee später erinnern, daran, dass Papa mit ihr schimpfte, weil sie den Finger ins Wasser stecken wollte, daran, dass Mutti sagte, da hinten ist Stalins Datscha, und daran, dass einer der Berge so merkwürdig flach oben war und eine große weiße Schneeplatte auf der Seite zum See hin hatte. Es ist ihre erste Kindheitserinnerung.

****

Obwohl man ihnen in Moskau versprochen hatte, dass ein Vertreter der DDR-Regierung in Suchumi auf sie warten würde, war niemand da. Erst im Dezember wurde solch ein Vertreter - Uwe Steinauer - entsandt. Er reiste mit Frau Regina und Tochter Birgit an. Birgit war auf den Tag fünf Monate älter als Dorothee. Beide Mädchen wurden gute Freundinnen. Sie spielten viel zusammen. Uwe Steinauer sollte die Rückkehr der Spezialisten in die Heimat vorbereiten. Dass er versuchte, „sein" Deutschland, also die DDR, den Spezialisten dabei so schmackhaft wie möglich zu machen, war verständlich. Doch Hartmut und andere ließen nicht von ihrem Plan ab, sie hatten sich für die Rückkehr direkt in die Bundesrepublik Deutschland entschieden.

Dorothee hatte einige Puppen und zwei Puppenbetten. Eines war aus Aluminium und bestand aus drei Teilen: Kopfende, Fußende und Liegefläche. Das andere war eine aus Holz gezimmerte Wiege, innen rot, außen dunkelgrün. Für beide Betten gab es das dazu passende Bettzeug. Dorothee hatte eine rege Phantasie. Sie wusch die Puppenwäsche, ohne Wasser. Sie hängte die nicht nasse Wäsche auf eine Leine im Garten zum Trocknen und bügelte mit einem kleinen schweren und kalten Spielzeug-Bügeleisen.
Im Garten hatte Hartmut eine einfache Schaukel für Dorothee gebaut. Rudi, der neun Jahre älter war, baute mit seinen Freunden hinter dem Haus ein kleines Holzhäuschen, in dem man sich gebückt sogar bewegen konnte. Da es außer Birgit kaum gleichaltrige Kinder unter den Spezialistenfamilien gab, spielte Dorothee auch viel mit Kindern der russischen und georgischen Familien aus der Nachbarschaft. Und sie spielte gerne mit ihrem Bruder und seinen Freunden. Diese nummerierte sie und nannte sie von nun an „Mann Nr. 1" - Mann Nr. 2" usw. Mann Nr. 1 war Vinzenz Becker. Er war „nur" sieben Jahre älter als sie, in ihren Augen also fast so alt wie sie selbst!
Tief in den kaukasischen Bergen gab es ein kleines Dorf mit dem Namen „Ps-chu". Man konnte dort nur per Flugzeug, mit einem kleinen Doppeldecker, oder per Esel hinkommen. Es wurde ein Ausflug mit dem Doppeldecker angeboten. Da jemand bei Dorothee bleiben musste, flog nur Charlotte zusammen mit vier anderen Spezialistenfrauen nach Ps-chu. Das kleine Flugzeug startete am nahe gelegenen Flugplatz Tranda und flog direkt über ihre Siedlung Richtung Berge. „Da ist das Flugzeug, da sitzt Mutti drin", Hartmut zeigte auf das fliegende Ding am Himmel mit den seltsamen doppelten Flügeln. Sie standen neben dem Haus und Dorothee winkte und winkte und hoffte, ihre Mutti könnte sie von dort oben aus sehen. Es war ein seltsames Gefühl, dass Mutti plötzlich nicht da war, umso größer die Freude, als sie zwei Tage später zurückkam und so vieles zu erzählen hatte.

33

Hartmut hatte beschlossen, Charlotte den Haushalt nicht ganz alleine zu überlassen und hatte sich im Institut herumgehört, wer eine Putzhilfe empfehlen könnte. So kam Walja zu ihnen. Walja war zwei Mal in der Woche da und übernahm die gröbsten Putzarbeiten. Dorothee putzte auch gerne, sie trocknete das Geschirr ab, fegte die Treppen und putzte sogar die Toilette. Es musste schließlich immer alles schön sauber sein. Walja nahm es mit dem Putzen nicht immer so genau. Sie wischte den Boden, vergaß dabei aber gerne mal die Ecken. Dorothee stand im Türrahmen und beobachtete alles ganz genau. Sie stemmte die Arme in die Hüften und sagte: „Чисто нада" - tschisto nada - sauber muss es ein. Dabei zeigte sie mit dem Finger in die Ecke. O weia, da beschwerte sich Walja aber bei Charlotte, dass so eine kleine, gerade mal vier Jahre alte Göre ihr Befehle erteilte, wie sie zu putzen habe.

Inzwischen war es ihnen erlaubt worden, sich bei der HO - Handelsorganisation - in Ost-Berlin aus einem Katalog Sachen zu bestellen und nach Suchumi schicken zu lassen. So erhielt Dorothee eine schöne große Puppe mit blonden Haaren, einen Teddy und schließlich sogar einen Puppenwagen, einen Korbwagen mit verschiebbarem Dach, welches sogar auch abgenommen werden konnte. Hierin fuhr sie nun ihre Puppen spazieren.
Einer der Spezialisten war schwer erkrankt und lag schon seit einiger Zeit im Krankenhaus in Georgiens Hauptstadt Tbilisi. Hartmut durfte ihn besuchen. Er fuhr mit dem Zug dorthin und brachte Dorothee eine Plastikpuppe als Geschenk mit. Sie wurde auf den Namen ihres Herkunftsortes getauft „Tbilisi". Doch eines Morgens war die Puppe plötzlich verschwunden. Das ganze Haus wurde durchsucht, doch nirgendwo tauchte Tbilisi auf. Wie konnte das denn nur sein?
Die letzten Familien, die sich für die DDR entschieden hatten, reisten im Oktober 1956 in die Heimat. Es blieben nur noch etwa 20 Familien. Die Sachen waren gepackt, alles war in Kisten und Koffern verstaut. Jeden Moment konnte es heißen, dass sie nun auch endlich abreisen dürfen. Doch dieser Moment zog sich dahin. Die Ungewissheit war zermürbend.

Kurz vor Weihnachten reiste auch Familie Steinauer ab. Sie flogen vom Flugplatz Tranda aus erst nach Moskau, dann nach Ost-Berlin. Es war ein trüber Tag, es hatte viel geregnet. Am Flughafen waren die Wege voller Schlamm. Dorothee war es schwer ums Herz. Ihre beste Freundin Birgit verließ sie nun. Und keiner wusste, wann und ob man sich jemals wieder sehen würde. Sie winkte dem Flugzeug hinterher und weinte. Zurück zu Hause entdeckte sie im Puppenbett ein Taschentuch von Birgit, eines mit einem grünen Rand und Puppen in der Mitte. Es war schmutzig. Sie wusch es und hob es auf. „Wenn wir uns wieder treffen, dann werde ich Birgit das Taschentuch zurückgeben." Wer konnte damals ahnen, dass ein Wiedersehen erst über 34 Jahre später möglich sein würde? Erst nach dem Fall der Berliner Mauer, nach der Öffnung der DDR, nach der Wiedervereinigung beider deutscher Staaten.

Weihnachten 1956 rückte näher. Am 6. Dezember kam der Nikolaus. Er hatte allerdings keinen roten Mantel, sondern einen tiefblauen langen schweren Wintermantel und er sprach mit sehr tiefer Stimme. Ob sie brav gewesen war? Der Mann war ihr suspekt. Was wollte der eigentlich? Wie kommt der dazu, solche Fragen zu stellen? Ein wildfremder Mann! Als er dann Süßigkeiten und Nüsse verteilte, war sie wieder froh. Seltsam war aber doch, dass Papa an diesem Abend erst so spät nach Hause kam, als der Nikolaus schon längst wieder weg war.

Unter dem Weihnachtsbaum lagen schöne Geschenke für die Kinder. Und, ja, das war doch kaum zu glauben. Da war ja Tbilisi. Sie war nicht mehr nackt. Sie war richtig schön angezogen mit Pullover, Trägerrock, Hose, Socken, Mütze - alles in blau und weiß gehäkelt von einer guten Fee. Wie schön Tbilisi darin aussah!

Neujahr 1957 feierten sie bei Familie Rechwiaschwili. Herr Rechwiaschwili war der Direktor der Schule, die Rudi und seine Freunde besuchten. Sie hatten vier Kinder, zwei Söhne und zwei Töchter. Der jüngste Sohn hieß Nugsari, wurde aber von allen „Bitschi" genannt, was im Georgischen „Söhnchen" bedeutet. Bitschi und Rudi waren gute Freunde und spielten oft Fußball miteinander. Man saß nun zusammen und feierte gemeinsam das neue Jahr.

In Georgien ist es üblich, Trinksprüche zu halten. Eine Person, meist ein Mann, wird dazu bestimmt, die Trinksprüche vorzutragen. Man nennt diese Person „Tamadá". Der Tamadá kann diese Aufgabe auch an andere Personen weitergeben. Denn schließlich muss jedes Mal, wenn man mit den Gläsern anstößt und ehe man trinkt, ein solcher Spruch gehalten werden. Es gab georgischen Wein. Dorothee bekam auch einen winzigen Schluck davon. Alle hoben ihre Gläser, doch ehe der Tamadá etwas sagen konnte, meinte Dorothee: „...und dass wir bald nach Hause fahren." Mit „nach Hause" meinte sie jenes Land, das, wie die Eltern ihr immer sagten, ihre Heimat war, Deutschland.

Deutschland, das war jenes Land, in dem die Sprache gesprochen wurde, welche sie auch mit ihren Eltern, ihrem Bruder, mit den anderen Leuten, die das gleiche Schicksal mit ihnen teilten, sprach. Draußen auf der Straße spielte sie mit russischen, mit georgischen Kindern. Dann sprach sie Russisch mit ihnen. Einmal zerstritt sie sich mit einer russischen Freundin. Diese beschimpfte sie daraufhin als „Faschistka". „Eto ty - das bist Du," rief Dorothee ihr böse zu. Keine Ahnung, was eine Faschistka sein könnte, aber, dass es ein Schimpfwort war, das spürte Dorothee. Es gab da so etwas, was man Krieg nannte. Da hatten die Deutschen viel Schlimmes gemacht, auch hier im Land. Und deshalb musste ihr Vater jetzt hier arbeiten. Das hatte Dorothee begriffen. Was dies aber genau bedeutete, das zu verstehen war sie noch viel zu klein.

Als Hartmut wenige Tage später vom Institut abends nach Hause kam, pfiff gerade die Dampflokomotive eines vorbeifahrenden Zuges.

„Papa, der Zug pfeift, wir sollen nach Hause fahren."

„Vor einer Stunde ist uns eröffnet worden, dass unser Aufenthalt in der Sowjetunion bis Ende 1958 verlängert wurde. Dann können wir zurückkehren."

Hartmut hatte wieder einmal eine enttäuschende Nachricht mitgebracht. Diejenigen, die sich für Westdeutschland entschieden hatten, mussten einfach länger bleiben, brauchten eine noch längere „Abkühlungsphase", eine Phase, um zu vergessen, welche Aufgaben sie hier zu erledigen hatten, Zeit, damit ihre Arbeit gar nicht mehr aktuell und längst vom neuesten Stand der Technik überholt war.

Der Großvater im fernen Deutschland hatte einen Kalender geschickt. Jeden Tag wurde ein Zettel abgerissen. Dorothee lernte so die Zahlen und wusste bald, wenn die Zahl rot war, dann war Sonntag. Sie lernte zu zählen, auf Deutsch, auf Englisch, auf Russisch, auf Georgisch, wobei ihr die ersten drei Zahlen „erti, ori, sami - eins, zwei, drei" besonders gefielen. Lustig war, dass die Zahl NEUN auf Englisch „nine" - nein heißt. „Was heißt auf Englisch JA?" Und es machte so Spaß „open the door, close the door" (öffne die Tür, schließ die Tür) zu spielen. Ihre Bilderbücher hatte sie schon eingepackt, in einen kleinen braunen Koffer. Sie war vorbereitet und konnte jederzeit abreisen.

Opa hatte im September Geburtstag. Dorothee wollte ihm ein Geschenk machen. Sie nahm einen Rest Kekse, eine Schokoladentafel, ein Päckchen Traubenzucker (das hatten sie sich alles von der HO aus Ost-Berlin schicken lassen), einen Zettel, auf dem einige Häuser gezeichnet waren, packte alles doppelt in Papier ein, verschnürte es, holte aus dem Garten ein paar Blumen, steckte diese oben drauf und gab das Paket Hartmut. Er sollte es zur Post bringen und dort sagen, das sei für den Opa in Deutschland zum Geburtstag. Hartmut versteckte das Paket im Schrank, damit Dorothee glauben konnte, er hätte es bei der Post abgeschickt.

Von den verzweifelten Kämpfen der Erwachsenen, besonders der Väter, um eine Rückkehr nach Deutschland, bekamen die Kinder wenig mit. Sollte man sich nicht doch lieber für die DDR entscheiden? Und dann von dort in die BRD weiter reisen? Das hatten inzwischen einige gemacht, die im Oktober 1956 in die DDR repatriiert worden waren. Oder doch lieber sich direkt für die BRD entscheiden?

Sie stellten Anträge an die Botschaft der Bundesrepublik, um Pässe zu erhalten. Doch diese gingen auf dem Postweg verloren. Daraufhin beantragten einige Verwandte in Westdeutschland die Pässe und schickten sie mit der ganz normalen Post. Wundersamerweise kamen diese Pässe tatsächlich an. Nun waren sie im Besitz eines offiziellen Papieres, sie existierten wieder und hofften verstärkt auf eine baldige Rückkehr.

Nach Suchumi fuhren sie öfters, besuchten das dortige Strandbad. Hier stand eine Ruine, ein Rest der ehemaligen abchasischen Mauer. Und einmal machten sie einen Ausflug, mit dem Schiff „Rossija" (Russland) nach Sotschi, das etwa 140 km nördlich von Suchumi an der Schwarzmeerküste liegt.

Für die Kinder war es nach wie vor fast wie im Paradies, so schön war es hier. Das subtropische Klima, manchmal vielleicht etwas zu hohe Luftfeuchtigkeit, aber dennoch angenehm. Das Meer vor der Haustür, die quakenden Frösche am Abend, die ewig mit Schnee bedeckten Berge des Kaukasus. Kein Mensch ärgerte sich über Kinderlärm, man konnte spielen, Krach machen, sich gegenseitig unangemeldet besuchen. Aber die Unruhe, die angespannten Nerven der Erwachsenen, irgendwie übertrug sich dies auch auf die Kinder.

„Heimkehr" ins Ungewisse

Das Jahr 1958 begann. Anfang Februar schneite es plötzlich, eine Seltenheit in dieser Gegend. Die Kinder bauten sofort einen Schneemann. Sie rollten den Schnee zu einer Kugel und hinterließen einen grünen Streifen auf dem Rasen im Garten.
Die Zeichen auf eine baldige Rückkehr verdichteten sich. „Ihr könnt nach Hause, Ende Januar geht es los". Doch dann wurde die Abreise wieder einmal verschoben.

Erst als Hartmuts deutscher Vorgesetzter ein Telegramm der bundesdeutschen Botschaft aus Moskau erhielt: Er und 20 Kollegen samt Familien würden in Kürze in die Bundesrepublik zurückkehren, erst jetzt glaubten sie daran, dass es wahr werden würde.
Die Kisten wurden mit den Adressen der nächsten Verwandten in der Bundesrepublik Deutschland markiert und verladen. Dorothee nahm Abschied von ihren russischen Freunden, darunter dem kleinen, erst zwei Jahre alten Slawik, der sehr an ihr hing und immer ihren Namen rief, sobald er sie aus der Ferne erblickte. Besonders schwer fiel der Abschied von Kater Peter. Er musste hier bleiben. Russische Nachbarn wollten ihn adoptieren und sich fortan um ihn kümmern.
Es gab zwei Sonderzüge für die Spezialisten und ihre Familien. Mit Bussen wurden sie abgeholt und zum Bahnhof gebracht. Ihre einheimischen Nachbarn, Kollegen, Freunde kamen alle, um sie zu verabschieden. Ein bewegender Moment.
Der erste Zug fuhr am 8. Februar 1958 los, es war ein Samstag. Familie Broningen erhielt eines der Abteile mit je vier Betten, oben zwei, unten zwei.
Alle Wege führen über Moskau, und so mussten sie erst zwei Tage im Zug verbringen, um in die Hauptstadt zu kommen. Die Fahrt ging nun in umge-

kehrte Richtung, nach Norden, an der Küste des Schwarzen Meeres entlang. Das Asow' sche Meer war noch zugefroren. Rudi wurde krank, Angina. Der Zug hielt in Tula. Hartmut kaufte hier eine Flasche Wodka, damit Charlotte Halswickel für Rudi machen konnte. Ein altbewährtes Hausmittel, sehr wirkungsvoll.

In Moskau kamen sie am 10. Februar 1958 auf dem Paweletskij Voksal - Paweletskij Bahnhof - an, der im Süden liegt. Mit Bussen wurden sie zum Bjelorusskij Voksal - Weißrussischen Bahnhof - im Westen gebracht. Charlotte und Dorothee wollten gerade in den Bus einsteigen, da schloss sich die Tür. Beide schrieen entsetzt los. Die konnten doch nicht ohne sie abfahren. Panik! Doch da ging die Tür wieder auf.
Sie standen im Bus und hielten sich an einer Stange fest. Charlotte beugte sich runter zu Dorothee: „Schau Dir diese Stadt genau an, das ist die Stadt, in der Du geboren wurdest und die wirst Du vielleicht nie wieder sehen". Und Dorothee schaute und schaute. Die vielen riesigen Gebäude, die breiten Straßen? Was war da so besonderes an dieser Stadt? Da war es doch bei ihnen in Agudseri am Schwarzen Meer viel, viel schöner gewesen.

Am Weißrussischen Bahnhof wurden sie in einen besonderen Wartesaal gebracht. Ihre bundesdeutschen Pässe mit allen benötigten Visen - Ausreisevisum, Durchreisevisum für Polen - wurden ihnen ausgehändigt. Sie waren wieder freie Menschen.
Hartmut ging sicherheitshalber mit Rudi zum Bahnhofsarzt. Die Wodka-Halswickel hatten ihre Wirkung getan. Rudi hatte kein Fieber mehr.

Dann ging Hartmut ein paar Schritte hinaus auf den Bahnhofsvorplatz, hinaus ins verschneite Moskau, als freier Mensch, ohne Begleitung. Es war ein ganz neues, lange nicht mehr empfundenes Gefühl.

Dorothee wollte unbedingt oben schlafen. Sie fühlte sich schon groß. Rudi durfte doch auch oben schlafen, warum sie nicht? Sie quengelte und quengelte, bis sich Hartmut erweichen ließ und ihr auf eines der oberen Betten half. Hartmut spazierte draußen auf dem Bahnsteig auf und ab, immer wieder am Abteilfenster vorbei. Jedes Mal winkte er. Und Dorothee winkte ihrem Papa zu. Er hatte seine russische Schapka, die Pelzmütze, aufgesetzt und trug seinen langen und schweren sibirischen Wintermantel. Dann schlief Dorothee ein. Der Zug fuhr irgendwann ab.
Am nächsten Morgen wachte Dorothee auf und lag im unteren Bett. „Oje, Papa hatte Recht, ich bin tatsächlich runter gefallen!" Das war ihr erster Gedanke, doch dann kamen ihr Bedenken: „Nein, das geht ja gar nicht. Dann hätte ich ja einen Bogen fliegen müssen. Das gibt es nicht. Nein, ich müsste doch in der Mitte unten auf dem Gang liegen. Nein, nein, ich bin nicht hinuntergefallen, Papa hat mich runtergehoben und ins untere Bett gelegt."

Sie kamen in Minsk, der Hauptstadt Weißrusslands an. Nach einem kurzen Aufenthalt ging es weiter in Richtung Westen.

Rudi und seine Freunde saßen draußen auf dem Gang, da gab es Klappsitze. Sie spielten, unterhielten sich. Dorothee, drin im Abteil, langweilte sich.
„Papa, ich möchte auch raus auf den Gang zu den anderen."
„Gut, aber ich muss die Abteiltür wieder zu machen, es zieht sonst zu sehr."
Die Türen waren schwer zu öffnen, viel zu schwer für ein kleines fünfjähriges Mädchen wie Dorothee.
„Komm raus, ich zeige Dir, an welcher Tür Du klopfen musst, wenn Du wieder reinkommen möchtest."
Hartmut erklärte Dorothee: Die Tür mit einem Strich = I und einem Haken = V dahinter - also **IV** - das war ihr Abteil.

Kaum war Dorothee draußen auf dem Gang, fingen die Jungs an sie zu ärgern. Das mochte sie gar nicht. Also dann war es doch besser, sich drin bei Mutti und Papa zu langweilen. Sie schaute nach oben. Wo war denn nun die richtige Tür? Aha, hier, da war doch das V und ein Strich = I dahinter.
Sie klopfte, doch es tat sich nichts. Dorothee klopfte noch einmal. Keine Reaktion. Sie bekam Panik, klopfte immer lauter und fester und schrie: „Papa, Papa."
Da öffnete sich die Tür, vor ihr stand der ziemlich große und schlanke Herr Toffer. Riesig erschien er ihr. Gleichzeitig erschien aber Hartmuts Kopf zwei Türen weiter links: „Was ist? Möchtest Du schon wieder ins Abteil zurück?"
Dorothee erschrak. Welchen Fehler hatte sie denn nun begangen? Sie rannte schnell zu ihrem Vater und - schwups - verschwand sie im Abteil.
„Komm raus Dorothee, ich zeige Dir, was passiert ist. Du hast da etwas verwechselt." Doch die bösen Jungs da draußen lachten sie aus. Nein, auf den Gang wollte sie nicht mehr. Sie verkroch sich in einer Ecke des unteren Bettes und schämte sich ganz schrecklich.
Dabei hatte sie doch nur römisch **IV** mit römisch **VI** verwechselt.

Es war der 11. Februar als der Zug die Sowjetunion verließ. Das Räderwerk des Zuges wurde an der Grenze zu Polen, in Brest-Litowsk, ausgetauscht. Es waren speziell konstruierte Waggons. Sie durften aussteigen und vom Bahnsteig aus zuschauen, wie die Räder gewechselt wurden, oder im Zug bleiben. Familie Broningen zog es vor, im warmen Zug zu bleiben. Hartmut ging mit Dorothee ans Ende des Zuges zum letzten Waggon. Da sah man die Räder davon rollen, ein seltsamer Anblick. Als der Zug dann endgültig die Sowjetunion verließt, winkte der letzte Begleiter des Staatssicherheitsdienstes dem abfahrenden Zug nach. Der Zug rollte über die Brücke und überquerte den Grenzfluss. Dorothee hatte Tränen in den Augen: „Jetzt verlasse ich das Land, in dem ich geboren bin." Sie hatte damals schon einen Hang zum Theatralischen.

Bei Warschau überquerten sie die Weichsel, erst ab hier war die Strecke wieder dieselbe, die sie damals, im Oktober 1946, in Richtung Osten fahren mussten. In eine bedrohliche Zukunft. Und jetzt? Jetzt fuhren sie in Richtung Westen - nach Hause! Aber was würde sie dort erwarten? Würden sie Arbeit finden, eine Wohnung? Wie sehr hatte sich die Heimat verändert? Wie würden sie aufgenommen? Fragen über Fragen.

Am 12. Februar kamen sie morgens in Frankfurt an der Oder an. Umsteigen in einen anderen Zug. Vertreter der DDR-Regierung empfingen sie hier. Darunter auch Uwe Steinauer, Birgits Vater. Das hatten sie schon vorher geahnt. Dorothee hatte deswegen das Taschentuch ins Handgepäck gepackt. Jenes Taschentuch, das Birgit bei ihrer Abreise im Puppenbett vergessen hatte. Herr Steinauer half Dorothee aus dem Zug. „Hier ist das Taschentuch, das Birgit damals bei mir vergessen hat", Dorothee hatte es aus ihrem Köfferchen geholt. „Behalte es als Erinnerung an Birgit", meinte Herr Steinauer.
So blieb das Taschentuch bei Dorothee. Erst 1991 - nach der Wiedervereinigung Deutschlands - konnte sie Birgit das Taschentuch persönlich zeigen. Nur zeigen, nicht übergeben, es blieb als Erinnerungsstück an ihre, wie beide es nannten, „Sandstrand"-Freundschaft bei Dorothee. Es war keine Sandkasten-Freundschaft, denn Birgit und Dorothee hatten in Suchumi keinen Sandkasten, sondern einen ganzen Sandstrand zum Spielen gehabt.

Der Triebwagen, mit dem sie nun weiterfuhren, fuhr eigentlich einmal täglich von Berlin nach Prag, doch an diesem Tag fiel diese Zugverbindung aus. Sondereinsatz für die deutschen Spezialisten und ihre Familien, DDR-Regierungsvertreter fuhren mit. Es ging bis Berlin-Wuhlheide, dann um Berlin herum - bis nach Marienborn. Hier verabschiedeten sich die DDR-Vertreter. Es kam die letzte Grenzkontrolle, dann ging es weiter nach Helmstedt, in die Freiheit.

„Um Gottes Willen, der ganze Bahnhof voll mit Reportern. Dass wir hier so empfangen werden", Charlotte war entsetzt. So viel Wirbel um sie. Das passte ihr gar nicht, vielen anderen auch nicht. Sie stiegen aus dem Zug aus, die Reporter bildeten Spalier. Immerhin konnten sie einigermaßen ungehindert auf den Bahnhofsvorplatz kommen, wo zwei Busse auf sie warteten. Ein Vertreter des Auswärtigen Amtes und ein Vertreter des Flüchtlingsministeriums begrüßten sie nun offiziell.
Dorothee saß im Bus am Fenster neben ihrer Mutter. Eine Namensliste wurde verlesen. „Wenn Dein Name aufgerufen wird, dann musst Du die Hand heben." Doch Dorothee war sehr schüchtern. Sie war so aufgeregt, passte gut auf. Da! „Dorothee Broningen"! Schüchtern hob sie die rechte Hand. „Ah ja, das ist die jüngste Heimkehrerin".
Die Busse brachten sie ins Grenzdurchgangslager Friedland, südlich von Göttingen. Es war Mittagszeit. Die Geschäfte waren geschlossen, doch die Auslagen mit Gemüse, Kartoffeln, Obst standen einfach so vor den Geschäf-

ten. „Wird denn da nichts geklaut?" Die Jugendlichen konnten es nicht glauben. Da schlossen die Läden, ließen über Mittag alles im Freien stehen und nach ein paar Stunden war anscheinend alles immer noch da.
Die Fahrt dauerte etwas über zwei Stunden. Dann kam der große Moment.

Das Grenzdurchgangslager Friedland war im September 1945 eröffnet worden. Es bestand aus vielen Baracken und Hütten. Hier wurden zunächst die Flüchtlinge und Vertriebenen aus den Ostgebieten, später die heimkehrenden Kriegsgefangenen aufgenommen. Und heute eben sie. Die große Friedensglocke läutete, einige Verwandte warteten schon auf sie. Und viele Reporter. Es wurden sofort Interviews geführt. Die meisten Zeitungen der Bundesrepublik Deutschland berichteten von ihrer Rückkehr, das Fernsehen berichtete in der Tagesschau von ihnen und in den Kinos in der Wochenschau wurde ihre Ankunft gezeigt und dokumentiert. Dorothee, als jüngste Heimkehrerin, erschien auf den meisten Fotos. Sie trug einen weißen Pelzmantel mit einer dazu passenden weißen Pelzmütze, die am Kinn mit zwei Bändern zusammengebunden wurde. Auch weiße Fausthandschuhe hatte sie. Auf dem Rücken trug sie einen Rucksack. In diesem war unten der berühmte weiß-blaue Emaille-Nachttopf samt Deckel und drüber ihr brauner Teddybär, der zum Gedenken an den schwarzen Kater Peter getauft worden war, sowie die Puppe Tbilissi. Diese beiden schauten aus dem Rucksack heraus.

Sie wurden in besonderen Baracken untergebracht, erhielten vom Deutschen Roten Kreuz eine Plastiktüte mit Geschenken. In Dorothees Tüte war eine deutsche Fahne und ein Struwwelpeterbuch. Essen durften sie an gedeckten Tischen. Das Essen wurde ihnen serviert. Während die anderen Bewohner des Lagers neugierig ihre Nasen an die Glasscheiben drückten und sich wohl dachten: „Was sind das für besondere Leute? Warum diese Extra-Behandlung." Charlotte war es unangenehm. Warum sollten sie besser behandelt werden als die anderen, die Flüchtlinge?
Nur eine nacht blieben sie im Lager. Mit dem Zug fuhren sie nach Süddeutschland. Dort auf der Schwäbischen Alb, in Heidenheim, lebte inzwischen der Opa. Er lebte in einem Altenheim. Sein Zimmer war unter dem Dach und hatte eine Dachgaube zur Straßenseite hin. „Opa wohnt in einem Vogelhäuschen", meinte Dorothee.

Es war Opa Wilhelm, der dafür gesorgt hatte, dass sie zunächst einmal bei zwei Familien unterkommen konnten: Charlotte und Dorothee bei einer einfachen, netten Familie. Hartmut und Rudolf bei einer Fabrikbesitzer-Familie.

Fremdes Vaterland

Nun also waren sie „zu Hause". Das war die Heimat. Dorothee fand, dass es hier ziemlich kalt war. Nun, es war noch Winter. Aber das war es nicht allein. Die Menschen hier waren so total anders. Freundlich, aber distanziert, nicht so herzlich, nicht so fröhlich. Rudolf musste möglichst bald wieder in die Schule gehen. Hartmut begab sich auf Arbeitssuche. Charlotte und Dorothee aber waren frei und so konnten sie mit dem Zug nach München fahren.

In München lebten Tante Maxi, die eigentlich Maximiliane hieß, und Tante Hedwig, Charlottes jüngere Schwestern. Beide waren nicht verheiratet und lebten zusammen in einer kleinen Wohnung im Stadtteil Sendling, direkt an einer verkehrsreichen Straße. Die weiß-blaue Straßenbahn hielt direkt vor dem Haus, und es war sehr interessant, aus dem Fenster zu schauen, zu beobachten, wie die Leute ein- und ausstiegen aus der Trambahn, über die Straße hetzten, die vielen Autos. Hier war wirklich viel los.

Tante Maxi hatte einen Verehrer, Leopold Ribock. Das war Onkel Poldi. Tante Maxi arbeitete als Verkäuferin in einem Kaufhaus am Ostbahnhof, Onkel Poldi jedoch war schon Rentner. Er traf sich fast täglich mit Bekannten in einem Café im Zentrum. Dorothee durfte ihn oft begleiten. Es war schön, oben im 5. Stock im Café Glockenspiel zu sitzen, möglichst direkt am Fenster mit Blick auf den Marienplatz. Unten war viel los. Die Straßenbahnen kamen und fuhren davon. Sie bimmelten dabei immer so schön. Ein richtiges Konzert war das. Menschen rannten von einem Geschäft zum anderen. Um 11.00 Uhr begann das Glockenspiel am Rathausturm gegenüber zu spielen. Man öffnete das Fenster, um etwas von dem Glockenspiel zu hören, doch der von unten heraftönende Verkehrslärm ließ das meist nicht zu.
Ein anderes Café, in das Onkel Leopold Dorothee gerne mitnahm, war das Café Frech. Ja, es hieß tatsächlich so. Es befand sich in einer Passage, die von der Kaufinger Straße zur Sendlinger Straße führt.
Tante Maxi und Onkel Poldi hatten einen Plattenspieler und viele kleine Schallplatten, die man „Singles" nannte. Dorothee hörte gerne die Musik dieser Platten. Auf einer war ein besonders schönes Musikstück zu hören. Dorothee lauschte und flog in ihren Träumen mit der Melodie hinaus in die weite Welt, in eine unendliche Freiheit – es war der Gefangenenchor auf Verdis Oper Nabucco.
Abends setzte sich Onkel Poldi zu Dorothee ans Bett und sang Gute-Nacht-Lieder. Eines Abends sang er: „Guten Abend, gute Nacht, mit Rosen bedacht. Morgen früh, wenn Gott will, wirst Du wieder geweckt."
Dorothee bekam Angst. Was ist, wenn Gott nicht will, dass ich morgen früh wieder aufwache? Sie aber wollte unbedingt wieder aufwachen! Und so konnte sie nicht einschlafen vor lauter Angst, der liebe Gott im Himmel wolle sie am nächsten Morgen nicht mehr aufwachen lassen. Irgendwann aber war der

Schlaf stärker. Und als sie am nächsten Morgen erwachte, war sie glücklich, dass Gott entschieden hatte, sie weiter leben zu lassen.

Tante Hedwig arbeitete in einem Büro. Man konnte sie nicht so einfach während der Arbeitszeit besuchen wie Tante Maxi. Zu der konnte man einfach mal hingehen und so tun, als ob man sich für die Damenstrümpfe interessierte, an deren Stand sie eingesetzt war.
Es gab auch eine Großtante, Tante Anni, die im Münchner Süden lebte, in einer sehr kleinen, alten Wohnung. Die Toilette war eine Gemeinschaftstoilette auf dem Gang.
Tante Anni hatte einen Papagei, der sprechen konnte. Das war lustig.
Seltsamerweise liebte Dorothee es, Staub zu wischen. Sobald man irgendwo zu Besuch war, bat sie um einen Staublappen und fing an zu wischen. Kein Wunder, dass ein Besuch von Charlotte mit Dorothee im Schlepptau gerne gesehen war, wenn die Kleine doch immer gleich zu putzen anfing.
„Wenn ich groß bin, dann werde ich Putzfrau", sagte Dorothee immer stolz. Charlotte verdrehte dann die Augen und war mit diesen Berufsaussichten ihrer Tochter überhaupt nicht einverstanden.
Charlotte war glücklich, wieder in München zu sein. Sie war hier geboren worden, hier aufgewachsen. Und dieses Gefühl übertrug sich auf Dorothee.

Inzwischen hatte Hartmut Arbeit gefunde, bei Telefunken in Ulm an der Donau. Das war nicht weit weg von Heidenheim. Er konnte schon im April 1958 dort anfangen zu arbeiten, in einer sehr guten Stellung. Die Firma Telefunken hatte viele Wohnungen von der Stadt Ulm angemietet und brachte dort ihre Angestellten samt Familien unter. Familie Broningen bekam eine 3-Zimmerwohnung auf einem der sieben Hügel der Stadt zugewiesen. Ulm hat nämlich zwei Dinge mit Rom gemeinsam: die drei Buchstaben im Namen und die sieben Hügel: Eselsberg - Kuhberg - Galgenberg - Michelsberg - Safranberg - Kienlesberg - Roter Berg. Das ist aber auch alles, was Ulm mit Rom gemeinsam hat. Im Zentrum der Stadt steht majestätisch das Ulmer Münster. Der Bau dieses imposanten gotischen Gebäudes war im 14. Jahrhundert begonnen worden, doch richtig vollendet wurde das Münster erst Ende des 19. Jahrhunderts. Es hat den höchsten Kirchturm der Welt mit 161,30 m. Bis zur Höhe von 143 m kann man eine Wendeltreppe hinaufsteigen, es sind 768 Stufen bis nach oben. Wenn Besuch kam, so war es fast Pflicht, mit diesem den Münsterturm zu besteigen, sofern das Wetter gut war. Das war jedes Mal eine gute Turnübung. Eine wunderbare Kirche, ihr stolzer Stil, diese Gotik, dieses Streben in Richtung Himmel. Dieses Gebäude, das man von weitem schon sehen konnte und jedes Mal, wenn man nach Ulm zurückkam, einen zu grüßen schien. Dorothee begann es zu lieben. Wenn sie etwas an dieser Stadt liebte, dann das Münster.

Sie wohnten nun auf dem Eselsberg, ein lustiger Name. Viele der Nachbarn waren auch „Telefunker", einige darunter sogar ehemalige Spezialisten, die mit ihnen gemeinsam oder über die DDR nach Westdeutschland gekommen waren.

Die Wohnung lag im Erdgeschoss. Unten im Keller gab es eine Waschküche, da stand ein Waschzuber drin. Wenn Waschtag war, wurde dort eingeheizt, und der Wasserdampf zog aus dem Kellerfenster ins Freie. Eine aufregende Sache. Wie anstrengend damals das Wäschewaschen noch war. Wer eine Wäscheschleuder besaß, war schon bevorzugt. Da trocknete die Wäsche dann viel schneller, wenn das ganze Wasser rausgequetscht worden war.

Vor jedem Eingang des Hauses gab es eine Teppichstange. Hier wurden nicht nur die Teppiche ausgeklopft. Sie waren ein wunderbares Turngerät für die Kinder. Dorothee lernte schnell hier die tollsten Turnübungen vorzuführen. Der Hula-Hoop-Reifen war gerade große Mode. Dorothee entwickelte sich zu einer wahren Künstlerin im Umgang mit diesem Reifen.

Es gab viele Kinder in der Nachbarschaft, mit denen man spielen konnte. Die meisten von ihnen sprachen allerdings ein etwas seltsames Deutsch. Und viele der Kinder, die diesen Dialekt nicht sprachen, passten sich möglichst schnell an, um nicht mehr aufzufallen. Nicht aber Dorothee. Sie war sehr eigen darin. „Wenn die mich nicht so akzeptieren, wie ich bin, dann können sie mir den Buckel runterrutschen." Überhaupt gab es seltsame Leute hier. Jedes Mal, wenn Dorothee gefragt wurde, wo sie geboren sei und dann „Moskau" sagte, nicht einen der vielen Orte in der Gegend nannte, wurde sie seltsam angeschaut. Sie merkte, da war eine Distanz da, die sie bis jetzt noch nicht gekannt hatte. Und so bekam sie immer mehr das Gefühl, nicht besser und nicht schlechter als die anderen zu sein - aber sie war irgendwie anders.

****

Charlotte und Hartmut hatten damals im Krieg nicht nur standesamtlich geheiratet, sondern auch kirchlich, evangelisch. Charlotte war katholisch, dennoch war sie einverstanden, in einer evangelischen Kirche zu heiraten und die Kinder evangelisch zu erziehen. Dadurch wurde sie sozusagen aus der katholischen Kirche ausgestoßen, was für sie nicht einfach war, da sie eine sehr gläubige Person war. Sie lebte ihren Glauben sehr für sich alleine, niemals kam sie auf den Gedanken, andere missionieren zu wollen.

„Religion ist Opium für das Volk". Das hatte Lenin gesagt. Unter dem kommunistischen Regime in der Sowjetunion waren die Kirchen geschlossen worden, der Glaube konnte nur in sehr privatem Rahmen praktiziert werden. Wo und wie also hätte Dorothee getauft werden können? Zumal in Russland die Menschen orthodoxen Glaubens sind.

Nun waren sie wieder in Deutschland. Die Taufe sollte nachgeholt werden. Und so erhielt Dorothee ein hübsches blaues Kleid, eine weißen Reifen für das Haar und Handschuhe aus Spitze. Ihre Taufpatin wurde Tante Hedwig, Tante Maxi war Rudis Taufpatin.

Da stand sie also vor dem Taufbecken, schämte sich, weil alle Leute hier in der Kirche auf sie schauten, zupfte an ihren Spitzenhandschuhen herum und schaute auf den Boden. Was da genau vor sich ging, verstand sie nicht. Die Kirche gehörte zur Evangelischen Gemeinde, einer protestantischen Freikirche, der ihr Opa Wilhelm, Hartmuts Vater, angehörte.

Nach einem Jahr konnten sie in eine größere Wohnung umziehen. Jetzt hatten Rudi und Dorothee jeweils ein eigenes Zimmer. Das war sehr angenehm. Im Wohnblock gegenüber gab es eine Familie mit drei Kindern. Das älteste Kind war Harald, der einzige Junge weit und breit. Er war ein Jahr jünger als Dorothee. Dem armen Harald blieb nichts anderes übrig, als nur mit Mädchen zu spielen. Er passte sich an, übernahm die Vater-Rolle beim „Mutter-Kind-Spiel" und schob auch schon mal Dorothees Puppenwagen durch die Gegend.
Eines Tages hatte er damit eine zu hohe Geschwindigkeit erreicht, der Puppenwagen stieß an den Bordstein und kippte um. Die Puppen, das Bettzeug, alles flog auf den grünen Rasen. Harald stellte den Wagen wieder auf, packte das Bettzeug, packte die Puppen und warf alles in den Puppenwagen, einfach so.
„Du wirst mal ein schlechter Vater", meinte Dorothee entsetzt. Sie sollte nicht Recht behalten. Harald würde später 8 Kindern haben und ein liebevoller Vater sein, der sich sehr um seine Kinder kümmerte.

In der Wohnung über ihnen wohnte das schon ältere Ehepaar Laupe aus Hamburg. Frau Laupe war eine sehr freundliche, liebevolle Person. Sie waren kinderlos und vielleicht gerade deshalb liebte Frau Laupe die Kinder aus der Nachbarschaft, freute sich jedes Mal, wenn sie die Kinder draußen spielen sah, hatte immer ein nettes Wort für sie.
Ganz anders Herr Laupe. Der mochte Kinder überhaupt nicht. Wenn die Kinder im Freien spielten, was im Sommer oft der Fall war, dann erschien sein hochroter Kopf im kleinen quadratischen Toilettenfenster. Er stellte sich dann immer auf den Rand des WC-Beckens, öffnete das winzige Fenster und schaute hinaus. Offensichtlich litt er unter hohem Blutdruck, besonders, wenn er sich ärgerte. Dies tat er jedes Mal, wenn Kinderkrach auch nur irgendwo zu hören war. Wenn dieser runde rote Kopf im Fenster auftauchte, wussten die Kinder schon: Jetzt wird wieder geschimpft. Sie ließen es über sich ergehen. Man war ja zu Gehorsam erzogen worden. Ein paar Minuten verhielten sie sich dann auch still, aber bald ging der Krach wieder los. Dann war der Kopf oft schon fast dunkelrot, wenn er wieder im Fenster auftauchte. Charlotte regte sich fürchterlich auf über diesen Nachbarn. „Wie gut es doch unsere Kinder da in der Sowjetunion hatten. Dort sind die Leute kinderlieb." Oja, hier waren die Menschen anders, so ganz anders.

In der Nähe war eine Militärkaserne, in der US-amerikanische Soldaten stationiert waren. Die Kaserne war durch einen hohen Stacheldrahtzaun, teilweise auch durch eine Mauer abgesichert. In regelmäßigen Abständen standen Soldaten mit ihren Gewehren und hielten Wache.

„Lasst uns zu den Amis gehen und um Eis betteln", riefen ihre Spielkameraden. „Aha", dachte Dorothee, „die kennen sich gut aus." Sie beschloss mitzugehen. Die anderen Kinder bettelten und bettelten, schließlich kam ein Soldat an den Zaun und gab jedem der Kinder eine Großpackung an Speiseeis. Dorothee wollte das gar nicht annehmen. So eine riesige Packung Eis. Nein, das war doch zu viel. Und sie schämte sich auch dafür, dass sie mit gebettelt hatte. Nein, betteln, das war nicht ihre Art. Sie ging nie wieder mit und verzichtete lieber auf das Eis. Es war sowieso eine viel zu große Menge. Man bekam nur Bauchschmerzen von so viel Eis.

Auf der anderen Straßenseite der Kaserne gab es eine Wohnsiedlung, in der die US-amerikanischen Familien wohnten, die Soldaten, die ihre Familien hier hatten. Auch diese Siedlung war durch einen Zaun abgesondert. Morgens sah man die Schulbusse aus der Siedlung fahren mit all den Kindern drin, abends kamen die Busse zurück. An Weihnachten hatten die „Amis" viele bunte blinkende Lichter an den Fenstern angebracht. Wie kitschig! Da waren doch ihre echten Tannenbäume mit den echten Wachskerzen, oder im Notfall auch mal schon elektrischen, aber nicht blinkenden Kerzen viel schöner.

Wenn es Manöverübungen gab, fuhren viele Panzer aus der Kaserne die Hauptstraße hinunter. Ihre verdreckten Ketten, voller Lehm, hinterließen eine Straße voller Erdklumpen. Und ihre Motoren waren entsetzlich laut. Charlotte wurde dann immer sehr nervös. „Das erinnert mich so sehr an den Krieg".

Krieg! Dieses Wort hörte Dorothee nun immer häufiger. Jeder hatte eine Geschichte dazu beizutragen. Die einen mussten aus ihrer Heimat fliehen, die anderen waren vertrieben worden. Sie hörte von Vergewaltigungen der Frauen durch die sowjetischen Soldaten, von Schreckenstaten auf der einen oder auf der anderen Seite. Bei einem ersten Besuch in Stuttgart nahm sie erstmals einen Schutthaufen wahr.

„Papa, was ist mit diesem Haus passiert? Warum ist es kaputt?"

„Das Haus wurde im Krieg zerstört. Da hat man Bomben drauf geworfen."

„Warum machen Menschen so etwas?" Hartmut konnte Dorothees Frage nicht beantwortet. Ja, warum tun Menschen anderen Menschen so etwas an?

Im Sommer 1960 kam Erika Rochelle zu Besuch. Familie Rochelle hatte mit ihnen die Jahre in der Sowjetunion verbracht und konnte im Oktober 1956 schon aus der Sowjetunion nach Hause, nach Ost-Berlin, fahren. „Tante" Erika war eine besonders liebe Person. Hartmut hatte eine Einladung geschickt und so konnte Erika Rochelle ganz offiziell in den Westen reisen, um sie in Ulm zu besuchen.

Erika erzählte abenteuerliche Dinge, die Dorothee nicht ganz verstehen konnte: „Onkel" Erhard, Erikas Mann, ging öfters von Ost- nach West-Berlin, kaufte dort viele verschiedene Zeitungen ein, versteckte diese unter seinem Mantel und kehrte am Brandenburger Tor wieder nach Ost-Berlin zurück. Dass er um einiges dicker geworden war, weil er seinen Mantel mit all den Zeitungen ausgestopft hatte, fiel den Grenzbeamten nicht auf.

Erika blieb einen ganzen Monat zu Besuch. Als sie zurückfuhr, wirkte die Wohnung plötzlich so leer. Man vermisste diese herzliche Person.

„Die können doch nicht eine ganze Stadt einfach einmauern", Charlotte war ganz aufgeregt. Den ganzen Tag über lief das Radio, ständig gab es neue Nachrichten. Was war da los in Berlin? Die bauten doch tatsächlich eine Mauer um West-Berlin herum. Einen Fernseher hatten sie nicht. Man ging zu Nachbarn, dort sah man dann die schrecklichen Bilder. Menschen, die verzweifelt zusahen, wie die Mauer immer höher wurde, Menschen, die anderen Menschen auf der anderen Seite der Mauer zuwinkten und dabei weinten. Menschen, die aus den Fenstern ihrer Wohnungen auf die Straße sprangen, vom Osten, in dem die Wohnungen lagen, in den Westen, in dem sich die Straße befand.

Dorothee war traurig. Wenn Mutti traurig war, dann fühlte Dorothee mit ihr. Berlin war Charlottes Lieblingsstadt. Hier hatte sie viele schöne, wenn auch schwere Jahre durchlebt, bis die sowjetischen Soldaten sie abgeholt hatten. Nun konnten auch Tante Erika und Onkel Erhard nicht mehr zu ihnen zu Besuch kommen. Warum tun Menschen anderen Menschen so etwas an? Die Namen Chruschtschow, Kennedy und andere fielen oft.

Und Dorothee träumte davon, sie sei erwachsen und berühmt und schaffe es, die Politiker davon zu überzeugen, die Mauer wieder einzureißen, damit all diese Menschen, und auch ihre Mutti, nicht mehr leiden müssen. Sie war acht Jahre alt.

Nur ein Jahr später stand die Welt wieder kurz vor dem Abgrund, kurz vor einem möglichen dritten Weltkrieg. Überall redete man davon, Angst machte sich breit. „Da gibt es doch Menschen, die sich von ihrem Geld Gold kaufen, als ob das im Krieg etwas nützt. Von Gold kann man nicht essen", das war Charlottes Kommentar, den Dorothee mithörte. Krieg war etwas ganz entsetzlich Schlimmes. Das war ihr klar. Was war geschehen? Die Sowjets hatten Atomraketen auf einer Insel irgendwo vor der Küste der USA stationiert. Es kam zu einer dramatischen Konfrontation zwischen beiden Weltmächten. Die Insel nannte sich Kuba. Auf der Insel gab es eine Regierung, die den USA nicht freundlich zugeneigt war, dafür aber mit den Sowjets befreundet war. Warum das so war? Dorothee war erst neun Jahre alt. Sie verstand nur, dass die Lage ziemlich kritisch war, bis eines Tages dann endlich die Entwarnung kam.

Hin und wieder gab es Probealarm. Dann heulten die Sirenen, die in gewissen Abständen auf den Dächern der Häuser angebracht waren. Es gab verschiedene Arten von Geheule, je nachdem, ob man gewarnt werden sollte, dass der Feind bald da sein wird, ob er schon da ist und dann die Entwarnung, der Feind ist wieder weg. Feinde, Freunde. Dorothee war erst nach dem Krieg geboren worden, doch seine Nachwirkungen beeinflussten sie von Geburt an. Allein die Tatsache, dass sie als Spezialistenkind in der UdSSR geboren wurde, war schon ein besonderer Teil der Nachkriegsgeschichte.

****

Hartmut hatte eine gute Arbeitsstelle gefunden. Er musste nun oft auf Dienstreisen gehen. Von unterwegs schickte er fast täglich eine Ansichtskarte, auf der er von seinen Erlebnissen berichtete. Die ersten Dienstreisen ins Ausland führten ihn nach Genua und Mailand, nach Paris und sogar in die USA. Oft brachte Hartmut Puppen mit landesüblichen Trachten für Dorothee mit. Im Laufe der Jahre kamen eine richtig internationale Puppensammlung und einige Postkartenalben zusammen.

In den USA lebte Onkel Ernst. Er war Opas jüngster Bruder und 1908 in die USA ausgewandert. Ernst hatte in Stuttgart gelebt und damals ein Angebot der Firma Bosch angenommen, die Arbeitskräfte für ihr Werk in Massachusetts suchten. Er hatte eine aus Österreich stammende Frau geheiratet. Sie bekamen zwei Kinder. Doch dann starb seine Frau an den Folgen der Grippe-Epidemie 1919. Er war mit den beiden kleinen Kindern alleine. Zu Hilfe kam die Schwester seiner verstorbenen Frau, um sich um die Kinder zu kümmern. Sie verliebten sich ineinander, heirateten und hatten noch ein gemeinsames Kind. Diese drei Cousins von Hartmut waren inzwischen natürlich selbst längst verheiratet und hatten jeder wieder zwei Kinder. Und so wuchs die Verwandtschaft in den USA an.

Leider verlor Onkel Ernst auch seine zweite Ehefrau allzu bald wieder. Er heiratete ein drittes Mal, diesmal eine Kanadierin. Eine heimtückische Krebserkrankung war es, die ihn 1953 zum dritten Mal zum Witwer machte.

Onkel Ernst kam aus den USA zu Besuch. Ganz neu war damals das viermotorige Propellerflugzeug, die „Super Constellation" im Einsatz. Liebevoll auch „Super Connie" genannt. Mit diesem Flugzeug kam er aus Boston, mit Zwischenlandung im südirischen Shannon, nach Frankfurt. Er hatte einen besonderen Charme, war nicht so streng puritanisch religiös wie Opa, viel lustiger war er.

Er war seit den 20-er Jahren nicht mehr in Deutschland gewesen. Dieses neue Deutschland kannte er gar nicht. Die Verwandten wurden besucht, in Frankfurt seine Schwester und deren Familie, in Stuttgart suchte er nach den alten Wegen seiner Kindheit und Jugend, er kam kurz in Ulm bei ihnen vorbei und fuhr nach München, wo er sich mit Charlottes Schwestern traf.

Tante Hedwig war noch ledig. Sie war sehr klein, nur 1,47 m groß. Onkel Ernst war ungefähr 1,80 m groß. Das schreckte Ernst aber nicht ab, Hedwig einen Heiratsantrag zu machen. Die amerikanischen Frauen seien nicht interessant, behauptete er. Er wollte wieder eine Europäerin, besser noch eine deutsche Frau haben. Tante Hedwig fand ihn ja sehr sympathisch, aber nach

USA umsiedeln? Nein, das wollte sie nicht. So kam dieses Traumpaar nicht zusammen.

Onkel Ernst blieb für den Rest seines Lebens alleine, schwärmte weiterhin für europäische Frauen. Tante Hedwig heiratete im Alter von 57 Jahren einen Witwer, wenige Jahre älter als sie und genauso klein. Sie waren 24 Jahre und 9 Monate glücklich verheiratet. Dann leider starb Onkel Franz.

Wenn Hartmut auf Dienstreise in den USA war, besuchte er an den Wochenenden die Verwandten, die alle nach wie in der Nähe von Springfield, Massachusetts, lebten. Er brachte immer schöne Geschenke für Dorothee mit, die er von ihnen erhalten hatte. Auch an Weihnachten kamen Pakete aus USA an mit Spielsachen für Dorothee.

„Wie kommt es, dass unsere Verwandten in Amerika mir immer so schöne Geschenke machen, die kennen mich doch überhaupt nicht", fragte Dorothee ihre Mutter.

„Da siehst Du mal, wie sehr Dich Dein Vater liebt, er erzählt sicher sehr schöne Dinge über Dich. Deshalb schicken sie Dir etwas."

„Mein Vater mich lieben?" Dorothee war überrascht. Dass ihr Vater sie liebt, das konnte sie sich nicht so richtig vorstellen. Papa war doch dazu da, sich zu sorgen, damit es der Familie gut geht, sie eine Wohnung, Essen und alles Notwendige haben. Aber Liebe? Gern haben, das ja, aber lieben? Für die Liebe war Mutti zuständig. Sie sorgte für die emotionale Seite. Mit ihr konnte man lachen, weinen, bei ihr fühlte man sich geborgen. Mein Vater liebt mich? Eine ganz neue Vorstellung für Dorothee.

Früher, als sie noch ein ganz kleines Kind war, ja, da hätte sie niemals daran gezweifelt, dass ihr Vater sie liebt. Aber nun war alles anders. Sie ging in die Schule, Vater überwachte streng die Schulleistungen. Er lobte nie. Nur ein einziges Mal, als sie ihm stolz zeigte, dass sie bei gestreckten Beinen den Boden mit den Fingerspitzen berühren konnte, wenn sie sich nach vorne beugte. Seltsam, dass man sich später an solch kleine Details erinnert.

Wenn Mutti sagte, Papa liebe sie, dann musste das wohl stimmen. Er tat es eben auf seine ganz eigene Art, ohne dabei Gefühle zu zeigen. Aber konnte man das verstehen, wenn man gerade erst zehn Jahre alt war?

Hartmuts Dienstreisen brachten Charlotte, und somit auch Dorothee, gewisse Freiheiten. Sie gingen abends zu Bekannten, um dort fernzusehen. Kamen oft spät nach Hause, auch wenn Dorothee am nächsten Tag schon früh in der Schule sein musste. Natürlich wusste Hartmut davon, aber er sagte niemals etwas.

Der Ernst des Lebens

Immer wieder bekamen sie zu spüren, dass sie hier nicht willkommen waren, nicht bei den Einheimischen, die schon immer hier gelebt hatten. Weder sie noch die anderen, die aus dem Osten gekommen und hier untergebracht worden waren. Man solidarisierte sich also mit denjenigen, die auch nicht willkommen waren. Flüchtlinge und Vertriebene aus den Ostgebieten. Menschen, die durch den Krieg gelitten hatten, mehr als die Menschen hier im Westen, denn sie hatten nicht nur Hab und Gut verloren, sie hatten auch ihre Heimat verloren. Aber die Menschen hier fürchteten, dass die Neuen ihnen etwas wegnehmen würden. Oder war es etwas anderes? Jedenfalls fühlten all diese „fremden" Deutschen, dass sie hier im anderen Teil ihrer Heimat nicht gerne gesehen waren. Und das also sollte nun Dorothees Heimatland sein.

Ulm liegt direkt an der Grenze von Baden-Württemberg und Bayern. Auf der anderen Seite der Donau liegt Neu-Ulm, das gehört schon zu Bayern. Wenn man von Ulm nach Neu-Ulm spazierte, kam man auf der Donaubrücke an einem Schild vorbei: „Freistaat Bayern". In allen Bundesländern begann das Schuljahr an Ostern, nur in Bayern war es anders, Schuljahresbeginn war im September.

Ostern 1960 begann für Dorothee der Ernst des Lebens. Sie wurde eingeschult. Hartmut war leider gerade auf Dienstreise und konnte nicht dabei sein. Sie erhielt einen ledernen Schulranzen, eine Schiefertafel, Kreidestifte und eine mit Süßigkeiten und Schreibzeug gefüllte dunkelrote Schultüte.

Die Schule lag nur zehn Minuten zu Fuß entfernt. Die Klassen waren noch getrennt nach Mädchen- und Jungenklassen. Ihre Klassenlehrerin war eine ältere Dame, die zufällig auch Dorothee hieß, Dorothee Herre. Es war ein Name, der zu jener Zeit nicht so häufig vorkam, und sowohl Lehrerin wie auch Dorothee selbst freuten sich, eine Namensgefährtin zu haben.

„Ist eines der Kinder Linkshänder? Ich sollte dies wissen, damit ich darauf Rücksicht nehmen kann." Die Lehrerin schaute fragend in die Runde der Mütter, die hinter den Schulbänken im Klassenzimmer standen.

„Ja, unsere Tochter Dorothee ist Linkshänderin, aber wir möchten, dass sie rechts schreiben lernt." Es war Charlotte, die sich gemeldet hatte. Dorothee schämte sich wieder einmal. Sie wollte sein wie alle anderen, keine Ausnahme sein, nicht auffallen. Sie war viel zu schüchtern geworden in den letzten beiden Jahren.

Dass sie Linkshänderin war, empfand sie als Makel. Offensichtlich war es nicht gut. Und obwohl die Lehrerin ja angeboten hatte, darauf Rücksicht zu nehmen, das Kind auch mit der linken Hand schreiben zu lassen, wollte dies Hartmut nicht. Man wusste damals wenig von den Ursachen der Linkshändigkeit. Dass dies nicht einfach eine dumme Angewohnheit war, dass bei Linkshändern das Gehirn einfach anders gepolt ist, dass die rechte Gehirnhälfte dominiert. Linkshändigkeit ist angeboren. Eine Umerziehung auf die rechte Hand ist wie eine Vergewaltigung des Gehirns.

Dorothee konnte sich noch so abmühen, ihre Schrift wurde niemals schön. Sie musste nachmittags extra noch einmal in die Schule kommen, um Schönschreibübungen zu machen. Das war so anstrengend, schrecklich. Der rechte Arm tat ihr weh. Niemals würde sie eine schöne Schrift haben. Den Rest ihres Lebens würde sie sich für ihre hässliche Handschrift schämen. Sobald sie dann mit der Schreibmaschine tippen lernte, schrieb sie ihre Briefe mit Maschine, sich immer entschuldigend, dass ihre Handschrift für andere kaum zu lesen sei. Welche Erleichterung, welcher Segen, waren dann später die elektrischen Schreibmaschinen mit Korrekturband, noch später die elektronischen Schreibmaschinen und dann, wie herrlich, die Computer. Dorothee schrieb nämlich gerne, sie erfand Geschichten, Gedichte und schrieb gerne Briefe an Onkel, Tanten, Freunde.

Ihre Linkshändigkeit war auch im Fach Handarbeiten ein großes Hindernis. Die Lehrerin zeigte ihr zwar wie man strickte, wie man häkelte, aber sie konnte diese angefangenen Arbeiten so nicht weiterführen, denn sie strickte und häkelte ja seitenverkehrt. Sie sollten einen Waschlappen stricken, genauer gesagt einen Waschhandschuh. Dorothee gab sich Mühe. Eine Seite sollte nur rechte Maschen, die zweite Seite ein Muster, abwechselnd einige Reihen mit rechten, dann einige Reihen mit linken Maschen haben. Sie merkte, die Sache wurde ziemlich schief. Irgendetwas stimmte da nicht. Doch sie war zu schüchtern, die Lehrerin zu fragen. Diese war immer schlechter Laune, schrie die Schülerinnen gerne an. Nein, das war nichts für Dorothee. Und der Lehrerin fiel es gar nicht auf, dass dieses Mädchen sich nie meldete. Lange Zeit nicht. Doch dann geschah das Unvermeidliche.
„Dorothee, zeig mal her, was Du da gemacht hast", die Lehrerin sagte dies in sehr strengem Ton. Dorothee blieb das Herz fast stehen. Die Lehrerin entriss ihr das schreckliche Gebilde, das sie gestrickt hatte, hielt es hoch, zeigte es der ganzen Klasse: „Schaut her, was Dorothee hier gemacht hat." Die ganze Klasse lachte, lachte Dorothee einfach so aus. Sie schämte sich so sehr. Triumphierend und mit einem hämischen Grinsen im Gesicht packte die Lehrerin den Wollfaden und zog das ganze scheußliche Strickwerk wieder auf, knüllte die Wolle zusammen und warf sie auf den Tisch: „Du kannst von vorne anfangen. Deine Mutter soll zu mir in die Sprechstunde kommen." Dorothee war zum Heulen zumute. Hier vor der gesamten Klasse weinen? Nein, dazu war sie zu stolz. Hatten all diese Mädchen sie nicht gerade eben erst ausgelacht? Sich gefreut darüber, dass sie gedemütigt wurde?

Gut, dass man eine liebe Mutti hatte. Charlotte war entsetzt, was die Lehrerin sich da geleistet hatte. Natürlich ging sie zur Sprechstunde, und sie sagte der Lehrerin deutlich ihre Meinung: „Meine Tochter hat Angst vor Ihnen, weil sie ständig herumschreien. Kein Wunder, dass sie sich nicht meldet. Sie hat still vor sich hin gestrickt und sich nicht getraut, sie auch nur ein einziges Mal zu fragen. Wie kann man ein kleines Kind so vor der gesamten Klasse demütigen?"

„Ich bin eben manchmal überfordert, ich wohne weit weg, muss jeden Tag mit dem Zug fahren, habe Probleme in meiner Ehe...", die Lehrerin versuchte sich zu rechtfertigen.

„Wenn Sie Eheprobleme haben, dann können Sie dies nicht an den Kindern abreagieren. Und wenn Sie weiter entfernt wohnen und mit dem Zug pendeln müssen, dann haben die Kinder daran auch keine Schuld", Charlotte war ziemlich sauer.

Dorothee strickte den Waschlappen neu, unter Aufsicht der Lehrerin gelang es ihr, ihn einigermaßen korrekt zu vollenden. Im Zeugnis gab es eine „6", ein Ungenügend. In späteren Jahren strickte sie noch Fausthandschuhe und Socken im Handarbeitsunterricht. Doch Stricken blieb ihr immer verhasst. Da war Häkeln oder Sticken schon etwas anderes. Sie fabrizierte massenweise gehäkelte Topflappen für die gesamte Verwandtschaft und bestickte kleine Decken, die als Dekoration dienen konnten.

Tante Maxi und Onkel Poldi hatten im Sommer 1958 geheiratet und lebten in einer eigenen Wohnung. Tante Hedwig blieb alleine in der kleinen Wohnung. Für sie häkelte Dorothee erst ein Paar Topflappen mit Stäbchen-Maschen. Sie häkelte das zu locker, die Abstände zwischen den Stäbchen waren zu groß, was dazu führte, dass der Untermieter von Tante Hedwig, von dieser „der Herr Zimmerherr" genannt, sich damit die Hände verbrannte, wenn er mit diesen Topflappen die heißen Töpfe auf dem Herd anfasste. Der arme Herr geriet wohl mit seinen Fingern immer genau in die Zwischenräume der Maschen. Also häkelte Dorothee ein weiteres Paar, nun mit festen Maschen, da gab es keine Zwischenräume mehr. Dazu erdachte sie sich ein kleines Gedicht:

> „Damit der Herr Zimmerherr,
> sich verbrennt die Händ' nicht mehr"

Obwohl sie es in Handarbeiten sogar bis zur Note „Gut" schaffte, das Fach blieb ihr für immer und ewig verhasst. Und als es eines Tages hieß, eine Handarbeitstasche mit dem eigenen Namen, erster Buchstabe des Vornamen und kompletter Familienname, zu besticken, da beneidete sie ihre beste Schulfreundin- Wiwi Taub um deren kurzen Familiennamen.

Wiwi wohnte im Haus gegenüber und war katholisch. Wiwi hatte ihre Erste Kommunion. Vorher aber musste sie zur Beichte. „Doro, hilf mir doch, lass Dir etwas einfallen, was soll ich denn beichten? Erfinde doch Du einfach etwas. Du hast doch immer so gute Einfälle." Wiwi hatte keine Idee, was sie bei der

Beichte sagen sollte. Sie war sich keiner Schuld bewusst. Und Dorothee überlegte, überlegte, überlegte: „Sag, Du hast Deine Eltern belogen."
„Hab ich aber nicht". Wiwi war damit nicht einverstanden.
„Egal, kannst es trotzdem sagen, damit Du wenigstens eine Sünde hast".
Dorothee war da ganz pragmatisch, Hauptsache die Sache wird erledigt. „Wie praktisch, dass ich evangelisch bin", dachte sich Dorothee.

Sie war eine sehr gute Schülern, mit Ausnahme in Handarbeiten. Und so stand eigentlich sehr bald schon fest, sie würde nach dem 4. Schuljahr auf das Gymnasium wechseln.
Es war ein Samstagmittag. Sie saßen in der Küche an dem kleinen Esstisch, Charlotte, Rudi, Dorothee. Hartmut war in die Stadt gefahren, um etwas zu erledigen. Er kam etwas verspätet zum Mittagessen: „Ich war in der Mädchen-Mittelschule und habe Dorothee dort angemeldet. Es reicht, wenn sie auf die Mittelschule geht".
Charlotte war entsetzt, doch gegen Hartmut hatte sie sich noch nie durchsetzen können. Und so machte Dorothee die Aufnahmeprüfung für die Mittelschule, wie damals die Realschule bezeichnet wurde. Sie bestand die Prüfung mit Bravour.

Und da war es wieder, dieses Gefühl. Sie war anders, in der Fremde geboren, als Linkshänderin verpönt, und für ein Mädchen reichte es, die Mittelschule zu besuchen, denn eines Tages würde sie ja sowieso heiraten und zu Hause ihre Kinder erziehen. Was sollte das alles? Warum war sie weniger wert in den Augen anderer Leute?

Besonders schlimm war nun, dass ihre Freundin Gisela Braun nicht mehr mit ihr spielen durfte. Giselas Mutter nämlich legte Wert auf den Umgang ihrer Tochter. Und so war es zunächst sehr wichtig, dass Gisela eine gute Freundin von Dorothee wurde, der Tochter des „Doktor" Broningen, wobei die Betonung auf Doktor lag. Als die Tochter des Doktors nicht auf das Gymnasium ging, wollte sie nicht, dass ihre Tochter mit einer Mittelschülerin befreundet war. Hatte Frau Braun nicht zu Charlotte gesagt: „Mein Mann hat mich nur geheiratet, weil ich Abitur habe"! Charlotte war entsetzt über derartige idiotische Äußerungen. Sie konnte aber durchaus schlagfertig sein. Und so etwas konnte sie nicht auf sich sitzen lassen: „Ich wollte immer einen Doktor heiraten, und das habe ich getan", war ihre spitze Antwort. Herr Braun war zwar auch Physiker, aber er hatte keinen Doktortitel. Der Stachel hatte bei Frau Braun die gewünschte Wirkung. Sie hielt sich in Zukunft mit derartigen Äußerungen zurück.
Dorothee fühlte sich einmal mehr zurück gesetzt, ausgesondert, nicht akzeptiert - anders.

Pirre Britze

Dorothee war verliebt. Zum ersten Mal in ihrem Leben. Er war toll, dieser große, schlanke Mann mit den langen tief schwarzen Haaren und dem Band um
die Stirn. Er hieß Winnetou und war in allen Kinos zu sehen. Der Film war erst
ab zwölf Jahre frei gegeben, sie war aber erst elf Jahre alt. Mist, zu dumm.
Gott sei Dank hatte Rudi einige Karl May-Bücher. Sie begann also zu lesen
wie verrückt und hatte „Winnetou I" bald fertig gelesen. Es folgten Winnetou II
und Winnetou III und einige andere Bücher von Karl May.
Auf den Buchdeckeln sah Winnetou gar nicht so schön aus, aber dieser Winnetou im Film, der war so wunderbar. Sie schnitt die Zeitungsannonce des
Kinos aus, stellte das Foto dieses sagenhaften Mannes neben den Wecker.
Sie schlief mit Winnetou ein, sie wachte mit Winnetou auf.
Und dann verstand sie, dieser Winnetou sah nur so gut aus, weil der Schau-
spieler, der ihn im Film spielte, so gut aussah. Das war ein Franzose, der hieß
Pierre Brice. Sie konnte noch kein Französisch und sprach den Namen so
aus, wie man ihn schreibt „Pirre Britze".
Ihre Liebe verlagerte sich nun von Winnetou auf „Pirre Britze". Ihm schrieb sie
Briefe, hoffte auf ein Autogramm, auf ein paar liebe persönliche Zeilen von
ihm. Das Autogramm lag eines Tages im Briefkasten, die persönlichen Zeilen
kamen nie.
Sie wollte diesen Mann heiraten. Sie war jetzt 12 Jahre alt, er 36 Jahre. Den
großen Altersunter-schied fand sie dann doch etwas bedenklich. Witzigerweise hat Pierre Brice später eine Deutsche geheiratet, die genauso alt war
wie Dorothee.

Endlich durfte sie die Winnetou-Filme im Kino anschauen. Dass Winnetou in
Teil III sterben würde, erforderte gute Vorbereitung in Form von einer Anzahl
Taschentücher, die Wiwi und sie mitnahmen, um die Tränen aufzufangen, die
sie vergießen mussten.

Liebe ist vergänglich. Als eines Tages ein entfernter Cousin aus München auf
Kurzbesuch in Ulm auftauchte und sie mit ihm die 768 Stufen bis zur Spitze
des Münsterturmes hinaufging, waren Winnetou und Pierre Brice - inzwischen
hatte sie gelernt, wie man den Namen richtig ausspricht - plötzlich total uninteressant, der Cousin war viel interessanter und er war da, fassbar, real. Er
blieb lange ihr großer Schwarm.

Jahrzehnte später hatte sie die Möglichkeit Pierre Brice in einer Komödie im
Theater zu sehen. Um sie herum saßen hauptsächlich Damen in ihrem Alter.
Man kam ins Gespräch und stellte fest,- sie alle hatten damals in den 60-er
Jahren für Pirre Britze geschwärmt. Aus purer Nostalgie wollten sie ihn nun
live erleben. Nach der Vorstellung ging die ganze Truppe zum Bühnenaus-

gang. Autogramme wollten sie sich holen. ER erschien und Dorothee sagte frech:
„Vous etiez mon premier amour - Sie waren meine erste Liebe". Da musste Pirre Britze lachen.

Ein anderes Paradies ~ die Wachau

Die Lokomotive pfiff, der Zug fuhr in einen der vielen Tunnel ein. Dorothee stand im Freien auf der Plattform zwischen den Waggons dieses Bummelzuges und genoss die Aussicht. In jedem Tunnel allerdings bekam sie den Rauch und Dampf der Lokomotive ab. Sie trug eine Sonnenbrille. Damit konnte sie im Tunnel gar nichts mehr sehen, aber ihre Augen wurden wenigstens vor Ruß und Staub geschützt.

Schon kurz nach 7.00 Uhr waren sie mit dem Orientexpress in Ulm abgefahren. Der Orientexpress fuhr die Strecke Paris Gare de l' Est - Wien Westbahnhof. Er fuhr abends in Paris ab und kam morgens in Ulm vorbei. Mit ihm fuhren sie bis Linz. Dort mussten sie in einen Eilzug umsteigen, der sie nach Sankt Valentin brachte. Und ab dort begann dann die abenteuerliche, bummelige, vier Stunden dauernde Fahrt bis nach Krems an der Donau in Niederösterreich, in der als Wachau bezeichneten Gegend. Schon nach einer Stunde erreichte der Zug die Donau und fuhr nun immer auf der linken Seite des Flusses entlang. Das war wunderschön. Hier war die Donau groß, breit, ein wahrer Fluss. Nicht so klein und schmal wie in Ulm. Hier gab es Burgen, Ruinen, Schlösser auf den Gipfeln der Berge an beiden Donauufern. Parallel zur Zugstrecke führte die Straße entlang. Die Autos waren weit schneller als der Zug. Kurz nach 18.00 Uhr erreichten sie Krems. Am Bahnsteig wartete Tante Linda auf sie. Die Sommerferien hatten begonnen.

Fast jedes Jahr verbrachten sie die Sommerferien in dieser wunderbaren Gegend, in der Wachau. Hier hatten sie Freunde, Familie Breit. Diese Familie war genauso wie sie im Oktober 1946 in die Sowjetunion verschleppt worden. Sie hatten in Bleicherode im Harz gelebt und wurden dort abgeholt. Zunächst lebten sie auf Gorodomlja, einer Insel im Seligersee nördwestlich von Moskau. Dann kamen sie in dieselbe Siedlung in Moskau, wo auch Familie Broningen lebte.
Die Besonderheit aber war, dass Frau Breit und ihre Kinder bereits Ende 1955 nach Österreich zurückkehren durften. Diese besondere Erlaubnis hatte leider einen sehr traurigen Grund. Doktor Heinz Breit starb im Sommer 1955. Welchen Sinn machte es da noch, dass Frau und Kinder in der UdSSR blieben? Doch so einfach war es nicht, die Behörden zu überzeugen, dass man die nun vaterlose Familie in die Heimat reisen lassen sollte.

Heinz Breit hatte schon lange an einer chronischen Blinddarmentzündung gelitten ohne es zu wissen. Selbst als die Sache akut wurde, hielt er dies noch für eine Reaktion auf angeblich verdorbenes Essen. Sein Zustand wurde immer schlimmer und so wurde er ins Krankenhaus überwiesen. Ein Begleiter wurde schnell auch noch krankgeschrieben und lag im Bett neben ihm. Die Operation dauerte über vier Stunden, der ganze Bauchraum war bereits vereitert, musste mit Penicillin ausgespült werden. Doch man konnte ihn nicht mehr retten. Mitte Juli 1955 starb Dr. Breit im Alter von 42 Jahren.

Hartmut fuhr mit Begleitung in die Stadt und kaufte für den 12-jährigen Sohn der Familie Breit eine schwarze Hose sowie einige Meter weißen und einige Meter roten Satin. Daraus schneiderte die Ehefrau eines anderen Spezialisten rote und weiße Schleifen für die Kränze bei der Beerdigung. Rot war in der Sowjetunion eine sehr beliebte Farbe. Weiß ist eine neutrale Farbe. Vermutlich fiel es nicht auf, dass die Spezialisten für die Kremation des Toten Kranzschleifen in den österreichischen Nationalfarben verwendeten. Heinz Breit stammte aus Niederösterreich. Er und seine Familie waren aber deutsche Staatsbürger geworden. Nachdem am 15. Mai 1955 der Friedensvertrag mit Österreich unterzeichnet worden war, beantragte er für sich und die Familie die Wiederherstellung der österreichischen Staatsangehörigkeit. Sein Leichnam wurde verbrannt, die Urne in seine Heimat geschickt. So kam er vorzeitig nach Hause. Öfters hatte er hoffnungsvoll geäußert, in spätestens einem halben Jahr sei er zu Hause in Österreich. Das ging nun in Erfüllung, aber auf welch tragische Weise. Die Staatsangehörigkeitsausweise für die gesamte Familie trafen eine Woche nach seinem Tod per Post ein, ausgestellt einen Tag nach seinem Tod. So ist Heinz Breit nicht mehr Österreicher geworden, er ist als Staatenloser gestorben.

An einem heißen Sommerabend merkte Hartmut, dass jemand um das Haus herumschlich. Er ging vor die Tür. Da kam Linda Breit auf ihn zu, an der Leine die deutsche Schäferhündin Chérie. „Morgen geht Gertrud auf die Botschaft", flüsterte sie. „Können Sie mir bitte einen Brief schreiben?" Hartmut half gerne. Er verfasste einen Brief, den Linda Breit nur noch unterschreiben musste. Und er schrieb auf einen Zettel, was Gertrud in der Botschaft über die Spezialisten erzählen sollte, wie z. B. dass sich einige von ihnen für eine Heimkehr direkt nach Westdeutschland entschieden hatten.

Gertrud war 14 Jahre alt und durfte somit die Moskauer Siedlung ohne Begleitung verlassen. Sie musste sehr mutig sein. Sie fuhr alleine zur Österreichischen Botschaft, tat so, als ob sie an dieser vorbei gehen wollte, drehte sich dann schnell um und rannte am Wachposten vorbei auf das Gelände der Botschaft. Somit war sie nicht mehr auf sowjetischem Territorium, der Wachposten konnte ihr nichts mehr antun.

In der Botschaft gab sie den Brief ihrer Mutter und den Zettel ab, erklärte ihre Lage und bat um Hilfe. Beim Verlassen des Botschaftsgebäudes konnte sie ungehindert am Wachposten vorbeigehen. Es war ihm lieber, dass niemand von dem Vorfall etwas erfuhr, denn er hätte sonst seinen Posten riskiert.

Bei dieser Gelegenheit hatte Gertrud herausgefunden, dass sich direkt neben dem Gebäude der Österreichischen Botschaft eine chemische Reinigung befand, in der man auch Kleidungsstücke färben lassen konnte. Linda Breit beantragte nun, in die Stadt fahren zu dürfen, um eben bei dieser Reinigung ihr Kleid schwarz färben zu lassen, denn schließlich trug sie ja Trauer. Als Begleiterin verlangte sie eine ganz bestimmte Person, die gut aussehende, sich vornehm gebende, aber etwas schwerfällige Frau Majewskaja. Da Familie Breit schon öfters spezielle Begleiterwünsche geäußert hatte, fiel niemandem etwas auf.

Linda Breit, mit dem Kleiderpaket unter dem Arm, Gertrud und Frau Majewskaja fuhren also in die Stadt und spazierten in Richtung Reinigung. Kurz vorher beschleunigten sie ihre Schritte, so dass die Begleiterin Mühe hatte zu folgen. Plötzlich betraten Linda und Gertrud ein Haus, Frau Majewskaja automatisch hinterdrein. Erschrocken stellte diese fest, dass sie sich nicht in einer Reinigung, sondern in der Österreichischen Botschaft befand. Linda erhielt den Pass ausgehändigt, der auf sie und ihre drei Kinder ausgestellt war. Schnell übergab sie noch eine Liste mit den Namen all derjenigen Spezialisten, die sich für Westdeutschland oder Österreich entschieden hatten. Dann wurde noch in der Reinigung nebenan das Kleid zum Färben abgegeben.

Glücklicherweise hatte dieser Vorfall keine negativen Folgen für die Familie. Nur wurde die Frage gestellt, wieso im Pass ein Bild von ihr in Trauerkleidung sei, wobei sie doch behauptet hatte, das Bild erst nach Österreich an die Verwandten geschickt zu haben, welche es dort den Behörden übergeben hätten.

Als die ganze Spezialistengruppe im September in den Süden geschickt wurde, blieb Familie Breit in Moskau. Mitte November konnten sie endlich nach Österreich heimkehren.

****

Charlotte und Linda Breit waren seit jener Zeit befreundet. Und Dorothee nannte Linda einfach Tante. Es war ihre Tante Linda.

Linda wohnte mit ihren drei Kindern in einem alten Haus unterhalb des Kreuzberges, so genannt, weil oben auf dem Berg ein Kreuz stand. Vom ersten Stock des Hauses aus hatte man einen schönen Blick auf das Stift Göttweig, besonders schön bei Nacht, wenn dieses beleuchtet war.

Im Erdgeschoss gab es direkt neben der Küche die sogenannte Bauernstube, die als Esszimmer diente. Hier saß man zum Essen, zum Plaudern und später auch zum Fernsehen. Nebenan war die gute Stube, eigentlich waren das zwei Zimmer, die durch eine Schiebewand getrennt waren, so dass man je nach Bedarf einen großen Raum oder zwei kleinere daraus machen konnte. Dort lagen auf dem Boden zwei Bärenfelle. Beim Gehen musste man höllisch aufpassen, dass man nicht über die Köpfe der Bären stolperte. In einem der beiden Räume stand ein dunkelbrauner Flügel. Und auf diesem Flügel stand die Urne mit der Asche von Dr. Heinz Breit.

Dorothee, die in den ersten Jahren ihrer Besuche immer noch gerne Staub wischte, hatte große Ehrfurcht vor dieser Urne. Sie war schwer und nicht einfach auf die Seite zu schieben, wenn sie dort Staub wischen wollte. Da drin war also die Asche dieses Mannes, das war alles, was von einem Menschen übrig blieb.

Sie machten Ausflüge in die Wachau, wanderten auf den Kreuzberg, gingen in die Stadt zum Eis- oder Kuchenessen. An der Donau gab es ein Schwimmbad. Hartmut nahm sich ein verlängertes Wochenende frei und kam auf Besuch.

Westlich von Krems liegt der Ort Stein, das Gebiet dazwischen ist „UND", ja wirklich, es gab sogar eine UND-Straße. Auch in Stein gab es einen Kreuzberg. Vom Küchenfenster aus konnte man diesen auch sehen. Das Haus lag zwischen Krems und Stein, sozusagen in „Und".

Cherie, die Schäferhündin, war ein wahrer Wachhund. Kam Besuch, so musste man Cherie wegsperren. Sie duldete keine fremden Personen im Haus oder im Garten. Aber wenn Charlotte, Dorothee oder auch Hartmut und Rudi kamen, freute sich Cherie. Sie erkannte sie auch noch nach Jahren wieder, nur am Geruch. Wenn sie merkte, da kam ein Fremder und gefährlich zu knurren anfing, dann rief man ihr zu und war sofort still. Ja, auch die Stimmen erkannte sie wieder.

Cherie war eine kräftige Hündin. Eines Tages standen Linda, Charlotte und Dorothee mit Cherie an der Mauer gegenüber dem Haus, direkt auf der Straße und unterhielten sich mit einem Winzer, dessen Weingarten direkt hinter dieser Mauer lag. Charlotte hatte die Hundeleine in der Hand. Dorothee warf kleine Steinchen über die Mauer und Cherie wollte hinterher springen, doch die Mauer war zu hoch.

Da kam Dorothee auf den dummen Gedanken, einen Stein auf die andere Straßenseite zu werfen. Cherie sauste hinterher, riss Charlotte mit. Diese überschlug sich mehrmals auf der Straße und konnte sich nur retten, in dem sie die Leine los ließ. Gott sei Dank kam in diesem Moment kein Auto um die Kurve gefahren. Charlotte hatte viele blaue Flecken, an den Beinen, am Bauch, am Rücken. Aber sonst war nichts passiert. Glück im Unglück. Dorothee aber fühlte sich lange Zeit schuldig, hätte sie doch beinahe den Tod ihrer geliebten Mutter verursacht, wenn da ein Auto gekommen wäre? Nicht auszudenken!

Charlotte und Linda verstanden sich sehr gut. Die Chemie zwischen den beiden Frauen stimmte einfach. Sie standen in der Küche und kochten gemeinsam. Dabei erzählten sie sich Witze und lachten Tränen. Währenddessen spielte Dorothee draußen im Garten, fütterte die Kaninchen im Stall, spielte mit Cherie, zog sich die Schuhe der Erwachsenen an und spielte Modeschau. Aus der Küche hörte man Gesang, immer wieder von Lachattacken unterbrochen. Da standen die beiden Frauen am Herd und sangen:

Ein Hund kam in die Küche
und stahl dem Koch ein Ei.
Da nahm der Koch den Löffel
und schlug den Hund entzwei.
Da kamen viele Hunde
und gruben ihm ein Grab
und setzten einen Grabstein,
darauf geschrieben stand:

Ein Hund kam in die Küche
und stahl dem Koch ein Ei....

Und so weiter und so fort, das Lied wiederholte sich unendlich.
Darüber mussten Linda und Charlotte dermaßen lachen, dass sie fast nicht mehr weiterkochen konnten.

Charlotte liebte es, sonntags in die Kirche in die Messe zu gehen. Hier fühlte sie sich freier und wollte ihren Glauben leben. Dorothee begleitete sie. Als die Heilige Kommunion verteilt wurde, blieb Charlotte in der Bank sitzen.
„Warum gehst Du nicht auch zur Kommunion, Mutti?"
„Ich darf nicht, ich bin aus der Kirche ausgestoßen worden, weil ich evangelisch geheiratet habe."
„Aber Mutti, das weiß doch hier keiner."
Dem lieben Gott ist es doch egal, in welche Kirche man geht, dachte Dorothee. Für Kinder ist die Welt einfach. Charlotte blieb hart, sie ging nicht zur Kommunion. Erst durch das Zweite Vatikanische Konzil, das mehr Freiheiten brachte und 1965 endete, fühlte sich Charlotte wieder einigermaßen in ihrer eigenen Kirche rehabilitiert.
Dorothee verstand nie, warum jemand im fernen Rom, im Vatikan, ihre geliebte Mutti daran hindern sollte, sich Gott zu nähern, wann immer sie es wollte.

Tante Linda baute ein Haus, nicht in Krems, sondern in Senftenberg, einem sieben Kilometer entfernten Ort. Beim nächsten Besuch wohnten sie nun dort. Senftenberg konnte man nur mit dem Postbus erreichen. Es liegt in Richtung Waldviertel. Man musste den Bus nach Gföhl oder Zwettl nehmen. Die Busse fuhren nicht so oft. Es ist ein langer, schmaler Ort, der sich am Fluss Krems entlang zieht. Das neue Haus stand direkt am Fluss. Das war praktisch. Man brauchte nur über die Terrasse raus in den Garten und zum Ufer gehen. Der Fluss war nicht tief und das Baden darin machte viel Spaß. Es gab einen Berg, auf dem die Dorfkirche stand. Um die Kirche herum war der alte Friedhof. Gegenüber vom Haus führte ein Weg hinein in einen großen Wald. Welch herrliche Spaziergänge konnte man hier machen.

„Wozu Teneriffa, es ist doch so schön hier. Ich bin so glücklich." Dorothee lag auf der Wiese und dachte an die Worte der Mutter ihrer Freundin Gaby. Die hatte so von Teneriffa geschwärmt. Aber wozu bis nach Teneriffa fliegen? Um angeben zu können? Nein, sie wollte ihre Ferien nirgendwo anders verbringen als hier, in dieser Landschaft, bei ihrer Tante Linda sich zu Hause fühlen. Für sie war es wie im Paradies.
In Senftenberg war es auch möglich, eine Kur zu machen, eine Kur bei Dr. Nuhr. Das klang lustig. Tante Linda vermietete meist zwei oder sogar drei Zimmer an Kurgäste. In einem Sommer war einer dieser Kurgäste eine Frau Hühnerfeld. Diese musste, wie alle anderen Kurgäste, zunächst zur Anfangs-untersuchung zum Arzt. Die Patienten wurden alphabetisch aufgerufen, immer drei gleichzeitig. Frau Hühnerfeld kam von ihrer Untersuchung zurück und erzählte ihnen lachend: „Stellen Sie sich vor, als ich dran kam, da wurden die drei Namen Herr Hahn, Frau Henne und Frau Hühnerfeld aufgerufen".
Die Schäferhündin Cherie war alt geworden und lag nur noch am Liebsten auf der Terrasse, wenn die Sonne schien. Es war ihnen bewusst, dass sie diese wunderbare Hündin nicht mehr wieder sehen würden. Sie war schon sehr krank.

Der Abschied fiel jedes Mal schwer. Und wieder zurück zu Hause, mochten weder Dorothee noch Charlotte aus dem Haus gehen, obwohl es ja Ende August immer noch Sommer war. Sie wollten einfach niemanden sehen. Ihre Körper waren schon zurückgekehrt, doch es dauerte noch einige Tage, bis auch Geist und Seele wieder zurückkehrten in den Alltag.

Die Welt beginnt zu wanken

„Unsere Mutter hatte eine schwere Gehirnoperation, ein großer Tumor im Kopf hat auf ihr Gehirn gedrückt, ein bösartiger Tumor, Krebs. Deshalb war sie auch sehr verwirrt in den letzten Monaten und reagierte oft seltsam. Sie ist jetzt halbseitig gelähmt. Es geht ihr sehr schlecht. Nur das Gebet kann ihr noch helfen."

Die Postkarte lag kurz vor Ostern 1967 im Briefkasten. Gertrud, Tante Lindas älteste Tochter hatte sie geschrieben. Plötzlich war alles klar. Noch kurz vor Weihnachten hatten sie einen seltsamen Brief von Tante Linda erhalten. Der Inhalt war etwas wirr geschrieben, die Handschrift erschreckend groß und unregelmäßig. Sie beschwerte sich über ihre Kinder, über Nachbarn. Es war nicht ganz klar, was passiert war, aber irgendetwas musste geschehen sein.

Telefon hatten weder Familie Broningen in Deutschland noch Familie Breit in Österreich. Kommunikation erfolgte über Briefe.

Nun also hatten sie die Erklärung für jenen eigenartigen Brief von damals. Charlotte erinnerte sich auch, dass Linda im Sommer während eines Ausfluges plötzlich die Sonne auf dem Kopf nicht mehr ertragen hatte. Sie bekam Kopfschmerzen, was sonst nie der Fall war.

Es war außerhalb Dorothees Vorstellungsvermögen, dass der für den Sommer geplante Besuch bei Tante Linda nun ganz anders sein würde, dass ihre geliebte Tante nicht mehr gehen konnte, dass sie zu einem Pflegefall geworden war. Sie, die doch immer so voller Energie war und sich tapfer durch das Leben kämpfte.

Dorothees Konfirmation feierten sie zusammen mit Familie Teichert. Beide Familien waren nicht groß und so war es eine feine Sache, gemeinsam im chinesischen Restaurant zu essen und anschließend noch zu Hause bei Kaffee und Kuchen zusammen zu sitzen.

„Jetzt beginnt ein neuer Lebensabschnitt. Was wird der Nächste sein?", fragte Frau Teichert in die Runde.

„Die Tanzschule", Dorothee war das so herausgerutscht.

„Was, die Fahrschule?", Hartmut machte Dorothee Zeichen mit den Augen. Opa Wilhelm war bei der Feier dabei. Er durfte nichts wissen von einer Tanzschule, er war puritanisch strenggläubig. Hartmut legte Wert darauf, sein Vater sollte nie erfahren, dass sein älterer Sohn zum Atheisten geworden war. Einen Moment lang verdarb dies Dorothee ziemlich die gute Laune. Diese Intoleranz, diese ewigen Verbote, alles eingeschränkt, nichts erlaubt, keine Freiheiten. „Nein, von meinem Opa lasse ich mir den heutigen Tag nicht verderben". Dorothee war entschlossen, die Sache gleich abzuhaken. Schließlich hat man nur einmal im Leben Konfirmation.

„Bete für mich. Schau her, ich habe hier einen Knoten". Es war ein Sonntagmorgen im Mai. Charlotte stand im Badezimmer am Waschbecken und wusch ihren Oberkörper. Dorothee hatte lange geschlafen und kam gerade ins Bad. Es klang große Angst aus den Worten ihrer Mutter. Was hatte das zu bedeuten? Ein Knoten in der linken Brust? Ein großer Knoten. Ganz eindeutig zu sehen. Das hätte doch ihrer Mutter schon längst auffallen müssen? Aber es war Hartmut gewesen, der den Knoten entdeckt hatte.

Hektik brach zu Hause aus. Ein Arztbesuch folgte dem anderen. Hausarzt, Frauenarzt, Röntgenarzt. Krebs, Brustkrebs, ein bösartiger Tumor, schon ungefähr 3 cm groß. Diese schreckliche Diagnose erhielt Charlotte am Tag der Silberhochzeit. Wahrlich kein schönes Geschenk des Schicksals.

Operieren? Sofort? Nein, das wollte Charlotte nicht. „Sie sehen so gut aus, Sie haben doch keinen Krebs". Es waren solche Kommentare der Nachbarn, aber auch der Ärzte, die Charlotte darin bestärkten, mit der Operation noch zu warten. Und so machten sie im Sommer die geplante Rundreise durch die

Schweiz. Zu viert waren sie unterwegs, Rudi hatte den Führerschein gemacht und musste das gemietete Auto fahren.

Nach Rückkehr aus der Schweiz reiste Charlotte mit Dorothee wieder in die Wachau. Bevor sie sich operieren ließ, wollte Charlotte unbedingt ihre kranke Freundin Linda besuchen. Das war ihr sehr wichtig. Und da lag sie im Bett, Tante Linda, das gelähmte Bein verbunden. Sie sprach nur ganz langsam. Sie konnte aufstehen, musste aber gestützt werden. Ihre jüngste Tochter Marie lebte eigentlich mit ihrem Mann in Deutschland, war aber schon im Frühjahr nach Senftenberg gekommen, um Linda zu pflegen. Gemeinsam brachten sie das Bett in den Garten. Vorsichtig, gestützt auf beiden Seiten, schaffte es Linda die wenigen Stufen zum Garten hinunter zu gehen. Dann war sie schon wieder erschöpft und froh, sich ins Bett legen zu können. Es war ein trauriger Anblick.

Linda blühte auf. Charlotte mit ihrer fröhlichen und lustigen Art tat ihr gut. Obwohl Charlotte um ihre eigene schwere Krankheit wusste, machte sie Linda immer Mut. In diesem Jahr fiel der Abschied besonders schwer.

Dorothee musste plötzlich erwachsen sein, sie übernahm den Haushalt, sorgte für das Essen, putzte, kaufte ein. Sie war erst 14 Jahre alt, aber die Kindheit war endgültig vorbei. Charlotte kam ins Krankenhaus, die Operation erfolgte Mitte September, die linke Brust wurde amputiert, die Lymphknoten in der Achsel ebenso. Leider waren diese Knoten schon von Krebszellen befallen. Die Narbe war entsetzlich lang, vom Oberarm führte sie in einem Bogen über der Achsel bis auf Höhe des Magens.

Ihre Mutti lag in ihrem Bett, den Infusionsschlauch am linken Arm befestigt. Aus der Flasche tropfte eine Flüssigkeit mit Medikamenten stetig in den Schlauch. Dorothee bekam keine Luft und ging ans Fenster, um hinaus zu schauen und tief durch zu atmen. Was war los mit ihr? Sie hatte Mitleid mit ihrer Mutti und konnte ihr doch nicht helfen. Nur eine Kleinigkeit hatte sie tun können, Hartmut war damit einverstanden, endlich eine Waschmaschine zu kaufen. Er selbst war dann so begeistert von dieser technischen Erneuerung im Hause, dass er neben der Maschine sitzen blieb und zuschaute wie die Wäsche gewaschen wurde. Es war eine kleine Maschine mit Rollen, die man unter den Tisch am Küchenfenster schieben konnte, bei Gebrauch nach vorne rollte und mit einem Hebel feststellte.

Charlotte lag fast drei Wochen im Krankenhaus. Danach bekam sie Krankengymnastik und war ständig unterwegs, von einem Arzt zum anderen, Therapie hier, Untersuchung dort. Als Privatpatientin hatte sich der Chefarzt persönlich um sie gekümmert. Warum nur war er dagegen, dass Charlotte Bestrahlungen erhalten sollte. „Bestrahlungen? Ohne mich!" sagte er. Charlotte war froh, dass ihr dies erspart blieb, aber konnte man denn sicher sein, alle Krebszellen bei der Operation entfernt zu haben? Sie wurde zur Kur geschickt, sechs Wochen lang. Diese Zeit nutzte Hartmut, um die Fahrschule zu besuchen. Er bestand die Prüfung zwei Tage vor Charlottes Rückkehr. Den neuen Führerschein steckte er zwischen die Scheiben einer Vitrine im Wohnzimmer.

„Hat Papa den Führerschein gemacht"? Charlotte kam mit dem grauen Lappen in Dorothees Zimmer. Diese grinste nur und nickte. „Nee, das glaube ich nicht, in der kurzen Zeit!" Hartmut war damals immerhin schon 57 Jahre alt.

Auch nach der Konfirmation organisierte die Kirche Jugendfreizeiten. Dorothee durfte mitfahren. Der Bus brachte die lustige Gruppe junger Mädchen ins Allgäu. Dort lag noch viel Schnee, obwohl es bereits Anfang April war. Am Gründonnerstag waren sie wieder zu Hause. Irgendetwas war seltsam. Charlotte schaute sie mit so seltsamem Augenausdruck an. In der Küche stand eine Flasche Stroh Rum, eine Flasche Marillenlikör, Dinge, die sie immer mitbrachten, wenn sie in der Wachau gewesen waren!
„Wie kommen denn die Flaschen hierher?" Dorothee war durcheinander. Schon komisch, dass da jetzt plötzlich diese Sachen hier standen.
„Marie und ihr Mann waren kurz hier, auf der Durchreise nach Frankreich." Das war Charlottes Erklärung. Dorothee kam das immer noch komisch vor, aber sie wollte es glauben. Sie ging ins Bad und begann ihren Wollpullover im Waschbecken zu waschen. Die angelehnte Badezimmertür wurde sanft aufgestoßen, Charlotte stand im Türrahmen und sah Dorothee wieder so seltsam an.
„Mutti, was ist, irgendetwas ist doch los, irgendetwas ist passiert, aber was?"
„Tante Linda ist gestorben".
Dorothee verspürte einen seltsamen Stich in der Magengegend und sah ganz plötzlich alles mit einem anderen Blick. Eigentlich müsste jetzt schlagartig alles stehen bleiben, doch die Welt blieb nicht stehen. Es ging alles ganz normal weiter. Dorothee fühlte den Pullover in ihren Händen, das lauwarme Wasser, den Schaum des Waschmittels. Sie starrte auf ihre Hände, sie wuschen einfach den Pullover weiter. Und in diesem Moment verstand sie: auch eine dermaßen schlimme Nachricht hielt die Welt nicht an. Das Leben ging einfach weiter, so als ob nichts geschehen wäre, nur im Leben einiger Menschen war ein großes Vakuum entstanden, denn sie hatten jemanden verloren, den sie sehr geliebt hatten.

Nachdem der Bus mit der Mädchengruppe losgefahren war, ging Charlotte nach Hause. Im Briefkasten lag die Todesnachricht. Schnell wurde ein Auto gemietet und Rudi fuhr mit Charlotte nach Krems zur Beerdigung. Sie waren längst wieder zurück, ehe Dorothee aus dem Allgäu heimkehrte. Erst zwei Wochen zuvor hatten sie eine Karte von Waldemar, Lindas Sohn, erhalten. Darin schrieb er, dass Linda erneut operiert werden musste und dass es ihr sehr schlecht gehe. Wie nebenbei erwähnte er, dass er Vater geworden war und der Bub recht lieb sei.
Niemals hätten sie geglaubt oder glauben wollen, dass Tante Linda so bald von ihnen gehen würde. Sie starb an jenem Tag, an dem in Memphis, im US-Bundesstaat Tennessee, das Attentat auf Martin Luther King verübt wurde, am 4. April 1968, und sie wurde am selben Tag wie dieser US-amerikanische Bürgerrechtler beerdigt, am 9. April 1968. Die Urne mit der Asche ihres Man-

nes, Heinz Breit, wurde mit zu ihr ins Grab gestellt. Nach 13 Jahren waren sie wieder vereint.

Im Sommer fuhren Charlotte und Dorothee dennoch wieder nach Krems. Diesmal wohnten sie bei einer Bekannten in Stein. Es war 1968, das Jahr der Bürgerrechtsbewegungen, das Jahr der Proteste gegen den Vietnamkrieg, gegen die Notstandsgesetze, die die Regierung der Bundesrepublik erließ, das Jahr der linksgerichteten Studenten, die gegen den „Staub von 1000 Jahren unter den Talaren" protestierten. Es war das Jahr der Studentenproteste in Paris, in Berlin, in Mexiko. Dort wurden die Proteste am 2. Oktober blutig nieder geschlagen. Es gab über 250 Tote zu beklagen. Am 12. Oktober, dem Jahrestag der Entdeckung des amerikanischen Kontinentes, wurden die Olympischen Spiele in Mexiko Stadt eröffnet. Die Regierung sah sich gezwungen, bis dahin Ruhe im Land geschaffen zu haben.
1968 war auch das Jahr des Prager Frühlings, es war der Versuch der Führung der tschechoslowakischen kommunistischen Partei unter Alexander Dubček, ein Liberalisierungs- und Demokratisierungsprogramm im Land durchzusetzen. Dabei hofften die Politiker auf die Zustimmung der sowjetischen Machthaber. Doch die Zeit war noch nicht reif dafür.
„Die Russen kommen, die Russen kommen!" Laute Stimmen draußen auf der Straße weckten Charlotte und Dorothee auf. Warum waren die Menschen so aufgeregt, was war geschehen? In der Nacht waren die Truppen des Warschauer Paktes in die ČSSR einmarschiert. Aus der Traum von mehr Demokratie, mehr Freiheit, mehr Menschlichkeit.
Es war der Morgen des 21. August 1968. Die Österreicher waren in Panik. Was würde passieren, wenn die Truppen nicht an der Grenze zu Österreich stoppen sollten? Ein Einmarsch der Truppen des Warschauer Paktes in Österreich? Die Russen hier? Wie damals zu Kriegsende? Ein Einmarsch fremder Truppen, wie damals die Deutschen 1938? Das war nun genau 30 Jahre her.
Ihre Bekannte wurde ihnen gegenüber sehr aggressiv. Sie schimpfte: „Ihr Deutschen, die Ihr damals bei uns einmarschiert seid…."
Hatten die Österreicher nicht gejubelt, als Hitler sie „heim ins Reich" holte?
Dass sie sich das anhören mussten! So also dachte diese Frau in Wirklichkeit. Und sicherlich nicht nur sie. Sie waren entsetzt, nicht nur über die Tatsache des Einmarsches der Truppen in die ČSSR, sondern auch über die Reaktionen mancher Menschen, die nun ihr wahres Gesicht zeigten. Natürlich waren auch deutsche Soldaten unter den einmarschierenden Truppen, Soldaten aus der DDR eben. Die gehörten nun mal zum Warschauer Pakt.
Hartmut und Rudi kamen mit einem Mietauto, um auch ein paar Tage Urlaub zu machen. Rudi studierte inzwischen Physik, so wie sein Vater. Zum Ausklang der Ferien fuhren sie alle gemeinsam nach Wien, um sich diese Stadt einmal genauer anzuschauen. Zum Gedenken an die bedauernswerten Menschen in der benachbarten Tschechoslowakei hinter dem Eisernen Vorhang gab es eine Schweigeminute, genauer gesagt waren es drei Minuten. Sie

befanden sich gerade auf der Wiener Ringstraße, als es 12.00 Uhr mittags war. Alles blieb stehen, Busse, Straßenbahnen, die Menschen, alles stand still. Das war beeindruckend.

Die Bilder im Fernsehen und in den Zeitungen wird sie nie vergessen. Die Panzer auf dem Wenzelsplatz in Prag. Die Menschen, die alle irgendwann einmal in der Schule Russisch gelernt hatten, konnten mit den Soldaten diskutieren, sie machten ihnen klar, dass das tschechoslowakische Volk nicht um Hilfe gerufen hatte, im Gegenteil, das fremde Militär war hier überhaupt nicht willkommen. Die Panzer wurden beschmiert mit Dubček & Svoboda = Svoboda.

Alexander Dubček war der erste Sekretär der Kommunistischen Partei und Ludvík Svoboda war Staatspräsident der ČSSR. Svoboda bedeutet aber auch Freiheit, nicht nur im Tschechischen, auch im Russischen. Das lernte sie nun wieder. Leider hatte sie ihre Russisch-Kenntnisse total verloren, aber irgendwo in ihrem Unterbewusstsein mussten die Grundlagen dieser Sprache noch vorhanden sein.

Svoboda - Freiheit. Frei sein wie ein Vogel, der fliegen kann wohin er will, für den es keinen Stacheldraht, keine Mauern gibt. Sie verstand immer mehr, warum ihr Vater damals so hartnäckig gewesen war und unbedingt darauf bestanden hatte, dass sie aus der Sowjetunion in die Bundesrepublik Deutschland, nicht in die DDR repatriiert wurden.

Die Hoffnungen der Menschen in der Tschechoslowakei auf ein bisschen mehr Freiheit wurden mit dem Einmarsch der Truppen des Warschauer Paktes zerstört, die Welt war wieder einmal geschockt.

Ende August starb Opa. Dieser alte Mann, der so puritanisch streng religiös war, dennoch aber ein lieber Großvater gewesen war. Nun war er auch für immer gegangen. Doch Opa war alt geworden, fast 92 Jahre alt. Da verstand man doch, dass ein Mensch bald gehen musste. Tante Linda war aber nur 58 Jahre alt gewesen.

> „Dorothee, mein liebes Enkelkind,
> klug wie die Ulmer Spatzen sind…"

Das hatte Opa ihr ins Poesie-Album geschrieben. Sie würde sich immer daran erinnern, dass er sie eben auf seine Art geliebt hatte. Dorothees Kindheit war endgültig vorbei. Ihr letztes Schuljahr begann.

Das Jahr der Veränderungen

Auch in der Mittelschule, später Realschule genannt, war Dorothee immer eine gute Schülerin. In den ersten beiden Klassen hatten sie eine Lehrerin, die nicht besonders gut auf Dorothee zu sprechen war. „Wenn Dorothee die

Auswahl hat, dann wählt sie immer die leichteste Variante aus. Das macht sie dann aber doch so gut, dass ich gezwungen bin, ihr trotz alledem eine gute Note zu geben". Die Lehrerin gab Deutschaufsätze zurück und konnte ihren Kommentar nicht zurückhalten. Besonders wohl fühlte sich Dorothee nicht, wenn man sie vor der ganzen Klasse so bloß stellte.

Alles änderte sich in der dritten und vierten Klasse Realschule, wie man damals noch sagte, das heißt in der siebten und achten Klasse. Diese beiden Schuljahre waren zunächst einmal Kurz-Schuljahre: der Schuljahresbeginn wurde von Ostern auf Herbst umgestellt, so wie es in Bayern schon lange der Fall war. Also gab es ein kurzes Schuljahr von Ostern bis Ende November, dann eine Woche Ferien (hurra !!!). Das zweite kurze Schuljahr dauerte von Dezember bis zum Sommer. Ende Dezember gab es dann gleich schon wieder Ferien, Weihnachtsferien. Das war natürlich eine tolle Sache. Lernen aber mussten sie viel, der ganze Lehrstoff musste geschafft werden. Aber lernen war für Dorothee kein Problem. Sie lernte gerne und interessierte sich für alles, außer für Handarbeiten und Turnen. Das waren lästige Fächer.

Der Klassenlehrer, der die Mädchenklasse durch diese beiden Kurzschuljahre begleitete, war Herr Selder. Er war sehr sympathisch und nett. Dermaßen sympathisch und nett, dass sich die pubertierenden Mädchen fast ausnahmslos in ihn verliebten. Er fuhr einen roten Volkswagen-Käfer, der neben der Schule parkte. Dorothees Freundin Wiwi pflückte täglich eine Rose von einer Hecke ab und legte sie auf den Kofferraum des VW-Käfers. Es war schon Tradition geworden. Bis dann eines Tages Herr Selder meinte: „Lasst doch die armen Heckenrosen weiterleben. Pflückt sie nicht ab, um sie mir aufs Auto zu legen. Sie haben es nicht verdient so früh sterben zu müssen".

Herr Selder unterrichtete Erdkunde, Geschichte, Gemeinschaftskunde. Bei ihm lernten sie vom Absolutismus, der Französischen Revolution, von Napoleon. Und sie alle lernten wie die Weltmeister. Wie oft stand er vor ihnen, die linke Hand zwischen die Knöpfe der Jacke gesteckt, so als ob er Napoleon wäre: „Den hat Napoleon dann auch in die Pfanne gehauen." Das war eine für ihn so typische Bemerkung.

Mit dem Musiklehrer hingegen gab es Probleme. Der kam mit Mädchen in diesem Alter überhaupt nicht zurecht. „Ich kann das gar nicht verstehen, warum seid Ihr so böse bei Eurem Musiklehrer, bei mir seid Ihr alle immer so nett und brav?" Der Musiklehrer hatte sich bei Herrn Selder beschwert über die bösen Mädchen.

„Das ist ganz einfach, wir sind eben alle verliebt in Sie". Es war Wiwi, die das große Geheimnis verraten hatte. Herr Selder wurde rot im Gesicht. Das hatte er nicht erwartet.

Dann kamen die beiden letzten Schuljahre, die neunte und zehnte Klasse. Es gab einen neuen Klassenlehrer, Herrn Ramok. Ein strenger Mann, er unterrichtete in der Abendrealschule erwachsene Schüler. Das war etwas, was ihm lag, doch für diese pubertierenden Mädchen fehlte ihm das Verständnis. Leider unterrichtete er die Klasse gleich in mehreren Fächern: Mathematik,

Deutsch, Geschichte, Erdkunde, Zeichnen. Da die Klasse im Allgemeinen in Mathematik alles andere als gut war, nahm er oft die Deutschstunden für den Mathematikunterricht. Sehr zum Leidwesen von Dorothee, die lieber Deutsch gehabt hätte, denn sie wollte besonders viel über Literatur wissen.

Es gab drei Fächer, die keine Pflicht waren, sondern zur freien Wahl angeboten wurden. Dorothee entschied sich für alle drei Fächer. Sie wollte unbedingt so viel wie möglich lernen, sie war wissbegierig und ehrgeizig.

Eines der Wahlfächer war Französisch, Französisch machte ihr viel mehr Spaß als Englisch. Es war eine Sprache, die viel logischer zu lernen war. Es gab Ausspracheregeln, nicht wie in Englisch, da musste man jedes Wort zweimal lernen, wie man es schreibt und wie man es ausspricht. Sie liebte Französisch, obwohl man natürlich beim Diktat genau hinhören musste, weil im Französischen das Ende vieler Wörter nicht ausgesprochen wird, weil Wörter beim Aussprechen miteinander verbunden werden. Um die nasal auszusprechenden Wörter gut zu lernen, klemmte sie sich eine Wäscheklammer auf die Nase und übte. Das war lustig, half aber sehr.

Das zweite Wahlfach war Maschinenschreiben. Die mechanischen Schreibmaschinen waren in speziellen Tischen unter der Schreibplatte angebracht. Diese konnte man hochziehen und an der Rückwand des Tisches versenken, dadurch wurde eine Halterung mit der Schreibmaschine nach oben gehoben. Maschinenschreiben war lustig. Die Lehrerin stand vor der Klasse, mit einer kleinen Trommel und dann wurde erst einmal die Grundhaltung geübt: a-a-a-a / s-s-s-s / d-d-d-d / f-f-f-f - j-j-j-j / k-k-k-k / l-l-l-l / ö-ö-ö-ö. Es machte Spaß und erleichterte sehr bald ihr Leben. Zu Weihnachten wünschte sie sich eine kleine Reiseschreibmaschine und von nun an schrieb sie ihre Briefe mit Maschine. Arme und Hände wurden beiderseits gleich beansprucht und was sie schrieb, war gut zu lesen.

Das dritte Wahlfach war Stenographie. In Stenographie war die Sache ganz anders. Ihre Linkshändigkeit wurde ihr auch hier zum Verhängnis. Sie hatte ja leider lernen müssen, mit der rechten Hand zu schreiben. Sie wollte möglichst schnell schreiben, aber dann konnte sie hinterher selbst nicht mehr lesen, was sie geschrieben hatte. Also schrieb sie langsamer und genauer, dafür aber nicht schnell genug. Es strengte sehr an. Sie bekam Krämpfe im rechten Handgelenk, Schmerzen im rechten Arm, hoch bis zur Schulter. Sie war total verspannt. Sogar Kopfschmerzen auf der rechten Seite, die sich von hinten her bis nach vorne oberhalb des rechten Auges zogen.

Ende der achten Klasse gab der Lehrer bekannt, dass Dorothee die zweitbeste Schülerin der Klasse war. Sie fand, dass dies eher ein reiner Zufall war. Über die Auszeichnung in Form einer Urkunde freute sie sich natürlich. Wenn man aber einmal so weit nach vorne gekommen ist, möchte man dort auch bleiben. Und Dorothee strengte sich noch mehr an. Also wurde sie, und diesmal war es kein Zufall, Klassenbeste und blieb es bis zum Schluss. Trotz ihres Strebertums war sie keine verhasste Mitschülerin. Die anderen schätzten sie sehr, denn sie half, wo sie nur konnte. Mathematik, Physik, Chemie - wenn sie etwas nicht verstand, konnte Hartmut es ihr abends zu Hause erklären. Und dann erklärte sie es am nächsten Tag denjenigen, die sie darum baten.

Dafür bekam sie Unterstützung beim Turnen. Sie mussten einen Kilometer in 6 Minuten laufen. Alle schafften das, Dorothee war die letzte. Ihre Schulkameradinnen saßen auf der Tribüne und feuerten sie an: „Du schaffst das, Du schaffst das!" Sie schaffte es, mit 5 Minuten und 58 Sekunden lief sie ins Ziel. Darauf war sie fast stolzer als auf ihre guten Noten.

Klassenlehrer Ramok war jemand, der sich über diese jungen Mädchen schnell aufregen konnte und sie oft anschrie. Obwohl Dorothee wusste, dass sie persönlich nicht damit gemeint war, sie hatte ja immer gute Noten, so litt sie mit den anderen und ihre Bauchschmerzen, die seit einiger Zeit immer wieder auftraten wurden häufiger und stärker.

„Du Schwan! Gans darf ich ja nicht zu Dir sagen"; Herr Ramok stand vor der Klasse und hielt die Hände betend in die Luft. Er hatte eine besonders intellektuelle Art, seinem Ärger Ausdruck zu verleihen.

„Ihr gehört alle zur mathematischen Müllabfuhr" oder „Ihr mathematischen Säuglinge!" - das waren so typische Äußerungen von ihm. Ein intellektueller Mann, der im Kern aber gar nicht so hart war, wie er sich gab. In Geschichte kamen sie zum Thema Nationalsozialismus, Judenverfolgung, Judenvernichtung, Zweiter Weltkrieg, Vertreibung, Flucht.

Herr Ramok hatte Tränen in den Augen, plötzlich versagte seine Stimme und er konnte nicht mehr weitersprechen. Er selbst war Soldat im Krieg und wurde nach Kriegsende aus seiner Heimat, dem Sudetenland vertrieben. Einmal mehr verstand Dorothee, wie schrecklich solch ein Krieg ist. Wie sinnlos. Die Folgen dieses Krieges waren nun die Strafe dafür, dass ein großer Teil ihres Volkes einmal geglaubt hatte, mehr Wert zu sein als die anderen Völker. Dieser Größenwahn hatte zu all diesem Elend geführt. Auch ihr Leben stand unter dem Zeichen dieser Strafe. Sie war in Russland geboren worden, weil ihr Vater dort Reparationsarbeiten leisten musste. Hatte sie selbst den Krieg Gott sei Dank nicht mehr persönlich miterlebt, so bestimmten die Folgen ihr Leben von Anfang an. Dorothee fühlte sich schuldig. Für sie war es nicht leicht, Deutsche zu sein.

Im September 1968 fuhr die Klasse für zwei Wochen ins Schullandheim in den Schwarzwald. Sie nisteten sich in einer Jugendherberge ein. Es gab große Schlafsäle und kleinere Zimmer mit nur vier Betten. Dorothee war schnell, entdeckte ein solches kleineres Zimmer und beschlagnahmte es sofort. Sie stellte sich in den Türrahmen und ließ nur ihre drei Freundinnen rein, die mit ihr das Zimmer teilen sollten. In jedem Zimmer gab es ein Waschbecken, als sie jedoch die Tür ihres Vierbettzimmers schlossen, war nirgendwo eine Waschgelegenheit zu entdecken. Mist! Eine mysteriöse Tür gab es da, was war wohl dahinter? Ein Abstellraum? Vorsichtig öffneten sie die Tür und siehe da, ein ganzes Badezimmer gab es hier, zwei Waschbecken, eine richtige große Badewanne. Welch Luxus!

Dieser Luxus musste aber mit den anderen geteilt werden. Und so standen die anderen Mädchen jeden Morgen Schlange vor ihrem Zimmer, um eben dieses luxuriöse Bad benutzen zu können, in dem man nicht von den anderen beobachtet werden konnte, während man sich wusch. Sie tauften das Zimmer „Schwarzwaldbude mit Komfort".

Es gab nicht nur Wanderungen durch die schöne Landschaft, es gab auch Ausflüge zum Titisee, nach Freiburg und ins Elsass. Um 22.00 Uhr ging das Licht aus. Ruhe war deswegen aber noch lange nicht in den Schlafräumen. Da wurde gequatscht, Kissenschlachten veranstaltet, was in der Dunkelheit, dann besonders lustig war. Und diejenigen, die in den unteren Betten schliefen, konnten mit gestreckten Beinen ganz leicht die oberen Betten aus ihren Verankerungen heben, was durchaus zu gefährlichen Situationen führte, besonders, wenn noch jemand oben auf dem Bett saß und dann herunterstürzte. Morgens um 6.00 Uhr ging das Licht wieder an. Um nicht geblendet zu werden von dem plötzlichen hellen Schein der grässlich hässlichen Deckenlampe hingen sie eine Trainingshose um die Lampe herum, deren Gummizug am Bund bald ausleierte.

Charlotte schrieb Briefe ins Schullandheim, erzählte, was zu Hause alles los war. In einem Brief, der kurz vor der Rückreise ankam, stand: „Freust Du Dich schon auf Zuhause?" Aber Dorothee freute sich nicht auf Zuhause. Woran lag das? An der Strenge des Vaters? Sie konnte es sich nicht erklären. Es war einfach schön, dem Alltag entronnen zu sein, unterwegs, auf Reisen zu sein, anderes zu sehen, anderes zu erleben. Warum freuten sich die anderen, aber sie nicht?

Die Ehe der Eltern war schwierig. Auf der einen Seite Hartmut, ein äußerst intelligenter Mensch, gefühlskalt, streng. Vor ihm hatte man Angst, nicht nur Dorothee fürchtete die Wutausbrüche ihres Vaters. Auf der anderen Seite Charlotte, humorvoll, freundlich und vor allem voller Liebe und sehr herzlich den Menschen zugetan. Auch Charlotte litt unter Hartmuts Strenge.

Zurück aus dem Schullandheim begann die gesamte Klasse einen Tanzkurs mit einer Klasse eines Jungen-Gymnasiums. Damals waren die meisten Schulen noch getrennt nach Jungen und Mädchen. Die Mädchen saßen auf einer Seite, gegenüber saßen die Jungs. Der Tanzlehrer erklärte, wie man denn nun eine junge Dame zum Tanz aufzufordern habe. Und während er so redete, suchte sich jeder der Jungs schon insgeheim ein Mädchen aus.

„Meine Herren, nun fordern Sie bitte die Damen auf". Die Worte des Tanzlehrers hatten die Wirkung eines Startschusses. Die männliche Hälfte des Kurses raste los, geradeaus, schräg, quer, abhängig davon, wo das Mädchen saß, das man sich ausgesucht hatte. Nicht dass ein anderer noch das Mädchen einem vor der Nase wegschnappte! Einer von ihnen stürzte hin und rutschte auf dem gebohnerten Parkettboden bis direkt vor die Füße seiner Auserwählten. Er hatte Glück, dass er nicht vor den Füßen einer anderen ins Ziel kam.

Dorothee wurde von einem sehr großen und kräftigen Jungen mit Aknepickeln im Gesicht aufgefordert. Er hatte, wie viele von ihnen, einen Spitznamen und wurde Simon gerufen. Sein wirklicher Name war Hans. Simon war sehr schüchtern, aber freundlich. Er hatte allerdings einen schrecklichen Nachteil, er konnte überhaupt nicht tanzen, er hatte ganz und gar kein Taktgefühl. Dorothee litt unter ihm. Er führte sie nie, sie begann ihn zu führen. Er stellte die Füße immer gerade anders, sie stießen zusammen. Beim Wiener Walzer stürzte er sogar über die Füße eines anderen Paares. Zu blöd, denn Dorothee tanzte für ihr Leben gern.

In der Mitte des Kurses gab es einen Ballabend, den Mittelball. Das war auch so eine Tragödie. Dorothee musste mit Simon tanzen. Kaum ein anderer wollte mit ihr tanzen. Sie war verschrien als die Klassenbeste und die Jungs distanzierten sich von ihr.

Ende Januar 1969 war Abschlussball. Dorothee bekam ein hellblaues Glitzerkleid und silberne Glitzerschuhe. Das Kleid nähte Frida Taub, Wiwis Mutter. Sie war Schneiderin. Dass Wiwi, die die gleiche Figur wie Dorothee hatte, nun Dorothees Kleid zum Anprobieren anziehen musste, obwohl sie selbst nicht am Tanzkurs teilnahm - Familie Taub hatte vier Kinder und nicht viel Geld - das war für Wiwi sehr traurig. Noch Jahre später erwähnte sie es Dorothee gegenüber immer wieder.

Dorothee riss all ihren Mut zusammen und erklärte Simon: „Den Abschlussball möchte ich nicht mit Dir machen, ich suche mir einen anderen Tanzpartner". Das war nicht so einfach. Es gab genauso viele Mädchen wie Jungen im Kurs. Alle hatten ihre Partner, keiner war übrig. Dann die Erlösung, eine Mitschülerin konnte nicht am Ball teilnehmen. Ihr Tanzpartner sah nicht nur gut aus, er war höflich, freundlich und ein wunderbarer Tänzer. Der Abschlussball war gerettet. Simon aber war sehr traurig. Und Dorothee hatte Mitleid mit ihm.

Jetzt, kurz vor der Mittleren Reife, stand für Dorothee fest: Sie wollte Krankenschwester lernen und zwar in München. Sie wollte raus aus der Provinz, in eine große Stadt. Und München war nicht weit entfernt, eine gute Stunde mit dem Zug. Dort lebten Tante Maxi, Onkel Leopold, Tante Hedwig. Alleine würde sie dort nicht sein.

Den Gedanken, Putzfrau werden zu wollen, hatte sie im Alter von 7 Jahren aufgegeben. Ihr nächster Berufswunsch war „Funkenmariechen". Das war eine tolle Sache, fand sie. Diese schönen Uniformen, die Dreispitz-Hüte mit den Federn, die kurzen Röckchen, und vor allem, diese Mädchen durften tanzen, die Beine möglichst hoch in die Luft schwingen. Das machte Spaß. Aber die Berufsaussichten für Funkenmariechen im Schwabenland waren sehr gering. Das war eher etwas für den Karneval am Rhein, wo es lustiger zuging. Und so musste sie sich etwas anderes einfallen lassen.

Kinderkrankenschwester. Das war es. Da konnte man kranken Kindern helfen, sie wieder gesund pflegen. Das war doch schön, eine erfüllende Aufgabe. Ein paar Jahre lang war dies ihr Berufswunsch. Aber mit Kindern kann man sich gar nicht so gut unterhalten. Vielleicht doch lieber Krankenschwester für Erwachsene? Und bei diesem Entschluss blieb es.

Die Bauchkrämpfe wurden immer stärker, immer häufiger. Jedes Mal, wenn sie sich nur ein bisschen aufregte oder angespannt war, kam dieser schmerzhafte Krampf im Darm. Gegen Ostern kam häufig auch noch Übelkeit dazu. Die Ärztin diagnostizierte einen nervösen Darm und gab ihr die entsprechende Medizin. Doch es wurde einfach nicht besser. Charlotte beschloss daher, mit Dorothee direkt zu einem Chirurgen zu gehen. Dieser untersuchte kurz und schon war klar, was Dorothee wirklich hatte: Chronische Appendizitis, chronische Blinddarmentzündung. Damit könne sie noch lange so weiterleben, aber es bestehe die Gefahr, dass aus der chronischen ganz plötzlich eine akute Blinddarmentzündung wird. Also empfehle er eine Operation. Da die Sache noch nicht akut war, wurde ein Operationstermin für Mitte Juli festgelegt. Dorothee musste erst die Prüfungen der Mittleren Reife hinter sich bringen. Aber wenigstens wussten sie nun, was wirklich los war.
Dorothee lernte fleißig und absolvierte sämtliche Prüfungen mit Bravour. Als beste Realschülerin aller Zeiten wurde sie in sämtlichen lokalen Zeitungen erwähnt. Ihr Notendurchschnitt war 1,4. Einige Mitschülerinnen, die wesentlich schlechter abschnitten, hatten beschlossen, anschließend noch auf weiterführende Schulen zu gehen und das Abitur zu machen. Doch Dorothee blieb bei ihrem Entschluss, in München Krankenschwester zu werden. Vom Lernen hatte sie genug. Die feierliche Abschlussfeier fand in festlichem Rahmen statt, an einem Vormittag. Die Väter, die arbeiten mussten, konnten also nicht dabei sein. Charlotte saß im Saal und war mächtig stolz auf ihre intelligente Tochter, die gleich zwei Preise in Form von Büchern überreicht bekam. Nachmittags feierten die Mädchen in einem Gartenrestaurant. Wiwi holte eine Zigarre heraus und rauchte diese langsam und genüsslich, zum Schrecken der erwachsenen Gäste an den anderen Tischen. Es war doch herrlich, wenn man die „Alten" ein bisschen provozieren konnte.
Am nächsten Tag musste Dorothee ins Krankenhaus. Nach den Voruntersuchungen wurde sie am folgenden Tag operiert. Da lag sie nun auf der Bahre vor dem Operationssaal. „Wir werden Dir jetzt eine Spritze mit dem Narkosemittel geben." Der Anästhesist spritzte etwas in den vorbereiteten Schlauch in der Armbeuge am linken Ellenbogen. Es wurde ihr ein bisschen schummrig und schwindelig. Es wurde dunkel um sie herum.
Sie wachte auf, unten rechts am Bauch tat es weh. Sie fühlte mit der Hand, dass da ein kleiner Sandsack auf der frischen Operationswunde lag. Aha, es ist also alles vorbei. Ich habe es hinter mir. So ist das also, wenn man narkotisiert ist. Man spürt einfach gar nichts, absolut gar nichts. So muss es sein, wenn man tot ist. Man spürt nichts mehr, einfach gar nichts mehr. Dann ist es gar nicht so schlimm, tot zu sein. Schlimm ist nur das Sterben. Das war beruhigend. Tante Linda, Opa, alle, die nicht mehr unter ihnen waren, sie mussten nicht mehr leiden, sie spürten einfach nichts mehr, sie hatten alles Leid hinter sich.

Ihre Freundinnen, ihre Familie besuchten sie. Geschenke brachten sie mit. Auch ein Buch mit äußerst lustigen Geschichten. Aber Lachen, das tat so weh. Die frische Wunde schmerzte. Lachen ist doch nicht immer gesund.

In der Nacht vom 20. auf den 21. Juli 1969 erfolgte die erste Mondlandung. Der US-amerikanische Astronaut Neil Armstrong setzte als erster Mensch seinen Fuß auf den Mond und sagte: „Ein kleiner Schritt für einen Menschen, ein großer Schritt für die Menschheit". Diesen historischen Moment wollte Dorothee nicht vermissen. Hartmut hatte ihr ein kleines Transistorradio gegeben. Sie lauschte den Nachrichten, schaute dabei zum Fenster hinaus auf den Mond am Nachthimmel. Die Patientin neben ihr schnarchte.
Nach einer Woche wurden die Fäden gezogen. Nun sollte sie bald nach Hause entlassen werden. Doch plötzlich fühlte sie sich schlecht. Sie betastete die Wunde, die wieder mehr schmerzte. Entsetzt bemerkte sie, dass diese feucht war. Eine bräunliche Flüssigkeit trat aus der Wunde. Sie läutete sofort nach der Krankenschwester. Diese holte die Ärztin. Eine Infektion in der Wunde. Eine kurze Betäubung lohnte sich nicht. „Halte Dich am Bettgestell fest, ich öffne schnell die Wunde". Oh, wie weh das tat. Sie schrie auf. Und nun trat Eiter und dieses bräunlich verschmutzte Blut aus der klaffenden Wunde, die nun von innen heraus von alleine zuheilen musste.
Statt der geplanten zehn Tage musste Dorothee über drei Wochen in der Klinik liegen. Sie wurde traurig, depressiv und zweifelte am Sinn des Lebens. Es war das erste Mal, dass sie sich so schrecklich schlecht fühlte. Zwei Jahre zuvor hatte sie begonnen, Tagebuch zu schreiben. Es war ein einfacher Terminkalender, in den sie jeden Tag in kurzen Worten eintrug, was sie erlebt hatte. Nun schrieb sie etwas, worüber sie selbst erschrak: Wäre ich nur nach der Operation nicht mehr aufgewacht. Ich werde schon so ein scheußliches, einsames Leben führen müssen.
Und so fühlte sie sich, dort in der Klinik, trotz der vielen Menschen, die sie jeden Tag besuchen kamen. Abends, nachts war sie einsam und fühlte, dass sie die Sicherheit des Elternhauses verloren hatte, dass sie nun ihr eigenes Leben leben musste, und sie hatte Angst davor. Endlich, nach drei Wochen, durfte sie nach Hause. Sie musste noch oft zur Nachbehandlung in die Praxis des Arztes, um die Wunde reinigen zu lassen. Es dauerte mehrere Wochen, bis alles verheilt war. Sie behielt eine hässliche Narbe.

Tante Erika, Erika Rochelle aus Ost-Berlin, kam zu Besuch. Rochelles hatten Verwandte im Rheinland. Den Bürgern der DDR war es inzwischen möglich, mit Sondergenehmigungen Verwandte im Westen zu besuchen. Ihr Besuch war eine willkommene Abwechslung.
Nachts konnte Dorothee nicht mehr gut schlafen. Ihr war bewusst, dass sie bald, sehr bald, die Sicherheit ihres Elternhauses verlassen musste. Sie musste erwachsen sein und selbständig. Ein komplett neues Leben würde bald beginnen, und sie war doch erst 16 ½ Jahre alt.

Negative Perspektiven

Um die Ausbildung zur Krankenschwester beginnen zu können, musste man zuvor mindestens sechs Monate lang eine Haushaltsschule besucht haben. In München gab es beim Bayrischen Roten Kreuz, abgekürzt BRK, am Rotkreuzplatz nicht nur die Möglichkeit, die Ausbildung zu machen, sondern es gab auch eine solche Haushaltsschule, die Schwesternvorschule genannt wurde.

Hier begann nun Dorothees neuer Lebensabschnitt. Im Wohnheim, in dem die jungen Mädchen untergebracht waren, gab es nur Zimmer mit mehreren Betten. Dorothee teilte ihr Zimmer mit drei weiteren Mädchen. Vorbei der Luxus eines eigenen Zimmers zu Hause in Ulm. Aber das war nicht schlimm. Alle Mädchen waren in der gleichen Lage, alle waren sie zum ersten Mal fern von Zuhause. Sie verstanden sich gut, sie trösteten sich gegenseitig, wenn das Heimweh aufkam und die Tränen zu fließen drohten. Niemals hätte Dorothee geglaubt, dass sie solch ein starkes Heimweh empfinden könnte. Doch es saß tief in ihr drin, es tat richtig weh in der Seele. Ihr fehlte nicht Ulm, es fehlte ihr das Zuhause.

Charlotte hingegen war regelrecht entsetzt, als sie sah, wie Dorothee hier leben musste. Zu viert in einem Zimmer, die Schränke draußen auf dem Gang.

Die Mädchen wurden überall eingesetzt, beim Putzen der Gänge, beim Putzen der Gemeinschaftsbäder, der Gemeinschaftstoiletten. Sie wurden eingesetzt auf den Krankenstationen, um dort niedrige Arbeiten zu machen. Sie bedienten im Speisesaal die Rotkreuzschwestern und sie wurden eingesetzt in der Küche bei der Verteilung des Essens. Hier standen sie am Fließband und mussten jeweils ein bestimmtes Essen in die Teller der vorbeifahrenden Tabletts geben. Am Besten war es am Anfang sozusagen am Kopf des Bandes oder am Ende zu stehen. Dorothee stand am Liebsten am Anfang des Bandes. Hier musste sie die Tabletts auf das Band legen und einen kleinen Ständer, in den sie ein buntes Zettelchen stecken musste, darauf stellen. Die Farbe des Zettels hing davon ab, ob nun dieses Tablett mit Vollkost oder irgendeiner Diät, Diabetikerkost, Nierenschonkost, Leberschonkost usw, bestückt werden musste. Sie hatte von hier aus auch den Überblick und konnte in gewisser Weise die Geschwindigkeit bestimmen. Denn je schneller sie die Tabletts auf das Band brachte, desto hektischer mussten die anderen das Geschirr und weiter hinten am Band dann die Speisen auf das Tablett bringen.

Es ging streng zu in dieser Schule. Ausgang hatten sie nur bis 21.00 Uhr. Wollte man in ein Konzert, ins Kino oder ins Theater, so musste das vorher angemeldet werden und als Beweis musste die Karte vorgelegt, bzw. beim Kinobesuch hinterher gezeigt werden. Es war also nicht so einfach, die Tanten zu besuchen. Für solche Fälle gab es ein kleines Heftchen, in das dann

Tante oder Onkel eintragen mussten, dass man wirklich sie besucht hatte und nicht irgendwo anders war.

Meist blieb nichts anderes übrig, als abends einfach im Wohnheim zu bleiben. Immerhin gab es einen Aufenthaltsraum auf der Seite zum Rotkreuzplatz hin. Die Fenster ließen sich öffnen. Wie oft lehnten sie nicht am offenen Fenster und schauten hinunter auf das Treiben auf dem Platz. Der Motorenlärm der Autos, das Klingeln der Straßenbahnen, Leute, die hier ein- und ausstiegen, Menschen, die in den Geschäften einkauften. Da draußen, da unten auf dem Platz, da war das Leben, das Leben der Großstadt. Und sie waren hier eingesperrt.

Die Tauben auf dem Platz, manche von ihnen richtig fett und voll gefressen, waren frei, aber sie, die Schülerinnen, durften hier nicht weg.

Dorothee fühlte sich plötzlich eingesperrt wie in einem Gefängnis. Und das sollte sie jetzt 3 ½ Jahre lang aushalten, das halbe Haushaltsjahr und dann die dreijährige Ausbildung? Wie entsetzlich!

Der einzige Trost war, dass die anderen auch so fühlten. Und auch den Jahrgängen vor ihnen war diese traurige Erfahrung nicht erspart geblieben. Aus einer wahren Galgenhumorstimmung heraus hatte irgendjemand den Text des Liedes „Wo die Nordseewellen..." umgeschrieben in:

Wo die Welt mit Brettern zugenagelt ist,
wo man für drei Jahre keinen Mann mehr küsst,
wo die Freizeit knapp ist und das Geld so rar,
da steht das geliebte (oder auch verhasste) Bayrische RK.

Sie alle hatten Trachten zu tragen, Farbe weiß-blau, passend zu Bayern. Die Röcke mussten lang sein, Abstand zum Boden exakt 50 Zentimeter. Egal, ob man groß oder klein war, 50 Zentimeter Bodenabstand für alle Kleider und Röcke der Trachten. Und das in einer Zeit, als Miniröcke die große Mode waren.

Gegessen wurde gemeinsam in einem großen Saal. An der Längsseite stand ein langer Tisch, an dem die Schwester Oberin, wie sie genannt wurde, und alle weiteren leitenden Schwestern saßen. In senkrechtem Winkel zu diesem gab es mehrere lange Tischreihen. Hier saßen alle übrigen. Gegenüber der langen Tischreihe der Oberinnen hing an der Wand ein großes Kreuz aus Holz. Natürlich kein Rotes Kreuz, eines mit einer Christusfigur.

Die Zeremonie erinnerte jedes Mal ans Militär. Die Oberschwestern marschierten ein, ja sie kamen nicht einfach in den Saal, sie marschierten regelrecht ein. Voneweg Schwester Oberin, hinter ihr die anderen Oberschwestern, schön nach Rang geordnet. Alle hatten nun zur Tür zu schauen und mussten ihnen mit den Blicken folgen. Wenn die Truppe an der Ecke umbog, mussten alle sich um 90 Grad nach rechts drehen, um in Richtung der marschierenden Oberinnen zu schauen. In dem Moment, in dem diese an ihren Plätzen angekommen waren, hieß es – zack, zack - sich um 180 Grad drehen und in Richtung Kreuz schauen. Dann wurde gebetet. Einige Vorschülerinnen servierten das Essen, andere deckten hinterher ab. Dass man dies lernen musste, war in Ordnung, aber musste denn dieses militärische Gehabe sein? Was sollte das Ganze? Sie waren doch hier nicht in einem Kloster!

Es gab aber noch viel unangenehmere Dinge, die hier passierten. Annäherungsversuche der Schulschwestern. Welch ekelhaftes Gefühl, wenn eine von diesen ein Mädchen mit einem hämischen Grinsen im Gesicht schmierig umarmte und dabei wie versehentlich über dessen Busen strich. Macht übten sie aus, diese Frauen, nutzten schamlos ihre Position aus, die sie über diese Mädchen hatten, hier im Wohnheim, hier in der Schule. Es war nur widerlich und ekelig.

Eine der Vorschülerinnen hieß Maike. Dorothee verstand sich sehr gut mir ihr und schnell wurden sie Freundinnen. An den freien Wochenenden fuhren sie beide meist nach Hause. Maike kam aus Augsburg. Sie konnten also einen Teil der Zugstrecke gemeinsam fahren. Sonntagabend auf der Rückfahrt nach München, öffnete Dorothee regelmäßig bei Einfahrt des Zuges in den Augsburger Hauptbahnhof das Fenster ihres Abteiles und winkte schon von weitem der auf dem Bahnsteig wartenden Maike zu. So konnten sie zusammen sitzen und sich gleich alles erzählen, was am Wochenende vorgefallen war.

Maike hatte lange dunkelblonde Haare und auffallend schöne, große blaue Augen. Dies fiel einem jungen Mann auf, der eines Abends mit Maike in der Straßenbahn fuhr. Der junge Mann stammte aus dem Rheinland und war mit seiner Schulklasse auf Abiturfahrt in München. Er stieg mit Maike am Rotekreuzplatz aus und sprach sie an. Sie verabredeten sich für den nächsten Abend in Nähe des Wohnheimes. Logischerweise war Maike sehr aufgeregt, ihr erstes Rendez-Vous! Und Dorothee fieberte mit ihr.

Am Montagabend wartete ein total nervöser Christian, so hieß der junge Mann, mit einem Blumenstrauß an der verabredeten Stelle. Maikes Herz klopfte so schnell, dass sie kaum Luft bekam. Die beiden spazierten ganz harmlos sich unterhaltend die Straße entlang in Richtung Rotkreuzplatz, gingen dort in ein Café und spazierten wieder zurück. Um 21.00 Uhr musste Maike pünktlich wieder im Wohnheim sein.

Am nächsten Tag wurde Maike zur Oberin gerufen und zur Rede gestellt. Warum sie mit einem Mann auf der Straße spazieren ging? Es war doch in der Freizeit gewesen. Warum musste man darüber auch noch Rechenschaft ablegen? Die Ärmste musste sich eine Predigt anhören, über unmoralisches Verhalten. Den Eltern müsse man das Fehlverhalten der Tochter nun melden. Und überhaupt, so etwas tue man nicht. Und dann diese Worte: „Sie stinken meilenweit gegen den Wind nach männlichem Samen."

Maike blieb die Spucke weg. Das war doch nicht zu fassen. Nein, das war nicht zu akzeptieren. Und einmal mehr kochte es auch in Dorothees Innerem. Das war ungerecht. Bloß weil diese alten Schrullen keinen Mann abgekriegt hatten, waren sie noch lange nicht im Recht, dies auch der jungen Generation zu verwehren. Sollte denn aus ihnen allen auch solch eine frustrierte Hexe werden, die nach außen heilig tat, innerlich aber verdorben war durch Falschheit und Machtmissbrauch?

Sie war verzweifelt. Das also war das neue Leben, das sie führen sollte? Allein schon die Vorstellung war unerträglich. Da kamen schon wieder diese grässlichen Gedanken auf: Wozu weiter leben, wenn dies hier meine Zukunft sein wird? Besser vom Hochhaus (einem Wohnheim für bereits ausgebildete Krankenschwestern) herunter springen und allem ein Ende setzen. Und gleich darauf das Erschrecken über die eigenen Gedanken. Nein, das kann, das darf nicht sein. Da muss es einen Ausweg geben. München ist eine große Stadt. Es muss andere Möglichkeiten geben, hier die Ausbildung machen zu können. Maike wollte hier auch nicht mehr länger bleiben. Gemeinsam erkundigten sie sich und erfuhren, dass es mindestens zwei Möglichkeiten gab. Die staatliche Krankenschwesternschule der Universität im Klinikum Großhadern und das Städtische Ausbildungsinstitut für Krankenpflege in Schwabing. Beide Schulen hatten aber nur einmal im Jahr Ausbildungsbeginn, jeweils im September. Es galt also jetzt dort einen Platz zu bekommen und dann noch das halbe Jahr bis September zu überbrücken, denn die vorgeschriebenen sechs Monate Haushaltsschule waren im Frühjahr vorbei.

Mit diesen Nachrichten und fest entschlossen, die Schule zu wechseln, fuhr sie nach Hause. Den Brief an ihre Eltern, in dem sie ihre negativen Gedanken geäußert hatte, schickte sie nicht weg. Sie nahm ihn mit und, nachdem sie alles erzählt hatte, zeigte sie, was sie in jenen Momenten der Verzweiflung geschrieben hatte. Charlotte und Hartmut waren beide schockiert. Wie hätten sie sich gefühlt, wenn dieser Brief per Post bei ihnen eingetroffen wäre?

Sie hatte gerade zwei Wochen Urlaub und war zu Hause. Zum Feiern hatte sie keine Lust, aber es war sehr schön, gemütlich mit Mutti in der Stadt einzukaufen und in ein Café zu gehen. Draußen auf der Straße herrschte große Unruhe. Die Leute sahen alle hinauf zum Münsterturm. Großer Polizeiaufwand auf dem Münsterplatz. Ganz oben an der Spitze stand ein Mann und hielt sich am Blitzableiter fest. Angeblich sei es ein soeben aus dem Gefängnis entlassener Jugoslawe, der nun Selbstmord begehen wolle. Ein Polizeihubschrauber flog heran und blieb auf Höhe des Verzweifelten in der Luft stehen. Über Lautsprecher redeten sie auf den Mann ein, versuchten ihn zu überzeugen, wieder herunter zu klettern. Zwischenzeitlich rannte ein Feuerwehrmann die 768 Stufen bis zur obersten Aussichtsplattform des Turmes hoch und erklomm dann über die Leiter die Spitze, von der sich der arme Mensch herabstürzen wollte. Im Hubschrauber saß wohl jemand der serbokroatisch sprach und den Mann in der eigenen Muttersprache überzeugte, sein Vorhaben aufzugeben.

Natürlich blieben auch Charlotte und Dorothee stehen und beobachteten alles von unten her. Das war schon eine aufregende Sache. Und während sie da standen wurde Dorothee 17 Jahre alt, es war der 26. Januar 1970, und es wurde gerade 14.45 Uhr Ortszeit, also 16.45 Uhr Moskauer Zeit, ihre Geburtsstunde.

Im Urlaub wurde auch die Sache mit der Ausbildung geklärt. Im städtischen Ausbildungsinstitut in München-Schwabing wurde sie problemlos aufgenommen für Ausbildungsbeginn September 1970. Maike meldete sich auch dort an und beide baten darum, gemeinsam in einem Zimmer wohnen zu dürfen. Nachdem dies nun geklärt war, kündigten Dorothee und Maike beim Bayrischen Roten Kreuz ihre Ausbildungsverträge zu Ende März.
Blieb nur noch offen, wie die Zeit dazwischen gut zu nutzen wäre. Charlotte hatte eine gute Idee. Einfach mal nachfragen im Krankenhaus in Neu-Ulm, drüben auf der anderen Seite der Donau. Vielleicht kann Dorothee dort ein paar Monate Praktikum machen.
Hartmut, echter Naturwissenschaftler, Realist und häufig auch Pessimist, meinte, das sei sinnlos. Nie und nimmer würde das gehen, doch Charlotte überhörte seine Worte und fuhr mit Dorothee nach Neu-Ulm. Die Oberin dort war sehr freundlich. Ihr gefiel der Gedanke, eine junge Unterstützung auf der Privatstation einsetzen zu können. Dorothee konnte gleich am 1. März beginnen.
Im Frühjahr heiratete Rudi seine Freundin Kerstin. Sie heirateten nur standesamtlich, an einem Samstagvormittag, nachmittags wurde gefeiert. Charlotte, der es seit einigen Monaten gesundheitlich nicht gut ging und die mit starken Schilddrüsenproblemen zu kämpfen hatte, fühlte sich an jenem Tag so schlecht, dass sie nicht zur Trauung ihres Sohnes gehen konnte. Nachmittags ging es ihr schon besser und bei der Feier war sie dabei.

Es war ein schöner Sommer. Dorothee hatte nur Frühdienst, von 7.00 bis 16.00 Uhr, arbeitete fünf Tage in der Woche, hatte jedes zweite Wochenende und alle 14 Tage unter der Woche zwei Tage frei. Die Arbeit gefiel ihr, die Atmosphäre war angenehm, und sie lernte sehr viel. Charlotte freute sich, dass ihre „Kleine" wieder für ein paar Monate zu Hause war.
Auch Dorothee war glücklich. Sie fühlte sich wieder frei und freute sich auf die neue, die andere Schule in München. Ein paar Monate arbeiten und dabei lernen, ohne aber die Schulbank drücken zu müssen, das tat auch sehr gut. Es war eine schöne Zeit, an die sie sich später immer wieder gerne erinnerte.
Zur Arbeit fuhr Dorothee mit dem Bus, stieg am Rathaus aus und spazierte zu Fuß über die Donaubrücke zum Krankenhaus in Neu-Ulm, das direkt am Flussufer stand. Sie überschritt somit täglich die Grenze zwischen Baden-Württemberg und Bayern, die seit Napoleons Zeiten hier in der Mitte der Donau lag. 1805 hatte Napoleon bei Elchingen, das nur 5 km flussabwärts liegt, die Schlacht gegen Österreich gewonnen und die Grenze zwischen den damaligen Königreichen Bayern und Württemberg neu verlegt.
Es war jedes Mal ein schöner Spaziergang entlang der Donau, am frühen Morgen hin am Nachmittag zurück. Insgesamt war sie fünf Monate als Schwesternhelferin in diesem Krankenhaus. Nach vier Monaten allerdings

musste sie von einem Tag auf den anderen die Privatstation verlassen und wurde in den ersten Stock auf die Frauenstation geschickt. Der Grund war ganz einfach, die Tochter des Oberbürgermeisterns der Stadt sollte auch ein Praktikum machen. Natürlich musste man diese auf der Privatstation einsetzen. Das war der Wunsch des Chefarztes der Klinik. Auch die Proteste der Stationsschwester, die sehr gut auf Dorothee zu sprechen war, nutzten nichts. Wie gut nur, dass diese Tochter ein nettes Mädchen war, überhaupt nicht arrogant und dass sich Dorothee mit ihr verstand.

Aber einmal mehr musste Dorothee erleben, dass Herkunft und Beziehungen, darüber entscheiden, wie man im Leben weiterkommen kann. Schon im Urlaub im Winter hatte sie eine unangenehme Erfahrung machen müssen. Sie hatte eine schreckliche Erkältung und musste wieder einmal zum Hals-Nasen-Ohrenarzt gehen. Jener Arzt, der ihr vor Jahren die Mandeln herausoperiert hatte. Damals war er immer freundlich gewesen und in seiner Praxis musste sie nie lange warten, und wenn, dann in einem schön eingerichteten Zimmer. Jetzt aber war sie nicht mehr durch ihren Vater privat krankenversichert, sondern war eine ganz normale Kassenpatientin. Plötzlich musste sie lange warten, in einem sehr einfach eingerichteten Wartezimmer, ja, in einem anderen Zimmer. Und die Krönung der Geschichte, der Arzt war obendrein ziemlich unfreundlich zu ihr. Es war das letzte Mal, dass irgendjemand der Familie Broningen diesen Arzt konsultierte.
Dieser Sommer aber brachte ihr auch ganz andere, sehr schöne Erfahrungen. Plötzlich gab es da männliche Wesen, die sich für sie interessierten. Da gab es einen 16-jährigen Schüler, der sich in einer Pause auf einen Stuhl gestellt hatte und ins Wanken geriet. Dabei wollte er sich am Fenster abstützen, hatte aber vergessen, dass dieses geöffnet war. Er griff ins Leere und stürzte aus dem Fenster, ungefähr 5 Meter tief. Er hatte viel Glück, brach sich nur den rechten Arm und den linken Oberschenkel. Nun lag er im Krankenhaus und verliebte sich in Dorothee.
Dann gab es da einen Krankenpfleger, Alex, er stammte aus Jugoslawien und verliebte sich auch in Dorothee. Alex besaß einen grauen Volkswagen-Käfer. Er brachte Dorothee zum Verkehrsübungsplatz, wo sie zum ersten Mal das Autofahren üben konnte, sozusagen zur Vorbereitung auf Fahrschule und Führerscheinprüfung. Starten, losfahren, schalten, wenden, rückwärtsfahren, einparken, am Hang anfahren, Vorfahrt beachten. Alex hatte viel Geduld mit ihr. Es machte Spaß.
Und dann war da Peter, der Bekannte einer Krankenschwester, der diese zufällig eines Tages während der Arbeit besuchte und sich auf den ersten Blick in Dorothee verliebte. Peter lud sie ein, einen netten Abend mit ihm zu verbringen. An jenem Abend bekam Dorothee ihren ersten Kuss. Und was für einen. Und natürlich blieb es nicht bei diesem einen Kuss.
Dorothee fand all diese drei Männer nett und mochte sie, aber verliebt war sie in keinen. Es tat jedoch verdammt gut, Verehrer zu haben und sie fühlte sich nicht mehr so hässlich, nicht mehr so dick. Sie hatte das Problem, recht

pummelig zu sein für ihr Alter. Damals war es Mode, eine Figur wie Twiggy zu haben und Miniröcke zu tragen. Twiggy war ein britisches Fotomodel, spindeldürr, ohne Busen, ohne jegliche weibliche Form. Dorothee aber hatte schon mit 12 Jahren einen beträchtlichen Busen gehabt. Sie litt seit Jahren darunter, dass sie so ganz anders war, als die momentane Mode es vorgab. Nun aber gab es trotzdem Männer, die sie schön fanden, sie mochten, sich für sie interessierten.

Der Sommer war viel zu schnell vorüber. Die Ausbildung zur Krankenschwester in München begann nun bald. Und darauf freute sich Dorothee, auch, wenn der Abschied nicht leicht fiel. War es doch eine schöne Zeit gewesen, hier im Neu-Ulmer Krankenhaus. Sie hatte so viel gelernt, so viel erlebt. So nette Vorgesetzte, Kollegen und Patienten gehabt.

Ende Juli kam ein ganz besonderer Besuch zu ihnen, John Broningen, ein Enkel von Onkel Ernst aus USA. Um nicht als Soldat nach Vietnam geschickt zu werden, war er dem Peace Corp beigetreten und war als Englischlehrer nach Westafrika, nach Sierra Leone geschickt worden. Nun war seine Zeit dort vorbei. Seine Heimreise nach USA nutzte er, um die ihm unbekannten Verwandten in Deutschland kennen zu lernen. Er brachte eine Kollegin mit, Mary.

John und Dorothee verstanden sich gleich sehr gut, es war gerade so, als ob sie Geschwister wären, obwohl Dorothee Englisch sprechen musste, und noch nicht so viel Praxis im Umgang mit dieser Sprache hatte. Charlotte konnte kein Englisch sprechen, dennoch hatte sie ein unglaubliches Talent, sich mit Menschen anderer Länder zu verständigen. Und so kam es, dass Mary und Charlotte in der Küche gemeinsam ein Essen zubereiteten. Man hörte die beiden ständig lachen. Schließlich kam Mary aus der Küche heraus und sagte zu Dorothee: „You have a wonderful mother – Du hast eine wunderbare Mutter". Dorothee wusste das, ihre Mutter war ein besonders liebenswerter Mensch. Leider blieben John und Mary nur wenige Tage.

Eine Sprache öffnet Herzen und Ländergrenzen

Anfang der 60-er Jahre gab es in Belgien wieder einmal einen Sprachenstreit zwischen der Flämisch sprechenden und der Französisch sprechenden Bevölkerung. Wie jeden Tag saß Familie Broningen um 19 Uhr im Wohnzimmer am Esstisch und aß zu Abend. Nebenbei lief das alte Radio, das Hartmut 1948 in Upra gekauft hatte. Kurz vor 19 Uhr war der „Sandmann" zu hören mit einer netten Gute-Nacht-Geschichte für die Kinder. Dann kamen die Nachrichten. Dorothee hörte über die Sprachenkonflikte und konnte gar nicht verstehen, warum sich Menschen streiten, nur, weil sie verschiedene Sprachen sprechen. Nachdenklich sagte sie zu ihrem Vater: „Papa, es muss doch einen intelligenten Menschen geben, der einfach eine Sprache erfindet, die dann

alle lernen und die allen gehört, damit sich die Menschen besser verstehen."
Hartmut antwortete ihr: „Solch einen Menschen hat es schon gegeben."
Sie haben dann jahrelang nicht mehr über dieses Thema gesprochen. Hartmut hatte sich aber schon in seiner Jugend mit eben dieser Sprache befasst. Sie wurde unter den Nationalsozialisten verboten. Eine allgemeine Verständigungssprache zwischen den Völkern wird besonders von Diktatoren nicht gewünscht. Diktatorische Systeme möchten nicht, dass die Menschheit sich gegenseitig versteht. Solch eine Sprache birgt eine große Gefahr für ihre Ideen. Sprache hat auch immer etwas mit Macht zu tun. So verständigen sich heute noch die verschiedensten Volksstämme in Afrika, Asien oder Amerika untereinander in der manchmal sogar verhassten Sprache der ehemaligen Kolonialherren – Englisch, Französisch, Portugiesisch, Spanisch. Und alle Völker der Sowjetunion müssen Russisch zur gegenseitigen Verständigung lernen.

Hartmut frischte seine Kenntnisse in jener Sprache wieder auf und begann an verschiedenen Treffen teilzunehmen, bei denen Menschen mit der gleichen Einstellung zu einer gerechten Sprachenlösung zusammen kamen. Der Rest der Familie begleitete ihn manchmal. Dorothee faszinierte es, dass hier Menschen so vieler verschiedener Nationen zusammen kamen und sich in einer Sprache unterhalten konnten, die keiner bestimmten Nation angehörte, eine Sprache, die niemandem und doch gleichzeitig allen gehörte.

Eine künstliche Sprache? Das kann doch nicht funktionieren! Das ist doch eine tote Sprache. Solch eine Sprache hat doch keine Kultur. Doch, es funktioniert. Wir benutzen doch ständig künstlich geschaffene Dinge im Leben. Wer reitet heute noch mit dem Pferd zur Arbeit? Wir benutzen Autos, Züge, Busse, Straßenbahnen oder Fahrräder - alles vom Menschen geschaffene Gegenstände, um uns fortzubewegen. Wir fahren auf künstlich gebauten Straßen, benutzen Geräte, die von uns erfunden und gebaut wurden, schlafen in Betten, kochen auf Gas- oder Elektroherden. Alles um uns herum, zumindest in der so genannten zivilisierten Welt, ist künstlich erschaffen worden.

Wer war nun dieser geniale Mensch, der die Idee hatte, eine Sprache zur allgemeinen Völkerverständigung zu kreieren? Es gab mehrere davon. Und es entstanden mehrere solcher „Sprachprojekte", eine dieser Sprachen aber setzte sich mehr durch, gewann mehr Interessenten. 1887 erschien in Polen ein Buch „La internacia lingvo" herausgegeben von einem Dr. Esperanto. Hinter diesem Pseudonym versteckte sich der polnische Augenarzt Dr. Ludwig Lazaro Zamenhof. Er war im Osten des heutigen Polens aufgewachsen und hatte hautnah miterlebt, wie sich die verschiedenen dort lebenden Völkergruppen gegenseitig bekämpften, nur, weil sie sich nicht verständigen konnten, weil sie sich einer Sprachgemeinschaft zugehörig fühlten und „die anderen" als Feinde ansahen. Die Gegend gehörte damals zum Russischen Zarenreich. Und man sprach Russisch, Polnisch, Litauisch, Jiddisch, Deutsch. Zamenhof selbst konnte mehrere Sprachen sprechen. Seine internationale

Sprache wurde bald „Esperanto" genannt, nach dem Pseudonym des Menschen, der sie erdacht hatte.

Rudi lernte diese Sprache, und als er sich beim europäischen Kongress in Straßburg so lässig mit Menschen so vieler verschiedener Nationen unterhalten konnte, ärgerte sich Dorothee darüber, dass sie nichts verstand und sie beschloss: Was Rudi kann, kann ich auch. Jetzt habe ich Zeit zu lernen, denn momentan bin ich nicht in der Schule. Das war genau in jenem Frühjahr und Sommer, als sie ihr Praktikum machte.
Sie bestellte einen Fernlehrgang und lernte. Es fiel ihr nicht schwer. Die Sprache ist logisch aufgebaut. Welche Sprache ist das sonst? Und so dauerte es eine Weile, bis Dorothee verstand, dass sie nur logisch denken brauchte und oft dann selbst die Wörter finden konnte, die sie für eine Unterhaltung brauchte. Es war wirklich genial erdacht.

Im Sommer 1970 war es wieder einmal Zeit, zu den Freunden in die Wachau zu fahren. In diesem Jahr fand der Weltkongress der Esperanto-Sprecher in Wien statt.
Nikolai Rytkow war ein russischer Schauspieler, der in der mehrteiligen Fernsehverfilmung „Bürgerkrieg in Russland" die Rolle des Wladimir Iljitsch Uljanow, genannt Lenin, spielte. Dorothee hatte diese Filmserie gesehen. An Weihnachten 1967 hatte die Familie den ersten Fernseher geschenkt bekommen, man musste jetzt nicht mehr zu den Nachbarn gehen.
Dieser Schauspieler hatte schon 1926 Esperanto erlernt. In der Ära des Diktators Stalin musste er dafür einige Jahre in einem sibirischen Arbeitslager verbringen.
Es gelang ihm dann später, in den 50-er Jahren, als Delegierter der Sowjetunion zu einem Kongress ins westliche Ausland geschickt zu werden. Das war für ihn die Chance, hier sofort um politisches Asyl zu bitten. Er kehrte nie wieder in seine Heimat zurück. Bei der BBC in London bekam er eine Stelle als Radiosprecher für russischsprachige Sendungen und arbeitete nebenbei als Schauspieler.
Dorothee entdeckte eben diesen Nikolai Rytkow eines Abends unter den Zuschauern bei einer Theatervorstellung während des Kongresses in Wien. Etwas schüchtern näherte sie sich ihm in der Pause und bat um ein Autogramm. Er schrieb: „Esperanto malfermas landlimojn kaj korojn – Elkore Nikolai Rytkow" - Esperanto öffnet Ländergrenzen und Herzen – herzlich Nikolai Rytkow. Wie Recht er hatte.

„Esperanto öffnet einem den Zugang zu einer Welt besonderer Art, die wir bis heute als Zauberwelt empfinden, deren Reiz aber dem Außenstehenden verschlossen und verborgen bleiben. Es ist eine Welt, die man erfahren muss, aber nicht vermitteln kann."
Diese Worte beschreiben die Faszination, die Dorothee nun zu spüren bekam, seit auch sie diese Sprache erlernt hatte. Eine große innere Freiheit

verspürte sie. Zwar gab es all diese Grenzen zwischen den einzelnen Ländern, es gab den Eisernen Vorhang, der Europa, ja sogar Deutschland teilte, es gab unendlich viele Mauern in den Köpfen der Menschen, aber es gab eben auch jene Menschen, die es schafften über all diese Mauern zu fliegen und sich mit den Menschen jenseits dieser Mauern nicht nur zu verständigen, sondern auch zu verstehen. Dorothee begann zu begreifen: Heimat, das ist dieser wunderbare, schöne Planet Erde – unser aller Heimat.

Charlottes Abschied

Im September begann die Ausbildung zur Krankenschwester im städtischen Ausbildungsinstitut für Krankenpflege in München-Schwabing. Verglichen mit der Zeit beim Bayrischen Roten Kreuz, glaubte Dorothee fast im Paradies zu sein. Hier war einfach alles so anders, keine Heuchelei, motivierende Töne im Unterricht, klare Linien. Abends mussten sie erst um 0.20 Uhr spätestens im Schwesternheim zurück sein. Eine seltsame Uhrzeit. Hatte wohl damit zu tun, dass sie noch mit der letzten Straßenbahn, die um Mitternacht am Stachus (Karlsplatz) losfuhr, rechtzeitig zurück sein konnten. Dieses Privileg hatten aber nur die Schülerinnen, deren Eltern sich einverstanden erklärt hatten, dass ihre Töchter so spät heimkommen durften. Volljährig wurde man zu jener Zeit erst mit 21 Jahren, nicht mit 18 Jahren. Hartmut hatte mit einem Lächeln unterschrieben. Er wollte doch, dass seine Tochter erwachsen wird. Es gab Zweibettzimmer. Dorothee teilte ihr Zimmer mit Maike, ihrer Freundin und Leidensgenossin aus der Zeit beim Roten Kreuz.
Jedes zweite Wochenende hatten sie frei, doch nicht jedes Mal fuhr Dorothee nach Hause, denn in München gab es viel zu sehen, es ist eine schöne Stadt. Und sie hatte ja auch noch ihre Verwandten, Tanten, Onkel, Cousins hier.

In ihrem Pass stand unter Geburtsort „Moskau", doch Dorothee hatte ihre Russisch-Kenntnisse schon wenige Monate nach Rückkehr aus der UdSSR verlernt. Hartmut hatte noch versucht, mit ihr Russisch zu sprechen. Da aber innerhalb der Familie immer nur Deutsch gesprochen wurde, sah Dorothee als Kind nicht ein, sich plötzlich mit dem Vater auf Russisch zu verständigen. Sie war zu jung gewesen, um zu verstehen, welch Reichtum es war, eine Sprache zu beherrschen. Russisch lesen hatte sie sowieso nie gekonnt, sie war ja dort nicht in die Schule gegangen. Und so dachte Dorothee, es sei eine Schande, wenn im Pass Moskau als Geburtsort eingetragen ist, sie aber nicht einmal Russisch lesen konnte, nicht in der Lage war, die Titel der vielen russischen Bücher zu Hause zu entziffern.
Jetzt, mit Beginn dieses neuen Lebensabschnittes, beschloss sie, nebenbei noch die Sprache ihres Geburtslandes zu lernen und meldete sich für einen Grundkurs bei der Volkshochschule in München an. Es machte ihr sehr Spaß.

Das Gespür für diese Sprache war bei ihr sehr ausgeprägt. Irgendwo im Unterbewusstsein musste da noch etwas vorhanden sein.

Die Ausbildung zur Krankenschwester begann zunächst mit Blockunterricht, anschließend wurden sie in einem Kindergarten, später in einem Altenheim eingesetzt. Erst danach folgte der Einsatz auf den verschiedenen Krankenstationen. Es war sehr interessant, Dorothee lernte gerne und viel. Und das Leben in München war einfach herrlich, jetzt in der neuen Schule.

Mitte Dezember fuhr sie wieder einmal an einem Wochenende nach Hause. Diesmal sogar schon am Freitagabend, da sie Frühdienst hatte an diesem Tag. Sie nahm den Bus vom Hauptbahnhof in Ulm hinauf zum Eselsberg und spazierte von der Haltestelle nach Hause. Es war kalt, richtig Winter, Schnee lag auf den Wiesen. Sie betrat die Wohnung, ihr Blick fiel sofort auf einen schwarzen Spazierstock, der in einer Ecke an der Wand lehnte. Diesen Stock hatte Charlotte benutzt, als sie sich ausgerechnet zwei Tage vor Dorothees Taufe den Knöchel verstaucht hatte. Seitdem stand er eigentlich nur immer bei den Regenschirmen an der Garderobe. Warum stand er jetzt hier? Was bedeutete das? Ein ungutes Gefühl beschlich Dorothee. Sie begrüßte ihre Eltern, die beide im Wohnzimmer saßen, sie aber mit einem seltsamen Blick in den Augen empfingen. Das unangenehme Gefühl verstärkte sich. Irgendetwas war nicht in Ordnung.

Dorothee ging in ihr Zimmer, um die Tasche auszupacken. Da kam Charlotte humpelnd und sich auf den Stock stützend zu ihr ins Zimmer. „Was ist denn passiert, Mutti?" „Ich habe Schmerzen im linken Oberschenkel." Charlottes Augen wollten aber noch mehr sagen. Ihr Mund schwieg jedoch. „Dann musst Du das untersuchen lassen," meinte Dorothee. „Ja, ja, das mache ich schon." Charlotte humpelte zurück ins Wohnzimmer und legte sich dann ins Bett. Dorothee wurde es immer unheimlicher zumute. Sie ging hinterher und fragte: „Was ist los? Irgendwie ist hier etwas in der Luft. Sag mir doch, was passiert ist"."

„Ich habe Metastasen", sagte Charlotte. Es klang, als ob sie sagen wollte: „Ich muss bald sterben." Dorothee stockte das Herz. Sie nahm all ihre Kraft zusammen und wollte noch etwas Aufmunterndes sagen: „Lass Dich sofort richtig behandeln". Schnell ging sie raus. Hartmut stand in der Küche und sah sie mit großen Augen an. Pures Entsetzen sah sie in seinem Blick. Jetzt endlich erzählte er ihr die Details: Charlotte bekam ganz plötzlich starke Schmerzen im linken Oberschenkel und konnte kaum noch gehen. Natürlich konsultierten sie sofort einen Arzt. Sie wurde geröntgt und zwar beide Oberschenkel. Dabei stellte man fest, dass sie Metastasen im rechten Oberschenkelknochen hatte, nicht im linken. Wo aber, verdammt, kamen die Schmerzen im linken Oberschenkel her? Das war überhaupt nicht klar, bis jetzt. Es sollten noch weitere Untersuchungen erfolgen. Momentan erhielt Charlotte radioaktive Bestrahlungen am rechten Oberschenkel. Warum hatte man sie nicht direkt nach der Operation bestrahlt? Warum nur, warum?

Allen dreien war klar, dass dies das Todesurteil für Charlotte war. Wie lange würde sie durchhalten könnten? Wie schnell wird diese Krankheit fortschreiten? Wo überall im Körper sind noch mehr Metastasen? Metastasen eines Brustkrebses gehen typischerweise in die Knochen, in die Lunge oder gar ins Gehirn. Bei Charlotte waren nun die Knochen betroffen. Und das bedeutete besonders viele Schmerzen.

Charlotte aber jammerte nicht, sie ertrug still all die Schmerzen und hatte doch irgendwie Hoffnung, dass alles noch einmal gut werden könnte. Man klammert sich in solchen Situationen an jeden kleinen, noch so schwachen Grashalm, in der Hoffnung, an diesem könne man sich aus dem Elend ziehen. Der Mensch ist so veranlagt. Charlottes Glauben half ihr dabei sehr.

Am Sonntagabend musste Dorothee wieder zurückfahren nach München. Sie stand am Bahnsteig am Gleis 2 und wartete auf den Schnellzug. Eine Durchsage im Lautsprecher kündigte an, dass der Zug gleich einfahren sollte. Dorothee starrte auf die Gleise, hörte den herannahenden Zug, sah dann die Lokomotive und dachte: „Wenn ich jetzt auf die Gleise springe, dann ist alles vorbei, dann muss ich nicht mehr leiden."

Über derartige Gedanken erschrak sie selbst zutiefst. Nein, sie wollte doch weiterleben, musste weiterleben. Das hätte sie niemals ihrer lieben Mamotschka antun können. Das Leben musste weitergehen, irgendwie weitergehen. Wie schon Tradition, öffnete sie bei Einfahrt in den Augsburger Hauptbahnhof das Zugfenster und winkte Maike zu, damit diese sah, in welchem Abteil sie saß. Endlich saß Maike ihr gegenüber und sie konnte ihr Herz ein bisschen ausschütten. „Meine Mutter muss sterben", das platzte nur so aus ihr heraus. Maike schreckte zusammen. Die Passagiere auf den Plätzen daneben schauten entsetzt zu ihr herüber. Es war ihr egal. Sie musste diese schreckliche Gewissheit mit ihrer besten Freundin teilen. Sonst wäre sie daran erstickt.

In den drei Ausbildungsjahren hatten sie immer an Weihnachten und Ostern frei, mussten aber an Silvester, Neujahr und Pfingsten arbeiten. Dorothee war also auch dieses Mal an Weihnachten zu Hause. An Heilig Abend begleitete sie Charlotte in die Klinik zur Bestrahlung. Inzwischen hatten sie sich alle ein kleines bisschen an den schrecklichen Gedanken gewöhnt, konnten die Tatsache etwas annehmen in ihren Seelen. Die Hoffnung wurde stärker, denn die Ärzte sagten, dass die Metastase unter der Bestrahlung schon kleiner geworden sei. Es blieb aber immer noch die Frage, woher die Schmerzen in der linken Seite kamen. Sie waren immer noch da, hatten allerdings nicht zugenommen.

An diesem Heilig Abend gab es wie jedes Jahr Bescherung. Es wurde ein schöner Familienabend, Rudi und Kerstin waren aus Stuttgart gekommen. Hartmut machte Familienfotos; sie alle wussten, dass es Charlottes letztes Weihnachten war. Sie wussten es und wollten es dennoch nicht glauben. Verstand und Seele weigerten sich, es anzunehmen.

Im Fernsehen wurde ein katholischer Gottesdienst übertragen. Zum Abschluss sang man „Stille Nacht, Heilige Nacht". Charlotte stand hinter dem neu erworbenen Fernsehsessel, stützte ihre Hände auf dessen Lehne und starrte auf den Bildschirm. Sie war sich offensichtlich bewusst, dass dies der letzte Heilige Abend für sie war.

Das Leben ging weiter. Ende Januar wurde Dorothee 18 Jahre alt und nur einen Tag später starb Onkel Poldi in München an einem Herzinfarkt. Er saß im Wohnzimmer im Sessel. Tante Maxi ging in die Küche, um das Abendessen zu holen. Sie war nur wenige Minuten weg. Als sie wieder das Wohnzimmer betrat, war Onkel Poldi schon tot. Er war 72 Jahre alt.
Sein Leichnam wurde verbrannt, die Beerdigung der Urne fand einige Tage später auf dem Münchner Waldfriedhof statt. Sie waren alle gekommen. Charlotte stand da, stützte sich auf ihren Stock, schaute völlig in Gedanken, wie die Urne in die Tiefe ging: „Die nächste bin ich", flüsterte sie.

In der Schwesternschule gab es nur zwei Telefonleitungen. Diese waren so gut wie immer besetzt, denn es waren ja junge Mädchen, die hier wohnten, deren Freunde und Verehrer und auch Eltern ständig anriefen. Es war fast schon ein Lottogewinn, wenn es jemandem gelang, eine freie Leitung zu erwischen. Zu manchen Zeiten blockierte Maike schon alleine eine Leitung für mehrere Stunden. Ihr Freund, jener Abiturient Christian aus dem Rheinland – wegen ihm hatte sie sich beim Roten Kreuz so beschimpfen lassen müssen – studierte nun Jura in Bonn und arbeitete in den Semesterferien als Briefträger bei der Post. Dadurch konnte er kostenlos telefonieren, was er reichlich ausnutzte. Die anderen waren oft ziemlich sauer auf Maike, weil jetzt nur noch eine Leitung frei war und die Wahrscheinlichkeit, dass irgendjemand im richtigen Zeitpunkt anrufen konnte um ganze 50 % gesunken war.
Hartmut hatte sich schon abgewöhnt, es überhaupt noch zu versuchen. Er schrieb jetzt regelmäßig Briefe an Dorothee, meist enthielten diese schlechte Nachrichten über den Gesundheitszustand von Charlotte. Jedes Mal, wenn Dorothee an ihr Postfach ging, schlug ihr Herz schneller. War nichts im Postfach, so atmete sie erleichtert auf. Sah sie aber, dass da ein Umschlag drin war, so wurde sie noch nervöser. War der Brief dann sogar von Hartmut, riss sie sofort den Umschlag auf. Und es waren immer nur traurige Nachrichten.
Dann stand in einem Brief: Die Schmerzen im linken Bein sind verursacht durch massive Metastasen in der Wirbelsäule. Nun stand es zu 100 % fest, Charlotte hatte keine Chance mehr. Und ihr stand ein langer, furchtbarer Leidensweg bevor.
Seltsam, dieses Gefühl, dass in der Post schlechte Nachrichten sind, blieb ihr das ganze Leben lang erhalten. Noch Jahrzehnte später wurde sie nervös, wenn etwas im Briefkasten lag. Wenn sie von einer Reise zurückkam, durchsuchte sie erst die Post, die von einer Nachbarin auf den Tisch gelegt worden war. Immer voller Angst, dass eine schlechte, eine traurige oder gar eine ihr Leben aus den Bahnen werfende Nachricht darunter sein könnte.

An Ostern fuhren sie gemeinsam für ein paar Tage nach Nürnberg. Charlotte hatte hier als Kind gelebt, damals, 1916, als ihre eigene Mutter krank wurde und starb. Ihr Vater hatte seine drei Mädchen bei verschiedenen Verwandten untergebracht und holte sie erst wieder zu sich, nachdem er seine zweite Ehefrau gefunden hatte. Das war 1918. Charlotte war damals bei ihrer Tante Marie und deren Familie gewesen. Es ging ihr gut dort, doch an der Beerdigung der eigenen Mutter konnte sie nicht dabei sein. Darunter hatte sie ihr ganzes Leben gelitten. Sie hatte nicht Abschied nehmen können von ihrer Mutter.

Die ersten beiden Tage in Nürnberg fühlte sich Charlotte wohl, sie hatte Appetit und fühlte sich kräftig genug, sogar einen Spaziergang zu machen, hinauf zur Burg. Nun saßen Hartmut und Charlotte wieder auf jener Bank vor der Burg, auf der sie im Juni 1942 als Verlobte gesessen hatten. Damals hatten sie ihre Fahrt von München nach Berlin hier in Nürnberg unterbrochen. Sie saßen, hielten sich an den Händen und erinnerten sich an jene Tage, damals, als sie noch jung und verliebt gewesen waren.

Kurz darauf verschlechterte sich Charlottes Gesundheitszustand dramatisch. Schon vor Monaten hatte sie einen eigenartigen Husten bekommen, der immer stärker wurde. Die Ärzte wiesen sie ins Krankenhaus ein. Ein Sanitätsauto kam, Chalotte wurde mit einer Liege aus der Wohnung getragen. Hartmut begleitete sie zur Klinik. Während der Fahrt hielt Charlottes rechte Hand sich fest an Hartmuts linker Hand. Sie ahnte, dass sie nie mehr nach nach Hause zurückkehren sollte. In der Klinik erhielt sie viel Besuch, war sie doch sehr beliebt bei den Menschen. Und so besuchten sie sogar die Verkäuferinnen des kleinen Ladens, in dem sie meist einkaufte, die Nachbarn, und wer woanders wohnte, kam extra mit Zug oder Auto, um Charlotte zu besuchen. Andere schrieben ihr aufmunternde Briefe. Das gab Kraft.

Dorothee fuhr nun auch wieder öfters nach Hause, wenn sie frei hatte. Sie erzählte ihrer Mutter von ihren Erlebnissen, und Charlotte freute sich, dass ihre „Kleine" nun erwachsen wurde und begann, mit Männern auszugehen.

Im August waren Ferien in der Schwesternschule. Dorothee konnte nun einen ganzen Monat bei ihrer Mutter sein. Doch es kam anders. Charlottes Wirbelsäule war durch die Metastasen so geschwächt, dass sie nicht aufstehen durfte. Man hatte daher ein Stützkorsett für sie beantragt. Es dauerte jedoch, bis dieses fertig wurde. Inzwischen hatte Hartmut ein Auto gekauft, einen VW-Käfer, Farbe orange. Und es war ein Auto mit halbautomatischem Getriebe, also bequem zu fahren. Charlotte war überglücklich. Zum ersten Mal in ihrem Leben besaßen sie ein eigenes Auto. Ob da auch ein Griff vorne am Beifahrersitz war, an dem sie sich festhalten könne? O, darauf hatte Hartmut gar nicht geachtet. Er rannte zum Parkplatz und sah nach. Ja, ein Griff war vorhanden. Charlotte freute sich.

Das Krankenzimmer hatte eine große Fensterfront. Vor dem Gebäude ging es hinunter in ein Tal. Auf der anderen Seite des Tales war eine Straße, die zu einem Bauernhof führte.

Hartmut hatte nun die Idee, hier entlang zu fahren, damit Charlotte das Auto wenigstens schon mal aus der Ferne sehen könne. Charlotte zog sich am Bügel über dem Bett hoch und schaute aus dem Fenster. „Unser Auto, unser Auto", sie freute sich wie ein Kind.
Sie alle hofften nun auf das Stützkorsett, damit Charlotte nach Hause entlassen werden könne. Wenn sie noch ein paar Monate zuhause sein, ein paar Ausflüge im Auto machen könnte. Das Schicksal aber hatte andere Pläne. Charlotte hatte auch Metastasen in der Lunge, daher dieser seltsame Huste, und wurde ganz plötzlich sehr schwach. Sie atmete schnell und oberflächlich.

Dorothee führte weiterhin ein Tagebuch, nur kurze Notizen in einem Terminkalender. Doch, wenn etwas Besonderes geschah, dann schrieb sie darüber in ein richtiges Tagebuch, das mit einem kleinen Schloss vor unerwünschten Lesern geschützt werden konnte.

Am Sonntag, 8. August 1971, schrieb sie:

Meine kleine, süße hilflose Mutti ist Tante Linda gefolgt. Sie starb heute um ca. 12.20 Uhr. Doch fangen wir von vorne an zu erzählen:

Am 30.Juli, es war ein Freitag, war mein letzter Arbeitstag im ersten Ausbildungsjahr, dann begann mein Urlaub. Von Papa erfuhr ich, dass es Mutti bei dem sehr heißen Wetter kreislaufmäßig nicht gut ginge.

Am Samstag besuchten uns Freunde aus der DDR; sie waren mit Rudi und Kerstin gekommen. Am Montag ging es Mutti noch gut. Sie wollte endlich mal wieder aus dem Bett heraus, doch das Stützkorsett war noch nicht da. Dienstagvormittag – 2.8. 1971 – kaufte ich in der Stadt Kleider ein. Ich nahm alles ins Krankenhaus mit, um es Mutti zu zeigen. Doch Mutti ging es schlecht. Sie atmete sehr kurz und oberflächlich und rund 40 Mal pro Minute. Am Mittwoch – 3.8.1971 – war es ähnlich. Ich war bei ihr, dann löste mich Papa ab. Er begleitete Mutti zum Röntgen. Die Lunge sollte geröntgt werden. Als Papa abends nach Hause kam, sagte er mir, er habe mit dem Arzt gesprochen. Es sei alles nur noch eine Frage der Zeit, abhängig davon, wie lange ihr Herz noch durchhalte.

Am Donnerstag sah die Sache wesentlich schlechter aus – Mutti konnte kaum noch ein Wort reden. Am Freitag war der Zustand erneut leicht verschlechtert, Rudi und Kerstin kamen abends aus Stuttgart.

Samstag – 7.8.1971 – das war gestern (mir kommt es so vor, als sei es schon eine Ewigkeit her): Papa fuhr ins Krankenhaus. Er rief an und sagte, dass es Mutti wieder schlechter gehe und dass sie jetzt allein im Zimmer läge. Er möchte, dass ab sofort immer jemand von uns bei ihr bleibt. Wir machten einen Plan:

Von ca. 12.00 bis 13.30 Uhr Rudi und Kerstin, von 13.30 Uhr bis 17.00 Uhr Papa, von 17.00 bis 19.30 Uhr wieder Rudi und Kerstin und von 19.30 bis 22.00 Uhr Papa.
Um 22.00 Uhr trat ich meine erste „Nachtwache" an.

Mutti konnte nicht schlafen und atmete viel zu schnell und oberflächlich. Sie erhielt Sauerstoff, das half ihr ein bisschen. Hin und wieder trank sie einen Schluck Karamalz oder Quellwasser. Sie nahm ganz selbständig das Trinkglas und trank.
Ziemlich zu Anfang meiner „Wache" fragte mich Mutti: „Muss ich sterben?" Dabei sah sie mich mit großen durchdringenden Augen an, gerade so, als wollte sie sagen: „Was meinst Du wohl, was mir bevorsteht?" Ich antwortete unter Tränen darauf: „Das wissen wir doch nicht, dass weiß nur der liebe Gott."
Die Nachtschwester schaute oft ins Zimmer, um ca. 23.00 Uhr lud sie mich zu einer Tasse Kaffee ein. Wir plauderten ungefähr eine Stunde. Mutti schlief, als wir sie jedoch wieder husten hörten, gingen wir hinein; ich blieb dann bei ihr.
Gegen Morgen zu verschlechterte sich Muttis Zustand. Wenn sie trank, so verschüttete sie oft einige Tropfen, denn ihre Hände und Arme, die übrigens geschwollen waren, zuckten. Erst konnte sie das Glas senkrecht halten, doch dann war es so, als würde die Hand ihre Kraft verlieren und das Glas schwankte gefährlich.

Als ich abends – also kurz nach 22.00 Uhr – bei Mutti saß, fragte ich sie, ob sie mir böse sei, weil ich oft so unausstehlich zu ihr gewesen war. Ich bat sie um Verzeihung dafür und erklärte ihr die Gründe, so weit ich dies konnte. Sie schüttelte den Kopf und als ich sagte „streichle mich", da streichelte sie mich zum letzten Mal.
Ich wurde allmählich ziemlich schläfrig, doch die Schwestern brachten mir ein komplettes Frühstück mit 2 ½ Tassen starkem Bohnenkaffee, der mich bis jetzt noch wach hält.
Um 8.00 Uhr löste mich Papa ab – ich verabschiedete mich von Mutti. Sie öffnete jedoch nicht die Augen. Da sah ich sie also zum letzten Mal lebend.
Mit Kerstin fuhr ich heim, anschließend waren Rudi, Kerstin und ich auf dem Verkehrsübungsplatz. Denn ich bin ja neulich durch die praktische Führerscheinprüfung gefallen. Mein neuer Termin ist am 18. August.
Zu Mittag kochte ich Gulasch. Als wir gerade fertig waren mit dem Essen, rief Papa an: Wir sollten alle sofort kommen, es sähe sehr schlecht aus.
Um ca. 12.25 Uhr kamen wir in der Klinik an. Der Oberarzt kam gerade aus Muttis Zimmer, in der Hand hatte er einige Schläuche. Ich wusste sofort: Mutti ist nicht mehr, sie braucht die Schläuche nicht mehr. Mutti war fünf Minuten zuvor gestorben. Ihr Herz hatte gemerkt, dass es keinen Sinn mehr machte, weiter zu schlagen und hörte auf zu funktionieren. Papa weinte sehr, da ging ich auf ihn zu, umarmte ihn, streichelte ihn, küsste sein linkes Ohr und sagte: „Es ist doch besser für sie."

Papa war dabei als sie starb: Um ca. 10.30 Uhr klagte Mutti über Herz-
schmerzen. Sie bekam eine Spritze, auf die sie einschlief. Um ca. 11.30 Uhr
hörte Mutti zu atmen auf, wurde gelb.
Papa drehte die Sauerstoffflasche weiter auf, daraufhin begann sie wieder zu
atmen, der Arzt konnte jedoch keinen Puls und Blutdruck messen. Das Herz
schlug aber. Um 12.20 Uhr etwa setzte dann das Herz endgültig aus. Es folg-
ten noch ein paar Zuckungen des Kiefers.

Heute Vormittag war noch der Pfarrer zur Kommunion bei Mutti gewesen.
Fast schon gegen Ende der Kommunion flüsterte Mutti: „Die kleinen Blumen
aus Amerika" (sollten auch auf den Kommunionstisch), das war der letzte
richtige Satz, den sie sprach.
Das mit den Blumen ist so: John Broningen schickte mir vor einigen Wochen
10 D- Mark, um für Mutti Blumen zu kaufen. Papa kaufte zunächst für 5 Mark
Blumen.
Die restlichen 5 Mark verwendete er erst später und zwar am 4. August. Er
kaufte ein winziges Gesteck mit einer Orchidee und zwei kleinen Spinnen-
Chrysanthemen. Diese Blumen liebte Mutti. Sie waren ihr Stolz, sie strahlte,
als Papa sie brachte.
Gestern Nachmittag hatte Mutti plötzlich gesagt: „Ich möchte' nach Haus"
Papa begann daraufhin zu weinen. Und Mutti hat es gemerkt.

Mutti, meine kleine arme Mutti, jetzt bist Du von Deinen Leiden erlöst. Dafür
danke ich Dir lieber Gott, ich will kein Egoist sein, jetzt muss ich für Papa le-
ben, er braucht mich, dass weiß ich.

Mutti, jetzt bist Du immer bei mir, so wie Tante Linda. Ich danke Dir, dass Du
mir die Eigenschaft, schnell mit anderen Menschen Kontakt zu finden und mit
allen Menschen gut auszukommen, vererbt hast. Du hast mir vieles anver-
traut, was ich für mich behalten werde. Dein Leben ist vollendet und ich bin
sehr, sehr stolz auf Dich.
Am Mittwoch, 11. August 1971, findet um 11.00 Uhr die Seelenmesse statt,
um 13.45 Uhr wird Muttis kleiner Körper für immer zur Ruhe gebettet, aber
ihre Seele wird jetzt erst ihr großes Werk beginnen.
Liebe Mutti, vergib mir all meine Bosheiten und Gemeinheiten. Du weißt, es
war nicht so gemeint. Und steh mir immer bei! Ich will glauben, Du wirst mich
nicht so schnell verlassen.

„Immer nur lächeln, immer vergnügt…" (Das erste Mal hörte ich diesen Lied-
text aus Deinem Munde).

Auf Wiedersehen – wenn mein Leben zu Ende und hoffentlich auch „vollen-
det" ist.

Charlotte starb an Lymphangiosis carcinomatosa, die Krebszellen hatten das Lymphsystem der Lunge befallen und ihr buchstäblich die Luft zum Atmen genommen. Der Tod kam schneller als wenn sie nur Knochenmetastasen gehabt hätte, es verkürzte ihr Leiden. Für Charlotte vielleicht der bessere Weg, für Hartmut, Rudi und Kerstin, vor allem aber für Dorothee war es eine Katastrophe.

Das große Vakuum

Wenn ein Freund geht, entsteht ein leerer Platz, der selbst durch die Ankunft eines neuen Freundes nicht ausgefüllt werden kann. So könnte man den spanischen Text eines Liedes von Alberto Cortes übersetzen.

Jeder Mensch in unserem Leben hat seinen eigenen Platz in unserer Seele. Wenn er uns verlässt, entsteht ein Vakuum. Mal ist dieses Vakuum klein, weil der Mensch keinen so großen Raum in unserer Seele innehatte. Mal aber ist dieses Vakuum riesig groß, denn der Mensch, der von uns geht, hatte einen großen Platz in unserer Seele.
In Dorothees Seele war nun ein riesengroßes Vakuum entstanden. Und das tat so verdammt weh. Charlotte war für sie nicht nur eine Mutter gewesen. Sie war ihre beste Freundin. Sie hatten keine Geheimnisse voreinander, sie verstanden sich auch ohne Worte. Sie waren sich so sehr ähnlich, oder sollte man sagen: Ihre Seelen waren sich sehr verwandt.

Schon Tage zuvor hatte sich Dorothee überlegt, wie sie reagieren sollte, wenn dieser nun nicht mehr abwendbare schreckliche Moment kommen würde. Was sollte sie ihrem Vater sagen. Es fiel nicht leicht, Hartmut zu umarmen. Er war einfach so gefühlskalt, zumindest nach außen hin. Zwar war er in den letzten Monaten weicher geworden, saß oft an Charlottes Bett und las ihr aus einem Buch vor. Sie war zu schwach, um selbst lesen zu können.
Hartmut hatte seine Charlotte sicher geliebt, auf seine ganz besondere eigene, rationale Art. Ja, er hatte sie geliebt, auch wenn mancher sich dies nicht vorstellen konnte. Dorothee aber wusste es. Und ihr Vater tat ihr leid, hatte er doch nun seine langjährige Lebensgefährtin verloren. Deshalb wollte Dorothee stark sein. Deshalb umarmte sie ihren Vater, als sie ins Krankenzimmer kamen und Charlotte gerade wenige Minuten zuvor für immer gegangen war. Deshalb sagte sie zu ihm: „Es ist doch besser für sie."
Rein rational gesehen, stimmte das natürlich. Aber es tat so weh, dort in der Gegend des Magens, eher ein bisschen mehr in der Mitte, wo der Magen endet. Da verkrampfte sich alles.

Sie weinte nicht. Sie hielt es mit den Worten, die Charlotte oft zu ihr gesagt hatte, die Lebensmotto ihrer Mutti gewesen waren. Es war der Text eines Liedes aus Franz Lehars Operette „Das Land des Lächelns":

Immer nur lächeln, immer vergnügt,
immer zufrieden, wie's immer sich fügt.
Lächeln trotz weh und Tausend Schmerzen,
doch wie's da drinnen aussieht, geht niemand was an.

Sie weinte erst abends im Bett, unter der Decke, damit niemand sie schluchzen hörte. Als ob sie kein Recht hätte zu weinen. Keiner zwang sie in diese Rolle der starken Person, des Baumstammes, an dem sich nun die anderen klammerten, um Halt zu finden. Da war einerseits ihr Vater, der in Dorothee vermutlich so etwas wie seine junge Charlotte sah. Da war Rudi, der auch seine Mutter verloren hatte, die er ganze 9 Jahre länger gekannt hatte als Dorothee. Und da war Kerstin. Kerstin, die schon mit 16 Jahren ihren Vater an einem Herzinfarkt verloren hatte und deren eigene Mutter erst vor zwei Jahren an genau derselben Krankheit gestorben war.

Da war niemand, der Dorothee in die Arme nahm, der ihr Halt und wenigstens ein bisschen Schutz hätte bieten können. Sie war doch erst 18 ½ Jahre alt und hatte ihre Mutti verloren.
Niemand war da, der sie tröstete. Sie war allein und klammerte sich an die Seele ihrer Mutti, die doch irgendwo sein musste, denn die Seele stirbt nie.
Schwarz kleidete sie sich nur in den Tagen bis zur Beerdigung. Niemandem ging ihre Trauer etwas an. Das war etwas, was sie alleine zu tragen hatte. Sie konnte nicht allzu viel Verständnis von anderen erwarten.
Am nächsten Tag, Montag, kaufte sie in dem kleinen Laden ein, dem Charlotte all die Jahre über immer treu geblieben war. Die Verkäuferinnen sahen Dorothee schwarz gekleidet und begannen zu weinen.

Die Beerdigung fand am frühen Nachmittag am Mittwoch statt. Es war der 11. August, ein heißer Sommertag. Viele Menschen kamen, auch viele, die man noch aus Russlandzeiten kannte. Sie kamen extra mit Auto oder Zug angereist.
„Viel Kraft, kleine Dorothee", sagte Susanne Gram, jene kleine liebe Frau, die damals im Juni 1955 den Mut hatte, die Scheiben des Klubhauses in Moskau einzuwerfen und als erste vorneweg in den Saal zu marschieren, in dem ihre Männer saßen und gerade erfahren hatten, dass sie immer noch nicht nach Deutschland zurückkehren durften.
Diese wenigen Worte „Viel Kraft, kleine Dorothee" halfen ihr sehr. Im Gegenteil konnte sie das Wort „Beileid" überhaupt nicht trösten. Sie selbst vermied ab diesem Tag immer, dieses Wort auch nur in den Mund zu nehmen, wenn sie jemandem sagen wollte, dass sie mitfühlte. Sie verbannte es aus ihrem Wortschatz, suchte und fand immer andere Worte.

Der Sarg war offen. Charlotte lag friedlich mit gefalteten Händen in ihrem letzten Bett. Die Haare waren ganz anders gekämmt. So hatte sie die Haare nie frisiert. Sie sah dadurch fremd aus. So, als ob sie gar nicht Charlotte wäre. Während sie in der Aussegnungshalle waren und der Pfarrer, der Charlotte auch die letzte Kommunion gegeben hatte, versuchte tröstende Worte zu sprechen, ging draußen ein heftiges Gewitter runter. Der Weg von der Aussegnungshalle bis zum Grab war relativ weit. Gut, dass dieser geteert war. Am Grab selbst aber war die Erde ganz aufgeweicht. Dorothee trug Schuhe mit einem kleinen Absatz und versank damit etwas.
Der Sarg ging in die Tiefe. Der Reihe nach ging nun jeder zum Grab, warf etwas Erde und manchmal auch eine Blume ins Grab und hielt kurz inne. Hartmut war der erste. Er warf die „Kleinen Blumen aus Amerika" hinein. Charlotte hatte sie doch so geliebt. Vielleicht nicht nur, weil sie schön, klein und bescheiden waren, vielleicht, weil sie von den Verwandten aus USA waren.
Dorothee blieb vor dem Grab mit dem Absatz des linken Schuhs stecken und trat versehentlich mit bloßem Fuß in den Morast. Es war gar nicht leicht, den Schuh wieder herauszuziehen.
Irgendwann war die lange Reihe der Kondolierenden zu Ende. Die engsten Freunde und Verwandten trafen sich noch in einem Restaurant zum – wie nennt man das? Leichenschmaus, welch grässliches Wort.

Abends schrieb sie in ihr Tagebuch:
Mutti, jetzt hast Du alles hinter Dir.
Wir zwei haben uns doch immer prima verstanden, und ich weiß vieles über Dich und Papa und über uns, was sonst niemand weiß, und was ich auch für mich behalten werde. Und dieses Geheimnis hält uns auch jetzt noch zusammen. Ich danke Dir für alles!!! Du warst eine prima Mutter. Ich verspreche Dir, dass ich mich bemühen werde, wie Du auch mit allen Menschen gut auszukommen und mich zu verstehen!. Deine Tochter Dorothee.

Das Leben musste möglichst seinen normalen Gang weitergehen. Dennoch, sie verstand eigentlich gar nicht, was wirklich geschehen war, oder besser gesagt, sie wollte es nicht verstehen.
Nun, der Geist verstand es schon. Mutti war tot. Der Krebs hatte sein Opfer gefordert. Aber es war ein Schock, auch wenn sie genug Zeit gehabt hatte, sich seelisch darauf vorzubereiten. Die Seele will es dennoch nicht annehmen. Die Zeit unmittelbar nach dem Verlust eines geliebten Menschen ist entsetzlich. Ein paar Tage lang ist alles um einen herum unwichtig. Alles spielt sich außerhalb von einem ab. Man sieht die Dinge ganz klar, aber die Gefühle sind in einem anderen Raum. Der Verstand funktioniert. Man selbst funktioniert. Man bricht nicht zusammen. Das Leben geht weiter. Das entstandene Vakuum bleibt, für den Rest des Lebens. Die Wunde verheilt, die

Narbe bleibt ewig. Sie schmerzt im Lauf der Zeit weniger. Doch es gibt immer wieder Momente, in denen sie weh tut.

Das Leben geht weiter

Nur zehn Tage nach Charlottes Tod bestand Dorothee die praktische Führerscheinprüfung. Voller Freude hielt sie den „grauen Lappen", wie die damaligen großen grauen Führerscheine liebevoll benannt wurden, in den Händen und rannte los zur nächsten Telefonzelle, um Hartmut in seinem Büro anzurufen. Dann sah sie, dass ihr Name falsch eingetragen war. Da stand Bromingen, statt Broningen. Das musste sie sofort beanstanden. Die Namensänderung dauerte einige Tage, und solange durfte sie nun immer noch nicht selbst Auto fahren.

Lisi, ihre Brieffreundin aus Wien kam zu Besuch. Dorothee hatte ihr absichtlich nicht geschrieben, dass ihre Mutti gestorben war. Charlotte hätte nicht gewollt, dass Dorothees Ferien noch trauriger ausfallen würden, aber Lisi wäre niemals gekommen, hätte sie von Charlottes Tod gewusst. Und so hatte Lisi einen lieben Brief ihrer Mutter für Charlotte im Gepäck mit besten Genesungswünschen. Es tat so weh, diesen zu lesen.
Die beiden Mädchen besichtigten Ulm und die Umgebung, sie schauten sich München und Umgebung an. Das lenkte Dorothee ein bisschen ab und half, die ersten schlimmen Tage ein etwas leichter zu überstehen.
Dann, Ende August, begann wieder die Schule, das zweite Ausbildungsjahr. Hartmut brachte Dorothee mit dem VW-Käfer nach München. Dorothee betrat ihr Zimmer. Maike lag auf ihrem Bett und sah sie mit großen Augen an. Eigentlich hatte Dorothee erwartet, dass ihre beste Freundin sie nun in den Arm nimmt und etwas tröstet. Sie hätte es so sehr nötig gehabt. Doch nichts dergleichen geschah. Maike hatte einige Tage ihrer Ferien bei Christian im Rheinland verbracht und litt nun unter Liebeskummer und Trennungsschmerz. Kein Verständnis für die Freundin, deren Mutter erst vor drei Wochen gestorben war. Maike hatte sich verändert. Und Dorothee fühlte sich noch einsamer. In ihr Tagebuch schrieb sie: „Und übrig bleibt nichts als Einsamkeit."

Maike wollte nicht mehr ausgehen, weil „Christian nicht da ist". Und so blieb Dorothee oft nichts anderes übrig, als alleine weg zu gehen, sei es ins Theater oder ins Kino. Lieber alleine ausgehen, als gar nicht. Das wurde ihr Motto. Sie würde es im Laufe ihres Lebens noch sehr oft anwenden müssen. Doch das ahnte sie damals noch nicht.
Weihnachten verbrachten Hartmut und Dorothee bei Rudi und Kerstin in deren kleiner Wohnung in der Nähe von Stuttgart. Es war schrecklich. Kerstin gab sich viel Mühe, aber Hartmut starrte nur vor sich hin, starrte auf die brennenden Kerzen am Christbaum und sagte nichts. Dorothee sah sich auch

nicht in der Lage, etwas zu sagen. Sie weinte nur. Weinte all die Tränen, die sie in ihrem Zimmer in der Schule nicht hatte weinen können, weil die Gegenwart von Maike sie davon abhielt. Sie wollte mit ihrem Leid, mit ihrer Trauer niemandem zur Last fallen. Und dennoch verdarb sie nun Rudi und Kerstin das Weihnachtsfest.

Psychiatrische Männerstation

Das zweite Ausbildungsjahr war das interessanteste der drei Jahre. Sie wurden jeweils acht Wochen lang auf einer Fachabteilung eingesetzt, auf Kinderstation, in einer Gemeinde, im Operationssaal, in der Psychiatrie, Gynäkologie, im Kreißsaal.
Sie fand andere Mitschülerinnen, mit denen sie oft abends ausging, ins Theater, ins Kino, zum Tanzen. Je weniger Zeit Dorothee zum Nachdenken hatte, desto leichter war das Leben. Dann war das große Vakuum in der Seele nicht so zu spüren. Sie entwickelte eine unglaubliche innere Kraft und ließ sich nichts anmerken. Niemand ahnte, wie sehr sie ihre Mutter vermisste. Sie sprach nie darüber; sie baute eine dicke Wand auf zwischen ihrem Seelenleben und dem restlichen Leben. Es ging ihr ja nicht schlecht. Die Ausbildung gefiel ihr, sie hatte Freundinnen gefunden. Nur in ihrem Zimmer im Schwesternwohnheim herrschte großes Schweigen. Maike ging zwar oft mit Dorothee und den anderen Mädchen aus, aber sie verkroch sich ganz und gar in ihrem Liebeskummer und ihrem Trennungsschmerz, weil Christian weit entfernt im Rheinland lebte und sie sich selten sehen konnten. Dorothee empfand dies als ungerecht. Das Ende dieser Trennung war ja abzusehen, eines Tages würden Maike und Christian zusammenleben können, schon bald, nach Beendigung ihrer Ausbildung oder nach Beendigung seines Studiums. Sie aber, Dorothee, hatte ihre Mutter endgültig verloren. Dorothee musste lernen, auf Verständnis durfte man bei anderen Menschen nicht hoffen. Seelischen Schmerz musste man ganz alleine mit sich austragen.

Rudi beendete sein Physikstudium in Stuttgart und fand einen guten Arbeitsplatz in München. Zunächst wohnte er bei Tante Maxi, bis er eine hübsche Wohnung im Münchner Westen fand. Kerstin musste noch in Stuttgart bleiben. Sie wurde Lehrerin. Für ihre Referendarzeit beantragte sie eine Stelle in Ulm, das war der Ort in Baden-Württemberg, der München am nächsten war.

Neben der Schwesternschule befand sich das Max-Planck-Institut für Psychiatrie. Hier waren neue, moderne, Therapiemethoden eingeführt worden, Gesprächstherapie, Verhaltenstherapie u. ä. Nicht so in der psychiatrischen Universitätsklinik in der Nussbaumstraße am Goetheplatz. Anfang 1972 wurde Dorothee nun in der Psychiatrie eingesetzt, aber leider nicht nebenan im Max-Planck-Institut, sondern in der Nussbaumstraße. Es war die offene psychiatrische Männerstation, und diese wurde von alten Nonnen geleitet. Vieles hier erinnerte sehr an die Zeit beim Bayrischen Roten Kreuz. Außer Dorothee gab es noch eine Schülerin und einen Krankenpflegeschüler aus dem Klinikum Großhadern. Diese drei jungen Menschen waren bei den meist jungen Patienten sehr beliebt, weil sie in der Schule lernten, dass es auch andere Methoden gibt, als die Patienten nur mit Medikamenten voll zu pumpen und, man musste es wohl so ausdrücken, ruhig zu stellen. Unter den Patienten waren auffällig viele junge Männer, die gerade ihren Militärdienst absolvierten. Die Nonnen behandelten die drei jungen Krankenpflegeschüler herablassend, waren herrisch und kommandierten sie herum. Aber nicht nur diese, auch die Patienten wurden herumkommandiert und sie hatten ihre Lieblinge unter den Patienten. Das ging so weit, dass einige mehr zu essen bekamen, als die anderen. Kein Wunder also, dass besonders die beiden Schülerinnen bei den jungen männlichen Patienten sehr beliebt waren und manchen Verehrer unter ihnen hatten. Sie hatten auch viel Geduld, hörten sich die Sorgen der Patienten an, hatten immer ein nettes Wort. Da es eine offene Station war, bekamen die Männer hin und wieder Ausgang, mussten aber zu einer bestimmten Zeit auf Station zurück sein.

Es gab ein paar Patienten, die sich regelrecht in Dorothee und die andere Schülerin verliebten. Unter Dorothees heißen Verehrern war ein gewisser Jürgen. Eines Tages wurde dieser Jürgen von einem bereits entlassenen Patienten abends eingeladen und kam nicht wie ihm auferlegt worden war bis 21.00 Uhr in die Klinik zurück. Er tauchte angetrunken erst um 1.00 Uhr nachts wieder auf und wurde daraufhin disziplinarisch entlassen. Wenige Tage später erfuhren sie auf Station, dass Jürgen einen Selbstmordversuch gemacht hatte, er hatte sich in der Nähe des Hauptbahnhofes auf die Bahngleise gelegt, war aber rechtzeitig gefunden worden. Der Notarzt wies ihn nun in eine geschlossene Station ins Bezirkskrankenhaus für Psychiatrie in Haar bei München ein.
Plötzlich tauchte der entlassene Patient mit einem Schreiben auf, einem Brief, den man angeblich bei Jürgen gefunden hatte. Warum ausgerechnet dieser Mann einen Brief bei sich hatte, den Jürgen bei seinem Selbstmordversuch bei sich getragen haben soll, war sehr rätselhaft und unglaubwürdig. Jedenfalls versuchte er dem Stationsarzt eins auszuwischen und behauptete, man hätte Jürgen niemals entlassen dürfen, er sei viel zu labil. Er hätte die Entlassung nicht verkraftet und sich daher das Leben nehmen wollen.
In dem Brief standen Dinge drin wie: Dorothee, ich liebe Dich. Ich kann nicht ohne Dich leben...." Der entlassene Patient war Grafiker von Beruf, und der Verdacht lag nahe, dass nicht Jürgen, sondern er selbst den Brief geschrieben hatte, um einen angeblichen Beweis für die Inkompetenz des Stationsarztes zu haben. Das verstanden alle auf Station, der Arzt, die anderen Pflegeschüler, die Patienten, nur für die Nonnen war das ein gefundenes Fressen. Endlich hatten sie etwas gegen eine der Schülerinnen, in diesem Fall Dorothee, gefunden. Die zuständige Unterrichtsschwester Marlene wurde

einbestellt. Dorothee sah sie im Büro der Stationsschwester sitzen. Letztere mit hochrotem Kopf und sehr aufgeregt, mit den Armen fuchtelnd. Oje, da kam etwas auf sie zu.

Abends fand sie eine Notiz in ihrem Postfach: Bitte zu Schwester Marlene ins Büro kommen. Sie ging sofort dorthin. Gott sei Dank war Marlene eine sehr nette und verständnisvolle Lehrerin. Sie meinte nur: „Dorothee, seien sie einfach etwas vorsichtiger mit diesen Nonnen. Sicher wird in ihrer Beurteilung eine entsprechende Bemerkung stehen, aber ich mache dann einfach eine Notiz dazu, damit wir später noch wissen, warum die Beurteilung so ausgefallen ist." Damit war die Sache erledigt. Dorothee atmete auf.

Die Beurteilung fiel nicht so schlimm aus wie befürchtet, als Bemerkung stand jedoch am Schluss: Schwester Dorothee ist für psychiatrische Männerstation nicht geeignet.

Charlottes Seele kehrt zurück

„Pigalle, Pigalle, das ist die größte Mausefalle mitten in Paris" – dieses Lied, gesungen von Bill Ramsey hatte Dorothee als kleines Kind sehr gefallen. „Papa, was ist eine Mausefalle?" Sie merkte, dass Hartmut schmunzelte. Er erklärte ihr, was eine Mausefalle ist, wie diese gebaut ist, wozu sie gut ist. Für die Mäuse im Keller ihres Hauses in Suchumi hatten sie manchmal auch Mausefallen ausgelegt. Und Dorothee konnte sich jetzt wieder erinnern, dass sie einmal eine tote Maus in der Falle gesehen hatte.

„In diesem Lied ist aber mit Mausefalle etwas anderes gemeint. Das wirst Du erst verstehen, wenn Du größer bist", meinte Hartmut und hatte wieder geschmunzelt.

Jetzt, 1972, war sie größer, und sie war in Paris. Sie hatten über Ostern eine Busreise nach Paris gebucht, drei Freundinnen von Dorothee, sie selbst und Hartmut. Von München aus ging es direkt nach Paris, eine ganze Nacht durch. Ihr Hotel lag im Quartier Latin. Es war eines dieser typischen kleinen Hotels in einem alten Gebäude, einfach aber sauber. Was sie nicht alles anschauten in diesen wenigen Tagen! Sie fuhren auf den Eiffelturm, bestiegen den Triumphbogen. Amüsierten sich über den aus deutscher Sicht chaotischen Kreisverkehr am „Etoile", wie der Platz am Triumphbogen damals noch hieß. Besichtigten den Louvre und bestaunten dort das Originalgemälde der Mona Lisa von Leonardo da Vinci. Sie besuchten das Museum „Jeu de Pomme", in dem sich die Gemälde des Impressionismus befanden, und sie besuchten Montmartre, die Kirche Sacré Coeur und das Vergnügungsviertel um den Place Pigalle, wo das berühmte Varieté Moulin Rouge steht. Und jetzt verstand Dorothee, was mit es mit der Mausefalle Pigalle auf sich hatte. Sie besuchten den Flohmarkt im Norden der Stadt, wo teilweise die Preise noch in alten französischen Francs ausgeschrieben waren.

Paris war wirklich so schön, wie sie es sich vorgestellt hatte. Nein, noch viel schöner.

Wie oft war Hartmut nicht schon in dieser Stadt gewesen, immer geschäftlich. Und er hatte Dorothee versprochen, wenn sie 18 Jahre alt sein wird, dann wird er ihr Paris zeigen. Dazu hatte er nun Gelegenheit. Und so lud er alle vier Mädchen abends in eine Varieté-Show ein, nicht ins Moulin Rouge an der Pigalle, sondern ins „Folies Bergère", was auf Deutsch so viel wie „die verrückten Schäferinnen" bedeutet. Die Revue-Show, die sie hier zu sehen bekamen, war einfach toll. Der absolute Höhepunkt der Show war der Auftritt der Prima Ballerina Zizi Jeanmaire, damals immerhin schon 48 Jahre alt. Aber wie sie tanzte! Sie waren alle begeistert.

Jammerschade, dass Charlotte niemals diese faszinierende Stadt gesehen hatte. Und schade, dass Charlotte niemals mehr ihr geliebtes Berlin hatte wieder sehen können.

Berlin – das war Dorothees nächstes Reiseziel. Diese Stadt, von der ihre Mutti ihr immer so vorgeschwärmt hatte, diese Stadt wollte sie unbedingt kennen lernen, auch, wenn es nicht mehr das Berlin von damals war, jetzt eben eine geteilte Stadt, der freie Teil umgeben von einer Mauer.

Inzwischen hatten sich die politischen Beziehungen beider deutscher Staaten etwas entspannt. Seit 1963 gab es ein Passierscheinabkommen. Westberliner konnten nun ihre Verwandten in Ostberlin besuchen. Auch die politische Landschaft in der BRD hatte sich verändert. 1966 war die FDP nicht mehr zu einer Koalition mit der CDU bereit, diese musste eine große Koalition mit der SPD eingehen. Bei den nächsten Wahlen wurde dann die SPD die stärkste Partei und konnte zusammen mit der FDP die Regierung stellen. Willy Brandt wurde Bundeskanzler und setzte sich sehr dafür ein, Annäherung mit dem Osten zu suchen, was ihm von der jetzt sich in der Opposition befindenden CDU angekreidet wurde. Es war jedoch der Grundstein für das, was 1989 zum Fall der innerdeutschen Grenze führte.

Eigentlich wollte Dorothee eine Reise nach Berlin über ein Reisebüro buchen, eine Art Studentenreise, das war preisgünstiger, besonders was die Übernachtung betraf. Doch Hartmut wollte das nicht. Seine „Kleine" so alleine in der Großstadt Berlin. Da könnte sie doch verloren gehen. Also telefonierte er mit alten Bekannten, die im Westen Berlins wohnten, Familie Parelski. Herr Parelski hatte als kleiner Junge Diphterie gehabt. Damals hatte Charlotte ihn gepflegt, und so entstand eine Freundschaft mit der ganzen Familie. Durch den Abtransport in die Sowjetunion war diese Freundschaft eingeschlafen. Doch eines Tages läutete es bei ihnen in Ulm an der Wohnungstür. Ein junges Ehepaar kam die Treppe hoch, zusammen mit einer kleinen Tochter. „Tante Charlotte?", fragte der junge Mann. Es war Paul Parelski, mit Frau und Töchterchen Christiane. Sie waren auf der Durchreise von Berlin nach Italien und dachten sich, in Ulm einen kurzen Halt einzulegen und „Tante Charlotte" zu besuchen.

Die Parelskis waren gerne bereit, Dorothee für eine Woche bei sich aufzunehmen, und so musste nur ein Flug von München nach Berlin gebucht werden, mit Pan American Airlines.

Dorothee hielt den Brief von Hartmut in der Hand und las ihn immer wieder durch. Ist fliegen wirklich so kompliziert? Sie dachte immer, das ist wie Zug fahren. Sie wäre einfach zum Flughafen München-Riem gefahren, hätte geschaut, wo das Flugzeug abfliegt und wäre schnurstracks dorthin gegangen. Aber nein, da musste man zunächst erstmal über eine Stunde vorher am Flughafen sein, dann musste man das Flugticket an einem Schalter vorzeigen, das Gepäck musste dort abgegeben werden, man musste also „einchecken", erhielt eine Bordkarte, auf der genau stand, wann man an welchem Abflugtor oder Gate sein musste.

Im Frühjahr hatten sie erfahren, dass ab sofort die Ferien nicht mehr im August, sondern schon im Juli sein werden, das Ausbildungsjahr dennoch erst Ende August zu Ende war. Mit anderen Worten: Die Ferien waren nicht mehr am Ende des Schuljahres, sondern einen Monat vorher, und manche Examen fanden erst im August statt, was bedeutete, dass man während der Ferien unter Umständen auf ein Examen lernen musste.
Es war also Juli, als Dorothee am Flughafen München-Riem für ihren PanAm-Flug nach Berlin-Tempelhof eincheckte. Es war ihr allererster Flug, und sie war sehr aufgeregt. Da Familie Parelski sie nur als kleines Kind kannte, hatte man als Erkennungszeichen vereinbart: Lange dunkle Haare, ein roter Lackmantel und eine Süddeutsche Zeitung unter dem Arm.
Im Flugzeug wurden ein kleines Frühstück und Kaffee, Tee und andere Getränke serviert. Doch Dorothee wollte nichts annehmen. Als Azubi verdiente sie so gut wie kein Geld, und hier im Flugzeug war das alles sicher viel zu teuer. Dass dieser Service kostenlos war und im Flugpreis inbegriffen, das wusste Dorothee nicht.
Über dem Staatsgebiet der DDR durfte die Maschine nur in einer maximalen Höhe von 3000 Meter fliegen, was dazu führte, dass es ein bisschen wackelig war. Dann näherten sie sich Berlin, die Maschine verließ die Flughöhe. Kurz vor dem Flughafen waren sie dann schon so tief, dass man die Welt da unten gut in Einzelheiten erkennen konnte. Bei der Landung flogen sie über einen Friedhof, die Gräber waren so nah, man hätte fast die Namen der Verstorbenen lesen können.
Dorothee wartete am Gepäckband auf ihren kleinen Koffer und spazierte dann hinaus in die Ankunftshalle, die Süddeutsche Zeitung unter dem rechten Arm. Wenige Meter vor ihr ging eine junge Frau – man wird es kaum glauben – mit langen dunklen Haaren, einem roten Lackmantel, aber o h n e Zeitung unter dem Arm. Parelskis entdeckten erst die vordere Frau im roten Lackmantel und wollten ihr schon zuwinken, da kam Dorothee mit der Zeitung unter dem Arm. Wie wichtig dieses Detail doch gewesen war.

Zunächst fuhren sie nach Hause zu Parelskis. Dort wartete Monika Parelski, Pauls Mutter. Wie Du Deiner Mutter ähnlich siehst", meinte sie zur Begrüßung. Und immer wieder sagte sie „Charlotte" statt „Dorothee" zu ihr, was bei Dorothee die Frage verstärkte, warum eigentlich Charlotte niemals wieder nach Berlin gereist ist.

Es war ihr erster Besuch in Berlin, aber Dorothee fühlte sich sofort zuhause. Sie fing automatisch an zu berlinern, dieser Dialekt hier, die schnoddrige Art der Berliner, das gefiel ihr, das sagte ihr zu. Warum das so war? Sie konnte es sich lange Zeit nicht erklären. Vermutlich aber lag es daran, dass ihre Mutti so viel von dieser Stadt geschwärmt hatte, dass sie als Kind von vielen Berlinern umgeben war und ihr dieser Dialekt, dieser Tonfall, dieser Humor von klein auf bekannt waren. Es war einfach Heimat.

Parelskis zeigten ihr die Stadt, natürlich nur den eingemauerten Teil im Westen. An drei Tagen wollte Dorothee aber auch nach Ost-Berlin. Dort warteten Tante Erika und Onkel Erhard Rochelle auf sie. Sie fuhr also mit der U-Bahn zum Bahnhof Friedrichstraße. Das war ein komisches Gefühl, als an der Haltestelle Kochstraße im Zug durchgegeben wurde: „Letzter Halt im Westen". Dann fuhr die U-Bahn langsam weiter, ganz langsam durch eine geschlossene Station durch. Diese lag schon im Ostteil der Stadt und war außer Betrieb. Dementsprechend heruntergekommen sah es hier auch aus. Und da patrouillierte eine Person auf und ab und schaute die Leute im vorbeifahrenden Zug streng, fast böse an.

Draußen war Sommer, warmes, sonniges Wetter. Und diese Person patrouillierte hier unten auf dem Bahnsteig. Was waren das für Menschen, die das machten? Es mussten linientreue Personen sein, Menschen, die an die Ideologie der DDR glaubten, fest von ihr überzeugt waren. Nur Personen, auf die sich die DDR-Regierung verlassen konnte, durften diesen Dienst machen. Was aber dachten sie sich wohl, jedes Mal, wenn ein Zug mit „freien" Westberliner Bürgern vorbei fuhr? Konnte man so von einer politischen Idee überzeugt sein, dass man zu blind für die Wahrheit war? Freiwillig im muffigen Schacht patrouillieren statt draußen Sonne, Wärme und Sommer zu genießen, nee, das konnte Dorothee nicht verstehen.

Am Bahnhof Friedrichstraße war alles sehr verwirrend. Viele Leute in Uniformen, die in Befehlston die Ankommenden in die eine oder andere Richtung schickten, je nachdem, ob man nun Westberliner oder Bürger der Bundesrepublik Deutschland war oder gar eine ganz andere Nationalität hatte. Die Räume waren niedrig und voller Menschen. Es war sehr bedrückend. Sie mussten ihre Pässe abgeben, erhielten eine Nummer und mussten dann warten, bis sie aufgerufen wurden. Zeit genug, um mit den anderen Wartenden ins Gespräch zu kommen. Dorothee hatte Bedenken, ob man sie so einfach nach Ost-Berlin einreisen lassen würde? In ihrem Pass stand doch als Geburtsort Moskau. Da wollten sie doch sicher wissen, warum in Moskau geboren, aber dennoch Bundesbürger?

Nichts dergleichen geschah. Es dauerte nur eine Ewigkeit, bis man sie endlich aufrief. Sie erhielt ihren Pass mit dem Einreisestempel und –formular, musste 10 D-Mark umtauschen in 10 Ostmark und wurde durch die Sperre durchgelassen.

Tante Erika stand dort unter einer Menge anderer Leute, die auf Freunde, Verwandte und Bekannte aus dem Westen warteten. „Euer Geld sieht ja aus wie Spielgeld", rutschte es Dorothee raus bei der Begrüßung. Tante Erika lachte und eine Frau, die daneben stand lächelte amüsiert. „Verdammt", dachte Dorothee, „das habe ich jetzt zu laut gesagt. Man weiß doch nie, wer zuhört, ob da nicht jemand darunter ist, der solche Äußerungen sofort weiterleiten muss an gewisse Regierungsstellen."

Sie machten eine mehrstündige Rundfahrt auf den Seen Ostberlins, starteten in Treptow und fuhren bis zum Müggelsee, dann fuhren sie nach Köpenick und weiter nach Müggelheim. Hier war es, das Haus am Reichsweilerweg, wo Hartmut und Charlotte mit Rudi gelebt hatten, bis sie am 22. Oktober 1946 von den sowjetischen Soldaten abgeholt wurden. Ein schönes, sehr großes Haus mit einem riesigen Garten. Dorothee wurde es ganz heilig zumute. Hier, an diesem Ort, in diesem Haus, hatte alles begonnen, auch ihre eigene Lebensgeschichte. Sie wäre niemals in Moskau geboren worden, wenn die Ereignisse damals anders verlaufen wären. Hier nahm das Schicksal seinen Lauf.

Schräg gegenüber wohnte immer noch Familie Peschter. Brigitte Peschter, die 1946 ein junges Mädchen war und öfters Mal auf Rudi aufgepasst hatte, freute sich nun auch Rudis Schwester kennen zu lernen. Seltsam. seit 1946 waren 26 Jahre vergangen, aber schwierige Zeiten schweißen die Menschen zusammen. Familie Peschter war es, die sich nach Abreise der Familie Broningen um deren zurückgebliebene Sachen gekümmert und sie aufbewahrt und verwaltet hatte, bis Broningens 1958 zurückkehrten.

Dieser erste Tag in Ostberlin war eine große und weite Reise zurück in die Vergangenheit der eigenen Familiengeschichte. Dorothee verspürte eine große innere Ruhe und Wärme. Charlottes Seele war ihr so nah, sie fühlte es.

Am Abend brachte Tante Erika sie wieder zum Bahnhof Friedrichstraße. Noch vor Mitternacht musste sie zurück auf die andere Seite, in den Westen. Hier wurde nun nicht mehr unterschieden zwischen Westberlinern, Bundesdeutschen und Angehörigen anderer Nationen. Alle mussten an der gleichen Stelle durch, zuvor aber sollte man das noch übrige Ostgeld in eine Spardose einwerfen. Es war verboten, Ostgeld mit in den Westen zu nehmen.

Abschied nehmen war für viele hier ein sehr trauriger Moment. Die einen mussten im Osten bleiben, die anderen waren sich nicht sicher, wann und ob sie wieder auf Besuch kommen konnten. Es wurden hier viele Tränen vergossen, seit die Besuche überhaupt wieder möglich waren. Und die Berliner hatten für diese Ausreisehalle gleich wieder einen Spitznamen erfunden:Tränenpalast.

An den folgenden beiden Tagen reiste Dorothee erneut nach Ostberlin, wurde immer von Tante Erika abgeholt. Sie fuhren nach Oberschöneweide, wo Rochelles wohnten, sie besuchten die Rochelle-Töchter Hildegard, Judith und Annette, alle inzwischen verheiratet, sie besuchten den Tierpark, wie der zoologische Garten in Ostberlin heißt. Der Unterschied zwischen Ost- und Westberlin wurde besonders abends noch deutlicher, wenn man das düstere Ostberlin verließ, in dem kaum noch Menschen in den Straßen zu sehen waren, dann aus den Tiefen der U-Bahn im Westen wieder auftauchte und überall die vielen Lichter, Reklamen und das bunte Treiben in den Straßen erlebte.
Mit sehr gemischten Gefühlen nahm sie Abschied von Berlin, dieser Stadt, die ihr auf unerklärliche Weise sofort Heimat war. Der Rückflug nach München war verspätet. Sie erhielt einen Gutschein über 11 D-Mark von der PanAm und konnte damit etwas am Flughafen Tempelhof essen.

Auf der Vogelfluglinie

Waren sie auch nicht so begeistert gewesen, dass die Ferien nun schon im Juli und nicht mehr im August waren, so hatte dies zumindest für Dorothee doch einen großen Vorteil. Sie konnte zusammen mit Hartmut an einem internationalen Esperanto-Kongress teilnehmen. Dieser fand dieses Mal in Finnlands Mitte, in der Stadt Kuopio statt. Ein schöner Anlass, um mit dem Zug über die so genannte Vogelfluglinie dorthin zu reisen und unterwegs mehrere Stopps einzulegen. Die Vogelfluglinie ist die kürzeste Eisenbahnverbindung von Deutschland nach Dänemark und weiter nach Schweden, so benannt, weil sie ungefähr der Flugroute entspricht, die die Kraniche und andere arktische Wasservögel jedes Jahr fliegen, im Herbst in Richtung Süden, im Frühjahr Richtung Norden.
Die erste Etappe dieser Reise führte sie von Ulm nach Hamburg. Die Großstadt an der Waterkant, der riesige Hafen, die Hochseeschiffe. Dorothee war noch nie in Norddeutschland gewesen, außer jetzt in Berlin. Für sie öffnete sich eine neue Welt.
Weiter ging es mit dem Zug nach Puttgarden. Hier wurden einige Waggons des Zuges auf eine Fähre gefahren. Mit der Fähre ging es nach Rødby Færge auf der dänischen Insel Lolland. Sie konnten den Waggon verlassen und standen an der Reling der Fähre. Wie herrlich war es, sich die frische Meeresluft um die Nase wehen zu lassen. Die Weite des Meeres gab einem das Gefühl von unendlicher Freiheit. Endlich war sie wieder am Meer, wie damals in ihrer Kindheit am Schwarzen Meer.
Dorothee fotografierte eine direkt über ihnen fliegende Möwe, die sie von Deutschland nach Dänemark begleitete. Nur Sekunden später schiss die

Möwe, und der Dreck, vom Wind verstreut, landete auf Hartmuts Anzug, schön verteilt in viele kleine weiße Flecken. Den Rest der Fährfahrt verbrachten sie auf der Toilette und versuchten, die Flecken vom Anzug wegzuwischen. Ein Reiseabenteuer, das man nie vergisst.

Am späten Nachmittag kamen sie in Kopenhagen an. Das Hotel hatte ihnen das Ehepaar Bense reserviert, das ebenso wie sie Esperanto sprach und hier wohnte. Benses holten sie auch abends ab und zeigten ihnen die Ecken der Stadt und ihrer Umgebung, die von Touristen nicht besucht werden. Welch Vorteil, wenn Einheimische einem ihr Land so nahe bringen können, ohne dass man Verständigungsschwierigkeiten hat.

Sie folgten weiter der Vogelfluglinie, mit dem Zug bis Helsingør, nahmen dort die Fähre rüber nach Helsingborg in Schweden, und gleich weiter bis Stockholm. Hier holte sie ebenfalls ein Mann ab, der Esperanto sprach, und zeigte ihnen die Stadt. Sie erkundeten Stockholm aber auch alleine in den nächsten Tagen. Mit dem Wetter hatten sie weiterhin Glück, es war warm und sonnig. Abends fand in einem Park ein Konzert statt, in dem auch Zarah Leander auftrat, jene Schauspielerin und Sängerin, die in den 30-er Jahren bei der Ufa in Berlin großen Erfolg mit ihren Filmen hatte. Sie war inzwischen immerhin schon 65 Jahre alt. Der Himmel wurde nie ganz dunkel nachts, jetzt im Sommer, welch schöne Kulisse!

Dorothee hatte eine tiefe Stimme, als Kind wurde ihr oft gesagt, dass sie eine „Zarah-Leander-Stimme" habe. Nun also erlebte sie diese Künstlerin live hier im Park in Stockholm, dem Venedig des Nordens, mit all seinen Kanälen. Zarah sang einige Lieder auf Schwedisch, andere auf Deutsch. Die teils frivolen Lieder mit Titeln wie „Kann denn Liebe Sünde sein" oder „Warum soll eine Frau kein Verhältnis haben..." gefielen Dorothee. Sie wunderte sich immer wieder, dass es in den 30-er Jahren überhaupt möglich gewesen war, Lieder mit derartigen Texten zu singen.

Mit einer Fähre der Silja Line fuhren sie am nächsten Tag von Stockholm nach Turku in Finnland. Das Schiff schlängelte sich zwischen all den vielen Schäreninseln hindurch hinaus aufs freie Meer. Waren morgens alle Passagiere noch mit bleichen Gesichtern an Bord gegangen, so verließen die meisten die Fähre abends in Turku mit gebräuntem oder gerötetem Gesicht. Die Sonne, der Wind, das Meer hatten sie zu gesund aussehenden Menschen gemacht.

In Turku nahmen sie gleich den nächsten Zug nach Helsinki und besichtigten auch diese Stadt in den nächsten Tagen.

Und schließlich kam die letzte Zugfahrt, nach Norden, bis nach Kuopio. Sieben Stunden waren sie unterwegs, bis sie in dieser mittelfinnischen Stadt ankamen. Diese Stadt, mitten zwischen den Seen der Finnischen Seeplatte und mitten in den Wäldern gelegen, bot Natur pur. Am Kongress nahmen Menschen vieler Nationen teil, man sprach Esperanto miteinander, verstand sich, man hatte viel Spaß zusammen. Es waren viele Jugendliche unter den

Teilnehmern, was für Dorothee sehr angenehm war. Sie fand neue Freunde, besonders aus Frankreich.

Finnland war so ganz anders, als die anderen skandinavischen Länder, so anders als Dänemark und Schweden. Allein schon die finnische Sprache. Kein Wort verstanden sie, mussten hin und wieder das mitgenommene Wörterbuch benutzen. Meistens aber war mindestens ein Finne unter ihnen, der übersetzen konnte. Es gab Ausflüge mit dem Boot durch die vielen umliegenden Seen, die durch Schleusen miteinander verbunden waren. An einem Abend fuhren sie auf die Insel Ritoniemi, wo im Freien gepicknickt wurde. Es wurde ja nie richtig dunkel. Noch um Mitternacht konnte man ohne künstliches Licht lesen. Im Norden waren stets die roten Strahlen der Sonne zu sehen. Romantik pur.

Und noch etwas typisch Finnisches lernte Dorothee kennen, die Sauna. Mit welcher Selbstverständlichkeit man hier in die Sauna ging. Und zwischen den einzelnen Saunagängen einfach in das kalte Wasser eines Sees springen und darin herumpaddeln. Nackt. Keiner hatte hier unsaubere Gedanken, nur ein paar Mitteleuropäer, die sich am Seeufer platzierten, um einen Blick auf nackte Frauen zu werfen, die aus der Sauna kamen, über den Steg rannten und in den See sprangen. Männer mit einer schmutzigen Mentalität, so empfand es Dorothee.

Eine Woche dauerte der Kongress. Hartmut nahm noch an einem anschließenden Ausflugsprogramm teil, einer Busreise, die bis zum Nordkap führen sollte, die Reisegruppe aber nur bis zur Südspitze jener Insel brachte, auf der im Norden das Nordkap liegt. Grund dafür war die Tatsache, dass der Bus keinen Platz mehr auf der Fähre hatte und auf dem Festland zurückbleiben musste. Dorothees Ferien aber waren vorbei. Sie musste zurück nach München. Und so flog sie zunächst von Kuopio nach Helsinki, am frühen Morgen, hinweg über die finnischen Seen und Wälder. Sie nahm Abschied von dieser wunderschönen Natur.

Nach kurzem Aufenthalt in Helsinki ging es weiter nach Frankfurt. Und von dort aus mit dem Zug nach Ulm. Dorothee schaute aus dem Zugfenster auf die vorbeiziehende Landschaft, auf die Bäume. Sie hatte das Gefühl, dass alles da draußen, die Blätter der Bäume, die Nadelbäume, einfach alles, mit einem grauen Schleier behaftet war. So stark empfand sie den Unterschied zwischen dem Grün hier in Deutschland und dem Grün der sauberen Natur Finnlands. Wie tief grün war dort doch alles, dort, wo es keine Industrie gab.

Skandinavien war schön, im Sommer, wenn es nachts kaum dunkel wurde und es einigermaßen warm war. Es gab weder Pass- noch Zollkontrollen zwischen den einzelnen Ländern und es war ziemlich sicher. Auf der Fähre wurde das Gepäck einfach in einem Raum abgestellt, der weder bewacht noch abgeschlossen war. Es kam einfach nie etwas abhanden.

Der Unterricht und die Arbeit begannen wieder. Dorothee wurde einen Monat lang im Kreißsaal eingesetzt. Es war schön, die neugeborenen Babys in Empfang zu nehmen, zu waschen, anzuziehen und dann warm eingebettet in ein Kissen auf die Säuglingsstation zu bringen. Mal keine Kranken um sich haben, neues Leben in den Händen halten.

Dieser Sommer hatte Dorothee verändert. Tief in ihrem Inneren war sie ruhiger geworden, ja ihre Seele hatte wieder einigermaßen ihre Balance gefunden. Sie spürte, die Seele ihrer Mutti war nach einem Jahr zu ihr zurückgekehrt, sie fühlte sich nicht mehr allein. Der Sommer ging zu Ende. Das dritte Ausbildungsjahr begann.

Terror in München

Ende August begannen die Olympischen Sommerspiele, oder genauer gesagt die Spiele der XX. Olympiade. Wenn man in Ausbildung ist, hat man nicht so viel Geld, um sich die doch relativ teuren Eintrittskarten zu kaufen, besonders zu den wichtigsten und schönsten Veranstaltungen wie zur Eröffnungs- und Abschlussfeier. Wie Millionen anderer Menschen auch, sah Dorothee sich die Eröffnungsfeier im Fernsehen an, gemütlich auf der Couch sitzend bei Tante Maxi und Onkel Günther, deren zweitem Ehemann. Tante Maxi hatte schon zwei Jahre nach Onkel Leopolds Tod wieder geheiratet. Draußen schien die Sonne, es war ein wunderschöner Tag. Wie schön wäre es doch, jetzt im Olympiastadion sitzen zu können und alles live mitzuerleben, die Atmosphäre zu spüren, zu atmen. Schon ein seltsames Gefühl, nur wenige Kilometer vom Geschehen in einer kleinen Wohnung eingesperrt das Spektakel auf dem Bildschirm zu verfolgen.

Der Tradition folgend war Ende Juli das olympische Feuer im griechischen Olympia entfacht worden und hatte seine Reise durch acht Länder gemacht, um schließlich in München ans Ziel zu kommen. Fast 6.000 Fackelläufer trugen das Feuer über eine Strecke von über 5.500 Kilometer bis ins Olympiastadion. Als damit dann das Olympische Feuer entzündet wurde, jubelten das Publikum im Stadion und die Zuschauer an den Bildschirmen. Die Olympischen Spiele waren eröffnet. Es sollten fröhliche, unbeschwerte Spiele werden, und sie wurden es, bis eines Tages, genauer gesagt, eines Nachts, sich schlagartig alles änderte.

Am Morgen des 5. September schaltete Dorothee wie üblich das Radio ein, während sie sich für die Arbeit auf Station zurechtmachte. Was sie zu hören bekam, war unfassbar:

Acht Mitglieder einer palästinensischen Terrororganisation, die sich „Schwarzer September" nannte, gelangten über den Zaun ins Olympische Dorf und überfielen die Wohnung, in der ein Teil der israelischen Olympiamannschaft schlief. Es kostete sie nicht allzu viel Mühe, in die Wohnung einzudringen. Die Sicherheitsmaßnahmen waren nicht sehr streng. Man wollte der Welt doch zeigen, dass sich Deutschland seit den Olympischen Spielen 1936 in Berlin sehr zum Besseren verändert hatte. Zwei Sportler wurden bei diesem Überfall so schwer verletzt, dass sie bald darauf starben. Die restlichen 11 Sportler wurden als Geiseln genommen. Die Terroristen forderten die Freilassung von über 200 in israelischen Gefängnissen inhaftierten Palästinensern. Zusätzlich forderten sie noch die Freilassung der in Haft sitzenden deutschen Terroristen Andreas Baader und Ulrike Meinhof. Die israelische Regierung ließ sofort klar erkennen, dass sie zu keinerlei Verhandlungen bereit sei. Bei einem Befreiungsversuch auf dem Militärflughafen in Fürstenfeldbruck kamen dann am nächsten Tag alle Geiseln, die meisten Terroristen und ein deutscher Polizeibeamter ums Leben.

Die Welt war schockiert. Fassungslosigkeit überall. Wie konnte das alles nur so schief laufen? Und warum ausgerechnet die olympischen Spiele in München, in Deutschland? Wieder mussten in Deutschland Juden sterben, durch Terror. Zwar waren dieses Mal ihre Landsleute nicht Schuld daran, dennoch, es war deutscher Boden, auf dem die Israelis auf brutale Art getötet, ermordet wurden. Es war wieder einmal schwer, Deutsch zu sein. Die Welt schaute auf dieses Land, auf diese Stadt und sagte sich: Wieder einmal Deutschland.

Auf der kardiologischen Wachstation, auf der Dorothee gerade eingesetzt war, wurde ein britischer Journalist eingeliefert, der einen Herzinfarkt erlitten hatte aufgrund all der Aufregung, die nun herrschte. Einen Tag lang stand alles still, die Spiele wurden unterbrochen, für 24 Stunden. Es gab eine Trauerfeier im Olympiastadion, und alles verschob sich um genau einen Tag. Die Worte des Präsidenten des Internationalen Olympischen Komitees „The games must go on" waren der Startschuss für die Fortsetzung der Spiele.

Die fröhlich, heitere Stimmung aber war verflogen. Trotz Sonnenschein und Wärme hing ein dunkler Schatten über Münchens Himmel. Leider würde man diese olympischen Spiele immer mit dem Terroranschlag zusammen in Erinnerung behalten.

Alle Wettkämpfe fanden nun genau 24 Stunden später statt, und die Abschlussfeier wurde von Sonntagabend auf Montagabend verschoben. Viele Leute, die Karten für die Abschlussfeier hatten, mussten aber pünktlich zurückreisen und konnten nicht mehr bis Montag warten. Dorothee kam in den Genuss, ein paar Wettkampfkarten und sogar eine Karte für die Schlussfeier jemandem auf der Straße abkaufen zu können, der die Karten los werden wollte, und dies zu einem Preis, den sie sich leisten konnte.

Am Montagabend also saß Dorothee im Stadion und erlebte die Abschlussfeier dieser fröhlichen, heiteren und gleichzeitig so tragischen olympischen Spiele. Es war eine schöne Feier. Alles wurde getan, um diese Spiele als schöne Spiele in Erinnerung behalten zu können. Die Fahnen oben am Stadionrand hingen an ihren Stangen und bewegten sich im Wind. Einzig allein die israelische Fahne hing auf Halbmast. Dorothee verspürte einen Stich in ihrer Seele. Sie fand, man hätte alle Fahnen auf Halbmast setzen sollen, als Zeichen der Solidarität mit den unschuldigen Opfern, als Zeichen, dass die gesamte Welt trauerte, weil dieser entsetzliche Terroranschlag geschehen war. Hatten die meisten Menschen schon so schnell alles vergessen?

ZZAPI

Nun im dritten Ausbildungsjahr mussten die Krankenpflegeschülerinnen auch einige Wochen Nachtwache auf Station halten. Sie wurden aufgeteilt auf verschiedene Kliniken in München. Dorothee und einige andere Mädchen kamen ins Perlacher Krankenhaus, das erst kürzlich eröffnet worden war. Absolute technische Revolution dieses Hauses war die Rohrpostanlage, mit der Dokumente, Patientenunterlagen, Blut- und Urinproben und ähnliches schneller innerhalb des Krankenhauses verschickt werden konnten.

Wenn die Arbeit getan war und die meisten Patienten schliefen, in den Stunden also, in denen es ruhiger wurde, telefonierten die Mädchen oft von Station zu Station, damit die Zeit schneller verging und die Gefahr des Einschlafens gebannt wurde. Es machte auch viel Spaß, sich gegenseitig kleine Briefchen mit Grüßen oder Witzen per Rohrpost zu schicken. Natürlich konnte man nicht die ganze Nacht über ständig nur Kaffee trinken, man musste auch etwas essen. Und so hatte eine Obst, die andere Brote dabei. Auch das wollte man untereinander austauschen. Also schnell ein Rohr geschnappt, ein Stück Obst oder ein belegtes Brötchen hineingestopft, Rohr in die Anlage gesteckt und die entsprechende Station der Freundin angewählt. Eigentlich sollte nun das Essen bald beim Empfänger ankommen, doch so manches Rohr wollte einfach nicht auftauchen.

Am nächsten Morgen wunderten sich die Techniker in der Zentrale der Rohrpostanlage im Keller über stecken gebliebene Rohre, gefüllt mit Joghurtbechern, Bananen, Birnen, Äpfeln oder Wurstsemmeln.

Vierzehn Nächte lang wachen, tagsüber schlafen und dann 10 Tage frei. Dorothee nutzte ihre freien Tage immer so gut wie möglich. Dieses Mal reiste sie, zusammen mit ihrem Vater, nach Rom und Florenz. Mit dem Nachtzug von München direkt nach Roma Termini. Hartmut hatte ein Zimmer in einem kleinen, einfachen Hotel in der Nähe des Bahnhofes reserviert. Das Badezimmer befand sich schräg gegenüber vom Zimmer. Es hatte nur ein kleines Fenster. Man musste meist das Licht einschalten. Dorothee stand vor dem Spiegel und erschrak: sie hatte plötzlich das Gefühl, in das Antlitz ihrer Mutter Charlotte zu sehen. Sah sie ihrer Mutter wirklich dermaßen ähnlich? Auch Charlotte hatte in jungen Jahren lange dunkle Haare gehabt, allerdings noch viel dunkler, fast schwarz. Aber dieses Gesicht! Es war also kein Wunder, dass Hartmut sich so sehr an seine Tochter klammerte. Für ihn verkörperte sie in gewisser Weise seine Charlotte in längst vergangenen jungen Jahren. Vielleicht hatte er auch deshalb einmal versehentlich auf einer seiner Postkarten, die er von seinen Dienstreisen schrieb, mit „Hartmut" statt mit „Papa" unterschrieben. Dorothee war ziemlich erschrocken, als sie dies las.

Rom ist ein einziges Museum. Überall auf den Straßen, in allen Winkeln kann man die interessante und große Geschichte der Stadt sehen und spüren. Die beiden machten viele geführte Ausflüge mit, hatten meist denselben Stadtführer, der sich immer wieder freute, dass sie dabei waren und sich dermaßen für die Geschichte seiner Stadt interessierten.
Am letzten Tag fuhren sie zur Villa d' Este, ungefähr 30 Kilometer außerhalb Roms. Dieses Mal nahmen sie einen Bus des Öffentlichen Verkehrs. Es war Ende November und auch hier wurde es nachts schon recht kühl, aber tagsüber war es noch angenehm warm und vor allem sonnig.

Abends fuhr ihnen der Bus gerade vor der Nase davon. Auf den nächsten mussten sie eine volle Stunde warten. An der Bushaltestelle gab es eine Imbissbude mit Stehtischen, in der man, wie konnte es anders sein, auch Pizza essen konnte. Über dem Eingang war ein Fenster, auf diesem stand mit großen Buchstaben „ZZAPI".
Seltsam, was sollte dieses Wort bedeuten? Vielleicht war es der Name des Besitzers? Aber mit doppeltem „Z" am Wortanfang?
In der Imbissbude war es angenehm warm. Sie stellten sich an einen der Tische und aßen ihre Pizza, beobachteten dabei das Geschehen draußen auf der Straße. Langsam wurde es dunkel. Dorothee schaute nach oben. Jetzt las sie es in Spiegelschrift „ZZAPI". Wieder dachte sie, wie komisch dieses Wort doch aussieht, mit doppeltem „Z" am Anfang.
Zum Abschluss gab es noch einen Espresso. Und wieder schaute Dorothee, mehr zufällig, nach oben zum Fenster. Plötzlich musste sie laut lachen. Das Fenster war ein Schiebefenster, der hintere Teil mit den Buchstaben „ZZA" war vor die Scheibe mit den Buchstaben „PI" geschoben worden. Bei geschlossenem Fenster stand dort: PI ZZA.

Salmonella Panama

Dorothess letzter Einsatz auf Station war in der Abteilung für Augenheilkunde im Klinikum Rechts der Isar. Sie hatte immer das Glück, im Sommer in diesem Klinikum eingesetzt zu sein. Wenn das Wetter schön war, nahm sie ihr Klappfahrrad und fuhr durch den Englischen Garten, über die Prinzregentenstraße, überquerte die Isar und fuhr am Friedensengel hinauf zur Ismaninger Straße, bog dort rechts ab und war dann schon bald am „Rechts der Isar".
Am Friedensengel stand ein Straßenschild: Maximale Geschwindigkeit 30 kmh. Das Klapprad hatte keine Gangschaltung, sie musste ganz schön

strampeln, bis sie oben ankam. Sie lachte jedes Mal, von einer Geschwindigkeit mit 30 Kilometer pro Stunde war sie mit diesem kleinen Rad natürlich unendlich weit entfernt.

Nach Dienstschluss ging es dafür wieder runterwärts, vorbei am Maximilianeum, dem Sitz des Bayrischen Landtags, über die Brücke und dann an der Isar entlang. Im Englischen Garten nahm sie dabei immer den Weg, der direkt am Kleinhesseloher See vorbeiführte, obwohl dort eindeutig ein Schild stand „Fußgänger". Dieses allerdings war durch die herabhängenden Zweige einer Trauerweide größtenteils verdeckt und nicht für jedermann leicht zu erkennen: Dorothee kannte dieses Schild sehr wohl, aber der Fußgängerweg war sehr breit. Eigentlich störte es niemanden, dass sie mit dem kleinen Rad hier entlang fuhr.

Eines Nachmittags aber kam eine Gruppe von fünf Männern direkt auf sie zu. Sie konnte nicht mehr ausweichen, bremste und stieg ab. Einer der Männer zeigte ihr seinen Ausweis: „Grüß Gott, Polizei. Es tut uns Leid, dass wir Sie belästigen müssen, aber es gab einige Beschwerden, dass Fahrradfahrer und sogar Mopeds auf den Fußgängerwegen fahren. Sie wissen schon, dies hier ist auch ein Weg nur für Fußgänger."

„Nein", log Dorothee.

„Ist es das erste Mal, dass Sie hier entlangfahren?"

„Nein, ich fahre fast täglich hier entlang. Das ist doch ein breiter Weg, sieht nicht nach Fußgängerweg aus". Diesmal hatte Dorothee die Wahrheit gesagt.

„Da vorne ist ein Schild."

„Das habe ich noch nie gesehen."

„Es tut uns wirklich Leid, aber wir müssen Ihnen einen Strafzettel geben. Kostet zwei D-Mark."

Und so erhielt Dorothee ihren ersten Strafzettel.

Inzwischen war Sommer 1973, das dritte Ausbildungsjahr ging zu Ende. Im Juli waren Ferien, dann im August das Staatsexamen. Die Ferien konnte man sehr gut zum Lernen nutzen.

Jetzt also war sie auf der Station mit lauter Augenkranken. Ihr letzter Einsatz vor dem Examen. Es war ein Dienstagnachmittag. Dorothee hatte Frühdienst und machte Übergabe an die Kollegin vom Spätdienst. Beide standen am Bett eines alten Patienten, der gerade eine Augenoperation hinter sich hatte. Der Patient sagte, er müsse auf die Toilette.

„Ich helfe Dir noch schnell", bot Dorothee der Kollegin an.

„Nein, geh nur, ich hole mir einen Pfleger von der Nachbarstation. Dieser Patient ist schwer."

Also ging Dorothee nach Hause. Sie hatte zwei Tage frei und musste am Freitag zum Spätdienst wieder auf Station erscheinen.

Freitagnachmittag erschien Dorothee pünktlich zum Dienst, zusammen mit einer Kollegin, die auch zwei freie Tage gehabt hatte. Der Patient war nicht mehr da. Er habe einen schweren Magen-Darm-Infekt gehabt, eine Salmonelleninfektion, „Salmonella Panama", um es ganz genau zu sagen. Man musste ihn in die Infektionsabteilung des Schwabinger Krankenhauses verlegen.

Es wurde eine Umgebungsuntersuchung eingeleitet. Alle Patienten auf der Station und das gesamte Personal mussten Stuhlproben abgeben. Das war schon geschehen, nur Dorothee und ihre Kollegin mussten dies nun nachholen, da sie ja nicht da gewesen waren.

Am Samstag hatte Dorothee auch Spätdienst. Es war einer dieser grauen, regnerischen und kühlen Sommertage, an denen es einem nichts ausmacht, arbeiten zu müssen. Die Patienten waren versorgt. Sie saßen im Stationszimmer und sprachen über die Patienten: Das Telefon läutete. Dorothee ging hin, nahm den Hörer ab.

„Hallo, hier ist das Labor. Ist Schwester Dorothee da?"

„Ja, am Apparat."

„Bei Ihnen wächst etwas!"

„Wie bitte?"

„Bei Ihnen wächst etwas. Sie haben doch gestern ihre Stuhlprobe im Rahmen der Umgebungsuntersuchung abgegeben. Bei Ihnen wächst etwas. Sie dürfen jetzt nicht mehr am Patienten arbeiten, nichts mehr mit den Speisen der Patienten zu tun haben. Nur noch Verwaltungsarbeiten oder Putzarbeiten dürfen Sie machen."

Dorothee wurde es ganz anders ums Herz. Sie sollte krank sein? Wie üblich litt sie mal wieder unter Verstopfung, von einem Magen-Darm-Infekt keine Anzeichen weit und breit. Aber die Kollegin, die mit ihr frei gehabt hatte, die hatte Durchfall, genauso eklig grünlicher Farbe wie der Patient, und die fühlte sich auch nicht so richtig gesund. Lag da eine Verwechslung vor?

„Nehmen Sie sofort ein Antibiotikum. Haben Sie Bactrim auf der Station? Wo wohnen Sie?"

„Im Schwesternheim"

„Mit Gemeinschaftstoilette?"

„Ja"

„Haben Sie jemanden in München, wo Sie hinziehen könnten?"

„Bruder und Schwägerin."

„Haben die Kinder?"

„Nein"

„Dann ziehen Sie zu denen um. Und immer die Toilette mit Sagrotan desinfizieren nach der Benutzung. Außerdem Handtücher, Unterwäsche und Bettwäsche 20 Minuten lang in Sagrotan-Lösung legen vor dem Waschen."

Na, dann. Das war ein Schock. Dorothee war dem Heulen nahe. Sie war überzeugt, sie hatte nichts, war absolut gesund. Aber, wie sollte sie das jetzt beweisen? Und sobald sie die erste Tablette Bactrim genommen hatte, konnte man es erst recht nicht mehr nachweisen, denn theoretisch hätte ja schon diese eine Tablette die Salmonella abtöten können. Sie musste es einfach nehmen, wie es war.

Es wurde als Berufskrankheit eingestuft. Also mussten in der Schule mehrere Formulare ausgefüllt werden. Sie war die erste Schülerin in der Geschichte der Schule, die eine Berufskrankheit hatte. Sie musste zu ihrem Hausarzt, der sie gleich für fünf Wochen krankschrieb. Auch beim Gesundheitsamt musste sie sich melden.

Dort empfingen sie zwei nette Herren, die ihr drei Röhrchen gaben. Nach Beendigung der Antibiotika-Einnahme musste sie drei Stuhlproben einschicken, per Post. Erst dann könne man sie wieder als gesund einstufen.

„Wenn die Postbeamten wüssten, was sie da transportieren", amüsierte sich Dorothee innerlich.

Eine Tür öffnete sich, eine ältere Ärztin im weißen Kittel betrat den Raum, offensichtlich die Vorgesetzte der beiden netten Herren.

„So, Sie sind das mit der Umgebungsuntersuchung. Wie lange hat man Sie jetzt krankgeschrieben?"

„Fünf Wochen."

„Was, fünf Wochen. Was machen Sie dann in dieser Zeit?"

„Aufs Examen lernen".

„Aha, aha - gleich mal eine Examensfrage: Wie kann man sich bei der Arbeit an einem Patienten anstecken?"

„Indem man die Hände nicht genügend wäscht nach der Versorgung des Patienten..."

Dorothee konnte gar nicht weiter sprechen.

„Ja, ja, oder wenn man Joghurts und dergleichen, was sonst halt noch so übrig bleibt, einfach isst, statt es zurück zu schicken", kam es bissig aus dem Mund der herrischen Ärztin. Die netten Herren schauten Dorothee mitleidig an, in ihren Blicken war so etwas zu lesen wie „tut uns Leid, sie ist immer so."

„Arme Männer", dachte Dorothee, „müssen solch eine Bissgurke als Vorgesetzte ertragen."

Fünf freie Wochen, nur einmal in der Woche, immer donnerstags, musste Dorothee zum Unterricht in die Schule. Sie zog um zu Rudi und Kerstin, die Sagrotanflasche stand in der Toilette, ins Bad stellten sie einen Eimer, in dem Dorothee ihre Wäsche in Sagrotanlösung einweichen konnte. Sie fühlte sich pudelwohl. Fünf freie Wochen, Zeit, um in Ruhe zu lernen, auszuschlafen und Reisen zu unternehmen. Sie konnte alles tun, musste nur immer ihre Sagrotanflasche mitnehmen. Und direkt nach diesen fünf freien Wochen folgten drei Wochen Urlaub. Also insgesamt acht Wochen frei. Das sah nach einem schönen Sommer aus.

An der Tür zum Flur in der zweiten Etage, in der Dorothee in der Schule wohnte, hatten die Unterrichtsschwestern ein Informationsblatt angebracht: Alle Schülerinnen, die auf dem Stockwerk wohnten, mussten auch im Rahmen einer Umgebungsuntersuchung Stuhlproben abgeben aufgrund von „Salmonella Panama".

„Hi, hi, was soll der Mist? Wer bei uns soll denn Salmonella Panama haben?" Einige Schülerinnen standen vor der Tür und amüsierten sich beim Lesen des Blattes.

„Ich" - Dorothee kam gerade die Treppen hoch.

„Du ???" Ihre Mitschülerinnen schauten sie erstaunt an. Und keine, keine einzige von ihnen glaubte, dass Dorothee krank sein könnte. Alle dachten dasselbe wie Dorothee und wie die an Durchfall erkrankte Kollegin auf der Station. Es war nicht Dorothee, die sich angesteckt hatte, es war die Kollegin. Dieser ging es schon nach wenigen Tagen wieder gut. Sie war jung und stark. Der Patient war ein alter Mann und durch die Augenoperation geschwächt. Ihn hatte es dadurch viel schlimmer erwischt.

In der Schule gab es einen großen Unterrichtsraum mit verschiedenen Krankenbetten und Geräten. Hier konnten die Schülerinnen die Pflege am Patienten praktisch üben, denn nicht alles konnte man auf Station lernen. Um sich auf den praktischen Teil des Staatsexamen gut vorzubereiten, übten die Mädchen in diesen Wochen fleißig. Sie bildeten Teams von jeweils drei, eine legte sich als Patient ins Bett, die zwei anderen spielten die Krankenschwestern. So machten sie es auch heute, den ganzen Nachmittag lang, bis sie genug davon hatten. Zunächst war Dorothee eine der Krankenschwestern. Sie spielte erst zuletzt die Patientin, weil sie doch angeblich ansteckend war.

Sie legte sich ins Bett, die anderen kurbelten den Kopfteil hoch, denn sie sollte eine Herzpatientin sein. Sie lachten, gackerten wie die Hennen und alberten herum. Sie kurbelten nun in die andere Richtung, Kopf nach unten, Beine in die Höhe. Dorothee machte schon fast einen Kopfstand, da ging plötzlich die Tür auf. Herein kam die Unterrichtsschwester Rosa. Diese blieb stehen, bekam einen hochroten Kopf und rief entsetzt: „Aber Dorothee, Sie dürfen sich doch nicht ins Bett legen. Jetzt ist das Bettzeug ja infektiös. Ziehen Sie das sofort ab und stecken Sie es in den Wäschesack."

„Jawohl!" Schwester Rosa ging wieder weg, immer noch mit rotem Kopf.

Bettwäsche abziehen, alles frisch beziehen und die benutzte Wäsche in den Wäschekorb werfen. Dorothee hob den Deckel des Korbes. Genau in dem Moment, in dem sie die Wäsche fallen ließ, betrat Schwester Rosa in Begleitung der Schulleiterin den Raum. „Nicht da rein, nicht zu der anderen Wäsche, das ist jetzt ja alles infektiös!", schrie Schwester Rosa entsetzt mit einer solch hohen Stimme, dass diese sich fast überschlug. Dorothee und ihre Freundinnen prusteten fast los vor lauter Lachen. Wie konnte man nur so übertreiben. Dorothee hatte schließlich nicht ins Bett gemacht, sie hatte auch nicht nackt im Bett gelegen. Sie hatte ihre ganze Schwesterntracht angehabt. Was sollte das alles hier?

„Tun Sie bitte die gesamte Wäsche in einen der Plastiksäcke und stellen Sie ihn verschlossen vor mein Büro mit dem Vermerk HOCH INFEKTIÖS." Schwester Rosa hatte immer noch einen roten Kopf, sogar noch roter als vorher.

„Nein, es reicht ja, wenn sie BRONINGEN drauf schreibt. Dann wissen wir ja, was drin ist." Die Schulleiterin war längst nicht so hysterisch. Die Wäsche musste in die Desinfektionsabteilung der Wäscherei ins Schwabinger Krankenhaus gebracht werden. Darum kümmerten sich allerdings die Schulschwestern.

Zurück im Zimmer in der zweiten Etage, packte Dorothee ihre Tasche, denn sie sollte abends ja wieder zu Rudi und Kerstin fahren. Die Zimmer hatten nur je ein Waschbecken. Die Duschen waren neben den Toiletten vorne am Treppenhaus. Für die Waschbecken erhielt jede Schülerin einmal pro Woche ein frisches Handtuch, eher so eine Art Geschirrtuch. Donnerstags sollte man die benutzten Tücher an das Namensschild neben der Zimmertür hängen. Sie wurden dann mitgenommen und durch saubere Tücher ausgetauscht.

Auf dem Gang draußen hörte Dorothee Stimmen. Das war wohl Schwester Rosa, die sich mit ihrer Zimmernachbarin Elisabeth unterhielt. Egal. Dorothee nahm ihr Tuch und hängte es draußen ans Schild. Schwester Rosa sah zu ihr rüber, warf Dorothee einen düsteren Blick zu, unterbrach ganz kurz ihr Gespräch, unterhielt sich dann aber normal weiter mit der Zimmernachbarin.

Dorothee ahnte nichts Gutes und wartete im Zimmer, bis draußen alles ruhig war. Dann schlich sie rüber zu Elisabeth, klopfte an die Tür. Elisabeth ließ sie rein.

„Hat sie etwas gesagt, weil ich das Handtuch ans Schild gehängt habe?" Elisabeth nickte.

„Was?"

„O Gott, jetzt hängt die auch noch das Handtuch da hin. Ich möchte jetzt nichts mehr sagen. Bitte nehmen Sie das Tuch dann heimlich weg und bringen es mir."

Elisabeth war es peinlich.

„Quatsch, Schluss mit dem Mist. Ich packe das Handtuch ein, das wasche ich mit meiner anderen Wäsche bei meinem Bruder zu Hause in der Waschmaschine. Problem gelöst".

Es ist doch immer wieder interessant zu beobachten, dass Lehrer etwas theoretisch unterrichten können, wenn aber dann die Praxis eintritt, nicht richtig damit umgehen können.

Eine willkommene Verwechslung

Dieser Salmonella Panama, die sie offensichtlich, und davon waren sie alle überzeugt, nie gehabt hatte, verdankte Dorothee ziemlich viel. Nicht nur fünf zusätzliche freie Wochen, nicht nur genügend Zeit zum Lernen und um sich auf das Staatsexamen vorzubereiten. Nein, sie nutzte diese Zeit auch zum Reisen. Der Reisevirus hatte sie schon vor vielen Jahren infiziert, sie würde ihn nie wieder loswerden. Reisen, möglichst viel von der Welt kennen lernen, möglichst viele Menschen unterschiedlichster Kulturkreise treffen, sich mit ihnen unterhalten und versuchen zu verstehen, das wurde eine regelrechte Leidenschaft, die sie das ganze Leben hindurch begleitete.

So fuhr sie zunächst am verlängerten Wochenende über Christi Himmelfahrt mit ihrer Mitschülerin Elfi nach Wien, immer die Sagrotanflasche im Gepäck. Und in Wien wohnte ja auch ihre Brieffreundin Lisi, die kurz nach Charlottes Tod nach Ulm gekommen war.
Mit Elfi hatte sie sich in der letzten Zeit sehr angefreundet. Elfi wohnte im Schwesternheim auch im 2. Stock wie Dorothee. Mit Maike jedoch war die Freundschaft etwas abgekühlt. Deren große Liebe Christian studierte inzwischen in München, beide hatten im Frühjahr geheiratet und Maike übernachtete so gut wie nie im Schwesternheim. Dorothee hatte somit ein nicht offizielles Einzelzimmer zum Preis eines Doppelzimmers. Das war sehr praktisch.
Elfi hatte einen so wunderbar tiefen Schlaf, dass sie grundsätzlich ihren Wecker morgens nicht hörte. Der Wecker war ein großer, sehr lauter Wecker, der sogar von Schülerinnen in benachbarten Zimmern gehört wurde, zumal ihn Elfi auch noch auf einen Teller stellte, um ihn möglichst doch noch zu hören. Doch das half alles nichts. Elfi musste regelmäßig irgendeine Mitschülerin bitten, sie zu wecken. Nur so funktionierte es.

Eines Nachts, es war in der Adventszeit, wachte Dorothee durch ein furchtbar lautes und schrilles Klingeln auf: Feueralarm! Es musste mitten in der Nacht sein, so kam es Dorothee jedenfalls vor. Aber nein, es war erst 23.00 Uhr.
Was war zu tun bei Feueralarm? Raus aus dem Bett, etwas anziehen und runter ins Foyer. Dort mussten sich alle sammeln. Und das machten sie auch alle. Nur Elfi fehlte. War Elfi heute Abend ausgegangen? In der Kontrollliste hatte sie sich nicht eingetragen. Aber jetzt im dritten Schuljahr war das auch nicht mehr Pflicht. Wo war Elfi?
Noch ehe die Feuerwehr ankam, war der Brand gelöscht. In einem Zimmer im Hauptgebäude hatte eine Schülerin Kerzen am Adventskranz brennen lassen und war kurz aus dem Zimmer gegangen. Da das Fenster geöffnet war, kam es zum Durchzug. Der Wind blähte den Vorhang auf, dieser berührte eine der Kerzen und fing Feuer. Gott sei Dank kam die Schülerin bald ins Zimmer zurück, bemerkte dies, löste sofort den Alarm aus und konnte dann den Brand selbst löschen.
Also durften alle wieder beruhigt in ihre Zimmer zurück und weiter schlafen. Inzwischen waren zwei Feuerwehrautos mit lautem Sirenengeheul vor den Haupteingang gefahren, das Blaulicht blinkte.
Dorothee war neugierig und wollte mehr sehen. Sie hatte jedoch nur ihren Pyjama an und eine Jacke drüber angezogen. Außerdem war es draußen bitterkalt. Also warum nicht vom Fenster in Elfis Zimmer aus beobachten, was die Feuerwehrmänner da unten machten. Elfi wohnte nämlich auf der Seite zur Einfahrt hin.

Also schlich Dorothee auf leisen Sohlen in Elfis Zimmer, das ja nie abgeschlossen war, damit man sie morgens wecken konnte, stellte sich ans Fenster und schaute raus. Elfi lag tief schlafend im Bett. Sie hatte nichts von all dem Trubel mitbekommen.

Plötzlich hörte Dorothee Elfis Stimme: „Doro, bist Du das, das ist aber lieb, dass Du mich wecken kommst."

„Elfi, das gibt es doch nicht, all der Krach, der Alarm, die Feuerwehrautos, Sirenengeheul, das Gerenne im Treppenhaus, nichts von all dem bekommst Du mit, aber wenn ich mit leisen Sohlen in Dein Zimmer schleiche, dann wachst Du auf."

Ja, so war Elfi. Und mit dieser unterhaltsamen Mitschülerin und Freundin verbrachte sie einige schöne Tage in Wien, zusammen mit Lisi und deren Familie.

Kurz darauf war Pfingsten. Wäre Dorothee nicht krankgeschrieben gewesen, so hätte sie arbeiten müssen. Dorothee aber war frei und konnte ausfliegen. Sie reiste mit einer Gruppe Jugendlicher per Zug nach Luxemburg. Hartmut, ihr Vater, stieg in Ulm in den Zug ein und freute sich, unter Jugendlichen zu sein.

In Luxemburg fand ein Europäischer Kongress der Esperantosprecher statt. Das war wieder so etwas ganz nach Dorothees Geschmack. Schon bei der Einfahrt des Zuges in die Stadt Luxemburg, als dieser über eine alte Eisenbahnbrücke in Richtung Bahnhof tuckelte, wusste Dorothee, dass es ihr hier gefallen würde. Die luxemburgische Sprache fand sie äußerst sympathisch. Es klang fast wie ein ganz starker Kölner Dialekt. Die Luxemburger mögen ihr diesen Vergleich verzeihen. Dass alle Luxemburger dreisprachig aufwachsen, Deutsch, Französisch und Luxemburgisch von klein auf lernen, das ist doch eine tolle Sache!

Gemeinsam erkundete sie mit den anderen Jugendlichen die Stadt, tanzte am Ballabend bis tief in die Nacht und hatte am nächsten Tag Muskelkater. An Pfingstsonntag wurde der Kongress offiziell eröffnet: Die Fahne Europas ist blau mit einem Kreis von zwölf gelben Sternen, zwölf Sterne wie die Ziffern einer Uhr. Warum nicht in die Mitte dieser Uhr den grünen Esperanto-Stern setzen, an dem die Zeiger der Uhr angebracht werden können, damit die Uhr überhaupt funktionieren kann. Diesen Vergleich, den der Präsident des Esperanto-Weltbundes in seiner Eröffnungsrede erwähnte, würde Dorothee niemals vergessen.

Nachmittags gab es in der Kathedrale eine besondere Hochzeit. Der Bräutigam war ein Belgier. Die Braut war eine Japanerin. Kennen gelernt hatten sich die beiden im vergangenen Jahr beim Weltkongress der Esperantosprecher in Portland, USA. Trauzeugen waren ein Afrikaner und Australiens Botschafter in Deutschland. Der Gottesdienst wurde gehalten von einem katholischen Priester aus Italien und einer evangelischen Pfarrerin aus den Niederlanden. In den Kirchenbänken saßen Luxemburger und die Teilnehmer des

Kongresses, die aus den unterschiedlichsten Ländern kamen. Das war eine wahrhaftig internationale Hochzeit.

Schon gleich nach Rückkehr aus Luxemburg kam Besuch. Cousin John Broningen kam mit seiner Frau Claudia aus den USA. Claudia war schwanger, das Baby sollte im November auf die Welt kommen. Noch immer war es ihr morgens ein bisschen übel, aber den langen Flug hatte sie Gott sei Dank problemlos überstanden.

Rudi, Kerstin, John, Claudia und Dorothee unternahmen nun viele gemeinsame Ausflüge. Sie fuhren in die Berge, besichtigten das Schloss Neuschwanstein, parkten unten in der Nähe des Schlosses Hohenschwangau und spazierten zu Fuß den Berg hinauf. Eine Gruppe amerikanischer Touristen kam ihnen entgegen, laut sprechend: „Let's go to Amsterdam", rief eine dicke Frau und watschelte bergab. Na ja, Europa in fünf Tagen, so kann man auch durch die Welt reisen.

Sie fuhren nach Niederbayern und überquerten in der Nähe von Braunau am Inn die Grenze zu Österreich. Es war ein kleiner, nicht sehr frequentierter Grenzübergang. Der Passbeamte dort war sichtlich froh, endlich wieder etwas zu tun zu haben. Er kontrollierte die fünf Pässe genau und staunte nicht schlecht: Fünf Personen Broningen saßen da im Auto, zwei davon mit US-amerikanischem Pass, in einem dieser beiden Pässe Stempel und Aufenthaltsgenehmigung aus Sierra Leone (John hatte ja dort zwei Jahre lang als Englischlehrer gearbeitet). Eine Person Broningen war in Moskau geboren. Welch seltene Konstellation. Für den Passbeamten offensichtlich etwas ganz Außergewöhnliches.

In einem kleinen familiären Hotel im Zentrum von Braunau übernachteten sie und nahmen sich zwei Zimmer. In einem der Zimmer schliefen John und Claudia, im anderen Rudi, Kerstin und Dorothee. Es war warm und das Fenster ließen sie über Nacht offen. Laute Stimmen unten auf der Straße weckten sie am frühen Morgen so gegen 6.00 Uhr. Was war da los?

Rudi stand auf, ging ans Fenster und schaute runter auf die Straße. Der Wagen der Müllabfuhr konnte nicht weiterfahren, Rudis Auto stand im Weg. Die Müllmänner diskutierten laut, was zu tun sei. Wem gehörte dieses Auto?

„Das ist unser Auto, ich komme gleich runter", Rudi zog sich etwas über und machte sich auf den Weg. Kerstin und Dorothee waren neugierig, lehnten sich beide aus dem Fenster, erzählten und lachten dabei. Die Müllmänner hörten die Frauenstimmen oben und schauten rauf: „A, des gibts do net, zwoa Weiba in oaner Nacht und die verstengen si a no!" – was auf Hochdeutsch heißen soll: „A, das gibt es doch nicht, zwei Weiber in einer Nacht und die verstehen sich auch noch." Rudi wurde von den Müllmännern mit Hochachtung empfangen. Kerstin und Dorothee amüsierten sich köstlich.

Auf dem Heimweg kam ihnen in einem kleinen Dorf ein orangefarbiger VW-Käfer entgegen, dessen Fahrer hinter dem Steuer kaum zu sehen war, so klein muss er wohl gewesen sein. Er fuhr sehr langsam, hinter ihm hatte sich schon eine lange Schlange von Autos gebildet. Rudi rief plötzlich: „Das war Papa."

Klar, ein orangefarbiger VW-Käfer und ein Fahrer, der hinter dem Steuer kaum zu erkennen ist, der dann auch noch so langsam fährt, dass hinter ihm sich eine Autoschlange bildet, dass konnte nur Hartmut sein. Also kehrten sie gleich bei der nächsten Gelegenheit um und versuchten, ihn einzuholen. Der VW-Käfer bog nach rechts ab und parkte vor einem alten Fachwerkhaus. Direkt daneben war noch Platz, da parkte Rudi. Sie stiegen aus: „Hallo Papa." Na, das war eine Überraschung. Hartmut war unterwegs, um einige Briefmarken aus seiner Sammlung zu verkaufen.

John und Claudia wollten natürlich auch noch all die anderen Verwandten in Europa besuchen. Mit Dorothee fuhren sie nach Ulm. Hartmut war inzwischen schon wieder zurück. Gerade hatten sie noch Zeit, sich Ulm, die Altstadt, das Münster anzuschauen und den Blautopf im 18 Kilometer entfernten Blaubeuren, da wurde das Wetter schlecht. Passend zur Abschiedsstimmung, die nun aufkam. Wieder einmal musste sich Dorothee von ihr lieb gewordenen Menschen trennen. Der Gedanke, dass sie die beiden im Herbst wieder sehen sollte, tröstete. Nach ihrem Examen wollte Dorothee gemeinsam mit Hartmut zum ersten Mal in ihrem Leben den weiten Atlantik überqueren und ihren Fuß auf den amerikanischen Kontinent setzen.

Das schlechte Wetter passte aber auch zu einer anderen Nachricht, die sie erreichte. Wiwi, ihre Freundin aus Schulzeiten, meldete sich: Wiwis Mutter Frida war gestorben. Frida Taub wurde nur 44 Jahre alt und hinterließ vier Kinder. Welch trauriges Leben hatte diese Frau leben müssen! Sie war jung, als der Krieg zu Ende ging, wurde mit ihrer Familie aus ihrer Heimat Pommern vertrieben und kam nach Niederbayern, wo die Flüchtlinge und Vertriebenen nicht willkommen waren. Wie oft erzählte Frida von den schlimmen Vergewaltigungen durch sowjetische, durch russische Soldaten, denen besonders junge Frauen ausgeliefert waren. Niemals erwähnte sie, dass sie selbst betroffen war. Dass dies jedoch sicher der Fall war, verstand Dorothee erst viele Jahre später. Zu oft erzählte Frida es.

Frida und Charlotte waren gute Freundinnen gewesen. Als Charlotte starb, war Frida schon krank. Sie hatte Unterleibskrebs. Noch kurz nach Ostern hatten Hartmut und Dorothee sie besucht. In einem Moment, in dem außer Hartmut niemand mit ihr im Wohnzimmer war, sagte Frida: „Schade, ich hätte noch so gerne erlebt, wie meine Kinder groß werden, aber das werde ich nicht mehr schaffen." Sie wusste, dass ihre Tage gezählt waren.

Charlotte durfte immerhin 61 Jahre alt werden. Auch kein Alter zum Sterben, aber 44 Jahre? Da hat man doch noch gar nicht richtig gelebt!

Wiwi war die Älteste der vier Kinder und übernahm ab sofort die Mutterrolle für ihre Geschwister. Diese große Last wurde ihr zum Verhängnis. Dass der Vater bereits ein Jahr später wieder heiratete und diese neue Frau dafür sorgte, dass im Haus alles, aber auch wirklich alles, was nur an die Mutter erinnerte, entfernt wurde, jedes Foto, jedes Bild, jedes noch so kleine Erinnerungsstück, das war ein Schock für alle vier Kinder, den jedes auf seine Art zu verarbeiten versuchte. Aber Wiwi schaffte es nicht, sie tröstete sich zunehmend mit Alkohol.

Am Ende der unfreiwillig fünf freien Wochen hatte Dorothee drei Stuhlproben per Post ans Gesundheitsamt geschickt und von dort den Anruf erhalten, sie sei wieder komplett gesund.
Jetzt begannen die offiziellen Ferien, drei Wochen lang. Auch diese wurden nicht nur zum Lernen, sondern auch zum Reisen genutzt. Die Verwechslung der beiden Proben und der ihr dann zugeordneten Salmonellenerkrankung, hätte ihr je etwas Besseres passieren können, genau zu diesem Zeitpunkt?

Die Ruhe und der Sturm

Inzwischen war Juli. Und das Wetter war wieder, wie es sich gehörte, warm, fast heiß und sonnig. In Ulm fand ein Cityfest statt, zum ersten Mal. Dorothee fuhr in die Stadt und wollte sich das anschauen. Es gab eine Folklore-Show, Menschen der verschiedenen Nationalitäten, die hier lebten, zeigten Typisches aus ihren Ländern. Besonders gefielen Dorothee die Tänze aus Hawaii. Sie bekam Hunger und wollte sich am Spezialitätenstand der Amerikaner einen Hamburger kaufen. Doch das Gedränge war entsetzlich. Sie verzichtete darauf. Aber dort in der Schlange traf sie Doris, eine Mitschülerin, die mit einer ganzen Clique von Freunden unterwegs war.
Da störe ich nicht, wenn ich mich anschließe, dachte Dorothee. Und so zog sie mit der ganzen Gruppe weiter durch die Stadt. Auf den Plätzen der Stadt waren Bühnen aufgebaut, auf denen die verschiedensten Musikgruppen spielten. Es wurde schon langsam dunkel, als sie schließlich an einem der Plätze blieben, weil ihnen dort die Musik am Besten gefiel. Sie bildeten einen Kreis und tanzten zur Musik. Zwei große blonde junge Männer standen etwas abseits und schauten ihnen interessiert zu. Doris winkte ihnen, sie sollten doch einfach mitmachen. Und so gesellten sich die beiden zur Gruppe. Dorothee stand plötzlich zwischen den beiden, sie mit ihren 162 cm Größe war nun eingerahmt von John mit seinen 196 cm aus der linken Seite und Simon mit seinen 182 cm auf der rechten Seite. Beide kamen aus den Niederlanden, aus der Nähe von Amsterdam und waren auf dem Weg nach Italien.
Im Radio hatte man in diesen Tagen ständig gehört, dass mit erheblichen Verkehrsbehinderungen zu rechnen sei, weil in den Niederlanden die Ferien beginnen und nun viele Holländer nach Süden in den Urlaub fahren. Die beiden gehörten dazu. Sie wollten schon am nächsten Tag, einem Sonntag,

weiterfahren nach Italien an den Lago Maggiore, entschlossen sich aber noch an diesem Abend einen Tag länger zu bleiben, wegen Doris und Dorothee.
Am Sonntag trafen sie sich alle wieder vor dem Donaubad, einem Freiluft-Schwimmbad auf der Neu-Ulmer Seite. Dorothee konnte sich besonders gut mit Simon unterhalten. Vielleicht auch deswegen, weil er als Röntgenassistent in einem Krankenhaus arbeitete und auch kurz vor dem Examen stand. Simon machte ihr viele Komplimente. Etwas, was für Dorothee ganz neu war. Zwar war sie schon öfters mit Männern ausgegangen, hatte etwas unternommen, aber einen richtigen Freund hatte sie noch nie gehabt. Damals, in den 70-er Jahren, war das total ungewöhnlich. Irgendwie fehlte ihr da ein Stück Jugend. Das hatte auch mit Charlottes Krankheit und ihrem Tod zu tun. Dorothee hatte keine Gelegenheit gehabt, sich zu verlieben, eine längere Beziehung einzugehen, sie war zu sehr mit sich selbst, mit dem Schmerz über Charlottes Verlust, mit der Sorge um ihren Vater beschäftigt.

Simon gefielen ihre Haare und ihr üppiger Busen. Das war ja sowieso ein Problem für Dorothee. Es war total unmodern, eine große Oberweite zu haben und sie litt darunter, musste sich auch oft dumme Bemerkungen anhören. Und nun gab es da einen jungen Mann, dem dies gefiel. Und, das ließ er durchblicken, der gerne mit ihr geschlafen hätte. Aber Dorothee hatte noch nie Sex mit einem Mann gehabt und war voller Komplexe deswegen. Wie sollte dieser Bann gebrochen werden?
Die holländischen Jungs brachten die beiden Mädchen nach Hause, aber abends trafen sie sich noch einmal in der Stadt und gingen gemeinsam etwas trinken. Die Stimmung war sehr schön, diese jungen Männer waren so angenehme Personen. Dorothee beschloss, es heute zu wagen, heute und jetzt, mit diesem jungen Mann, Simon. Das war auch so typisch für sie, denn morgen schon würde er über alle Berge sein. Vermutlich würden sie sich nie wieder sehen. Und genau deshalb wollte sie es tun. Denn, sollte sie sich dabei blamieren, so müsste sie sich hinterher nicht schämen, wenn sie ihm wieder begegnen sollte. Nicht auszudenken, wie es mit einem Mann gewesen wäre, der einem dann ständig immer und immer wieder über den Weg gelaufen wäre.

Sie brachten Doris nach Hause. John stieg auch aus dem Auto aus und begleitete Doris bis zur Haustür. Simon aber fuhr weiter, ein Stück hinauf den Berg in den Wald. Dort auf einem Waldweg und im Auto wurde Dorothee nun endlich von ihrem Komplex befreit, mit ihren 20 Jahren noch immer Jungfrau zu sein. Es war ein bisschen eng und unbequem und es tat weh. Doch hinterher fühlte sie sich befreit von einer schweren Last. Vor der Haustür verabschiedeten sie sich. Simon holte John ab, beide fuhren am nächsten Morgen an den Lago Maggiore. Vor dort erhielt Dorothee eine Ansichtskarte: Saluti e un bacio dal Simon (Grüße und einen Kuss von Simon). Sie sahen sich nie wieder.

Dorothee war überglücklich als sie das Blut in ihrem Höschen entdeckte. Endlich, endlich, jetzt war der Bann gebrochen. Irgendwie hatte sie das Gefühl, dass ihr jeder ansehen müsste, dass sie nun eine wirkliche Frau war, aber natürlich bemerkte keiner ihre innerliche Veränderung. Eigentlich wollte Dorothee dies alles viel besser geplant haben, wie sie überhaupt sehr vieles in ihrem Leben zu planen versuchte. Sie wollte doch erst zum Arzt gehen, anfangen die Pille zu nehmen, aber es war alles anders gekommen. Und nun so ohne jeglichen Schutz? O ja, sie wusste immer genau, wo sie in ihrem Monatszyklus stand, aber ein bisschen riskant war die Sache schon gewesen. Siebter Tag des Zyklus, normalerweise kein Problem, doch durch seelische Zustände kann sich der Zyklus schnell ändern. Und so verbrachte Dorothee die nächsten 3 Wochen damit, sich ständig neue Szenarien auszudenken, was wäre wenn....., prompt verzögerte sich ihre nächste Monatsblutung. Dorothee wurde zunehmend nervöser. Eines Morgens wachte sie früh morgens auf und hatte Bauchschmerzen. Im Bett fühlte sie etwas Nasses. Das Bettlaken war voller Blut, aber Dorothee war glücklich und enorm erleichtert. Wäre diese Sache schief gegangen, sie hätte nicht gezögert, sie hätte sofort den Zug nach Amsterdam genommen, um dort abzutreiben. Nein, mit zwanzig Jahren wollte sie nicht Mutter werden. In Holland war das kein Problem, aber in Deutschland wäre dies niemals so leicht möglich gewesen.

Drei Wochen Ferien gingen, wie alle Ferien, schnell vorbei. Noch einmal musste sie für zwei Wochen zurück auf die Station in der Augenklinik. „Wer sind Sie?", wurde sie empfangen. „Ich bin die Schülerin, die die Salmonella Panama hatte." Und schon trat so manch einer ein bis zwei Schritte zurück: „Sind Sie auch 100 % wieder gesund?" Mein Gott, wie kann man nur so sein. Natürlich war sie wieder komplett gesund (genau genommen war sie nie krank gewesen, aber das konnten die Leute hier nicht ahnen).
August war Prüfungsmonat. Das ging los mit der schriftlichen Prüfung gleich am Anfang des Monats, in der dritten Augustwoche folgten die praktischen Prüfungen und wenige Tage später das mündliche Examen.
Dorothee war immer als eine der ersten dran, da die Prüfungen alphabetisch durchgeführt wurden. Und Buchstabe „B" ist nun mal am Anfang des Alphabets.
Es war Montagmorgen, Dorothee hatte schlecht geschlafen. Sie war so nervös. Der Magen meldete sich. Ich mache mir lieber noch schnell einen Kamillentee, dachte sie. Statt der kleinen Teekanne, die sie normalerweise benutzte, nahm sie heute nur eine große Tasse, eine Art Becher, füllte diese mit Wasser, stellte sie auf das Fensterbrett, stellte den Tauchsieder rein und steckte das Kabel in die Steckdose. Das hatte sie schon ein paar Mal so gemacht. Als dann das Wasser kochte, zog sie den Stecker aus der Dose.
Au, verdammt, was war das? Sie hatte vergessen, den Tauchsieder in der Tasse festzuhalten, durch das Ziehen am Kabel kippte die Tasse um, weil der Tauchsieder zu hoch war und durch das Ziehen des Kabels dieser die Tasse aus dem Gleichgewicht brachte. Das kochende Wasser ergoss sich über

Dorothees linke Gesichtshälfte. Wie durch ein Wunder, wurde das Auge verschont. Vielleicht hatte sie schnell genug reagiert und das Auge geschlossen. Nein, bitte nicht, nicht jetzt direkt vor der Prüfung! Sie rannte zum Waschbecken und schaute in den Spiegel. Das sah schlimm aus, alles rot, die oberste Hautschicht war auf einer fast handtellergroßen Fläche verbrüht. Und wie weh das tat.

Jetzt schnell reagieren. Runter rennen, die Dienst habende Schulschwester suchen. Diese gab ihr ein Gel gegen Verbrennungen. Doch jedes Mal, wenn Dorothee es auf die verbrühte Haut schmierte, „schmolz" das Gel und tropfte auf ihren weißen Kittel.

Sollte sie die Prüfung überhaupt machen? Natürlich. Das musste sie jetzt schnell hinter sich bringen. Auf gar keinen Fall die Prüfung verschieben. Am Ende der Woche sollte schon Examensfeier sein. Alle könnten dann feiern, nur sie nicht? Nein, nein, nein, das durfte niemals passieren. Sie musste da durch. Dorothee konnte sehr hart zu sich selbst sein.

Und so erschien sie pünktlich zur Prüfung, mit der großen Tube Gel in der Tasche des Kittels. Ihre Prüfungsaufgabe war es zu demonstrieren, wie man eine Wöchnerin pflegt. Das dauerte zwanzig Minuten, dann ging es ins nächste Zimmer, wo sie einen Verband anlegen musste. Einer der Prüfer aus dem ersten Zimmer fragte sie, ob sie Berlinerin sei, weil sie so schnell spreche. Diese Frage gefiel Dorothee.

Nach knapp einer Stunde war alles überstanden. Erst jetzt ging Dorothee in die Klinik und ließ sich genau untersuchen. Sie hatte Glück im Unglück gehabt. Das kochende Wasser war seitlich am Auge vorbeigespritzt, hatte dann aber die linke Wange erwischt. Eine Narbe sollte sie wohl nicht behalten, wenn sie das Gel oft und lang genug anwenden würde, meinte der Arzt. Das waren gute Nachrichten.

Donnerstag war mündliche Prüfung. Sie hatte noch zwei Tage, um zu lernen. Irgendwann bemerkte sie, dass ihr der Nacken wehtat. Die Wange war so geschwollen, dass sie beim Lesen den Kopf tiefer senken musste, um den Text richtig zu sehen, und das spürte sie im Nacken.

Zur Prüfung waren die Mädchen in kleine Gruppen eingeteilt worden, immer vier Schülerinnen. Erstes Prüfungsfach war Anatomie. Der Anatomieprofessor war ein Frauenhasser, der allein schon durch seine Art zu fragen, die Schülerinnen sehr erschreckte. Es folgte Innere Medizin, dann Chirurgie. Der Chirurg liebte es auch, die Mädchen zu schikanieren. Und der Internist? Das war ein lieber Mensch, der Dorothees Gruppe mit den Worten empfing: „Ich kann Euch gar nicht richtig prüfen, ich habe alle Hände voll zu tun, Euch nach der Anatomieprüfung wieder seelisch aufzubauen und für Chirurgie vorzubereiten." Endlich mal ein Mann, der Verständnis hatte.

Dann war der Spuk vorbei. Das Staatsexamen war überstanden. Am Freitag schon erfuhren sie, alle hatten bestanden. Dorothee mit Gesamtnote „Gut", und trotzdem fühlte sie, nicht gut genug gewesen zu sein. Warum nur war sie immer so streng mit sich selbst?

Eine große Examensfeier fand am Freitagabend statt. Welch schöne Atmosphäre, alle so locker drauf. Sie alle, einschließlich der Lehrer und Dozenten, waren von einer riesengroßen Last befreit, und sie feierten ausgiebig. Sie spazierten alle vor das Gebäude und tanzten dort auf dem Rasen. Prompt gab es Beschwerden aus der Nachbarschaft über den Lärm. Kein Verständnis für fröhliche und glückliche Menschen, die einfach nur ihren Erfolg feierten. So laut waren sie nicht, so schlimm war der Krach nicht, den sie machten.

Jede von ihnen gönnte sich nun ein bisschen Urlaub, Erholung ehe man wieder zu arbeiten begann.

Schon Anfang des Jahres hatte Dorothee sich aber entschlossen, nach dem Examen etwas ganz Anderes zu machen. Sie wollte die Welt kennen lernen. Ein Versuch, eine Stelle im Ausland oder gar im Entwicklungsdienst zu bekommen, schlug fehl. Es wurden immer mindestens zwei Jahre Berufserfahrung verlangt. Und zwei Jahre ist für junge Menschen eine lange Zeit. Etwas trieb sie hinaus in die weite Welt. Fühlte sie doch, sie hatte kein richtiges Zuhause mehr, seit Charlotte gegangen war. Ob da draußen irgendwo ein anderes Zuhause zu finden war?

Durch eine Anzeige in der Zeitung war sie auf eine Touristikschule aufmerksam geworden. Das wär's, dachte sie und nahm sofort Kontakt auf. Und nun, nach dem Examen, wollte sie in dieser Schule einen mehrmonatigen Kurs absolvieren, ihre Sprachkenntnisse verbessern und erweitern und die Möglichkeiten auskundschaften, die es für sie im Touristikbereich gab. Nebenbei, das hatte sie schon eingefädelt, wollte sie als Sitzwache bei Schwerkranken oder auf der Intensivstation etwas Geld verdienen. Wohnen konnte sie während dieser Zeit bei Rudi und Kerstin im Westen Münchens. Es war alles geregelt.

Ehe jedoch dieses neue Abenteuer beginnen konnte, erweiterte Dorothee ihren Horizont durch eine erste Reise in einen neuen Kontinent und flog mit Hartmut über den großen Teich, über den Atlantik nach Kanada und USA, zu ihren Verwandten, die sie, außer Großonkel Ernst, John und Claudia, immer noch nicht persönlich kannte.

Auf zu neuen Ufern

Die Fluglotsen in Deutschland streikten. Nein, streiken dürfen sie nicht, sie sind Beamte. Man nennt das dann „Dienst nach Vorschrift". Hartmut und Dorothee saßen am Frankfurter Flughafen und warteten. Ihr Flug hatte Verspätung. Von Stunde zu Stunde wurden sie weiter vertröstet. Angeblich sollten sie immerhin heute noch abfliegen. Es war ein Charterflug und gerade diese mussten länger auf die Starterlaubnis warten als die Linienflüge.

Statt mittags konnte das Flugzeug erst gegen Abend mit über fünf Stunden Verspätung starten und somit erreichten sie ihr Ziel, das kanadische Toronto, nicht gegen Abend Ortszeit, sondern erst kurz vor Mitternacht. Gott sei Dank hatten sie eine Zimmerreservierung in einer günstigen Pension in der Stadtmitte. Hartmut hatte sicherheitshalber vom Flughafen in Frankfurt dort angerufen, um mitzuteilen, dass sie irgendwann in der Nacht erst ankommen würden.

Dorothee hatte ja schon einige Reisen gemacht, doch es war das erste Mal, dass sie sich auf dem amerikanischen Kontinent befand. Und hier war alles anders. In der Schule hatte sie Englisch gelernt, auch vom typischen Frühstück mit „ham and eggs" (Schinken und Eiern) oder „bacon and eggs" (Speck und Eiern) gehört, jetzt aber aß sie ein solches Frühstück, musste sich auf Englisch unterhalten. Und das war nicht immer einfach, denn die Leute hier sprachen nicht gerade das Englisch, das sie in der Schule gelernt hatte. Alles war so großflächig, so weit, teilweise auch sehr unkompliziert. Aber die öffentlichen Verkehrsmittel! Die gab es kaum, außer in Toronto selbst. Auch Züge gab es so gut wie keine. Man musste die weiten Strecken mit dem Bus fahren.
Von Toronto aus ging es zu den Niagara Fällen. Hier überquerten sie die Grenze zu den USA und nahmen dort ein Hotel. Mehrmals spazierten sie zu Fuß über die Brücke, die den schönen Namen „Rainbow-Bridge" – Regenbogenbrücke trägt, hin und her. Alles, was es an Besichtigungstouren gab, nutzten sie aus, fuhren mit einem Boot bis dicht an den „Horseshoe-Fall" - den Hufeisen-Fall heran, den größten der Wasserfälle, sie spazierten, gut geschützt durch gelbe Regenkleidung und Überschuhe, unterhalb eines anderen Wasserfalles auf der USA-Seite durch und wurden dabei ziemlich nass, sie fuhren auf den Fernsehturm auf der kanadischen Seite und sahen die Fälle von oben, bei Tag und dann noch einmal bei Nacht.
Dorothee hätte stundenlang zusehen können, wie die Wassermassen in die Tiefe stürzen, besonders auf der kanadischen Seite kann man ganz nahe an der Stelle stehen, wo das Wasser hinabstürzt. Es ist so beeindruckend.
Unten fließt der Niagara weiter in Richtung Osten und stößt wenige Kilometer, oder wie man in den USA sagen würde Meilen, später auf so hartes Gestein, das er es nicht aushöhlen kann, und so bildet sich dort ein Strudel, der

„Whirlpool", das Wasser fließt wieder ein Stück zurück und biegt dann in einem Winkel von 90° ab.

Und weiter ging es nach Ithaca im US-Bundesstaat New York, einer Stadt, schön mitten im Grünen gelegen, umgeben von bewaldeten Hügeln. Hier wollten John und Claudia sie abholen. Ithaca ist eine große Stadt mit vielen Studenten. Davon bemerkte man aber im Busterminal nichts. Dieser Terminal hatte genau genommen einen solchen Namen nicht verdient. Es war ein kleines heruntergekommenes Gebäude, nichts los hier. Die wenigen Angestellten, die gerade Dienst hatten, sahen sehr gelangweilt aus und zeigten auch nicht viel Lust, überhaupt etwas zu tun. Dorothee hatte Kaffee getrunken, und der wollte nun wieder raus. Eine Toilette gab es zwar, aber die war abgeschlossen. Den Schlüssel sollte man am Schalter holen. Die dort sitzende Frau war sichtlich nicht begeistert in ihren Tagträumen gestört zu werden. Mürrisch suchte sie den Schlüssel, fand ihn aber nicht. Den hatte irgendeiner mitgenommen, der vorher Dienst hatte. Und dieser Jemand musste erst gefunden werden. Kurz bevor John und Claudia im Auto am Busterminal vorfuhren, kam endlich der Mann mit dem heiß erwünschten Schlüssel. Problem gelöst.

Einige Tage blieben sie bei John und Claudia, die in einem kleinen Ort wohnten. John war dort „Minister". Das hat nichts mit Politik zu tun. Er war Pfarrer der methodistischen Kirche, einer der vielen Freikirchen in den USA. Unter einem Pfarrer, besonders unter einem Pfarrer einer streng gläubigen Freikirche, stellte sich Dorothee eigentlich etwas anderes vor. Sie dachte da an ihren Großvater, Hartmuts Vater, der so puritanisch, konservativ und intolerant in vielen Dingen gewesen war. Doch John war das Gegenteil, aufgeschlossen, modern, tolerant, herzlich und gar nicht verklemmt. Das hatte sie ja schon erlebt, als er und Claudia im Juli in München zu Besuch gewesen waren. Dorothees Vorstellung von Pfarrern wurde korrigiert.
Claudia hatte eine lustige alte Tante, die Zwiebeln über alles liebte, weshalb sie „Aunt Onion" - Tante Zwiebel - genannt wurde. Tante Zwiebel sammelte gerne Uhren, ihr Haus war voll damit, überall große Standuhren, Kuckucksuhren, Wecker, Uhren aus mehreren Jahrhunderten, ein wahres Uhrenmuseum. Die meisten funktionierten noch gut. So gab es immer zur halben und zur vollen Stunde ein regelrechtes Uhrenkonzert, wenn die Uhren anfingen zu schlagen. Wie Tante Zwiebel das nachts durchhielt, blieb ihr Geheimnis. Vermutlich aber hörte sie aufgrund ihres Alters einfach schon schlecht.

Wieder ging es mit dem Bus weiter, diesmal nach New York City. Am Busterminal in der 42. Straße kamen sie an und nahmen ein Taxi in ein Hotel, in dem Hartmut schon öfters während seiner Dienstreisen übernachtet hatte. Die Zimmertür hatte einen Spion, darunter ein Schild: Sollte jemand an die Tür klopfen, bitte erst schauen, wer draußen steht.

New York galt als gefährliches Pflaster. Sie wohnten im 9. Stock, hörten ständig Sirenen von Krankenwagen, Polizei oder Feuerwehr. Es war wirklich eine Stadt, die niemals schlief.

Um New York genauer zu erkunden, brauchten sie mehrere Tage. Inzwischen hatte sich Dorothee an „ham and eggs" und das seltsame Englisch gewöhnt. Früh morgens schon waren sie auf der Aussichtsplattform des Empire State Building und schauten in Richtung Downtown Manhattan. Dort wurden gerade zwei Wolkenkratzer gebaut, die noch höher werden sollten als das Empire State Building, die Twin Towers (Zwillingstürme) des World Trade Centers. Sie waren fast fertig, nur noch wenige Etagen fehlten. Über der Stadt hing eine dunkle, bräunliche Luftschicht, die wie eine düstere Glocke wirkte, der viel erwähnte Smog. Und diese Luft also atmete man da unten in den Straßen ein!

Mit dem Boot ging es hinüber zu Liberty Island, der Freiheitsinsel, auf der die Freiheitsstatue steht. In dieser Statue führt innen eine Wendeltreppe hinauf bis zur Krone, durch deren Gitterstäbe man hinausschauen kann auf ganz Manhattan. In Downtown Manhattan spazierten sie durch China Town, dem chinesischen Viertel im Süden Manhattans. Und sie nahmen ein Schiff der „Circle Line" und umfuhren in drei Stunden ganz Manhattan, sie besichtigten das Gebäude der UNO, der Vereinten Nationen, nahmen an einer Führung teil, schauten sich eine Show in der Radio City Music Hall in der Nähe des Rockefeller Centers an. Sie machten eine Fahrt mit der Kutsche durch den Central Park, den größten Park der Stadt, besichtigen mehrere Museen und sie fuhren zur 86. Straße, ins Deutsche Viertel, wo es allerdings weder das von Hartmut in früheren Jahren so oft besuchte „Platzl" noch das „Hofbräuhaus" gab. Aber deutsches Bier konnte man hier noch trinken.

Hartmut hatte die glorreiche Idee gehabt, sich Traveller Cheques zu besorgen, aber nicht die allseits bekannten von American Express, sondern welche von der Dresdner Bank. Dass diese in der kleinen Stadt in Nähe des Dorfes, in dem John und Claudia lebten, nicht eingelöst werden konnten, war nicht so verwunderlich. Als man ihnen aber bei einer der bekanntesten Banken New Yorks, der Chase Manhattan Bank, sagte: Mit dieser Bank haben wir keine Geschäftsbeziehungen, da wurde es ihnen etwas mulmig. Würden sie überhaupt irgendwo bares Geld für ihre Traveller Cheques bekommen können?

Hartmut beschloss, sicherheitshalber direkt zur Filiale der Dresdner Bank zu gehen. Diese befand sich direkt neben der New Yorker Börse in der Wall Street. Die deutschen Angestellten dort wunderten sich über eine derartige Aussage seitens der Chase Manhattan Bank, aber sie tauschten alle Schecks anstandslos in Bargeld um. Nun hatten Hartmut und Dorothee viel Bargeld bei sich, und genau das hatten sie doch vermeiden wollen.

Vom Bahnhof Pennsylvania Station, der unterirdisch gelegen ist, mitten unter Manhattan, ging es mit einem der wenigen Züge nach Boston. Die Bahnstrecke führt durch einen langen Tunnel unter ganz Manhattan und unter dem East River hindurch. Erst weit hinter dem Stadtteil Queens kommen die Gleise an die Erdoberfläche. In der Ferne sieht man noch die Wolkenkratzer Manhattans.

Abschied zu nehmen von dieser faszinierenden Stadt war nicht einfach. Hier müsste man mehrere Wochen bleiben, um in Ruhe alle Museen, alle Parks, alle Theater zu besuchen. Spazierte man durch die Straßen der Stadt, so kam man sich ganz klein vor. Diese hohen Wolkenkratzer überall, und dazwischen wieder alte Gebäude mit „nur" acht oder gar weniger Stockwerken.

Boston dagegen war total anders. Gemütlicher, ein bisschen weniger quirlig, schöne Gebäude, Parks und viel Geschichte. Es war eben New England, gehörte zu jenen Staaten, die um die Unabhängigkeit der USA von Großbritannien gekämpft hatten.

Und wieder mussten sie einen Bus nehmen, einen der Busgesellschaft Peter Pan. Zwei Stunden lang genau nach Westen und dann kamen sie in Springfield, Bundesstaat Massachussetts, an. Hier in der Nähe wohnten all ihre Verwandten, Onkel Ernst, seine drei Kinder mit Familien. Onkel Ernst, inzwischen schon 89 Jahre alt, lebte noch immer in seinem Haus, allein. Direkt daneben war das Haus seines Sohnes Theodor, Teddy genannt, der hier mit Frau Nancy und Tochter Elsa lebte. Sohn John war der einzige, der nicht mehr hier in der Gegend wohnte.

Und gleich nebenan war das Haus von Tochter Anna, die hier mit Ehemann David und der Tochter Amelie wohnte. Sohn John (er hatte den gleichen Namen wie Teddys Sohn) war schon verheiratet und hatte ein Haus nur zehn Minuten per Auto entfernt.

Onkel Ernsts jüngste Tochter Maria wohnte mit Ehemann Joe und den Kindern Kevin und Felicitas in Westspringfield.

Dieser Onkel Ernst, er war so charmant! Alle Welt liebte ihn. Er wurde von der Familie „Pop" genannt, womit sie ausdrücken wollte, dass er der oberste Chef der Familie war. Obwohl er natürlich schon seit langem gut Englisch sprach, hatte er seinen schwäbischen Akzent nie verloren. Er war auch der einzige der ganzen Sippe, der rauchte, obwohl ihm die Ärzte das verboten hatten, denn seine Blutgefäße hatten schon sehr unter der Raucherei gelitten. Er tat es deshalb heimlich, was nicht viel nützte, denn er rauchte Zigarren und das ganze Haus roch nach diesem besonders starken Zigarrenrauch. Da nützte es auch nichts, dass er extra immer in den Keller ging, um dort eine Zigarre zu genießen. Er sagte dann manchmal: „I go down**scht**airs **schm**oking" - was heißen sollte: I go downstairs smoking - ich gehe die Treppe runter (in den Keller) zum Rauchen. Das s-t sprach er eben nach all den vielen, vielen Jahren immer noch schwäbisch als „sch-t" aus.

Pop hatte ein Pianola, das sind diese pneumatischen Klaviere. Die Verwandten nannten es „Player Piano". Man konnte sich eine Melodie aussuchen, setzte die entsprechende Papierrolle ein, auf der die Melodie ausgestanzt war. Dann setzte man sich ans Klavier, öffnete den Deckel, tat so, als ob man spielte und trat zeitgleich die beiden Pedale. Die Walze mit der Melodie drehte sich, versteckt hinter einer Holztür und die Tasten bewegten sich selbständig. Das Pianola von Pop war aber kaputt, irgendwo war da ein Leck in der Pneumatik, aus dem die mühsam durch das Treten der Pedale erzeugte Luft entwich. Man kam also ziemlich ins Schwitzen, wollte man die normale Geschwindigkeit der Melodie erreichen und aufrechterhalten. Jedenfalls war es ein gutes Training für die Beine und für alle eine sehr amüsante Unterhaltung.

Viel Kulturelles gab es hier in der Gegend nicht, dafür gab es umso mehr Familie. So viel Familie auf einem Haufen, das war Dorothee nicht gewohnt, und sie genoss es. Sie fühlte sich hier sehr wohl unter diesen Menschen, aufgehoben, geborgen. Ihre Sprachbarriere war überwunden, sie sprach Englisch, wie es ihr einfiel, egal, ob es nun korrekt war oder nicht. Und dadurch bekam sie sehr viel Übung.
Doch auch diese Tage in familiärer Geborgenheit gingen allzu schnell vorbei. Am Tag vor der Abreise gingen alle gemeinsam in ein schön gelegenes Restaurant. Es war ein warmer, sonniger Herbsttag. Erst später, als sie die Fotos betrachteten, fiel auf, dass witzigerweise alle Männer auf einer Seite der Tischreihe, die Frauen auf der anderen saßen. Schon hatten sie den Nachtisch gegessen, da kam die Kellnerin mit einer kleinen Torte und einer brennenden Kerze darauf auf Dorothee zu und überreichte ihr diese. Auf der Mini-Torte stand: „Bon voyage" - gute Reise - ein Abschiedsgeschenk ihrer Familie. Dorothee war gerührt. Sie ließ das Törtchen einpacken und nahm es mit. Gegessen hat sie es erst abends.

Der Bus brachte sie von Springfield nach Toronto. Am Busterminal flossen Tränen. "Vergiss nicht, dass Du jederzeit bei uns herzlich willkommen bist. Wann immer Du kommen möchtest, es wird immer Platz für Dich da sein".
Ein Stück ihres Herzens, ein Teil ihrer Seele blieb hier. Bei den Menschen, die sie so liebevoll aufgenommen hatten, die ihr das Gefühl gegeben hatten, hier bei ihnen ein Zuhause gefunden zu haben, das Zuhause, das sie in Deutschland nicht mehr finden konnte. Es blieb ihnen allen nur die Hoffnung auf ein baldiges Wiedersehen.

Europa kam ihr plötzlich entsetzlich eng vor. Überall Städte, Dörfer, Häuser.Sie fühlte sich jetzt, nach der Erfahrung der Weite, der Größe, seltsamerweise auf ihrem Kontinent eingeengt. War ihr Körper innerhalb weniger Stunden mit dem Flugzeug aus Amerika zurückgekehrt, so brauchten Geist und Seele noch einige Zeit, bis sie wieder in Deutschland ankommen konnten.

Im Oktober begann ihr Kurs im Touristikinstitut in der Münchner Innenstadt. Unterricht war immer vormittags. So konnte sie nachmittags als Sitzwache im Krankenhaus ein bisschen Geld verdienen. Sie hatten auch Sprachunterricht in Englisch und Französisch. Auch Spanisch wurde ihnen angeboten. Doch

Dorothee wollte lieber das Sprachlabor nutzen und ihre Russischkenntnisse verbessern. Die Leiterin des Instituts hatte sofort bemerkt, dass Dorothee ein großes Talent zum Sprachenlernen hatte und überzeugte sie, sich auch noch zusätzlich mit der spanischen Sprache zu befassen. Dorothee überlegte und dachte dann, nun ja, schaden kann es nicht. Spanisch sollte eines Tages die ihr liebste Fremdsprache werden und diejenige, die sie nach ihrer Muttersprache Deutsch am besten sprechen würde.

Ein Unterrichtsfach nannte sich „Charmeschule". Nein, sie lernten dort nicht, wie man Männer verführt. Sie lernten wie man richtig am Mikrofon spricht, wie man als Dame eine Treppe hinunter schreitet, nicht geht, s c h r e i t e t - das ist nämlich ein großer Unterschied. Wie geht eine Dame die Treppe hinauf? Wie dreht man sich beim Gehen um 180°, wie sitzt man in der Öffentlichkeit. O, es gab viel zu lernen. Alles sehr für das allgemeine Leben nützliche Sachen.

Dorothee war auch die erste Schülerin, die schon nach drei Wochen mit auf eine Praxisfahrt durfte. Ein aus den USA stammender Reiseleiter hatte sich angeboten, sie auf eine Tour mitzunehmen. Es war eine Bustour für amerikanische Touristen von München nach Oberammergau.

So saß sie nun zum ersten Mal vorne in einem Bus, neben Ray, wie der Reiseleiter hieß, auf einem Doppelsitz und hörte interessiert zu, was er den Leuten erzählte. Plötzlich drückte Ray ihr das Mikrofon in die Hand: „Jetzt kannst Du ihnen mal etwas erzählen!"

„Aber was denn?"

„Lass Dir etwas einfallen."

Verdammt, was konnte sie denn nur erzählen? Alles, was sie über die Gegend hier wusste, alles was ihr einfiel, das begann sie nun ins Mikrofon zu sprechen. Ihre Stimme war normal, wurde aber immer leiser und zaghafter. Sie hatte das Gefühl, dass die Leute hinter ihr, jetzt nach dem Mittagessen und allesamt schon etwas ältere Personen, schliefen. Sie erzählte von Oberammergau, von den Passionsspielen, die alle zehn Jahre hier stattfinden und dass die Einwohner des Ortes schon ein Jahr vorher anfangen, sich die Haare und Bärte wachsen zu lassen, damit sie dann zu den Passionsspielen so aussehen, wie die Menschen zu Christi Zeiten.

Da lachten die Passagiere laut. Und Dorothee wusste, sie hatten ihr doch zugehört. Welch Erfolgserlebnis!

Das neue Jahr, 1974, begann. Noch zwei Monate, bis Ende Februar dauerte der Touristikkurs. Danach wollte Dorothee einen Intensivsprachkurs in Paris absolvieren. Und dann? Ja, dann sollte sie eigentlich anfangen zu arbeiten. Sie bewarb sich bei einigen Reiseunternehmen und bekam positive Antworten. Das verlockendste Angebot kam aus Frankfurt von Lechak-Reisen. Anfang März, noch bevor sie nach Paris fuhr, nahm sie den Zug nach Frankfurt und stellte sich dort vor. Den Arbeitsvertrag hielt sie fünfzehn Minuten später schon in den Händen und durfte unterschreiben. „Als Krankenschwester bringen Sie die besten Voraussetzungen für den Beruf einer Reiseleiterin mit", wurde ihr gesagt.

Unglaublich, so viel Glück zu haben. Dorothee konnte beruhigt nach Paris fahren. Sie wohnte im 16. Arrondissement, einem vornehmen Stadtteil in der Nähe des Eiffelturmes, bei einer gut situierten Familie, die in einer riesigen Altbauwohnung lebten. Vor Beginn des Sprachkurses musste sie einen Test ablegen. Das Ergebnis entschied, welcher Gruppe sie zugeteilt wurde. Es war ein bunter Haufen von Schülern, aus den verschiedensten Ländern stammten sie: Japan, USA, Spanien, El Salvador, Deutschland, Italien, Dänemark. Die einzige gemeinsame Sprache, mit der sie sich alle untereinander verständigen konnten, war in diesem Fall Französisch. Und da sie sich sehr gut verstanden, gingen sie fast täglich nach den fünf Stunden Intensivunterricht, in denen übrigens ausschließlich Französisch gesprochen wurde, gemeinsam zum Mittagessen, meist in dasselbe Restaurant. Der Kellner dort kannte sie bald und amüsierte sich jedes Mal köstlich über die verschiedenen Akzente, die jeder hatte. Es war eine wunderbare Übung, die ihren Französischkenntnissen sehr zugute kam.

Paris, ach ja! Welch herrliche Stadt. Paris im Frühling. Die Pariser Metro, die vielen Museen, die Gassen, die Parks, die schönen Gebäude und so viel Geschichte überall. Napoleon, irgendwie immer noch gegenwärtig, der Triumpfbogen, in dem die Namen der Orte eingraviert sind, an denen Napoleon militärische Siege errungen hatte, Napoleons Grab und hinter der Universität, der Sorbonne, die Rue d'Ulm, die Ulmer Straße, denn Napoleon hatte doch 1805 bei Ulm eine wichtige Schlacht gegen Österreich gewonnen. Paris bei Tag, Paris bei Nacht, drei Wochen Paris im März 1974, drei Wochen, die Dorothee niemals vergaß.

Ein neuer Lebensabschnitt begann. Hinaus in die weite Welt wollte sie. In anderen Ländern leben, dort arbeiten, neue Kulturen, neue Gewohnheiten, viele neue Menschen kennen lernen. Dorothee fühlte sich wie eine Möwe, die über die Meere flog und ihre Freiheit genießen durfte. Ja, sie fühlte sich frei, befreit vom ständigen Lernen, befreit von Prüfungen. Jetzt wurde sie endgültig selbständig, endgültig erwachsen. Gleichzeitig war sie aufgeregt. Was kommt da alles auf mich zu? Werde ich alles so schaffen wie es erwartet wird? Selbstzweifel? Nein, die durfte sie nicht haben, nur ein kleines bisschen, vielleicht. Dorothee war jung, sie war mutig. Die Welt rief und sie folgte diesem Ruf.

Gegenwart

¡Viva España!

Um fünf Uhr nachmittags sollten sie alle im Büro sein. Der Chefreiseleiter wollte ihnen heute die neuen Einsätze für den Sommer 1975 bekannt geben. Dorothee war aufgeregt. Sie hatte auf ihrer Wunschliste an erster Stelle „Sotschi" eingetragen. Sotschi, die Stadt, die nur 140 Kilometer nördlich von ihrer alten Heimat Suchumi am Ostufer des Schwarzen Meeres lag. Dort hatten Lechak-Reisen einige Hotels im Urlaubsangebot, und dort wollte sie arbeiten. Ganz nahe an „Zuhause".

Ein Jahr lang war sie nun schon Reiseleiterin. Begonnen hatte alles mit einer Schulungswoche auf Mallorca. Sie waren eine nette Gruppe gewesen, hatten in dieser kurzen Woche vieles über Tourismus im Allgemeinen und der internen Organisation der Firma gelernt. Am vorletzten Tag durften sie ihre Einsatzwünsche mitteilen. Schon damals hatte sie Sotschi auf die Liste gesetzt, doch man sagte ihr gleich, dass dort nur schon erfahrene Reiseleiter eingesetzt werden. Das Gebiet war klein, es gab überhaupt nur zwei Mitarbeiter dort im Einsatz. Da konnte man einen Neuling nicht brauchen. Sie sah das ein und hoffte nun, inzwischen schon mit einem Jahr Erfahrung und aufgrund ihrer Russisch-Kenntnisse, dass sich dieser Wunschtraum erfüllen würde.

Die erste Saison - Sommer 1974 - verbrachte sie in Salou an der Costa Dorada, der goldenen Küste, südlich von Barcelona. Wunderschöne Sandstrände gab es hier, goldene Sandstrände. Ansonsten bot der Ort nicht viel. Gut, dass die Kollegen so nett waren und man immer gemeinsam etwas unternehmen konnte. Da gab es am südlichen Ortsausgang eine Bar, die Bar Lovento. Der Besitzer hieß Agustin und war Katalane. Er sang Lieder in katalanischer Sprache, selbst getextet, selbst komponiert. Diktator Franco lebte zu dieser Zeit noch und das Sprechen einer anderer Sprachen außer als Spanisch war offiziell nicht erlaubt. Wie riskant es war, auch nur als Zuhörer in solch einer Bar zu sitzen, das ahnte Dorothee nicht. Ihr wurde es erst viel später klar.
In der Bar trat auch eine Gruppe Musiker aus Brasilien auf; Brasil 2000 nannten sie sich. Wie weit damals noch das Jahr 2000 entfernt war! Auch diese Musiker verletzten die damals noch geltenden Gesetze und sangen oft das Lied vom „Comandante Che Guevara", eines der kubanischen Revolutionslieder. Das war noch riskanter als auf Catalán zu singen..
Mit den Kollegen war Dorothee oft in dieser Bar. Man freundete sich mit den Musikern an. Es gab gemeinsame Fêten, die schon mal in einem morgendlichen Bad im Meer enden konnten. Von dort aus ging es dann direkt zur Arbeit. Gut, dass nachmittags meist Gelegenheit war, eine kurze Siesta zu halten, um wieder fit zu sein.

Bei Ankunft Mitte April war es noch gar nicht so warm an der Costa Dorada. Dorothee wohnte zunächst einige Tage in einem Hotel und heizte mit dem Haartrockner erst unter der Bettdecke ein, bevor sie sich ins Bett legte. Sonst konnte sie nicht einschlafen, weil die Füße ganz kalt waren. Nach und nach trudelten die anderen Kollegen ein. Die Firma mietete einige Apartments an, in denen die Reiseleiter in einer Wohngemeinschaft lebten. Gut, wenn man sich mit den Kollegen verstand. Dorothee hatte Glück. Da war zum Beispiel Horst, der so gerne kochte und die anderen kulinarisch versorgte, Horst, der immer so lustig war.

Unter den Kollegen war ein besonders charmanter Mann. Kees hieß er, ein Holländer, groß, schlank, blond. Er war stellvertretender Chef und hatte seine Freundin Regina dabei. Sie war auch Reiseleiterin, hatte sich aber unbezahlten Urlaub genommen, denn bei Lechak-Reisen schickte man nicht gerne Paare in ein und dasselbe Zielgebiet. Ganz im Gegensatz, Paare wurden eigentlich immer getrennt. Regina aber hatte sich für Kees entschieden.
Dorothee verliebte sich in Kees. Er war auch besonders nett zu ihr, wie ein großer Bruder. Er versuchte immer, ihr zu helfen, gab gute Ratschläge und unterstützte sie. Als Neuling war es nicht einfach, sich überall durchzusetzen. Sie wurden gute Freunde, alle drei, Dorothee, Regina und Kees. Nie geschah irgendetwas, was für Regina ein Grund gewesen wäre, eifersüchtig zu sein. Aber Dorothee liebte diesen Kees sehr.
Das ging soweit, dass sie bei der Fußball-Weltmeisterschaft, die in Deutschland stattfand, sogar Stellung für die Holländer bezog. Das aber behielt sie für sich, sagte es niemandem.

Das Endspiel der Weltmeisterschaft fand in München statt. Deutschland gewann gegen die Niederlande mit 2:1 und wurde Weltmeister. An diesem Abend war Dorothee gerade einkaufen gegangen. Sie kam aus dem Supermarkt und genau in diesem Moment fuhr ein kleiner FIAT 500 - nein, in Spanien heißen diese Autos SEAT 500 - mit offenem Schiebedach an ihr vorbei. Drin saßen laut krakeelende Jungs und schwangen eine riesige Deutschlandfahne über dem Dach des Autos. „O Gott, was sind das denn für Rowdies", dachte Dorothee und spazierte mit der Einkaufstüte nach Hause.
Schon unten sah sie oben im 3. Stock auf dem Balkon ihres Apartments eben diese riesige Deutschlandfahne hängen. Die „Rowdies", das waren ihre Kollegen gewesen. Und nun wurde fest gefeiert. Kees, der sozusagen zur Verliererseite gehörte, feierte mit. Man muss das Leben genießen.

In der Küche des Apartments gab es eine seltsame Waschmaschine. Es war eigentlich nur ein ganz normales Waschbecken, an dessen einer Wand eine Scheibe mit 6 Zacken angebracht war. Mit einem Schalter konnte man diese Scheibe einschalten, so dass sie sich drehte und das Wasser herumwirbelte - aber nicht hin und her, sondern immer nur in dieselbe Richtung. Das sollte die Bewegungen einer Handwäsche ersetzen. Blöd war es, wenn man Bettwäsche waschen wollte. Diese großen Wäschestücke saugten sich an einem Ende an der Scheibe fest und wurden zusammengedreht, manchmal so fest, dass sie zerrissen. Und wenn man zu viel Waschpulver hinein gab, entstand entsetzlich viel Schaum. So kam es schon mal vor, dass plötzlich der Fußboden der Küche voller Schaum stand. Horst packte dann den Schaum und warf ihn vom Balkon, begleitet von einem lauten Jubelschrei.

Dorothee bekam viel Besuch. Hartmut kam für zwei Wochen und einige Wochen später kamen gleich mehrere Freunde nur im Abstand weniger Tage. Irgendwie brachte sie alle im Apartment unter. Die Kollegen hatten auch manchmal Besuch und dann wurde einfach ein Zimmer frei geräumt und man rückte näher zusammen.
Mit dem Besuch konnte Dorothee auch ein paar private Ausflüge machen, zum Bergkloster Montserrat mit der schwarzen Madonna, zum Dorf Peñiscola mit seiner kleinen Altstadt auf der Halbinsel und, das war das Schönste, nach Barcelona, auch einer Stadt, die niemals schläft.
Anfang September kam der Anruf aus der Zentrale in Frankfurt, Dorothee sollte sofort zurück nach Deutschland, da sie schon in zwei Wochen ihren nächsten Einsatz beginnen sollte, auf einem der sowjetischen Kreuzfahrtschiffe, die Lechak-Reisen im Vollcharter unter Vertrag hatte. Flexibilität war höchste Priorität, wenn man Reiseleiter bei Lechak-Reisen sein wollte. Alles kam so plötzlich, dass Dorothee Salou schon verlassen musste, als noch einige ihrer Freunde da waren.
Und dann, kaum zu Hause, kam wieder ein Anruf: „Es hat sich alles geändert. Wir brauchen jetzt doch niemanden mehr an Bord der Schiffe. Sie bekommen jetzt erstmal Urlaub. Ihr nächster Einsatz wird in Südspanien sein, in Torremolinos an der Costa del Sol, als Krankenschwester, zuständig für unsere Überwinterer."

„Ich möchte aber nicht als Krankenschwester eingesetzt werden, ich möchte als Reiseleiterin arbeiten."
„Das verstehe ich, es wird auch das einzige Mal sein, aber jetzt können wir Ihnen keinen anderen Einsatz geben."
Dorothee blieb nichts anderes übrig, als dies zu akzeptieren.

In jenen Jahren war es gerade in Mode gekommen, dass Leute im Rentenalter dem kalten Winter in Deutschland entflohen und einige Monate im Süden Spaniens verbrachten. Für diese Langzeitgäste gab es ein gesondertes Programm. Man hatte eigens den Begriff „Schwalbenklub" erfunden, denn wie die Schwalben im Süden überwintern, so taten es ja auch diese alten Leute.

Für diese „Schwalben" also sollte Dorothee zuständig sein. Das bedeutete sie sollte keine Gäste in den Hotels betreuen, wohl auch keine Ausflüge begleiten, nein, sie sollte sich ausschließlich um diese Leute kümmern. So ganz behaglich war ihr nicht bei diesem Gedanken.

Jetzt hatte sie aber erst mal Urlaub, ganz unerwartet. Das musste ausgenutzt werden. Irgendwohin reisen! Wohin? In Ungarn hatte sie über die Sprache Esperanto einen Brieffreund, Istvan. Dieser lebte in einem kleinen Dorf, nordöstlich von Budapest, nur knapp 30 Kilometer von der Stadt Eger entfernt. Schnell schrieb sie diesem einen Brief, sandte ihn als Eilbrief ab in der Hoffnung, dass sie möglichst bald eine Antwort bekäme, musste sie doch noch ein Visum für Ungarn besorgen. Wundersamerweise funktionierte alles, und so saß sie bald im Zug nach Wien Westbahnhof, wo sie umsteigen musste in den Zug nach Budapest. An der Grenze dauerte es lange, alles wurde genau kontrolliert. Dorothee reiste zum ersten Mal seit Verlassen der UdSSR wieder in ein sozialistisches Land ein, abgesehen von ihren Tagesbesuchen in Ost-Berlin zwei Jahre zuvor. Zwar galt Ungarn als das freieste aller Länder des Warschauer Paktes, dennoch, es gehörte zum Einflussbereich der Sowjetunion. Und das merkte man schon an der Grenze.

In Budapest wollte sie Istvan abholen. Sie fand ihn aber nicht und wartete, wartete, wartete, bis dann ein junger Mann auf sie zukam, der dem Foto ähnelte, das sie von Istvan hatte. Er war es. Sein Bus, mit dem er aus seinem Dorf angereist war, hatte Verspätung, denn einige Straßen waren durch starke Regenfälle überflutet worden.
Gemeinsam also ging es mit dem Bus ins Dorf. Wie einfach Istvan hier lebte! Seine Eltern waren Bauern. Im Hof liefen die Hühner herum, der Hahn weckte jeden Morgen pünktlich alle Bewohner. Im Freien hingen die roten Paprikaschoten, fein aufgehängt am Rand des Strohdaches der Scheune. Die Toilette war ein Plumps-Klo draußen auf dem Hof. Der einzige wirklich warme Ort war die große Wohnküche mit einem gemütlichen Esstisch.
Es regnete und regnete während der ganzen Fahrt, die Straßen waren voller Schlamm, für den Bus kaum ein Durchkommen. Im Dorf waren an jeder Straßenecke Lautsprecher angebracht. Kaum zu Hause bei Istvan angekommen, ertönten Durchsagen in strengem Ton aus den Lautsprechern. Dorothee verstand kein einziges Wort, Ungarisch hat keinerlei Ähnlichkeit mit den übrigen europäischen Sprachen, doch die Stimme aus den Lautsprechern klang nach Befehl. Und so musste Istvan mit seinem Vater denn auch gleich los, um im Dorf Barrieren zu errichten, um eine drohende Überschwemmung durch einen kleinen Bach, der inzwischen zu einem reißenden Fluss geworden war, zu verhindern.

Istvan hatte bereits eine regelrechte Rundreise für Dorothee organisiert, sehr detailliert, überall Übernachtungen bei Privatpersonen, die ebenfalls Esperanto sprachen. Und überall sollte sie abgeholt werden. Wahrhaft sehr gut und liebevoll geplant diese Reise.
Zwei Tage später begleitete Istvan Dorothee im Linienbus nach Eger.
Ausländische Gäste, besonders diejenigen aus dem „kapitalistischen Ausland" mussten innerhalb von 24 Stunden bei der Ausländerbehörde angemel-

det sein. Das war aber in Istvans Heimatdorf nicht möglich. So machten sie es erst jetzt, in der Stadt Eger. Dorothee hielt sich zu diesem Zeitpunkt schon über 72 Stunden im Land auf.

Abends gingen sie alle gemeinsam so richtig gemütlich essen und tranken auch nicht gerade wenig Wein. Dementsprechend lange wollte Dorothee am nächsten Morgen schlafen. Ihre Gastgeber waren schon aufgestanden und längst zur Arbeit gegangen. Aber es war noch ein anderer Gast über Nacht geblieben. Ein junger Mann namens Sandor. Es läutete an der Wohnungstür, Sandor öffnete, Dorothee hörte Sandors Stimme und die eines fremden Mannes, den Sandor offensichtlich dann in die Wohnung ließ. Schon klopfte es an der Tür des Zimmers, in dem Dorothee noch im Bett lag, inzwischen allerdings hellwach, sie spürte, da war irgendetwas Komisches in der Luft.

Sandor öffnete die Tür, steckte den Kopf ins Zimmer und sagte: „Da ist jemand von der Fremdenpolizei und möchte Dich sprechen."

„Was soll das jetzt?" Dorothee war irritiert, zog sich schnell etwas über und ging ins Wohnzimmer. Ein gut aussehender, charmanter Herr begrüßte sie dort auf Deutsch:

„Guten Morgen, sind Sie Dorothee Broningen?"

„Ja."

„Sie haben sich gestern hier in Eger bei der Ausländerbehörde registrieren lassen, aber sie hätten das schon viel früher machen müssen."

„Ich weiß, das ging aber leider nicht, weil ich in einem kleinen Dorf war, in dem es keine Behörden gibt."

„Am besten, Sie ziehen sich erst einmal an, frühstücken etwas und kommen dann zu mir ins Büro." Der Mann erklärte Sandor, wo das Büro lag.

Was das Ganze zu bedeuten hatte? Dorothee konnte es sich nicht vorstellen. Sandor dagegen war ganz ruhig. Offensichtlich war man hier gewohnt, hin und wieder wegen irgendeiner Angelegenheit zu den Behörden zitiert zu werden.

Duschen, anziehen, eine Kleinigkeit frühstücken und schon waren die beiden unterwegs zum Ausländeramt. Der charmante Herr empfing Dorothee mit einem Handkuss und sympathischem Lächeln. Wenigstens war er ein angenehmer Mensch.

Warum sie nach Ungarn gekommen sei? Was sie hier mache? Warum sie privat bei Leuten wohne und nicht im Hotel? Warum sie sich nicht ordnungsgemäß innerhalb von 24 Stunden habe registrieren lassen? Warum, warum, warum?

Aus einer ganz selbstverständlichen Sache wurde nun eine komplizierte Angelegenheit. Dorothee erklärte, dass sie durch die Sprache Esperanto Istvan als Brieffreund gefunden hatte, Istvan hatte sie eingeladen. Nun hatte sie gerade Urlaub und nutzte die Gelegenheit, dieses schöne Land Ungarn endlich einmal kennen zu lernen. Sie wohne bei Privatpersonen, weil sie nicht so viel Geld habe und diese Leute auch alle diese Sprache sprächen, so dass es keine Verständigungsschwierigkeiten gäbe. Und so weiter, was sollte sie auch viel erklären, wo lag überhaupt das Problem?

Wie es kommt, dass sie als Bundesdeutsche in Moskau geboren sei? Jetzt musste Dorothee die ganze Geschichte erzählen, von der Verschleppung ihrer Eltern und ihres Bruders aus dem Osten Berlins im Oktober 1946 bis zur Repatriierung direkt in die Bundesrepublik Deutschland im Februar 1958. Immer die gleiche Geschichte. Keiner glaubte ihr so leicht, dass sie wirklich und wahrhaftig ganz offiziell von der Sowjetunion direkt in die Bundesrepublik Deutschland reisen durften.

Der Hammer war die letzte Frage des charmanten Herrn:
„Ist es nicht ein bisschen eigenartig, dass ein junges Mädchen wie Sie so ganz alleine durch ein fremdes Land reist und bei fremden Leuten übernachtet?
Oha, jetzt wurde die moralische Seite aufgerollt. Sie hätte die Ungarn da schon für fortschrittlicher gehalten.
„Nee, das ist bei uns ganz normal. Da ist doch nichts dabei."

„Nun, Sie können gehen, aber bitte vergessen Sie nicht, in jeder Stadt, in der Sie sich aufhalten werden, immer rechtzeitig registrieren zu lassen. Ich hoffe, Ihnen gefällt mein Land und Sie werden bald einmal wieder kommen."
Dorothee hatte das dringende Bedürfnis jetzt doch mal ein bisschen von ihrer wahren Meinung zu sagen und antwortete frech: „Dankeschön, Ihr Land gefällt mir sehr gut, besonders auch die Menschen hier, aber so schnell werde ich nicht wieder kommen. Ich bin es nicht gewöhnt, von irgendwelchen Instanzen eines Landes verhört zu werden."
Nein, das sei doch gar nicht so, wollte der Herr die Wogen wieder glätten.
Dorothee hatte wohl genau den wunden Punkt getroffen.
Verabschiedet wurde sie wieder mit einem Handkuss. Die restliche Reise konnte sie genießen, keine „Gespräche" mehr mit den Behörden, nette Menschen, schöne Landschaften und das wunderschöne Budapest. Leider kühles und oft verregnetes Wetter, Herbst eben.
Es war ihre erste Begegnung mit dem Sicherheitsdienst eines Landes und sollte nicht die letzte sein.

Red Cross - no passport

Anfang November 1974 flog Dorothee nach Malaga, Hauptstadt Andalusiens, direkt am Meer gelegen. In Torremolinos sollte sie nun den Winter über die „Schwalben" betreuen.

Die Kollegen hier waren ganz anders als die Kollegen in Salou. Angenehm war es, dass der Chefreiseleiter so viel angenehmer und menschlicher war als derjenige im vergangenen Sommer. Nur Kees fehlte ihr. Immerhin hatte sie Kees etwas ganz Wichtiges zu verdanken. Seit ihrem 10. Lebensjahr ungefähr hatte Dorothee immer wieder an ihren Fingernägeln geknabbert. Das sah hässlich aus. Sie hasste sich deshalb oft selbst und schämte sich ständig dafür. Es waren die Aggressionen, die sie in sich trug, die sie nicht zeigen konnte, wollte oder durfte, sie richteten sich gegen sie selbst. Begonnen hatte sie damit vermutlich zu jener Zeit, als Hartmut beschlossen hatte, sie nicht aufs Gymnasium, sondern „nur" auf die Realschule zu schicken. Kees hatte erst gegen Ende der Sommersaison bemerkt, dass sie an den Nägeln kaute. Er hatte ihre Hand genommen und gesagt: „Das ist aber nicht schön, Dorothee." In diesem Moment hatte Dorothee sich fest vorgenommen, wenn ich ihn wieder sehen werde, dann werde ich normale, schöne Fingernägel haben. Und jetzt, wenige Monate später hatte sie dieses Ziel bereits erreicht. Darauf war sie stolz. Was Liebe und Zuneigung bewirken können!

Andalusien war ganz anders als Katalonien. Dorothee empfand hier die Männer als so richtige Machos, die wenig Respekt vor Frauen hatten. Sie musste einmal in der Woche mit den deutschen Auslandskrankenscheinen ihrer „Schwalben" nach Malaga fahren, um dort bei der Krankenkasse diese in spanische Krankenscheine umzutauschen. Meist parkte sie irgendwo im Zentrum, in Nähe des Hafens, um nicht allzu weit zu Fuß gehen zu müssen. In dieser Gegend aber standen viele alte Männer herum, oft zahnlos und hässlich, die sie fürchterlich anbaggerten. Sie fand es einfach nur abstoßend. Das war ihr in Katalonien nie passiert.

Die Saison verlief anders als sie es sich vorgestellt hatte. Es war nicht so schlimm, die „Schwalbenmutter", wie ihre Kollegen sie liebevoll nannten, zu sein. Die alten Leutchen waren ein dankbares Publikum. Da im Winter längst nicht so viel los ist wie im Sommer, nutzten einige Kollegen die Zeit, um endlich mal in Urlaub gehen zu können. Und so musste Dorothee den einen oder anderen Kollegen auch in den Hotels vertreten.
Unter den Kollegen wurden die Schwalben allerdings Mumien genannt, keineswegs abwertend, eher ein bisschen sarkastisch gemeint. Dorothee erhielt ein Dienstauto, einen SEAT 650 und durfte in einem möblierten Apartment wohnen, ganz alleine, mit Telefonanschluss. Sie sollte möglichst jederzeit erreichbar sein, falls mit einer der „Mumien" etwas passieren sollte.
Montagvormittags gab es Gymnastik am Strand. Sehr beliebt bei den Schwalben-Mumien, denn nach zehnmaliger Teilnahme gab es sogar eine Medaille. Und es flossen schon hin und wieder Tränen, wenn der Rückflug so lag, dass man nur auf neun Teilnahmen kommen konnte. Ausnahmen bestätigen die Regel, Dorothee verlieh auch bei nur acht- oder neunmaliger Teilnahme die Medaille, und die alten Leutchen waren glücklich.

Der Chefreiseleiter, Hartmut Brenner, bemühte sich immer um eine gute Arbeitsatmosphäre. Das war sehr angenehm. Die wöchentlichen Besprechungen endeten meist damit, dass er Anekdoten aus seinem Leben erzählte. Mehrere Jahre hatte er für die Schweizer Fluggesellschaft Swissair gearbeitet, darunter auch ein Jahr im Swissair-Büro in Kairo. Mit einem Kollegen zusammen reiste er einmal einen Monat lang durch mehrere afrikanische Länder. Dieser Kollege hatte die Schweizer Staatsangehörigkeit. An irgendeiner Grenze zwischen zwei afrikanischen Staaten wurden die beiden aufgehalten. Hartmut Brenner hätte weiter reisen dürfen, sein Pass war grün und von der Bundesrepublik Deutschland ausgestellt, doch der Schweizer Pass des Kollegen war rot und hatte ein kleines weißes Kreuz in der Mitte. Der Grenzbeamte sagte streng: „Red Cross no passport" - was bedeutete, dass das Rote Kreuz kein Pass sei. Das stimmt, aber es war ja kein rotes Kreuz, es war schließlich ein weißes Kreuz. „It's not a red cross, it's a white cross."
Geduldig erklärten sie das dem Grenzbeamten. Dieser blieb bei seiner Meinung: „Red Cross no passport". Nichts zu machen. Sie mussten warten. Nach einigen Stunden bemühte sich der Grenzbeamte und rief einen Vorgesetzten an, legte den Telefonhörer auf, nahm den Schweizer Pass, nickte und meinte: „Red Cross yes passport". Also das Rote Kreuz war doch ein Pass. Sie konnten weiterreisen.

Hartmut Brenner hatte aber auch ausgefallene Ideen. Esel-Safari für die Schwalben. Dieser Ausflug wurde jede Woche einmal angeboten. Für junge Leute überhaupt kein Problem, aber für ihre Schwalben? Sie sollte es mal probieren. Gut, sie fuhr also mit dem Bus in die Berge in das Dorf zum Veranstalter dieser Eselritte. Verstärkung hatte sie durch Bruder und Schwägerin eines Kollegen. Der Veranstalter war russischer Abstimmung und freute sich immer besonders, wenn Dorothee kam. Er sorgte dafür, dass die Schwalben vorwiegend auf älteren, nicht mehr ganz so flinken Eseln reiten konnten. Esel sind aber sehr stur. Und einer von ihnen meinte, er müsse nun unbedingt direkt an den Abgrund gehen und dort das Gras futtern. Auf dem Esel saß der Bruder des Kollegen, hielt sich krampfhaft fest und sah vor sich den steilen Abgrund. Der Esel stillte gemütlich seinen Hunger und trabte dann weiter.
Dorothee wollte sich gar nicht vorstellen, was passiert wäre, wenn statt dieses jungen Mannes eine der Schwalben auf dem Esel gesessen hätte. „Nie wieder mache ich eine Schwalben-Eselsafari", weigerte sie sich, und der Chef hatte ein Einsehen.

Das „Sofalied"

Es gab auch einen Betriebsausflug, alle Reiseleiterkollegen, der Chef und einige Angestellte der örtlichen Agentur. Eine Wanderung durch die Schlucht eines Flusses, durch ein Tal, über die Felder. Sie hatten Picknick dabei, setz-

ten sich auf eine Wiese, genossen die Wärme, die Sonne und beobachteten, wie nebenan auf einem Orangenhain gerade die herrlich saftigen Früchte gepflückt wurden. „Wenn die nachher ihre Siesta machen, dann klauen wir uns einfach ein paar Orangen", meinte Hartmut Brenner frech. Wenig später kamen zwei der Erntemänner zu ihren rüber, sie trugen eine kleine Holzkiste, bis oben zum Rand gefüllt mit Orangen und überreichten diese mit den Worten: „Das ist für Euch - zum Nachtisch."
O Mann, war das peinlich. So nette Menschen, und sie hatten sich illegal Orangen beschaffen wollen.

Auch in dieser Saison kam oft Besuch. Ihren Geburtstag konnte sie mit ihrem Vater, einer Kollegin und deren Mutter feiern. Mit dem Dienstauto ging es an der Südküste entlang bis nach Cadiz.
An einem der Abende fuhren sie nach Fuengirola und gingen in eine Flamenco-Bar. Die Bühne war ganz klein, sie saßen direkt davor. Zwei Gitarristen spielten die typischen Melodien dieser traditionellen andalusischen Musik. Einer von ihnen sang manchmal dazu. Ein Paar tanzte, er ganz in schwarz gekleidet mit Hut, sie trug das klassische gestufte Rüschenkleid, das hinten länger war als vorne, ein schönes rotes Kleid mit weißen Rüschen.
Dann war Pause. Ein Junge, ungefähr zwölf Jahre alt, offenbar der Sohn eines der Gitarristen, hörte, dass an ihrem Tisch Deutsch gesprochen wurde. Er klatschte seine Hände im Flamenco-Rhythmus und sang in Flamenco-Art:: „La canción de la sofa, la canción de la sofa, la canción de la sofa…- Das Lied vom Sofa, das Lied vom Sofa." Dabei schaute er zu ihnen und lächelte sie an, mit einem fragenden und gleichzeitig verstehenden Blick.
Weil sie aber nicht reagierten, kam der Junge nun näher, klatschte wieder in die Hände: „La canción de la sofa, la canción de la sofa…:"
Dorothee verstand, dass er wohl irgendein deutsches Lied damit meinte. Aber welches? Sie machte dem Jungen ein Zeichen, er soll herkommen. Und nun ließ sie sich aufklären: Der Junge meinte das deutsche Lied „In München steht ein Hofbräuhaus, oans, zwoa, g'suffa." Das „G'suffa" hatten die Spanier als „Sofa" verstanden, und da die Deutschen beim Singen dieses Liedes immer besonders lustig und fröhlich wurden, vermuteten sie, dass es sich hier um einen zweideutigen Text handelte, irgendetwas passierte da wohl auf dem Sofa.
Dorothee klärte den Jungen und dann auch die Musiker auf. Es war ein einfaches Trinklied, nichts passierte auf dem Sofa, es war nur die Dialektform des Wortes „gesoffen". Oje, wie enttäuscht waren sie da alle!

„Chame La"

Dorothees Spanischkenntnisse waren im Laufe des vergangenen Jahres immer besser geworden. Bald schon konnte sie die Belange ihrer Gäste auf Spanisch verteidigen, musste nicht mehr Englisch sprechen, und wurde somit auch viel mehr respektiert. Es ist eben ein Unterschied, ob man etwas auf Englisch oder in der Landessprache durchsetzen möchte. Die Bemühung, die jeweilige Landessprache zu lernen, wird stets honoriert.

In Andalusien war es dennoch schwierig, besonders am Anfang, denn hier wird ein starker Dialekt gesprochen. Man muss wissen, dass Wortenden grundsätzlich verschluckt werden, das „s" wird auch nie ausgesprochen. Wenn dann jemand fragt, ob man einen „Whiky" möchte, muss man schon wissen, dass er einen „Whiskey" meint.
Eine Kollegin stammte aus Argentinien, sie war klein und eine besonders lustige Person. Ihr Spanisch war argentinisch geprägt. Sie wurde von allen nur „Pampa" genannt, da sie ja aus der argentinischen Pampa stammte.
Pampa hatte nun ein ganz besonderes Erlebnis mit dem andalusischen Dialekt. Es war Transfertag, das bedeutete, die Gäste reisten ab und neue kamen an. Pampa fuhr mit dem Bus vom Flughafen Malaga nach Torremolinos, um die Gäste zu den Hotels zu begleiten. Der Busfahrer, unterhaltsam, freundlich wie die meisten Menschen es dort so sind, fragte Pampa: „Tu tambié te va al concerto de Jame La? - Gehst Du auch zum Konzert von Chame La?"
Pampa verstand nicht. Wer zum Teufel sollte denn „Chame La" sein? „Zu welchem Konzert?"
„Concerto de Chame La".
Die Sache blieb rätselhaft. Bis sie an einer der Reklametafeln neben der Straße vorbeifuhren.
„Ete concerto, mira" - este concierto, mira - dieses Konzert hier, schau"; rief der Fahrer und zeigte auf eine große Tafel. Und was stand da drauf?
„Concierto de James Last - Konzert von James Last".
Jetzt war alles klar, „Chame La" war James Last und demzufolge konnte dann „Chame Bo" niemand anderes sein als James Bond.

Im Winter wurde auch ein Programm für Skifahrer in der Sierra Nevada angeboten. Somit kamen nicht nur Gäste, die an der Küste Urlaub machen wollten, sondern auch Skifahrer mit gesamter Ausrüstung. Alle in einem und demselben Flugzeug. Zu Beginn der Saison mussten sie diese Skifahrer allerdings gleich am Flughafen aufklären, dass da oben in den Bergen noch kein Schnee lag, und sie nun selbst entscheiden konnten, trotzdem in die Berge fahren, oder Pläne ändern und an der Costa del Sol Urlaub machen.
So um Weihnachten herum fiel dann genug Schnee und dieses Problem war gelöst. Der Transfer von Malaga bis in die Skigebiete dauerte allerdings knapp drei Stunden. Zeit genug für einen wissbegierigen Busfahrer, Englisch zu lernen. Er legte die Kassette ein und hörte sich die Lektionen während der Fahrt an. Er fragte die Reiseleiter: „Du ju pi ingli" - also „Do you speak English? - Sprichst Du Englisch??

Er wartete aber gar nicht auf die Antwort, zeigte mit dem Finger auf sich und sagte ganz stolz: „Yo, yo pi ingli." - was dann heißen sollte: „I speak English, ich spreche Englisch

Mit solch witzigen Erfahrungen alberten die Reiseleiter gerne herum. In der Diskothek „Boga Boga", in der jetzt im Winter nicht viel los war, bemerkte man sofort, wenn einer der Busse aus dem Hinterland angekommen war. Dann füllte sich die Disco mit jungen Männern (die Mädchen mussten zu Hause bleiben).

Etwas plump versuchten die Jungs die Damen zum Tanz aufzufordern: „Dänzing, dänzing?" - das bedeutete dann „Dancing, dancing" - Tanzen, tanzen? Und wie antworteten die Reiseleiterinnen? „Yo no pi ingli" - ich spreche kein Englisch. Bei so vielen Kenntnissen der lokalen Sprache blieb den Dorfjungen meist die Spucke weg.

¡Adiós España!

Heute also sollten sie erfahren, wohin das Schicksal sie in der nächsten Sommersaison schicken würde. Ein bisschen nervös waren sie alle, aber Dorothee klopfte das Herz ganz besonders.

Hartmut Brenner machte es sehr spannend, holte den Umschlag aus der Frankfurter Zentrale hervor und begann zu lesen, jeden einzelnen erwähnte er, meist verbunden mit einem humorvollen Kommentar. Dorothee, und das machte er mit Absicht, kam als letzte dran. Die Spannung stieg. „Und Dorothee kommt nach...... Sotschi, so wie sie es sich gewünscht hat!"

Sotschi, tatsächlich Sotschi. Nicht zu fassen. Dorothee durfte heimkehren, zurück in eine der schönsten Landschaften dieser Erde, zurück ans Schwarze Meer, am Hang des Kaukasus-Gebirges, in jenen Kurort Sotschi, der nur 140 Kilometer nördlich von ihrer Heimat Suchumi liegt. Doch, noch war die Saison nicht zu Ende. Es kam Besuch, ihre Freundin Jacqueline aus Paris und Rudi und Kerstin. Diese beiden brachten die erfreuliche Nachricht: Kerstin erwartete ein Baby, im Oktober würde Dorothee Tante werden.

Auch dieses Mal war Dorothee die erste, die das Einsatzgebiet verlassen musste. Ihre lieben Kollegen organisierten eine richtige Abschiedsparty für sie und schenkten ihr ein typisch spanisches Sangria-Set, damit sie auch zu Hause dieses klassische Getränk genießen konnte, gab es doch zu jedem Empfangscocktail der neu angekommenen Gäste ein Glas Sangria. Dorothee war gerührt. Der Abschied fiel nicht leicht. Schon wieder war ein Lebensabschnitt vorbei. Aber so war das nun mal, als Reiseleiter musste man sich ständig, schon nach wenigen Monaten komplett umstellen, auf eine neue Umgebung, neue Kollegen, neue Vorgesetzte, neue Länder, neue Sitten, neue Sprachen. Aber das gerade machte diese Arbeit ja auch so interessant.

Zurück zu den Wurzeln

Das Flugzeug der sowjetischen Fluggesellschaft Aeroflot setzte zur Landung auf dem Moskauer Flughafen Scheremetjewo an. Neben Dorothee saß ihr Kollege Walter Bartel. Mit ihm gemeinsam sollte sie nun den Sommer über in Sotschi die Gäste von Lechak-Reisen betreuen.

Es war der 30. April, Vorabend der großen Feierlichkeiten zum 1. Mai, dem internationalen Tag der Arbeit. Das Flugzeug war pünktlich um 15.50 Uhr in Frankfurt gestartet und landete nun nach knapp 2 Stunden um 19.40 Uhr Moskauer Zeit (zwei Stunden der Mitteleuropäischen Zeit voraus) auf dem internationalen Flughafen. Pass- und Zollkontrolle verliefen reibungslos. Das Visum hatte sie für sich selbst und für den Kollegen Walter höchst persönlich in der Konsularabteilung der sowjetischen Botschaft in Bonn-Bad Godesberg besorgt. Mit Hilfe eines Schreibens der Firma Lechak-Reisen wurde das Visum sogar noch gleich am selben Tag ausgestellt. Sie konnte beide Pässe mit Visum sofort mitnehmen. Wie üblich galt das Visum jeweils nur für bestimmte Orte, und so hatten beide nun ein Visum für Moskau und für Sotschi. An anderen Orten durften sie sich nicht aufhalten. Das Visum galt für drei Monate und musste dann mitten in der Sommersaison um weitere drei Monate verlängert werden.

Jan Bukker, Chefreiseleiter von Lechak-Reisen, ein Holländer, erwartete sie am Flughafen. Zusammen mit den im selben Flugzeug angekommenen Gästen fuhren sie zum Flughafenrestaurant. Hier fand sofort der Empfangscocktail für die Gäste statt, erst dann ging es zum Hotel in der Stadt. Jan wohnte in einem Zimmer im Hotel National am „Prospekt Marksa" – dem Marx-Prospekt, direkt an der Ecke zur Gorkistraße, vor dem „Platz des 50. Oktober" – oder ganz korrekt ausgedrückt, dem Platz zur Erinnerung an den 50. Jahrestag der Oktoberrevolution. Auch Dorothee und Walter sollten erst einmal hier übernachten.
Irgendwie gab es aber ein Missverständnis. Walter und Dorothee sollten beide am nächsten Tag gleich nach Sotschi weiter fliegen. Doch Jan sprach ständig etwas von Leningrad, Urlaubsvertretung und drei Wochen. Dorothee verstand nicht. Bis Jan es ihr erklärte: Sie sollte jetzt noch gar nicht nach Sotschi fliegen. Nein, mit einem Teil der so eben angekommenen Reisegruppe sollte sie das gesamte Moskau-Programm mitmachen, und am Samstag mit dem Nachtzug mit dieser Gruppe zusammen nach Leningrad fahren. Die dortige Reiseleiterkollegin hatte nun drei Wochen Urlaub und Dorothee musste sie vertreten. Erst Ende Mai sollte Dorothee dann direkt von Leningrad nach Sotschi fliegen. Das war einerseits eine wunderbare Chance, so ganz nebenbei auch noch diese schöne Stadt im Norden am Finnischen Meerbusen kennen zu lernen, andererseits aber hatten Rudi und Kerstin schon ganz

offiziell über Lechak-Reisen einen dreiwöchigen Aufenthalt in einem der Hotels in Sotschi gebucht. Nun kamen sie eine Woche vor Dorothee in Sotschi an. Umbuchen konnten die beiden nicht mehr. Das ließen Rudis Arbeit und Kerstins Schwangerschaft nicht zu.

Es gab noch ein weiteres Problem, Dorothee hatte kein Visum für Leningrad und morgen war 1. Mai – Feiertag, alle Behörden geschlossen. Durfte sie überhaupt nach Leningrad reisen? Das wollte Jan mit Vertretern von Intourist, der staatlichen Reiseagentur der UdSSR, klären. Jan war davon ausgegangen, dass man Dorothee in der Frankfurter Zentrale darüber informiert hatte, und dass sie logischerweise auch ein Visum für Leningrad mitbringen würde.
Am nächsten Morgen begann schon Dorothees Arbeit. Frühstück mit Jan im Hotel Intourist. Dieser Hotelneubau lag um die Ecke, in der Gorkistraße, ein Teil der Gäste war hier untergebracht. Mit Taxi zum Hotel Bucharest, wo die Gäste wohnten, die eine ganze Woche nur Moskau gebucht hatten, und zu Fuß über den wunderschön geschmückten Roten Platz zurück zum Hotel National. Dort wartete schon Angela Wehr, die Kollegin aus Leningrad. Sie war verheiratet mit einem Russen, Sascha, und wollte nun Urlaub mit ihm in Sotschi machen. Es war also Angela, die mit Walter nachmittags nach Sotschi flog, nicht Dorothee.

Dafür aber konnte sich Dorothee in aller Ruhe erstmal die Parade zum 1. Mai anschauen, die direkt durch die Gorkistraße in Richtung Roter Platz zog. Rote Fahnen überall, nicht so viele Militärfahrzeuge, irgendwie versuchte man, weniger zu zeigen, wie gut dieses riesige Land militärisch gerüstet war. Ein gutes Zeichen, so wollte es Dorothee jedenfalls verstehen.

Sie erinnerte sich an jene Busfahrt vom Pawelsker Bahnhof zum Weißrussischen Bahnhof im Februar 1958, als Charlotte ihr sagte: „Schau Dir diese Stadt genau an, das ist die Stadt, in der Du geboren wurdest und die wirst Du vielleicht nie wieder sehen."
Charlotte hatte nicht Recht behalten. Sie stand nun hier in dieser schönen und interessanten Stadt, ihrer Stadt. Ein seltsames Gefühl machte sich in ihr breit. In gewisser Weise fühlte sie sich mit diesen Menschen hier innerlich sehr verbunden. Noch waren ihre Sprachkenntnisse nicht gut genug, um jede Unterhaltung führen zu können, das wäre auch nicht angebracht gewesen. Sowjetbürger sollten möglichst keinen Kontakt zu Personen aus dem kapitalistischen Ausland haben. Wäre sie eine Bürgerin der DDR gewesen, dann, ja dann wäre alles anders gewesen. Wäre! So aber war Vorsicht angesagt.

Nachmittags, die Parade war inzwischen vorbei, fuhr Dorothee bei der Stadtrundfahrt mit und bekam einen ersten Überblick über diese Stadt. Ihr Herz schlug höher als der Bus über die Bolschaja Pirogovskaja Uliza[3] sich langsam

---

[3] Улица = Uliza bedeutet im Russischen „Straße"

dem Neujungfrauen-Kloster näherte und dabei die Uliza Jelanskovo passierte. Möglichst unbemerkt schaute sie nach rechts und sah ein großes, im klassizistischen Stil erbautes Gebäude. Es war die Entbindungsklinik, in der sie geboren wurde. Ihr Vater hatte ihr das vorher auf einem Stadtplan genau gezeigt. Sie erkannte die Klinik sofort, hatte sie sich doch extra noch die Fotos aus der damaligen Zeit angeschaut. Sie verspürte einen starken Druck unterhalb des Brustbeines, die Augen füllten sich mit Tränen, doch sie wollte sich nichts anmerken lassen. Keine Emotionen zeigen, noch durfte man über die damalige Zeit nicht so offen sprechen, oder vielleicht doch? Waren ihre Bedenken übertrieben? Sie wusste es nicht, vergrub ihre Gedanken und Gefühle in sich und dachte an ihre Mutti, die diesen Augenblick nicht miterleben konnte.

Das riesige Feuerwerk am Abend konnte sie bequem vom Fenster ihres Hotelzimmers aus beobachten. Auffallend war die Begeisterung der Menge, jedes Mal, wenn wieder ein Feuerwerkskörper am Himmel explodierte und die schönsten Formen in verschiedenen Farben bildete, gab es einen Jubelschrei der Menge.
Der 2. Mai war auch noch Feiertag. 1975 war es genau 30 Jahre her, dass der „Zweite Vaterländische Krieg", wie man den Zweiten Weltkrieg in der UdSSR nannte, zu Ende gegangen war. Deshalb gab es in diesem Jahr besonders viele Feierlichkeiten im Monat Mai.
Heute stand die Besichtigung der pompösen Stationen der Moskauer Metro auf dem Plan. Das Moskauer Metrosystem ist sehr praktisch angelegt. Die Linien führen von Norden nach Süden, von Osten nach Westen, quer unter der Stadt durch. Außen herum aber führt die so genannte Ringlinie. Man kann also jederzeit, wenn man von einem Außenbezirk kommt, in die Ringlinie umsteigen und mit dieser bis zu der Linie fahren, mit der man dann wieder in einen anderen Außenbezirk fahren kann. Somit muss nicht immer jeder ins Zentrum fahren. Besonders die Stationen dieser Ringlinie sind die Schönsten, teilweise ausgestattet wie Paläste.

Der dritte Tag führte Dorothee mit ihren Gästen in den Kreml und zum Roten Platz. Am Lenin-Mausoleum stand eine irrsinnig lange Schlange von geduldigen Menschen, die alle den toten Gründer der UdSSR sehen wollten. Die Schlange führte zum „50. Oktoberplatz", bog dort ab, führte direkt am Grabmal des Unbekannten Soldaten vorbei, durch den Alexandergarten immer direkt an der Kremlmauer entlang. Sie endete erst auf der Hälfte jener Kremlmauer, die an der Uferstraße des Flusses Moskwa steht. In der Schlange Menschen verschiedenster Nationalitäten, Asiaten aus Usbekistan, Tadschikistan, Kirgisien, Kasachstan mit ihren typischen viereckigen Kappen als Kopfbedeckung, Kaukasier, Armenier, Aserbaidschaner, Georgier, und mittendrin die anderen aus dem Norden aus Estland, Lettland, Litauen. Ein wahrhaft bunt gemischtes Volk. Obwohl niemand vor dem aufgebahrten Lenin stehen bleiben durfte und daher die Menschenschlange sich stets vorwärts bewegte, so brauchte man doch sehr viel Geduld, bis man die Runde um mehr als die Hälfte der gesamten Kremlmauer geschafft hatte. Schlange stehen und Geduld haben, das waren die Sowjetbürger gewohnt. Touristengruppen durften allerdings direkt hinein. Den ausländischen Gästen konnte man das Warten nicht zumuten. Dann kam jedesmal die Schlange ins Stocken, was die wartende Menge geduldig akzeptierte.

Gegenüber dem Lenin-Mausoleum steht das Kaufhaus GUM – Gosudarstvennij Universalnij Magazin – Staatliches Universelles Kaufhaus. Hier, wie auch an vielen großen Plätzen, Boulevards und in den Parks standen Automaten herum, an denen man kostenfrei sich ein Glas mit Wasser füllen konnte, mit oder ohne Kohlensäure. Diese Automaten hatten auch eine Vorrichtung zum Reinigen der Gläser. Das Wasser schmeckte gut, man konnte sich also jederzeit seinen Durst damit löschen. Und das war nötig. Seit sie in Moskau angekommen waren, hatten sie schönes, sehr warmes Wetter und strahlend blauen Himmel. Dorothees Geburtsstadt zeigte sich von ihrer schönsten Seite.
Am Abend stand ein Besuch im Bolschoi Theater auf dem Programm, eine Oper – „Il Trovatore" – Der Troubadour – von Giuseppe Verdi. Nun saß sie also in diesem berühmten Theater, in dem damals Charlotte und Hartmut sich Tschaikowskis Ballett „Der Schwanensee" anschauten und Charlotte in der Pause dann feststellen musste, dass sie Blut verlor und Gefahr lief, ihr Baby – Dorothee – zu verlieren.

Der Nachtzug nach Leningrad fuhr um 23.40 Uhr am Leningradskij Voksal, dem Leningrader Bahnhof ab. Ein Zug mit den hier üblichen Schlafwagen mit jeweils vier Liegen in einem Abteil. Dorothee teilte sich das Abteil mit drei ihrer Gäste. Sie schlief oben, so wie sie es sich als Kind gewünscht hatte, damals 1958 als sie von Suchumi über Moskau nach Frankfurt an der Oder fuhren und sie als Fünfjährige nicht oben schlafen durfte, weil Hartmut Angst hatte, sie könne herunterfallen. Der Kreis ihrer eigenen Lebensgeschichte begann sich zu schließen.

Frühling in Leningrad

Ein Tagebuch zu führen, das dann vielleicht bei der Ausreise kontrolliert und im schlimmsten Fall ihr sogar abgenommen werden könnte, das war Dorothee zu riskant. Sie beschloss daher während ihres Einsatzes in der Sowjetunion Tagebuch in Form von Briefen an ihren Vater zu schreiben. Jede Woche wollte sie einen Brief einem netten Passagier mit nach Deutschland geben, der ihn dann dort in einen Briefkasten einwerfen sollte. Briefmarken hatte sie genügend mitgenommen. Und so entstanden viele interessante Briefe, in denen Dorothee fast alles niederschrieb, was sie erlebte, was passierte. Fast alles, nicht komplett alles, denn erstens gingen die Briefe an ihren Vater, ganz persönliche Dinge konnte sie also nicht schreiben, und dann bestand noch die Möglichkeit, dass solch ein Brief auch einmal abgefangen werden könnte. Also sollte nichts drin stehen, was kritisch klang.

Leningrad – „das Venedig des Nordens" wird es auch genannt. Leningrad mit seinen Kanälen, seinen Inseln. Die weißen Nächte, in denen der Himmel immer ein bisschen hell blieb in der Nacht. Die Brücken, die die einzelnen Inseln verbinden, werden nachts für einige Stunden hochgeklappt, damit die Schiffe ein- und ausfahren können. Wenn man auf einer Insel ist und zum Beispiel an einer Feier teilnimmt, sollte man schon auf die Uhr schauen. Es kann sonst durchaus passieren, dass man vor der offenen Brücke stehen bleiben muss. Am besten man nutzt die Zeit und schläft im Auto, bis die Brücken zwischen 5.00 und 6.00 Uhr morgens wieder herunterfahren und man auf die andere Seite fahren kann.

Jan war inzwischen von Sotschi nach Leningrad geflogen und holte Dorothee und ihre Gäste am Bahnhof ab. Es gab zwei Hotels, in denen die Gäste untergebracht wurden. Das Hotel „Leningrad" lag direkt am Newa-Fluss mit Blick auf den Panzerkreuzer Aurora, von dem am 7. November 1917 der erste Schuss abgefeuert wurde mit dem die Revolution ihren Anfang nahm. Gemäß dem im damaligen russischen Zarenreich gültigen julianischen Kalender war es der 25. Oktober 1917, weshalb man von der Oktoberrevolution spricht.
Das zweite Hotel war das Hotel Sovjetskaja, ein bisschen preisgünstiger. Es lag am Fontanka-Fluss, einem Nebenfluss der Newa im Südwesten des Zentrums.

Es blieb nicht viel Zeit für die Einarbeitung. Jan musste schon am Montagabend wieder mit dem Nachtzug nach Moskau zurückfahren. Das war immer die einfachste und preiswerteste Verbindung zwischen den beiden Großstädten. Aber es war noch Zeit, um abends im Restaurant Astoria, direkt gegenüber von der Isaak-Katedrale zu essen und zu tanzen. Jan war ein guter Tänzer und Dorothee tanzte für ihr Leben gern. Christine, die Kollegin eines anderen Reiseunternehmens, das in Berlin ansässig war, begleitete sie. Sie wohnte auch im Sovjetskaja.
Erst am Montag konnte Dorothee sich im Büro von Intourist melden. Dieses lag direkt links neben der Isaak-Katedrale in einem alten Gebäude im Erdgeschoss. Die Räume waren hoch und sehr dunkel. Bedrückend war es hier drin. Sie zeigte ihren Pass, zeigte, dass sie kein Visum für Leningrad hatte, da sie gar nicht wusste, dass sie hierher kommen müsse, um die Kollegin zu vertreten. Was müsse sie nun tun? Die Dame von Intourist ging hinaus und kam nach ungefähr zehn Minuten schon wieder. Nein, kein Problem. Das sei

schon so in Ordnung mit ihrem Pass und ihrem Visum. Man habe registriert, dass sie hier als Reiseleiterin für Lechak-Reisen arbeite.

Nanu? Seltsam, sollte das wirklich so einfach gehen? Das Unvorstellbare wurde Realität. Dorothee hielt sich die nächsten drei Wochen in dieser nördlichen Stadt auf, ohne je ein Visum dafür zu besitzen. Es gab nie Probleme.

Um die Gäste gut betreuen zu können, musste Dorothee nun ständig zwischen den beiden Hotels, dem preisgünstigeren Sovjetskaja, wo sie auch wohnte und dem etwas teureren Leningrad, hin und her pendeln. Wenn Zeit genug war, so nahm sie die Metro, doch manchmal musste sie auch ein Taxi nehmen. Nicht immer leicht, eines zu erwischen. Es war besser, eines vorzubestellen, doch auch das funktionierte nicht immer.

In der ersten Gästegruppe war jemand, der sehr gut Russisch sprach. Es stellte sich heraus, dass auch er in Ulm aufgewachsen und sogar mit Rudi in einer Schulklasse gewesen war. Seine Eltern waren russischer Abstammung. Wie klein die Welt doch ist.

Eine Gruppe, die ursprünglich aus sechs Gästen bestand, reduzierte sich aber auf nur drei Gäste, weil eine Familie kurzfristig nicht reisen konnte. Nun musste das normale Gruppenprogramm auf Individualprogramm umgestellt werden. So eine Änderung war aber im sowjetischen System keineswegs einfach. Denn nun sollte keine Intourist-Reiseleiterin mehr die Gruppe betreuen, sondern nur noch Dorothee, und nur, wenn die Gäste einen Ausflug machen wollten, dann musste das Dorothee bei Intourist bestellen, aber für eine Minigruppe von drei Personen gab es keinen Bus, nur spezielle Taxis und so weiter. Um einen bestellten Bus abzubestellen, mussten viele Hebel in Gang gesetzt werden, und so manche Intourist-Mitarbeiterin hatte Angst, dass sie aus persönlicher Tasche die Kosten für den bestellten und nun nicht mehr gebrauchten Bus bezahlen müsse. Das aber konnte verhindert werden. Dorothee schrieb einen Bericht, wie alles abgelaufen war, und es wurde keine Rechnung gestellt.

Dann kam der 9. Mai, ein ganz großer Feiertag in der Sowjetunion, der Jahrestag des Sieges über den Faschismus, über Hitler-Deutschland. Und 1975 eben genau 30 Jahre her, ein Grund, um noch mehr, noch größer zu feiern.

Die Bevölkerung der Sowjetunion hatte unter diesem Krieg entsetzlich leiden müssen. Ungefähr 21 Millionen Menschenleben waren zu beklagen. Ganz besonders gelitten hatte die Stadt Leningrad, die in der Zeit vom 8. September 1941 bis zum 27. Januar 1944 von der Deutschen Wehrmacht belagert wurde. Die Stadt wurde von der Wehrmacht nie eingenommen. Man zog es vor, die Bevölkerung Leningrads systematisch verhungern zu lassen. Über eine Million Einwohner der Stadt verloren ihr Leben in dieser Zeit.

Die Sowjetbürger waren im Allgemeinen den deutschen Touristen gegenüber sehr freundlich. Unvorstellbar, sie hatten doch so unter diesen Feinden leiden müssen, in jeder Familie gab es Verluste, und dennoch zeigten sie keinerlei

Groll, waren überhaupt nicht nachtragend. Sie sprachen lieber von Frieden zwischen den Völkern. Und wenn Dorothee auch aus jenem Teil der Welt kam, der zum kapitalistischen Feind gehörte, so hörte sie niemals ein böses Wort, nie eine verletzende Bemerkung. Immer wieder musste Dorothee feststellen, dass es in Deutschland so ganz anders war. Da herrschte noch so viel Groll über die Verluste der Ostgebiete, die Vertreibungen, die erzwungene Flucht. Und dabei waren es doch die Deutschen, die den Krieg begonnen hatten. All diese entsetzlichen Dinge wären nie passiert, hätten die Deutschen diesen wahnsinnigen Krieg nicht angefangen, wären sie nicht größenwahnsinnig geworden.

Jetzt am 9. Mai 1975 war sie nun ausgerechnet in einer der Städte, die am meisten hatten leiden müssen unter den Deutschen. Und das war gut so. Sie feierte mit den Menschen, um 22.00 Uhr, der Himmel war immer noch hell, gab es ein gigantisches Feuerwerk. Die Begeisterung der Menschenmenge faszinierend. Laute Jubelschreie bei jeder Rakete, die in schönsten Farben und Formen am Himmel explodierte. Sie war ein kleines Individuum unter dieser Masse und als solches marschierte sie nach dem Feuerwerk auch mit der Masse in Richtung Metro und verschwand im Untergrund der Großstadt, um zu ihrem Hotel Sovjetskaja zurückzufahren.

Leningrad besaß wesentlich mehr Charme als Moskau. Das musste Dorothee sich eingestehen. Genau betrachtet war sie eine Москвичка – Moskwitschka – eine Moskauerin. Dennoch musste sie zugeben, dass die Luft in Leningrad leichter war. Moskau war das Zentrum des riesigen Sowjetreiches, Leningrad die zweitgrößte Stadt, gelegen an der Mündung des Newa-Flusses in jenen Teil der Ostsee, der Finnischer Meerbusen genannt wird. Die Nähe zum Meer und daher auch die Nähe zu anderen, auch westlichen Ländern, das war es, was die Menschen hier so anders machte. Sie waren offener, hatten eben auch mehr Kontakt mit Menschen aus westlichen Ländern.
Besonders viele Finnen waren hier zu finden. Von Helsinki aus war es nicht weit, und Finnland war neutrales Land, also kein kapitalistischer Feind. Die Finnen kamen hierher, um sich mit Wodka volllaufen zu lassen, denn zu Hause war der Alkohol sehr strengen Kontrollen unterlegen. Hier konnten sie sich auslassen. Und als Säufer waren sie auch leider unter der Bevölkerung bekannt.

Auch jetzt war es wieder einmal von Vorteil, dass sie die Sprache Esperanto gelernt hatte. Sie konnte eine Gruppe von Leuten ausfindig machen, die ebenfalls diese Sprache beherrschten. Nette Menschen, die nun Dorothee unter ihre Fittiche nahmen. Eine ältere Dame, Barbara, war besonders mütterlich zu ihr. Das fühlte sich schön an. Sie war doch immer auf der Suche nach einem, wenigstens kleinen Ersatz für ihre verstorbene Mutti.
Dann war da Valerij, ein junger Mann ungefähr in ihrem Alter. Mit ihm traf sie sich oft. Eines Tages bummelten sie den Newskij Prospekt, die berühmteste

Straße Leningrads, entlang. Vor einem Geschäft wurde auf einem Tisch ein Stadtführer über Leningrad verkauft. Eine lange Menschenschlange stand hier an, um dieses Buch zu kaufen. Sie spazierten an dieser Schlange entlang. Ganz weit hinten, fast schon am Ende der Anstehenden, fragte sie ein junger Mann: „Was wird denn da vorne verkauft?" „Stadtführer von Leningrad."

„Ach so, das brauche ich nicht. Danke." Und der junge Mann trat aus der Schlange heraus und ging davon.

Das war so typisch. Wenn irgendwo eine Schlange ansteht, um etwas zu kaufen, dann sollte man sich erstmal auch anstellen, man kann ja nie wissen, ob man es auch braucht oder in Zukunft mal brauchen wird, gerade dann, wenn es nicht verfügbar ist. Also lieber auf Vorrat kaufen. Außerdem kann man das ja eventuell auch gegen etwas eintauschen, was man braucht. So war die Mentalität. Dorothee verstand nun besser, warum Charlotte oft Dinge kaufte, die sie eigentlich nicht brauchte, aber vielleicht in Zukunft einmal brauchen könnte. Man muss die Sachen eben kaufen, wann es sie gibt, denn wenn man sie braucht, gibt es sie unter Umständen schon nicht mehr. Erfahrungen aus Kriegs- und Sowjetunionjahren.

Peterhof – auf Russisch Petergof (denn es gibt ja kein „H" im russischen Alfabet) - liegt ungefähr 30 Kilometer außerhalb der Stadt, im Westen, direkt am Finnischen Meerbusen. Hier sind die Paläste der ehemaligen Sommerresidenz der Zaren, wunderschön gelegen. Der Hauptpalast auf einer kleinen Anhöhe, von der Hauptfassade aus ein herrlicher Blick auf die Fontänen und einen Kanal, der am Meer endet. Schöne Parkanlagen.

Die Fontänen der Parkanlagen in Peterhof sind im Winterhalbjahr abgeschaltet. Erst Mitte Mai werden sie wieder eingeschaltet. Jeweils an einem Sonntag, und das ist stets ein großes Volksfest. Man fährt mit dem Tragflächenboot, startet an der Anlegestelle direkt vor der Ermitage, dem ehemaligen Winterpalast der Zaren und heutigem Museum. Ungefähr 30 Minuten später legt man am Steg bei Peterhof an.

In diesem Jahr fiel der „Fontänen-Eröffnungssonntag" auf Pfingstsonntag. Der junge Valerij nahm Dorothee mit. Sie schauten sich die ganze Parkanlage an. So viele Menschen waren hier unterwegs, Pärchen, Großfamilien von Enkelkindern bis Großeltern, alle dabei. Es war ein regelrechtes Volksfest.

Im Park gibt es so genannte Scherzfontänen. Zum Beispiel setzt man sich ahnungslos auf eine Bank und wird plötzlich durch eine Wand von kleinen Fontänen von hinten her bespritzt. Oder man spaziert nichts ahnend an einem Denkmal vorbei, plötzlich schießt ein Wasserstrahl aus dem Boden, oder sogar gleich mehrere davon. Das machte nicht nur den Kindern Spaß. Es war so herrlich warmes Sommerwetter, strahlend blauer Himmel.

Am Denkmal des Zaren Peter des Großen (er war Zar von 1682 bis 1721) lagen mehrere Blumensträuße.

„Peter der Große ist der einzige Zar, dem wir Blumen hinlegen", erklärte Valerij. Er hat versucht, Russland zu modernisieren, hat sich dabei an westeuropäischen Maßstäben orientiert und er hat die Stadt Sankt Petersburg im sumpfigen Gebiet der Newa-Mündung erbauen lassen, hat diese Stadt gegründet und sie dann zur Hauptstadt des Russischen Reiches ernannt. Er nannte die Stadt Sankt Petersburg, angeblich benannt nach dem heiligen Petrus. Das klang besser. Er hätte schlecht sagen können, dass „seine" Stadt nach ihm benannt wurde. 1905, nach der ersten Revolution im Zarenreich, wurde die Stadt umbenannt in Petrograd. Nach Lenins Tod 1924 wurde sie zu Leningrad.

An mehreren Stellen im Parkgelände gab es Vorstellungen mit Gesang, Tanz, Akrobatik, lateinamerikanischer Musik und Humoristen.

Es war unglaublich, wie wunderbar es funktionierte, eine Fahrkarte in einem total überfüllten Bus zu bekommen. Man quetschte sich irgendwie in den Bus und reichte dann das Geld einem Fahrgast, der es weiterreichte, bis es beim Fahrer ankam, der wiederum dann die Fahrkarte auf demselben Weg zurück schickte. Hatte man kein passendes Geld, so war sofort jemand da, der wechseln konnte. Mit einem solch hoffnungslos überfüllten Bus, in den sie sich gerade noch hineinquetschen konnten, fuhren sie zum Bahnhof und dann mit der „Elektritschka", wie in Russland die Vorortzüge genannt werden, zurück nach Leningrad, zum Baltischen Bahnhof. Der liegt nur ein paar Straßen vom Hotel Sovjetskaja entfernt.

Die Temperatur an diesen Tagen war schon eher sommerlich als frühlingshaft. An der Mauer der Peter-Paul-Festung, dem Herzen der Stadt, standen die Leute in Badehose und Badeanzug und sonnten sind. Manche wagten sich auch ins Wasser. Das war natürlich noch sehr kalt, genauso wie der Sand auf dem schmalen Strand. Deshalb standen die Leute und lehnten sich an die Festungsmauer, die von der Sonne schon ziemlich aufgeheizt war.

Christine, die Kollegin aus Berlin, hatte Besuch von ihrem Freund Christian (schon witzig, dass sie fast die gleichen Namen hatten, die beiden). Dorothee ermöglichte es ihnen, mit ihrer Gruppe den Ausflug nach Nowgorod zu machen, einer der ältesten Städte Russlands, ungefähr 200 Kilometer südlich von Leningrad, in Richtung Moskau, gelegen.

Leider verhielten sich Christine und Christian nicht ordnungsgemäß, sie sonderten sich von der Gruppe ab, gingen eigene Wege und wurden prompt von jemandem, der, wie man behauptete, zu Intourist gehörte, gesucht, gefunden und zur Gruppe zurückgebracht. Vorher aber mussten sie noch Rede und Antwort stehen. Man hätte das schon fast als eine Art Verhör bezeichnen können. Wie konnten die zwei auch nur so dumm sein. Sie hatten doch kein Visum für Nowgorod und waren somit verpflichtet, bei der Gruppe zu bleiben.

Auch als Seelentröster und Paarberaterin fungierte Dorothee. Christine und Christian hatten einen heftigen Streit. Dorothee versuchte zu vermitteln. Es gelang ihr auch, ob die beiden aber noch lange ein Paar geblieben sind, das konnte Dorothee nicht mehr weiter verfolgen, denn sie musste schon bald Leningrad verlassen.

Sie neigten sich dem Ende zu, die Abende im Kirow-Theater, dem Theater mit dem besten Ballett der Sowjetunion, besser noch als das vom Bolschoi-Theater in Moskau. Hier hatte sie Schwanensee und Giselle gesehen, das moderne Ballett „Ikar" und vieles mehr. Nicht nur die hervorragenden Leistungen der Künstler, auch die Begeisterungsfähigkeit des Publikums beeindruckten Dorothee immer wieder. Oja, sie nutzte diese Wochen in der Kulturstadt Leningrad und war fast jeden Abend irgendwo in einem Theater.
Und danach oft noch Tanzen. Dazu gab es einen großen Saal im obersten Stockwerk des Hotels, wo sie oft mit ihren Gästen und Christine noch das Tanzbein schwang. Trotzdem hieß es morgens, früh aufstehen. Zum Schlafen war nicht viel Zeit.

Der Intourist-Reiseleiterin Margerita schenkte sie eine Flasche „Schampanskoje" (Champagner) und einen Strauß Flieder. Diese weinte vor Freude und ließ es sich nicht nehmen, Dorothee auch etwas zu schenken. Und so fuhren sie zum Newskij Prospekt, wo ihr Margerita zwei Langspielplatten kaufte, eine mit russischer Folklore und eine von Эдит Пиаф (Edith Piaf).
Man feierte Abschied. Es wurde „Schampanskoje" getrunken und man saß noch bis spät in der Nacht zusammen. Verdammt, wie schwer fiel doch der Abschied. Dorothee liebte diese Stadt inzwischen so sehr.

Sommer 1975 - Zuhause am Schwarzen Meer

Sotschi

Rudi und Kerstin waren nun schon seit einer Woche als ganz normale Touristen von Lechak-Reisen in Sotschi. Heute, es war Freitag, 23. Mai 1975, flog Dorothee nun auch endlich dorthin.

Ein spezielles Taxi brachte Dorothee zum Leningrader Flughafen Pulkowo, ca. 14 Kilometer südlich der Stadt gelegen. Sie ging zum Schalter, um einzuchecken. Ihr Gepäck hatte in den letzten Wochen schon beträchtlich zugenommen. Eine Dame brachte sie in einen gesonderten Raum, in dem sie nun ganz alleine warten musste. Sie kam sich beobachtet vor, obwohl weit und breit niemand zu sehen war. Dieselbe Dame kam dann wieder und brachte Dorothee bis zu ihrem Sitzplatz im Flugzeug, einer Iljuschin 18, einer Propellermaschine. Nun saß sie also ganz alleine in diesem Flugzeug. Welch Sonderbehandlung! Was sollte das bedeuten? Sie kam sich gefangen, beobachtet, eingesperrt vor.
Dann endlich, endlich kamen die anderen Passagiere, die Sowjetbürger. Die ersten Personen, die das Flugzeug betraten, schauten sie im ersten Moment etwas befremdet an. Doch dann verstanden sie wohl, aha, das ist eine VIP, eine Very Important Person, eine sehr wichtige Person, vermutlich jemand, der mit Intourist reist.
Wie aber muss sich ein normaler Bürger des Landes fühlen, wenn er ständig von allen Seiten immer wieder zu hören bekommt, dass die bösen Kapitalisten ihre Feinde sind, und dann erleben sie es so hautnah, dass eben diese Feinde eine gesonderte, bevorzugte Behandlung bekommen. Das ist doch paradox!

Abflug war um 11.30 Uhr und um 15.15 Uhr schon landeten sie in Adler, dem Flughafen von Sotschi. Adler liegt etwa 30 Kilometer südlich des Zentrums von Sotschi und praktisch direkt an der Grenze zur Georgischen Sowjetrepublik. Sozusagen die Südgrenze Russlands hier am Schwarzen Meer. Die Straße von Adler nach Sotschi war damals noch sehr kurvenreich und führte mal hoch, mal runter, durch Täler, am Hang entlang. Die Busse hatten im Durchschnitt eine Kapazität von 33 Passagieren plus Reiseleitersitz vorne neben dem Fahrer.
Dorothee saß in Flugrichtung rechts am Fenster und hatte daher eine gute Aussicht. Endlich tauchte das Meer unter ihnen auf, und die ewig mit Schnee bedeckten Berge des Kaukasus. Dorothee hatte plötzlich so etwas wie ein heiliges Gefühl, etwas ganz Besonderes fühlte sie da in ihrer Seele. Sie nä-

herte sich ihrer wahren Heimat. Es war wie ein Traum, die Zeiger der Uhr ihrer eigenen Geschichte begannen sich wieder einmal rückwärts zu drehen.

Dann setzte das Flugzeug zur Landung an. Es blieb draußen auf dem Rollfeld stehen. Die Passagiere mussten zu Fuß zum Flughafengebäude gehen. Dorothee aber wurde persönlich empfangen, von Lydia, einer Dolmetscherin bzw. Reiseleiterin von Intourist. Sie hatte einen Strauß Rosen gekauft, den sie Dorothee übergab. Welch herzlicher Empfang!
Im Flughafengebäude warteten Rudi und Kerstin. Rudi hatte inzwischen seinen Bart abrasiert. Auf seinem Passfoto hatte er nämlich keinen Bart und wenn er jetzt mit Bart hätte einreisen wollen, das musste zu Problemen führen. Also rasierte er ihn lieber ab. Kerstin war inzwischen die Schwangerschaft schon ein bisschen anzusehen.

Ein Intourist-Auto brachte sie alle nach Sotschi ins Hotel Kamelia. Dort sollte Dorothee nun bis zum Ende der Saison wohnen, zusammen mit ihrem Kollegen Walter, der sie in der Hotelhalle erwartete. Betreuen aber sollte sie die Gäste in zwei anderen Hotels – dem Hotel Жемчужина[4] (Schemtschuschina) und dem Hotel Приморская (Primorskaja)[5].
Das Schemtschuschina war ein Neubau, eines jener Hotelhochhäuser wie sie in den 70-er Jahren gerne gebaut wurden. Das Primorskaja dagegen war ein altes, renoviertes Gebäude, im klassischen Stil und einem halbrunden Vorbau mit Säulen am Eingang. Es war das weitaus gemütlichere Hotel, das preisgünstiger war.

Walter wollte Dorothee einarbeiten und ihr einiges über dieses Zielgebiet erklären. Doch das wollte er lieber am Strand machen, während sie so taten, als würden sie sich auf einer der Liegen ausruhen, wusste man doch nicht, wo überall im Hotel so genannte „Wanzen, also Mikrofone versteckt waren. In ihren Zimmern gab es ganz bestimmt irgendwo ein paar von diesen Dingern. Das war ihnen bewusst. Man musste also immer aufpassen, was man wo, wie, wem sagte.
Das Hotel Kamelia lag zwar direkt am Meer, man musste aber vom Hotel aus durch einen Tunnel unter der Bahnlinie durch, jener Bahnlinie Tbilisi - Moskau, die auch an der Siedlung in Agudsera vorbeiführte, wo sie von 1955 bis 1958 gelebt hatten. Jedes Mal, wenn Dorothee einen Zug hörte, erinnerte sie sich an ihre Kindheit. Es gab ihr noch stärker das Gefühl, wieder zu Hause zu sein.

Walters Freundin Diana, eine Engländerin, kam mit den ersten Gästen aus Frankfurt an. Sie wollte fast drei Monate lang bleiben. Dass dies möglich war, kam Dorothee schon etwas eigenartig vor, Diana musste hier ja nicht arbei-

---

[4] Жемчужина – sprich „Schemtschuschina" – bedeutet „Perle"
[5] Приморская – sprich „Primorskaja" – bedeutet „Am Meer"

ten. Sie war britische Staatsbürgerin. Vielleicht galten da andere Bestimmungen.

Schon in Leningrad hatte Dorothee Namen und Adressen von Leuten erhalten, die hier in Sotschi wohnten und auch Esperanto sprachen. Sie hatte einen Brief geschrieben und noch vor Abflug Antwort erhalten. So wusste sie, dass im Hotel Schemtschuschina im Intouristbüro eine Nina arbeitete, die nicht nur gut Deutsch sprach, eigentlich war sie Lehrerin für die deutsche Sprache, sondern auch Esperanto. Das war eine schöne Kombination. Doch Nina hatte erstmal das Wochenende frei und Dorothee konnte sie erst am Montag treffen. Das Intouristbüro war ein großer, langer Raum mit vielen Schreibtischen rechts und links. Auf jedem stand ein Namensschild und darunter die Sprachen, die diejenige Dame beherrschte, die dort ihren Dienst tat. So konnte jeder Tourist gleich zielsicher auf einen Schreibtisch zusteuern, um Auskunft in seiner Landessprache zu bekommen.

Zunächst erkundete Dorothee zusammen mit Rudi und Kerstin die Stadt Sotschi. Dieser herrlich am Ostufer des Schwarzen Meeres gelegene Kurort mit seinen viele Sanatorien, in denen besonders diejenigen Sowjetbürger Urlaub machten, die in den klimatisch schwierigen Gegenden des Nordens und Sibiriens hart arbeiten mussten. Sotschi mit seinem subtropischen Klima, den vielen Parks, Zirkusgebäude, Theater, botanischem Garten. Der Strand hier genauso steinig wie ihn Dorothee aus Kindheitstagen von Suchumi her kannte. Der Küstenstreifen ist relativ schmal, gleich geht es die Hänge hoch und immer weiter bis hinauf zu den ewig mit Schnee bedeckten Bergen des Kaukasus. Das macht diese Gegend so besonders reizvoll, dieser Gegensatz zwischen Meer und Küste und den hohen Bergen im Hintergrund. Dazu das angenehme Klima, vielleicht etwas zu hohe Luftfeuchtigkeit, aber noch gut zu ertragen.

Mit Nina, deren Mann Gennadi und Volodja, einem anderen, neuen Freund fuhren Rudi, Kerstin und Dorothee mit zwei Taxis hinauf zu einem schön gelegenen Restaurant, der „Alten Mühle". Dort gab es auch Tanzmusik. Rudi fotografierte Dorothee und Gennadi beim Tanzen, sofort stoppte die Musik. Ein Musiker stürmte auf Rudi zu und riss ihm beinahe den Fotoapparat aus der Hand. Große Diskussion, warum er fotografiere, was das solle, er hätte erst fragen müssen, ob er die Musiker fotografieren dürfe und so weiter. Rudi versuchte zu erklären, dass er doch nur seine Schwester mit ihrem Tanzpartner aufgenommen habe, das Foto auch nur privat und nicht zu kommerziellen Zwecken verwenden würde. Dank des Eingreifens der charmanten Nina beruhigte sich der Musiker wieder.
Dieser Zwischenfall hinterließ aber eine kleine Missstimmung bei ihnen. Nina und Gennadi stimmten Lieder an. Nina, die in einem Chor sang, hatte eine wunderschöne Stimme. Die Stimmung wurde wieder besser. Dorothee aber dachte wieder einmal, wie verdammt vorsichtig man hier doch sein müsse.

Der erste Ausflug, den Dorothee begleitete, führte sie über die Grenze nach Georgien. Die Uhr musste um eine Stunde vorgestellt werden. Hier war nicht Moskauer Zeit, sondern georgische Zeit. Kurze Pause und Spaziergang im Kurort Gagra und dann ging es hinauf in die Berge, zum Rizasee, jenem Gebirgssee, an dem sie als ganz kleines Mädchen gewesen war, im September 1957. Unterwegs musste der Bus immer wieder einmal halten und warten, bis eine Ziegenherde, ein Esel oder auch ein paar Wildschweine willens waren, die Straße frei zu geben.

Achtzehn Jahre waren inzwischen vergangen. Nun kehrte sie zurück. Auch dieses Mal machten sie eine Bootsfahrt und sie erinnerte sich, wie sie damals von ihrem Vater geschimpft wurde, weil sie sich aus dem Boot gelehnt hatte und den Finger in das Wasser stecken wollte. Und sie dachte an den weiß-blau emaillierten Nachttopf, den Charlotte mitgenommen hatte, falls es auf der kurvenreichen Strecke zu „Durchfall vorne" kommen sollte und den dann nicht Dorothee, sondern Charlotte benötigte, der es bei den vielen Kurven ziemlich übel wurde.

Abends wieder Sprechstunde für die Gäste in den beiden Hotels. Im Primorskaja lernte Dorothee eine Mutter mit 13-jähriger Tochter kennen. Sie kamen aus Kuibyschew an der Wolga, dort, wo ihre Eltern und Rudi von 1946 bis 1950 leben mussten. Die Tochter lernte Deutsch in der Schule und wollte sich mit Dorothee unterhalten.

Die Chefs von Intourist waren eigenartige Männer. Zuständig für die Ausflüge und bedacht, die ausländischen Gäste immer zufrieden zu stellen, waren sie zwar immer freundlich. Dorothee aber hatte kein gutes Gefühl, wenn sie bei einem von ihnen die Ausflüge abrechnete oder der eine oder andere sogar während ihrer Empfangscocktails im Saal saß, etwas zurückgezogen im Hintergrund. Wusste sie doch genau, dass jedes Wort, das sie sagte, auf die Waagschale gelegt wurde.

So erwähnte sie in ihrem jugendlichen Leichtsinn einmal, dass es schwierig sei, spät abends oder gar nachts ein Taxi zu bekommen, es sei denn, man zahle den dreifachen Preis. Das böse Gesicht einer der Intourist-Dolmetscherinnen, oder auch Reiseleiterinnen genannt, und der Blick eines der höheren Intouristchefs beunruhigten Dorothee den ganzen Tag lang. Aber sie wurde nicht ins Büro gerufen und zur Rede gestellt. Sie musste in Zukunft vorsichtiger sein. Das nahm sie sich fest vor.

Heimkehr nach Suchumi

Donnerstag, 29. Mai 1975 – das wurde ein ganz besonderer Tag, der tief in Dorothees Seele eindrang und ab sofort dort einen festen Platz innehaben sollte. Sie, Rudi und Kerstin fuhren mit auf Ausflug, nur ein Ausflug. Und dennoch eine weite, sehr weite Reise. Eine Reise 20 Jahre zurück, eine Reise in ihre Kindheit, zurück in die Zeit, aus der sie ihre ersten Kindheitserinnerungen in ihrem Herzen trug. Der Ausflug zum Rizasee war nur ein kleiner Vorbote dessen gewesen, was heute auf sie wartete.

Nach dem Frühstück um 7.00 Uhr ging es los zum Hafen, um 8.20 Uhr fuhr das Tragflächenboot „Kometa 6" ab. Sie fuhren nach Süden, immer der Küste entlang, vorbei an allen Stadtteilen, die zu Sotschi gehörten, an Gagra, Pizunda und Nowij Afon, einem Kloster, alles Orte, die direkt an der Schwarzmeerküste liegen.

Suchumi liegt ungefähr 140 Kilometer südlich von Sotschi. Das Klima hier ist noch wärmer und feuchter als in Sotschi, die Vegetation noch interessanter. Es ist die Hauptstadt Abchasiens, damals „Autonome Sowjetrepublik Abchasien" und der „Georgien Sowjetrepublik" zugeordnet.
Die Spannung stieg, denn das Boot näherte sich der Bucht von Suchumi. Diesen Blick kannte sie, die Uferpromenade, die Gebäude im alten Stil, die Stege, an denen die Schiffe anlegten. Kein großer Hafen. Es war wie ein Film, der vor Dorothees Augen ablief. Wirklichkeit konnte dies doch gar nicht sein. Wie oft hatte sie sich vorgestellt, einmal wieder hier zu sein und nun? Nun war sie hier, oder wachte sie gleich aus einem Traum auf?

Um 10.50 Uhr Moskauer Zeit, das heißt um 11.50 Uhr Ortszeit, legte die Kometa an der Anlegestelle im Hafen von Suchumi an. Mit der begleitenden Intouristreiseleiterin Olga hatten sie vereinbart, dass sie sich von der Gruppe trennen und zu einem bestimmten Zeitpunkt dann wieder in Nähe des Hafens treffen sollten.
Sie nahmen den Express-Bus No. 13 nach Agudsera. Die Fahrt dauerte ungefähr 20 Minuten. Es war ein alter, klappriger Bus, der einem das Gefühl gab, jederzeit stecken bleiben zu wollen. Der Preis für die Fahrt betrug 47 Kopeken.
Sie kamen vorbei am Städtischen Strandbad, wo sie damals öfters gebadet hatten, vorbei am Bahnhof Kelasuri, von dem aus sie ihre Heimreise angetreten hatten. Bald darauf überquerte der Bus eine Brücke über den Madschara-Fluss. Von hier aus herrlicher Blick auf die Berge des Kaukasus, ganz genauso wie auf einem der Gemälde, die im Wohnzimmer in Ulm an der Wand hingen, vorbei an Rudis ehemaliger Schule. Da Rudi & Kerstin schon vor einer Woche in Sotschi angekommen waren, hatten sie die Gelegenheit genutzt und waren schon einmal hierher gefahren. Rudi hatte die Schule besucht und

sogar einige ehemalige Lehrer getroffen. Wie hatten sich diese gefreut, einen ihrer deutschen Schüler wieder zu sehen.

Sie stiegen aus, gingen zum Haus der Frau des ehemaligen Direktors von Rudis Schule, Frau Rechwiaschwili. Der Direktor war schon vor sieben Jahren verstorben. Nach georgischer Tradition trug seine Witwe nun für den Rest des Lebens schwarze Kleidung. Sie erwartete die drei schon, lud sie ein in ihr Haus. Sie nannte Dorothee immer „Doritschka", einer zärtlichen Variante des Namens. Das ist typisch im Russischen, dass die Vornamen nicht nur Abkürzungen haben, sondern auch besonders zärtliche Formen. Dorothee, die sowieso meist nur „Doro" genannt wurde, denn Dorothee war mit seinen drei Silben ein sehr langer Vorname, genoss es schon seit den Tagen in Leningrad, immer wieder mal als „Doritschka" angesprochen zu werden. Die Direktorswitwe erzählte Doritschka nun, wie sie ihr damals „eins, zwei, drei – erti, ori, sami" auf Georgisch beigebracht hatte, wie ihre Mutter Charlotte und sie, ach überhaupt die gesamte Familie so oft bei ihnen zu Besuch waren. Die beiden Frauen hatten sich gut verstanden. Sie waren beide im Jahr 1910 geboren.

Dorothee erkannte die Frau sofort von den Fotos her, die sie zu Hause hatten, aber sie sah jetzt so alt und ausgelaugt aus, sie lief gekrümmt und war sehr buckelig geworden. Sie wirkte wie eine arme, alte verlassene Frau, ihre Kinder lebten inzwischen alle in Georgiens Hauptstadt Tbilisi. Jetzt, als sie von Charlotte sprach, die ja auch nicht mehr unter ihnen weilte, wurde Frau Rechwiaschwili ganz traurig und begann zu weinen, Dorothee wurde es ganz anders um Herz. Wer hätte 1958 gedacht, dass sie sich jemals wieder sehen würden?

Da saß sie nun in diesem Haus und hatte Schwierigkeiten, sich fließend auf Russsisch zu unterhalten. Als kleines Kind war das kein Problem für sie gewesen. Warum nur hatte sie ihre Russischkenntnisse komplett verlernt und erst wieder alles von Neuem lernen müssen? Sie musste nach Wörtern suchen, erst überlegen, dann sprechen. Irgendwie tat das weh.
Während Frau Rechwiaschwili das Mittagessen zubereitete, marschierten Rudi, Kerstin und Dorothee in der glühenden Mittagshitze los in Richtung Strand, vorbei am Sanatorium, hin zum Meer, am Strand entlang, bis zu „ihrem" Aussichtsturm.
Ja, da stand er, der Turm, mit seinem Rundbalkon und der Aussichtsplattform oben. Der Eingang unten war allerdings zugemauert. Ihr Vater hatte Dorothee nie erlaubt, bis ganz nach oben hochzusteigen, sie durfte nur bis zum Rundbalkon hoch, unter Begleitung. Warum das? Hartmut konnte es nie erklären, wusste nicht mehr, warum er es nicht erlaubt hatte. Erst kurz vor der Abreise im Februar 1958, da durfte sie ein einziges Mal ganz nach oben, um Abschied zu nehmen.

Aber nun stand sie wieder an diesem Turm, gerade so, als ob sie noch jenes kleine Mädchen wäre, das da hinaufgehen wollte. War es Wirklichkeit? Oder ein Traum? War sie wirklich hier, hier am Ort, wo sie einmal ihr Zuhause hatte?

Der Zaun mit den Treppen, der die Siedlung vor Tieren schützen sollte, existierte nicht mehr. Das Gras war weiter zum Meer vorgedrungen, der Strand immer noch so steinig, nur zwischen Gras und Steinen ein schmaler Streifen Sandstrand.

Und nun die Zypressenallee entlang. Filmkamera und Fotoapparat versteckten sie nun lieber in den Taschen, sprachen auch kaum ein Wort. Offiziell durften sie hier nicht sein. Sie hatten kein Visum für Suchumi, hatten sich, zwar mit Einverständnis der Reiseleiterin, von der Gruppe getrennt. Und das war nicht erlaubt. Sie hatten große Angst, entdeckt zu werden, irgendwie aufzufallen.

Die Zypressen erschienen Dorothee kleiner, kürzer, aber wuchtiger. Kein Wunder, war sie ja selbst nun größer geworden. Zwar waren auch die Zypressen ein Stück in die Höhe gewachsen, aber im Verhältnis weniger als Dorothee.

Da war das Ende der Zypressenallee, die Bahngleise und die Schranke zur Siedlung. Sie existierte also noch, diese Abgrenzung. Der Schlagbaum der Schranke stand offen. Im Wärterhäuschen saß niemand. Sie spazierten einfach weiter. Wagten kaum nach rechts und links zu schauen. Zwischen den Zähnen zischte Rudi Dorothee zu: „Hier rechts den Weg rein, da hinten, da stand unser Haus. Es scheint nicht mehr da zu sein".

Vieles war geblieben, wie damals und doch war alles anders, heute war Dorothee erwachsen und als Reiseleiterin hier, damals war es ihre Heimat gewesen.

Am Ausgang der Siedlung ließ der Wärter gerade den Schlagbaum runter. Sie rannten noch schnell unten durch und waren froh, unerkannt wieder außerhalb der Siedlung zu sein.

Nun gab es ein üppiges Mittagessen bei des Direktors Witwe, aber die Stimmung war traurig. Dorothee konnte gar nicht die Frau ansehen, ohne, dass ihr die Tränen kamen. Immer wieder betonte die alte Frau, wie sehr Dorothee doch ihrer Mutter Charlotte ähnlich sehe und wie klein und süß sie damals als kleines Mädchen gewesen war. Man merkte deutlich, dass sie sich zurücksehnte in jene Zeiten, als ihre ganze Familie noch hier lebte und ihr Mann ein angesehener Direktor der Schule war. Warum musste alles so kompliziert sein, warum konnte man sich nicht einfach so besuchen, sich schreiben, miteinander telefonieren? Würde sich diese Lage jemals ändern?

Gegen 15.00 Uhr – wohl gemerkt Moskauer Zeit – also 16.00 Uhr Ortszeit hieß es Abschied nehmen. Ob man sich jemals wieder sehen würde? Vielleicht im Herbst. Da plante Hartmut nach Sotschi zu kommen.

Mit dem Express-Bus No. 13, dieses Mal war es ein etwas moderneres Exemplar, ging es zurück ins Zentrum von Suchumi. Sie fuhren bis zum Regierungsgebäude. Hier wagten sie wieder zu filmen und zu fotografieren.
Die „Kometa", das Tragflächenboot fuhr um 16.00 Uhr Moskauer Zeit ab. Dorothee stand hinten auf dem Boot und sah ihre allererste Heimat immer mehr entschwinden. Es war ein denkwürdiger Tag. Ihrer lieben „Mamotschka", ihrer Mutti, konnte sie dies alles nicht mehr zeigen. Nur an sie denken und begreifen, warum Charlotte sich so gerne an diese Menschen und an diese Gegend erinnerte.

Um 18.30 Uhr waren sie zurück in Sotschi, doch die Gedanken blieben in Suchumi. Dort einmal in Ruhe Urlaub verbringen, offiziell sich dort aufhalten, alles in Ruhe ansehen, das wäre schön. Drei Tage lang fühlte sich Dorothee fremd in sich selbst. Sie hatte das Gefühl, neben sich selbst zu stehen oder so als ob ihr Inneres durch einen großen Abstand vom Körper getrennt war. Der Körper funktionierte ganz normal weiter, doch in ihr drin war alles anders geworden. Große Sehnsucht war in ihrer Seele und erfüllte ihren ganzen Körper. Sie hatte keinen Appetit, konnte kaum etwas essen, sie war zu Hause gewesen, und das hatte ihr ganzes Ich ergriffen. Von nun an würde sie nicht mehr dieselbe Person sein. Sie hatte ihre eigenen Wurzeln berührt.

Donnerstag, 5. Juni 1975, nur eine Woche später, Rudi und Kerstin waren inzwischen schon abgereist, ging es erneut nach Suchumi. Dieses Mal fuhren ihr Kollege Walter und Freundin Diana mit und sie blieben die ganze Zeit bei der Touristengruppe. Dorothee wollte nur die Stadt selbst kennen lernen, nein, wieder sehen. Der 5. Juni, das war Charlottes Geburtstag. Sie wäre heute 65 Jahre alt geworden. Dorothee wusste, es hatte eine Bedeutung, dass sie ausgerechnet am Geburtstag ihrer Mutti Suchumi wieder sehen konnte.
Abfahrt war wieder um 8.10 Uhr mit dem Tragflächenboot, diesmal der Kometa 2. Unterwegs legte das Boot noch einmal an, im Ortsteil Chosta, wo eine Touristengruppe aus der DDR zustieg. Sie fuhren ganz nahe an der Küste entlang, alles war zum Greifen nahe. Nach Passieren der Halbinsel Pizunda mit den Hotelhochhäusern und breiten Stränden, nahm der Wellengang gefährlich zu. Die Tragflächenboote haben dann ein großes Problem. Sie heben sich durch ihre Geschwindigkeit aus dem Wasser hoch und fahren ja sozusagen über den Wellen. Wenn diese zu hoch werden, funktioniert das nicht mehr richtig, das Boot knallt mit den Wellen zusammen und kann beschädigt werden. Bei zu hohem Wellengang können diese Boote also nicht mehr fahren. Sie kamen dennoch heil in Suchumi an, sogar pünktlich um 11.15 Uhr.

Stadtrundfahrt, Regierungsviertel, dann zur Affenzucht. Diese gehörte zum Forschungsinstitut für experimentelle Pathologie und Therapie der Akademie der Wissenschaften der UdSSR. Weiter durch die Stadt bis zum Bahnhof Kelasuri, schon fast die halbe Strecke zu „ihrem" Agudseri. Zurück und auf

den 210 Meter hohen Suchumer Berg, der in den 50-er Jahren noch Stalin-berg hieß. Hier Pause, schöner Blick auf die Stadt, den Hafen, die Bucht und in Richtung Süden: die Häuser von Agudseri.
Schließlich Mittagessen im Hotel Abchasia, direkt an der Strandpromenade gelegen, ein schönes Gebäude im alten klassischen Stil, und dann freie Zeit.

Dorothee überredete Walter und Diana sie in den Botanischen Garten zu begleiten. Der halbrunde Eingang mit Säulen sah noch genauso aus wie da-mals. Oben stand in drei Sprachen „Botanischer Garten" - Russisch mit kyrilli-schen Buchstaben, Georgisch mit georgischen Buchstaben und Abchasisch mit kyrillischen Buchstaben, denn die abchasische Sprache kannte kein Alfa-bet, bis dieses Gebiet der Sowjetunion einverleibt wurde.

Dorothee suchte einen Seerosenteich, ein kreisrunder Teich, umrandet von einer kleinen Steinmauer, die genug Platz bot, um sich hier hinzusetzen und fotografieren zu lassen. Rechts hinten gab es einen ganzen Wald von Bam-busbäumen. Genau hier an dieser Stelle hatte Hartmut sie im Sommer 1957 fotografiert. Sie konnte sich genau erinnern, wie er zu ihr sagte: „Stell Dich da hin, damit ich fotografieren kann."
Nun tanzte Dorothee auf der Steinmauer einmal um den ganzen Teich herum, stoppte genau an der gleichen Stelle und ließ sich von Walter fotografieren. Dann noch ein Foto vor den Bambusbäumen. Davon gab es auch eines von 1957. Der Bambus war in all den Jahren natürlich größer und dicker gewor-den, aber es war immer noch der gleiche.
Waren wirklich schon so viele Jahre vergangen? 18 Jahre? Sie fühlte sich wie damals als kleines Mädchen mit ihrem Strohhütchen mit Schleife, den sie immer noch besaß und der für sie fast ein Heiligtum war. Heute trug sie auch einen Hut, einen georgischen Hirtenhut aus Filz. Bei 37° C Temperatur, pral-lem Sonnenschein und einer Luftfeuchtigkeit von über 80 % war dies auch nötig. Sonnenstiche hatte sie zweimal in Spanien gehabt, keine schöne Sa-che. Auf dem Rückweg kamen sie an einem Haus vorbei, einer Art Büro, in dem einige Frauen saßen und gerade Kirschen aßen. Walter wollte durch das offene Fenster hineinfotografieren. Dorothee warnte ihn. Die Frauen wurden auf sie aufmerksam und gaben jedem eine Handvoll Kirschen. Herrlich schmeckende Kirschen.

Um 16.40 Uhr fuhr die Kometa 1 zurück. Aufgrund des Wellenganges war es fraglich gewesen, ob sie überhaupt fahren kann. Dann hätten sie den Zug nehmen müssen, die „Elektritschka", wie Vorortzüge genannt wurden. Vorort? Nun ja, 140 Kilometer sind für ein riesiges Land wie die Sowjetunion es war, keine Entfernung. So hatte Dorothees neu gewonnene Freundin Galina aus Sotschi ihr erklärt, dass sie ursprünglich aus Sibirien stamme und in einem Vorort der Stadt Krasnojarsk zu Hause gewesen war, nur acht Stunden mit dem Zug von Krasnojarsk entfernt. Also das war auch noch ein „Vorort".

Auf der Rückfahrt war von der Küste kaum etwas zu sehen, die Wolken hingen tief, in den Bergen regnete es sicherlich heftig. Als Ausgleich aber sahen sie sehr viele Delphine, die sich daran freuten, die Kometa zu begleiten.

Die Saison war voll im Gange. Die Reiseleiter mussten jeden Ausflug mindestens einmal mitmachen, um genau zu wissen, wie er ablief und somit die Touristen detailliert informieren zu können. Außer dem Ausflug nach Suchumi gab es einen Ausflug zur Teeplantage mit dem schönen Namen „Dagomys" und einen Hubschrauberausflug in die Berge des Kaukasus mit Picknick in einem Hochtal. Dieser Ausflug hatte es allerdings in sich. Nie wusste man, findet er statt oder nicht, erst kurzfristig wurde dies festgelegt, je nach Wetterlage im Gebirge. Dorothee sollte gleich nach Rückkehr aus Suchumi mitfliegen, doch bis 8.00 Uhr morgens stand noch nichts fest. Dann hieß es: Doch der Hubschrauberausflug kann stattfinden, Start ist aber erst um 10.30 Uhr, denn die geplante Wanderung zu den Wasserfällen muss ausfallen. Warum dies? Keine Auskunft. Es hatte nicht viel Sinn nachzuhaken, eine Erklärung würde man sowieso nicht bekommen. Einer der Gäste an jenem Tag war so richtig sauer, dass die Wanderung ausfiel und machte Dorothee das Leben schwer, er hetzte auch den Rest der Gruppe auf. Den ganzen Tag lang war er immer wieder aggressiv.

Es war ein großer Hubschrauber, der 25 Passagiere mitnehmen konnte. Solch ein Hubschrauberflug ist ein besonderes Erlebnis, überhaupt nicht zu vergleichen mit einem Flugzeug. Kein Beschleunigen und dann Abheben in die Luft. Der Hubschrauber startete und als der Propeller am Laufen war, hob er sich vertikal in die Luft. Der Boden unter ihnen verschwand sehr schnell. In einer gewissen Höhe blieb er kurz stehen und flog dann los hinein ins Gebirge, zwischen die Täler, ganz nahe heran an die Gletscher und die steilen Felswände, Gebirgsflüsse, Schnee, Bergkuppen, alles zum Greifen nahe. Der Pilot ließ den Hubschrauber in der Luft stehen. Der Anblick dieser Landschaft war gigantisch, aber das Fotografieren war verboten. Wieder waren die Gäste sauer. Verständlich, aber in der Sowjetunion war es prinzipiell verboten aus Flugzeugen, Hubschraubern und dergleichen zu fotografieren. Auch durfte man Brücken, Züge, Bahnhöfe oder Flughäfen nicht fotografieren, auch nicht deren Gebäude. Man hätte die Fotos doch für Spionagezwecke verwenden können. So war die Mentalität geprägt, die Politik sorgte dafür, dass jeder ideologisch richtig gepolt wurde. Ständig auf der Hut sein vor dem Feind, dem kapitalistischen Feind, und selbst unter den eigenen Leuten konnten ja Verräter sein. Da saß man nun in diesem Hubschrauber, hatte die Berge zum Greifen nahe und durfte keine Erinnerungsfotos mit nach Hause nehmen. Dass Dorothee nichts dafür konnte, das sah dann auch der aggressive Gast langsam ein.

Sie flogen nur knapp eine halbe Stunde in einer Höhe von 2400 Metern und mit einer Durchschnittgeschwindigkeit von 200 Stundenkilometern und landeten im Aibga-Tal[6], direkt am Fuße des Berges Aibga gelegen, der 2800 Meter hoch ist und bis oben noch mit Bäumen bewachsen. Hier endlich durften Fotos gemacht werden, jedoch erst, nachdem der Hubschrauber davongeflogen war. In diesem Hochtal war das Wetter sehr angenehm, eine Temperatur von 22°C, Höhenluft und pure Sonne, grüne Wiesen, voll mit weißen Margeriten. Und hier gab es ein Picknick mit 100 Gramm Wodka für jeden zur Begrüßung, mit georgischem Wein, Mineralwasser, Gurken, Tomaten, gegrilltem Fisch und Schaschlik. Danach Spaziergang über die Wiesen, Blumen pflücken (das war nicht verboten), sich sonnen, plaudern und die Seele ein Weilchen baumeln lassen. Selbst der aggressive Gast war nun zufrieden und sagte zu Dorothee: „Bei mehreren Gästen wie mich hätten Sie nicht viel zu lachen." Immerhin, dieser Gast würde sich nach Rückkehr nicht beschweren in der Frankfurter Zentrale.

Zurück ging es schon wieder um 15.00 Uhr. Sie landeten in Adler und mussten mit dem Bus nach Sotschi fahren, morgens hatten sie direkt in Sotschi starten können.

Abends dann hörte Dorothee, dass dieser Ausflug in der nächsten Woche nicht mehr stattfinden sollte. Der für die Ausflüge zuständе Chef von Intourist hatte mitbekommen, dass sich einige Gäste beschwert hatten. Sehr förderlich für den Tourismus in der Gegend war es sicher nicht, wenn man einen Ausflug einfach nicht mehr anbot, nur, weil einige Gäste etwas daran auszusetzen hatten. Hätte man nicht versuchen können, den Ablauf des Ausfluges zu verbessern? Im sozialistischen System aber sah man dies offensichtlich anders.

Wollte Dorothee nach Hause telefonieren, so musste sie das Telefonat erst anmelden, in ihrem Fall per Telefon aus dem Zimmer die Rezeption anrufen, die dann die gewünschte Telefonverbindung ins (feindliche) Ausland bei der Telefonzentrale anmeldete. Von hier aus wurde alles an die Hauptzentrale in Moskau weitergeleitet. Von dort aus setzte man sich dann mit der Auslandstelefonvermittlung in Frankfurt am Main in Verbindung. Sobald dann das Gespräch von Moskau aus möglich - oder sollen wir lieber sagen „erlaubt" - war, meldete sich Moskau in Frankfurt und Frankfurt rief bei Hartmut in Ulm oder bei Rudi und Kerstin in München an. Das Procedere war schwierig und langwierig. Man musste viel Geduld haben. Es dauerte Stunden, bis solch ein Telefonat zustande kam und man musste so lange ja im Hotelzimmer bleiben. Gut war nur, dass es zwei Stunden Zeitunterschied gab zwischen Sotschi und der BRD. Wenn Dorothee also um 22.00 Uhr ein Gespräch anmeldete, das dann schon um 24.00 Uhr zustande kam, so war es in Westdeutschland immerhin erst 22.00 Uhr. Es kam auch vor, dass nach mehreren Stunden gemeldet wurde, ein Gespräch sei nicht möglich, weil die Leitungen gestört seien oder ähnliches. Möglicherweise fehlte in solchen Fällen das Personal, das

---

[6] Sprich = A-ibga (a und i getrennt aussprechen)

die Gespräche mithören musste. Welche anderen Gründe sollte es sonst geben?

Andersherum war es das Gleiche. Hartmut musste in der Auslandstelefonvermittlung in Frankfurt am Main das Gespräch anmelden. Dort sagte man ihm gleich, dass es mehrere Stunden dauern kann. Frankfurt meldete das Gespräch in Moskau an. Dort, so kann man vermuten, wurde erstmal kontrolliert, ob derjenige, der aus dem Ausland angerufen werden soll, überhaupt mit jemandem im Ausland reden d a r f. Wenn ja, dann erst ging das Procedere weiter. Moskau rief Sotschi an, und wenn diese Leitung stand, rief Moskau Frankfurt an und Frankfurt dann Hartmut. Zwei Stunden Wartezeit von der Anmeldung bis zum Telefonat waren guter Durchschnitt.

Mit Telegrammen verhielt es sich genauso. Hartmut schickte morgens um 8.35 Uhr ein Telegramm in Ulm ab, das kam dann um 15.40 Uhr Ortszeit in Sotschi an. Dorothee erhielt es allerdings erst um 18.00 Uhr, als sie von den Sprechstunden in den Hotels zurückkam.

Verglichen mit den Einsätzen in Spanien gab es hier einen ganz gravierenden Unterschied, hier an der „Russischen Riviera" machten nicht nur viele Sowjetbürger Urlaub, sondern auch sehr viele Bürger aus der DDR. Nun kamen sie zusammen, die Westdeutschen und die Ostdeutschen. An der Sprache unterschieden sie sich nur durch ihren jeweiligen Akzent oder Dialekt, aber ob ein Berliner aus dem westlichen Teil der Stadt oder dem östlichen Teil - Verzeihung - aus der Hauptstadt der DDR kam, das ließ sich höchstens an Kleidung und Benehmen unterscheiden. DDR-Bürger bewegten sich nicht so frei, sie blieben mehr in der Gruppe. Dass es zu Kontakten beider deutscher Gruppen kam, ließ sich jedoch nicht vermeiden. Nicht selten kam es auch vor, dass sich Verwandte aus der BRD mit Verwandten aus der DDR im Urlaub hier verabredeten. Das war sicher einfacher, als ein Visum für die DDR zu bekommen. Und die DDR-Bürger durften sowieso nicht in die BRD ausreisen, auch nicht zu Besuchen, es sei denn sie waren Rentner oder es gab einen triftigen familiären Grund, eine große Familienfeier. Das immerhin hatten die Politiker inzwischen vereinbart. Ein winziger Fortschritt in Richtung Normalisierung der Beziehungen.

Samstags war Transfertag, An- und Abreise der Gäste. An einem Samstagnachmittag fiel Dorothee ein gut aussehender Mann auf, der einen großen Blumenstrauß in der Hand hielt und vor dem Hotel Kamelia ständig nervös auf und ab ging. Im Eingang stand eine junge Frau mit langen schwarzen Haaren, an ihrer Hand ein kleines Mädchen, vielleicht vier Jahre alt.

Der nervöse Blumenkavalier kam auf Dorothee zu, fragte auf Russisch: „Sind Sie die Reiseleiterin der Touristen aus der BRD?"

„Ja."

„Wird das Flugzeug aus Frankfurt heute pünktlich sein?"

„Ja, ich habe nichts von einer Verspätung gehört bis jetzt."

„Schön, sehr gut, wissen Sie, mit diesem Flugzeug wird meine Mutter ankommen."

Dorothee war gerührt, dachte sich aber nichts Besonderes dabei.

Sie brachten die Gäste zum Flughafen in Adler und holten die neuen Gäste ab. Dorothee hatte den Bus mit den Gästen aus Frankfurt. Der Bus bog in die Einfahrt zum Hotel Kamelia ein, da stand eine Frau auf. Sie war sehr nervös, bückte sich, um besser aus dem Fenster schauen zu können, rief dann einem Mann zu: „Da, das muss er sein." Sie meinte jenen jungen Mann mit dem Blumenstrauß. Dieser stand am Hoteleingang und wippte nervös mit den Fersen auf und ab.

Kaum hatte der Busfahrer die Tür geöffnet, stieg die Frau aus, lief auf diesen Mann zu und rief einen Namen. Er daraufhin: „Mama!"

Sie umarmten sich heftig, drückten sich fest aneinander, schauten sich immer wieder an, umarmten sich erneut und weinten, weinten, weinten.

Die Frau sprach kein Russisch. Und da stand nun ihr Sohn, der wiederum kaum Deutsch sprach, obwohl er in letzter Zeit extra ein paar Worte gelernt hatte.

Was spielte sich hier vor ihren Augen ab? Diese Frau erzählte es Dorothee unter Tränen persönlich. Sie hatten in Ostpreußen gelebt und mussten am Kriegsende fliehen. Unterwegs auf der Flucht hatte sie ihren damals zweijährigen Sohn verloren. Das Rote Kreuz hatte jahrzehntelang nach ihm gesucht. Vor wenigen Monaten konnten sie ihn ausfindig machen: Er lebte in Erewan, der Hauptstadt der armenischen Sowjetrepublik, war Ingenieur, verheiratet mit einer Armeniern und hatte eine vierjährige Tochter. Der damals Zweijährige war von russischen Soldaten gefunden und mitgenommen worden. Eine russische Familie nahm ihn auf.

Dorothee lief ein kalter Schauer über den Rücken. Welch trauriges Schicksal! Und sie war Zeugin dieses besonderen Wiedersehens zwischen Mutter und Sohn gewesen. Ein Wiedersehen nach 30 Jahren Suche und der ständigen Ungewissheit, lebt mein Sohn noch, wo lebt er? Was hatte wohl der Mann empfunden, als er erfuhr, dass seine leibliche Mutter in der BRD lebte und nach ihm suchte? Wusste er überhaupt vor dem schicksalhaften Anruf seitens des Roten Kreuzes, dass seine Wurzeln in Ostpreußen lagen? Nein, das hatte er nicht gewusst.

Solche und ähnliche Schicksale bekam Dorothee im Laufe der Saison öfters zu hören. Fast jede Woche. Da waren zwei Brüder, die sich hier in Sotschi mit einem weiteren Bruder trafen. Auf der Flucht nach Kriegsende hatte es den einen in Richtung Osten, die anderen beiden in Richtung Westen verschlagen. Auch sie hatten sich über das Rote Kreuz wieder gefunden. Einer ihrer Gäste zum Beispiel, eine alte Frau, die zwei Wochen im Hotel Intourist wohnte, sollte wieder abreisen. Sie war Weißrussin und wohnte seit 30 Jahren in der BRD. Sie konnte weder lesen noch schreiben, weder lateinisch noch kyrillisch. Dorothee half ihr beim Ausfüllen der Zolldeklaration, d.h. sie füllte diese aus und die Frau unterschrieb. Dazu hatte sie einen kleinen Zettel, auf dem ihr Name stand. Diesen verwendete sie als Vorlage und zeichnete sich die Linien, sprich Buchstaben, ab. Dass es das heutzutage noch gab, Analfabeten.

Und da war auch jene Frau, deren Schwester in Sibirien lebte, eben auch verloren gegangen war auf der Flucht und somit in der Sowjetunion aufwuchs. Die Schwestern trafen sich alle zwei Jahre im Sommer in Sotschi. Die „östliche" Schwester war hier offiziell zur Kur, die „Westliche" machte Urlaub. Und als Dorothee gebeten wurde, auf der Toilette des Hotels der Schwester aus Sibirien einen Umschlag mit Devisen, d. h. also mit ein paar D-Mark zu übergeben, den ihr die Schwester aus der BRD nicht überreichen wollte, wussten sie doch, dass sie beide unter genauer Beobachtung standen, da konnte Dorothee nicht nein sagen.

So richtig erlaubt war es nicht, Sowjetbürger durften keine Devisen besitzen. Aber Dorothees Sinn für Gerechtigkeit sagte ihr, sie müsse es tun, obwohl sie wusste, dass auch sie beobachtet wurde.

Überhaupt diese Devisengeschichte. Da gab es so genannte Devisengeschäfte, Geschäfte, in denen man nur mit harter Währung, z. B. D-Mark zahlen konnte. In der DDR gab es diese auch. Dort nannten sie sich Intershop. In der Sowjetunion hatten sie den romantischen Namen „берёзка" - Berioska, was „Birkchen" oder „kleine Birke" bedeutete.

Ihre Souvenirs kaufte Dorothee nur in diesen Berioskaläden. Zwar hatte Dorothee im Laufe des vergangenen Jahres einige Kilogramm abgenommen, aber noch immer war sie vollschlank, um es mal so auszudrücken. Sie war vollbusig, wie die meisten Russinnen. Und mit ihren langen, dunklen Haaren, der Art, wie sie sich hier kleidete (sie wollte nicht allzu sehr auffallen), dachten viele Leute, sie sei Russin. Und so war es fast schon normal, dass man sie bei Betreten eines Berioska-Ladens mit strengem, unhöflichen Ton mit den Worten begrüßte: „У нас закрыть" - u nas zakryt - bei uns ist geschlossen.

Woraufhin Dorothee stets ein unschuldiges Gesicht machte und mit kindlichem Ton sagte: „Я из ФРГ - ja is FRG - ich bin aus der BRD. Ist für mich auch geschlossen?" Die Damen schüttelten den Kopf, Dorothee konnte ungestört einkaufen. Bezahlen musste sie mit D-Mark.

Dass sie hin und wieder nicht für sich, sondern für Russen einkaufte, die irgendwo im Hotel arbeiteten und D-Mark als Trinkgeld erhalten hatten, war für sie selbstverständlich. Diese Leute konnten leider nicht persönlich ihre eigenen Devisen in den Berioskaläden ausgeben. Offiziell durften sie gar kein Trinkgeld annehmen, erst recht keines in harter Währung, und die Läden durften sie nicht betreten. Was aber empfindet ein Mensch, der ständig in Radio, Fernsehen und Zeitung hört bzw. liest, dass der kapitalistische Feind gefährlich ist, dass er böse ist, dass der Kapitalismus nicht funktionieren kann usw., dann aber muss dieser Mensch am eigenen Leib spüren, dass er im eigenen Land weniger wert ist, als eben dieser böse Feind. Dorothee fragte sich, wie lange die Menschen dies noch mitmachen würden.

Das kulturelle Angebot im Sommer war in Sotschi sehr groß. Es gab ein Wintertheater und ein Sommertheater. Das Wintertheater war ein großes Gebäude, klassischer Stil, Fassade mit Treppen, Säulen am Eingang und drin ein sehr großer Saal. Das Sommertheater war ein offenes Theater ohne Dach, ein halbrunder Bau mit großem Zuschauerraum und großer Bühne. Es war besonders schön, hier Konzerte oder andere Veranstaltungen zu besuchen, saß man doch praktisch im Freien, konnte den Sternenhimmel über sich betrachten und der Musik lauschen. Viele bekannte Orchester der Sowjetunion kamen und spielten hier Konzerte mit Musik von Rachmaninow, Tschaikowskij und vielen anderen. Aber es kamen auch Folkloregruppen aus den unterschiedlichsten Gegenden der Sowjetunion. Ein wahrer Vielvölkerstaat dieses sowjetische Reich.
Es gab einige Kinos, in denen gute Filme gezeigt wurden. So sah sich Dorothee einen Dokumentarfilm über Edith Piaf an und einen Karl-May-Film. Ja, richtig, auch einen Karl-May-Film - „Winnetou 1". Das erinnerte sie an ihre erste Liebe „Pirre Britze". Im Kino saßen ganze Familien, von Enkeln bis Oma und Opa. Und wie sie alle mitfieberten, manch entsetzter Laut einer Oma, wenn die Apatschen in eine Falle gelockt wurden von den bösen Weißen. Der Film war synchronisiert ins Russische, was einen besonderen Effekt auf Dorothee hatte. Mal etwas anderes, Pirre Britze auf Russisch zu hören.

Die Doppelzimmer im Hotel Schemtschuschina hatten prinzipiell keine Badewanne, sondern nur Duschen. Die Einzelzimmer waren von der Fläche her genauso groß, hatten nur ein Bett, dafür aber ein gemütliches Sofa im Zimmer und im Bad eine richtige Badewanne.
Eines Samstags kam ein nettes Ehepaar aus Frankfurt angereist. Der Mann litt unter einer Rückenmarkserkrankung und musste täglich ein medizinisches Bad nehmen. Das hatte er bei der Reiseanmeldung auch so angegeben. Doch es war nicht nach Sotschi weitergeleitet worden, oder Intourist hatte es übersehen, alles, was aus der Reihe fällt, ist eine Belastung für das kollektive Denken des Sowjetmenschen. Jedenfalls erhielt das Ehepaar ein Doppelzimmer ohne Badewanne. Der Mann war verzweifelt. Sämtliche Zimmer waren ausgebucht, es war Hochsaison. Ein Zimmerwechsel war praktisch unmöglich. Dann, so meinte der Gast, müsse er sofort wieder zurückfliegen. Er müsse unbedingt eine Badewanne haben. Er und seine Frau waren bereit, ein Einzelzimmer zu nehmen. Sie wollte auf der Couch schlafen. Ganz egal, Hauptsache eine Badewanne. Am Samstag konnte Dorothee diesem Gast nicht mehr helfen. Am Sonntag dann ging sie immer und immer wieder zur Rezeption, um das Problem zu lösen, dem bedauernswerten Mann zu helfen. Sie wurde stets auf später vertröstet. Inzwischen hatte der Mann schon Schmerzen und war sehr verzweifelt. Dorothee ging an den Strand, sonnte sich eine Weile und war schon wieder an der Rezeption.

Gegen 16.00 Uhr nachmittags wurde ihr gesagt: „Der Gast und seine Frau können in ein Einzelzimmer umziehen. Wir müssen nur noch die Sachen des Gastes zusammen packen, der momentan drin wohnt. Das dauert noch ungefähr eine halbe Stunde. Der Gast ist momentan am Strand."

Dorothee erlaubte sich zu fragen: "Ist der Gast denn einverstanden, dass er aus dem Zimmer ausziehen muss?"

Die Antwort lautete: „У нас советские граждане не спрашиваются - u nas sowjetskije graschdanje nje spraschiwajutsja -- Bei uns werden Sowjetbürger nicht gefragt."

Einmal mehr war klar, der Einzelne zählt im Kollektiv absolut gar nichts. Das tat Dorothee leid, aber sie war froh, ihrem Gast geholfen zu haben. Dieser war sehr dankbar und konnte nun den Urlaub endlich genießen.

„Ich möchte, dass Sie alle so gut Russisch sprechen, dass man Sie fragen wird, aus welcher Gegend Russland Sie kommen". Das hatte einmal die Lehrerin des Russischkurses gesagt. Und nun geschah genau dies. Dorothee ging wieder einmal in eines der „Büfetts" und wollte etwas essen. Da fragte sie der Verkäufer, ob sie aus Tallinn, der Hauptstadt der Sowjetrepublik Estland sei, also aus dem Baltikum. Sie war ganz stolz.

Ein anderes Mal meinte ein Taxifahrer, sie käme aus der Ukraine. Als sie verneinte, behauptete er, sie müsste zumindest eine ukrainische Großmutter haben, weil sie so aussähe. Das amüsierte Dorothee immer sehr. Ein schönes Gefühl, wenn man so sehr in ein Land integriert wird, dass man gar nicht mehr auffällt.

Gegen den Durst trank man am besten „Квас - Kwas". Der Kwas ist ein typisches russisches Erfrischungsgetränk, das Kohlensäure enthält. Es wird durch Gärung aus Wasser, Roggen und Malz gewonnen. Kwas wird aus Brot hergestellt, daher ist er auch als "Brotgetränk" bekannt.

Kwas wurde in einer Art Tankwagen verkauft. Diese Wagen standen an verschiedenen strategischen Straßenecken oder in der Nähe von Bushaltestellen. Meist stand eine Menschenschlange davor und man musste ein bisschen warten. Es gab einen Glaskrug, der vorher an einer Art Gläserreinigungsanlage gereinigt wurde. Vielleicht nicht so ganz hygienisch, aber krank wurde man trotzdem nicht. Jedenfalls tat es verdammt gut, einen halben Liter von diesem Kwas zu trinken. Er löschte den Durst ganz hervorragend.

Eines Tages nun stellte sich Dorothee auch in solch eine Warteschlange, wunderte sich aber bald, dass heute ausschließlich Männer hier standen. Als sie den vollen Krug erhielt, wunderte sie sich wieder, dass der Kwas heute gar nicht dunkel, sondern hell war, eine gelbe Farbe hatte. Sie trank und musste feststellen, dass sie nicht an einem Kwas-Wagen stand, sondern an einem Wagen, auf dem groß Пиво - Pivo, also Bier, drauf stand.

Das Einkaufen in der Sowjetunion musste man als Ausländer auch erst lernen. Man konnte nicht einfach an den Tresen gehen, dies oder jenes verlangen und dann bezahlen. Nein, zuerst ging man an den Tresen und fragte einen der Verkäufer oder Verkäuferinnen, meistens waren es ja Frauen, ob das, was man haben möchte, auch vorhanden war. Wenn ja, fragte man nach dem Preis. Mit dieser Ziffer im Gedächtnis stellte man sich an der „Kacca - Kassa" - Kasse an. Der Kassiererin nannte man den Preis, zahlte und ging nun mit dem Kassenbon wieder an den Tresen, oft musste man sich erneut in eine Schlange stellen. Den Kassenbon legte man nun vor und erhielt die gewünschte Ware. Somit wurde verhindert, dass jemand mit unbezahlter Ware den Laden verließ. Es war aber ein sehr umständliches Verfahren. Nur auf dem Markt konnte man direkt den Händlern zahlen.

Manchmal kam ihnen auf der kurvenreichen Strecke zwischen dem Flughafen in Adler und Sotschi ein Polizeiauto entgegen, fast mitten auf der Fahrbahn. Das bedeutete ganz rechts hinfahren und möglichst die Geschwindigkeit reduzieren, denn einem solchen Polizeiauto folgten meist mehrere schwarze Limousinen der Marke Wolga - Regierungsdelegationen - am Ende dann ein Polizeimotorrad. Das Beste war zu warten, bis sie alle vorbeigefahren waren. Sie waren rigoros, das Volk hatte die Straße zu räumen für die hohen Funktionäre.

Es kam schon hin und wieder einmal vor, dass ein in der UdSSR oder sonst wo im Ostblock eingesetzter Reiseleiter sich telefonisch in der Zentrale von Lechak-Reisen meldete: „Ich muss dringend zurück nach Frankfurt". Dann wurde nicht lange gefragt. Es war klar, dieser Kollege musste sofort das Land verlassen und durch einen anderen Kollegen, den man, oft mitten in der Saison, aus einem anderen Gebiet abzog, ersetzt werden. Erst, wenn besagter Kollege dann sicher in der BRD war und ins Büro kam, konnte er offen erzählen, warum er das Land so schnell hatte verlassen müssen. Meist waren diese Kollegen unter Druck gesetzt worden zu „kollaborieren". Mit anderen Worten, sie sollten spionieren. Aber was konnte man als Reiseleiter schon spionieren? Lehnte man es ab, so begannen die Schikanen: Es gab plötzlich keine Hotelzimmer mehr für die neu ankommenden Gäste, oder Flüge wurden storniert und ähnliches. Jedenfalls konnte das alles nur dann verhindert werden, wenn der Kollege sofort ausreiste und ein anderer kam.

Seltsam war zum Beispiel, dass Walter öfters mal von hohen Intouristchefs zum Abendessen eingeladen wurde. Nicht aber Dorothee. Walter war aber nicht Dorothees Chef. Sie standen auf gleicher Ranghöhe. Ihr Chef war Jan Bukker in Moskau.
Bei Walters Intouristeinladungen geschah aber nichts Besonderes. Vielleicht wollte man sich erstmal vortasten. Dann wurde eines Abends auch Walters Freundin Diana mit zum Abendessen eingeladen. Diana war als britische Staatsbürgerin ziemlich unbedarft. Später erzählte sie Dorothee ganz stolz, dass sie gefragt habe, warum in allen Hotelzimmern Mikrofone zum Abhören eingebaut sein müssten.

Dorothee wurde es mulmig als sie dies hörte, denn Dorothee dachte weiter, überlegte sich, wie diese Herren denken. Diese stellen sich vor, wenn jemand weiß, dass es Mikrofone gibt, dann doch nur, weil er darauf geschult und darüber informiert wurde. Die besagten Personen konnten sich absolut nicht vorstellen, dass man im Westen ganz offen über solche Dinge sprach, dass praktisch jedes Kind es wusste.

Dorothee blieb von solchen subtilen Angeboten verschont. Walter und sie rätselten, warum wohl. Walter meinte, möglicherweise sei man der Auffassung, dass Dorothees Vater, Hartmut, bereits sehr viel für die Sowjetunion getan habe, so dass man die Tochter in Ruhe ließ. Dorothee jedenfalls war sehr dankbar dafür.

„Entweder verwendest Du zuviel Spucke, wenn Du die Briefe zuklebst, oder sie werden geöffnet und wieder zugeklebt. Das Blatt klebt immer am hinteren Teil des Umschlages fest". Dorothee konnte sich nur erlauben, diese Worte an ihren Vater zu schreiben, weil ihre Briefe jeweils von einem netten Gast persönlich mit in die BRD genommen wurden. Hartmuts Briefe aber kamen über den ganz normalen Postweg zu ihr. Es war klar, dass sie durch die Zensur gingen. Also wurden sie mit Dampf geöffnet, gelesen und dann wieder zugeklebt. Eben zu fest, denn der Brief klebte dann am Umschlag fest. Beim Öffnen musste man aufpassen, dass das oft dünne Briefpapier nicht zerriss.

Direkt neben dem Hotel Kamelia befand sich das Hotel Intourist, auch ein altes Gebäude wie das Hotel Primorskaja. Im Intourist-Hotel befanden sich die Büros der Intourist-Zentrale für Sotschi und vor allem die Büros der wichtigen Chefs dieser staatlichen Touristikorganisation. Das alte Gebäude hatte durchaus seinen Charme, ein schön eingerichtetes Restaurant mit Blick auf das Meer und einer Terrasse. Welch wunderschöne Sonnenuntergänge konnte man hier beobachten, während man das Abendessen genoss und sich von Live-Musik in romantische Stimmung versetzen lassen konnte. Nie würde Dorothee diese Sonnenuntergänge vergessen, sie erinnerte sich stets an ihre Kindheit in Suchumi und die so schnell im Meer versinkende Sonne, die sie so oft bestaunt hatte.

Sie aßen sehr oft auf dieser Terrasse, Walter, Diana und Dorothee, und oft begleitet von dem einen oder anderen Russen, den einer von ihnen kennen gelernt hatte. Viel Geld kostete sie das alles nicht. Sie erhielten Essencoupons, für jeden Tag einen Frühstückscoupon im Wert von 1,50 Rubel und zwei Coupons für Mittag- und Abendessen im Wert von je 3,50 Rubel. Bei der Hitze hatte man mittags aber oft keinen Hunger, meist aßen sie nur eine Kleinigkeit in einem der Hotel-Buffets. Und so sammelten sich die Coupons an, die man nicht in Bargeld umtauschen konnte. Irgendwie mussten die Dinger verbraucht werden. Was konnte man also besseres tun, als sich ein schönes Abendessen mit Wodka und sowjetischem Schampanskoje und Kaviar auf der Terrasse mit Blick auf den Sonnenuntergang zu gönnen und dazu noch Freunde einzuladen, die sich einen solchen Luxus niemals leisten konnten.

Manchmal fuhr dann auch gerade ein Zug vorbei, von Suchumi kommend in Richtung Moskau oder umgekehrt, die Bahngleise führten direkt an diesen beiden Hotels vorbei.

An der Rezeption des Hotels Kamelia arbeitete eine Russin, die Schwäbischer Abstammung war, genauer gesagt war sie eine Volksdeutsche. Sie sprach Deutsch mit schwäbischem Dialekt, hatte das von ihrer Mutter so gelernt. Diese russische Schwäbin achtete darauf, dass Dorothee ihre Post möglichst pünktlich erhielt, trotzdem tauchte einer der Briefe erst zwei Wochen verspätet im Postsammelfach auf. Da sie beide, Hartmut und Dorothee, alle Briefe nummerierten, war schon aufgefallen, dass einer davon fehlte.

Für Reiseleiter gibt es keine freien Tage, nur freie Stunden. Und diese nutzte Dorothee so gut wie möglich aus. In Spanien hatte sie in jedem ihrer beiden Einsätze eine nette Gruppe von Kollegen gehabt, mit denen man etwas unternehmen konnte. Hier war dies nicht so. In der ganzen Sowjetunion waren insgesamt nur 4 Reiseleiter von Lechak-Reisen eingesetzt. Der Chefreiseleiter in Moskau, die Kollegin in Leningrad und in Sotschi eben Walter und sie. Walter hatte seine Freundin Diana. Da kam sich Dorothee dann manchmal wie das überflüssige fünfte Rad am Wagen vor.
Doch eine Kollegenclique fehlte ihr hier in Sotschi gar nicht. Sie bekam so netten Kontakt zu den Einheimischen. Dies auch Dank der Tatsache, dass sie Esperanto sprach und gleich durch andere Personen, die diese Sprache auch gelernt hatten in eine nette Gruppe integriert wurde. Dazu kam, dass man sie fast als Russin betrachtete. Sie war in diesem Land geboren, und sie wusste, die Menschen und ihre Probleme zu verstehen. Öfters sagte auch die eine oder andere Intourist-Dolmetscherin zu ihr: „Doritschka, hoffentlich kommst Du nächsten Sommer wieder. Du verstehst wenigstens unsere Lage."

Die freien Stunden verbrachte Dorothee oft am Strand. Wie in Suchumi war der Strand auch hier steinig, kein Sandstrand. Man konnte sich dort nur auf einer Liege sonnen. Im Wasser schwammen manchmal auch viele Quallen herum, je nach Wetterlage, je nach Meeresströmung. Es waren Gott sei Dank keine Feuerquallen, also ganz harmlos, aber ekelig. Diana sonnte sich gerne auf einer Luftmatratze auf dem Wasser. Um sie zu ärgern bewarfen Walter und Dorothee sie mit Quallen. Voller Wut warf sie zurück.
Manchmal spielte Dorothee sogar Tennis mit Walter oder Diana. Und dann gab es das Wasserski-Angebot. Das liebte sie. Sie hatte nie das Skifahren in den Bergen gelernt. Als sie in München lebte, war es zu teuer gewesen, dann war sie ja stets im Süden, weitab vom Schnee. In Spanien hatte sie gelernt, wie man im Wasser Ski fährt und das machte ihr sehr viel Spaß. Also nutzte sie auch hier jede Gelegenheit, sich von einem Boot durch das Wasser ziehen zu lassen. Man musste einfach nur höllisch aufpassen, dass die Ellenbogen gestreckt blieben. Sobald man sie anwinkelte stürzte man ins Wasser. Dorothee liebte es, wenn das Boot dann draußen auf dem offenen Meer eine

große Kurve fuhr und zum Ufer zurückkehrte. Der Blick auf die Küste war gigantisch, welch herrliche Landschaft. Immer und immer wieder wurde sie sich bewusst, wie schön es hier war.

Dorothee saß am Steg, von wo aus die Wasserskifahrer starteten, und schaute zu. Sie hatte bereits drei erfolgreiche Runden hinter sich. Das Boot kam zurück, der Bootsführer warf das Seil mit dem trapezförmigen Griff aus Holz, und dieser knallte mit voller Wucht auf Dorothees Kopf. Dummerweise trug sie in diesem Moment nicht mal einen Sonnenhut. Es fühlte sich an, als ob der Schädel zerplatzen würde, dann lief Blut rechts an der Wange herunter. Sofort ins Hotel zum Arzt. Es war eine große Platzwunde, die versorgt und verbunden wurde. Den Rest des herrlichen Sonnentages musste sie im Hotelzimmer verbringen, durfte nicht in die Sonne und sollte sich ausruhen. Abends musste sie an den Flughafen, um neue Gäste abzuholen. Es war Samstag, Transfertag.

Galina war eine ihrer Freundinnen, die sie in Sotschi hatte. Galina war Ingenieurin und ledig. So hatte sie ihr ganzes Geld für sich alleine und sparte immer fleißig, um reisen zu können, auch ins Ausland, was teuer und nur in einer Gruppe und mit Sondergenehmigung möglich war. Galina aber durfte immer reisen. Vermutlich war sie Mitglied der Kommunistischen Partei, nicht aus Überzeugung, sondern weil dies Vorteile mit sich brachte.

Sie besaß eine „Дача - Datscha" – ein Wochenendhäuschen mit Garten, in dem sie auch Bienen züchtete und ihren eigenen Honig herstellte. Sie lud öfters mal ein zu Tee mit Apfelhonigkuchen und verschenkte frischen Honig in Gläsern.

Mit Galina verbrachte Dorothee oft ihre Freizeit. Sie machten schöne Spaziergänge, gingen gemeinsam ins Theater, besichtigten das Dendrarium, wie der botanische Garten in Sotschi heißt, und bestaunten den Freundschaftsbaum. Er steht in einem Parkgelände, das zu einem Sanatorium gehört und von einem grünen Zaun umgeben ist. Man betritt den sogenannten Freundschaftsgarten und egal welchen Weg man nimmt, alle Wege führen zu diesem besonderen Baum. Er ist das Resultat eines botanischen Experimentes. Ein Forscher, Experte in Veredelungstechniken, pfropfte einem Limonenbaum verschiedene Reise auf, wie z. B. Mandarinen, Grapefrucht, Zitronen, Orangen. Der kleine Baum wuchs und gedieh. Kurz vor Ausbruch des Krieges besuchte ein sowjetischer Polarforscher das Forschungsinstitut und durfte ein weiteres Reis auf den Zitrusbaum aufpflanzen. Somit begann er, ohne es zu ahnen, mit einer Tradition, die sich allerdings erst lange Jahre nach dem Krieg fortsetzte. Berühmte Personen aus Kultur, Forschung, Politiker, Sportler, jeder besondere Gast der Stadt Sotschi durfte von nun an neue Reise aufpropfen. Eine Gruppe vietnamesischer Ärzte schlug schließlich vor, den Baum „Freundschaftsbaum" zu nennen, weil Menschen aus den verschiedensten Nationen hier ihren Beitrag leisten. Inzwischen war der Baum schon über 600 Mal „geimpft" worden, die Veredler kamen aus über 160 Ländern. Neben vielen Früchten hingen kleine Schilder mit den Namen der Personen, die diesen Reis aufgepfropft hatten.

Im Fernsehen wurde feierlich das Kopplungsmanöver zwischen einer sowjetischen Sojus und einer US-amerikanischen Apollo-Kapsel im Weltraum übertragen. Die Übertragung begann mit einem Konzert, George Gershwins „Rhapsodie in Blue". Es war schön, dass sich die USA und die UdSSR wenigstens im Weltraum verstehen wollten. Dorothee hoffte immer so sehr, dass die Welt eines Tages in Frieden zusammen leben könne.

Eines samstags kam mit dem Flug aus Düsseldorf eine Gruppe von 33 Niederländern an, vorwiegend Ehepaare, die Männer Niederländer, die Ehefrauen Russinnen, die inzwischen auch die niederländische Staatsangehörigkeit hatten. Alle waren im Hotel Primorskaja untergebracht. Da in die normalen Intouristbusse genau 33 Passagiere plus Reiseleiter Platz hatten, lag es nahe, diese Gruppe zuerst durch den Zoll zu schicken. Doch genau das war der Fehler. Diese Gruppe wollte sich mit russischen Verwandten hier in Sotschi treffen und hatte entsprechend viel Geschenke dabei. Die Zollbeamten untersuchten also pingelig genau, und es dauerte und dauerte, bis alle endlich im Bus saßen. Inzwischen waren die restlichen Gäste schon schlechter Laune, weil nichts vorwärts ging. Es wäre besser gewesen, erst alle anderen Passagiere durch den Zoll und dann mit Bussen in die Hotels zu schicken. Man hätte sich viel Ärger ersparen können.
Es gab niemanden, der Niederländisch sprach. Nur Jan Bekker, der Chefreiseleiter, und der war weitab in Moskau. Am nächsten Tag, Sonntag, fand wie immer der Empfangscocktail im Hotel Schemtschuschina statt, zu dem auch die Gäste aus dem Primorskaja kamen. Dorothee erinnerte sich, wie sie an der Costa del Sol die Gäste aus den Niederlanden auf „nederlands" begrüßt hatte und machte dies auch heute. Tosender Applaus seitens der Gäste. Sofort fragte einer der Intouristchefs, die immer dabei saßen, eine der Intouristdolmetscherinnen: „Что она зказала - schto ana skazala - Was hat sie gesagt?" Die Dolmetscherin beruhigte den Mann: „Sie hat die Gäste in ihrer Landessprache begrüßt." „Achso", der Intouristchef war offensichtlich erleichtert. Unglaublich, wie man ständig unter Beobachtung stand.

Wie kühlt man eine Mineralwasserflasche, wenn man keinen Kühlschrank hat? Die nette Russin, die Dorothees Zimmer im Hotel putzte, wusste es: Einfach die Flasche in den Wasserkasten des WCs stecken. Da wird bzw. bleibt sie immer schön kühl. Man muss sich nur zu helfen wissen. Das war auch nötig, wenn man zum Beispiel abends spät aus einer Theatervorstellung kam. Sotschi zieht sich an der Küste entlang. Der Weg vom Zentrum zum Hotel Kamelia war zwar nicht allzu weit, doch war es nicht zu empfehlen, ihn nachts als Frau alleine zu gehen. Doch die Busse fuhren nur noch selten. Ihre Freundin Nina, die im Intouristbüro des Hotels Schemtschuschina arbeitete, sorgte öfters Mal dafür, dass ein Intouristauto oder ein Bus Dorothee zum Hotel Kamelia brachte.

Aber nach den abendlichen Veranstaltungen versuchte sie einfach ein Taxi zu erwischen Diese waren nun meist schon besetzt, nahmen aber unterwegs gerne noch andere Personen auf, die in die gleiche Richtung wollten.

Und so hielt Dorothee eines Nachts ein Taxi an, in dem schon ein Mann saß, ein Russe. Dieser wollte zum Sanatorium Mazesta, wo er offensichtlich untergebracht war. Doch der Fahrer weigerte sich. Bis zum Hotel Kamelia wollte er gerne fahren, doch nicht weiter. Es gab Diskussionen zwischen Chauffeur und Fahrgast. „Verstehst Du Russisch? Ja? Ich wiederhole: Ich werde nicht bis nach Mazesta fahren. Verstanden?" Der sture Taxifahrer blieb bei seinem Entschluss. Der arme Mann musste mit ihr am Hotel Kamelia aussteigen und konnte nur hoffen, dass dort jemand von der Rezeption ihm telefonisch ein weiteres Taxi bestellen würde.

„Nur die Sonne und ein par Mayas waren Zeugen, als wir am 5. Juni 1975 auf der Insel Cozumel / Mexico heirateten". Ihre ehemaligen Kollegen aus Spanien, Kees und Regina, hatten geheiratet. Dorothee erhielt diese Meldung mit der Post aus der Zentrale in Frankfurt, die jeden Samstag mitgeschickt wurde. Ausgerechnet am 5. Juni hatten sie geheiratet, dem Geburtstag ihrer Mutti. Für Dorothee waren dies keine Zufälle, sondern Bestimmung. Es hatte einfach eine Bedeutung. Davon war sie überzeugt. Sie wünschte den beiden alles Glück der Welt, auch, wenn sie einen kleinen Stich im Herzen verspürte, war sie doch immer noch ein bisschen verliebt in Kees.

Oja, Männer. In Spanien hatte Dorothee stets einige Verehrer gehabt. Das war in Sotschi anders. Und es war besser so. Hätte sie denn je wissen können, ob ein Mann sich für sie interessiert, oder ob er sich für sie interessieren muss? Also den Auftrag erhalten hat, sich für sie zu interessieren.

Wie gewöhnlich saß Dorothee abends an ihrem Tisch vor dem Restaurant des Hotel Primorskaja und hielt ihre Sprechstunde ab. Die Gäste waren zufrieden, sie hatte daher nicht viel zu tun und nützte die Zeit, um ihre Russischkenntnisse zu verbessern. Da kam ein junger Mann auf sie zu, sprach sie an. Er stellte sich vor, sein Name war Igor. Er sei Dolmetscher für Englisch und Italienisch und lebe in Moskau. Jetzt mache er in Sotschi Urlaub.

Es war ein angenehmer Mensch, sehr höflich, freundlich und offenbar gefiel sie ihm. Dennoch traute Dorothee der ganzen Sache nicht. Sie war innerlich auf alles gefasst.

Igor wollte sie einladen, gerne nahm sie an. Schon bei einem ersten Spaziergang begann er, seltsame Fragen zu stellen, wie z. B.:

„Ist es schwierig, in der BRD ein Ausreisevisum zu erhalten?"

„Wir brauchen kein Ausreisevisum. Wir brauchen nur einen Reisepass und können überall hinreisen. Nur zur Einreise in die UdSSR brauche ich ein Visum."

„Wie, Du kannst einfach verreisen? Deine Regierung weiß gar nicht, wo Du bist?"

„Genau, solange ich kein Verbrechen begehe, niemandem Geld schulde und keine Hilfe vom Staat erhalte, wie Arbeitslosengeld oder Sozialhilfe, solange ist es meinem Staat piepegal, wo ich mich befinde."

Das konnte sich Igor nun kaum vorstellen.

Eines Abends wollten sie in ein Konzert ins Sommertheater gehen. Angeblich hatte er seine Zigaretten vergessen. Sein Hotel lag zwischen Hotel Primorskaja und dem Theater. Also machten sie den kleinen Abstecher und gingen zu seinem Hotel. Unten im Eingangsbereich blieb Dorothee stehen.

„Kommst Du nicht mit in mein Zimmer?"

„Nein".

Igor ging alleine nach oben, kam bald wieder zurück, die Zigarettenschachtel in der Hand.

Auf dem weiteren Weg zum Theater fragte er:

„Warum bist Du nicht mit auf mein Zimmer gekommen?"

„Das ist doch wohl klar, oder?"

„Wirklich nur aus diesem Grund? Es könnte ja sein, dass Deine Regierung es Dir verboten hat."

„Meine Regierung interessiert sich nicht dafür, was ich mache. Schließlich bin ich erwachsen."

Dann hatte Igor eines Tages die Idee, wenn Hartmut im Herbst kommt, könne er doch Damenschuhe mitbringen. Die Frau eines guten Freundes sei so verrückt auf Schuhe. Auch das lehnte Dorothee ab, es könnte eine Falle sein, um auszutesten, inwieweit sie bereit wäre, auf Bitten gewisser Sowjetbürger einzugehen. In gewissem Sinne dachte sie schon „sowjetisch".

Dass sie mit ihrem Misstrauen Recht hatte, stellte sich gegen Ende der Saison heraus. Igor sprach von einem guten Freund, der bei Intourist arbeite und sie kennen lernen wolle. Sie sei die einzige westliche Reiseleiterin, die die Probleme des Landes verstehen könne und dieser Freund würde gerne Ratschläge von ihr bekommen, wie man Reisen und Ausflüge für westliche Touristen am Besten organisieren kann, um diese zufrieden zu stellen. Nun, das war nachvollziehbar, es konnte durchaus wahr sein. Und so war sie einverstanden, sich mit diesem Freund zu treffen.

Sie war pünktlich am ausgemachten Treffpunkt, erkannte den Mann auch sofort, ebenso erkannte er sie sofort. Seine Bemerkung über „deutsche Pünktlichkeit" ärgerte Dorothee dermaßen, dass ihr von vornherein alle Sympathien diesem Mann gegenüber genommen waren. Im Laufe der Wochen wurde dann immer klarer, dass Igor tatsächlich beauftragt worden war, sie anzusprechen. Der Intourist-Mensch tauchte nämlich mysteriöserweise im Büro eines hohen Intourischefs im Hotel Kamelia auf, saß einfach bei einer Besprechung dann dabei. Und damit war alles klar. Wozu all die Umstände? Hätte er Dorothee nicht einfach direkt ansprechen können? Und wenn nicht er, dann eben der Intouristchef?

Jetzt Ende Juli ging die Theatersaison zu Ende. Im August gab es auch hier Theaterferien. Schade, denn sie war sehr oft im Theater, jede Woche mehrmals. Wie viele Opern und Schauspiele hatte sie sich nicht angesehen und angehört - Eugen Onegin, Pik-Dame, Schwanensee, Giselle, Hamlet, der auf Russisch Gamlet hieß, die Oper Carmen, Folklorevorführungen verschiedenster Völkergruppen des Vielvölkerstaates Sowjetrepublik und vieles mehr. Wie viele Konzerte hatte sie sich nicht angehört entweder im Wintertheater oder im Sommertheater. Und auch im Zirkus traten die Künstler des Moskauer Staatszirkus auf. Es war immer etwas los, und so fehlten ihr nicht die Diskotheken, in denen sie sich in Spanien so oft mit den Kollegen vergnügt hatte. Dorothee liebte kulturelle Veranstaltungen und genoss es sehr, in Sotschi ein so weit gefächertes Angebot vorzufinden.

Walters Freundin Diana flog Ende Juli nach Hause und hatte vor, im September noch einmal für längere Zeit zu kommen. Die Visa von Walter und Dorothee, die nur für drei Monate gültig gewesen waren, konnten inzwischen um weitere drei Monate verlängert werden, ohne Probleme, ohne allzu große bürokratische Hürden.
Adler, der Flughafen von Sotschi, war kein internationaler Flughafen. Hier gab es nur eine Zollkontrolle, aber keine Passkontrolle. Die beiden wöchentlichen Charterflüge aus Düsseldorf und Frankfurt hatten daher jeweils einen Zwischenstopp in Kiew. Hier reisten die Gäste in die UdSSR ein bzw. aus.

Jener Samstag Ende Juli, an dem Diana nach Deutschland zurückflog, begann schon damit, dass sich ein Gast höllisch aufregte, weil die Zollkontrolle zur Ausreise nicht sofort begann: „Das muss geändert werden. Die wollen unsere D-Mark und behandeln uns so.Ich werde an Lechak-Reisen schreiben." Dorothee konnte darauf nur antworten: „Schreiben Sie besser an die Regierung in Moskau, denn die machen die Politik, nicht Lechak-Reisen."
Trotz der heute sehr gründlichen Zollkontrolle des Gepäcks hier in Sotschi, wurde Diana in Kiew bei der Passkontrolle zur Ausreise aus der UdSSR auf die Seite geholt und genauestens durchsucht, gefilzt, wie man es nennt. Alles, aber auch alles wurde kontrolliert. Die Zahnpastatube wurde geöffnet, etwas Zahnpasta herausgequetscht - es könnte doch etwas anderes drin sein (fragt sich bloß, was?). Nagellack wurde kontrolliert, jede kleine Tube Schminke, einfach wirklich alles. So fand man auch Dorothees wöchentlichen Brief an Hartmut, den sie dieses Mal Diana mitgegeben hatte, um nicht schon wieder einen Gast damit zu belästigen. Der Brief wurde kopiert und dann Diana zurückgegeben. Es wurde eine Leibesvisite durchgeführt, von weiblichen Kontrolleuren. Das Flugzeug konnte erst mit Verspätung starten. Walter und Diana erfuhren davon abends durch einen Zettel, den Diana in Frankfurt einem Gast, der gerade nach Sotschi abfliegen sollte, mitgab.
Keine gute Nachricht. Vermutlich hatte sich Diana eben doch zu weit aus dem Fenster gelehnt mit ihren Bemerkungen und ihrem frechen Benehmen. Ver-

mutlich war es nicht nur Schikane, sondern tatsächlich die Tatsache, dass sie verdächtigt wurde, für die „andere Seite" zu spionieren.

Was stand nun in Dorothees Brief? Normalerweise schrieb sie sehr neutral, eben in dem Bewusstsein, dass alles jederzeit kontrolliert werden konnte. Dieses Mal stand allerdings eine Bemerkung drin: „Nach dem Wasserski bin ich noch ein bisschen geschwommen. Dabei hat mich so ein russischer Idiot durch sein blödes Gerede gestört."

Nun, dass Frauen von Männern blöd angebaggert werden, kommt überall vor, so auch in der UdSSR. Doch selbst eine solch harmlose Bemerkung kann von gewissen Leuten ganz anders interpretiert werden. Dennoch, es hatte keine Konsequenzen für Dorothee, außer dass nun offiziell bekannt war, dass sie wöchentlich Briefe mit Gästen nach Hause schickte.

Abends dann, als sie die neu angekommenen Gäste abholen wollten, durften sie plötzlich nicht mehr ins Flughafengebäude rein. Nur den Intourist-Dolmetscherinnen wurde es, mit viel Gnade, gestattet, den Saal zu betreten, in dem die Gäste waren. Sie selbst konnten ihre Gäste erst direkt vor den Bussen vor dem Gebäude empfangen. Es entstand ein Chaos. War das eine neue Schikane? Eine neue Anweisung? Es kam nur an diesem einen Abend vor, nur ein einziges Mal. In der nächsten Woche war alles wieder wie bisher. Es musste also doch im Zusammenhang stehen mit Dianas penibler Untersuchung am Kiewer Flughafen. Offensichtlich gab es eine besondere Anweisung, sie an diesem Samstag nicht in das Gebäude zu lassen, bis die Entwarnung, oder auch nicht Entwarnung, aus Kiew eintraf.

Interessant war auch, dass Walter wenige Tage später von einem der hohen Intouristchefs angesprochen wurde. Bei der Abschiedsfeier in Walters Zimmer sei ja außer deutschen Kollegen anderer Reiseveranstalter auch ein Russe dabei gewesen. Die Mikrofone funktionierten also bestens..

Freitags kam eine Zeitlang jede Woche ein von Lechak-Reisen gechartertes sowjetisches Kreuzfahrtschiff mit westdeutschen Passagieren in den Hafen von Sotschi. Und mit diesen Kollegen trafen sie sich fast regelmäßig zum gemeinsamen Essen und Plaudern.

Die mystische Seite der Sowjetunion – Zentralasien

Außer den Tagestouren wurden auch kleine Rundreisen angeboten. Eine führte in die Hauptstädte Georgiens und Armeniens, nach Tbilisi und Jerewan. Walter hatte diese Städte schon mit Diana zusammen besucht. Dorothee hob sich dies für den Herbst auf, wenn Hartmut auf Besuch kommen wollte.

Es gab aber auch eine Rundreise durch die zentralasiatischen Sowjetrepubliken Usbekistan und Tadschikistan, die eine ganze Woche dauerte. Auch diese hatte Walter zusammen mit Diana schon gemacht. Nun wollte auch Dorothee mitreisen. Eine Intouristdolmetscherin, die Deutsch sprach, musste immer dabei sein. Und so organisierte Dorothee, dass bei ihrer Reise Nina als Intouristbegleiterin dabei sein konnte. Nina war Deutschlehrerin und nun schon seit etlichen Jahren im Intourisbüro des Hotels Schemtschuschina als Dolmetscherin für Deutsch tätig. Nina sprach auch Esperanto, und so hatten sie sich gleich von zwei Seiten aus kennen gelernt, privat und beruflich. Nina war wie eine mütterliche Freundin. Für Doritschka war Nina das Abbild einer ausgeglichenen, zufriedenen und glücklichen Ehefrau und Mutter, immer ein Lächeln im Gesicht, immer fröhlich und freundlich. Dass sie nun gemeinsam diese so ganz andere Seite der UdSSR erkunden durften, waren herrliche Aussichten.
Anfang August war es soweit. Mit einer Propellermaschine, einer Iljuschin des Typs IL18, flogen sie von Adler / Sotschi nach Taschkent, Hauptstadt der Sowjetrepublik Usbekistan. Auf den Sitzplätzen, die für ihre Gruppe reserviert waren, saßen schon asiatische Sowjetbürger, die aber sofort aufstanden und die Plätze freundlich, mit einem Kopfnicken sich entschuldigend, frei gaben.

In den letzten Tagen hatte es immer wieder heftig gewittert. Am Himmel hingen viele Wolken, die sie durchflogen und dann über den Wolken die grenzenlose Freiheit genießen konnten. Das Kaspische Meer unter ihnen war aber aufgrund der Wolken nicht zu sehen. Das war sehr schade, Dorothee war so neugierig. Nun ja, dann vielleicht auf dem Rückflug.

Das Flugzeug startete um 11.00 Uhr Moskauer Zeit, in Taschkent landeten sie um 18.00 Uhr Ortszeit, das war 15.00 Uhr Moskauer Zeit. Taschkent lag drei Stunden voraus, doch die offiziellen Zeiten wurden in der ganzen Sowjetunion immer in Moskauer Zeit angegeben. Da konnte man ganz schön durcheinander kommen. Man stelle sich vor, man ist in Wladiwostok am Pazifik, neun Stunden Zeitverschiebung zu Moskau, und die Abflugzeiten der Flüge, die Abfahrtzeiten der Eisenbahn, alles in Moskauer Zeit angegeben. Da muss man ständig hin- und herrechnen.

Untergebracht wurden sie im Hotel Usbekistan, einem der modernsten Hotels der Stadt. Die Temperatur im Freien betrug 45° C bei relativ trockener Luft. Im Hotel war es angenehmer. Dorothee hatte noch den restlichen Tag einen ziemlichen Druck auf den Ohren, weil sie erkältet und die Nase ziemlich verstopft war. Es war gut, dass an diesem Ankunftstag noch nichts auf dem Programm stand, so hatten sie Zeit, sich zu erholen. Spaziergang durch einen Park zusammen mit den Gästen und abends hoch zum 16. Stockwerk des Hotels, von wo aus sie bei nun angenehmen Temperaturen den Blick auf Taschkent bei Nacht genossen, bei Zuckermelonen und „sowjetskoje Shampanskoje", sowjetischem Sekt.

Taschkent, 1975 hatte es ungefähr 1,7 Millionen Einwohner. 1966 war es durch ein Erdbeben fast vollständig zerstört worden. Sie befanden sich nun knapp 4.000 Kilometer östlich von Sotschi. Der nächste Tag war ausgefüllt mit der Besichtigung dieser nun sehr modernen und großzügig angelegten Stadt. Im Hotel fiel eine Gruppe spanisch sprechender Touristen auf. Dorothee hielt sie zuerst für Südamerikaner, doch dann erfuhr sie, dass sie aus Barcelona kamen. Das bedeutete, dass Spanier doch die Möglichkeit hatten, in die UdSSR zu reisen, obwohl in Spanien zu jener Zeit immer noch der faschistische Diktator Franco herrschte. Wenn es um harte Devisen ging, drückten die sowjetischen Behörden eben doch ein Auge zu und nahmen es mit der Politik nicht so genau.

Leider hatten alle Ausländer ein eigenes Restaurant, in dem gegessen wurde. Nebenan jedoch aßen die Sowjetbürger, Usbeken, Russen, andere Nationalitäten. In der Sowjetunion unterscheidet man zwischen Staatsangehörigkeit und Nationalität. So waren dies alles sowjetische Staatsbürger, hatten aber unterschiedliche Nationalitäten. Und bei ihnen ging es sehr fröhlich zu. Es spielte Musik und es wurde fleißig getanzt. Einige Gäste und Dorothee wollten am nächsten Abend auch dorthin gehen und mittanzen.
Hier war alles so anders. Man merkte, man war weitab von der Zentralregierung in Moskau. Die Menschen waren vorwiegend Muslime, die Männer trugen die typischen viereckigen Kopfbedeckungen, Tibitaika genannt, die Frauen flochten ihre Haare zu vielen schmalen Zöpfen. Keine Seltenheit, dass die Haartracht einer Usbekin bis zu 50 schmale Zöpfchen hatte. Kaum einer sprach von ГДР (GDR) oder ФРГ (FRG) also von DDR oder BRD, sie sagten meist einfach Германия - Germanija - Deutschland. Dorothee fühlte, dass hier Politik nicht ganz so wichtig war.

Das Programm der Rundreise war dicht gedrängt. Am nächsten Tag flogen sie frühmorgens schon nach Urgentsch, einer Stadt mitten in der Wüste, 720 km westlich von Taschkent am linken Ufer des in den Aralsee mündenden Amu-Darja-Flusses gelegen und nur 2 Stunden der Moskauer Zeit voraus. Der Flug dauerte 1 Stunde und 40 Minuten. Schon um 6.45 Uhr Ortszeit landeten sie.

Die Stadt an sich hatte nicht viel zu bieten. Sie war nur Ausgangspunkt zur Fahrt nach Chiva, einer alten Stadt, die komplett zum Museum erklärt worden war. Im Hotel erhielt die Gruppe zwei Zimmer, eines für Frauen, eines für Männer. So konnte sich jeder ein bisschen frisch machen. Sie kauften einige Flaschen an Getränken und legten sie in den Wasserbehälter der WCs, um sie kühl zu halten und nach Rückkehr aus Chiva genügend zu trinken zu haben. Zunächst gab es Frühstück in einem benachbarten überdachten Gartenrestaurant. Am Eingang befanden sich ein Spiegel, ein Waschbecken und ein Luft-Handtrockner. Eine Gruppe Japaner, die beim Aufbau einer Seidenspinnerei halfen, frühstückten mit ihnen.

Außen am Hotel befand sich ein Beriozka-Laden, der noch geschlossen war. Dorothee betrachtete die im Schaufenster ausgestellten Sachen. Plötzlich hörte sie hinter sich eine Frauenstimme auf Deutsch: „Wenn wir zurückkommen, wird der Laden sicher offen haben, dann können wir ja was kaufen."
Daraufhin eine Männerstimme mit sächsischem Akzent: „Das ist doch ein Beriozka-Laden, da können wir nichts einkaufen."
Und darauf eine andere Männerstimme mit Berliner Akzent: „Det verfolgt uns überall hin, bis in de Wüste verfolgt uns det."
Dorothee verspürte wieder einmal einen Stich in der Seele. Die Politik hatte sie doch wieder eingeholt, hier mitten in der asiatischen Wüste. Allein der Tatsache, dass Hartmut damals darauf beharrte, direkt in die Budesrepublick Deutschland repatriiert zu werden, hatte sie es zu verdanken, dass sie jederzeit in diesem Laden einkaufen konnte, einkaufen durfte.

Chiva ist nur 30 Kilometer von Urgentsch entfernt. Eine schnurgerade Straße führt dorthin. Schon morgens um 9.00 Uhr lag die Temperatur im Schatten bei 45° C und stieg bis über 50° C im Laufe des Tages. In der Sonne war es entsprechend heißer. Da die Luftfeuchtigkeit hier aber weit unter 30 % lag, war diese Hitze leichter zu ertragen als im subtropischen Klima von Sotschi oder Suchumi. Andererseits barg diese trockene Hitze auch eine große Gefahr. Wenn man zu wenig trank, dehydrierte man schnell und konnte kollabieren. Daran erinnerte der örtliche Reiseleiter immer wieder. Trinken, trinken, trinken.
Um das Freilichtmuseum, also dem antiken zum Museum erklärten Teil von Chiva, waren mehrere Wohngebiete gebaut worden. Die meisten Einwohner der Stadt waren bereits umgesiedelt worden. Nur noch ganz wenige lebten hier. Die Stadt wirkte wie die Filmkulisse eines Märchens aus 1001 Nacht. Die vielen Minarette, Moscheen, Marktplätze, die großen, herrschaftlichen Häuser, Mausoleen, Paläste, Medressen. Man befand sich in einer anderen Welt.
Usbekisch gehört zu den Turksprachen. Die so genannte Zivilisation kam erst mit den Sowjets hierher. Bis dahin herrschte hier Analphabetismus. Und so bekam die usbekische Sprache das kyrillische Alphabet des Russischen.

Gegen 16.00 Uhr waren sie zurück in Urgentsch, dieser doch relativ trostlosen Stadt. Sie konnten sich ein bisschen in den beiden Zimmern erholen und die in den WC-Spülkästen gekühlten Getränke genießen. Dann kam die Meldung, dass das für 18.00 Uhr angekündigte Flugzeug, das sie nach Taschkent zurückbringen sollte, nicht kommen konnte. Die arme Nina musste nun viel herumtelefonieren, um alles neu zu organisieren.

Zunächst hieß es, ein Abendessen für die Gäste zu organisieren. Das gab es dann um 18.00 Uhr, sozusagen anstelle des Abfluges. Gleich danach fuhren sie zum Flughafen, denn, ja, Nina hatte es geschafft, es wurde extra ein Flugzeug für sie nach Urgentsch geschickt.

Während sie noch am Flughafen auf die Ankunft der Maschine warteten, saßen sie auf den Stufen vor dem Rollfeld und bestaunten die 16 Fahnenstangen auf denen die Fahnen der 15 Sowjetrepubliken sowie die Sowjetische Fahne, rot mit Hammer und Sichel, hingen. Sie wehten so schön im abendlichen Wind, dass man sie genau betrachten konnte. Ein ideales Fotomotiv. Doch Fotografieren an Flughäfen war verboten. Na ja, man kann ja mal fragen. Also wurde einer der Angestellten gefragt. Die Antwort war: „Nein, das geht nicht. Es ist verboten. Die Gesetze werden in Moskau gemacht. Dort müssen Sie nachfragen." Was anderes sollte er auch antworten?

Da gar nicht vorgesehen war, dass so spät noch eine Maschine landet, hatte man den Zugang zum Rollfeld schon mit einer Gittertür abgesperrt. Während die Gruppe auf jemanden wartete, der ihnen öffnen sollte, versuchten einige durch die weit voneinander stehenden Gitterstäbe durchzukommen. An einer Stelle waren die Gitter schon weit auseinander gebogen. Es kam also öfters vor, dass sich da noch jemand durchquetschte. Und so waren sie denn schon alle auf dem Rollfeld, ehe die Person erschien, die eigentlich das Gittertor wieder hätte öffnen sollen.

Das Flugzeug war ein kleines Düsenflugzeug, ganz neu und modern, mit nur 30 Sitzen - eine Jak 40. Drin saßen nun die Touristengruppe mit 17 Personen (15 Gäste, Dorothee und Nina) und noch 5 Usbeken.

Am Flughafen hatte man einfach ausgerufen, dass es noch eine Maschine nach Taschkent geben wird, auf der noch Plätze frei sind. Diese 5 Herren hatten sich schnell entschlossen, die Gelegenheit wahr zu nehmen. Zwei Piloten und eine Stewardess waren das ganze Personal.

Es war ein sehr gemütlicher Flug. Die Sitze hatten kurze Rückenlehnen, so dass man die Köpfe der Passagiere sehen konnte. Eine Unterhaltung war dadurch möglich, ohne sich nach vorne oder nach hinten beugen zu müssen. Die Stimmung war sehr gut, fast familiär, selbst mit den Usbeken entwickelte sich eine nette Unterhaltung. Hinter Dorothee saßen zwei der fünf Herren. Sie kam mit ihnen ins Gespräch, auf Russisch. Sie schlugen ihr vor, hier in Usbekistan zu bleiben und einen Usbeken zu heiraten. Einer von ihnen glaubte, Dorothee sei erst 15 Jahre alt. Erst dachte sie, das sei Spaß, aber nein, er meinte es wirklich. Er habe einen 18-jährigen Sohn, den solle sie heiraten. Er zeigte ihr ein Familienfoto, alle dort wirkten älter als sie waren. Der 18-jährige Sohn sah mindestens wie 25 Jahre alt aus. Nina wurde es ganz bange ums

Herz. Sie kannte diese orientalische Art überhaupt nicht. Dorothee hatte schon etwas Übung durch die Ausflüge nach Marokko, die sie von Südspanien aus gemacht hatte.

Totalitäre Systeme haben also auch ihre Vorteile. Das war eben nur hier möglich, dass ein Flugzeug extra die 720 Kilometer von Taschkent nach Urgentsch fliegt, um eine Touristengruppe abzuholen, oder dass, wie einige Wochen zuvor geschehen, ein Flugzeug in Tbilisi gleich nach dem Start noch einmal landet, um eine Touristengruppe von Lechak-Reisen aufzunehmen, die durch Schuld der begleitenden Dolmetscherin den Abflug verpasst hatte.

Da sie nun einen ganzen Tag nicht im Hotel in Taschkent gewesen waren, hatten sich ihre Plätze im Speisesaal geändert. Das wussten die Gäste aber nicht. Sie wunderten sich nur, dass an einem ihrer Tische Engländer saßen. Ein Teil der Engländer musste daraufhin an einen anderen Tisch umziehen. Wenn bei der Überorganisation etwas schief lief, stand alles auf dem Kopf. Schließlich konnte man ja Engländer und Deutsche nicht an einem Tisch sitzen lassen. Wusste man doch nicht, ob die Regierungen der jeweiligen Länder dies erlaubten, so die Denkweise der sowjetischen Organisatoren. Das Umdenken fiel dem Personal auch schwer. Und so kam es, dass die Engländer nun das deutsche Frühstück, zwei Würstchen mit Kartoffelsalat, und die Deutschen das englische Frühstück, Wurst und Quarkspeise, erhielten. Und keinem schmeckte es.
Bei der Hitze war es besonders angenehm, in einem der vielen Teehäuser zu sitzen. Man stieg über ein paar Stufen auf die überdachten, mit Teppichen ausgelegten Sitzflächen, setzte sich im Schneidersitz vor die niedrigen Tischchen und ließ sich bedienen mit leckerem grünen oder schwarzen Tee.

Am frühen Nachmittag ging es mit dem Flugzeug, diesmal einer 50-sitzigen AH 24 Propellemaschine, ins 270 Kilometer entfernte Samarkand. Die Tragflächen befanden sich am oberen Teil des Flugzeugrumpfes, so dass sie die Aussicht nicht störten. Flugdauer war nur 50 Minuten. Auch hier war wieder eine andere Zeitzone als in Taschkent. Nur zwei Stunden Unterschied zur Moskauer Zeit.
Dorothee saß neben dem Notausgang und hörte plötzlich ein verdächtiges Summen, dann Brummen, dann Pfeifen, ziemlich laut. Das Geräusch war dann von einer Sekunde auf die andere ab einer bestimmten Flughöhe verschwunden. Dafür gab es direkt hinter Dorothee große Aufregung. Im Gepäckteil über den Sitzen trat hinter einer kleinen dort abgelegten Tasche Rauch hervor. Die Stewardess schaute nach. Es war Wasserdampf, kalte verdunstende Luft aus der Klimaanlage.
Bei diesen Temperaturen blieb es nicht aus, dass der eine oder andere der Reisegruppe an Durchfall erkrankte. Nina war auch auf diese Situation vorbereitet. Sie hatte gute Tabletten dabei. Das war wichtig. Diese Tabletten halfen meist sehr schnell, das Problem war gleich gelöst. Denn hätte man einen Arzt

aufsuchen müssen, wäre daraus leicht eine größere Sache geworden. Ein westlicher Tourist mit Durchfall, der könnte ja eine schlimme Krankheit in die Sowjetunion bringen. Es kam schon vor, dass der Patient schnell im Krankenhaus landete und dort zwei Tage verbringen musste, bis klar war, dass es keine Infektionskrankheit war wie Typhus, Cholera oder Salmonellen.

Auch Samarkand war wie ein Märchen aus 1001 Nacht, nur sehr belebt, nicht so verlassen und einsam wie Chiva. Eben eine große Stadt voller Leben, aber sehr orientalisch mit vielen schönen Gebäuden, die es zu besichtigen galt. Am Registanplatz, dem sandigen Platz, hatten sie längeren Aufenthalt. Der Platz machte heute seinem Namen alle Ehre. Die Temperatur betrug „nur" 35° C, dafür aber wehte ein starker Wind, der den Sand auf diesem Platz ganz schön herumwirbelte. Ein kleiner Sandsturm. Dorothee kaute schon auf Sand. Die Schönheit des Registanplatzes zeichnet sich durch drei Medressen, islamische Hochschulen, aus: Im Westen die Ulug-Beg-Medresse aus dem Jahr 1420, im Norden die Tillja-Kari-Medresse von 1660 und im Ostsen die Schir-Dor-Medresse von 1635 mit zwei Tiger- und Menschenköpfen als Fassadenschmuck. Heute sind sie alle Museen.

Es gab genügend Zeit, sich alles selbständig genau anzusehen. Dorothee spazierte alleine zur Ulug-Beg-Medresse. Dort sprach sie ein Junge an und bat sie um Kaugummi. Westliche Touristen wurden oft von Kindern angesprochen und um Kaugummi gebeten.
In diesem Moment kam ein Mann vorbei, der ein Netz mit herrlich roten Tomaten in der Hand trug. Er schimpfte den Jungen, er solle nicht betteln, das sei nicht höflich und er solle die ausländischen Gäste nicht belästigen.
Dann stellte er Dorothee die obligatorische Frage, woher sie käme. Aus FRG. Er lud sie ein, mit in die Ulug-Beg-Medresse zu gehen, um das Innere und die ehemaligen Klosterzellen zu erkunden und dort Wasser zu trinken. Er war Archäologe. Dorothee folgte ihm durch dunkle Gänge. Ihr wurde es etwas mulmig zumute. In einem Innenhof saßen zwei ältere Männer, einer von ihnen war Russe, und ein junger Student, der etwas Englisch sprach. Sie alle arbeiteten in einer der beiden archäologischen Gruppen, die die Kunstschätze Samarkands restaurierten. Sie saßen um eine Feuerstelle und wollten gerade zu Mittag essen und warteten nur noch auf die Tomaten.
Dorothee wurde zum Essen eingeladen, sie boten ihr auch „100 Gramm Portwein" an. Natürlich fragte der junge Student, woher sie käme. Aus FRG. Daraufhin kam es wie aus der Pistole geschossen: „Oh…, Müller, Netzer, Beckenbauer!" Die Namen der deutschen Fußballer. Weltweit bekannt, schließlich war die BRD ja im Vorjahr Fußballweltmeister geworden. Der Student wollte sich nun mit Dorothee über Fußball unterhalten, aber davon hatte sie nun beim besten Willen keine Ahnung.
Prompt verspätete sich Dorothee. Schon peinlich, wenn die Reiseleiterin zu spät zum Bus zurückkommt. Aber keiner machte eine Bemerkung. Sie waren froh, dass sie da war, hatten sie doch schon gedacht, sie sei verloren gegan-

gen, oder gar entführt worden. Das letztere fürchtete Nina, der diese orientalische Mentalität immer suspekter wurde.

Nach dem Mittagessen stand die Besichtigung von Gur-Emir an, der Grabmoschee Tamerlans (Timurs) und seiner Familie. In der Halle stand auf einem Grabstein die schöne Inschrift:

„Glücklich ist, wer die Welt verlässt, ehe sie auf ihn verzichtet".

Woraufhin der örtliche Reiseleiter meinte: „Dies gilt auch für Schauspieler: Glücklich ist, wer die Bühne verlässt, ehe das Publikum auf ihn verzichtet."

Überhaupt kann man im Orient oft gute Sprüche, Lebensweisheiten finden. So stand in Chiva an einer Wand eingraviert: Wer zu viel isst, ist sein eigener Feind!

Auf dem zentralen Markt tauchten sie so richtig in das Alltagsleben der hiesigen Bevölkerung ein. Wie anders hier doch alles war. Am Ausgang des Marktes eine originelle Apotheke, die Apotheke No. 25. Das waren ein paar Tische, auf denen Medikamente herumlagen. Dahinter stand die Apothekerin, mit weißem Kopftuch. Sie freute sich über die ausländischen Gäste und zeigte ihre Goldzähne. Ob man sie fotografieren dürfe? Ja, natürlich. Sie stellte sich in Pose, und zeigte noch mehr Goldzähne. Und dann gab sie Dorothee ihre Adresse, bat darum, ihr das Foto zu schicken. Dorothee schickte es ihr auch wirklich zu, aber ob es dann je angekommen ist?

Nina hatte sich auf die Schnelle eine Zeitung in kyrillischer Schrift gekauft und erst zu spät bemerkt, dass der Text auf Usbekisch und nicht auf Russisch war. Darüber musste sie selbst am meisten lachen.

Abends gingen Nina, Dorothee und einige der nettesten Gäste aus der Gruppe in ein Restaurant direkt gegenüber von ihrem Hotel. Hier spielte Musik und es wurde viel getanzt, aber nur Männer, nur Usbeken. Dann forderte einer der Männer Dorothee zum Tanzen auf und schließlich tanzten auch die Touristen. Orientalische Tänze, das war gar nicht so schwer, und es machte viel Spaß.

So lernte Dorothee einen tadschikischen Studenten kennen, der aber hier in Samarkand lebte. Dieser junge Mann sprach fünf Sprachen, aber nur Russisch war die Sprache, die sie beide gemeinsam beherrschten, denn er sprach Tadschikisch, Usbekisch, Arabisch, Tartarisch und Russisch. Das war auch eine neue Erfahrung.

Es gab noch einen zusätzlichen Ausflug, der angeboten wurde, und an dem die gesamte Gruppe teilnahm. Dorothee saß vorne im Bus, der Fahrer fuhr wie ein Wilder. Dorothee wollte die Geschwindigkeit auf dem Tachometer ablesen. Die Anzeige dort zeigte „0" und schlug manchmal bis 10 km/h aus - enorm!!!

Sie waren hier nahe am Grenzgebiet zwischen Usbekistan und Tadschikistan. Die Ausgrabungsstätte, die sie heute besichtigten - Pendschekent - lag schon wenige Kilometer in Tadschikistan auf 1000 Meter über dem Meeresspiegel mitten in einer öden Wüste. Auch hier fand sich ein lehrreicher Spruch, eingraviert in eine Wand: „Wer vom Leben nichts lernt, der lernt von keinem Lehrer etwas." Der Ausflug endete mit einem Bad nachmittags in einem Stausee in angenehm kühlem Wasser.

Abends ging es mit dem Flugzeug weiter in die Hauptstadt Tadschikistans, nach Duschanbe. Der Flug dauerte auch nur 50 Minuten. Duschanbe, das bis 1962 Stalinabad hieß, liegt nur 370 Kilometer südöstlich von Samarkand. Hier wieder 3 Stunden Differenz zur Moskauer Zeit. Sie waren nun schon ganz nah an den Bergen des Himalayas. Vom Flugzeug aus konnte man den höchsten Berggipfel der Sowjetunion sehen, den über 7800 m hohen Пик Комунизм - Pik Komunism.

Die örtliche Reiseleiterin von Intourist in Duschanbe war Russin und hieß Ella. Sie war schlank, groß, hatte dunkelblonde Haare. Ihre langen Haare hatte sie zu zwei Zöpfen geflochten und diese Zöpfe wie einen Kranz auf den Kopf gebunden. Außerdem hatte sie eine Art „heiligen Ton" in ihrer Stimme, wenn sie etwas erklärte. Sie hielt dann auch immer beide Hände wie gefaltet auf Höhe des Brustkorbes. Und so bekam sie prompt den Spitznamen „Die fromme Helene". Sie erinnerte einfach allzu sehr an diese berühmte Figur aus Wilhelm Buschs Erzählung.
Auf dem Programm stand ein ganz besonderer Ausflug. Es ging in die Berge hinauf, zum Gebirgsfluss Warsob. Nina organisierte ein Picknick. Teller, Besteck und das gesamte Essen wurden in den Bus geladen, zwei Köche, eine Kellnerin und ein Kellner aus dem Hotelrestaurant fuhren mit. Es ging weit hinauf, auf der Straße entlang, die nach Samarkand führt, über einen 3.300 Meter über Meeresspiegel gelegenen Pass, der nur von Juni bis September befahrbar ist. Für die 370 Kilometer bis Samarkand braucht ein Bus auf dieser Straße ungefähr 16 Stunden. Kein Wunder also, dass sie mit dem Flugzeug nach Duschanbe gekommen waren.
Sie wanderten etwas herum, kamen aber nicht allzu weit, denn hier lag noch viel Schnee und ihre Schuhe waren ungeeignet dafür. Es war herrlich hier oben, angenehme Temperaturen, leichter Wind, Sonnenschein, gute, duftende, reine Luft. Dann endlich gab es das Picknick. Man setze sich im Schneidersitz auf die mitgebrachten Sitzkissen und stellte die typischen niedrigen Tische vor sich auf. Es gab Schaschlik und gebratenen Fisch, Brot und zum Nachtisch Wassermelonen, die sie vorher ins eiskalte Wasser des Gebirgsflusses gelegt hatten und die dadurch herrlich kühl und erfrischend waren. Für jeden gab es eine halbe Flasche Wein, dazu Mineralwasser. Und während die Wassermelonen sie von innen heraus kühlten, steckten sie die Beine ins kalte Wasser des Flusses und ließen sich auch von außen her erfrischen.
Abends, zurück in Duschanbe, fuhren Nina und Dorothee mit ein paar Gästen mit dem Linienbus ins Zentrum und wollten in einem Park noch einmal orientalisch tanzen. Doch die Musiker hatten gerade heute ihren freien Abend. Nebenan spielte eine Band südamerikanische Musik, und das hier fast am Ende der Welt. Na ja, dann tanzten sie eben Samba und Merengue, warum nicht?

Der letzte Tag der Rundreise brach an. Auf dem Programm standen eine Stadtrundfahrt durch Duschanbe und der Besuch einer Goldstickerei. In der Handstickerei wurde ihnen gezeigt, wie die schönen Tibitaikas, die Kopfbedeckungen für die Frauen bestickt werden. Die Männer tragen immer schwarze Tibitaikas mit weißer Stickerei und einer Paprikaschote eingestickt - denn der Geist des Mannes soll so scharf sein wie Paprika!

Dann ging es in die maschinelle Stickerei. Hier konnten sich die Gäste Taschentücher oder Kopftücher besticken lassen. Dorothee ließ ihren georgischen Filzhut besticken, rechts „Dorothee", links „Duschanbe" und hinten „Tadschikistan". Das wurde dann allgemein bewundert.

Eine junge Stickerin fragte Dorothee: „Откуда вы - otkuga vy - woher kommen Sie?"

Aus FRG.

„А, это красивы город - a, eto krasiwij gorod - ist das eine schöne Stadt?"

Hier im und am Himalaya hatte man wenig Ahnung, wie die Welt anderswo aussah.

Nina aber als Russin musste hier mit ganz anderen Schwierigkeiten kämpfen. Nicht nur, dass sie vieles im letzten Moment organisieren musste, was bei der übertriebenen sowjetischen Bürokratie alles andere als einfach war. Nein, Nina sah sich auch einer gewissen Abneigung seitens der Bevölkerung ausgesetzt, nur weil sie Russin war. Also waren die Russen als Eroberer doch nicht überall so beliebt, wie es immer dargestellt wurde. Besonders alte Menschen feindeten sie an. Manchmal war es besser, Dorothee fragte etwas mit ihrem Akzent. Dann merkten sie sofort, dass sie keine Russin war, dachten oft, sie käme aus dem Baltikum. Und Dorothee bekam immer eine freundliche Auskunft.

Nina kaufte auf dem Markt zwei große Wassermelonen, eine wog 7 kg, die andere sogar 10 kg. Und beide wollte sie mit nach Sotschi nehmen, im Handgepäck!

Auf dem Rückweg zum Hotel wurde Dorothee von einer alten Frau nach einer Hausnummer gefragt. Sie antwortete, sie sei nicht von hier. Woher kommen Sie? Aus der BRD.

Die Frau sah nicht wie eine Usbekin aus. Dorothee fragte sie, woher sie denn sei. Usbekin, Russin? Die Frau schüttelte den Kopf. Ihre Augen füllten sich mit Tränen, sie sagte leise: „Fragen Sie mich bitte nichts, bitte nichts fragen."

Was war mit dieser Frau los? Dorothee vermutete fast, dass es eine Volksdeutsche war, die während des Krieges auf Stalins Befehl von der Wolga oder aus einem anderen Gebiet des europäischen Teiles der Sowjetunion hierher umsiedeln musste. Stalin befürchtete, dass die deutschstämmige Bevölkerung mit den einmarschierenden deutschen Wehrmachtstruppen kollaborieren könnte. Millionen von Menschen wurden nach Zentralasien zwangsumgesiedelt, nach Kasachstan, Usbekistan, Tadschikistan, Kirgisien.

Die Abreise war für 15.30 Uhr geplant, doch schon im Hotel erfuhren sie, dass das Flugzeug nach Sotschi Verspätung hatte, wieder einmal. Erst hieß es Abfahrt ist um 16.30 Uhr, dann sogar erst um 18.00 Uhr. Im Flughafengebäude schickte man sie alle in einen Raum, der für Intourist reserviert war. Hier sammelten sich alle westlichen Ausländer – Franzosen, Spanier, Engländer, Amerikaner. Die Spanier und Franzosen waren um 17.30 Uhr mit einer Iljuschin des Typs IL 19 aus Moskau angekommen. Eigentlich hätten sie schon morgens um 8.00 Uhr landen sollen. Angeblich herrschte drei Tage lang Nebel in Moskau. Da die Flugzeuge in einem gewissen Umlauf fliegen, zieht eine erste Verspätung noch weitere Verspätungen nach sich. Und jedes Mal nimmt die Verspätung noch zu.

Das bedeutete, dass das für sie vorgesehene Flugzeug noch immer nicht angekommen war. Der Abflug wurde schließlich auf 19.50 Uhr festgesetzt. Das bedeutete drei Stunden Verspätung.

Aber es kam noch viel schlimmer. Zunächst verschob sich der Abflug auf 20.30 Uhr. Sie bestiegen endlich das Flugzeug, eine Iljuschin Typ IL 18, die schon bekannte Propellermaschine. Das Flugzeug wurde vom Pushback zur Startbahn geschoben. Die Piloten starteten die Propeller. Propeller links innen an, dann rechts innen, links außen, dann rechts außen. Plötzlich Propeller abgestellt, wieder an, aus, an, aus.

Die Piloten stiegen über eine Leiter aus, kontrollierten den Propeller links innen. Ein Auto kam vom Flughafengebäude und schob das Flugzeug wieder zurück. Es hieß: Alle aussteigen, die Maschine hat einen Schaden. Inzwischen war es im Inneren des Flugzeuges verdammt heiß geworden, denn die Klimaanlage funktionierte ja auch nicht. Den meisten lief der Schweiß die Stirn hinunter und manch einer stand kurz vor dem Kreislaufkollaps. Da tat es gut, wieder ins Freie zu kommen an die angenehm kühle Nachtluft und die leichte Brise, die draußen wehte. Aber, würden sie heute überhaupt noch hier wegkommen?

Nina behagte der Gedanke überhaupt nicht, mit einer möglicherweise nur dürftig reparierten Maschine nach Hause fliegen zu müssen. Sie verhandelte mit den zuständigen Leuten, weigerte sich einfach und verlangte ein anderes Flugzeug in gutem Zustand. Sie bat Dorothee, als Vertreterin des westdeutschen Reiseveranstalters auch darauf zu bestehen, dass sie ein ganz anderes Flugzeug zugeteilt bekämen. Als Dorothee das Büro betrat, wurde sie gleich mit den Worten empfangen: „Sie können bald abfliegen, mit einem anderen Flugzeug, denn ihr Flugzeug ist heute nicht mehr zu reparieren. Der Flug nach Moskau wird storniert. Wir müssen nur noch das Gepäck ausladen, denn eigentlich war die Maschine schon startklar."

Dies bedeutete, dass man doch tatsächlich die Passagiere für Moskau noch kurz vor Abflug aus ihrem Flugzeug holte, um dieses Flugzeug nun nach Sotschi zu schicken, damit die westlichen Touristen wenigstens noch irgendwie ihren Bestimmungsort erreichen. So etwas ist dann in der Sowjetunion auch wiederum möglich, denn, wie hieß es doch so schön: „bei uns werden Sowjetbürger nicht gefragt."

Die gute Nina sorgte noch für ein Picknick, dass erst spät geliefert wurde, als sie schon alle im Flugzeug saßen. Aber immerhin, sie bekamen es gerade noch, bevor die Türen der Maschine geschlossen wurden. Endlich, um 23.45 Uhr starteten sie. Das Kaspische Meer konnte man auch dieses Mal leider nicht sehen, denn es war ja Nacht. Dafür hatten sie einen ganz klaren Blick auf den wunderschönen Sternenhimmel. Sternbilder wie der „Große Bär" oder „Große Wagen" und der Polarstern waren gut zu erkennen.

Es gab eine Zwischenlandung mitten im Kaukasus. Der Ort hieß Минеральные води - Mineralnije Wodi - Mineralwasser, ein Kurort mit vielen gesunden Wasserquellen, daher der Name. Dieser Flughafen war ein wichtiger Transferflughafen, ein wichtiger Flugverkehrsknotenpunkt. Sehr viele Leute saßen herum, Menschen, die mit Kind und Kegel reisten. Sie schliefen auf den Sitzen in allen möglichen Stellungen, schön alle in eine Richtung, um Platz zu sparen. Eine Familie schlief zwischen ihrem Gepäck auf dem Boden. Es war wesentlich kühler, eben mitten im Gebirge.
Der Weiterflug verzögerte sich dann alleine schon dadurch, dass viele Passagiere sich alle Zeit der Welt nahmen, um endlich ihre Sitzplätze einzunehmen. Nur keine Hektik. Es war dann schon 3.30 Uhr nachts, als das Flugzeug wieder startete und nur 40 Minuten später erblickten sie Sotschi unter sich. Der arme Busfahrer hatte die ganze Nacht in seinem Bus auf sie gewartet. Es war der besonders nette Fahrer, der Dorothee auf der Fahrt zum Riza-See aus Grashalmen eine Heuschrecke geflochten hatte, die sie noch viele Jahre an ihn erinnern sollte.
Bis sie im Hotel in Sotschi ankamen war es schon 5.30 Uhr und bereits Freitagmorgen, 8. August 1975, und nicht wie geplant Donnerstagabend. Ninas Mann, Gennadi hatte Geburtstag. Und das sollte abends gefeiert werden. Er wurde 40 Jahre alt. Ja, Gennadi hatte an jenem Tag Geburtstag, an dem Dorothees Mutti Charlotte gestorben war.
Zum Schlafen war also kaum Zeit. Dorothee erinnerte sich daran, dass sie vier Jahre zuvor auch in der Nacht vom 7. auf den 8. August nicht geschlafen hatte. Damals hatte sie Nachtwache gehalten bei Mutti im Krankenhaus, Muttis letzte Nacht. Vier Jahre war es her, so lange weilte Charlotte nicht mehr unter ihnen, und doch war sie stets da, ihre Seele lebte mitten unter ihnen.

Diese Reise nach Zentralasien war etwas ganz Besonderes gewesen. Dorothee fühlte eine plötzliche Leere und ein Ziehen in der Magengegend. Ihre Seele rebellierte, sie fühlte sich einsam. Sie hatte sich an die nette Gruppe von Gästen gewöhnt, an Nina, die Reise hatte sie alle zusammengeschweißt. Das war schön. Auch, wenn Dorothee als offizielle Begleiterin bei der Gruppe dabei war, so war es doch ein Ausbrechen aus der Routine der Arbeit in Sotschi. Und nun war sie wieder in die Realität zurückgekehrt.

Abends wurde Gennadis Geburtstag gefeiert, mit sowjetskoje Schampanskoje und gutem Essen. Zum Nachtisch gab es Wassermelone, die 10 kg schwere Wassermelone aus Duschanbe, die Nina mit viel Liebe bis nach Sotschi geschleppt hatte. Es war eine fröhliche Runde, man sang auf Deutsch, auf Russisch und Esperanto, Nina spielte Klavier, sie tanzten Charleston, bis dann um 23.00 Uhr der Nachbar an die Wand klopfte. Auch Russen fühlen sich von feiernden Nachbarn gestört.

Nina und Gennadi brachten ihre Gäste bis zur Hauptstraße, um sicher zu sein, dass sie noch einen Linienbus erwischten. Es war ein schönes Gefühl zu wissen, dass man hier echte Freunde hatte. Nina und ihre Familie gehörten dazu.

Einer der Gäste hatte den gleichen Weg wie Dorothee und begleitete sie bis zum Hoteleingang, damit auch ja nichts passierte. Nicht nur Wiener und Ungarn verabschieden sich von einer Dame mit einem Handkuss, auch charmante Russen tun es.

In dieser Saison mussten sich Walter und Dorothee oft mit Beschwerdebriefen seitens der Gäste befassen. Für westdeutsche Touristen war hier vieles komplett unverständlich, sie meinten, den gleichen Standard wie im Westen erwarten zu können, die gleichen Serviceleistungen. Von unterschiedlichen Mentalitäten wollte so mancher Gast nichts wissen, er legte mehr Wert darauf, sich selbst den Urlaub zu verderben, hinterher sich noch lange herum zu ärgern und lange Beschwerdebriefe zu schreiben und, das war das Wichtigste, möglichst Geld zurück zu bekommen.

So kam eines Tages ein Beschwerdebrief, in dem eine Frau eine Summe von über 800 D-Mark zurückverlangte, weil die Zentralasienrundreise statt sieben Tage ganze acht Tage gedauert hatte und somit ein kompletter Badetag in Sotschi verloren gegangen sei. Dorothee schrieb in ihrem „Tagebuch"-Brief an Hartmut: „Der (west-)deutsche Verstand scheint im Wohlstand erstickt worden zu sein." Dorothee schämte sich in solchen Fällen immer für ihre Landsleute.

Einem Herrn aus dem Hotel Kamelia ging auf dem Transport vom Flughafen ins Hotel eine Halogenlampe seiner Super-8-Filmkamera kaputt. Für den Folkloreabend benötigte er nun unbedingt eine neue Lampe.

Er kam zu Dorothee und fragte: „Sind Sie von hier, hier gebürtig?"

Was konnte Dorothee anderes antworten als „Ja, ich bin hier geboren." Schließlich war dies eine Tatsache.

„Also bitte besorgen Sie mir bloß eine neue Lampe. Sie bekommen auch ein paar Strumpfhosen von mir. Ich habe welche dabei."

Geboren war sie hier, aber Strumpfhosen hatte sie trotzdem, dies Dank der Tatsache, dass Hartmut damals so hartnäckig darauf bestanden hatte, direkt in die BRD repatriiert zu werden.

Der erste Tag des neuen Schuljahres war in der Sowjetunion traditionell immer der 1. September. Dieses Jahr wurde sogar den Gästen angeboten, der Zeremonie zum Schuljahresbeginn und zur Einschulung der ABC-Schützen beizuwohnen.

So organisierte Intourist Busse, die aus den einzelnen Hotels zur Schule No. 1 fuhren:

Ein Bus mit nur drei Gästen kam vom Hotel Schemtschuschina und holte Walter und Dorothee am Hotel Kamelia ab. Zwei Busse kamen vom Hotel Primorskaja, einer mit 6 ostdeutschen Gästen, einer mit 15 Westdeutschen, die in Sotschi einen Sprachkurs gemacht hatten. Jeder Bus hatte Platz für 33 Gäste plus Begleiter. Warum also nicht ein Bus alle Personen zur Schule brachte? In der Sowjetunion dachte man in Gruppen. Und eine Gruppe durfte eventuell gar nicht mit einer anderen vermischt werden. Also Ost- und Westdeutsche in einem einzigen Bus? Unvorstellbar! Es wurde politisch und nicht wirtschaftlich gedacht.

Die „Schuljahr-Eröffnungszeremonie" war interessant. Alle Schüler, die alten und die Erstklässler, standen in einem großen Kreis. Jeder trug das typische rote Halstuch und die Festtagsschuluniform. Die Lehrerinnen standen mit riesigen Blumensträußen vor dem Eingang zum Schulgebäude. Es wurde viel geredet, Gedichte wurden aufgesagt usw. Einem Mädchen wurde es schlecht. Es wurde ohnmächtig. Zum Schluss lief die Kleinste der neuen Schülerinnen mit einer Glocke den Kreis der Schüler ab. Dabei sollte sie die Glocke läuten Sie war aber sehr schüchtern und man hörte kaum etwas. Eine Lehrerin musste ihr helfen.

Die Saison ging langsam zu Ende. Im September begann auch hier der Herbst und das Wetter änderte sich. Es regnete oft, an manchen Tagen fast den ganzen Tag lang. Meist waren es heftige Regenschauer, Wolkenbrüche. Interessante Naturphänomene konnte man beobachten. Der Sturm auf dem Meer draußen sog das Meereswasser nach oben, bildete einen Wirbel, eine so genannte Wasserhose. Diese wanderte in Richtung Landesinnere und ging irgendwo an den Berghängen als Salzwasserregen nieder. Das war gar nicht gut für die Landwirtschaft, aber ein interessantes Foto- und Filmmotiv für die Gäste.

Eines Abends musste Dorothee während eines solchen Wolkenbruches zu Fuß vom Hotel Schemtschuschina zum Hotel Primorskaja durch regelrechte Sturzbäche auf den Wegen waten. Schuhe und Socken waren komplett durchnässt. Die Hose bis zu den Knien ziemlich nass geworden. Während der Sprechstunde im Hotel Primorskaja musste Dorothee barfuss gehen, worüber sich die Gäste natürlich amüsierten.

Durch den vielen Regen erwachte die Natur erneut. In den Bergen fiel der erste Schnee, und die Landschaft sah fast wie im Frühling aus, nur ein paar wenige bunte Blätter erinnerten daran, dass es Herbst wurde.

Die Theaterferien waren vorbei, die kulturellen Veranstaltungen wurden fortgesetzt. Aufgrund der Wetterlage mussten die im Sommertheater geplanten

Vorführungen meist ausfallen. Die Laune der Gäste sank von Regentag zu Regentag und es gab jetzt viel mehr meckernde Passagiere als sonst. So, als ob die Reiseleitung auch für das Wetter verantwortlich sei. Auch gab es im Hotel Kamelia fast eine Art Aufstand, weil das Essen immer nur aus Hackfleisch in allen Variationen bestand. Dafür hatten Walter und Dorothee durchaus Verständnis. Doch Reklamationen beim Küchenchef halfen nichts. Es war schlichtweg nichts anderes geliefert worden.

Dorothee versuchte dennoch, die letzten Wochen in ihrer heimatlichen Gegend so gut wie nur möglich zu genießen. Die meisten Russen dachten, sie sei verheiratet. In der UdSSR heirateten die Paare in sehr jungem Alter. Nur dann hatten sie Anspruch auf eine eigene Wohnung. Wenn dann der eine aufgrund seiner Arbeit monatelang sich woanders aufhalten musste, dann gehörte das zum ganz normalen Leben dazu. Man besuchte sich eben hin und wieder, wenn dies die Zeit und die Distanz überhaupt zuließen.

Mit Igor ging Dorothee nach wie vor oft aus. Er hatte Dorothee wirklich gern. Das spürte sie, auch wenn er sie nur angesprochen hatte, weil er damit beauftragt worden war. Im Laufe der Zeit entwickelte sich eine nette Freundschaft. Das war angenehm, denn nun hatte Dorothee immer männliche Begleitung, wenn sie abends ausging. Eines Tages gingen sie in die Bar „Kavkas", direkt gegenüber vom Zirkusgebäude. Zuerst wollte man sie nicht einlassen, weil angeblich alles voll sei. Igor bot dem jungen Portier eine amerikanische Zigarette an, das wirkte noch nicht ganz. Erst als drei Mädchen herauskamen, wurden sie eingelassen. Sie aßen Schokolade, Dorothee trank drei Gläser „Schampanskoje" und war danach beschwipst. Sie tranken auf Брудершафт - Bruderschaft = Brüderschaft, unterhielten sich und lauschten der internationalen Musik. Ihre liebste Freundin, Nina, hatte Urlaub. Sie begleitete eine sowjetische Touristengruppe auf einer Reise in die Tschechoslowakei und nach Ungarn.

Eines samstags kamen mit der so genannten „Co-Mail" - Company Mail, der Geschäftspost, eine Menge Reiseprospekte von Lechak-Reisen an, Sommer-, Schnee- und Fernreisenkataloge. Dorothee ließ den Koffer ordnungsgemäß am Zoll kontrollieren, von einem für sie neuen Zöllner. Er gab je ein Exemplar einem anderen höher gestellten Zöllner, der Seite für Seite genau durchsah und alle Prospekte, bis auf je 2 Exemplare beschlagnahmen wollte. Schließlich sollte Protokoll aufgenommen werden, dass ihr diese Sachen offiziell abgenommen wurden. Die „alten" Zöllner, die sie gut kannten, erklärten dem Neuen, wer sie sei, und wozu sie die Prospekte brauchte. Doch der ließ nicht locker. Sie rieten ihr, sich beim „старший майор" - starschij Major, dem obersten Major zu beschweren, dann bekäme sie alles zurück. Einer tippte sich mit dem Finger an die Schläfe, zeigte heimlich den Vogel, und meinte damit den Neuen. Nun, der Neue verlangte also ihren Reisepass zur Protokollaufnahme. Sie sagte, der sei im Kamelia und kramte ihren Firmenausweis hervor.

Da ging er in sein Büro und telefonierte. Nach ca. 5 Minuten kam er wieder, sagte: „собирайете, извините - sobirajte, izwinitje - packen Sie zusammen. Entschuldigen Sie", und gab ihr alle Kataloge wieder.

Einige Kollegen anderer Firmen mussten schon nach Hause zurückreisen, darunter auch Hans aus Wien. Mit ihm hatte Dorothee auch oft etwas unternommen. So waren sie z. B. im Kino und schauten sich den Musical-Film „Sound of Music" an, der in Österreich handelt. Hans geriet total ins Schwärmen, wie schön doch sein Österreich sei. Dorothee wünschte sich, sie könnte von Deutschland genauso schwärmen.
Für Hans' Abschiedsfeier suchten sie sich ein besonderes Restaurant aus, oben auf dem Achun-Berg. Dort gab es auch eine Varieté-Show. Am besten gefiel ihnen ein Papagei, der alle Gäste immer wieder erneut mit einem freundlichen „„Здравствуйте товарищи" - Strawstwuijte Tawarischtschi - Guten Tag, Genossen" begrüßte und dazu den Kopf höflich wie zu einer Verbeugung nach vorne senkte.
Sie gingen anschließend noch ins Hotel Schemtschuschina in die Bar im obersten Stockwerk. Der Halbmond spiegelte sich im Meer, draußen vor dem Hafen befand sich ein beleuchtetes Schiff, ein norwegisches Kreuzfahrtschiff lag im Hafen. Ihre russischen Freunde Sascha und Sergej waren dabei und Sergej spielte auf seiner Mundharmonika „Вечерный звон - Vetschernij swon - Abendglocken": Es war ein sehr romantischer Moment.

In jedem der Hotels gab es auch eine Devisenbar. Das war eine Bar, in der man nur mit harten Devisen bezahlen konnte. Dementsprechend durften sich dort auch nur westliche Gäste aufhalten. Wieder so eine nicht zu akzeptierende Ungerechtigkeit der eigenen Bevölkerung gegenüber. Dorothee ging nicht gerne in diese Bars, nur in Ausnahmefällen, wenn sie von Gästen eingeladen wurde. Mit ihren russischen Freunden konnte sie diese Bars sowieso nicht betreten, obwohl sie diese einlud und in Devisen hätte bezahlen können. Aber nein, Sowjetbürger wurden hier gar nicht erst eingelassen. Selbst in den „Rubel"-Bars war es nicht so einfach, Gäste, die nicht im Hotel untergebracht waren, mitzunehmen. Da musste schon so manches Mal das Servicebüro eingeschaltet werden, damit Dorothee eine Sondergenehmigung bekam.

Walter flog nach Moskau, nicht nur, um sich diese Stadt einmal in Ruhe anschauen zu können. Er traf sich auch mit Jan Bukker, dem Chefreiseleiter, und brachte die Nachricht über die Einsätze in der kommenden Wintersaison mit. Er selbst sollte nach Mexiko. Und Dorothee? Er sagte: „An die Costa del Sol". Dorothee machte ein enttäuschtes Gesicht. Doch dann zeigte er auf das Schreiben aus der Zentrale. Dort stand eindeutig, dass Dorothee ab Dezember auf dem Kreuzfahrtschiff „Wasilij Azhayev" eingesetzt werden sollte. Walter hatte aber absichtlich laut „Costa del Sol" gesagt, wegen der im Zimmer installierten Mikrofone, damit die mithörenden Kontrolleure von Intourist eine falsche Information bekämen. An was man nicht alles denken musste.

Am Samstag, 20. September, kam ein besonderer Gast aus Frankfurt ange-
reist, Hartmut. Dorothee hatte morgens wieder Ärger mit dem Transfer zum
Flughafen. Der Bus kam und kam nicht. Sie schnappte sich einfach einen
Bus, der eigentlich eine finnische Reisegruppe nach Adler bringen sollte. Die
Finnen hatten aber noch ein bisschen Zeit. Sollte doch ihr Bus dann die Finnen fahren. Dass diese Umorganisation reibungslos ablief, grenzte an ein
Wunder, denn auf Änderungen in letzter Minute war das System bei Intourist
nicht eingestellt. Dorothee war ziemlich müde. Wieder einmal hatte sie nicht
richtig schlafen können, weil die Musikkapelle auf der Hotelterrasse bis spät in
die Nacht hinein gespielt hatte. Sie spielten ja recht gut, besonders gefiel ihr
das Lied „Ах, Одесса, жемчушина у моря - ach Odessa, Schemtschuschina
u morja - Ach Odessa, Perle am Meer". Das machte sie ganz neugierig auf
diese Stadt westlich der Halbinsel Krim.
Abends kam dann also Hartmut angereist. Er wollte drei Wochen bleiben.
Eine gute Gelegenheit für Dorothee sich nun noch die Gegenden anzuschau-
en, wo sie bisher nicht hinreisen konnte und noch einmal - ein letztes Mal -
einige Ausflüge mitzumachen.

Die kaukasischen Republiken

Georgien

Schon am Montag, es war der 22. September, nur zwei Tage nach Hartmuts Ankunft flogen sie nach Tbilisi, in die Hauptstadt der Georgischen Sowjetrepublik. Das Flugzeug war eine Jak 40. Es startete mal wieder mit einer Stunde Verspätung. Der erhoffte Blick auf die Kaukasusberge wurde leider von Wolken behindert. Nach nur einer Stunde Flugzeit landeten sie in Tbilisi und wieder mussten die Uhren um eine Stunde vorgestellt werden. Mit ihnen im Flugzeug war eine Gruppe von sechs Finnen. Das Flugzeug erhielt eine Parkposition draußen auf dem Flugfeld. Für die Finnen gab es einen eigenen Bus, in dem Dorothee und Hartmut natürlich hätten mitfahren können. Aber nein, das war ja nicht erlaubt. Es wurde extra ein Bus nur für sie beide organisiert, der sie dann auch noch zu einem anderen Terminal brachte. Ihre Intouristdolmetscherin allerdings wartete im anderen Terminal, zu dem auch die Finnen gebracht wurden. Jetzt musste ein Taxi organisiert werden, das sie zum richtigen Terminal fahren sollte. Gerade wollten sie in dieses einsteigen, als ein Intouristtaxi angesaust kam, drin die Dolmetscherin, ganz aufgeregt und nervös. Endlich hatten sie sich gefunden. Diese Dolmetscherin, oder Reiseleiterin, hieß Nelly Magalaschwili. Ein typisch georgischer Familienname endet entweder auf „schwili",„idse", „adse" oder auch „iani". Wobei die „ianis" ursprünglich aus Armenien stammen, dort enden viele Familiennamen mit „ian", was dann im Georgischen zu „iani" wurde.

Im Hotel Iveria waren Zimmer für sie reserviert worden, einem dieser modernen hohen blockartigen Hotels am Ende des „Prospekt Rustaweli", der wichtigsten Straße der Stadt. Verkehrsstau unterwegs, Huperei. Georgier haben viel Temperament und gehen anders miteinander um als die Russen. Man spürte, das war nicht mehr Russland, das war Georgien.
Der Aufzug sollte sie in den 5. Stock bringen, wo ihre Zimmer waren. Doch er fuhr einfach weiter bis zum 10. Stockwerk. Dort stieg eine Georgierin ein, die Dorothee etwas auf Georgisch fragte. Doro aber reagierte nicht. Sie verstand es nicht. Und merkte auch nicht, dass sie angesprochen wurde. Dorothee und Hartmut amüsierten sich über diesen Aufzug und machten Bemerkungen darüber, weil der nicht tat, was er sollte. Da sprach die Georgierin sie auf Deutsch an und fragte. „Nach oben oder nach unten? Ich habe Sie für eine Georgierin gehalten. Sie sehen so aus". Das war ein schönes Kompliment für Dorothee.

Kaum im Zimmer rief Hartmut sofort Zisana Rechwiaschwili an, die älteste Tochter der ehemaligen Rektorsfamilie von Rudis Schule in Agudseri. Beim ersten Wählen der Nummer kam das Besetztzeichen. Beim zweiten Mal war die Leitung frei. Hatte der Teilnehmer am anderen Ende zufällig in diesem Moment aufgelegt? Oder wurde man beim ersten Wählen erst mit einer Art Abhörzentrale verbunden, die dann registrierte „aha, diese Telefonnummer aus dem Hotel möchte jetzt mit jener Telefonnummer sprechen."
Egal, sollten sie doch registrieren, dass sie, die Westdeutschen, Kontakt mit Georgiern aufnahmen. Was ist Schlimmes daran, eine alte Freundschaft wieder aufleben zu lassen?

Zisana versprach, sie bald im Hotel abzuholen. Hartmut ging in eines der Büffets im Hotel. Dort wurde er von einem Georgier angesprochen, der dann behauptete, er würde in Sotschi im Hotel Kamelia arbeiten, nachdem Hartmut ihm erzählt hatte, dass er in Sotschi Urlaub mache. Dorothee kam auch ins Büffet. Diesen Mann kannte sie nicht, hatte ihn noch nie im Hotel Kamelia oder sonstwo gesehen. Auch dies war seltsam. Aufgrund ihres Akzentes hielt die Bedienung Dorothee wieder einmal für eine Lettin oder zumindest für jemanden aus einer der baltischen Sowjetrepubliken.
Sie warteten auf Zisana, Hartmut war unten in der Eingangshalle des Hotels, Dorothee wartete oben auf dem Balkon des Zimmers. Da läutete das Telefon. Es war ein junger Mann, der sie von unten aus auf dem Balkon gesehen hatte und nun mit ihr anbandeln wollte.
Wieder so eine seltsame Sache, denn die Nummern der Telefone eines jeden Hotelzimmers waren ganz eigenständige Nummern, also keine Nummern, die über die zentrale Telefonanlage der Hotels liefen. Sie waren wie private Nummern. Woher hatte der Typ die richtige Telefonnummer des Zimmers?
Endlich kam Zisana mit ihrem Mann in einem Auto angefahren. Herzliche Begrüßung und gleich ging es zu ihnen nach Hause. Die Familie wohnte in einem kleinen Haus in einer Nebenstraße im Zentrum. Dort warteten schon die anderen: Nugsari, der jüngste Sohn der Familie, von allen bis heute immer „Bitschi" (Junge) genannt. Seine Frau Marina, die 3-jährige Tochter, Zisanas Kinder, acht und zehn Jahre alt. Die Kinder sprachen kein Russisch. Es war Bitschi, der damals in Agudseri mit Rudi befreundet war. Es waren 18 Jahre vergangen, seit sie sich das letzte Mal gesehen hatten. Damals war Bitschi ein Halbwüchsiger, wie Rudi, Zisana hatte ihr Medizinstudium gerade beendet, Dorothee war ein kleines Mädchen gewesen. Und heute waren sie alle erwachsen, hatten Familien, nur Dorothee noch nicht. Sie aber hatte das Glück, als Reiseleiterin hierher geschickt worden zu sein und somit alle wieder zusammenführen konnte. Rudi würde bald Vater sein, Hartmut bald Großvater. Die alte „Дружба Druschba" - Freundschaft aus der Vergangenheit wurde wieder Gegenwart. Sie alle hofften, sie würde auch in Zukunft Bestand halten. Alle nannten Hartmut „Дядя Гартмут - Djadja Gartmut" - Onkel Hartmut.

Dorothee hatte die viel gerühmte georgische Gastfreundschaft weit unterschätzt. Es gab mehr als reichlich zu essen, Hähnchen, typisch georgische Speisen, Brot, viel Obst, Granatäpfel, Weintrauben, Tomaten, Birnen, Äpfel und es gab reichlich zu trinken, „Schampanskoje", Kirschlikör, Limonade. Und immer wieder die traditionellen Trinksprüche, jedes Mal, wenn angestoßen wurde, ganz nach georgischer Sitte. Tamadá, mit Betonung auf der letzten Silbe, wie der „Trinkspruchredner" genannt wird, war heute Bitschi, er hielt selbst einige Trinksprüche, gab aber diese Aufgabe auch an Hartmut weiter, der in all den vergangenen Jahren diese Sitte nicht verlernt hatte. Und so stieß man an auf die Freundschaft zwischen den Menschen, die am Tisch sitzen, dann auf die Freundschaft der Völker, denen diese Menschen angehörten, dann auf die Freundschaft und den Frieden der ganzen Menschheit usw.; so ein Trinkspruch kann sich in die Länge ziehen.

Den nächsten Tag begannen die beiden mit einem Bummel durch das Zentrum der Stadt. Es ging den Prospekt Rustaweli entlang, benannt nach einem der bekanntesten georgischen Dichter, zum Lenin-Platz, hinunter zum Kura-Fluss, dessen scheußlich braunes Wasser langsam dahin floss. Hier fiel ihnen ein Straßenschild auf, welches auf einer Seite auf georgisch, auf der anderen Seite russisch beschriftet war. Auf beiden Seiten stand „Stalin-Kai". Hartmut hatte damals etwas Georgisch gelernt und konnte es immer noch einigermaßen entziffern. Die russische Version des Schildes zeigte zur Flussseite, so dass man sie nur dann lesen konnte, wenn man sich an dem Schild festhielt und sich in Richtung Fluss beugte. Seit Stalin Anfang der 60-er Jahre sozusagen in Ungnade gefallen war, seit Chruschtschow seine Gräueltaten bekannt gemacht hatte, waren eigentlich sämtliche nach ihm benannten Städte, Plätze, Straßen und dergleichen umbenannt worden. Nicht so in Georgien, denn Stalin, der eigentlich Josef Dschugaschwili hieß, war Georgier.
Sie mussten zurück zum Hotel, denn dort wartete ihre Intourisbegleiterin Nelly. Mit ihr spazierten sie zu Fuß zur Intouristzentrale, wo der Leiter, dessen Vertreter und eine weitere Dolmetscherin für Deutsch sie schon erwarteten. Man bot ihnen erfrischende Limonade an, und sie machten sich gegenseitig Vorschläge zur Verbesserung und zum Ausbau des Tourismus. Der Leiter erwähnte auch, dass er es sehr gerne sähe, wenn Lechak-Reisen in Pizunda oder Suchumi Gäste hätte. Er betonte extra, dies sei sein Wunsch, nicht, weil er Georgier sei, sondern weil dort die Plätze besser seien, besserer Strand und vieles mehr, was ja auch stimmte.
Nelly begleitete sie in einen Glühwürmchen-Laden, auf Georgisch „Tsitsinatela"-Laden. So wurden die Devisenläden in Georgien genannt. Sie entsprachen den russischen „Beriozka"-Läden. Beim Überqueren der Straße wurde Dorothee von einer Frau auf Georgisch gefragt: „Romeli za'atia". Sie wusste, dass dies „wie viel Uhr ist es?" bedeutete und antwortete einfach auf Russisch. Die Frau war ganz erstaunt. Nelly meinte, dass man Dorothee durchaus für eine Georgierin halten könne mit ihren langen dunklen Haaren.

Auf ihrem touristischen Programm stand auch eine Stadtrundfahrt in einem extra für sie reservierten Intouristauto: Altstadt mit Metechi-Kirche, die Statue Wachtang Gorgassalis, des Gründers der Stadt Tbilisi. Dann zur Statue „Mutter Georgien" mit schönem Blick auf den Mtazminda-Berg mit der Davidskirche und Pantheon, dem Friedhof. Hier ist die Mutter Stalins beerdigt. Den Kura-Fluss entlang durch Alt- und Neustadt, zum Stadion, Peking-Straße, Park des Sieges und schließlich hinauf auf den 727 m hohen Mtazminda-Berg, von wo aus sie eine herrliche Aussicht auf die ganze Stadt und den Kura-Fluss hatten. Mit der Zahnradbahn ging es wieder hinunter zur Stadt. Inzwischen war es schon später Nachmittag geworden. Also schnell etwas im Büffet im 13. Stock des Hotels Iveria essen. Im Zimmer warteten sie auf Zisana, die sie heute auch wieder abholen wollte. Da klopfte es an die Tür. Es war das Zimmermädchen, das zwei Packungen Kaugummi für ihre Kinder abkaufen wollte. Natürlich bekam sie den Kaugummi geschenkt.
Zisana kam heute in Begleitung von Bitschis Ehefrau Marina. Sie fuhren zunächst zu einer Tankstelle, diese war aber „На ремонт - na remont" - in Reparatur. Also mussten sie nach einer anderen Tankstelle suchen, was nicht so einfach war. Es war wie eine kleine Stadtrundfahrt bei Nacht. An der dritten Tankstelle hatten sie dann Glück. Sie fuhren auf den Mtazminda-Berg und konnten nun den Ausblick auf Tbilisi bei Nacht genießen. Wie schön, dieses Lichtermeer unter ihnen und das schwarze Band, das die beiden Teile der Stadt trennte, der Fluss Kura. Leider regnete es ein bisschen.
Zisana meinte, sie müssten nun unbedingt „Chatschapuri" essen. Dieses georgische Wort bedeutet wörtlich „Brot mit Käse drin". Es wird hergestellt aus Fladenbrotteig. In die Mitte gibt man Käse. Dann wird das Ganze im Backofen gebacken und noch warm gegessen. Hmm, was war das lecker. Aber es füllte den Magen zu sehr.
Schließlich fuhren sie wieder zu Zisana nach Hause. Bitschi hatte Schallplatten mit georgischer Musik gekauft, als Geschenk für Dorothee. Um diese anhören zu können, lieh man sich einen Schallplattenspieler vom Nachbarn aus. Seine Frau Marina war sehr musikalisch. Sie spielte ausgezeichnet Klavier. Also setzte sie sich ans Klavier, spielte und sang einige bekannte Lieder, unter ihnen die Titelmelodie aus dem Film „Un homme et une femme" - ein Mann und eine Frau, Fascination und vieles andere mehr. Gemeinsam mit Zisana sang sie das georgische Lied Suliko, ein georgisches Volkslied, ein Liebeslied.

Es war bemerkenswert, dass Hartmut dieses Lied kannte. Er war äußerst unmusikalisch, daher grenzte es fast an ein Wunder, dass er die Melodie sofort wieder erkannte. Und er erzählte nun, dass er in den 50-er Jahren einmal einen kranken Kollegen in Tbilisi besucht hatte, der hier zur Kur war. Damals sah er sich im Theater die Folklorevorstellung einer Gruppe aus Vietnam ansah. Die Vietnamesen hatten auch dieses Lied gesungen, und zwar auf Georgisch, wofür es einen sehr langen und tosenden Applaus gab.
Der Text des Liedes erzählt von einer verloren gegangenen Liebe:

Ein junger Mann geht spazieren. Er sucht seine Geliebte und kann sie nicht finden. Und so fragt er: „Sada char tschemo Suliko - Wo bist Du, meine Suliko?".

Am Wegesrand blüht zwischen all den Disteln eine Rose, so wunderschön. Er bleibt stehen und fragt diese Blume: „Schen chom ara char, Suliko - Bist Du es, meine Suliko?"

In diesem Moment kommt ein Vogel angeflogen, der sich auf einen Zweig dieser Rose setzt. Diese beginnt auf und ab zu wippen, so als wollte sie sagen: „Diach, diach ho - Ja, ja - ich bin Deine Suliko."

Dorothee hatte diese Melodie schon mal gehört, sie wusste nicht mehr genau wann und wo. Vermutlich war es bei irgendeiner Vorstellung in Sotschi gewesen, in russischer Übersetzung des Textes. Ab sofort aber hatte dieses Lied eine ganz besondere Bedeutung für sie, allein aus der Tatsache heraus, dass Hartmut, nach fast zwanzig Jahren, dieses Lied wieder erkannt hatte. Dass „Suliko" für sie noch eine viel wichtigere Bedeutung bekommen sollte, ahnte sie in diesem Moment noch nicht.

Zisanas Mann brachte einen der Gäste, die an diesem Abend auch noch zu Gast waren, mit dem Auto nach Hause, kam aber ewig nicht zurück. Weshalb dann Bitschi ein Taxi besorgte. Er fuhr mit, um sicher zu sein, dass Hartmut und Dorothee gut ins Hotel kamen, bat aber den Taxifahrer, ihn kurz vor dem Hotel aussteigen zu lassen. Hier verabschiedete sich Bitschi von den beiden. Das war seltsam. Sie vermuteten, dass Bitschi nicht von einem Hotelangestellten gesehen werden mochte, der dann an gewisse Stellen hätte weitermelden können, dass ein Georgier in Begleitung westdeutscher Touristen in einem Taxi gefahren ist. Auch hier in Georgien war man nicht frei.

Wann würden sie diese wieder gewonnenen Freunde erneut sehen können? Würde ein Kontakt überhaupt möglich sein? War es ihnen erlaubt, sich zu schreiben? Fragen, auf die es keine Antwort gab. Fragen, die weh taten, denn ein Stück des Herzens, oder der Seele, blieb hier zurück.

Ihr letzter Tag in Georgien, Mittwoch, 24. September, war ganz touristisch geprägt. Mit Nelly und dem Fahrer ging es in die Umgebung Tbilisis, zunächst zum Kloster Dschwari mit einer Kirche aus dem 5. und 6. Jahrhundert, gebaut auf einem Berg. Sie befanden sich hier 900 Meter über dem Meeresspiegel. Von hier aus hatten sie eine wunderbare Aussicht auf den Kura-Fluss und den kleinen Fluss Aragwi, der dort in die Kura mündet, sowie auf die kleine Stadt Mzcheta, nur 28 Kilometer von Tbilisi entfernt. Auf der gegenüberliegenden Seite gab es einen Salzsee.

Mzcheta, das war die alte Hauptstadt Georgiens, Tbilisi wurde erst Ende des 6. Jahrhunderts gegründet. Einst war Mzcheta eine der wichtigsten Handelsstädte zwischen Kaspischem und Schwarzem Meer, direkt an der Seidenstraße gelegen.

Besonders sehenswert war hier die Swetizchoweli-Kirche. Dieser Name bedeutet „Leben spendende Säule". Diese Kirche wurde Anfang des 11. Jahrhunderts erbaut. Sie ist die Hauptkirche der georgisch orthodoxen Kirche und Sitz des Erzbischofs von Mzcheta und Tbilisi, der zugleich auch Katholikos-Patriarch von Georgien ist. Die georgische Kirche ist orthodox, gehört jedoch nicht zur russisch orthodoxen Kirche.

Die Kirche war von einem herrlichen Garten umgeben, in dem Granatäpfel, Kornel-Kirschen und Churma-Früchte wuchsen. Die Churma-Früchte hatte Dorothee erst hier entdeckt. Sie schmeckten ihr sehr gut. Wie diese Früchte auf Deutsch hießen, wusste sie lange nicht. Es gab sie schlichtweg nicht in Deutschland. Erst Jahre später wurden sie als Kaki-Früchte bekannt.

Der Chauffeur ihres Intourist-Autos der Marke „Вольга -Wolga" fragte Nelly auf Georgisch: „Dorothee, ein schöner Name. Ist sie verheiratet?"
Daraufhin Nelly: „Nein, aber sie wird demnächst in Tbilisi heiraten."
„Aha, sehr gut, sehr gut!", meinte der Chauffeur.

Am frühen Nachmittag hieß es Abschied nehmen vom Fahrer und von Nelly. Nelly, die mehr als einmal gesagt hatte, sie sollten doch nächstes Jahr wiederkommen bzw. Dorothee sollte gleich da bleiben. Hartmut hatte Nelly von ihrem früheren Aufenthalt in der UdSSR erzählt. Ach, wenn das alles nur so einfach wäre.

Der restliche Nachmittag stand nun zu ihrer freien Verfügung. Mit einem Taxi ließen sie sich zum Pantheon fahren und besichtigten dort die Grabmäler, auch das Grab der Jekaterina Dschugaschwili, Stalins Mutter, die 1937 gestorben war. Eine Fahrt mit der Metro durfte auch nicht fehlen. Als sie jedoch im Metrotunnel unter der Altstadt durchfuhren, stank es erheblich nach Schwefel. Unter Tbilisi, sozusagen in Tbilisis Unterwelt befinden sich einige heiße schwefelhaltige Quellen. Der Gestank kam von dort.

Auf der Straße wurde Dorothee schon wieder auf Georgisch angesprochen. „Romeli za'atia?" Ein junger Mann fragte Dorothee nach der Uhrzeit. Das kannte sie ja schon und konnte daher sofort auf Russisch die richtige Antwort geben, woraufhin der junge Mann ganz verdutzt schaute.

Inzwischen war die Reisegruppe von Lechak-Reisen aus Sotschi angekommen. Abends gab es eine Folkloreshow für diese nur aus zehn Gästen bestehende Gruppe. Dorothee und Hartmut schlossen sich an. Das Ganze begann mit einem mehr als üppigen Abendessen mit Kaviar, Wein, Borschomi-Mineralwasser, „Schampanskoje" und georgischen Spezialitäten. Dann die Show mit Tänzen, Gesang, Flötenspiel, Trommeln. Ein wilder Säbeltanz, die typischen polyphonen Gesänge aus den kaukasischen Bergen, gesungen von tiefen Bass-Stimmen. Da konnte man sich die einsamen Täler in den Bergen richtig gut vorstellen. Und was sang der Chor auch? Suliko. Dieses wunderschöne Liebeslied mit der leichten Melodie, das nun für Dorothee eine so besondere Bedeutung gewonnen hatte.

Dass einige wenige Touristen sich bei Dorothee über das Hotel Primorskaja in Sotschi beschweren mussten, jetzt während der Rundreise, das gehörte mit zu den Schattenseiten ihres Berufes. Sie war eben ständig im Dienst. Und es war eine typische Angewohnheit der Gäste, sich eigentlich nur bei Beschwerden an die Reiseleitung zu wenden, höchst selten kam es vor, dass jemand auch mal etwas Lobenswertes berichtete. Nun, die schönen Tage ohne Gäste waren eben schon wieder vorbei.

Abschied von Tbilisi, das fiel Dorothee und Hartmut nicht leicht. Doro schrieb in ihr Tagebuch: „Aber ein kleiner Teil meines Herzens bleibt hier hängen, wie überall, wo es mir gefällt und wo ich Freunde habe".

Armenien

Am nächsten Morgen verließen sie Tbilisi. Mit einem Bus ging es zum Flughafen. Pünktlich um 10.20 Uhr startete das Flugzeug und schon kurz darauf, um 10.55 Uhr landeten sie in Jerewan, der Hauptstadt der armenischen Sowjetrepublik. Es war bewölkt, und wieder konnten sie nicht viel von der Landschaft sehen. Nur einmal ganz kurz war der Sewan-See zu erkennen, der größte See des Kaukasus, 1.900 m über dem Meeresspiegel gelegen. Die Stadt Jerewan liegt über 1.000 m über dem Meer Sie war aus Tuffstein erbaut worden, die meisten Gebäude hatten daher eine rötliche bis rosa Farbe.
Ihr Hotel in Jerewan war das „Armenia", mitten im Zentrum am Leninplatz gelegen. Direkt daneben befanden sich einige Ministerien, u.a. das Kultusministerium, das historische Museum, das Revolutionsmuseum, das Regierungsgebäude, auf dem die Fahne der ASSR, der Armenischen Sozialistischen Sowjetrepublik, wehte, die Post und, durch einen Bogen mit der Post verbunden, das Gewerkschaftsgebäude. Der Leninplatz war der wichtigste Platz der Stadt, wie man an all diesen Gebäuden sehen konnte.

Das touristische Programm begann mit der Besichtigung des historischen Museums und einer Führung durch die Abteilung mit Funden aus vorchristlicher Zeit. Dann ging es los zu einer Stadtrundfahrt: Kirowstraße, Haus der Schachspieler, Gebäude von Radio Jerewan, Hochzeitspalast (ein rundes Gebäude, das sich noch im Bau befand). Es ging hinauf zum Denkmal an den 50. Jahrestag der Oktoberrevolution, ein Obelisk, an dessen Spitze sich die Skulptur eines Blattes befand. Solch ein Blatt gab es auch in der Festung Jerewan, aus der später die Stadt entstand. Es ging zur Statue „Mutter Armenien" - diese sah nicht viel anders aus als die Statue „Mutter Georgien" in Tbilisi, eine große, hohe Statue, eine weibliche Figur, die das Vaterland mit Schwert verteidigte.
Weiter zum Park des Sieges und schließlich hinauf auf einen Hügel zur Gedenkstätte an das Massaker an der armenischen Bevölkerung durch die Türken im Jahre 1915. Die türkische Regierung behauptete immer noch, dass

dieses Massaker nie stattgefunden habe. Aber wenn bis zu 1,5 Millionen Menschen umgebracht werden, kann man dies verleugnen?

Eine ewige Flamme brannte hier und alle paar Sekunden ertönte eine Art Trommelschlag. Gerade so, als ob da wieder jemand erschossen, erstochen oder auf andere Weise ermordet wurde. Das ging tief unter die Haut. Der Himmel hing voller Wolken und in der Ferne konnte man den Vulkan Ararat erblicken, 5.137 m hoch. Er ist der Heilige Berg der Armenier, liegt aber in der Türkei, jenem Gebiet, das eigentlich auch Armenien ist, aber politisch eben zur Türkei gehört. Und die Grenze? Hermetisch geschlossen. Hier die Sowjetunion, drüben die Türkei. An eine Grenzöffnung, an die Möglichkeit, einmal direkt von hier aus zum Ararat zu reisen, daran konnte man in den 70-er Jahren noch lange nicht glauben.

Der Legende nach soll die Arche Noah nach der Sintflut auf dem Ararat gelandet sein. Deshalb ist der Berg nicht nur für die christlichen Armenier heilig.

Die Fahrt ging weiter zum Stadion, wo der Fußballklub „Ararat Jerewan" spielte. Likörfabrik, Weinkellerei, und dann zu einem Park, in dem 2.750 kleine Springbrunnen in einer Art Allee angelegt waren. Ein Springbrunnen für jedes Jahr, denn im Jahr 1968 war Jerewan 2.750 Jahre alt geworden. 782 vor Christi war die Festung Erebuni gegründet worden.

Das Armenische hat eine eigene Schrift, die in keiner anderen Sprache verwendet wird. Genauso wie das die georgische Sprache auch hat. Nur schienen Dorothee die armenischen Buchstaben einfacher, nicht so verschnörkelt.

Armenier sehen anders aus als Georgier. Hatten die Georgier meistens schwarze Haare, dunkle Augen aber helle Haut, so wirkten die Armenier eher wie Südspanier, teilweise wie Nordafrikaner. Sie haben meist eine dunklere Hautfarbe als die Georgier. Von der Mentalität her kamen sie Dorothee etwas ruhiger als die Georgier vor, nicht ganz so hitzig, so schnell in Wut geratend, bedächtiger.

Nachmittags gab es etwas freie Zeit zur Verfügung. Dorothee wollte unbedingt das Gebäude von Radio Jerewan filmen. Es war zwar verboten, Radiostationen oder Fernsehsender zu fotografieren. Doch bei der Stadtrundfahrt war ihr aufgefallen, dass direkt neben dem Radiogebäude sich das „Haus der Schachspieler" befand, dessen Wand ein kunstvolles Relief zeigte, auf dem Männer beim Schachspiel zu sehen waren. Da konnte man doch einfach mal mit der Kamera ein bisschen weiter in Richtung Radiogebäude schwenken.

Wozu unbedingt diesen Radiosender im Bild festhalten? Dorothee gefielen die Witze von Radio Jerewan so gut, die auf äußerst humorvolle Art das sozialistische Regime kritisierten. Diese Witze begannen immer mit „Frage an Radio Jerewan", die Antwort war meist: „Im Prinzip ja, aber...." und widersprach sich in sich selbst.

So hatte selbst die Intouristreiseleiterin es gewagt folgenden Witz im Bus zu erzählen:

Frage an Radio Jerewan: Wo sitzt eigentlich der Mensch, der immer die Witze erzählt?
Antwort von Radio Jerewan: „Wir können Ihnen leider nicht sagen, wo er sitzt. Wir wissen nur, <u>dass</u> er sitzt."
Oder:
Frage an Radio Eriwan: "Ist es möglich, dass man Liebe machen kann im Laufen?"
Antwort: "Im Prinzip ja, aber Frau kann viel schneller laufen mit Rock oben, als Mann mit Hose unten."

Dorothee und Hartmut machten sich also zu Fuß auf den Weg, konnten aber weder das Haus des Schachspielers noch Radio Jerewan finden. Danach fragen wollten sie auch nicht, denn einerseits hätten die Leute sie vielleicht ausgelacht, oder aber sie wären verdächtig gewesen. Man konnte ja niemals wissen in diesen sozialistischen Staaten, was da gedacht wurde. Also fragten sie eine alte Frau nach der Universität, die sich auch dort in der Nähe befand. Die Frau antwortete in reinstem Russisch: „Я по-русский не говорю - ja po-russkij nje goworju - Ich spreche kein Russisch". Sie konnte offensichtlich nur Armenisch und nur diesen einen Satz in Russisch.
Also mussten sie jemand anderen fragen. Dorothee sprach einen jungen, hübschen Mann an, der es ihnen erklären konnte. Er musste zufällig den gleichen Weg gehen, sie konnten ihn begleiten.
Wieder zurück im Hotelzimmer hörten sie Musik draußen im Freien. Woher kam diese Musik? Gegenüber am Kultusministerium gab es eine große Springbrunnenanalge. Abends wurde hier die Show „Singende Fontänen" aufgeführt. Je nach Höhe oder Tiefe des Tones der Musik sprudelten die Fontänen höher oder tiefer und wurden dabei in wechselnden Farben beleuchtet. Eine Art Wasserorgel. Auch westliche Musik war zu hören, so auch der italienische Sänger Adriano Celentano mit seinen Liedern „Una festa sui prati" - „Buona sera, signorina, buona sera", französische Chançons, moderne Pop-Musik und schließlich Mozarts „Kleine Nachtmusik" und Tschaikowskijs „Capriccio italien". Über ihnen ein leuchtender Sternenhimmel und die Sichel des abnehmenden Mondes. Da durfte dann ein abendlicher Bummel zu der Allee der 2.750 Fontänen nicht fehlen.
Es war etwas regnerisch und Dorothee hatte daher einen kleinen Schirm mitgenommen.
„Девушка, зонтик не продаёшь? - Djewuschka, zontik nje prodojosch? - Mädchen, verkaufst Du den Regenschirm nicht?" Die Verkäuferin eines Obststandes wollte den automatischen kleinen Regenschirm haben. Aber Dorothee brauchte ihn noch. So leicht wäre dieser nicht zu ersetzen gewesen, nicht so lange sie sich noch in der UdSSR befand. Sie erinnerte sich, dass zwei ihrer Gäste für ihre beiden in der BRD zu einem Spottpreis gekauften Regenschirme ganze DM 70,-- Zoll bei der Einreise in Sotschi hatten zahlen müssen. Zwar hatten sie den Betrag bei der Ausreise wieder zurückerstattet bekommen, sie mussten aber die beiden Schirme extra vorzeigen.

Am nächsten Tag fuhr die Gruppe nach Etschmiadsin, das bis 1945 noch Wagarschapat geheißen hatte. Es liegt 20 Kilometer westlich von Jerewan. Etschmiadsin war vom 2. bis 4. Jahrhundert Hauptstadt Armeniens gewesen. Dazwischen gab es etliche andere Hauptstädte. Jerewan war nun die 13. und aktuelle Hauptstadt.

Der Sitz des Katholikos aller Armenier, des geistlichen Oberhauptes der Armenischen Apostolischen Kirche, befindet sich in Etschmiadsin. Die armenische Kirche ist, so wie die georgische Kirche, eigenständig. Es haben sich heidnische Bräuche erhalten, z. B. das Opfern von Hähnen oder Schafen im benachbarten Hof. Wunderschöne Wandmalereien gab es zu bewundern, die Kuppel, die bis dato noch nie renoviert werden musste, trotz der Erdbeben, die es in diesem Gebiet häufig gibt. Da waren die Bischofsstäbe mit Drachenköpfen als Knauf, die die Weisheit des armenischen Volkes symbolisch darstellen sollten. Da war ein Buch, das im Laufe von fünf Jahren von einer Analphabetin abgeschrieben wurde, was bedeutete, dass die Frau jeden einzelnen Buchstaben abgezeichnet hatte. Welch unbeschreiblich wertvolle Handschrift.

Aufgrund der Geschichte des armenischen Volkes gibt es weitaus mehr Armenier, die im Ausland leben, als ausgewanderte Georgier. Das wurde Dorothee so richtig bewusst, als sie die vielen Gruppen von Auslandsarmeniern sah, vorwiegend kamen sie aus den USA oder Kanada. Sie alle wollten nun einmal ihre Hauptkirche kennen lernen, so wie die Katholiken weltweit auch davon träumen, einmal den Vatikan und den Petersdom in Rom zu besichtigen.

Dorothee wunderte sich über eine Zeitung in kyrillischer Schrift, deren Text sie aber nicht verstand. Man erklärte ihr, dass dies eine aserbaidschanische Zeitung sei. Aserbaidschan war die dritte der drei kaukasischen Sowjetrepubliken und liegt östlich von Georgien und Armenien, auf der Seite zum Kaspischen Meer. Genauso wie Abchasen, Usbeken und Tadschiken hatten auch die Aserbaidschaner keine eigene Schrift und wurden erst durch die Sowjets „alphabetisiert", weshalb sie die kyrillische Schrift annahmen. Jetzt war es ihr wie Nina ergangen, die in Samarkand eine angebliche russische Zeitung gekauft hatte, diese dann aber nicht zu lesen vermochte, weil sie auf usbekisch geschrieben war.

Allzu schnell war auch die Zeit in Jerewan vergangen. Nachmittags ging es schon zum Flughafen. Mit einer Tupolew-Maschine des Typs TU 134 flogen sie um 17.05 Uhr Ortszeit ab. Noch ein letzter Blick auf den Heiligen Berg Ararat, noch ein Blick auf den Sewan-See und die Berge Armeniens und Georgiens und schon landeten sie wieder in Adler, dem Flughafen von Sotschi. Es war 17.15 Uhr Moskauer Zeit. Also mussten die Uhren wieder eine Stunde zurückgestellt werden.

Zurück in Sotschi

Der nächste Tag war ein Samstag, ein Samstag, der zum Суботник - Subotnik erklärt worden war. Ein Subotnik war ein Samstag, an dem die Bevölkerung aufgerufen wurde, allgemein nützliche Arbeit zu leisten, sei es die Parks zu säubern, Straßen zu kehren, öffentliche Gebäude zu reinigen, den Strand nach Müll abzusuchen. Eine nicht bezahlte Arbeit, die der Allgemeinheit, dem Volk zugute kommen sollte. Eine Leistung, zu der niemand gezwungen wurde. Es war aber empfehlenswert, sich an einem Subotnik aktiv zu beteiligen, denn wenn man keinen Willen zeigte, etwas Gutes für die Gemeinschaft zu tun, dann konnte das auf irgendeine Weise irgendwann einmal Nachteile haben.

Dorothees Freunde hatten daher an diesem Tag erst abends Zeit. Sie selbst hatte Transfertag und musste sich um An- und Abreise der Gäste kümmern.

Hartmut hatte keine Probleme, sich selbst zu beschäftigen. Er ging spazieren und setzte sich auf eine Bank im Park vor dem Hotel Primorskaja und sonnte sich. Dabei schlief er ein. Er wachte auf, weil er die Stimme eines kleinen Mädchen vor sich hörte, das zu ihm sagte: Дедушка, нельзя на сольнце спать - Djedjuschka, nelsja na solnze spat - Opa, es ist verboten in der Sonne zu schlafen." Diesen Satz sagte Dorothee später immer wieder zu Hartmut, wenn er in der Sonne sitzend einschlief und keine Kopfbedeckung aufgesetzt hatte.

Ein junger Gast kam zu Dorothee und erzählte: Er und seine Frau wohnten im Zimmer 818 des Hotels Schemtschuschina, seine Eltern im Zimmer 820. Um ca. 15.00 Uhr nachmittags hörten sie ein lautes Stöhnen vom Nachbarbalkon. In der Annahme, dass der Vater auf Zimmer 820 einen Asthmaanfall habe, gingen sie auf den Balkon und sahen schließlich, wie sich ein Mann auf dem Balkon des Zimmers 816 selbst befriedigte. Sie störten ihn nicht, riefen aber nachher über den Balkon rüber, woraufhin sich eine Frau meldete, die diesen Mann holte. Sie sagten dem Mann, solche Dinge doch lieber im Zimmer oder im Bad zu machen, darauf fing dieser an, sie zu beschimpfen und zu bedrohen. Wegen dieser Bedrohung kamen die Gäste auf Dorothee zu. Es war ein deutscher Gast.

Im Hotel Kamelia herrschte große Aufregung, eine Delegation von 100 Leuten war angekündigt. Es waren die drei US-amerikanischen Astronauten des Sojuz-Apollo-Projektes - Thomas Stafford, Donald Slayton und Vance Brand - und die entsprechenden sowjetischen Kosmonauten, die sich vor einigen Monaten im Weltall getroffen hatten, mit Familien, Abgeordneten, Technikern usw. Sie sollten drei Tage bleiben. Schon nachmittags wartete eine große Anzahl von Polizisten auf diese Delegation. Vorm Hoteleingang standen Hotelgäste mit Fotoapparaten. Man erwartete die Delegation um 18.00 Uhr.

Dorothee verpasste das alles, weil sie zu dieser Zeit in ihren Hotels Sprechstunde für ihre Gäste hatte.

Wieder nach ABCHasien / Abchasien ~ Suchumi

Hartmut wollte, nein er musste natürlich auch nach Suchumi fahren. Daher hatte Dorothee schon vorab über Intourist einen zweitägigen Ausflug dorthin organisiert. Diesmal war es ganz offiziell, sie hatten beide ein Visum für Suchumi beantragt.

Am Mittwoch, es war nun schon 1. Oktober 1975, fuhren sie mit einem Intouristauto der Marke Wolga los. Unterwegs machten sie mehrmals Stopp, in Gagra, dann in Pizunda. Dort wollten sie in einem der vielstöckigen Hotelbauten etwas trinken. Unten in der Eingangshalle gab es eine Informationstafel, auf der ein Brief eines Reisebüros aus der DDR angebracht war, beginnend mit der Anrede: „Liebe Genossen x und y" Damit war die Reiseleitung der Gruppe gemeint. Der Brief endete mit den Worten „mit sozialistischem Gruß".

Sie fuhren weiter, hinauf in die Berge, zum Rizasee. Unterwegs noch einmal Stopp am „Blauen See", ein sehr kleiner See, der durch den Bach Jugschara gespeist wird, welcher wiederum aus dem Riza-See kommt. Ein See mit klarem Wasser und sehr tief, daher hatte der See immer eine blaue Farbe, auch bei schlechtem Wetter.

Auf der kurvenreichen Strecke zum Rizasee überholten sie einige Touristenbusse und waren dadurch vor Ankunft der Menschenmassen schon oben am See. Die Motorbootfahrt kostete pro Person nur 0,40 Rubel. Das Wetter war herrlich, wolkenloser Himmel, Sonne, relativ warm. Die drei Berge Agepsta, Pschegischchja (der geköpfte Bruder des schönen Mädchen Riza) und Atsetuka waren gut zu sehen. Das Wasser des Sees war ganz klar. Hartmut und Dorothee erinnerten sich an ihre Bootsfahrt im September 1955, das war nun genau 20 Jahre her, als Dorothee den Finger in das Wasser stecken wollte und Hartmut sie deshalb schimpfte. Ihre wohl allererste Kindheitserinnerung.

Jetzt, als Individualtouristen, mit Auto und Chauffeur, waren sie viel flexibler und ließen sich noch zu den Quellen des Awadchara-Flusses fahren, durch herrliche Herbstwälder, vorbei an Kuh- und Ziegenherden, die von ihren Hirten auf der Straße entlang getrieben wurden, mit schönem Blick auf das Ende des Rizasees. Da unten lag er, dieser mystische See mit seiner sagenumwobenen Geschichte, ein Teil ihrer selbst, ein Teil ihrer Wurzeln. Dorothee war glücklich.

Es ging wieder die kurvenreiche Straße hinunter zur Küste und an dieser entlang, Richtung Süden, über die Orte Guda-Uta und Novij Afon, wo sie das ehemalige Kloster besichtigten, weiter nach Suchumi. Bei der Einfahrt in die Stadt filmte Dorothee das Bahnhofsgebäude, von dem aus sie im Februar 1958 abgefahren waren. Es war inzwischen schon 15.30 Uhr georgische Zeit, also eine Stunde später als in Sotschi.

Sie hatten Zimmer im Hotel Abchasia, direkt an der Uferpromenade, reservieren lassen. Dieses schöne alte Hotel hatte große, sehr geräumige Zimmer, ausgelegt mit Teppichen. Auch in den Gängen Teppiche. Empfangen wurden sie von Nina (ein sehr häufiger Name in Russland). Nina war die Chefin des Servicebüros von Intourist. Und Nina war ganz stolz, dass diese beiden deutschen Gäste nun extra privat nach Suchumi gekommen waren. Der oberste Chef von Intourist wollte die beiden einladen zu einem Ausflug zur Tropfsteinhöhle in Novij Afon. Seltsam, in Georgien wurden sie immer eingeladen, auch in Tbilisi war das der Fall, in Sotschi kam das nie vor. Nun mussten sie Nina und dem Chef aber erklären, warum sie dieses nette Angebot nicht annehmen konnten. Es blieb nichts anderes übrig, als von der Vergangenheit zu erzählen, dass sie hier gelebt hatten, dass sie daher unbedingt nach Agudseri fahren wollten, ja mussten. Nina und der Chef waren enttäuscht, hatten aber Verständnis. Ja, sie waren noch stolzer, dass diese Deutschen extra hierher zurückgekommen waren, um die Orte ihrer eigenen Vergangenheit wieder zu sehen.
Heute aber gab es erstmal eine Stadtrundfahrt. Diese führte Richtung Süden bis hinter den Ort Kelasuri zu jenem Stück der alten abchasischen Mauer, die auf etlichen ihrer alten Fotos zu sehen war. Sie mussten die Bahngleise überqueren, jene Gleise, die ein paar Kilometer weiter südlich an ihrer ehemaligen Wohnsiedlung vorbeiführten, die Strecke Tbilisi - Moskau.

Dann ging es zurück ins Zentrum, Leninplatz, Bazar, wie der Markt genannt wurde. Dort gab es wunderbar reife Churma-Früchte. Es gab Nüsse, die nur in Abchasien wachsen und deren Namen sich Dorothee nicht merken konnte. Diese Nüsse, an einem Faden aufgereiht, getaucht in einen heißen Brei aus Weintraubensaft und Weizenmehl, dann abgekühlt, ergaben dann eine rötliche Stange an Leckerei.
Hinauf zum Suchumer Berg mit herrlichem Blick auf die Stadt, die Bucht von Suchumi und in der Ferne der Strand von Agudseri. Schließlich zum Botanischen Garten, wo Nina sie zum Teich führte, auf dem die „Victoria regia" zu bewundern waren, jene Seerosen mit Riesenblättern, die so stabil sind, dass man ein kleines Kind darauf setzen kann, ohne dass es untergeht. Und natürlich ging es zum runden Seerosenbecken, neben dem die Bambusbäume standen, an denen sich Dorothee erst wenige Monate zuvor hatte fotografieren lassen.

Abendessen nahmen sie im Buffet des Hotels ein, in einer Art Cafetería. Im Restaurant war die Musik zu laut und die russische Bedienung nicht gerade freundlich, na ja sowjetische Freundlichkeit eben! Das hieß, die Bedienung machte den Eindruck, dass sie sauer ist, nur weil ein Gast kommt, der bedient werden möchte. Es gab ja keinen Anreiz, nett zu sein. Ob Gäste kamen oder nicht, die Bedienung verdiente immer nur das gleiche, schlechte Gehalt. Dienstleistung und Service, das waren Begriffe, die so manchem in der Sowjetunion fern lagen. Aber auch hier gab es große Unterschiede, so waren die Russen oft mürrischer als Dienstpersonal aus anderen Nationen.

Am nächsten Tag nahmen sie den Bus No. 24 direkt nach Aduseri. Hartmut stieg vorne beim Fahrer ein und bezahlte. Dieser fragte: До зони - do zoni - bis zu welcher Zone?".
Hartmut verstand nicht.
До института- do instituta - bis zum Institut?
„Нет, до средней школи - njet do srednej schkoli - nein, bis zur Mittelschule."

Dort an der Mittelschule stiegen sie dann aus, weil sie nicht wussten, dass dieser Bus nahe am Haus der Familie Rechwiaschwili vorbeifuhr. Es fing an zu regnen, erst wenig, dann immer mehr. So waren sie froh, endlich am Ziel, dem Haus der Rechwiaschwili angekommen zu sein. Sie klopften an der Hintertür. Eine junge Frau mit verlebtem Gesicht und schulterlangen blond-weißgrau-lila gefärbten Haaren machte auf. Sie erkannte gleich Hartmut. Wer anders konnte es also sein als die 35-jährige Inga, die jüngste Tochter der Familie. Sie hatte eine 3-jährige Tochter, Maka, die neben ihr stand. Von ihrem Mann war sie geschieden.

Inga ging ans Fenster öffnete es und rief zum Nachbarn hinüber: „Deda" - Mutter.
Daraufhin kam Olga Rechwiaschwili, die Mutter. Sie erfuhren, dass der älteste Sohn, Zauri, auch gerade da sei. Dieser betrat bald das Zimmer, ein Monstrum von einem Mann, mit Glatze und im Trainingsanzug. Gleich hinter ihm eine genauso große und starke Frau mit einer schicken hochgesteckten Frisur, Galina, eine Russin. Beide braun gebrannt. Sie vermuteten, dass dies die Ehefrau von Zauri war. Dorothee fiel allerdings auf, dass sie etwas fremd tat. Im Gespräch fanden sie bald heraus, dass Zauri und diese Frau 17 Tage lang in Sotschi im Hotel Schemtschuschina gewesen waren, und sie waren Dorothee nie begegnet. Bei dieser Körpergröße wäre Zauri Dorothee sicher aufgefallen. Als sie fragte, in welcher Etage sie wohnten, wunderte sich Dorothee, dass er im 11. Stock, sie aber im 10. Stock gewohnt hatte. Warum sollte ein Ehepaar getrennte Zimmer haben?
Olga, die Mutter, brachte Fotos zum Anschauen. Auf einem Foto war eine große, kräftige Frau mit einem Kind zu sehen.
Hartmut fragte Galina: Sind Sie das?
„Nein."
„Wer ist das?"

„Das ist meine Frau", sagte Zauri. Und jetzt war alles klar. Galina war nicht Zauris Ehefrau, vermutlich war sie seine Geliebte. Und sie war eine Moskwitschka, eine Moskauerin, wie Dorothee.

Der Tisch wurde gedeckt. Inzwischen kam noch eine Freundin von Galina. Man konnte sich ausdenken, dass diese als Alibi für Galinas Sotschi-Urlaub herhalten musste. Es gab zehn verschiedene Speisen auf dem Tisch, dazu Wodka, Saft und Wein, alles selbst hergestellt. Plötzlich tauchte die verschwundene Inga mit dem Mann von Galinas Freundin auf, einem Freund von Zauri und auch Georgier.
Inga überreichte Dorothee eine Halskette. Zuvor hatte sie Dorothee ganz unauffällig gefragt, was sie lieber habe, Ring, Armband oder Kette. Zauri hängte Dorothee die Kette um den Hals. Natürlich hielt Zauri auch lange Trinksprüche. Draußen goss es in Strömen. Da hatte man keine Lust, sich in Agudseri umzuschauen.
Zauri, Galina und das befreundete Ehepaar wurden bis 17.00 Uhr in Batumi erwartet, einer Stadt kurz vor der Grenze zur Türkei. Sie fuhren aber erst nach 13.00 Uhr weg, konnten also nicht mehr rechtzeitig dort sein. Doch das nahm keiner so genau. Zum Abschied sagte Zauri zu Dorothee: „Doro, Du hast jetzt ältere Brüder in Tbilisi. Es fällt mir schwer zu gehen, aber ich muss".
Wie schwer dann später der Abschied von Olga und Inga fiel. Man konnte nur hoffen, dass nicht noch einmal 18 Jahre vergehen mussten, bis es ein erneutes Wiedersehen geben konnte. Olga und Inga begleiteten Hartmut und Dorothee zur Bushaltestelle und winkten noch lange nach. Dorothee hatte das Gefühl, dass ihre Kindheit ihr wieder entglitt, kaum hatte sie diese wieder gefunden.

Auf der Rückfahrt in die Stadt konnten sie wieder, wie schon auf der Herfahrt, beobachten, dass alle Leute im Bus erst beim Aussteigen zahlten, außer ihnen beiden. Oft hielt der Bus unterwegs, um Leute aufzunehmen oder aussteigen zu lassen. Mit einem Fahrgast geriet der Fahrer in Streit und musste sich von diesem mit „старый дурак . starij durak - alter Idiot" beschimpfen lassen. Bei Kelasuri ging es über die Brücke über den Matschara-Fluss. Sie hatten wieder genau den Blick wie er auf dem Ölgemälde im Wohnzimmer in Ulm zu sehen war, all diese mit Schnee bedeckten Berge des Kaukasus.

Durch den Regen und den Wind war der Seegang heute ziemlich stark. Im Hafen erkundigten sie sich, ob das Tragflächenboot „Kometa" aus Sotschi gekommen sei. Ja, aber es fahre nicht mehr zurück aufgrund von Шторм - Schtorm - Sturm", aufgrund des hohen Wellenganges. Also schnell ins Servicebüro des Hotels Abchasia, wo die Dolmetscherin Nina schon auf sie wartete. Sie kauften Zugfahrkarten. Somit hatten sie plötzlich noch mehr Zeit zur Verfügung. Das Boot wäre ja schon um 16.00 Uhr abgefahren, der Zug aber erst um 18.30 Uhr.

Noch einmal zum Botanischen Garten, noch einmal die Seerosen, das Pampasgras, die Elefantenpalme bestaunen. Noch einmal sich als kleines Kind fühlen.

Ein Bus brachte die beiden zusammen mit einer Gruppe von Finnen und einigen DDR-Touristen zum großen Suchumer Bahnhof, eben jenem Bahnhof, an dem sie am 8. Februar 1958 abgefahren waren. So hatte das Schicksal es gewollt, dass sie noch einmal an diesen Ort zurückkamen und genau die gleiche Strecke entlang fuhren, in Richtung Moskau, wenn auch nur einen Teil davon, nur bis Sotschi.

Die Intouristdolmetscherin der DDR-Gruppe erzählte, dass sie mit dem Tragflächenboot Kometa gekommen seien. Statt 2 ½ Stunden habe es aber 4 ½ Stunden für die Strecke Sotschi - Suchumi gebraucht. Es konnte oft nur 20 kmh statt 60 kmh fahren. Und es habe sehr geschaukelt. Ihr sei ganz übel geworden.

Die Электричка - Elektritschka - der Vorortzug fuhr pünktlich um 18.30 Uhr ab. Vorortzug für die 140 km nach Sotschi. Keine Strecke in der Weite der Sowjetunion. Für diese Strecke brauchte der Zug 3 Stunden und 45 Minuten. Er fuhr sehr, sehr langsam und hielt alle paar Minuten, alleine zwischen Adler und Sotschi hielt er mehrere Male, in Adler, Adler Zentrum, Kudepsta, Achun, Mazesta, Stadion, Sotschi. Die Stationen wurden ausgerufen, aber oft völlig unverständlich. Es gab unzählige Tunnel auf der Strecke. Die Bahnhöfe Novij Afon und Gagra lagen jeweils zwischen zwei Tunneln, so dass ein langer Zug mit dem Ende noch im Tunnel stand, wenn er dort hielt.

Bald nach der Abfahrt stieg ein Bettler ein, mit nur einem Bein und sich auf Krücken stützend. Nach Guda-Uta stieg er bald wieder aus. Ungefähr 10 Jugendliche fielen auf, die im ganzen Zug, besonders in ihrem Waggon, verschiedene Gepäckstücke verteilten, in denen sich ganz eindeutig eine Menge Mandarinen befanden.

Gantiadi, so nannte sich die letzte Station in Georgien bzw. Abchasien, die erste russische Station hieß Vesoloje. Dort stieg niemand von der Zollkontrolle ein und - schwuppdiwupp - sammelten die Jugendlichen ihr Gepäck zusammen. Einen Sack unter einer Sitzbank ließen sie liegen. Ob dieser den anderen der Gruppe gehörte, die bis Sotschi fuhren? Die meisten von ihnen stiegen in Adler aus. Oder ob dieser Sack für das vermutlich bestochene Zugpersonal bestimmt war, das konnte man nicht so genau wissen.

Während der Fahrt wurden die Fahrkarten nicht einmal kontrolliert. Die Finnen gerieten in Stimmung und fingen an zu singen. U. a. sangen sie ein Lied, das mit einem ähnlichen Wort wie „doro, doro" begann. Der „Anstimmer" des „Chores" sang ihnen zwei deutsche Studentenlieder vor und später sangen alle das Lied, das mit "gaksi..." (bedeutet auf Finnisch „zwei") begann und das Dorothee von der Schallplatte, die sie 1972 in Finnland gekauft hatte, kannte. Es wurden auch russische Lieder gesungen, wie z. B. Kaljinka, Stenka Rasin und „Podmoskownije Vetschera" (Die Abende in der Vorstadt von Moskau, allgemein bekannt als „Moskauer Nächte").

Eine Finnin stand auf und wollte irgendwohin gehen. Da machte der Zug eine leichte Kurve und sie fiel ganz sanft gegen die Fensterscheibe, diese bekam sofort einen dreieckigen Riss. Somit kam etwas frische Luft in den Wagen, denn das Glas wölbte sich nach außen.

Dorothee dachte immer wieder, welch Glück es doch war, dass sie diese Zugfahrt machen konnten. So etwas durfte nicht jeder Tourist erleben. Dazu brauchte es hohen Wellengang auf dem Schwarzen Meer.

Sonntags trafen sich immer jene Leute aus Sotschi, die Esperanto sprachen. Das war stets ein Anlass zu feiern. Hartmut und Dorothee wollten dieses Mal auch dabei sein. Es blieb ja nicht mehr viel Zeit, die Saison ging mit erschreckender Geschwindigkeit ihrem Ende entgegen. Dorothee gab ordnungsgemäß ihren Zimmerschlüssel an der Rezeption des Hotel Kamelia ab. Leider.

Sie trafen sich in einem Park. Es begann zu regnen, nein zu schütten, ein richtiger Wolkenbruch. Und sie konnten kein vernünftiges Restaurant finden, in dem sie gemütlich beisammen hätten sitzen können. Also lud kurzerhand Nina sie alle zu sich nach Hause ein. Sie gingen zum Bahnhof und setzten sich in einen Bus der Linie No. 23, sobald der nächste Bus No. 23 ankam, wechselten sie zu diesem, während der erste Bus No. 23 abfuhr. Denn sie wollten sich ja nur unterstellen und vor dem Regen schützen. Bis endlich Bus No. 21 kam, mit dem sie alle zu Nina nach Hause fuhren. Außer Volodja, der seiner Frau versprochen hatte, nüchtern und früh nach Hause zu kommen.

Welch schöner Abend war das bei Nina und Gennadi zu Hause. Essen, trinken, singen, Klavier und Gitarre spielen. Die drei Frauen, Nina, Galina und Dorothee machten im Schlafzimmer „Perückenprobe". Es war gerade große Mode, sich Perücken aufzusetzen und sich somit das Kämmen schöner Frisuren zu ersparen. Nina besaß einige Perücken in verschiedenen Haarfarben.

Es wurde immer später. Nina schlug vor, bei ihr zu übernachten. Für Galina kein Problem, aber für Hartmut und Dorothee, denn der Zimmerschlüssel lag an der Rezeption. Man würde sofort merken, dass sie nicht da waren. Nina meinte, wenn es Schwierigkeiten gäbe, dann mehr für sie als Hartmut und Dorothee, was unweigerlich stimmte. Wenn man fragte, sollten sie einfach sagen, dass sie bei Nina Piroschnaja übernachtet hatten. Nach langem Hin und Her entschlossen sie sich zu bleiben. Platz war genug da, denn Ninas Mutter, die auch hier lebte, war verreist und sollte erst am Montag zurückkommen. Um 0.30 Uhr gingen sie ins Bett. Zu dieser Zeit hätten sie weder Bus noch Taxi bekommen können.

Am nächsten Morgen, Montag, stand dann ab 6.00 Uhr einer nach dem anderen auf. Draußen regnete es und regnete und regnete. Gennadi brachte Galina nach Hause und holte die Babuschka, die Oma, am Bahnhof ab. Sie kam mit dem Nachtzug aus Tuapse. Nina begleitete Hartmut und Dorothee zum Kaufhaus Univermag. Sie mussten durch eine modrige Baustelle, denn die Straße zu Ninas Wohnblock wurde gerade repariert. Deshalb hielt auch der Bus No. 21 nicht mehr direkt vor Ninas Haus. Am Univermag kam bald Bus

Nr. 4, mit dem sie zum Hotel Intourist fuhren. Drinnen saß eine Frau, die im Servicebüro des Hotels Kamelia arbeitete.

An der Rezeption des Hotels Kamelia stand einer der Intouristchefs. Die nette Frau, die gerade Dienst hatte, sagte: „Wir wollten schon die Polizei anrufen. Die ganze Nacht war der Schlüssel hier; es hätte ja etwas passiert sein können."

Dorothee antwortete: „Wir waren bei Nina Piroschnaja, es war schon so spät, kein Autobus mehr zu kriegen, und es regnete."

Die Frau kannte Nina nicht, wohl aber der Intouristchef.

Daraufhin die Frau: „Wenn Sie alleine als Mädchen weggeblieben wären, hätten wir uns mehr beunruhigt, aber Sie waren ja mit dem Vater unterwegs."

Nina wurde tatsächlich vom Hotel Kamelia, genauer gesagt von Intourist aus angerufen. Warum sie das Hotel nicht verständigt habe, dass Hartmut und Dorothee bei ihr übernachteten, wurde sie gefragt. So erzählte sie es Hartmut, aber zu Dorothee sagte sie, dass sie den Intouristchef selbst angerufen und gesagt hätte, es täte ihr leid, dass sie nicht angerufen habe. Welche Version war nun die Wahrheit?

Es blieben nur noch wenige Tage bis zu Hartmuts Abreise. Noch viel stand auf dem Besichtigungsprogramm. Sie besuchten den Freundschaftsbaum und fanden an ihm sogar einen Zweig, der von der „Esperanto-Gruppe der Stadt Krakau / Polen" aufgepropft worden war. Es war der 7. Oktober 1975 und die DDR feierte an diesem Tag Geburtstag - 28 Jahre DDR. Eine Gruppe DDR-Touristen waren auch hier in diesem Park und ließen sich von ihren „russischen Brüdern" feiern. Abends gab es für diese Gruppe ein großes Bankettessen im Restaurant des Hotels Schemtschuschina.

Sie besuchten den Park Riviera, in dem es eine Freundschaftsallee gab. Hier fanden sie die drei neu gepflanzten Magnolienbäume, die am 1. Oktober 1975 von den drei US-amerikanischen Astronauten des Sojuz-Apollo-Projektes, Thomas Stafford, Donald Slayton und Vance Brand gepflanzt worden waren.

Und sie nahmen noch einmal am Ausflug zur Teeplantage Dagomys teil. Dort oben war es sogar relativ kühl dieses Mal. Die Holzkohlen-Samoware wurden angeheizt, aus den kleinen Schornsteinen der Samoware stieg der Rauch auf. Der Tee und die frisch gebackenen Kuchen waren so lecker! Trauer zog in Dorothees Seele ein. Ihr wurde immer mehr bewusst, dass dies jetzt stets das letzte Mal war, wenn sie an einem Ausflug teilnahm.

Tragisch war, dass es in den Apotheken in der Sowjetunion die Medikamente, die man gerade brauchte, oft nicht gab. Nette Apotheker telefonierten dann mit anderen Apotheken, um herauszufinden, wo es dieses Medikament am Ort gab. Wurde man fündig, dann war es wichtig, es sofort auf den Namen des Patienten reservieren zu lassen, sonst lief man Gefahr, dass ein anderer Käufer es einem vor der Nase weg kaufte.

So konnte Dorothee mal wieder eine cortisonhaltige Salbe nicht bekommen, die sie für ihren Hautausschlag am Hinterkopf benötigte. Seit einigen Jahren litt sie an Psoriasis, an Schuppenflechte. Das hatte sie von Charlotte geerbt und sie hatte deshalb auch eine Kur mit schwefelhaltigem Wasser im Sanatorium Mazesta in Sotschi gemacht.

Der sehr nette Apotheker, ein kleiner Mann mit einem sehr buckeligen Rücken, bemühte sich sehr und fand auch eine Apotheke, wo es diese Salbe gab. Er verabschiedete sich von Dorothee mit einem Handkuss und den paar Worten, die er auf Deutsch sagen konnte: „Auf baldiges Wiedersehen."

Auch das kulturelle Leben Sotschis musste noch ausgenutzt werden. Sie sahen sich im Wintertheater die Operette „Der Zigeunerbaron" von Johann Strauß an. 1963, als kleines Mädchen, hatte sie diese Operette in der Ulmer Donauhalle schon einmal gesehen. Und nun noch einmal, in ihrer alten Heimat. Wenige Tage später wurde Franz Léhars Operette „Die lustige Witwe" aufgeführt.

Eines der bekanntesten Lieder aus dieser Operette ist „Dann geh ich zu Maxim, dort werd' ich ganz intim…:" Auf Russisch jedoch heißt der Text: Приду к Максиму я, там ждут меня друзья - pridu k maksimu ja, tam schdut menja drusja - komme ich zu Maxim, dann erwarten mich dort Freunde.

Plötzlich hatte Dorothee das Gefühl, dass sie diesen Text ein bisschen anpassen sollte: Komm ich zur Wassilij Azhayev, dann warten dort Freunde auf mich. Ja, in diesem Moment wusste sie, auf dem Kreuzfahrtschiff, auf dem sie ab Dezember eingesetzt werden sollte, dort warteten bereits jetzt Freunde auf sie. Wie Recht sie behalten sollte.

Suchumi - ein letztes Mal zu Hause

Ehe Hartmut wieder abreisen musste, fuhren sie noch einmal nach Suchumi. Nun wieder ohne Visum und mit einer Touristengruppe, und mit dem Tragflächenboot. Mit Erlaubnis der Intouristdolmetscherin trennten sie sich zwar von der Gruppe, aber nach Agudseri fuhren sie nicht mehr. Sie besichtigten das Heimatkundemuseum oder genauer gesagt, das staatliche abchasische Museum. Hier erfuhren sie, dass das Bergdorf Pschu, in das damals Charlotte mit einem Doppeldeckerflugzeug geflogen war, ausgebaut worden war und es nun wohl auch eine Straße gab, die dorthin führte. 1 % der kaukasischen Bevölkerung würde über 100 Jahre alt. Es gab einen „Chor der Hundertjährigen", dessen jüngstes Mitglied 99 Jahre alt war, das älteste war angeblich 108 Jahre alt.

Was nicht fehlen durfte: sie mussten unbedingt noch einmal Chatschapuri essen, Fladenbrot mit Käse, noch warm aus dem Ofen.

Aber um 15 Uhr ging es mit der Kometa 1 schon wieder zurück nach Sotschi. Dorothee stand hinten im Freien, um so lange wie nur möglich Suchumi, Novij Afon und die anderen Städte noch einmal sehen zu können. Die Sonne beschien diese herrliche Landschaft, tauchte sie erst in gelb, dann in gold. Diesen Anblick wollte Dorothee niemals in ihrem Leben vergessen.

Die Kometa wurde von einem Schwarm Delphine begleitet, die offensichtlich Spaß daran hatten, diesem Schiff voraus, nebenher oder auch hinterher zu schwimmen, je nach Lust und Laune. Es war schön, diese intelligenten Tiere zu beobachten.

Die Kometa hielt auch in Adler und Chosta, einem anderen Teilort von Sotschi. Sie waren daher erst um 18.00 Uhr im Hafen von Sotschi-Zentrum.

Das Wetter verschlechterte sich, die Gäste wurden launisch und manchmal fast unerträglich. Mit dem Hubschrauberausflug ins Kaukasus-Gebirge hatte es ja schon ständig Probleme gegeben, oft fiel er sogar aus und zeitweise war er gar nicht mehr angeboten worden. Jetzt aber übertrieben es die Leute von Intourist. Die Gäste befanden sich schon am Hubschrauberflugplatz und erfuhren dort, dass der Hubschrauber, angeblich aufgrund des schlechten Wetters, nicht ins Gebirge fliegen würde, sondern nur an der Küste entlang. Die Gäste weigerten sich schlichtweg einzusteigen. Recht hatten sie. Was dachten die sich bei Intourist eigentlich? Lechak-Reisen-Gäste waren keine verschüchterten und gehorsamen DDR-Touristen, die zu allem Ja und Amen sagten.

Dorothee kam sich vor wie in einer Bank. Ständig musste sie Geld zurückerstatten für all die ausfallenden Ausflüge.

Es war sehr interessant, die Eintragungen im Gästebuch des Beriozka-Ladens des Hotels zu lesen. Natürlich stammten all diese Eintragungen nur von westlichen Touristen. Andere durften diesen Laden ja gar nicht betreten. Es gab ein selbst erdachtes Gedicht zum 1. Oktober 1975, dem Tag, an dem die US-amerikanischen Astronauten die drei kleinen Magnolienbäume in der Freundschaftsallee im Riviera-Park gepflanzt hatten. Und es gab einen Spruch, der die große Enttäuschung der Gäste über ihren Urlaub ausdrückte:

„Reisender, kommst Du nach Sotschi, lass fahren alle Hoffnung!
Der schlechteste Urlaub, den wir je hatten."

Besonders nachdenklich stimmte dieser Spruch:

Man kann alle Leute einige Zeit,
Und einige Leute alle Zeit,
Nicht aber alle Leute alle Zeit
Zum Narren halten.

Dieser Spruch des US-amerikanischen Präsidenten Abraham Lincoln brachte es genau auf den Punkt. Der Gast, der dies geschrieben hatte, verstand das System, in dem die Bevölkerung hier leben musste. Es war ihre erste Begegnung mit diesem weisen Spruch. Noch oft in ihrem Leben sah sie ihn, geschrieben auf Plakaten, an Wänden, in verschiedenen Sprachen.

Dorothee fragte sich immer und immer wieder, wie lange wird dieses sowjetische Volk sich noch von der eigenen Regierung so zum Narren halten lassen? Wie lange konnte dies so weitergehen? Wie lange konnte dies noch gut gehen? Und was würde dann folgen? Wieder eine Revolution? Wieder Blutvergießen? Es war beängstigend, beunruhigend, vor allem aber stimmte es Dorothee unendlich traurig. Sie liebte diese Menschen hier so sehr. Sie hatten es verdient, in Freiheit und etwas mehr Wohlstand leben zu dürfen.

Am Samstag, es war nun schon 11. Oktober, reiste Hartmut wieder ab. Am Zoll wunderte man sich, dass er als Einzelperson zwei Koffer hatte, in denen kaum persönliche Sachen drin waren. Er hatte fast alles da gelassen, auch seine 41 Jahre alten, unverwüstlichen Lederschuhe. Sein Gepäck war jetzt voller Souvenirs aus den Beriozka-Läden, und er hatte nur 90 D-Mark weniger als bei der Einreise. Hartmut sagte den Zöllnern, dass Dorothee seine Tochter sei. Daraufhin ging einer der Zöllner raus aufs Rollfeld, wo Dorothee stand und fragte sie: Dieser Broningen, ist das Ihr Vater?
Irgendein anderer aber wollte Hartmut all die Filme abnehmen und Dorothee geben. Er fragte, was da drauf sei. Dorothee musste erklären, dass es doch nur Erinnerungen seien von Sotschi und ihren Ausflügen nach Tbilisi, Jerewan, Suchumi und Rizasee.
Die Maschine flog pünktlich um 9.00 Uhr ab, und kam planmäßig um 12.25 Uhr in Frankfurt am Main an. Dort war überhaupt keine Zollkontrolle. Und Dorothee war nun wieder allein.

Letzte Tage

Für Dorothee war die letzte Woche ihres Einsatzes in Sotschi angebrochen. Es galt nun, langsam von allen und von allem Abschied zu nehmen. Noch einmal wurde sie zu Nina und Familie eingeladen. Gemeinsam mit Volodja holte Nina sie im Hotel Schemtschuschina ab. Der Personalbus von Intourist fuhr ihnen vor der Nase davon. Nina organisierte sofort ein Intouristauto, indem sie die Arbeitsbescheinigung des Fahrers verlängerte. Und dieser brachte sie zu Ninas Wohnung.
Es gab frische Fische aus dem Schwarzen Meer, gefangen von Gennadi. Es gab Wodka, Wein, Weißkrautsalat. Rem, der georgische Leiter des Chores, in dem Nina sang, war der Tamadá und hielt die Trinksprüche. Auch Dorothee hielt einen Trinkspruch, auf den Familienzuwachs, der nun bald kommen sollte. Nina trank auf ihre gute Zusammenarbeit, auch mit Walter. Als Nachtisch gab es Halva, eine Süßigkeit, dem türkischen Honig sehr ähnlich. Es gab Tee aus dem Samowar. Dorothee klimperte „Heidenröslein" auf dem Klavier, die neunjährige Tanja sang einen Tango, von Nina auf dem Klavier begleitet.
Rem und Gennadi spielten auf der Гармошка – Garmoschka - dem Akkordeon. Es wurde gesungen: Podmoskownije Vetschera - Moskauer Nächte, Vet-

chernij zwon = Abendglocken, Otschi tschornije – schwarze Augen, sie sangen Lieder aus ihrer Jugend und Dorothees Lieblingslied Suliko, aber nicht auf Georgisch, sondern auf Russisch. Dorothee blieb über Nacht bei Nina; dieses Mal hatte sie den Zimmerschlüssel des Hotels mitgenommen.

Sie wachte auf, weil ihr die Sonne ins Gesicht schien. Die Vögel zwitscherten, gegen Morgen hatte irgendwo ein Hahn gekräht. Es war wie an einem schönen Frühlingssonntagmorgen zu Hause, als die Familie noch vollzählig gewesen war. Noch einmal konnte Dorothee den herrlichen Blick aus Marinas Zimmer genießen, rechts die Berge, links das Meer, vorne Wälder, Häuser dazwischen, ein Berg mit dem Fernsehturm.

Gennadi hatte Piroschki – russische Piroggen[7] zum Frühstück zubereitet. Beim Gespräch stellte sich heraus, dass Nina und Gennadi am 26. Januar 1957 geheiratet hatten. An jenem Tag lebte Dorothee noch in Agudseri / Suchumi und feierte gerade ihren 4. Geburtstag.

Als Dorothee ins Hotel Kamelia zurückkam, bemerkte dies keiner. Es war eine gute Idee gewesen, den Zimmerschlüssel einfach mitzunehmen und somit weitere Unannehmlichkeiten für Nina zu vermeiden.

Im Hafen wurden überall die Boote, Schiffe, Motorboote und Segelschiffe für den Winterschlaf bereit gemacht. Noch einmal ins Wintertheater. Es gab eine Folkloreshow einer Gruppe aus dem hohen Norden des Urals. Alles war weiß dekoriert, wie eine Schneelandschaft. Man fühlte sich, wie in den hohen Norden versetzt.

Da sie als individueller Gast bei Intourist die Karte gekauft hatte, saß sie mitten unter einer Touristengruppe, und, da hatten sie bei Intourist nicht aufgepasst, diese Gruppe kam aus der DDR. Eine Westdeutsche unter lauter DDR-Bürgern, oje.

Sie hörte, wie ein Mann zu seiner Frau sagte: „Siehste, zu Hause kommen wir nie ins Theater. Hier kommen wir wenigstens dazu. Ich nehme an, dass es Tanz und Gesang gibt." Daraufhin eine Frau: „Von mir aus kann's auch ruhig eine Oper sein."

Sag bloß, hat deren Dolmetscherin nicht einmal gesagt, welche Vorführung es heute Abend gibt? Dorothee war wieder einmal entsetzt. Sie schwieg, sprach gar nichts und wurde offensichtlich für eine Russin gehalten. Sie beobachtete erstmal die Leute.

Auf der Bühne tanzten die Frauen mit großen, bunten Tüchern, Umhängetücher mit großen Blumenmustern in rot, grün, gelb. In der Pause wurde Dorothee Zeugin eines Gespräches zwischen zwei Frauen, die hinter ihr saßen:

„Ach, diese schönen Tücher. Ich habe meinem Mann schon gesagt, ich möchte gerne ein solches Tuch haben. Wir haben doch bald Silberhochzeit und ich

---

[7] Eine Art Teigtaschen mit verschiedener Füllung

wünsche mir einfach nur solch ein Tuch. Aber wir kommen ja nicht an diese ran, die gibt es nur im Berioska-Laden gegen Devisen."

„Ja, ich hätte auch gerne solch ein Tuch. Sie sind zu schön. Schade, dass es da keine Möglichkeit gibt, die woanders zu kaufen. Eigentlich müsste es doch auch für uns einen Laden geben, wo wir so etwas kaufen können, aber ich habe nirgends einen gesehen."

Mitten unter der Gruppe war auch eine Kanadierin gelandet, die nun versuchte, mit den DDR-Bürgern um sie herum irgendwie in Kontakt zu kommen. Kaum einer konnte Englisch, aber irgendwie versuchte man doch, sich zu verständigen. Die Kanadierin war natürlich total unbedarft. Weit ab von Europa lebend hatte sie keine Ahnung, was ein geteilter Kontinent ist, den eine schreckliche Grenze in zwei Teile teilt, die sich feindlich gegenüber stehen. Sie war naiv und das machte sie auch so sympathisch, weil sie überhaupt nicht vorbelastet war.

Dorothee hörte der Unterhaltung der beiden Frauen weiterhin zu:
„Kanada, oh diese Frau kommt aus Kanada. Die hat doch Dollar. Ob man die nicht einfach um ein paar Dollar bitten kann? Wir könnten sie ja zum Essen einladen dafür."

„Nee, das können wir nicht machen, wird auch nicht gerne gesehen. Zu gefährlich".

Den zweiten Teil der Vorstellung konnte Dorothee nicht mehr genießen. Zu viele Gedanken gingen ihr durch den Kopf. Soll ich, oder soll ich nicht? Soll ich diese beiden Frauen ansprechen und ihnen sagen, dass ich aus der BRD bin und ihnen gerne diese Tücher kaufen möchte. Warum habe ich das Recht, in die Berioska-Läden zu gehen und diese Frauen nicht? Hätte Papa damals - 1956 - anders entschieden und wir wären in die DDR repatriiert worden, dann würde ich heute eventuell hier sitzen und auch keinen Berioska-Laden betreten dürfen. Dorothees Gerechtigkeitssinn bäumte sich in ihr auf. Kurz vor Vorstellungsende stand es fest: Ja, ich werde diese Frauen ansprechen.

Es gab viel Applaus, einige Zugaben. Dann ging das Licht im Saal an und die Zuschauer standen auf, um sich langsam zum Ausgang zu begeben. Dorothee drehte sich um und lächelte die beiden Frauen an. Beide lächelten zurück. Sie gab ihrem Herz einen Ruck und sagte: „Hallo, guten Abend, ich bin auch Deutsche. Ich bin aus der BRD und ich habe Ihr Gespräch vorhin in der Pause mit angehört."

Plötzlich zwei erschrockene Gesichter. Um Gottes Willen. Sie hat alles mitbekommen, jetzt wird es Probleme geben.

„Wissen Sie, ich möchte Ihnen so gerne diese Tücher kaufen. In welchem Hotel sind Sie denn untergebracht?"

Die Frauen starrten Dorothee an. „Sie wollen uns wirklich die Tücher kaufen?"

„Ja, in welchem Hotel sind Sie?"

„Im Hotel Magnolia".
„Wissen Sie, wo der nächste Berioska-Laden ist?"
„Direkt im Hotel."
„Ja, wunderbar."

Sie machten einen Zeitpunkt aus, wann sie sich am nächsten Tag im Hotel treffen wollten. Dorothee erschien pünktlich und wartete in der Eingangshalle. Die beiden Frauen waren nicht da. Das Treppenhaus lag im hinteren Bereich, es war eine Wendeltreppe, die bald um die Kurve herum hinter einer Wand verschwand. Dorothee wartete einige Minuten. Dann vernahm sie Stimmen auf der Treppe und eine der Stimmen sagte ganz klar auf Deutsch:
„Ich glaube nicht, dass sie kommt. Das hat sie sicher inzwischen schon längst bereut. Die hat es sich anders überlegt. Nein, ich glaube nicht, dass sie kommen wird."
„Doch, sie kommt ganz bestimmt."
Das Gesicht einer der Frauen zeigte sich auf der Wendeltreppe, vorsichtig um die Kurve schauend, und dann der Aufschrei:
„Sie steht in der Halle, sie ist wirklich da!"
„Klar bin ich da, was ich verspreche, das halte ich auch."

Wie glücklich diese Frauen waren. Dorothee ging mit ihnen in den Laden, kaufte je zwei Tücher für die Frauen und gleich auch noch für sich selbst.
Wie konnten die beiden das nur wieder gut machen? Sie gingen in eines der Buffets des Hotels. Die beiden Damen luden Dorothee ein. Sie trank Kefir, den sie so liebte, und sie unterhielten sich sehr nett und sehr intensiv.
Witzigerweise hieß eine der beiden Frauen mit Nachnamen „Broning", fast so wie Dorothee. Beide Frauen waren aus Thüringen. Als kleines Dankeschön erhielt sie ein 20 Ostmark-Stück, auf dem Heinrich Mann abgebildet war.
Und Frau Broning schickte noch jahrelang stets zu Weihnachten kleine Pakete an Dorothees Heimatadresse in Ulm, Päckchen gefüllt mit Weihnachtsschmuck aus dem Erzgebirge und anderen lieben Kleinigkeiten aus der Region. Eines Tages verlor sich der Kontakt. Dorothee aber war glücklich und zufrieden, dass sie einmal mehr Menschen hatte helfen können und dem System ein Schnippchen, wenn auch nur ein ganz kleines, hatte schlagen können.

Am Donnerstag, 16. Oktober 1975, nur zwei Tage vor ihrer Abreise, lud Dorothee ihre Freunde am Abend zu einer Abschiedsfeier ins Hotel Primorskaja ein. Als sie nachmittags das Hotel Kamelia verlassen wollte, rief ihr jemand an der Rezeption zu, sie habe ein Telegramm erhalten. Und was stand da drauf?

München 11.40 Uhr
DOROTHEE BRONINGEN
HOTEL CAMELIA (SU-354000) SOTCHI

Dorothee war Tante geworden. Sie hatte eine Nichte. Und diese hieß Natalie. Ein russischer Name.

22 Jahre zuvor, nein schon fast 23 Jahre zuvor, war ein Telegramm mit einer gleichartigen Nachricht in umgekehrter Richtung, von Moskau in Richtung Westdeutschland, geschickt worden, damals als Dorothee geboren wurde.

Die Abschiedsfeier im Primorskaja im Restaurant im 3. Stock begann um 20.00 Uhr. Die meisten eingeladenen Gäste kamen etwas später – Nina und Gennadi, Rem und seine Frau Alja, Volodja, Galina, Walja aus dem Service-büro des Primorskaja, Walja aus dem Schemtschuschina, die Intouristdolmet-scherinnen Ruffina, Swetlana und die kleine blonde Tanja, die bis August für die Lechak-Reisen-Gäste gearbeitet hatte.

Galina, die als Ingenieurin in einer Holz verarbeitenden Fabrik arbeitete, schenkte ihr ein Holztäfelchen, selbst hergestellt, mit einer kleinen Birke, einer Бериозка - Berioska drauf.

Es wurde angestoßen auf Natalie, auf deren Eltern Rudi und Kerstin, auf ihre Freundschaft, auf den Frieden. Es gab reichlich zu essen und dazu „Scham-panskoje" und Wein. Sie tanzten, und in den Pausen der Musikkapelle san-gen sie: Suliko, Abendglocken, deutsche Lieder.

Am Nachbartisch saß eine Gruppe Aserbaidschaner. Einer davon tanzte ihnen einen kaukasischen Tanz vor, zusammen mit Walja vom Servicebüro des Primorskaja. Die Aserbaidschaner spendierten eine Flasche „Scham-panskoje". Dorothee bedankte sich auf Esperanto, Nina übersetzte. Der Tän-zer meinte, sein Tanz sei der kleinen Nichte Natalie gewidmet.

Sie blieben bis nach Mitternacht. Die Aserbaidschaner sangen auch noch „Mustafa", was Dorothee sehr an ihre Ausflüge nach Marokko erinnerte. Und es wurden noch zwei Flaschen „Schampanskoje" geleert.

Natalies Leben hatte gerade begonnen, Dorothee stand mitten im Leben drin, aber trotzdem konnte sie noch sagen: Das ganze Leben lag noch vor ihr.

„Trinken wir auf Deine Nichte, dass sie in 20 Jahren auch zu uns kommt als Lechak-Reisen-Vertreterin", meinte Nina.

„Nee, nicht als Lechak-Reisen-Vertreterin, nur als Gast und möglichst als individueller". Dorothee fand diese Variante besser.

Wie üblich war es schwierig nach Mitternacht noch irgendein Transportmittel zu finden. Volodja hielt einfach ein Privatauto an, das Dorothee ins Hotel und ihn nach Bitcha brachte, dem Ortsteil, in dem er wohnte.

Es war ein Abschiedsabend, der gleichzeitig ein Beginn war, der Beginn von Natalies Leben und der Auftakt zu einem neuen Einsatz für Dorothee.

Morgens um 7.00 Uhr schon läutete das Telefon. Es war Georg von Intourist, den sie durch Igor kennen gelernt hatte. Er wollte sich unbedingt noch einmal mit Dorothee treffen. Sie hatte absolut keine Lust dazu. Der Typ blieb ziemlich hartnäckig, ja er wurde direkt lästig. Alle zehn Minuten rief er erneut an. Schließlich bat Dorothee das Zimmermädchen Mascha, das Telefonat zu beantworten. Diese behauptete schlichtweg, dass hier im Zimmer 949 zwei Sowjetbürgerinnen wohnen würden, die vor drei Tagen aus dem Sanatorium Metallurg umgezogen seien. Dorothee lachte sich kaputt. Doch das half alles nichts. Georg gab nicht auf. Er meldete sich bei Herrn Sagorskij, dem Chef von Intourist, da er angeblich noch ein Souvenir für Dorothee abzugeben hätte. Und als Dorothee in Sagorskij Büro kam, um sich zu verabschieden, saß dieser Georg einfach dort. Also doch, dachte Dorothee, es gab eine Verbindung zwischen diesem Georg und den Intouristchefs. Man konnte sich ja denken, welche Art Verbindung dies war. Herr Sagorskij bat Dorothee, sich in das Gästebuch des Hotels einzutragen. Sie schrieb etwas auf Esperanto. Sollten sie doch Nina zum Übersetzten holen.

Abschied nehmen von allen. Mascha, das Zimmermädchen weinte. Dorothee schenkte ihr ein paar ihrer Sachen, die sie nicht mehr mit nach Deutschland nehmen wollte. Die Menschen hier konnten alles gebrauchen. Ein letzter Besuch im Berioskaladen. Sie kaufte eine Tasse und eine Schallplatte mit russischen Kinderliedern für die kleine Natalie. Eine letzte Busfahrt mit dem öffentlichen Bus bis zum Stadion. Die letzte Nacht in Sotschi. Die Sterne waren so klar zu sehen, und der Mond schien, was für eine herrliche Nacht.

Dorothee schrieb in ihr Tagebuch:
„Ich habe so unendlich viel erlebt in diesen Monaten, so viele Leute kennen gelernt, getroffen und wieder aus den Augen verloren, Schönes, Schlechtes, Trauriges gesehen – alles bezogen auf mein Privatleben. In der Erinnerung verblasst meine Arbeit fast ganz. Alte Freunde wieder gefunden und neue dazu gewonnen, die alte Heimat von neuem ergründet, eine neue Heimat gefunden. Ein unvergessliches Erlebnis."

Samstag, 18. Oktober 1975 – das war der Tag ihrer Abreise. Walter war schon eine Woche früher abgeflogen. Aufstehen um 4.00 Uhr, das Gepäck wurde abgeholt. Draußen ging der Mond gerade unter, Tausende kleiner Spiegel auf dem Meer formend, ehe er verschwand. Doro stand auf ihrem Balkon und nahm Abschied von Sotschi. Um 5.30 Uhr ging es mit den Gästen zum Flughafen nach Adler.
Ein Stern leuchtete ihnen, ganz hell und stark strahlte er, der Morgenstern, die Venus. Langsam ging die Sonne auf, es war herrliches Wetter, aber kalt. Zuerst die Rubel zurücktauschen in D-Mark, dann direkt nach den Gästen durch den Zoll. Erst jetzt gab es Frühstück, ein letztes Mal, alles zum letzten Mal. Die Intouristdolmetscherinnen Lydia und Swetlana saßen mit ihr am Tisch. Ach Lydia, das war diejenige, die sie Ende Mai mit einem Blumenstrauß in der Hand auf dem Rollfeld des Flughafens empfangen hatte, damals, als sie aus Leningrad anreiste.

Das Flugzeug, eine Tupulew TU 134, startete um 9.10 Uhr. Der nette Steward Nikolai ließ Dorothee in der ersten Reihe sitzen. Dieser Reihe gegenüber gab es zwei Sitze, die mit der Lehne in Richtung Cockpit zeigten, so dass eine Sitzgruppe von vier Plätzen entstand. Dazwischen gab es einen Tisch, auf dem man essen und schreiben konnte. Das war gemütlich.

Die Berge des Kaukasus waren heute sehr deutlich zu sehen. Sie waren schon bis tief in die Täler voller Schnee. Leider saß sie auf der falschen Seite, doch Nikolai winkte ihr zu und sie setzte sich auf die rechte Seite, von wo aus sie den Kaukasus und Sotschi sehen konnte, die Hotels Intourist, Kamelia, Schemtschuschina, Primorskaja, den Bahnhof, den Hafen, alles, alles war genau zu erkennen.

Sie flogen über Tuapse und Novorossija über das Asow'sche Meer nach Kiew. Steward Nikolai und der Co-Pilot setzten sich zu Dorothee. Sie unterhielten sich sehr nett. Dorothee hatte das Gefühl, jede Sekunde noch festhalten zu müssen. Der Abschied tat ihr so weh. Richtige Schmerzen verspürte sie in der Magengegend, direkt unter dem Brustbein. Ob da ihre Seele saß?

Nikolai sprach nur Russisch, Ukrainisch, Englisch und ein bisschen Spanisch. Die Ansagen machte er auf Russisch und Englisch und bat Dorothee, alles auf Deutsch zu sagen.

Landung in Kiew um 11.00 Uhr, hier war es kalt, hatte nur 7° C und es tobte ein Sturm. Die Zolldeklarationen wurden abgenommen, gestempelt, dann kam die Passkontrolle. Der Passbeamte wunderte sich, dass Dorothee so lange in der UdSSR gewesen war, ganze sechs Monate. Sie erklärte warum. Er schüttelte den Kopf, wollte es nicht glauben. Dachte dann aber wohl, dass es egal sei, Hauptsache, sie reise jetzt endlich aus.

Dorothees Lieblingsgast, eine schon leicht verwirrte alte Dame fand die Zolldeklaration nicht und hing eine Weile an der Kontrolle fest. Daraufhin machte eine Frau, die der Kategorie der ewig unzufriedenen und stets meckernden Gäste zuzuordnen war, gleich eine gemeine Bemerkung, weil Dorothee nicht hinstürzte und half. Dabei war es in solchen Situationen immer besser, wenn man nicht Russisch sprach und sich möglichst doof anstellte. Dorothee wusste, das konnte die alte Dame sehr gut. Aber diese Meckerei jetzt auch noch im Flugzeug ertragen zu müssen, das war kaum auszuhalten. Dorothee hätte beinahe los geheult. Der Abschied alleine tat schon so weh, da brauchte man keine meckernden Gäste noch zusätzlich.

In Kiew erfolgte ein Wechsel der Crew. Nun war auch der nette Steward Nikolai nicht mehr da. Gegen 15.00 Uhr Moskauer Zeit, das war 13.00 Uhr MEZ - Mitteleuropäischer Zeit, landeten sie auf dem Frankfurter Flughafen.

Hartmut holte sie ab, sie brachten die Koffer zum Auto, dem orange-farbigen VW-Käfer, der im Parkhaus stand, und gingen in ein Restaurant zum Essen. Einige der Gäste von Dorothee saßen auch dort. Sie waren nun nicht mehr ihre Gäste. Sie war nicht mehr zuständig für sie.

Sie sah sich um. Alles war fremd, kühl, steril. Aber gleichzeitig erfasste sie auch ein Gefühl von Freiheit. Sie dachte: „Jetzt bist Du wieder in einem freien Land, kannst laut sagen, was Du denkst."

Hartmut erzählte, dass Natalie per Kaiserschnitt zur Welt gekommen war. Das Baby hatte quer gelegen und ließ sich nicht drehen. So blieb nichts anderes übrig als der Kaiserschnitt. Hartmut sprach aber ständig von Mittwoch, aber war Natalie nicht am Donnerstag geboren worden?

Und jetzt stellte sich heraus, dass das Telegramm, das Dorothee am Donnerstagnachmittag erhalten hatte, nicht nur zwei Stunden unterwegs gewesen war. Nein, es war 26 Stunden unterwegs gewesen. Hartmut hatte es am Mittwochmittag abgeschickt. Und Dorothee hatte sich schon gewundert, dass ein Telegramm in nur zwei Stunden ankommen konnte. Musste es doch in Moskau (oder sonst wo) durch die Zensur?

Abends kamen sie in Ulm an. Sie war zurück in der Wohnung, ihrem Zimmer, kam sich fremd vor und doch war es „zuhause". Suchumi, Tbilisi, Agudsera, Zentralasien, Nina, die Esperantofreunde, die netten Freunde von Intourist, Ninas Chor – ein Lebenstraum, nur allzu schnell vergangen und hin und wieder gestört durch schwierige Touristen. Eine wiedergefundene Heimat, neue und alte Freunde. War sie morgens wirklich noch in Sotschi gewesen? Hatte sie morgens wirklich noch Russisch gesprochen? Konnte das alles denn überhaupt schon vorbei sein?

Nach einigen Tagen hatte sie sich wieder einigermaßen zu Hause eingelebt. Dorothee schrieb in ihr Tagebuch:

„Schon fast eine Woche bin ich wieder in der BRD. Als ich zurückkam hatte ich das Gefühl, nie weg gewesen zu sein, so als sei alles nur ein Traum gewesen. Wenn ich meine Bekannten treffe, mit ihnen spreche, dann ist es, als hätte ich sie erst gestern gesehen. Seltsam!

Ja, der Abschied fiel mir sehr schwer, aber zum ersten Mal seit Dezember 1970, als ich von Muttis bevorstehendem Tod erfuhr, freute ich mich auf „zu Hause", auf unsere Wohnung in Ulm, auf meine Freunde und Bekannten in München und Wien. Ich fühle mich in unserer Wohnung endlich wieder „zu Hause", habe keine Angst mehr vor der menschlichen Leere in dieser Wohnung. Es ist gerade so, als hätte ich endlich, endlich Muttis Tod innerlich verarbeitet. Dazu hat mir der Einsatz als Reiseleiterin in Sotschi verholfen, das viele Nachdenken, zu dem ich dort Zeit hatte und all die schönen und weniger schönen, auf jeden Fall aber interessanten Erlebnisse.

Ich habe zurückgefunden zu meiner eigenen Kindheit, meiner Vergangenheit. Alte Erinnerungen wurden aufgefrischt, neue kamen hinzu. Ich danke dem Schicksal, dass ich im Leben bis jetzt im Großen und Ganzen immer sehr viel Glück hatte. Und wenn man bedenkt, dass ich auf der Wassilij Ashajew arbeiten soll, dann habe ich auch in der Zukunft Glück.

So viel Glück wünsche ich auch der ganzen Menschheit und besonders meinen Freunden.

Auf Wiedersehen – Do swidanja – Nina, Gennadi, Rem, Alja, Marina, Volodja, Bitschi, Marina, Zisana, Gerasim, Olga, Zauri, Inga usw.

*Ich liebe Euch
Doro"*

Intermezzo in den USA

Bevor das nächste Abenteuer, der Einsatz auf dem Kreuzfahrtschiff „Wassilij Ashajew" beginnen sollte, gab es Urlaub, und auch der wurde voll ausgenutzt. Es ging in die andere Richtung, über den Atlantik zur Familie in den USA. Drei Wochen verbrachten sie beide, Hartmut und Dorothee, im Kreis ihrer Verwandten. Und da sie auch am letzten Donnerstag des Monats November noch dort waren, konnten sie echt amerikanisch mit der Familie den „Thanksgiving Day", das amerikanische Erntedankfest feiern. Traditionell gab es Truthahn zu essen. Die gesamte Großfamilie versammelte sich im Kellerraum von Perowechs. Maria Perrowech war die jüngste Tochter von Großenkel Ernst. Das Haus hatte einen großen, schön ausgebauten Raum im Keller, in dem die meisten Familienfeste stattfanden.
Am 2. Dezember wurde Onkel Ernst 91 Jahre alt, und das feierten sie natürlich auch. Unglaublich, wie fit dieser Mann noch war in seinem hohen Alter, sowohl körperlich, als auch geistig. Und immer noch so charmant!

Dorothee fühlte sich sehr geborgen in diesem Kreis. Vielleicht war ja doch etwas dran an dem Sprichwort „Blut ist dicker als Wasser". Familie ist eben Familie. Und da ihre Familie in Deutschland doch recht klein war, genoss sie es umso mehr, hier unter diesen Menschen zu sein.
John zum Beispiel, der acht Jahre älter war als sie, er war für sie wie ein großer Bruder. In mancher Hinsicht mehr als ihr wahrer Bruder Rudi. Seltsamerweise verstand sich Johns Schwester Elsa wiederum sehr gut mit Rudi und Kerstin.
Und dann war da Kevin, Maria Perrowechs Sohn. Vier Jahre jünger als Dorothee war er für sie wie ein jüngerer Bruder. Ihr zuliebe holte Kevin sein Akkordeon aus dem Schrank und spielte ihr stundenlang die verschiedensten Melodien vor.

Er war es auch, der Hartmut und Dorothee mit dem Auto zurück zum Flughafen nach Boston brachte. Während sie dort warteten, dass der Flug aufgerufen wurde, fing Dorothee fast an zu weinen, so traurig war sie: „Ich werde Dich vermissen, Kevin, ich werde Euch alle vermissen."
„Du wirst in Deinem Leben immer Sehnsucht haben nach irgendjemandem oder nach irgendetwas." Trotz seiner Jugend konnte Kevin sehr kluge Dinge sagen. Sie erinnerte sich im Laufe ihres Lebens oft an diese Worte.

Ihr wurde bewusst, dass sie im Grunde genommen recht einsam war. Da waren zwar all die guten Freunde, verstreut in aller Welt, da war die liebe

Familie, all diese lieben Menschen, doch es gab niemanden, der sie wirklich liebte. Es gab keinen Mann in ihrem Leben, der sie liebte. Und wieder einmal musste sie an den Text eines Liedes aus Franz Léhars Operette „Der Zarewitsch" denken, in dem es heißt:

> „Hast Du dort droben vergessen auf mich,
> es sehnt mein Herz auch nach Liebe sich.
> Du hast im Himmel viel Engel bei Dir,
> schick doch einen davon zu mir."

Sie tröstete sich damit, dass sie einfach Geduld haben müsse. Irgendwann würde auch dieses Glück einmal ihr über den Weg laufen.

In 86 Tagen um die Welt

Da lag sie - die weiße Lady - das schöne weiße Schiff, unten im Hafen. Mit dem markanten weißen Schornstein, der in der Mitte einen breiten roten Streifen hatte. An beiden Seiten waren Hammer und Sichel in gelb angebracht, die Symbole der sowjetischen Fahne. Das Schiff war ursprünglich ein deutsches Schiff gewesen, musste dann aber aus Kostengründen verkauft werden. Und es war die sowjetische Black Sea Shipping Company, die es gekauft hatte, den Schornstein anders bemalen ließ und das Schiff auf den Namen des sibirischen Schriftstellers *„Vassiliy Azhayew"*[8] taufte. Der Schornstein war höher als bei anderen Schiffen und hatte oben eine horizontale Platte. So kam es, dass manch einer humorvoll diesen Schornstein als Hubschrauberlandeplatz bezeichnete. Kein anderes Schiff hatte einen solchen Schornstein, der extra so konzipiert worden war, denn aus diesem Schornstein rieselte kein einziges Ascheteilchen auf die Decks hinunter. Die Passagiere konnten sich sorglos in ihren Liegestühlen ausruhen und sonnen, dieser Schornstein blies den Ruß so weit weg, dass nichts auf dem Schiff landete.

Die gesamte Reiseleiter-Crew war per Flugzeug nach Genua angereist. Mitgenommen hatten sie nur ihr schweres Handgepäck, das große Gepäck wurde separat mit einem LKW transportiert, zusammen mit all dem Material für Büro, Information, Bibliothek usw., das für die lange Weltreise benötigt wurde. Im Handgepäck dabei hatten sie aber auch 5.000 D-Mark in Kleingeld. Jeder musste einen schweren Beutel an Münzen mitschleppen. Während der Reise sollten die Ausflüge verkauft werden. Die Passagiere bezahlten diese in bar oder auch mit Euroschecks. Jedenfalls war es dringend nötig, genügend Kleingeld dabei zu haben.
Sie fuhren mit mehreren Taxis vom Flughafen zum Hafen, am Zoll wurden sie gestoppt. Das viele Kleingeld sollte deklariert werden. Da war es schon sehr vorteilhaft, dass ihr Chef, der Kreuzfahrtdirektor, ein Italiener war, der es verstand, den Zollbeamten klar zu machen, wozu dieses Geld benötigt wurde und sie zu überzeugen, dass dies rechtmäßiges Geld der Firma und nichts Verbotenes mit ihm Spiel war.

Und dann standen sie vor dem Schiff, gingen die Gangway hinauf und betraten ihr neues Zuhause über das Jupiter-Deck. Jedes Deck war mit Teppichboden ausgelegt und hatte eine andere Farbe. Das Jupiter-Deck hatte einen roten Teppichboden. Hier befand sich mittschiffs Dorothees neuer Arbeitsplatz, die Informazija - Information. Sie sollte zu festgelegten Zeiten hier Dienst tun. Außerdem sollte sie bei Bedarf die Passagiere ins schiffseigene Hospital begleiten und dort übersetzen. Medizinische Fachwörterbücher hatte

---

[8] Sprich Aschajew mit stimmhaftem „sch".

sie extra dafür gekauft - Deutsch-Russisch / Russisch-Deutsch. Ihre Krankenschwesternausbildung verfolgte sie weiterhin.

Über den Gang auf der anderen Seite lag das Bordreisebüro, wo die Kolleginnen Helga Peters und Ursula Gertner arbeiten sollten. Sie waren für den Ausflugsverkauf und die rechtzeitige Meldung der Anzahl der an den Ausflügen teilnehmenden Passagiere an die jeweils örtlichen Agenturen verantwortlich. Dazu benötigte man natürlich schon einige Erfahrung. Dorothee verstand, dass ihr nur eine der einfachsten Aufgaben zugeteilt worden war.

Die Kabinen auf diesem Deck hatten Bullaugen, die mit dicken Schrauben befestigt waren, die man aber öffnen konnte. Das Deck lag hoch genug, es gab keine Gefahr, dass Wasser hätte eindringen können, außer bei Sturm natürlich.

Unter dem Jupiter-Deck befand sich das Poseidon-Deck mit grünen Teppichen. Dieses Deck war nicht von vorne bis hinten begehbar, denn dazwischen lagen die Restaurants. Davon gab es drei, die die poetischen Namen Jalta, Leningrad und Bugwellen-Restaurant trugen. Es waren genügend Plätze in diesen drei Restaurants, so dass alle Passagiere in nur einer Sitzung essen konnten. Die Reiseleiter erhielten einen großen langen gemeinsamen Tisch gleich am Eingang zum Bugwellen-Restaurant, das sich, wie der Name es schon ausdrückt, im vorderen Teil des Schiffes befand. Die Kabinen des Poseidon-Decks hatten Bullaugen, aber dieses Deck lag zu nahe an der Wasseroberfläche. Die Bullaugen konnten daher nicht geöffnet werden. Um auf dem Poseidon-Deck von vorne nach hinten oder zurück zu gelangen, musste man im vorderen Treppenhaus mindestens bis zum Jupiter-Deck hoch, den Gang nach hinten bis zum mittleren Treppenhaus und dort wieder hinunter.

Über dem Jupiter-Deck lag das Seestern-Deck mit blauen Teppichen. Die Kabinen hier hatten richtige Fenster, die man öffnen konnte. Sie waren mit riesigen dicken Schrauben fest verschlossen. Die Schrauben konnte man aber aufdrehen und eine der Scheiben nach außen hin öffnen. Der Kreuzfahrtdirektor, Antonio Rossi, von allen nur Toni oder Tonino genannt, erhielt hier die Kabine 41, eine Suite. Auch ein paar andere Kollegen hatten das Glück, auf diesem Deck eine Kabine zu erhalten.

Über dem Seestern-Deck befand sich das Boulevard-Deck mit beigefarbigem Teppich, so genannt, weil sich hier mittschiffs eine kleine Einkaufsstraße befand mit einem Bekleidungsgeschäft, einem Juwelierladen, einem Fotoladen, einem Friseur. Ja sogar ein bordeigenes Fernsehstudio gab es hier. An einer Wand hing eine große Weltkarte, auf der die Route der nun bevorstehenden Weltreise mit gelben Nadeln abgesteckt war. Eine grüne Nadel bezeichnete die Stelle, wo sich das Schiff gerade befand. Jetzt steckte die Nadel im Norden Italiens, in Genua.

Das Schiff hatte drei Treppenhäuser, im vorderen und mittleren gab es sogar Aufzüge. Ganz vorne auf dem Boulevard-Deck war der Varieté-Salon, der größte Salon der Vassiliy. Hier fanden die Abendveranstaltungen und die nachmittägliche „Russische Teestunde" statt. Es folgten die Newa-Bar auf der Backbordseite, also links, und der Kaukasus-Club steuerbord, also rechts. Dieser Raum war durch eine schwarze Schwingtür vom Gang getrennt und ideal für private Veranstaltungen. Direkt daneben gab es einen Raum, den sie als Bibliothek bezeichneten. Hier gab es eine Menge Bücher und Spiele in den Wandschränken, die die Passagiere sich ausleihen konnten. In der Mitte befand sich ein breiter Gang, an dessen einer Wand ein großes Bild jenes Mannes hing, dessen Namen das Schiff trug - Vassiliy Azhayew. Hier standen auch einige Sessel und zwei Sofas, auf denen die Passagiere gerne saßen und die Vorübergehenden genau betrachteten, weshalb dieser breite Gang dann sehr bald von den Gästen als „Lästerallee" bezeichnet wurde.

Ganz hinten gab es ein richtiges Theater, geeignet für Konzerte, Filmvorführungen, Diavorträge. Es wurde, wie sollte es anders sein, Vassiliy-Theater genannt.

Dorothee erhielt Innenkabine 405 im vorderen Teil auf dem Poseidon-Deck und begann zunächst ihr mitgebrachtes Gepäck auszupacken. Plötzlich klopfte es an die Tür. Draußen standen ihre Kollegen Herbert Scholz und Peter von Nehre. Herbert, von allen nur liebevoll Herby genannt, war von Anfang an Dorothees liebster Kollege. Er war genauso alt wie ihr Bruder Rudi und war wohl auch deswegen so etwas wie ein älterer Bruder für sie. Herby war ein ganz besonders liebenswürdiger Mensch. Das zeigte sich auch jetzt. Peter von Nehre ging es gar nicht gut. Er hatte fast so etwas wie einen Angina Pectoris-Anfall, Beengungsgefühl in der Brust, er konnte nicht richtig atmen. Dorothee sollte mit den beiden ins Hospital gehen, das sich hinten im Schiff ganz unten befand und übersetzen. Na, das ging ja gut los.

Sie packte ihre medizinischen Wörterbücher und spazierte mit den Kollegen ins Hospital. Der Arzt war sehr freundlich, untersuchte Peter sehr genau und konnte nichts feststellen. Er sollte sich erstmal ein bisschen ausruhen und entspannen. Erleichtert begleiteten sie Peter in seine Kabine. Herby blieb bei ihm, um ihn ein bisschen abzulenken und zu beruhigen.
Abends lud Tonino sie alle zum Essen in ein nobles Restaurant ein. Peter fühlte sich inzwischen viel besser, doch am nächsten Morgen ging es ihm sogar noch schlechter. Dieses Mal begleitete Dorothee ihn zu einem Arzt in der Stadt. Auch dieser konnte organisch nichts feststellen. EKG, Herztöne, Puls, Blutdruck - alles bestens. Ob die Sache psychisch bedingt war? Also zurück zur Vassiliy, hinlegen, entspannen. Dorothee blieb bei Peter und unterhielt sich lange mit ihm. Vielleicht half das ja.
Leider nein, Peters Zustand wurde nicht besser und so beschloss Tonino ihn nach Frankfurt zurückzuschicken. Sie waren ja noch immer im Hafen, noch konnte Peter jederzeit an Land gehen. Wie aber sollte das werden, wenn sie

tagelang auf See unterwegs waren. Das Risiko war einfach zu hoch. Peter flog nach Frankfurt und sie mussten nun mit einem Kollegen weniger zurechtkommen.

Dann kam die Meldung, dass kurzfristig doch noch ein Ersatz für Peter gefunden worden war. Else Lanke sollte mit den Passagieren anreisen. Somit waren Toninos Pläne etwas durcheinander gekommen. Tonino hatte nämlich die glorreiche Idee gehabt, dass die Reiseleiter-Damen alle ein maßgeschneidertes Abendkleid erhalten sollten, alle das gleiche Kleid, jedoch jeweils in einer anderen Farbe. Dorothee hatte sich für königsblau entschieden. Diese „Uniform-Abendkleider" sollten an den Galaabenden getragen werden. Das hätte sicher sehr schön ausgesehen, aber die neue Kollegin Else hatte kein solches Kleid. Damit war die Idee geplatzt.

Herby hatte auch eine Kabine auf dem Poseidon-Deck, allerdings ganz hinten backbord, eine Außenkabine. Er sollte nun auf das Seestern-Deck nach oben umziehen. Dorothee erhielt seine Kabine, die Kabine mit der Nummer 488. Es war eine Dreibettkabine, außen, mit zwei Bullaugen, die nicht zu öffnen waren. An der Wand links gab es zwei hochklappbare Betten, eines unten, eines oben, rechts war ein großer Wandschrank und vorne vor den Bullaugen eine Couch, die sich zu einem Bett umbauen ließ. Diese Couch benutzte Dorothee zum Schlafen, somit waren die anderen Betten immer hochgeklappt. Dadurch gab es viel Platz in der Kabine. Sie richtete es sich sehr gemütlich ein und fühlte sich von nun an zuhause.

Am 21. Dezember sollten die Passagiere kommen. Bis dahin war noch viel zu tun. 14 Weihnachtsbäume, überall auf dem Schiff verteilt, mussten geschmückt werden, die Bücher mussten in der Bibliothek in die Schränke einsortiert, die Tickets für die Ausflüge vorbereitet werden. Im Fernsehstudio übten sie das Lesen der Nachrichten. Siegfried Herzog, von allen Sigi genannt, war zuständig für das Fernsehprogramm. Er musste darauf achten, dass er immer rechtzeitig mit seinem Kofferradio oben an Deck die Nachrichten der Deutschen Welle über Kurzwelle auf Tonbandkassette aufnehmen konnte. Dann mussten diese abgetippt werden. Abends um 18.30 Uhr sollte dann die Nachrichtensendung erfolgen. Um nicht nur immer Sigis Gesicht zu zeigen, sollte ein anderer Kollege hin und wieder zu der jeweiligen Nachricht entsprechende Bilder einblenden. Besser noch, wenn Sigi nicht täglich die Nachrichten selbst vortragen musste. Deshalb wurde das Vorlesen fleißig geübt. Dorothee las natürlich viel zu schnell, so schnell eben wie sie auch meistens sprach. Dabei schaute sie so gut wie nie in die Kamera, ratterte nur ihren Text herunter. Total ungeeignet als Fernsehstar. Sie war nicht die einzige. Keiner konnte diese Aufgabe so gut erfüllen wie Sigi. Und somit blieb er das einzige Gesicht, das man jeden Abend in der Kabine im kleinen Fernseher sehen konnte.

In der Mondscheinbar, die sich über dem Boulevard-Deck befand, traf sich die gesamte Reiseleitercrew mit dem Kapitän und allen wichtigen Offizieren zum

Kennenlernen. Dass Dorothee Russisch sprach, wurde wohl eher mit Misstrauen wahrgenommen. Zumindest hatte Dorothee das Gefühl.

Die Besatzung des Schiffes bestand aus Sowjetbürgern. Die meisten von ihnen kamen aus Odessa, waren Russen oder Ukrainer. Doch es gab auch Leute aus anderen Sowjetrepubliken, wie z. B. aus Armenien und aus Georgien. Jeder von ihnen benötigte ein Ausreisevisum seitens der sowjetischen Behörden. Diese Visa waren auf eine bestimmte Zeit begrenzt, auf eine Saison auf dem Schiff oder sogar auf noch kürzere Zeit. Um diese Ausreiseerlaubnis zu erhalten, verpflichteten sie sich alle, keine persönlichen Kontakte zu westlichen Personen zu haben, oder anders ausgedrückt, sie verpflichteten sich, keine persönlichen Kontakte zum „kapitalistischen Feind" zu pflegen, obwohl dieses sowjetische Schiff ja ausschließlich im Vollcharter für Lechak-Reisen fuhr, das bedeutete also nur für „kapitalistische" Passagiere.

Ein Schiff ist wie eine schwimmende Stadt, auf einem Schiff ist man eine Schicksalsgemeinschaft, man arbeitet zusammen, man läuft sich unweigerlich ständig über den Weg. Wie sollte man da zwischenmenschliche Kontakte vermeiden können?

Ganz vorne direkt über dem Varieté-Salon, befand sich die Ucraina-Lounge. Während unten im Varieté-Salon ein deutsches Orchester die Künstler bei ihren Auftritten begleiten sollte, spielte hier oben eine Musikgruppe aus der Sowjetunion. Diese Gruppe war ein Teil einer großen und in der UdSSR bekannten Jazzband. Man hatte aber nicht alle Musiker der Band auf das Schiff gelassen, nur vier von ihnen und die Sängerin. Dadurch fehlte ihnen der dringend benötigte Pianist. Und so hatte man einen Russen aus Odessa engagiert. Sein Name war Valentin Sharkov. Eigentlich war er Konzertpianist, spielte klassische Musik. Nun, hier musste er eben moderne Musik spielen. Die anderen waren Georgier und kamen aus Tbisili. Die Gruppe nannte sich „Sakartvelo", das georgische Wort für Georgien.

Die „Sakartvelos", wie sie allgemein auf dem Schiff genannt wurden, das waren der Saxophonist Soso, der eigentlich richtig Josef hieß und Augenarzt war, der Gitarrist David, von allen Dato genannt, das Allroundtalent Ilarion, der fünf Musikinstrumente spielte und echt georgisch auf den Fußspitzen tanzen konnte, der Schlagzeuger Avtandil und der russische Pianist Valentin, von allen nur Valja genannt.

Und dann war er da, der große Tag - 595 Passagiere mussten eingeschifft werden, die Dokumente kontrolliert, die Reisepässe abgenommen, die Koffer in die Kabinen transportiert werden. Dorothee stand an der Information und erklärte unzählige Male, wo sich was befand. Sie gab die Schlüssel für die kleinen Safes aus, und als diese alle vergeben waren, legte sie große Umschläge mit den Namen der Passagiere und der Kabinennummer an. Diese Umschläge mit den Wertsachen wurden dann im allgemeinen großen Safe hinter der Information aufbewahrt. Eine lange Schlange an geduldig wartenden Passagieren bildete sich vor der Information. Die russische Kollegin neben ihr konnte nicht viel helfen. Diese sprach nur Russisch und Englisch. Dorothee hatte sich schon längst mit ihr angefreundet. Sie hieß Anna und stammte aus Odessa. Anna war klein, hatte lange dunkle Haare und ein sehr hübsches Gesicht. Aber leider hatte Anna einen ziemlich buckligen Rücken, der sie etwas entstellte. Als Baby war sie aus ihrem Bettchen gefallen und hatte sich am Rücken verletzt. Der verkrümmte Rücken war ihr geblieben. Auch Anna war ein besonders liebenswerter Mensch. Aber an diesem hektischen Tag kurz vor Weihnachten konnte sie Dorothee nur moralisch unterstützen durch ihr liebes Wesen. Dorothee war dankbar dafür, denn manch einer der Gäste war unhöflich, weil er warten musste. Na ja, so sind die Menschen eben, müde von der langen Anreise, genervt und schlechter Laune. Am nächsten Tag sah die Welt dann wieder besser aus. Aber Dorothee bekam leider die schlechte Laune zu spüren.

„Hallo, ich bin Theresia, Theresia Kramer, und wer bist Du?" Vor Dorothee stand eine alte vornehme Dame. „Ich bin Dorothee, aber alle nennen mich einfach Doro."
„Doro, das klingt nett. Freut mich, Dich kennen zu lernen, Doro. Du bist neu an Bord? Hier habe ich einen Briefumschlag. Bitte bewahre den auf. Falls mir etwas passieren sollte, dann müsst Ihr den öffnen. Da steht alles drin, was zu tun ist." „Ja, klar, mache ich", sagte Dorothee und nahm den Umschlag entgegen.
Dorothee war irritiert. Diese Dame tat ja sehr vertraut, gerade so, als ob sie schon zum Inventar des Schiffes gehöre. Und wie kam jetzt ausgerechnet sie, Doro, die Neue an Bord, zu der Ehre, den, wie sollte sie es ausdrücken, letzten Wunsch dieser Dame aufzubewahren?
Theresia Kramer watschelte wieder davon. Aha, Hüftprobleme! Mit Kennerblick hatte Dorothee sofort die Diagnose gestellt.

„Tonino, eine Theresia Kramer hat mir diesen Umschlag gegeben, den soll ich aufbewahren. Und falls ihr etwas zustößt, dann sollen wir diesen öffnen. Was soll ich damit machen?"
Toni warf nur einen kurzen Blick auf den Umschlag. „Ach, das macht Theresia immer so. Bewahr den Umschlag einfach in Deinem Minisafe auf und gib ihn ihr am Ende der Reise zurück." Theresia Kramer gehörte also tatsächlich fast zum Inventar. Sie war schon viele Male mit Lechak-Reisen auf Kreuzfahrt gewesen, auf anderen Schiffen. Und jetzt wollte sie sich diese Weltreise auf dem neuen Schiff gönnen.

Abends lief die Vassiliy Azhayew aus dem Hafen von Genua aus. Langsam verschwand die Stadt im trüben Nebel der Vorweihnachtstage. Sie nahmen Kurs nach Süden, in vier Tagen sollten sie in Ägypten ankommen, im Hafen von Alexandria, im sonnigen und warmen Süden. Damit dort die Abfertigung des Schiffes schneller abgewickelt werden konnte, war schon in Genua ein ägyptischer Passbeamter an Bord gekommen. Seine Aufgabe war es, alle Pässe zu kontrollieren und bei Ankunft den Behörden mitzuteilen, ob alles in Ordnung war. Das war ein großer Vorteil. Es hätte sonst Stunden gedauert, bis die Beamten im Hafen von Alexandria mit der Kontrolle sämtlicher Pässe der Passagiere und der Besatzung fertig geworden wären.

Nicht in 80, sondern in 86 Tagen würden sie nun die Welt umrunden, in östlicher Richtung - so wie Jules Vernes Helden überquerten auch sie irgendwo im Pazifik die Datumsgrenze und gewannen einen Tag dazu. Aber noch war es nicht soweit. Es war die erste Weltreise, die mit einem Kreuzfahrtschiff durchgeführt wurde. Es fehlte an jeglicher Erfahrung, es war ein einziges großes Abenteuer, das in diesem Moment begann. Zuhause und geborgen auf ihrem Schiff wurden sie von diesem rund um den Globus gefahren.

Weihnachten auf See

Die ersten Tage waren Seetage. Am Abend des zweiten Tages gab es einen Empfangscocktail für alle Passagiere im Varietésalon. Kapitän Wladimir Dantschow und seine Offiziere sowie Kreuzfahrtdirektor Antonio Rossi und seine Reiseleitercrew stellten sich vor. Den längsten und stärksten Applaus erhielt Küchenchef Iwan. Kapitän und Kreuzfahrtdirektor begrüßten die Gäste, hielten eine kurze Ansprache und wünschten dann „immer eine Handbreit Wasser unter dem Kiel". Zum Schluss wurde mit Sekt angestoßen - „На здаровые - na zdarovje - auf die Gesundheit".

Zur Begrüßung gab es eine Show, in der sich alle Künstler vorstellten, die auf dem ersten Teil der Weltreise mitfuhren. „Licht aus - Spot an", hieß es mehrmals. Es war schon fast Mitternacht, als die Show zu Ende ging. Nach all der Hektik dieses Tages wollten sich die Reiseleiter noch einmal gemütlich zusammensetzen und etwas trinken. Dazu war die Mondscheinbar am Besten geeignet. Es wurde ein netter Ausklang des Abends. Doch Dorothee war müde. Sie beschloss bald, ins Bett zu gehen. Herby hatte auch keine Lust mehr zu bleiben und so spazierten beide zusammen los in Richtung ihrer jeweiligen Kabinen. Auf dem Seesterndeck blieben sie am vorderen Treppenhaus stehen, weil sie gerade so nett im Gespräch waren. Sie plauderten noch lange.
Die Treppe hoch kam der ägyptische Passbeamte, erschrak, als er die beiden sah, riss sich dann zusammen, grüßte und ging den Gang entlang nach hinten. Dann bog er in einen der Seitengänge auf der Steuerbordseite ein, schaute aber noch einmal suchend zurück. Seltsam, dachte Dorothee, warum benimmt der sich so komisch? Herby wusste auch nicht, was er davon halten sollte. Sie plauderten weiter und vergaßen die Sache.

Da kam schon wieder jemand die Treppe hoch. Es war die alte Theresia Kramer, festlich gekleidet im langen Abendkleid, ein glitzerndes Täschchen am linken Arm hängend.

„Hallo, schönen guten Abend Doro, schönen guten Abend Herby, wie nett Euch zu sehen." Sie wirkte total aufgedreht. „Wünsch Euch eine gute Nacht".

Sie watschelte den Gang hinter und bog genau dort ab, wo der Passbeamte zuvor abgebogen war.

„Nicht zu fassen, diese Theresia kann es einfach nicht lassen", das war Herbys Kommentar dazu.

„Wie bitte? Theresia und der Ägypter?"

„Ja, klar - typisch für Theresia. Das ist immer so mit ihr."

Nein, Dorothee konnte das nicht glauben. Sie war eben noch sehr jung, musste noch viel lernen über die Menschen, über das Leben.

Während im Varietésalon abends immer ein Unterhaltungsprogramm für die Gäste stattfand, konnte oben in der Ucraina-Lounge getanzt werden. Hier spielte das Orchester Sakartvelo flotte Tanzmusik und angenehme Unterhaltungsmusik, wenn auch manchmal in einem etwas eigenen Stil. Wenn die jungen Musiker ein Stück ohne Gesangsbegleitung spielten, saß die Sängerin hinter ihnen an einem der Tische der Lounge. Etwas schüchtern näherte sich Dorothee ihr, grüßte und fragte: „Вы все из Грузий - Vy vsje iz Gruzii? Seid Ihr alle aus Georgien?"

„Да - da. Ja."

„Я тоже из Грузий - Ja toshe iz Grusii - Ich bin auch aus Georgien".

Mit diesen Worten begann eine wunderschöne Freundschaft zwischen den „Sakartvelos" und Dorothee. Von ihnen wurde sie bald nur noch als „Doritschka" bezeichnet.

Die Route führte sie entlang der italienischen Küste. Zwei Tage später ging es durch die Straße von Messina, steuerbord, also rechts lag Sizilien, backbord, links war die Küste von Kalabrien zu sehen.

Am nächsten Tag war Weihnachten. Es gab noch viel vorzubereiten für dieses Fest auf hoher See. Die 14 geschmückten Bäume standen überall auf den Decks verteilt an strategischen Punkten, wenn man es so ausdrucken kann. Kollege Uwe Blumfeld wurde dazu auserkoren, den Weihnachtsmann zu spielen.

Seit jenem Weihnachten 1970, als sie alle wussten, dass es Charlottes letztes Weihnachten sein würde, seit jenem Tag mochte Dorothee Weihnachten überhaupt nicht mehr. Sie freute sich nicht mehr darauf. Sie hatte Angst vor diesen Tagen. All die Hektik um dieses Fest, die vielen Vorbereitungen, die zu machen waren, sie fand es schrecklich. Und an Weihnachten selbst wurde sie immer traurig. So auch in diesem Jahr. Auch, wenn sie sich wohl fühlte auf „ihrem" Schiff, ihrer neuen Heimat, auch, wenn sie nicht nur nette Kollegen, sondern bereits Freunde an Bord hatte, die Weihnachtstage, besonders Heilig Abend, waren schwer zu ertragen.

Und so war Dorothee wieder einmal sehr traurig an jenem 24. Dezember und hoffte, dass der Tag bald vergehen würde. Wie gut, dass viel zu tun war, nicht nur an der Information. Auch das Abendprogramm musste gut vorbereitet werden, wollte man den Passagieren doch eine schöne Weihnachtsfeier präsentieren. Und die Feier wurde schön.

Der Altersdurchschnitt der Passagiere betrug 64 Jahre. Wer sonst als Rentner, hätte die Zeit, 86 Tage lang um die Welt zu fahren? Zwar konnte man auch nur einen Teil der Reise machen, von Genua bis Singapur, von Singapur bis Acapulco oder von Acapulco bis Genua. Aber diese Teilstrecken dauerten immerhin auch vier bis fünf Wochen. Es gab also wenig junge Passagiere. Der Altersdurchschnitt hätte noch viel höher gelegen, doch es gab ein Kind, ein einziges Kind unter den Passagieren, fünf Jahre alt. Der Junge reiste mit seinen Eltern, hatte einen auffälligen Namen - Igor Schönwein - und eine echte „Berliner Schnauze". Nee, dieser kleine Kerl war wirklich nicht auf den Mund gefallen. Von Anfang an war er der Liebling aller russischen Crewmitglieder. Russen sind eben sehr kinderlieb. Er war auch der Liebling der alten Passagiere, die eine Art Enkel in ihm sahen.

Und für den kleinen Igor wurde extra der Weihnachtsmann eingeflogen, um ihm am Abend auf der Bühne des Varietésalons Geschenke zu überreichen.

„Kannst Du uns auch ein Gedicht aufsagen?", fragte der Weihnachtsmann, alias Reiseleiter Uwe Blumfeld.

„Klar, kann ick det."

„Na, dann sag mal."

Und schon ratterte Igor mit Berliner Dialekt los:

> Advent, Advent, ein Lichtlein brennt,
> erst eins, dann zwei, dann drei, dann vier,
> schon steht das Christkind vor der Tür,
> und wenn dat fünfte Lichtlein brennt,
> dann haste Weihnachten verpennt."

Knapp 600 Passagiere brachen in schallendes Gelächter aus. Igor war der Star des Abends!

Doch, das war längst noch nicht alles.

„Warst Du auch immer brav? Hast, Du keine Angst vor dem Weihnachtsmann?"

„Nee, Du bist ja nicht der Weihnachtsmann, Du bist der Reiseleiter."

Uwe war ertappt. Dem kleinen Igor konnte man nichts vormachen.

Dieses Weihnachten würde Dorothee nie vergessen! Es wurde noch ein solch schöner Abend. Tonino Rossi lud die gesamte Reiseleitercrew zu sich in die

Kabine ein, verteilte kleine Geschenke. Sie stießen mit Sekt an, auf eine gute Weltumrundung, auf gutes Wetter, auf viel Glück.

Am nächsten Tag, dem ersten Weihnachtstag, lief die „Vassilij" bei Sonnenaufgang in den Hafen von Alexandria ein, gefolgt von einem großen blauen Schiff mit zwei Schornsteinen, auf denen jeweils ein weißer, fünfzackiger Stern zu sehen war, die italienische „Augustus Nobilis", deren Heimathafen Neapel war.

Außer einer Stadtrundfahrt durch Alexandria wurden auch Ausflüge nach Kairo angeboten, für einen und für zwei Tage. Die Gäste, die über Nacht in Kairo blieben, kamen erst wieder im nächsten Hafen, in Port Said, an Bord. Dorothee sollte einen der Eintagesausflüge begleiten.

Über die so genannte Deltastraße ging es von Alexandria nach Kairo. Der Busfahrer fuhr fast durchgehend auf der linken Spur, ständig hupend überholte er Eselkarren, Fahrräder, kleine und große Lastwagen, andere Busse. Links war einer der beiden Nilarme des Deltas, der aber tiefer lag als die Straße und von dieser durch einen Damm getrennt war. Man konnte nur die Segel der Schiffe sehen, nicht die Schiffe selbst.

Stadtrundfahrt, Besichtigung des Ägyptischen Museums mit den einmaligen Schätzen aus dem Grab des mit 18 Jahren verstorbenen Pharaos Tut Ench Amun, nachmittags zur Alabastermoschee, die eigentlich Mohammed Ali Moschee heißt. Schuhe am Reinigungsbrunnen stehen lassen und mit Strümpfen in die Moschee, dann noch ein Bummel über den Bazar und das bunte Treiben dort genießen.

Es ging schon auf Abend zu, als sie nach Gizeh zu den Pyramiden hinausfuhren. Am Horizont konnte man sie trotz des Smogs dieser Millionenstadt bald schon erblicken, die drei Zacken der berühmtesten Pyramiden. Dann standen sie direkt davor und fühlten sich so klein! Es gab sogar genug Zeit, um in die Cheopspyramide hineinzugehen. Genau in der Mitte dieser Pyramide ist eine Kammer, ein schmaler Gang mit Stufen führt dort hinauf.

Dorothee beschloss aber, lieber den Anblick dieses Märchens aus 1001 Nacht zu genießen. Es begann zu dämmern, die Sonne ging genau hinter den Pyramiden unter und tauchte alles in rotgoldenes Licht. Wie hätte man diesen Anblick je vergessen können!

Das Abendessen wurde in einem Hotel serviert, im Anschluss gab es eine Folklore-Show mit Bauchtanz. Die Rückfahrt erfolgte über die Wüstenstraße, links und rechts nur Sand und Dünen. Weit und breit keine Lichter, nur die Scheinwerfer des Busses erhellten die Straße direkt vor ihnen. Die Sterne am Himmel waren deutlich zu erkennen, sie schienen so nah. Man hätte nach ihnen greifen können. Der zunehmende Mond warf sein silbernes Licht auf die Wüste, so dass man die eine oder andere Düne erkennen konnte. Auch dies eine Erfahrung, die man nie mehr vergessen konnte.

Gegen Mitternacht kamen sie zur „Vassilij". Das Schiff legte ab und fuhr die Nacht über nach Port Said, wo sie am Vormittag des nächsten Tages ankamen. Port Said liegt an der Einfahrt zum Suez-Kanal. Hier mussten sie nun auf die Gäste warten, die am Zweitagesausflug nach Kairo teilgenommen hatten. Die Vassilij konnte nicht direkt am Kai anlegen. Es wurde eine Pontonbrücke gelegt, an deren beiden Seiten Händler ihre Boote mit Seilen befestigten. Wollte man nun vom Schiff an Land oder umgekehrt, so ging man wie durch eine Straße mitten in einem Bazar. Selbst diejenigen Gäste, die gar nicht an Land gingen, konnten einkaufen. Von Deck aus konnten sie die Waren betrachten, sich für das eine oder andere entscheiden. Die Händler warfen dann ein Seil nach oben, befestigten unten einen Korb, legten die ausgewählte Ware hinein. Der Käufer zog den Korb nach oben, nahm die Ware heraus und legte das Geld hinein. Sogar das Wechselgeld wurde auf diesem Wege transportiert.
Dorothee und Herby wollten sich diese Stadt ein bisschen anschauen. Welch trauriger Anblick. Während des Sechstagekrieges zwischen Ägypten und Israel 1967 wurden hier viele Häuser zerstört. Sie waren noch nicht aufgebaut worden. In den Gebäuden, die den Krieg einigermaßen überstanden hatten, waren die Einschusslöcher noch genau zu erkennen. Die Straßen waren leer, kaum ein Fahrzeug, kaum ein Mensch war zu sehen. Nur wenige Geschäfte hatten geöffnet. Dorothee fühlte zum ersten Mal persönlich, wie grässlich, wie entsetzlich Krieg sein musste. Zum Trost gönnten sie sich ein paar Stückchen des typischen, viel zu süßen arabischen Gebäcks.
Gegen Abend kamen die Gäste aus Kairo zurück. Nun musste die Vassilij warten, bis sie in den Suez-Kanal einfahren durfte. Da der Kanal sehr schmal ist, dürfen die Schiffe nur im Konvoi fahren. Fast zeitgleich startet je ein Schiffskonvoi am Nordende, also in Port Said, und einer am Südende des Kanals, also in Suez. Beide Konvois begegnen sich ungefähr in der Mitte im so genannten „Großen Bittersee", wo sie aneinander vorbeifahren können, um dann ihre Fahrt jeweils in Nord-, bzw. Südrichtung fortzusetzen.

Der Konvoi mit der Vassilij startete seine Fahrt mitten in der Nacht, als Dorothee am Tag darauf früh morgens aufwachte, lag das Schiff im Großen Bittersee. Hier mussten sie bleiben, bis der Konvoi aus dem Süden angekommen war. Die Ost- und Westufer waren in der Ferne zu sehen.
Lange mussten sie warten, es war schon später Nachmittag, bis es weiterging. Nach einem kurzen Stück Kanal kamen sie in den „Kleinen Bittersee". Erst dann ging es in den südlichen Teil des Kanals.
Die Vassilij war das erste Schiff des Konvois. Seit jenem Krieg 1967, der sechs Tage lang zwischen Ägypten und Israel geherrscht hatte, war der Suezkanal geschlossen gewesen. Erst im Sommer 1975 war er wieder geöffnet worden. Das östliche Ufer des Kanals war noch von Israel besetzt.
Jetzt, kurz nach Weihnachten 1975, fuhr die Vassilij als erstes Kreuzfahrtschiff durch den Kanal und das löste viel Begeisterung bei der Bevölkerung aus, Kinder rannten zum Ufer, schrieen laut vor Freude und winkten ihnen zu.

Gäste und Reiseleiter standen oben an Deck und ließen diese Atmosphäre auf sich wirken. Hinter ihnen folgte eine ganze Anzahl von Frachtschiffen. An beiden Ufern sah man zerschossene Panzer, Überbleibsel aus Kriegstagen. Wie gut, dass hier jetzt zumindest Waffenstillstand herrschte.

Ganz langsam ging es durch den Kanal, nur mit 6,5 Knoten Geschwindigkeit kamen sie voran (1 Knoten = 1 Seemeile/Stunde - 1 Seemeile = 1,852 km). Langsam ging die Sonne unter und es wurde Nacht. Suez erreichten sie wieder bei völliger Dunkelheit. Mittschiffs, vor Dorothees Arbeitsplatz, vor der Information, hatten sich ägyptische Händler niedergelassen. Man kam sich vor wie auf einem Bazar. Und so fuhr ein Stück Orient mit ihnen durch den Kanal.

Aden - demokratische Volksrepublik Südjemen - so nannte sich 1975 das kleine Land am Südwestzipfel der arabischen Halbinsel. Dass dieses Land überhaupt auf ihrer Route lag, verdankte man wohl der Tatsache, dass Aden zu jener Zeit eine sozialistische Regierung hatte und somit „Bruderland" der Sowjetunion war. Auch konnte hier relativ günstig Treibstoff gebunkert werden. Im Hafen lagen etliche sowjetische Tanker.

Am Silvestermorgen gingen sie vor dem Hafen auf Reede. Die Vassilij war zu groß und konnte nicht in den Hafen einfahren. Sie mussten mit Tenderbooten an Land fahren. Die Hafenbehörden schickten genügend kleine Boote zum Tendern. Dieses Mal war es nicht nötig, die schiffseigenen Rettungsboote herabzulassen und mit diesen an Land zu fahren. Sie sollten „german speaking guides" - Deutsch sprechende Reiseleiter - haben. Es stellte sich aber heraus, dass es eher „no speaking guides" - nicht sprechende Reiseleiter - waren, denn sie erzählten kaum etwas. Gott sei Dank hatten sie sich selbst gut vorbereitet. Dorothee musste ihrem Begleiter alles regelrecht aus der Nase ziehen. Schrecklich!

Gegen Abend lief die Vassilij wieder aus. Die Sonne ging hinter den Hügeln von Aden unter, die Lichter der Stadt gingen an, und so blieb doch noch ein positiver Eindruck von diesem Land im Gedächtnis.

Silvester wurde ausgiebig und lange gefeiert. Zuerst im Varietésalon, wo heute jeder der mitreisenden Künstler einen Auftritt hatte, anschließend feierte man im Restaurant Leningrad weiter mit der Besatzung des Schiffes, wo einzelne Crew-Mitglieder ihr Können zeigten, Gedichte vortrugen, sangen und tanzten. Der krönende Abschluss dann war in der Mondscheinbar, wo sie bis 4.00 Uhr früh weiterfeierten. Das Jahr 1976 hatte begonnen. Und zum neuen Jahr wünscht man sich in Russland:

- С новым годом, с новым счавствием -
- s novim godom, s novim stschavstvijem -
- mit dem neuen Jahr ein neues Glück

Einer der 14 Weihnachtsbäume war dazu auserkoren worden, dem Meeresgott Neptun geopfert zu werden. Die Passagiere sollten Wunschzettel an ihm anbringen. Interessant zu lesen, was da so alles drauf stand. Manche Beschwerde, die nie an die Reiseleiter heran getragen wurde, stand da drauf. Und so konnte man dafür sorgen, dass die Sache geändert wurde. Dorothee befestigte auch einen Wunschzettel. Im Tagesprogramm wurde bekannt gegeben, wann der Christbaum vom Heck des Schiffes aus ins Meer geworfen werden sollte. Kurz zuvor rief ein Gast Dorothee an der Information an und bat darum dem Kapitän Bescheid zu sagen, dieser solle doch für 10 bis 15 Minuten den Kurs nach Süden ändern, damit diese Zeremonie des „Weihnachtsbaum wird Neptun geopfert" nicht gegen das Sonnenlicht gefilmt werden muss. Natürlich konnte man diesen Wunsch des Gastes nicht erfüllen.

Sie bildeten eine kleine Prozession, vorneweg Uwe mit dem reichlich mit weißen Zetteln verzierten Baum, begleitet von Saxophon-Musik, einige Gäste und alle Reiseleiter hinterher. Sigi las ein Gedicht an Neptun vor, dann warf Uwe den Baum in das blaue Meer. Schnell, allzu schnell verschwand er aus ihrem Blickfeld.

Da sie ostwärts fuhren, musste die Uhrzeit hin und wieder nachts um eine Stunde vorgestellt werden. Doch diese Nacht waren es 1 ½ Stunden, denn ihr nächstes Ziel war Indien, Bombay. Und dort war die Uhrzeit seltsamerweise 4 ½ Stunden der Mitteleuropäischen Zeit voraus.

Langsam trat Routine ein, Dorothee fühlte sich täglich mehr und mehr zuhause auf „ihrer Vassilij" und so erging es auch ihren Kollegen. Abends, wenn das Tagesprogramm beendet war, ging Dorothee fast immer hoch in die Ucraina-Lounge und setzte sich zu ihren neuen Freunden, den „Sakartvelos". Mit Nino, der Sängerin, verstand sie sich bald schon so gut, dass sie fast wie Schwestern waren. Die Jungs gefielen ihr alle, aber zwei von ihnen gefielen ihr besonders. Und sie wiederum schien diesen beiden auch zu gefallen, das war deutlich zu spüren.

Nein, verlieben durfte sie sich nicht. Probleme wären dann schon vorausprogrammiert. War es doch den Mitgliedern der sowjetischen Besatzung strengstens verboten, sich mit den westdeutschen Reiseleitern - mit dem „kapitalistischen Feind" - anzufreunden. Doch was tun, wenn das Herz anders entscheidet als der Verstand?

Es waren der russische Pianist Valja und der georgische Schlagzeuger Avtandil. Immer, wenn sie einen von ihnen sah, schlug ihr Herz höher. Spielte das Orchester gerade, dann stellte sie sich gerne an eine Säule direkt neben dem weißen Flügel, auf dem Valja spielte. Von hier aus konnte sie nicht nur ihn sehen, beobachten wie seine Finger rasend schnell über die Tasten glitten. Von hier aus hatte sie auch einen guten Blick auf den Schlagzeuger und konnte ihn bewundern. Manchmal tanzte sie auch mit Gästen oder Kollegen.

Der neue Reisepass

Die Vassilij kam am späten Vormittag vor dem Hafen von Bombay an. Sie mussten auf die Flut warten, um in den Hafen einlaufen zu können. Inzwischen wurde schon mal die große Tür auf Höhe des Jupiterdecks geöffnet. Dorothee stand neben der offenen Tür und beobachtete die Einfahrt in den Hafen. Draußen an der Pier standen viele, viele Menschen. Frauen in bunten Saris, Männer mit und ohne Turban, eine Musikkapelle spielte. Sie wurden mit einer großen Zeremonie empfangen. Endlich konnte die Gangway angelegt werden, das Schiff wurde von den Behörden frei gegeben und die Reiseleiter gingen als erste von Bord. Jede Frau erhielt einen roten Farbpunkt auf die Mitte der Stirn gedrückt.

Es gab eine Stadtrundfahrt, die ihnen einen Eindruck über diese riesige Stadt vermittelte. In manchen Bezirken konnte einem schon der Appetit vergehen, bei all dieser Armut, die man zu sehen bekam. Die schönen Gebäude aus der Kolonialzeit, die verfallenen Armutsviertel. Es war fremd und faszinierend und doch gleichzeitig deprimierend. Dorothees Reiseleiterin im Bus ähnelte Indira Gandhi und sprach auch fast so wie eine Politikerin. Deutsch sprach sie nicht, Dorothee musste übersetzen.

Gegenüber dem „Gateway of India", dem Wahrzeichen der Stadt, einer Art Triumphbogen, steht das Hotel Taj Mahal Intercontinental. Wie der Name andeutet, ist es ein Luxushotel, das im Inneren fast einem Palast ähnelt. Hierhin führte sie der Abendausflug. Es gab ein Essen für ca. 200 ihrer Gäste in Form eines Buffets. Was Protest auslöste, die Gäste hätten sich lieber bedienen lassen, nun mussten sie ihr Essen selber holen. Somit fing der Abend schon mal gar nicht gut an.

Nach dem Essen gab es eine Folklore-Show. Jede Bewegung der Tänzer, jede Bewegung der Hände, jede Bewegung der Augen, alles hatte eine Bedeutung. Unglaublich, was die Tänzer hier leisteten. Es sollte eine Tombola geben, man konnte einen Sari gewinnen. Dorothee sollte die entsprechenden Karten austeilen.

Ihre Handtasche ließ sie auf einem Tisch stehen, es war ja eine geschlossene Veranstaltung, bei der seltsamerweise jedoch viele Inder dabei waren, die eigentlich nichts mit dem Ausflug zu tun hatten. Direkt vor dem Tisch stand die mitreisende Schwester ihrer Kollegin Annette Fürst. Den Fotoapparat stellte Dorothee direkt neben dieser ab. Sie verteilte die Kärtchen und kam zurück. Wo war die Tasche? Vielleicht hinunter gefallen auf den Boden? Nein, da war sie nicht. Alle begannen nach der Tasche zu suchen. Die Tasche war offensichtlich gestohlen worden. Mist.

Was war in der Tasche? Das Portemonnaie mit ungefähr 50 US-Dollar und einigen indischen Rupien, ein Wörterbuch, ein kleines Täschchen mit Schminksachen. Alles nicht so wichtige Dinge. Aber leider war auch ihr Reisepass mit drin gewesen.

Schnell wurde sie als „The Lady who lost the passport – die Dame, die ihren Pass verloren hatte" bei der zuständigen indischen Reiseagentur bekannt.

Den Leuten dort war die Sache äußerst peinlich. Welchen Eindruck mussten die Ausländer von ihrem Land bekommen, wenn gleich am ersten Tag eine Handtasche gestohlen wird, aus einem geschlossenen Raum in einem Nobelhotel. Sofort wurde ein Angestellter der Agentur damit beauftragt, sich nur noch um Dorothee und ihr Problem zu kümmern. Er hieß Santan Gomes und stammte aus Goa, jenem Teil Indiens, der einst zu Portugal gehört hatte. Daher auch sein so nicht indisch klingender Name. Zunächst musste der Ausflug beendet werden, nach der Show gab es noch eine nächtliche Stadtrundfahrt, dann ging es zum Schiff. Dorothee holte ihren Personalausweis. Im Taxi fuhr sie mit Santan zu einer Polizeistation. Inzwischen war es schon Mitternacht.

Es war viel los auf dieser Polizeistation. Der Chef dort hatte heute Besuch gehabt von seinem Vorgesetzten, den er nicht erkannte und daher nicht entsprechend empfangen hatte, als dieser das Büro betrat. Nun hatte er Angst, seine Stelle zu verlieren. Das erzählte er jedem, der ins Büro reinspazierte. Und davon gab es eine Menge, alles Männer, die wohl nichts anderes zu tun hatten, als nur zu reden und die Zeit zu vertreiben. Dorothee und Santan saßen eine Ewigkeit dort und versuchten, irgendeine Bescheinigung zu bekommen, auf der stand, dass die Tasche gestohlen wurde und was sich darin befand. Dummerweise erwähnte Dorothee, dass auch ein Täschchen mit Kleinigkeiten drin gewesen war. „Welche Kleinigkeiten?" Der Polizeichef wollte es genau wissen. Er schrieb alles genau auf: Lippenstift, Kamm, Nagelfeile usw., zwischendurch musste er dann einem Neuankömmling seine Sorgen um den Arbeitsplatz mitteilen, weil er doch den Chef nicht gebührend behandelt habe, nur, weil er nicht wusste, dass dies sein Chef war. Santan wurde langsam aggressiv, aber es half nichts. Sie mussten Geduld haben. Erst gegen 3.00 Uhr kamen sie zum Schiff zurück.

Nun hätte Dorothee am nächsten Tag ja unbedingt zum Deutschen Konsulat müssen, um einen neuen Pass zu erhalten. Doch es fehlte an Deutsch sprachigen Reiseleitern. Sie musste unbedingt den Ausflug zur Elefanta-Insel begleiten, wo es einen in den Fels gehauenen Hindu-Tempel zu bewundern gab. Diesmal hatte sie eine ganz junge Stadtführerin dabei, die sich dafür schämte, was Dorothee passiert war.
Santan wartete zusammen mit seiner Freundin Zeena am Schiff auf Dorothee. Sie lud die beiden ein, sie aßen etwas und konnten dann endlich losfahren. Leider war das bundesdeutsche Konsulat gerade umgezogen. Das Taxi musste sich weiter durch den Verkehr schlängeln und dann kamen sie am Hochhaus der Firma Hoechst an, wo sich die neuen Büros des Generalkonsulats befanden. Inzwischen war es schon 14.45 Uhr geworden.
Sie läuteten, ein schlecht gelaunter Inder öffnete ihnen. „It is closed, nobody here - es ist geschlossen, keiner da."
Im Hintergrund sah Dorothee eine Person vorbei gehen, so weit sie erkennen konnte, hatte diese Person weiße Haut und helle Haare. „Hallo, ist da je-

mand", rief sie auf Deutsch. Und schon kam der Konsul höchst persönlich zu ihnen an die Tür. Dorothee schilderte schnell ihre Lage und natürlich durften sie sofort eintreten. In 15 Minuten hatte Dorothee einen neuen bundesdeutschen Reisepass, ausgestellt am 5. Januar 1976 in Bombay, es kostete sie 15 D-Mark bzw. 52,50 Rupien. Die Bescheinigung der Polizei von vergangener Nacht hatte sie um ein Vielfaches mehr an Zeit gekostet. Ohne Santans Hilfe hätte Dorothee niemals ihren Pass bekommen können. Wie hätte sie dann weiterreisen sollen? Ewig würde sie ihm dafür dankbar sein.

Die Vassilij musste wieder auf die Flut warten, um Bombay verlassen zu können. Kurz vor Mitternacht wurde die Gangway entfernt, die Türen geschlossen, der Lotse kam an Bord und die Vassilij nahm Kurs auf Südindien. Sie standen an Deck, die Lichter der Stadt entfernten sich langsam, über ihnen strahlten die Sterne am Himmel. Neben Dorothee standen ihre Lieblinge, die Jungs der „Sakartvelos". Avtandil stand so nahe neben ihr, dass sie seine Wärme buchstäblich spürte. Und plötzlich fühlte sie sich ihm so nahe, es war ein Gefühl, das sie ganz und gar durchflutete, ein neues Gefühl, etwas, was sie noch nie empfunden hatte, etwas, was sie gar nicht kannte.

Die sauberste Stadt der Welt ~ Singapur

Südindien, genauer gesagt die Stadt Cochin im indischen Bundesstaat Kerala, Colombo, die Hauptstadt von Ceylon, das seit 1972 Sri Lanka hieß und Madras im Südosten Indiens waren die nächsten Häfen, die sie anliefen. Immer wieder neue Eindrücke, neue Kulturen, neue Menschen, die Dorothee kennen lernen durfte. Dann verließen sie den Indischen Ozean und nahmen Kurs auf Malaysia, die Insel Penang war ihr nächstes Ziel, nur 3 Kilometer von der malaysischen Küste entfernt. Hier konnte man noch etwas von dem Flair der Kolonialzeit unter Britischer Herrschaft spüren. Von hier aus nahmen sie Kurs auf Singapur.

In Singapur endete der erste Teil der Weltreise, das bedeutete Passagierwechsel. Ungefähr ein Drittel der Passagiere verließ hier die Vassilij und flog nach Deutschland zurück, neue Passagiere kamen an. Auch die lustige Kollegin Else Lanke musste die Vassilij verlassen. Sie sollte ab sofort in Singapur eingesetzt werden. Peter von Nehre, der Kollege, der in Genua krank geworden war und für den Else so blitzschnell einspringen musste, kam wieder zurück. Wie immer bei Ein- und Ausschiffung gab es besonders viel zu tun an der Information. Dorothee wurde erst zur Begleitung der Stadtrundfahrt am Nachmittag eingeteilt.

Singapur, die sauberste Stadt der Welt, wie man sie auch nennt. Kein Wunder, wenn selbst ein kleines weg geworfenes Stück Papier schon mit einer horenten Geldstrafe belegt ist. Singapur, eine Metropole, ein Schmelztiegel verschiedenster Völker und Religionen, die alle friedlich miteinander aus-kommen.

Singapur empfing sie mit einem chinesischen Tigertanz, aufgeführt mitten auf der Pier, während die Vassilij festmachte und die Gangway angelegt wurde. Die Passagiere waren begeistert. Heute war gerade einer der hinduistischen Feiertage. Sie sahen viele Prozessionen, an denen auch Männer teilnahmen, die sich Speere durch die Wangen gebohrt hatten und offensichtlich so in Trance waren, dass sie keinen Schmerz verspürten. Allzu viel konnte Dorothee nicht von der Stadt sehen. Sie musste wieder zurück zu ihrer Arbeit an der Information. Abends konnte sie mit einigen Kollegen per Taxi in die Stadt fahren und dort im 40. Stockwerk des Mandarin-Hotels essen. Welch herrlicher Blick auf das Lichtermeer der Stadt. Kurz nach Mitternacht fuhren sie mit Fahrrad-Rikschas zur bekannten Bugi-Street, einer kurzen Straße, die berühmt war für ihre Transvestiten. Sie setzten sich in eines der Straßenres-taurants und warteten, und warteten, und warteten....
Währen der Wartezeit amüsierten sie sich über verschiedene Verkäufer, die ihre Waren mit Eifer anboten. Einer von ihnen verkaufte Spielzeug. Ein Plüschaffe in Hockstellung, an dessen Vorderpfoten zwei Schlagbleche ange-bracht waren. Am Rücken konnte man ihn wie eine Spieluhr aufziehen. Man löste einen Schalter und schon legte der Affe los und schlug mit den Pfoten die Bleche aufeinander, was einen ziemlichen Lärm machte. Schlug man dem Affen aber auf den Schädel, so stoppte er damit, die Augen kamen auf langen Stielen aus ihren Höhlen, er bleckte die Zähne und stieß fürchterlich laute Schreie aus. Sie lachten Tränen. Das Ding war so witzig, Dorothee musste es einfach haben.
Endlich erschien einer dieser Transvestiten. Dann aber kamen sie fast in Scharen daher, darunter auch „Sara", die „Königin der Bugi Street". Später erschien „Lolo", die bzw. der sich zu ihnen setzte und sich mit ihnen auf Deutsch unterhielt. Sie oder er war sehr zierlich und dünn, graziös, hatte aber eine tiefe männliche Stimme.
Kaum zu glauben, dass diese weiblichen Schönheiten in Wahrheit Männer waren. Unvorstellbar, dass Männer sich Hormone spritzen, um zu Frauen zu werden. Manchen konnte man im Gesicht an den Wangenknochen erkennen, dass sie doch Männer waren, bei anderen war es noch an den Armen zu bemerken. Man musste einfach jedem regelrecht „an die Gurgel" schauen, denn am Adamsapfel konnte man am Leichtesten erkennen, dass es doch Männer waren.

Der zweite Tag in Singapur war Transfertag, das hieß Ausschiffung der abrei-senden Gäste und Einschiffung der neuen Gäste. Else Lanke kam noch ein-mal an Bord. Sie hatte kleine Geschenke für jeden ihrer nun „Ex"-Kollegen mitgebracht, kleine Orchideengestecke, Umschläge mit netten Karten drin und Namensschilder; Else war eben eine sehr liebe Person. In der Newabar tranken sie gemeinsam noch einen Abschiedsdrink, dann kam die obligatorische Durchsage: „Die Vassilij Azhajew verlässt in 30 Minuten Singapur, alle Besucher werden gebeten von Bord zu gehen, all visitors are requested to leave the ship". Nach zehn Minuten wurde diese Ansage wiederholt. Nun war es Zeit Abschied zu nehmen. Sie würden Else alle sehr vermissen.

Es war spät am Abend als sie diese Stadt, die gleichzeitig ein Staat war, verließen. Wie immer standen sie oben an Deck, heute aber rollten sie das Papier einer Klopapierrolle ab, Else unten an der Pier hielt das erste Blatt der Rolle fest. Man musste aufpassen, dass das Papier nicht abriss. Es war ein Symbol der ewigen Verbundenheit zwischen ihnen und ihrer beliebten Else. Die Vassilij legte von der Pier ab, die Klopapierrolle wurde immer dünner, noch hielt das Band der Verbundenheit. Else wurde kleiner und kleiner, die Lichter der Stadt ebenso. Vassilij drehte im Hafen um und fuhr hinaus aufs freie Meer. Dort draußen wartete eine Unmenge von Frachtern und Tankern auf die Erlaubnis, in den Hafen Singapurs fahren und ihre Fracht dort löschen zu dürfen.

Unten das Lichtermeer der Schiffe, über ihnen der strahlende Sternenhimmel, die Nacht erleuchtet durch das starke Licht des vollen Mondes, der sich im Meer widerspiegelte. Und am Horizont die sich allzu schnell entfernenden Lichter Singapurs. Wie könnte man solche Momente je im Leben vergessen?

Äquatortaufe

Einen Tag später überquerte das Schiff den Äquator. Nun waren sie in jenen Breitengraden, wo es weder Sommer noch Winter gab, wo Tag und Nacht stets gleich lang waren. Aber ein Schiff und besonders ein Passagierschiff konnte den Äquator nicht einfach so überqueren, die Personen an Bord mussten getauft werden.

Es galt viel vorzubereiten für die Zeremonie der Äquatortaufe, die für den Nachmittag angesetzt war. Jeder Passagier sollte ein Taufzertifikat erhalten mit dem Namen eines Fisches. Dazu verwendeten sie ein spezielles Buch, aus dem sie die verrücktesten Fischbezeichnungen holten und per Hand auf die Taufurkunden schrieben.

Die Taufe fand oben mittschiffs am, um und im Swimming-Pool statt. Die Rolle des Neptun übernahm Sigi; Tetis, Neptuns Gattin wurde von einem Gast gespielt, es gab ein paar Teufel, die auch von Passagieren dargestellt wurden. Der Arzt, das war Kollege Manfred Gutter und die Krankenschwester, na klar, das war Dorothee. Alle nahmen ihre Stellungen am Rande des Schwimmbeckens ein. Dann ging es los. Die Teufel holten sich einzelne Passagiere aus der neugierig um den Pool herum stehenden Menge und schleppten sie zu Neptun, wo sie ihre Sünden zu beichten hatten. Neptun erlegte ihnen Strafen auf, also mussten sie zum Arzt, der sie untersuchte und dann die Krankenschwester anwies, welche Medikamente der „Patient" zu nehmen hatte, ehe er dann entweder freiwillig in den Pool sprang, um getauft zu werden, oder eben (sanft) hinein geschmissen wurde. Die Pillen, die die „Patienten" zu schlucken hatten, waren große Kügelchen, etwa so groß wie kleine Pralinen. Es waren in Senf gelegte Oliven oder Brotkugeln, dazu gab es noch „Würmer", das waren Spaghetti, und noch Rotwein dazu, abgefüllt aus einem Eimer über einen Filter und einen Schlauch direkt in den Mund des Patienten geleitet. Dorothee hatte nur einen Bikini an und drüber einen weißen Kittel, auf dem Kopf ein weißes Häubchen mit einem Roten Kreuz darauf. Sie hatte viel zu tun, die Stimmung war schon bald so gut, dass die Teufel gar keine Sünder mehr anschleppen mussten, die kamen alle freiwillig. Die Blaskapelle spielte dazu Humb-ta-ta-Musik und die Stimmung stieg und stieg, auch aufgrund des langsam, aber sicher ansteigenden Alkoholspiegels. Als ersten Reiseleiter zerrte man Tonino Rossi zu Neptun, doch auch von ihnen konnte keiner entkommen. Zum Schluss wurden sie selbst alle auch getauft, mussten die Medizin schlucken und sprangen in den Pool.

Schnell runter in die Kabine, duschen, umziehen und wieder hoch zum Swimming-Pool, denn nun fand die Äquatortaufe für die sowjetische Besatzung statt. Da ging es noch viel heftiger zu. Die hatten sich viel aufwändiger geschminkt und die Zeremonien, die sie durchlaufen mussten, ehe sie endlich getauft wurden, waren um einiges brutaler. Abends dann achtern über drei Decks verteilt die Piratenparty mit viel Essen, auch frisch vom Grill und Trinken. Dazu mitreißende Tanzmusik. Ein kleiner Teil der Besatzung durfte dabei sein, eben diejenigen, die auch mit den Passagieren zu tun hatten. Das waren Anna von der Information und ihre Kollegen und die Offiziere der Brücke, des Maschinenraumes und die Zahlmeister, wie die für den Hotelbetrieb zuständigen Personen genannt wurden.

Endlich konnte Dorothee mal wieder so richtig tanzen und sich austoben. An Tanzpartnern fehlte es nicht. Heute tanzte sie mehrmals mit Igor, dem Politoffizier. Welche Aufgabe hatte dieser Offizier an Bord? Wie seine Bezeichnung es schon sagte, er war zuständig, dass an Bord alles politisch korrekt ablief. Mit anderen Worten, er beobachtete das Verhalten der Besatzung.

Dorothee hatte in Singapur eingekauft, eine neue Handtasche, als Ersatz für die Tasche, die im Taj Mahal Hotel in Bombay gestohlen worden war, und eine Batik-Kombination, ein rotes T-Shirt mit weißer Batik drauf und einen dazu passenden knöchellangen Wickelrock. Ihre langen Haare trug sie offen mit einem passenden rot-weißen Band um die Stirn. Inzwischen hatte sie auch eine sonnengebräunte Haut. Sie sah sehr gut aus. Kein Wunder, dass sie auch Igor gefiel. Schließlich sind Politoffiziere auch Menschen und Igor war ein sympathischer, gut aussehender und gebildeter Mann.

Zwischendurch zog es sie immer wieder ins Innere des Schiffes. Draußen war es trotz fortgeschrittener Stunde sehr warm und schwül, drinnen war die Luft durch die Klimaanlage angenehm. Zugegebenermaßen war dies aber eine faule Ausrede. Der wahre Grund war ein anderer. In der Ucraina-Lounge spielten die Sakartvelos. Ein Abend ohne wenigstens ein Weilchen bei ihnen gesessen zu haben, mit ihnen geplaudert zu haben, inzwischen schon längst undenkbar für Dorothee. Sie musste ihn sehen, mindestens einmal am Tag, mindestens einmal wenigstens ein paar Worte mit ihm sprechen. Er, er, immer wieder er. Er, Avtandil, der Schlagzeuger. Sie verstand sich selbst nicht mehr.

Нельзя - nelzja - verboten war es, was da geschah. Das, was die beiden füreinander spürten, war etwas ganz Besonderes, eine starke Verbundenheit ihrer Seelen, ein Schwingen ihrer Gefühle im gleichen Rhythmus. Es war so unglaublich stark, dieses Gefühl, und es machte ihr Angst. Sie kämpfte dagegen an. Es half nichts.

Die Party hinten an Deck ging langsam zu Ende. Es wurde aufgeräumt. Dorothee legte sich in einen der Liegestühle und schaute hinaus auf das weite Meer, das Licht des vollen Mondes bildete Tausende von Spiegeln auf dessen Oberfläche. Sie lauschte dem Geräusch des Schiffes, das ruhig über die Wellen glitt. Ihr Schiff, ihre Vassilij, ihr Zuhause. Sie fühlte sich schon jetzt so sehr verbunden mit diesem Schiff. Ihre Vassilij teilte das Geheimnis um die aufkeimende Liebe zu Avtandil mit ihr. Vassilij teilte viele Geheimnisse der Menschen, die auf und in ihr wohnten. Dorothee fühlte sich behütet auf ihrer Vassilij. Es war, als ob ein guter Freund sie umarmte und tröstete, wenn sie traurig war. Und während sie hier lebte, arbeitete, glücklich und manchmal unglücklich war, während sie schlief, tanzte, lachte oder weinte, Vassilij trug sie von einem Ort zum anderen, von einem Land zum anderen und machte es ihr möglich zu erkennen, wie wunderbar diese Heimat Erde war und dass alle Menschen nur eine Heimat hatten, den Planeten Erde.

Dorothee träumte vor sich hin, sie war ganz in ihre Gedanken versunken und ließ ihren Gefühlen freien Lauf, sie hörte nicht, dass irgendwo an Deck die Matrosen die Liegestühle aufräumten. Sie hörte nur das Rauschen des Meeres und das Brummen des Schiffes. Plötzlich spürte sie einen Kuss auf ihrer rechten Wange. Es war Igor, der Politoffizier, mit dem sie heute Abend mehrere Male getanzt hatte. „Ach, wie gerne wäre ich jetzt an seiner Stelle", sagte Igor. Er hatte verstanden, dass Dorothee an IHN dachte, an d e n besonderen Mann in ihrem Leben. Es war ein schönes Kompliment, das Igor ihr da machte. Und dennoch, sie fürchtete, dass er inzwischen längst wusste, dass jener ER eben der georgische Musiker aus der Ucraina-Lounge war - Avtandil.

Trauminsel Bali

Bali, das war nicht nur eine Insel, sondern ein wahrer Traum, ruhig, friedvoll, etwas verschlafen. Es ist die einzige der unzähligen Inseln Indonesiens, die nicht muslimisch, sondern hinduistisch geprägt ist. Am 20. Januar ging die Vassilij vor Padang Bai auf Reede. Aus dem Bullauge ihrer Kabine konnte Dorothee den 3.142 m hohen Vulkan Mount Abung sehen, der noch 1963 tätig gewesen war. Er ist der höchste Berg der Insel.
Mit örtlichen Booten tenderten sie an Land und wurden dort mit einem Spruchband, Musik und Tanz willkommen geheißen. Es gab nur kleine Busse auf der Insel. Dorothee musste zwei dieser Busse begleiten und wechselte nach jedem Halt von einem Bus in den anderen. Die örtlichen Reiseleiter sprachen ein gutes Englisch und waren gut ausgebildet, Dorothee brauchte nur zu übersetzen. Im Inneren des Landes begegneten ihnen einige Busse mit Matrosen zweier französischer Kriegsschiffe. Doro kaufte sich in einem Laden eine der typischen Holzschnitzereien Balis, einen ca. 50 cm hohen sitzenden Buddha, der von nun an ihre Kabine verschönerte, nur bei zu hohem Seegang musste er hingelegt werden, damit er nicht abstürzte.

Die Besatzung der „Vassiij Azhajew" durfte nicht an Land. Die indonesische Regierung erlaubte dies nicht, denn das Schiff war ja sowjetisch und die Regierung Indonesiens antikommunistisch. Überhaupt durfte die Besatzung grundsätzlich nur in Gruppen von vier bis fünf Personen von Bord, und einer in der Gruppe war stets dafür verantwortlich, dass alle zurückkamen aufs Schiff. Zu groß war die Angst, dass jemand sich entschließen könnte, die Sowjetunion für immer zu verlassen und irgendwo um politisches Asyl zu bitten.

Abends tenderten sie erneut an Land, direkt an der Anlegestelle wurde ihnen der Ketcak-Tanz aufgeführt, ein Tanz, der eine Geschichte aus dem hinduistischen Heldenepos, dem Ramayana darstellt. Bis zu 100 männliche Tänzer, nur mit schwarz-weiß-kariertem Lendenschurz bekleidet, bilden mehrere Kreise, mal sitzend, mal stehend. Sie symbolisieren das mythologische Affenheer, das dem Prinzen Rama beisteht. Ständig rufen sie „Ketcak, ketcak, tschak, tschak", dazu machen sie mit Armen und Händen beschwörende Bewegungen und versuchen zu verhindern, dass der Dämonenkönig Ravana Sita, die Gattin des Prinzen Rama entführt. Es war inzwischen dunkel geworden, nur zwei Lagerfeuer erhellten den Platz, das ständige und so mysteriös klingende „Tschak, tschak, tschak" ließ diese tänzerisch vorgeführte Geschichte fast unheimlich erscheinen. Der nächste Tag bescherte ihnen einen weiteren typischen Tanz aus Bali, den Barong-Tanz, auch eine getanzte Geschichte, in der der Barong, die Verkörperung des Guten, gegen die Hexe, die Verkörperung des Bösen, kämpft. Am Ende gibt es keinen Sieger, denn Gutes und

Böses existieren im Leben nebeneinander. Es waren nur zwei kurze Tage, in denen sie Bali kennen lernen konnte, doch ein Stück ihrer Seele blieb auch hier. Die Menschen waren alle so sehr freundlich und die Landschaft so faszinierend schön. Der Reiseleiter, der sie an beiden Tagen begleitet hatte, schenkte ihr sein Uniformhemd, das sie nun als Bluse benutzte, rot-weiß in balinesischem Stil.

Und eine Neuigkeit gab es auch. Der erst in Singapur zurückgekehrte Kollege Peter von Nehre verließ schon wieder die Vassilij. Er hatte wohl eine Art Schiffsphobie und konnte einfach nicht auf einem Schiff leben. Und so kehrte Else Lanke erneut zurück. Peter blieb als Reiseleiter in Singapur und nahm dort Elses Stelle ein. Sie freuten sich alle, dass ihre beliebte Else wieder da war. Peter war doch eher ein problematischer Kollege.

Dorothee ging an Deck, um das Auslaufen des Schiffes von dort aus zu betrachten. Gerade kam noch ein Tenderboot angesaust. Drin saß Uwe Blumfeld, der von Toni den Auftrag erhalten hatte, so lange an der Anlegestelle zu bleiben, bis von der Vassilij über Walkie Talkie die Meldung käme, dass garantiert alle Passagiere und Crewmitglieder an Bord sind. Dies hatte man auch den zuständigen Personen der Besatzung gemeldet, aber die hatten das vergessen. So fuhr die Vassilij schon langsam an und Uwe musste über die Strickleiter ins Schiff einsteigen.

Langsam entschwand die Trauminsel, der Mount Abung, umhüllt von Wolken, wurde immer kleiner, gegen Osten war ein Regenbogen zu sehen. Da entdecke Dorothee plötzlich unterhalb des Schornsteines ihn, da stand er, Avtandil. Mit Handzeichen unterhielten sie sich aus der Ferne, und sie dachte, dass sie sich gleich zweimal verliebt habe, in die Insel Bali und in Avtandil. Die Insel musste sie verlassen, den geliebten Mann erreichte sie nicht, eine politische Ideologie trennte sie.

Geburtstag unter dem Kreuz des Südens

Am 26. Januar 1976 wurde Dorothee 23 Jahre alt. Beim Frühstück erfuhr sie, dass sie kurz nach Mitternacht sechs Mal hintereinander in der Kabine angerufen worden war. Die Kollegen wollten ihr gratulieren, nicht alle auf einmal. Nein, jeder wollte einzeln anrufen, um sie möglichst oft wieder aus dem Schlaf zu holen. Man wunderte sich aber, dass sie nie den Hörer abnahm. Und Dorothee wunderte sich, dass sie nichts gehört haben sollte, sie war doch nicht taub. Dann stellte sich heraus, dass man Kabine 490 und nicht Kabine 488 angerufen hatten. Auf Kabine 490 wohnte Jeanette Lacroix, die französische Kollegin. Und die war nicht auf ihrer Kabine, weil sie mit allen anderen in der Mondscheinbar saß, von wo aus sie Dorothee versuchten anzurufen. Dass Jeanette nicht merkte, dass bei ihr statt bei Doro angerufen wurde, deutete wohl daraufhin, dass die ganze Gruppe schon ein bisschen was getrunken hatte. Dorothee aber war froh, sie hatte durchschlafen können.

Die Vassilij ging morgens um 6.30 Uhr vor der Bucht von Port Moresby, der Hauptstadt von Papua – Neu-Guinea vor Anker. Diese Insel war nun so ganz anders als alles, was sie bisher gesehen hatten. Es war alles viel einfacher, primitiver, und sie erfuhren, dass es wohl, weit im Inneren der Insel, sogar noch Kannibalen geben sollte. Die Weißen, die man hier sah, waren vorwiegend Australier, Männer in Shorts mit Kniestrümpfen, was diesen Männern sehr gut stand.

Zum Abendessen waren alle schon zurück an Bord, obwohl das Schiff erst um Mitternacht auslaufen sollte. Die deutschen Musiker kamen an den Reiseleitertisch und spielten „Happy Birthday" und „Hoch soll sie leben", extra für Dorothee. Später saß sie in der Ucraina-Lounge, wo heute die Besatzung groß feiern durfte, denn es waren genau zwei Jahre her, dass die Vassilij Azhajew von der sowjetischen Black Sea Shipping Company übernommen worden war. Auch drei der örtlichen Reiseleiter aus Papua saßen hier. Doro hatte genügend Tanzpartner.

Um 23.00 Uhr mussten alle Besucher von Bord, Dorothee begann mit den Vorbereitungen für ihre Geburtstagsparty, die gleichzeitig auch Herberts Party sein sollte, denn Herbert hatte am 27. Januar Geburtstag. Um Mitternacht lief die Vassilij aus, der ideale Zeitpunkt, um mit der Party zu beginnen. Auf der Steuerbordseite am Swimming-Pool hatten sie Tische und Bänke aufstellen lassen. Essen und Getränke standen ausreichend bereit. Eingeladen waren natürlich ihre Kollegen, aber auch einige Leute aus der Besatzung. Diese hatten sich extra eine Genehmigung holen müssen beim Politoffizier. Somit war die Sache höchst offiziell geworden. Die Sakartvelo nämlich hatten sich einige Tage zuvor eine Rüge eingeholt, weil sie manchmal noch nachts nach ihrer Arbeit in der Ucraina-Lounge in die Mondscheinbar gingen und dort mit den Reiseleitern zusammen saßen.

Punkt Mitternacht stießen alle mit Sekt auf Herbert an, dessen Geburtstag nun begann. Sie aßen, tranken, machten Musik und lachten viel miteinander. Noch jemand hatte Geburtstag, Jurij, der für das Kino zuständig war. Er kam, ohne Erlaubnis, vorbei und brachte Dorothee ein Geschenk, ein Bild mit einer netten persönlichen Widmung von ihm. Die Stimmung stieg von Minute zu Minute. Sie wurden immer ausgelassener, sie tanzten und nicht nur Dorothee tobte sich so richtig aus.

Man hat nicht alle Tage auf Papua Geburtstag und man feierte nicht jedes Jahr so ausgiebig und fröhlich im Kreise lieber Menschen. Neben ihr saß Avtandil, manchmal ergriff er ihre Hand und streichelte sie, möglichst unbemerkt. Sie wusste, es war der schönste Geburtstag aller Zeiten. Diese sanfte Berührung ihrer Hände bedeutete so unendlich viel.

Ilarion von den Sakartvelo forderte Jeanette zum Tanzen auf. Jeanette stand auf, schwang ihr linkes Bein über die Sitzbank, dann das rechte. Mit diesem aber blieb sie zwischen Tisch und Bank irgendwie hängen, stürzte dabei mit dem Hintern auf den harten Steinboden und, schlimmer noch, mit dem Hinterkopf auf die steinerne Kante der Schwelle zum Swimming-Pool. Es gab einen lauten Knall, so als ob etwas zerbrechen würde, doch Jeanettes Kopf war noch heil. Sie hatte aber ziemliche Schmerzen am Hinterkopf. Und ihr war schwindelig. Zum Arzt ins Hospital runtergehen? Nein, das wollte sie nicht. Also brachte Dorothee sie nur in die Kabine runter, Jeanette legte sich hin und schlief erstmal bis zum Morgen durch.

Oben an Deck ging die Party weiter, bis dann, scheinbar zufällig, das Gesicht des Politoffiziers Igor in einer Tür auftauchte, das Signal für die Besatzung, dass für sie die Party zu Ende war. Immer diese Scheißpolitik, Dorothee war den Tränen nahe. Sie ging nach achtern und legte sich wieder in einen der Liegestühle, um noch ein bisschen zu träumen. Am Himmel entdeckte sie das Sternbild des „Kreuz des Südens". Es sollte sie nun die nächsten Wochen über begleiten.

Am nächsten Tag, es war immer noch Herberts Geburtstag, blieb Jeanette fast den ganzen Tag im Bett, da sie so starke Kopfschmerzen hatte. Dorothee wurde von Jurij ins Kino eingeladen. Es gab eine Sondervorführung nur für sie allein. Jurij zeigte ihr den sowjetischen Zeichentrickfilm „Крокодил Генади и Чебурашка – Krokodil Genadi und Tscheburaschka", von der Freundschaft eines Krokodils mit diesem kleinen süßen Wesen, eine phantastische Tierfigur mit großen Ohren, freundlichem Gesicht und braunem Fell. So lieb, so süß, zum Verlieben.

In dem Film wird das Geburtstagslied gespielt:

Я играю на гармошке
у прохожых на виду
к сожалению день рождения
только раз в году

(Ja igraju na garmoschke
U prochoschich na vidu
K soschaleniju djen roschdenija
Tolko ras v godu.)

Ich spiele auf meinem Akkordeon
Für alle sichtbar,
Leider ist nur einmal im Jahr
Geburtstag.

Ein Traum ~ die Südsee

Noch nie hatte Dorothee solch tiefblaues Wasser gesehen. Ein wunderschönes Blau, man nennt es wohl Königsblau, weil es so leuchtend und intensiv ist. Das Wasser des Meeres war sauber, man konnte einige Meter in die Tiefe schauen, aber besonders beeindruckend war diese blaue Farbe. Sie waren in der Südsee. Wie gerne stand Doro an Deck, schaute auf dieses unglaublich blaue Meer und träumte vor sich hin. Ach ja, die Südsee!

Ihr nächstes Ziel war der südlichste Punkt ihrer Route auf dieser Weltumrundung - Neu-Kaledonien, eines der französischen Überseegebiete, die in Frankreich als „DOM-TOM" bezeichnet werden, als „Département d'outre-mer - Territoire d'outre-mer", Gebiet jenseits des Meeres. Die offizielle Bezeichnung des Landes ist „Nouvelle Calédonie", die Hauptstadt ist Noumea.

Um 5.00 Uhr morgens ging die Vassilij in der Bucht vor Noumea vor Anker. Sie lagen ziemlich weit draußen, weil Treibstoff gebunkert werden sollte. Daher wurde die Vassilij an allen vier Seiten fest verankert, dann wurde eine Pipeline angeschlossen. Man musste tendern, teilweise mit eigenen, teils mit lokalen Booten. Bis zur Anlegestelle dauerte es fast eine halbe Stunde. Hier war wieder Rechtsverkehr. Doro hatte sich inzwischen schon längst an den Linksverkehr gewöhnt, den es in Indien, Singapur und Papua gab. Am Besten, wenn man beim Überqueren einer Straße einfach immer erst in beide Richtungen schaut, dann konnte nichts schief gehen.

Ein bisschen Pariser Flair, ein bisschen Südfrankreich, alles fand man hier, und dennoch befand man sich ziemlich genau auf der anderen Seite der Erdkugel. Jeanette ging es inzwischen besser. Sie fühlte sich hier wie zu Hause in Frankreich. Nach Rückkehr von den Ausflügen wurden sie von den lokalen Reiseleitern eingeladen, noch mehr von der Insel kennen zu lernen. Abends revanchierten sie sich mit einer Einladung auf das Schiff. Nur allzu schnell mussten sie sich wieder verabschieden. Das war das Traurige, man war einfach viel zu kurze Zeit in diesen Ländern, die Neugier wurde gerade mal geweckt und schon musste man weiter, ständig mit dem Wunsch im Herzen, möglichst bald wiederkehren zu können. Vielleicht im nächsten Jahr? Dorothee wünschte es sich sehr. Sie war zufrieden und glücklich auf diesem Schiff, das Heimat geworden war, auf dem sie Freunde hatte und auf dem sie beide sich nahe sein konnten, Avtandil und sie.

Am nächsten Abend gab es einen georgischen Abend in der Ucraina-Lounge. Die Sakartvelo spielten heute Abend keine moderne Musik, sondern georgische Volksmusik. Ilarion tanzte typisch georgisch auf den Zehenspitzen und trank sitzend aus einem auf dem Boden stehenden Glas, indem er sich im Schneidersitz hinsetzte und nach vorne beugte, den Rand des Glases mit den Zähnen anpackte und hochhob. Während er dann langsam aufstand, trank er das mit Wein gefüllte Glas leer. Tobender Applaus.

Um die Musik Georgiens den Passagieren wirklich nahe bringen zu können, moderierte Dorothee den Abend, erklärte die Bedeutung der einzelnen Lieder, erzählte von Georgien. Auch die Legende vom Paradies, das Gott den zu spät gekommenen Georgiern geschenkt hatte, trug sie vor. Hinterher bedankte sich manch ein Passagier bei ihr, sie hätte das ganz hervorragend gemacht, wohl fühlten die Gäste, Dorothee hatte ein Stück ihrer Seele gezeigt.

Zwei Tage später erreichten das Schiff die Fidschi-Inseln, durch eine Öffnung im Korallenriff, das diese Inselgruppe umschloss konnten sie direkt bis in den Hafen von Suva auf der Insel Viti Levu fahren. Wie praktisch wieder direkt an einer Pier zu stehen und nicht tendern zu müssen. Neben ihnen stand die Fjodor Schaljapin, ebenfalls ein sowjetisches Kreuzfahrtschiff, beheimatet in Wladiwostok und mit australischen Touristen an Bord. Es setzte ein reger Pendelverkehr zwischen beiden Schiffen ein. In diesem Fall war es ausnahmsweise kein Problem, dass die Besatzungsmitglieder ihr Schiff verließen, um das andere Schiff zu besuchen. Ja selbst die Insel konnten sie problemlos besuchen. Die Wahrscheinlichkeit, dass jemand hier um politisches Asyl bitten würde, war praktisch bei Null. Auch Jeanette und Dorothee besuchten die Fjodor Schaljapin, ein 1955 gebautes Schiff und dementsprechend älter als die Vassilij, aber sehr gemütlich. Einer der australischen Reiseleiter führte sie herum.
Es war Sonntag und fast alles geschlossen, nur für abends konnten sie ihren Gästen einen Ausflug zum „Isa Lei"-Hotel anbieten, mit kaltem Buffet und polynesischer Folklore. Isa Lei hat in der Sprache der Fidschi mehrere Bedeutungen: Gesundheit, Glück, Wohlergehen und Auf Wiedersehen. Vom Garten aus sah man zwischen zwei Palmen auf die beiden beleuchteten Schiffe im Hafen. Über ihnen leuchtete das Kreuz des Südens.

Glücklicherweise waren am nächsten Tag alle Geschäfte geöffnet und die Passagiere konnten endlich ihre heiß ersehnten Souvenire einkaufen. Nachmittags wurde ein Ausflug zu einer benachbarten Insel angeboten. Mit zwei Booten ging es zur Insel Nukulau. Der Kapitän des ersten Bootes erzählte viel, alles auf Englisch. Nun hätten Jeanette, die auch mitfuhr, oder Dorothee übersetzen müssen, doch dies übernahm ganz freiwillig der Tanzlehrer Peter Nordich. Er war zusammen mit seiner Frau im Rahmen des Künstlerprogramms für den mittleren Teil der Weltreise engagiert. Und da ihm Jeanette, die charmante Französin, so gut gefiel, wollte er sich natürlich vor ihr profilieren. Dorothee kam also in den Genuss, die Überfahrt vom Dach des Bootes aus genießen zu können und musste nur zuhören, ob Peter auch richtig übersetzte. Sie saß ganz oben auf dem Dach und genoss den Wind, die Silhouette der Berge, die Aussicht auf die Stadt Suva, auf das Riff, an dem sich die Wellen brachen. Durch den Glasboden des Bootes betrachtete sie dann die Korallen, es gab Ananas, Bananen und Mangos zu essen. O wie herrlich schmeckten diese Früchte, konnten sie doch hier direkt ausreifen und mussten nicht, wie die in Deutschland erhältlichen, erst noch in Gewächshäusern nachreifen.

Nukulau war nun genau das, was man sich unter der Südsee vorstellt, klein, blauer Himmel, grüne Palmen, Wiesen, schöne Strände, dunkelhäutige Eingeborene mit Blumenkränzen. Jeder von ihnen erhielt auch einen solchen Kranz, es fühlte sich schön an, diese um den Hals zu tragen, Kränze aus frischen Blumen. Die Insel war sehr klein. In der Mitte fand eine Folklore-Show statt, die sich Dorothee nicht anschaute. Sie ging im Meer schwimmen. Es bestand keine Gefahr vor Haien, da diese draußen vor dem Riff bleiben. Hinter dem Riff ist ihnen das Wasser nicht tief genug. Da die Flut herannahte, wurden die Wellen, die sich am Riff brachen, immer höher. Ein schönes Naturschauspiel.
Die Rückfahrt mit dem Boot wurde noch romantischer. Es gab Kaffee und Kuchen sowie ein paar Spezialitäten der Fidschi-Inseln. Weder Jeanette noch Dorothee hatten Lust, runter ins Boot zu steigen, sie saßen wieder oben auf dem Dach, also bezirzten sie einen der mitfahrenden Jungen. Und siehe da, er reichte ihnen die Kaffeetassen auf halsbrecherische Art nach oben. Peter Nordich lieferte noch den Kuchen nach. Es war die schönste Kaffeestunde aller Zeiten, Kaffeestunde in der Südsee, auf dem Dach eines Bootes.

An der Pier spielte die Royal Fiji Police Band für die Vassilij, ziemlich moderne Musik wie Rock'n Roll, später gingen sie über zu Abschiedsliedern. Unter dem Lied „Isa lei" – Auf Wiedersehen, legte die Vassilij von der Pier ab. Suva wurde immer kleiner, die Musik leiser, hinter den Bergen ging die Sonne gerade unter, über ihnen eine aufgerissene Wolkendecke. Ein traumhafter Sonnenuntergang, gelbroter Himmel, gelbrot angestrahlte Wolken, die dunkelgrünen, immer schwärzer werdenden Berge, unvergesslich. Wehmut kam in der Seele auf. Dorothee warf ihren Blumenkranz ins Meer, er schwamm in Richtung Land, was bedeutete, sie würde wiederkehren – Isa Lei, Fidschi – Auf Wiedersehen – ISA LEI.

Nachts wurden die Uhren wieder um eine Stunde vorgestellt. Nun waren sie der Mitteleuropäischen Zeit um 12 Stunden voraus, sie befanden sich genau auf der anderen Seite des Globus, Europa war weit und momentan überhaupt nicht wichtig.

Nuku'alofa, welch eigenartiger Name. So heißt die Hauptstadt des Inselreiches Tonga. Dieser Inselstaat liegt genau an der Datumsgrenze, an jener Linie, die Ost und West teilt und der Tag westlich der Linie immer einen Tag dem östlich der Linie voraus ist. Einige Inseln dieses Südseestaates liegen genau genommen östlich der Datumsgrenze. Damit es aber innerhalb des Landes nicht zwei verschiedene Tage gibt, hatte man die Datumsgrenze einfach etwas nach Osten verschoben. Sie zieht sich also nicht in einer geraden

Linie von Norden nach Süden, sondern macht genau bei Tonga einen kleinen Schwenker nach Osten.

In jener Zeit, als Reichskanzler Bismarck in Deutschland herrschte, war ein Freundschaftsvertrag zwischen Deutschland und Tonga geschlossen worden, der niemals gekündigt wurde. Er bestand also immer noch. Dementsprechend freundlich und herzlich wurden sie in diesem Land willkommen geheißen, mit Willkommenssspruchbändern und Musik. Die Vassilij war das erste Kreuzfahrtschiff dieser Größe, das überhaupt nach Tonga kam. Dafür hatte man extra die Pier vergrößert. Allerdings war sie nicht ganz fertig geworden. Der Weg war noch nicht geteert, die Teermaschinen standen noch herum.

Es war am späten Nachmittag, als sie ankamen und gleich ging es los zum ersten Ausflug, ins Landesinnere, wo unter freiem Himmel in der Erde auf erhitzten Steinen, mit Blättern und Erde zugedeckt ein leckeres Abendessen zubereitet wurde. Es gab Jam-Wurzeln, Kartoffeln, Fisch, Spanferkel, Nudeln, Mehlspeisen, Salate und Melonen. Besteck gab es nicht. Sie mussten mit den Fingern essen. Und Teller gab es auch nicht. Das Essen wurde auf Stücken aus ausgehöhlten Bananenbaumrinden serviert.

Das Meer, das Riff, an dem sich die Wellen brachen, der weiße Sandstrand, die Magnolien ähnlichen Bäume, die Sonne, die langsam unterging, die Sterne begannen zu funkeln, deutlich zu erkennen das Kreuz des Südens und die Milchstraße.

Die Einheimischen hier waren unglaublich freundlich. Nun ja, in der Südsee gab es anscheinend nur freundliche Menschen, hier jedoch übertrafen sie alle anderen. Dick zu sein galt auf Tonga als schick, als schön. Und so gab es fast nur wohl genährte und übergewichtige Personen, die jedoch nicht behäbig waren, sich gut bewegen konnten. Vielleicht waren die Menschen deshalb hier so besonders lustig und gut gelaunt. Sie mussten sich um ihre Figuren keine Gedanken machen.

Unter den Leuten gab es einen Deutschen, den es vor einigen Jahren hierher verschlagen hatte. Er hatte sich in eine Frau verliebt, diese geheiratet und war mit ihr nach Deutschland umgezogen. Doch seine Frau wurde krank, vor lauter Heimweh. So blieb ihm nichts anderes übrig, als wieder nach Tonga zurückzukehren. Seit drei Jahren lebte er nun wieder hier und freute sich sehr, endlich ein paar Landsleute zu treffen und wieder einmal Deutsch sprechen zu können.

Lieder wurden gesungen und dann begann eine Folklore-Show. Um besser sehen zu können und dennoch den Passagieren die Sicht nicht zu nehmen, kletterten sämtliche Reiseleiter auf die Bäume, auch Doro ergatterte einen Ast. Es war ein lustiger Anblick, wie sie da so zerstreut auf den Bäumen verteilt saßen. Die Musik war fröhlich und beschwingt, so wie die Menschen hier eben sind. Zum Abschluss gab es einen Feuertanz und ein Abschiedslied – ALOHA. Ein Wort, das bei vielen Völkern der Südsee-Inseln sowohl zum Begrüßen als auch zum Abschied gesagt wird.

Am nächsten Tag ging es auf Inselrundfahrt. In Dorothees Bus war eine sehr junge zierliche lokale Reiseleiterin, die nicht viel erzählte, dafür aber ständig lachte. Gott sei Dank hatte sich Doro gut vorbereitet und konnte ihren Gästen viel über dieses Inselreich erklären. Besonders beeindruckend waren die „fliegenden Füchse", eine Art von Fledermäusen, die sich aber nicht in dunklen Höhlen versteckten, sondern tagsüber an den Bäumen hingen und auch unter Tag herumflogen. Und das in Scharen.

Der Nachmittag stand zur freien Verfügung. Jeanette und Doro nahmen sich ein motorisiertes Rikscha-Mini-Taxi und ließen sich zu einem wunderschönen Sandstrand fahren. Dort wurde gebadet, gesonnt und schön geformte Muscheln gesammelt. Der Rikscha-Fahrer brachte sie dann ins Zentrum der Stadt, wo sie auf einem Markt einkauften. Hier trafen sie Else und Herbert, beide über und über mit „Sommersprossen" übersät. Was war geschehen?

Beide waren auf der Vassilij und beschlossen zu Fuß in die Stadt zu gehen. Sie spazierten also an der Pier entlang. Die Teermaschine war gerade dabei, den restlichen Teil der Pier zu teeren, denn abends wurde die Prinzessin von Tonga an Bord des Schiffes erwartet. Genau in jenem Moment, in dem sich Else und Herbert auf Höhe der Teermaschine befanden, spritzte diese los und zisch…., die beiden waren mit Teerbröckelchen übersät, die nun fest auf Haut und Kleidung klebten. Sie blieben auch nicht lange in der Stadt, denn bis zum Empfang der Prinzessin sollten sie wieder einigermaßen sauber aussehen. Sie mussten fest schrubben, bis die klebrigen schwarzen Flecken einigermaßen weg waren. Mit ziemlich geröteter Haut standen Else und Herby dann an der Gangway und empfingen die hohen Gäste der Regierungsdelegation.

Alle trugen die weiße Reiseleiteruniform, die Herren weißes Hemd, weißes Jackett, blaue Hosen, die Damen weiße Kleider. 40 Ehrengäste wurden erwartet, darunter eben auch die 100 kg schwere Prinzessin Pilolevu, die aber in letzter Minute wegen Unpässlichkeit absagen ließ. Später verbreitete sich das Gerücht, ihr sei zu Ohren gekommen, dass einige der deutschen Touristen sich über ihre Körperfülle lustig gemacht hätten. Daher war ihr die Lust vergangen, der Einladung an Bord der Vassilij zu folgen. Aber immerhin kam der Touristikminister und, das war eine Überraschung, zusammen mit dem deutschen Konsul erschien noch ein weiterer Gast, der Prinz von Thurn und Taxis, der hier gerade Urlaub machte.

Es gab noch eine weitere Folkloreshow im Varietésalon, Herbert übersetzte, was die Tongolesin sagte. Und diese sprach sehr freundliche Worte zu den Gästen, sprach von den „Friendly Islands", den freundlichen Inseln, zu denen eben auch Tonga gehöre und lud alle ein, wieder zu kommen – come back to Tonga – ALOHA – ISA LEI!!!

Inzwischen war vor der Vassilij unten an der Pier schon richtig was los, zwei Gruppen tanzten und sangen für die Passagiere, die von Deck zusahen. So manch einer hielt es nicht mehr aus, ging hinunter an Land und tanzte mit. Die Stimmung stieg und stieg. Dorothee musste natürlich auch mitmachen. Sie wurde von einem Tongalesen zum Tanzen aufgefordert, da machte plötzlich der Tanzpartner einer Passagierin ihr ein Zeichen, er müsse unbedingt mit ihr sprechen. Und was musste er ihr so dringend sagen? „I love you more than all of my life" – ich liebe Dich mehr als mein ganzes Leben." Und er machte ihr einen Heiratsantrag. Er wolle gut für sie sorgen, das Leben auf Tonga sei schön. Es war der erste Heiratsantrag, den Dorothee erhielt, und dies hier am anderen Ende der Welt, in der Südsee, von einem Mann, der sie und den sie gar nicht kannte. Verrückter Typ.

Die Vassilij sollte um Mitternacht auslaufen, aber die Passagiere wollten einfach nicht an Bord, sie wollten mit diesen freundlichen Menschen weiter tanzen und lachen. Es kostete viel Mühe, bis man alle eingesammelt und auf das Schiff gescheucht hatte. Diese unschöne Aufgabe übernahmen die männlichen Kollegen. Endlich war es geschafft. Sie standen dann alle oben an Deck, warfen Klopapierrollen hinunter und hofften, dass das Band der Verbundenheit nicht abriss. Die Vassilij verließ dieses besonders schöne kleine Land inmitten des riesigen Pazifiks und hupte dreimal laut mit ihrem tiefen Horn, die Menschen an Bord und an Land winkten sich noch lange zu, die Papierrollen waren bald abgerollt, es wurde gepfiffen und an Land weiter getanzt und gesungen. Es ist schwer, die Herzen der Deutschen zu berühren, den Tongalesen war es gelungen. Langsam verschwand alles am Horizont und nur noch das dunkle Wasser des Meeres und über ihnen die Sterne waren zu sehen. Sie nahmen wieder ihren Kurs nach Osten auf und überquerten nun bald die Datumsgrenze.

Nachts wachte Dorothee von einem seltsamen Geräusch in ihrer Kabine auf. Sie lauschte, machte dann das Licht an. Nichts zu sehen. Licht wieder aus. Da war wieder dieses Geräusch. Also Licht wieder an. Und nun sah sie es: aus der schönsten Muschel, die sie am weißen Sandstrand von Tonga gesammelt hatte, kroch ein Tier heraus. Wohl vermisste es sein Meereswasser. Es kam nur ein bisschen hervor und rührte sich dann nicht mehr. Dieses neue Haustier aus der Muschel kam in den nächsten Tagen immer weiter hervor gekrochen. Es sah ekelig aus, Fühler und Augen waren schon zu sehen. Und dann starb es. Dorothee entsorgte es über die Toilettenspülung. So kam es wieder ins Meer zurück.

Ein Februar mit 30 Tagen

Donnerstag, der 5. Februar 1976 war jener Tag, den sie zweimal erlebten. An diesem Tag überquerten sie die Datumsgrenze. Den ersten 5. Februar erlebten sie noch westlich der Datumsgrenze, also im Osten, dann waren sie jenseits, östlich, dieser imaginären Linie plötzlich im Westen. Die Zeitdifferenz zur Mitteleuropäischen Zeit war nun nicht mehr plus 12 Stunden, sondern minus 12 Stunden.

1976 war obendrein ein Schaltjahr, also hatte der Februar 29 Tage, und für sie alle an Bord der Vassilij hatte er nun 30 Tage. Sie erlebten somit ein Jahr mit 367 Tagen. Das gibt es nur einmal im Leben.

Schon an ihrem zweiten 5. Februar kamen sie in ihrem nächsten Ziel an, American Samoa, in der Hauptstadt Pago Pago, was Pango Pango ausgesprochen wird. Da aber American Samoa, wie der Name es schon sagt, ein US-amerikanisches Außengebiet ist, ähnlich wie Puerto Rico, spricht man es „Pängo Pängo" aus. In vielen Sprachen der Südsee-Inseln wird die Mehrzal durch Wiederholung des Wortes ausgedrückt. Also bedeutete Pago Pago jedenfalls etwas in der Mehrzahl.

Dorothee hatte wieder einmal einen Krankenschwestereinsatz. Ein alter Passagier mit Glatze war wohl auf Fidschi der Meinung gewesen, dass er bei dieser starken tropischen Sonne keinen Kopfschutz brauche. Prompt erlitt er am Abend einen Schlaganfall, der zunächst nicht so schlimm schien. Doch der Zustand des Mannes verschlechterte sich von Tag zu Tag. Er musste unbedingt ausgeschifft und hier in Pago Pago in ein Krankenhaus gebracht werden. Seine Frau brachten sie im Hotel unter, das den romantischen Namen Rainmaker - Regenmacher, hatte. Dorothee fuhr mit dem Chefarzt der Vassilij ins Krankenhaus. Der lokale Agent fand eine Frau, die ursprünglich Deutsche war, seit dem siebten Lebensjahr in den USA lebte und nun seit vier Jahren auf Samoa. Sie sollte der Ehefrau behilflich sein und übersetzen. Inzwischen war schon jemand von Lechak-Reisen aus Frankfurt unterwegs und alles war in die Wege geleitet, damit der bedauernswerte Mann baldmöglichst per Flugzeug nach Deutschland gebracht werden konnte. Gott sei Dank hatte er eine gute Auslandskrankenversicherung. Später erfuhren sie, dass der Transport im Flugzeug wohl 17.000 D-Mark gekostet haben sollte. Nun ja, schließlich brauchte der Mann mindestens sechs Flugsitze, damit seine Liege flugsicher installiert werden konnte. Die Ehefrau musste auch mit zurückfliegen. Das alles war logischerweise sehr teuer.

Auf dieser Insel war alles ganz anders, denn hier existierten die samoanischen Traditionen neben dem modernen amerikanischen Lebensstil. Das war eigenartig und ungewohnt. Die klapprigen Ausflugsbusse waren offen, man konnte sich so schön hinauslehnen. An den beiden Seiten stand dran „Greyhound – from coast to coast" – Greyhound, von Küste zu Küste. Dorothee musste lachen, denn in den USA fahren ja die Busse der Greyhound-Gesellschaft von Küste zu Küste, von Ost nach West und zurück. Die brauchen aber mehrere Tage, hier brauchte man kaum zwei Stunden. Doros lokale Reiseleiterin stammte aus Kalifornien und war mexikanischer Abstammung. Sie war verheiratet mit einem Mann aus American Samoa, ihr Name war Ellie. Und Ellie sagte zu Dorothee: „Wenn Du an Bord des Schiffes arbeitest, dann wirst Du sicher weniger bezahlen müssen für diese Weltreise." „Bezahlen? Nein, ich muss gar nichts bezahlen. Ich werde bezahlt für meine Arbeit." Das konnte Ellie kaum glauben, und Dorothee wurde bewusst, welch Glück sie in ihrem Leben hatte, dass sie die Welt kennen lernen durfte und dafür sogar noch bezahlt wurde. An Ellies Bemerkung musste im Laufe ihres Leben immer wieder denken.

Schon am Abend ging es wieder weiter. Die Kinderkapelle, die sie morgens begrüßt hatte, verabschiedete sie nun. Wieder winken, Wehmut im Herzen, Blumenkränze, die ins Meer geworfen werden, aber so wie in Tonga würde es nirgendwo mehr sein.

Langsam wurde es dunkel, plötzlich leuchtete der Schiffsscheinwerfer in Richtung Himmel auf eine der Kabinen einer Seilbahn, die über die Bucht von Pago Pago führt. Man hatte ihnen gesagt, dass diese Seilbahn momentan außer Betrieb sei. Nun hing da eine Kabine genau über ihrer Vassilij, ein Fenster öffnete sich, eine Hand streckte sich heraus und dann regnete es Blütenblätter, immer mehr und mehr und mehr, sie fielen auf das Vorderdeck und hinaus aufs Meer. Es war Toninos Idee gewesen. Oja, er konnte gute Ideen haben. Erst jetzt nahm das Schiff die volle Fahrt auf. Die Sterne erschienen am Himmelszelt, die Sichel des zunehmenden Mondes, die hier auf der Südhalbkugel genau umgekehrt zu sehen war, also wie ein „C" aussah. So sieht auf der Nordhalbkugel der abnehmende Mond aus. Im Hintergrund noch dunkel zu erkennen der Rainmaker-Mountain, jener Berg, der Dorothee so sehr an den „geköpften Bruder" am Riza-See in Abchasien erinnerte.

Sie nahmen Kurs auf ihr letztes Ziel in der Südsee, auf Französisch Polynesien, Tahiti und seine Nachbarinseln. Aber es gab ein Problem. Laut Plan sollten sie zwei Tage im Hafen von Papeete, der Hauptstadt Tahitis, liegen. Doch die Vassilij durfte dort nicht über Nacht bleiben. Sie musste auslaufen, draußen auf offenem Meer vor Anker gehen und durfte erst wieder am Morgen zurück in den Hafen. Warum? Weil die Gefahr bestand, dass sie den Nashornkäfer – Erictos rhinozeros - an Bord haben könnten, der nachts aktiv wird und angeblich fliegen kann. Sollte dieser Käfer auf die Insel eingeschleppt werden, z. B. durch ein Schiff, so sind besonders die Palmen in Gefahr, weil er sich in diese hineinbohrt und sie zerstört. Diese Käfer gibt es anscheinend auf Bali, Fidschi, Samoa, Inseln, die sie zuvor besucht hatten, obwohl sie dort nie etwas von einer Rhinozeros-Käferplage gehört hatten. Diese Tatsache war einer der Gründe, warum Lechak-Reisen all die nächsten Weltreisen mit westlicher, also umgekehrter Route organisierte.

Nun würde man also auf Tahiti sein und konnte dort nachts nicht bleiben. Dringend musste den Gästen eine Übernachtungsmöglichkeit in einem Hotel angeboten werden. Und welcher Reiseleiter wäre nicht auch gerne über Nacht an Land geblieben? Es wurde ausgelost. Sigi Herzog, Annette Fürst traf es. Sie mussten über Nacht an Bord bleiben. Herbert blieb freiwillig, weil er krank war und Fieber hatte. Ungefähr ein Drittel der Passagiere zog es vor, doch an Bord zu übernachten, der Großteil aber buchte ein Hotelzimmer. Ein weiterer Passagier musste ausschiffen und von hier aus zurück nach Deutschland fliegen. Er war gestürzt, ausgerutscht auf einer Matte vor der

Duschkabine am Swimming-Pool oben an Deck, und hatte sich einen Muskelriss am linken Oberschenkel zugezogen.

Vier Tage verbrachten sie insgesamt in Französisch Polynesien, wieder eines der DOM-TOMs Frankreichs, der Überseegebiete. Zwei Tage auf Tahiti, einen Tag auf Moorea und einen Tag auf Bora Bora. Und genau an diesen vier Tagen war das Wetter schlecht, der Himmel voller Wolken, es goss immer wieder in Strömen, so richtig schöne tropische Wolkenbrüche, und das Meer war aufgewühlt. Dennoch, es war herrlich.

Tahitis Hauptstadt Papeete begrüßte sie mit einem tropischen Wolkenbruch, der Gott sei Dank nicht lange anhielt. Die Busse warteten im Hafen. Es waren auch hier kleine Busse wie auf fast jeder dieser Südseeinseln. Jeder Gast wurde mit einer Krone aus geflochtenen Blumen empfangen und erhielt auch einen so genannten Bario, ein Stück gebatikten Stoff, den man auf Tahiti aber als Sarong bezeichnete. Diesen Bario oder Sarong konnte man sich um die Hüften binden. Ein sehr praktisches Kleidungsstück für den Strand. Das kam bei den Passagieren sehr gut an. In jedem Bus fuhren auch zwei Tahitianer mit, die Gitarre spielten und sangen und für gute Stimmung sorgten. In Doros Bus spielten die beiden Musiker hauptsächlich das auch in Deutschland als Schlager bekannte Lied „O wini wini wini, o wana, wana, wana" im typischen Tamouré-Rhythmus der Musik Polynesiens. Die Stimmung im Bus kam auf Hochtouren. Sie besichtigten das Museum Paul Gauguin, gewidmet jenem französischen Maler, der hier gelebt und gewirkt hatte. Er starb 1903 in Atuona auf der polynesischen Insel Hiva Oa, einer Insel, die zur Gruppe der Marquesas gehört.

Mittag gegessen wurde in einem Restaurant am Strand, das sich den Namen „Gauguin" gegeben hatte. Es gab ein leckeres Buffet mit Salat aus rohem Fisch, gelben Wassermelonen, Kokosnüssen. Der Kaffee zum Schluss wurde ihnen von einem Transvestit serviert. Er hatte blond gefärbte Haare und trug einen Bario bzw. Sarong um die Hüften und einen Bikini. Es war seine tiefe dunkle Stimme, die verriet, dass er eigentlich ein Mann war.

Sie mussten sich beeilen, um rechtzeitig im Hafen zu sein und noch einmal kurz auf die Vassilij zu gehen, um ihre Sachen zum Übernachten zu holen. Denn die Vassilij musste bereits um 17.00 Uhr den Hafen verlassen und durfte erst wieder um 6.00 Uhr morgens zurückkehren. Doro packte also ihre Tasche, tenderte wieder zurück an Land und fuhr mit Else im Taxi zum Mavea-Hotel, wo sie alle für diese eine Nacht untergebracht waren. Zusammen mit Jeanette teilte sie das Zimmer 146 im Erdgeschoss. Das Hotel lag, wie sollte es anders sein, am Strand auf der Westseite der Insel. Von hier aus konnte man sehr gut die Nachbarinsel Moorea sehen, die nur ein bis einenhalb Stunden per Boot entfernt liegt. Dort würden sie in zwei Tagen sein.

Nun lag ihr Schiff also draußen vor der Insel vor Anker und sie waren hier in diesem wunderschönen Hotel. Dass ungefähr ein Drittel der Passagiere sich entschlossen hatte, nicht an Land zu übernachten, konnte Dorothee nun gar nicht verstehen. Da geben sie so viel Geld aus, um um die Welt zu reisen und einmal in ihrem Leben auch in der Südsee zu sein und dann ist man zu sparsam (oder zu geizig?) den Aufpreis für eine Nacht an Land zu zahlen. So teuer war diese Übernachtung nun wirklich nicht. Schließlich hatte man einen Spezialpreis ausgehandelt. Es war eine außerplanmäßige Angelegenheit, hatte man doch bei Beginn der Reise kurz vor Weihnachten noch nichts geahnt von diesen behördlichen Bestimmungen Französisch Polynesiens und von diesem mysteriösen Nashornkäfer.

Diese eine Nacht auf Tahiti sollte ewig unvergessen bleiben. Es wurde ein äußerst ereignisreicher Abend. Zunächst saßen sie alle in der Hotelbar zusammen und tranken Punsch aus Kokosnussschalen. Eine der Kokosnüsse wurde mit der Machete aufgeschlagen, sie aßen die weißen Kokosstücke. Gegen 19.30 Uhr ging es mit Bussen und einigen Taxis zu einem Privatstrand. Ein herrliches Stück Erde, ein Haus, ein Tisch, Lampen, Fackeln, Bastmatten, auf die sie sich setzen konnten. Tahitianische Musik und Gesang erklangen, eine polynesische Show folgte. Das schnelle rhythmische Schwingen der Hüften der Tänzerinnen mit ihrer schönen bronzefarbigen Haut, der schönsten Hautfarbe der Menschheit, und ihren langen, tief schwarzen Haaren, die schnellen Kniebewegungen der gut aussehenden männlichen Tänzer, es war einfach fantastisch.

Dorothee entfernte sich von der Gruppe und spazierte zum weißen Sandstrand. Dort erfüllte sich für sie der Traum der Südsee. Der Regen hatte schon vor einigen Stunden aufgehört. Langsam stieg der Mond hinter den Wolken hervor, die immer mehr aufrissen, einige Sterne zeigten sich zwischen den Wolkenfetzen, ganz deutlich zu erkennen die Sternbilder des Orion und des Kreuz des Südens. Dort hinten lag ein dunkler Schatten, die Insel Moorea, noch etwas von Wolken eingehüllt, es blitzte ein paar Mal, doch langsam befreite sich die Silhouette von den Wolken und die Umrisse der Insel wurden deutlich erkennbar. Moorea war bergig. Dort in Richtung Moorea war auch ein deutliches Rauschen zu hören. War dort die Brandung so stark? Oder lag dort das Tahiti umgebende Wallriff, das Korallenriff, an dem sich die Wellen des Pazifiks brachen? Hier am Strand plätscherten nur die kleinen Wellen ganz sanft an den Strand. Das Wasser war sehr warm, der Mondschein erhellte den Strand, und tauchte die Palmen in ein silbergraues Licht. Die Welt war so friedlich, alle Probleme lagen weit, weit entfernt. Wie aus weiter Ferne vernahm Dorothee die Musik und die Stimmen der anderen, es war ein Paradies auf Erden, die Erfüllung eines Traumes.

Wieder gab es ein Buffet zum Abendessen, bei Fackelschein. Wie romantisch. Und danach schon wieder eine Tanzshow, die als ALOHA-Show bezeichnet wurde. Aloha, mit Betonung auf der letzten Silbe, ist ein Wort aus der Sprache der Inselgruppe Hawaiis und hat mehrere Bedeutungen wie z. B. Zuneigung, Liebe, Frieden, Leidenschaft und Gnade, Erbarmen, Mitleid. Im Allgemeinen benutzte man es nur zur Begrüßung und zum Abschied.

Die Show hatte es wirklich in sich, noch heißere, noch schnellere Rhythmen. Eine Tänzerin schälte sich während des Tanzes langsam aus ihrem Tuch und tanzte schließlich „oben ohne" weiter, allerdings war sie mit viel Ketten aus Nussschalen und Perlmutt behangen. Dieser Tanz war ein Ritual, mit dem die Tänzerin dem König angeboten wurde. Der Tanz war verboten worden und durfte nur noch mit Sondergenehmigung bei solchen Shows aufgeführt werden.

Plötzlich legte einer der Tänzer Dorothee einen Blumenkranz um den Hals und zog sie zur Tanzgruppe. Sie musste mittanzen. Auch andere wurden herausgesucht. Jeder hatte nun einen tahitianischen Tanzpartner. Jedes Paar musste erst alleine vortanzen, dann tanzten alle in der Gruppe. Dorothee trug ihre in Singapur gekaufte rot-weiße Batikkombination aus T-Shirt und knöchellangem Wickelrock, dazu ihre langen dunkeln Haare, die Blumenkrone auf dem Kopf, den Blumenkranz um den Hals. Sie tanzte mit dem Rücken zum Publikum und sie machte es nicht schlecht, konnte gut und schnell ihre Hüftbewegungen dem schnellen Rhythmus der Musik anpassen.
Die Busse warteten, um sie alle zum Hotel zurück zu bringen, doch keiner wollte einsteigen. Das Tanzen ging noch weiter. Die Musiker spielten vor den Bussen weiter, sangen dazu und einige Tänzer tanzten auch hier einfach immer weiter, wollten gar nicht aufhören. Dorothee machte mit.
„Na, Sie können das aber sehr gut", hörte Dorothee einen ihrer Passagiere sagen.
„Kein Wunder, das ist doch eine von hier", meinte seine Frau, die daneben stand.
„Nee, das ist eine von uns, eine unser Reiseleiterinnen."
Welch schönes Kompliment. Anscheinend passte Dorothee in jede Landschaft, sogar in die Südsee. Mit der inzwischen doppelten Blumenkrone auf dem Kopf und dem Blumenkranz sah sie wie eine Königin der Südsee aus. Und an diesem Abend fühlte sie sich auch so.

Zurück im Hotel beschloss die Reiseleitercrew, sich noch in der Diskothek zu treffen. Doro gefiel es dort aber überhaupt nicht. In einer Diskothek konnte sie überall auf der Welt sitzen, doch einen Strand, wie sie ihn heute Abend erleben, ja erfühlen durfte, das gab es nur hier in der Südsee. Sie wollte wieder an den Strand und ein bisschen träumen. Dieter, einer der wenigen jungen Gäste, begleitete sie. Sie setzten sich auf eine Steinmauer. Der Mond verkroch sich langsam hinter den Wolken, die wieder über der Nachbarinsel Moorea lagen. Wieder begann es zu blitzen da hinten. Die Sterne hüllten sich erneut ein. Irgendwo dort draußen lag jetzt die Vassilij und auf ihr waren ihre Freunde, die Sakartvelos, und dort war auch er, der Mann, der ihr nun gar nicht mehr aus dem Kopf gehen wollte. Was er wohl machte? Wie schade, dass nicht er jetzt hier neben ihr sitzen konnte. Dieter war ja ein sehr lieber Mensch, ein rücksichtsvoller Mensch. Er hatte sich in Doro verliebt und spürte ganz genau, dass ihre Gedanken und ihr Herz an einem anderen Mann hingen. Das machte ihn traurig, aber er war so dankbar, wenigstens jetzt hier neben ihr sitzen zu können und ihr nahe sein zu dürfen.

Es war weit nach Mitternacht als sie beschlossen, schlafen zu gehen. Doro wollte ihren Zimmerschlüssel an der Rezeption holen, doch dieser war nicht mehr da. Jeanette war offensichtlich schon ins Bett gegangen. Doro musste an die Tür klopfen. Doch Jeanette rührte sich nicht. Dieter ging zur Rezeption und rief im Zimmer an. Keine Reaktion. Der Portier wollte nun mit dem Passepartout, dem Generalschlüssel, öffnen. Doch auch dies war nicht möglich, weil Jeanette abgeschlossen und den Schlüssel von innen hatte stecken lassen. Also erneut anrufen und klopfen. Endlich, Doro erschien es eine Ewigkeit, wachte Jeanette auf und öffnete schwankend und total schlaftrunken und mürrisch die Tür. Doro kam dies alles höchst seltsam vor. Was war nur los mit Jeanette?

Nach dem Frühstück am nächsten Tag ging es wieder aufs Schiff. Um 17.00 Uhr mussten sie Papeete wieder verlassen, wegen des Nashornkäfers. Doro stand ganz hinten an Deck, eingehüllt in ihre Regenhaut, denn es goss mal wieder zur Abwechslung. Dieter kam und warf seine Blumenkrone ins Meer. Doro warf ihre beiden Blumenkronen und den Blumenkranz von gestern Abend über Bord und beobachtete ängstlich, in welche Richtung sie schwammen. Sie nahmen Kurs in Richtung Land, Gott sei Dank, sie würde irgendwann einmal wiederkommen in dieses Paradies.

Es war kein romantisches Auslaufen, sondern ein sehr trauriges – ALOHA – alles war grau in grau, Moorea war nicht einmal zu sehen. Es blieben nur noch zwei Tage in der Südsee.

Bei nur eineinhalb Stunden Fahrzeit von Papeete bis nach Moorea standen sie den größten Teil der Nacht kurz vor Pao Pao in der Cooks Bay vor Moorea und warteten auf den Morgen, um endlich dort vor Anker gehen zu dürfen. Doro hatte einen halben freien Tag, fuhr aber freiwillig in einem der Ausflugsbusse mit. Schließlich wollte sie diese Insel ja auch kennen lernen. Die bizarren Felsformen waren leider kaum zu erkennen, überall hingen die Wolken. Mit einem Katamaran-Ausflugsboot fuhren sie die Küste entlang, auch zur Cooks Bay, wo sie einmal die Vassilij umkreisten und weiterfuhren zum Bali Hai Hotel, das überwiegend aus Bungalows bestand, die auf Stelzen mitten im Meer standen. Eine Leiter führte direkt vom Zimmer ins Wasser. Von hier aus spazierte Doro zu Fuß zur Cooks Bay zurück, denn sie hatte Dienst an der Information. Ein Linienbus kam zufällig gerade vorbei. Doro hielt ihn and und konnte mitfahren.

Sie begann ihren Dienst an der Information. Wozu eigentlich? Es waren fast alle an Land, es war nichts, absolut nichts los, aber Toni hatte es so bestimmt. Oben in der Newabar seien zwei Herren, die auf Doro warteten, wurde ihr von einer Russin gemeldet. Also hoch in die Bar. Da saßen zwei Europäer, schick in weiß angezogen, braun gebrannt. Sie hießen Bryan und Bernd. Bernd war in Ost-Berlin aufgewachsen, war aber im Januar 1961 nach West-Berlin gegangen und dort geblieben. Von dort aus verschlug es ihn an die Westküste Kanadas nach Vancouver, wo er zwölf Jahre lang lebte.

Er wurde Kanadier. Seit einigen Jahren nun lebte er schon auf Moorea und war Mitbesitzer des Mani Beach Hotels, dessen Direktor Bryan, ein US-Amerikaner, war.

Welch schönes Leben, hier in der Südsee und als Besitzer dieses wunderschönen Hotels, dachte Dorothee. Aber nun erfuhr sie, wie sich ein Europäer fühlt, so fernab von jeglicher Kultur. Bernd fehlten die vielen kulturellen Veranstaltungen, die es in Berlin und auch in Vancouver gab. Wann konnte man sich hier schon eine gute Oper anhören, ein Schauspiel ansehen, einem klassischen Konzert lauschen, ein Museum besichtigen? Das gab Doro zu denken. Es war wohl doch nicht alles Gold, was glänzte.

Zusammen mit Teresia Kramer, der alten Dame, die gleich zu Beginn der Reise sich mit Dorothee angefreundet hatte, begleitete Doro Bernd und Bryan mit dem Tenderboot an Land. Gerade erst kennen gelernt, mussten sie schon wieder Abschied nehmen. Das war jedes Mal traurig. Wieder um 17.00 Uhr lief die Vassilij aus. Doro warf auch heute ihren Blumenkranz ins Meer und er schwamm einmal mehr in Richtung Land. Die Zeichen deuteten wohl tatsächlich auf eine Wiederkehr.

Der letzte Tag in der Südsee brach an. Sie lagen auf Reede vor Vaitape auf der kleinen Insel Bora Bora, in deren Mitte sich drei Berge erheben, der Mont Otemanu mit 727 m Höhe, der Mont Pahia mit 661 m und der Mataihua mit 314 m. An der Anlegestelle erwartete sie schon Kreuzfahrtdirektor Toni. Er war von Papeete aus nach Moorea geflogen (nur 5 Minuten Flugzeit) und nun auch per Flugzeug nach Bora Bora gekommen. Sein Transportmittel war ein Fahrrad. Doro erblickte dieses schnuckelige zusammenklappbare Rad und bat Toni, mit diesem zur Bucht fahren zu dürfen, an der die Vorstellung des so genannten „Stone Fishing" stattfinden sollte. Toni meinte, das sei viel zu weit und da käme auch noch ein steiler Hügel, über den sie fahren müsse. Doch Doro ließ nicht locker und bettelte und bettelte, bis Toni einverstanden war.

Während alle auf der Insel verfügbaren Busse die Passagiere im Pendelverkehr zur besagten Bucht brachten, radelte Doro los. Sie wurde immer wieder hupend von einem der Busse überholt. Wenn diese dann leer zurückkamen, um weitere Passagiere zu holen, hupten die Fahrer erneut und winkten ihr zu. Doro strampelte und strampelte und fuhr den sandigen Weg entlang, immer auf den angekündigten steilen Hügel wartend, der angeblich auf dem Weg lag. Es kam eine kleine Anhöhe, die sie gar nicht richtig zur Kenntnis nahm. Sie strampelte weiter. Da kam eine Abzweigung nach rechts zu einem Strand, doch Dorothee radelte weiter geradeaus. Sie war nicht mehr weit von dem hohen Berg in der Mitte Bora Boras entfernt. Plötzlich lautes Hupen und Zurufe hinter ihr.

Doro bremste, stieg vom Rad und drehte sich um. An der Abzweigung stand einer der Busse und aus ihm heraus winkte verzweifelt ihre Kollegin Else: „Doro, wo willst Du hin? Wir sind doch schon da."

Wo bitteschön, war nun der steile Hügel auf dem Weg, den Toni angekündigt hatte? Meinte er die winzige Anhöhe, den kleinen Hubbel, den sie kaum bemerkt hatte? Ja, den hatte er gemeint. O, dieser Toni, wie er es doch liebte zu übertreiben!

Extra für die Touristen wurde nun das Stone Fishing vorgeführt, eine besondere Form des Fischens, mit dem sich früher die Einheimischen ihr Essen besorgt hatten. An die 50 bis 60 so genannte Piroggen-Boote oder Auslegerboote formieren sich in einem Halbkreis vor dem Riff. Die Fischer werfen Steinschleudern in flacher Form auf die Wasseroberfläche, so dass die Fische erschrecken und in Richtung Küste schwimmen. Der Halbkreis zieht sich immer enger zusammen, die Fische schwimmen über das Korallenriff in Richtung Strand, immer getrieben von den Schlägen der Steinschleudern auf die Wasseroberfläche. Am Strand warten die Frauen, die sich in zwei Linien aufgestellt haben und ein großes Netz ausgelegt haben. Sobald die Fische so weit getrieben wurden, dass sie sich oberhalb des Netzes bewegen, nähern sich die am weitesten im Meer draußen stehenden Frauen aufeinander zu und bilden so einen Halbkreis, dessen offene Seite zum Strand zeigt. Die Fische sind nun innerhalb dieses halben Kreises im Netz gefangen und können nicht mehr entkommen. Der Halbkreis wird immer enger gezogen. Für den riesigen Aufwand kamen relativ wenige Fische zusammen. Wohl sind doch etliche noch irgendwie zurück in die Freiheit gelangt.

Toni, als Kreuzfahrtdirektor, musste als erster einen der Fische mit einer riesigen dreizackigen Gabel erstechen und aufpieksen. Es gelang ihm auf Anhieb. Die Passagiere hatten nicht so viel Glück. Oft stachen sie mit der Gabel daneben oder stachen den armen Fisch nur an, der dann verletzt weiter schwamm. Dann war es eine Erlösung, wenn er endlich richtig aufgepiekst war. Es war eine Tierquälerei. Gut, dass diese Tradition inzwischen kaum noch durchgeführt wurde.

Das Wetter war auch heute bewölkt, hin und wieder nieselte es. Sofort nach Ende der Stone Fishing Veranstaltung begann es erneut zu schütten. Es gab kaum einen Platz, wo man sich unterstellen konnte. Und nur schubweise konnten die Busse die Leute nach Vaitape zurück bringen. Sie wurden alle pitschenass. Kollegin Helga arbeitete einfach im Bikini weiter. Sie stand im strömenden Regen an den Bussen und zählte die Gäste, die einstiegen. Der Regen war warm, und mit nur einem nassen Bikini am Körper war der Regenguss leichter zu ertragen.

Die Rettungsboote der Vassilij dienten heute auch wieder als Tenderboote. Die Überfahrt vom Strand zum Schiff war sehr bewegt, hohe Wellen hoben und senkten das Boot, der sturmartige Wind pfiff ihnen um die Ohren. Das Hinübersteigen vom Tenderboot zur Gangway an der Vassilij war gefährlich. Man musste eine Welle abwarten, die das Boot anhob und genau in diesem Moment den Schritt nach drüben machen, sofort das zweite Bein nachziehen, denn schon kam das Wellental, das Boot sank ab und man konnte leicht ins Wasser fallen. Da die meisten Passagiere nicht mehr die jüngsten waren, war besondere Sorgfalt geboten. Sie brauchten dementsprechend lange, aber dann waren irgendwann alle heil, ohne Verletzungen und ohne Wunden zurück auf ihrer Vassilij. Sie konnten fast pünktlich kurz nach 17.00 Uhr auslaufen und nahmen nun endgültig Abschied von der Südsee. Kaum waren sie durch die Fahrrinne im Riff hinaus auf die offene See gefahren, begann es gewaltig zu schaukeln. Seegang 8, und so blieb es die ganze Nacht über.

Am nächsten Morgen klopfte es an Doros Kabinentür. Es war Jeanette, die gegenüber wohnte. „Schau mal, Doro. Ich muss etwas ganz Schreckliches geträumt haben und mir dabei auf die Zunge gebissen haben. Ich bin ganz wund im Mund." Sie öffnete den Mund und Doro sah sich das an. Es sah entzündet und rot aus. Was war nur los mit Jeanette? Sie hatte sich überhaupt verändert, war nervös, leicht ermüdet und mit den Gedanken immer ganz woanders. Ihre Eltern ließen sich scheiden. Ihre Wut auf ihren Vater ließ sie in einem ausführlichen Brief an ihn aus. Aber all dies konnte kein Grund für Jeanettes Veränderung sein. In Genua wollte Jeanette das Schiff verlassen. Sie hatte wohl eine Art Schiffskoller. Das kann schon mal vorkommen. Schließlich hatte Kollege Peter von Nehre es nicht einmal einen Tag an Bord ausgehalten. Arme Jeanette? Was war nur wirklich los mit ihr?

Das Schicksal nimmt seinen Lauf

Freitag, der Dreizehnte. Teresia Kramer hatte Geburtstag und heute, am Freitag, 13. Februar 1976, wurde sie 70 Jahre alt. Das zumindest behauptete sie. Inzwischen hatte sich Tere, wie sie von allen nur genannt wurde, schon längst mit sämtlichen Reiseleitern angefreundet, besonders aber mit Doro. Kein Wunder also, dass Tere auf die Idee kam, Doro zu bitten, in ihrer Kabine Nr. 488 eine Feier zu ihrem so runden Geburtstag zu organisieren. Eingeladen werden sollten auserwählte Personen, darunter die Musiker der Sakartvelo, Anna von der Information, Mascha aus dem Restaurant und Albert Mayer, ein Gast der nur für den mittleren Teil der Weltreise von Singapur bis Acapulco an Bord war. Albert war 57 Jahre alt und hatte sich unsterblich in Nino, die Sängerin, verliebt. Er zählte längst mit zum Freundeskreis der „Sakartvelo-Fans". Viele Jahre später erfuhr Dorothee, dass Tere an jenem Tag nicht 70 Jahre alt wurde, sondern erst 69. Sie hatte wohl einfach Lust auf eine schöne Feier gehabt und sich ein Jahr älter gemacht. Kommt bei Frauen ja selten genug vor.
Nun war es nicht so einfach, jemanden von der sowjetischen Besatzung in die Kabine zum Feiern einzuladen. Besser, wenn das Ganze einen etwas offiziellen Charakter hatte, ähnlich wie bei Dorothees und Herberts gemeinsamer Feier oben am Swimming-Pool. Also fragten die Sakartvelo und all die anderen der Besatzung, ob sie denn die Erlaubnis bekämen, Teres 70. Geburtstag in Dorothees Kabine zu feiern. In solch einem Fall konnte der Politoffizier kaum nein sagen, das wäre ja nicht gut bei den Passagieren oder der Reise-

leitung angekommen, hätte gar den Eindruck erwecken können, dass die Crew keine Freiheiten hätte. Das wollte man vermeiden. Also, sie erhielten alle die Erlaubnis zur Feier zu gehen, jedoch bis spätestens 2.00 Uhr sollten sie in ihren eigenen Kabinen unter Deck sein.

Ein richtiges kaltes Buffet wurde in Doros Kabine angeliefert und auf Schreibtisch und Couchtisch platziert. Die Feier selbst begann erst nach Mitternacht, denn schließlich mussten sie alle noch lange arbeiten, die Sakartvelo spielten in der Ucraina-Lounge, Anna hatte Dienst an der Information, Mascha im Restaurant.

Sie tranken, aßen und tanzten, lachten und machten viel Blödsinn, erzählten Witze. Wie praktisch, dass die Innenkabine gleich nebenan nicht bewohnt war. So störte sich niemand an dem Krach. Sie waren einfach glücklich, beisammen zu sein und das Leben genießen zu können. Wer aber fehlte, war Avtandil, er war nicht gekommen.

Als die Fête voll im Gange war, klopfte es wieder an der Tür. Draußen stand Avtandil. „Bin ich betrunken?", fragte er leicht beschwipst. Nun, wohl ein bisschen angeheitert schon. Er war mit dem zweiten Politoffizier Oleg in der Newabar gesessen und hatte dafür gesorgt, dass dieser tüchtig etwas trank, damit er sie ungestört feiern ließ. Man musste sich eben zu helfen wissen. Nach und nach verschwanden der eine oder andere, bis nur noch Soso, der Saxophonist, Tere, Avtandil und Doro übrig blieben. Und schließlich verabschiedeten sich auch die anderen beiden. Doro war mit Avtandil alleine.

Sie konnten es beide nicht glauben, sie beide alleine in Doros Kabine, unbeobachtet und frei. Wie zärtlich dieser Mann sein konnte, wie lieb. Von Anfang an hatten sie sich zueinander hingezogen gefühlt, von Anfang an fühlten sie, dass zwischen ihnen etwas ganz Besonderes existierte, etwas, was sich nicht mit Worten beschreiben lässt. War es eine Art Seelenverwandtschaft? Mit ihren Seelen musste es etwas zu tun haben, denn sie verstanden sich auch ohne Worte, ohne irgendetwas sagen zu müssen. Sie gehörten einfach zusammen.

In jener Nacht wurden sie ein Paar und wussten im selben Moment, dass sie ihrem Verderben entgegensteuerten. Es ließ sich nicht vermeiden. Ihre Liebe war verboten – нельзя – nelsja – verboten. Gefühle aber lassen sich nicht verbieten, Liebe kennt keine Grenzen, keine politischen Ideen, keine Gesetze. Liebe ist das schönste, was es gibt auf dieser Welt. Sie hat ihre eigenen Gesetze.

Dorothee erkannte den großen Unterschied zwischen „verliebt sein" und „lieben". Verliebt sein, das bedeutete, eine rosarote Brille tragen, alles in schönstem Licht zu sehen, auf einer Wolke zu schweben. Und dann irgendwann regnete diese Wolke zur Erde nieder, man fiel mehr oder weniger hart auf die Füße, stand wieder mitten im Leben und erkannte, dass alles war nicht so schön, so toll, so großartig, wie man es sich selbst vorgegaukelt hatte.

Lieben aber war ganz anders. Das ging tief, sehr tief in die Seele und war dort fest verankert. Da war es fast egal, ob man zusammen war oder getrennt, ob man sich sah oder nicht. Man war sich immer ganz nahe, war nie alleine, denn der eine wohnte im Herzen des anderen. So machte es Doro nichts aus, dass sie den ganzen Tag über Avto, wie er genannt wurde, oder Avtoscha, Avtoschenka, wie sie ihn gern nannte, nicht sehen konnte. Er war ja mit ihr auf ihrer Vassilij, die sie beide über die Weltmeere trug.

Abends ging Doro nach Beendigung des Programmes weiterhin in die Ucraina-Lounge und saß hinter den Sakartvelo oder manchmal auch irgendwo im Saal, wenn ein Gast sie einlud. Albert Mayer war solch ein Gast. Er war so sehr verliebt in die über 30 Jahre jüngere Nino und nutzte jede Gelegenheit, ihr nahe zu sein. Verständigen konnte er sich nur in Englisch mit ihr. Da war es gut, wenn Doro manchmal zum Übersetzen in der Nähe war. In gewisser Weise war sie für ihn eine Art Bindeglied zwischen Nino und ihm selbst.

Während der Pausen verabredeten sich Avto und Doro dann für die Nacht. Die Situation war heikel. Doro konnte nicht mehr so einfach mit ihren Kollegen in der Mondscheinbar sitzen, wusste sie doch, dass Avto bald an ihre Kabinentür klopfen würde.

Avto musste darauf achten, dass die beiden Politoffiziere und auch möglichst überhaupt niemand sah, dass er nicht runter in seine Kabine ging, sondern auf dem Poseidondeck in Richtung Heck steuerte und dort dann regelmäßig im hinteren Seitengang nach backbord verschwand.

Avto konnte niemals die ganze Nacht bei Doro bleiben, das wäre aufgefallen. Er teilte seine Kabine mit anderen. Immerhin waren diese andren die restlichen Jungs der Sakartvelo. Und diese hielten dicht. Ehe Avto ihre Kabine verlassen konnte, musste Doro jedes Mal in ihrem roten Morgenmantel vor in den Hauptgang des Poseidondecks gehen. Schräg gegenüber dem Gang zu ihrer Kabine gab es einen Wasserhahn für Trinkwasser. Mit der Kanne in der Hand steuerte sie diesen Hahn an und tat so, als ob sie sich mitten in der Nacht um drei oder vier Uhr frisches Trinkwasser holen würde. Dabei schielte sie heimlich nach rechts und nach links. Wenn die Luft rein war, also niemand zu sehen, nickte sie dem im Türrahmen wartenden Avto zu. Der sauste dann schnell raus, rannte die paar Meter vor bis zum hinteren Treppenhaus, warf ihr noch einen Fliegenkuss zu und rannte runter zu den Crewdecks. Es ging jedes Mal gut, aber es war auch jedes Mal ein Nervenkitzel.

Auf dem Programm stand ein „deutsch-sowjetischer Freundschafts-abend". Dieser sollte hinten an Deck stattfinden, doch das Wetter war immer noch schlecht. Es regnete nicht mehr, aber es war dermaßen windig, dass man sich kaum draußen aufhalten konnte.

Also wurde die ganze Sache nach innen verlegt, in den Varietésalon und in die Ucraina-Lounge. Letztere war fast vollständig mit den Gästen belegt, so dass der Besatzung, die heute ja mit feiern durfte, nichts anders übrig blieb, als im Varietésalon zu feiern. Schnell kam gute Stimmung auf. Miteinander singen, tanzen, quatschen. Und das alles höchst offiziell erlaubt. Man musste jeden Moment wahrnehmen. Wenige Tage später überquerten sie erneut den Äquator und befanden sich nun wieder auf der Nordhalbkugel.

Acht Tage waren sie auf See, um sie herum nur Meer, der tief blaue Ozean, noch immer etwas aufgewühlt, über ihnen der blaue Himmel. Bis zum Horizont nur Wasser, rundum. Sie waren eine kleine eigene Welt, ihr Schiff trug sie über die unendlichen Weiten dieses größten Ozeans des Planeten. Es stellte sich heraus, dass sie zu schnell gefahren waren. In ihrem nächsten Hafen, dem mexikanischen Acapulco, konnten sie nicht zu früh ankommen. Also reduzierte man die Geschwindigkeit der Schiffsmotoren und dümpelte einen ganzen Vormittag lang gemütlich auf dem Meer herum. Da nicht bekannt gegeben wurde, warum das so war, rätselten die Passagiere herum. Gerüchte kamen auf.

Doro hatte Dienst an der Information. Zwei Gäste kamen lachend auf sie zu. Es waren zwei junge Damen, Zwillingsschwestern. Sie mussten so herzhaft lachen, dass sie kaum sprechen konnten. Es dauerte, bis sie endlich in der Lage waren zu erzählen, was geschehen war: „Wir stehen doch hier praktisch auf dem Meer herum. Und die Leute spekulieren, warum das so ist. Da haben wir uns einfach gedacht, wir setzen ein Gerücht in die Welt und schauen auf die Uhr, wie lange es dauert, bis es zu uns zurückkommt. Es hat genau zweieinhalb Stunden gedauert."

„Was haben Sie denn erzählt?"

„Wir haben gesagt, wir stehen hier herum, weil der Arzt im Hospital unten eine Blinddarmoperation durchführen muss. Da das Schiff bei laufenden Motoren zu sehr vibriert, mussten diese abgestellt werden. Erst nach der Operation können wir weiterfahren. Und die Leute glauben das."

In Acapulco ging der zweite Teil der Weltreise zu Ende. Wieder reiste ungefähr ein Drittel der Gäste ab, darunter Albert Mayer, Ninos Verehrer. Und neue Gäste kamen. Das bedeutete wieder besonders viel Arbeit. Aufgrund des Passagierwechsels blieben sie zwei Tage hier.

Eine Gruppe Mariachi hieß sie mit ihrer typischen mexikanischen Musik im Hafen willkommen. Man konnte nicht behaupten, dass Acapulco typisch für Mexiko gewesen wäre. Aus dem ehemals idyllischen kleinen Fischerdorf war inzwischen eine große Stadt entstanden, ein beliebter Urlaubsort, geschätzt bei Touristen aus dem In- und Ausland. Übers Wochenende kamen ganze Scharen von Menschen aus Mexiko-Stadt, um hier vom hektischen Leben dieser Metropole zu entspannen. Sie kamen per Flugzeug oder auch per Auto oder Bus, obwohl die Fahrt von Mexiko-Stadt bis nach Acapulco an die sieben Stunden dauerte, denn aus der 2.240 m über Meeresspiegel gelegenen Hauptstadt des Landes musste man zunächst auf einen Bergpass über 3.000 m hinauffahren, dann ging es hinunter in ein Tal und schließlich noch ganze drei Mal wieder über weitere Bergpässe und durch Täler bis dann der letzte Berg kam, an dessen westlichem Hang Acapulco lag.

Weltberühmt wurde Acapulco durch den Schweizer Musiker Teddy Stauffer, der nach dem Krieg nach Acapulco kam, hier eine Discothek eröffnete und später ein Hotel baute, das Mirador. Er blieb hier bis zu seinem Tode.

Dorothee war ein bisschen enttäuscht, dass sie den Zweitagesausflug nach Mexiko-Stadt nicht begleiten durfte. Toni traute ihr das offensichtlich wieder einmal nicht zu. Auch den Ausflug in die Silberstadt Taxco begleitete jemand anderer. Ihr blieb nur die Stadtrundfahrt durch Acapulco. Der örtliche Reiseleiter sprach kein Deutsch, nur Englisch und natürlich Spanisch. Dorothee freute sich, ihre Spanischkenntnisse einsetzen zu können. Genauso wie sie es gehört hatte, sprachen die Mexikaner ständig in Verkleinerungen. So wurde aus dem „ahora" – jetzt – ein „ahorita", was sich am Besten im schwäbischen Dialekt mit „jetztele" übersetzen lässt. Und aus „adelante" – weiter vorne – wurde „adelantito", der „momento" zum „momentito" und so weiter. Von der Aussprache her war dieses Spanisch leicht zu verstehen, und der Ton klang wie Musik.

Mit dem Ausflugsbus ging es zunächst die lange Küstenstraße entlang mit Stopp am Hotel „Las Brisas", am Steilhang gelegen. Die Gäste waren hier in einzelnen Bungalows untergebracht. Vor jedem dieser Bungalows gab es einen kleinen Swimming-Pool. Zum Hotel gehörten eigene Jeeps in weiß-rosa Farbe, die den Gästen kostenlos zur Verfügung standen. Man sah viele dieser Jeeps durch Acapulcos Straßen fahren.

Viel schöner aber war das Hotel Princess, das schon außerhalb in Richtung Flughafen lag, nicht in einer der vielen Buchten, sondern am offenen Ozean. Es war in Form einer mexikanischen Pyramide gebaut und hatte eine schöne Poolanlage mit Wasserfällen, Wasserrutschen, Hängebrücken. Eine Art künstlicher Dschungel.

Abends gab es eine Bootsfahrt vom Hafen hinaus auf die offene See, um den Sonnenuntergang zu erleben. Ganz dort hinten im Westen stand die Sonne, eine goldrote Scheibe tief am Horizont, und näherte sich relativ schnell immer mehr der Meeresoberfläche. Bald schon berührte die Sonnenscheibe das Meer und die Scheibe versank allzu schnell. Die Dämmerung war sehr kurz. Sie waren ja noch immer weit im Süden. Dorothee fühlte sich erinnert an die Sonnenuntergänge ihrer Kindheit in Suchumi und ihre Zeit in Sotschi am Schwarzen Meer im vergangenen Sommer. Es gab ihr ein verstärktes Gefühl von Heimat.

Die Attraktion von Acapulco sind die Klippenspringer. In einer ganz schmalen Bucht mit dem Namen „La Quebrada" springen sie aus einer Höhe von 37 Metern hinunter ins Meer. Von jenem von Teddy Stauffer gegründeten Hotel Mirador aus konnte man das Spektakel besonders gut beobachten. Das Hotel hängt sozusagen am Felsen am Ende dieser kleinen Bucht. Es hat ein Restaurant und eine Bar, die terrassenartig über mehrere Etagen am Felsen angebaut sind. Doro und ihre Freunde aber saßen nicht im Mirador, sondern standen auf der Seite auf einer extra für das Spektakel gebauten Terrasse.

Die Klippenspringer kamen die Treppe herunter, gingen an ihnen vorbei und sprangen direkt vor ihren Augen in die Bucht, schwammen auf die andere Seite und kletterten dort den steilen Felsen hinauf bis zu einer kleinen Plattform. Hier befand sich ein Altar mit einer Madonnenstatue. Es waren drei Springer. Jeder betete erst ein paar Minuten, bekreuzigte sich mehrmals. Dann sollte der erste Mann springen. Die Bucht ist sehr schmal, der Fels nicht ganz senkrecht, das bedeutet die Männer müssen weit nach vorne springen und genau in der Mitte der Bucht unten in das Wasser eintauchen, das auch nicht besonders tief ist.

Daher steht draußen auf dem Meer ein Boot, auf dem einige Personen genau die Höhe der Wellen beobachten. Erst, wenn eine Welle hoch genug ist, gibt jemand vom Boot aus ein Zeichen und der Mann kann springen. Er muss das aber gleich tun, damit er genau in jenem Moment ins Wasser eintaucht, wenn sich der Scheitelpunkt der Welle in der Bucht befindet. In diesem Moment ist das Wasser dort tief genug, damit sich der Klippenspringer nicht verletzt. Die Sache ist also ziemlich riskant. Es war beeindruckend, dies alles zu beobachten. Als der dritte der Todesspringer, wie sie auch genannt werden, an die Reihe kam, gingen die Scheinwerferlichter aus. Er hielt in jeder Hand eine brennende Fackel, konzentrierte sich und sprang dann die 37 Meter in die Tiefe.

Wieder zurück auf der Vassilij wollten sie noch Abschied feiern in Dorothees Kabine. Doch anstelle der Sakartvelo, Tere und Albert und einige andere in der Kabine vorzufinden, lag da nur ein Zettel, auf dem stand: „Wir sind bei Toni".

Was machen die bei Toni? Dorothee wunderte sich. Sie wollte schon in der Kabine ihres Chefs, dem Kreuzfahrtdirektor, anrufen, da fiel ihr brühendheiß ein, dass höchst wahrscheinlich derjenige Toni gemeint war, der im Verkaufsladen auf dem Boulevard-Deck arbeitete. Und so war es auch. Die Sakartvelo allerdings waren nicht dort. Sie hatten einen Verweis vom Politoffizier Oleg bekommen, weil sie zu oft mit Gästen oder den Reiseleitern zusammen waren. Einmal mehr dachte Dorothee „Sch....Politik."

Es blieb ihnen noch ein Tag in Acapulco, dann musste Albert Mayer Abschied nehmen. Das fiel ihm besonders schwer, musste er sich doch von seiner neuen Liebe Nino trennen. Doro genoss den Tag ganz anders. Sie lief endlich mal wieder Wasserski und blieb sogar über 30 Minuten lang auf den Skiern stehen. Vielleicht verdankte sie das aber weniger ihrem Talent als der Tatsache, dass, nachdem das Boot mit ihr eine Runde um die inzwischen in der Bucht auf Reede liegende Vassilij gedreht hatte (ihr Schiff hatte seinen Platz an der Pier einem großen Frachter überlassen müssen), sie durch ziemlich verschmutztes Wasser fuhren und Doro nur ständig dachte: Wenn schon hinfallen, dann bitte nicht hier.

Gegen 23.00 Uhr lief die Vassilij aus. Ein letzter Blick auf die Bucht, die fast kreisrunde Bucht, die immer kleiner wurde. Doro stand an Deck, neben ihr die Jungs der Sakartvelo, und ganz dicht neben ihr Avtoscha, so nah war er ihr, dass sich ihre Hände heimlich streicheln konnten. Und in dieser Berührung lag so unendlich viel Zärtlichkeit und Liebe.

„Du bist schon keine Tahitianerin mehr, sondern eine echte Mexicana", meinte Avto und deutete auf die rote Nelke, die sich Doro ins Haar gesteckt hatte. Ein Mexikaner hatte sie ihr geschenkt.

„Adiós Acapulco, adiós México", rief Doro laut in die Nacht hinaus. Dieses Land wollte sie näher kennen lernen, beschloss sie. In jenem Moment konnte sie noch nicht ahnen, dass das Schicksal mit ihr und Mexiko etwas ganz Besonderes vorhatte.

Panama und der Kanal

Es war Sturm, der erste Sturm auf dieser Reise. Schon morgens merkte Dorothee, dass die See unruhig war. Während sie vormittags Dienst an der Information hatte, wurde es immer stürmischer. Der für 11.00 Uhr angesetzte Übungsalarm für die in Acapulco neu an Bord gekommenen Gäste wurde abgesagt. Die Bullaugen der Kabinen auf dem Poseidondeck, ja sogar auf dem Jupiterdeck wurden sicherheitshalber mit Klappen aus Stahl fest verschlossen. Doro eilte in die Kabine und stellte alles auf den Boden, was in Gefahr war, herunterfallen zu können. Jeanette war nicht so schnell. Ihre Stereoanlage stürzte vom Regal auf den Boden und gab in diesem Moment ihren Geist auf. Nichts mehr zu machen.

Seltsamerweise war draußen der herrlichste Sonnenschein, aber ein unglaublich starker Wind, Windstärke 10, das war immerhin eine Windgeschwindigkeit zwischen 80 und 100 kmh. Seegang 8, später sogar Seegang 9. Das bedeutete hohe Wellenberge, tiefe Wellentäler, ein gewaltiges Auf und Ab. Ob dieser Sturm etwas mit dem Erdbeben zu tun hatte, von dem erst wenige Tage zuvor Guatemala betroffen worden war? Es war ein schrecklich starkes Beben der Stärke 7,5 gewesen mit über 20.000 Toten und mehr als 70.000 Verletzten. Die Vassilij befand sich ja gerade vor der Küste Guatemalas. Manchmal konnte man in weiter Ferne im Osten Land erkennen.

Einigen Leuten, besonders Passagieren wurde es schlecht. Diesen blieb nichts anderes übrig, als sich in der Kabine hinzulegen und bessere Zeiten abzuwarten. In den besonders breiten Mittelgängen der Vassilij wurde hinter den an den Seitenwänden befestigen Stangen, die zum Festhalten dienten, in kurzen Abständen Spucktüten geklemmt. Nicht selten kam es vor, dass jemand sich gut fühlte, dann aber innerhalb von Sekunden sich übergeben musste.

Doro konnte es sich nicht leisten, seekrank zu werden. Sie ging nach oben in die Ucraina-Lounge. Von hier aus konnte man den Sturm beobachten und genau sehen, wann eine Welle das Schiff wieder anheben würde, wann es in ein Wellental absinken würde. Somit stellte sich der Körper auf die Bewegung des Schiffes ein und es wurde einem nicht übel. Und dazu noch salziges Gebäck, immer etwas Festes im Magen haben. Das half wirklich. Doro musste nämlich schon bald wieder an die Information. Es galt Listen zu tippen, mit Namen und Daten aller Passagiere. Ohne diese Listen durfte die Vassilij nicht durch den Panama-Kanal fahren.

Abends musste auch der Begrüßungscocktail für die neuen Gäste ausfallen, nur das Kapitäns-Dinner fand stand. Und damit die Trinkgläser nicht umfielen und die Teller und das Besteck nicht verrutschen, wurden die Tischdecken befeuchtet. Dennoch fielen manche Gläser und sogar einige Flaschen um. Irgendwie war dieser Sturm auch amüsant. So eine Erfahrung gehörte eben auch mit zum Leben auf See. Es war der 23. Februar, der Tag der sowjetischen Armee, und die Besatzung durfte im Mannschaftsrestaurant feiern, aber bei Seegang acht war auch den meisten Angehörigen der Crew nicht nach feiern zumute.

Früh morgens sollten sie in Balboa ankommen, jener Stadt, die in der Zone des Panama-Kanales liegt, direkt neben Panamas Hauptstadt mit demselben Namen, Ciudad Panama oder wie die Amerikaner sie nannten: Panama City. Sie fuhren unter einer riesigen und sehr hohen Brücke durch, „La puente de las Americas" – die Brücke der Amerikas, die Nord- mit Südamerika verbindet und die auf der Route der Panamericana liegt, jener berühmten Strecke, die von Alaska bis nach Feuerland führt. Vom Schiff aus hätte man meinen können, dass der markante Schornstein der Vassilij die Brücke fast berührt. Das war natürlich eine optische Täuschung, die Brücke war sehr hoch und zwischen Schornstein und Brücke war noch jede Menge Distanz. Die Brücke war erst 1962 fertig gestellt worden.

Auch hier gab es keine Deutsch sprechenden örtlichen Reiseleiter, also mussten wieder alle Reiseleiter mitfahren auf die Ausflüge und übersetzen. Es war ihr letzter Tag am Pazifik, auf dem sie sich fünf Wochen lang aufgehalten hatten und den sie vermissen würden, sein tiefblaues Wasser und all die Schönheit seiner Inseln.

Doro ließ sich auf dem Rückweg beim Postamt der Kanalzone absetzen. Dort arbeitete Bill Halvosa, ein Freund ihrer Verwandten aus den USA. Er lebte schon einige Jahre mit seiner Familie in der Kanalzone. Die Verwandten hatten Doro angekündigt. Bill erwartete sie schon. Er freute sich sehr, eine Cousine seiner Freunde zu treffen und lud Doro zu sich nach Hause ein. So lernte sie auch noch Annie Laurie, die Ehefrau, und Bills Sohn Thommy kennen. Die Halvosas zeigten Doro ausführlich die Kanalzone, fuhren mit ihr über die Brücke von Süd- nach Nordamerika und zurück und luden sie zum Essen in ein Restaurant ein, das ganz in der Nähe der Brücke „de las Americas" lag. Natürlich wollte sich Doro revanchieren und schlug den dreien vor, ihr Schiff zu besichtigen. Da waren die Halvosas aber nicht die einzigen. In der Ucraina-Lounge wimmelte es regelrecht von US-Amerikanern, die dieses sowjetische Passagierschiff besichtigen wollten. Die Stimmung war sehr gut. Doro schoss ein Gedanke durch den Kopf: Waren US-Amerikaner als Passagiere nicht leichter zu haben als die oft so mürrischen und meckernden Deutschen? Bei ihren Gästen hatte man oft das Gefühl, dass sie sich auf der Weltreise sehr wohl fühlten, dies aber um keinen Preis zugeben wollten. Dabei hätte ein gutes Wort seitens der Passagiere an die Reiseleitung schon gut getan.

Gegen Mitternacht hieß es Abschied nehmen. Don't say Good bye – better say see you again" – Sag nicht Lebwohl, sag lieber „Auf Wiedersehen" – mit diesen Worten nahmen Doro und Familie Halvosa Abschied.

The Land divided – The World united
Das Land geteilt - die Welt vereint

Wahre Worte, die da an der Einfahrt zum Panama-Kanal angebracht waren. Es ging schon früh um 5.00 Uhr los am nächsten Morgen, die Einfahrt in den Kanal. Gerade ging die Sonne hinter Balboa auf.
Warum geht in Panama die Sonne über dem Pazifik auf und im Atlantik unter? Die Sonne geht im Osten auf und hier liegt der Atlantik. Sie geht im Westen unter und hier liegt der Pazifik. Da stimmte doch etwas nicht, oder?
Doch es stimmt. Der Panama-Kanal verläuft von (Südost nach Nordwest). Das bedeutet, dass die Einfahrt zum Kanal auf der Pazifikseite bei Balboba und Panama City sehr viel weiter im Osten liegt, als die Ausfahrt auf der Atlantikseite bei den Orten Cristobal (Kanalzone) und Colon (Panama). Benannt wurden diese beiden Orte nach Christopher Columbus, der auf Spanisch Cristobal Colon heißt. Man hat einfach seinen Vornamen für den Ort in der Kanalzone und seinen Familiennamen für den Ort in Panama genommen.

Den Panamakanal kann man in keiner Weise mit dem Suez-Kanal vergleichen. Der Suez liegt in der Wüste, trennt die Halbinsel Sinai von Ägypten. An beiden Ufern ist Wüste. Doch der Panamakanal liegt mitten im Dschungel. Alle Schiffe, die den Kanal passieren, müssen erst in mehreren Schleusen bis zu 26 Meter hochgehoben werden, durchfahren dann den Kanal und einen See, um auf der anderen Seite wieder in mehreren Schleusen auf Meereshöhe abgesenkt zu werden. Hier also fuhr man nicht im Konvoi.
Die erste Schleuse war die „Miraflores". Sie hat zwei Kammern, in denen die Schiffe jeweils 8 Metern je nachdem gehoben oder abgesenkt werden. Eine Schleusenkammer füllt sich in 8 Minuten. Die Vassilij wurde mit Stahlseilen an zwei kleinen elektrischen Lokomotiven befestigt, die das Schiff in die Schleuse zogen. Die Vassilij war ein relativ breites Schiff. Wäre sie aus eigener Kraft in die Schleuse gefahren, hätte Gefahr bestanden, dass sie nicht ganz gerade in die Schleuse fährt und an deren Wände stößt.
Es war ein grandioses Schauspiel. In der Schleusenkammer nebenan wurde ein Frachter aus den USA auch gerade angehoben. Die Elektrolokomotiven zogen die Vassilij dann aus der Schleuse heraus. Sie fuhren eine Seemeile lang durch den Miraflores-See und kamen zur Pedro-Miguel-Schleuse. Hier

wurden sie nochmals um 10 Meter angehoben. Diesmal fuhr in die Nachbarschleusenkammer ein westdeutscher Frachter ein. Dieser war vollständig entladen und auf dem Heimweg nach Hamburg. Die Besatzung begrüßte die Passagiere der Vassilij mit „Hummel, Hummel" und viel Winken. Man rief sich ein paar nette Bemerkungen zu. Schon seltsam, ein Hauch von Heimat hier im fernen Panama.

Nach Verlassen der Pedro Miguel-Schleuse konnten sie alleine weiter fahren, durch die Guillard-Enge, einer schmalen Stelle, an der die Schiffe sich sehr genau an die Fahrrinne halten mussten, um nicht dem Gegenverkehr in die Quere zu kommen. Diese Enge ist die engste und gefährlichste Stelle. Sehr genau waren die gesprengten Felsen zu sehen. Es muss sehr schwierig gewesen sein beim Bau des Kanales, hier überhaupt eine Durchfahrt zu schaffen.

Dann erreichten sie den Gatun-Stausee, die breiteste Stelle des Kanales. Am frühen Nachmittag kamen sie zur Gatun-Schleuse, die aus drei Stufen besteht, und wurden wieder 26 m abgesenkt auf die Höhe des Atlantiks.

Um 14.00 Uhr verließen sie die letzte Schleusenkammer – sie hatten die 81,5 km Kanal hinter sich. An jenem 27. Februar passierten 46 Schiffe den Kanal. Und es war genau zwei Monate her, dass die Vassilij durch den Suez-Kanal gefahren war.

Adiós Panamakanal, adiós Pazifik. Willkommen Atlantik. Langsam zeigte sich das Ende der Weltreise am Horizont. Sie waren nun auf der anderen Seite Südamerikas, besuchten die Häfen von Cartagena in Kolumbien und waren am 29. Februar auf See unterwegs nach La Guaira in Venzuela.

Südamerika und Karibik

Ach ja, der 29. Februar, den gibt es ja nur alle vier Jahre. Und genau an diesem Tag hatte Galina, die Oberzahlmeisterin der Vassilij, Geburtstag. Wenn man nur alle vier Jahre Geburtstag feiern kann, dann muss man das auch ausgiebig tun. Die deutschen Reiseleiter waren alle eingeladen. Eigentlich war es für sie ja schon der 30. Februartag, weil sie den 5. Februar durch Überschreiten der Datumsgrenze zwei Mal erlebt hatten.

Doros örtlicher Reiseleiter in La Guaira hieß Mario und sprach sehr gut Deutsch, mit Wiener Akzent. Seine Mutter war eine Wienerin. Sie fuhren von der Hafenstadt La Guaira durch Täler und Tunnel hinauf in die 950 Meter über dem Meeresspiegel gelegene Hauptstadt Caracas. Nach der ausführlichen Stadtrundfahrt schickten sie die Busse ohne Schiffsreiseleitung zurück zur Vassilij und gingen erstmal alle gemeinsam essen. Dann ging es zum Teleférico, der Drahtseilbahn, mit der sie auf den 2.105 Meter hohen Monte Avila hinauffuhren. Zunächst war die Sicht auf die Millionenstadt Caracas sehr gut, doch dann befanden sie sich plötzlich mitten in den Wolken. Es war richtig ungemütlich da oben auf dem Berg. Bald schon nahmen sie die nächste Bahn auf der anderen Bergseite und fuhren hinunter auf die Seite von La

Guaira. Auch auf diese Art konnte man von Caracas nach La Guaira fahren, einfach über den Berg rüber, mit dem Teleférico. Dass die Gondeln beider Bahnen von der Firma Kässbohrer aus Ulm hergestellt worden waren, amüsierte Dorothee.

Die Seilbahn kam aber nicht am Hafen an. Einige von ihnen stoppten ein Taxi, Doro liebte das Abenteuer und fuhr zusammen mit anderen Kollegen im öffentlichen Bus zum Hafen. Im Bus lief lateinamerikanische Schlagermusik. Wenn ein Passagier aussteigen wollte, dann klatschte er zwei bis drei Mal in die Hände und der Fahrer hielt an.

Die nächsten Stationen waren einige karibische Inseln. Schon am nächsten Tag erreichten sie Port of Spain, die Hauptstadt des Inselstaates Trinidad Tobago an. Es war Karneval, und dieser hier war schöner, weil weniger touristisch, als der in Rio de Janeiro, aber eben bei weitem nicht so bekannt. Was für ein buntes Treiben, jeder bewegte sich tanzend im Rhythmus der Musik der für die Karibik so typischen Steel-Bands. Mütter tanzten mit ihren kleinen Kindern im Arm. Einige dieser oft nur wenige Monate alten Babies schliefen fest, liebevoll von der Mutter im Rhythmus der Musik in den Schlaf getanzt. Da konnte man nicht einfach so steif stehen bleiben. Sie begannen auch zu tanzen, und folgten einer Steel-Band, die durch mehrere Seitengassen zog.

Dann war Aschermittwoch. Den Ausflug nach Tobago durfte Doro nicht begleiten. Sie hatte fast so etwas wie einen freien Tag. Und so heuerte sie ein Taxi an und nahm ihre Freunde, die Sakartvelo mit zur Maracas Bay. Es ging durch die Berge. Sie machten zwei Mal Halt, um den Ausblick auf die Berge, die Inseln und das Meer zu genießen. Etwas abseits von all den Touristen suchten sie sich ein Plätzchen, wo sie ungestört und vor allem unbeobachtet schwimmen und im Sand liegen konnten. So eine schöne Bucht und welch herrlicher, weißer Sand. Solch feinen Sand hatte sie noch nirgendwo gesehen. Er war so fein, fast wie Mehl.

Die Vögel, die Sonne, das Meer, das Rauschen der Wellen und Avtoscha, der ganz dicht neben ihr lag. Es war ein Moment, von dem man sich wünschte, er würde nie vergehen. Jetzt hier bleiben können, auf dieser wunderschönen Insel, fernab von aller Politik, von allen Ideologien, nur einfach füreinander da sein, welch unglaublich schöne Vorstellung. Doch das Leben schenkt uns nur wenige solche Momente. Die Realität sieht anders aus.

Dieser unvergessliche Vormittag ging allzu schnell vorbei. Sie mussten zurück zur Vassilij. Nachmittags sollte Doro einen Ausflug zum Vogelschutzgebiet in den Caroni-Sümpfen begleiten. Mit den Kollegen Uwe und Manfred fuhr sie im Taxi schon dorthin, um die Lage zu erkunden. Die Gäste kamen mit Bussen später an. Doro fuhr im ersten Boot mit. Alle Boote waren alt und etwas leck. Bald meldeten sich die Leute auf den vorderen Reihen, dass es nass wurde. Es gab da ein Loch im Boden des Bootes, das schlecht zugestopft war. Hier floss in ganz dünnem Strahl das Wasser rein. Schließlich wurde es auch hinten bei Doro nass. Der Motor ratterte und verpestete die gute Luft. Entdeckte der Bootsführer Vögel, so wurde der Motor abgestellt. Dann herrschte eine herrliche Ruhe. Sie fuhren durch die Mangrovenwälder, sahen die riesigen Thermitenbauten und kamen zu einer Stelle, wo sie fast eine halbe Stunde auf die anderen Boote warteten. Der Bootsführer hatte nun Zeit, das Loch richtig abzudichten. Mit einem Schwamm sog er dann das Wasser aus dem Kahn.

Als alle Boote beisammen waren, fuhren sie langsam zu den Bäumen, zu denen jetzt langsam immer mehr Ibisse, weiße und rote, aus den Bergen zurückkehrten. Es war ein unbeschreibliches Bild. Die Vögel ließen sich auf den Bäumen nieder, schön getrennt nach Farben. Und die Bäume sahen aus, als ob sie voller Blüten wären, die einen in weiß, die andernen in rot. Besonders interessant war es, die Vögel durch das Fernglas zu betrachten. Ein Boot musste entlastet werden, weil zu viel Wasser eingedrungen war. Während der Rückfahrt ging die Sonne gerade unter, das helle Rot des Himmels wurde langsam immer dunkler und tief rot, am Himmel hing eine Wolke, die die Form eines riesigen Raubvogels hatte, die dünne Sichel des zunehmenden Mondes, der Sumpf und die Mangrovenwälder, alles wirkte so geheimnisvoll. Doros Boot war das schnellste und sauste den anderen davon. Beinahe kam es zu einem Zusammenstoß mit dem Gegenverkehr. Es war eben schon ziemlich dunkel geworden.

Der Tag auf Trinidad war noch lange nicht zu Ende. Abends ging es zu einer Show „Trinidad bei Nacht". Eine große Steelband, bestehend aus den Mitgliedern einer Großfamilie, spielte nicht nur karibische Calypso- und Limbo-Musik, sondern auch klassische Stücke wie die Ouvertüre zu Franz von Soupés Operette „Dichter und Bauer", Stücke aus dem Musical „Sound of Music" oder Lieder wie „Yellow Bird" aus Haiti: Calypsotanz, Limbotanz, all das Temperament, die Farben, die Musik. Ach ja, auch die Karibik war schön!

Noch zwei Inseln fuhren sie an, Grenada und die zu Frankreich gehörende Insel Martinique. Grenada mit seiner bergigen Landschaft, den erloschenen Vulkanen und all den wunderschönen Pflanzen hatte einen ganz besonderen Reiz. Nicht ohne Grund wurde Grenada „die Gewürzinsel" genannt, wuchs doch hier alles, was das Herz eines Koches höher schlagen ließ, die gesamte Insel war wie ein botanischer Garten: Kakaobäume, Kaffeestauden, Muskatnussbäume, Kokosnusspalmen, Bananenplantagen. Überall wurden kleine Bastkörbchen verkauft, gefüllt mit den wunderbarsten Gewürzen. Dorothee versorgte sich mit acht dieser Körbchen, als kleine Mitbringsel für Freunde und Nachbarn.

Nachmittags wollte Doro endlich mal wieder im Meer schwimmen gehen, die Strände auf Grenada waren sandig, flach und traumhaft schön. Doch immer wieder ging ein richtig tropischer Wolkenbruch nieder. Dennoch, sie wollte mit dem Boot der Экипаж – Ekipasch – der Besatzung an einen Strand fahren, wo heute die Crew auch endlich mal im Meer baden durfte. Doch an der Gangway hörte sie nur das Wort: Нельзя – nelsja – es ist verboten. Das sagte ihr der zweite Kapitän in sehr strengem Ton. Mist, dachte Doro, jetzt darf man nicht mal gemeinsam mit der Crew an Land schwimmen gehen. Politoffizier Oleg sah ihr wohl an, dass sie sauer war und behauptete, die Brandung dort sei sehr gefährlich und deshalb wolle man sie nicht hinüberfahren lassen. Na, wer es glaubt, wird seelig, dachte Doro bei sich. Am nächsten Tag aber erfuhr sie von Valja, dem Pianisten der Sakartvelo, dass die Brandung dort wirklich sehr stark gewesen war und es beim Ein- und Aussteigen aus dem Boot zu Verletzungen gekommen sei. Dieses Mal hatte der Politoffizier doch tatsächlich die Wahrheit gesagt. Es war also kein Vorwand gewesen, um den Kontakt zur Crew zu vermeiden.

In Grenada war eine echt karibische Steelband an Bord gekommen, acht junge Musiker, die sie bis nach Las Palmas begleiten sollten. Und natürlich freundete sich Doro sofort mit diesen jungen Leuten an. Die gute alte Tere war auch immer mit von der Partie, wenn es ums Feiern ging. Und so fanden wieder einige lustige Parties in Doros Kabine statt.

Schon am darauf folgenden Tag gingen sie vor Martinique auf Reede. Hier war wieder Rechtsverkehr, während auf Grenada Linksverkehr herrschte.

Napoleons erste Ehefrau, Josephine de Beauharnais, wurde hier geboren, und so durfte eine Besichtigung des Hauses, in dem sie zur Welt kam, nicht fehlen, besonders, wenn man so ein Napoleon-Fan war wie Dorothee. Sie musste an ihre Schulzeit denken und an jenen sympathischen Klassenlehrer, der auch ihr Geschichtslehrer gewesen war, als sie gerade die Französische Revolution und die Zeit Napoleons durchnahmen.

Jeanette fühlte sich sofort wieder sehr zu Hause, endlich wurde wieder Französisch gesprochen. Ihr ging es inzwischen wieder besser. Der Unfall, das Aufschlagen ihres Hinterkopfes an der steinernen Schwelle des Schwimmbeckens bei Doros und Herberts Geburtstagsfeier, war vergessen. Momentan lag sie nur im Knatsch mit Ilarion. Jeanette war nämlich zuständig für die Geburtstagskinder an Bord. Jeder Gast, der Geburtstag hatte, wurde an diesem Tag während des Abendessens überrascht, mit einem Kuchen, auf dem Kerzen brannten. Jeanette musste diesen Kuchen überreichen. Begleitet wurde sie von Ilarion, der hinter ihr her marschierte und auf einem Akkordeon „Happy Birthday" spielte. Nun kam es öfter Mal vor, dass man Jeanette die falsche Tischnummer gesagt hatte. Dann spazierte Jeanette mit einem charmanten Lächeln im Gesicht zielsicher auf den falschen Tisch zu, wo ein völlig überraschter Gast nicht wusste, wie ihm geschah, während am Nachbartisch ein anderer schon aufgestanden war und sich enttäuscht wieder hinsetzte. Das war ganz schön peinlich. Jeanette behauptete, Ilarion sei daran schuld, dass sie immer wieder mal die falsche Information bekomme. Und so entstand ein ziemlicher Streit zwischen den beiden ehemaligen Geliebten, deren Beziehung in der Südsee begonnen und in der Karibik schon längst wieder zu Ende war.

Das Schiff verließ die Karibik, es folgten sechs Seetage bis sie dann fast, wenn auch noch nicht ganz, in Europa ankamen. Sechs Tage wieder nur das weite Meer rings um sie herum. Die Weltreise ging ihrem Ende entgegen und

Dorothee war sich bewusst, dass jeder Tag dieser Reise ein unwahrscheinlich wertvolles Erlebnis war, das sie so unendlich bereicherte. So etwas im Alter von nur 23 Jahren erleben zu können, erleben zu dürfen, ohne dafür etwas bezahlen zu müssen, sondern sogar noch Geld dabei zu verdienen, das war großartig! Überall war es schön, auf seine eigene Art und Weise, an jeden dieser Orte würde sie gerne wieder zurückkehren, mit der einzigen Ausnahme von Aden. Dort war es nur deprimierend gewesen.

Während der Ozeanüberquerungen musste immer besonders viel Programm angeboten werden. Und so kam Toni auf die Idee, eine Führung durch den Maschinenraum auf das Programm zu setzen. Dort unten arbeiteten nur sowjetische Leute. Also musste ein Dolmetscher mitgehen. Und wen traf es? Dorothee. Ausgerechnet sie, die sie von Technik überhaupt keine Ahnung hatte. Und das dann auch noch ziemlich unvorbereitet. Da half auch das Wörterbuch nicht, das sie mitschleppte. Aber die Gäste, die sich für diese Art Führung interessiert hatten, waren technisch gut infomiert, oft selbst Ingenieure oder Techniker. Sie verstanden vieles auch einfach so, nur vom Anschauen. Hinterher bekam Dorothee viele Komplimente, sie hätte diese Führung so charmant begleitet und übersetzt. Ein riesiger Stein fiel ihr von der Seele.

Auf solch einem Kreuzfahrtschiff kann man ständig essen. Das fängt morgens mit dem Frühaufsteher-Frühstück an, dem das ganz normale Frühstück folgt. In der Aurora-Bar neben dem Swimming-Pool folgte dann das Spätaufsteher-Frühstück und um 11.00 Uhr die Bouillon. Um 12.30 Uhr gab es Mittagessen. Dazu musste Dorothee an der Information das Mikrofon einschalten und eine Spieluhr mit der Filmmelodie aus „Doktor Schiwago" abspielen und im Anschluss „Guten Appetit" wünschen.

Wenig später gab es die Tee- und Kaffeestunde im Varietésalon, bald darauf schon wieder das Abendessen und schließlich ab 24.00 Uhr das Mitternachtsbuffet im Bugwellen-Restaurant. Hatte sich Doro mit Avto verabredet, so ging sie meist zu diesem Buffet und holte einen Teller mit leckeren Sachen, den sie in ihre Kabine brachte. Avto hatte dann immer etwas zum Essen, denn Schlagzeug spielen macht hungrig.

Und wie Avto Schlagzeug spielen konnte. Doro liebte es, wenn er seine Soli vorführte. Besonders das bekannteste Stück des Jazz-Quartetts Dave Brubeck aus dem Jahr 1959 „Take Five" war allgemein beliebt. Da gab jeder der Musiker einzeln sein Solo zum Besten. Aber Avtos Schlagzeug-Solo wurde bald schon legendär. Welch Talent der Junge hatte! Im Westen hätte er sicher eine gute Karriere machen können, da hätte ihm die Welt offen gestanden. Man durfte gar nicht darüber nachdenken.

Anna saß neben Doro in der Ucraina-Lounge, Avto spielte sein Solo. Anna bewunderte ihn und sagte zu Doro: „Was für ein Mann! Eine Nacht mit diesem Mann, das reicht für das Leben." Oh, wenn Anna nur wüsste.

Der 8. März ist der Internationale Tag der Frau. 1976 war dies ein Montag. In der UdSSR war dies ein offizieller Feiertag. Und alle Frauen wurden beglückwünscht, es wurde gefeiert. Doros männliche Kollegen nutzten die Situation und küssten alle Mädchen der Besatzung. Man umarmte sich, beglückwünschte sich gegenseitig. Toni lud alle weiblichen Reiseleiter in seine Kabine ein und spendierte Sekt. Er schenkte jeder ein Schälchen mit bunten Porzellan-Blumen. Von den anderen Kollegen bekam jede eine rote Stoffqualle, die ein Matrosenhütchen trug, auf der „Vassilij Azhajew" stand. Beide Geschenke sollten Dorothee durch ihr weiteres Leben begleiten. Nachts sollte die Uhr wieder einmal um eine Stunde vorgestellt werden. Doch man beschloss, dies auf den nächsten Tag zu verschieben, damit man länger feiern konnte. Ausnahmsweise durften die Sakartvelo nach ihrer Arbeit sogar in die Mondscheinbar gehen, doch schon nach einer halben Stunde erschien Politoffizier Oleg und ließ durchblicken, sie sollten in ihre Kabinen verschwinden.

Doro konnte nicht schlafen und stand am nächsten Morgen noch lange vor Sonnenaufgang auf. Sie ging auf die Kommandobrücke, wo der zweite Kapitän Iwan sie mit Чай – Tschai – mit Tee versorgen ließ und ihr den Sternenhimmel erklärte. Sie erlebte einen bilderbuchartigen Sonnenaufgang und konnte danach noch seelig zwei Stunden schlafen, ehe es wieder an die Arbeit ging. Die Abende waren ausgefüllt mit besonderen Veranstaltungen wie einer Piratenparty hinten an Deck, zu der die Steelband spielte oder einem „georgischen Abend" in der Ucraina-Lounge, der wieder von Doro moderiert wurde mit Erzählungen über Georgien und der Legende, warum die Georgier im Paradies leben.

Las Palmas, die Hauptstandt der kanarischen Insel Gran Canaria, war ihr nächstes Ziel. Fast schon wieder Europa. Nun fehlten nur noch vier Tage bis Genua und dem Ende der Weltreise. 86 Tage, so hieß es, sollte die Reise dauern, doch bei der Beschreibung der Reise hatte man vergessen, dass 1976 ein Schaltjahr war, es also einen 29. Februar gab, und so dauerte die Reise also 87 Tage. Dadurch, dass sie ostwärts fuhren und bei Überschreiten der Datumsgrenze einen Tag doppelt erlebten, waren es für sie, rein gefühlt, sogar 88 Tage.

Sie verließen den Atlantik. Mit Passieren der Straße von Gibraltar erreichten sie das Mittelmeer. Links genau zu sehen, Europa und der Felsen von Gibraltar, rechts Afrika mit der marokkanischen Stadt Tanger, später passierten sie die spanische Exklave; die Stadt Ceuta auf afrikanischer Seite. In der Ferne konnten sie auf der Backbordseite die mit Schnee bedeckten Berge der Sierra Nevada im spanischen Andalusien sehen. Auch Europa hat so viele schöne Seiten.

An der Information war höllisch viel los. Jeder Gast brauchte noch dies, noch das, eine Krankheitsbescheinigung für die Auslandskrankenversicherung, eine Übersetzung des Arztberichtes, die Reparatur eines Kofferschlosses und vieles, vieles mehr. Dorothee erhielt Unterstützung von zwei Kollegen und dennoch kam keiner von ihnen zum Durchatmen.

Aber, und das war das Wichtigste, die Gäste waren alle so glücklich und dankbar. All die Meckerei, die Motzerei, die Beschwerden, es war wie weggeblasen. Die Gäste waren nur noch dankbar für diese wunderschöne Reise.

Abschiedscocktail im Vairetésalon, viele schöne Worte über die Reise, Erwähnung einiger netter Anekdoten und dann ein Gast, der im Namen aller Passagiere ein paar Worte an die Reiseleitung und die Besatzung richten möchte. Worte voller Dankbarkeit an sie alle, die sie sich 87 (oder 88) Tage lang ununterbrochen Mühe gegeben hatten, dass jeder einzelne Passagier diese Reise nie vergessen würde. Die Stimmung war sehr emotional geladen und es liefen viele Tränen, auf beiden Seiten, Passagiere und Crew. Man war in all diesen Tagen wie eine große Familie geworden, man gehörte zusammen. Und die Vassilij war ihr Zuhause.

Die Reise war am 16. März zu Ende. An diesem Tag kamen sie früh morgens in Genua an. Draußen an der Pier standen einige Personen, die extra nur für die wenigen Stunden angereist waren, um den einen oder anderen Reiseleiter zu besuchen. Unter ihnen war Hartmut, Doros Vater. Ihm gab Doro zwei Koffer voller Souvenire der Weltreise mit nach Hause. Zwischen Ausschiffung der Weltreise-Passagiere und Einschiffung der neuen Gäste blieb nicht viel Zeit. Aber es war schön, Nachrichten von zu Hause zu erhalten und ein kleines bisschen Privatleben zu spüren. Abends ging es dann schon wieder los auf die nächste Fahrt, nach Westafrika.

Westafrika

Wer hatte nur diese Idee gehabt? Eine Kreuzfahrt entlang der Küste Westafrikas. Da gab es nun wirklich nicht so besonders viel Schönes zu sehen. Das konnte man nicht mit Ostafrika vergleichen, wo es schönste Landschaften gab mit hohen Bergen und den vielen Tieren in den Nationalparks. In Westafrika sah ein Land fast so aus wie das andere. Aber derjenige, der sich das ausgedacht hatte, musste seine Gründe dafür gehabt haben.
Die Passagiere der Weltreise waren nicht jung gewesen, der Altersdurchschnitt lag bei ca. 64 Jahren, je nach Teilabschnitt variierte er ein bisschen. Doch jetzt hatten sie wirklich alte Leute an Bord. Viele „Hugo"-Kandidaten, wie die Reiseleiter scherzhaft unter sich sagten. Ein Hugo, das war im Firmenjargon ein Toter. Dieses firmeninterne Pseudonym war angeblich dadurch entstanden, weil der allererste tote Gast der Firma den Vornamen Hugo trug. Und so benannte man alle späteren auch so. Das verstanden dann nur die Reiseleiter unter sich. Hatten sie auf der ganzen Weltreise immerhin doch zwei Passagiere aus gesundheitlichen Gründen ausschiffen müssen, den ersten aufgrund eines Schlaganfalles in Pago Pago auf American Samoa, den zweiten aufgrund seines bei einem Sturz zugezogenen Muskelrisses in Papeete auf Tahiti, so konnten sie nun fest davon ausgehen, dass auf dieser Reise das Risiko wesentlich höher war. Es war schon seltsam, warum gerade bei solch einer Reise dermaßen alte Leute mitfuhren. Dorothee sah viel Arbeit

auf sich zukokmmen. Sicher musste sie bald öfters jemanden ins Hospital begleiten.

Sie war nach wie vor an der Infomation eingesetzt. Eines Tages wurde sie von einer Frau aus deren Kabine angerufen:

„Ich wurde heute Mittag von jemandem angerufen. Ich solle die Koffer packen, wir hätten Gangster an Bord. Stimmt das?"

„Da hat sich wohl jemand einen Scherz mit Ihnen erlaubt."

„Ich kenne hier aber niemanden. Ich wurde angerufen, ich soll die Koffer packen, wir haben Gangster an Bord. Stimmt das denn nun?"

„Wo wollen Sie denn mit Ihren gepackten Koffern hin? Über Bord springen?"

„So – dann kann ich also wieder auspacken. Wie gut, dass ich Sie angerufen habe!"

Doro hatte das Gefühl, in einem Irrenhaus zu sein.

Die Route führte sie über Las Palmas nach Dakar, Hauptstadt des Senegal, dann weiter nach Free Town, Hauptstadt von Sierra Leone. Und hier geschah es. Toni rief Dorothee noch vor Ankunft im Hafen an. Sie musste einen erkrankten Passagier und seine Frau ausschiffen. Es handelte sich um den 83-jährigen Herrn Ast, der am Vortag mit Lungenentzündung und Wasser in der Lunge ins Schiffshospital gekommen war. An Land wollte sich der Schiffsagent um die Sache kümmern. Während die anderen auf Ausflug gingen, wartete Dorothee zusammen mit der bedauernswerten Frau Ast an Bord. Endlich kam Dr. Davis, ein Deutsch sprechender einheimischer Arzt, der in Bonn studiert hatte. Er schaute sich den Kranken an und bekam fast einen Schock, weil es diesem so schlecht ging. Er versprach, sich um eine Ambulanz zu kümmern. Und wieder hieß es warten und warten. Mittags kam dann endlich der Ambulanzwagen. Herr Ast wurde in einem Rollstuhl vom Hospital zur Gangway transportiert und auf etwas halsbrechische Weise die Gangway hinunter getragen. Endlich lag er im Ambulanzwagen auf der Liege. Die Ambulanz war ein ausgedienter deutscher Sanitätswagen.

Mit lautem Gehupe fuhren sie durch die Straßen der Stadt. Die Fenster waren geöffnet. Die Zugluft, obwohl sehr warm, konnte einem Menschen mit Lungenentzündung sicher nicht gut tun. Draußen sausten die vielen neugierigen schwarzen Gesichter der Menschen vorbei. Sie hielten an der Bonner Central Clinic an, wo Dr. Davis auf sie wartete. Er fuhr dann in seinem Mercedes vor ihnen her zum Government Hospital, zum staatlichen Krankenhaus, das Dorothee sehr arm vorkam, dennoch aber erstaunlich sauber war. Für hiesige Verhältnisse hätte sie weit Schlimmeres erwartet. Nun wurde die Lunge von Herrn Ast geröngt, ein Lungenfacharzt untersuchte ihn; alles ging gemütlich und für Dorothee viel zu langsam von statten. Erst gegen 14.00 Uhr ging es weiter zu Dr. Davis' Privatklinik. Es war nicht die „Bonner" Clinic, wie Dorothee dachte. Sie fuhren durch die ganze Stadt hinauf ins hügelige Hinterland. Dort stand das Hill Station Hospital. Ein schmuckes kleines Krankenhaus, sehr sauber. Hier erhielt Herr Ast ein Einzelzimmer.

Dorothee musste sich beeilen, um die Abfahrt der Vassilij nicht zu verpassen. Noch musste Frau Ast in einem Hotel untergebracht werden. Diese Frau tat Doro sehr leid. Sie erzählte ihr, dass sie enorme Flugangst habe und nun nicht wisse, wie sie denn wieder nach Deutschland kommen könne. Fliegen sei ja wohl die einzige Möglichkeit. Der Schiffsagent gab sich viel Mühe ein Hotelzimmer aufzutreiben. Die meisten Hotels waren ausgebucht, es fand gerade eine Konferenz in Free Town statt. Endlich, endlich fanden sie ein Zimmer im Cape Sierra Hotel, aber leider nur für eine Nacht.

Doro kam total erschöpft zurück auf die Vassilij. Sie stieg hinauf bis über die Kommandobrücke und setzte sich dorthin. Von hier aus schaute sie tief durchatmend auf die Stadt, um wenigstens noch einen Eindruck von ihr zu bekommen, nicht nur sich an Krankenhäuser erinnern zu müssen. Die Vassilij legte ab, unten an der Pier standen viele Menschen und schauten diesem Luxusschiff nach. Was sie sich wohl dachten? Sie, die sie doch alle so arm waren und wohl niemals eine Reise machen konnten. Da unten an der Pier standen auch die Jungen einer ganzen Schulklasse in ihren Uniformen. Sie hielten Blumensträuße in den Händen. Vielleicht war heute ein besonderer Schultag gewesen. Doro winkte ihnen zu, warf Kusshändchen und die Jungs schickten ihr auch Küsschen zu. Sie war in Afrika angekommen.
Nie erfuhr sie, was aus dem kranken Herrn Ast geworden war und wie seine Frau den Flug nach Hause überstanden hatte. Es war dieser armen Frau sicher nichts anderes übrig geblieben als ihre Flugangst zu überwinden, wie sonst hätte sie nach Hause zurückkehren können? Sicher nicht auf einem Frachtschiff.

Es ging weiter in Richtung Süden, auf der Backbordseite konnte man oft die Küste in der Ferne sehen. Der nächste Hafen war Abidjan, Hauptstadt der Elfenbeinküste. Hier wurde endlich wieder Französisch gesprochen. Inzwischen hatte Dorothee Husten bekommen, so wie viele der Passagiere. Der arme Herr Ast war nur eines der Opfer gewesen, ihn hatte es eben gleich sehr schlimm erwischt. Zwar begleitete Dorothee ordnungsgemäß den Ausflug. Als sie sich jedoch nachmittags im Meer baden wollte, war ihr plötzlich ganz kalt, und das bei einer Temperatur von 40 ° C! Nein, da stimmte etwas nicht mit ihr.
Abends hatte sie 39° C Fieber. Sie musste dringend ins Bett. So krank hatte sie sich seit Jahren nicht mehr gefühlt, genauer gesagt seit zehn Jahren, als sie im Alter von dreizehn die Masern bekam. Und sie war nicht die einzige, die so krank wurde. Auch Sigi Herzog hatte es erwischt. Beide blieben nun in ihren Kabinen in den Betten und wurden hervorragend vom russischen Personal versorgt. Die Krankenschwestern aus dem Hospital kamen, brachten Tabletten und spritzten ihnen etwas. Die Mädchen aus dem Restaurant versorgten sie mit Essen und Getränken. Und die Kollegen kamen zu Besuch. Aber nicht nur diese. Ja sogar die Sakartvelo wagten es, die Vorschriften zu ignorieren und schauten nach ihr. So konnte man schnell wieder gesund wer-

den. Und da zwei Tage auf See anstanden, brauchte man auch kein schlechtes Gewissen zu haben.

Auf dem Programm stand wieder einmal eine Äquatortaufe. Zwar fuhren sie gar nicht über den Äquator. Es wurde aber einfach behauptet, dass sie in einer Schleife über diese imaginäre Linie fahren, einmal hin und einmal zurück. Dies nur, damit es einen Grund gab, eine Äquatortaufe zu veranstalten, auf die die Gäste großen Wert legten. Sigi Herzog lag krank im Bett und so wurde der Neptun dieses Mal von einem ihrer Künstler an Bord, einem Clown, gespielt. Dorothee als Krankenschwester wurde bestens von Jeanette vertreten. Das Wetter war aber stürmisch, ja es nieselte sogar. Der ganze Spuk war in nur 20 Minuten vorbei, eine sehr schnelle Taufe. Aber bei dem hohen Alter der Passagiere konnte man diese wohl kaum als Opfer in den Swimming-Pool werfen.
Am dritten Tag ging es Dorothee schon viel besser, aber noch nicht so richtig gut. Sie stand nun vor einer schwierigen Entscheidung. Die Vassilij ging vor Libreville in Gabun auf Reede. Hier wurde ein Flugausflug nach Lambarene angeboten. Lambarene, der Ort, an dem sich das Urwaldhospital von Dr. Albert Schweitzer befand. Und sie sollte diesen Ausflug begleiten, aber würde sie dies gesundheitlich durchstehen?
Viele Dinge im Leben kehren nie zurück, ein gesprochenes Wort, eine abgeschossene Kugel, eine verpasste Gelegenheit. Das war das Thema ihres Aufsatzes bei der Mittleren Reifeprüfung gewesen. Nie wieder werde ich die Gelegenheit haben, nach Lambarene zu kommen. Jetzt oder nie. Dorothee hatte ihre Entscheidung gefällt.

Mit einer Fokker Friendship 27, ihrem Kollegen Uwe und 37 Passagieren flog sie in 25 Minuten von Libreville nach Lambarene. Dort war es entsetzlich schwül. Ein Klima viel schwerer zu ertragen als das unten an der Küste. Und sie befanden sich nun 40 Kilometer südlich des Äquators, so dass diese Passagiere doch den Äquator überquert hatten.
Am Flughafen erwartete sie eine Sekretärin aus dem Elsass und eine Krankenschwester aus der italienischen Schweiz. Beide arbeiteten im weltbekannten Urwaldhospital. Sie waren seit eineinhalb Jahren dort. Zwei Lastwagen, auf die man mit Leitern hinaufsteigen musste, brachten sie über eine holprige Straße, Staub und Schlaglöcher, vorbei an fröhlichen, freundlichen, neugierigen Menschen, durch den Ort Lambarene durch, über die Brücke über den Ogowe-Fluss bis zum Hospital.
Sie besichtigten die einzelnen Anlagen des Hospitals, das „Village de Lumière" – Dorf des Lichtes, wie das Lepradorf genannt wurde, die Kinderklinik, sahen die alten und neuen Operationssäle, die Wohnanlagen der Angestellten, die Verwaltungsräume. Sie aßen dort zu Mittag, tranken Bier oder Saft und hatten dann etwas Zeit, sich das Museum anzuschauen, in dem fast alles noch so wie zu Albert Schweitzers Lebzeiten war, und Souvenire einzukaufen, die die Kranken oder deren Angehörige selbst angefertigt hatten.

Obwohl es doch so heiß und schwül war, bekam Dorothee manchmal eine Gänsehaut bei der Vorstellung, was dieser Mann alles geleistet hatte, ein großartiger Mensch! Als sie 1968 während des Schullandheimaufenthaltes auch das Geburtshaus im elsässischen Kaysersberg besichtigte, hätte sie niemals gedacht, dass sie eines Tages sein Urwaldhospital kennen lernen könnte.

Doro kaufte zwei kleine Trommeln, geschnitzt aus dem Ast eines Baumes. Eine schenkte sie ihrem Avtoscha, dem Trommler, die andere war für sie selbst bestimmt. In jenen Tagen konnte sie nicht ahnen, dass Avtoschas Trommel viele, viele Jahre später wieder den Weg zu ihr zurück finden sollte.

Mit den LKWs ging es wieder holpernd zurück zum Flughafen. Ein letzter Blick noch auf das Hospital und jene Missionsstation, wo Albert Schweitzer 1913 sein erstes Krankenhaus einrichtete, erst 1924 wurde das zweite Hospital gebaut.

Vom Flugzeug hatten sie einen schönen Blick auf den Urwald, auf die Flüsse und Sümpfe mit kleinen Inseln, dann auf Libreville, den Hafen und ihre Vassilij Azhajew, die dort geduldig auf ihre Rückkehr wartete. Doro stieg aus dem Flugzeug aus und empfand die Luft hier geradezu als kühl. Das machte die stete sanfte Brise, die vom Meer her wehte. Wie viel schwüler und stickiger war es doch da im Inneren des Landes!

Alle Gäste waren über diesen sehr speziellen Ausflug äußerst zufrieden. Allerdings mussten sie am Flughafen lange warten, bis ihr Bus kam. Ein Gast aus Bayern war sehr gereizt und meckerte Doro an: „Sprechet Sie überhaupts Englisch? A Organisation is des hier."

Als ob Englisch sprechen in Gabun helfen würde. Hier wurde Französisch gesprochen, und auch das konnte Dorothee. Was aber nicht half, dass der Bus schneller kam. Ein einzelner meckernder Gast konnte einem schon die Laune verderben. Doro wollte das aber nicht zulassen. Dieser Tag heute war viel zu interessant gewesen, sicher der schönste und interessanteste Ausflug der ganzen Westafrika-Kreuzfahrt, mal so richtig ins Landesinnere hinein.

Aprilscherz

Sigi Herzog war ein echter Aprilscherz. Der erste April war sein Geburtstag. Natürlich wollten sie dies alle gemeinsam feiern. Ein richtiger Aprilscherz für die Passagiere durfte aber auch nicht fehlen. Zum Aufgabengebiet eines Reiseleiters gehört es, immer wieder gute Ideen zu haben. Und daran fehlte es Dorothee und ihren Kollegen nun wahrhaft nicht.

Wie jeden Abend gab es im bordeigenen Fernsehprogramm vor den Nachrichten um 18.30 Uhr, die von Sigi vorgelesen wurden, ein zehnminütiges Interview mit irgendjemandem, der sich an Bord befand, sei es einer der Künstler, ein Gast, der über etwas Interessantes berichten konnte, oder jemand von der Reiseleitung.

An diesem ersten April interviewte Sigi einen ganz besonderen Gast, der erst in Gabun an Bord gekommen war: Den deutschen Playboy Gunter Sachs, alias Kollege Uwe Blumfeld. Uwe nämlich hatte durchaus eine gewisse Ähnlichkeit mit diesem Mann, sofern man Uwe nur im Profil sah. Sigi und Uwe mussten sich also während des Interviews direkt anschauen, damit Uwe immer schön seitlich saß und niemals direkt in die Kamera schaute. Der Gag war ein Riesenerfolg.

> Sigi: Es ist uns eine ganz besondere Ehre, Herr Sachs, Sie hier an Bord unserer T/S Vassilij Azhajew begrüßen zu dürfen. Wir freuen uns, dass Sie sich gerade unser Schiff ausgewählt haben, um Ihre Rückreise nach Deutschland anzutreten.

> Uwe als Gunter Sachs: Nun ja, ich konnte mir doch diese Gelegenheit nicht entgehen lassen. Es ist doch etwas ganz Anderes, gemütlich auf einem Schiff nach Hause zu fahren. In den Flugzeugen ist es doch immer so eng und überhaupt ist Fliegen eine hektische Angelegenheit.

> Sigi: Sie haben sich ja mehrere Wochen lang in Westafrika aufgehalten. Darf ich Sie fragen, was Sie dazu bewegt hat, welche Gründe Sie haben, ausgerechnet durch diese Länder zu reisen?

> Gunter Sachs: Ich suche nach Investitionsmöglichkeiten. Und da Westafrika noch sehr unterentwickelt ist, habe ich mir gedacht, ich schaue mich hier mal um. Vielleicht gibt es ja Möglichkeiten, Ländereien zu kaufen und den Tourismus in diesen Ländern zu fördern, damit sie eine bessere Einnahmequelle haben.

Lachsalve unter den zuhörenden Kollegen, die sich diese Show gemeinsam in einer Kabine anschauten. Wie hielten Sigi und Uwe das nur aus ohne laut loszulachen? Sie mussten sich doch ständig in die Augen schauen. Aber die beiden waren echt unschlagbar, sie hielten durch, blieben ernsthaft und die Passagiere waren überzeugt: Gunter Sachs befand sich tatsächlich an Bord. Ob er denn auch Autogramme geben würde?
Umso größer war die Enttäuschung, als man wohl oder übel bekannt geben musste, dass es doch nur ein Aprilscherz war.

Firestone

Die nächsten Häfen, die sie besuchten waren Cotonou in Benin, das sich noch bis 1975 Dahomey nannte, Lomé in Togo, die Hafenstadt Tema, die 30 Kilometer von Accra, der Hauptstadt Ghanas, entfernt liegt sowie Monrovia, die Hauptstadt Liberias.

Es gab noch weitere interessante und erheiternde Erlebnisse. Überall wurden Ausflüge angeboten und überall mussten die Reiseleiter mitfahren, denn die örtlichen Reiseleiter waren schlecht ausgebildet, hatten meist keine Ahnung und sprachen kein Deutsch, nur Englisch oder Französisch, je nachdem welche europäische Macht früher einmal ihr Kolonialherr gewesen war. Nicht selten kam es vor, dass sie sich vorab schon bestens über das jeweilige Land informiert hatten und die Erklärungen während der Ausflüge selbst übernahmen.

In Togo besuchten sie ein Museum über den Sklavenhandel. Auf einem Platz spielten einige Kinder. Unter ihnen fiel ein weißes Kind schwarzer Rasse auf. Das sah fast makaber aus, es war ein Albino. Armes Kind. Es hatte rot unterlaufene Augen, die lockigen Haare waren blond. Es litt offensichtlich sehr unter den Sonnenstrahlen. Es hatte keine Sonnenbrille, um sich zu schützen und wer hätte seine Haut schützen können, bei all der Armut hatten die Menschen nicht das Geld für Sonnenschutzmittel, genügend Kleidung oder gar eine Schutzbrille.
Vor dem Eingang des Gebäudes stand ein älterer Mann, der auf einem Akkordeon spielte. Plötzlich erklang „Stille Nacht, Heilige Nacht", und das kurz vor Ostern. Die Gäste blieben fasziniert stehen, sangen sogar mit und warfen sehr großzügig Geld in die am Boden liegende Mütze des Akkordeonspielers. Er hatte das Herz der Passagiere erreicht, mitten in Afrika „Stille Nacht, Heilige Nacht".
Doros örtlicher Reiseleiter hieß Koffi und war ein sehr angenehmer Mensch. Sie lud ihn ein, abends das Schiff zu besuchen. Er kam mit seinem jüngeren Bruder und brachte leckere ausgereifte Bananen mit. Mehr konnte er nicht schenken, entschuldigte er sich. Doro tat das Herz weh, als sie das hörte. Wie arm die Menschen hier waren und trotzdem so unsagbar freundlich. Diese Bananen waren ihr viel wertvoller als das teuerste Geschenk eines reichen Menschen. Koffi und sein Bruder saßen mit Doro in der Newabar und staunten nur über all den Luxus eines solchen Schiffes. Hier stießen zwei total verschiedene Welten aufeinander.

Seit Genua hatten sie einen neuen Kollegen an Bord, Nico Korber kam aus der Schweiz. Er war ein sehr lustiger Geselle. Mit ihm gemeinsam nahm Dorothee in Ghana ein Taxi. Sie fuhren zu einem See und liefen dort Wasserski. Für Nico war es das erste Mal und er fiel mehrmals ins Wasser. Der Taxifahrer schenkte Nico einen sprechfähigen grauen Papagei. Sie überlegten sich nun im Kollegenkreis, wofür man diesen dressierten könnte. Für die Information, sollte er dort die Standardfragen der Passagiere beantworten, oder sollte er im Foyer einfach nur die Leute freundlich begrüßen? Aus den Plänen wurde nichts. Nico wohnte auf dem Seestern-Deck und ließ im nächsten Hafen sein Fenster auf. Der Papagei entflog und ward nicht mehr gesehen, er wollte wohl lieber in Afrika bleiben.

Monrovia war der letzte Hafen in Westafrika. Es ist die Hauptstadt des Staates Liberia, der sich so nennt, weil er aus einem Projekt entstanden ist, ehemalige afroamerikanische Sklaven aus den USA hier anzusiedeln. Liberia - Freiheit!

Ein Tagesausflug wurde angeboten, der aber in zwei Teile aufgeteilt war, vormittags und nachmittags mit Mittagessen auf dem Schiff. Mal eine neue Variante.

Es gab nur kleine Busse für die Touristen. Der größte Bus fasste ungefähr 22 Personen. Mit diesem fuhr Herbert auf Ausflug. Dorothee hatte einen kleineren Bus mit nur 13 Gästen. Es ging zur weltgrößten Gummibaumplantage, der Firestoneplantage. Wer kennt nicht die Autoreifenmarke „Firestone"? Also von hier stammt der Gummi, mit dem diese Reifen hergestellt werden.

Doros Bus kam auf dem Parkplatz an, Herberts Bus stand daneben, seine Gäste stiegen gerade aus und erschraken, denn am rechten hinteren Reifen trat eine große Gummiblase hervor. „Dieser Reifen wird bald platzen", meinten die Gäste.

Herbert drückte auf die Blase und schob sie wieder zurück ins Reifeninnere: „Wir sind hier auf der weltgrößten Gummiplantage, hier wird kein Reifen platzen."

Es wurde ihnen gezeigt, wie die Gummibäume angeritzt werden, in welch mühevoller Arbeit das heraustropfende weiße Latex, also der Gummi in kleinen Schalen eingesammelt wird. Es wird in Kannen abgefüllt, dann in Tanks umgeschüttet und schließlich zur Fabrik transportiert.

Auf dem Weg zurück zur Vassilij fuhr Doros Bus direkt hinter Herberts Bus. „Halten Sie bitte etwas Abstand zu dem vorderen Bus, da kann jeden Moment ein Reifen platzen", bat sie den Chauffeur. Dann plötzlich hielt der Bus vor ihnen an, die Gäste stiegen aus, alle triumphierend. Sie hatten Recht behalten. Der Reifen war geplatzt, aber nicht nur der rechts hinten, auch der links hinten! Immerhin, die Gäste trugen es mit Humor und freuten sich, dass sie doch gewusst hatten, dass dies passieren würde, ihr Reiseleiter Herbert es aber nicht wahr haben wollte. Herberts 22 Gäste wurden auf die anderen Busse verteilt, und jeder war rechtzeitig zum Mittagessen wieder an Bord.

Nachmittags folgte der zweite Teil des Ausfluges. Auf dem Plan stand eine Stadtrundfahrt und der Besuch des „Cultural Centre" - Kulturzentrums, in dem achtzehn Hütten standen, jede im Stil eines der achtzehn in Liberia lebenden Stämme gebaut. In jeder Hütte lebte eine Familie des entsprechenden Stammes. Das Zentrum lag ein bisschen außerhalb der Stadt. Im Bus war es heiß und stickig, es gab keine Klimaanlage. Doro war hellwach und beobachtete alle und alles aufmerksam. Hoffentlich hielten ihre alten Leutchen durch, hoffentlich kippte keiner um. Plötzlich fuhr der Bus nach rechts, direkt auf eine Mauer am Straßenrand zu. Doro schrie auf. Der Chauffeur erwachte aus seinem Sekundenschlaf und riss das Lenkrad nach links. Der Bus kam wieder auf die Straße zurück. Das war gerade noch mal gut gegangen! Der Fahrer entschuldigte sich immer und immer wieder bei Doro, es war ihm äußerst peinlich.

Die Busse fuhren in Kolonne hintereinander und sie verließen auch das Kulturzentrum gemeinsam. Doros Fahrer erzählte ihr freudig, dass er seinen Kopf unter kaltes Wasser gehalten habe, damit er nicht mehr einschlafen würde. Nun fuhren sie also hinter den anderen Bussen her. „Wir haben kaum noch Benzin im Tank, so kommen wir nicht mehr zum Schiff zurück". Mit diesen Worten bog der Fahrer von der Straße ab und fuhr in eine Siedlung. Hier irgendwo besorgte er sich Geld, ob bei Freunden oder bei seiner Familie, das konnte man nicht so richtig feststellen. Dann ging es zur Tankstelle. Doch nun hatten sie den Anschluss an die anderen Busse verloren. Die örtliche Reiseleiterin, sah ziemlich hilflos aus: „Do you know where the other busses have gone?" - Weißt Du, wohin die anderen Busse gefahren sind?
Mein Gott, wer war hier denn der örtliche Reiseleiter? Woher sollte Doro wissen, wohin es nun gehen sollte? Sie kannte doch die Stadt überhaupt nicht. Auf der Programmbeschreibung stand der Besuch eines Museums. Aber welches Museum? Wo lag das Museum? Die Stadtführerin, die keine war, und der Fahrer sahen sich fragend an und beide schüttelten den Kopf. Sie wussten nicht, wohin.
Na dann erstmal in Richtung Hafen. Und so kamen sie auf eine belebte Straße, die von einer Anhöhe in den unteren Teil der Stadt führte. Rechts vorne konnte man in der Ferne den markanten Schornstein der Vassilij Azhajew sehen, und rechts unten lag eine kleine Insel im Meer, auf dieser Insel ein großes neues Gebäude. Ein Steg führte vom Festland zu dieser Insel, und auf dem Steg marschierten lauter weiße Menschen mit blauen Umhängetaschen in Richtung Insel.
Sie waren gerettet. Das konnten nur die Passagiere der Vassilij sein: Weiße Menschen mit den blauen Taschen von Lechak-Reisen.
Das Museum befand sich auf Providence Island, wie die Insel hieß. Hier hatten sich 1822 die ersten frei gewordenen Sklaven aus USA niedergelassen.
Auf ihrer Route lagen noch die kanarische Vulkaninsel Lanzarote, die zu Portugal gehörende Insel Madeira und die marokkanische Hafenstadt Casablanca.

Obwohl diese Westafrikareise total aus dem Rahmen dessen fiel, was man sich unter einer Kreuzfahrt vorstellte, so hatte Dorothee doch etwas ganz Wichtiges gelernt. Viel mehr noch als in Lateinamerika war es hier in Afrika zu spüren: Wie sehr hatten die ehemaligen Kolonialmächte bzw. die weiße Rasse diese Völker, diese Länder geknechtet. Jahrhundertelang wurden sie ausgebeutet, daran gehindert, sich zu entwickeln. Ungebildete Menschen lassen sich eben leichter manipulieren. Ihre Bodenschätze wurden geraubt, Grenzen gezogen, wo und wie es den Kolonialherren gerade gefiel, Stämme in einem Staat zusammengefasst, die nicht zusammen gehörten. Heute noch sprechen sie die Sprache der Kolonialmacht, um sich untereinander verständigen zu können, denn in jedem Staat leben mehrere Stämme mit jeweils ihrer eigenen Kultur, Sprache und Mentalität. Und hier in Westafrika traf es sie am meisten, man nahm sie gefangen und verschiffte sie wie Vieh nach Amerika, um sie dort als Sklaven zu verkaufen. Ein unfassbares Verbrechen an der Menschheit, welch Arroganz der weißen Kolonialherren!

Das Leben an Bord während der Seetage ging seinen gewohnten Gang. Nachdem das Showprogramm im Varietésalon zu Ende war, ging es nach wie vor in die Ucraina-Lounge zu den Sakartvelo. Die Sängerin Nino wurde krank und lag in ihrer Kabine im Bett. Doro, die sich fast wie eine Schwester von Nino fühlte, litt mit ihr. Aber Nino litt unter Übelkeit und Schwindel. Angeblich Blinddarmreizung. Doro machte sich Sorgen und wollte Nino besuchen. Das wurde nicht gerne gesehen, aber es war ihr egal. Stundenlang saß sie nun bei Nino am Bett, da unten in den unteren Decks, schon weit unter dem Wasserspiegel. Nino wohnte in einer Vierbett-Kabine und sie sah gar nicht gut aus. Langsam kam Doro ein Verdacht. Erst bei ihrem dritten Besuch erfuhr Doro die ganze Wahrheit und ihr Verdacht bestätigte sich: Nino war schwanger, und der Vaters ihres Kindes war Paul, der Brite, der im Spielsalon arbeitete, wo die Gäste an Automaten oder bei einem Kartenspiel ihr Glück versuchen konnten. Somit war der Vater des Kindes ein kapitalistischer Feind. Und das durfte keiner erfahren. Nino konnte also nicht sagen, dass sie schwanger war. Sie hatte in sehr jungen Jahren geheiratet, war schon mit sechzehn Jahren Mutter geworden. Ihre Tochter war inzwischen sechs Jahre alt und lebte bei Ninos Eltern. Eines Tages erwischte Nino ihren Ehemann inflagranti mit einer anderen Frau in ihrem gemeinsamen Ehebett. Genug Grund, um sich scheiden zu lassen. Die Jungs der Sakartvelo sollten auch nicht wissen, was der wahre Grund ihres Unwohlseins war. Denn es waren Georgier, die mit ihren machohaften Ideen niemals tolerieren würden, dass sie, Nino, ein Verhältnis mit einem Mann hatte. Dem wirklich sehr sympathischen Arzt an Bord konnte sie sich auch nicht anvertrauen. In der Sowjetunion war eine Abtreibung überhaupt kein Problem. Im Gegenteil, Verhütungsmittel standen nicht ausreichend zur Verfügung. Wurde eine Frau schwanger, so konnte sie problemlos jederzeit abtreiben lassen. In Sotschi hatte Dorothee öfters mitbekommen, dass Frauen sich gegenseitig gefragt hatten, wie oft sie denn schon abgetrieben hätten. Eine schreckliche Vorstellung.

Doch, um an Bord abtreiben zu lassen (was laut Nino oft gemacht wurde), hätte sie sagen müssen, wer der Vater ist. Denn der musste sich dann einer Art Moralpredigt unterziehen. Sie konnte, durfte nicht sagen, wer der Vater war. Sie hätte nie wieder auf einem Schiff arbeiten dürfen, weil sie das getan hatte, was нельзя - nelsja - verboten war, sie hatte persönlichen Kontakt zum kapitalistischen Feind gehabt. Nino blieb nichts anderes übrig, als zu warten, bis die Vassilij Anfang Mai in ihren Heimathafen Odessa kommen würde, um dort dann möglichst gleich abtreiben zu lassen. Ein riskantes Unternehmen, denn ihr lief die Zeit davon. In welchem Monat war sie eigentlich schon?
Somit teilten Nino und Doro nun ein großes Geheimnis miteinander. Ein Geheimnis, das Doro auch nicht ihrem Avtoscha erzählen durfte. Zwar glaubte sie nicht daran, dass er zu denjenigen gehörte, die Nino aus moralischen

Gründen verdammen würden, aber man wusste ja nie! Paul selbst war sehr betroffen von der Geschichte. Er liebte Nino und hätte gerne irgendwo, aber in Freiheit, eine Familie mit ihr gegründet. Wie hatte es aber nur so weit kommen können, dass Nino überhaupt ungewollt schwanger wurde. Ein typischer Fall von Missverständnis, von fehlender Kommunikation. Paul ging davon aus, dass Nino, wie fast alle westlichen Frauen, die Antibabypille nahm. Nino selbst machte sich um Verhütung keine Gedanken. Zugang zur Pille hatte sie nicht.

Als die Vassilij den Hafen von Funchal / Madeira verließ, standen Doro und Nino an Deck und schauten auf die Lichter der Stadt. Nino weinte, und ihre Wimperntusche bester sowjetischer Qualität lief zusammen mit den Tränen die Wangen hinunter. Doro weinte mit ihr. Sie verfluchten die Politik, die ihr Leben so kompliziert machte. So sehr Dorothee Russland und Georgien auch liebte, in diesem sowjetischen System würde sie niemals leben können. Und das war auch ihre Lebenstragödie, liebte sie doch einen Sowjetbürger, den sie nicht lieben durfte. Einen Mann, dessen Ausreisegenehmigung im Mai ablaufen würde, der dann das Schiff verlassen musste. Und wer konnte schon wissen, ob er je wieder eine Genehmigung erhalten sollte, um auf das Schiff zurückzukehren. Wie sollte das nur weitergehen?

Noch aber lief das Leben an Bord seinen gewohnten Gang. Abends gab es, wie auf jeder Reise einmal, einen „Russischen Abend", eine Show, vorgeführt von den Mitgliedern der sowjetsichen Besatzung. Da wurde gesungen und getanzt. Erstaunlich, welche Talente in so manch einem Matrosen, einer Kellnerin oder einem Kabinenmädchen steckte. Ilarion führte, wie schon bei früheren georgischen Abenden in der Ucrainia-Lounge, georgische Tänze auf, tanzte auf den Zehenspitzen, ohne feste Schuhe. Dafür sind die Georgier bekannt. Er zeigte, auch jetzt wie man aus einem Glas trinkt, ohne es mit den Händen zu berühren. Er war es, der den meisten Applaus erhielt.

Die Jungs der Sakartvelo traten als „die besten Sänger der Vassilij Azhajew" auf. Sie sangen fürchterlich falsch und wurden von ihrem Dirigenten, gespielt von Valja, einer nach dem anderen im Raum neben der Bühne „entsorgt", bis auf den letzten Sänger. Der wurde von Avto gespielt. Avto stand zunächst mit zitternden Knien da und hörte, wie gerade wieder einer der Sänger seine Strafe erlitt. Dann aber ließ er sich völlig ruhig von Valja in den Nebenraum ziehen. Diesmal aber kehrte nicht Valja siegreich zurück, sondern Avtoscha kam als Sieger zurück auf die Bühne.

Soso und Avto tanzten auch Ballet, das Hochzeits-Pas-de-deux aus dem 5. Akt des Ballets Don Quichote von León Minkus, wobei der nur 1,60 m große Avto den Mann und die fast 1,90 m große Soso die Frau tanzte. Gegen Ende drehte sich Soso mit ausgestreckten Armen auf der Stelle im Kreis und suchte die Arme seines Partners, der ständig unter seinen Achseln durchlief und seinerseits die Arme der Partnerin suchte. Zum Schluss trug der kleine Avto den langen Soso auf seinen Armen von der Bühne runter. Das führte zu richtiggehenden Lachsalven unter den Passagieren.

Und nachts begann es wieder einmal zu schaukeln. Der Atlantik hatte es eben in sich. Dorothee konnte gar nicht schlafen. Sie hörte immer wieder, wie der eine oder andere Gegenstand umfiel und durch die Kabine rollte. Das Schaukeln wurde stärker und stärker. Wieviel Seegang hatten sie inzwischen schon? Nachts um drei Uhr stand sie auf, um einige der umgefallen Sachen zu retten. Kurz nach sechs Uhr flog dann alles in der Kabine durcheinander. Sie wollte schnell noch wenigstens die Trinkgläser auf dem Tisch in Sicherheit zu bringen. In diesem Moment kam eine Riesenwelle und Dorothee rutschte auf dem Teppichboden entlang in Richtung Badezimmertür. Sie konnte sich nirgends festhalten und trug eine Schürfwunde davon. Sonst passierte nichts. Nach dieser Welle wurde es plötzlich erstaunlich ruhig. Sie kamen in Casablanca an.

Später erfuhr Doro, dass die Einfahrt in den Hafen von Casablanca immer so gefährlich sei, weil es genau hier stets ein oder zwei Riesenwellen gäbe, die die Schiffe durchqueren müssen. Das Hafenbecken war deshalb auch so gebaut, dass es den Schiffen viel Schutz bot.

Der Ausflug führte sie in die Hauptstadt Marokkos, nach Rabat. Wieder hatte Doro Pech mit ihrem örtlichen Reiseführer. Während die anderen Busse viel mehr Orte anfuhren, zum Beispiel auch eine Teppichknüpferei, kamen sie gar nicht mehr dazu, weil ihr „Guide" so schlecht organisiert war. Glücklicherweise gab es keine Beschwerden.

An der Pier stand neben der Vassilij ein anders sowjetisches Schiff, die Bjelorussija (Weißrussland). Sie durften es besichtigen. Im dortigen Salon wurde extra eine „Russische Show" aufgeführt, denn man hatte viele Diplomatische Vertreter aus den verschiedensten sozialistischen Ländern samt ihren Familienangehörigen an Bord eingeladen. Und die Crew der Vassilij durfte ausnahmsweise auch zu Besuch kommen. So herrschte wieder einmal ein reges Hin und Her zwischen beiden sowjetischen Schiffen. Auch die Sakartvelo waren gekommen. Doro setzte sich wie rein zufällig neben Avto. Nach der Show wurden noch viele politische Sprüche losgelassen, das ewige Gerede von Freundschaft, von Solidarität, von den Errungenschaften des Sozialismus und so weiter.

„Siehst Du, ständig sprechen sie über Politik", zischte Doro zwischen ihren Zähnen in Richtung Avto.

„Sei still", zischte Avto zurück, „das dient nur dem Frieden."

„So wird niemals Frieden herrschen. Die Herzen müssen sprechen, nicht die Politik", Dorothee konnte wieder einmal ihre Meinung nicht zurückhalten.

Zwei Tage auf See, durch die Straße von Gibraltar ins Mittelmeer und nach Genua. Hier endete diese Reise und eine neue begann.

Ostern im Atlantik

Seit dem Tod ihrer Mamotschka war Dorothee ständig auf der Suche nach einer Art Ersatzmutter, einer Frau, der sie so wie Charlotte immer alles anvertrauen konnte, ihre geheimsten Gefühle, ihre Sorgen. Jemand, der ihr mit Rat und Tat zur Seite stand, eine mütterliche Freundin.

Es gab eine ganz liebe Frau, die mit Charlotte befreundet gewesen war, Rosemarie Teubert, von allen nur Rosi genannt. Für Dorothee war sie Tante Rosi.

Rosi stammte aus Pommern und war zusammen mit ihrem Mann und ihrer Tochter auch am 22. Oktober 1946 in die UdSSR verschleppt worden. Sie waren allerdings auf der Insel Gorodomlija im Seligersee interniert worden und gehörten zu denjenigen, die 1951, also nach den angekündigten fünf Jahren, in die Heimat zurückkehren durften. Herr Teubert fand Arbeit in Duisburg und kam schließlich zu Telefunken nach Ulm. Er war also ein Kollege von Hartmut, arbeitete jedoch in einer anderen Abteilung. Sie wohnten in einem der drei Hochhäuser auf dem Eselberg. Diese drei Gebäude mit jeweils 15 Stockwerken wurden von der einheimischen Bevölkerung als „Preußen-Silos" bezeichnet, da hier vorwiegend Berliner wohnten, die dort schon bei Telefunken gearbeitet hatten. Die Gebäude gehörten der Stadt Ulm, waren aber von Telefunken für deren Angestellte angemietet worden. Die Balkone dieser Häuser hatten je eine andere Farbe, weshalb man auch oft vom gelben, blauen oder roten Hochhaus sprach. Teuberts wohnten im gelben Hochhaus im 7. Stock in einer kleinen gemütlichen Zweizimmerwohnung. Die Tochter hatte inzwischen Zahnmedizin studiert und eine Praxis in München eröffnet.

Nach 36 Jahren Ehe meinte Herr Teubert eine bessere Frau gefunden zu haben und ließ sich scheiden. Ein schwerer Schlag für Rosi, nicht nur seelisch, sondern auch finanziell, denn sie selbst hatte ja während der Ehe nie gearbeitet. Zumindest musste Herr Teubert Rosi einen Teil seines Vermögens geben, welches sie dann auf der Bank fest anlegte. Von den Zinsen und der monatlichen Zahlung ihres nun inzwischen ehemaligen Mannes lebte Rosi sehr bescheiden, aber immer mit guter Laune.

Für Dorothee war sie die Ersatz-Mutti geworden, und so lag es nahe, dass Dorothee sie einlud, eine Reise mit ihr auf der Vasslij Azhajew zu machen. Dorothee buchte die billigste Innenkabine, doch Rosi konnte natürlich bei ihr in Kabine 488 schlafen. Das war doch selbstverständlich. Hartmut war allerdings der Meinung, dass die gut verdienende Tochter in München auf die Idee hätte kommen können, wenigstens einen kleinen finanziellen Anteil beizusteuern. Schließlich hatte Rosi drei Jahre lang den Enkel aufgezogen, weil die Tochter damals noch studierte und später dann in der Praxis viel zu tun hatte. Nun, Dorothee war eben ein großzügiger und dankbarer Mensch. Sie wusste wahre Freundschaft und Zuneigung zu schätzen. Sie wusste auch, dass man dafür dankbar sein sollte.

Und so kam an diesem Tag Rosi Teubert angereist und richtete sich in Dorothees Kabine ein. Aber sie war nicht der einzige spezielle Gast auf dieser Reise. Es gab noch eine Überraschung: Albert Mayer hatte solche Sehnsucht, Nino wieder zu sehen, dass er kurzerhand auch diese Reise gebucht hatte.

Genau am Ostersonntag das Schiff in Palma de Mallorca und sie konnten dort in der Kathedrale in der Ostermesse sogar die königliche Familie sehen. An Bord gab es zum Frühstück bunte Ostereier und bunte Osterkuchen. Nachmittags erhielt Paul Armour, der Brite, der als Croupier im Spielsalon des Schiffes arbeitete, ein Telegramm seiner Firma aus London. In diesem hieß es, er müsse sofort abreisen und nach London zurückkommen, sein Ersatz sei bereits unterwegs. Der nächste Flug, auf dem er noch einen freien Platz bekam, ging erst am nächsten Morgen. So konnten sie wenigstens noch ein bisschen Abschied feiern. Nino war untröstlich. Paul war doch der Vater des Babys, das in ihr heranwuchs!

Dass dieser seltsame Befehl aus London, der so unerwartet und überraschend kam, eventuell etwas mit der Beziehung Pauls zu Nino zu tun hatte, auf die Idee kam in diesem Moment noch niemand. Den Politoffizieren an Bord konnte es nicht entgangen sein, dass zwischen den beiden etwas war, was nicht den Regeln entsprach. Und warum hätten sie das nicht nach Moskau melden sollen? Auch diese Leute standen unter Druck und erfüllten sozusagen nur ihre Aufgaben.

In den meisten westeuropäischen Ländern hatte man die Sommerzeit eingeführt, außer in Deutschland, denn sonst hätte West-Berlin eine Stunde Zeitdifferenz zu Ost-Berlin gehabt. In Spanien also herrschte Mitteleuropäische Sommerzeit (MESZ), Marokko hatte normalerweise eine Stunde Zeitdifferenz zu Westeuropa, jetzt aber durch die Sommerzeit sogar zwei Stunden. Und so wurde auf dem Weg von Mallorca nach Tanger nachts die Zeit um zwei Stunden zurückgestellt. Das war herrlich. Länger schlafen konnten sie trotzdem nicht, denn dafür wurde gefeiert, waren doch spezielle Gäste an Bord – Rosi und Albert. Nino ging es nicht gut, sie musste sich oft erbrechen. Dass Albert extra ihretwegen diese Reise gebucht hatte, tröstete sie ein bisschen. Aber auch ihm konnte sie ihr Leid nicht anvertrauen. Nach wie vor war nur Dorothee in alles eingeweiht, und litt mit.

Es war schon eine seltsame Reise. Die Sakartvelo konnten abends oft gar nicht spielen, weil ihr Pianist Valja unten im Varietésalon aushelfen musste. Das extra engagierte deutsche Orchester, die Carnevals, waren schon seit der Westafrikareise an Bord. Doch jetzt plötzlich hatten sie ein Problem mit ihrem Pianisten. Er entpuppte sich als äußerst labiler Mensch und als Alkoholiker. Auf der Westafrikareise waren seine Frau und seine kleine Tochter mit an Bord gewesen, doch in Genua verließen beide das Schiff. Von diesem Moment an begann er zu trinken und in betrunkenem Zustand konnte er nicht spielen.

Das Personal in sämtlichen Bars an Bord war angewiesen worden, ihm keine alkoholischen Getränke mehr zu geben. Und nun begann er unter Entzugserscheinungen zu leiden. Kalte Schweißausbrüche und Zittern waren die Folgen. Die Wahrscheinlichkeit, dass er sich etwas antun könnte, vielleicht sogar über Bord springen würde, war groß. Also sperrte man ihn in seiner Kabine ein. Arzt und Stewards kümmerten sich um ihn. Dorothee durfte wieder einmal Krankenschwester spielen. Auch sie sollte ihn betreuen. Zu blöd! Denn gerade jetzt hätte sie bei ihren Sakartvelo sitzen und sich fast ungestört mit ihnen unterhalten können, denn sie mussten zwar in der Ucraina-Lounge anwesend sein, konnten aber nicht spielen, denn ihr Pianist war ja anderweitig eingesetzt.

Stattdessen saß sie stundenlang am Bett des erkrankten Pianisten der Carnevals. Drei Spritzen hatte er schon erhalten und konnte trotzdem noch nicht einschlafen. Er weinte, klammerte sich an Dorothee, hielt ihre Hand ganz fest, so fest, dass es schon anfing weh zu tun. Er klagte sein ganzes Leid, wie sehr er seine Frau, seine Tochter vermisse, dass er ohne diese beiden nicht leben könne, es hier an Bord nicht aushalte ohne seine Familie, dass er doch nicht trinken wolle, alles, alles redete er sich von der Seele und Dorothee hörte einfach zu und streichelte seine Hand. Langsam, sehr langsam beruhigte er sich und schlief endlich ein. Immer noch hielt er ihre Hand so fest, dass sie sich kaum aus diesem Griff befreien konnte, ohne ihn wieder aufzuwecken. Sehr vorsichtig versuchte sie, ihre Hand aus seiner zu lösen, schlich auf Zehenspitzen zur Tür, öffnete diese, huschte hinaus auf den Gang und schloss die Kabinentür wieder ab. Sie meldete an der Information, dem Arzt und dem Leiter des Orchesters, dass Günter, so hieß der Pianist, nun schlief.

Annette Fürst, die Kollegin, die hauptsächlich als Sekretärin eingesetzt war, wurde krank. Wer sollte nun deren Arbeit übernehmen? Natürlich Dorothee. Dass sie gut Schreibmaschine schreiben konnte, hatte sie schon bewiesen, man traute ihr auch zu, das „Kindergarten"-Büro gut zu führen. Das Büro hatte diesen netten Namen von den Reiseleitern erhalten, weil sich in diesem Raum ursprünglich, als die Vassilij noch ein deutsches Schiff war, ein Kindergarten befand, in dem die Passagiere ihre Kinder abgeben konnten, damit sie beschäftigt wurden. Man sprach also nie vom Büro, sondern immer nur vom Kindergarten. Manchmal kam sich Dorothee aber wirklich wie in einem Kindergarten vor. Bei den Besprechungen nämlich, wenn zu viel diskutiert wurde und man ewig nicht zu einem Ende kommen konnte. Toni hatte Urlaub und Sigi war nun Kreuzfahrtdirektor. Das erleichterte die Arbeit ungemein, denn Sigi war längst nicht so launisch wie Toni mit seinem süditalienischen Temperament und zeitweisen Macho-Gehabe. Meist war Dorothee schon mittags mit der Arbeit fertig und überlegte hin und her, ob und was sie wohl vergessen hatte zu tun? Aber nein, nichts hatte sie vergessen. Sie arbeitete einfach durch, ließ sich nicht ablenken und quatschte nicht so viel herum. Vielleicht hatte Annette gar nicht so viel zu tun im Kindergarten wie sie immer vorspielte?

An einem dieser Tage rief Olga von der Information an und schimpfte mit Dorothee, weil sie die Matritze mit dem Programm für den nächsten Tag noch nicht abgegeben hatte. „Es wird höchste Zeit, dass Du das endlich ablieferst, es muss ja schließlich noch gedruckt werden." Dorothee wunderte sich über dieses Verhalten, beeilte sich aber noch mehr und brachte die Matritze schnell hinunter an die Rezeption. Olgas Ton erinnerte an einen Befehl, den es unbedingt zu erfüllen galt.

Überhaupt diese Olga, sie war Dorothee irgendwie suspekt. Ob die nicht auch zu denjenigen gehörte, die Informationen an die Politoffiziere lieferten? Dorothee hatte Olga sehr im Verdacht. Noch suspekter aber erschien ihr Olgas Freund, ein junger, sehr gut aussehender, blonder Offizier mit dem Namen Sergej. Serioscha, wie ihn alle nannten, war sympathisch und an Bord mit all denjenigen befreundet, mit denen auch Dorothee befreundet war. Dazu gehörten die gesamte Sakartvelo-Gruppe, sowie Anna von der Information. Er war immer freundlich, vielleicht ein kleines bisschen zu freundlich. Jedenfalls fühlte sich Dorothee in seiner Gegenwart nie so richtig wohl, und ihr Gefühl täuschte sie selten.

Die Vassilij kam nach Tanger, wo es Schwierigkeiten mit den Ausflügen gab. Viele wichtige Straßen waren gesperrt. Es gab ein Radrennen und der Verkehr wurde deswegen umgeleitet. Die Passagiere trugen es mit Geduld.

Die starke Dünung vor Casablanca fiel diesmal aus. Die Vassilij schaukelte kaum, nichts flog durch die Kabine und Dorothee schlief tief und ruhig, wachte erst auf, als die Vassilij schon an der Pier festmachte. Der alkoholkranke Pianist verließ hier das Schiff und musste nach Deutschland zurückfliegen. Von nun an war Valja fest eingeplant als Pianist der Carnevals und konnte den Rest der Reise über gar nicht mehr mit den Sakartvelo spielen. Diese stellten wohl oder übel ihr Programm etwas um und spielten nun vorwiegend Jazz, so improvisiert, dass das Klavier nicht unbedingt gebraucht wurde. Und wenn Sigi besonders gut drauf war, setzte er sich zu den Sakartvelo und spielte auf der Bassgitarre mit. Früher hatte Sigi selbst in einer Band gespielt. Er hatte Talent.

Der Ausflug führte sie diesmal nach Marrakesch. Dorothees Bus fuhr hinter dem Bus her, in dem ihr Kollege Uwe saß. Und so bekam sie genau mit, wie dessen Busfahrer bei Rot über die Kreuzung fuhr und einen Motorradfahrer erfasste, der aber Gott sei Dank nicht schwer verletzt wurde. Dennoch dauerte es über zwei Stunden, bis die Polizei alles aufgenommen und registriert hatte und der Bus endlich weiterfahren konnte. Dorothee war froh, einen sehr umsichtigen, vorsichtigen und sehr viel verantwortungsvolleren Fahrer zu haben. Für einen Ganztagesausflug sind zwei verlorene Stunden sehr viel.

Marrakesch war wie ein wahres Märchen aus Tausend und einer Nacht, die schmalen Gassen, der Duft nach Gewürzen, das bunte Treiben überall. Doch am meisten versetzt in eine Märchenwelt fühlte man sich auf dem Platz der

Gaukler – Djemaa El Fna, dessen Wahrzeichen das 60 Meter hohe Minarett der Kontubia-Moschee war. Hier begann das Treiben aber erst gegen Abend. Feuerschlucker, Schlangenbeschwörer, Musikanten, Händler, Bettler, Märchenerzähler, die typischen Wasserträger mit ihren Kanistern auf dem Rücken, ein unglaublich buntes Treiben, das am späten Nachmittag begann und sich bis tief in die Nacht fortsetzte. Doch so lange konnten sie ja leider nicht bleiben. Ehe der Bus abfahren konnte, spritzte Dorothee noch schnell einer an Diabetes erkrankten Passagierin Insulin.

Sie mussten wieder nach Casablanca zurück und das Schiff noch rechtzeitig vor dem Auslaufen um Mitternacht erreichen. So erlebten sie den Sonnenuntergang auf der Rückfahrt, ein rotgoldener Ball tief am Himmel, der sich schnell dem Horizont näherte und allzu schnell im Meer versank. Schon war es dunkel. So weit im Süden gibt es eben kaum eine Dämmerung.

Hin und wieder wollte man natürlich zu Hause anrufen. Das war nicht so einfach. Ein Gespräch musste oben in der Funkstation angemeldet werden. Die dort arbeitenden Offiziere versuchten dann Kontakt mit Radio Norddeich an der Nordsee aufzunehmen. Radio Norddeich wiederum rief daraufhin den Gesprächspartner in Deutschland an und versuchte, das Gespräch mit dem Schiff zu verbinden. Man musste solange in der Kabine warten, denn die Funkstation stellte das Telefonat direkt durch. Das alles konnte aber einige Stunden dauern. Es war gut, wenn man den Funkern an Bord immer genau sagte, wo, in welchem Raum man sich befand, damit sie einen nicht erst suchen mussten.

Avtandil war nicht nur ein hervorragender Musiker, er hatte auch eine sehr geschickte Hand für allgemeine Reparaturen. Dorothees neuer Radio-Kassettenrecorder funktionierte nicht mehr, Avtandil reparierte ihn. Die Filmkamera gab auch den Geist auf, Avtandil reparierte sie.

Die nächsten Reiseziele waren die Kanarischen Inseln. Sie kamen nach Santa Cruz de Tenerife. Während Tante Rosi mit auf einen Ausflug geschickt wurde, hatten Albert Mayer und Dorothee ganz andere Pläne. Sie wollten sich, illegalerweise sozusagen, mit Nino und Valja treffen. Wie immer, durften die Crewmitglieder auch hier nur in Gruppen von vier Personen von Bord gehen und einer dieser vier war dafür verantwortlich, dass sie alle wieder rechtzeitig zurück an Bord kamen, oder sollte man eher sagen, sie waren verantwortlich, dass alle vier überhaupt wieder an Bord zurückkamen. Wie groß die Angst war, irgendeiner hätte auf die Idee kommen können, in einem dieser Hafenstädte bleiben zu wollen und um politisches Asyl zu bitten.

Albert und Dorothee standen an Deck und beobachteten, wer die Gangway hinunter an Land ging. Als sie Nino und Valja mit den anderen beiden ihrer Viergruppe entdeckten, warteten sie ein Weilchen und gingen schließlich auch an Land. Schnellen Schrittes folgten sie den beiden, die sich zwischenzeitlich von den zwei anderen getrennt und mit ihnen einen Zeitpunkt und einen Ort vereinbart hatten, wann und wo sie sich wieder treffen wollten, um dann gemeinsam an Bord zurückzugehen.

Dorothee kam ganz schön ins Schnaufen, so schnell ging sie, aber laufen wollte sie nicht, das wäre ja auch aufgefallen. Außerhalb des Hafengeländes holten sie Nino und Valja ein, machten dem nächsten vorbeifahrenden Taxi ein Zeichen. Schnell einsteigen und weg. Sie fuhren nach Puerto de la Cruz, ungefähr 45 Kilometer entfernt. Hier waren sie sicher, hier sollte sie doch hoffentlich keiner beobachten können. Sie kamen am Flughafen vorbei, hatten einen herrlichen Blick auf den mit Schnee bedeckten 3.500 m hohen Vulkan Teide. Unter ihnen lag Puerto de la Cruz. Bis sie dort ankamen, war es fast schon 11.00 Uhr, es blieb ihnen nicht mal eine ganze Stunde Zeit, dann musste das Taxi sie schon wieder zurückfahren, denn Nino und Valja sollten sich um 12.00 Uhr mittags mit dem „Gruppenverantwortlichen" in Santa Cruz treffen, um dann gemeinsam gegen 12.30 Uhr zurück am Schiff zu sein. Gerade mal eine Tasse Kaffee konnten sie sich gönnen. Momente, die dennoch in der Erinnerung fest haften blieben, denn sie waren selten, waren besonders.

Der Verkehr hatte stark zugenommen, das Taxi brauchte viel zu lange. Erst um 12.20 Uhr waren sie an der vereinbarten Stelle, keiner da. Die anderen beiden hatten das Warten wohl aufgegeben und sich zu Fuß in Richtung Hafen aufgemacht. Oje, da spazierte ja der Politoffizier Oleg die Straße entlang. Gerade noch rechtzeitig konnten Nino und Valja sich im Taxi bücken. Oleg nahm nur Albert und Dorothee wahr und winkte ihnen freundlich zu. Das Taxi musste an einem Ort halten, an dem keiner vom Schiff zu sehen war. Schnell bezahlte Dorothee den Fahrer, Albert und sie stiegen aus, und das Taxi fuhr mit Nino und Valja in Richtung Hafen los. Unterwegs entdeckten sie die beiden anderen ihrer Gruppe. Und so stiegen Nino und Valja hier aus und spazierten gemütlich mit ihrer Gruppe zum Schiff.

Puuuh, das war noch einmal gut gegangen. Dorothee machte sich schon Vorwürfe. Sie hätte sich nie verzeihen können, wenn ihre Freunde unter Problemen oder gar Strafen hätten leiden müssen, falls man entdeckt hätte, dass sie sich privat mit dem kapitalistischen Feind getroffen hatten.

Im Hafen bot sich Dorothee ein schönes Bild an, drei sowjetische Kreuzfahrtschiffe standen hintereinander an der Pier, die Belorussija, deren Schwesternschiff Grusija und ganz vorne die Vassilij Azhajew.

Wenn es irgendwie möglich war, so stand Dorothee immer oben an Deck, wenn die Vassilij aus einem Hafen auslief. Es war jedes Mal ein schöner und gleichzeitig auch wehmütiger Moment. Menschen standen unten an der Pier und winkten. Man winkte von Bord zurück. Das neben Vassilij so klein wirkende Lotsenboot begleitete das Schiff bis ins freie Gewässer. Dann ging der Lotse von Bord, das Lotsenboot kehrte zurück in seinen Hafen und hupte, meist mit hoher und schwacher Stimme. Vassilij antwortete majestätisch, laut und weithin hörbar.

Jeder Tag, der verging, brachte sie ein Stückchen näher heran an jenen Tag, an dem es nun bald heißen würde, für immer Abschied zu nehmen. Das Ausreisevisum der Sakartvelo lief Anfang Juni ab. Laut Plan sollten sie in Odessa aussteigen, wenn die Vassilij bei der zweiten Reise durch das östliche Mittelmeer dort anlegen würde. Noch versuchten sie beide, Dorothee und Avtandil, nicht daran zu denken. Sie wussten, die Zeit konnten sie nicht aufhalten, sie konnten nur jeden Moment, jede Stunde, jede Sekunde ganz tief in ihrer Seele aufnehmen und dort fest vergraben, nie mehr loslassen. Wussten sie beide doch nicht, ob es jemals ein Wiedersehen geben könnte.

So saß Dorothee an jenem Abend wieder oben in der Ucraina-Lounge und machte Tonbandaufnahmen von ihren Lieblingen, den Sakartvelo. Im Varietésalon spielten die Carnevals heute nicht, Valja war also heute hier und konnte mit den Sakartvelo musizieren.

Sie spielten all die Stücke, die Dorothee unbedingt auf Tonband haben wollte. Dazu gehörte das von ihnen viel zu schnell gespielte „Arrivederci Roma", der von Valja in rasender Geschwindigkeit gespielte „Türkische Marsch" von Mozart, dazu gehörte ‚People who need people", das Nino fast so wunderschön singen konnte wie Barbara Streisand in dem Musical „Funny Girl". Und dazu gehörte auch „Ein Schiff wird kommen, und das bringt mir den einen, den ich so lieb wie keinen und der mich glücklich macht" aus dem Film „Sonntags nie". Dorothee hatte für sich den Text einfach umgewandelt:"Ein Schiff ist gekommen, und das brachte mir den einen, der mich so liebt wie keine und der mich glücklich macht." Es passte so genau.

„Doritschka, komm mit", Nino machte Dorothee ein Zeichen. Sie rannte aus der Ucraina-Lounge in Richtung Toilette, Doro hinterher. Nino musste sich übergeben. Oje, diese Schwangerschaft. Wie lange konnte man die noch verheimlichen? Ninos Abendkleider saßen so hauteng, den langsam wachsenden Bauch sah man schon. Ein Schwangerschaftsbauch hat eine besondere Form, geübte Augen erkennen sofort, was los ist. Und es gab eine Menge geübter Augen an Bord der Vassilij!

Zwei Wochen nach Ostern waren sie in Funchal auf Madeira. Es war orthodoxes Ostern und einige unter der Besatzung feierten dies mit „армянский чай" – armjanskij Tschai - armenischem Tee, womit der armenische Kognak gemeint war. „Кристус воскрес" – Kristos voskres – Christus ist erstanden, sagten sie zueinander und küssten sich dann zweimal, je ein Kuss auf eine Wange. Obwohl Lenin gesagt hatte „Religion ist Opium für das Volk", die Religion ließ sich nicht aus den Herzen der Menschen hinausprügeln.

Die für Madeira typische und einmalige Fahrt mit den Korbschlitten herunter vom „Monte", musste man einmal gemacht haben. Dorothee saß mit Tante Rosi in einem Schlitten. Sie ließen sich durchschütteln, der Korbschlitten sauste über das Kopfsteinpflaster, gesteuert von zwei Männern, die sich auf die Schienen des Schlittens stellten. Zum Bremsen sprangen sie vom Schlitten ab und stoppten ihn mit Seilen, dann schoben sie den Schlitten wieder an, und sobald er in Fahrt war, sprangen sie wieder auf die Schienen auf. Es war eine sehr lustige Angelegenheit. Auf halbem Weg fuhren sie sogar an einer Kneipe vorbei, dem „Half Way Inn", der Halbe-Weg-Bar.

Den nächsten Galaabend nutzte Dorothee und bat den Bordfotografen, endlich ein offizielles Foto von Avtandil und ihr zu machen. Sie trug ihr langes Abendkleid aus indischer Seide, in rosa Farbe. Sie hatte es in Bombay gekauft, an jenem Tag, an dem ihr abends im Taj Mahal Hotel die Handtasche gestohlen worden war. Die beiden stellten sich vor dem Varietésalon im Treppenhaus hin. Es entstand ein schönes Foto von einem schönen Paar, dem man ansah, dass sie sich liebten. Ein Foto, das jeden von ihnen durch das ganze Leben begleiten sollte, eine Erinnerung an unvergessliche Momente und eine unvergessliche Liebe.

Von Madeira ging es nach Lissabon, dieser alten und gleichzeitig modernen schönen Stadt am Fluss Tejo. Eine Stadt voller freundlicher, hilfsbereiter Menschen, eine Stadt, in der es sich zweifellos gut leben ließ. Dorothee verbrachte den Tag mit Tante Rosi und Albert Mayer. Sie bummelten durch die Altstadt, fuhren mit den uralten Aufzügen von der unteren Stadt hinauf in die Oberstadt. Sie fuhren mit einer der alten Straßenbahnen durch die Altstadt und amüsierten sich über die alten grünen Doppeldeckerbusse. Überall hingen Plakate. Gerade war in Portugal gewählt worden. Die Sozialdemokraten hatten gesiegt, Kommunisten und vor allem Faschisten hatten große Verluste hinnehmen müssen. Portugal war auf einem guten Weg angekommen.

Wenn man auf einem großen Schiff hier ankommt oder abends dann wieder ausläuft, es ist immer wieder ein ganz besonderes Ereignis. Der Blick auf die große Christus-Statue, die der Statue auf dem Corcovado in Rio de Janeiro als Vorbild diente, auf der einen Seite, und das Denkmal der Eroberer, darunter besonders erwähnt Vasco da Gama, daneben der Torre de Belém, der Bethlehem-Turm auf der anderen Seite des Tejo. Man freute sich immer, wenn man hier ankam, und der Abschied fiel immer schwer.

Obwohl sie nach Osten fuhren, wurde nachts wieder eine Stunde zurückgestellt, der nächste Hafen war Gibraltar, und dort war die gleiche Zeit wie in Großbritannien. Doch als sie dort ankamen, mussten sie feststellen, dass selbst auch in Gibraltar Sommerzeit herrschte und prompt wurden die Uhren an Bord wieder eine Stunde vorgestellt. Das war besonders schön, denn so war die Nacht eine Stunde länger, am Tag musste man eine Stunde weniger arbeiten.

Auch an diesem Tag stand Dorothee an Deck und beobachtete das Einlaufen in den Hafen. Der Blick auf den Felsen von Gibraltar, welch erhabenes Gefühl! Für die Ausflüge wurden Taxis benutzt, denn es gab nur Busse für den öffentlichen Verkehr in diesem winzigen Staat. Die Grenze zu Spanien war nur ein paar Hundert Meter entfernt. Dazu mussten sie mit den Taxis über die Start- und Landebahn des Flughafens fahren. Und da stand Dorothee nun und schaute hinüber nach Spanien. Warum musste diese Grenze hier auch so hermetisch abgesperrt sein, fast so wie die zwischen den beiden Deutschen Staaten? An ihrem Geburtstag vor einem Jahr war sie auf der anderen

Seite gestanden. Das war während des Ausfluges, den sie zu ihrem Geburtstag mit Hartmut, einer Kollegin und deren Mutter bis nach Cadiz gemacht hatte. Damals standen dort neben ihr ein paar Menschen, die anderen Menschen drüben auf der Gibraltar-Seite etwas zuriefen und versuchten, sich zu unterhalten. Auch hier getrennte Familien, die sich nicht besuchten durften, die sich nur an der Grenze treffen konnten. So, wie es noch in der ersten Zeit nach dem Bau der Berliner Mauer dort auch noch möglich gewesen war. Warum all dies? Nur weil ein paar Politiker meinen, ihre Interessen wären wichtiger als die Menschlichkeit.

Hier in Gibraltar sprachen die Leute Englisch und Spanisch durcheinander, meist alles in einem Satz vermischt. So etwas faszinierte Dorothee immer, gelebte Sprachenvielfalt. Das Taxi brachte sie zur Ostseite des Felsens. Dort gab es eine große Betonwand, die so konzipiert worden war, dass das Regenwasser hier herablaufen und sich in einer Rinne unten sammeln konnte. So ließ sich etwas Trinkwasser ansammeln. Denn Gibraltar bekam sein Trinkwasser normalerweise per Tankschiff aus Portugal geliefert. Die Beziehungen zu Spanien waren 1976 immer noch eisig. Diktator Franco war erst im November des Vorjahres gestorben.

Dann ging es zum südlichsten Punkt, einem Leuchtturm. Drüben auf der anderen Seite des Meeres war Afrika ganz genau zu erkennen. Die Stadt Ceuta, die spanische Exklave, konnte man an den vielen hellen Punkten, den weißen Häusern gut erkennen. Es ging zu einer Tropfsteinhöhle, die sie besichtigten, innen erklang klassische Musik, Ein besonders schöner Klang in dieser Höhle. Und dann kam die eigentliche Attraktion Gibraltars. Die Fahrt hinauf auf den Affenberg, hinauf zum Felsen von Gibraltar, wo die einzigen frei lebenden Affen Europas leben. Fett und voll gefressen waren sie, verwöhnt von all den Touristen und ziemlich frech. Man hatte seinen Spaß mit den zutraulichen Tieren, die so unschuldig blicken konnten. Von hier oben war der Blick nach Afrika noch schöner. Und auf der gegenüberliegenden Seite landete auf der kurzen Piste des winzigen Flughafens gerade eine Maschine.

Noch blieb Dorothee etwas Zeit, selbst einiges von Gibraltar zu erkunden. In der Post wechselte sie ein paar D-Mark in englische Pfund und kam dabei ins Gespräch mit dem Angestellten. Sie sprachen über die Russen. Dorothee erklärte, dass sie die Russen liebe, das russische Volk, aber die Regierung nicht. Er meinte nur, er hasse die Spanier nicht, nur deren Regierung. Ja, die Lage hier ähnelte in gewisser Weise der Lage am Eisernen Vorhang.

In einem Café traf sie ihre Kollegen Herbert, Jeanette und Ursula, die fleißig dabei waren, Hunderte von Postkarten ihrer Passagiere mit Briefmarken zu bekleben und sie noch rechtzeitig zum Postamt zu bringen. Dorothee aber spazierte weiter durch die Hauptstraße, vorbei am Gouverneurshaus mit der Wache davor, vorbei an Geschäften, Polizisten, die wie Londoner Bobbys aussahen bis zur Talstation der Seilbahn. Hinauf ging es auf den Felsen. Ganz nach oben, noch über dem Felsen der Affen. Dort oben war es kühl und windig. Aber welch unbeschreibliche Aussicht: Afrika zum Greifen nahe. Die

Häuser von Ceuta wirkten noch näher, das Meer war tiefblau, die Schiffe und Fähren fuhren wie Spielzeuge zwischen den beiden Kontinenten hin und her, über der Bucht von Algeciras schien die Sonne, die Häuser des spanischen La Linea de la Concepción gleich jenseits der Grenze blitzten weiß. Und dann die Costa del Sol, ganz deutlich zu erkennen: Estepona, Marbella, ja sogar Torremolinos und im Dunst konnte man sogar etwas von Málaga erahnen. Die mit Schnee bedeckten Berge der Sierra Nevada ganz deutlich am Horizont. Schade, dass Doro schon bald wieder zurückfahren musste.

Auslaufen um 21.00 Uhr, die Lichter von Gibraltar leuchteten zum Abschied, wie sie ihr schon so oft geleuchtet hatten, wenn sie hier vorbeigefahren war. Auch am 26.01.75 als sie zwischen Algeciras und Tarifa auf die vom Mond beschienene Straße von Gibraltar blickte und dieser Eindruck sie überwältigte. Auf der afrikanischen Seite die Lichter von Ceuta ganz klar zu erkennen.

Nur noch die spanische Stadt Valencia lag auf ihrer Route, bald schon sollten sie wieder in Genua sein. Rosi und Albert mussten dann von Bord gehen. Wieder so ein schreckliches Abschiednehmen! Ach ja, der gute Albert; er war ja so verliebt in Nino. Er verglich sie immer mit der bekannten Sängerin Vicky Leandros. Und ja, Nino hatte durchaus eine gewisse Ähnlichkeit mit ihr, die langen dunklen Haare, das Gesicht, ihre Haltung beim Singen und sogar die Stimme. All die Zuneigung, die Nino Albert entgegenbrachte, interpretierte er als Liebe, die sie für ihn empfand. Er, der schon 57 Jahre alt war, und sie, erst 23 Jahre alt. Das passte doch irgendwie überhaupt nicht zusammen. Merkte Albert denn gar nichts, merkte er nicht, dass Nino schwanger war? War es seine Verliebtheit, die ihn blind machte, oder waren Männer im Allgemeinen blind für solche Details? Dorothee jedenfalls brachte es nicht über das Herz, Albert auch nur anzudeuten, dass Ninos Herz für jemand ganz anderen schlug, für jemanden, der das Schiff hatte verlassen müssen, dass sie dessen Kind unter ihrem Herzen trug. Nein, Dorothee brachte es nicht über das Herz, Albert dermaßen zu enttäuschen und ihm klar zu machen, dass er für Nino nur so etwas wie ein guter väterlicher Freund war.

Sie feierten Abschied, oben in der Ucraina-Lounge, tanzten den Kasatschok nach dem Lied „Materi Katjuscha" zusammen mit anderen Gästen und später ging die Party weiter, in Dorothees Kabine. Dass Avtandil dann auch noch auf Valja eifersüchtig wurde, das war für Doro doch zu viel. Das hatte gerade noch gefehlt, Avtandil schlechter Laune! So ein Blödsinn, Valja war für sie nur ein guter Freund. Na ja, der gute Avto beruhigte sich dann wieder und sah ein, dass er Doro Unrecht getan hatte. Schade, dass die wenigen Tage, die ihnen noch blieben, durch derartige Szenen verdunkelt wurden.

Sie kamen in Genua an, mit ihnen standen insgesamt acht Kreuzfahrtschiffe im Hafen, darunter vier sowjetische, die „Litva", die „Aserbaidschan", die „Belorussija" und die „Vassilij" – was für ein Anblick! Hartmut wartete unten an der Pier. Er holte Tante Rosi ab und nahm all die Souvenire mit, die Dorothee in der Zwischenzeit schon wieder angehäuft hatte. Wenn sie so weitermachte, würde sie eines Tages eine sehr große Wohnung benötigen, um all diese Dinge auch so ausstellen zu können, dass sie zur Geltung kommen konnten. Tonis Urlaub war zu Ende, er kam wieder an Bord. Das leichtere Leben mit Sigi als Chef war vorüber. Es fehlten nur noch zwei Reisen bis zur Trennung von Avtandil. Die dunkle Wolke am Horizont kam immer näher, viel zu schnell.

Östliches Mittelmeer

Die nächste Reise führte sie nun in den östlichen Teil des Mittelmeeres und ins Schwarze Meer, ihr Meer. Wenn man auf einem Schiff über die Meere schipperte, rundum nichts weiter als das Meer, Wasser bis zum Horizont, da war es doch eigentlich ganz egal, auf welchem Meer man war, oder? Oh, nein, ganz und gar nicht. Jedes Meer hat seinen eigenen Charakter, seine eigenen Farben und seine ganz eigene Stimmung. Dorothee freute sich, wieder ihr heimatliches Meer erleben, spüren zu dürfen.

Endlich durfte Dorothee bei der Einschiffung auch etwas anderes machen, als immer nur an der Information zu stehen und all die vielen Fragen der Passagiere beantworten zu müssen. Es war doch jedes Mal mehr oder weniger das Gleiche. Heute sollte sie die Pässe einsammeln und kontrollieren, ob jeder Passagier auch das entsprechende Visum für den geplanten Aufenthalt in Odessa hatte. Die Visa für die UdSSR wurden immer nur für einen oder mehrere bestimmte Orte ausgestellt, wobei dann auch noch festgelegt war, wann man an welchem Ort zu sein hatte. Nur, wenn der Aufenthalt unter 24 Stunden lag, dann konnten die Passagiere eines Schiffes auch ohne Visum, nur mit einem Ausweis vom Schiff an Land gehen, allerdings nur in Gruppen.
Dorothee stand oben an der Gangway, begrüßte jeden Gast einzeln und nahm die Pässe entgegen. Plötzlich standen ein paar Leute vor ihr, die sie von irgendwo her kannte. Ein Schrei von diesen: „Das ist ja Dorothee". Es waren die Bachmann-Singers, die sie aus ihrer Zeit in Torremolinos her kannte, eine Familie, die als musikalische Gruppe auftrat, mit Gesang für gute Unterhaltung der Gäste sorgte. Dass sie nun eine Reise lang mit an Bord sein würden, war eine große Freude, sowohl für die Bachmanns als auch für Dorothee. Und sofort hatte Dorothee einen ganz anderen Gedanken noch. Sie musste unbedingt Avtandil und die Bachmanns miteinander bekannt machen. Sollte es jemals gelingen, dass Avtandil offiziell in der Bundesrepublik Deutschland leben könnte, dann brauchte er Arbeit als Musiker. Es war immer gut, wenn man dann Beziehungen hatte.
Abends verließen sie Genua, Unten an der Pier standen Albert Mayer, Rosi Teubert und Hartmut und winkten zum Abschied. Ein neues Abenteuer begann.

Schon nach zwei Tagen gab es mal wieder einen "Freundschaftsabend" im Restaurant Jalta. Diese Abende hatten meist eine sehr seltsame Atmosphäre. Die Besatzungsmitglieder durften feiern, manchmal sogar oben in der Mondscheinbar tanzen, zusammen mit Gästen und den Reiseleitern, und dennoch war ein echter zwischenmenschlicher Kontakt nicht wirklich gewünscht. Es war eine heuchlerische Angelegenheit, und Dorothee tat es immer Leid in ihrer Seele, dass diese so sehr propagierte Freundschaft nur eine politische Demonstration und in Wahrheit unerwünscht war. An diesem Abend im Restaurant Jalta wurde aber besonders gefeiert. Es war 1. Mai, Tag der Arbeit, in der Sowjetunion ein besonders großer Feiertag. Und somit trug eine der Stewardessen ein Gedicht von Wladimir Wladimirowitsch Majakowskij vor: „Советский паспорт" – sovjetskij pasport – sowjetischer Pass. Dieses Gedicht war so sehr „sowjetisch", so sehr politisch, dass selbst einige der Offiziere die Augen verdrehten. Musste ausgerechnet dieses Gedicht heute hier vorgetragen werden, wo doch auch andere – „kapitalistische" Gäste unter ihnen waren. Die Stewardess trug das Gedicht, in dem ausgedrückt wird, wie stolz man ist, den geliebten roten, den sowjetischen Pass zu besitzen und Sowjetbürger sein zu dürfen, sehr salbungsvoll vor.

Die verbotene Liebe, die Dorothee und Avtandil füreinander empfanden, war harten Proben unterstellt. Kein Wunder, dass es zu einer Krise kam. Einerseits war Avtandil eifersüchtig auf Valja, so sehr, dass er sich sogar einmal weigerte Schlagzeug zu spielen. Wie aber sollten die Sakartvelo ohne einen Schlagzeuger auftreten? Andererseits versuchte jeder von ihnen auf seine Art, sich diese Liebe aus dem Herzen, aus der Seele zu reißen. Sie wussten, dass die Trennung mit großer Geschwindigkeit immer näher rückte, dass es kaum eine Hoffnung gab für eine gemeinsame Zukunft, nur der kleine Hoffnungsschimmer am Horizont, dass sie sich beide im Dezember wieder zur nächsten Saison auf der Vassilij treffen könnten. Doch je mehr Menschen mitbekamen, dass diese beiden Personen sich zu nahe gekommen waren, desto weniger wahrscheinlich wurde eine Rückkehrmöglichkeit, zumindest für Avtandil, der ja strikten Regeln unterlag. Wer Liebe sucht, muss viel verstehen und viel verzeihen, aber er ist nie mehr allein. Dorothee war es trotzdem.

Eines Abends ging Dorothee zufällig am Kaukasus-Club vorbei und hörte, dass dort einer der Passagiere auf dem Klavier gerade ihre Lieblingslieder spielte: „Immer nur lächeln, immer vergnügt, immer zufrieden, wie' s immer sich fügt. Lächeln trotz Weh und Tausend Schmerzen, doch wie's da drinnen aussieht, geht niemand was an".

Sie öffnete die Schwingtür und ging ganz leise in den Raum, setzte sich auf eines der dort stehenden Sofas und hörte der Musik zu, träumte ein bisschen. Auch das Lied aus der Operette „Der Zarewitsch": Hast Du dort droben vergessen auf mich, es sehnt mein Herz auch nach Liebe sich..." spielte der Gast. Und dann „Deine Liebe, meine Liebe, die sind beide gleich, jeder Mensch hat nur ein Herz und nur ein Himmelreich".

Ihr Himmelreich war Avtandil.

Die Vassilij fuhr in den Hafen von La Valetta, der Hauptstadt des Inselstaates Malta, ein. Welch faszinierender Anblick dieser Stadt. Sie standen mitten in der Stadt und doch mitten auf dem Meer, ein großer natürlicher Hafen. Unzählige Antennen sah man auf den Häusern. Malta liegt ziemlich genau zwischen Europa und Afrika, hier kann man Sender aus Mittel- und Südeuropa sowie aus Nordafrika empfangen und dazu braucht man gute Antennen. Dorothee begleitete den Ausflug zur Inselrundfahrt. Malta konnte man mit keiner anderen Insel, mit keinem anderen Land vergleichen. Es hat eine eigene Geschichte, geprägt von seiner Lage so mitten im Mittelmeer zwischen den Kontinenten.

Das Einkaufen ging weiter. Dorothee kaufte sich einen Türklopfer aus Messing mit dem typischen Malteserkreuz. Man konnte ihn an der Wohnungstür anbringen, Besucher konnten dann anklopfen, statt läuten. Er sollte eines Tages die Tür ihrer zukünftigen Wohnung verschönern. Wieder zurück auf der Vassilij, ging Dorothee nach oben an Deck, um das beeindruckende Panorama in sich aufzunehmen. Abends saß sie, wie meist, in der Ucraina-Lounge bei ihren Sakartvelo. Diesmal saß dort aber einer der Mechaniker, obendrein auch noch angetrunken. Er wollte Dorothee in ein politisches Gespräch verwickeln. Das war viel zu riskant. Wieso durfte sich ein Mechaniker plötzlich problemlos in den Räumen aufhalten, die ausschließlich für die Passagiere vorgesehen waren und wo sonst sich höchstens noch die Reiseleiter, einige Offiziere und das in diesen Räumen arbeitende Personal aufhalten durften? Das war sehr verdächtig.

Jeanette, Dorothees Kollegin und Kabinennachbarin, wurde immer seltsamer. Sie verhielt sich sehr eigenartig. Schließlich gab Jeanette bekannt, sie habe mit Toni gesprochen und sie seien übereingekommen, dass Jeanette am Ende der Reise die Vassilij in Genua verlassen werde. Sie halte es schlichtweg nicht mehr aus auf der Vassilij. Schiffskoller? Oder was war los mit Jeanette? Sie fing während der Weltreise an, diese Veränderung.

Jeden Abend wollte Dorothee nun bei den Sakartvelo in der Ucraina-Lounge so nah wie möglich bei ihrem Avtoschenka sein. Sie hätte diese Stunden voll genießen sollen, doch sie wurde immer trauriger. Avto sah es mit Sorge. Er nutzte eine Pause und rannte in seine Kabine, kam wieder und überreichte Doro eine kleine russische Puppe aus Holz, die einen Teller in den Händen trug: „Damit Du nicht mehr traurig bist," sagte er und gab seiner Doro einen Kuss auf die Stirn. Dieses kleine Geschenk sollte sie durch ihr ganzes Leben hin begleiten und sie immer daran erinnern, dass es jemanden gab, der sie wahrhaftig liebte.

An einem dieser Abende war sie so müde, dass sie sich schon sehr früh ins Bett legte. Den Wecker stellte sie auf 22.00 Uhr, dann würde noch Zeit sein, mit den Sakartvelo ein bisschen Zeit zu verbringen. Als sie aufwachte war es 2.30 Uhr nachts. Der Wecker hatte nicht geläutet. Nun war es zu spät, ihren Avtoschenka noch zu sehen. Sie waren alle schon im Bett. Dorothee begann fürchterlich zu weinen. An Einschlafen war nicht zu denken, sie wälzte sich heulend im Bett herum, wurde immer unruhiger. Schließlich zog sie sich etwas über und ging an Deck, eine ganze Stunde, von halb fünf bis halb sechs Uhr morgens verbrachte sie an der frischen Luft, lauschte dem Geräusch der Schiffsmotoren, dem Rauschen des Meeres, verursacht durch die Vassilij, die sanft über das Wasser glitt und mit ihrer Schiffsschraube das Wasser aufwirbelte. Über ihr der Sternenhimmel. Es war beruhigend. Ihre Gedanken ordneten sich wieder, die Seele hörte auf, Purzelbäume zu schlagen und Dorothee konnte in ihre Kabine zurückkehren und noch ein bisschen weiterschlafen.

Der nächste Hafen war Alexandria. Wieder in Ägypten. Der Agent, Hassan, hatte sich für heute etwas Besonderes ausgedacht. Für jede Dame aus der Gruppe der Reiseleiter gab es einen Rosenstrauß. Hassan war eben ein liebevoller, wunderbarer Mensch. Dorothee begleitete die Stadtrundfahrt und abends saß sie wieder in der Ucraina-Lounge bei den Sakartvelo. Es waren kaum Passagiere in der Lounge. Dafür aber waren die Bachmann-Singers hier oben. Und ganz spontan begannen sie mit den Sakartvelo zu spielen. Nino sang Cabaret, Night time, People who need people und die Sakartvelo spielten „Take five", das Dorothee immer als "Take chuti" bezeichnete, denn "chuti" heißt auf Georgisch "five" – fünf. Avtoschas Schlagzeugsolo war heute noch feuriger als sonst. Zweimal flog ihm einer der Schlagstöcke aus der Hand und sauste bis auf die Bühne, aber er griff so schnell nach einem neuen Stock, dass er normal weiterspielen konnte.
Am nächsten Tag stand der Ausflug nach Kairo auf dem Plan. Dorothee begleitete auch dieses Mal einen der Busse. Heute hatte sie die Gelegenheit, sogar in das Innere der Chefren-Pyramide zu gehen. 4.000 Jahre alte Steine um sie herum, 2.650 vor Christi erbaut, ein schmaler, niedriger, sehr enger Gang und stickige Luft. Das Atmen fiel schwer. Es war sehr beeindruckend und unvergesslich. An der Sphinx standen sie in der prallen Sonne, die ganze Gegend war grell von der Sonne beschienen, keine angenehme trockene Wärme, im Gegenteil, es war unangenehm heiß heute, und es gab keinen romantischen Sonnenuntergang wie damals vor Weihnachten am Beginn der Weltreise.
Sie besuchten auch wieder die Mohammed-Ali-Moschee oder Alabaster-Moschee genannt, da in ihrem Inneren sehr viel von diesem Material eingearbeitet wurde. Sie wuschen sich am Brunnen im Hof Gesicht, Hände und Füße und schlüpften in die Pantoffeln, die dort extra für die Touristen standen, da diese nicht so gerne barfuß durch die Moschee spazieren gehen wollten. Dann noch ein Besuch auf dem belebten Khan Khally Bazaar und schon stand der letzte Punkt des Programmes an, das Abendessen im Hotel Hilton in der Nähe des Ägyptischen Museums, verbunden mit einer Folklore-Show, bei der Bauchtanzvorführungen nicht fehlen durften. Wie diese Frauen doch ihren Körper beherrschten! Dorothee war jedes Mal wieder begeistert.
Im Foyer gab es heute aber leider einen Streit zwischen den Kollegen Uwe und Sigi. Uwe hatte manchmal einen hitzigen Kopf. Irgendetwas passte ihm nicht und er schrie Sigi an. Dies vor einigen der Gäste. Das durfte nicht sein.

Eine Versöhnung zwischen den beiden war auch einige Tage später immer noch nicht möglich. Es gab eine Besprechung, an der sie alle, die ganze Gruppe der Reiseleiter, teilnehmen mussten. Sigi hatte seinen Entschluss gefasst: „Einer von uns muss am Ende der Reise gehen. Entweder geht Uwe, wenn nicht, dann gehe ich."

Schrecklich diese Vorstellung. Beide Jungs arbeiteten so gut und waren gute Kollegen. Niemand wollte auf einen der beiden verzichten. Es waren die Mädchen unter ihnen, die es mit ihrem Charme schafften, dass sich beide bereit erklärten, es noch einmal miteinader zu versuchen. Allerdings herrschte von Reise zu Reise eine immer angespanntere Situation zwischen ihnen allen. Die Arbeit an Bord war hart. Man hatte nie einen freien Tag, kaum ein Privatleben. Da war es ganz normal, dass es zu Spannungen kam. Höchste Zeit, dass einer nach dem anderen Mal eine Reise aussetzen und Urlaub nehmen durfte. Toni war nicht begeistert von dieser Idee, aber er sah ein, dass es so nicht weitergehn konnte.

Morgens waren sie die Delta-Straße entlang gefahren, immer dem Rosetta-Arm des Niles folgend. Nachts ging es nun wieder über die Wüstenstraße zurück. Wie herrlich klar die Sterne am Himmel zu sehen waren. Zurück auf der Vassilij sauste Doro direkt in die Ucraina-Lounge. Von weitem hörte sie Klaviermusik, Nur Valja war da, die Sakartvelo-Jungs waren schon weg. Wieder hatte Doro eine Gelegenheit versäumt, eine Chance, die nie wiederkehren würde.

Der nächste Hafen war Port Said. Auf dem Weg dorthin hatten Dorothee und Jeanette endlich einmal Zeit, sich eine Weile an Deck zu sonnen. Sie lagen immer ganz oben, dort, wo nur die Crew hin durfte. Somit störten sie nie die Passagiere. Neben ihnen lag einer von der Crew mit einem Radioapparat neben sich. Seltsamerweise konnte man nun ganz zufällig einem Funkgespräch der Oberzahlmeisterin lauschen, das diese mit Intourist in Odessa führte. Sie sprachen über den geplanten Abendausflug in Odessa, die Besichtigung des Theaters mit Opernbesuch. Solch ein Mithören von Gesprächen war sicher nicht im Sinn der Politoffiziere, obwohl es sich nur um ein ganz harmloses Thema handelte. Der Matrose kannte wohl die Frequenz der Funkgespräche.

In Port Said mussten die vielen Ansichtskarten der Passagiere zur Post gebracht werden. Wo aber war das Postgebäude? Egal, wen sie fragten, sie wurden im wahrsten Sinne des Wortes von Pontius zu Pilatus geschickt, mal nach links, mal nach rechts, mal geradeaus. Und jeder wollte ihnen etwas verkaufen. Der Krieg von 1967 und der Yom-Kippur-Krieg von 1974 hatten hier grausame Spuren hinterlassen. Auch das Postgebäude war im Krieg bombardiert und zerstört worden. Im Bahnhof war ein provisorisches Postamt eingerichtet worden. Hier endlich konnten sie die über 1.000 Ansichtskarten abgeben. Noch schnell einen Kaffee trinken, aber wo? Sie nahmen eine Kutsche, baten den Kutscher, sie zu einem typisch arabischen Café zu fahren.

So ein guter kleiner starker arabischer Kaffee tat gut. Dazu die typisch ägyptischen Süßigkeiten, meist viel zu süß. Oh, wie sehr füllten diese den Magen,
aber sie waren so lecker. Die Gäste, die über Nacht in Kairo geblieben waren,
kehrten an Bord zurück und die Vassilij nahm Abschied von Port Said. Dieses
Mal ging es nicht durch den Suez-Kanal, dieses Mal ging es nach Norden in
Richtung Griechenland und Türkei. Die Vassilij war ein sowjetisches Schiff
und durfte deshalb nicht in einem israelischen Hafen anlegen, wie es die italienischen Kreuzfahrtschiffe zum Beispiel konnten. Ob die sowjetische Regierung nicht wollte, dass ihre Schiffe nach Israel fuhren oder ob die Israelische
Regierung es verboten hatte, Dorothee wusste es nicht. Die Reise ging also
direkt nach Griechenland, die Insel Rhodos war ihr nächstes Ziel.

An jenem Abend nahm Dorothee die wenigen Fotos, die es von ihr und den
Sakartvelo gab, mit in die Ucraina-Lounge. „Schreib mir bitte ein paar nette
Worte auf die Rückseite der Fotos", bat Dorothee ihren Avtoschenka. Und der
romantisch veranlagte Avtandil schrieb liebevolle Widmungen. Auf einem Foto
war nur er zu sehen, Avtandil mit seinem strahlenden Lächeln. Hier schrieb
er: „Meiner geliebten Doritschka von Deinem Dich liebenden Avto."
Auf einem anderen Foto waren sie beide zu sehen, Dorothee saß auf der
Armstütze des Sessels, in dem Avto saß, beide lächelten so glücklich.
„Mögest Du für immer Dein geliebtes Lächeln und Deine schönen Augen behalten, die ich niemals in meinem Leben vergessen werde. Avto." Dies waren
die Worte, die er hier auf die Rückseite schrieb.
Er schrieb es jeweils auf Georgisch, übersetzte es für Dorothee auf Russisch,
die ihm dann sagte, wie es auf Deutsch hieß und wie man es in Deutsch
schrieb. Etwas kompliziert, aber sie wollte es so. Georgisch gehörte zu ihr,
wie Russisch, war sie doch in Russland geboren, in Georgien bis zum 5. Lebensjahr aufgewachsen.
Sie ließ sich auch den Text ihres Lieblingsliedes „Suliko" aufschreiben,
selbstverständlich auf Georgisch und Russisch. Den georgischen Text notierte sie sich auch mit lateinischen Buchstaben und lernte ihn auswendig. Sie
wusste, dieses Lied eines jungen Mannes, der auf der Suche nach seiner
verloren gegangenen Liebe war, würde bald das Lied ihrer eigenen verlorenen Liebe sein. Als solches wollte sie es in sich aufnehmen, den Text auch
auf Georgisch verstehen und auf diese Weise ihrem Avtoschenka immer nahe
sein.

Gegen Abend ging die Vassilij bei Rhodos vor Anker. Dorothee fuhr mit ihren
Kollegen in einem Tenderboot an Land. Sie trafen sich mit ihren hier auf der
Insel eingesetzten Reiseleiterkollegen und gingen gemeinsam essen. Gegen
Mitternacht fuhren sie alle gemeinsam zurück zur Vassilij und saßen noch
lange in der Mondscheinbar. Dorothee war traurig. Hatte sie doch heute ihren
Avto gesehen wie er mit einer der Restaurant-Chefinnen im Arm an Land
spazieren ging. Sie sprach ihn nach Rückkehr von der Insel abends darauf
an. Es diene nur zur Vertuschung der Tatsachen, meinte er, damit man glau-

be, er sei mit diesem Mädchen zusammen und nicht mir ihr. Aber sollte sie ihm das glauben? Die schreckliche Lage an Bord konnte ja auch nur ein praktischer Vorwand sein, um sie anzulügen.

Doch schon am nächsten Tag hatte Doro ihm verziehen und kaufte auf der Insel nicht nur ein hübsches kleines T-Shirt für ihre Nichte Natalie, sondern auch für Avtos Nichte, die gleich alt war. Abends überreichte sie das kleine T-Shirt, auf dessen Vorderseite die Landschaft von Rhodos zu sehen war. „Lass doch das Schenken sein, Doritschka. Ich kann das doch gar nie gut machen", meinte er und hatte Tränen in den Augen.

Auf dem Programm stand abends: „Stunde russischer und georgischer Melodien", Dorothee sollte eigentlich wieder das Programm moderieren. Sie war jedes Mal wieder sehr nervös und versuchte nicht zu vergessen, was sie sagen wollte. Aber auch jedes Mal fühlte sie sich mehr denn je verbunden mit den Sakartvelo, mit den Menschen ihrer Heimat, die für sie die Sowjetuion trotz alledem in gewisser Weise bedeutete. Warum war es nur so? Sie fühlte sich von diesen Menschen mehr verstanden. Sie waren sensibler, erspürten ihre Gefühle und nicht selten empfanden sie gleich oder ähnlich. So versuchte sie jede Sekunde eines solchen Abends in ihre Seele aufzunehmen wie einen teuren Schatz, den sie dort vergraben musste, damit er ihr nie mehr verloren ging. Dieses Mal aber wollte Ilarion nicht, dass Dorothee die Moderation übernahm. Doro konnte nie herausfinden, warum er vehement dagegen war. Also fand die Vorstellung ohne sie statt. Und prompt lief alles schief. Die Passagiere hörten nicht richtig zu, hatten sie doch so keine Beziehung zu den fremden Melodien. Besonders bei der georgischen Musik zogen es die Gäste vor, sich laut zu unterhalten. Man musste ihnen da schon vorher einiges darüber erzählen, dann wurden sie neugierung und hörten aufmerksam zu. Es ging, so konnte man es wohl sagen, komplett in die Hose. Nino erzählte es Doro noch am selben Abend brühwarm, mit einem leichten Ton der Genugtuung. Auch unter den Sakartvelo lagen die Nerven inzwischen ziemlich blank und es kam zu Streitigkeiten zwischen ihnen. Es war 9. Mai, der Tag, an dem in der UdSSR der „Sieg über den Faschismus", der Ende des Zweiten Weltkrieges gefeiert wird. Die Besatzung durfte wieder feiern, diesmal waren aber die Reiseleiter nicht dazu eingeladen.

Von Rhodos war es nicht weit bis zum nächsten Hafen, nur eine Fahrt über Nacht, und sie kamen in Izmir an der Südwestküste der Türkei an. Zehn Busse standen für die 400 Passagiere bereit, die alle am Ganztagesausflug teilnehmen sollten. Und es waren zehn deutschsprachige türkische Reiseleiter da, fünf von ihnen waren extra aus Istanbul hergeflogen. Dieser Ausflug war fast wie Freizeit, niemand der Reiseleiter von Lechak-Reisen musste übersetzen. Es ging nach Ephesus, auf dem Weg dorthin besichtigten sie in der Stadt Selçuk die Johannes-Basilika aus dem 6. Jahrhundert nach Christi. Sie fuhren den 670 Meter hohen Berg hinauf zum Grab von Maria, der Mutter Gottes, im Türkischen Meryem Ana genannt. In Ephesus selbst gingen sie zunächst ins Museum. Erinnern konnte sich Dorothee hinterher am Besten an die kleine

Statue der Göttin der Fruchtbarkeit „Efes Artemisi", einer Frauenfigur mit unzähligen Busen vor der Brust, ganz aus Marmor, und an den Gott der Fruchtbarkeit „Bes", einer kleinen männlichen Tonfigur mit einem riesigen Penis.
Diese Figur hatte man im Freudenhaus von Ephesus ausgegraben. Seit ungefähr einem Jahr stand sie in einer Wandnische des Museums verdeckt
durch einen undurchsichtigen Schild, den man aber wie eine Jalousie hochziehen konnte. Das war neues Gesetz, nur wer will, sollte den Gott sehen
können!
Die öffentlichen Toiletten von Ephesus waren besonders interessant. Da hatten die Männer lange gesessen und während sie ihr Geschäft verrichteten
über Politik diskutiert, ja sogar vielleicht politische Entscheidungen getroffen.
Wer konnte das schon genau sagen. Aber das musste man sich mal vorstellen. Auf dem Fußweg konnte man noch genau ein Hinweisschild erkennen,
das den Weg zum Freudenhaus zeigte, ein in den Straßenboden gehauener
Fußabdruck, in die Richtung weisend, und ein Mädchen als Zeichen für eine
Frau oder in diesem Fall genauer ausgedrückt eine Prostituierte, dazu ein
Herz, Zeichen für die Liebe und ein viereckiges Gebilde, das wohl das Haus
bezeichnen sollte. Also eine Komposition aus antiken Piktogrammen, wie man
sie heutzutage auch nicht besser gestalten könnte. Besonders beeindruckend
aber war das große Amphittheater mit seinen 2.400 Plätzen. Jedes Wort, das
der lokale Reiseführer in der Arena unten auch noch so leise sprach, konnte
bis zum letzten Platz in der obersten Reihe genau verstanden werden.
Über die Hafenstraße und einem letzten Blick auf das am Hang liegende Amphittheater verließen sie die Vergangenheit. Dieser Weg wurde als Hafenstraße bezeichnet, weil Ephesus früher direkt am Meer lag und es hier einen
Hafen gab. Inzwischen war die Gegend versandet, das Meer lag einige Hundert Meter weiter entfernt.

Istanbul

Die Meeresenge der Dardanellen hatten sie verlassen und waren nun im
Marmara-Meer. Bald schon verengte sich auch hier wieder das Meer, die Ufer
rückten näher und am Horizont vor ihnen tauchte die Silhouette einer Stadt
auf, deren Charme man schon aus der Weite fühlen konnte – Istanbul. Da war
sie, diese riesige, lange Hängebrücke, die den europäischen Teil mit dem
asiatischen Teil der Stadt verband, und links tauchten die Minarette der Blau-
en Moschee sowie der Hagia Sophia und des Topkapi-Palastes auf. Die Vassilij legte direkt im Stadtteil Galata an. Schade, dass das Wetter nicht so gut
war. Wolken hingen am Himmel und hin und wieder nieselte es ein bisschen.
Die Passagiere waren schlechter Laune, sie hatten sich doch um diese Jahreszeit schönes Wetter erhofft, hier im Süden.
Und die sowjetische Besatzung? Die waren kaum noch anzusprechen. Alle
nervös, unkonzentriert. Bald würden sie endlich mal wieder zu Hause sein, zu

Hause in Odessa. Darauf freuten sie sich und dachten nur noch daran, dachten nicht mehr viel an ihre Aufgaben an Bord. Demzufolge gab es auch vermehrt Beschwerden seitens der Gäste.

Erst die Stadtrundfahrt brachte eine bessere Stimmung unter die Gäste. Istanbul verzauberte eben die Menschen. Sie alle empfanden die Erhabenheit, die die Hagia Sophia ausstrahlte. Einst im 6. Jahrhundert erbaut, diente sie 916 Jahre als Kirche und dann 482 Jahre lang als Moschee. Seit 1935 ist sie Museum. Ihr Name Hagia Sophia wird im Türkischen „Aya Sofia" ausgesprochen und bedeutet „Göttliche Weisheit". Es war eigenartig in einer Moschee zu stehen, die so viel christlichen Charakter hat. Die Kuppel ist die zweitgrößte der Welt nach der Kuppel des Petersdomes in Rom. Abends gab es einen weiteren Ausflug in den Nachtclub Karavanseray mit Vorführung von Bauchtanz, Volkstänzen aus Anatolien, aber leider auch „E viva España". Na, dieser Schlager gehörte doch ganz und gar nicht hierher. Eher dann schon wieder die kaukasischen Tänze. Die Türkei grenzt im Osten direkt an Georgien. Ach ja, Georgien, ihre Heimat. Dorothee wurde wieder einmal nostalgisch. Auf der Rückfahrt machten sie einen kleinen Ausflug nach Asien. Es ging über die 1.600 m lange Brücke, über den Bosporus hinüber nach Kleinasien und wieder zurück. Inzwischen war der Mond zwischen den Wolken herausgekommen. Sollte morgen schönes Wetter sein?

Das Lichtermeer, die beleuchtete Brücke, der Mondschein und der Bosporus, es war herrlich!

Zurück auf der Vassilij führte Dorothees Weg sofort in die Ucraina-Lounge. Ihre Sakartvelo spielten dort. Ein Türke saß, vermutlich mit seiner Familie, an einem der Tische und bat die Sakartvelo, doch etwas Türkisches zu spielen, was sie auch prompt machten. Er begann zu tanzen. Und da es ihm warm wurde, zog er sein Jacket aus und so sah man, dass an seinem Gürtel eine Pistole steckte. Das störte ihn aber ganz und gar nicht. Er tanzte fröhlich weiter und forderte sogar Nino auf, mitzutanzen. Sie sang dann sogar noch ein Lied in türkischer Sprache. Dorothee ging ein bisschen früher in ihre Kabine. Die Sakartvelo wollten ihr ein paar Sachen bringen, die sie in ihrer Kabine aufbewahren sollte, bis dann in Odessa die Zollkontrolle der Crewkabinen vorbei sein würde. Die Crew-Mitglieder durften längst nicht alles, was sie unterwegs gekauft hatten, zollfrei ins Land bringen. Doch Dorothee wartete vergeblich. Wohl war selbst nachts hier in Istanbul zu viel los in den Gängen. Sie wollten alle kein Risiko eingehen.

Noch einen zweiten Tag blieben sie in dieser schönen Stadt. Der Ausflug führte sie diesmal zum Galata-Turm. Von oben hatte man eine sehr schöne Aussicht auf die Stadt. Es gab ein Drehrestaurant, das sich in 40 Minuten einmal um 360° drehte. Es musste herrlich sein, hier abends zu sitzen und das Panorama auf das Lichtermeer der Stadt zu genießen, während man sich von den Kellnern verwöhnen ließ. Außen hatte der Turm eine Lichterkette, die nachts leuchtete und durch verschiedene Farben das Wetter des nächsten Tages ankündigte. So hatten die Lichter des Turmes gestern Abend rot geleuchtet, was Regen ankündigte. Heute aber war schönstes Sonnenwetter.

Es war 18.00 Uhr abends als die Vassilij Abschied nahm von dieser bezaubernden Stadt. Sie fuhren in den Bosporus ein, unter der Brücke durch, es ging Richtung Schwarzes Meer, Richtung Heimat. Die Ufer auf beiden Seiten waren sehr nahe, wie eng doch dieser Bosporus war. Dann, es war so gegen 19.40 Uhr, öffnete sich vor ihnen das weite Meer. Sie hatten es erreicht, das Schwarze Meer, das heimatliche Meer. Mit voller Kraft nahm die Vassilij direkt Kurs auf Odessa.

Avto war immer noch böse auf Valja. Es gab mal wieder Streit zwischen ihm und den anderen Jungs der Sakartvelo. Valja war in Odessa zu Hause und lud nun alle ein, bei ihm in der Wohnung gemeinsam zu feiern. Nicht nur alle Sakartvelo sollten kommen, auch Anna, Dorothee und Herbert waren eingeladen, doch Avto wollte nicht mit zur Wohnung von Valja kommen. Er war immer noch sauer auf ihn wegen der alten Geschichte von Trinidad, als Valja sich geweigert hatte, wieder ans Klavier zu gehen, nachdem Avtandil allen Zeichen gemacht hatte, dass er sein Schlagzeug-Solo beenden wolle und die anderen Musiker wieder das Stück – es war „Take Five" - weiterspielen sollten.

Und so gingen sie an diesem Abend alle bald in ihre Kabinen und ließen Avto alleine in der Ucraina-Lounge sitzen. Dorothee wollte aber nicht wieder alleine in der Kabine sein und beschloss, sich unten im Varietésalon mit den Musikern der Carnevals zu unterhalten. Siehe da, plötzlich kam Avto und wollte mit ihr sprechen. Sie war so sauer auf ihn, ihre Geduld war am Ende. Was sollte dieser Kindergarten? Die Jungs benahmen sich schlimmer als Kinder. Bleib, wo der Pfeffer wächst. Wenn Du morgen nicht kommst, dann ist alles endgültig aus!

Das dachte sich Dorothee, sie sagte es ihm nicht, aber er spürte es. Sie zeigte ihm die kalte Schulter und marschierte los in Richtung Kabine.

Odessa ~ Vassilij kommt nach Hause

Dorothee saß oben im Kindergarten, also im Büro und tippte mal wieder Tagesprogramme. Sie schaute zum Fenster hinaus und sah im Dunst die Silhouette einer Stadt auftauchen. Das musste Odessa sein. Ach, Odessa, Du Perle am Meer, so der Titel eines russischen Liedes. Ob Odessa wirklich so schön war, wie es in in diesem Lied besungen wurde?

Ein kleines Boot kam herangefahren und begrüßte die Vassilij mit Gehupe, es folgten drei Lotsenboote, die sie mit Wasserstrahlern, mit Wasserfontänen begrüßten, vorbei ging es an einer Satellitenstation mit zwei großen weißen Satellitenantennen in Form großer Kugeln (Satellitenschiffsstation), langsam hinein in den riesigen Hafen. Vorneweg die Lotsenboote mit den Wasserfontänen. Steuerbord jetzt auch ein Schiff mit Wasserfontänen, alle Schiffe setzten ihre Hörner ein, und Vassilij ließ ihre mächtige Stimme ertönen. Vassilij war zu Hause, nach drei Jahren kehrte sie endlich wieder nach Hause zurück. Welch Empfang!

Die Vassilij näherte sich dem Hafengebäude, ein großer Bau mit zwei Etagen. Oben, auf der Etage, wo die Passagiere ein- und aussteigen sollten, war alles schwarz vor lauter Menschen, eine riesige Ansammlung von Menschen. Schon konnte man das eine oder andere Gesicht erkennen. Woher hatten die Leute nur all diese Blumen, die sie da in den Armen hielten? Es war so schwer frische Blumen in der Sowjetunion zu kaufen. Und so mancher Blumenstrauß wirkte schon verwelkt, standen sie doch schon so lange hier, um die Vassilij und ihre Liebsten gebührend empfangen zu können.

An Bord stand praktisch die gesamte Besatzung auf der Steuerbordseite. Jeder versuchte Familienangehörige, Verwandte, Freunde, Bekannte unter der Menge da drüben an Land zu erkennen. Die ersten Namen wurden gerufen, die ersten erkannten sich, diese wartenden Menschen an Land – Mütter, Väter, Ehemänner, Ehefrauen, Kinder, Onkel, Tanten, Brüder, Schwestern - und die Crewmitglieder an Bord – Stewards, Kellner, Kabinenmädchen, Offiziere aus dem Maschinenraum, Offiziere von der Brücke, Matrosen.

„Mamotschka – Papa..." Es war ein Winken, Schreien, Tränen flossen. Es war überwältigend, es ging unter die Haut. Dorothee liefen die Tränen über die Wangen. Niemand hier wartete auf sie, doch sie fühlte mit diesen Menschen. Das war es, was sie so liebte an diesen Menschen, ihre Sentimentalität, die Gefühle, die sie so offen zeigen konnten, auch die Männer. Es war ergreifend. Jahrelang hatten sie sich nicht gesehen und nun trennten sie nur noch ein paar Meter, und die Zollkontrolle. Dorothee musste einfach mitweinen. Neben ihr stand Uwe, der hart gesottene Uwe, der sich gerne so machohaft zeigte, musste schlucken: „Ich geh wieder rein, ich kann das nicht ertragen. Das ist zu viel für mich". Mit diesen Worten verschwand er. Außen hart und innen so weich. Das machte Uwe ja richtiggehend sympathisch.

Die Ausflugsbusse standen bereit. Doch das Schiff wurde von den Behörden ewig nicht frei gegeben, weil es an Bord unter den Passagieren ein paar Fälle von Durchfall gab. Dorothee wurde ins Hospital gerufen. Fünfzehn Passagiere mussten es akzeptieren, dass ihnen ein Abstrich aus dem After genommen wurde. Verrückt. So ein bisschen Durchfall kam doch leicht mal vor, bei der Umstellung der Nahrung. Und die Passagiere waren ja meist auch nicht mehr die Jüngsten. Ja verrückt war es. Verstehen konnte man es nur, wenn man bedachte, dass es nur zwei Jahre zuvor in der UdSSR in der Kaukauss-Gegend eine Cholera-Epidemie gegeben hatte. Und so wollte man vermeiden, dass Touristen irgendetwas ins Land einschleppten. Die Abstriche machten trotzdem nicht viel Sinn, denn bis die Ergebnisse vorliegen konnten, würden die Passagiere schon längst wieder weg sein.

Endlich, endlich durften die Passagiere und sie, die Reiseleiter, von Bord gehen. Doch die Crew musste immer noch warten. Der Zoll untersuchte alle Kabinen. So standen die Wartenden immer noch am Hafengebäude und übten sich in Geduld, unterhielten sich von Land zu Schiff und umgekehrt. Es war wieder so eine der Schikanen, die die sowjetischen Behörden den eigenen Landsleuten antaten.

Gleich vor dem Hafengebäude befindet sich die berühmte Potemkinsche Treppe mit ihren 192 Stufen. Von unten her betrachtet sieht man nur die Stufen. Steht man aber oben, so sieht man nur die 10 Treppenabsätze und keine der Stufen. Ein architektonisches Meisterwerk.

Sie stiegen diese Treppe hinauf und starteten hier ihre Stadtrundfahrt. Primorskaja Boulevard, Puschkin-Denkmal, weiter zum Opernhaus. Vorbei an jenem Haus, in dem Valja wohnte, zum Bahnhof und zu den neuen Stadtteilen. Dort in einem Park befand sich das Denkmal des Unbekannten Matrosen, wo sie gerade eine Wachablösung miterleben konnten. Das regte nicht nur Dorothee auf, sondern auch einige der Passagiere. Da marschierten diese jungen Menschen im Stechschritt. So jung und schon so gedrillt. Alles erinnerte an ihre Heimat UdSSR und wie unfrei das Land hier war.

So schön fand Dorothee Odessa nun doch nicht. Mochte diese Stadt für die Sowjetbürger wirklich eine „Жемчужина у моря" – Schemtschuschina u morja – eine Perle am Meer sein, wie in jenem Lied beschrieben, aber für sie?

Zurück im Hafen gab es einen regelrechten Stau an der Gangway, denn jeder Pass wurde einzeln kontrolliert. Die Verwandten der Crew warteten immer noch mit einer Engelsgeduld auf ihre Liebsten. Die Crew durfte erst um 19.00 Uhr von Bord gehen, die Verwandten aber durften überhaupt nicht an Bord zu Besuch kommen. Grausam. Wie konnte man nur mit den eigenen Leuten dermaßen fies umgehen!

Jeanette war von Toni auserwählt worden, mit 100 Passagieren nach Moskau auf Ausflug zu gehen. Ein Flugzeug brachte sie in die sowjetische Hauptstadt. Morgen sollten sie zurückkehren. An Bord lief Dorothee zufällig Avto über den Weg. Er packte ihre Hand und gab ihr einen sehr kavaliersmäßigen Handkuss. Auf ihre Frage, ob er abends zu Valja kommen würde, erhielt sie keine Antwort. Lange ärgern konnte sie sich nicht darüber, denn plötzlich kam jemand auf sie zugerannt von Intourist Sotschi und richtete ihr Grüße von Nina und all den anderen Intouristleuten aus. In Odessa gab es nicht so viele Deutsch sprechende Intourist-Dolmetscherinnen, daher waren zur Verstärkung einige Leute aus Moskau und eben auch aus Sotschi hergeschickt worden.

Abends fand der Ausflug zur Oper statt. Das Gebäude war genauso erbaut wie die Wiener Oper, jedoch niemals zerstört worden. Aufgeführt wurde Tschaikowskijs Oper „Евгений Онегин" – Jewgenij Onjegin – Eugen Onegin. Dorothee liebte es, ins Theater zu gehen. Leider hatte man auf einem Schiff kaum Gelegenheit dazu. Während einer der Arien begann der Sänger, der den Eugen Onegin sang, zu husten. Er war offensichtlich erkältet. Armer Kerl. Nach der Pause, im dritten Akt wurde er durch einen Kollegen ersetzt.

Nach der Vorstellung schickte Dorothee ihre Gäste mit dem Bus alleine zur Vassilij zurück. Sie ging zu Fuß los und war schon nach zwei Minuten am Haus, wo sich Valjas Wohnung befand. Sie stieg hinauf zur Wohnung No. 5. Hier stand ein junger, offensichtlich angetrunkener Mann. Dieser schaute Dorothee erstaunt an. „Wohnt hier Familie Charkow", fragte Dorothee verunsichert. „Da, da – ja, ja". Etwas misstrauisch folgte sie ihm in die Wohnung und hörte bald Ninos Stimme. Alle anderen mussten noch an Bord spielen, nur Valja selbst und Nino waren da. Auch Ninos Mutter und einige Freunde von Valja sowie Valjas reizende Mutter Natascha. Der junge angeheiterte Mann vom Treppenhaus stellte sich als um 30 Minuten älterer Zwillingsbruder von Valja heraus. Dorothee hatte gar nicht gewusst, dass Valja überhaupt Geschwister hatte und dann noch einen Zwillingsbruder. Ähnlich sahen sich die beiden aber überhaupt nicht.

Sie feierten, aßen und tranken, sangen und tanzten. Avtos Cousin Lado war auch gekommen. Avto bezeichnete ihn gerne als jüngeren Bruder, denn Lado hatte seine Eltern früh verloren und die beiden waren zusammen aufgewachsen. Lado war sehr sympathisch. Avto musste ihm schon viel von Dorothee erzählt haben, denn Lado lobte bei seinen Trinksprüchen Dorothee ganz besonders.

Die anderen tauchten erst nach Mitternacht auf. Unter ihnen auch Herbert in Begleitung der Restaurantchefin Roksana und - Avto. O, wie glücklich war Dorothee, dass ihr geliebter Avtoschenka seine Dickschädeligkeit endlich ad acta gelegt hatte und doch gekommen war. Avto war äußerst herzlich und lieb und charmant, die Welt war wieder in Ordnung, wenigstens für diesen Abend, für diese Nacht. Ilarion, Soso und Nino sangen extra für Dorothee „Suliko" und andere georgische Lieder. Gegen halb vier Uhr morgens gingen sie alle, nur Doro blieb. Erst als es draußen langsam hell wurde und Valjas Mutter immer noch in der Küche herumwerkelte, schlief sie ein. Es war fünf Uhr morgens.

Am nächsten Morgen stand Doro erst gegen 9.00 Uhr auf. Toni hatte sie für diesen Tag freigestellt, sie musste keinen Ausflug begleiten. Gemütlich trank sie mit Valjas Mutter einen Kaffee und bummelte dann langsam die Straßen entlang zur Potemkinschen Treppe und diese runter zum Hafen. Unterwegs kamen ihr Ninos Mutter und Avtos Cousin Lado entgegen, die schön früh aufgestanden waren und versucht hatten, einen Besuch auf der Vassilij zu machen. Doch nein, das wurde nicht erlaubt. Vor dem Hafengebäude standen Valja und Herbert und unterhielten sich. Dorothee ging zur Gangway, doch der Beamte dort wollte sie nicht auf das Schiff lassen. Sie solle zur Gangway gehen, die für die Crew vorgesehen sei. Man hielt sie wieder einmal für eine Russin. „Nein, ich bin Deutsche, ich gehöre zu den Vertretern des Reiseveranstalters an Bord." Der Beamte suchte ihren Pass, und suchte und suchte. Sein Blick fiel auf einen Pass, der etwas abseits lag: „Haben Sie heute Nacht woanders übernachtet, nicht auf dem Schiff?" „Ja, beim Pianisten, der hier auf dem Schiff arbeitet." Dorothee hatte ein ungutes Gefühl. War das ein Fehler gewesen? Hätte sie nicht dort übernachten sollen, lieber doch noch nachts zur Vassilij zurückkommen sollen, und sei es erst gegen morgens? Wieder so etwas Verbotenes. Was war denn noch alles verboten? Sie hatte doch ein Visum für drei Tage für Odessa. „Ah, er arbeitet hier auf der Vassilij Azhajew, alles klar." Der Beamte gab ihr den Pass und Dorothee konnte endlich aufs Schiff gehen. Sie suchte Nino, überall, in allen Räumen, doch keiner der Sakartvelo war zu finden. Von Tamara erfuhr sie, dass alle Sakartvelomitglieder an Land gegangen waren. Sie mussten ihre Pässe verlängern. So hieß es. In Wahrheit aber waren es nicht die Pässe, deren Gültigkeit verlängert werden musste, sondern die Ausreisegenehmigung. Sie lief in diesen Tagen ab und für die drei nächsten Wochen benötigten die Sakartvelo eine weitere Ausreisegenehmigung. Dann mussten sie unbedingt nach Hause zurückkehren.

So wie sie heute an diesem Tag immer wieder vor dem Schiff wartete, so würde Avto am 2. Juni dort stehen und sie würde auf dem Schiff sein. Dann würde es heißen: Abschied für immer! Das war jener Moment, vor dem Dorothee so unendlich graute.

„Die Zeit rast uns davon. Wie soll Nino heute noch die Abtreibung durchführen lassen, wenn sie jetzt die Zeit bei den Behörden vergeuden muss?"

Dorothee wurde immer verzweifelter. Ständig hetzte sie hin und her zwischen ihrer Kabine und den beiden vor dem Schiff Wartenden, Ninos Mutter und Lado. Sie wollte so viel wie möglich bei ihnen sein, denn auch sie waren enttäuscht. Da waren sie extra Tausende von Kilometern angereist und dennoch konnten sie ihre Liebsten kaum sehen. Tbilisi liegt ja schließlich nicht um die Ecke, sondern gute 600 km vom Ostufer des Schwarzen Meeres entfernt. Odessa aber liegt fast ganz im Westen des Schwarzen Meeres, die Distanz beträgt fast 2.000 Kilometer.

Lado überreichte Dorothee eine große Teepuppe, solch eine, die man über einen Samowar stülpen konnte. Sie hatte sich selbst im Jahr zuvor eine solche Puppe gekauft. Diese hier war ehrlich gesagt etwas kitschig. Aber Lado schenkte sie ihr mit viel Liebe. Er musste wirklich schon sehr viel von Doritschka gehört haben. Er war gut informiert und ihr sehr zugetan. Avto musste ihm sehr liebevoll von ihr erzählt haben. „Wo ist das Mädchen, das Avto liebt?" hatte Lado gleich am Anfang Nino gefragt. Und das hatte Nino ihr natürlich sofort erzählt.

Ach ja, Doro fühlte sich wohl bei diesen Menschen. Gemeinsam gingen sie in ein kleines Restaurant im Hafengebäude. Als Dorothee nach dem Essen ein Päckchen mit feuchten Taschentüchern zum Händeabwischen aus ihrer Tasche zog, machten die beiden große Augen. So etwas kannten sie nicht.

Lado gehörte zu jener anderen Hälfte der Sakartvelo, denen es nicht erlaubt war, auf der Vassilij zu arbeiten. Er spielte Trompete. Was er wohl fühlte? Vor ihm das Schiff, mit dem die anderen um die Welt fuhren, und er eingesperrt in diesem Riesenland, das sich Sowjetunion nannte.

Endlich kamen die Sakartvelo zurück. Und nun stellte sich heraus, dass sie während eines besonderen Cocktails in der Ucraina-Lounge spielen mussten, zwei Stunden lang, von 14.00 bis 16.00 Uhr. Also konnten Nino und Dorothee immer noch nicht in die Klinik fahren. Und obendrein waren die Pässe auch noch nicht fertig.

Es war 16.00 Uhr. Der Cocktail in der Ucraina-Lounge war zu Ende, doch wo waren die Sakartvelo, wo war Nino? Anna an der Information sagte, sie seien alle von Bord gegangen und Nino sei mit der Mutter weggefahren. Was sollte das bedeuten? Nino wollte doch zur Klinik fahren, und die Mutter sollte nichts davon erfahren. Was tun? Dorothee ging auch von Bord und rannte die Potemkinsche Treppe hinauf zu Valjas Wohnung. Nur die Nachbarin Tanja war dort. Also wieder zurück zur Pier. Und da standen sie alle, Nino, Mama und Lado. Die Mädchen nahmen sich ein Taxi und fuhren zu Valjas Wohnung. Schließlich sollte das Problem um die Abtreibung besprochen werden. Der Mama erzählten sie, dass Doro einen Arzt brauchte. Doch Dorothee fragte sich, ob sie das so einfach glaubte. Mütter fühlen doch, wenn es ihren Kindern nicht gut geht und mögen die Kinder auch schon längst erwachsen sein. Nein, Ninos Mutter ahnte sicher die Wahrheit, aber sie schwieg.
Nino hatte von irgendjemandem hier in Odessa zwei Adressen bekommen. Sie nahmen ein Taxi und fuhren zur ersten Adresse. Doch es war schon nach 17.00 Uhr, niemand wollte sie überhaupt erstmal hineinlassen. Und wieder hielten sie ein Taxi an und fuhren zur zweiten Adresse. Auch dort hatten sie keinen Erfolg, aber man gab ihnen weitere Adressen. Und so fuhren sie, von Mal zu Mal immer verzweifelter, von einem „рочновыый дом" – rotschnowij dom, Geburtshaus, oder besser gesagt Geburtsklinik zur anderen. Im vierten Haus wurde Nino endlich eingelassen. Doch sie würde erst morgen um 9.00 Uhr dran kommen. Es war inzwischen schon fast 20.30 Uhr. So fuhren sie zurück zu Valjas Wohnung, wo sie über die egoistischen georgischen Sakarvelo diskutierten, Männer eben, die sich in ihrer georgischen Männermentalität manchmal als richtige Machos erwiesen, allen voran der sonst so viel gerühmte Ilarion.
Schließlich beschlossen sie zum Hotel Morje zu fahren, wo die Sakartvelojungs georgisch essen wollten. Aber keiner von ihnen war da. Verärgert fuhren Mama, Nino und Doro zum Schiff. Nino schleppte all ihre Sachen an Land, die Mama mit nach Tbilisi nehmen sollte. Soso und Ilarion, die in der Nähe standen, halfen nur auf Mamas Geheiß. Von alleine kamen sie nicht auf die Idee, der zierlichen Nino zu helfen. Dorothee wartete draußen und wollte helfen, doch Nino schickte sie weg, weil angeblich Leute des Geheimdienstes in der Nähe waren. Manchmal wusste Dorothee nicht, ob dies wahr, ob es eine Ausrede oder ob es Spinnerei war. Aber möglich war es durchaus, wenn nicht sogar sehr wahrscheinlich.
Traurig rannte Dorothee wieder zu Valjas Wohnung, wo sie die liebe Nachbarin Tanja tröstete. Nino und Mama kamen spät mit dem ganzen Gepäck, niemand der Jungs hatte den beiden geholfen.

Was Valja die ganze Zeit gemacht hatte, wusste niemand. Er kam kurz in die Wohnung, wollte aber gleich zurück aufs Schiff. Und damit Familie Charkow keine Schwierigkeiten bekam, ging Dorothee mit.

Inzwischen war Jeanette schon wieder längst vom Ausflug nach Moskau zurück. Das war tröstend, denn Jeanette konnte so lebendig erzählen. Dieser Zweitagesausflug nach Moskau war ein Erlebnis gewesen. Zur Besichtigungstour gehört auch immer eine Fahrt mit der Moskauer Metro, besonders mit der Ringlinie, deren Stationen so schön gebaut sind, das sie fast wie Paläste wirken. Und genau auf dieser Strecke waren Jeanette 600 D-Mark gestohlen worden, mit denen sie eigentlich Intourist für die Ausflüge hätte bezahlen sollen.

„Alexej Iwanowitsch bitte 516, Victor Pawlowitsch bitte 518". An Schlafen war nicht zu denken. Laufend kamen Durchsagen über den Lautsprecher. Auch, wenn diese nicht aus den Lautsprechern in den Kabinen ertönten, so hörte man sie doch draußen auf den Gängen. Ständig wurde jemand auf Russisch aufgerufen. Die Telefonnummern 516 und 518, das waren die beiden Apparate an der Information. Dort ging es zu wie im Bienenschwarm. Was war nur los? Ohne jede Vorwarnung wurden ungefähr 50 % der Besatzung ausgetauscht. Da holte man so manches Kabinenmädchen mitten in der Nacht aus seiner Crewkabine. Anziehen, alles zusammen packen und runter vom Schiff. Wie hieß es doch so schön? Bei uns werden Sowjetbürger nicht gefragt! Im Schnellverfahren hatte man neues Personal rekrutiert, ungelerntes Personal. Einfach so. Diejenigen, die ihre Arbeit kannten, die sie gut machten, mussten runter vom Schiff. Und keiner konnte oder durfte den Grund nennen.

Am dritten Tag musste die gesamte, teilweise neue Crew früh um 9.00 Uhr auf dem Schiff sein. Nino musste bis zum 2. Juni auf ihre Erlösung warten, dann aber wurde es höchste Zeit! In welchem Schwangerschaftsmonat war sie jetzt eigentlich schon?

Laut Plan sollte die Vassilij um 16.00 Uhr auslaufen, aber es wurde 19.15 Uhr bis die Gangway eingezogen, die Leinen gelöst wurden. Vassilij Azhajew nahm Abschied von ihrer Heimatstadt Odessa. Am Hafengebäude standen noch vereinzelt ein paar Verwandte und Freunde der Besatzungsmitglieder und winkten. Odesssa lag im Sonnenschein. Von hier aus wirkte die Stadt nun doch wie eine „Perle am Meer".

„Wenn ich diese Stadt wieder sehe, dann ist der Abschied gekommen", Dorothee weinte. Die Abendsonne warf ein goldenes Licht auf die Stadt. Immer kleiner wurden die Häuser, die Lichter entschwanden langsam. Diese Stadt, das wusste Dorothee, diese Stadt würde bald ihr Schicksal besiegeln. Sie hätte am Liebsten die Zeit angehalten, damit dieser Moment niemals kommen würde.

Noch trauriger wurde Dorothee als die Vassilij am nächsten Tag das Schwarze Meer verließ und in den Bosporus einfuhr. Nun lag Europa steuerbord, also rechts und Asien auf der Backbordseite. Die Silhouette Istanbuls mit all den Moscheen und Minaretten tauchte auf. Die Vassilij fuhr unter der großen Brücke durch und man hätte meinen können, dass ihr markanter Schornstein die Brücke fast berührte. Eine optische Täuschung.

Das Telefon in der Kabine läutete. Doro meldete sich mit „Doro - Lechak-Reisen-Staff". Es wurde aufgelegt. Dann ein erneuter Anruf: „Doro?" „Ja!". Ein Atmen und dann wurde wieder aufgelegt. Was sollte das nun wieder bedeuten? Wurde ihre Kabine kontrolliert? Abgehört?

So viele neue Crewmitglieder an Bord und kaum eines von ihnen kannte seine Arbeit wirklich. Krisensitzung im Restaurant. Toni verdonnerte seine Reiseleiter dazu, den neuen Kellnerinnen und Kellnern beizubringen, wie man einen Tisch deckt, wie man serviert. Die armen jungen Menschen waren so ahnungslos. Sie waren nach Lust und Laune rekrutiert worden, einfach so, genauso einfach, wie man die anderen Crewmitglieder vom Schiff geholt hatte. Was war das nur für eine Art mit den Menschen umzugehen?

Dass die Passagiere zunehmend unzufriedener wurden, war nur eine logische Folge dieser Umstände. Für die Reiseleiter brach eine schwierige Zeit an.

Seit Odessa waren fünf mysteriöse russische Passagiere an Bord, die von der Crew besonders bevorzugt behandelt wurden. Wohl so eine Art VIPs – Very important people – sehr wichtige Leute. Dorothee konnte nie herausfinden, wer diese Männer wirklich waren. Angeblich war einer von ihnen ein bekannter Schriftsteller, ein anderer ein „hohes Tier" bei der Morflot, der staatlichen Schiffsgesellschaft, wieder ein anderer war angeblich ein wichtiger Physiker. Der Verdacht lag eher nahe, dass sie diese Reise als Auszeichnung für besondere Verdienste an der Sowjetunion geschenkt bekommen hatten. Und sicher war es auch ihre Aufgabe, die Leute an Bord zu beobachten. Das machten sie nämlich die ganze Zeit.

Dummerweise aber fuhren diese Leute auf jedem Ausflug mit. Sie wollten so viel wie möglich sehen. Das war verständlich und menschlich. Und logischerweise fuhren sie in jenem Ausflugsbus mit, in dem vorne eine Begleiterin saß, die des Russischen wenigstens einigermaßen mächtig war, nämlich Dorothee.

So hatte Doro die fünf Männer zum ersten Mal gleich in ihrem Bus als sie in Piräus den Ausflug nach Athen starteten. Auf dieser Tour saß aber auch ihr Kabinennachbar im Bus, gleich vorne, direkt hinter Dorothee. Dieser fragte sie, ob sie wüsste, wer neulich so schrecklich geweint hätte. Sie konnte ihm doch nicht sagen, dass sie es gewesen war.

Jeanette war mit ihrem französischen Charme bei den Männern an Bord besonders beliebt. Sie wurde sogar vom Kapitän höchst persönlich zum Abschiedsdinner an seinen Tisch eingeladen. Jeanette behauptete hinterher, der Kapitän hätte ihr gesagt, er wüsste von ihrer Beziehung zu Ilarion und fände das nett. Ob das so stimmen konnte? Dass der Kapitän davon wusste. Klar, auf dem Schiff blieb selten etwas verborgen, aber dass er es „nett" fand?

Dorothee war inzwischen sehr misstrauisch geworden. Hinter jeder Aussage, besonders einer Aussage eines Menschen so hoher Position, vermutete Dorothee etwas Anderes.

Während nun Jeanette das Galadinner am Kapitänstisch genoss, musste Dorothee deren Aufgabe übernehmen und die Geburtstagskuchen zu den Passagieren bringen, gefolgt von einem Akkordeonspieler, der „Happy Birthday" spielte. Sie kam sich ziemlich doof vor und hatte Angst, dass ihr das passieren könnte, was Jeanette schon mehrmals geschah: Dass sie aufgrund falscher Informationen schnurstracks auf einen völlig überraschten Passagier zugeht, während an einem der benachbarten Tische ein anderer erfreut aufsteht und dann traurig zusehen muss, wie nicht das Geburtstagskind, sondern ein falscher Gast den Kuchen erhält.

Sie erreichten die Straße von Messina, jene Meeresenge zwischen der Fußspitze des italienischen Stiefels und der Insel Sizilien. Es war wieder Abend. Die Sonne ging hinter dem Vulkan Ätna unter. Ihr Licht ließ die Umrisse des Vulkans ganz klar erkennen, ein schwarzer Kegel vor dem goldenen Himmel. Hier, auf Höhe dieser Meeresenge war es gewesen, als sie damals zu Beginn der Weltreise zu Nino gesagt hatte: „Seid Ihr alle aus Georgien? Ich bin auch aus Georgien." Der Beginn ihrer schönen Freunschaft. Es war erst wenige Monate her, aber es schien schon wie eine Ewigkeit.

Avto wurde mit jedem Tag lieber, herzlicher, anhänglicher. Sie kamen sich immer näher. Ihre Seelen verschmolzen miteinander, und genau das hätte nicht mehr geschehen dürfen. Nein, nein, nein – sie wollte nicht leiden. Sie wollte nicht unglücklich lieben. Sie durfte es nicht. Das war ihr klar: Sie durfte nicht lieben, wen sie wollte. Es gab starke Mächte, die es verboten, die es verhinderten. Aber was tun mit den Gefühlen? Die ließen sich doch nicht einfach so verbieten. Einsperren musste sie diese, tief in ihrer Seele. Aber sie wollten raus. Dorothee wollte aus ganzer Seele lieben und durfte es nicht.

Und Avto? Ihm ging es genauso. Und beide kämpften sie gegen diese starken Gefühle füreinander und wussten doch, dass sie diesen Kampf niemals gewinnen konnten. Aber die Liebe hat ihre eigenen Gesetze.

Neapel war der nächste Hafen – „O mia bella Napoli" – oh, mein schönes Neapel. Der Ausflug führte nach Pompeji, 79 n. Chr. zerstört durch Lava und Asche des ausgebrochenen Vesuvs. Wie gut hier noch alles erhalten war. Die Häuser, die Malereien an den Wänden, die Mosaike, teilweise mit pornographischen Darstellungen. Straßenübergänge, zu Stein gewordene menschliche Skelette.

Drei wunderschöne Rosen standen in ihrer Kabine auf dem Tisch. Wer war wohl der Rosenkavalier? Nicht so einfach herauszufinden. Ihr Kollege Manfred Tapp verriet sich aber bald. War Dorothee vor lauter Liebe zu Avto blind geworden für die Gefühle anderer?

Die Vassilij brachte sie in den Hafen von Genua. Wieder endete eine Reise, diesmal eine besondere Reise. Und die nächste Fahrt? Es sollte die letzte für die Sakartvelos sein.

Die schwarze Wolke am Horizont

Und wieder begann eine neue Reise, die letzte, die sie gemeinsam an Bord verbringen sollten. Gleich zu Beginn gab es eine schlechte Nachricht: Die Reisepässe der Reiseleiter waren nicht in der Geschäftspost. Der silberne Metallkoffer mit der „Co-Mail" (Company Mail – Geschäftspost) war zwar voller Unterlagen, privater Briefe und Listen, jedoch die Pässe waren nicht rechtzeitig vom sowjetischen Konsulat aus Bonn-Bad Godesberg zurückgekommen. Somit hatte nun keiner von ihnen ein Visum für Sotschi, Jalta und Odessa. Mit anderen Worten: Sie konnten auf dieser Reise nur mit ihren Reisegruppen zusammen von Bord gehen, so zumindest die offizielle Version.

Im Koffer war auch ein kleines Päckchen für Dorothee. Tante Rosi schickte ihr jenes silberne Herrenarmband, das sie auf einer der Reisen gekauft hatte, zurück. Die liebe gute Tante hatte dafür gesorgt, dass in Deutschland der Name „Doritschka" in georgischen Buchstaben auf das Armband eingraviert wurde. Es sollte ihr vorzeitiges Geschenk zu Avtos Geburtstag und gleichzeitig ein Abschiedsgeschenk sein.

Jeanette und Manfred stiegen in Genua aus. An ihrer Stelle kamen zwei neue Kollegen, eine davon war Janice Poor, eine Britin. Sie wohnte nun in Jeanettes Kabine 490 gegenüber von Dorothee. Janice war eine sehr nette Person, dennoch vermisste Dorothee die Leichtigkeit und Fröhlichkeit, die von Jeanette ausgingen.

Während sich die Vassilij von Genua verabschiedete, standen sie alle oben an Deck. Die beiden alten Kollegen standen unten an der Pier. Der Tradition folgend warfen sie eine Klopapierrolle hinunter. Doch die Vassilij war bereits zu weit entfernt, die Abschiedszeremonie misslang. Die Klopapierrolle flog hinunter ins Wasser. Ihr folgte eine Champagnerflasche, die sie an einem Seil hinunterwarfen. Immerhin versank auch die Flasche im Wasser und zerschellte nicht an der Schiffswand.

Noch eine Neuigkeit gab es: Valja verriet Dorothee, dass er nicht in Odessa aussteigen würde, sondern noch bis Juli an Bord bleiben sollte. Dies kam Dorothee nicht ganz koscher vor. Wieso sollte er bleiben und die anderen mussten gehen?

Abends saß Dorothee wieder oben in der Ucraina-Lounge bei den Sakartvelo. Plötzlich tauchte einer dieser fünf mysteriösen russischen Passagiere auf. Es war jener, der angeblich ein verdienter Physiker war. Eigentlich war er ganz nett, doch Dorothee hatte immer das Gefühl, dass hinter seiner Freundlichkeit eine negative Absicht steckte. Er sah ziemlich komisch aus. Sie nannte ihn heimlich den „Affen", da er ihrer Meinung nach ein affenähnliches Gesicht hatte. Jetzt gab es keine Möglichkeit mehr, mit den Freunden offen zu reden, zu scherzen. Sie standen unter Beobachtung dieses „Affen". „Ich bin müde und gehe schlafen",Doro verabschiedete sich schnell und rannte zu ihrer Kabine. Dort musste sie wieder einmal weinen. „Mutti, so hilf mir doch", flehte sie laut. Wie sehr ihr jetzt jemand fehlte, der sie hätte trösten können. Wie lange würde sie das noch aushalten? Keine Gefühle zeigen dürfen? Immer so tun, als ob all diese Gefühle gar nicht existierten? Daran musste sie doch kaputt gehen!

Vor ihnen lag die gleiche Strecke: Vorbei an der kleinen Insel Stromboli, an der man genau erkennen konnte, wie ein Vulkan entsteht. An den steilen Hängen konnte man ein kleines Dorf sehen, doch eine Straße war nirgendwo zu erkennen. Wie konnten dort nur Menschen leben? Der Stromboli spuckt ja fast regelmäßig alle 20 Minuten. Wenn man nachts an ihm vorbeifährt, kann man das gut beobachten. Wieder ging es durch die Straße von Messina, weiter durch das Mittelmeer gen Osten nach Alexandria.
Dorothee musste die Stadtrundfahrt begleiten. Sie bat den Busfahrer, sie zum Schluss irgendwo in der Stadt abzusetzen. An der Uferstraße hielt er den Bus an. Dorothee stieg aus und winkte ein Taxi herbei, mit dem sie sich zum Hotel St. Stephan fahren ließ. Dort, so hatte man ihr gesagt, gab es ein Geschäft, in dem man Kristalllüster kaufen konnte. Nino hatte ihr 100 D-Mark gegeben und sie gebeten, einen solchen Lüster zu besorgen. Schließlich durfte die Crew ja nur in Gruppen von Bord gehen. Nino hatte keine Chance, selbst auf die Suche eines solchen Lüsters zu gehen.
Im Geschäft sprach man nur arabisch, Dorothee hatte allergrößte Schwierigkeiten, sich zu verständigen. Ja sogar die Preise, d.h. die Ziffern waren auf Arabisch geschrieben. Sie verstand absolut nichts. Da kam ein anderer Kunde, der Französisch sprach und ihr half. Die Lüster waren viel zu teuer. Enttäuscht verließ Doro den Laden und nahm ein Taxi, das sie nun zum Hafen und zur Vassilij bringen sollte. Der Taxifahrer allerdings verstand auch nur Arabisch, und wusste nicht, wohin Doro fahren wollte. Sie redete mit Händen und Füßen und war genauso verzweifelt, wie der Taxifahrer, der keine Ahnung hatte, wohin seine Kundin wollte. Nachdem sie kreuz und quer durch die Stadt gefahren waren, entdeckte Doro den Schornstein der Vassilij und zeigte darauf. „Oooo". Der Fahrer hatte verstanden und sauste los. Und so kam sie doch noch nach Hause zur Vassilij.
Nino hatte zunehmend gesundheitliche Probleme. Oft wurde es ihr schwindlig, die Bewegungen des Schiffes machten ihr zu schaffen. Abends war sie an manchen Tagen gar nicht mehr in der Ucraina-Lounge zu sehen. Sie lag in ihrem Bett in der Crewkabine. Dorothe besuchte sie so oft wie möglich. Auch an diesem Abend. Musste sie ihr doch die Nachricht überbringen, dass der Kauf des Kristalllüsters gescheitert war, aber es blieb ja noch die Hoffnung, dass es morgen in Kairo eine Möglichkeit gab.
Bevor Avto in die Ucraina-Lounge zur Arbeit musste, kam er zu Nino in die Kabine. Und da die anderen Bewohner dieser Kabine gerade nicht anwesend waren, wagte er es, setzte sich auf Ninos Bett, legte seinen Kopf auf deren Bettdecke und Doro legte ihr Gesicht an seine Wangen. Sie waren sich sehr nahe, und sie spürten es wieder ganz deutlich wie sehr sie sich liebten. Eine Sekunde Glücksgefühl, die man sich nicht mit Geld erkaufen kann. Ob ihr die

kleine Goldmünze, die ihr heute der ägyptische Reiseleiter gegeben hatte, Glück bringen würde?

Am nächsten Tag der Ausflug nach Kairo. Und prompt waren in Dorothees Bus wieder die fünf mysterösen russischen Passagiere, darunter der „Affe".
Nein, ins Museum wollte Dorothee nicht schon wieder mitgehen. Den Gruppen wurde ja immer das Gleiche gezeigt. Lieber wollte sie mal privat das Museum besuchen und sich anschauen, was sie wollte. Heute aber trank sie lieber zusammen mit ihrem Kollegen Uwe Tee im Hotel Hilton gleich nebenan. Toni und ihr ägyptischer Agent Hassan kamen dazu. Die Tour ging weiter, Mittagessen im Hilton, Moscheen, die Pyramiden von Gizeh, die Sphinx und schließlich ging es zum Bazar.
Dorothee bummelte mit den fünf mysteriösen Passagieren über den Bazar. Sie überquerten die Straße und spazierten auf der anderen Seite weiter. Da entdecke sie ein Geschäft mit Kristalllüstern. Für 25 ägyptische Pfund, das waren genau 100 D-Mark, also exakt die Summe, die ihr Nino gegeben hatte. Wunderbar. Sofort kaufen, dachte Dorothee und machte den Händlern klar, dass sie den Lüster (der bei diesem Preis sicher nicht aus Kristall war) einpacken sollten. Der vermutliche Chef des Ladens gab drei jungen Männern einen Befehl, zumindest hörte es sich so an. Diese begannen nun, den Lüster in seine Einzelteile zu zerlegen und jedes Teil liebevoll dick in Papier einzuwickeln. Sie machten das mit einer Engelsgeduld und mit viel Liebe. Aber jemine, das dauerte ja eine Ewigkeit! Dorothee wurde unruhig. Sie saß wie auf heißen Kohlen. Der Moment war gekommen, der Bus sollte jetzt abfahren, alle Gäste waren sicher schon im Bus, nur sie, die Reiseleiterin fehlte. Sehr peinlich. Aber was konnte sie schon tun? Die hier sprachen nur Arabisch, sie konnte zwar mehrere Sprachen, aber eben außer „schukran", wie man auf Arabisch „Danke" sagt, auch kein Wort mehr. Ihre mysteriösen Russen waren inzwischen weitergegangen, sie konnte also auch niemanden zum Bus schicken, um Hilfe zu erbitten.
Wie vom Himmel geschickt, tauchte Elham, ihre heutige örtliche Reiseleiterin, auf, begleitet von einem der Russen, der geahnt hatte, wo Dorothee geblieben war. Elham erklärte den jungen Leuten, sie sollten den Karton mit dem Kristalllüster zum Hotel Hilton bringen. Sie versprachen es.
„Wir sagen den Gästen, dass Du Dich im Bazar verlaufen hast, dann werden sie nicht meckern". Elhams Idee war genial. Denn als Dorothee mit inzwischen 15 Minuten Verspätung in den Bus stieg, begrüßten sie die Gäste mit Applaus und der hämischen Bemerkung: „Alle da, nur die Reiseleiterin fehlt". Elham ergriff das Mikrofon und sagte: „Unsere arme Dorothee hatte sich im Bazar verirrt und fand den Weg nicht mehr. Gott sei Dank haben wir sie gefunden. Jetzt fahren wir zum Abendessen und zur Folklore-Show." Sofort schlug die hämische und aggressive Stimmung in Mitleid um. „Ach, Sie Ärmste. Mein Gott, wie gefährlich, als junge Frau so alleine auf einem arabischen Bazar, und das bei Dunkelheit."

Schnell fuhr der Bus zum Hotel Hilton, dort gab es Abendessen und Show. Dorothee hatte sich einen Platz ausgesucht, von dem aus sie die Eingangstür zum Saal gut beobachten konnte. Der Lüster wurde ewig nicht gebracht. Elham und Doro wurden nervös. Doro wollte schon mit einem der Busfahrer zum Bazar fahren, doch dieser behauptete, den Jungen mit dem Karton gesehen zu haben. Und richtig, vor dem Speisesaal im Hilton stand er. Ende gut, alles gut!

Sollte nun Dorothee den Karton selber tragen? Das könnte den Passagieren auffallen. „Aha, die hat doch etwas auf dem Bazar gekauft, von wegen verirrt". Nein, das ging nicht. Sie bat also den „Affen", den Karton zu übernehmen, was er gerne machte. Irgendwie musste er Dorothee mögen. Auf dem Rückweg schlief Dorothee im Bus, ihren Kopf hatte sie auf Elhams Schoß gelegt, es war so schön wie in alten Zeiten zu Hause als ihre Mamotschka noch lebte. Der „Affe" brachte den Karton sogar bis in ihre Kabine 488, wo er ihn in einer Ecke abstellte, ohne je ahnen zu können, dass er etwas Verbotenes transportierte, denn eigentlich hätte Nino gar nicht so viel Geld, besser gesagt so viel Devisen haben dürfen, um sich solch einen Lüster zu leisten. Die ganze Sache amüsierte Doro sehr.

An Bord hatten sie auf dieser Reise nicht nur Gäste, die Dorothee schon im Jahr zuvor in Sotschi betreut hatte, sondern auch das Ehepaar Schönberg, junge Eheleute. Hans-Jürgen, der Mann, hatte sich ein bisschen in Nino verguckt. Seltsamerweise schien seine Frau damit überhaupt keine Probleme zu haben, denn verborgen konnte ihr das nicht bleiben.

Sie waren unterwegs von Kairo nach Port Said, als per Funktelegramm die Nachricht kam, dass der Vater der jungen Frau gestorben war. Sie musste sofort nach Deutschland zurückfliegen. Sie? Ja, die beiben beschlossen, dass nur sie nach Hause fliegen sollte. Es kam ihnen allen ein bisschen seltsam vor. So verließ die junge Frau in Port Said die Vassilij und wurde in einem vom Agenten organisierten Auto nach Kairo gebracht, von wo aus sie nach Hause flog. Hans-Jürgen blieb alleine an Bord und saß jeden Abend oben bei den Sakartvelo.

Nino besuchte Doro in ihrer Kabine, um sich den Lüster anzuschauen, zumindest das, was man so erkennen konnte, ohne ihn auspacken zu müssen. Sie war begeistert. Über die Lautsprecher hörten sie den normalen Aufruf für die Deckmatrosen, sich für die Einfahrt in den Hafen von Port Said bereit zu machen. Kurz darauf folgte ein Aufruf für den Ersten Offizier, dann plötzlich ein Aufruf des Kapitäns persönlich, der Erste Offizier solle sofort ins Restaurant Leningrad kommen, kurz darauf neuer Befehl, er solle in die Ambulanz, ins Hospital kommen. Unruhe breitete sich aus. Was war geschehen? Nino und sie gingen hinaus. Der Gang in Richtung Information war ohne Licht und voller Rauch. Irgendwo brannte es, aber wo? Irgendwo innen wurde vermutet. Die schrecklichste Vorstellung – Feuer auf einem Schiff.

Dann fand man die Ursache. Eine Liegestuhlauflage an Deck, eine Matratze brannte. Sie lag in der Nähe eines Abzugsschachtes, der den Rauch ansog und im ganzen Schiff über die Klimaanlage verteilte. Doro wunderte sich nur, dass die Passagiere sich so ruhig verhielten, die meisten waren zwar an Deck, um die Einfahrt der Vassilij in den Hafen von Port Said mitzuerleben, doch all die anderen waren äußerst ruhig geblieben.

Nach dieser Aufregung war das Einlaufen der Vassilij in den Hafen umso schöner. Mit Herbert und Janice ging Dorothee an Land. Sie brachten die ungefähr 800 Postkarten der Passagiere zur Post und fuhren mit einer Kutsche in ihr Stammcafé, wo es wieder arabischen Mokka und viel zu süße Leckereien zu genießen galt.

Abends war noch einmal Freundschaftsabend, der letzte, an dem die Sakartvelo noch teilnehmen konnten. Und so saß Dorothee bei ihnen. Gegen Mitternacht gingen sie alle in den Varietésalon, dort spielte das deutsche Orchester flotte Tanzmusik. Dorothee kamen schon wieder die Tränen. Soso war der erste, der es bemerkte und sie schnell zum Tanzen aufforderte, um sie zu trösten und abzulenken.

So konnte es nicht weitergehen. Nein, sie hielt das nicht mehr aus. Sie musste ihn sich aus dem Herzen reißen, irgendetwas tun, um ihre Seele von ihm, von ihrem geliebten Avtandil, zu befreien. Wie anders könnte sie sonst je weiterleben? Aber wie stellt man das an? Dorothee wusste es nicht. Ihm wehtun? Aber wie? Sie war verwirrt, wie gerne hätte sie mit jemandem darüber gesprochen, aber wer interessierte sich schon für ihre Sorgen? Und so stand Dorothee wieder einmal allein an der Reling und vertraute dem Meer, dem Wind und den Wellen ihre Sorgen an.

Und wieder kamen sie nach Rhodos, wieder erst gegen abends. Doro war auf dem Weg zur Gangway, um mit dem Tenderboot an Land zu fahren. Sie sah, dass Avtandil gerade Tischtennis spielte und blieb dort kurz stehen, doch er sah sie gar nicht, nahm sie nicht wahr. Wut kam in ihr hoch. Wut vermischt mit Trauer. Und plötzlich wusste sie, Aggressionen, ja, das war die Lösung. Aggressionen musste sie in ihrer Seele aufbauen, gegen ihn. Jede noch so kleine Sache, die ihr nicht passte, innerlich aufbauschen, groß werden lassen, und dann vielleicht, vielleicht, vielleicht – nein, das würde auch nicht helfen. Oder doch?

Es gab einen Abendausflug „Rhodos bei Nacht". Erst eine Rundfahrt, dann eine Folkore-Show. Unter den Tänzerinnen war eine Holländerin, die mit einem Mann aus Rhodos verheiratet war. Sie fiel nur durch ihre langen blonden Haare auf, denn sie tanzte genauso gut wie alle anderen, die hier geboren und aufgewachsen waren.

Es folgte eine „Son et Lumière" – Licht & Ton-Vorstellung im Park des Großmeister-Palastes, in deutscher Sprache wurde die Geschichte von Rhodos aus dem 16. Jahrhundert erzählt, als die Johanniter von den Türken besiegt wurden und nach Malta flohen. Das Ganze wurde durch entsprechende Beleuchtung der Gebäude und des Gartens untermalt. Es war sehr beeindruckend und wenn man genau hinhörte, erlebte man alles richtiggehend mit, die ganze Vergangenheit. Am Himmel strahlten die Sterne, deutlich zu erkennen der „Große Wagen".

Die Gäste kehrten zurück zur Vassilij, doch die Reiseleiter machten sich auf zum Nachtclub „Copacabana", wo es eine internationale sowie eine griechische Show gab, Tanz, Buzuki, Musik aus Lateinamerika, Zauberei und ein Bauchredner, der Deutsch sprach. Sie lachten Tränen. Ach, wie gut es tat, Tränen lachen zu können und nicht weinen zu müssen.

Kes, ihr Kollege, der hier auf Rhodos stationiert wart, machte sie alle mit einem der Wasserskilehrer bekannt, es war ein Grieche, der sich Mike nannte und sehr gut Englisch sprach. Er sah verführerich gut aus und Dorothee dachte sofort: „Solch ein Typ könnte mir gefallen."

Erst nach ein Uhr nachts fuhren sie mit dem Tenderboot zur Vassilij zurück. Mit dabei Kes, Yvonne, eine weitere Kollegin und Mike. Sie alle wollten, sollten auf der Vassilij übernachten. Dorothee musste nun erstmal herausfinden, welche Kabinen frei waren. Zwei Kabinen brauchten sie, eine für Kes und Mike, eine zweite für Yvonne. Sie nahm den Plan. Auf dem die freien Kabinen markiert waren, und den Paspartout, den Generalschlüssel. Kabine 476 sollte eigentlich frei sein. Gott sei Dank schloss sie sehr langsam und leise auf, denn drin lag jemand im Bett. Aber die Superluxuskabine 172 war frei. Doch da hing ein von der Kollegin Annette Fürst unterschriebener Frühstücksbestellzettel davor. Das bedeutete dann wohl, dass Annette ihre Eltern, die diese Kreuzfahrt mitmachten, jetzt dort untergebracht hatte. Endlich fand sie eine freie Kabine, die Luxuskabine 57 mit zwei Betten. Yvonne konnte ja bei Doro schlafen. Da tauchte ein weiteres Problem auf. Doros Bett ließ sich aus unerklärlichen Gründen nicht öffnen, es musste weiter gesucht werden. Da war noch eine freie Luxuskabine, die Kabine 45. Problem gelöst.

Jetzt aber noch in die Mondscheinbar, um den Abend gebührend ausklingen zu lassen. Kes, Mike und Doro blieben bis kurz vor 4.00 Uhr, dann wurde die Bar geschlossen. Mike versuchte Doro beizubringen, wie man Sirtaki tanzt. Nach der Musik aus dem Film „Alexis Sorbas" versuchten sie es immer wieder.

Mike, ja das war ihre Chance, Avto weh zu tun, sich an ihm zu rächen, an ihm, der nichts dafür konnte, dass alles so kompliziert war. Zwar erzählte Doro Kes und Mike von ihrer verrückten Liebesgeschichte, was aber Mike nicht davon abhielt, durchblicken zu lassen, dass er gerne in Kabine 488 übernachten würde. Doro sagte nichts, auch nicht als sie vor Kabine 57 ankamen und Mike einfach mit ihr weiterging, bis zu ihrer Kabine 488.

Es war schön mit ihm, interessant und neu, aber es fehlte die persönliche Beziehung und die Romantik, die Avto umgab. Sie musste immer wieder an Avto denken, der viel kleiner war als dieser groß gewachsene Mann, Avto, der so viel blasser war, kein bisschen sonnengebräunt, Avto. Avto, Avto – immer wieder Avto. Sie sehnte sich nach seiner Zärtlichkeit, ja, ihn liebte sie. Das wusste sie jetzt mehr denn je. In ihrem Herzen war nur Platz für ihn. Wie schade, dass das Buch ihrer Liebesgeschichte schon so viele Tage vor dem 2. Juni enden musste, eine unvollendete Geschichte. Mit oder ohne Fortsetzung, das stand in den Sternen.

Der nächste Tag brach an. Es gab keinen Ausflug zu begleiten, mittags schon sollte die Vassilij Abschied nehmen von dieser schönen Insel. Doro wollte wieder einmal Wasserski fahren. Der dazugehörige Lehrer lag bei ihr im Bett. Los, aufstehen, frühstücken und dann schnell mit dem Tenderboot an Land fahren und zum Strand. Herrlich, so von dem Boot gezogen zu werden und auf den Skiern über die Wellen zu gleiten. Es gelang Doro ziemlich lange auf den Skiern zu stehen, sie schaffte die gesamte große Runde und war stolz darauf. Dann hieß es wieder einmal Abschied nehmen. Mike fiel der Abschied schwer. Er hatte Tränen in den Augen. Hatte er sich in Doro verliebt? Er war ein sensibler Mann, dieser Mike, und Doro fühlte, dass er sie sehr mochte. Ja, diese feuchten Augen waren nicht geheuchelt, das war echt. Es machte sie traurig, dass sie diese Gefühle nicht erwidern konnte. Ihr Herz, ihre Seele waren ganz erfüllt von Avtandil.

Umso mehr sehnte sie sich nun nach Avtandil, rannte in die Ucraina-Lounge, wo sie alle saßen, ihre Sakartvelos. Avto begrüßte sie so zärtlich, so voller Liebe. Nein, es nützte nichts, dagegen konnte man nicht kämpfen, gegen diese starken Gefühle. Kein anderer Mann, keine andere Frau, niemand konnte ihre Gefühle zerstören.

Die Fahrt ging weiter. Vassilij nahm Kurs auf Izmir. Um Mitternacht spielten die Sakartvelo „Happy Birthday" für Valja, der 29. Mai brach an und Valja wurde 28 Jahre alt. Oleg, der Politoffizier gab ihnen die Erlaubnis, in der Mondscheinbar zu feiern. Ilarion brachte eine Flasche „Чача" – Tschatscha, wie sie den selbst gebrannternSchnaps nannten, das war ein ungefähr 65 % georgischer Wodka und dazu gab es „Армянский чай" – armjanskij tschai – armenischen Tee. So nannten sie spaßeshalber den guten Armenischen Kognac.

Avto und Doro saßen ganz nah beieinander und hielten sich an den Händen. Für ihn sei es das Wichtigste, dass Doro so ein guter Mensch sei, dass sie auch eine Frau war, das sei zweitrangig. Wie gerne würde er jede Nacht zu ihr kommen, trotz der Gefahr, entdeckt zu werden, trotz der überall lauernden Personen, die nur darauf warteten, etwas an die Politoffiziere melden zu können. Aber er fürchtete, dass er dann den Abschied nicht verkraften würde. Es ging ihm genauso wie ihr. Die Angst vor dem unvermeidlichen, so schrecklichen Moment schnürte ihnen den Hals zu, jeden Tag ein bisschen mehr.

Ihr geliebter Avto, Tränen hatte er in den Augen, als er ihr all das erzählte. Es sagte sich so leicht „Ich liebe Dich", und oft war es nicht die Wahrheit, sondern nur so dahin gesagt. Was aber war Liebe, wenn nicht das, was sie beide miteinander verband? „Lass uns kämpfen Avto, vielleicht können wir siegen! Vielleicht hilft uns der Himmel". Dorothee wollte nicht die Hoffnung aufgeben.

Von Izmir ging es nach Istanbul. „Wenn es Dir schlecht geht, dann musst Du Dir selbst etwas Gutes tun", hatte einmal eine Kollegin zu ihr gesagt. Und so kaufte sich Dorothee einen schönen Seidenteppich, der dann in ihrer Kabine lag und diese mit seinen wunderschönen schimmernden Farben verschönerte. Und ein nachträgliches Geburtstaggeschenk für Valja musste auch noch her. Sie entschloss sich für einen Aschenbecher, denn Valja war ein leidenschaftlicher Raucher, und für eine kleine Statue mit den berühmten drei Affen, deren Original in Nikko / Japan steht. Das passte zur derzeitigen Lage in der Sowjetunion: Nichts hören, nichts sehen, nichts sagen. Es fehlte ein vierter Affe, der „Nichts fühlen" symbolisierte – den hatten die Künstler in Japan nicht vorgesehen.

Heute lud der Kapitän zu einem Kalten Buffet in die Mondscheinbar ein, Lechak-Reisen-Staff, die Crewmitglieder aus dem Bereich der Administration und auch die Sakartvelo waren eingeladen. Avto sah wieder einmal zum Verlieben aus. Mein Gott, diese Augen!

Wie heißt es in jenem russischen Volkslied, das die schwarzen Augen eines geliebten Menschen besingt:

> Schwarze Augen, feurige Augen
> Seltsame Augen und schöne Augen
> Wie liebe ich Euch, wie fürchte ich Euch,
> In einer unglücklichen Stunde habe ich Euch kennen gelernt

Ja, so war es, jener Moment, in dem sie diesen Augen begegnet war, sollte ihr Schicksal sein, ihr beider Schicksal.

Nachts kam Avto noch einmal zu ihr – ein letztes Mal. Es war herrlich mit ihm – mein Gott, sie liebten sich tatsächlich. So waren sie unglücklich, scheiden zu müssen, doch glücklich, sich gegenseitig zu haben. Ihr Abschiedsgeschenk an ihn war ein Aschenbecher, den sie in Lambarene gekauft hatte. Auf die Unterseite schrieb sie „Doro" mit georgischen Buchstaben.

So verbrachten sie ihre letzte Liebesnacht, ihre letzten Liebesminuten auf dem Weg vom Marmarameer zum Schwarzen Meer, im Bosporus.

Das Meer war spiegelglatt, aber die Luft sehr dunstig, wie es wohl morgen in Sotschi sein würde?

Sotschi ~ Montag, 31. Mai 1976

„Am 31. Mai sehen wir uns wieder", hatte Dorothee im vergangenen Herbst zu ihren Freunden gesagt. Damals, als sie noch Reiseleiterin in Sotschi gewesen war, hatte sie sich im Katalog die Routen angesehen, welche die Vassilij fahren sollte. Am 31. Mai sollte die Vassilij nach Sotschi kommen. Und nun war er da, dieser Tag. Dorothee kehrte nach Hause zurück, nach Sotschi.
Schon um 5.30 Uhr konnte sie nicht mehr schlafen, sie war viel zu aufgeregt. Schnell richten und an Deck. Vassilij lief gerade langsam in den Hafen ein und legte an jener Pier fest, wo sie im Oktober 1975 gestanden und gedacht hatte: „Am 31. Mai 1976 wirst Du mit Vassilij Azhajew hierher kommen."
Der Turm auf dem Achun-Berg, „ihre" Hotels, die Kaukasus-Berge, alles das war so wie Heimat. Die ersten bekannten Gesichter, die sie sah, waren Galina, die Oberzahlmeisterin, die krank gewesen war und nun auf das Schiff zurückkehrte, und einige Zöllner vom Flughafen Adler, die Dorothee bald erkannten und sich sehr freuten, sie wiederzusehen.
Sie hatte so nette Kollegen! Heute musste Dorothee keinen Ausflug begleiten, nur bis zur Abfahrt der Busse sollte sie noch dabei sein. Dann hatte sie den restlichen Tag frei. Einige ihrer Dolmetscher von Intourist, die sie vom vergangenen Jahr kannte, begleiteten diese Busse. Welch fröhliches Wiedersehen. Sie alle freuten sich, dass Dorothee wieder da war.
Mit einem dieser Busse fuhr sie mit zum Hotel Schemtschuschina, unterhielt sich dort mit alten Bekannten und ihrer Kollegin, der Reiseleiterin, die in dieser Saison von Lechak-Reisen hier eingesetzt war. Ihre Freundin Nina aber war nicht im Intourist-Büro. Sie sei krank, sagte man ihr. „Darf ich sie kurz von hier aus anrufen?", bat Dorothee.
„Komm doch zu mir nach Hause, Dorothee", schlug Nina vor. Also fuhr Dorothee mit einem Intourist-Bus zum Hotel Kamelia, ihrem Domizil vom vergangenen Sommer. Die Gäste, die im Bus saßen, wurden zum Flughafen Adler gebracht, von wo aus sie nach Tbilisi fliegen sollten. Wie gerne wäre Dorothee einfach mitgeflogen und hätte in Tbilisi auf ihren geliebten Avto gewartet, der ja in zwei Tagen das Schiff verlassen musste und dann nach Tiflis, nach Hause, reisen sollte. Aber das Leben ist nicht so einfach.
Mit Bus 23 fuhr sie zum Universam, einer Art Supermarkt, und ging zu Fuß zu Ninas Wohnung. Diese herrliche Wohnung, von deren Wohnzimmerfenster aus man einen wunderbaren Blick links auf das Schwarze Meer und rechts auf die mit Schnee bedeckten Berge des Kaukasus hatte. Dieser traumhafter Ausblick.
Nina, die 15 Jahre älter war als Dorothee und für diese eine Art mütterliche Freundin, empfing ihre Doro mit einer festen Umarmung. Es war schön, wieder zusammen zu sein.
Doch bald schon wollte Dorothee gehen, sie nahm ein Taxi zum Kinotheater Sputnik und setzte sich dort im Park auf eine Bank. Hier mussten sie alle vor-

beikommen, alle die von der Vassilij aus zu Fuß in die Stadt spazieren wollten.

Und da kamen auch schon einige. „Diesmal ist alles viel einfacher, die Behörden haben die Pässe ganz schnell kontrolliert. Zollkontrolle gab es kaum." Hier in Sotschi war also alles viel einfacher als vor drei Wochen in Odessa. Warum? Warum war in Sotschi das möglich, was in Odessa nicht möglich war? Warum dort all die Schikanen gegenüber der Besatzung, gegenüber den eigenen Landsleuten?

Es dauerte auch nicht lange, vielleicht eine halbe Stunde, da kam Avto, ganz allein war er. Unglaublich dieses Gefühl, mit ihm gemeinsam an Land spazieren gehen zu können, ohne Angst beobachtet zu werden. Unvorstellbar fast die Tatsache, dass sie problemlos den Bus 21 nehmen und zu Nina fahren konnten. Inzwischen war auch ihre andere Freundin Galina dort eingetroffen. Nina hatte gekocht, sie saßen in der gemütlichen Wohnküche und genossen das leckere Essen.

„Wenn Ihr wollt, könnt Ihr Eure Briefe an mich schicken, ich leite sie dann weiter. Ich bin auf der Seite der Liebe", Nina meinte es gut und wollte helfen. Ein Brief von Dorothee adressiert an Nina würde vielleicht eher durch die Zensur kommen, innerhalb der Sowjetunion dann gab es wohl keine Zensur mehr. Aber Avto wollte nichts davon wissen. Er misstraute inzwischen jedem Menschen, auch, wenn es sich um eine gute Freundin seiner Doritschka handelte.

Allzu schnell vergingen die Stunden, der Abschied war diesmal nicht so schlimm. Im Herbst, genauer gesagt am 24. September, würde die Vassilij wieder in Sotschi sein. Dann würde es erneut ein herzliches Wiedersehen geben. Doro und Avto nahmen ein Taxi zurück ins Zentrum, Doro stieg dort aus und ging zu Fuß zum Hafen. Sie hatte noch ein bisschen Zeit und es war besser, dass sie nicht zusammen am Hafen gesehen wurden.

Unten an der Pier stand jener seltsame Mann, der angebliche Freund von Igor. Igor, der junge Mann der sich im letzten Sommer angeblich in sie verliebt hatte, dessen Aufgabe es offensichtlich aber nur gewesen war, sie mit eben diesem Mann bekannt zu machen. Dieser Mann, der, wie er behauptete, für Intourist arbeitete und sie damals gebeten hatte, ihr Ratschläge zu geben, was zu tun sei, um westdeutsche Touristen zufrieden zu stellen.

Ja, für Intourist arbeitete er anscheinend tatsächlich, aber in welcher Funktion? Dorothee war dieser Mann nach wie vor sehr unsympathisch. War er einer der Informanten für den Geheimdienst? Wie gut, dass sie alleine war, dass Avto schon vor ihr zurück auf der Vassilij ankam.

Seltsame Dinge geschahen, der Flugausflug nach Moskau wurde storniert, ebenso die für abends an Bord geplante Folklore-Show. „Dorothee ist die einzige, die unsere Probleme versteht", meinte ein junger Intouristmanager. Recht hatte er. Sie wusste, dass diese Leute hier alle nur ihr Bestes gaben, die Entscheidungen aber meist aus Moskau kamen und die armen Leute hier dann den Ärger der Passagiere ertragen mussten, obwohl sie keine Schuld daran hatten, dass etwas schief lief. Andererseits verstand Dorothee natürlich auch ihre Gäste, die oft jahrelang gespart hatten, um sich eine solche Kreuz-fahrt leisten zu können und nun enttäuscht waren. Es war wohl ihr Schicksal, sich ständig zwischen zwei Stühlen zu fühlen.

Gegen 17.00 Uhr wurden die Leinen gelöst, die Vassilij entfernte sich von der Pier, fuhr ein Stück rückwärts und drehte dann im Hafenbecken um. Doro verließ einmal mehr ihre Heimat, ihre Freunde. Sotschi lag in strahlendem Sonnenschein. Ja, hier wollte sie wieder arbeiten, vielleicht in zwei Jahren.

Моя любовь – моя судьба – maja ljubov, maja sudba – meine Liebe, mein Schicksal! Sie musste es akzeptieren, Russland, Georgien, Avtandil, ihre Liebe, ihr Schicksal. Daran ließ sich nichts mehr ändern.

Noch eine Abschiedsfeier in Doros Kabine. Alle Sakartvelo kamen, und auch Hans-Jürgen Schönberg, jener Gast, dessen Frau in Port Said von Bord ge-hen musste, weil ihr Vater gestorben war. Seltsam, dass Hans-Jürgen seine Frau alleine zurückkehren ließ. Vielleicht passte es ihm aber, dass es so kam. Er hatte sich doch in Nino verliebt und versuchte, ihr möglichst oft nahe zu sein. Keinem von ihnen war nach feiern zumute. Durften die Sakartvelo im Dezember auf die Vassilij zurückkehren? Und Dorothee, würde Lechak-Reisen sie eine weitere Saison auf dem Schiff einsetzen? Momentan konnte man nur hoffen, dass alle im September nach Sotschi kommen konnten, wenn die Vassilij wieder dort sein sollte. Dann sollte es ein frohes Wiederse-hen geben. Ein durchaus realisierbarer Plan, von Tbilisi bis Sotschi waren es zwar ungefähr 600 km, doch es gabe eine gute Zugverbindung. Avto hatte sogar ein eigenes Auto, in dem sie alle Platz fanden. Warum nicht diesen Tag, diesen 24. September, als „Wiedersehenstag" einplanen. Das tröstete, aber nicht genug.

Nach und nach gingen alle, nur Avto blieb ein paar Minuten länger. In seinen Armen begann Doro zu weinen: Mein Gott, sie liebte ihn wirklich so sehr. Un-erträglich der Gedanke an den Abschied übermorgen.

Jalta ~ Dienstag, 1. Juni

Dorothee war schon um 7.00 Uhr auf den Beinen und ging an Deck. Gegen 8.00 Uhr lief Vassilij in den kleinen Hafen von Jalta ein. Der Himmel war be-wölkt, manchmal kam die Sonne durch, doch immer wieder fing es an zu reg-nen, hörte aber bald wieder auf.

Jalta – so viel hatte sie schon gehört von diesem bekannten Ort. Jalta, der Kurort auf der Halbinsel Krim, Jalta bekannt durch die Jalta-Konferenz, die hier vom 4. bis. 12. Februar 1945 stattgefunden hatte, als der Präsident der USA, Franklin D. Roosevelt, Winston Churchill als Vertreter des Vereinigten Königreiches und Josef Stalin für die UdSSR sich trafen und die Aufteilung Deutschlands sowie die Machtverteilung in Europa nach Beendigung des Zweiten Weltkrieges beschlossen. Jalta, wie oft hatte Hartmut ihr davon erzählt. Er hatte mit Rudi im Sommer 1953 eine Reise unternommen von Moskau über Stalingrad, Sotschi, Jalta und wieder zurück nach Moskau, natürlich immer schön von einer Person des Geheimdienstes begleitet. Charlotte war in Moskau geblieben, Dorothee war gerade erst einige Monate alt gewesen, da konnte sie nicht mitreisen.

Dorothee war heute das erste Mal hier und wollte unbedingt den wichtigsten Ausflug begleiten, eine Rundfahrt durch Jalta und Umgebung. Es ging zum Liwadija-Palast, jenem Ort, wo jene Jalta-Konferenz zwischen Churchill, Roosevelt und Stalin stattgefunden hatte. Sie besichtigten den Palast, sahen das Konferenzzimmer mit dem großen ovalen Tisch, an dem die Politiker gesessen hatten und über die Zukunft Europas bestimmten. Sie spazierten durch den großzügig angelegten Garten. Weiter zum Woronzow-Palast, dessen herrlichen Garten mit Blick auf die Berge der Krim, unter diesen herausstechend der „Heiliger Petrus Berg" mit seinen 1.226 Metern Höhe. Sie besichtigten die Zimmer des Palastes. Wieder begann es zu regnen, schnell zum Bus ins Trockene. Es ging zurück, unterwegs noch ein Halt, um das kleine Schlösschen, das bekannte „Schwalbennest" fotografieren zu können. Dieses Schlösschen, der Nachbau eines mittelalterlichen Rhein-Schlösschens, steht ungefähr 40 Meter über dem Meer auf einer Klippe, dem Myis Ai-Todor Kap und es ist das bekannteste Fotomotiv Jaltas.
An der „Набережная" – Nabereschnaja, der Uferpromenade hielt der Bus. Hier stiegen alle aus und besuchten erstmal den „Kashtan"-Laden, den Devisenladen. Auf der Krim wurden die Devisenläden nicht Berioska genannt, wie in anderen Teilen der Sowjetunion. Dorothee verabschiedete sich von den Gästen, die nun alleine weiter bummeln konnten. Sie wollte sich mit Avtandil treffen. Heute wollten sie einmal ganz alleine sein, nur sie beide.

Da kam er auch schon angerannt. Es war Mittag, sie hatten beide Hunger und gingen gleich auf die Suche nach einem Restaurant. Das erste, direkt an der Uferpromenade gelegen, schien in Ordnung zu sein, doch dort saßen ihre Kollegin Helga Peters und ihr Chef Toni Rossi. Das passte nicht. Sie bummelten weiter.
Avtandil wollte seiner Doritschka unbedingt ein Geschenk machen. Hier war er in seiner Heimat, hier konnte er mit Rubel bezahlen, in all den anderen Ländern hätte er mit Devisen bezahlen müssen, von denen er nur ganz wenig besaß. Für sowjetische Verhältnisse aber verdiente er sehr gut. Künstler waren meist gut bezahlte Leute. Endlich, endlich war er in der Lage, Dorothee etwas zu schenken. Aber was?
Sie klapperten die einzelnen Geschäfte an der Uferpromenade ab. Im ersten Laden, einem Souvenir-Geschäft, gab es nichts, aber auch gar nichts, was Doritschka nur annähernd gefallen hätte. Sollte sie ihn belügen? Ihm vorheucheln, dass ihr irgendetwas gefalle? Nein, das konnte sie nicht. Er hätte es auch gemerkt, er war viel zu sensibel, zu einfühlsam. Nein, ihm konnte sie nichts vormachen. Der arme Avto wurde ganz traurig, weil sie nichts fanden,

auch nicht im nächsten Geschäft. Alles nur Kitsch und Kram. Es war das letzte Geschäft an der Promenade, in dem andere Sachen angeboten wurden, darunter auch Schmuck, richtig schöner Schmuck. Dorothee entschied sich für eine schöne Kette aus Silber, filigran verarbeitet. Es war ein Anhänger mit einem Rosenquarzstein in der Mitte. Die Kette kostete 67 Rubel, was einem Monatsgehalt von Avto entsprach. Wie unheimlich teuer! Avto war überglücklich, endlich etwas Adäquates gefunden zu haben. Dieser Anhänger bedeutete Dorothee alles. Er sollte sie ihr ganzes Leben lang begleiten und stets daran erinnern, dass es jemanden auf der Welt gab, der sie wahrhaftig liebte. Der moralische Wert dieser Kette ging ins Unendliche.

Noch immer hatten sie nicht gegessen, und da sie als Ortsunkundige kein anderes Restaurant fanden, gingen sie zurück in das erste an der Uferpromenade, inzwischen waren die Kollegen nicht mehr da. Sie aßen viel zu viel, tranken sehr guten Weißwein, davon auch viel zu viel, zwei Flaschen insgesamt. Danach bummelten sie weiter durch die Stadt, bogen nach rechts ab und entdeckten die Talstation einer Sesselliftbahn, die auf den Berg hinaufführte. Genauer gesagt war es kein Sessellift, sondern ein Stehlift. Es waren offene Kabinen, in denen bis maximal vier Personen stehen konnten. Sitze gab es keine. Das Beste wäre wohl, hinaufzufahren, dachten beide. Doch Avtandil wollte zuerst nicht. Vor der Kasse stand eine lange Menschenschlange. Erst als Dorothee ihn überzeugen konnte, dass es dies auch in „kapitalistischen Ländern" gab – Menschenschlangen an den Kassen – ließ er sich überzeugen und stellte sich mit ihr an. Es ging schnell vorwärts und bald schon standen sie in einem der Stehlifte und fuhren hinauf auf den Berg. Auch hier gab es ein Restaurant, nebenan ein Heldendenkmal. Die Sonne schien so herrlich, welch umwerfender Blick hinunter auf Jalta, den Hafen, die Vassilij, die dort an der Pier lag, das Meer und auf der anderen Seite die Berge der Krim. Endlich waren sie frei und zu zweit alleine zusammen, unbeobachtet, so wie es immer hätte sein können, hätten sie in einer anderen Welt, einer freien Welt gelebt, so wie es immer hätte sein können, hätten sie zu einer anderen Zeit sich gefunden.
Doch ganz so unbeobachtet waren sie leider doch nicht, hin und wieder kam jemand von der Crew vorbei. Sie fuhren wieder hinunter, bummelten weiter, aßen Eis in einem Univermag, aßen Blinis (Pfannkuchen) an einem Stand im Stehen, tranken Kefir. Es wurde ihnen schon ganz übel vor lauter Essen. Endlich erreichten sie den Park, setzten sich auf eine Bank, hielten sich an den Händen und plauderten. Es waren ihre letzten gemeinsamen Stunden.
Gegen 18.00 Uhr mussten sie zurück an Bord; sie trennten sich an der Uferpromenade, Doro ging gleich auf die Vassilij, Avto blieb noch ein bisschen an Land. Nur nicht gemeinsam gesehen werden! Sie waren zurück in der Wirklichkeit. Die letzten gemeinsamen Stunden waren vorbei.
Kapitän Wladimir Lewanowitsch Dantschow gab heute Abend seinen Abschiedscocktail und stellte den neuen Kapitän Viktor Maltikow vor. Im Anschluss traf man sich im Kaukasusclub zu einem Glas Sekt. Morgen in Odes-

sa sollten viele Crewmitglieder aussteigen, noch mehr Unerfahrene würden an Bord kommen, noch mehr Probleme waren schon vorprogrammiert.

Und dann saß sie zum letzten Mal bei ihnen, bei ihren geliebten Sakartvelo. Heimlich gab sie ihnen Devisen, einige D-Mark. Dafür erhielt sie weitere Rubel, die sie morgen in Odessa oder dann später im Herbst ausgeben konnte. D-Mark aber waren für die Sakartvelo wichtig, sie ermöglichten es ihnen, auch mal im Devisenladen einzukaufen. Und so kam Avto noch ein letztes Mal in ihre Kabine, um 120 D-Mark abzuholen, wofür er ihr 40 Rubel gab, mehr wollte sie nicht von ihm.

Valerij, einer der Dolmetscher, die mit ihr an der Information arbeitete, sollte morgen auch aussteigen. Er brachte ihr ein Geschenk nach oben in die U-craina-Lounge, einen Holzschnitt mit der Aufschrift „Für Doritschka von Valerij – Jalta 1. Juni 1976"

Noch einmal spielten die Sakartvelo „Suliko" und „Take Five". Ihr Kollege Sigi und Marc, einer der deutschen Künstler machten mit. Sigi spielte sehr gut Bassgitarre und Schlagzeug.

Uwe, Marc und Sigi redeten sich den ganzen Ärger runter von der Seele über die UdSSR. Nino und auch Doro fühlten sich verletzt, denn so etwas musste nicht in der Abschiedsstunde gesagt werden. Die Sakartvelo-Jungs packten ihre gesamten Sachen und ihre Instrumente zusammen. Es tat weh. Es war endgültig zu Ende!

Odessa ~ Mittwoch, 2. Juni 1976 ~ das Ende der Love-Story

Um 8.00 Uhr legte die Vassilij im Hafen von Odessa an. Der von ihr so sehr gefürchtete Tag war da. Es war kalt und es regnete. Doro ging an Deck und entdeckte Lado, Avtos Bruder, der an der Pier stand und winkte. Um 9.30 Uhr starteten die Ausflüge. Sie half beim Abchecken der Busse. Vorher vertraute sie Lado eine Lechak-Reisen-Tasche mit Geschenken an. Drin war auch ein Brief an ihre alten Freunde in Tbilisi, jenen Menschen, die sie aus ihrer Kindheit in Suchumi kannte und die sie mit Hartmut im letzten Herbst besucht hatte, Zisana, Bitschi und ihre Familien. Diesen Brief sollte Nino persönlich übergeben. Lado jedoch entdeckte den Brief und gab ihn zur Post. Hoffentlich wurde er nicht kontrolliert, sonst war alles vorbei. Zu viel über ihre Liebe hatte sie darin beschrieben.

Ninos Schwester Eteri war auch aus Tbilisi gekommen, zusammen mit einer Freundin. Heute musste die Crew nicht so lange warten, bis sie alle von Bord gehen konnten. Denn eingereist in die Sowjetunion waren sie ja schon vorgestern in Sotschi. Auch warteten kaum Verwandte an der Pier. Zwar kam die Vassilij wieder in ihren Heimathafen, aber der große glamuröse Empfang fand nicht mehr statt. Nino selbst konnte bald vom Schiff gehen. Als sie jedoch noch einmal schnell in ihre Kabine zurück wollte, brauchte sie über eine Stunde, um erneut an Land gehen zu können. Angeblich waren noch viele Formalitäten zu erledigen.

Endlich wurde Nino rausgelassen. Alle gemeinsam fuhren zu Valjas Wohnung, auch Hans-Jürgen, Ninos Verehrer, war dabei. Valjas Mutter – Тётя Надя – Tjotja Nadja - Tante Nadja– verwöhnte sie mit einem leckeren Essen. Das Telefon läutete. Nino sollte sofort zur Vassilij kommen, ihr Gehalt abholen. Sie warteten und warteten. Nino kehrte nicht zurück. Eteri setzte sich ans Klavier und spielte moderne Musik aus Georgien. Dazu sang sie. Sie hatte so eine wunderbar helle Stimme, die ganz anders als Ninos Stimme klang. „Me schen michwachar – ich liebe Dich", war der Titel des Liedes. Dorothee wurde es weh ums Herz. „Me schen michwachar, Avto".

Es war schon Nachmittag, als die Mädchen sich entschlossen, einfach zu Fuß zum Hafen hinunter zu gehen, um mal zu sehen, was los war. Dort am Schiff schleppten die Sakartvelojungs gerade alle ihre persönlichen Sachen in Koffer und Kartons dorthin, wo schon all die Musikinstrumente standen. Das zog sich sehr lange hin. Hans-Jürgen saß noch immer in Valjas Wohnung. Doro wollte dort anrufen, um ihm zu sagen, er solle auch herkommen. Doch seltsamerweise antwortete am anderen Ende der Telefonleitung immer jemand aus einer Fabrik, obwohl sich Dorothee sicher war, die korrekte Nummer gewählt zu haben.

Schließlich wurden die Sachen in einen kleinen Bus verladen, doch abfahren konnten sie noch nicht, Avto musste noch seinen Pass umwechseln. Dorothee verstand nicht, was all dieser Papierkram bedeutete. Sie fand es nur umständlich, kompliziert und zeitraubend.

Endlich ging es los. Alle waren der Meinung, das Gepäck und die Instrumente zu Valja in die Wohnung zu bringen, doch Ilarion und Soso meinten, das sei „Не удобно – nje udobno – nicht angenehm". Also fuhren sie zu einem Hotel, wo sie aber mit dem ganzen Krempel nicht angenommen wurden. Und genauso war es in einem zweiten Hotel. So ging es dann doch zu Valja. Dorothee half, die Sachen nach oben zu schleppen. Das war nicht so einfach. Valja wohnte im dritten Stock und es gab keinen Aufzug.

Dann wurde alles zum Abendessen vorbereitet. Inzwischen war es 21.00 Uhr geworden, um 21.30 Uhr musste sie schon Abschied nehmen, Zeit zum Essen blieb ihr nicht. Aber sie hatte sowieso keinen Hunger. Ach dieser Abschied von ihren Freunden, wie schwer er fiel. Eine letzte Umarmung, die traditionellen drei Küsschen auf die Wangen. Sie schluckte ihre Tränen hinunter. Eine Epoche ging zu Ende. Wie sollte sie ohne ihre Lieblinge an Bord weiter leben?

Avtandil begleitete sie hinunter zum Hafen. Es war dunkel, sie hielten sich an den Händen. So viel Liebe, so viel Zärtlichkeit lag darin. In einer stillen Ecke auf dem Kai vor dem Schiff gaben sie sich den letzten Abschiedskuss. Eine letzte feste Umarmung. Dorothee weinte. Avto hielt sie ganz fest an sich gedrückt: „Doritschka ljubimaja – geliebte Doritschka! Warum weinst Du denn so? Ich werde doch nicht sterben, wir werden uns ja wieder sehen". Er sagte es ganz leise in ihr Ohr und drückte sie noch ein bisschen fester.

Dorothee flüsterte in sein Ohr: „Мы должны забыть друг другу - miy dolshniy sabiyt drug drugu - wir müssen uns gegenseitig vergessen". Es war aus und vorbei, vergangen, vorüber, vorbei, aber niemals vergessen!

Schwer fielen diese Schritte zurück auf das Schiff, zurück auf die Vassilij. Nur kurz in die Kabine und dann sofort hinauf an Deck. Sie wollte ihn wenigstens noch aus der Ferne sehen. Bald schon ärgerte sie sich, dass sie doch viel zu früh sich getrennt hatten, denn die Busse vom Theaterausflug waren noch nicht da. Das Schiff konnte noch nicht auslaufen. Doch nun gab es kein Zurück mehr.

Sie stand an Deck oben und bekam hin und wieder Heulkrämpfe. Alle Sakartvelojungs kamen, keiner nahm so richtig Notiz von ihnen. Besser gesagt, keiner zeigte, dass er Notiz von ihnen nahm, von ihnen beiden, die sie da standen, der Passagier Hans-Jürgen Schönberg, Ninos Verehrer, und sie, Dorothee. Nur Nino, Avto und Lado winkten hinüber. Nino ging gegen 23.00 Uhr weg. Dorothee konnte sie nicht einmal zum Abschied küssen.

Erst um 0.20 Uhr wurde die Gangway zurückgezogen, dann ging alles sehr schnell. Avto und Doro riefen sich noch auf Koreanisch und Japanisch zu „Ich liebe Dich." Sie hatte ihm das beigebracht. Das verstand hier hoffentlich niemand.

Das Schiff legte ab, Avtandil und Lado wurden immer kleiner. Dorothee schluchzte laut, ihre Knie wurden weich, ihr wurde schwindelig, sie drohte umzufallen. Hans-Jürgen legte den Arm um sie, hielt sie fest, versuchte zu trösten. Dieser ihr eigentlich unbekannte Mann, er war einfach da und stand ihr zur Seite.

„Auf Wiedersehen im Dezember" – das war ihre Hoffnung, dass sie dann alle wieder gemeinsam auf der Vassilij um die Welt fahren konnten. Doch das neue georgische Orchester „Armasi" hatte schon geäußert, ein ganzes Jahr an Bord bleiben zu wollen.

Wann würden sie sich wieder sehen? Im September in Sotschi? Im Dezember an Bord? Wann, wann, wann? Doro konnte nicht glauben, dass sie nicht mehr da waren, ihre Sakartvelo, ihr geliebter Avto. Jede Ecke auf dem Schiff erinnerte sie an ihn und an Nino. Valja war der einzige, der noch an Bord war und Anna an der Information. Aber diese beiden konnten ihr auch nicht helfen. Fünf Monate mit ihren Freunden waren schwer gewesen, wie aber sollten all die Monate ohne sie werden? Diese Leere, sie war unerträglich.

War dies das Ende ihrer Love Story?

Der Tag danach – auf See

Am nächsten Morgen hatte Dorothee total verschwollene Augen. Mein Gott, sie hätte andauernd weinen können. Gegen 18.00 Uhr fuhr die Vassilij in den Bosporus ein. Sie verließen das Schwarze Meer, wie weit sie schon von O-dessa entfernt waren! Hoffentlich hatte Nino heute ihre Abtreibung machen lassen können.

In ihrem Inneren verspürte sie eine entsetzliche Leere. Oja, natürlich, Avtandil war nicht gestorben, er lebte, sie würden sich wieder sehen, irgendwann, irgendwo. Diese Hoffnung blieb ihnen. Diese entsetzliche Leere in der Seele. Sie hatte das Gefühl, neben sich selbst zu stehen, so als ob die Dorothee, die da arbeitete, sich mit den Gästen, mit den Kollegen unterhielt gar nicht zu ihr gehörte. Es war, als ob sich ihr Inneres und ihr Äußeres voneinander abge-spalten hätten, ohne dass dies den anderen Menschen, die sie umgaben, aufgefallen wäre. Dorothee funktionierte gut. Ihre Seele litt. Aber niemand durfte es merken. Wusste sie doch nicht, wer hier an Bord sie beobachtete. „Doch wie's da drin aussieht, geht niemand was an". Sie musste an ihre Ma-motschka denken. Wie oft hatte sie nicht diesen Liedtext aus der Operette „Das Land des Lächelns" erwähnt. So ist das Leben.
In ihrer Kabine hielt sie es am allerwenigsten aus. Dann doch lieber abends nach oben in die Ucraina-Lounge gehen. Die „Neuen", das Orchester Armasi gaben ein trauriges Bild ab. Sie wirkten so arm, unbeholfen, nur der Pianist war gut. Valja musste ihnen sagen, welche Lieder sie spielen sollten, welche Musik den „kapitalistischen" Touristen gefiel. Das würde einige Wochen, wenn nicht Monate dauern.

Ihre Freunde waren nicht mehr da, wer aber immer noch an Bord war, wer also nicht nur diese eine Reise ins Östliche Mittelmeer mitfuhr, sondern nun auch bis Genua und sogar noch weiter mitfahren sollte, das war jener myste-riöse angebliche Physiker, den sie mit dem Namen „Affe" getauft hatte. Ihr Verdacht, dass er ein Mitarbeiter des Geheimdienstes war, dazu bestimmt, die Crew und möglicherweise auch die Lechak-Reisen-Reiseleiter zu be-obachten, schien sich zu bestätigen. Ihr Gefühl hatte ihr wieder einmal Recht gegeben.
Am 5. Juni, es war ein Samstag, kamen sie im Hafen von Piräus an. An die-sem Tag wäre ihre Mamotschka 66 Jahre alt geworden. Nun war sie schon seit fast fünf Jahren nicht mehr unter ihnen.
„Ein Schiff wird kommen und das bringt mir den einen, den ich so lieb wie keinen und der mich glücklich macht". So lautete die deutsche Version des Liedes aus dem Film „Sonntags nie". Ihr Schiff war gekommen, und sie war noch auf diesem Schiff, doch der Mann, den dieses Schiff ihr gebracht hatte, er war nicht mehr da.
„Liebe, gute Mutti, wie ich dich immer noch vermisse! Und wie ich dich jetzt bräuchte!" Dorothee kamen immer wieder die Tränen, wenn sie an Avto dach-

te, aber seine Worte: „Warum weinst Du denn so? Du tust gerade so, als ob ich sterben würde. Ich sterbe doch nicht, oder?" Diese Worte gaben ihr immer wieder Kraft. Ja, er lebte und irgendwann, irgendwo würden sie sich wieder sehen. Daran wollte sie glauben, daran musste sie glauben, sonst wäre ihre Seele endgültig zerbrochen.

Am nächsten Tag fuhr die Vassilij im Hafen von Neapel ein. Dorothee nutzte die Gelegenheit, dass sie keinen Ausflug begleiten musste und fuhr mit ihrer Kollegin Ursula Gertner und Hans, einem Bekannten Ursulas, mit einem Taxi hinauf auf den Vesuv. Gelb blühender Ginster und rot blühende Blumen ringsumher. Unterhalb des Kraters stiegen sie aus. Der Sessellift befand sich auf der anderen Seite. Er ging aber erst um 10.30 Uhr in Betrieb. Sie spazierten umher, sanken ein in das lockere Lavagestein. Ganz oben am Kraterrand stand eine Hütte, hier wartete ein offizieller Führer auf Gäste. Mit ihm wagten sie es, ein Stück weit hinunter in den Krater zu gehen, sie waren umgeben von Schwefel- und Wasserdämpfen. Ein paar Wolken stiegen außen am Kraterrand hoch und fielen in den Krater hinab. Ihre Unterhaltung schallte in einem dreifachen Echo zurück.
„Avto, Avto," Dorothee schrie es hinein in den Krater, doch ihre Stimme war zu schwach, sie musste das Weinen unterdrücken. Und das Echo kam nur ganz leise zurück.
Inzwischen waren sie da oben komplett in Wolken eingehüllt. Das Taxi fuhr durch diese dicke Nebelsuppe und plötzlich tauchten sie wieder ein in das Sonnenlicht. Vor ihnen die herrlichste Aussicht auf die Stadt, die man sich nur vorstellen konnte.
Es gab noch eine kleine Tour durch die engen Gassen der Stadt, in denen die Wäsche zum Trocknen von einer Häuserreihe quer über die Straße zur anderen Häuserreihe aufgehängt war. Das typische Bild, wie man es oft von Neapel sieht.

Im Hafen lief soeben die „Augustus Nobilis" ein, das schöne blaue Schiff mit den beiden blauen Schornsteinen und den weißen fünfzackigen Sternen drauf. Es hatte hier seinen Heimathafen. Ursula, Hans und Dorothee fragten den Matrosen an der Gangway um Erlaubnis, die Augustus besuchen zu dürfen. Dieses Schiff war um etliche Jahre älter als die Vassilij, hatte sehr enge Gänge. Man fühlte sofort, dass man auf einem Schiff war. Die Gänge auf der Vassilij waren sehr breit und bequem. Man fühlte sich eher wie in einem Hotel an Land und gar nicht so sehr wie auf einem Schiff. Aber auch die Augustus hatte durchaus ihren Reiz.
Am 7. Juni, es war Pfingstmontag, kam die Vassilij in Genua an. Auch diese Kreuzfahrt war zu Ende, diejenige, vor der sie so Angst gehabt hatte. Der Abschied, der immer wie eine dunkle Wolke am Himmel hing und bedrohlich näher kam, er war nun überstanden. Die ersten Tage nach der schmerzhaften Trennung, sie waren vorbei. Doch jetzt kam die lange Wartezeit und Dorothee dachte ständig nur immer im Kreis herum: „Ich liebe Dich, Avto! Wann werden

wir uns wieder sehen? Wirst Du im September nach Sotschi kommen können, wenn die Vassilij dorthin zurückkehrt? Wirst Du je wieder die Erlaubnis erhalten, auf der Vassilij arbeiten zu dürfen?" Es half alles nichts. Sie musste Geduld haben, viel Geduld. Das einzige, was ein bisschen half, war Abwechslung.

Hans-Jürgen Schönberg, Ninos Verehrer, musste nun auch nach Hause reisen. Er hatte sich bereit erklärt, den Teppich, den Dorothee in Istanbul gekauft hatte, für sie mitzunehmen. Über die untere Gangway verließen sie beide das Schiff, damit sie von keinem Zollbeamten gesehen wurden. Da stand zwar ein Zöllner und schaute, sagte aber nichts.
Sie gingen die Treppe hinauf zum Hafengebäude, da kam ein Auto angefahren und hielt direkt neben ihnen. Zwei junge Männer stiegen aus, zeigten ihre Ausweise – Polizia – sie wollten wissen, was in dem großen Paket war. „Das ist ein Teppich aus der Vassilij für Germania", erklärte Dorothee und zeigte ihnen ein Stück davon. Die Polizisten waren beruhigt und fuhren weiter. Da sah man mal wieder, wie sehr man beobachtet wurde.

Haarkünstler an Bord

Die Kreuzfahrt, die nun folgte, war eine ganz besondere. Rotschopf, eine Firma, die Mittel zur Haarpflege, zum Haarfärben, Tönen und so weiter, herstellte, hatte 600 Friseure zu einer Kreuzfahrt geladen. Diese Reise war eine Art Friseurseminar und –wettbewerb auf einem schwimmenden Hotel Die Reise dauerte nur eine Woche, sie führte von Genua rund um Westeuropa herum nach Bremerhaven. Die Fahrten im Mittelmeer waren erstmal vorbei, jetzt im Sommer standen Fahrten in die Ostsee und in den hohen Norden, bis nach Spitzbergen auf dem Plan. Diese kurze Fahrt „Rund um Westeuropa" diente zur Überfahrt des Schiffes in den Norden. Sie würden Genua erst in drei Monaten wieder sehen, wenn der Sommer vorbei war und der Herbst begann.

Ciao Genova! Auf Wiedersehen!
Die charmante französische Kollegin Jeanette fuhr nach Hause, nach Paris auf Regenierungsurlaub. Ihren Nerven ging es zusehends schlechter. Emil Levy, der alte Pianist, der in der Newabar am weißen Flügel stets zur Cocktailstunde spielte, er war wieder auf die Vassilij zurückgekehrt.
Valja machte Dorothee mit dem neuen georgischen Orchester Armasi bekannt. Unter den Musikern gab es auch einen Ilarion und einen Soso, es schienen häufige Namen in Georgien zu sein. Gott sei Dank gab es keinen Avtandil unter ihnen.
Und an Bord hatten sie diesmal ganz besonders bekannte Künstler aus Deutschland. Da war zum einen das Orchester Martell Almas und der Schla-

gersänger Ricardo Verde. Solche Berühmtheiten! Der Trompeter des Orchesters war ein Spanier. Dorothee freute sich, endlich wieder einmal Spanisch sprechen zu können.

Ricardo Verde feierte mit ihnen, den Reiseleitern, seinen Geburtstag, er gab eine tolle Show im Varietésalon. Auch das Orchester Martell Almas hatte seine eigene Show, eine sehr amüsante Show, in der jeder einzelne der Musiker zeigte, was er konnte. Sie alle waren absolute Profis. Es war nicht zu fassen, dass sie jetzt solch gute Künstler an Bord hatten.

Natürlich freundeten diese sich alle mit den Reiseleitern an, auch mit Dorothee. Und natürlich erzählte Dorothee jedem ihre Leidensgeschichte, ihre Liebesgeschichte. Als einer von ihnen meinte „Fachkräfte dürfen niemals aus der UdSSR ausreisen", da nahm er Dorothee alle Hoffnung auf ein Wiedersehen mit Avtandil. Doch sie wollte, sie musste positiv denken. Es musste doch einen Weg geben für die Liebe.

600 Friseure an Bord, die in einem Seminar viel Neues lernen sollten. Das war die Gelegenheit. Die gesamte sowjetische Crew bekam neue Frisuren. Aus manch altbacken aussehender Stewardess wurde eine kesse, junge Frau mit frechem Haarschnitt. Manch junger Mann bekam eine Dauerwelle, Locken oder sonst eine neue Variante seiner Frisur. Bei Ankunft in Bremerhaven sahen sie alle anders aus. Auch die Reiseleiter, auch Dorothee. Zum ersten Mal in ihrem Leben hatte sie eine Dauerwelle und Ponys bekommen. Der Friseur, der ihren Kopf verschönerte, kam aus Wiesbaden.

Der 12. Juni 1976 war Avtandils Geburtstag, er wurde 26 Jahre alt. Wie sehr sie ihn vermisste! Immer noch fühlte sie eine unendliche Leere in der Seele und versuchte, es niemandem zu zeigen. Die Vassilij fuhr gerade durch den Ärmelkanal. Morgens war das Wetter noch schön, doch gegen Mittag wurde es neblig. Vassilij ließ in regelmäßigen Abständen ihr lautes Schiffshorn erklingen, damit sie mit keinem anderen Schiff kollidierte, wie das beinahe am Tag zuvor geschehen wäre. „Bei Euch in Tbilisi ist das Wetter bestimmt schöner, Avto", Dorothee war mit ihren Gedanken weit weg, bei ihrem Avtoschenka. Es war der letzte Tag der Friseur-Kreuzfahrt. Abends fand der übliche Abschiedscocktail stand. Der Kapitän erzählte einen Witz, was er sonst nie tat. Dorothee sollte übersetzen, aber sie verstand den Witz nicht. Der Kapitän erzählte daraufhin dem Kreuzfahrtdirektor Toni den Witz auf Englisch. Toni übersetzte dann auf Deutsch. Ganz schön peinlich, diese Sache. Dorothee wäre am Liebsten im Meer draußen verschwunden. Aber keiner der Passagiere schien es ihr übel zu nehmen.

Traditionsgemäß saßen sie anschließend noch alle in der Ucraina-Lounge. Auch Valja war da. Er verriet ihnen, dass er nun doch nicht in Leningrad von Bord gehen würde, er sollte jetzt bis September an Bord bleiben. Dorothe kam die Sache allmählich komisch vor.

Ihr Lieblingskollege Herbert trank ein bisschen mehr als sonst und war ziemlich angeschwipst. Er wurde redseelig und erzählte seinen Kollegen die schreckliche Wahrheit über jenen Mann, den Dorothee „den Affen" getauft hatte. Er war offensichtlich tatsächlich vom Geheimdienst. Denn, so behauptete Herbert, er hatte wohl Crewmitglieder damit beauftragt, die Lechak-Reisen-Reiseleiter zu beobachten, auch Valja sollte unter den Beauftragten sein. Angst um ihre Sakartvelo, besonders um Avto, schlich sich erneut in Dorothees Seele ein. Jeder wusste doch von Avto und von Ihr. Nicht offiziell, aber jeder wusste es.

Bremerhaven ~ Die Hoffnung stirbt

Es war ein schöner sonniger Sonntag, dieser 13. Juni 1976, der sich zum Schicksalstag vieler Menschen entpuppen sollte. Die Vassilij legte am frühen Morgen an der Pier am Kolumbusbahnhof in Bremerhaven an. Nach 180 Tagen waren sie wieder in Deutschland. Alles war in Deutsch beschriftet, die Leute sprachen Deutsch. Es war ein ganz eigenartiges Gefühl, ungewohnt und seltsam. In den vergangenen Monaten hatten sie sich daran gewöhnt, ständig eine andere Sprache zu hören. Nun also waren sie, die Reiseleiter, in einem Heimathafen angekommen. Die 600 Friseur-Passagiere gingen von Bord, auch die besonderen Künstler, Ricardo Verde und das Orchester Martell Almas verließen das Schiff.
Aber auch Dorothees Lieblingskollege Herbert Scholz ging heute von Bord. Er sollte ab sofort in der Zentrale von Lechak-Reisen in der Kreuzfahrtabteilung arbeiten. So hatte er es gewollt. Um ihn zu ersetzen, kam eine neue Kollegin, von der Dorothee nur gehört hatte, dass sie sehr, sehr nett sein solle. Sie hieß Marianne Frohner, wurde von allen aber nur Marie genannt.
Unten an der Pier standen zwei Männer, die Dorothee besuchen wollten. Es waren ihr Vater Hartmut und Albert Meier. Obwohl Albert wusste, dass die Sakartvelo nun nicht mehr an Bord waren, so wollte er doch aus nostalgischen Gründen wieder einmal die Vassilij und natürlich auch Dorothee sehen. War Doro für ihn doch so etwas wie ein imaginäres Verbindungsglied zu seiner so sehr verehrten Nino.
Dass da noch ein dritter Mann war, der ihretwegen heute gekommen war, realisierte Dorothee gar nicht. Es war Dieter, jener Passagier, der sich auf der Weltreise in sie verliebt hatte. Heute hatte er seine Eltern mitgebracht. Vermutlich, um ihnen die schöne Vassilij zu zeigen, dachte Dorothee. Erst Monate später verstand sie, dass er sich Hoffnungen gemacht hatte, Dorothee könnte sich auch ein bisschen in ihn verliebt haben, und er wollte sie mit seinen Eltern bekannt machen. Armer Dieter. Dorothee hatte an diesem Tag nun wirklich nicht viel Zeit. Morgens war die Ausschiffung, dann ein bisschen Freizeit, die sie natürlich mit Hartmut und Albert verbrachte, und dann schon wieder ab 16.00 Uhr die Einschiffung.

Doro fuhr mit Hartmut und Albert im Taxi nach Bremerhaven. In der Nähe des Bahnhofes aßen sie zu Mittag. Die beiden Männer bemerkten sehr wohl, dass Dorothee sich in einem depressiven Zustand befand, aber leider konnten sie ihr nicht helfen. Wieder zurück an Bord, gingen Hartmut und Albert in die Newabar und genossen einfach die Tatsache, auf der Vassilij zu sein. Doro war heute für die Platzverteilung an den Tischen in den Restaurants eingeteilt. Keine leichte Aufgabe, viele Passagiere hatten ihre Sonderwünsche. Zwischendurch wurde sie von Annette abgelöst, damit sie kurz noch etwas mit Hartmut und Albert in der Newabar trinken konnte. Sie beeilte sich, rannte durch die Gänge und stieß beinahe mit Anna zusammen. Diese liebe Kollegin von der Information, die Russin aus Odessa, schien sehr aufgeregt: „Weißt Du, wo Valja ist?"
„Nein, woher soll ich das wissen?"
Komisch, dachte Dorothee, wieso fragt Anna mich, wo Valja ist? Der wird mit seiner Gruppe an Land gegangen sein. Es ist ja noch Zeit, bis wir losfahren. Die werden schon bald zurückkommen. Oder Valja war irgendwo hier auf dem Schiff. Dennoch, diese von Anna gestellte Frage weckte in Dorothees Seele ein ungutes Gefühl. Sie spürte, dass etwas nicht stimmte, dass etwas in der Luft lag. Anna war sonst nie so aufgeregt, nie so nervös. Es gab einen Grund, warum Anna diese Frage gestellt hatte. Aber welchen?
Dorothee wollte nicht mehr dran denken. Sie setzte sich zu ihrem Vater und zu Albert an die Bar. Sie unterhielten sich ganz normal, bis Albert plötzlich leise, fast zwischen den Zähnen herausgepresst, zu ihr sagte: „Sie suchen Valja, er ist nirgends aufzutreiben." Albert musste auch mit Anna gesprochen haben. Doros ungutes Gefühl war sofort wieder da. Jetzt wurde auch sie unruhig. Aber nein, das durfte sie nicht zeigen. Dass bloß niemand etwas merkt. Ihr machte das alles Angst. Und verängstigt kehrte sie an ihre Arbeit zurück.
Um 19.30 Uhr kam die Durchsage über Lautsprecher: „Die Vassilij wird in 30 Minuten Bremerhaven verlassen. Wir bitten nun alle Besucher von Bord zu gehen."
Und so begleitete Dorothee Hartmut und Albert zur Gangway, die sich diesmal hinten oben auf dem Boulevarddeck befand.
„Ich werde heute aber nicht hier stehen bleiben und winken. Seid mir bitte nicht böse. Ich gehe lieber gleich zum Abendessen, danach ist noch viel zu tun."
„Kein Problem, wir fahren dann auch zurück." Albert wohnte in Osnabrück, Hartmut sollte mit ihm fahren und dort übernachten, ehe er dann am nächsten Morgen mit dem Zug nach Ulm zurückfuhr. Sie nahmen also Abschied, die beiden Männer gingen die Gangway hinunter. Dorothee winkte noch einmal und machte sich auf den Weg nach vorne, um dort zum Bugwellen-Restaurant hinunter zu gehen. Im Treppenhaus kam ihre Kollegin Ursula Gertner entgegen, begleitet von der neuen Kollegin Marie. Ursula erzählte gerade etwas, verstummte aber sofort, als sie Dorothee sah, und sprach erst wieder weiter, als Dorothee schon ein Deck weiter unten war. Sie spürte es, Ursula wollte nicht, dass Dorothee hörte, was sie Marie sagen wollte. Und das

beunruhigte Dorothee noch mehr. Wussten die Kollegen etwas, was sie noch nicht wusste? Also verlangsamte Doro ihre Schritte und lauschte. Vielleicht konnte sie wenigstens ein paar Worte verstehen. Was sie hörte, ließ fast ihr Herz stehen: „….angeblich sei Valja abgehauen….“

Ganz langsam stieg sie die letzten Treppen hinunter, öffnete die Tür zum Restaurant und setzte sich an den Reiseleitertisch, der direkt an der Wand gegenüber der Tür stand. Sie nahm die Speisekarte, las durch, was es heute gab und bestellte bei der Kellnerin Olga. Sie wagte kaum zu atmen, fürchtete sie doch, jeder zu tiefe Atemzug könnte zu einer Explosion ihrer Gefühle führen.

Das Klingeln des Telefons, welches direkt neben der Tür an der Wand angebracht war, schreckte sie aus ihren Gedanken auf. Olga ging hin, nahm den Hörer ab: „Bugwellen-Restaurant“. Olga lauschte, dann: Да, да – минуточку - da, da, minutotschku – ja, ja, eine kleine Minute.“ Olga drehte sich um: „Доричка, это для тебя – Doritschka, eto dlja tebja – Doritschka, das ist für Dich.“ Kann man nicht mal in Ruhe essen, dachte Doro verärgert und ging zum Telefon: „Ja, Doro hier.“

„Hallo, hier ist Papa, Albert und ich sind wieder an Bord. Ihr lauft noch nicht aus.“

„Ok, ich komme sofort hoch.“

Was war nun los? Verzögerte sich die Abfahrt so lange, dass der Diensthabende an der Gangway die beiden wieder an Bord geholt hatte?

Immer zwei Stufen nehmend rannte Dorothee nach oben, dann nach hinten zur Gangway. Hartmut kam ihr ein paar Schritte entgegen. Seine Augen verrieten, dass er eine wichtige Neuigkeit erfahren hatte. Zwischen den Zähnen presste er die Worte heraus: „Valja ist abgehauen, deshalb werdet Ihr noch nicht auslaufen.“

Das also war es, und andere hatten es schon vorher gewusst, oder zumindest geahnt. Wohl schon seit ein paar Stunden. Ihr hatte keiner etwas gesagt. Deshalb also Annas beunruhigte Frage, das Getuschele von Ursula. Valja war desertiert. Sie wünschte ihm viel Glück. Gleichzeitig wusste sie, dass dies das Ende all ihrer Hoffnungen auf ein Wiedersehen mit ihrem Avtandil war. Valjas Entscheidung würde schwere Folgen haben, für viele Menschen hier an Bord und für viele Menschen in der Sowjetunion.

Hartmut und Albert hatten beschlossen, sich doch noch das Auslaufen der Vassilij anzuschauen. Sie standen unten, warteten darauf, dass die Gangway heraufgezogen wurde und die Schiffsmotoren starteten. Doch nichts dergleichen geschah.

Stattdessen winkte Ihnen „der schöne Sascha“ – so wurde ein besonders gut aussehender großer, schlanker Offizier der Kommandoabrücke genannt - zu: „We don't leave yet, you can come back on bord – wir fahren noch nicht los, Ihr könnt wieder an Bord kommen.“

Und so spazierten die beiden wieder die Gangway hinauf. „Der schöne Sascha“ kam ihnen langsam entgegen. Als sie aneinander vorbeigingen, zischte

338

Sascha zwischen den Lippen: „Valja preferred to stay in Germany – Valja hat es vorgezogen, in Deutschland zu bleiben". Und es klang so, als ob sich dieser schöne Sascha darüber freue, dass einer von ihnen endlich gewagt habe, das zu tun, was so viele gern getan hätten, aber aus Angst vor Rache seitens der Sowjetregierung (Rache an den zurückgebliebenen Familienangehörigen) nicht wagten.

Es gab keine Durchsagen, keinerlei offizielle Informationen für die Passagiere. Fast an ein Wunder grenzte es, dass die Passagiere alle ruhig blieben, dass keiner nachfragte, was los sei, warum das Schiff noch immer in Bremerhaven stand. Wer weiß, wie lange die Vassilij nun noch hier bleiben musste. Angeblich, so hieß es, musste der Kapitän nach Bremen fahren und sich dort mit dem sowjetischen Generalkonsul aus Hamburg treffen zu einer Beratung, was nun zu tun sei. Es konnte doch nicht sein, dass ein Sowjetbürger freitwillig im kapitalistischen Feindesland bleiben wollte. Der war sicher entführt worden! In ideologisch geprägten Gehirnen entstehen nun mal die seltsamsten Gedanken.

Kurz nach 21.00 Uhr verabschiedeten sich Hartmut und Albert. Es machte wenig Sinn, noch länger hier herum zu stehen. Dorothee winkte ihnen nach. Heute konnte sie nicht mehr viel machen. Sie ging auf ihre Kabine und wartete auf das Geräusch, das Zeichen, dass die Maschine startete und das Auslaufen beginnen konnte. Es tat sich aber nichts, absolut nichts. In der Kabine war es nicht auszuhalten. Dorothee ging nach oben an Deck. Dort lehnte einer der Matrosen sich über das Geländer. Dieser schaute zu ihr herüber. Was er wohl dachte? Ihr war klar, so manch einer hier an Bord musste denken, sie habe Valja zur Flucht verholfen. Aber nein, keine Spur von Ahnung hatte sie gehabt. Nur manchmal dieses unbestimmte Gefühl; es gab ihr eine Art Vorahnung. Doch als sie gestern Morgen mit ihm gesprochen hatte, da hatte sie längst nicht mehr daran gedacht. Niemals hätte sie Valja geholfen. Ihre Liebe galt Avtandil, und selbst ihm hätte sie niemals geholfen. Nein, es musste offizielle Wege geben, Avtandil wiederzusehen, zusammen sein zu dürfen. Keine einfachen Wege, aber es musste sie doch geben. Ihre Kollegin Angela Wehr in Leningrad war doch mit einem Russen, einem Sowjetbürger verheiratet. Ja, sie existierten, die offiziellen Möglichkeiten.

Die Hafenarbeiter standen herum. Sie hätten eigentlich schon längst Feierabend gehabt. Wie viel Geld das kostete! Die verlängerte Liegezeit an der Pier. Jede Stunde kostete eine hohe Summe. Und die Hafenarbeiter mussten auch bezahlt werden. Überstunden, und das am Sonntag! Aber diese Kosten nahm man in der Sowjetunion wohl gerne in Kauf, wenn es darum ging, eine verlorene Seele wieder einzufangen. Oder wie sollte man es anders ausdrücken? Valja aber war nicht mehr einzufangen.

Endlich, gegen 0.30 Uhr hörte Dorothee das lang erwartete Geräusch der Maschine. Statt um 20.00 Uhr verließ die Vassilij nun erst um 0.45 Uhr Bremerhaven und nahm Kurs auf Helsinki. Doro stand an Deck und genoss die Stille. Ein letzter ruhiger Moment.

Am nächsten Morgen war es deutlich zu spüren: Plötzlich war alles anders an Bord. Jeder wurde noch mehr beobachtet, jeder hatte Angst, die Fröhlichkeit, die Leichtigkeit, sie waren in Bremerhaven zurück geblieben. Nichts sollte mehr so sein, wie es gewesen war.

Schon am nächsten Tag geschah denn auch etwas, was nicht anders zu erwarten war. Dorothee unterhielt sich wie schon viele Male zuvor mit Viola, einer Kellnerin an der Bar in der Ucraina-Lounge. Viola kam aus Suchumi und hatte eine Beziehung mit dem Armenier Arram, der ebenfalls Kellner in dieser Bar war. Viola verriet ihr, dass sie ein Kind von Arram erwartete, woraufhin Dorothee ihr freudig gratulierte, sie umarmte und auf beide Wangen küsste.

Wenige Minuten später wurde Viola von einem der plötzlich wie Pilze aus dem Boden schießenden unzähligen „Spitzel" gefragt, worüber sie beide sich unterhalten hätten. Ja, so war das, plötzlich war alles und jeder verdächtig. Und alle wurden unter Druck gesetzt und bespitzelten sich noch mehr gegenseitig.

Die Route führte durch die Meerengen des Skagerak und Kategat rund um Dänemark herum in die Ostsee. Am 16. Juni sollten sie um 9.00 Uhr in Helsinki ankommen. Aufgrund ihrer Verspätung konnten sie das nicht mehr schaffen. Erst hieß es, die Ankunft sei um 12.00 Uhr, das wurde dann aber auf 14.00 Uhr verschoben. Auch hier mussten die Liegegebühren schon ab 9.00 Uhr bezahlt werden. Schließlich war die Pier für die Vassilij reserviert.

Dorothee stand auf der Brücke und freute sich, nach vier Jahren in diese Stadt zurückzukehren. Der Lotse kam um 13.00 Uhr an Bord. Sie fuhren durch eine ganz schmale Stelle, vorbei an der Festung, zu der Hartmut und Dorothee 1972 einen Ausflug mit einem kleinen Boot gemacht hatten. Vier Jahre waren eine lange Zeit, und doch war es so, als ob sie nie weg gewesen wäre. Alle öffentlichen Gebäude waren mit finnischen und bundesdeutschen Fahnen geschmückt, da Bundespräsident Walter Scheel gerade zu Gast war.

Die Crew der Vassiij durfte trotz des Vorfalles in Bremerhaven von Bord gehen, wie immer eben in 4-er Gruppen. Der geplante Ganztagesausflug für die Gäste war umgeändert worden in einen Halbtagesausflug. Und so konnte die Vassilij planmäßig um 19.00 Uhr wieder auslaufen und hatte somit keine Verspätung mehr.

Erst um 23.00 Uhr wurde es dunkel, aber nur ein bisschen, schon um 1.00 Uhr wurde es wieder hell. Ach wie sehr liebte Dorothee den Norden, im Sommer, wohl gemerkt nur im Sommer! Es duftete so herrlich, der Flieder blühte – und es duftete nach F r e i h e i t !!!

Diesen Duft wollte sie tief in sich aufnehmen, denn der nächste Hafen war Leningrad, und dort gab es keine Freiheit.

Valjas Schicksal

Was aber war nun mit Valja Sharkov geschehen? Wie hatte er es überhaupt geschafft? Wo war er jetzt? Wie ging es ihm? Das erfuhr Dorothee erst Monate später.

In Bremerhaven war es der Crew erlaubt worden, wieder in Gruppen zu viert von Bord zu gehen. Wie immer war einer aus der Gruppe verantwortlich, dass alle vier Personen wieder an Bord zurückkamen. Vormittags fuhr Valja mit seiner Gruppe im Taxi vom Hafen in die Stadt. Dort kauften sie ein, aßen etwas und kamen pünktlich zu Mittag zurück. Alle vier gemeinsam hatten aber besprochen, nachmittags wieder in die Stadt zu fahren und sich einen Film im Kino anzusehen. Das Kino und den Film hatten sie sich schon vormittags ausgesucht.
Also nahmen die vier wieder ein Taxi. Valja saß vorne neben dem Fahrer. Das Taxi fuhr vor das Kino. Sie waren etwas spät dran. Valja sagte: „Steigt Ihr schon mal aus und kauft die Karten, ich bezahle das Taxi."
Kaum waren die anderen drei ausgestiegen, sagte Valja zu dem Taxifahrer auf Englisch: „Ich zahle Ihnen 300 D-Mark, wenn Sie mich sofort nach Bremen fahren."
Der Taxifahrer verstand sofort und sauste los. Valja ließ sich in Bremen vor dem Hauptbahnhof absetzen. Hier sprach er einen jungen Mann an, von dem er vermutete, dass er Englisch verstand: „Please bring me to the police, I am Russian and I want to stay in Germany. I ask for political asyl. – Bitte bringen Sie mich zur Polizei. Ich bin Russe und ich möchte in Deutschland bleiben. Ich bitte um politisches Asyl."
Und so kam Valja zu einer Polizeistation. Die Polizei verständigte den Kapitän: Valentin Sharkow hat um politisches Asyl gebeten und wird nicht auf das Schiff zurückkommen.
Der Kapitän verständigte den Generalkonsul in Hamburg. Dieser konsultierte die Zentrale der Morflot in Moskau, und so nahm das Schicksal seinen Lauf.

Wie alle Personen, die in der Bundesrepublik Deutschland um politisches Asyl baten, wurde Valja in ein speziell für solche Leute eingerichtetes, so genanntes „Auffanglager" bei Timmendorf gebracht. Und da Valja die Adressen aller Reiseleiter hatte, aber genau wusste, dass nur einer von ihnen nicht mehr an Bord ist, nämlich Herbert Scholz, hatte Valja Herbert als Kontaktperson angegeben. Und so kam es, dass sich Herbert Valjas annahm und sich von nun an auch für ihn verantwortlich fühlte, so wie ein großer Bruder.

Leningrad und neue Hoffnungen

Der 17. Juni 1976 war ein Donnerstag, in der Bundesrepublik war dieser Tag ein Feiertag, der „Tag der Deutschen Einheit". Und ausgerechnet an diesem Tag kam Dorothee zurück in diese faszinierend schöne Stadt, in der sie ein Jahr zuvor einige Wochen als Reiseleiterin leben durfte. Doch heute zeigte sich Leningrad von gar keiner schönen Seite. Es goss in Strömen, und es war ziemlich kalt.

Die Vassilij legte im Frachthafen fest, um bis zur Abfahrt der Ausflugsbusse nicht schon völlig durchnässt zu sein, zogen sich alle Reiseleiter die neuen roten Regenmäntel mit Kapuzen an, die ihr Chef Toni ihnen in Helsinki gekauft hatte. Sie sollten nun so etwas wie Uniform-Regenmäntel sein, nicht offiziell, aber sehr praktisch. Diese Mäntel sahen hübsch aus, sie hatten breite gelbe, grüne und blaue Streifen. Bei Schmuddelwetter wirkten sie wie ein kleiner Hoffnungsschimmer auf Wetterbesserung.

Dorothee fuhr im Bus mit, in dem Margaret, eine Stadtführerin von Leningrad saß, die sie vom Jahr zuvor noch kannte. Der erste Stopp des Busses war an den Rostralsäulen. Dorothee verabschiedete sich hier und nahm die Straßenbahn No. 26, um zum Hotel Leningrad zu fahren, wo sie sich mit ihrer Lechak-Reisen-Kollegin Angela Wehr treffen wollte. Toni hatte ihr gnädigerweise erlaubt, heute privat unterwegs sein zu dürfen, sie durfte sogar über Nacht weg bleiben. In ihre Gedanken versunken fuhr sie mit der Tramvaj, wie die Straßenbahn auf Russisch heißt, durch das weinende und dennoch immer noch schöne Leningrad. Und dann fuhr sie zu weit, musste zurückfahren. Sie betrat das Hotel und stieß beinahe mit Angela zusammen, die gerade das Hotel verlassen wollte, um Dorothee am Hafen abzufangen. Kurz hoch in Angelas Zimmer, dann mit Taxi zum Hotel „Evropa", das direkt neben dem Restaurant „Sadko" lag. Dort wollten sie essen und in aller Ruhe gemütlich sich so vieles von der Seele reden. Doch erstmal hieß es warten. Obwohl das Restaurant noch lange nicht voll besetzt war, dauerte es gute zehn Minuten, bis ihnen endlich ein Tisch zugewiesen wurde. Das war wieder einmal so typisch für das System in der UdSSR.

Sie bestellten georgischen Wein, stießen auf die Deutsche Wiedervereinigung an, die sie selbst wohl nicht mehr erleben würden, und redeten, redeten, redeten. Ach, Doro hatte doch so vieles zu erzählen. Und da man ja nie wusste, ob jemand zuhört, oder ob irgendwo, selbst hier in diesem Restaurant, kleine „Wanzen" an den Tischen angebracht waren, die Gäste also abgehört wurden, erfanden sie Pseudonyme für Valja, der zu Karl wurde, und für Avtandil, der zu Günther mutierte. Angela versuchte Dorothee zu beruhigen, sie erklärte ihr Wege, Möglichkeiten, aber auch die Schwierigkeiten, die zu beachten waren, wenn man als Bundesdeutsche Feindin einen Sowjetbürger heiraten wollte. Angela war es gelungen, ihr Ehemann war Russe. Und Angela war West-Berlinerin, somit nach Ansicht der sowjetischen Regierung keine Bundesdeutsche. Ja, Angelas Mann war im Moment sogar gerade in West-Berlin bei seiner Schwiegermutter, und sie, Angela selbst, war hier in Leningrad und betreute die westdeutschen Lechak-Reisen-Gäste. Die Welt ist manchmal verdreht.

Der Fahrer eines freien Intourist-Autos, der gerade vor dem Hotel Astoria stand und nichts zu tun hatte, brachte sie zurück zum Hotel Leningrad, nicht ohne vorher noch schnell an einem Geschäft vorbei zu fahren, wo es Milch, Kefir und Quark zu kaufen gab. Die beiden Mädchen freuten sich sehr darüber, es war keine Selbstverständlichkeit, diese Lebensmittel waren knapp. Wer aber im Westen freute sich heutzutage noch über solche Kleinigkeiten? Vom Hotelzimmer aus rief Doro den Chefreiseleiter von Lechak-Reisen in Moskau, Jan Bukker an. Jan war im vergangenen Sommer ihr Chef gewesen. Am 31. Mai nun war Jan Vater eines Vassilij Theodorus geworden. Der Kleine hatte somit den gleichen Vornamen wie „ihr" Schiff.
Dieses Telefonat war bedenkenlos. Sie sprachen nur belanglose Dinge. Anders verhielt es sich mit einem Telefonat, das sie über die Telefonzentrale erst bestellen musste. Ein Telefonat nach Tbilisi, nach Georgien. Man sagte ihr, dass dieses Telefonat um 2.00 Uhr nachts zustande kommen sollte. Dann würde es 3.00 Uhr nachts in Tbilisi sein.
Gab es nicht genügend Personal, das dieses Gespräch hätte mithören können? Warum dauerte es immer so lange? Angela und Doro blieben noch lange wach, doch so gegen 1.30 Uhr fielen ihnen die Augen zu. Das laute Klingeln des Telefons schreckte sie wieder auf. Es war 2.30 Uhr. Draußen war es hell, vom Fenster aus sah man die Brücken, die das Festland mit den Inseln verbanden und die wie jede Nacht hochgeklappt waren. Es war die Zeit der „Weißen Nächte", und es war die Zeit, in der die Brücken nachts von 2.00 bis 5.00 Uhr geöffnet sind, damit die größeren Schiffe ein- und ausfahren können.

Am anderen Ende der Leitung war Lado, Avtandils Bruder. Avtandil, so sagte Lado, übernachte ausgerechnet heute bei der Babuschka, bei der Großmutter.
Oh, Avto, Du Dummerchen, hast Du den Routenplan nicht gelesen? Warum schläfst Du ausgerechnet am 17. Juni bei der Oma? Sudba – Schicksal. Es sollte wohl so sein. Oder stimmte es überhaupt nicht? War es nur eine Ausrede, wussten sie schon etwas von „Karl", von Valjas Flucht? Ließ sich Avto deswegen verleugnen? Doch das, was Lado ihr dann erzählte, munterte sie wieder auf. Sehr wahrscheinlich würden alle Sakartvelo im Dezember wieder an Bord kommen dürfen. Vermutlich wussten sie also doch noch nichts von „Karl."
Am 24. September aber würden sie alle unbedingt und ganz sicher auf Doritschka am Hafen warten, wenn die Vassilij dann in Sotschi ankommen werde. Doro fragte auch nach Nino. Mit ihr schien alles in Ordnung zu sein. Nun, Lado wusste sicher nichts davon, dass Nino schwanger war. Lado meinte noch liebevoll, dass sie alle, die Sakartvelo ihre Doritschka sehr vermissten und sie niemals vergessen würden. „Wir lieben Dich". Diese Worte taten gut, waren ein gern gehörter Trost. Trotzdem, die Angst in Dorothees Herzen

343

blieb, die Angst um ihre Liebe. Durch Valjas Flucht war alles so viel komplizierter geworden.

Kein Wunder, dass Dorothee schlecht schlief. Schon um 6.00 Uhr standen beide Mädchen auf und machten sich auf den Weg zur Metrostation Finnischer Bahnhof. Von hier aus fuhren sie mit der Metro zum Moskauer Bahnhof. Sie warteten auf den Nachtzug aus Moskau, mit dem ihre Kollegin Ursula mit den Passagieren ankam, die den Zweitagesausflug in die sowjetische Hauptstadt gebucht hatten. Der Zug war auf die Minute pünktlich um 7.30 Uhr da. Und hier konnte Dorothee ihre Briefe an Avtandil und Nino in den Briefkasten werfen, denn von hier aus wurden sie ohne Zensur nach Tbilisi geschickt. Trotzdem hatte Doro nichts über Valjas Flucht erwähnt. Man weiß ja nie. Davon würden die Sakartvelo noch früh genug informiert werden. Das stand außer Zweifel.

Mit dem Bus für ihre Gäste konnten auch Dorothee und Angela zum Hafen fahren, zur Vassilij. Obwohl das Auslaufen des Schiffes von ursprünglich 9.00 Uhr auf 12.00 Uhr verschoben worden war, Angela durfte nicht aufs Schiff. Es half kein Erklären, kein Überreden, auch ihr Charme ließ die diensthabenden Grenzbeamten an der Gangway nicht erweichen. Es war nichts zu machen. Angela durfte nicht einmal an der Gangway im Inneren des Schiffes stehen. Nein, sie musste tatsächlich draußen stehen bleiben. Dabei regnete es schon wieder. Diese Sturheit, diese unflexible Art, es war nicht zu erklären, warum man mit den Menschen so umgehen musste in diesem Land, in diesem Staat. Angela war sehr enttäuscht. Allzu gern hätte sie dieses schöne Schiff einmal von innen gesehen. Sie hatte schon so viel darüber gehört. Mit öffentlichen Verkehrsmmitteln kam man vom Frachthafen auch nicht in die Stadt. Und so nutzte Angela die Gelegenheit und fuhr mit ein paar Intourist-Leuten zurück.
Dorothee hatte allerdings eine Dummheit gemacht. Sie hatte gestern ihren Pass bei dem Beamten an der Gangway liegen lassen. Dort lagen alle Pässe der Passagiere, die von Bord gingen, aber Leningrad nicht verließen. Die Passagiere für den Ausflug nach Moskau mussten ihre Reisepässe mitnehmen. Wenn nun Doro ihren Pass gestern mitgenommen hätte, dann wäre nichts aufgefallen. So aber war Dorothees Pass der einzige, der über Nacht in der Sammelkiste an der Gangway blieb. Das bedeutete, jemand war von Bord gegangen und über Nacht nicht zurückgekommen.
Und wieder einmal wurde Dorothee gefragt, wo sie über Nacht gewesen sei. Diesmal war es kein Problem. Die Tatsache, dass sie bei Angela im Hotel übernachtet hatte, was die Behörden jederzeit überprüfen konnten, wenn sie wollten, war nichts Schlimmes.
Sie hätte vorher Bescheid sagen sollen. Man habe sich große Sorgen gemacht. So ein junges Mädchen und nachts alleine in Leningrad. Es hätte ja etwas passieren können!
Doro antwortete: „In der UdSSR passiert doch nichts." Auf diese schlagfertige Antwort konnten nun die Beamten nichts erwidern. Dorothee hatte nur gesagt,

was allgemein immer als Propaganda verbreitet wurde. In diesem wunderbaren sozialistischen System gab es angeblich so gut wie keine Kriminalität. Dass man sich offensichtlich wirklich Sorgen um sie gemacht hatte, war ein Zeichen dafür, dass die Wirklichkeit ganz anders aussah. Natürlich war es in Leningrad nachts gefährlich, wie in jeder anderen Großstadt dieser Welt auch. Es regnete immer noch, als Vassilij endlich Leningrad verließ und sich auf den Weg zurück in ein freies Land machte, es ging nach Schweden, nach Stockholm.

Perlen der Ostsee

Die Vassilij fuhr zwischen den Schäreninseln Schwedens hindurch. Es war herrliches Wetter. Alles erschien Doro wie im Paradies, so wie vor vier Jahren. Und wieder kam es ihr vor, als sei sie erst gestern hier gewesen. Der „Roboter", der Fernsehturm von Stockholm kam in Sicht und dann die Türme der Stadt. Sie legten an der Pier an. Vassilij ließ ihr starkes Horn erklingen, welches man noch viele Male als Echo über der Stadt hörte. Die Ausflugsbusse standen bereit, doch die Beamten der Immigration, der Hafenbehörde zeigten sich nicht.

Es war Samstag, 19. Juni. Rudis Geburtstag. Es war wohl wichtig für Dorothee, dass ihr Bruder Geburstag hatte. Für die Schweden war an diesem Tag etwas ganz anderes wichtig, so wichtig, dass niemand von den Hafenbehörden erschien. Die hatten Besseres zu tun. An diesem Tag heiratete der schwedische König Carl XVI Gustaf die Deutsche Silvia Sommerlath, die er vier Jahre zuvor während der olympischen Spiele in München kennen gelernt hatte. Das Warten brachte auch nichts, es kam einfach niemand. Und so beschloss Toni, die Passagiere einfach so von Bord gehen zu lassen. Es hielt sie niemand auf. Die sowjetische Besatzung konnte dies nun ganz und gar nicht verstehen. Vassilij hätte theoretisch ein Kriegsschiff sein können. Man darf doch niemanden unkontrolliert ins Land lassen!

Unten an der Pier stand ein Mann, der suchend um sich schaute. Dorothee kannte ihn nicht, entdeckte aber ein Esperanto-Abzeichen, das er in der Hand hielt, eine kleine grüne Fahne mit einem weißen Rechteck im oberen äußeren Eck, in dem sich ein fünfzackiger grüner Stern befand. Es war Herr Rosen, ein echter Stockholmer, der von Herrn Paulson beauftragt wurde, sie zu treffen, denn das Ehepaar Paulsson selbst, denen sie geschrieben hatte, war auf Urlaub. Doro checkte die Busse ab, gab dem Agenten die Post der Passagiere und spazierte mit Herrn Rosen zur U-Bahn. Sie fuhren bis zum T-Centralen, dem Zentrum, wo sie Ansichtskarten vom schwedischen Königspaar kaufte.

In der Hauptpost versuchten sie die heute herauskommenden Sondermarken, auf denen das königliche Brautpaar abgebildet war, zu kaufen, aber es standen dort zu viele Leute an, im Philatelistenbüro war es noch schlimmer. In einem kleinen Kaufhaus wechselte sie Geld und besorgte dann die Marken in einer kleinen Post, wo niemand Schlange stand.

Sie fuhren in Richtung Hafen zurück, bis zur Haltestelle „Slussen" - Schleusen, fuhren dort mit einem Lift zu einem Aussichtscafé, wo sie Kaffee tranken, „Wiener Brot" aßen und die Aussicht genossen. Einige Kriegsschiffe aus Großbritannien, Dänemark und Schweden, sowie viele kleine Bötchen waren zu sehen. Mittags waren sie zurück auf der Vassilij. Herr Rosen ließ sich von Dorothee das Schiff zeigen und musste dann bald gehen.

Janice, Marie und Dorothee klebten die königlichen Briefmarken auf die königlichen Ansichtskarten. Sie waren in Dorothees Kabine No. 488 und schauten nebenbei über das Bordfernsehen die Königshochzeit an, die Live übertragen wurde. Das Brautpaar stieg gerade aus der Kutsche in die Galeere um. Kurz darauf erfolgte eine Durchsage von Sigi Herzog, dass man steuerbord die Königsgaleere sehe. Alle rasten hoch auf die Brücke und durch die Ferngläser, sowie durch das Teleobjektiv der Filmkamera konnten sie das Paar genau erkennen. Auf den Kriegsschiffen standen die Soldaten Spalier und plötzlich wurden eine ganze Menge Salutschüsse abgeschossen.

Zwei Fluggeschwader mit je circa fünf bis sechs Flugzeugen flogen vorbei, dann noch einmal zwei Flieger, die mit Kondenzstreifen ein Herz am Himmel bildeten.

Und während all das geschah, lief die MS Vassilij Azhajew aus. Die restlichen Briefmarken mussten noch aufgeklebt werden. Dann mussten noch Formulare für Polen ausgefüllt werden, denn das polnische Gdynia bei Gdanks, dem ehemaligen Danzig, war der nächste Hafen, den sie anliefen. Abends um 20.00 Uhr telefonierte Dorothee mit München, gratulierte Rudi zum Geburtstag, er wurde 32 Jahre alt. Sie sprach mit Hartmut. Von Valja hatte auch er keine Nachricht. Hoffentlich ist nichts schief gegangen, dachte Dorothee. Der Abschied von Schweden fiel nicht so schwer. Wusste sie doch, dass sie bald eine Kreuzfahrt aussetzen könnte und Urlaub haben würde. Dann wollte sie Hartmut nach Göteborg zu einem Esperanto-Kongress fahren.

Der Tag in Gdynia und Gdansk war ein Sonntag. Morgens kamen die Leute der polnischen Behörden an Bord. Verglichen mit dem Tohuwabohu, das die Behörden der UdSSR veranstalteten, war es fast harmlos. Sie kannte ja schon Ungarn und den gewissen Unterschied zwischen einzelnen Ländern des so genannten Ostblocks. Die Polizisten waren teilweise in Zivil und wirkten daher recht bunt. Sie lächelten sogar. Ja, das fiel auf, sie lächelten sogar. Jeder Pass wurde einzeln abgestempelt. Dann wurden die Pässe ausgeteilt. Beim Verlassen des Schiffes musste nun jeder seinen Pass mit dieser gestempelten Seite vorzeigen. So einfach ging das hier.

Die Hafenstadt Gdynia, der Badeort Sopot und Gdansk, das ehemalige Danzig, standen heute auf dem Ausflugsprogramm. Waren es die Häuser, die Menschen oder was war es, was ihr das Gefühl, zu Hause in Deutschland vor ungefähr 15 Jahren zu sein, so zu Beginn der 60-er Jahre, als sie ein Kind war, gerade aus der UdSSR angekommen. Seltsam, vielleicht waren es auch die Sonntagsstimmung und das Regenwetter, es goss in Strömen. Die roten Regenmäntel mit den Kapuzen waren da sehr praktisch. Die Stadtbesichtigung führte größtenteils zu Fuß durch das wieder aufgebaute Gdansk / Danzig. Von weitem schon konnte man die Lechak-Reisen-Touristengruppen daran erkennen, dass unter ihnen immer jemand mit einem roten Regenmantel mit bunten Streifen war, der Reiseleiter.

Gdynia war erst gestern, am 19. Juni 1976, 50 Jahre alt geworden. Das wurde gefeiert. Überall waren die Gebäude mit Fahnen geschmückt, mit den rotweißen Fahnen Polens. Das erinnerte sie irgendwie an Österreich, an Wien und an ihre Kindheit. Auf den Fahnen fehlte nur der zweite rote Streifen. Das war der Unterschied.

In den Geschäften gab es viel Auswahl. Zweimal sah sie sogar Kästen mit Milchflaschen am Straßenrand stehen. Wie anders war da zum Beispiel die Lage in Leningrad! Die Menschen waren insgesamt freundlicher. Der Stadtführer im Bus machte einige politisch geprägte Witze. So meinte er beispielsweise, dass nur noch runde Kirchen in Polen gebaut würden, damit der „Genosse" nicht in der Ecke stehen könne, und das gute Wetter sei beim Parteikomitée bestellt worden, deshalb hätte es nicht geklappt. Hörte man solche Witze in der UdSSR? Nein. Undenkbar!

Gdansk – das ehemalige Danzig, wieder liebevoll aufgebaut. Die schönen Patrizierhäuser. Die Mariengasse, das Krantor, ein Wahrzeichen der Stadt, und die Marienkirche, in der zwei Kinder getauft wurden, während sie diese besichtigten. Vielleicht auch deswegen das Gefühl von „zu Hause sein"!

Genau um 12.00 Uhr begann das Glockenspiel im Uhrenturm zu schlagen, eine Viertelstunde lang spielte es verschiedene Melodien, u.a. „Üb immer Treu und Redlichkeit."

Trotz des Regenwetters hatte Dorothee Lust, ein Eis zu essen. Die Eisverkäuferin schaute ganz komisch, weil schon drei andere Kollegen in denselben Mänteln bei ihr Eis gekauft hatten. Im Bus saß Dorothee mitten unter ihren Gästen. Neben ihr, auf der anderen Seite des Ganges saß eine sympathische ältere Dame, die in Begleitung ihres Sohnes reiste. Der Bus hielt wieder einmal an einer Ampel. Da zeigte die Dame auf eine Häuserreihe und sagte zu ihrem Sohn: „Hier das rot-braune Haus, da wohnten wir in der ersten Etage links." Und sie fing an zu weinen.

Ein anderer Passagier erzählte Dorothee, dass der Bus genau vor seiner Haustür hielt, nur war das Haus nicht mehr da. Wieviele traurige Schicksale es doch gab. Oja, diese Ostsee-Kreuzfahrt war auch eine Fahrt auf nostalgischen Wegen für Menschen, die früher hier einmal ihre Heimat gehabt hatten.

Zum Mittagessen ging es nach Sopot ins „Grand Hotel". Dann noch zur Kathedrale von Oliva, wo sie einem 20-minütiges Orgelkonzert lauschen konnten. Während das „Ave Maria" erklang verschwanden die Wolken und die Sonne zeigte sich. Sie schien genau durch das sich mitten in der Orgel befindende Glasfenster. Es war wie ein Zeichen des Himmels. Nun folgte noch ein „Vogelkonzert". Unglaublich, wie schön der Organist die Vogelstimmen imitieren konnte! Und schließlich folgte ein Stück mit Glocken, die von kleinen Engelfiguren in den Händen gehalten wurden und die diese Glöckchen läuteten, begleitet von Trompeten, die die Engel bliesen, ganz oben drehten sich Sonne, Mond und Sterne.

Wie stark doch die katholische Kirche und der Glaube hier in Polen waren! Viel stärker als die kommunistische Partei. Vielleicht machte das den Unterschied aus.

Es gab Straßenhändler, die auf dem Schwarzmarkt ihre Sachen ganz offen verkauften, darunter auch Bernsteinketten und –ringe. So offensichtlich gab es das in der UdSSR nicht.

Mein Gott, dieser riesige Unterschied. Unvergesslich dieser Tag. Polen, ich komme wieder, so nahm Dorothee innerlich Abschied von diesem Land.

Nun lag ein Seetag vor ihnen. Backbord konnte man die Insel Rügen erkennen, sie fuhren um die Insel Seeland herum, durch den Großen Belt, nachts ging es durch die enge Stelle zwischen dem dänischen Helsingör auf der Backbordseite und dem schwedischen Helsingborg auf der Steuerbordseite hindurch bis nach „Wonderful København" - Kopenhagen.

Dort wartete im Hafen wieder jemand auf Dorothee. Es war ein netter älterer Herr – Aage Bense – auch er sprach Esperanto. Vier Jahre zuvor hatten er und seine Frau sich um Dorothee und Hartmut gekümmert, als sie auf ihrer „Vogelfluglinie-Reise" bis nach Finnland in Kopenhagen Halt gemacht hatten. Aage war alleine, seine Frau lag zu Hause krank im Bett. Er lud Dorothee zum Frühstück zu sich nach Hause ein. Da war sie nun wieder in dieser Wohnung, erinnerte sich, wie sie hier Jacqueline aus Paris kennen gelernt hatte, die auch auf dem Weg nach Finnland gewesen war. Damals hatte Dorothee noch Hartmut als lebendes Wörterbuch benutzen müssen, inzwischen sprach sie diese internationale Sprache sehr viel besser.

Toni, oder genauer gesagt Kreuzfahrtdirektor Antonio Rossi, und die Kollegin Helga Peters kauften auf Kosten von Lechak-Reisen ein Schlagzeug für die Gruppe „Armasi", das neue georgische Orchester, das jetzt all abendlich in der Ucraina-Lounge spielte, sowie warme Mäntel für Kapitän und Matrosen der Vassilij. Die folgenden Fahrten führten hinauf bis in den hohen Norden, und da konnte es schon empfindlich kalt werden. Doch die Besatzung war nicht entsprechend ausgerüstet.

Dorothee kam in den Genuss einer höchst persönlichen Stadtrundfahrt. Aage Bense zeigte sein schönes Kopenhagen, u.a. „Den Lille Havfrue" – die kleine Meerjungfrau, dann ging's zum Tivoli-Vergnügungspark, Pierrot-Pantomime,

Akrobatik, eine Kleinigkeit im chinesischen Turm essen. Fadøl = Fassbier mit Aage Bense trinken. Tivoli war bei Tag schon schön durch seine Anlagen und die vielen Blumen, bei Nacht aber noch schöner durch die vielen bunten Lichter.

Abends gab es an Bord wieder eine „Russische Show" im Varietésalon, heute zum ersten Mal mit dem georgischen Orchester Armasi. Vucho, ihr Sänger, führte einen wunderbaren georgischen Tanz mit der georgischen Kellnerin Eteri auf und einen Säbeltanz mit Soso, einem der Musiker. Dorothee musste erkennen, diese Armasi-Jungs waren auch gute Künstler und Musiker. Ob die Sakartvelo überhaupt eine Chance haben würden zur nächsten Saison an Bord zurückzukehren? Gerade jetzt, nach Valjas Flucht?

Er war immer bei ihr, begleitete sie auf all ihren Wegen, er, ihr geliebter, süßer, charmanter, trotziger Avto. Sie liebte ihn und ihm zuliebe war sie bereit, verrückte Dinge zu tun. Ja, sie war verrückt! Aber warum sollte sie es nicht sein? Wie hatte doch Sigi zu ihr gesagt: „Manch einer wartet sein ganzes Leben darauf, verrückt zu werden!".
Könnte sie nicht jemanden lieben, der eine andere Staatsangehörigkeit hat? Nein, Normalfälle gab es bei ihr nicht. Sie hatte immer schon das Besondere geliebt, hatte nie in ein Schema, nie in eine Schublade gepasst. Und immer noch hatte sie keine Nachricht von Valja. Hoffentlich war alles in Ordnung!

Natur pur ~ im hohen Norden

Die nächsten Reisen führten in den Norden, nach Island, nach Norwegen, zum Nordkap, ja sogar nach Spitzbergen und, so war es geplant, bis hinauf zur Eisgrenze, wo nur noch eine kilometerweite Eisdecke sie vom Nordpol trennen würde. Weniger Kultur, dafür umso mehr Natur. Dorothee liebte diese Reisen. Es gab keinerlei Erinnerungen an ihren Avto, an die Sakartvelo. Mit ihnen war sie nicht hier gewesen. Es waren ruhige Länder, alles war gut organisiert, es gab kaum Probleme, und mit dem Wetter hatten sie viel Glück.
Hartmut hatte die erste dieser Reisen gebucht. Die Vassilij verließ am Abend Bremerhaven und nahm Kurs auf Rejkjawik, der Hauptstadt Islands. Zwei Seetage lagen vor ihnen. In der Nacht zum zweiten Seetag begann das Schiff ziemlich stark zu schaukeln. Sie durchquerten ein Sturmgebiet. Das Schwanken und Schaukeln hielt den ganzen Tag über an. Seegang acht und Windstärke neun, da kann es einem schon mulmig werden. Dorothee hielt lange Zeit tapfer durch, doch nachmittags konnte sie nicht mehr weiterarbeiten. Es war diesmal anders als beim Sturm am Tag, nachdem sie Acapulco verlassen hatten. Draußen schien keine Sonne, es war alles grau in grau, ihr psychischer Zustand war miserabel. Das alles beeinflusste ihren Zustand auf negative Weise. Sie musste sich ins Bett legen. Hartmut blieb bei ihr in der Kabine. Ihm ging es prächtig.

Nach und nach kippten alle anderen Kollegen auch um. Ihr Schweizer Kollege Nico war so lieb gewesen und für Doro an der Information eingesprungen. Nun erwischte es auch ihn. Der Magen meldete sich so plötzlich, so schnell, dass Nico nur noch schnell irgendeinen Karton ergreifen konnte, der im Büro herumstand. Er drehte ihn um, der Inhalt fiel auf den Boden, drehte ihn geistesgegenwärtig gleich wieder zurück und der Mageninhalt landete im Karton. Nichts war daneben gegangen. Danach ging es Nico wieder gut.

Durch den Sturm erreichten sie Rejkjawik mit einigen Stunden Verspätung. Nun konnten sie nicht in den Hafen einfahren, denn es war gerade Ebbe, das Wasser war nicht tief genug. Auf die Flut aber konnten sie nicht warten. Also ging die Vassilij wieder einmal vor dem Hafen vor Anker und sie mussten mit den Tenderbooten an Land fahren.
Da waren sie nun auf dieser Insel mitten im nördlichen Atlantik, weitab von Europa, weitab von Amerika. Nur ca. 200 000 Menschen leben auf dieser Insel. Sie haben ihre eigene Sprache, die sich in den letzten Tausend Jahren kaum verändert hat. So ähnlich haben wohl die Menschen vor über Tausend Jahren auch im heutigen Skandinavien gesprochen, in Norwegen, Schweden, Dänemark. Ganz konsequent wird darauf geachtet, dass sich keine Fremdwörter unter die Sprache mischen. So haben sie auch ihre eigenen Wörter für Dinge wie z. B. das Telefon. Na ja, in Deutschland kann man ja auch Fernsprecher statt Telefon sagen.
Kälte und Hitze sind sich in Island so nahe, da gibt es Vulkane, die immer wieder einmal ausbrechen, Gletscher, die über diesen Vulkanen liegen. Geysire, heiße Quellen, die in regelmäßigen Abständen aufkochen und ihre Energie in Form einer Heißwasserfontäne einige Meter in die Höhe schleudern. Aber so gut wie keine Bäume, geschweige denn Wälder. Durch das Klima können hier Bäume nicht gut gedeihen. Es waren nur Büsche zu sehen, meist aber nur Gras.
Zurück auf der Vassilij hörte Dorothee Musik, die aus der Ucraina-Lounge kam. Sofort rannte sie dorthin. Am weißen Flügel saß Ilja, der Arzt aus dem Hospital, daneben stand die Krankenschwester. Er spielte und beide sangen fröhliche, lustige Lieder aus ihrer Jugend. Es machte Spaß, ihnen zuzuhören.
Weiter ging die Reise, an der Ostküste Islands vorbei. Ursprünglich hätten sie die andere Route an der Westküste entlang nehmen sollen, doch dort zwischen Island und Grönland gab es zu viel Treibeis. Und dort, nur etwas südlicher, war die Titanic im April 1912 nach dem Zusammenstoß mit einem Eisberg untergegangen. Besser also, man ging kein Risiko ein.
Am 4. Juli 1976, es war ein Sonntag, feierten die USA Geburtstag, sie wurden 200 Jahre alt. Und es war genau an diesem Tag, als die Vassilij die Magdalenenbucht im Norden Spitzbergens erreichte. Es war herrliches Sonnenwetter, nicht allzu kalt, so wie an einem frischen, herrlichen Wintersonntag in Deutschland. In Dorothee kam sogar etwas Sonntagstimmung auf. In die Bucht konnte die Vassilij nicht hineinfahren. Sie mussten wieder tendern, und

der Weg war ziemlich lang. Ausgerüstet mit Walkie-Talkie-Funkgeräten versuchten sie den Kontakt zu den Kollegen auf dem Schiff zu halten.

An der Anlegestelle in der Bucht gab es Schwierigkeiten mit dem Ponton, der schwimmenden Brücke, die hier installiert werden sollte. Gerade war Ebbe, die Tenderboote liefen auf Grund und kamen gar nicht bis ans Ufer heran.

Für die Gäste musste erst einmal alles vorbereitet werden. Die Bar, eine Art Cafeteria, die Abfalleimer, alles musste aufgebaut und später dann wieder abgebaut und mit auf das Schiff genommen werden. Zum Spaß stellten sie auch Wegweiser auf, wie viel Kilometer bis zum nächsten Supermarkt es z. B. waren.

Ehe die ersten Passagiere nun ankommen sollten, war noch ein bisschen Zeit. Dorothee wollte die Gegend erkunden. Sie wanderte über mit Moos bedeckte Wege, entdeckte kleine Blümchen, watete durch Schmelzwasser, entlang am herrlichen Sandstrand, den im Schatten gelegenen Hang hinauf. Dort oben begegnete sie ihrer Kollegin Janice. Zwei Wildenten flatterten davon. Auf einem Felsen liefen kleine Entlein herum, eines davon wagte sich zu sehr an den Rand und stürzte zwei Meter tief ab. Der Hals war verdreht, ein Flügel verletzt. Aber es lebte und schnatterte. Janice brachte alle vier Entlein in Sicherheit. Sie entfernten sich und beobachteten mit Erleichterung, dass Mutter Ente zurückkehrte und alle Kleinen wieder annahm. Sie hatte ihre Kinder am Geruch erkannt, obwohl Janice sie alle angefasst hatte.

Dorothee wanderte weiter, über Moos, feste und gelockerte Steine, unter ihr, um sie herum rauschte es. Es war das Schmelzwasser, das sie nicht sehen konnte. Es floss unter dem Moos, unter den Steinen. Sie legte sich auf einen großen Stein und sonnte sich. Es war angenehm warm. Welch herrliche Stille um sie herum, nur das Plätschern der Wellen. Welcher Frieden, keine Grenzen, keine Politik, keine Menschen, die einen beobachteten und alles weitermeldeten an irgendwelche Institutionen, die nichts Gutes im Sinne hatten. Wenn hier etwas grausam war, dann war dies die Natur, aber niemals die Menschen.

An Bord gab es nur einen einzigen US-amerikanischen Menschen. Es war der alte Pianist Emil Levy, der tagtäglich zur Teestunde und abends in der Newabar spielte. Für ihn speziell gab es eine kleine Party in der Kabine des britischen Verkäufers aus dem Laden auf dem Boulevarddeck. Von Dorothees Kollegen war niemand auf die Idee gekommen, dass heute jemand an Bord etwas zu feiern hatte.

Etwas weiter südlich der Magdalenenbucht befindet sich der Eisfjord mit der Siedlung Barentsburg, das war eine sowjetische Bergwerkssiedlung mit ca. 2.000 Einwohnern. Ein Stück Sowjetunion mitten in dem zu Norwegen gehörenden Spitzbergen. Ein seltsames Phänomen. Obwohl die Vassilij ein sowjetisches Schiff war, anlegen durften sie hier nicht. Und so standen viele Besatzungsmitglieder an Deck und winkten hinüber an Land. Dort wiederum stand vermutlich die halbe Bevölkerung und winkte. Ganz nah fuhren sie am Hafen vorbei. Das schönste Haus war mit einer sowjetischen Fahne geschmückt, vermutlich der „Ortssowjet", die Verwaltung. Oben am Berg stand in riesigen Buchstaben „Мир Миру" – Mir Miru – Der Welt den Frieden – oder „Dem Frieden die Welt". Das konnte man drehen, wie man wollte, denn das Wort „Mir" bedeutet im Russischen sowohl Welt als auch Frieden. Damit es aber auch jeder verstehen konnte, stand noch darunter „World Peace" – Weltfrieden.

Nun, wer wollte den Frieden nicht gerne wirklich haben? Aber es gab politische Interessen, die das verhinderten. Die Welt lebte immer noch in einem Kalten Krieg, durch Europa zog sich immer noch der Eiserne Vorhang, Deutschland war immer noch geteilt, und mit ihm Europa. Und Dorothee hatte es sehr zu spüren bekommen. Sie war nur eine von vielen Millionen.

Von Barentsburg war es nicht weit bis Longyearbyen, der Hauptstadt Spitzbergens, auch eine Bergwerkssiedlung, aber zu Norwegen gehörend. Hier wollten sie unbedingt die Post der Passagiere abgeben, denn ein Stempel des nördlichsten Postamtes der Welt auf einer Postkarte, das war doch schon ein besonderes Souvenir.

Dreimal fuhren sie im Kreis herum, hupten und versuchten, irgendwie über Funk Kontakt aufzunehmen. Doch nichts rührte sich, obwohl etliche Autos herumfuhren, Leute herumstanden. Sie mussten doch gesehen werden. Sie funkten sogar zwei Schiffe an – keine Antwort. Toni entdeckte einen Frachter am Eingang des Fjordes in der Nähe des Flughafens. Diesem gaben sie Lichtzeichen und funkten ihn an. Oh Wunder, er antwortete. Der Frachter nahm Verbindung mit Radio Longyearbyen auf und funkte zurück, dass sie die Erlaubnis hätten, mit einem Tenderboot an Land zu fahren, um die Post abzugeben.

Toni, Dorothee und einige andere Kollegen mussten nun auf dem Boulevarddeck in eines der Rettungsboote einsteigen. Das war nicht so einfach, denn sie mussten fast einen Meter hinüberspringen auf das Boot, 20 Meter unter ihnen das eiskalte Wasser. Ausgerechnet Toni und Uwe, die gerne den Macho spielten, hatten am Meisten Angst. Und so legte man eine Leiter als Steg hinüber, auf deren Außenlatten sie breitbeinig einigermaßen sicher zum Rettungsboot gelangten. Das Boot wurde langsam hinuntergelassen, vorbei an den Luxuskabinen, am Jupiter- und Poseidon-Deck.

Am Landungssteg wurden sie schon von den Postangestellten erwartet, denn sie hatten keine Erlaubnis, das Land zu betreten, was sie dennoch taten, wenn auch nur wenige Meter. Es war eben schwierig mit sowjetischen Schiffen und Genehmigungen.

Schnell die Tasche mit Tausenden von den Passagieren geschriebenen Ansichtskarten abliefern und schon ging es zurück. Inzwischen war die Tür auf dem Poseidondeck geöffnet worden, eine Jakobsleiter, eine Strickleiter mit Sprossen aus Holz, war hinausgehängt worden und diese mussten sie nun hinaufklettern.

Vom Kindergarten-Büro aus hatte Dorothee nachmittags noch einen letzten Blick auf Spitzbergen. Ein wunderschöner Gletscher, die Berge steuerbord und backbord, rechts und links, gleichmäßig in Quer- und Längsstreifen gegliedert, mit Eis und Schnee bedeckt. Ein überwältigendes Bild.

„Schade, dass Du das alles nicht sehen kannst, Avtoschenka", dachte Dorothee traurig.

Sie verließen den ganz hohen Norden und nahmen Kurs auf die nördlichste Stadt der Welt, auf Hammerfest. Nur wenige Stunden lag die Vassilij dort im Hafen, es reichte gerade für eine kurze Stadtrundfahrt und einen Bummel durch das Zentrum. Das Wetter war angenehm, die Sonne schien. Hartmut hörte, wie einer der Passagiere, ein Mann, ganz stolz davon erzählte, dass er dabei gewesen war, als die Deutschen im Zweiten Weltkrieg die Stadt bombardiert und alles in Schutt und Asche gelegt hatten. Das erfuhr Dorothee später von ihm. Sie war entsetzt. Wie konnte jemand auch noch stolz auf solch eine Tat sein, und das 31 Jahre nach Ende des Krieges? Wen wunderte es da noch, dass beim nächsten Mal als Vassilij wieder hier im Hafen lag, alle Geschäfte geschlossen blieben, so mitten in der Woche? Irgendjemand hatte diese Bemerkung gehört, woraufhin die Einwohner von Hammerfest beschlossen, aus Protest die Deutschen Gäste nicht willkommen zu heißen. Recht hatten sie!

Abends erreichten sie Skarsvåg, das nördlichste Fischerdorf der Erde. Die Vassilij ging vor Anker und sie mussten mit den Tenderbooten an Land. Mit Bussen ging es hinauf zum Nordkap, jener Plattform auf einem Schieferfelsen, der lange Zeit als der nördlichste Punkt der Erde bezeichnet wurde. Leider war es neblig dort oben. Doch dann wehte der starke Wind den Nebel davon, die Sonne war wieder zu sehen, stark und kräftig schien sie, obwohl es fast Mitternacht war.

Da standen sie nun hier am „Ende der Welt", direkt vor ihnen der Abgrund. Fast 300 Meter ging es senkrecht hinunter. Das Meer sah von hier oben ganz ruhig aus, fast spiegelglatt. Es schimmerte rot und gold, so schön bestrahlt von der mitternächtlichen Sonne. Vor ihnen die Weite, irgendwo da vorne hinter dem Horizont lag die Welt Spitzbergens, wo sie noch vor zwei Tagen gewesen waren. Welch erhabenes Gefühl. Da vergaß man die kalten Temperaturen, der Anblick alleine wärmte einem das Herz!

Mit diesem überwältigenden Eindruck kehrten sie zur Vassilij zurück, die Kurs nach Süden aufnahm. Ihre nächste Station war der Sunnylvsfjord, an dessen Ende sich der Ort Hellesylt befindet. Nur die Gäste des Ganztagesausfluges durften hier von Bord gehen. Mit den Bussen ging es über Land hinauf in die Berge, vorbei an Seen, an Wasserfällen, durch Tunnel, bis hinauf auf 1.140 m über dem Meeresspiegel, vorbei an einem Sommerskigebiet, wo gerade ein paar Skifahrer in kurzer Hose bzw. Bikini den Hang herunterfuhren. Es war warmes Wetter, oft schien die Sonne, dennoch lag dort oben noch viel

Schnee. Sie passierten eine Straße, die noch bis vor zwei Wochen gesperrt war, denn Norwegen hatte einen der strengsten Winter erlebt. Dieser besonders schöne Ausflug endete mit der Fahrt auf den Berg „Dalsnibba", der 1.495 m über dem Meeresspiegel liegt. Hier oben lag auch noch viel Schnee.
Unter ihnen der Geiranger-Fjord. Und dort lag ihr Zuhause, die Vassilij, vor Anker. Sie waren von einem Fjord zum anderen gefahren, durch eine fantastische Bergwelt, eine unglaublich schöne Natur. Währenddessen war das Schiff vom Sunnylvsfjord zum Geirangerfjord gefahren. Mit dem Bus ging es hinunter, vom Winter durch den Fühling bis zum Sommer, unten am Fjord. Noch ein Fotostopp bei Flydal, das schon sehr viel tiefer lag und einen weiteren wunderschönen Blick auf Fjord und Vassilij bot. Und dann zurück an Bord.

Die Vassilij nahm Abschied von Geiranger, ein Fährschiff kam ihnen entgegen. Im Vergleich zur Vassilij wirkte es sehr klein. Es hupte drei Mal, Vassilij antwortete mit ihrem starken, lauten Horn, das mehrfache Echo kam von den Felswänden zurück. Es war ein grandioses Auslaufen ihrer Vassilij. Noch ein letzter Blick zurück auf den hoch oben gelegenen Dalsnibba.
Vorbei ging es an den Wasserfällen, die man „Die sieben Schwestern" nennt und dem genau am gegenüberliegenden Felsen herabstürzenden Wasserfall, dem „Freier". Der Sage nach wollte der Freier eine der sieben Schwestern heiraten. Alle sagten jedoch "Nein" und wiesen sein Werben zurück. Daraufhin verwandelte er sich in einen Wasserfall. Und da die sieben Schwestern nie mehr einen anderen Freier fanden, wurden auch sie zu Wasserfällen.
Es ging hinaus auf die offene See, weiter nach Süden. Am nächsten Tag erreichten sie Bergen. In Bergen regnet es so viel, so oft, dass der Legende nach die Kinder schon mit Gummistiefeln an den Füßen auf die Welt kommen. Doch wieder einmal hatten sie Glück. Die Sonne schien. Diese schöne Stadt war der letzte Hafen der ersten Nordlandreise. Für Dorothee stand fest: Von all den schönen, interessanten Ländern und Inseln dieser Erde, die sie in den letzten Monaten gesehen hatte, war Norwegen landschaftlich das allerschönste Land. Es konnte nichts Schöneres mehr geben.
Es war der 13. Juli 1976 als sie in Bremerhaven ankamen. 206 Tage war Dorothee ohne Unterbrechung, ohne freien Tag nun an Bord. Endlich durfte sie Urlaub haben. Sie konnte mit Hartmut nach Ulm fahren. Eine Kreuzfahrt lang durfte sie aussetzen. Das tat gut. Zwar war die Nordlandreise nicht so anstrengend gewesen wie die Reisen im Süden. Funktionierte hier doch alles viel besser, es gab viel weniger Probleme zu lösen, aber Dorothee war am Ende ihrer Kräfte. Einen Monat war es her, dass Valja „abgehauen" war. Noch immer wusste sie nicht, welche Folgen dies für sie selbst und vor allem für ihren geliebten Avto haben würde. Sie wollte endlich wissen, was mit Valja geschehen war, wo er sich gerade befand, wie es ihm ging.

Wiedersehen mit Valja

„Hallo, Herbert, bist Du es?", Dorothee stand in einer Telefonzelle und rief in Herberts Büro in Frankfurt an.

„Ja, Hallo Dorothee, bist Du noch in Bremerhaven? Kommst Du heute nach Frankfurt."

„Wir fahren gleich weiter nach Ulm, aber wir werden ungefähr eine halbe Stunde Aufenthalt in Frankfurt haben, kannst Du zum Bahnhof kommen?" „Ja, ich komme."

Sie gab ihm noch die Ankunftszeit des Zuges. Doch, oh Schreck, als der Zug im Frankfurter Hauptbahnhof einfuhr, war weit und breit kein Herbert zu sehen. Plötzlich kam er angerannt, total abgehetzt. Und Herbert erzählte: Als Valja in Bremen bei der Polizei um politisches Asyl bat, hatte er Herbert als Kontaktperson angegeben. Valja hatte ja die Adressen aller Reiseleiter, aber er wusste, dass nur Herbert zu Hause war, denn er hatte eben an jenem Tag auch die Vassilij verlassen, um bei Lechak-Reisen im Innendienst seine Arbeit aufzunehmen. Valja wurde zunächst in ein so genanntes Auffanglager für politisch Asylsuchende gebracht. Von dort aus rief man Herbert an. Der gutmütige Herbert fuhr hin, verhandelte und übernahm die Verantwortung für Valja. So konnte Valja das Lager bald verlassen und wohnte seitdem in einer kleinen Wohnung, die Herbert in Köln besaß. Valja wollte Dorothee unbedingt sprechen. Lieber, guter Valja, wie gern wollte sie ihn wieder sehen, wie dringend wollte auch sie ihn sprechen. Sie musste ihre Rückfahrt über Köln planen.

Spät am Abend kamen sie in Ulm an. Nach so vielen Tagen war sie wieder da. Es war gerade so, als ob sie nie weg gewesen wäre. Und doch standen überall die Souvenire herum, die sie Hartmut mitgegeben hatte, jedes Mal, wenn er sie in Genua besucht hatte, musste der arme Vater ja einen Koffer voller Erinnerungen nach Ulm schleppen. Sie suchte einige ihrer Super-8-Filme und konnte sie nicht finden. Es waren unbezahlbare Erinnerungen an die wunderschönen Reisen mit der T/S Vassilij Azhajew und an ihre Sakartvelo-Freunde. Hatte man die Filme aus ihrer Kabine geholt? Evtl. einer der Politoffiziere oder auf seinen Befehl?

Ich bekomme schon Verfolgungswahn! Dorothee war über ihre eigenen Gedanken entsetzt. Glücklicherweise fand sie die Filme bald. Also doch Verfolgungswahn?

Sie sah sich die Filme an: Die Äquatortaufe, Nino und Soso in Acapulco, Valja am Klavier, Avtandil oben an Deck während der Passage durch den Panama-Kanal. Sie hatte unsagbare Sehnsucht. All das war vergangen und vorbei. Dabei war es noch gar nicht so lange her. Dennoch wirkte es auf Dorothee als sei es in einem ganz anderen Leben gewesen, das Leben v o r Valjas schicksalsvoller Entscheidung.

Es war Sommer, es war warm, die Vögel zwitscherten – ach ja, es war doch schön wieder mal zu Hause zu sein, in ihrem Zimmer, in ihrem Bett zu schlafen. Wusste sie doch, dass sie bald wieder in ihr anderes Zuhause zurückkehren würde, zu ihrer geliebten Vassilij.

Jurij, ein Offizier an Bord, hatte sie gebeten, eine Brille für seine Frau zu besorgen. Einen Zettel mit den genauen Daten für die Brille, wie viel Dioptrien für welches Auge, hatte er ihr mitgegeben. Seine Frau musste sehr schwache Augen haben. Ein Optiker in der Stadt kümmerte sich darum und fertigte diese Brille an, aber welches Brillengestell sollten sie nehmen? Wie sah die Frau aus? Welche Art von Brille würde ihr gut stehen? Dorothee hatte keine Ahnung. Egal, sie suchte eine hübsche Brille aus und bezahlte alles. Natürlich wollte Jurij ihr das Geld für die Brille geben, aber sie wusste schon jetzt, dass sie das nicht zulassen würde. Selbst ein Offizier verdiente nicht viel Geld in Devisen, und die Brille musste in D-Mark bezahlt werden.

Freunde anrufen, Freunde besuchen, es gab vieles zu erledigen. Und natürlich musste sie nach München fahren, um ihre kleine Nichte Natalie zu sehen, die inzwischen schon 9 Monate alt war. Ein süßes Mädchen.

Auch in München wollte Dorothee so viele Freunde wie möglich treffen. So saß sie mal wieder in der Straßenbahn. Zwei Männer, die offensichtlich aus einem südlichen Land stammten, schauten sie ständig an. Sie konnte die Sprache, in der sich die beiden miteinander unterhielten, nicht identifizieren. Keine Ahnung hatte sie, woher die Männer kamen. Diese mussten aussteigen und kamen auf dem Weg zur Tür an Dorothee vorbei: „Gute Reise Fräulein Avto, schönes Mädchen", sagte einer.

Dorothee musste lachen. Am rechten Handgelenk trug sie das silberne Armband von Avtandil, auf dem sein Name „Avto" eingraviert war. Er hatte es ihr noch vor Ankunft in Odessa geschenkt, und sie hatte ihm eines geschenkt, auf dem „Doritschka" in georgischen Buchstaben stand. Damit hatte sie extra einen Schmuckwarenhändler in Istanbul beauftragt.

Um den Urlaub wirklich zu einem solchen zu machen, wollte Dorothee zusammen mit ihrem Vater an einem Treffen von Esperanto-Sprechern im schwedischen Göteborg teilnehmen. Mit dem Zug wollten sie dorthin fahren. Sie startete einen Tag vor Hartmut und fuhr nach Köln.

Der Zug fuhr in den Kölner Hauptbahnhof ein, Dorothees Herz schlug immer schneller. Da stand er am Bahnsteig und winkte ihr schon von weitem zu, ihr Freund Valja. Er sah noch genauso gut aus, nur ein bisschen schmaler war er geworden. Aber sein charmantes Lächeln hatte er nicht verloren.

Seine Wohnung oder besser gesagt Herberts kleine Wohnung im 15. Stockwerk des Hochhauses, das „Unicenter" genannt wurde und in der Valja nun lebte, war sehr schön eingerichtet. Einen herrlichen Blick auf die ganze Stadt, den Dom und den Rhein hatte man von hier aus. Es war ein seltsames Gefühl, mit Valja in dieser Wohnung zu sitzen, unbeobachtet, frei, und ihm zuzuhören. Erst jetzt erfuhr sie, wie es Valja geschafft hatte, sich von der Gruppe zu trennen, die Idee mit dem Kinobesuch am Nachmittag, der Taxifahrer, der sofort verstand, was Valja plante, die Hilfe, die er in Bremen fand. Und Herbert, der sich liebevoll um ihn gekümmert und sich einmal mehr als wahrer und wunderbarer Freund erwiesen hatte. Inzwischen war es Valja schon längst gelungen, mit seiner Mutter in Odessa zu telefonieren. Nun wusste diese zumindest, dass er am Leben war, dass er gut untergebracht war und es ihm gut ging, auch wenn das Heimweh ihn quälte. Wenn man genau weiß, dass man niemals mehr in seine Heimat zurückkehren kann, niemals mehr zurückkehren darf, dann ist Heimweh so schlimm, dass es krank manchen kann.

„Ich möchte Dich um einen großen Gefallen bitten", Valja wurde sehr ernst. „Ich möchte einen Brief an Anna schreiben und ihr alles erklären. Es tut mir Leid, wenn andere jetzt meinetwegen in Schwierigkeiten geraten sind, aber ich habe das Recht auf ein freies Leben. Ich muss ihr alles erklären. Sie kann es dann den anderen sagen. Aber Du, Doritschka, wirst Du den Brief mitnehmen? Du musst ihn heimlich an Anna übergeben. Es darf keiner sehen oder sonst irgendwie mitbekommen."
Was blieb Dorothee anderes übrig als zuzustimmen. Ganz wohl war ihr nicht bei dem Gedanken. Es konnte leicht etwas schief gehen. Aber Valja hatte Recht, er war Anna und einigen seiner wahren Freunde an Bord eine Erklärung schuldig. Genau genommen auch den Sakartvelo in Tbisili, die sicher auch unter Konsequenzen zu leiden hatten. Aber diesen konnte er nun wirklich nicht schreiben.

Valja legte sich bäuchlings auf den Boden und begann zu schreiben. Dorothee durfte, nein sie musste wissen, was in dem Brief stand. Es war alles harmlos, Valja bat um Entschuldigung für den Schaden, den er den Menschen an Bord zugefügt hatte, er bat um Verständnis, schrieb, dass es ihm gut gehe und er sie alle niemals vergessen würde. Mehr nicht.
Mit diesem Brief und seinem in gewissem Sinne explosiven Inhalt machte sich Dorothee am nächsten Morgen auf den Weg nach Hamburg. Im Dezember würde die T/S Vassilij Azhajew von hier aus ihre zweite Weltreise beginnen. Ob die Sakartvelo, ob sie selbst dabei sein würden? Valja war Optimist und meinte ja. Hoffentlich stimmte es.

Weiter mit dem Zug nach Kopenhagen, in Lübeck stieg Hartmut ein. Der Kurswagen fuhr bei Puttgarden auf die Fähre und rüber ging es nach Rødby Færge in Dänemark. Erinnerungen an ihre Fahrt nach Kuopio in Finnland vor vier Jahren! Umsteigen in Kopenhagen, bis Helsingør und mit der Fähre hinüber ins Schwedische Hälsingborg. Kurz vor Mitternacht kamen sie in Göteborg an. Ein paar erlebnisreiche und schöne Tage in internationaler Atmosphäre warteten auf sie. Dorothee liebte es, mit Menschen aller Länder und Kontinente zusammen zu sein, sich auszutauschen und eine gemeinsame, leicht erlernbare neutrale Sprache sprechen zu können, die niemandem und gleichzeitig jedem Menschen gehörte.
Nur wenige Tage konnte sie an diesem Treffen teilnehmen, schon musste sie zurück. Am Abend bevor die Vassilij dort ankommen sollte, erreichte sie Bre-

merhaven. Albert Mayer, Ninos Verehrer und Dorothees guter Freund, wartete am Bahnsteig. Sie hatten sich Zimmer in einem Hotel reserviert. Es gab so vieles zu besprechen. Albert, noch immer sehr verliebt in Nino, hatte beschlossen, Anfang September nach Sotschi und Tbilisi zu reisen und Nino kurzerhand zu besuchen, ohne Vorankündigung. Er wollte einfach dort auftauchen. Dorothee hatte einen zweiten Brief an Avtandil geschrieben, in diesem konnte sie offener und genauer berichten, was vorgefallen war, denn Albert sollte den Brief persönlich überreichen.

Die Vassilij kam von ihrer zweiten Nordlandreise zurück und Dorothee kehrte auf die Vassilij zurück, herzlich begrüßt von ihren Kollegen, von einigen Gästen, die auf der Weltreise mit dabei gewesen waren und auch Sehnsucht nach „ihrer" Vassilij hatten, darunter Theresia Kramer, herzlich begrüßt von Anna und anderen Besatzungmitgliedern, die Dorothee sehr vermisst hatten. Es war eben ihr Zuhause, ihr Schiff, auch, wenn man nie wusste, wo ein Mikrofon versteckt war und wer gerade mithörte, was man so erzählte.

Seltsame Vorkommnisse

„Annuschka, ich habe einen Brief von Valja für Dich"
„Pssst", Anna war gleichzeitig erfreut und erschrocken. Endlich eine Nachricht von Valja persönlich.
„Nicht hier, nicht hier", Anna verdrehte die Augen, was soviel bedeuten sollte wie, hier könnte jemand mithören. Wo aber konnte Dorothee den Brief unbemerkt übergeben? Sie überlegten. Ob die Toiletten auch überwacht wurden? Vermutlich nicht.
Und so verabredeten sie sich für eine bestimmte Zeit in der Toilette oben auf dem Boulevarddeck auf der Backbordseite. Ausgerechnet heute war genau dort die Gangway installiert. Inzwischen hatte die Einschiffung schon begonnen und es war ein ständiges Kommen und Gehen. Da fiel es nicht so auf, dass beide Mädchen in der Toilette verschwanden, nicht gleichzeitig, aber kurz hintereinander. Anna betrat die Toilette zuerst, Dorothee ging erstmal an die Gangway. Offizier Jurij hatte dort Dienst. Sie übereichte ihm die Brille für seine Frau, was ihn sehr glücklich machte.
„Wie teuer war die Brille?"
„Vergiss es bitte, ich möchte nichts", Dorothee sagte es mit sehr bestimmtem Ton, doch Jurij war nicht einverstanden. Es kostete Dorothee Überzeugungskraft und Zeit, das in ihren Augen kleine, in seinen Augen jedoch sehr großzügige Geschenk anzunehmen.
Und nun schnell zur Toilette. Anna war schon ungeduldig geworden.
„Gib schnell her", sie streckte die Hand aus. Dorothee zog Valjas Brief unter ihrer Bluse hervor, gab ihn Anna, die ihn sofort unter ihrer Uniform am Bauch versteckte. Dann verließ Anna die Toilette und Dorothee blieb noch ein Weil-

chen dort, in der Hoffnung, dass niemandem etwas aufgefallen sei, auch nicht Jurij, der den direkten Blick auf die Toilettentür hatte.

„Verrückt, dass man einen Brief nicht ganz normal jemandem in die Hand drücken kann, was ist das nur für eine Welt", Dorothee würde es nie verstehen können, nie verstehen wollen.

Abends startete die Vassilij Azhajew auf eine weitere Nordlandreise. Die Atmosphäre hatte sich etwas normalisiert, so empfand es Dorothee. Vielleicht hatten sich alle daran gewöhnt, dass es nicht mehr so war wie vorher. Sie freute sich auf diese Reise, auf die Mitternachtssonne, das Nordkap, auf Spitzbergen. Ungefähr eine Woche später kamen sie wieder nach Hammerfest.

Das Telefon holte Dorothee aus einem tiefen Schlaf. „Doritschka, kannst Du bitte kommen, wir haben einen Toten", Sigi klang sehr aufgeregt. Dorothee war sofort hellwach. Um Himmelswillen, das konnte doch nicht sein. Möglicherweise einer der älteren Passagiere?

Es war jedoch leider eine sehr viel tragischere Geschichte. Der Tote war Jürgen Kantor, erst 34 Jahre alt und eigentlich ein kerngesunder Mensch. Zusammen mit seiner Frau Karin und einem befreundeten Ehepaar hatten sie diese Reise gebucht. Alle vier hatten sich sehr auf diese Reise gefreut. Als sie in Bremerhaven in der großen Halle auf die Einschiffung warteten und die Vassilij Azhajew zum ersten Mal erblickten, überkam Karin plötzlich ein seltsames Gefühl. Sie sah dieses schöne weiße Schiff, und dachte, nein, ich will nicht auf dieses Schiff. Ich will es nicht betreten. Ein innerlicher Widerwille, den sie sich nicht erklären konnte. Es war wie eine böse Vorahnung, die sie aber bald vergaß. „Das ist verrückt, was soll das", so beruhigte sie sich wieder. Und sie erzählte es weder ihrem Mann noch ihren Freunden. Erst jetzt erzählte sie es Dorothee, in deren Armen sie weinen durfte.

Am Vorabend vor Ankunft in Hammerfest waren beide Ehepaare noch in der Newabar gesessen und hatten etwas getrunken. Jürgen Kantor selbst trank zwei kleine Gläser Bier. Sie gingen nicht zu spät ins Bett, wollten sie doch am nächsten Tag den Ausflug mitmachen. Die Freunde sollten am Morgen das Ehepaar Kantor per Telefon wecken.

Und das taten sie auch. Das Telefon läutete, läutete, läutete. Jürgen Kantor schlief im Bett direkt neben dem Telefon, er hob den Hörer nicht ab.

„Mensch Jürgen, warum beantwortest Du nicht das Telefon?"

Karin stand verärgert auf, hob den Hörer ab: „Ja, Danke, dass Ihr uns weckt, bis gleich". Sie wollte ihren Mann wecken, doch dieser lag tot im Bett, sein Körper war bereits kalt. Er war vor ungefähr drei bis vier Stunden gestorben. Man stelle sich diesen Schock vor. Arme Karin.

Alles musste schnell gehen, Arzt, Behörden, Botschaft und Verwandte mussten informiert werden. Der Leichnam wurde abgeholt und in einem Ambulanzauto weggefahren. Karin erhielt ein Hotelzimmer, sie sollte am nächsten Tag mit dem Sarg nach Hause zurückfliegen. Niemals erfuhren sie woran dieser sympathische junge Mann gestorben war. Er war einfach eingeschlafen, für immer.

Auf dem Routenplan war ein Besuch der Ekmannsbucht vorgesehen. Die Reiseleiter standen an Deck und hielten Ausschau, aber hier war weit und breit nichts Besonderes zu sehen, steiniger Strand, kahle Hügel, kein Gletscher weit und breit, keine richtige Bucht, nichts Schönes. Und hier sollten sie die Passagiere ausschiffen und mit Tenderbooten an Land bringen? Wozu? Wer hatte nur diese bescheuerte Idee gehabt, diese Bucht, die keine richtige war, als Anlaufpunkt auszusuchen.

Sigi, der wieder während Tonis Urlaub Kreuzfahrtdirektor war, rief alle Reiseleiter zusammen und besprach sich mit dem Kapitän. Kurzerhand wurde umdisponiert. Gleich weiterfahren, um am nächsten Morgen in der Magdalenenbucht zu sein. Diese Bucht kannten sie, wussten, wie schön es dort war. Sie brauchten nur gutes Wetter, dann würden die Gäste auch zufrieden sein. Und der Wettergott meinte es sehr gut mit ihnen. Ein strahlend blauer Himmel erwartete sie am nächsten Morgen. Inzwischen wussten sie schon, was genau zu tun war, wie die Pontonbrücke in der Bucht anlegen, damit alle trockenen Fußes an Land kamen. Dorothee musste an der Gangway den Funkverkehr über Walkie Talkie mit den Kollegen an Land aufrechterhalten, um die Fahrten der Tenderboote zu koordinieren. Die Vassilij durfte ja aufgrund ihrer Größe nicht in die Bucht hineinfahren.

Endlich konnte auch Doro an Land tendern. Alleine spazierte sie in Richtung Gletscher, über Moränen und Geröllhalden. Alleine? Nein, Avtandil war bei ihr, das spürte sie. Er war immer bei ihr. Ihre Seelen waren vereint. Ganz in Gedanken versunken setzte sie Schritt vor Schritt, Gedanken an ihn, ihren Avtoschenka, an diese schöne Natur, die dringend geschützt werden musste, an all die Schönheit und Grausamkeit dieser Natur. Beides bekam man hier deutlich zu spüren, die Ruhe, die Stille, die Einsamkeit dieser Gegend, die Gräber von Walfischfängern, die hier ihr Glück versucht hatten und das mit dem Leben bezahlen mussten.

Irgendwie landete sie auf dem Weg zum oberen Rand des Gletschers, das war gefährlich. Sie wollte lieber den Gletscher von unten betrachten. Der erste Weg, den sie nahm, war dermaßen nass, dass sie im Morast stecken blieb. Sie musste einen anderen Abstieg finden, allerdings war dieser auch nicht ungefährlich. Hin und wieder krachte es irgendwo, der Gletscher wollte kalben, kleinere Eisbrocken lagen herum, auch im Meerwasser in der Bucht. Einer dieser Eisbrocken befand sich ganz in der Nähe der Anlegestelle ihrer Tenderboote. Im Laufe des Tages schmolz er dahin, am Abend war kaum noch etwas von ihm zu sehen.

Nun stand sie unten am Gletscher, direkt davor, eine riesige Eiswand dicht vor ihr, ein überwältigendes Gefühl. Wie klein sie sich vorkam. Sie bahnte sich einen Weg durch die Bäche, die das Gletscherwasser gebildet hatte. Es lag wesentlich weniger Schnee als noch vor einem Monat. Die Gletscher rundherum sahen schmutzig aus, nur ihre Abbrüche schimmerten in herrlichem Grünblau, ganz besonders, wenn die Sonne drauf schien. Und je später es wurde, desto öfter schien sie. Der kalte Wind wehte die Wolken davon. Überall taute der Gletscher. Wenn er jetzt in diesem Moment kalben würde, wenn genau jetzt ein Stück Eis abbrechen sollte, dann wäre es aus mit ihr und mit all den anderen, die inzwischen auch dort angekommen waren. Langsam spazierte sie zurück.

Neben der Anlegestelle war nun ein kleines Motorboot vertaut, neben dem ein winziges Rettungsboot schwamm. Es gehörte vier Norwegern, zwei Männern und zwei Frauen, die zwei Wochen lang Ferien auf Mulden, einer noch nördlicher gelegenen Insel, gemacht hatten und heute vom Küstenschiff abgeholt werden sollten. Sie zeigten einige Knochen von Walrössern, die sie gefunden hatten, zwei Schädel, einen Wirbel und einen Kiefer. Der Schweizer Kollege Nico kaufte den Wirbel für 50 D-Mark. Später ärgerte sich Dorothee, dass sie sich nicht schneller entschieden hatte. Gerne hätte sie diesen Wirbel auch gehabt. Er war beeindruckend groß und sehr gut erhalten.

Sigi war der große Star des Tages. Seine Entscheidung, dass man nicht in der Ekmannsbucht, sondern in der Magdalenenbucht an Land gehen sollte, war ein voller Erfolg. Die Passagiere waren überglücklich und dankten es dem Kapitän, allen Reiseleitern, aber besonders ihm, Sigi, denn er hatte die Verantwortung auf sich genommen.

Das Schiff fuhr weiter Richtung Norden. Kurz vor ein Uhr nachts erklang Sigis Stimme über alle Lautsprecher. Er stand oben auf der Brücke und vor ihnen tauchte am Horizont eine weiße Linie auf, die Eisgrenze. So begeistert war er von diesem Anblick, dass er sogar die Lautsprecher in den Passagierkabinen einschaltete. Und sollte je ein Passagier geschlafen haben, so war dieser nun sofort wach. In einer Achterschleife kreuzten sie vor der Eisgrenze, einzelne Eisstücke lösten sich von der großen weißen Fläche und schwammen verstreut umher. Richtig große Stücke oder gar ein Eisberg waren nicht dabei. Das wäre auch nicht so gut gewesen, es hätte leicht zu einer Kollision kommen können. Sie befanden sich auf 81° nördlicher Breite, 10° östlicher Länge, von hier aus waren es nur noch 540 Seemeilen bis zum Nordpol. Sie waren am Ende der Welt, die Vassilij und ihre Menschen so mitten in der gewaltigen Natur, ganz alleine. Vassilij ließ drei Mal ihr lautes Horn erklingen und nahm Abschied von der Eisgrenze und vom hohen Norden. Es war die letzte Reise, die sie so weit nach Norden führte

An diesem Abend war sowieso an Schlafen nicht zu denken. Endlich war mal wieder Besatzungsabend, das bedeutete, dass die Mitglieder der Besatzung sich auch in den Räumen aufhalten durften, die sonst nur für Passagiere, Offiziere und Reiseleiter vorgesehen waren, oder eben für diejenigen, die dort arbeiteten, in den Restaurants, Bars, an der Information usw., und es durfte getanzt werden.

Und wieder kamen sie in Bremerhaven an, wieder Abschied von netten Passagieren und die Frage, wie die neuen Passagiere sein würden. Wie immer war der Aus- und Einschiffungstag ein sehr hektischer Tag. Und diesmal war es auch noch Freitag, der dreizehnte, Freitag, der dreizehnte August. Genau 15 Jahre war es, dass die Berliner Mauer erbaut worden war.

Auch an diesem Tag waren Dorothee und Anna morgens gemeinsam an der Information und beantworteten geduldig alle Fragen der Pasagiere. Dann hatten sie beide ein paar Stunden frei. Wenn dann um 16.00 Uhr die Einschiffung begann, waren die beiden normalerweise wieder gemeinsam an der Information, links hatte Dorothee ihren Platz, rechts war der Platz für Anna oder einen ihrer Kollegen.
Heute Nachmittag aber war Anna nicht da. Dorothee traute sich nicht zu fragen, was geschehen war. Ganz zufällig erfuhr sie, dass Anna ausgestiegen sei, das Schiff verlassen habe. Sie war wohl unterwegs nach Hause, auf Urlaub. Hals über Kopf war alles geschehen, sie hatten sich nicht verabschieden können. Von niemandem hatte sich Anna verabschieden können. Man entscheidet nicht so Hals über Kopf, dass man nach Hause fährt. Dorothee spürte, da stimmte etwas nicht. Sie ahnte, Anna war gezwungen worden, ihre Sachen zu packen und das Schiff zu verlassen. Vielleicht hatte ein Botschaftsangestellter sie von Bord geholt, um sie in ein Flugzeug nach Moskau oder Odessa zu verfrachten. Dorothee spürte, etwas Gefährliches war geschehen. Anna war nicht freiwillig von Bord gegangen. Hoffentlich hing das nicht mit dem Brief von Valja zusammen. Nicht auszudenken, was der armen Anna passieren konnte, wenn man herausfand, dass sie etwas von Valja wusste.

Abschied von Norwegen

Die letzte Nordlandreise begann, diese führte nicht mehr so ganz weit nach Norden hoch. Von Bremerhaven aus ging es direkt nach Oslo. Endlich lernte Dorothee auch die Hauptstadt dieses schönen Norwegens kennen. Und wieder ging es zum Sunnylvsfjord, an dessen Ende der Ort Hellesylt lag. Dorothee durfte wieder die Überlandtour begleiten, hoch hinauf in die Berge, vorbei am Sommerskigebiet und weiter nördlich wieder hinunter bis zur Djugvass-Hütte, die dort stand, wo die serpentinenreiche Straße hinauf zum Dalsnibba begann.
Dieses Mal hatte jeder Reiseleiter in seinem Bus ein kleines Köfferchen, ein so genanntes „Captain's Case", in dem sich jeweils 10 Flaschen Whiskey befanden. Einige Kollegen hatten beim letzten Besuch mit dem Besitzer der Hütte, der auch Jäger war, ausgehandelt, Whiskey gegen Silberfuchsfelle zu tauschen. Sie wollten daraus in Deutschland elegante Pelzjacken schneidern lassen. Uwe Blumfeld war derjenige, der in der Djugvass-Hütte mit dem Besitzer wartete. Jeder der Busse sollte einfach kurz vor der Hütte anhalten, der jeweilige Kollege schnell die Captain's Cases in den Schnee stellen, und dann sollte sofort weitergefahren werden. Uwe beobachtete das Ganze aus der

Hütte heraus, rannte dann über die Straße, schnappte die Köfferchen und trug sie schnell in die Hütte hinein.

Dorothee hatte bei dieser Sache nicht mitgemacht. Nicht weil sie Skrupel gehabt hätte, in einem Land mit so strengen Gesetzen gegen Alkohol wie Norwegen etwas Illegales zu tun, sondern eher, weil ihr die Silberfüchse leid taten. Wann hätte sie auch je eine so elegante Pelzjacke wirklich tragen können? Zwei solche Captain's Cases standen aber auch in Dorothees Bus. Schließlich musste alles gut aufgeteilt werden. Sollte es je zu einer Zollkontrolle kommen, wäre es schon schlimm genug gewesen, wenn einer der kleinen Koffer in die Hände des Zolls geraten wäre. Schweren Herzens hatte Dorothee eingewilligt. Ihr war ziemlich mulmig zumute.

Dorothee stand vorne beim Fahrer, bereit, schnell die unangenehme Fracht los zu werden. Da tauchte sie schon auf, die Hütte, an deren linker Seite die Straße weiter hinunter zum Geirangerfjord führte, rechts ging es hinauf zum Dalsnibba.

Ihr Bus war der letzte und hielt nun genau an der vorgeschriebenen Stelle, direkt vor der Hütte. Türen auf, Captain's Cases am Straßenrand in den Schnee gestellt, rein in den Bus, Türen zu und ab ging die Fahrt. Dorothee ging im Bus ganz nach hinten, um zu sehen, ob Uwe auch wirklich die Fracht sofort abholen würde. Die Tür der Hütte ging auf, Uwe rannte über die Straße, packte die Koffer, rannte zurück, schnell rein in die Hütte und Tür zu.

Genau in diesem Moment kam ein Zollauto um die Kurve etwas oberhalb der Hütte. Dieses Auto war, von ihnen total unbemerkt, in nicht allzu großem Abstand hinter ihnen hergefahren. Um Haaresbreite wären sie erwischt worden. Und dann ausgerechnet sie, Dorothee, die eigentlich nichts mit der Sache zu tun hatte. Aber wie hätte sie dies beweisen können. Nicht auszudenken, wenn in den Schlagzeilen nicht nur der norwegischen Zeitschriften gestanden hätte: Deutsche Reiseleitung schmuggelt in Norwegen massenhaft Alkohol.

Es war noch einmal gerade, um Sekunden gut gegangen.

Heute war die Sicht vom Dalsnibba aus viel besser. Die Luft war klar, ganz deutlich sahen sie ihr Zuhause unten im Geirangerfjord stehen, ihre Vassilij Azhajew.

Unten im Ort Geiranger angekommen mussten sie wie immer auf das Tenderboot warten. Ein Hubschrauber startete am anderen Ende des Ortes und flog über das Schiff hinweg den Fjord entlang und dann über die Berge davon. Es war ein Rettungshubschrauber. Dorothee ahnte nichts Gutes. Da ist doch sicher ein Passagier schwer erkrankt, dass gleich der Rettungshubschrauber kommen muss.

War war geschehen? Der Zollbeamte, der in Hellesylt an Bord gekommen war, um eben zu verhindern, dass Alkohol aus dem Schmiff geschmuggelt wird, hatte seine Arbeit heute besonders gut gemacht. Er ging schnurstracks zur Newabar, setzte sich dort auf einen Barhocker und blieb dort den ganzen Tag sitzen. Er ließ sich regelrecht volllaufen, stand dann auf und öffnete eine der schweren Eisentüren, an denen klar und deutlich stand, dass sie nur für autorisiertes Personal seien. Hinter der Tür lag das Crew-Treppenhaus mit

Stufen aus Gitter. Bei seinem Zustand war es kein Wunder, dass er stolperte und abstürzte. Er brach sich ein Bein und zwei Rippen. Und somit blieb nichts anderes übrig, als den Notarzt und den Rettungshubschrauber zu holen. Als Dorothee dies hörte, war ihr schlechtes Gewissen verschwunden. Na, wenn die eigenen Zollbeamten sich nicht an die Gesetze halten!

Der nächste Fjord, in den die Vassilij hineinfuhr, war besonders lang und schmal. So musste Vassilij weitab vom Ende des Fjordes vor Anker gehen. Die Fahrt mit dem Tenderboot dauerte über 45 Minuten pro Strecke. Aber wie herrlich das war, rechts und links die Berge und sie im kleinen Boot mitten auf dem Meer dazwischen. Denn das waren sie ja, auf Meeresebene. Doch was war denn das? Das war, nein Dorothee konnte es nicht glauben, ihr kamen fast die Tränen vor Rührung und Freude, das war die Schnauze eines See-hundes, die immer wieder auftauchte, mal rechts vom Boot, mal links. Ihr Boot wurde begleitet!
Wie schön es hier ist, dieses herrliche Land, so sauber, so still, so friedlich, so frei. Dorothee nahm schweren Herzens Abschied von Norwegen. Hier hatte sie ihre Sorgen und Ängste ein bisschen vergessen können. Die Politik war weit weg, nur in Barentsburg war sie ein bisschen daran erinnert worden, dass die Sowjetunion irgendwie doch allgegenwärtig war, aber sonst erinnerte nichts an all die Probleme in Zentraleuropa, an die Teilung des Kontinents, an die Teilung Deutschlands. Die Sehnsucht nach Avtandil war hier leichter zu ertragen gewesen. Sie trug ihn im Herzen wie einen wertvollen Juwel, hielt Zwiesprache mit ihm, aber es tat nicht so weh, weil sonst nichts an ihn erin-nerte, außer die Vassilij selber und jede Ecke auf dem Schiff. Aber genau das war es, was ihr Ruhe gab, die Erinnerungen an ihn auf der Vassilij gaben ihr das Gefühl, er sei da, direkt bei ihr. Aber alle politisch verursachten Probleme waren hier im Norden weit weg.
Dorothee stand an Deck, als die Vassilij Bergen verließ: „Norwegen, für mich bist Du nach all dem, was ich bis jetzt gesehen habe, nach all den schönen Südseeinseln und vielem anderem, das schönste Land der ganzen Erdkugel. Du wirst unvergesslich bleiben".

Noch einmal nach Bremerhaven, Abschied auch von dieser Hafenstadt, von der Kolumbuskaje. Es war Ende August, im Norden wurde es schon etwas herbstlich, die Luft roch anders, die Nächte blieben nicht mehr ganz so hell.
Wieder ging es um Westeuropa herum, diesmal südwärts, wieder eine kurze Reise, nur eine Woche. Buntes und lautes Treiben in Tanger, im Norden Ma-rokkos. Ungewohnt, so viel Trubel, der Duft vieler Gewürze, das Getümmel auf dem Bazar, die Menschen eilten durch die Straßen, Unruhe überall. Will-kommen im Süden, die Stille und der Frieden des Nordens sind vorbei, dach-te Dorothee. Was wird wohl alles in den nächsten Wochen geschehen?

Nun war wieder Genua der Hafen, in dem die Aus- und Einschiffung der Passagiere stattfand. Mit der Co-Mail kamen die Pässe der Reiseleiter mit dem Visum für Sotschi, Jalta und Odessa, denn Ende September sollte die Vassilij wieder in heimatlichen Häfen anlegen. Bei einem Telefonat mit ihrem Vater erfuhr Dorothee, dass Hartmut einen Anruf des sowjetischen Konsulates aus Bonn Bad-Godesberg erhalten hatte. Er war gefragt worden, ob Dorothees Mutter Russin bzw. Sowjetbürgerin gewesen sei. Nein, beide Elternteile waren Deutsche. Hartmut hatte dem Herrn am Telefon erklärt, warum Dorothee als Deutsche in Moskau geboren worden war. Der fand das sehr interessant. Diese Geschichte kannte er wohl selber noch nicht.

Seltsam war es aber schon, dass da überhaupt jemand anrief. Das war beim letzten Visaantrag im Frühjahr nicht der Fall gewesen. Dieser Anruf und Annas unfreiwilliger Abgang von der Vassilij warfen dunkle Schatten auf Dorothees Hoffnungen auf ein Wiedersehen mit Avtandil und den anderen Sakartvelo, wenn die Vassilij Ende September wieder in Sotschi sein sollte. Sie war aber jung genug, um ihre Hoffnungen nicht allzu sehr eintrüben zu lassen Da gab es so etwas wie die KSZE-Akte (Konferenz über Sicherheit und Zusammenarbeit in Europa), die am 1. August 1975 von 35 europäischen Staaten unterzeichnet worden war. Menschenrechte, politische und wirtschaftiche Zusammenarbeit sollte es in Europa geben. Das war doch ein Lichtstreifen am Horizont. Am 9. September 1976 starb Mao Tse Tung, der Vorsitzender der kommunistischen Partei Chinas, in Peking. Auch in der Volksrepublik China musste sich nun etwas ändern. Nein, die Hoffnung ließ sich Dorothee nicht nehmen – denn die Hoffnung stirbt zuletzt.

Starker Wind auf Mykonos

Das Team der Reiseleister wurde um einen neuen Kollegen, Andrej Kreis, erweitert. Er war schon 64 Jahre alt und Rentner. 1912 in Russland geboren, war er 1918 nach der Oktoberrevolution mit seiner Mutter nach Deutschland gekommen. Er sprach sehr gut Russisch, jedoch in einem ganz anderen Stil. All die gängigen sowjetisch geprägten Ausdrücke kannte er nicht. Sein Russisch klang vornehm, so musste die feine Gesellschaft zu Zarenzeiten gesprochen haben. Andrej wurde bald zum Liebling aller weiblichen Passagiere. Er hatte Charme und war ein ausgesprochener Kavalier wie es sie kaum noch gab.

Ein wunderschöner Blumenstrauß mit sieben roten Rosen stand in Dorothees Kabine. Neben der Vase lehnte eine kleine Karte mit einem netten Gruß von Sigi. Rosen von Sigi! Dorothee war überrascht und erfreut. Dass Sigi damit vielleicht ausdrücken wollte, was er wirklich für sie empfand, auf diese Idee kam Dorothee nicht. Sie sah es eher als Zeichen seiner Freundschaft zu ihr, nicht als Liebesbeweis. Ihre Gefühle, ihre Sehnsucht, die Gedanken an ihre georgische Liebe beschlagnamten ihre Seele voll und ganz, da war kein Platz für auch nur einen Hauch von Idee, dass es noch andere Männer geben könnte, die sie gerne hatten. Sigi war für sie ein lieber Kollege, ein besonders lieber Kollege. Nicht mehr.

Die nächste Reise führte zu den Ägäischen Inseln Griechenlands, eine Reise, die sie, die Reiseleiter, fast wie Urlaub erlebten. Es gab nur einmal eine Einreise in ein Land, dann keine Grenzformalitäten mehr. Sie blieben auf griechischen Gewässern. Es gab überall gute, Deutsch sprechende lokale Reiseführer, niemand von ihnen musste übersetzen. Die Organisation war perfekt. Sie konnten sich selbst die einzelnen Inseln anschauen und etwas unternehmen. Morgens schickte man die Busse mit den Gästen los, abends erwartete man sie wieder am Kai, wo die Vassilij stand, oder am Tenderboot, das sie zur Vassilij brachte, wenn sie weiter draußen auf Reede lag. Nette Künstler hatten sie an Bord, die Bläck Fööss aus Köln und wieder das Orchester Martell Almas, wie auf der Friseurreise von Genua nach Bremerhaven, die mit jenem tragischen Tag endete, an dem Valja beschlossen hatte, nie mehr in seine Heimat zurückzukehren.

In Piräus sahen sie ihre Kollegin Jeanette Lacroix wieder, die charmante Französin, die bis zum Frühjahr in der Kabine gegenüber gewohnt hatte. Jeanette, die ihren Charakter verändert hatte, Jeanette, die den Schiffskoller bekommen hatte, Jeanette, mit der irgendetwas los gewesen war. Inzwischen war klar geworden, was mit Jeanette geschehen war. Sie hatte epileptische Anfälle. Der schreckliche Traum in jener Nacht, in der sich Jeanette den Mund wund gebissen hatte, das war kein Traum gewesen, das war ihr erster epileptischer Anfall. Und in jener Nacht in Papeete auf Tahiti, als Jeanette nicht hörte, dass Dorothee verzweifelt an die Hoteltür klopfte? Da lag Jeanette tief im typischen Schlaf, der nach solchen Anfällen folgt. Ihre charakterliche Veränderung, ihre innere Unruhe, mit einem Schlag war alles klar.
Wie war Jeanette plötzlich zur Epileptikerin geworden? Dorothee kam ein schrecklicher Verdacht. Jeanette war doch bei ihrer Geburtstagsfeier an Deck gestürzt und sehr hart mit dem Hinterkopf auf die steinerne Schwelle des Swimming-Pools aufgeknallt. Der erste Anfall trat nur ungefähr zwei Wochen später auf. Gut möglich, ja sogar wahrscheinlich, dass dieser Aufprall des Hinterkopfes Auslöser der Anfälle war.

Vor ihnen tauchte sie auf, diese Insel mit ihren vielen weißen Windmühlen. Die Vassilij lief ins Hafenbecken von Mykonos ein und ging dort auf Reede. Windig war es, teilweise sogar stürmisch. Das war hier nichts Besonderes. Mykonos war bekannt für seinen Wind und seine Windmühlen. Am Kai wartete ihr Kollege Gerhard Wurzel. Mit ihm hatte Dorothee den Winter 1974 / 1975 in Südspanien zusammengearbeitet. Gerhard freute sich über das Wiedersehen: „Hab schon gehört, Du hast einen russischen Freund an Bord." Oje, dachte Dorothee, wenn der das schon weiß, dann weiß es die ganze Firma und somit wissen es auch die Leute der sowjetischen Morflot. Und wieder war ein bisschen Hoffnung gestorben.

Mit einem kleinen Fährboot ging es zur Insel Delos, einer Museumsinsel. Menschen lebten hier kaum noch, nur die Museumswärter und ihre Familien. Die Überfahrt war sehr schaukelig. Manch einem wurde es übel, Dorothee hielt sich an der Reling fest und genoss den hohen Wellengang und den Wind. Es gab ihr ein Gefühl von Freiheit.

Heiß war es auf Delos, sie besichtigten den Apollontempel, spazierten durch die „Löwenallee", in der noch ein paar wenige Statuen in Löwengestalt die Wache hielten. Die Rückfahrt war noch schwankender, der Wind hatte zugenommen. Abends trafen sich alle Reiseleiter mit ihrem Kollegen Gerhard Wurzel zum Abendessen in einem der vielen hübschen kleinen Restaurants im Ort.

Mykonos - nicht nur berühmt für den Wind und die Windmühlen, sondern seit Jahren auch bekannt als Urlaubsparadies für Homosexuelle, für Schwule und Lesben. Man beschloss, nach dem Essen in eine „Schwulen-Kneipe" zu gehen.

Dorothee war begeistert. Hier gab es viele sehr gut aussehende, gut gekleidete Männer, die alle so höflich zu ihr waren. Keiner baggerte sie an, keiner belästigte sie. „Ich sollte in Zukunft nur noch in solche Bars und Kneipen gehen, da werde ich als gleichwertig behandelt und in Ruhe gelassen. Und man kann sich so gut unterhalten."

„Beeilt Euch, wir müssen zum Hafen zurück, das letzte Tenderboot fährt in 15 Minuten ab", Sigi versuchte seine Schäfchen einzusammeln.

„Dieser Mann dort hinten kommt mir so bekannt vor. Ist das nicht einer unserer Passagiere? Sollte ich ihm nicht sagen, dass es Zeit ist zu gehen, sonst wird er das letzte Boot zur Vassilij verpassen? Und wenn es doch kein Passagier ist, wenn ich ihn nur vorhin im Restaurant gesehen habe, dann blamiere ich mich." Dorothee war zu schüchtern und sprach den Mann nicht an.

Das Tenderboot musste sehr gegen den Wind ankämpfen, um es bis zur Gangway der Vassilij zu schaffen. Der Wind hatte weiter an Stärke gewonnen. An Bord musste Dorothee die Bordmarken kontrollieren. Waren auch alle Passagiere zurück auf dem Schiff? Nein, ein Passagier fehlte. Wer hatte die Bordnummer 119? Andreas Mohn. Und das war genau jener Mann, den Dorothee in der Bar leider nicht angesprochen hatte. Er fehlte an Bord.

An der Gangway kam Unruhe auf. Die Vassilij sollte auslaufen. Wo aber war dieser Passagier? Aus der Dunkelheit drang ein leises Motorengeräusch zu ihnen und dann tauchte ein kleiner Fischkutter auf. Hinten am Motor saß der Fischer und steuerte auf die Vassilij zu. Vorne saß er, der verlorene Passagier. Plötzlich wurde der Wind noch stärker. Das Fischerboot war schon fast an der Gangway und wurde wieder abgetrieben. Noch mehr Gas geben, Ihr schafft das, Ihr schafft das. Oben an Deck, unten an der Gangway, überall standen die Leute und feuerten den Fischer an, es immer wieder zu versuchen. Bis auf zwei Meter kam das kleine Boot an die Gangway ran, zu riskant für Andreas Mohn, hinüber zu springen. Dann eine Windböe, das Boot wurde abgetrieben, erneuter Anlauf. Ihr schafft es, Ihr schafft es. Wieder nur zwei

Meter Abstand zur Gangway, noch ein bisschen, dann kann Andreas springen. Wieder eine Windböe, das Boot wieder mehrere Meter zurückgetrieben. Nein, es hatte keinen Sinn, es war nicht zu schaffen. Und so musste der Fischer mit seinem Passagier umkehren. Andreas Mohn musste ohne Papiere und mit wenig Geld in der Tasche auf Mykonos übernachten. Gut, dass der Chef der Reiseagentur noch am Kai stand. So kam Andreas zu einer romantischen Nacht auf Mykonos und zu einem Flug nach Samos, wo er am nächsten Morgen mit strahlendem Lächeln in das Restaurant Jalta einmarschierte, während alle anderen dort noch frühstückten. Sein Partner und Freund Georg Heimer aber war ziemlich sauer. Der Kapitän auch. Andreas musste sich bei ihm melden und bekam eine Abmahnung.

Marc war einer der Künstler dieser Kreuzfahrt. Mit ihm mietete sich Dorothee auf Samos einen Motorroller, um die Insel privat zu erkunden. Eine herrliche Landschaft. Sie konnten die Aussicht gemütlich vom Roller aus beobachten, denn es war eine alte Kiste, die ziemlich schnaufen musste, um die bergige Straße hinaufzufahren. Es war ein schöner Tag, der schöne Erinnerungen an eine unvergessliche Insel brachte.

Santorini war eine weitere Insel, die angefahren wurde. Die Vassilij lag direkt unterhalb des Hauptortes Thira, 587 Stufen führten hinauf zum Ort. Man konnte auf einem Esel hinaufreiten. Die sowjetischen Besatzungsmitglieder allerdings hatten nicht genügend Devisen, um sich diesen Luxus leisten zu können. Sie mussten zu Fuß hinauf spazieren, bei dieser Hitze. Die Treppen waren glitschig, leicht konnte man ausrutschen. Besser man ging im Zickzack sowohl hinauf als auch hinunter. Selbst die Esel wussten das.

In der Funkstation der Vassiij beantragte Dorothee über die Seefunkstation Norddeich Radio ein Telefonat mit Albert Mayer, jenem ehemaligen Passagier, der sich in Nino verliebt hatte. Alberts geplante Reise nach Sotschi stand bevor, von dort aus wollte an einem mehrtägigen Ausflug nach Tbilisi teilnehmen. So, das hoffte er, konnte er Nino in Tbilisi treffen. Und es gab noch so vieles, was Dorothee und Albert zu besprechen hatten. Das Telefonat kam zustande, aber ganz offen konnten sie nicht miteinander plaudern. Sicher hörte da jemand, irgendjemand, mit. Verfluchte Politik!

Danke Herz, dass Du so lieben kannst

Am 13. September begann Dorothees Schicksalfahrt, wie sie diese Reise später nennen sollte. Es war die letzte Reise dieser Saison ins Östliche Mittelmeer, die bis ins Schwarze Meer führte. Jede Nacht schlief sie schlechter, wachte ständig auf, gequält von der Frage: Wird es ein Wiedersehen geben können, werden ihre Freunde aus Tbilisi nach Sotschi kommen können? Eines Nachts träumte sie, dass sie zu Hause in ihrem Zimmer etwas umräumte. Da kam ihre Mamotschka ins Zimmer. Deutlich und klar sagte sie zu ihr: „Die Sakartvelo werden nicht mehr auf die Vassiij zurückkehren."

Es war gerade Ramadan, muslimischer Fastenmonat, als sie wieder nach Alexandria kam und mit den Gästen für zwei Tage nach Kairo fuhr. Die gläubigen Muslime durften weder essen noch trinken, solange es hell war. Erst, wenn die Nacht hereinbrach, dann war es erlaubt, etwas zu sich zu nehmen. Dementsprechend viel war in der Nacht los. Hupende Autos, ein Verkehr wie zur besten Rush Hour, Massen an Menschen in den Straßen, überall volle Restaurants, Musik, Stände, die Essen anboten. Es wurde gefeiert und gelebt, bis sich am frühen Morgen die Sonne im Osten zeigte und der nächtliche Spuk vorbei war. Dorothee konnte in ihrem Hotelzimmer kaum schlafen, trotz fest verschlossener Fenster und eingeschalteter Klimaanlage. Die Unruhe von der Straße drang bis zu ihr ins Zimmer.

Beim Besuch der Muhammad-Ali-Moschee, auch Alabaster-Moschee genannt, durchschritt sie den Torbogen, von dem man sagte, dass man sich in diesem Moment etwas wünschen solle, es gehe dann immer in Erfüllung. Sie wünschte sich ganz fest, dass ihre Liebe nicht verloren gehe. Aber so richtig dran glauben, das konnte sie nicht mehr.

Inzwischen war die Vassilij nach Port Said weitergefahren. Wieder zurück an Bord beantragte Dorothee erneut in der Funkstation ein Telefonat über Norrddeich Radio mit Albert Mayer, der inzwischen aus Sotschi zurück sein musste. Sie erreichte ihn nicht. Einen Tag später, schon auf weiter See, erhielt sie ein Telegramm:

AUSSER LISA NIEMAND ANGETROFFEN
ALBERT

Wer zum Teufel war Lisa? Sie musste unbedingt mit Albert sprechen. Der nächste Hafen war Rhodos. Von hier aus gelang es ihr, endlich mit Albert zu telefonieren. Für ein Gespräch von 15 Minuten musste sie 50 D-Mark zahlen. Ihr war es egal. Lisa war eine Kanadierin, die sehr verliebt war in Ilarion, dem Multitalent der Sakartvelo. Wie der Zufall es wollte, hatten sich Lisa und Albert in Tbilisi völlig ungeplant getroffen. Sie waren im gleichen Hotel untergebracht. Sie kannten sich aus Acapulco. Damals waren die kanadischen Freunde der Sakartvelo extra angereist, um sie zu besuchen. Dorothee hatte diese Kanadier nur von weitem gesehen. Sie musste sich um ihre Passagiere kümmern, doch Albert war mit ihnen und den Sakartvelo essen gegangen.
Und nun dieser Zufall. Lisa war es gelungen, alle Sakartvelo zu sehen, wenn auch nur kurz. Mit Albert ging sie zu Nino. Deren Eltern und ihre Tochter waren zu Hause. Nino sollte bald kommen. Angeblich machte sie gerade Aufnahmen im Tonstudio, doch sie kam nicht. Avtandil und sein Bruder Lado waren mit dem Auto unterwegs nach Odessa, um dort, so sagte Lisa, den Vertrag für das ganze Ensemble Sakartvelo für die nächste Saison auf der

Vassilij Azhajew zu unterzeichnen. Das klang sehr gut. Trotzdem hatte Dorothee kein gutes Gefühl. Da stimmte etwas nicht.
Warum war es Albert nicht gelungen, irgendjemanden der Gruppe zu treffen? Warum aber war es Lisa gelungen? Konnte man ihr trauen? Sie hatte Albert auch gesagt, Avtandil habe ein sehr gutes Verhältnis zu Hause. Er würde niemals tun, was Valja getan hatte. Das war Dorothee schon immer klar gewesen.
Kaum am Flughafen Frankfurt angekommen, war Albert direkt zu Valja gefahren. Und dieser erzählte ihm, dass er keine Telefonverbindung mehr zu seinen Eltern in Odessa bekäme. Beim letzten Gespräch habe er „antisowjetisch" geredet. Und das sei nun die Strafe.
Dorothee war verzweifelt, die ganze Nacht durch weinte sie. Nein, sie wollte nicht mehr leiden, sie wollte nicht mehr lieben, nie mehr, nie mehr. Was kann man tun gegen all den Schmerz, der einem die Seele zerreißt? Warum lieben, wenn man nur leiden muss? Sie hasste sich und weinte ihren Schmerz heraus, bis sie keine Tränen mehr hatte. Am nächsten Morgen musste sie ihre verschwollenen Augen hinter einer Sonnenbrille verstecken.

Was für ein Blödsinn, man konnte dem Herzen nicht verbieten zu lieben. So ging sie in die Ucraina-Lounge und bat die Armasi das russische Liebeslied für sie zu spielen. Es war ein Tango. Der Refrain gefiel ihr besonders, und so dankte auch sie ihrem Herzen, dass es fähig war, so sehr lieben zu können. Dieses Geschenk war nicht jedem Menschen mit in die Wiege gelegt worden:

Сердце, тебе не хочется покоя!
Сердце, как хорошо на свете жить!
Сердце, как хорошо, что ты такое!
Спасибо, сердце, что ты умеешь так любить!

Serdze, tebje ne chotschetsja pokoja!
Serdze, kak choroscho na svetje shit!
Serdze, kak choroscho schto ty takoje!
Spasibo Serdze, schto ty umejesch tak ljubit!

Herz, Du magst nicht ruhig sein
Herz, wie gut es tut, auf dieser Welt zu leben!
Herz, wie gut, dass Du so bist!
Danke Herz, dass Du so lieben kannst!

370

Eine Möwe möchte ich sein

Sotschi, Freitag, 24. September 1976 ~ ein deprimierendes Gespräch

Wie lange hatte sie auf diesen Tag gewartet? Dorothee stand oben an Deck der Vassilij. Es war früh am Morgen, erst 7.00 Uhr. Langsam näherte sich das Schiff dem Hafen von Sotschi. Dorothee kehrte nach Hause zurück. Vor ihnen die mit Schnee bedeckten Berge des Kaukasus, unten am Meer die herrliche Landschaft dieser wunderschönen Gegend. Ihre Seele öffnete sich, sie atmete tief durch. Ja, sie kehrte nach Hause zurück. Endlich war der Tag da, an dem sie, so hoffte sie noch immer, ihren Geliebten wieder sehen würde.
Doch die Luft roch anders. Irgendetwas war nicht so wie es sein sollte. Wenigstens empfand es Dorothee so. In der Nacht hatte es ein schweres Unwetter gegeben. Erdrutsche in den Bergen, gesperrte Straßen. Das bedeutete, ihre Freunde Sakartvelo konnten nicht wie geplant herfahren. Womöglich waren sie noch unterwegs, hatten einen großen Umweg fahren müssen.
Dorothee konnte heute einen freien Tag nehmen. Die Kollegen hatten ihr zugesichert, sich um alles zu kümmern, sie sollte den Tag mit ihren Freunden genießen. An der Gangway erhielt Doro ihren Reisepass mit Visum und den Morflotpass, den Ausweis, der bewies, dass sie an Bord der Vassilij Azhajew arbeitete. Zielstrebig ging sie in Richtung Ausgang. Es war kurz vor 8.00 Uhr.
Da sprach sie plötzlich jemand an. Es war ihre Freundin Nina, die gute, liebe Nina, die bei Intourist arbeitete und sich heute extra frei genommen hatte. Welch Wiedersehensfreude. Was hatte sie in den Händen? Einen Blumenstrauß, Nelken. Wie hatte Nina es nur geschafft, Nelken aufzutreiben? Das war doch in der UdSSR gar nicht so einfach. Rote Nelken für Dorothee!
Gemeinsam gingen sie zum Ausgang. Vor dem Tor warteten sie, Nina meinte, die Sakartvelo-Freunde könnten vielleicht doch noch jeden Moment auftauchen. Bei dem Unwetter heute Nacht haben sie sich nur verspätet. Doch Dorothee war inzwischen klar geworden, ihre Freunde waren nicht gekommen.
Eine Dolmetscherin von Intourist, die sie vom vergangenen Jahr her kannte, kam auf sie zu und sagte: „Wir haben jetzt eine Intourist Besprechung im Hafengebäude über die Ausflüge, bitte kommen Sie mit."
Dorothee anwortete: „Mit dem Ausflugsverkauf auf dem Schiff beschäftige ich mich nicht, dafür sind unser Kreuzfahrtdirektor, Herr Herzog und die Damen vom Bordreisebüro zuständig."
Die Dolmetscherin wiederholte immer dasselbe, sie wollte Dorothee offenichtlich bei diesem Gespräch dabei haben: „Es sind extra Vertreter von Intourist aus Moskau angereist. Es hat doch Probleme mit den Ausflügen gegeben. Es sollen alle Reiseleiter daran teilnehmen."

Irgendwie kam Dorothee die ganze Sache nicht geheuer vor. Trotzdem marschierte sie mit, Nina begleitete sie. Von ihren Kollegen, die ja angeblich auch an der Besprechung teilnehmen sollten, weit und breit keine Spur.

Im Hafengebäude wurde sie im ersten Stock in ein Zimmer geführt, wo sich zwei Männer mittleren Alters befanden. Diese wurden ihr von der Dolmetscherin als Vertreter von Intourist aus Moskau vorgestellt. Plötzlich sah sie sich mit diesen Herren allein gelassen: „Bitte setzen Sie sich". Sie boten ihr einen Stuhl an einem langen Tisch an. Der eine setzte sich ihr gegenüber hin, der andere links von ihr. Die Tür war inzwischen von irgendjemandem geschlossen worden.

Der Mann ihr gegenüber begann das Gespräch: „Wir sind Ihnen nicht richtig vorgestellt worden, leider, wir sind nicht von Intourist, wir sind vom KGB.

Dorothee verspürte einen Stich ins Herz. Mit einem Schlag war alle Hoffnung dahin. Was wollte der sowjetische Geheimdienst von ihr?

„Es geht um Folgendes: Die Eltern von Valentin Sharkov sind sehr um ihren Sohn besorgt. Der Vater ist krank, die Mutter auch. Sie weint sehr viel, weil sie nicht wissen wie es ihm geht, wo er ist. Was wissen Sie von ihm?"

Sollte sie sagen, dass sie wusste, wo er war? Sie hatte doch gar keine Gelegenheit Valja zu warnen. „Pass auf, die sind hinter Dir her. Sie haben mich verhört". Oder sollte sie verleugnen? Schließlich logen diese Herren hier auch. Vielleicht nicht diese beiden hier im Zimmer. Wahrscheinlich hatten sie ihre Informationen aus Moskau erhalten, ziemlich sicher sogar. Warum sagte man ihr, dass die Eltern besorgt seien, weil sie nichts von ihrem Sohn wussten? Beim Geheimdienst wusste man doch längst, dass er mit seinen Eltern telefoniert hatte. Inzwischen sogar schon mehrmals. Dorothee beschloss, nicht die ganze Wahrheit zu sagen. Sie wollte niemanden gefährden und musste gleichzeitig versuchen, so wenig Schaden wie möglich anzurichten. Es war ein schwieriger Balanceakt.

„Ich weiß gar nichts von ihm. Das letzte Mal sah ich ihn am 13. Juni, an dem Tag, als er dann abends das Schiff verließ. Seither habe ich nichts von ihm gehört. Solche Leute kommen bei uns in ein Lager, wo sie ein bis eineinhalb Jahre bleiben."

„In welches Lager?"

„Da gibt es mehrere, woher soll ich wissen, in welches?"

„Sie haben aber einen Brief an ein Mädchen auf dem Schiff übergeben mit Geld."

Das hatte Dorothee erwartet. Natürlich, Anna hatte das mit dem Brief verraten. Sicher nicht freiwillig. Sie war verhört worden, bestimmt mit ganz anderen, schlimmeren Methoden als sie heute und jetzt verhört wurde.

„Ja, diesen Brief habe ich bekommen, um ihn dem Mädchen zu übergeben. Das Geld waren Schulden, die er an das Mädchen hatte. Warum sollte auch das Mädchen darunter leiden, wenn er solch eine Dummheit begeht? Den Brief habe ich nicht gelesen, so etwas interessiert mich überhaupt nicht."

„Sie wissen wirklich nichts von ihm, sagen Sie uns die Wahrheit! Wer hat Ihnen den Brief gegeben? Sharkov persönlich?"

Auch diese Frage musste mit äußerster Vorsicht beantwortet werden.

„Nein, ein Freund."

„Welcher Freund?"

Verzeih mir Herbert, dachte Dorothee, jetzt muss ich Dich in diese Sache reinziehen.

„Mein Kollege Herbert Scholz."

„Wie kam dieser zu dem Brief?"

„Das weiß ich nicht. Vermutlich hat er Valentin im Lager besucht. Wie sollte ich denn überhaupt etwas von ihm wissen. Ich war doch die ganze Zeit auf dem Schiff. Nur zwei Wochen war ich auf Urlaub, die reichen nicht mal, um alles zu Hause zu erledigen. Da kümmere ich mich nicht noch um solche Dinge."

„Wer von Ihnen oder Ihren Kollegen hat von Sharkovs Vorhaben etwas gewusst?"

„Niemand, wir waren alle genauso überrascht und entsetzt wie die Besatzung. Fünf Stunden Verspätung hatten wir und viel Ärger mit den Passagieren."

„Würden Sie wieder mal gerne in der UdSSR arbeiten?"

„Ja, besonders in Sotschi, mal wieder einen Sommer lang."

„Macht Ihnen die Arbeit Spaß?"

„Ja, im Großen und Ganzen schon, auch wenn man mal einen Tag hat, an dem einem alles auf die Nerven geht."

„In Moskau herrscht die Meinung, dass Sie Sharkov zur Flucht verholfen haben, und deshalb wird man Ihnen in Zukunft die Einreise in die UdSSR verweigern. Das ist allerdings noch nicht bestimmt. Man berät noch darüber."

„Ich würde niemals etwas gegen die Sowjetunion unternehmen. Sie ist doch Heimat für mich. Warum wollen Sie mich jetzt für etwas bestrafen, was ein anderer gemacht hat. Wissen Sie, was es für mich bedeutet, nie mehr in die UdSSR zu kommen? Ich liebe das Land sehr und die Menschen. Es wäre schrecklich für mich, nie wieder herkommen zu dürfen. Warum sollte ich gegen dieses Land etwas unternehmen? Ich kann nur immer wieder sagen, dass ich nichts davon wusste. Schließlich soll ich doch die Wahrheit sagen, oder soll ich Sie anlügen?

„Nein, natürlich nicht".

„Ich verstehe ja auch nicht, wie man so etwas überhaupt tun kann. Wie kann ein Mensch seine Heimat verlassen, wie kann man ohne Freunde, ohne Eltern und ohne Verwandte leben? Er ist jetzt ganz alleine, kann nicht mal Deutsch. Er wird es schon längst bereuen. Schließlich kann er nie mehr zurück. Ist doch Wahnsinn. Ich bin zwar fast nie zu Hause, aber ich weiß, ich kann immer wieder zurück. Man kann doch nicht ohne Heimat leben."

„Ich habe den Eindruck, Sie sagen uns nicht alles, was Sie wissen."

„Soll ich denn irgendetwas erfinden?"

„Nein, Sie haben ihn gut gekannt?"

„Ich war mit dem ganzen Orchester befreundet, und da gehörte er eben auch dazu."

„Sind Sie mit allen so eng befreundet auf dem Schiff?"

„Nein, aber ich komme mit allen gut aus. Das Orchester waren meine Freunde. Es waren doch Georgier und Sie wissen ja, alle lieben die Georgier. Sie sind einfach besonders sympathische Menschen."

Da musste der Mann ihr gegenüber sogar ein bisschen lächeln:

„Haben Sie noch andere Freunde in der UdSSR?"

Was sollte sie nun darauf antworten, ohne ihre Freunde zu gefährden? Am Besten ich erwähne all diejenigen, von denen der Geheimdienst sowieso schon weiß, aber nicht die Freunde in Tbilisi aus uralten Zeiten, aus den Zeiten, als wir noch in Suchumi lebten.

„Ja, hier in Sotschi, das sind fast alle Esperantisten. Wir haben uns durch Esperanto kennen gelernt!

„In Moskau auch?"

„Nein."

„Und in Tbilisi?"

Aha, diese Frage musste ja kommen. Dorothee hatte darauf gewartet.

„Na ja, das Orchester eben."

„Haben Sie von denen wieder etwas gehört?"

„Nein, einmal habe ich noch von Leningrad aus telefoniert."

„Mit wem?"

„Mit Lado Tarielani."

„Was ist mit diesem Avtandil?"

Logisch, darauf mussten sie auch zu sprechen kommen. Das war ihnen wichtig. Möglichst viel über ihre Beziehung zu Avtandil zu erfahren.

„Der war ein Freund, wie alle anderen vom Orchester auch. Darf man denn keine Freundschaften schließen?"

„Doch, selbstverständlich." Meinen Sie nicht, dass, wenn Sharkov so etwas tut, Avtandil es auch tun könnte?"

Auch auf diese Frage war Dorothee gefasst gewesen. Ihre Antwort war die beste Erklärung dafür, dass bei Avtandil keinerlei Gefahr bestand, er könne dem Beispiel Valjas folgen:

„Nein, ein Georgier verlässt n i e m a l s seine Heimat."

„Nun, wie gesagt, in Moskau herrscht die Meinung, dass Sie Sharkov geholfen haben. Unter diesen Umständen können Sie nicht mehr in der UdSSR arbeiten. Wir werden an Lechak-Reisen schreiben, dass Sie als Vertreterin der Firma unmöglich sind, und man Ihnen das Visum sperren wird."

„Mir reicht's. Ich werde mit niemandem mehr auf dem Schiff reden. Nachher hat man nur Unannehmlichkeiten. Man kann ja niemandem an Bord mehr trauen. Da erzählt irgendeiner etwas über mich, vielleicht, weil ich ihn einmal nicht so freundlich grüße wie sonst, und schon steht man unter Verdacht."

„Nein, nein, bitte verhalten Sie sich weiterhin so wie bis jetzt. Wir haben Erkundigungen über Sie eingeholt. Alle finden Sie sehr sympathisch, Sie sind überall beliebt, haben gut gearbeitet. Aber ich habe das Gefühl, Sie sagen uns nicht alles, was Sie wissen."

„Mehr weiß ich nun mal nicht. Tut mir leid."

„Vielleicht haben Sie den Befehl bekommen, Sharkov zu helfen."

Spinnen die jetzt komplett? Wer soll mir befehlen, jemandem zur Flucht zu verhelfen? Typisch sowjetisches Denken. Alles, aber auch alles ist Politik. Schon die Art und Weise, wie man auf die Toilette geht, kann politisch interpretiert werden. So ein Schwachsinn.

„Wie das denn? Die Firma Lechak-Reisen ist schließlich ein Reiseunternehmen und befasst sich nicht mit politischen Dingen."

„Nun ja. Nicht die ganze Firma, aber vielleicht zwei oder drei Personen. Schlecht für uns, dass wir nun für Moskau keine neuen Nachrichten haben. Mein Bericht wird positiv sein, obwohl ich fest überzeugt bin, dass Sie uns nicht alles gesagt haben. Ja, sehr wahrscheinlich wird man Ihnen das Visum sperren, leider, leider. Wir werden jetzt auseinander gehen. Wenn Ihnen noch etwas einfällt, was Sie uns zu sagen wünschen, so kommen Sie bis 14.00 Uhr wieder. So lange werden wir hier sein."

Während dieses Gespräches läutete einige Male mit schrillem Ton ein altmodisches schwarzes Telefon, das auf einem anderen Tisch stand. Jedesmal stand der Mann dann auf, musste durch den halben Raum zum Telefon gehen und hob ab: „Da – ja?" Er lauschte, sagte wieder mehrmals „da – ja", kam zurück, setzte sich hin und stellte dann einige Fragen, die er schon gestellt hatte, noch einmal. Es war klar, irgendwo in einem Nachbarraum saß jemand und hörte dieses Gespräch mit. Schrieb dieses Gespräch mit. Und dieser jemand ordnete an, gewisse Fragen noch einmal zu stellen, um zu sehen, ob Dorothee dasselbe antwortete oder etwas anderes. Dorothees Antworten blieben jedoch immer dieselben.

Der andere Mann, der links von ihr saß, stellte sich als Dolmetscher für die deutsche Sprache heraus. Das Gespräch fand auf Russisch statt. Dann erzählte Dorothee dasselbe dem Dolmetscher noch einmal, woraufhin der erste Mann fragte: „Was erzählt sie?". „Dasselbe, nur auf Deutsch".

Sie standen alle drei auf und gingen zur Tür. Beide Männer drückten ihr freundlich die Hand. „Ich wünsche Ihnen viel Erfolg", es klang aufrichtig, was der Mann ihr sagte. Die beiden taten ihr irgendwie leid. Sie waren auch nur Opfer des Systems.

Inzwischen war es 9.30 Uhr geworden. Die gute Nina wartete noch immer auf sie. Die ganze Zeit über hatte sie auf einer Bank vor dem Zimmer gesessen. Sie merkte, dass etwas nicht stimmte, doch Dorothee konnte ihr nichts erzählen. Sie sagte nur, es handele sich um ein großes Problem mit den Intourist-Ausflügen, und sie müsse noch einmal schnell aufs Schiff in ihre Kabine.

So spazierten sie also zurück zum Kai. Nina wartete vor dem Schiff. Dorothee ging hinein, schnell in ihre Kabine. Sie durchsuchte die Schubladen und Schränke. Nichts wies darauf hin, dass während des Verhörs jemand hier in ihrer Kabine herumgeschnüffelt hätte. Entweder war nichts geschehen oder derjenige hatte es sehr diskret gemacht, so dass nichts auffiel. Erleichtert, aber dennoch mit einem Fragezeichen im Hirn, verließ Dorothee wieder die Vassilij und spazierte mit Nina zur Bushaltestelle. Ob es jemanden gab, der nun genau beobachtete, wohin sie ging? Sie wollte doch Nina nicht in Gefahr bringen. Egal, am besten man verhielt sich möglichst natürlich und normal. Also fuhren sie mit dem Bus den Berg hinauf, zu Nina nach Hause.
Erst hier konnte Dorothee Nina erzählen, was wirklich geschehen war. Hier, geschützt von den vier Wänden der Wohnung, hinter deren Tapeten sicher keine „Wanzen" (Abhörgeräte) versteckt waren.
Nina war entsetzt und sehr traurig. Als sie mit Dorothee gemeinsam die Treppe im Hafengebäude hinauf gingen, wollte sie auch mit in das große Zimmer gehen, einfach so hinter Dorothee her. Doch ein großer, kräftiger Mann hielt sie zurück: „Sie dürfen da nicht rein, nur die junge Frau".

„Was hat sie denn getan", fragte Nina ganz unbedarft.
„Das werden wir jetzt herausfinden, was sie getan hat", war die strenge und selbstbewusste Antwort des Mannes. Und während Nina draußen auf der Bank wartete, hielt der Mann Wache vor der Tür.

Dorothees größte Angst war, dass Nina nun auch Schwierigkeiten bekommen könnte. Nicht möglich, dass Nina ihr darüber in einem Brief schrieb. Wie ließ sich das Problem lösen? Sie hatten eine geniale Idee.
Nina sollte in ihren Briefen einfach schreiben, ob es in Sotschi regnet oder nicht. Regen bedeutete Probleme, oder, dass Nina von jemandem auf Dorothee angesprochen wird, man durch Nina etwas über sie erfahren möchte. Regen, viel Regen, wenig Regen. Dorothee konnte dann verstehen, ob Nina belästigt wurde oder nicht.

Und so kam es, dass Dorothee in den nächsten zwei Jahren Briefe von Nina erhielt, in denen ungefähr dies drin stand:
„Hier hat es nach Deiner Abreise geregnet, aber nicht viel."
„Es regnet hin und wieder noch, aber nicht sehr."
„Es regnet nicht mehr."

Im Hotel Schemtschuschina, wo Dorothee im Jahr zuvor gearbeitet hatte, warteten die anderen Freunde auf sie, Galina und Volodja. Natürlich freute sich Dorothee, auch diese Freunde wieder zusehen. Doch es fiel ihr schwer, so zu tun, als ob nichts geschehen sei. Und dann war da noch Andy, ein Kollege aus Österreich, den sie auch vom letzten Sommer her kannte. Er ließ durchblicken, dass er ihr vieles zu erzählen habe und ab Ende Oktober wieder in Wien sei, sie solle sich bei ihm melden. Was war jetzt mit Andy geschehen? Hatte er ähnliche Erfahrungen wie sie machen müssen?
Da saß sie also im Restaurant des Hotels am Tisch zusammen mit all diesen Freunden und konnte plötzlich nicht mehr so unbeschwert mit ihnen zusammen sein. Ob sie etwas ahnten? Ob sie auch dahinter steckten? Galina war schließlich Parteimitglied. Nein, Blödsinn. Sie wussten nichts. Und vermutlich merkten sie auch nicht, dass es Dorothee in diesem Moment sehr schlecht ging. Dorothee war eine gute Schauspielerin und simulierte, dass alles in bester Ordnung war.
Sie wollte baldmöglichst wieder zurück auf die Vassilij. Eigentlich hätte sie die Zeit noch ausnutzen sollen, waren es doch höchstwahrscheinlich die letzten Stunden ihres Lebens, die sie je wieder auf sowjetischem Boden verbringen durfte. Doch die Ereignisse dieses Tages überstiegen all ihre gesammelten Kräfte. Es war zu viel. Und so nahm sie bald schweren Herzens Abschied von Galina, von Volodja, Andy und Nina, besonders von Nina, die ungewollt mit hineingezogen worden war in die Sache.

Schon gegen 15.00 Uhr war Doro zurück an Bord. Sie suchte Sigi, momentan war er ihr bester Kollege an Bord. „Sigi, ich muss dringend mit Dir reden, aber nicht hier im Büro. Lass uns nach draußen ans offene Deck gehen."

Oben setzten sie sich auf die Liegestühle und Dorothee erzählte genau, was ihr heute geschehen war. Sigi tröstete sie: „Wir lassen Dich nicht allein. Du brauchst keine Angst zu haben. Wenn die Russen kommen, dann beschützen wir Dich." Er nahm sie in den Arm und tröstete sie. Es tat so gut, Menschen zu haben, die einem halfen, auch wenn sie in diesem Fall nicht viel tun konnten. Sie konnten immerhin auf sie aufpassen, damit sie nicht weiter verfolgt werden würde.

Um 17.00 Uhr lief die Vassilij Azhajew aus dem Hafen von Sotschi aus. Dorothee stand oben an Deck hinten am Heck und sah wie die Häuser dieser Stadt kleiner wurden. Die Berge des Kaukasus entfernten sich. Sie nahm Abschied von ihrer Heimat, für immer. Eine unerträgliche Vorstellung, nie wieder herkommen zu dürfen. Wie sollte sie das aushalten?! Erst ein Jahr zuvor hatte sie doch ihre alte, ihre wahre Heimat wieder gefunden. Und jetzt schon wieder verloren, für immer? Und dies, weil eine andere Person beschlossen hatte, in einem freien Land zu leben? Dafür bestrafte man sie? Dorothee fühlte sich ausgestoßen, verraten und beschmutzt. Vor allem aber spürte sie diese zum Himmel schreiende Ungerechtigkeit. Es war ihr verboten zu lieben, wen sie wollte. Niemals würde sie dies akzeptieren können.

Любить нельзя – ljubit nelzja – es ist verboten zu lieben. Nelzja, nelzja – verboten, verboten, dieses russische Wort würde sie von nun an verfolgen, bis ans Ende ihrer Tage. Sie lehnte sich über die Reling und ließ ihren Tränen freien Lauf. Das Weinen, das konnte man ihr doch nicht auch noch verbieten!

Oben im Kindergarten-Büro setzte sich Dorothee an die Schreibmaschine und verfasste ein Protokoll über die Geschehnisse des heutigen Tages. Man konnte nie wissen! Später einmal würde sie vielleicht solch ein Protokoll benötigen. Zum Beispiel, wenn bei Lechak-Reisen eine Nachricht von Morflot eintreffen sollte, wie es ihr ja angedroht worden war.

Gegessen hatte Dorothee den ganzen Tag nichts. Aber abends saß sie in der Mondscheinbar, wohl beschützt von Sigi auf der einen Seite und von Armin Schauz, einem Kollegen, der erst auf dieser Reise an Bord gekommen war, auf der anderen Seite. Armin mochte Dorothee besonders. Er sagte dies nie, aber er zeigte es, indem er immer versuchte, sie zu beschützen. Heute ganz besonders. „Wenn die Russen kommen, Doritschka, dann werden wir Dich beschützen. Hab keine Angst."

Heute werde ich mich besaufen, beschloss Doro und bestellte den ersten Wodka, bald darauf den zweiten. Sie merkte sofort, wie ihr der Alkohol in den Kopf stieg. Kein Wunder bei komplett leerem Magen. Aber noch ein Wodka, und noch einer, dann noch einer, insgesamt waren es acht Wodka, die sie den Rachen hinunterstürzte. Im Kopf drehte sich alles. Ich muss irgendwie noch meine Kabine finden. Erst zwei Decks runter, vom Boulevarddeck runter aufs Seesterndeck, dann weiter bis zum Jupiterdeck mit den roten Teppichen. Die waren auch noch im Suff gut zu erkennen. Dann nach links abbiegen, nach hinten in Richtung Heck gehen, dort die Treppen runter bis zum Poseidondeck mit den grünen Teppichen, nach rechts abbiegen, ein Stückchen geradeaus, dann rechts abbiegen. Die Kabine hinten rechts, sie hatte es geschafft.

Das Schiff selbst fuhr ganz ruhig über das Meer, doch in Dorothees Kopf drehte sich alles immer mehr und mehr. Sie legte sich ins Bett und fuhr Achterbahn. Wie konnten sich andere Menschen nur so oft besaufen? Ging es denen dann nicht so schlecht wie ihr? Fehlte ihrem Körper nur die Übung? Ihr war schrecklich übel. Lieber einen Eimer holen, für den Fall der Fälle. Also ins Bad gehen, Eimer neben das Bett stellen, wieder hinlegen.

Sie fuhr wieder Achterbahn, musste sich aufsetzen, der Magen meldete sich. Sie musste sich übergeben, aus ihr brach der ganze Ekel heraus, den sie seit heute Morgen empfand, und der Wodka kam mit heraus.

Dorothee lernte in jener Nacht, dass man seinen Kummer, seine Sorgen nicht mit Alkohol hinunterschlucken und verdauen kann. Wie war das bei den anderen? Bei ihr jedenfalls funktionierte es nicht. Der Alkohol machte sie nicht müde, im Gegenteil, er verhinderte, dass sie diese Nacht überhaupt schlafen konnte. Schließlich schaltete sie den Kassettenrecorder ein, mit einer Kassette, die ihr Avtandil geschenkt hatte, Musik von Fausto Papetti.

Jalta, Samstag, 25. September 1976 ~ Tränenreicher Abschied

Das Telefon läutete. Dorothee nahm den Hörer nicht ab. Lass es doch einfach läuten. Ist mir egal. Nach einigen Minuten läutete es wieder. Diesmal antwortete Dorothee. Eine seltsame Stimme murmelte etwas und legte auf. Was war das jetzt gewesen? Was sollte das bedeuten?

Pünktlich zum Dienst betrat Doro das Büro der Information. Am Tisch im hinteren Bereich saß Sima, eine blonde Offizierin mit hoch gesteckten blonden Haaren: „Guten Morgen Doro, wie geht es Ihnen heute?"

Sima war ausgesprochen freundlich an diesem Morgen, zu freundlich, falsch freundlich. In ihrer Stimme schwang ein gewisser Unterton mit. Dorothee verstand sofort: Diese Frau wusste, dass sie gestern verhört worden war.

„Danke Sima, mir geht es sehr gut", Doros Antwort war klar, deutlich, sehr bestimmt. Dieser Tussi gegenüber werde ich nicht zeigen, wie dreckig es mir geht, dachte sie sich.

„Schön", Simas kurze Reaktion darauf klang fast wie eine Enttäuschung. Was hatte sie erwartet, dass Doro den ganzen Tag heulend herumsitzt? O nein, wer Dorothee kannte, wusste wie stolz sie war – „Doch wie's da drinnen aussieht, geht niemand was an" – das war íhr Lebensmotto. Dorothee hatte gelernt zu funktionieren.

Die Vassilij ging vor dem Hafen von Jalta auf Reede. Es war noch keine drei Monate her, dass Dorothee hier mit Avtandil herumspaziert war. Sie waren mit dem Stehlift auf den Berg gefahren, hatten unten am Hafen in einem Restaurant gegessen, und er hatte ihr die schöne filigrane Kette mit dem Rosenquarzstein geschenkt. Das Wetter war auch heute schön, obwohl man den Herbst schon in der Luft ahnen konnte.
Nein, alleine an Land zu gehen, dazu hatte Doro zu viel Angst. Sie machte lieber Dienst an der Information. Und wieder war da diese Sima, fragte Doro, ob sie schon an Land gewesen sei. Sie war von gestern auf heute verdächtig freundlich geworden und die Falschheit klang im Ton ihrer Worte mit.
Intourist lud alle Reiseleiter zu einer Weinprobe ins neue Hotel Jalta ein. Ein riesiges Hotel mit 2.500 Betten. Dorothee fuhr mit dem Tenderboot an Land und wartete in einem der Busse. Draußen auf der Straße zu warten, dazu war ihre Angst zu groß. Im Bus fühlte sie sich sicherer. Der Fahrer hatte ein Foto von Stalin über dem Rückspiegel eingeklemmt. Das fehlte ihr gerade noch, heute an Stalin erinnert zu werden.
Endlich kamen die Kollegen und es ging los. Der große Saal im Hotel Jalta war schon voller Gäste, die meisten waren Passagiere der Vassilij. Die Reiseleiter erhielten einen Tisch an der Seite. Es gab verschiedene Weinsorten, dazu Erklärungen. Dorothees Kopf fing schon wieder an sich zu drehen. Er hatte sich noch nicht ganz von der Wodka-Attacke der letzten Nacht erholt und jetzt schon wieder Alkohol.
Auf der Bühne saß ein Musik-Ensemble in russischen Trachten und spielte Balalaika-Musik. Dorothee fing an zu weinen, sie sah nur noch alles verschwommen, die Tränen liefen über ihre Wangen. Manche fing sie mit der Zunge auf, wie salzig diese Tränen waren.
Dies also war ihr letztes Konzert russischer Musik, live auf russischem Boden. Nie wieder ins Moskauer Bolschoi-Theater oder ins Kirow-Theater in Leningrad. Kein Konzert mehr im Sommerhteater von Sotschi. Aus und vorbei, und das wegen des idiotischen Briefes, den sie Anna übergeben hatte.

Abends um 21.00 Uhr liefen sie aus. Dorothee stand ganz alleine an Deck und dachte daran wie es vor drei Monaten gewesen war. Der Tag, an dem Avtandil und sie, leider viel zu spät, endgültig zueinander gefunden hatten. Ja, leider, denn ihre Liebe war nichts als Leid, eine verbotene Liebe voller seelischer Qualen.
Langsam verschwanden Jaltas Lichter, die Boxauto-Bude mit den vielen Menschen, das runde Denkmal am Berg oben, etwas drunter links die Aufschrift: „„Мир Миру" – Mir Miru – Der Welt den Frieden". Verlogenes System, dachte Dorothee, von Frieden reden, aber Unruhe stiften.

Unten an der Promenade leuchtete die Aufschrift:

„Граждане СССР имеют право на отдых – Graschdane SSSR imejut prabo na otdych - Die Bürger der UdSSR haben das Recht auf Erholung."
Dieses Recht haben die Bürger kapitalistischer Länder auch; wozu muss man das extra erwähnen?
Aber - Граждане СССР не имеют право на любовь – Graschdane SSSR nje imejut prabo na ljubov – Die Bürger der UdSSR haben kein Recht auf Liebe - dachte Dorothee traurig.

Langsam drehte die Vassilij, ein riesiger heller Scheinwerfer beleuchtete sie vom Land her. Die Lichter von Jalta verschwanden. Nein, Dorothee hatte kein Herz mehr, einen Stein hatte sie jetzt an dessen Stelle.
„Leb wohl, Avto, werde bitte glücklich, mir zuliebe. Deine schwarzen Augen, deine schwarzen Haare und dein Lächeln, deine zärtlichen Hände. Sie sind unersetzlich. Nie wieder werde ich so etwas finden. All das soll einem anderen Mädchen gehören, einem sowjetischen. Verzeih mir Avto, dass ich dich so unglücklich gemacht habe. Ich bin eben eine schlechte kapitalistische Egoistin.
Du wirst mein Suliko sein, für immer Avtandil, mein arabischer Held, so wie im georgischen Nationalepos „Der Recke im Tigerfell" (Schota Rustaweli, 1172 – 1216) beschrieben. Mussten wir beide diese Liebestragödie erleben? Suliko, meine verloren gegangene Liebe.
Leb wohl, die Hoffnung bleibt bestehen, doch hoffen und harren hält manchen zum Narren, und ein Narr bin ich schon immer gewesen. Ich werde es auch wahrscheinlich immer sein.
Gute Nacht, mein Geliebter, vergiss mich. Das ist besser für Dich, meine Sonne."

Odessa, Sonntag, 26. September 1976 ~ „Eine Möwe möchte ich sein"

Ihr letzter Tag in der Sowjetunion brach an. Sie konnte es nicht glauben. Wollte man ihr wirklich in Zukunft kein Visum mehr für die UdSSR erteilen? Irgendwie nicht vorstellbar.

Die Vassilij hatte wieder am Kai im großen Hafen von Odessa angelegt. Im Kreis der Kollegen hatten sie beschlossen, dass Dorothee aus Sicherheitsgründen in Odessa gar nicht erst an Land gehen sollte. Sie machte Dienst an der Information. Es tat so weh in der Seele, all ihre Kollegen gingen an Land, kamen wieder, gingen erneut an Land. Sie spazierten hin und her, sogar ohne große Kontrollen. Und sie erzählten ihr, dass einige der Sakartvelo draußen am Kai stünden, und auch viele andere, die bis zum Frühjahr an Bord gewesen waren, seien dort. Unter ihnen Anna.

Umso schwerer fiel es Doro, es im Inneren der Vassilij auszuhalten. Sie musste weinen und durfte es doch niemandem zeigen. Andrej, der charmante ältere Kollege, hatte Mitleid mit ihr. „Ich löse Dich für eine Weile ab hier, geh doch rauf an Deck und schau von dort aus, wer alles am Kai steht."

Sie war ihm so dankbar. Draußen schien die Sonne, es war nicht heiß, nur angenehm warm. Am Kai wimmelte es von Menschen. Plötzlich entdeckte sie Ilarion, Soso und Lado, Avtandils Bruder. Sie winkte, sie rief die Namen, doch keiner reagierte. Das bedeutete wohl, dass sie nicht reagieren durften. Doro war überzeugt, man musste sie doch gesehen haben. Hier an Deck war kaum ein Mensch, da musste es doch auffallen, dass sie dort hin und her ging.

Sie verfolgte Lado mit ihren Augen. Wo ging er hin? Er zwängte sich durch die Menschenmassen und blieb dann stehen. Neben einem Mann, der etwas kleiner war als er und daher von hier oben nicht gut gesehen werden konnte. Es war, ja, es war er. Ihr Avtandil. Das Herz blieb einen Augenblick stehen. Er war hier. Dann stimmte, was jene Lisa zu Albert gesagt hatte, dass Avto in Odessa sei, um den Vertrag für die neue Saison für die Sakartvelo zu unterschreiben. Natürlich konnte er da nicht zwei Tage zuvor in Sotschi sein. Aber wie hätte sie das ahnen können?

Lado und Avtandil unterhielten sich angeregt. Lado strich Avto eine Locke aus dem Gesicht, beide wirkten sehr nervös. Sie konnte den Blick nicht abwenden, hoffte, einer von ihnen würde hinaufschauen zur Vassilij und sie dort an der Reling entdecken. Sie schauten in ihre Richtung, doch sie zeigten keinerlei Reaktion. Hatten sie Doro gesehen? Nein! Oder doch, und sie trauten sich nicht zu winken?

Was sollte sie tun? Die Kollegen kamen von der Ausflugsbegleitung zurück und erzählten: „Die Sakartvelo kommen im Dezember an Bord zurück. Aber es ist besser, Doro, wenn Du nicht an Land gehst, um ihre Rückkehr nicht zu gefährden."

Dorothee drehte fast durch. Da war sie ihm so nahe und durfte ihn nicht sehen, nicht sprechen, nicht berühren. Sie fühlte sich ausgestoßen, verschmäht, beschmutzt und vor allem sehr ungerecht behandelt. Die anderen gingen wieder an Land, trafen sich mit den Sakartvelo und all den anderen, sie aßen gemeinsam im Restaurant des Hafengebäudes, doch sie, Dorothee, musste auf dem Schiff bleiben.

Einzig allein Sigi Herzog hatte etwas Mitleid mit Dorothee und war bereit, einen kleinen Zettel an Avto mitzunehmen, auf den Dorothee ein paar Worte an ihn schrieb. Aus Sicherheitsgründen hielt sie den Text ziemlich neutral, schrieb nur, dass sie an Bord sei, ob er sie schon gesehen habe oben an Deck, ob er es in Ordnung fände, wenn sie auch an Land ginge, damit sie sich sehen könnten.

Sigi versteckte den Zettel in der Hosentasche. Unten am Kai begrüßte er Avto freundschaftlich auf russisch-georgische Art mit einer Umarmung und einem festen Handschlag, der auch dazu diente, dass besagter Zettel von Sigis Handinnenfläche in die Hand von Avto überwechselte. Dieser versteckte möglichst unauffällig den Zettel in seiner Hosentasche und ging dann langsam in Richtung Hafengebäude, wo er erstmal unter den Menschen untertauchte.

Dorothee saß inzwischen oben in der Newabar und trank dort etwas mit ihrer Kollegin Annette Fürst, die versuchte, sie ein bisschen zu trösten. Durch die großen Fenster im hinteren Teil der Bar sah Dorothee Avtandil. Er diskutierte heftig mit einem älteren, grauhaarigen Mann. War das nicht einer der Politoffiziere an Bord gewesen? In Avtos Nähe stand Anna. Sie wirkte nervös und traurig zugleich.

Es war zu viel für die Nerven, hier in der Bar zu sitzen und nach draußen zu schauen. Sie wechselten in den vorderen Teil der Newa-Bar, saßen an einem kleinen Tisch, direkt neben der Theke.

Da erschien jener Mann, der im Frühjahr eine der Kreuzfahrten ins Östliche Mittelmeer angeblich „geschenkt bekommen hatte für besondere Verdienste". Jener Mann, der ihr geholfen hatte, den Karton mit den zerlegten Teilen des Kristalllüsters für Nino möglichst von den Passagieren unbemerkt von Kairo bis in die Kabine zu transportieren. Jener Mann, der angeblich Physiker war, von dem sie überzeugt war, dass er für den Geheimdienst arbeitete. Jener Mann, den sie aufgrund seines Aussehens den „Affen" genannt hatte.

Der Affe kam direkt auf sie zu, begrüßte sie sehr erfreut. Er wirkte nicht so, als ob er darüber informiert war, was zwei Tage zuvor mit Dorothee in Sotschi geschehen war. Vielleicht war er auch nur ein guter Schauspieler. Es spielte aber auch keine Rolle mehr. Er lud beide, Dorothee und Annette, zu einem Drink ein, doch Annette konnte nicht mehr bleiben. Sie musste arbeiten. So saß nun Dorothee mit dem Affen alleine an diesem Tisch und versuchte, sich möglichst unbefangen über belangloses Zeug zu unterhalten. Wenig später kam Sigi in die Bar. Er begrüßte beide, setzte sich rechts neben Dorothee, rückte nahe an sie heran, nahm ihre rechte Hand in seine linke, so wie zwei Verliebte sich die Hand reichen, streichelte sie. Dann fühlte Dorothee dieses Stück Papier in ihrer Hand. Noch eine Weile hielten sie sich an den Händen fest, damit es nicht auffiel. Vorsichtig löste sie ihre Hand aus der Hand Sigis und hielt die Hand etwas unter ihrem Rock versteckt. Ein paar Minuten wartete sie, plauderte weiter über irgendetwas Belangloses und entschuldigte sich dann: „Ich bin gleich wieder da, muss nur kurz auf die Toilette." Höflich erhob sich der Affe, damit sie aufstehen konnte.

Die am nächsten gelegene Toilette lag weiter vorne Richtung Bug, ein Deck höher, neben der Mondscheinbar. Dort schloss sich Dorothee ein, öffnete ihre zitternde Hand und entfaltete den kleinen Zettel. Mit etwas kraxeliger Schrift hatte Avtandil ihr geschrieben:

Я рад получил твой письмо от Герцога, и я считаю что всё будет хорошо, и я встречусь с тобой. Я тебя ещё не видел и очень хочу тебя видет и посмотреть на тебя. Я тебе не забыл и не забудую.

Твой Автоша

Милая моя, Я тебя не забыл и не забуду. Запомни это.

Авто

Ja rad polutschil tvoj pismo ot Gerzoga, i ja stschitaju schto vsjo budjet choroscho, i ja vstretschus s toboj. Ja tebja jeschtscho nje vidjel i otschen chotschu tebja vidjet i posmotret na tebja. Ja tebje nje zabil i hje zabudu.

Tvoj Avtoscha

Milaja moja, ja tebja nje zabil u nje zabudu. Zapomni eto.

Avto

Ich bin froh, deinen Brief von Herzog erhalten zu haben. Ich rechne damit, dass alles gut geht und ich mich wieder mit dir treffen werde. Ich habe dich noch nicht gesehen und möchte dich gerne sehen und anschauen. Ich habe Dich nicht vergessen und ich werde dich nicht vergessen.

Dein Avtoscha

Meine Süße, ich habe dich nicht vergessen und ich werde dich nicht vergessen. Erinnere dich stets daran.

Avto.

Auf der Rückseite des Zettels hatte er in georgischen Buchstaben „Me schen michwuachar" – Ich liebe Dich – hingeschrieben. Wie diese drei Worte auf Georgisch geschrieben werden, hatte sie von ihm gelernt.

Nun stand für sie fest, sie musste von Bord gehen und möglichst nahe an ihn herankommen. Am Besten war es, mit einem Kollegen zusammen von Bord zu gehen und eng umarmt mit diesem draußen herumzuspazieren. Dann sollten alle Spitzel meinen, sie habe Avto längst vergessen und sich neu verliebt.

Wer war besser geeignet als Sigi? Der war auch sofort bereit, das Thetaer mitzuspielen. Sie schritten Händchen haltend die Gangway hinunter, gingen unten fest umarmt spazieren, begrüßten die Bekannten, tauschten ein paar Worte aus. Als sie sich Anna näherten, drehte Dorothee den Kopf auf die andere Seite und lehnte sich besonders eng an Sigi an. Sie erreichten das Hafengebäude, gingen die Treppe hinauf zum Restaurant.

An einem Tisch dort saßen alle Sakartvelo, außer Nino und Avto. Dorothee und Sigi setzten sich dazu, bestellten Essen und etwas zu trinken. Man plauderte über Belangloses mit lauter Stimme, lachte dabei viel, zwischendurch sprach man leise, fragte: „Wie ist es Euch ergangen mit der Sache mit Valja?" „Schlecht, Probleme, Fragen, immer wieder wurden Fragen gestellt, aber jetzt hat es sich beruhigt." Offensichtlich stand es lange auf der Kippe, ob sie jemals wieder auf die Vassilij Azhajew zurückkommen dürften. Doch nun schien es endlich sicher. Ohne Alkohol war die Lage schwer zu ertragen. Also trank man Wodka, aber bitteschön, erst gut essen und dann keine acht Wodka mehr. Dorothee hatte dazu gelernt.

Eine Hand strich zärtlich über Dorothees Rücken, so zärtlich konnte nur er sein. Sie hörte seine Stimme an ihrem linken Ohr. Er sang: „Где же ты, моя любимая – gje zhe ty moja ljubimaja – Wo bist Du, meine Geliebte."
Es war der Refrain des bekannten russischen Liedes „Schwanentreue". Es erzählt von einem Schwanenpaar, das verliebt und glücklich zu zweit am Himmel fliegt. Plötzlich ertönt ein Knall, jemand hat nach den Vögeln geschossen. Die Schwänin schreit auf und stürzt zur Erde. Was ist mit dir, meine Geliebte? Antworte mir. Ohne dich ist der Himmel so grau. Wo bist Du meine Geliebte, kehre schnell zurück. Doch langsam begreift der Schwan, dass die Geliebte erschossen wurde, dass sie tot ist. Verzeih mir, meine Geliebte, dass meine Flügel dich nicht retten konnten. Der Schwan fliegt wieder hinauf bis zu einer Wolke, er unterbricht sein Lied. Und, furchtlos legt er die Flügel zusammen, und lässt sich auf die Erde fallen.

Und wieder war Avto verschwunden. Dorothee versuchte, noch mehr Informationen zu bekommen. Warum war Nino nicht gekommen? Wie ging es ihr? Niemand erwähnte etwas, dass sie schwanger (gewesen) sei. Also hatte sie die Abtreibung doch wohl gleich nach Heimkehr machen lassen können.
Wieder tauchte Avto wie aus dem Nichts auf, er spielte seine Rolle gut als Unterhalter und Charmeur. Möglichst unbemerkt näherte er sich Dorothee, sang wieder diese Zeile aus dem Lied über das Schwanenpaar – Wo bist Du meine Geliebte? Zwischendurch flüsterte er ihr ins Ohr: „Ich möchte bei Dir sein."
Die Situation war langsam nicht mehr zu ertragen. Inzwischen hatten sie alle das Essen beendet, bezahlten und gingen nun wieder hinunter zur Pier. Dort wimmelte es immer noch von Menschen. Oleg kam auf sie zu, jener Politoffizier, von dem sie wohl sehr geschätzt wurde. Aber er war eben ein Politoffizier.
Und da stand Avto, direkt am Gitter der Pier, mit Blick auf die Vassilij. Vorsichtig näherte sie sich ihm. Vorsichtig schob er seinen Arm unter ihrem durch. Sie waren sich so nahe.
Sie wurden sicher beobachtet. Es war nicht gut, dass man sie so sah. Seltsam, das war ihnen beiden plötzlich egal. Die wussten doch sowieso alles.

„Doritschka, meine Liebe, gehe nicht mehr zurück auf das Schiff. Werde meine Frau, lass uns heiraten." Einen Heiratsantrag hatte sie sich anders vorgestellt. Hier und heute war wenig Romantik dabei, es war pure Verzweiflung.
„Du weißt, das ist alles nicht so einfach. Ich kann in der Sowjetunion nicht leben. Wir müssen versuchen, beide ab Dezember wieder auf der Vassilij zu sein, dann können wir alles genau besprechen. Es gibt Möglichkeiten, alles ganz offiziell zu machen. Es ist sehr schwierig, aber es geht."
„Valja hat vielen Menschen sehr geschadet. So ein Egoist. Warum bin ich nicht abgehauen? Nun ja, ich habe eine Mutter, die ist alleine. Mein Vater lebt ja schon lange nicht mehr. Wir haben nicht die guten Beziehungen, die Valjas Vater als Parteimitglied hat. Ich hätte es meiner Mutter niemals antun können."
„Ich weiß, deswegen müssen wir alles höchst offiziell machen. Wir können nicht jetzt darüber sprechen, aber wenn wir wieder gemeinsam auf dem Schiff sein werden."
Immer offener erzählte Avto. Sie wussten, dass in Sotschi etwas mit Dorothee passieren würde, konnten sich vorstellen, was. Aus demselben Grund konnten sie auch Albert Mayer nicht sehen und ließen sich verleugnen. Dorothee hatte also die Lage wieder einmal richtig erkannt. Albert hatte keinen der Sakartvelo sehen können, weil diese entsprechende Anweisungen erhalten hatten, und es war ihnen gedroht worden, sie dürften dann nicht mehr auf die Vassilij zurück.
Doro und Avto hatten die Arme ineinander verschränkt, standen so nahe zusammen und fühlten, wie ihre Seelen ineinander verschmolzen. Sie schwiegen, jeder ging seinen Gedanken nach. Plötzlich ein lauter Knall, gefolgt von einem lauten metallenen Quietschen, das in den Ohren weh tat. Es hörte sich an wie ein Kran, der gegen etwas gestoßen war und an einem Metallteil entlangfuhr.
Ein Schwarm Möwen schreckte auf und flog über sie hinweg in Richtung Land.

In diesem Moment sagte Avtandil zu ihr genau das, was Dorothee dachte:

„Такая чайка хочу быть, она свободна, может летать куда хочет."
„Takaja Tschaika chotschu byt, ona svobodna, moschet letat kuda chotschet."

„Solch eine Möwe möchte ich sein. Sie ist frei, sie kann fliegen wohin sie will."

Wieder dieser Stich in der Seele. Er wusste also genau, wie ihre Lage war. Es war so typisch für sie beide, dass sie gleichzeitig dasselbe fühlten, dachten, sagten.

386

Eine Möwe möchte ich sein, sie ist frei, kann fliegen wohin sie will. Nie wieder konnte Dorothee diesen Satz vergessen. Ihr Leben lang blieben die Möwen für sie ein Symbol für Freiheit und eine Erinnerung an Avtoschenka.

„Du bist mein Suliko", sagte Dorothee. Erschrocken drehte Avtandil sein Gesicht zu ihr. Sie hofften so sehr auf ein erneutes gemeinsames Arbeiten an Bord der Vassilij und doch sahen sie die dunklen Wolken am Horizont der Zukunft, wahrscheinlich waren dies ihre letzten gemeinsamen Momente. Suliko, das georgische Lied einer verloren gegangenen Liebe.

Es wurde Zeit, wieder an Bord zurückzukehren. Ein, zwei, drei Küsschen auf die Wangen. Nur kein richtiger Kuss, unmöglich vor all diesen Leuten. Ein letzter Händedruck, eine letzte liebevolle Umarmung. Dorothee schritt über die Gangway und drehte sich nicht mehr um. Einen Teil ihrer Seele ließ sie hier zurück, bei ihm, bei ihrem Avtoschenka.

Das Schiff aber lief noch lange nicht aus. Die Passagiere, die den Tagesausflug nach Moskau gebucht hatten, saßen, begleitet von ihrer Kollegin Marie Frohner, am Flughafen in Moskau fest. Angeblich sei starker Nebel in Moskau und die Flugzeuge durften nicht starten.

Die ganze Nacht über herrschte Unruhe auf der Vassilij. Ständig hörte man in den Gängen die Durchsagen: „Bitte 506, bitte 508", in Verbindung mit irgendwelchen Namen. Diese beiden Nummern waren die Telefonnummern der Information. Es herrschte ein noch viel schlimmeres Chaos als bei ihrem ersten Besuch in Odessa im Frühling.

Erst morgens wurde den Reiseleitern bekannt, dass in der Nacht etliche Besatzungsmitglieder aus ihren Kabinen geholt wurden, kaum Zeit hatten, ihre Sachen zusammen zu packen, und unter Begleitung bestimmter Personen das Schiff sofort verlassen mussten. Dafür kamen, wieder einmal, neue Leute an Bord, ungelernte. Nun ging das schon wieder los, schlechter Service durch ungelerntes Personal. Welcher Sinn lag dahinter?

Die Passagiere aus Moskau konnten dort erst um 08.50 Uhr abfliegen und waren erst um 12.00 Uhr mittags an Bord. Sie hatten am Flughafen übernachten müssen, dort kaum etwas zu essen bekommen. Von Nebel sei keine Spur gewesen.

Der Verdacht, dass dies alles nur Schikane war, dass man einen Grund brauchte, um das Schiff noch länger im Hafen von Odessa zu halten („Das Schiff kann ja nicht abfahren, denn es fehlen noch Passagiere"), dass man die Nacht noch brauchte, um einen drastischen (unsinnigen) Austausch der Crewmitglieder zu ermöglichen, dieser Verdacht lag sehr nahe. Aber sagen durfte man nichts.

Selbst Kapitän Wladimir Dantschow, der gerade von seiner Sommerpause wieder an Bord zurückgekehrt war, schien ratlos. Auf der Kommandobrücke wurde überlegt, was zu tun sei. Unmöglich, den vorgesehenen Zeitplan noch einzuhalten.

Sie verließen Odessa, die Vassilij schickte drei Mal den Ruf ihres lauten Horns in die Atmosphäre. Jeder Ton war ein Stich in Dorothees Seele. Abschied von Odessa, Abschied von der Sowjetunion, Abschied von ihrer Heimat, Abschied von ihrem geliebten Avtandil.

„Leb wohl Avtoschenka, ich wünsche Dir viel Glück."

Die letzten Wochen an Bord

In ihrem Inneren verspürte Dorothee wieder diese unsagbare Leere. Es war nichts mehr da, alles leer. Ihre Situation kam ihr so irreal vor, es war wie ein nicht endender Alptraum. Sie hatte das seltsame Gefühl, irgendwo im Orbit zu stehen und von einer dicken Glaswand umgeben zu sein, eingesperrt in diesen Glasbehälter beobachtete sie all das, was um sie herum geschah, aber nichts kam wirklich an sie heran. Es war purer Selbstschutz.
Wären da nicht ein paar unter ihren Kollegen gewesen, die ihr seelisch, moralisch beigestanden hätten, sie hätte diese Wochen, diese Tage nicht überlebt. Ständig dachte sie im Kreis herum, wurde fast verrückt dabei. Mal war sie voller Hoffnung, im nächsten Moment total hoffnungslos. Es gab niemanden, dem sie sich wirklich anvertrauen hätte können. Sie wollte auch niemandem zur Last fallen.

Die Vassilij verließ das Schwarze Meer, Einfahrt in den Bosporus. Dann erschien die große Brücke, die Europa mit Asien verband, sie näherten sich Istanbul.
Dorothee hatte Dienst an der Information. Im Foyer davor war ein ständiges Kommen und Gehen an Passagieren. Ein Ehepaar kam aus dem Gang ins Foyer, plötzlich ein Aufschrei, der Mann stürzte zu Boden. Dorothee rannte sofort aus der Information raus, hin zu diesem Mann, neben dem bereits die Ehefrau kniete: „Er hat einen epileptischen Anfall, ich kenne das. Er hat schon lange keinen solch starken Anfall gehabt. Vermutlich ist der Anfall so stark, weil er emotional so bewegt ist. Mein Mann hat als Kind einige Jahre in Istanbul gelebt. Wir standen oben an Deck, er hat gefilmt und all seine Erinnerungen kamen wieder."
Der Mann hatte einen regelrechten Grand Mal, einen großen epileptischen Anfall. Sie versuchten zu verhindern, dass er sich verletzte. Der Anfall ließ nach, der Mann sank in einen tiefen Schlaf. Inzwischen war der Bordarzt eingetroffen. Der Kranke wurde ins Hospital gebracht und konnte dort unter Beobachtung ausschlafen.
Zwei Tage nach Odessa kamen sie mit 18 Stunden Verspätung in Piräus an. Endlich konnte Dorothee frei und unbeobachtet vom Hafen aus mit ihrem Vater, mit Hartmut, telefonieren. Sie erzählte ihm, was in Sotschi geschehen war. Nach Neapel konnten sie nicht fahren. Das musste ausfallen. Sie mussten rechtzeitig wieder in Genua sein, die nächste Kreuzfahrt musste pünktlich beginnen. Diese führte ins westliche Mittelmeer, nach Spanien, Nordafrika,

Gibraltar und zu den Kanarischen Inseln. Viel Erinnerung an eine Zeit, in der Rosemarie Teubert, ihre Tante Rosi, und Albert Mayer mit an Bord gewesen waren und sie die Abende in der Ucraina-Lounge bei den Sakartvelo verbringen konnten.

Der 3. Oktober 1976 war ein Sonntag, in der Bundesrepublik waren Bundestagswahlen. Die sozialliberale Koalition gewann die Wahlen mit knapper Mehrheit und konnte weiter regieren. Mit Sondergenehmigung des Kapitäns durften die Wahlsendungen des Radiosenders „Deutsche Welle" direkt über die Lautsprecher in die Kabinen übertragen werden, bis die Übertragung plötzlich abbrach. Irgendjemand (wer bloß?) hatte die Sendung abgebrochen. Anscheinend war so viel deutlich gezeigte wahre Demokratie gewissen Sowjetbürgern an Bord zu suspekt.

Kollege Uwe Blumfeld hatte Geburtstag. Das wurde im Kindergarten-Büro gefeiert. Irgendjemand kam auf die Idee: „Heute in 40 Jahren wollen wir uns alle wieder treffen und uns an unsere gemeinsam verbrachte Saison auf der Vassilij erinnern." Die Idee fand jeder gut. Da ertönte leise aus dem Hintergrund Andrej Kreis' Stimme: „Kinder, ich kann Euch nicht versprechen, ob ich da dabei sein kann." Andrej war ja bereits 65 Jahre alt. Sie mussten alle lachen.

In den freien Stunden in der Kabine sein, das konnte Dorothee nicht ertragen. So setzte sie sich manchmal oben in die Ucraina-Lounge; hinten links gab es eine gemütliche Sitzecke mit einem Sofa und zwei Sesseln. Es kam kaum vor, dass sich Passagiere hier hinsetzten, denn man konnte weder das Orchester noch die Tanzfläche von hier aus beobachten. Dorothee konnte hier ungestört sitzen, der Musik lauschen und nebenbei ein Buch lesen. Momentan las sie „Der erste Kreis der Hölle" von Alexander Solschenizyn. Ausgerechnet das Buch eines aus der Sowjetunion verbannten Schriftstellers, und ausgerechnet das Buch, welches das Leben in einem Sonderlager für Wissenschaftler und Ingenieure zu Zeiten Stalins beschreibt. Es hatte schon ein bisschen mit Protest zu tun, was sie da tat.

An jenem Abend saß sie wieder in der Ecke hinter der Bar in der Ucraina-Lounge und las in diesem Buch. Langsam füllte sich der Salon mit den Gästen. Schon füllten sich die Tische direkt nebenan. Dorothee las weiter.

Da kamen drei junge männliche Gäste an ihren Tisch: „Ist hier noch frei?"

„Ja".

„Dürfen wir uns setzen?"

„Ja, natürlich, sehr gerne".

Dorothee schlug sofort das Buch zu und legte es auf den Tisch. Sie begann eine sehr nette, interessante Unterhaltung mit den Gästen. Nach ungefähr einer halben Stunde meinte plötzlich einer der Männer: „Als wir hier ankamen und ich sah, welches Buch Sie gerade lesen, da dachte ich ‚Oh, eine Intelektuelle', aber jetzt merke ich, dass es nicht so ist. Man kann sich sehr nett mit Ihnen unterhalten."

Was sollte das jetzt bedeuten? Galt man als Frau gleich als intelektuell, wenn man ein etwas anspruchsvolleres Buch las? Wirkte eine intelligente Frau abstoßend auf die Männer? Durfte sie nicht gescheit sein, nicht gebildet, nur, weil sie eine Frau war?

Es gab wieder einen „Russischen Abend" an Bord, an dem die Besatzungsmitglieder zeigten, wie gut sie singen und tanzen konnten. Danach traf man sich in der Mondscheinbar zur „Kolaborazija" – jenem Treffen zwischen Reiseleitung und Besatzung, welches die Zusammenarbeit (Kolaborazija – Kolaboration) fördern sollte. Wie jedes Mal war es auch heute nur eine Farce, die sich da abspielte. Schöne Worte wurden gesprochen, von Freundschaft und Frieden, in Wirklichkeit aber waren Freundschaften ja verboten, nicht erwünscht.

Dass die Restaurantleiterin Nina von Sigi umschwärmt werden durfte, ohne, dass dies für einen von den beiden Konsequenzen hatte, das war nicht gerecht, fand Dorothee. Vielleicht hatte Nina gewisse Privilegien, weil sie auch zu den 100 %-igen gehörte, die dem sowjetischen System dienten. Wer konnte das schon wissen!

Viktor war einer der Russen, die an der Information neben Dorothee arbeiteten. Er las die Bordzeitung. Auch Dorothee warf einen Blick hinein. Ein Artikel, geschrieben von Tengis Ameridze, dem Pianisten des georgischen Orchesters Armasi, fiel ihr sofort auf. Tengis war Mitglied der KPSS, der Kommunistischen Partei der Sowjetunion, und schrieb u. a. „...die oben erwähnten Personen haben den Vorfall in Bremerhaven verurteilt".

Aha, Valjas Entscheidung in der Bundesrepublik Deutschland um politisches Asyl zu bitten, war also immer noch ein aktuelles Thema unter der Besatzung.

Die letzte Kreuzfahrt der Saison führte sie wieder ins östliche Mittelmeer, nicht aber mehr bis ins Schwarze Meer. Sie blieben in der „freien" Welt.

In Genua verließ Sigi die Vassilij, um seinen Urlaub zu beginnen. Der italienische Kreuzfahrtdirektor Toni Rossi kehrte zurück. Damit ging einer der wichtigsten Kollegen, der ihr moralisch immer zur Seite gestanden hatte. Dorothee war jetzt noch mehr alleine.

Toni zeigte keinerlei Verständnis für Dorothees Lage: „Den Georgier, kannt Du vergessen, die Sakartvelo kommen sowieso nicht mehr an Bord zurück, das garantiere ich Dir".

Wen sie vergessen konnte, das war wohl eher Toni selbst. Kein Wort über diese Angelegenheit wollte sie mehr zu ihm sagen.

Hartmut war extra nach Genua gekommen, um noch Genaueres zu erfahren über den Vorfall in Sotschi. Er beruhigte sich, als er merkte, dass es wohl nicht „die ganz Schlimmen" gewesen waren, die seine Tochter verhört hatten.

Sie saßen in einem Restaurant in der Altstadt. Das, was Dorothee dachte, sprach Hartmut dann aus: „Schade, dass es Valja ist, der abgehauen ist, nicht Avtandil. Dann wäre jetzt alles einfach."

Oja, diesen Gedanken hatte Dorothee schon oft gehabt. Avtandil selbst offensichtlich ja auch, denn warum sonst sollte er in Odessa zu ihr gesagt haben, dass er das, was Valja getan hat, nie hätte tun können, ohne seiner Mutter sehr zu schaden.

Hartmut, in Gesetzen gut bewandert, klärte nun Dorothee auf: Er meinte, bis September 1977 sei es gefährlich für sie, in die UdSSR zu reisen (sofern sie überhaupt ein Visum bekommen sollte). Sicher wisse man dort, dass sie Valja nicht zur Flucht verholfen habe, aber es könne jederzeit passieren, dass man mehr Informationen über ihn aus ihr herausholen wollte.

Die andere Variante, dass Avtandil die Ausreise beantrage, das war zu gefährlich für ihn. Mit anderen Worten, Hartmut versuchte seiner Tochter klar zu machen, dass die Lage ziemlich hoffnungslos war. Indirekt machte er sich Vorwürfe, wusste er doch genau: Wäre seine Tochter nicht in Russland geboren, nicht in Georgien bis zum 5. Lebensjahr aufgewachsen, sie hätte sich höchstwahrscheinlich niemals in einen Georgier verliebt.

Hartmut, der sich stets als Atheist erklärte, hatte inzwischen einem Verein Geld gespendet, dessen Ziel es war, illegal Bibeln in die Sowjetunion zu schmuggeln. Bibeln waren in der Sowjetunion verboten, denn „Religion ist Opium für das Volk", wie Lenin schon gesagt hatte. Es war die kleine Revolte des Schwachen gegen eine Übermacht. Es gab einem das Gefühl, dass man nicht ganz tatenlos zusah und alles einfach so geschehen ließ.

Als die Vassilij Genua verließ, um die letzte Fahrt der Saison zu beginnen, stand Dorothee an Deck und weinte, wieder einmal. Jetzt war sie ganz alleine, Sigi war nicht mehr an Bord, Armin Schauz auch nicht. Jetzt war Toni zurück, der täglich von neuem zeigte, dass er keinerlei Verständnis für ihre Situation hatte. Manchmal meinte Dorothee sogar zu spüren, dass er sich darüber lustig machte. Toni gehörte zu jenen Männern, die Liebe mit Sex verwechseln, die alles oberflächlicher sehen. Von tiefgehenden, bis auf den Grund der Seele gehenden Gefühlen hatte Toni offensichtlich keine Ahnung.

Ein kleiner Lichtblick in diesen traurigen Tagen war der Tag in Izmir. Wieder musste sie auf Ausflug nach Ephesus mitfahren. Der lokale Reiseführer sprach sehr gut Deutsch. Dorothee ließ ihn alleine mit den Gästen und blieb im Bus. Die Fahrer der vier Ausflugsbusse luden sie zum Essen ein. Auf der Rücksitzbank eines der Busse aßen sie Shish Kebab (Schaffleisch am Spieß) mit Tomaten und Weißbrot. Sie tranken Mineralwasser und wuschen sich die Hände mit Eau de Cologne, Kölnisch Wasser. Alles erinnerte sie an Georgien, das Aussehen der Männer, ihre Gastfreundschaft, das an Bambusstäben aufgespießte Fleisch. Sie fühlte sich ein bisschen zu Hause.

So schön das Wetter auch in Izmir und Ephesus war, noch recht warm und sonnig, so kalt und grau war es dafür am nächsten Tag in Istanbul, nur 8°C hatte es. Da blieb man doch lieber an Bord, soweit das möglich war. Mit ihrer Kollegin Ursula Gertner saß Dorothee in der Aurorabar oben am Swimming-Pool und klebte Briefmarken auf die unzähligen Postkarten, die die Passagiere von hier aus abschicken wollten. Über Lautsprecher war Musik zu hören. Was war das? Das kannte sie doch. Dorothee hielt inne, es war das Lied über die Treue der Schwäne: Gde sche ty maja ljubimaja - Wo bist Du, meine Geliebte"

Ja, wo war er heute, ihr Geliebter, ihre erste und unglückliche Liebe, ihre einzige Liebe. Oh, mein geliebter Avtoschenka, wie ich Dich vermisse!

Die Chefin des Bugwellenrestaurants, in dem die Reiseleiter stets aßen, nutzte die Gelegenheit, dass Dorothee alleine am Tisch saß: „Ich soll Dir liebe Grüße von Anna bestellen. Bei ihr ist alles in Ordnung. Aber Anna kommt nicht mehr zurück auf die Vassilij. Es gibt viele Gründe dafür, alles ist sehr kompliziert." Das konnte sich Dorothee gut vorstellen. Anna durfte genauso wenig zurückkommen wie die Sakartvelo. Das hatte Doro inzwischen längst verstanden.

Am 30. Oktober 1976, es war ein Samstag, war Dorothee genau 300 Tage an Bord der Vassilij gewesen, und an diesem Tag endete die Saison, die Reiseleiter verließen das Schiff. Die Vassilij aber sollte noch zwei Kurzkreuzfahrten für italienische Gäste fahren und dann ins Trockendock nach Hamburg gehen, um generalüberholt zu werden. Kurz vor Weihnachten begann dann die zweite Weltreise, diese startete in Hamburg.

Der Abschied war schwer. Einerseits war Dorothee so froh, endlich dieses Schiff verlassen zu können, weil sie sich dort nicht mehr frei, ständig beobachtet fühlte, andererseits aber ließ sie all die Erinnerungen hier zurück an eine Liebe, an wunderschöne Tage, Erlebnisse, so viele interessante Länder, schöne Landschaften. Dieses Schiff hatte ihr die Welt gezeigt, es war unvergesslich.

Abschied von all den lieb gewonnenen Menschen an Bord, und von denjenigen, denen man nicht mehr trauen konnte. Da war Ira, die Freundin des Sakartvelo-Gitarristen Dato. Zu ihr sagte Doro: „Leb wohl", es war sicher ein Abschied für immer.

Ira meinte daraufhin: „Doritschka, niemand macht Dir einen Vorwurf."

Wie oft wurde wohl über sie gesprochen, darüber inwieweit sie mit Valjas Entscheidung zu tun hatte, davon gewusst hatte. Wenn es doch nur so gewesen wäre, dann wäre ihre Strafe in gewisser Weise gerechtfertigt. Aber so war sie vollkommen unschuldig in etwas hineingeraten, was ihrer Seele ziemlichen Schaden zufügte.

Zu Hause musste Dorothee feststellen, dass auch hier viele Menschen kein Verständnis hatten. Sie selbst war gehemmt, irgendwie gebremst, hatte keine Energie, saß oft da und dachte nur nach, immer dasselbe, immer im Kreis herum. Es war ein erstes Anzeichen einer depressiven Stimmungslage, von der keiner, selbst sie nicht, Notiz nahm. Keiner verstand, was in ihrer kleinen Seele vor sich ging. Nur Onkel Günther, Tante Maxis zweiter Ehemann, bemerkte: „Dori, Du hast Dein geheimnisvolles, sympathisches Lächeln verloren."

Irgendwo, zwischen Sotschi und Odessa, war dieses Lächeln ins weite Schwarze Meer gefallen und auf den Meeresgrund gesunken. Dort würde es wohl für immer bleiben.

Die „Vassilij Azhajew" war ihr Schicksal

„Kannst Du es glauben, Dori? Sie fährt tatsächlich ohne uns fort!" Siegfried und Dorothee standen am Kai im Hamburger Hafen. Es war inzwischen schon Dezember geworden. Grau, düster, nebelig und kalt war es. Die Vassilij Azhajew hatte soeben von der Pier abgelegt. Sie startete auf ihre zweite Weltreise, diesmal sollte es über 80 Tage lang westwärts um die Erde gehen. Gerade noch waren sie beide an Bord gewesen, bis um 15.00 Uhr der Aufruf kam, alle Besucher sollten das Schiff verlassen. Und so gingen sie schweren Herzens von Bord. Mit ihnen standen noch andere Leute unten am Kai. Es lag Schnee, sie formten Schneebälle und versuchten diese weit genug zu werfen, damit sie das Schiff trafen. Plötzlich erklang Musik. Oliver und Max spielten „Muss i denn, muss i denn zum Städtele hinaus...", und dann „Auf Wiedersehn und Dankeschön." Bald darauf ertönte die Musik über Bordlautsprecher. Sie spielten an der Information weiter und standen direkt am Mikrofon.
Nico Korbers Stimme erklang: „Auf Wiedersehen, До свидания – Do svidanja.
Plötzlich ein lauter Ruf: „Doritschka". Einige Matrosen und ihr Liebling, Vitali, der Balalaikaspieler, standen hinten auf dem Crewdeck und winkten ihr mit wild fuchtelnden Armen zu. Der Nebel verschlang die Vassilij immer mehr, bis sie ganz in ihn eintauchte und nicht mehr zu sehen war. Weiter oben an Deck stand jemand ganz anderer, Hartmut, ihr Vater. Er hatte die Reise gebucht, um gemeinsam mit seiner Tochter um die Welt zu fahren. Doch alles war anders gekommen, als erwartet. Es zerbrach ihr das Herz, da fuhr ihr Vater auf ihrem Schiff auf große Reise um die Welt und sie durfte nicht mit.

Die zwei Monate Pause zwischen dem Ende der Saison im Oktober und dem Beginn der neuen Saison Mitte Dezember waren schnell vergangen. Dorothee genoss es zu Hause sein zu können, Freunde und Verwandte zu besuchen. Mit ihrem Vater fuhr sie im Nachtzug nach Berlin. Und da war sie wieder, diese Grenze zwischen Ost und West. Überall sonst konnte man ungestört reisen. Im Zug gab man den Reisepass dem Schlafwagenschaffner. Am nächsten Morgen wurde man von ihm geweckt, erhielt die Dokumente zurück. Von einer Grenze bekam man nichts mit. Wollte man jedoch nach West-Berlin fahren, war das ganz anders. Den Reisepass gab man zwar auch dem Schaffner, doch an der Grenze zur DDR wurde man unsanft geweckt. Die Abteiltür aufgerissen, Licht gemacht. Die Grenzbeamten, meist schlecht gelaunt, grüßten oft nicht einmal, riefen die Namen auf, sie wollten das Gesicht eines jeden Einzelnen sehen, Vergleich mit dem Passfoto und dann konnte man weiterschlafen. Dasselbe wiederholte sich dann an der Grenze von DDR-Gebiet zu West-Berlin.
Sie war es leid, diese Art und Weise, wie man hier behandelt wurde. Und dennoch, da war dieses prickelnde Gefühl. Wie wird es diesmal sein? Sind die Grenzbeamten besonders genau, oder vielleicht doch mal menschlicher,

freundlicher? Es gehörte zu ihrem Leben dazu, dieser Wechsel von Ost und West. Sie wollte es akzeptieren.

Natürlich war sie auch einige Tage bei Rudi und Kerstin und der kleinen Natalie in München zu Besuch, es war schon Ende November. Früh wurde es draußen dunkel. Sie saßen alle im Wohnzimmer, da läutete das Telefon. Es war Hartmut, der aus Ulm anrief: „Dorothee, Du sollst heute noch in der Zentrale in Frankfurt anrufen". Es war schon fast 19.00 Uhr, komisch, dass sie so spät bei ihr zu Hause anriefen. Das konnte nichts Gutes bedeuten.
Erschreckt und nervös wählte sie die Nummer des Außendienstes in Frankfurt. Es läutete zweimal, dann hob die Sekretärin ab: „Oja, gut, Fräulein Broningen, dass Sie anrufen. Ich verbinde Sie gleich mit dem Chef." Ein Knacken in der Leitung, schon war die Stimme des Chefs zu hören: „Guten Abend, Fräulein Broningen. Danke, dass Sie sich gleich melden. Wir haben ein Telex aus Odessa erhalten, in dem wir gebeten werden, Sie nicht mehr auf der Vassilij Azhajew einzusetzen. Wir schicken Sie daher auf die italienische Augustus Nobilis, und die Kollegin von dort muss dann auf die Vassilij. Wir könnten natürlich darauf bestehen, Sie weiterhin auf der Vassilij einzusetzen. Das würde auch viel mehr Sinn machen, schließlich sprechen Sie Russisch und die andere Kollegin Italienisch. Aber Sie wissen ja wie das ist. Es würde nur Probleme geben. Leider müssen wir uns wohl fügen. Wir bedauern das sehr."
Dorothee war schockiert, wie gelähmt saß sie neben dem Telefon. Sie durfte nicht mehr zurück auf ihr geliebtes Schiff! Das konnte, das durfte doch nicht wahr sein. Sie versuchte, es innerlich zu begreifen, nicht nur mit dem Verstand, auch mit dem Herzen. Seltsam war dieses Gefühl, denn gleichzeitig war sie auch irgendwie erleichtert. Sie musste doch einfach nur alles vergessen, die Vassilij, die Sakartvelo-Freunde, ihn, Avtandil, ihre Liebe. Sie musste einfach nur ein neues Leben beginnen in dem Moment, in dem sie die Augustus Nobilis betreten würde. Doch so einfach war es leider nicht.
Im Dezember fuhr sie nach Frankfurt und meldete sich in der Zentrale. Es gab viel vorzubereiten für die neue Saison. Die Reiseleiter waren stets in zwei Hotels in der Nähe des Hauptbahnhofes untergebracht und hatten nur wenige Minuten zu Fuß bis zum Bürogebäude. Dorothee aber wohnte diesmal bei Herbert. Er hatte inzwischen eine kleine Wohnung gemietet und Valja zu sich geholt. Jeden Morgen fuhr Herbert mit der Straßenbahn zur Arbeit. Eines Tages fiel ihm auf, dass da immer derselbe Mann im Wagen saß, der die Frankfurter Rundschau las, ihn aber stets aus den Augenwinkeln beobachtete. Auch machte es den Eindruck, dass dieser Mann im Inneren der Zeitung etwas anderes las. Herbert stand also eines Tages früher auf, um zur Tür zu gehen, und dies so schnell, dass dem Fremden keine Zeit mehr blieb, die Zeitung zu schließen. Ein Blick zurück auf das Innere der Frankfurter Rundschau erklärte alles, der Mann las eine russische Zeitung und war wohl auf Herbert angesetzt worden, sollte ihn beobachten. Welch interessanter Job, jeden Morgen Straßenbahn fahren und herausfinden, dass Herbert ein simpler Angestellter ist, der einfach nur zur Arbeit fährt.

Dorothee bat um ihre Personalakte. Hier fand sie die Kopie des Schicksal entscheidenden Telexes:

Odessa
Lechak-Reisen Frankfurt am Main
Attention Mr. Reichenkamm

Having in mind long time friendly fruitful cooperation kindly try to avoid includ-ing mrs. dorothee broningen and mr. scholz herbert into cruise direction on our vessels in future stop thanks in advance for understanding.
Best regards
Morflot

– Odessa
Im Sinne einer langjährigen, freundlichen und fruchtbaren Zusammenarbeit, bitten wir Sie zu vermeiden sowohl Mrs. Dorothee Broningen als auch Mr. Scholz Herbert zukünftig in der Kreuzfahrtdirektion unserer Schiffe einzusetz-ten STOP. Danke im Voraus für Ihr Verständnis. Beste Grüße Morflot. -

Darunter stand mit Hand gekritzelt: Ich glaube, dass wir dies des lieben Frie-dens willen akzeptieren müssen, auch wenn's weh tut. 17.11.1976
Unterschrift Reichenkamm.

Wie sie später erfuhr, war ein Telex zurückgeschickt worden, in welchem stand, dass es nicht fair sei, einfach jemanden abzuweisen. Man müsse schon einen Grund nennen.
Eine Antwort darauf kam natürlich nicht.

Erst Mitte Dezember traf erneut ein Telex aus Odessa ein:
Shall exchange opinions on this matter when we meet Stop for your infor-mation we sent a german speaking doctor to T/S Vassilij Azhajew Stopp
best regards
morflot

- Sollten diesbezüglich Meinungen austauschen, wenn wir uns treffen STOP zu Ihrer Information wir senden deutschsprachigen Arzt auf die T/S Vassilij Azhajew STOP
Beste Grüße
Morflot -

Die Tage in Frankfurt vergingen. Dorothee kämpfte weiterhin mit ihrem Innen-leben. Ein wirres Durcheinander an Gefühlen riss sie hin und her. Sollte sie erleichtert und froh sein, nicht mehr auf die Vassilij zurückgehen zu dürfen? Aber jedes Mal, wenn sie mit den Kollegen aus Vassilij-Zeiten zusammen saß, wenn sie gemeinsam etwas essen gingen, jedes Mal verspürte sie erneut Stiche im Herzen. Zu sehr tat alles weh. Und dazu kam noch, dass Valja sich sehr eigenartig benahm. Er war manchmal regelrecht gemein zu Dorothee. So kannte sie ihn gar nicht. Sollte sie sich so sehr in ihm getäuscht haben? Er war der Grund, warum alles sich so dramatisch entwickelt hatte. Hätte er damals im Sommer das Schiff in Bremerhaven nicht für immer verlassen, dann…, ja, was wäre dann geschehen?

Doch so durfte sie nicht denken, so durfte sie nicht fühlen, nein, sie durfte Valja keinen Vorwurf machen. Er war ein freier Mensch, konnte frei über sich und sein Leben entscheiden. Niemals hätte sie auch nur annähernd ein Wort gesagt, dass wie ein Vorwurf geklungen hätte. Er aber, Valja, hatte ihr gegenüber ein schlechtes Gewissen. Wusste er nur zu gut, dass Dorothee seinetwegen jetzt so leiden musste! Es war dieses schlechte Gewissen, das ihn zu diesem eigenartigen Verhalten Dorothee gegenüber veranlasste. Dorothee brauchte viele Jahre, bis sie dies endlich begriffen hatte.

Plötzlich war er da, jener Tag, an dem sie gehofft hatte, ihren geliebten Avtandil wiederzusehen. Der Sonderzug mit den Passagieren fuhr direkt von Frankfurt nach Hamburg, mit Halt in Bonn und Köln. Erinnerungen an ihr erstes Wiedersehen mit Valja nach seiner Flucht kamen hier kurz auf. Die Sonne ging gerade als roter Ball über dem Rhein auf. Wie schön konnte die Welt doch sein.

Die Vassilij stand nicht wie geplant an den Landungsbrücken, sondern noch in der Howaldtswerft, wo sie gebaut und jetzt in den letzten Wochen general überholt worden war. Am Hauptbahnhof standen Busse für die Passagiere bereit. Dorothee konnte in einem mitfahren. Es war sehr nebelig, erst als sie schon dem „Schuppen 65" ganz nahe kamen, erblickte sie ihre Vassilij Azhajew, ihr Schicksalsschiff. Werden sie an Bord sein, ihre Freunde die Sakartvelo? Ihre innere Anspannung wurde von Minute zu Minute größer.

Hartmut stand hinten am Boulevarddeck und wartete schon auf seine Tochter. Oben angekommen empfing er sie mit dem Wort: „Armasi".

Also waren sie doch nicht an Bord, die Sakartvelo. Die Musiker, die im Mai die Sakartvelo abgelöst hatten, waren an Bord, die Armasi. Was war mit den Sakartvelo geschehen? Wie ging es ihnen? Was mussten sie alles durchstehen? Sie machte sich solche Sorgen um sie.

Viele, um nicht zu sagen, alle Besatzungsmitglieder freuten sich, Dorothee wiederzusehen. Sie musste ihnen sagen, dass sie nur zu Besuch hier war, dass sie auf einem italienischen Schiff eingesetzt wurde. „Du solltest hier bleiben und hier bei uns Italienisch lernen", sagten zwei Matrosen. Keiner von ihnen konnte es verstehen, und sie durfte ihnen nicht sagen, warum es so war. Möglicherweise konnte sich der eine oder andere denken, weshalb, aber niemand sprach es aus. Es war zu gefährlich. Nur Gregory, der für das Kino zuständig war und dem armenischen Kellner Arris erzählte sie, dass „Odessa sie zur unerwünschten Person erklärt hatte". Warum? Da müsst ihr in Odessa oder Moskau nachfragen!

Dorothee wollte ihre Reiseführer holen, die sie in einem Karton im Kindergarten-Büro gelagert hatte. Doch mysteriöserweise war genau dieser Karton weder im Kindergarten, noch im Bordreisebüro noch sonst wo zu finden. Die Kartons der Sachen aller anderen Kollegen standen so da, wie sie vor Verlassen des Schiffes am Saisonende hingestellt worden waren. Doch genau ihrer war einfach verschwunden. Das war sicher auch kein Zufall.

In der Ucraina-Lounge übten die „Armasi" für den Abend. Ein letztes Mal konnte sie ein paar Worte auf Georgisch sprechen, zum letzten Mal bekam sie einen Handkuss von einem Georgier.

Dem kleinen Politoffizier, der sich im Sommer mit ihr über die gefleckten Kühe in Norddeutschland unterhalten hatte und der heute mit einer echten kapitalistischen russischen Schapka auf dem Kopf herumlief, blieb der Mund offen stehen, als er Dorothee sah. Vielleicht dachte er, dass Lechak-Reisen einen Trick angewandt hatte und Dorothee erst zum Schluss auf das Schiff geschickt hatte.

Er beobachtete Hartmut und Dorothee ganz genau. Egal, wo auf dem Schiff sie war, überall lauerten Erinnerungen, zu viele Erinnerungen und zu viele und große Enttäuschungen. So nette Gäste kamen an Bord, die Weltreise würde bestimmt sehr schön werden. So viele Menschen kannte sie, mein Gott!

Um 15.00 Uhr kam der letzte Aufruf für alle Besucher, das Schiff zu verlassen. Abschied von Hartmut, der traurig wurde. Er hatte ihr alle Unterlagen für Avtandil gegeben. Jetzt blieb nur noch die Hoffnung, über die Botschaft der Bundesrepublik Deutschland eine Möglichkeit zu finden, Avtandil wiederzusehen, Mehr konnte sie nicht tun.

Wie hatte Vitali, der Balalaikaspieler einst in Istanbul zu ihr gesagt: Силно хотять надо и всё возможно — silno chotjat nado i vsjo vozmoschno. Man muss nur ganz stark wollen, dann ist alles möglich.

Nun stand sie mit Sigi unten am Kai, ihr kamen die Tränen, die Vassilij entfernte sich von der Pier, Musik erklang. Hartmut stand oben an Deck und winkte, er wurde immer kleiner, Vitali und die anderen Matrosen riefen „Doritschka" und winkten mit wild fuchtelnden Armen. Die Vassilij verschwand im Nebel, unerforscht, unvollendet und voller Geheimnisse. Ihre Welt brach endgültig zusammen, nichts war mehr übrig als die schmerzende Erinnerung und die Sehnsucht. Die Vassilij war ihr Schicksal.

Alles Gute, lebe wohl! - Gutes neues Jahr – auf Wiedersehen!

Sollte sie nicht glücklich sein, das Gefühl der echten großen Liebe überhaupt kennen gelernt zu haben? Einmal geliebt worden zu sein, einmal eine Frau gewesen zu sein. Nicht jeder hatte das Glück im Leben, solch eine Liebe zu erfahren. „Ich liebe Dich Avto, ich werde Dich niemals vergessen. Erinnere Dich stets daran."

Slawische Augen

Sigi hatte es gut. Zwar tat es ihm auch weh, nicht mehr auf der Vassilij Azhajew mitzufahren. Doch er sollte auf die kleine gemütliche „Viajera del Mundo", auf die „Weltreisende", ein Passagierschiff mit nur 6.000 BRT für maximal 150 Passagiere, ein Schiff, das ausgestattet war, in vereisten Gebieten zu fahren. Mit ihr würde Sigi die Antarktis erkunden. Welch schöne Abenteuer standen ihm bevor. Dorothee hatte ganz andere Aussichten. Östliches Mittelmeer, dann Fernost und danach Östliches Mittelmeer, Östliches Mittelmeer, Östliches Mittelmeer...., 14 Mal die gleiche Fahrt. Das war schon fast wie Straßenbahnfahren in einer Großstadt, und dies immer auf derselben Linie. Viel Abwechslung war das wohl nicht. Die italienische Besatzung allerdings würde schon für genug Abwechslung und Überraschungen sorgen. Davon aber ahnte Dorothee in diesen Tagen noch nichts.

Sie fuhr mit dem Nachtzug zurück nach Frankfurt. Am nächsten Morgen kam sie dort an. Es war 19. Dezember 1976, der 4. Adventssonntag. Herbert und Valja warteten schon auf sie, um gemeinsam zu frühstücken.

Was tun, um sich abzulenken, um diesen letzten freien Sonntag wenigstens einigermaßen sinnvoll zu gestalten. Kino, das war die Lösung. Was wurde gerade geboten? Zwei Filme interssierten sie: „Silent Movie"[9] und „1900[10] – 1. Teil". Herbert wollte auch Silent Movie sehen, also gingen sie beide in die Nachmittagsvorstellung. Und Herbert, der sehr gläubig war, wollte danach in den Sonntagsgottesdienst gehen. Dorothee, zwar nicht katholisch wie Herbert, aber durch ihre Mamotschka mit katholischen Messen vertraut, wollte mitgehen. Herbert jedoch wollte das nicht. Wohl, weil er spürte, dass es Dorothee mehr daran lag, nicht alleine zu sein, als einer Messe beizuwohnen. Dabei wäre dieser Gottesdienst genau richtig gewesen, um die Zeit irgendwo im Warmen zu überbrücken, ehe der nächste Film begann, den sich Dorothee in der Abendvorstellung anschauen wollte.

Es war eisig kalt, ein Schaufensterbummel kam somit auch nicht in Frage. Wohin sollte sie gehen? Natürlich, das Café Fundus unter dem Schauspielhaus. Dort war es gemütlich und vor allem warm. Und es lag schräg gegenüber von jenem Kino, in dem dieser Film gezeigt wurde.

Noch war das Café ziemlich leer. Dorothee setzte sich ganz frech an einen der großen Tische, auf dessen einen Seite eine gemütliche alte Couch im Stile der 30-er Jahre stand. In einer Ecke der Couch ließ sie sich nieder und bestellte erstmal einen heißen Tee. So nach und nach füllte sich das Café.

---

[9] **Silent Movie** Film von Mel Brooks (1976) – eine Hommage an den Stummfilm.

[10] **1900** – Film von Bernardo Bertolucci (Teil 1 – Oktober 1976 / Teil 2 – Dezember 1976 – Geschichte über das Leben zweier im Jahr 1900 geborener italienischer Knaben aus gegensetzlichen Gesellschaftsschichten. (Quelle: Wikipedia)

Die leeren Tische wurden knapp. Erst kam ein älteres Ehepaar und fragte, ob sie sich zu ihr setzen könnten. Ja, klar. Dann kam ein junges Pärchen und schließlich noch ein weiteres junges Pärchen. Nun waren alle Sitze belegt, nur direkt neben ihr auf der Couch hätte noch jemand Platz gehabt. Die Paare unterhielten sich nur jeweils untereinander, sprachen überhaupt nicht mit den anderen Paaren. Und Dorothee? Sie hatte so gar keine Lust, überhaupt mit jemandem zu sprechen, dazu war sie viel zu sehr in ihre eigenen Gedanken versunken und obendrein viel zu depressiv. Leider hatte sie nichts zum Lesen dabei, nur ein Flugblatt, auf dem etwas über den Silent Movie stand. Eine seltsame Situation, unangenehm.

Und plötzlich. Was hörte sie da? Nebenan, direkt am Fenster, standen kleine runde Tische für jeweils nur zwei Personen. An einem dieser Tische, direkt neben ihnen saßen zwei Männer. Einer von ihnen war schon älter, hatte grau-weißes Haar. Der andere war noch jung, groß und kräftig und hatte eine Glatze. Was war das nur für eine Sprache, die die beiden miteinander sprachen? Es klang doch wie Russisch, war aber kein Russisch. Ukrainisch? Dorothee war neugierig, die Sprache weckte heimatliche Gefühle. Mitten in diesen kalten Dezembernachmittag kam ein Hauch von heimatlicher Wärme von diesem Tisch herüber. Also schaute sie öfter mal dorthin, streckte sozusagen auch ihre Ohren in diese Richtung, versuchte zu verstehen, worüber die Herren miteinander sprachen. Dorothee schaute wieder hinüber. In diesem Moment sah der Glatzkopf zu ihr herüber, ihre Augen trafen sich. Es war, als ob der Glatzkopf einen Schlag versetzt bekäme. Er ließ nicht mehr locker, schaute nun immer und immer wieder zu ihr herüber. Das war unangenehm. Und es fehlte noch eine ganze Stunde, bis der Film im Kino startete. Zu dumm. Wo sollte sie nun hinschauen? Die Leute an ihrem Tisch waren alle komisch, jeder auf seine Art. Ein Gespräch konnte man mit denen nicht beginnen.

Der ältere Mann am Nachbartisch verabschiedete sich vom Glatzkopf. Dieser blieb sitzen und war nun alleine. Jetzt schaute er nur noch zu Dorothee hinüber. Schließlich stand er auf und kam an Dorothees Tisch. O Gott, konnte sie gerade noch denken. Da ging er neben ihr in die Knie, um auf gleicher Höhe zu sein wie sie: „Guten Abend. Darf ich Sie an meinen Tisch einladen?" Er war sehr höflich, sprach gut Deutsch, mit einem typisch slawischen Akzent. Warum nicht, dachte Dorothee, so kann ich mich wenigstens mit jemandem unterhalten, bis der Film startet.

„Ja, gerne", sagte sie denn auch und stand auf. Die seltsamen Leute an ihrem Tisch schauten erstaunt auf und der junge Mann, der ihr gegenüber saß, fragte mit tadelndem Ton: „Sie gehen schon?" Die Betonung lag auf „gehen". Dorothee hatte das Gefühl, eine Ohrfeige erhalten zu haben. Dieser Ton, unverschämt. Sie wusste, was dieser Typ ihr im Grunde genau sagen wollte: „Was, Sie gehen schon, mit diesem Ausländer? Ohne ihn zu kennen." Dorothee fühlte sich sehr gedemütigt. Wie leicht es sich die Männer machten, über Frauen zu urteilen! Mit welchem Recht mischte sich dieser Mensch in ihr Leben ein?

Sie schaute diesem Mann fest in die Augen und sagte laut und fest: „Ja!" Sie nahm ihren Mantel und ging zu dem kleinen Tisch am Fenster, begleitet von dem höflichen Glatzkopf.

Kaum saß Dorothee sprach sie diesen auf Russisch an, laut genug, damit es die Leute an ihrem ehemaligen Tisch auch hören konnten. Die drehten denn auch sofort ihre Köpfe zu ihnen rüber, erstaunte Gesichter. Aha, die spricht auch ausländisch, deshalb also ist sie gleich mit. So ähnlich werden sie wohl gedacht haben.

Der Glatzkopf nun wiederum erschrak zutiefst. Diese fremde Frau sprach ihn so einfach auf Russisch an. Es stellte sich heraus, er war Bulgare, erst vor zwei Jahren war es ihm gelungen, über Jugoslawien in die Bundesrepublick Deutschland zu fliehen. Kein Wunder, dass er erschrak. „Wissen Sie, als ich ihre Augen sah, da hat mich der Schlag getroffen. Sie haben slawische Augen, diese schönen melancholischen Augen, slawische Augen."

Schöne Worte waren es, die dieser Mann zu ihr sagte. Slawische Augen sind melancholisch? Ja, damit hatte er wohl Recht. Und sie sollte also slawische Augen haben? Möglich, das war wohl auch der Grund, warum sie in der Sowjetunion meist für eine Russin gehalten wurde, eine Einheimische. Es waren also ihre Augen, genauer gesagt, der Ausdruck ihrer Augen.

Die Stunde, bis der Film im Kino startete, verging nun sehr angenehm. Mit diesem Mann konnte man sich sehr nett unterhalten. Natürlich wollte er sie wieder treffen, sie näher kennenlernen. Doch Dorothee war daran nicht interessiert. Sie hatte ihr Ziel erreicht, sie wusste nun, welche Sprache die beiden Männer miteinander gesprochen hatten und noch mehr. Sie erfand eine Geschichte, sie sei gerade auf Geschäftsreise in Frankfurt und müsse morgen Abend schon wieder abreisen. Nun ja, so gelogen war das ja auch wieder nicht.

Eine gute Stunde später verabschiedete sich Dorothee und ging zum Kino. An der Kinokasse traf sie jenen Mann mit seiner Partnerin wieder, der sie so dumm angesprochen und sie so gedemütigt hatte. Sie nickte ihm freundlich und lächelnd zu: „Guten Abend". Er sah sie erstaunt an, nickte auch „Guten Abend" und wirkte etwas beschämt. Dorothee beschloss, von nun an stets etwas zum Lesen in der Handtasche mitzunehmen. Nie wieder wollte sie irgendwo schweigend dumm herumsitzen und sich durch blöde Bemerkungen anderer Menschen demütigen lassen.

Das blaue Schiff

„Ich hasse Dich, ich hasse Dich", weinend stand Dorothee am Kai im Hafen von Genua und starrte auf das große blaue Schiff vor ihr, die Augustus Nobilis. Die Tränen liefen die Wangen hinunter. Sie ging auf und ab, starrte immer wieder auf dieses Schiff und ihr wurde jetzt erst so richtig bewusst, was sie alles verloren hatte – ihre große Liebe, ihre Heimat, ihr Schiff. Dorothee wusste, niemals würde sie dieses Schiff so lieben können wie ihre Vassilij und dieses Schiff wiederum würde sie, Dorothee, niemals so lieben, wie es Vassilij ihr gezeigt hatte.

„Die Arbeit auf der Augustus Nobilis wird Dir gefallen. Es ist ein schönes Schiff", hatte Herbert zu ihr gesagt. Schließlich war er auf diesem Schiff eingesetzt gewesen, lange bevor die Vassilij von Lechak-Reisen unter Vertrag genommen wurde. Ja, aber niemals würde sie auf dieses Schiff gehören, immer ein Fremdkörper sein. Ihre Heimat waren nun mal Russland, Georgien. Wie könnte sie je die Italiener so gut verstehen wie „ihre" Russen.

Dorothee fiel es schwer, Herbert zu glauben. Er wollte sie nur trösten, der Gute.

Gerade eben hatte sie ihn zum Taxi begleitet und schweren Herzens von ihm Abschied genommen. Er flog noch heute nach Frankfurt zurück. Mit ihm ging ein großes Stück an Sicherheit, sie war nun ganz allein auf sich gestellt.

Eigentlich war sie schon ein schönes Schiff, die „Ballerina del Mare", die Tänzerin des Meeres, wie sie auch genannt wurde, weil sie mehr auf den Wellen schaukelte als andere Schiffe, denn sie war länger und schmäler gebaut. Sie hatte zwei blaue Schornsteine mit jeweils einem großen weißen fünfzackigen Stern an beiden Seiten. Sie war 23 Jahre älter als die Vassilij, lief 1946 vom Stapel und gehörte zunächst einer niederländischen Reederei. 1965 wurde sie von der „Flotta Nobilis" übernommen. Es gab ein Schwesternschiff, die Antonia Nobilis, genauso gebaut, aber nur mit einem Schornstein und ein bisschen kleiner. Diese beiden Schiffe waren die einzigen Passagierschiffe der Flotta Nobilis, einer Reederei aus Neapel, die vor allem eine große Anzahl von Frachtschiffen besaß.

Die beiden Passagierschiffe trugen die Namen des Eigentümerehepaares der Reederei, Antonia und Augustus Nobilis. Die Besatzung kam fast ausschließlich aus Neapel und Umgebung und sprach dementsprechend auch kein richtiges Italienisch, sondern napolitanischen Dialekt. Die Gänge auf dem Schiff waren eng und dunkel, die Kabinen klein und in keiner Weise mit denen auf der Vassilij zu vergleichen. Die Kabine, die Dorothee zugewiesen wurde, war auch noch total verdreckt, als sie dort einziehen sollte. Da musste erst noch geputzt werden.

Dieses Schiff war früher einmal ein Mehrklassenschiff gewesen, es hatte Auswanderer nach Südamerika und Australien gebracht. Wer es sich leisten konnte, fuhr erster Klasse, die anderen in der zweiten oder dritten Klasse.

Heute noch konnte man das daran erkennen, dass es keinen direkten Durchgang vom vorderen Teil des Schiffes in den hinteren Teil gab. Wollte man vom vorderen Salon aus nach hinten in die Bar oder den hinteren Salon gehen, musste man stets entweder durch das Kino durch oder außenherum am offenen Deck entlang. Das war umständlich und es war nicht leicht sich auf diesem Schiff zu orientieren.

Im Gegensatz zur Vassilij hatte Lechak-Reisen die Augustus Nobilis nicht unter Vollcharter, sondern nur unter Teilcharter. Das bedeutete, dass noch etliche andere Reiseveranstalter ihre Passagiere auf diesem Schiff gebucht hatten. Es gab fünf offizielle Sprachen: Italienisch, Spanisch, Englisch, Französisch, Deutsch. Lechak-Reisen hatten maximal 150 Passagiere an Bord und somit gab es auch nur zwei Reiseleiter, Dorothee und ihre neue Chefin Susanna Reuter.

Sie waren zu dritt nach Genua geflogen, Susanna, Herbert und Dorothee. Herbert arbeitete inzwischen in der Kreuzfahrtabteilung von Lechak-Reisen. Im Hafen stand ein anderes Schiff von Lechak-Reisen, die M/S Michail Petrenko. Natürlich hatten sie dieses Schiff besichtigt, die Kollegen dort besucht. Als Dorothee sich dem Salon näherte, hörte sie bekannte Töne. Dort saßen die Musiker des georgischen Orchesters Tsitsinatela und probten. Vertraute Klänge, diese Musik, diese Sprache.

Ob sie die Sakartvelo kennen? Natürlich, das sind gute Freunde von uns. Im Mai werden wir sie wieder treffen, wenn wir zuhause in Tbilisi sein werden.

„Передайте привет им всем в майе от Доротее. Они хорошо знатют меня - Peredaijte privet im vsem v maje ot Dorothee. Oni chorosho znajut menja". Grüßt Sie alle im Mai von Dorothee. Sie kennen mich gut.

Alles war plötzlich wieder so nah. Diese Jungs erinnerten sie so sehr an die schönen Tage auf der Vassilij. Gab es überhaupt noch irgendeine Hoffnung für sie und ihren Avtandil?

Was hatte der sowjetische Dissident Wladimir Konstantinowitsch Bukowski gesagt, als er vor wenigen Tagen aus der Sowjetunion ausreisen durfte, im Austausch gegen den chilenischen Kommunistenführer Luis Corvalán? In einem Interview wurde er gefragt, wie viele Menschen in der UdSSR im Gefängnis säßen. Seine Antwort war: 250 Millionen. Seiner Meinung nach also war die ganze Sowjetunion ein einziges Gefängnis. Fragte sich nur, wie lange kann man so viele Menschen einsperren?

Dorothee wischte sich die Tränen von der Wange. Es half alles nichts, sie musste aufs Schiff zurück, musste akzeptieren, dass hier nun der Ort war, an dem sie leben musste. Die Kabine war geputzt und sah schon viel angenehmer aus. Auf dem Bett fand sie ein kleines Geschenk von Herbert und eine Weihnachtskarte

Frohe Weihnachten und das Beste für 1977
Valja und Herbert

Sie war gerührt, die Augen füllten sich schon wieder mit Tränen. Herbert dachte an jedes Detail. Umso mehr vermisste sie ihn jetzt. Es gab doch so viele gute Menschen in ihrem Leben, warum nur waren sie alle so weit fort?

Die Fahrt ins Östliche Mittelmeer startete am 22. Dezember 1976. Zu Weihnachten verschickte Doro von der Funkstation aus mehrere Telegramme, die an Radio Norddeich gefunkt und von dort weitergeleitet wurden. Telegramme an Rudi und Familie, an Freunde in Deutschland und an ihren Vater, der nun auf der Vassilij irgendwo auf dem Atlantik dahinfuhr (wie gerne wäre sie dabei gewesen). Allein dieses Telegramm kostete DM 23,--.
Hartmut seinerseits schickte ihr auch ein Telegramm:

Broningen Lechak-Reisen-Cruise-Ship Antonio Nobilis –
Herzlichen Weihnachtsgruss Stop = Papa

An Heilig Abend war die Augustus Nobilis in Neapel. Während die Gäste auf Ausflug waren, kam an Bord Unruhe auf. Gerüchte kursierten, die Crew wolle streiken, denn sie wollten Heilig Abend mit ihren Familien in Neapel verbringen. Na, das fing ja gut an. Italiener und ihre Streiklust!
Ob es nur ein dummes Gerücht war, oder wie viel Wahrheit hinter der Sache steckte, Dorothee erfuhr es nie. Jedenfalls konnte das Schiff abends pünktlich auslaufen und seinen Kurs auf Alexandria / Ägypten aufnehmen.
Dorothee stand oben an Deck und beobachtete die Einfahrt in den Hafen von Alexandria. Mehrere Male war sie hier mit der Vassilij angekommen, nun sollte dieser Hafen regelmäßig angelaufen werden. An der Pier fuhr ein Traktor entlang, der einen Anhänger zog. Durch falsches Lenken des Fahrers kam der Anhänger zu nahe an den Rand und stürzte ins Meer, der Traktor selbst fuhr gegen eine Säule, die ihn stoppte, sonst wäre auch er ins Hafenbecken gestürzt. Der Fahrer war abgesprungen und schlug die Hände vorm Gesicht zusammen.
Sie sollte den Zweitagesausflug nach Kairo begleiten. Endlich mal auch über Nacht in Kairo sein, das war angenehm, zumal der Direktor der örtlichen Reiseagentur sie alle zum Abendessen auf das Restaurant-Schiff „Omar Kajam" einlud. Das war schon etwas ganz Besonderes, allein schon aufgrund der wunderschönen Atmosphäre, Schiffsatmosphäre eben.
Zurück ging die Fahrt dann nicht nach Alexandria, sondern nach Port Said. Die Augustus Nobilis war inzwischen weitergefahren. Und von dort aus nahm das Schiff Kurs auf ein Land, das die Vassilij, das sowjetische Schiffe allgemein nicht anfahren durften. Die Häfen dieses Landes waren für Schiffe mit sowjetischer Flagge gesperrt. Die Augustus Nobilis nahm Kurs auf das Heilige Land, auf Israel.

Am 29. Dezember 1976 früh morgens tauchte vor ihnen die Silhouette der israelischen Hafenstadt Haifa auf. Die aufgehende Sonne beleuchtete die goldene Kuppel des Schreines des Bab, dem Tempel der Bahai. In Tbilisi ging die Sonne auch gerade auf, dachte Dorothee. Froschmänner tauchten unter das Schiff, schauten nach, ob nicht irgendwo eine Bombe versteckt war. Dann durften sie endlich an der Pier anlegen.

Die Behörden gaben das Schiff frei, sie konnten an Land gehen. Taschen oder Rucksäcke wurden kontrolliert. Unten an der Pier standen die örtlichen Reiseleiter und begrüßten jeden Einzelnen mit zwei Orangen der Marke Jaffa, an denen ein Zettelchen befestigt war:

- Merry Christmas and Happy New Year -
- Frohe Weihnachten und ein gutes neues Jahr -

Ein netter Empfang. Nun war Dorothee zum ersten Mal in jenem Land, das 1948 gegründet wurde, um all jenen eine Heimat zu geben, die den Terror seitens ihres Volkes, den Deutschen, überlebt hatten. Das war aufregend. Wie würden die Menschen hier reagieren, wenn sie auf die Frage, woher sie komme, sagen musste „aus Deutschland".

Nicht die Stadtrundfahrt durch Haifa, sondern den Ganztagesausflug nach Jerusalem sollte Dorothee begleiten. Das hatte ihre Chefin Susanna so entschieden. Ihr gefiel der Gedanke. Sie war ja auch in jenem Land, in dem Jesus Christus geboren wurde, in dem er gelebt und gewirkt und schließlich am Kreuz gestorben war.

Auf dem Weg nach Jerusalem kamen sie am „Wald der Märtyrer" am Gebirge von Judäa vorbei, ein Wald voller Kiefern und Zypressen. 6 Millionen Kiefern, welche die Opfer des Holocausts symbolisierten, und eine Million Zypressen, von denen jede eines der Kinder symbolisierte, die Opfer des Terrors der Nazi geworden waren.

Jerusalem, die Heilige Stadt, der Tempelplatz, so imposant. Der Blick auf den Ölberg, der herrliche Felsendom mit seinen wunderschönen Mosaiken. Die in der Sonne so herrlich strahlende goldene Kuppel wurde über jenem Felsen errichtet, auf welchem Abraham seinen Sohn Isaak opfern sollte. Und von hier aus soll Mohammed auf seinem weißen Schimmel gen Himmel gefahren sein. Daneben das Stück noch erhaltener Mauer des alten Tempels. Da war sie, die Westmauer, 485 Meter lang. Ein Teil von ihr, 100 Meter, ist als Klagemauer bekannt. Noch ganz genau konnte sich Dorothee an jene Bilder erinnern, als im Sechstagekrieg 1967 die Israelis das östliche Jerusalem einnahmen und israelische Soldaten weinend an der Klagemauer beteten. Sie hatten sie wieder erobert, ihre Klagemauer.

Heute nun stand Dorothee hier. Ganz nah ging sie heran, auf der Seite der Frauen, in den Ritzen der Mauer steckten viele Zettelchen aus Papier, Wunschzettel. Auch sie schrieb einen Zettel. Avtos Namen und ihren Namen, jeweils mit georgischen Buchstaben. Drum herum malte sie ein Herzchen, Avto und Dorothee, vereint in Liebe. Gott würde sie schon verstehen. Sie betete, berührte die Mauer mit der rechten Hand, steckte das Papierstück in eine Ritze. Keiner würde es wagen, solch einen Zettel zu öffnen. Wir glauben doch schließlich alle an den gleichen Gott.

Überall in Jerusalem, aber besonders hier sah man viele streng orthodoxe Juden, schwarz gekleidet mit kurzen Haaren und langen Schillerlocken rechts und links am Ohr, mit schwarzen Hüten auf dem Kopf, die ultra-orthodoxen Juden.

Eine Fahrt nach Bethlehem war Pflicht. Schließlich grenzt das ca. 30.000 Einwohner zählende Bethlehem direkt an Jerusalem, auch wenn es im Gebiet der Palästinenser liegt, so stand es auf jedem Ausflugsplan mit drauf. Noch herrschte dort so etwas wie Weihnachtsstimmung. Doro kaufte eine Kerze, die sie in der Geburtskirche opferte. Ihr Avtoschenka war auch Christ, orthodoxer Christ. „Christus ist für uns gestorben, er wird uns helfen", mit diesen Gedanken versuchte sich Dorothee wieder einmal zu trösten.

Stunden später stand Dorothee an Deck und genoss das Auslaufen der Augustus Nobilis aus dem Hafen von Haifa. Die goldene Kuppel des Bahai-Tempels leuchtete nun in der Abendsonne. Tief in ihrem Inneren spürte sie, heute hatte sie eine ganz andere Beziehung zu ihrem Glauben bekommen.

Ein Tag auf See und dann war Sylvester. Den Tag verbrachten sie in Izmir. Als die Augustus Nobilis abends den Hafen wieder verließ, begann die Sylvesterparty an Bord zunächst mit einem Galadinner im Restaurant, das nicht für alle Passagiere ausreichte, so dass es jeweils zwei Essenszeiten gab, an die man sich halten musste. Es folgte die Show im vorderen Salon. Um Mitternacht wurde in allen fünf Bordsprachen auf das neue Jahr angestoßen: Buon anno nuovo – Feliz año nuevo – Happy New Year – Bonne année – Gutes neues Jahr.

Feuerwerkskörper durften nicht abgeschossen werden, das hätten andere Schiffe als Notsignale verstehen können, umso mehr wurde in allen Salons des Schiffes gefeiert.

Dorothee ging hinaus an Deck und schaute auf das Meer hinaus, über ihnen der klare Sternenhimmel. Nun war es zu Ende, dieses aufregende und spannende Jahr 1976, das ihr Leben komplett verändert hatte. All die schönen Reisen und Orte, die sie kennen lernen durfte, so viele nette Menschen. Da war ER – Avto – der Mann, der ihr Schicksal wurde, da war Odessa, Valjas Flucht, der verdammte Brief an Anna, das Verhör in Sotschi, das Telex aus Moskau, keine Vassilij Azhajew mehr, und nun zum Ende des Jahres die Augustus Nobilis. „La nave blu" - das blaue Schiff, es war zwar auch schön, aber fremd, sie gehörte einfach nicht hierher.

Alles, aber auch alles hatte sie verloren, sie stand am Ende und an einem neuen Anfang. Die Zeit von Mai 1975 bis Ende Oktober 1976, jene Zeit von ihrer Ankunft als Reiseleiterin in der Sowjetunion bis zum Verlassen der Vassilij, diese eineinhalb Jahre musste sie vergessen, es gab nie ein Suchumi, nie ein Tbilisi und niemals einen Avto. Leb wohl schöne Zeit, mit dem alten Jahr wirst auch du begraben. Es lebe die Einsamkeit.

Jeder Hafen dieser Reise war voller Erinnerungen. In Istanbul fuhren sie nicht weiter in Richtung Bosporus und Schwarzes Meer, sie kehrten um. Die Augustus Nobilis Ein- und Auslaufmelodie der Augustus Nobilis, sonst bei jeder Ankunft und Abfahrt in einem Hafen über die Lautsprecher übertragen, wurde hier nicht gespielt. Es war ein schönes Lied, eine Art Hymne auf das Schiff, „La Nave Blu, gira per il mondo...." (das blaue Schiff umfährt die Welt....). Zwei Jahre zuvor hatte die Augstus Nobilis in den Dardanellen einen Viehtransporter gerammt und in zwei Teile geteilt. Hunderte von Kühen schwammen im Meer und stießen entsetzliche Angstschreie aus, bis sie ertranken. Herbert arbeitete damals gerade auf dem Schiff und hatte Dorothee die Details erzählt. Der Kapitän hatte zu Recht beschlossen, das Schiff leise und ohne Spektakel aus dem Hafen von Istanbul auslaufen zu lassen. Das war sicher eine diplomatische Lösung.

Der Sylvesterparty folgte einige Abende später ein Kostümfest. Zwei junge italienische Passagiere verkleideten sich als SS-Angehörige mit Hakenkreuzen an den Armen, was zu einem Riesentumult bei den deutschen Passagieren führte.

Der Napolitanische Abend fand traditionsgemäß nach Auslaufen aus dem Hafen von Piräus statt. An diesem Abend zeigten die Besatzungsmitglieder, was sie konnten. Und sie konnten einiges. Da wurde gesungen und getanzt. Stewards führten einige Tarantella-Tänze auf, andere sangen, und mit welch herrlichen Stimmen. So viele Talente waren in ihnen allen verborgen, die sich nun zeigten. Und wessen Herz würde sich nicht freuen, wenn man Lieder hörte wie „O Sole Mio", „O mia bella Napoli" oder „Santa Lucia"? Dorothee beschloss, hier in Zukunft auch mitzuwirken. Es war einfach zu schön. Sie wollte mit den Stewards Tarantella tanzen.

Zu hoher Wellengang verhinderte, dass sie vor der Insel Capri vor Anker gehen konnten. Also mussten sie nach Neapel. Alternativ wurde nun der Ausflug nach Hercolano oder eine Stadtrundfahrt angeboten. Schon am Tag darauf kamen sie erneut in Genua an. Die erste Kreuzfahrt „Östliches Mittelmeer" mit der Augustus Nobilis hatte Dorothee überstanden. 14 weitere genau identische Fahrten standen ihr ab Frühjahr bis Herbst noch bevor.

Zunächst aber gab es eine Pause von zwei Wochen, die sie nutzte, um auch mal London kennen zu lernen. Danach ging es auf die zwei Monate dauernde Fernostreise. Diese Reise brachte sie zwei Mal beinahe mit der Vassilij Azhajew zusammen. Sie waren genau einen Tag vor der Vassilij in Bali. Nur wenige Stunden nach Auslaufen der Augustus ging die Vassilij bei Bali vor Anker. Später kreuzten sich ihre Wege im Suezkanal.

Co-Mail

Die Reiseleiter erhielten jeweils in den Häfen, in denen die Kreuzfahrten begannen, die so genannte Co-Mail, die Company-Mail, also die Firmenpost. Die private Post ließ man sich an die Zentrale in Frankfurt schicken, von dort wurde alles weitergeleitet und in den silbernen Metallkoffern der Co-Mail den Reiseleitern in die Zielgebiete geschickt.

Jetzt, wieder zurück in Genua, erhielt Dorothee den ersten Brief von Hartmut, den er auf der Vassilij geschrieben hatte. Mit Interesse sog sie jedes Wort auf. Und wie es typisch für Hartmut war, nummerierte er seine Briefe mit WR = Weltreise 1, 2, 3 usw. So erhielt Dorothee im Laufe der Zeit mehrere interessante Briefe von ihm.

WR1

Auf See, 20. Dezember 1976

Liebe Dorothee!

Lange hast Du vorgestern dem Schiff nach gewunken, bis Du dann plötzlich weggerannt bist, wahrscheinlich zum Taxi. Das Wetter war ja trübe und nebelig, und es dunkelte schon, so dass man praktisch fast nichts mehr sah.

Auf dem Schiff sah mich Deine letzte dicke und rotbackige Zimmermaid und begrüßte mich sofort und fragte nach Dir. Im TV gab Pfarrer Bayer, den Du wohl von der ersten Weltreise her kennen musst, das „Wort zum Sonntag". Am Schluss sagte er etwa Folgendes: „Ich bin noch gebeten worden, eine kurze Nachricht durchzugeben: Die Betreuung des Hospitals hat nicht mehr Frl. Broningen, sondern Herr Kreis, der auch Russisch spricht, wird jetzt die Verbindung zwischen den deutschen Touristen und den russischen Ärzten durchführen." Von Kreis habe ich heute erfahren, dass der frühere Oberarzt Murachovitsch in Hamburg an Nierenblutung erkrankt war, ihm wurde dort eine Niere entfernt und er ist in die Sowjetunion zurückgekehrt.

Beim Kapitänscocktail war gestern kein Arzt: dafür saß aber beim Dinner am Kapitänstisch zwar nicht der Kapitän, aber ein weißhaariger Herr mit Brille, der nicht beim Cocktail gewesen war: ich habe noch nicht erfahren, wer er ist; er sprach mit Antonio Rossi. Unklar ist mir immer noch der „erste Offizier" Sertchew; jetzt hatte ich wieder den Eindruck, als ob er es gewesen wäre, mit dem ich mich im Sommer unterhalten hatte. Beim Cocktail waren noch ein zweiter „erster Offizier", Koch Makagon, Viktor, der Oberzahlmeister, ein weiterer männlicher Zahlmeister und von den drei Restaurants zwei Tamaras und eine Tatjana. Beim Essen ist der Kapitänstisch, ausgenommen Willkommensdinner, bis jetzt immer leer. Der Zahnarzt hat mich aus Entfernung einmal erkannt und begrüßt.

An meinem Tisch 19 sitzen zwei Ehepaare und je zwei allein reisende Frauen und Männer. Von den dreien, die uns bedienen, hätte eine nach Deiner Beschreibung Irina sein können, aber sie soll Lowa heißen. Herrn Freitag habe ich heute Morgen die Noten gegeben. Eine der beiden allein stehenden Frauen von meinem Tisch 19 war auf der gleichen Spitzbergen-Fahrt gewesen wie ich.

Das wär's fürs erste. Ich hoffe, dass Du eine schöne Zeit auf der Augustus erlebt hast.

Herzliche Grüße

Papa

WR2

Auf See, 25.12.76

Liebe Dorothee!

Es freut mich, dass die Verbindung mit der Augustus geklappt hat. Heute Morgen kam Dein Telegramm an. Es scheint dir auf dem neuen Schiff zu gefallen. Das freut mich. Unter den jetzigen Verhältnissen versäumst Du hier wohl nichts.

Besten Dank für die schöne Krawatte. Ich habe sie gestern zum ersten Mal getragen, und zwar beim Captain's Dinner". In Lissabon sind noch etwa 15 Russen zugestiegen. Seitdem ist auch wieder ein Chirurg an Bord und in der Information sind drei neue Männer, wovon mindestens zwei gut deutsch sprechen.

Der Mann, mit dem ich mich im Sommer über die Kühe in Norddeutschland unterhalten habe, ist auch an Bord. Nun hatte ich den Herrn „Kuh" bis dahin gar nicht auf dem Schiff gesehen. Ich saß nun abends in der Ucraina-Lounge. Kurz nach 24 Uhr tauchte Herr Kuh mit dem Chef der Bar für kurze Zeit auf. Nicht gesehen habe ich bis jetzt die Administratorin, die sich bei der Verabschiedung von Sigi Herzog mit diesem geküsst hat, wobei Du die Bemerkung „Judaskuss" machtest.

Herzliche Grüße

Papa

WR3

Auf See, 2.1.77

Liebe Dorothee!

Diesen Brief schreibe ich in Etappen. Wir sind jetzt auf der Fahrt nach Cartagena. Gestern kam ein Neujahrstelegramm aus München an. Es scheint dort alles in Ordnung zu sein. Die Karten aus Ulm, die Martina schicken soll, dauern wohl zu lange: In Grenada habe ich die erste pünktlich erhalten, aber *in Port of Spain und La Guaira waren die Karten nicht da. Ich hoffe, dass Du schöne Weihnachten gehabt hast und auch gut ins neue Jahr gekommen bist. Gestern Abend bin ich direkt an einer Ecke Herrn „Kuh" begegnet. Wir haben uns beide freundlich lächelnd begrüßt und einige formale Worte getauscht. In Lissabon kamen wir mit 4 Stunden Verspätung an, weil unterwegs ein Motor repariert werden musste. Statt des Tagesausfluges hatten wir den Abendausflug. Sonst sind wir bisher pünktlich.*

Fortsetzung, 4.1.77 Colon

In Cartagena und Colon sind die Karten aus Ulm pünktlich eingetroffen. Wenn Du nun nicht nach Ulm gehst, kannst Du mal Frau Laupe, unsere Nachbarin, anrufen und fragen, wie es geht. Telefonnummern von Auskunft erfragen. Und nun etwas ganz Wichtiges: Emil Levi, der alte Pianist aus der Newa-Bar, hat mich schon mehrmals gefragt, ob ich Dir seine Grüße ausgerichtet habe: Also Emil lässt Dich herzlich grüßen und bedauert Deine Abwesenheit. Nun rate ich dir, mitte Januar folgende zwei Briefe zu schreiben:

1) Dorothee Broningen
Adresse

Ulm, den…
(auch wenn Du nicht in Ulm bist)

An das
Auswärtige Amt
(Postleitzahl) Bonn

Betr.: Weiterleitung eines Briefes an die Botschaft in Moskau

Sehr geehrte Damen und Herren!

Hiermit bitte ich, den beiliegenden Brief, der noch unverschlossen ist, an die Botschaft der Bundesrepublik Deutschland in Moskau auf diplomatischem Wege weiterzuleiten.
Für die Bemühungen bestens dankend zeichnet

mit vorzüglicher Hochachtung

Dorothee Broningen

Fortsetzung   Auf See, 6.1.77

2. Brief:

Dorothee Broningen
Adresse

Ulm, den…
(auch, wenn Du nicht in Ulm bist)

An die Botschaft der Bundesrepublik Deutschland in der Sowjetunion
Moskau

Betr.: Befürwortung der Einreise eines Bürgers der Sowjetunion in die Bundesrepublik Deutschland

Sehr geehrte Damen und Herren!

Es kann sein, dass in absehbarer Zeit ein Herr Avtandil Alexejevitsch Tarielani aus Tbilisi, den Antrag auf Einreise in die Bundesrepublik Deutschland stellt, weil er mich zu heiraten wünscht. Ich bitte Sie, diesen Antrag wohlwollend zu genehmigen.

Wir haben uns auf dem Schiff „Vassilij Azhajew" kennen gelernt: ich als Reiseleiterin von Lechak-Reisen, er als Mitglied des Bordorchesters „Sakartvelo". Nachdem ein anderes Mitglied dieses Orchesters als politischer Flüchtling in der Bundesrepublik Deutschland geblieben ist und den sowjetischen Behörden bekannt geworden ist, dass wir, d.h. Avtandil Tarielani und ich, heiraten wollen, wurden wir getrennt.
Meine Firma erhielt aus Odessa die Anweisung, mich nicht mehr auf sowjetischen Schiffen einzusetzen, und entgegen ursprünglichen Plänen ist auch das ganze Orchester Sakartvelo im Dezember 1976 nicht mehr auf dem Schiff Vassilij Azhajew erschienen. Auch besteht z. Zt. keine postalische Verbindung.

Mit vorzüglicher Hochachtung
Dorothee Broningen
(z. Zt. auf dem italienischen Schiff „Augustus Nobilis")

Du kannst Avto auch mitteilen, dass er versuchen soll, Dir Postkarten zu schreiben. Von fünf Karten, an verschiedenen Stellen aufgegeben und jede für sich mit einfachem Inhalt, mal nach Ulm, mal nach Frankfurt, kommt schließlich doch die eine oder andere an.

Am „Heiligen Abend" gratulierte mir mein Zimmergenosse Stavrev mit Umarmung in orientalischer Weise. Alle erhielten einen bunten Teller mit Keksen und kleinem Stollen und etwas Obst. Von der Reiseleitung erhielt ich noch

410

eine Flasche Sekt. Am Schach nehme ich regelmäßig teil. Das ist um 10 Uhr. Um 11.30 Uhr sind russische Tänze dran. Daran habe ich nur die ersten beiden Male teilgenommen. Das Schach dauert meist zu lange.

Dafür nehme ich ziemlich regelmäßig nachmittags am deutschen Tanzkurs teil. Mit Resochin halten es die Leute ganz verschieden. Die einen nehmen nichts ein, andere so wie es mir der Arzt in München verschrieben hat, wieder andere doppelt so viel entsprechend dem Beipackzettel.

Seit Grenada haben wir noch eine 8-Mann Steel-Band an Bord, die wieder bis Grenada da bleiben soll.

In Cartagena waren es 20 kleine Ausflugsbusse zu je etwa 20 Personen. Nun gab es nur 5 deutschsprachige Stadtführer und ca. 11 Kachelmann-Übersetzer. Daher sollten Touristen, die Englisch verstehen, zusammen die restlichen 4 Busse füllen. Auf Grund dieser Lage bot ich mich als Übersetzer an. Ich wurde auch eingesetzt. Doch merkwürdigerweise in einem Bus, wo Englisch verstehende Touristen drin waren. Doch begrüßten die meisten davon die zusätzliche Übersetzung. Der einheimische Führer Roy, 62-jährig sprach gut Englisch.

Gestern waren wir in Balboa. Der Besuch bei Halvosa war ein Erfolg. Ich nahm meinen Zimmergenossen Stavnev mit. Auch er unterhielt sich gut mit den Leuten. Ich habe die Ereignisse um Dich und Valja genau erzählt. Wir haben im gleichen Restaurant gegessen, wie Du seinerzeit. Aufs Schiff wollten die Halvosa nicht mehr gehen. Wir waren etwa 5 ½ Stunden zusammen. Annie Laurie sagte zu mir am Schluss: „Give my love to Dori."

Damit kommt mein Brief zu Ende. Ich hoffe, er trifft Dich gesund an.

Achtung!

In der Nacht vom 9. zum 10. Februar, Gegend Bali, schlafe nicht zu fest. Ich werde ein direktes Telefongespräch für die Zeit nach Auslaufen Augustus Nobilis und vor unserer Ankunft dort in Bali anmelden, nur kurz und belanglos. Ob es klappt, kann mir der Funker jetzt noch nicht versprechen. Aber prinzipiell ist es möglich. Auch ein anderer Tourist ist an einem solchen Gespräch interessiert: er hat einen Berufskollegen auf der Augustus. Hoffentlich schläft der italienische Funker nicht.

Papa

Die Reise nach Fernost

Dorothees erster Besuch in London war gefüllt mit Besichtigungen und vielen kleinen schönen Begebenheiten. Sie hatte schon längst gelernt, jede positive Kleinigkeit aufzunehmen, aufzusaugen und in ihrer Seele aufzubewahren. Es war wie ein Puffer für schlechte Zeiten. Davon konnte sie zehren, von diesen Kleinigkeiten, wenn es ihr wieder einmal so schlecht ging, wenn die Kehle zugeschnürt war, wenn es direkt unter dem Brustbein drückte, wenn die Seele so schmerzte, dass sie daran zu zerbrechen drohte.

Faszinierend war diese Stadt, ein Schmelztiegel, in dem Menschen vieler Nationen, vieler Religionen lebten. Wo konnte man so etwas in Deutschland sehen? Nirgendwo.
Sie fuhr mit der Underground, der U-Bahn, am Marble Arch stieg sie aus, ging durch die Unterführung in Richtung Hyde Park, denn das berühmte „Speaker's Corner" musste sie unbedingt sehen und hoffte, dort interessante Reden zu hören. In der Passage stand ein hübscher junger Mann und spielte Saxophon, Jazz. Und er spielte gut, der schwarze Mann. So gut konnten wohl nur schwarze Menschen spielen, es lag ihnen im Blut. Sie hatte dem Mann eine Münze in die am Boden liegende Mütze geworfen und war weiter gegangen. Plötzlich hielt sie ihren Schritt an. Wieder dieser Stich im Herzen. Was spielte der Mann jetzt? „Take Five", da stand sie nun in der Passage mitten in London und hörte jene Musik, die ihre Freunde so oft auf der Vassilij Azhajew gespielt hatten. Und sie fühlte, wie nahe ihr Avtandil in diesem Moment wieder war. Es half nichts, es gab kein Loskommen von ihm.

Das verlängerte Wochenende in dieser faszinierenden Stadt war allzu schnell vorbei, zurück ging es nach Frankfurt, wieder ins Hotel, wieder in die Zentrale. Es gab noch viel vorzubereiten für die nächste Reise. Doro schrieb viele Briefe an all ihre Freunde und brachte diese zum Postamt im Hauptbahnhof. Zurück im Hotel musste sie mit Schrecken feststellen, dass ihr drei Klarsichthüllen fehlten, in denen die von ihr ausgearbeiteten Unterlagen für die Dia-Vorträge an Bord, die Beschreibung der geplanten Ausflüge, der Routenplan der Vassilij Azhajew und, was weitaus schlimmer war, die Kopien der Briefe an das Auswärtige Amt und an die Botschaft der BRD in Moskau sich befanden. Sie suchte, forschte nach und kam zu dem Ergebnis, dass sie in ihrer Duselei die Klarsichthüllen mit den Briefen in den Briefkasten geworfen haben musste. Aber dieser war schon geleert worden. In der Postverteilungsstelle fragte sie nach, nichts war gefunden worden. Sie sollte morgen im Fundbüro nachfragen. Aber auch da fand sich nichts. Die Sache blieb mysteriös, wo waren diese Unterlagen jetzt? Dorothee war beunruhigt. Was war wirklich passiert? Hatte sie die Hüllen neben sich hingelegt und jemand hatte sie schnell weggenommen, ohne dass sie es bemerkt hatte? War jemand heimlich in ihrem Hotelzimmer gewesen während sie beim Postamt war? Was war mit diesen Unterlagen geschehen?

Immerhin, eine gute Nachricht gab es, die Kollegin, die momentan in Moskau eingesetzt war, bestätigte, dass ihr erster Brief an Avtandil dort heil und unbemerkt per Co-Mail angekommen war. Die Kollegin hatte ihn in Moskau in den Briefkasten geworfen. Dorothee hatte genügend sowjetische Briefumschläge und Briefmarken. Dieser Brief würde nun sicher und unzensiert bei ihrem Avtandil in Tbilisi ankommen.

Da ja nun auf der Augustus Nobilis Passagiere vieler Nationen waren und es fünf offizielle Sprachen gab, hatte sich die Firma Lechak-Reisen bereit erklärt, für die Spielfilme in deutscher Sprache zu sorgen. Dorothee und ihre Chefin Susanna Reuter mussten 17 Filmrollen und mehrere Beutel mit Kleingeld nach Genua mitnehmen. Das Kleingeld war ziemlich schwer, immerhin waren das 1000 D-Mark in 1-DM-Stücken, 1000 D-Mark in 2-DM-Stücken und noch 1000 D-Mark in 5 D-Mark-Stücken. Um das alles von der Zentrale rüber zum Hauptbahnhof zu bringen, wo der Sonderzug abends abfahren sollte, holte sich Dorothee einen Gepäckwagen. Vorne, wo normalerweise das kleine Handgepäck, die Handtasche, Platz hatte, dort hinein hievte sie die Geldtaschen und schob das Ganze wieder zum Bahnhof zurück. Kaum einer würde wohl so viele kleine Geldstücke stehlen wollen. Bei diesem Gewicht kam man ja nicht weit.

Sieben Passagiere, die heute mit im Sonderzug nach Genua dabei waren, kannte Dorothee schon von der Vassilij. Ein Ehepaar darunter gehörte nicht gerade zur Kategorie netter Gäste. Dennoch waren alle erstaunt, Dorothee hier wieder zu treffen. „Da wird aber Valja sehr traurig sein, wenn sie nicht mehr an Bord der Vassilij mitfahren", meinten sie.

Oje, wenn die wüssten! Valja war hier in Deutschland und seine Flucht hatte so vielen Menschen geschadet. Was wirklich geschehen war, sie konnte, sie durfte es diesen Gästen nicht erzählen. Und wieder einmal lächelte sie, obwohl ihre Seele weinte.

Der Zug fuhr los, Richtung Süden, die Nacht hindurch. Als Dorothee erwachte sah sie durch das Fenster eine schöne weiße Winterlandschaft noch bis weit hinter Mailand. Sie frühstückte im Waggon, umgeben von Filmrollen und Co-Mail-Koffern. Der Zug fuhr in einen Tunnel, einen sehr langen Tunnel. Hinter dem Tunnel sah die Welt ganz anders aus, kein Schnee mehr, fast nach Frühling sah es hier aus. Sie waren im Süden angekommen.

Es war der 20. Januar 1977 als die Reise nach Fernost begann. Abends verabschiedete sich die Augustus Nobilis mit ihrer Ein- und Auslaufmelodie „La Nave Blu" von Genua. Es ging ostwärts. Die Vassilij war westwärts auf Weltreise und bei Bali würden sie sich fast begegnen, nur um einen Tag würden sie sich verpassen.

Zwei Tage später ließ Dorothee ihre langen Haare abschneiden. Ab sofort trug sie eine schicke Kurzhaarfrisur. Nie wieder würde sie jemand für eine Tahitianerin halten können. Auch dies war ein Versuch, einen Schlussstrich zu ziehen. Aber es waren und blieben reine Äußerlichkeiten. Innen änderten die Gefühle sich nicht. Und so saß sie abends oft allein in der Scarabeo-Bar im Heckteil des Schiffes. Sie zog es vor, direkt an der Bar auf einem der Barhocker zu sitzen. Sie bestellte sich Wodka Tonic und trank langsam. Eines Abends setzte sich der Bordarzt, Dottore Vittorio Denti, neben sie und fragte, weshalb sie denn immer so traurig sei? Warum nur erzählte sie ihm jetzt ihre Geschichte? Es tat einfach gut, darüber zu sprechen. Und es war leichter, es jemandem zu erzählen, der fremd war, neutral. „Salute" prosteten sie sich mit ihren Gläsern zu. „Gagvimartschos", sagte Dorothee, „so sagt man in Georgien".

Alexandria wurde dieses Mal nicht angefahren. Es ging direkt nach Port Said. Von hier aus startete der Ausflug nach Kairo. Währenddessen fuhr die Augustus Nobilis durch den Suez-Kanal. Susanna hatte beschlossen, dass Dorothee nach Kairo mitfahren sollte. Diese beiden Tage konnte sie genießen, denn die lokale Reiseleiterin war Inge El Herabi. Inge war Österreicherin, aus Wien, sie hatte einen reichen Ägypter geheiratet, hatte zwei Kinder. Inzwischen war sie geschieden und arbeitete als Reiseführerin für deutschsprachige Gäste, die ihre Wahlheimat besuchten. Inge war gut und Dorothee musste sich um nichts Sorgen machen. Inge regelte alles und begeisterte die Gäste mit ihrem Wissen um ägyptische Geschichte und Kultur.
Dass die Band in der Bar des Hotels Sheraton, in dem sie untergebracht waren, ausgerechnet das russische Lied „Schwarze Augen" spielen musste! Immer und überall wurde Dorothee an ihre ursprüngliche Heimat und an ihre Freunde aus Vassilij-Zeiten erinnertn. Egal, wo auf der Welt sie sich gerade befand.
Mit dem Bus ging es am zweiten Tag nach Suez. Diese Wüstenstraße war landschaftlich schöner als die nach Alexandria. Inge verteilte frische Mandarinen im Bus. Dann kamen sie zum Kilometer 101. Sie waren nun 101 km von Kairo und nur noch 3 km von Suez entfernt. Hier verlief die israelisch-ägyptische Front von 1967 bis 1973.
Am Rande von Suez wurde viel gebaut, mit Hilfe von Spenden aus Saudi-Arabien. Die neuen Wohnsiedlungen sahen hübsch aus. Im Zentrum sah man noch viel von der Zerstörung durch den Krieg. Doch wirkte Suez auf Dorothee viel lebendiger und voller Menschen und daher schöner als Port Said, oder lag dies vielleicht nur an der abendlichen Stimmung? Denn inzwischen war es 18.00 Uhr geworden und es wurde dunkel. Über dem Akkatta-Gebirge leuchtete der Himmel rotgold, welch schöne Abendröte. Von weitem erblickten sie schon die Augustus Nobilis. Am Ende des Suez-Kanales mussten sie in Boote steigen, die sie rüber zur Augustus brachten. Die Sichel des zunehmenden Mondes, die Sterne und der Kanal mit dem auslaufenden Schiffs-Konvoi von Frachtern. Es waren Erinnerungen an die Anfänge auf der Vassilij. Immer wieder diese Erinnerungen.

Am 26. Januar, ihrem Geburstag, waren sie auf See. Sie wollte es geheim halten. Niemand sollte ihr gratulieren. Bis mittags sah es so aus, als ob ihr das auch gelingen würde. Aber Chefin Susanna hatte nicht dicht gehalten. Und als dann noch ein paar Telegramme über die Funkstation eintrafen, wusste es das ganze Schiff.

Ein Telegramm kam von Radio Norddeich „Das Beste wuenscht Natalie" – ihre kleine Nichte gratulierte im Auftrag der ganzen Familie

Ein anderes Telegramm war von Radio Awarua irgendwo in der Südsee abgeschickt und über Radio Genua schließlich auf die Augustus weitergeleitet worden: „Herzliche Glueckwuensche zum Geburtstag STOP Papa".

Das dritte Telegramm war wieder von Radio Norddeich „Wuensche alles Gute zum Geburtstag Valja". Auch Valja hatte sie nicht vergessen.

Aber ausgerechnet heute, am Tag als sie nun 24 Jahre alt wurde, musste ihr Susanna erzählen, dass eines der Ehepaare, das letztes Jahr auf der Vassilij mitgefahren war, behauptete, sie, Dorothee, sei damals ein wahrer Drachen gewesen und sie hätte immer wie eine Russin ausgesehen. Jetzt sei sie aber so nett und sie könnten sich gar nicht erklären, woher dieser Wandel gekommen sei.

War sie wirklich solch ein Drachen gewesen? Möglicherweise hatte sie diesen Gästen mal eine etwas patzige Antwort gegeben. Mag sein. Aber, was war negativ daran, dass sie „immer wie eine Russin ausgesehen habe"? Diese Bemerkung empfand Dorothee als Beleidigung, nicht für sie, sondern für die Russen. Denn es sollte ja wohl bedeuten, dass diese Passagiere es schrecklich fanden, wenn eine deutsche Reiseleiterin den Russen ähnelte.

Nachts träumte sie, dass ihr Avtandil über Co-Mail Verlobungsringe schickte. Ach, Dorothee, träume weiter. Das hilft der Seele.

Von Suez bis zum nächsten Hafen waren es sieben lange Seetage. Dorothee liebte diese Tage. Sie hatten eine gewisse Routine. Man öffnete zu bestimmten Zeiten das Büro, verkaufte die Ausflüge, beantwortete die Fragen der Passagiere, versuchte, ihre Probleme zu lösen. In den freien Stunden dazwischen lernte sie Italienisch. Dorothee liebte es, Sprachen zu lernen. Spanisch konnte sie schon und Italienisch war nicht so viel anders und doch wieder ganz anders. Italienisch von den Besatzungsmitgliedern zu lernen war sinnlos, denn die sprachen fast alle napolitanischen Dialekt. Wer ihre Fragen zur Grammatik und anderen Details beantworten konnte, war der „Dottore" wie ihn alle nannten, der Bordarzt Vittorio Denti. Oft lagen sie beide oben an Deck, sonnten sich. Dorothee lernte so viel sie konnte, der Dottore fragte Vokabeln ab, korrigierte. Sie freundeten sich an. Abends saßen sie an der Bar, schauten sich das Programm im Salon Arazzi an, tanzten nachher noch und führten interessante Gespräche. Noch bevor die Augustus Nobilis am 2. Februar sich dem Archipel der 2.500 Malediven Inseln näherte wurden sie ein Paar. Und es machte nichts aus, dass Vittorio 24 Jahre älter war als sie und ihr Vater hätte sein können.

Es tat gut, nicht mehr alleine zu sein, jemanden zu haben, an dem man sich anlehnen konnte. Sie versuchte, weiter zu leben. Es ging ihr doch gut, oder? Sie fuhr weiterhin durch die Welt, verdiente Geld, sah viele Länder, erlebte vieles. Sie machte sich Sorgen um Avtandil. Er war es, der eingesperrt war in diesem Riesenland und sich nicht so wie sie ablenken konnte.

Wie herrlich diese Malediven waren! Es war fast wie in der Südsee, das klare, türkisfarbige Meer, die vielen kleinen Inseln. Rechts, links überall Inseln, und neu entstehende Inseln, die Atolle. Links von ihnen lag Malé, die Hauptstadt, rechts eine winzige Insel mit dem Flugplatz. Gerade startete eine Maschine und zog eine extra Runde über ihrem Schiff.
Welchen Ausflug könnte man hier schon anbieten? Einen Spaziergang über eine der Inseln? Selbst auf der größten Insel brauchte man nur etwa 20 Minuten, um einmal herum zu spazieren. Nein, ein Buffet am Strand, das war doch eine tolle Sache. Und so fuhren sie zur Insel Bandos, sorgten dafür, dass alles ordnungsgemäß vorbereitet wurde, bis dann die Passagiere kamen, die dieses leckere Essen in solch schöner Umgebung begeisterte. Dorothee übte sich nach langer Zeit mal wieder im Wasserskifahren. War es nicht in Acapulco an der mexikanischen Westküste gewesen, das letzte Mal Wasserski?

Es folgten weitere sechs Seetage. Diesmal ging es nur noch wenig nach Süden, dann nur noch nach Osten, nach Bali. Zwei Tage nach Verlassen der Malediven überquerten sie den Äquator. Auch auf der Augustus Nobilis gab es eine Äquatortaufe, fast noch brutaler als auf der Vassilij. Nicht einmal der Dottore, ja nicht einmal der Kapitän – der Comandante – wurden verschont. Wieder war Dorothee die Krankenschwester, die diesmal mit einem Gummihammer die „Patienten" in Narkose versetzte. Mit einem Galaessen wurde abends die Äquatorüberquerung gefeiert. Jeder erhielt seine Taufurkunde mit einem Fischnamen. Dorothee wurde auf den Namen „Stella Maris" – Seestern getauft. Das gefiel ihr.
Wenige Tage später gab es „Lady-Wahl", auch eines der typischen Abendveranstaltungen an Bord der Kreuzfahrtschiffe. Dass auf Platz zwei eine 80-jährige gewählt wurde, das war dann schon etwas Besonderes. Es war Bela Behren, eine Deutsche aus Hamburg, ehemalige Schauspielerin. Sie lebte schon seit 20 Jahren auf Capri, hatte dort eine zeitlang eine Hundeklinik betrieben. Nun wollte sie ihren Lebensabend genießen. Bela hatte lange, sehr lange Haare, blond gefärbt. Sie besaß einen unwiderstehlichen Charme, dem jeder erlag. Jeder an Bord mochte Bela.

Augusts Nobilis erreichten Bali, die schönste der indonesischen Inseln, die einzige, auf der nicht Moslems, sondern Buddhisten leben. Dorothee schaute aus dem Kabinenfenster. Da war er, der Gunung Agung, der 3.142 m hohe Vulkan. Sie war zurückgekehrt.
„What are you doing here, I aspected you tomorrow on Vassilij – was machst Du hier. Ich habe Dich morgen auf der Vassilij erwartet", der Agent war sicht-

lich überrascht, Dorothee heute auf der Augustus anzutreffen. Dorothee musste ihm nun erzählen, warum sie hier war und nicht erst morgen mit der Vassilij nach Bali kam. Es war aber auch eine gute Gelegenheit, einen Brief zu überreichen, den der Agent morgen dann ihrem Vater auf der Vassilij übergeben konnte. Mein Gott, so nahe waren sie sich nun, zu blöd, dass sie nicht am gleichen Tag in Bali waren. Da stand ein anderes Schiff, eines aus den Niederlanden, neben ihnen. Ach, wäre es doch nur die Vassilij gewesen! Während der Ketjak Tanz aufgeführt wurde, dort am selben Platz wie letztes Jahr, kamen alle Erinnerungen wieder.

Die balinesischen Kollegen waren damals an Bord der Vassilij gegangen, oben in der Ucraina Lounge waren sie gesessen, hatten mit den Sakartvelo in deren Spielpausen getrunken und geplaudert. Morgen Abend würden die örtlichen Kollegen wieder dort sitzen, diesmal gab es keine Sakartvelo, es waren die Armasi die dort spielten. Und es gab auch keine Dorothee, die mit ihnen dort sitzen konnte. Dafür aber Dorothees Vater.

„See you again – I write to you – Auf Wiedersehen, ich werde Dir schreiben", ein letztes Winken. Das Tenderboot mit den balinesischen Kollegen, die zu Freunden geworden waren, fuhr in Richtung Ufer, die Auslaufmelodie erklang. Gegen Mitternacht verließen sie Bali. Der nicht mehr volle Mond steckte hinter den Wolken und tauchte die Gegend in einen eigenartigen Schein. Das Schiff drehte, langsam verschwand die Trauminsel Bali. Es blitzte in der Ferne. Dorothee dachte daran, wie es letztes Jahr war. Sie saß ganz oben an Deck über der Brücke und der Wind blies sie fast davon. Plötzlich erschien Valja unterhalb des Schornsteines. Wer hätte damals gedacht, dass es heute so anders sein würde? Und was wird im nächsten Jahr sein?

„Bali, ich kam wieder und ich werde wiederkommen", das versprach Dorothee und warf einen letzten Blick auf die dunklen Schatten, die Bali nur noch in der Ferne erahnen ließen.

Auf der Funkstation versuchte sie dem Funker klarzumachen, dass sie ein Telefongespräch erwarte von der Vassilij Azhajew. Der Typ war recht unfreundlich. Er sei voll beschäftigt, und dann ausgerechnet auch noch ein russisches Schiff!!! O Mamma mia! Erst als er kapierte, dass die von dort aus, von dem russischen Schiff aus hier anrufen würden und er „nur" antworten und sie holen lassen solle, da endlich wurde er etwas netter.

Dorothee legte sich angezogen aufs Bett und wartete nun darauf, dass der Funker sie holen lassen würde. Aber sie schlief bald ein. Um etwa 4.30 Uhr wachte sie auf. Bis jetzt also war nichts geschehen. Der Kontakt zwischen Vassilij und Augustus hatte nicht funktioniert. Dann wachte sie um 5.30 Uhr wieder auf. Jetzt zog sie sich aus. Da würde sowieso nichts mehr draus. Warum? Hatten die Russen nicht mitgemacht. War etwas nicht in Ordnung?

Der nächste Hafen war neu für Dorothee. Keine Erinnerungen an vergangenes Glück gab es hier, die Philippinen, genauer gesagt Manila, die Hauptstadt. Diese Philippinos, Asiaten mit europäischem Einschlag. Schließlich hatte dieses Inselreich lange Zeit zu Spanien gehört. Und dann diese lustigen Jeepneys, Jeeps, die aus dem Nachlass der US-Amerikaner stammen aus den Zeiten des Korea- und des Vietnamkrieges und nun zu Sammeltaxen umgebaut wurden. Sie waren alle bunt bemalt und meistens mit Kitsch bestückt. Im Inneren gut ausgerüstet mit Stereoanlage zur Berieselung oder besser gesagt Beschallung der Passagiere. An den Fenstern hingen Gardinchen. Überhaupt waren alle Autos, Busse, Motor-Dreiräder, einfach alle Fahrzeuge sehr bunt. Das passte gut zu den freundlichen, lebenslustigen und oft auch hübschen Menschen hier. Sie wirkten so asiatisch, so europäisch, so südamerikanisch, so spanisch, alles in einem. Sie waren wie eine Mischung aller Völker dieser Erde. Dorothee mochte sie auf Anhieb, diese Philippinos.

Chefin Susanna ließ aber nicht zu, dass Dorothee mit zum Abendprogramm fuhr. Heute hatte es einen Streik an Bord gegeben. Nur zwei Stunden hatte dieser gedauert, doch man wusste nicht, ob kurzfristig wieder gestreikt werden sollte. Der Besatzung war zu Ohren gekommen, dass das Schwesternschiff, die Antonia Nobilis, verkauft werden sollte. Das sollte durch Streiks verhindert werden. Oder zumindest sollte deren Besatzung die Garantie bekommen, vom neuen Eigentümer übernommen zu werden. Na, das konnte noch heiter werden auf der restlichen Fernostreise, wenn die jetzt ständig mit Streiks drohen sollten.

Doch alles lief glatt. Dorothee durfte sogar noch ganz spät abends mit Joe, dem Agenten, ausgehen. In seinem offenen roten Jeepney fuhren sie zu einem Nachtclub, wo sie noch die letzte halbe Stunde einer Show miterleben konnten. Es war ein riesiger Saal, voller japanischer Touristen. Auf der Bühne stand eine hübsche, hier in der Gegend wohl sehr bekannte Schauspielerin und Sängerin, die bekannte Lieder vortrug wie z. B. Frank Sinatras „Strangers in the Night". Sie sang Englisch, Spanisch, Philippinisch und dann in einer anderen Sprache. Daraufhin brach ein tosender Applaus los. Aha, das war Japanisch, und die Touristen aus Japan waren begeistert.

Dorothee schaute sich im Saal um. Sie war offensichtlich hier die einzige Europäerin. Europa war weit. Europa war unwichtig hier. Hier war Asien. In Asien gab es viele Länder, wie im kleinen Europa auch. Warum nehmen wir Europäer uns eigentlich immer so wichtig? Warum meinen gerade wir Deutschen immer, wir wären so unglaublich wichtig in der Welt? Deutschland – beide Deutschlands – waren nur ein kleiner Fleck auf diesem Planeten Erde. Hier interessierte sich keiner für dieses ferne Land. Hier war Asien, und Europa war unendlich weit entfernt. Ein Gefühl, ein Gedanke, den Dorothee nie mehr vergessen sollte. Europa bzw. Deutschland, nein, das war nicht der Nabel der Welt. Wir waren nicht so bedeutend wie wir glaubten zu sein. Es war der 13. Februar, der Vorabend zum Valentinstag, dem Tag der Verliebten, und es war genau ein Jahr her, dass ihre Beziehung begonnen hatte, die Beziehung zwischen Avtandil und ihr, der Beginn einer tragischen Liebe, denn in dieser Welt durfte man nicht lieben, wen man wollte.

Das Schiff blieb noch einen zweiten Tag in Manila. Neben ihnen stand die „Cora Princess" ein Schiff aus Hongkong. Es lief noch vor ihnen aus. An der Pier standen viele Menschen mit bunten Bändern in den Händen, deren andere Enden die Passagiere auf dem Schiff hielten - Symbol der Verbundenheit zwischen den Menschen an Land und an Bord.

Nun ertönte auch ihr „La Nave Blu", ein letztes Winken, das Schiffshorn erklang, ein letzter Blick. Auf Wiedersehen schönes Manila.

Der nächste Hafen war nur einen Seetag entfernt, doch dieser Tag hatte es in sich. Es gab Sturm. Zunächst schaukelte es nur stark, unruhige See, keiner konnte so richtig gut schlafen. Gegen Morgen wurde der starke Wind draußen zum richtigen Sturm. Nun bewegte sich das Schiff in alle Richtungen. Wenn ein Schiff sich auf und ab bewegt, so sagt man, es „stampft", schaukelt es aber von rechts nach links und umgekehrt, also von steuerbord nach backbord und zurück, so nennt man dies „rollen". Kommen nun beide Bewegungen zusammen, so schlingert das Schiff. Und das ist die schlimmste Bewegung. Da wird es auch den Hartnäckigen mulmig im Magen. Trinken hilft nicht. Bloß nichts Flüssiges zu sich nehmen. Der Magen muss mit festen Dingen beschäftigt sein. Am Besten sind salzige Kekse oder trockenes Brot. Und so saß Dorothee im Büro, gut ausgestattet mit trockenen Brötchen und einer Schachtel Salzkekse. Das verhinderte zumindest, dass die Übelkeit in ein Erbrechen überging. Eine ganz nette Passagierin kam kreidebleich auf Dorothee zugesteuert: „Ich will in Taipeh ausschiffen. Ich halte das nicht mehr aus."

„Nein, das ist doch nur heute. Und wenn es vorbei ist, dann gefällt es Ihnen wieder hier an Bord. Legen Sie sich ins Bett, essen sie trockenes Brot, Salzkekse und schlafen Sie. Morgen sieht die Welt wieder schön aus."

Und so war es auch. Die Passagierin war später Dorothee sehr dankbar. Sie genoss die restliche Reise in vollen Zügen und verliebte sich in einen allein reisenden Herrn. Es gab ein regelrechtes Happyend.

Sie waren im Hafen von Keelung, in der Nähe von Taipeh, der Hauptstgadt Nationalchinas auf der Insel Formosa oder Taiwan. Das Wetter war ziemlich schlecht, ziemlich kalt und es regnete. Dorothee fuhr wieder mit zum Ausflug, der den ganzen Tag dauerte. Gegen 19.15 Uhr kamen sie zum Schiff zurück. Susanna kam ihr aufgeregt entgegen: „Streik an Bord. Es wird wahrscheinlich kein Abendessen an Bord geben. Wir müssen ein Restaurant finden." Die Passagiere mussten jetzt erstmal im Bus warten. Susanna und Dorothee sausten zu einem Restaurant, nur fünf Minuten zu Fuß entfernt. Gott sei Dank konnten sie sofort Plätze für ihre Passagiere reservieren lassen und auch schon ein „Notfall"-Menü aussuchen. Zurück rennen zum Bus, Gäste informieren und mit allen rüber zum Restaurant. Die anderen Passagiere vom Schiff kamen erst später und waren sichtlich sauer, weil die Gäste von Lechak-Reisen wieder einmal besser betreut worden waren als sie.

Die Augustus Nobilis konnte zur geplanten Zeit auslaufen und Kurs auf Hongkong nehmen. Diesmal war es noch gut gegangen, aber wie sollte das weitergehen? Sie hatten ja gerade mal die Hälfte der Reise hinter sich.

Dorothee stand oben auf der Brücke. Die Einfahrt in den Hafen von Hongkong durfte sie auf gar keinen Fall verpassen. Hongkong, diese so besondere Stadt, die britische Kronkolonie, die von Großbritannien im Jahr 1997 wieder an China zurückgegeben werden musste. Was würde mit all den Menschen dieser Stadt passieren? Würden sie einfach chinesische Staatsbürger werden? Wie sollten sie im streng kommunistischen System leben, nachdem sie so viel Freiheit kennen lernen durften?
Aber daran wollte Dorothee jetzt nicht denken. 1997 lag noch in weiter Ferne. Jetzt genoss sie diese grandiose Aussicht auf die Silhouette der Stadt. Über den Bergen hinter Hongkong tauchte am Himmel ein Flugzeug auf, das schnell tiefer sank und dicht über den Hochäusern sich dem Flughafen näherte, bis es schließlich auf der Landebahn aufsetzte, die mitten ins Meer hineingebaut worden war. Wo sonst hätten die Flugzeuge auch landen können? Das Hinterland gehörte bereits zur Volksrepublik China.
Fast gleichzeitig startete nebenan eine Maschine. Die Motoren dröhnten, die Maschine raste in Richtung Meer und hob kurz vor Ende der Bahn ab. Hoch hinauf stieg sie in den Himmel. Wohin die Reise wohl ging?
Auf der Steuerbordseite lag die Insel Victoria, der Teil Hongkongs, der auf allen Postkarten abgebildet war. Backbord lag das Festland, Kowloon. Und hier war der Hafen. Die Augustus Nobilis legte an der Pier an, während ihre Hymne die unglaubliche Ruhe störte. Warum war es hier so menschenleer, es war wie ausgestorben.
Oje, wer hatte sich diese Route ausgedacht? Sie kamen heute hier an, hier im Einkaufsparadies und fast alle Geschäfte waren geschlossen. Es war chinesisches Frühlingsfest, das größte Fest für die Chinesen. Es läutete auch das neue chinesische Jahr ein. Und nur dann, aber auch wirklich nur an diesen wenigen Tagen im Jahr waren die Geschäfte überhaupt geschlossen. So ein Pech!
Unten am Kai standen schon die Ausflugsbusse und ihre Kollegin Elke Lanke, die mit auf der Weltreise der Vassilij Azhajew dabei gewesen war. Und da Elke eine besonders liebe Kollegin war, freute sich Dorothee sehr. Ihren Ohren traute sie aber kaum, als sich der chinesische Stadtführer mit perfektem Deutsch vorstellte. Er hatte einen stark schwäbischen Akzent, seine Deutschkenntnisse hatte er in Stuttgart erworben. Machte man die Augen zu, sah ihn also nicht, hörte nur seine Stimme, so konnte man meinen, man stünde irgendwo im Zentrum von Stuttgart.
Durch den Tunnel ging es hinüber zu Victoria Island. Dorothee war fasziniert von dieser Stadt, obwohl sie immer noch wie ausgestorben war. Doppeldecker-Straßenbahnen in grüner Farbe fuhren durch die Straßen. Hinauf ging es auf den 537 m hohen Peak, dem Hausberg, von wo aus sie nun einen herrlichen Blick in alle Richtungen, auch hinüber nach Kowloon hatten. Dort unten

stand ihr schönes blaues Schiff. Ganz Hongkong hatte sich zum Neujahrsfest geschmückt.

Mit einer Dschunke setzten sie über zu einem der zahlreichen „Floating Restaurants", den schwimmenden Restaurants, wo es Mittagessen gab. Mit derselben Dschunke ging es schließlich durch Aberdeen, jenen Stadtteil, in dem die Angehörigen der Tanka-Völker auf ihren Hausbooten wohnen. Welch ein Trubel, welch ein Leben herrschte hier, auf den Schiffen und auf den Wasserwegen zwischen den Schiffen. Von Feiertagsruhe spürte man hier gar nichts.

Der Ausflug am nächsten Tag führte sie zu den „New Territories", dem Hinterland von Hongkong, das direkt an die Volksrepublik China grenzte. Dort, direkt an der Grenze, mit dem Blick in dieses mysteriöse „Rotchina" kaufte Dorothee an einem Verkaufsstand gleich mehrere „Mao-Bibeln" in verschiedenen Sprachen, Chinesisch, Deutsch und Esperanto. Der Abend bot endlich mal die Gelegenheit, gemütlich in trauter Runde in einem Restaurant an Land zu essen, zu viert waren sie, ihre Chefin Susanna mit Partner Gianni, dem Staff-Kapitän, Vittorio und sie. Es war ein rein chinesisches Restaurant, nicht auf Ausländer eingestellt. Speisekarten auf Chinesisch, das Personal sprach nur Kantonesisch, den chinesischen Dialekt, der hier allgemein gesprochen wurde. Und essen konnte man nur mit Stäbchen. Aber weitgereiste Leute wissen sich zu helfen. Sie bekamen das zu essen, was sie wollten und amüsierten sich köstlich, genauso wie das Personal.

Es gab noch einen dritten Tag in dieser Stadt, den man dann endlich auch zum Einkaufen nutzen konnte, denn die Geschäfte hatten inzwischen wieder geöffnet. Das Auslaufen war für abends 20.00 Uhr geplant. Doch der Besatzung fiel es wieder einmal ein zu streiken. Es sollte keinen Service in den Bars geben. Nun denn, draußen in der Stadt war ja wieder alles geöffnet. So sahen es auch die Passagiere, die sich freuten, einen Abend mehr in Hongkong verbringen zu können. Eigentlich bekam keiner so richtig mit, dass wieder gestreikt wurde. Dorothee kam dadurch noch in den Genuss, wunderschönen schwarzen Seidenstoff zu kaufen und sich ein elegantes schwarzes Abendkleid schneidern zu lassen, ganz im chinesischen Stil. Es sollte nur 57 D-Mark kosten, samt Versand per Schiff an ihre Adresse in Deutschland. Und tatsächlich, das Kleid kam nach vier Wochen in Ulm an und passte einwandfrei.

Schon zwei Tage später erreichten sie den thailändischen Militärhafen Ao Sattahip an. Von hier aus waren es noch drei Stunden mit dem Bus bis zur thailändischen Hauptstadt Bangkok. Nur gut, dass die Busse klimatisiert waren.

Die Lechak-Reisengäste wurden im Hotel Dusit Thani (Perlenhimmel) untergebracht. Dorothees Zimmer lag im 18. Stock. Sie hatte einen wunderschönen Ausblick auf diese riesige Stadt ringsum. Auf den Ausflug konnte Dorothee nicht mitfahren. Sie hatte sich eine Entzündung am Finger zugezogen und wollte lieber hier an Land einen Arzt aufsuchen. Die Kollegen gaben ihr die Adresse eines Deutschen, der in einem Krankenhaus tätig war. Sie nahm ein Taxi. Der Arzt freute sich, endlich wieder einmal Deutsch sprechen zu können. Er war nicht mehr so jung und lebte schon seit ewigen Zeiten hier. Man hatte vereinbart, dass Dorothee anschließend zum Büro der Lechak-Reisen-Agentur fahren sollte. Diese lag in der Suriwong Road gegenüber neben dem Hotel Sheraton. Der Einfachheit halber sagte Dorothee zu dem Taxifahrer: „Hotel Sheraton, Suriwong Road".

Der Fahrer verstand nicht. Sie wiederholte. Lächelnd schüttelte er den Kopf. Er verstand nicht. Auch seine Kollegen lächelten und verstanden nicht. Sie war hier wirklich im „Land des Lächelns". Dorothee versuchte es immer wieder von neuem, es konnte doch nicht so schwer sein: „Hotel Sheraton, Suriwong Road".

Verdammt, warum verstanden diese Leute das nicht? Ob es wirklich so war, dass die Menschen hier kein „R" aussprechen konnten?

„Hotel Shelaton, Suliwong Load, please", versuchte Dorothee es noch einmal.

„Ooooh, Hotel Shelaton, Suliwong Load, yes please Madam." Endlich hatte der Taxifahrer verstanden. Dorothee war gerettet.

Susanne schlug vor, abends in ein echtes Seafood-Resturant zu gehen, ein Restaurant spezialisiert auf Meeresfrüchte. Dorothee fuhr schnell hoch in den 18. Stock, wo ihr Zimmer lag. Inzwischen hatte das Zimmermädchen das Bett schon zum Schlafen vorbereitet. Auf dem Kopfkissen lag ein kleines Stück Schokolade, ein „Good Night Chocolate" – eine Gute-Nacht-Schokolade. Wie süß, dachte Dorothee und freute sich, dieses Stück noch kurz vor dem Schlafen genießen zu können.

Der Abend im Restaurant war schön und entspannend. Sie mussten aber vor Mitternacht zurück sein. In Thailand herrschte zu jener Zeit Ausgangssperre von Mitternacht bis 4.00 Uhr morgens. Dorothee fuhr wieder mit dem Aufzug in den 18. Stock und ging in ihr Zimmer. Ihr Blick fiel auf das Kopfkissen. Nanu! Die Schokolade lag nicht mehr dort. War sie heruntergerutscht? Nein, neben dem Kissen lag sie auch nicht, auch nicht sonst irgendwo im Bett, auch nicht auf dem Boden daneben. Da war doch irgendjemand bei ihr im Zimmer gewesen! Sie durchsuchte ihr Gepäck. Alles war da, alles lag genauso am Platz wie zuvor. Aber wer zum Teufel schleicht sich in das Zimmer eines Gastes, nur um die Good-Night-Chocolate zu stehlen? Seltsam, höchst seltsam. Dorothee war zu müde, weiter darüber nachzudenken. Sie legte sich ins Bett und schlief sofort ein. Ein weiterer anstrengender, aber intessanter Tag wartete auf sie. Und interessant wurde dieser Tag. Was bekam sie nicht alles zu sehen von dieser interessanten Stadt, sogar zu den „Floating Markets" den schwimmenden Märkten fuhren sie. Abends wollten die Reiseleiter dann jenes Bangkok kennen lernen, von dem man in Deutschland so viel hörte, Bangkok und seine Sex-Shows. Dorothee sauste mit dem Aufzug hoch zu ihrem Zimmer. Wieder lag eine neue Good-Night-Chocolate auf dem Kissen.

An jenem Abend wurde Dorothee bewusst, wie verklemmt die Menschen in christlich geprägten Ländern aufwuchsen, wie oft ihnen eingeredet wurde, dass alles, was mit Sexualität zu tun hat, schlecht ist. Hier waren die meisten

Menschen Buddhisten und hatten eine viel natürlichere Einstellung zu diesen Dingen. Bei der „Live-Show" im Nachtclub war dies ganz deutlich zu spüren. Die thailändischen Männer schauten sich das Spektakel an und genossen es. Die Männer aus dem Ausland starrten ungläubig auf die Bühne, bekamen Stielaugen und fingen an zu lechzen. Vorneweg die Deutschen. Wie typisch, dachte sich Dorothee.

Und dann waren da die Italiener, alles Leute vom Schiff. Die mussten natürlich ihre blöden Witze über die Mädchen machen. Dorothee setzte sich weg, mitten unter die Thais. Dort fühlte sie sich wohl, akzeptiert, geachtet, und hier konnte sie die Live-Show auch genießen, besonders den erotisch so schön präsentierten Liebesakt, in dem viele Männer hier nur einen sexuellen Akt sahen. Doch die Darbietung war ästhetisch schön gestaltet. Geeignet, um sich in Stimmung zu bringen und später dann zu Hause dasselbe zu wiederholen.

Zurück im Hotelzimmer fiel Dorothee auf, dass die Good-Night-Chocolate nicht mehr auf, sondern neben dem Kissen lag. Aber so weit daneben, dass sie nicht nur einfach runtergerutscht sein konnte. Höchst seltsam. In diesem Zimmer schien es zu spuken. Sie legte die Good-Nidht-Chocolate neben den Fernseher, der gegenüber auf einem Tisch stand, legte sich ins Bett und knipste das Licht aus. Was war das? Was war das für ein Geräusch? Da, schon wieder! Sie schaltete das Licht ein. Das Geräusch kam aus der Richtung des Fernsehers. Plötzlich sah sie eine kleine Maus unter das zweite Bett flitzen. Die Good-Night-Chocolate lag, schön ausgepackt, auf dem Boden unterhalb des Fernsehers, die Hülle lag vor dem Fernseher auf dem Tisch. Dorothee hatte eine Mitbewohnerin im Zimmer. Der Spuk war nun aufgeklärt. Am nächsten Morgen meldete sie unten an der Rezeption, dass in ihrem Zimmer im 18. Stock ein kleiner Mitbewohner lebte. Die junge Dame dort nahm dies lächelnd zur Kenntnis und gab es lächelnd weiter an ihren Chef, der sich lächelnd bei Dorothee entschuldigte. „Immer nur lächeln", dachte Dorothee. Diese Menschen hier waren Meister darin.

Es ging zurück zum Schiff. Wieder drei Stunden Fahrt im klimatisierten Bus, bis sie in Ao Sattahip ankamen, wo ihr blaues Schiff auf sie wartete. Susanna bat alle Busfahrer und Reiseleiter nicht zurückzufahren, noch abzuwarten. Die Gefahr bestand, dass man erneut zurückfahren musste nach Bangkok, denn es sollte schon wieder gestreikt werden.

Es war 10.30 Uhr, das Schiff sollte um 11.00 Uhr auslaufen. Alles sah aus, als ob es seinen normalen Lauf ginge. Dorothee stand an der Gangway, die örtlichen Reiseleiter waren inzwischen nach draußen zu den Bussen gegangen. Sie winkte ihnen zu. Ein Steward im weißen Kittel aus dem Restaurant ging an ihr vorbei, die Gangway hinunter, blieb unten an der Pier stehen, es folgte ein weiterer Steward. Dann noch einer, noch einer. Von allen Seiten strömten nun die Stewards zur Gangway und gingen hinunter zur Pier. Und da es sehr heiß war, die Sonne brannte erbärmlich, so stellten sie sich dicht an das Hafengebäude, um im Schatten zu stehen. Streik!

Die Gewerkschaft der Stewards verlangte eine Garantie, dass bei Verkauf des Schwesternschiffes Antonia Nobilis die Besatzungsmitglieder übernommen werden. Es war ein Solidaritätsstreik für die Kollegen auf dem anderen Schiff. Aber mit diesen Streiks würden sie sicher nichts erreichen können. Was wollten sie hier im fernen Thailand bezwecken damit? Die Abfahrt des Schiffes verzögern, so wie in Hongkong?

Diesmal hatte die Gewerkschaft aber die Rechnung ohne die Thailänder gemacht. Ao Sattahip war ein Militärhafen, die Augustus Nobilis hatte eine Sondergenehmigung erhalten, um überhaupt in diesem Hafen anlegen zu dürfen. Und diese Genehmigung lief um 11.00 Uhr ab. Die Thais sahen nicht ein, aufgrund interner Schwierigkeiten der Besatzung mit ihren Vorgesetzten, hier eine Verlängerung zu ermöglichen.

Die Lage spitzte sich zu. Militärjeeps kamen angefahren. Soldaten mit Maschinengewehren stiegen aus und richteten diese auf die Streikenden. Denen musste es langsam wohl mulmig werden. Der Kapitän erhielt den Befehl auszulaufen, die Streikenden wären dann einfach stehen gelassen worden. Sie bekamen es nun wirklich mit der Angst zu tun und kehrten zögerlich aufs Schiff zurück. Es waren nun zwar alle Personen an Bord, die an Bord sein sollten, doch jetzt traten die Matrosen in den Streik. Sie standen am Bug und am Heck, verschränkten ihre Arme und dachten nicht im Traum daran, die schweren Seile zu lockern, damit die Hafenarbeiter an der Pier die Seile von den Pflöcken lösen konnten und das Schiff endlich seine Fahrt beginnen konnte.

Der Kapitän bat daraufhin die thailändischen Behörden, die Seile einfach mit Äxten abhauen zu lassen. Das war gefährlich, denn die stark angespannten Seile schnellten dann nach oben, in Richtung Schiff, und konnten leicht jemanden verletzen, der dort herumstand, wie z. B. die streikenden Matrosen. Es war aber die einzige Lösung. Das Schiff musste diesen Militärhafen verlassen.

Praktisch alle Passagiere standen oben an Deck, um dieses Spektakel mit zu verfolgen. Militärjeeps kamen angesaust, Männer mit Äxten stiegen aus. Ein-, zweimal draufgeschlagen, die Seile schossen in Richtung Schiff, trafen aber Gott sei Dank niemanden. Die Ingenieure unten im Maschinenraum starteten den Motor, das Schiff fuhr einige Meter quer von der Pier weg. Die Augustus Nobilis befand sich nun nicht mehr an Land, sie war auf See, ein Streik wäre somit kein Streik mehr, sondern eine Meuterei gewesen. Der Kapitän gab dies mit Genugtuung laut über Bordlautsprecher bekannt. Die Matrosen begannen widerwillig mit ihrer Arbeit. Der Kapitän hatte sie ausgetrickst. Dafür erhielt er tosenden Applaus, als er etwas verspätet zum Mittagessen im Restaurant auftauchte. Die Passagiere standen sogar auf und riefen ihm „Bravo Comandante", zu.

Ein weiteres Mal war die Situation gerettet worden. Sollte das jetzt in jedem Hafen so weitergehen? Jedoch noch vor Ankunft in Singapur kam aus Neapel die Nachricht, dass die neuen Eigentümer der Antonia Nobilis die Besatzung übernehmen würden. Die Streiks waren somit zu Ende, vorerst zumindest. Die Reise konnte in Ruhe fortgesetzt werden.

Singapur, Colombo, die Hauptstadt von Sri Lanka, dem ehemaligen Ceylon und dann wieder Bombay. Überall lauerten jetzt wieder Erinnerungen an die Weltreise auf der Vassilij Azhajew und somit schmerzende Erinnerungen an ihren geliebten Avtoschenka. In Bombay stand dann ausgerechnet ein sowjetisches Frachtschiff neben ihnen, aus Nachodka, bei Wladiwostok. Weit, weit entfernt von der zentralen Macht der UdSSR und dennoch immer noch das gleiche riesige Land. Santan, der ihr damals geholfen hatte, zu einem neuen Reisepass zu kommen, war seit über drei Monaten in Jeddah, in Saudi Arabien. Er hatte seine Freundin Zeena geheiratet. Beide versuchten nun dort mehr Geld zu verdienen als sie es in Bombay jemals konnten. Dorothee hatte sich so auf ein Wiedersehen gefreut. Schade.

Inzwischen war es schon 12. März 1977, die zweite Weltreise der T/S Vassilij Azhajew ging zu Ende, Hartmut kehrte wieder nach Hause zurück. Die Vassilij begann eine weitere Weltreise, jetzt wieder ostwärts. Im Roten Meer sollten sich beide Schiffe begegnen, die Vassilij auf Südroute, die Augustus Nobilis auf Nordroute. Es war mitten in der Nacht. Dorothee stand oben auf der Brücke, der Funker versuchte Kontakt zur Vassiij zu bekommen, doch es gab keine Antwort. Der diensthabende Offizier zeigte auf einen kleinen beleuchteten Punkt, der in weiter Ferne backbord an ihnen vorbeifuhr, ein winziger Lichtpunkt, ihre geliebte Vassilij. „Questo e la tua nave" – das ist dein Schiff, sagte er zu Dorothee. Da fuhr sie also. Der Punkt wurde kleiner und verschwand im Dunst. „Die sowjetischen Schiffe antworten nie", vertröstete sie der Offizier. Er meinte es gut, aber Dorothee konnte man in diesem Fall nicht trösten. Sie tröstete sich nur durch Ablenkung. Und da half es, am napolitanischen Abend teilzunehmen und Tarantella zu tanzen. Ja, das machte wirklich Spaß und tat gut. Zumal sie jeder bewunderte, die Deutsche, die so gut Tarantella tanzte.

Nach Durchqueren des Suez-Kanals ging es direkt nach Haifa. Wieder ein paar Stunden im Heiligen Land. Hier begann der Endspurt der „Reise nach Fernost", es ging direkt nach Neapel. Vittorios Kinder kamen an Bord, um zu sehen, wo ihr Vater zwei Monate lang gearbeitet hatte. Eine Freundin begleitete sie. Die geschiedene Ehefrau wollte Vittorio wohl lieber nicht sehen. Am nächsten Tag erreichten sie Genua, eine abenteuerreiche Fahrt ging zu Ende. Eine Reise, in der sie viele Länder wieder sah, neue Länder kennen lernte, eine Reise, in der sie eine neue Beziehung begonnen hatte, die gut war, um von ihrer Trauer, ihrer Sehnsucht abzulenken. Nun aber stand schon wieder ein Abschied bevor. Vittorio verließ das Schiff und kehrte zurück in die Klinik, in der er in Neapel arbeitete. „Grazie Doritschka, Grazie für die schöne Zeit", sagte er zum Abschied und drückte sie fest an sich. Dann war Dorothee wieder allein.

Streiks und andere Katastrophen

Das Telefon läutete. Es war einer dieser trüben, grauen typischen Novembertage. Dorothee hatte die Saison auf der Augustus Nobilis hinter sich gebracht und war für einige Tage zu Hause in Ulm. Hartmut war gerade unterwegs in der Stadt.

„Broningen, guten Tag".

„Guten Tag, mein Name ist Zecher, ich möchte gerne mit Fräulein Dorothee Broningen sprechen.

„Am Apparat."

„Ah, schön. Freut mich, dass ich Sie persönlich erreiche. Wie gesagt, mein Name ist Zecher, ich bin vom Verfassungsschutz aus Karlsruhe und rufe Sie an, weil Valentin Charkow uns mitgeteilt hat, dass sie von den Russen verfolgt werden. Der Name sagt Ihnen sicher etwas."

„Ja, klar, aber verfolgt werde ich nicht, ich bin mal verhört worden. Das ist aber schon über ein Jahr her, und es hatte mit der Flucht von Valentin zu tun."

„Ja, genau, ich möchte mich gerne persönlich mit Ihnen unterhalten. Wann kann ich denn mal vorbeikommen?"

„Jederzeit, ich bin die nächsten Tage noch hier, ehe mein nächster Einsatz beginnt."

„Prima, ich bin momentan auf dem Rückweg nach Karlsruhe, da kann ich einen Umweg über Ulm machen. Wenn es Ihnen Recht ist, bin ich in ungefähr einer Stunde bei Ihnen."

„Ja, geht in Ordnung. Ich erwarte Sie hier."

Was sollte das denn nun schon wieder bedeuten? Der Verfassungsschutz wollte mit ihr sprechen. Die Vergangenheit verfolgte sie also immer noch. Es reichte nicht aus, dass sie ständig an Avtandil denken musste, jetzt mussten auch noch die Behörden ihre alten Wunden neu aufreißen. Dorothee musste wieder an die Monate auf der Vassilij denken und an die jetzt erst zu Ende gegangene Saison auf der Augustus Nobilis. 14 Mal die gleiche Reise und dennoch nie Routine, immer wieder Aufregung und Ärger. Es war nun mal so, die Augustus Nobilis und ihre Leute waren eine andere Welt und in keiner Weise mit der Vassilij zu vergleichen.

Die Reisen starteten samstags in Genua, am Sonntag kamen sie gegen Mittag in Neapel an. Dies war der kritischste Tag. Die Streikgefahr schwebte immer noch in der Luft. Und wenn sie dann abends ausgelaufen waren, konnte man aufatmen. In einem anderen Hafen würde die Besatzung wohl kaum einen Streik beginnen, aber in Neapel schon. Das war der Heimathafen. Die

Probleme zwischen Besatzung und Reederei waren keineswegs aus dem Weg geräumt worden.

Es war auch der spannendste Tag für Dorothee. Würde denn ihr Vittorio im Hafen auf sie warten? Oja, da stand er, winkte ihr zu. Er brachte sogar seine beiden Kinder mit, sie gingen gemeinsam essen. Es waren so süße Kinder, die Tochter war zehn Jahre alt, der Sohn erst sieben. „Vittorio liebt Dich wirklich", meinte so manch einer an Bord, „wenn er sogar seine Kinder mit Dir bekannt macht." Und Dorothee glaubte es nur allzu gern, wollte es glauben, musste es glauben, damit die Wunden der Seele besser verheilen konnten.

Die ersten Reisen verliefen planmäßig. Es spielte sich eine gewisse Routine ein. Dorothees Vorgesetzte Susanna wurde Anfang Mai nach Sardinien versetzt. Ich neuer Chef hieß Michael Vogl. Mit ihm war das Arbeiten viel leichter, viel angenehmer und unterhaltsamer. Mike, wie ihn alle nannten, war stets guter Laune und hatte immer eine witzige Bemerkung parat. Das Büro teilten sie sich weiterhin mit einer Kollegin der Konkurrenz aus Stuttgart. Auch hier gab es einen Wechsel.

Sie waren wieder mal in Genua. Dorothee kam ins Büro und da saß die neue Kollegin der Konkurrenz. Sie war um einiges jünger, als die vorherige Kollegin. Sie begrüßte Dorothee freundlich und stellte sich als Helga Gebhard vor. Ihr schwäbischer Akzent war nicht zu überhören. Dorothees erster Gedanke war: „Oje, auch das noch, eine echte Schwäbin. Wie soll ich das einen ganzen Sommer lang mit der aushalten?"

In diesem Moment ahnte Dorothee noch nicht, dass eben jene Helga, die ungefähr 20 Jahre älter war als Dorothee, schon sehr bald eine gute, mütterliche Freundin werden sollte. Es war der Beginn einer über Jahrzehnte anhaltenden Freundschaft. Helga gehörte eben zu jenen Schwaben, die viel Sinn für Humor haben. Und Dorothee schämte sich für ihre Vorurteile.

An Seetagen saßen sie gemeinsam im Büro und hatten viel Spaß miteinander. Die Jalousie, die das Büro vom Foyer trennte, wurde zum Öffnen nach unten geschoben. Das war einfach zu machen. Sie dann abends wieder hochzuschieben war nur möglich, wenn an jedem Ende einer stand und sie gleichzeitig anhoben. Dabei sang Michael dann stets: „S' ist Feierabend, die Glocken läuten." Das war der Beginn eines Volksliedes. Er sang das auch sehr pathetisch. Ach ja, mit Mike und Helga war das Arbeiten sehr angenehm.

Von Neapel führten diese Fahrten stets in Richtung Alexandria, zwei Seetage und genug Zeit, Vorträge zu halten über Ägypten, Israel, die Türkei und Griechenland. Das waren die Länder, die sie regelmäßig anfuhren. Montagabends passierten sie die Straße von Messina, der Moment, an dem sich Dorothee daran erinnerte, wie sie in der Ucraina-Lounge auf der Vassilij die Sakartvelo angesprochen hatte. Es war der Beginn ihrer Freundschaft und der Grund, warum sie heute auf diesem anderen, dem blauen Schiff, war. Wer hätte damals je gedacht, dass ihre Freundschaft solche Folgen haben könnte.

In Alexandria wurden, wie überall, mehrere Ausflüge angeboten, darunter ein Zweitagesausflug nach Kairo. Mike und Doro waren sich einig. Jeder von

427

ihnen sollte mal nach Kairo fahren, mal in Alexandria bleiben. So kam jeder einmal im Monat nach Kairo, das war gerechter. Während die Gäste dieses Ausfluges in Kairo übernachteten, fuhr die Augustus Nobilis weiter nach Port Said und wartete dort am nächsten Tag auf die Passagiere aus Kairo.

Schon am Tag darauf kamen sie in Haifa an, das war der erste Freitag der Kreuzfahrt. Wie schön die Einfahrt in den Hafen von Haifa jedes Mal war, die goldene Kuppel des Tempels der Bahai leuchtete immer wieder so schön im Licht der aufgehenden Sonne. Da machte es gar nichts, dass das Schiff meist vor dem Hafen ausharren musste, bis Taucher den Rumpf unter Wasser abgesucht hatten. Die Israelis waren da sehr genau. Leicht hätte doch jemand einen Terrorakt verüben können.

Nach einem weiteren Seetag kamen sie am Sonntag in Izmir an, dann folgte Istanbul am Montag. Sie kamen hier allerdings erst gegen Mittag an, blieben bis zum Dienstagnachmittag. Aus den bekannten Gründen erklang beim Ein- und Auslaufen die Hymne „La Nave Blu" nicht. Die Augustus war hier nicht so gern gesehen aufgrund der Kollission mit dem Tierfrachter wenige Jahre zuvor, was zum Tod Hunderte von Kühen geführt hatte. Man wollte nicht so viel Aufmerksamkeit hervorrufen und verzichtete auf die schöne Tradition. Dorothee dachte aber jedes Mal, warum dieses Schiff nie weiterfuhr, durch den Bosporus ins Schwarze Meer, in ihr Meer, zu ihrer Heimat. So nahe dran und dann umkehren, das tat weh.

Schon am Mittwoch kamen sie in Piräus an. Es wurde zu Dorothees Gewohnheit, nachdem die Ausflugsbusse mit den Passagieren abgefahren waren, zur Post zu gehen und ein Ferngespräch nach Italien zu beantragen. Der Mann am Schalter freute sich schon immer, wenn er sie sah. Und dann kam der spannende Moment: Würde Vittorio zu Hause sein? In Italien war es eine Stunde früher als in Griechenland! Sie hatte Glück, erwischte ihn noch, bevor er das Haus verlassen musste, um zur Klinik zu fahren. Und er versprach, übermorgen, am Freitag, auf Capri auf sie zu warten. Danach war Dorothee beruhigt, zufrieden und voller Vorfreude. Die Welt war wieder in Ordnung.

Nach Verlassen des Hafens von Piräus fand regelmäßig der „Napolitanische Abend" im Salon Arazzi statt. Die Besatzungsmitglieder zeigten, welche Talente in ihnen steckten. Viele unter ihnen waren begnadete Sänger. Einer der Offiziere sang „O Sole Mio" und erhielt tosenden Applaus.

Dorothee tanzte Tarantella. Ihr Tanzpartner war ein netter Kellner. Drei verschiedene Tänze führte die Gruppe auf. Sie trugen die passsende Tracht dazu. Es machte so viel Spaß, der Applaus des Publikums war besser als jede Gage.

Donnerstag war wieder ein Seetag. Es war der Tag, an dem die Passagiere ihre Reisepässe bei ihnen am Schalter abholen sollten. Auf jeder, wirklich auf jeder Reise fiel dann mehrmals die Bemerkung: „Dorothee, wir wussten ja gar nicht, dass Sie Napolitanerin sind".

„Ist sie ja auch nicht. Sie hat nur eine napolitanische Großmutter", war dann stets Michaels schlagfertige Antwort. Und das glaubten alle. Wohl kaum einer konnte begreifen, dass eine Deutsche Tarantella tanzen konnte.

Freitags war geplant, nach Capri zu fahren. Das hing jedes Mal vom Wetter ab, bei Sturm, bei zu starkem Wellengang musste umdisponiert werden. Dann fuhr das Schiff nach Neapel, und statt mit der Funicolare – der Standseilbahn – zum Ort Capri hochzufahren oder eventuell einen Ausflug mit einem Kleinbus zum viel höher gelegenen Anacapri zu machen, wurden dann Ausflüge nach Ercolano angeboten, denn Pompeji stand ja schon zu Beginn der Reise auf dem Programm. Es war also jedes Mal spannend wie der Wetterbericht aussah, konnten sie nach Capri fahren, dort auf Reede gehen und zur Insel tendern oder ging es erneut nach Neapel. Meistens war der Wettergott guter Laune und sie konnten Capri genießen. Vittorio kam mit der Fähre aus Neapel und stand meist schon an der Pier, winkte von weitem, sobald er Dorothee auf einem der Tenderboote entdeckt hatte. Man fuhr mit der Funicolare hoch und trank einen Cappuccino in einem der vielen Cafés auf der Piazzetta. Es war immer wieder schön.

Im Kinosaal, der den vorderen Teil des Schiffes vom hinteren trennte, gab es tagsüber Diavorträge, abends wurden Filme gezeigt in den an Bord fünf offiziellen Sprachen Italienisch, Spanisch, Englisch, Französisch, Deutsch. Die warmen Nächte hier im Süden luden dazu ein, an Deck einen Spaziergang zu machen. Dorothee machte das gerne, so zum Ausklang des Tages. Sie kam an der kleinen Kammer vorbei, in der jener Matrose stand, der die Filmrollen einlegte. Die Tür hatte er offen gelassen, an diesem Abend war es besonders warm und schwül. Er sah Dorothee, winkte sie zu sich heran und lachte die ganze Zeit. So sehr musste er lachen, dass er die Beine zusammenkniff, um nicht in die Hose zu machen. Sprechen konnte er erstmal gar nicht, weil er sofort wieder in Lachen ausbrach. Endlich schaffte er es zu erzählen, was ihn so amüsierte: Der Film, den er gerade zeigte, bestand aus 9 Filmrollen. Er hatte nach der zweiten Rolle nicht die dritte, sondern Rolle Nummer 6 eingelegt. Das fiel ihm erst sehr spät auf, die Rolle war schon halb durchgelaufen. Nun hatte er danach erst Rolle Nummer 3 eingelegt.

„Bitte gehe doch mal runter ins Kino und finde heraus, wie die Stimmung ist. Sind die Leute sehr durcheinander, verstehen sie den Film überhaupt noch? Immerhin sind auf Rolle 6 etliche Typen im Film schon tot und jetzt auf Rolle 3 wieder lebendig".

Also stiefelte Dorothee ins Kino und setzte sich am Rande hin. Die Leute waren wirklich durcheinander. Keiner verstand diesen Film. Es hatte die Spanier getroffen. Wenige Tage später wurde derselbe Film auf Italienisch gezeigt, in richtiger Reihenfolge und sicher war der eine oder andere spanische Passagier dabei und schaute sich den Film noch einmal an. Trotz der anderen Sprache war er nun sicher besser zu verstehen. Italienisch und Spanisch sind ja verwandte Sprachen.

Ende April lag im Hafen von Izmir das sowjetische Schiff Jakiw Holowazkyi neben ihnen. Susanna hatte lange Zeit auf diesem Schiff gearbeitet und wollte es unbedingt besuchen. Natürlich ging Dorothee mit. Obwohl die Jakiw um einiges älter war als die Vassilij Azhajew, in Dorothee erwachten sofort die alten Gefühle wieder. Die Jakiw fuhr weiter nach Odessa. Sie konnte es nicht ändern, Russland war für sie Heimat, ob sie es nun wollte oder nicht. Und dazu gehörte auch, dass der humorvolle Kapitän Genadi sich nicht mit ihnen alleine unterhalten durfte. Eine Anstandsdame war dabei, offiziell eine Dolmetscherin, die sie nicht brauchten, denn Susanna stammte aus Slowenien und sprach auch Russisch.

Bei der nächsten Reise, das war Anfang Mai, stand in Istanbul wieder ein sowjetisches Schiff neben ihnen an der Pier. Diesmal war es die Michail Petrenko. Inzwischen hatte Mike Vogl Susanna abgelöst. Mike kannte das Schiff gut. Also besuchten sie auch dieses Schiff, zumal die Gäste und Kollegen an Bord auch von Lechak-Reisen waren. Da saßen sie im Salon, tranken Tee mit den Kollegen. Mehrere Offiziere kamen vorbei und begrüßten Mike, der hier früher gearbeitet hatte. Jedes Mal stellte Mike nun Dorothee den Offizieren vor. Einer von Ihnen fragte sie sofort: „Вы по-русский говорите?" – Vy po-russkij govorite? – Sprechen Sie Russisch?
„Ja",
„Haben Sie auf der Vassilij gearbeitet?"
„Ja".
Man sah direkt, wie in seinem Hirn eine Klappe aufging.
„Wie heißen Sie?" Er schaute dabei auf ihr Namensschild. „Dorothee Broningen". Sie merkte sofort, dass er genau über sie informiert war. Er war der Politoffizier. Es stimmte also, diese politisch verantwortlichen Offiziere auf sämtlichen sowjetischen Schiffen waren darüber informiert, dass sie zur „persona non grata" erklärt worden war. Es war ein erneuter Stich in alte Wunden. Der Agent in Istanbul lud alle Reiseleiter, sie von der Augustus und die von der Michail Petrenko zu einer abendlichen Show ein. Sie sollten sich das anschauen, ob es als Abendausflug für die Gäste geeignet war. Zunächst gab es viel zu viel zu essen. Dann begann eine Show mit türkischer Musik und Tänzen. Einer der Musiker, der Violonist, begann ein Violin-Solo zu spielen, darunter auch „Schwarze Augen" und die Melodie aus dem Film „Dr. Schiwago". Dorothee musste schlucken. Plötzlich kamen ihr die Tränen. „Du wirst doch hier nicht weinen", meinte Armin, der Kollege von der Michail Petrenko. Daraufhin kamen noch mehr Tränen. Mike aber legte einfach den Arm um Dorothee, zog ihren Kopf an seine Schulter. Sie schluckte noch ein paar Mal, dann war dieser Anfall vorbei. Hatte Mike doch viel besser verstanden, wie ihr zu helfen war. Er war wirklich ein lieber Chef.

Es war gerade der 9. Mai – День победи – Djen pobjedi – Tag des Sieges. Als Deutschland am 8. Mai 1945 die Kapitulation unterschrieb, war es kurz vor Mitternacht und somit schon 9. Mai in der UdSSR. Daher wurde der 9. Mai zum „Tag des Sieges über den Faschismus" erklärt. Und weil dies ein großer Festtag in der UdSSR ist, durfte heute die Besatzung der Michail Petrenko in den Räumlichkeiten feiern, die sonst exklusiv nur für die Passagiere zugänglich waren. Dorothee wollte diese Gelegenheit nutzen. Sie überredete einige

Stewards, die mit ihr Tarantella tantzen und ein paar Kollegen anderer Reiseveranstalter und marschierte mit insgesamt neun Leuten zur Michail Petrenko hinüber. Man ließ sie alle problemlos an Bord.

Im Salon spielte ein Orchester aus Georgien. Es war die Gruppe Tsitsinatela, die sie schon einmal gesehen hatte, als die Michail Petrenko in Genua gewsen war. Einer von ihnen hatte unglaubliche Ähnlichkeit mit ihrem Avtandil. Dorothee blieb fast das Herz stehen. Sie atmete tief durch und ging in einer Pause zu den Musikern, sprach ihn, den Doppelgänger, an: „Kennt Ihr Avtandil Alexejewitsch Tarielani?"

„Er ist einer meiner besten Freunde".

„Sag ihm bitte einen Gruß von Dorothee. Mir geht es gut. Ich werde weder ihn noch die anderen jemals vergessen."

„Ich verstehe".

Ja, natürlich verstand er. Er wusste sicher, warum die Sakartvelo nicht mehr auf einem Schiff arbeiten durften. Sie bat ihn noch, ihre Lieblingslieder zu spielen: Suliko, Tbiliso und Serdze (Herz).

In der nächsten Pause sagte der Doppelgänger plötzlich laut über Mikrofon: „Für unsere guten Freunde vom Schiff Augustus Nobilis spielen wir jetzt zwei georgische Lieder – Suliko und Tbiliso.

Diese Ansage musste den Politoffizier auf sie aufmerksam gemacht haben. Schon gleich bei „Suliko" forderte ein junger Mann Dorothee zum Tanzen auf. Er kam aus Odessa, war halber Georgier, halber Russe. Das sagte er zumindest. Er war ein sympathischer, angenehmer Mensch.

Bei „Tbiliso" kam ein junger Mann in grauem Anzug, der perfekt Deutsch sprach, und forderte sie zum Tanzen auf, sagte ihr gleich, dass er nur sehr schlecht tanzen könne, entschuldigte sich dafür, und fragte dann so, als ober er nicht wüsste, wer sie sei. Wollte wissen, wie sie lebe, wo sie arbeite und ob sie Russisch spräche. Sie konnte dieses Lieblingslied gar nicht genießen und auch nicht mitsingen.

Danach machte das Orchester wieder Pause. Dorothee bemerkte, wie der junge Mann im grauen Anzug mit dem Politoffizier zusammen saß und sich unterhielt. Sie hatte das richtige Gespür gehabt. Dieser Mann war vom Politoffizier auf sie angesetzt worden. Sie bat ihre italienischen Begleiter, ab sofort immer mit ihr zu tanzen, damit sich das nicht noch einmal wiederholen könne. Es waren ja genügend Begleiter da, sie konnten sich abwechseln.

Ein letztes „Nachwamdis" – Auf Wiedersehen auf Georgisch – zum Doppelgänger und sie kehrten auf die Augustus Nobilis zurück, setzten sich dort in den Salon Arazzi und wollten den Abend ausklingen lassen. Das Orchester, das im Arazzi spielte, saß bei ihnen, und Dorothee erzählte und erzählte, alles, was da drüben auf der Michail Petrenko geschehen war. Doch die schauten sie alle so komisch an. Was war denn los? „Dorita, sprich bitte Italienisch mit uns. Du sprichst Russisch". Das hatte sie gar nicht bemerkt. Ihre Hirnzellen waren noch auf Russisch eingestellt, sie hatte vergessen den Hebel umzulegen und auf Italienisch zu schalten. Kein Wunder, dass die alle so verdattert schauten.

Noch ein paar Mal trafen sie sowjetische Schiffe in Istanbul. Darunter war auch eines mit sowjetischen Passagieren. Dorothee sprach einige von ihnen auf Russisch an. Sobald sie merkten, dass sie aus der Bundesrepublik Deutschland kam, also Klassenfeind war, hatten sie es sehr eilig, sich von ihr zu verabschieden. Sie hatten Angst. War es doch eine Auszeichnung, dass sie überhaupt Urlaub auf einem Schiff machen durften und dann sogar noch ins Ausland fahren durften. Da wollte man kein Risiko eingehen.

Ende Mai wurde der Alptraum wahr – Streik. Und nicht in Neapel, nein, in Piräus. Zwölf Stunden lang sollte gestreikt werden, Beginn war abends um 19.00 Uhr. Das bedeutete, die Passagiere mussten irgendwo an Land zu Abend essen. Dabei kam es beinahe zu einem Aufstand unter den Passagieren und obendrein stürzte eine Frau in der Dunkelheit, weil sie eine Stufe übersah, und verstauchte sich den Knöchel. Capri musste ausfallen, sie mussten direkt nach Genua fahren, um die verlorene Zeit wieder einzuholen. Das war noch einmal gut gegangen. Doch das Damoklesschwert des Streiks hing weiterhin über ihnen.

Dorothee fühlte sich nicht wohl, rechts in der Lebergegend hatte sie ein starkes Druckgefühl, das am Rücken entlang bis hoch zur Schulter ausstrahlte. Ein typisches Zeichen, dass mit der Gallenblase etwas nicht in Ordnung war. Sie machte sich Sorgen. Wie praktisch, dass Vittorio Arzt war und gute Beziehungen in Neapel hatte. Er besorgte ihr einen Termin zum Röntgen. Statt Cappuccino auf der Piazetta in Capri zu trinken, nahm sie nun die Fähre nach Neapel und fuhr dort mit einem Taxi zum Krankenhaus, wo Vittorio bereits auf sie wartete. Schon am Abend vorher hatte sie Tabletten einnehmen müssen, nun musste sie noch ein ekelhaft schmeckendes Kontrastmittel herunterwürgen. Dann konnte geröngt werden. Alles, was man herausfand, war, dass sie von Geburt an eine Verengung in der Gallenblase hatte. Wenn das Essen zu fett war, dann musste besonders viel Gallenflüssigkeit durch diesen Engpass. Das löste das Druckgefühl aus. Gott sei Dank also nichts Tragisches.
Die Nacht verbrachte sie bei Vittorio. Er wohnte in einem Haus am Hang mit direktem Blick auf das weite blaue Meer. In seinem runden Bett ließ es sich besonders schön lieben. Wenn dann noch die aufgehende Sonne ins Zimmer schien, fehlte nichts mehr zum vollkommenen Glück, wenigstens in diesem einen Augenblick.
Sie flog nach Genua und sah beim Landeanflug die Augustus Nobilis unten im Hafen stehen. Dort wartete schon ihre liebe Tante Rosi auf sie. Dorothee hatte Rosi auch dieses Mal eingeladen. Man konnte ja über die Besatzung aus Neapel vieles sagen, was nicht so schön war, aber zu ihrer Ersatz-Mutti waren sie alle sehr höflich, sehr respektvoll. Hat doch „La Mamma" in Italien einen ganz besonderen Stellenwert. Man spürte es deutlich. Auf dieser Reise war Dorothee keinen Schikanen seitens der Männerwelt an Bord ausgesetzt, keine obszönen Anrufe, keine dummen frauenfeindlichen Bemerkungen oder

Witze. Man sollte immer solch einen Schutzengel bei sich haben, dachte Dorothee.

War sie doch einmal in ihre Kabine gekommen und fand ihre Puppe, die sie als Talisman stets dabei hatte, nicht wie immer auf dem Bett sitzend. Nein, dieses Mal war der Rock der Puppe nach oben geschoben und eine Hand der Puppe berührte den Bereich zwischen den Beinen, gerade so, als ob sich die Puppe sexuell selbst befriedigen würde.

Dorothee war entsetzt und meldete dies sofort dem Staff-Kapitän, der für das Personal zuständig war. Wie verletzt sie sich fühlte, zeigte sie nicht. Das wollten die doch erreichen. „Ich finde dies absolut geschmacklos und primitiv. Wer auch immer dies getan hat, schönen Gruß an ihn und er sollte sich schämen, von so niedrigen und verachtenswürdigem Niveau zu sein". Konnte man nur hoffen, dass der Staff-Kapitän, der auch ein Gigolo war, dies genauso weitergab. Sie erfuhr nie, wer es gewesen war. Es kam aber auch nicht mehr vor.

Mit Tante Rosi besuchte sie Vittorio in seiner Wohnung, mit ihr fuhr sie nach Kairo, erlebte dort die Vorstellung „Licht und Ton" an den Pyramiden. Mit ihr fuhr sie in Istanbul auf den Galatha-Turm und trank etwas. Im Aufzug nach unten befand sich mit ihnen ein großer schlanker Mann. „Du kanns nicht", sagte er plötzlich. Rosi und Dorothee schauten verdattert. „Wie bitte?"
„Du kanns nicht".
„Was kann ich nicht?"
„What does it mean – Du kanns nicht?"
„You cannot"
„Ah".
Unten angekommen, bat der Mann Dorothee um 50 Lira. Er habe kaum Geld dabei und müsse ein Taxi nehmen. Dorothee gab es ihm, schenkte es ihm. Der Mann bedankte sich und ging schnell davon. Nach einigen Metern drehte er sich um und rief:
„Du kanns doch!"
Rosi und Dorothee bekamen einen Lachanfall. Das war ja ein eigenartiger Trick, auf den sie da hereingefallen waren.

Mit einem Taxi wollten sie zum Bosporus, wo ihre Kollegen und die Leute von der Agentur in einem Restaurant auf sie warteten. Der Taxifahrer fuhr nicht hinunter zum Meer und am Bosporus entlang, sondern in eine ganz andere Richtung, durch ihr völlig fremde Stadtviertel. Es wurde immer dunkler. „Bald werden wir in Bulgarien ankommen", dachte Dorothee. Ihr war mulmig zumute. Wo fuhr der sie nur hin? Allein die Tatsache, dass Rosi bei ihr war und Türken im Allgemeinen ältere Menschen sehr achten, beruhigte Dorothee.
Dann plötzlich eine Ampel, rechts abgebogen und runter ging es zum Bosporus. Der Taxifahrer hatte einfach die kürzere Strecke über das Hinterland genommen.

Rosi stand weinend unten an der Pier, als die Augustus Nobilis wieder einmal den Hafen von Genua verließ, um die nächste Reise durch das Östliche Mittelmeer anzutreten. Sie war glücklich gewesen auf dieser Reise, hatte jede Sekunde genossen. Nun musste sie mit dem Sonderzug zurück nach Ulm fahren in ihre einsame Wohnung.

Der Brief war von ihrer Freundin Nina aus Sotschi. Er hatte eine wahre Odyssee hinter sich. Nina hatte ihn Dorothees Kollegin in Sotschi gegeben, und diese wiederum hatte den Brief an Tante Maxi in München geschickt. Tante Maxi schickte den Brief an den Außendienst in der Zentrale in Frankfurt und heute war er nun endlich mit der Co-Mail auf der Augustus Nobilis angekommen. Er war fast einen Monat unterwegs gewesen. Nervös öffnete Dorothee den Brief:

03.06.77

Liebe Doritschka,
Ich freue mich darüber, dass ich wieder solch eine Möglichkeit bekommen habe, mit Dir im Briefwechsel zu stehen. Uns hilft Deine Kollegin, die jetzt in Sotschi arbeitet. Mit ihrer Hilfe sende ich Dir meine Antwort auf Deinen lieben Brief, den ich erst im April bekommen habe. Im Laufe von 3 Monaten studierte ich in Moskau Turistik. Und Ende April hatte ich Operation (Appendix) – unglücklich, weil ich zu spät in die Klinik gebracht wurde. Und 36 Tage kämpfte ich für mein Leben. Jetzt ist alles in Ordnung, ich bin wieder gesund und munter und arbeite seit dem 1. Juni wieder als Servicebürochefin.
Nach Deiner Abreise regnete es, aber nicht sehr viel.
Ich schrieb an Witali, niemand kam. Schreibe mir per Esperanto per Luftpost. Ich versuchte, Deinem Freund zu helfen, der Natascha liebt. Aber Natascha und Witali waren in Tiflis nicht.
Schreibe mir, wo Du jetzt arbeitest. Wie geht es Dir? Hast Du neue Liebe? Wie geht es Deinem Vater (ich grüße ihn). Herzliche Grüße an Deine lieben Verwandten und Nathalie.
Den Brief bekomme ich per Post, ich bekomme alle Briefe, unterschreibe bitte anders als Broningen. Ich meine, das ist besser
Deine Freundin
Nina.

Nina also hatte doch Schwierigkeiten bekommen, nach Dorothees Verhör durch den KGB im September des Vorjahres. Aber anscheinend war es nicht so schlimm. Witali, das war das Pseudonym, das sie beide sich für Avtandil ausgedacht hatten. Und Natascha war Nino, die Sängerin der Sakartvelo. Schrecklich auf so viele Details achten zu müssen, um sich zu verständigen, ohne das die Zensur Schaden anrichten kann. Aber es funktionierte. Das war wichtig in diesem Moment.

Vitali und sein seltsames Verhalten

„Ich kann am Freitag nicht nach Capri kommen."
„Warum nicht?"
„ Es ist Ferienzeit, viele Kollegen, die Kinder haben, sind in Urlaub. Man braucht mich."
„Ich verstehe. Wo wirst Du am Freitag arbeiten?"
„In der Cassa Maritima".

Es war inzwischen schon Juli geworden. Dorothee stand in der Telefonzelle in Piräus und war entsetzlich enttäuscht. In all den Monaten hatte es immer wunderbar funktioniert, dass Vittorio Zeit hatte, freitags nach Capri zu kommen und sie sonntags in Neapel zu treffen. Ein paar Mal war sie auch mit dem Taxi in die Klinik gefahren, wenn er Bereitschaftsdienst hatte. Aber dass sie sich überhaupt nicht sehen sollten, das konnte, das wollte sie nicht begreifen. Sie hatte ein sehr ungutes Gefühl. So, als ob plötzlich etwas nicht stimmte. Da hing etwas in der Luft und sie wusste nicht was.
Kurz entschlossen, natürlich mit Genehmigung ihres Chefs Mike, nahm Dorothee im Hafen von Capri die Fähre nach Neapel und fuhr mit dem Taxi zur Cassa Maritima. Vittorio hatte tatsächlich Dienst in der Ambulanz. Er sah sie und wurde grau im Gesicht. Das war doch keine normale Reaktion. Er sah deprimiert aus. So als sei auch sie eine Patientin holte er sie in eines der Sprechzimmer.
„Die Lage ist sehr kritisch. Ich lasse mich gerade scheiden, per Gesetz bin ich schon geschieden, jetzt wollen wir uns auch kirchlich scheiden lassen. Und dazu muss ich ein moralisch einwandfreies Leben führen, sonst darf ich meine Kinder nicht mehr sehen."
Vom italienischen Scheidungsgesetz verstand Dorothee nichts. Sie wusste nur, dass Italien ein streng katholisches Land ist, die Doktrin der katholischen Kirche ziemlich intolerant ist, und es eine Ehescheidung in Italien anscheinend vor einiger Zeit überhaupt noch nicht gegeben hatte. Dorothee glaubte ihm, wollte ihm glauben. Warum hätte er auch lügen sollen? Wenn er eine andere Frau gehabt hätte, das hätte er ihr doch sicher gesagt, oder?
Innerlich sehr hohl fühlte sich Dorothee als sie die Fähre zurück nach Capri bestieg. Die Augustus lag nicht mehr vor dem Hafen auf Reede. Verdammt, die können doch noch nicht weitergefahren sein? Wo steckt das Schiff? Ach, da waren ja die Tenderboote der Augustus. Also musste sie irgendwo hier sein. Ja, der Wind und die Wellen war zu stark geworden, die Augustus musste den Anker heben und um die Insel herum auf die westliche Seite fahren, dort erneut vor Anker gehen. Die Passagiere hätten sonst nicht mehr einsteigen können, weil die kleinen Tenderboote zu sehr auf und ab schaukelten. Viel zu gefährlich für die überwiegend älteren Gäste. Das war noch einmal gut gegangen. Dorothee atmete auf.

Wenn ein Schiff in einen Hafen einläuft oder diesen wieder verlässt, es ist jedes Mal wieder erneut ein sehr erhabenes Gefühl. Dorothee liebte diese Momente, sie stand regelmäßig oben an Deck und beobachtete die Ein- oder Ausfahrt. Wenn dann noch die Schiffshymne erklang, ach, wie schön das doch war!

Auch an jenem Sonntagabend in Neapel stand Dorothee oben an Deck. Es war der erste Sonntag, an dem Vittorio nicht auf sie gewartet hatte. Das tat weh. Umso mehr brauchte sie jetzt dieses schöne Gefühl des Auslaufens des Schiffes.

Nanu, was sollte das bedeuten? Unten an der Pier standen eine Menge Besatzungsmitglieder. Alle in weißen Kitteln. Es musste sich um Stewards handeln, Personal aus dem Bereich Kabine und Restaurant. Warum kamen sie nicht an Bord? Es sah nicht so aus, als ob sie mit ihren Familien dort unten ständen und dabei waren, Abschied zu nehmen. Sie standen einfach so da, sprachen wenig miteinander.

„Achtung, alle Besatzungsmitglieder werden gebeten, sich an Bord zu begeben. Das Schiff läuft in wenigen Minuten aus."

Keine Reaktion bei den Stewards.

Nach ungefähr zehn Minuten dieselbe Durchsage noch einmal. Wieder keine Reaktion. Und noch einmal kam diese Durchsage. Wieder nichts.

Was war das? Die Gangway wurde tatsächlich zurückgezogen, die Schiffsmotoren starteten, die Leinen wurden gelöst. Das Schiff lief aus.

Die Stewards am Kai blieben zurück und schauten sehr erstaunt. Dann fingen sie an zu applaudieren. Eine spontane Reaktion, um nicht zu zeigen, wie enttäuscht sie waren. Sie wollten streiken und das Schiff sollte nicht abfahren. Doch es fuhr einfach davon.

Allerdings nur ein kleines Stück. Kaum draußen aus dem Hafenbereich, blieb die Augustus Nobilis stehen, ein lautes Rattern war zu hören, die Ankerkette. Es musste erst genau festgestellt werden, wie viele Besatzungsmitglieder fehlten und aus welchen Bereichen. Die Passagiere bekamen ihr Abendessen in Form eines Selbstservice und alles blieb ruhig – noch! Dorothee ging ins Bett. Der Halbmond schien in ihre Kabine. Sie musste an Vittorio denken.

3.00 Uhr nachts, das Schiff setzte sich in Bewegung. Nun stand fest, dass es 120 Besatzungsmitglieder waren, die streikten, aus dem Bereich Kabine und Restaurant. Die sich noch an Bord befindenden Stewards waren bereit, mehr zu arbeiten. Nur so konnte man überhaupt weiterfahren. Nicht einmal der Routenplan musste geändert werden. Sie kamen lediglich verspätet in Alexandria an.

Die Streikenden hatten Angst um ihre Arbeitsplätze bekommen und baten, wieder an Bord arbeiten zu dürfen. Es war Lechak-Reisen, die für ein Charterflugzeug sorgten, welches die 120 nun nicht mehr Streikenden nach Kairo brachte. Und es war die Agentur von Lechak-Reisen in Ägypten, die dafür sorgte, dass sie alle in Bussen nach Alexandria gebracht wurden. Die Lage war gerettet, die Gäste zufrieden. Und die restliche Reise verlief ganz normal, nur mit der Ausnahme, dass Dorothee nun nicht mehr von Piräus aus nach Neapel telefonieren sollte oder durfte. Darunter litt sie sehr. Die alten Wunden rissen wieder auf. Warum schon wieder eine verbotene Liebe?

Nur eine Seele wie Dorothees, voller Schaden durch die Erfahrungen mit dem sowjetischen System, konnte glauben, dass nun die katholische Kirche sie beobachtete und über ihr Schicksal entschied. Sie war eindeutig sowjetgeschädigt und daher glaubte sie es wirklich und litt sehr.

Am Ende einer der Reisen wurde einem Gast in Genua eine Tasche mitten im Hafengelände gestohlen. Er hatte das Gepäck hinter sein Auto, das im Parkhaus stand, gestellt und lud gerade die Koffer ein, als ein Mann auf einem Moped daherraste, die Tasche, die da noch stand, schnappte und davonbrauste. Der Gast war entsetzt. In der Tasche waren 1.200 D-Mark in bar und ein besonderes Souvenir aus Istanbul. Er hatte sich dort einen kleinen Teppich gekauft, den er im Wohnzimmer an die Wand hängen wollte, genau an die Stelle, wo ein Riss in der Wand trotz mehrmaliger Reparaturen immer wieder aufbrach. Dorothee begleitete den Gast zur Hafenpolizei, die eine Anzeige aufnahm. Wenig später kam die gute Meldung, dass der Mopedfahrer geschnappt worden war. Er befand sich noch im Hafengelände und hatte versucht, hinaus in die Stadt zu fahren. Jedoch die Wachen waren bereits informiert worden. Die Tasche hinten auf dem Moped fiel sofort auf. Der Gast war so glücklich, dass er Dorothee sogar umarmte.

Wieder Sonntag, wieder in Neapel und wieder war Dorothee oben an Deck, um das Auslaufen aus Neapel zu sehen. Unten an der Pier standen einige wenige Besatzungsmitglieder, die schon längst an Bord hätten sein sollen. Es waren jedoch nur ungefähr 20 Personen. Das sind zu wenige für einen Streik, dachte sich Dorothee. Doch es tat sich nichts. Keine Durchsagen, keine Zeichen, dass die Augustus Nobilis ablegen würde.

Es war doch wieder ein Streik. Diesmal zwar nur 25 Personen, fast alle aus der Küche. Und ohne Küchenpersonal erlaubten die Behörden dem Schiff nicht, auszulaufen. Was sollte nun werden?

Von den neu an Bord gekommenen Gästen wurde viel Geduld und Verständnis erwartet, denn heute gab es erst um 23.00 Uhr ein kaltes Buffet als Abendessen. Am nächsten Morgen standen sie immer noch in Neapel. Das Frühstück gab es auch nur als Buffet. Es tat sich absolut nichts und keiner konnte Genaueres sagen.

Die Augustus war voll ausgebucht, ungefähr 840 Passagiere waren an Bord. Für all diese Menschen musste nun ein Mittagessen an Land organisiert werden. Also organisierte man Ausflüge nach Neapel und in die Umgebung, einschließlich Mittagessen, natürlich kostenlos für die Gäste. Dieser Streik kam der Reederei ziemlich teuer zu stehen.

Dorothee fuhr mit ihren Gästen, die genau in einen Bus passten, nach Sorrento, entlang am Golf von Neapel, bei herrlichstem Wetter. Die Gäste waren zufrieden, aßen gut und hatten nun etwas kennen gelernt, was gar nicht auf dem Plan stand. Der Busfahrer hatte vorne eine kleine DDR-Fahne angesteckt. Dorothee sprach ihn darauf an. Er wusste gar nicht, dass es eine Fahne der DDR war, dachte es sei die Fahne der Bundesrepublik Deutschland. Dorothee klärte ihn auf. Daraufhin entfernte er die Fahne sofort.

Um 17.00 Uhr waren sie wieder im Hafen. Unter den Lechak-Reisen-Gästen gab es eine Gruppe von Männern, vermutlich ein Kegelverein. Sie reisten alle ohne ihre Frauen. Einer dieser Männer, groß und stark, war besonders nervös und schrie Mike an. Dieser versuchte, ihn zu beruhigen. Das Gegenteil geschah. Der Mann packte Mike am Hemd, schüttelte ihn und schrie ihn an. Seine Kumpel waren entsetzt. Mike auch, Dorothee bekam Angst. Der Mann ließ von Mike ab und wurde wieder ruhig. Vor diesem Menschen mussten sie sich in Acht nehmen.

Die Gerüchteküche kochte hoch. Abendessen an Bord, Auslaufen um 23.00 Uhr. Schließlich war der Eigentümer der Reederei, Signore Augustus Nobilis, höchst persönlich an Bord gekommen, um zu verhandeln. Seine Leibwächter hatten viel zu tun, ihn vor den Angriffen der Besatzungsmitglieder zu schützen. So unbeliebt war dieser herrische Mensch. Wen wundert es, dass es ständig Streiks gab!

Dann doch wieder eine Änderung. Nein, Abendessen an Land. Also wieder Busse, mit den Gästen irgendwohin in ein Restaurant.

„Dorothee, wenn wir zurückkommen, dann müssen wir sicher unsere Koffer packen, die Kreuzfahrt wird nicht stattfinden, nicht wahr?"

„Warten wir es ab. Solange es noch kein definitives Aus gibt, soll man die Hoffnung nicht aufgeben." Dorothee versuchte, ihre Gäste ein bisschen aufzumuntern. Sie taten ihr Leid. Hatten doch die meisten von ihnen ein ganzes Jahr lang oder mehr auf diese Reise gespart und sich schon seit langem darauf gefreut. Es sollte ein besonderer Urlaub werden. Erst kurz vor Mitternacht kamen sie zum Schiff zurück.

„Wir können jetzt gleich die Koffer packen, nicht wahr?" Dorothee fragte einen der netten Offiziere. „Nein, wir laufen aus. Sobald alle Busse zurückgekommen und alle Passagiere an Bord sind, werden wir auslaufen."

Dorothee drehte sich um und rief es ihren Gästen zu: „Keine Koffer packen, wir laufen aus, die Kreuzfahrt wird durchgeführt."

Um 1.00 Uhr nachts waren immer noch nicht alle Busse da. Ein Bus war nämlich ganz weit weg geschickt worden zu einem der wenigen noch zur Verfügung stehenden Restaurants. Die Restaurants von ganz Neapel waren belegt mit den Augustus-Passagieren.

Dann kamen auch diese Gäste an, rannten auf das Schiff. Und schon ging es los, ja, es ging tatsächlich los. Motoren an, Leinen los. Das Schiff setzte sich in Bewegung. Sämtliche Passagiere standen oben an Deck und konnten es immer noch nicht glauben, die Reise fand statt. Die Schiffshymne war zu hören, obwohl es doch mitten in der Nacht war und es hier in der Umgebung auch Wohnhäuser gab. Dann plötzlich ein ohrenbetäubendes Jubelgeschrei. 840 Passagiere und viele der Besatzung gaben laut ihre Freude kund. Das Geschrei kam als Echo zurück. Es war ein unvergesslicher Moment.

Die Route musste natürlich geändert werden. Alles verschob sich um genau einen Tag. Statt Mittwoch / Donnerstag waren sie Donnerstag und Freitag in Alexandria. Izmir fiel aus, somit kamen sie fast pünktlich in Istanbul an und waren wieder im normalen Zeitplan. Eine besondere Herausforderung war aber die Tatsache, dass sie nun statt am Freitag erst am Samstag, am Sabbath in Haifa ankamen. Doch die dortige Agentin, Erika Wind, wusste auch dieses Problem zu lösen.

Wie jedes Mal stand Dorothee auch in Alexandria oben an Deck und wartete, dass die Gangway vom Hafengebäude herübergefahren und angelegt wurde. Wie immer sprangen auch heute die Beamten der Einwanderungsbehörde schon von der sich noch in Bewegung befindenden Gangway hinüber auf das Schiff. Und wie immer wollte Dorothee hinüber auf die Gangway springen, sobald der letzte Beamte auf das Schiff gesprungen war. Der letzte Beamte, ein älterer Herr, sprang etwas zu kurz und stürzte an der Schiffswand entlang ungefähr 12 Meter in die Tiefe, schlug dort mit einem Schmerzensschrei auf der Pier auf. Sofort schnappten ihn zwei Arbeiter, die dort unten standen und schleppten ihn an einen schattigen Platz. Glücklicherweise war im Moment des Sturzes das Schiff ganz dicht an der Kaimauer gestanden, sonst hätte der Mann leicht zwischen Schiff und Kaimauer ins Wasser fallen und mit der nächsten Schiffsbewegung zermalmt werden können. Nie wieder wollte Dorothee auf die Gangway springen, solange diese noch nicht vollständig am Schiff angebracht worden war. Dass jener aggressive Gast, von dem Mike in Neapel angegriffen worden war, direkt hinter ihr stand, bemerkte sie nicht.

Sie blieb dieses Mal in Alexandria und begleitete den Ausflug nach El Alamein, zu der Gedenkstätte an die Schlacht von El Alamein, die hier unter dem Kommando von Generalfeldmarschall Erwin Rommel vom 23. Oktober bis 4. November 1942 tobte. Ein Passagier fehlte. Sie warteten, doch es kam keiner mehr, also fuhr der Bus ab. Es ging entlang der Mittelmeerküste nach Westen. Das Wasser des Meeres war hier besonders schön türkisfarben. Man hätte meinen können, man sei in der Karibik. Für die 110 Kilometer bis El Alamein brauchten sie zwei Stunden. Sie besichtigten zuerst den Englischen Friedhof. Von den 220.000 Soldaten des britischen Commonwealth, die hier kämpften, fielen 18.000 bei dieser Schlacht. Hier waren sie begraben. In manchen Gräbern lag nur einer, in anderen waren zwei, drei oder vier zusammen begraben. Sie hatten gemeinsam den Tod gefunden, z. B. in einem Panzer. Die meisten waren so verdammt jung, 21, 24, 25 Jahre alt, 31, 36, 40. Sie kamen aus der ganzen Welt, aus Europa, Südafrika, Neuseeland und starben in der wahnsinngen Schlacht zwischen den Alliierten unter General Montgomery und den Deutschen und Italienern unter Generalfeldmarschall Erwin Rommel. Wie viele Mütter haben um ihre Söhne weinen müssen? Wozu eine Schlacht der Deutschen im Norden Afrikas? Um von Westen her den Nahen Osten zu erobern. Dieser Größenwahn! Krieg ist etwas Entsetzliches, aber hier in der Wüste, wo es nichts gibt als Sand, heißen Sand, Wind und Sandstürme, Hitze und die unbarmherzig brennende Sonne, hier zu kämpfen, an einem Platz, wo keiner der Kämpfer zu Hause war, das war nicht nur Wahnsinn, dafür gab es einfach keine Worte mehr.

Eine Blumenallee führte zu einer Kapelle. Es war still, nur ein paar Vögel zwitscherten. Sie ging zwischen den Gräbern und las die Aufschriften, die die Verwandten hatten schreiben lassen. Sie weinte. Dieser Krieg, was hatte er nur mit den Menschen gemacht. Sogar ihr eigenes Leben beeinflusste er heute noch, vermutlich für immer.

An alten übrig gebliebenen Panzern vorbei fuhren sie zu einer Art Festung, dem Deutschen Ehrenmal. 96 000 Deutsche und Italiener kämpften hier. 4.200 Deutsche sind hier begraben. Hinter dem Eingang war ein Mosaik an der Wand, rechts abgebildet die betende, die wartende und die weinende Frau. Dahinter ein großer Platz mit einem Obelisken, im Kreis herum 12 Sarkophage mit den Namen der deutschen Länder. Eine riesige Aufschrift auf einer Wand erinnerte daran, dass hier 3.000 Gefallene lagen, deren Nationalität unbekannt war. Im Tod sind alle gleich.

Weiter ging es zum Italienischen Ehrenmal. Dorothee fühlte, dass sie sich den Italienern doch schon sehr verbunden fühlte. Innen an den Wänden standen die Namen der 4.600 Gefallenen, die hier beerdigt wurden, aber viele Namen waren unbekannt.

Sie trug sich in das Gästebuch ein, auf Russisch – Мир миру – Mir Miru – der Welt den Frieden (oder dem Frieden die Welt).

Ihr Blick fiel auf den Eintrag eines Italieners: Salito il 20 ottobre – abgereist am 20. Oktober. Dieser Mann hatte 3 Tage vor Beginn der Schlacht die Gegend verlassen, vielleicht, weil er krank gewesen war. Es war sein Glück, sonst würde er nicht mehr leben, sondern hier liegen. Was dieser Mann wohl fühlte bei seinem Besuch in El Alamein?

Auf der Rückfahrt noch ein kurzer Stopp an einem Gedenkstein. Auf diesem stand:

Mancó la Fortuna - Non il Valore
← Alessandria 111 km

Es fehlte am Glück, nicht am Mut
← Alexandria 111 km

„Dori, da bist Du ja, endlich finden wir Dich. Wo warst Du?"
„Im Kino, wieso?"
„Dein verrückter Gast steht an der Information und lässt sich nicht beruhigen. Er behauptet, es gäbe Kameras in seiner Kabine, er werde abgehört. Er möchte nur Dich sprechen."

Und da stand er, jener Mann, der in Neapel so aggressiv geworden war. Am Abend in Alexandria war er durch seltsames Verhalten aufgefallen. Er ging selbst zum Arzt, erzählte diesem, dass er genau gesehen habe, wie der Beamte beim Springen von der Gangway auf das Schiff abstürzte, dass ihn das total geschockt habe. Er lag einen Tag im Schiffshospital, bekam Beruhigungsspritzen. Dann ging es ihm besser. Er vertraute niemandem an Bord, nur zwei Personen, eine davon war Dorothee. Die andere Person war seltsamerweise ein Offizier, der eher furchterregend aussah. Er trug stets eine dunkle Sonnenbrille, auch bei Nacht, denn er hatte hässliche Brandnarben im Gesicht. Aber er war ein sehr lieber Mensch. Anscheinend spüren psychisch kranke Menschen, wer im Herzen gut ist. Der Gast konnte sich mit diesem Offizier gar nicht unterhalten, dennoch vertraute er ihm voll und ganz.

Dorothee nahm den Gast sehr ernst. Sie glaubte ihm, dass er Stimmen hörte, dass er sich verfolgt fühlte. Im Gegensatz zu seinen Kegelkumpeln wusste sie, dass der Mann nicht log. Er war krank, litt vermutlich unter einer Psychose und empfand wirklich, was er sagte. Die Kumpel aber schämten sich für ihn. Das war schlimm. Irgendwie musste sie dem Gast helfen. Sie begleitete ihn in die Kabine, er legte sich ins Bett, sie sprach beruhigend auf ihn ein. Und endlich konnte er schlafen. Irgendwie überstand der arme Mensch die restliche Reise. Er hatte eine gute Auslandskrankenversicherung. Dorothee kontaktierte diese und organisierte einen Krankentransport von Genua nach Stuttgart, wo der Mann lebte. Was weiter mit ihm geschah, erfuhr sie nie. Sie konnte nur hoffen, dass er professionelle Hilfe bekam und sein Zustand sich mit Hilfe guter Medikamente stabilisiert hatte.

So verging der Sommer, es wurde September. Inzwischen hatte sie einen Brief von Vittorio erhalten. Er schrieb, dass er im Oktober wieder für eine Reise an Bord käme, dann aber mit ihr keinen Kontakt haben dürfe. Sie solle doch bei Lechak-Reisen anfragen, ob sie nicht für diese Reise Urlaub bekommen könne. Was fiel ihm eigentlich ein? Wie stellte er sich das vor? Einfach in Frankfurt anrufen und sagen: „Ich kann im Oktober eine Reise auf der Augustus nicht mitfahren, weil mein Ex-Geliebter an Bord kommt!" Das war nicht professionell, das interessierte auch niemanden in Frankfurt. Sie hatte ihre Arbeit zu machen. Das Privatleben war nicht wichtig. Dorothee war ziemlich sauer, als sie Vittorios Zeilen las, und zum ersten Mal kamen ihr Zweifel, ob er denn wirklich die Wahrheit gesagt hatte, oder ob er sie zum Narren hielt. Eine Reise lang war die Augustus Nobilis komplett von einem anderen Reiseveranstalter gechartert worden. Während dieser Zeit hatte Dorothee Urlaub. Sie musste ihre Kabine räumen, sie packte die Koffer, stellte sie unter und flog in den Urlaub. Nicht, wie geplant, zu Vittorio nach Neapel, nicht, wie auch mal gedacht, nach Sardinien zu Susanna. Nein, sie flog nach Israel. Dieses Land wollte sie genauer kennen lernen. Erika Wind sorgte dafür, dass Dorothee sich einer Reisegruppe aus Deutschland anschließen konnte. Dorothee selbst nahm Kontakt mit jungen Esperanto-Sprechern auf. Sie nahm das Flugzeug von Genua nach Rom und dann ein Flugzeug der TWA – Transworld Airlines - nach Tel Aviv. Zwei Wochen Abwechslung, Erholung und viele neue Erkenntnisse warteten auf sie.

Shalom Israel

„Nein, das glaube ich Ihnen nicht. Ich kann mir nicht vorstellen, dass Sie damals ganz legal direkt von der Sowjetunion in die Bundesrepublik Deutschland ausgereist sind."
„Ich kann Ihnen nichts anderes sagen, das ist die Wahrheit. Wenn Sie mir nicht glauben, dann müssten Sie schon selber beim KGB in Moskau nachfragen."
Dorothee war sauer. Sie stand am Flughafen in Tel Aviv und wollte einen inländischen Flug auf die Halbinsel Sinai unternehmen. Die Kontrolle war äußerst streng, flog sie doch in ein Gebiet, das eigentlich zu Ägypten gehörte und seit 1967 von Israel besetzt war. Für die Sicherheitsbeamten war anscheinend jeder ein verdächtiger potentieller Attentäter. Irgendwie war dies auch veständlich, aber was sollte sie denn sonst dem Beamten erzählen als eben die Wahrheit. Und er wollte ihr einfach nicht glauben. Zugegeben, es klang unwahrscheinlich, dass jemand offiziell und legal direkt von der UdSSR in die BRD ausreisen durfte. Auch heute noch klang es wie ein Märchen, aber es war nun mal die Wahrheit.

Ihre Bestimmtheit beeindruckte den Sicherheitsbeamten, er ließ sie schließlich durch. Wenig später hob das kleine Flugzeug ab und landete nur 20 Minuten später in Jerusalem, wo weitere Touristen zustiegen. Dann ging es nach Eilat, auch hier stiegen noch einmal Touristen zu. Schließlich erreichten sie ihr eigentliches Ziel, das Sinai Airfield, ein kleiner Flughafen mitten in der Wüste der Sinai-Halbinsel unweit des berühmten Katharinenklosters. Direkt hinter ihnen landete eine Militärmaschine. Offensichtlich hatten sie militärischen Schutz. Es waren Dorothees letzte Tage in Israel. Mit einer Rundreise hatte alles begonnen. Die Agentin aus Haifa hatte ihr die Möglichkeit gegeben, mit einer kleinen Reisegruppe deutscher Touristen dieses Heilige Land kennen zu lernen. Der Reiseleiter nannte sich Zwicka. Er sprach perfekt und akzentfrei Deutsch. Menschen wie Zwicka hinterließen Spuren im Leben. Er verstand es hervorragend, ihnen allen seine Heimat näher zu bringen, verständlich zu machen.
„Wie ich Sie alle beneide. Sie können nach Ägypten reisen und die Pyramiden sehen. Wir leben so nahe dran und haben keine Möglichkeit, dorthin zu reisen. Ach, wie sehr ich mir den Frieden wünsche. Meine beiden Söhne kommen jetzt in das Alter, in dem sie zum Militär müssen für zwei Jahre. Und wenn sie wieder in einen Krieg ziehen müssen? Ach, wenn es doch bald Frieden gäbe." Zwickas Wunsch sollte nicht in Erfüllung gehen.
Als ungefähr ein halbes Jahr später wieder einmal ein Bus auf dem Weg von Tel Aviv nach Haifa von palästinensischen Terroristen überfallen wurde, musste Dorothee sofort an Zwicka denken. Erst Wochen später erfuhr sie, dass Zwicka einer der Passagiere eben in jenem Bus war. Er wurde von den Terroristen aus dem Bus gezerrt und draußen auf der Straße vor allen ande-

ren gezielt erschossen. Nachrichten bekommen eine ganz andere, eine intensivere Bedeutung, wenn man persönlich jemanden kennt, den sie betreffen.

Nach der Rundreise hatte sie Kontakt zu einem jungen Mann aus Tel Aviv aufgenommen, der auch, so wie sie, Esperanto sprach. Josef hieß er. Alle nannten ihn Josi oder Joshi. Er besaß ein gelbes Motorrad mit Beiwagen. Es war Samstag – Sabbath – und genau ein Jahr her, dass sie in Sotschi verhört worden war, als Josi sie im Hotel abholte und mit diesem gelben Motorrad durch die Straßen Tel Avivs fuhr. Die Parks waren voller Menschen, Familien, die picknickten, Kinder, die spielten. Eine schöne gemütliche Stimmung. „Ich habe für morgen Abend ein Treffen aller Jugendlichen organisiert, die sich für Esperanto interessieren. Die meisten werden kommen und freuen sich schon. Einer hat abgesagt, nur, weil du Deutsche bist. Seine Familie hat sehr unter den Nazis gelitten. Es tut mir leid, aber das musst du so akzeptieren und verstehen."
Dorothee verstand natürlich. Dass Josis Großeltern in Auschwitz – Birkenau vergast worden waren und seine Mutter selbst nur durch ein Wunder den Holocaust überlebt hatte, das erfuhr Dorothee erst Jahrzehnte später.
Dorothee war zum Abendessen eingeladen bei Familie Rettmann. Der Sohn, Eyal, sprach ebenfalls Esperanto. Josi brachte sie mit dem Motorrad bis zu deren Wohnung. Während des Essens erfuhr Dorothee, dass die Mutter aus Deutschland stammte, jedoch noch rechtzeitig vor der Machtergreifund der Nazis nach Israel gekommen war. Der Vater allerdings stammte aus Polen und hatte den Krieg und die Schreckensherrschaft der Nazis nur durch ein Wunder überlebt. Dass sie nun heute hier bei dieser Familie eingeladen war, sie als Deutsche, zugehörend zu jenem Volk, das all diese Verbrechen begangen hatte, das war für Dorothee ein Wunder und eine ganz große Ehre.
Oja, sie hatte Vieles erlebt in diesen zwei Wochen. Das Baden im Toten Meer gehörte genauso dazu wie die Fahrt mit der Seilbahn hinauf nach Massada, wo sich im Jahr 79 n. Chr. über 900 Israeliten kollektiv in den Tod stürzten, um der Sklaverei durch die Römer zu entgehen. Jerusalem, die Grabeskirche, Bethlehem und die Geburtskirche, alles hatte sie gesehen. Es fehlte nur noch der Sinai. Und da war sie jetzt, in dieser Wüste, in dieser Hitze. Als es dunkel wurde und sie mit dem kleinen Flugzeug nach Eilat zurückflogen, saß Dorothee am Fenster. Draußen schien der volle Mond und begleitete sie während des gesamten Fluges, während die Militärmaschine zur Sicherheit immer noch hinter ihnen herflog.
Die Sicherheitskontrolle am Tel Aviver Flughafen war längst nicht so streng wie für den inländischen Flug auf den Sinai. Dorothee fiel es nicht leicht, von diesem Land Abschied zu nehmen. Würde sie jemals wiederkommen können?

Allzu schnell war sie wieder in Genua, zurück ging es auf die Augustus Nobilis. Noch zwei Kreuzfahrten „Östliches Mittelmeer" lagen vor ihr. Sie wusste, dass besonders die erste Reise schwierig werden würde. Vittorio fuhr als

Schiffsarzt mit. Und sie durften nicht mehr zusammen sein, musste er doch ein „moralisch einwandfreies Leben" führen. So zumindest hatte er es ja behauptet. Für Dorothee gab es zunächst keine Kabine. Sie verbrachte die erste Nacht in der Kabine der Fotografin, die bei ihrem Freund und Partner, dem Fotografen, schlief. Am nächsten Tag in Neapel gab es immer noch keine Kabine für Dorothee. Sie stand an der Information und wurde so richtig wütend. Überrascht über sich selbst schimpfte sie im besten Italienisch laut los. Es wurde sogar der Kapitän gerufen, der Dorothee beruhigte und anordnete, ihr endlich eine Kabine zu geben.

Da fiel ihr Blick nach links in Richtung Schiffsarztkabine. Vittorio stand dort, nicht alleine. Er hatte sein „moralisch einwandfreies Leben" mitgebracht in Form eines jungen Mädchens, ungefähr in Dorothees Alter.

Mit einem Schlag wurde ihr klar, welch bösartiges Spiel Vittorio all die Monate über mit ihr getrieben hatte. Wie dumm sie gewesen war! Von wegen Probleme wegen der Scheidung, Verbot sich zu sehen. Es war alles so einfach zu erklären: Er hatte eine andere Geliebte und war einfach nur zu feige gewesen, es ihr zu sagen. Dafür hatte er sich all die Mühe gemacht, Lügengeschichten zu erfinden, Lügengebäude zu konstruieren. Und sie, jung und dumm und obendrein noch sowjetgeschädigt, hatte es geglaubt.

Wenn sich die Gefühle für einen Menschen ändern, dann kann, dann muss man es sagen. Ein „ich liebe dich nicht mehr" tut weh, aber es ist zu akzeptieren. Ist es doch die höchst persönliche Entscheidung eines der Partner. Ein „Du darfst nicht lieben, wen du willst, weil du die falsche Staatsangehörigkeit hast", eine Entscheidung von dritter Stelle, von jemanden, der einen nicht einmal kennt – nein, das war nicht zu akzeptieren. Es war nicht die Entscheidung der Liebenden, sondern staatlicher Instanzen.

Tussi, wie Dorothee Vittorios junge Begleiterin sofort taufte, sah nicht annähernd so gut aus wie Dorothee. Das war ihr Glück. Tussi war auf dem Schiff wohl bekannt. Sie hatte früher hier gearbeitet und hatte sich in eine gute Position im Büro der Reederei „hinauf geschlafen", wie man Dorothee erzählte. So war die Sympathie der gesamten Besatzung auf Dorothees Seite. Diese moralische Unterstützung tat gut.

Sich jetzt heulend in die Kabine verkriechen, sich so wenig wie möglich blicken lassen? Im Gegenteil. Dieser Mann war es nicht wert gewesen, auch nur eine Sekunde um ihn zu trauern. Dorothee holte alles nach, was sie in den letzten Monaten versäumt hatte, war bei allen Veranstaltungen dabei, ließ sich vom Kapitän im Salon an dessen Tisch einladen und tanzte am Napolitanischen Abend genau vor Vittorios Nase Tarantella. Sie sah, wie ihm die Tränen kamen, er musste zur Seite blicken. Von Tussi wurde sie mit offenem Mund angestarrt. Eine Deutsche, die Tarantella tanzt? Rache war süß, und Dorothee hatte Rache genommen, sie hatte moralische Ohrfeigen mit Samthandschuhen verteilt. Endlich hatte sie ihren Frieden gefunden. Das Kapitel Vittorio war abgeschlossen.

Bald darauf war es Ende Oktober, die Saison auf der Augustus Nobilis ging zu Ende. Dorothee fuhr mit dem Sonderzug nach Deutschland. Nach dieser anstrengenden Saison mit Streiks und Lügengeschichten brauchte sie Zeit, um so richtig abzuschalten und zu entspannen. Sie flog mit Hartmut für zwei Wochen nach Kenia. Strandurlaub, nachmittags „Five o'clock tea" auf britische Art im Hotel und eine Safari. Auf dem Rückflug herrlicher Blick auf den Sudan, auf Ägypten, den weißen und den blauen Nil, Kairo, das Nildelta, Alexandria – es war, als ob sie über eine riesige Landkarte flog.

Und nun war sie wieder zurück im kalten Deutschland, das gerade einen schrecklichen Herbst hinter sich hatte. Arbeitsgeberpräsident Hanns-Martin Schleyer war von RAF-Terroristen entführt worden. Da die Regierung nicht auf die Forderung der Entführer einging, wurde eine Lufthansa-Maschine, getauft auf den Namen „Landshut" auf dem Flug von Palma de Mallorca nach Frankfurt entführt und schließlich nach mehreren Stopps in arabischen Ländern von einer Sondereinheit deutscher Polizisten in Mogadischu befreit. Es gab weder Tote noch Verletzte unter den Passagieren. Alle Terroristen bis auf eine Frau wurden getötet. Zuvor aber hatten die Terroristen den Piloten vor den Augen aller kaltblütig erschossen. Die Befreiung der „Landshut" kostete dem entführten Hanns-Martin Schleyer das Leben. An Bord der Augustus Nobilis waren alle beeindruckt gewesen von der Leistung der deutschen Sondertruppe und hatten Dorothee dazu gratuliert.

Es klingelte an der Tür. Das musste der Herr vom Verfassungsschutz sein. Was er wohl von ihr wollte?

Herr Zecher war ein sympathischer Mensch. Solche Menschen also arbeiteten beim Verfassungsschutz. „Valentin Sharkov hat uns berichtet, dass Sie von den Russen verfolgt werden. Ihre Kabine auf der Vassilij Azhjew sei durchwühlt worden…"
„Das stimmt so nicht ganz. Ich habe nie Beweise dafür gehabt, dass meine Kabine wirklich durchsucht worden ist. Ich gehe aber davon aus. Wenn ich einen Tag lang an Land war, hatten die genug Zeit, sich in meiner Kabine umzuschauen. Aber immer so, dass alles ordentlich an seinem Platz lag. Also ich kann es nicht genau sagen, es ist nur eine Vermutung. Ich wurde aber mal vom KGB verhört…"
Dorothee erzählte dem Herrn ganz genau und im Detail, wie das Verhör damals in Sotschi abgelaufen war. Hartmut, der inzwischen aus der Stadt zurückgekehrt war, erzählte von seiner Weltreise auf der Vassilij, die Dorothee ja nicht mehr mitmachen durfte. Da war ein Mann auf dem Schiff gewesen, den Hartmut dem KGB zuordnete. Dieser Mann hatte Hartmut öfters angesprochen, schon bei seiner Reise im Sommer. Da hatte er Hartmut einmal gefragt, warum die Kühe in Norddeutschland schwarz-weiß gefleckt seien, was der Grund war, weshalb Hartmut ihm den Spitznamen „Kuh" gegeben hatte. Als Vater der unter Verdacht auf Fluchthilfe stehenden Dorothee stand

Hartmut offensichtlich unter besonderer Beobachtung während dieser Weltumrundung.

„Hier haben Sie meine Telefonnummer. Wenn Sie sich auch nur im Geringsten bedroht, beobachtet oder verfolgt fühlen von den Sowjets, dann rufen Sie mich sofort an."

Dorothee war dankbar. Das gab ihr ein Gefühl der Sicherheit. Ihr Staat würde sie im Notfall verteidigen.

Wiedersehen in Hamburg

Wo stand sie nur, die Vassilij Azhajew? An den Landungsbrücken im Hamburger Hafen jedenfalls nicht. Doch dann entdeckte Dorothee den markanten Schornstein. Die Vassilij stand an der Überseebrücke. Nichts wie hin. Durfte sie schon nicht mehr auf diesem Schiff arbeiten, so konnte sie es doch zumindest besuchen, wie vor einem Jahr. Albert Mayer, der Verehrer von Nino, war mit ihr nach Hamburg gekommen. An Bord freuten sie sich, Dorothee wiederzusehen. „Hast Du schon geheiratet?"

„Sie heiratet nur einen Russen oder Georgier."

„Einen Georgier zu heiraten, das ist verboten. Bei Italienern ist es einfacher". Dorothee sagte dies mit Absicht, sollten sie doch alle glauben, sie habe ihn, ihren geliebten Avtoscha längst vergessen. Vielleicht hatte er dann eine geringe Chance, wieder auf dem Schiff arbeiten zu dürfen.

Irina lief ihr buchstäblich in die Arme. Sie war inzwischen mit David, einem der Saxophonisten der Sakartvelo verheiratet und arbeitete im Restaurant Jalta. Dorthin begaben sich Albert und Dorothee. Sie setzten sich an einen Tisch, an dem Irina bediente. Damit es nicht so sehr auffiel, dass sie sich unterhielten, bestellte Dorothee immer wieder Kaffee, den Irina nachgießen musste. Und so erfuhr sie, dass es allen Sakartvelo gut ging, sie viel auf Tournee durch die Sowjetunion reisten. Avtandil fahre oft alleine mit seinem Auto in die Berge, ziehe sich von den Menschen zurück. Das war für Dorothee der Beweis, dass er, der es so liebte, unter Freunden zu sein, die Einsamkeit brauchte, um das zu verarbeiten, was auch seiner Seele angetan worden war.

„Irina, ich liebe ihn immer noch. Ich kann ihn nicht vergessen. Ich hatte einen anderen, doch das ist vorbei. Ich werde ihn immer lieben! Sag ihm das bitte!"

Irina versprach es.

„Komm uns doch in Tbilisi besuchen", meinte Irina arglos.

„Das geht nicht". Irina war ahnungslos. Nichts wusste sie von dem Verhör, von dem Verbot, an Bord der Vassilij Azhajew zu arbeiten. Dorothee musste ihr alles erzählen, zwischen den einzelnen Kaffeetassen, die sie leer trank.

Die Sakartvelo wollten zurückkommen auf das Schiff, sie durften aber nicht. Irina verschwand in der Küche und kam nicht wieder. Immer wieder schaute

Dorothee im Restaurant Jalta nach, doch Irina war wie vom Erdboden verschwunden. Hatte man beobachtet, dass sie zu viel mit Dorothee sprach?
Und da war sie, ihre Kabine, die Kabine No. 488. Soeben zog dort ein Künstlerpaar ein. Die Tür stand offen. Auf dieser Couch hatte sie die schönsten Augenblicke mit Avtoscha verbracht. Hier in dieser Kabine hatten sie gefeiert und waren so unendlich glücklich gewesen. In jeder Ecke, in jedem Winkel lauerten Erinnerungen an unvergesslich schöne Monate. Die Passagiere kamen nach und nach an Bord. Unter ihnen viele, die Dorothee kannten und sich freuten, sie zu sehen. „Fahren Sie wieder mit?" „Nein".
Die Enttäuschung war jedes Mal groß. Dorothee war nie bewusst gewesen, wie beliebt sie auch bei den Gästen gewesen war.
Ein Glas Gin Tonic an der Bar, ein Kaffee, jeder wollte sie einladen, mit ihr plaudern. Und zwischendurch, möglichst unauffällig, kurze Gespräche mit den Crew-Mitgliedern.
„Alle Besucher werden gebeten, das Schiff jetzt zu verlassen. Die Vassilij Azhajev läuft in Kürze aus." Wie schnell die Stunden an Bord vergangen waren. Abschied nehmen. Oh, wie sie es hasste. Bestand nicht das halbe Leben aus Abschied nehmen?

Da stand sie nun wieder unten am Kai, neben ihr Albert Mayer. Oben an Deck einige bekannte Passagiere und die Kollegen. Die Motoren starteten, die Seile wurden gelockert und eingeholt. Das Schiff bewegte sich, weg von der Pier, dann nahm es Fahrt auf. Das Orchester spielte „Auf Wiedersehen" und „Muss i denn zum Städtele hinaus". Dann wurde es optimistischer mit „Oh, when the Saints go marching in…"
Dorothee ging bis ans Ende der schwimmenden Pier und winkte lange. Drei Mal erklang das kräftige Horn der Vassilij und Dorothee liefen die Tränen übers Gesicht.
„Vassilij, mein Schiff, mein Schicksalsschiff, da verschwindest du wieder im Nebel und nimmst alle Geheimnisse mit dir, genau wie im letzten Jahr. Und wieder ist ein Jahr vergangen und nichts hat sich geändert. Diese Freunde werden immer Freunde bleiben. Ach, mein Avtoschenka. Uns können keine Grenzen und keine Zeiten trennen. Wir gehören zusammen. Auch, wenn uns keine Hoffnung bleibt. Die Gedanken sind frei. Ich fühle deine Nähe und bin glücklich, weil ich weiß, dass mich einer liebt, dass DU mich liebst."

Die Shanghaier Alkoholleiche

„Achtung, eine wichtige Durchsage". Der Film wurde unterbrochen. Dorothee saß im Kino an Bord der Augustus Nobilis und sah sich „Sound of Music" an. „Wegen starken Nebels können wir nicht in den Hafen von Shanghai einfahren. Wir müssen vor Anker gehen und warten. Es wird zu großen Verspätungen kommen." Dann lief der Film weiter.

„In 90 Tagen um die Welt" – Dorothees zweite Reise rund um den Globus sollte vier Tage länger dauern als ihre erste Weltreise, damals vor zwei Jahren auf der Vassilij Azhajew. Es hatten so wenige Leute diese Reise gebucht, dass man bei Nobilis in Neapel schon beinahe diese Reise stornieren wollte. Schließlich beschloss man, sie dennoch stattfinden zu lassen, auch, wenn es ein Verlust für die Reederei war. Das Schiff hatte ein technisches Problem, eine der beiden großen Schiffsschrauben war defekt. Nun wollte man diese Reise dazu nutzen, die Schraube in einer Werft im Hafen von Yokohama reparieren zu lassen.
Das Schiff war also nur halb besetzt. Von Lechak-Reisen waren sogar nur insgesamt 27 Passagiere an Bord, einer von ihnen war Hartmut, Dorothees Vater. Endlich war es ihm gelungen, sich während einer richtig langen Reise von seiner eigenen Tochter betreuen zu lassen. Bei so wenigen Passagieren hätte es auch genügt, wenn nur eine Reiseleiterin von Lechak-Reisen mitgefahren wäre. Doch die Häfen, die angefahren wurden, waren nicht immer einfach zu handhaben, weshalb man beschlossen hatte, sowohl Susanna als auch Dorothee auf Weltreise zu schicken. Susanna sollte in Los Angeles von Bord gehen und nach Frankfurt zurückkehren, um dann als Kreuzfahrtdirektorin ein anderes Schiff zu übernehmen. Dorothee sollte die Weltreise alleine zu Ende führen.

Es ging wieder ostwärts, das bedeutete ständig ein Vorstellen der Uhren in den Nächten. Und da man auf der Augustus Nobilis es liebte, die Uhren halbstundenweise vorzustellen, war es praktisch so, dass jede Nacht um eine halbe Stunde kürzer war. Die ersten Häfen kannte Dorothee schon. Erinnerungen begleiteten sie, an die erste Weltreise mit der Vassilij, an die Fernostreise mit der Augustus Nobilis: Alexandria, Port Said, der Suez-Kanal, Bombay, Singapur, Hongkong. Hier blieben sie zwei Tage und verließen diese schöne Stadt genau dann, als das chinesische Neujahrsfest begann. Hunderte junger Menschen standen an der Pier und winkten ihnen zum Abschied zu. Es war wieder einmal überwältigend.
Und nun lagen sie vor Anker und warteten auf besseres Wetter. Weiter ging es erst um 9.00 Uhr morgens am nächsten Tag. Immer wieder ertönte das Nebelhorn des Schiffes. Sie fuhren ganz langsam. Mit der Flut konnten sie in den Yang-tse-Fluss einfahren. Mittags dann bogen sie in den Hwang-Pu-

Fluss ein, 24 Kilometer oberhalb der Mündung dieses Flusses in den Yang-Tse liegt Shanghai.

Die Ufer rückten immer näher. Inzwischen waren schon die Beamten der Grenzkontrollen an Bord gekommen und kontrollierten jeden einzelnen Pass ganz genau. Sie waren alle sehr freundlich. Jeder von ihnen sprach eine Fremdsprache, und diese sehr gut. Erst gegen 16.00 Uhr legten sie endlich an der Pier an. Zwei rote Spruchbänder hingen am Hafengebäude, eines in Chinesisch, das andere in Englisch:

Warmly welcome the passengers of Augustus Nobilis from Italy to visit Shanghai.

Ein herzliches Willkommen den Passagieren der Augustus Nobilis aus Italien zu ihrem Besuch in Shanghai.

Das chinesische Spruchband hing über dem englischen und man konnte genau erkennen, wie Augustus Nobilis auf Chinesisch geschrieben wurde, denn es stand unter Anführungszeichen, jeweils drei Silben für Au-gus-tus und No-bi-lis.

Das „Nave Blu", die Hymne des Schiffes erklang. Man hörte diese aber draußen an Deck fast gar nicht, denn aus alten krächzenden Lautsprechern ertönte typisch sozialistische Blas- und Marschmusik. Es hätte auch ein Feiertag in Moskau sein können.

Überall war viel rot zu sehen, Spruchbänder mit chinesischen Zeichen, vermutlich die gleichen Parolen wie in all diesen sozialistischen Ländern, nur konnten sie diese hier nicht lesen, und das war angenehm.

An der Pier standen mehrere Leute mit roten Winkelfähnchen in der Hand, auf jeder Fahne stand eine Nummer. Es waren die örtlichen Reiseleiter. Alle Passagiere wurden auf 14 Busse aufgeteilt. Je nach Sprache. Da sie hier in einem sozialistischen Land waren, wo es keine privaten Reiseagenturen gab, wurden alle deutschsprachigen Passagiere zusammengefasst. Es gab also keine Trennung zwischen den Gästen von Lechak-Reisen oder jenen der anderen Agenturen bzw. denen, die alles direkt bei Nobilis gebucht hatten.

Schon am ersten Tag der Weltreise war ein gewisser Gottlieb Wind zu Dorothee an den Schalter gekommen. Er kam aus Wien und hatte direkt bei Nobilis gebucht, auch alle Ausflüge. Dennoch musste ihm irgendjemand in seinem Reisebüro in Wien gesagt haben, er solle sich an Bord immer schön an die Reiseleitung von Lechak-Reisen wenden. In jedem Hafen musste man ihm erneut klar machen, dass er nicht in den Lechak-Reisen-Bus, sondern in den Bus von Nobilis mit deutschsprachigem Reiseleiter einsteigen musste. Er kapierte es nie. Dieses Problem gab es hier in Shanghai nicht. Und so landete Gottlieb Wind in Dorothees Bus Nummer 13, in dem zwei örtliche Stadtführer mitfuhren, die erst 24 Jahre alte Yan, die ihre Haare zu niedlichen Rattenschwänzchen zusammengebunden hatte, und der ein bisschen ältere Yen.

Eine Heizung gab es im Bus nicht, auch kein Mikrofon. Yan versuchte mit dem knatternden Megafon zurechtzukommen und gegen den überlauten Motor des Busses anzukämpfen. Es half alles nichts. Sie war kaum zu verstehen. Oft fielen die Worte Imperialismus, Bürokratismus, Befreiung (durch die Kommunisten 1949). Sie waren stolz auf ihre Leistungen. Einen Vergleich mit der Welt da draußen hatten sie nicht. Dorothee begann sie zu mögen, diese Menschen hier.

Die 14 Busse fuhren gleichzeitig ab. Die Straßen waren gesäumt von unglaublich vielen Menschen, die ihnen Beifall klatschen und winkten. Dorothee war gerührt. Es war der 3. Tag des Frühlingsfestes, des chinesischen Neujahrfestes, das bedeutete, es war der dritte und letzte freie Tag, daher diese Menschenmassen. Fast alle trugen blaue wattierte Jacken, wenige hatten grüne oder rosafarbige Jacken an. Sie waren alle gleich arm, aber sie waren so freundlich, lächelten, es war eben auch ein „Land des Lächelns".
Der erste Stopp war bei einem vierstöckigen Warenhaus, in dem es auch von Menschen wimmelte. Diese standen Spalier, bildeten einen Durchgang für die Gäste aus dem Westen und bestaunten die Fremden neugierig. Für sie waren diese Leute eine große Sensation. Erst seit dem Tod des großen Vorsitzenden Mao-Tse-Tung im Herbst 1976 hatte die Volksrepublik China begonnen sich nach außen zu öffnen. Sie waren erst das zweite westliche Kreuzfahrtschiff, das je hier in Shanghai angelegt hatte. Nur wenige Monate zuvor war ein anderes italienisches Schiff hier gewesen.
Eine ganze Anzahl von Leuten trug einen Mundschutz. Damit sollte verhindert werden, dass man die anderen mit seiner Erkältung ansteckte. Dorothee kamen die Tränen. Die Leute klatschen ihnen auch hier Beifall, hießen sie auf diese Weise in ihrem Land willkommen. Die süßen Kinder lachten ihnen zu.
Es gab fast alles zu kaufen in diesem Warenhaus, aber ob die Preise auch so waren, dass hier jeder einfache Bürger einkaufen konnte, das bezweifelte Dorothee. Das war ein Ort für Touristen.
Draußen auf den Straßen sah Dorothee vielleicht insgesamt nur vier oder fünf Autos. Es waren alles offizielle Autos, Regierungsautos. Es gab nur Touristen-Busse, öffentliche Busse, Trolley-Busse, dreirädrige Auto-Taxis, LKWs und Fahrräder, Fahrräder, Fahrräder. Nach dem reichhaltigen Abendessen in einem edlen Salon des „Internationalen Hotels" wurden sie noch zum „Freundschaftsladen" gefahren, wo sie wieder Souvenire aller Art einkaufen konnten und sollten. Also das gab es hier auch, den Devisenladen, den „Freundschaftsladen", nur zugänglich für westliche Touristen, für kapitalistische Feinde, dachte Dorothee. Obwohl sie hier seltsamerweise nicht das Gefühl hatte, ein Feind zu sein, eher ein Exot aus einer total fremden Welt. Das war anders als in der Sowjetunion. Sie waren dennoch alle froh, abends wieder auf dem Schiff zu sein. Es war so kalt und feucht und nirgendwo gab es eine Heizung.

An ihrem zweiten Tag in diesem Shanghai mit seinen zwölf Millionen Einwohnern war es bitterkalt. Auf dem Programm standen die Errungenschaften des kommunistischen Chinas. Der Bus fuhr direkt zur Industrieausstellung, dessen Hauptgebäude im gleichen Zuckerbäckerstil der Stalinzeit gebaut war wie die bekannten Gebäude in Moskau. Im Eingangsbereich hingen die Bilder von Marx, Engels, Lenin, Stalin und Mao-Tse-Tung.

Hier in diesem Gebäude gab es auch um Punkt 12.00 Uhr ein festliches Bankettessen. Die Tische waren alle rund und für je zehn Personen gedeckt. Dorothees Gäste sollten an den Tischen 35, 37 und 39 sitzen. Hartmut hatte schon seinen Platz an Tisch 35 eingenommen und Dorothee wollte sich auch gerade einen Stuhl reservieren, da schnappte ihr eine Passgierin den letzten freien Stuhl am Tisch weg. „Ich möchte nicht dort drüben bei den ollen Männern sitzen", meine sie entschuldigend. Dorothee setzte sich also zu den „ollen Männern" an den Tisch mit der Nummer 39. Zu diesen gehörten ein Herr Feldmann und jener Herr Wind aus Wien. Neben jeden dieser beiden Herren blieb ein Platz frei.

Noch herrschte Unruhe im Saal. Die bedienenden Kellner konnten nicht wissen, waren da nun zwei Stühle frei geblieben oder waren die Leute nur gerade mal auf der Toilette. Sie gossen in jedes Glas den starken Reiswein, mit dem sogleich offiziell angestoßen wurde. Herr Feldmann schnappte sich dann gleich noch das Glas des nicht vorhandenen Tischnachbarn und Herr Wind machte es ihm nach. Mit anderen Worten, die Herren tranken immer doppelt so viel. Jedesmal, wenn die Gläser leer getrunken waren, gossen die Kellner sofort wieder ein. Leer trinken bedeutete eben, dass man mehr haben wollte. Sonst musste man schon einen kleinen Rest im Glas lassen. Die Stimmung war gut, besonders als dann der Touristenminister von Shanghai eine feierliche Ansprache hielt, auf Chinesisch. Sie wurde erst auf Italienisch, dann ins Englische übersetzt. Yan las sie ihnen am Tisch auf Deutsch vor. Die Herren Feldmann und Wind wurden besonders lustig. Herr Feldmann begann sogar chinesich zu lernen: „Wu ä ni" – ich liebe dich. „Wu ä Zunguou" – ich liebe China. Na, das kam natürlich bestens an bei den Gastgebern. Die strahlten und merkten nicht, dass die beiden alten Herren schon ziemlich einen sitzen hatten. Dorothee begann sich langsam Sorgen zu machen. Wie sollte das nur enden?

Nach dem Essen fuhr man zu einer Volkskommune, einem landwirtschaftlichen Betrieb, das, was man in der Sowjetunion als Kolchose bezeichnete. Hinten im Bus schliefen die Herren Feldmann und Wind so tief, dass man beschloss, sie nicht zu wecken und die Besichtigung ohne sie zu machen. Der Busfahrer blieb ja da und konnte sie zu ihnen bringen, falls sie aufwachen sollten. Es gab erstmal grünen Tee und eine Ansprache, eine Erklärung, wie denn solch eine Kommune funktioniert. Sie bekamen Gummistiefel und sollten sich nun einiges anschauen. Der Bus sollte sie zu vorgesehenen Besichtigungspunkten bringen. Dorothee stand vor der Bustür. Diese öffnete sich plötzlich, an den Stufen standen zwei Busfahrer, je rechts und links, in der Mitte hing Herr Wind an ihren Armen. Er war aufgewacht und hatte den Bus hinten vollgekotzt. Herrn Feldmann war das peinlich. Ihm ging es nicht ganz so schlecht. Gott sei Dank.

Nun schleppten sie Herrn Wind in den Raum, in dem man gerade Tee getrunken hatten und riefen sofort die Ärztin der Kommune. Dorothee versuchte, die armen Chinesen zu beruhigen. Der Mann war schlichtweg einfach besoffen. Er war nicht krank. Nein, sie glaubten ihr nicht. Der arme alte Mann war krank geworden. Hier in ihrem Land. Da mussten sie sich Sorgen machen. Die Ärztin kam, kontrollierte den Blutdruck. 120/80 – ein Blutdruck wie ein Jugendlicher. Welche Erleichterung. „Ich sagte doch, der hat nur viel zu viel Akohol getrunken, er ist nicht krank. Er muss seinen Rausch ausschlafen, das ist alles." Alle standen um Herrn Wind herum, die Stadtführer Yan und Yen, die Ärztin, Dorothee und viele Gäste, von denen jeder einen besseren Ratschlag hatte, was Dorothee unheimlich auf den Geist ging. Plötzlich musste Herr Wind erneut erbrechen. Dabei verlor er sein Gebiss, das über den Boden kullerte. Dorothee dachte nur: „Oje, das wird ihm fehlen nachher." Sie holte schnell ein Tempotaschentuch aus ihrer Tasche, schnappte das Gebiss und steckte es Herrn Wind in die Manteltasche. Wie hätte der arme Kerl denn sonst noch essen können?

„Mei, des is a Landsmann von mir, da muss i mi ja schäma," jammerte eine Dame aus Graz, „mei is des peinlich, da muss ich mi ja schäma."

„Tut Ihnen etwas weh, Herr Wind?" Er schüttelte den Kopf, so wild, dass er mit dem ganzen Stuhl hin und her wackelte und fast umkippte.

Dorothee beschloss, dieses Spektakel zu beenden. Sie bat Yen, den alten Herrn mit einem Taxi zum Schiff zu bringen. Nicht so einfach, wer sollte denn die Kosten für das Taxi übernehmen? Da war es wieder, dieses typische Problem in den Ländern, in denen alles gut durchorganisiert ist, es aber keine Flexibilität für Zwischenfälle gibt. Yen konnte die Sache irgendwie regeln. Das Taxi kam, und Yen und Herr Wind fuhren zum Schiff zurück. Später beim Abendessen, das im selben Salon des Gebäudes der Industrieausstellung stattfand, kam Yen erfreut auf Dorothee zu und sagte mit strahlenden Augen: „Als wir am Schiff ankamen, ging es dem alten Herrn schon viel besser."

„Ich sagte doch, er ist nicht krank, er hat nur zu viel Akohol getrunken."

Wieder hieß es Abschied nehmen, wieder das Versprechen zurückzukehren. In jedem Hafen versprach sie es, und manchmal war sie schon zurückgekehrt. Aber bis sie Shanghai wiedersehen konnte, sollten 26 Jahre vergehen. Shanghai würde dann eine moderne Stadt voller Leben und voller Licht sein. Von dem alten kommunistischen Shanghai war dann nichts mehr zu erkennen.

Erschöpft von der Kälte, von diesen anstrengenden Tagen gönnte sich Dorothee eine heiße Dusche in ihrer Kabine. Draußen auf dem Gang hörte sie eine Durchsage: „Herr Gottlieb Wind wird dringend gebeten, seine Zollerklärung an der Information abzugeben. Das Schiff kann sonst nicht auslaufen." Na, der wird betrunken in seiner Kabine liegen, dachte Dorothee. Nach ein paar Minuten noch einmal dieselbe Durchsage. Sie ging auf den Gang zum nächsten Telefon und rief an der Information an: „Dieser Gottlieb Wind liegt sicher stock besoffen in seiner Kabine im Bett und schläft. Schickt mal jemanden in seine Kabine."

Und so ging eine Kollegin zusammen mit einem Zollbeamten in Herrn Winds Kabine. Da lag er splitternackt auf seinem Bett. Die Zollerklärung lag auf seinem Nachttisch. Das Schiff konnte auslaufen.

Ein Jahr später war Dorothee mit Hartmut privat auf Südamerikarundreise. Der Zufall wollte es, dass gerade als sie auf dem Zuckerhut in Rio de Janeiro waren, die Augustus Nobilis in die Bucht von Rio einfuhr. Im Restaurant unterhalb des Zuckerhutes warteten beide einfach, bis die Passagiere der Augustus Nobilis auf ihrem Ausflug hier auftauchten. Viele freuten sich Dorothee wiederzusehen und glaubten schon, sie würde nun wieder zusteigen und sie für den Rest ihrer Reise betreuen. Nein, sie war privat hier. Aber das Schiff besuchen, das wäre schon schön. „Warte einfach unten an den Bussen. Es gibt freie Plätze. Ich weiß nicht, in welchem Bus, aber es gibt genügend freie Plätze", sagte ihr einer der Italiener der Reederei Nobilis. Und so warteten sie unten bei den Bussen.

Da kam plötzlich Gottlieb Wind daher. „Hallo Herr Wind, kennen Sie mich noch?" rief Dorothee ihm zu. „Ja, Fräulein Dorothee, was machen Sie denn hier in Argentinien?"

„Herr Wind, wir sind nicht in Argentinien, wir in Braslien."

„Ach, is ja wurscht, is eh das gleiche", meinte der alte Herr. Das war eben Herr Wind.

Aloha

Endlich wieder Land in Sicht. Sieben Tage auf See, sie hatten den Pazifik überquert, nein, noch nicht ganz, denn vor ihnen lag ja erstmal nur die Inselgruppe von Hawaii. Am Hafengebäude stand ein Turm, auf dem an allen vier Seiten mit großen Buchstaben ALOHA stand, jenes Wort aus der hawaiianischen Sprache, das man zur Begrüßung und zum Abschied sagte und das soviel Dinge gleichzeitig bedeutete, Liebe, Zuneigung oder einfach nur ein herzliches Willkommen. So willkommen schienen sie nicht zu sein, denn keiner erwartete sie im Hafen. Die örtlichen Reiseleiter und Busse kamen erst nach einiger Zeit an.

Es war herrlich wieder in der Südsee zu sein, dieses unglaublich klare, saubere und so tief blaue Wasser. Und dennoch, Hawaii war anders. Es ist ein US-amerikanischer Bundesstaat und das merkte man überall. Es fehlte die Natürlichkeit, alles war so kommerzialisiert, zumindest hier auf der Insel Oahu, wo sie nun im Hafen standen.

Von Shanghai aus waren sie nach Yokohama gefahren. Dort mussten alle Passagiere von Bord. Ein Teil blieb eine Woche lang in einem Hotel in Tokio und machte verschiedene Ausflüge, der andere Teil ging auf Rundreise, auch Dorothee, die ihre Gruppe begleiten musste. Hartmut war dabei. Die Augustus Nobilis musste in die Werft. In einer Woche schafften es die japanischen Ingenieure und Werftarbeiter, die kaputte Schiffsschraube zu erneuern. Sie tauschten sie nicht aus, nein, sie schmolzen sie ein und benutzten dasselbe Material, um eine neue zu gießen. Damit sich keiner der Arbeitenden auf dem Schiff verlief, wurde von der Gangway in den Maschinenraum ein Faden gelegt, an dem man sich orientieren konnte. Als die Passagiere nach einer Woche im Hafen von Yokohama ankamen, war das Schiff noch nicht da. Schon mokierte sich manch einer von ihnen, dass man wohl noch länger in Japan bleiben müsse. Aber nein, da sah man sie schon kommen. Die Augustus Nobilis steuerte auf die Pier zu. Fast auf die Minute pünktlich kam sie an. Das war eben Japan.

Überhaupt war in Japan alles überorganisiert. Bei Ankunft in Yokohama ahnten sie das noch nicht. Susanna meinte zu Dorothee, sie solle schon mal vorab mit einem Taxi ins Hotel nach Tokio fahren, um zu sehen, ob da alles für die Gäste vorbereitet sei. Es war schon abends und dunkel. Also setzte sich Dorothee auf den Beifahrersitz eines Taxis und wunderte sich, warum dieser große Mercedes hier so wenig Beinfreiheit hatte. Ihr Captain's Case, den kleinen Koffer, den sie als Handgepäck dabei hatte, brachte sie gar nicht richtig unter. Da sah sie den Taxifahrer wild gestikulierend und einem Nervenzusammenbruch nahe auf sie zurennen. Sie saß hinter dem Steuer und unten gab es drei Fußpedale – in Japan ist Linksverkehr, das hatte sie nicht gewusst. Dass sie beim Einsteigen dies nicht bemerkt hatte!
Natürlich war im Hotel alles vorbereitet. Einzig und allein war der eine oder andere Familienname etwas falsch geschrieben. Der japanische Reiseleiter, der die Gruppe durch das Land begleiten sollte, war schon ein bisschen älter und meinte, sie sollten ihn einfach „Opa" nennen. Am Bahnhof warteten sie auf den Schinkansen, den Hochgeschwindigkeitszug, mit dem es von Tokio nach Kobe gehen sollte. „Opa" kam aufgeregt auf Dorothee zugerannt: „Katastrophe."
„Was ist passiert?"
„Es hat zu viel Schnee in den Bergen, der Zug hat Verspätung".
Na ja, der wird so 20 Minuten Verspätung haben, wie das bei uns im Winter auch mal passieren kann, dachte Dorothee. Was soll's, das bringt ja noch lange nicht die Rundreise durcheinander..
„Wie viel Verspätung hat der Zug denn", fragte sie „Opa"
„Zwei Minuten".
„Opa" war einem Herzinfarkt nahe, weil der Zug zwei Minuten Verspätung hatte. Nicht zu fassen. Als der Zug dann gar mit ganzen vier Minuten Verspätung einfuhr, hätte Dorothee beinahe den Notarzt für den armen Opa holen müssen.

Japan hatte seinen ganz eigenen Zauber, auch im Winter. Wie schön musste es hier im Frühling sein, zur Kirschblüte!

Und dann die sieben Tage auf See, wieder überquerten sie die Datumsgrenze, hatten zwei Mal einen 23. Februar. Und nun also waren sie in Hawaii. Es gab eine Inselrundfahrt, eine Show mit Folklore der verschiedensten Länder der Südsee und zum Abschluss ging es auf den Nu'uanu Pali, einen 300 m über Meeresspiegel liegenden Aussichtspunkt mit schöner Sicht auf die Insel.

Frau Tupf, einer ihrer Gäste, unterhielt sich laut mit einer anderen Dame, natürlich auf Deutsch. Eine Amerikanerin sprach sie auf Deutsch an. Sie kam aus Illinois, lebte schon seit 30 Jahren in den USA, machte gerade zwei Wochen Ferien auf Hawaii und flog morgen wieder zurück. Sie sei Deutsche und habe vor langer Zeit einen amerikanischen Soldaten geheiratet.

„Woher aus Deutschland kommen Sie denn?" fragte sie Frau Tupf

„Aus Düsseldorf."

„Ich komme ursprünglich aus Ulm."

„Aus Ulm?" Dorothee hatte sich umgedreht, „da kommen wir ja her". Sie zeigte dabei auf Harmut.

„Wo haben Sie denn in Ulm gelebt?"

„Auf dem Eselsberg"

„Wir auch, in welcher Straße?"

„Im Mähringer Weg"

„Wir wohnen im Trollingerweg"

„Da wohnt meine Schwägerin"

„Wie heißt sie und in welcher Nummer wohnt sie denn?"

„Nummer 40, sie heißt Mayer"

„Nein, die wohnt nicht mehr auf Nummer 40, die zieht in diesen Tagen über uns in Nummer 46 ein".

So klein ist die Welt! Da trifft man genau auf der anderen Seite des Globus die Schwägerin der neuen Nachbarin. Über Broningens Wohnung war die alte Frau Laupe gestorben. Frau Mayer, verwitwet mit zwei Kindern, hatte einen Antrag bei der Wohnungsverwaltung der Stadt Ulm gestellt, um in die größere Wohnung einziehen zu dürfen. Und das fand genau in diesen Tagen statt.

Leider war der Bruder dieser netten Deutsch-Amerikanerin schon vor einigen Jahren verstorben. Er war depressiv und hatte beschlossen, seinem Leben selbst ein Ende zu setzen; er hatte die Abgase seines Autos ins Auto umgeleitet. Eine wahre Tragödie. Dorothee hatte ihn als ausgesprochen gut aussehenden freundlichen Menschen in Erinnerung.

Zwei Tage konnten sie einen Hauch von Südsee genießen. Susanna wollte Dorothee am zweiten Tag auf den Ausflug zur „Big Island", zur Insel Hawaii mitschicken. Ihr sollte es Recht sein. Dieser Ausflug per Flugzeug auf die größte und am wenigsten besiedelte Insel Hawaiis lohnte sich. Der aktive Vulkan, die schwarzen Strände, Natur pur.

Und dann noch einmal fünf ganze Tage auf See bis sie endlich unter der Golden Gate Brücke in die Bucht von San Francisco einfuhren. Welch grandioses Gefühl. Wenn man so an Deck stand, hatte man den Eindruck, dass die Schornsteine des Schiffes dicht unter der Brücke gerade noch so durchpassten, in Wirklichkeit aber spannte sich die Brücke weit über ihnen in einem riesigen Bogen. Die Sonne ging gerade auf und leuchtete auf die rote Farbe. Spätestens jetzt verstand man, warum sie auf den Namen „Golden Gate" getauft worden war.

Susanna stieg planmäßig in Los Angeles aus. Sie musste zurück nach Frankfurt und dann bald schon weiter, um als Kreuzfahrtdirektorin ein anderes Schiff zu übernehmen.
„Ich möchte auf gar keinen Fall, dass die mir hier irgendeine Art von Abschiedsfeier machen", hatte Susanna immer wieder gesagt, was bedeutete, dass sie gerade dies erwartete. Heimlich organisierte Dorothee mit Hilfe einiger netter Offiziere und Stewards an Bord eine Abschiedsparty im hinteren Salon. Kaum hatte sie das Signal bekommen, dass alles bereit war, ließ sie Susanna über Lautsprecher ausrufen:
"Signorina Susanna, favore di presentarsi urgentemente nel salone Scarabeo"
– Fräulein Susanna, melden Sie sich bitte eiligst im Salon Scarabeo."
Erschrocken kam Susanna auf das Büro zugestürmt und rief schon von weitem: "Dorothee, was ist passiert?"
„Keine Ahnung, irgendein Pax (Fachjargon für Passagier) hat wohl ein gesundheitliches Problem. Du sollst sofort kommen."
Susanna rannte die Treppen hoch, stürmte in den Salon, in dem alles dunkel war. Plötzlich gingen die Lichter an und ihr kamen die Tränen:

Arrivederci Susanna

stand auf einem großen weißen Tuch. Drumherum standen sie alle, fast die ganze Besatzung des Schiffes.
Dorothee kam wenige Minuten später und wurde von Susanna fest umarmt. Die Überraschung war gelungen.

Den Rest der Reise musste Dorothee nun alleine überstehen. Sie schaffte das mit Bravour und war über sich selbst erstaunt. Warum eigentlich traute sie sich selbst immer so wenig zu?

Künstler aus Mexiko

Acapulco, ab hier brachte diese Weltreise mit der Augustus Nobilis wieder Erinnerungen mit sich. Trotz zwei voller Tage im Hafen dieser mexikanischen Stadt, konnte Dorothee wieder nicht mit auf den Ausflug hinauf nach Mexiko

Stadt. Sie beschloss, bald einmal in diesem Land Urlaub zu machen. Zu viel Schönes, zu viel Interessantes hatten ihr die Kollegen von diesem Land erzählt. Acapulco an sich bot ja nicht viel an Kultur und war sicher nicht typisch für dieses Land, dennoch hatte es eine gewisse Anziehungskraft.

Walter Bartel, ihr ehemaliger Kollege aus der Zeit in Sotschi, war jetzt in Mexiko eingesetzt und wartete an der Pier. Er lud sie und Hartmut, den er auch von jenem Sommer 1975 her kannte, ein, sich abends die Klippenspringer anzusehen, direkt von der Terrasse des Hotels Miramar aus. Und so erfuhr Dorothee, warum Walter Hals über Kopf seinen Einsatz in Moskau abbrechen musste. Man hatte ihn unter Druck gesetzt. Wie schon in Sotschi war man auf ihn zugekommen, er sollte Informationen liefern. Und das verweigerte er. Da blieb dann nur die Wahl, entweder würde er sofort das Land verlassen oder die nächsten ankommenden Passagiere würden keine Hotelzimmer bekommen. Ein Anruf in Frankfurt ohne jegliche Erklärung, einfach nur mit dem Hinweis „ich muss sofort nach Frankfurt fliegen" genügte. In der Zentrale verstand man. Es war nicht das erste Mal, dass dies geschah.

Nobilis war eine sparsame Gesellschaft. Das Unterhaltungsprogramm an Bord musste während dieser Reise vom Personal selbst gestaltet werden. Es gab nicht nur Napolitanische Abende mit Tarantella-Tänzen, auch ein Hawaiianischer Abend sollte geboten werden. So hatte sich Dorothee in Hongkong eine Perücke mit langen schwarzen Haaren gekauft und fleißig mit einer Gruppe von Stewardessen hawaiianische Tänze eingeübt. Als sie dann als erste auf der Tanzfläche erschien und der Kapitän sie nur von hinten sah, dachte dieser: „Nanu, haben wir einen neuen Passagier an Bord?"

Doch nun, es geschehen eben doch manchmal Wunder, jetzt in Acapulco stieg eine Gruppe mexikanischer Künstler an Bord. Vier Tänzer, zwei Paare, und drei Musiker. Die beiden Tänzer wurden in der Kabine neben Dorothee untergebracht. Fünf Tage lang, bis sie in Willemstaad auf Curaçao ankamen, gab es nun Tänze, Musik und Folklore aus Mexiko an Bord. Und im Anschluss bis spät in die Nacht immer eine Party, mal in der einen, mal in der anderen Kabine. Dorothee verstand sich gut mit den vier Tänzern, mit Blanca, Silvia, Max und Jesus, der von allen nur Chucho genannt wurde. Dieser Chucho war besonders charmant und gefiel Dorothee von Tag zu Tag immer mehr. Zum Abschied schenkte er ihr seinen großen Sombrero, mit dem er getanzt hatte.

Die Trennung in Curaçao fiel allen schwer. „Komm uns bald besuchen, tienes tu casa en México – Du hast ein Zuhause in Mexiko". Wie herzlich, wie gastfreundlich diese Menschen waren. Ja, bald wollte sie die vier besuchen. Das nahm sie sich fest vor. Die Adressen hatte sie erhalten. Man wollte sich schreiben. Sie vermisste ihre neuen Freunde. Seltsam, irgendetwas Besonderes hatten diese Menschen in ihr hinterlassen. Noch konnte sie nicht ahnen, dass die Begegnung mit diesen Tänzern eines Tages zu einer der wichtigsten Weichenstellungen in ihrem Leben führen sollte.

Zunächst aber musste das Schiff den Panamakanal passieren. Dorothee hoffte, die Halvosas wiederzusehen, sie auf das Schiff einladen zu können. Sie hatten keinen Aufenthalt in Balboa, sollten direkt in den Kanal einfahren. Die Halvosas hätten hier zusteigen und am anderen Ende des Kanals wieder aussteigen können. Sie waren aber nirgends zu sehen. Bis dann Dorothee eine Gruppe von mehreren Menschen am Ufer stehen sah, die ein Schild in die Höhe hielten. Auf diesem war deutlich zu lesen „DORIE".

Wie lieb, wie nett, wie rührend! Dorothee kamen wieder einmal die Tränen. Die Augustus Nobilis fuhr in den Kanal ein. Nun waren sie nahe am Ufer. Sie rannte von der Brücke zwei Decks hinunter und war somit auf Höhe der Halvosas. Sie unterhielten sich. Um auf dem Schiff mit durch den Kanal fahren zu können, hätten sie eine Einladung vom Schiff gebraucht. Das hatte keiner von ihnen gewusst. Und so erlaubten ihnen die Behörden jetzt nicht, an Bord zu gehen. Jammerschade. Schon seit 20 Jahren lebten die Halvosas hier und noch nie waren sie auf einem Schiff durch den Kanal gefahren. Es wäre die Gelegenheit gewesen. Dorothee ging langsam an Deck nach hinten, genau in Fahrgeschwindigkeit und blieb somit immer auf Höhe der Halvosas. Immerhin, sie konnten sich ein bisschen unterhalten und sahen sich wieder, wenn auch nur kurz.

Curaçao, La Guaira, Guadaloupe, Barbados und dann wieder eine Ozeanüberquerung, vier Tage lang nur das weite Meer und der blaue Himmel um sie herum. Dann wartete Afrika auf sie. Dakar, die Hauptstadt des Senegals, war der nächste Hafen. Auf einem Ausflug wurde auch Stopp gemacht im Club Paradies, einem Ferienclub von Lechak-Reisen. „Hier möchte ich nie arbeiten müssen", dachte Dorothee. Wenige Tage später war die Weltreise zu Ende, sie kamen in Genua an.

„Du sollst sofort in der Zentrale in Frankfurt anrufen, Dorothee".

Das hatte nie etwas Gutes zu bedeuten.

„Sitzen Sie gut?"

„Nein, ich stehe. Was ist los?"

„Ja, die Saison hat ja schon überall begonnen, wir haben schon alle Einsätze für den Sommer verteilt. Wir können Sie jetzt nur noch in den Club Paradies im Senegal schicken."

„Da war ich ja gerade erst vor einer Woche."

„Und wie hat es Ihnen gefallen?"

„Überhaupt nicht.

„Ja, aber wir haben keine anderen Positionen mehr frei".

„Ok, dann ist das eben so".

Und so fuhr sie nach Frankfurt, dann nach Hause, packte die Koffer um und war schon zwei Tage später wieder am Flughafen, um nach Dakar zu fliegen und ein neues Leben an Land zu beginnen, jedoch wieder eingesperrt, diesmal nicht auf einem Schiff, das sie immerhin von einem Land zum anderen brachte, sondern in einem Club mit einem Publikum, das nicht unterschiedlicher hätte sein können im Vergleich zu den dankbaren betagten Passagieren an Bord ihrer beiden Schiffe.

Club Paradies

Mit einer gewissen Abneigung gegen diesen Club kam sie an. Ein Club mit Sportprogramm, und das für sie, die sie so schrecklich unsportlich war. Das konnte nicht gut gehen. Und dennoch sollte dieser Einsatz eine wichtige Rolle in ihrem Leben spielen. In den über sechs Monaten, die sie hier verbrachte, lernte sie so viele Menschen kennen, die in der einen oder anderen Weise Einfluss auf ihr späteres Leben haben sollten. Es entstanden wichtige Freundschaften, die jahre-, manchmal jahrzehntelang hielten und sie lernte es, Afrika zu lieben. Die Kollegen waren nett und sie waren sportlich. Verwaltungskram mochten sie gar nicht. Das wiederum machte Dorothee nichts aus. Mit ihren Kenntnissen in Maschinenschreiben und sogar Stenografie war sie geradezu ideal für all die Büroarbeit. Dafür nahmen ihr die Kollegen gerne das Sportprogramm ab. So ließ es sich also doch ganz gut leben in diesem Club.

Mit Gertrud verstand sie sich besonders gut. Vielleicht, weil diese Liebeskummer hatte wie Dorothee auch. Gertrud war direkt von der mexikanischen Karibikinsel Cozumel in den Senegal geschickt worden und hatte dort ihre Liebe zurücklassen müssen, einen mexikanischen Musiker. Somit hatten sie schon zwei Gemeinsamkeiten. Beide vermissten sie ihre Liebe und beide Lieben waren Musiker.
Einmal im Monat kam eine senegalesische Folkloregruppe ins „Tam-Tam", wie der Saal genannt wurde, in dem alle Veranstaltungen stattfanden, und zeigte den deutschen sportlichen und jungen Gästen, wie steif sie doch waren. Mein Gott, wie diese Tänzer sich bewegen konnten, mit welcher Geschwindigkeit, mit welchem Temperament, diese Verbiegungen!
Ansonsten aber waren die Reiseleiter für das Programm zuständig. Es wurde eine Unterhaltungsshow zusammengestellt, sie führten Sketche und Theaterstücke auf. Dorothee hatte großen Erfolg als Zarah Leander im langen Kleid mit Boa um die Schultern, einer Lockenperücke auf dem Kopf, großer Sonnenbrille auf der Nase. So stand sie am Mikrofon und bewegte die Lippen gemäß Liedtext und den Körper entsprechend zum Inhalt des Textes.
„Kann denn Liebe Sünde sein, darf es niemand wissen, wenn man sich liebt, wenn man einmal alles vergisst, vor Glück. Lieber will ich sündigen Mal als ohne Liebe sein...."
Oder „Warum soll eine Frau kein Verhältnis haben, können Sie mir sagen warum...?" Das Publikum tobte.
Mit Gertrud und anderen trat sie als „Dampfnudel-Quartett" auf, mit Kissen am Hintern unterm Kleid und möglichst doofem Blick im Gesicht klimperte sie auf

einer Gitarre wild herum und gab so etwas Ähnliches wie Singen von sich. Der Text war besonders intelligent: „Dampfnudeln hammer gestern g'hobt, Dampfnudeln hammer heit, Dampfnudeln hammer olle Tag, solang's uns gfreit...."

Ihr Chef war in Lörrach aufgewachsen und konnte daher sehr gut den bekannten Schweizer Kabarettisten Emil Steinberger nachahmen. Der Sketch „Emil auf dem Polizeirevier" war ein voller Erfolg.

Ach, es machte ihnen allen so viel Spaß!

Gertrud konnte hervorragend reiten, auch ohne Sattel. Die Pferde des Clubs hatten es gut, denn sie ritt täglich mehrmals aus, am liebsten morgens, kurz bevor die Sonne aufging. Der Koch, ein Schweizer, wollte Urlaub machen und bat Gertrud auf seinen Hausaffen aufzupassen. Dieser wurde an einer sehr langen Schnur an einem Baum vor Gertruds Hütte festgebunden. Er hatte genug Bewegungsfreiheit. Dass Gertrud seine neue Herrin war, kapierte der kleine graue Affe sofort. Er übernahm die Beschützerrolle. Von nun an konnte keiner mehr so einfach in Gertruds Hütte. Nein, man musste vorher anrufen. „Trudi, kann ich auf einen Mokka zu Dir kommen? Ja, dann halte den Affen in Schach."

Das Beste war, man schlich sich sehr leise von der anderen Seite an. Der Affe saß nämlich meist auf einem Ast und schaute auf den Hauptweg. Der wusste ganz genau, dass die Besucher von dort kamen. Also leise von hinten angeschlichen, dann mit einem Sprung zur Tür, diese aufgerissen und rein in die Hütte, Türe zugeknallt. Jetzt Gertruds griechischen Mokka genießen, gekocht auf einem Camping-Gasbrenner.

Eines Tages gab es Unruhe im Club. Die afrikanischen Angestellten erzählten von einem Geist, den sie heute früh gesehen hatten. Es war Ramadan, sie hatten gerade noch gegessen. Als sich die Sonne am Horizont zeigte, beteten sie, in Richtung Mekka, das bedeutete in Richtung eines Teiches am Rande des Clubs. Jetzt am frühen Morgen hingen leichte Nebelschwaden über dem Wasser. Und als sie ihre Oberkörper wieder erhoben, sahen sie plötzlich diesen Geist: Eine weiße Gestalt in einem weißen wallenden Gewand und langen blonden Haaren ritt ohne Sattel auf einem Pferd durch den Teich. Hinter der Gestalt saß ein kleiner grauer Affe.

Dass dieser Geist niemand anderes als Gertrud mit einem der Clubpferde und dem Affen war, kam ihnen gar nicht in den Sinn. Afrikaner sind eben sehr abergläubig.

Dorothee freundete sich mit einer libanesischen Familie an, die ungefähr 30 Kilometer entfernt in der Savanne wohnte. Zwei der Söhne arbeiteten im Club und boten Ausflüge mit den Jeeps der Familie an. Manchmal konnte Dorothee auf der Farm der Familie übernachten. Jedes Mal, aber auch wirklich jedes Mal, wenn sie dort eine Nacht verbrachte, wurde irgendein Lebewesen geboren, ein Schäfchen, ein Zicklein, sogar einnmal ein Fohlen. Als die hochschwangere Tochter mit ihrem deutschen Ehemann aus der Casamance, jenem südlichem Gebiet des Senegal zwischen Gambia und Guinea-Bissau, zurückkam, setzten bei dieser die Wehen auch in jener Nacht ein, in der Dorothee dort schlief. Hatte sie sich so sehr an Afrika angepasst und magische Kräfte entwickelt?

Trotz alledem, es war dieser Einsatz, der Dorothee zu einer wichtigen Entscheidung brachte. Sie wollte ihr Leben ändern. Sesshafter werden. Aufhören mit der Reiseleitung und dennoch reisen können. Da kam nur eine Fluggesellschaft in Frage. Im Sommer 1978 schickte sie eine Blindbewerbung als Stewardess an Kranichflug in Frankfurt. Es musste ja nicht sofort sein, irgendwann, irgendwann eben.
Als sie dann aber im Oktober am Flughafen von Dakar an der Gangway zum Flugzeug stand, das sie wieder nach Hause bringen sollte, kamen ihr die Tränen. Sie hielt eine kleine Trommel in der Hand, ein Abschiedsgeschenk der Kollegen. Wenn die Sehnsucht zu stark würde, dann sollte sie einfach trommeln, um sich mit ihnen in Verbindung zu setzen.

Alle Jahre wieder

In der Nacht war Dorothee immer wieder aufgewacht, sie schlief unruhig, sie war nervös. Ein weiteres Jahr war vorüber gegangen, so schnell, dass sie es nicht glauben konnte. Das Jahr „zwei nach Avtoschenka". Sie zählte jetzt die Zeit seit sie ihre Liebe zum letzten Mal gesehen hatte. Und nun war sie hier bei Albert Mayer zu Gast. Gemeinsam wollten sie heute nach Bremerhaven fahren und die Vassilij Azhajew besuchen, wieder einmal.
Von Osnabrück war es nicht so weit nach Bremerhaven. Kurz nach Bremen kam Nebel auf, der immer dichter und dichter wurde. So sehr, dass sie am Columbusbahnhof im Hafen von Bremerhaven die Vassilij Azhajew erst gar nicht sehen konnten.
Kaum an Bord nahm sie ihr Kollege Andrej Kreis, den alle Zerkl nannten (weil Kreis auf Russisch „Zerkl" heißt) sogleich unter seine Fittiche und brachte sie ins Restaurant Leningrad. Dort saßen schon all die anderen Kollegen. Und einige Gäste, die Dorothee von früheren Reisen, teilweise sogar von der Augustus Nobilis her kannte und von denen sie freudig begrüßt wurde. Nach Auskunft einer Stewardess im Restaurant seien ganz neue Musiker in der Ucraina-Lounge. Nun, genau dorthin gingen sie. Schon im Treppenhaus hörte man, dass dort ein Lied geprobt wurde. Als Dorothee den Salon betrat, traf sie fast der Schlag. Der Junge, der am Klavier saß, hätte Avtandil sein können. Natürlich war er es nicht. Avtandil war Schlagzeuger und nicht Pianist und er konnte ja gar nicht hier sein. Aber diese unglaubliche Ähnlichkeit!
Es war düster im Raum und doch erkannte sie ihn gleich, obwohl Albert Mayer meinte, er könne es nicht sein. Am Saxophon spielte Ilarion von den Sak-

artvelo. Sie übten gerade „Oh, du fröhliche…" ein. Warum war gerade er an Bord? War er auch ein Verräter, immer gewesen oder jetzt erst geworden? Durfte er deshalb nun doch wieder zurückkommen, als einziger der Sakartvelo-Gruppe? Niemals würde sie die Wahrheit erfahren können.

Sie setzten sich beide hinter dem Orchester in einen der Sessel. In der Pause rief Albert Ilarion zu sich. Ob er sie beide wirklich erst jetzt erkannt hatte? Ilarion war blass und wurde noch blasser, als er zu ihnen kam. Er war sehr verlegen und stotterte herum. Nino lebe jetzt mit einem Mann zusammen, behauptete er. Allen Sakartvelo gehe es gut. Die anderen kämen vielleicht im März wieder an Bord. Wer es glaubt, wird selig, dachte sich Dorothee. Nie und nimmer würden die anderen zurückkkommen dürfen auf die Vassilij Azhajew, auch auf kein anderes Schiff. Nur Ilarion. Und was hatte das zu bedeuten? Es gab sicher einen Grund, warum ausgerechnet er wieder hier war, Dorothee war von ihm plötzlich so enttäuscht. Hatte sie ihn doch auch immer für einen Freund gehalten.

Ilarion saß sichtbar der Schreck in den Knochen. Mit dem Besuch von Alfred und Dorothee hatte er nicht gerechnet. „Entschuldigt bitte, wir müssen üben". Mit dieser Ausrede zog er sich zurück. Er hätte auch sagen können: „Lasst mich doch in Ruhe." Das wäre ehrlicher gewesen.

Es machte keinen Sinn, länger hier zu sitzen und die unangenehme Situation zu ertragen. Lieber in die Newabar und dann zur Teestunde in den Varietésalon, wo sie dann noch mehr bekannte Gesichter sah. Unter ihnen Tere, Teresia Kramer, die alte Dame, der Stammgast, die heute nun bereits ihre dritte Weltreise startete.

Vor einem Jahr kam ihr trotz aller Vertrautheit die Vassilij Azhajew irgendwie fremd vor, wohl auch, weil sie inzwischen die schmalen Gänge der Augustus Nobilis gewohnt gewesen war. Dieses Mal kam ihr alles wie zu Hause vor, so vertraut und so nahe. Dafür war die Augustus Nobilis in weite Ferne gerückt. Ein halbes Jahr Senegal hatte das wohl bewirkt.

Und dann fiel ihr ein, das letzte Mal, dass sie in Bremerhaven gewesen war, das war im August 1976, also gut einen Monat vor dem Verhör in Sotschi.

Der Aufruf: „Alle Besucher werden gebeten, das Schiff zu verlassen. Die Vassilij Azhajew läuft in Kürze aus". Es hieß einmal mehr Abschied nehmen. Das Auslaufen ihres Schicksalsschiffes wollte sie heute nicht miterleben. Es hätte nur wieder alte Narben aufgerissen. Sie fuhren direkt zum Bahnhof, wo Dorothee den Zug nach Bremen und dort dann den Nachtzug nach München nahm. Es war der 23. Dezember 1978 und sie kam gerade rechtzeitig zu Heilig Abend bei Rudi und Kerstin an, wo die ganze Familie – Hartmut kam extra aus Ulm angereist – Weihnachten feiern wollte. Ihr schönstes Weihnachtsgeschenk wurde ein Brief von Kranichflug aus Frankfurt, in der man ihr schöne Weihnachten und alles Gute für das neue Jahr wünschte und sie um Geduld bat, man habe sie nicht vergessen. Das klang nach guten Aussichten für das kommende Jahr.

Paris im Frühling

„Fräulein Broningen, die Einsätze sind schon alle vergeben. Wir können Ihnen nur noch Paris anbieten". Na, wer würde da nein sagen? Paris im Frühling. Welch erfreulicher Gedanke!

Es war schon Mitte März 1979. Gerade war Dorothee von einer zweimonatigen Reise durch Südamerika zurückgekehrt. Unbezahlten Urlaub hatte sie beantragt, um sich diesen Lebenstraum erfüllen zu können. Zusammen mit Hartmut war sie gereist. Ein Teil der Reise war von Dorothee geplant und organisiert worden. Sie hatte die lokalen Agenturen von Lechak-Reisen angeschrieben. Dort war stets jemand bereit, ihr hilfreich mit Rat und Tat zur Seite zu stehen. Drei Wochen aber reisten sie mit einer deutschen Reisegruppe in einem Bus, von Rio de Janeiro bis nach Ushuaia auf Feuerland und bis Punta Arenas in Chile. Mit dem Flugzeug ging es nach Santiago de Chile, wo sie sich wieder von der Gruppe trennten und weiterflogen nach Lima, der Hauptstadt Perus, um sich diese und dann noch Cuzco und das märchenhaft gelegene Machu Picchu anzuschauen. Quer über den Kontinent ging es zurück nach Rio de Janeiro, zum Karneval in Rio. Das musste man doch wenigstens einmal miterleben. Und nun also waren sie wieder in Deutschland. Der nächste Einsatz wartete auf sie. Und das sollte nun Paris sein. Die Stadt, die sie so sehr liebte.

Paris im Frühling, wunderschön! Ihre Gäste waren sehr selbstständig. Eigentlich musste man sie nur am Flughafen empfangen und ihnen ein paar Dinge erklären. Die meisten wollten die Stadt selbst zu Fuß und per Metro erkunden. Nur hin und wieder nahm jemand an einer der angebotenen Abendveranstaltungen, einer Show im Lido de Paris, dem Moulin Rouge oder dem Crazy Horse teil.

Sie genoss jeden Tag in dieser Stadt. Freundschaften ließen sich hier nicht so schnell schließen. Aber sie hatte eine nette Kollegin, außerdem lebte hier ihre ehemalige Kollegin Jeanette Lacroix von der Vassilij Azhajew. Jeanette, die damals an Dorothees Geburtstagsfeier mit dem Kopf so unglücklich auf die Steinkante des Swimming-Pools gefallen war und später eine Epilepsie entwickelte. Inzwischen hatte Jeanette sogar noch einen schlimmen Autounfall erlitten und überall Knochenbrüche, die noch nicht ganz ausgeheilt waren. Auch ein Grund, warum sie zu Hause in Paris war. Und dann war da noch Georg Lepont. Das war einer der Jungs vom Bundesgrenzschutz, den Kranichflug nach den Terroranschlägen und Entführungen im Herbst 1977 nach Dakar geschickt hatte, um die Sicherheitskontrollen durchzuführen. Daher kannten sich die beiden. Und wie der Zufall es wollte, war Georg gerade jetzt auch in Paris eingesetzt. Dorothee hatte somit praktischerweise einen männlichen Begleiter für so manche Veranstaltung, zu der sie eingeladen wurde.

Von Tag zu Tag wurde es wärmer, sie genoss die vielen Parks, die Museen, die Theater, die Kinovorstellungen. Kulturell ist Paris kaum zu überbieten. Und so nutzte Dorothee jeden Tag aus. Paris sehen und dabei gratis bei Dorothee übernachten können, das war schon ein guter Grund für einen Besuch bei ihr. Viele Freunde kamen und verbrachten ein paar Tage mit ihr in dieser charmanten Stadt. Darunter auch Tere Kramer, die zwei Freunde mitbrachte, Andreas Mohn und Georg Heimer. Die drei kamen mit einer organisierten Busreise und übernachteten in einem Hotel im Norden der Stadt. Als Dorothee Andreas sah, kam dieser ihr sehr bekannt vor. Bald fanden sie heraus, dass er jener Passagier war, der bei der Ägäis-Kreuzfahrt in Mykonos die Vassilij verpasst hatte. Tere hatte die beiden auf einer späteren Kreuzfahrt kennen gelernt. Diese neue Begegnung zwischen Dorothee, Andreas und Georg sollte der Beginn einer wunderbaren Freundschaft sein. Die beiden wohnten im Saarland.
Ach ja, Paris war ein einziger Frühlingstraum!

Mittenhinein in diese Frühlingsgefühle platzte dann ein Anruf von Kranichflug aus Frankfurt. „Sie haben sich bei uns als Stewardess beworben. Momentan brauchen wir allerdings Bodenpersonal. Wären Sie auch bereit, am Boden zu arbeiten?"
Na klar, selbstverständlich. Hauptsache ist doch, erstmal überhaupt in der Firma zu arbeiten. Intern konnte man sich dann immer noch versetzen lassen. Und so flog sie eines Morgens vom Flughafen Paris Orly Süd nach Frankfurt, um dort alle Aufnahmetests zu machen. Abends war sie wieder zurück. Georg erwartete sie am Flugzeug und lud sie zum Fischessen ins Quartier Latin ein. Sie war so müde und gleichzeitig so erleichtert. Ihr Gefühl sollte sie nicht täuschen. Sie erhielt den Arbeitsvertrag und begann am 1. Juli 1979 bei Kranichflug am Frankfurter Flughafen bei der Fluggastabfertigung. Eine kleine möblierte Wohnung in Frankfurt Sachsenhausen hatte sie inzwischen auch gefunden. Und da waren die beiden Kollegen, die ganz in ihrer Nähe wohnten, Britta Rehler und Ernie, der eigentlich Holger Friedrich hieß. Den Spitznamen hatte er von Kollegen bekommen, weil seine Frisur der des Ernie von der Sesam Straße so ähnelte. Und nun wurde er diesen Spitznamen nicht mehr los. Zusammen bildeten sie eine Fahrgemeinschaft, bis Dorothee sich dann im Herbst ihr erstes eigenes Auto kaufte.

Ein neues Leben ohne die Altlasten der Ereignisse an Bord der Vassilij Azhajew hatte begonnen.

Persona non grata

Die Vergangenheit jedoch holt einen immer wieder ein. Das Jahr ging zu Ende und Dorothee wurde von Sigi Herzog, der nun Kreuzfahrtdirektor an Bord der Vassilij Azhajew war (Antonio Rossi hatte ein anderes Schiff übernommen) eingeladen, von Hamburg bis Bremerhaven auf dem Schiff mitzufahren. Die Vassilij stand zur Überholung in der Howaldtswerft im Hamburger Hafen. Ein solches Angebot konnte sie nicht ausschlagen. Auch, wenn die Erinnerungen wieder schmerzen würden, sie musste es tun. Mit der Straßenbahn fuhr sie zum Hauptbahnhof. Hinter ihr saß offensichtlich eine Frau aus der DDR, denn diese sagte immer und immer wieder: „Ach, is det schön, nur alles hier in den Schaufenstern anschauen zu dürfen. Man muss es ja nicht gleich haben. Nur anschauen." Es lebe der Sozialismus, dachte Dorothee zynisch. Es war viel Verkehr und sie war spät dran. Gerade noch erreichte sie den Zug nach Hamburg.

Das, was dieser Tag ihr dann brachte, war so unglaublich, tat so entsetzlich weh in ihrem Herzen. Nur durch einen detaillierten Eintrag in ihr Tagebuch konnte sie es sich zumindest von der Seele schreiben:

Freitag, 21. Dezember 1979:

Der Zug fährt mit etwas Verspätung um 11.35 Uhr ab. In meinem Abteil sitzt eine nette Familie. Alle sind schwarz gekleidet. Sie kommen wohl von einer Beerdigung zurück. In Hannover steigen sie aus und andere Leute kommen. In Frankfurt war herrlichstes Wetter, dann wurde es bewölkt. Jetzt ist es wieder klar. Ja, sogar etwas Schnee liegt draußen. Sieht hübsch aus.
Trotz der Verspätung kommen wir pünktlich in Hamburg an. Ich nehme ein Taxi und lasse mich durch das Hafengelände zur Howaldtswerft fahren. Hübsch ist Hamburg so bei Sonnenuntergang mit all der Weihnachtsbeleuchtung. Und die Menschen machen einen fröhlichen Eindruck. Der Taxifahrer und ich unterhalten uns sehr nett. Am Eingangstor zur Howaldswerft darf das Taxi nicht weiterfahren. Das Tor ist gesperrt. So gehe ich mit meinem Gepäck durch das Gelände. Es ist eisig kalt. Ich muss meine Handschuhe anziehen.
Unterwegs fragt mich ein entgegenkommender Mann:
„Na, schaffen Sie die Weihnachtsgeschenke nicht mehr, ist wohl zu schwer, was?" Er lacht. Ich habe die Taschen mal kurz abstellen müssen, sind mir zu schwer geworden. Ich erkundige mich nach der Vassilij.
„Immer geradeaus, dann sehen Sie es schon, das schönste Schiff."
„O, ja, ich kenne es gut".
„Klar, Sie sind ja wohl auf dem Schiff".
Ach, wenn dieser Mann wüsste!!!

Ja, das schönste, beste, liebste, vertrauteste Schiff. Ich erblicke es bald. Ich war doch nur mal kurz in der Stadt. So kommt es mir vor, so als sei ich nie weg gewesen. Ich gehe einfach auf das Schiff. Ein paar Deutsche stehen im Foyer herum. Wohl Kollegen von Lechak-Reisen, die ich (noch) nicht kenne. Ich frage an der Rezeption nach „Mr. Herzog". Da kommt einer der Deutschen: „Kann ich Ihnen helfen". Es ist Daniel, Sigis Assistent. Er wohnt witzigerweise in meinem Apartmentgebäude in Frankfurt, vier Etagen unter mir. Sigi hat ihn über mich informiert. Daniel bringt mich gleich in „meine" Kabine Nr. 488 auf dem Poseidondeck.

So bin ich also nach drei Jahren wieder in meiner Kabine 488. Ich meine, es müsste jederzeit klopfen, gleichzeitig die Tür aufgehen und er vor mir stehen. Oh, Avtoscha, mein geliebter Avtoschenka! Wie viele Male haben wir uns hier auf dem Couchbett geliebt? Wie oft habe ich hier geweint, wie viele Male haben wir hier Feste gefeiert, getanzt, gelacht, waren glücklich. Auf dem Tisch standen Käse und Brot für Dich bereit. Jeanette wohnte gegenüber, nichts hat sich hier verändert, nur zwei Sessel billiger Qualität stehen noch zusätzlich drin. Es ist nicht schwer, sich ein paar persönliche Dinge noch hineinzudenken und schon ist es genau wieder so wie damals.

War es nun richtig, dass ich hierherkam oder nicht? Es ist zu früh, das zu sagen. Übermorgen oder erst viel später…. Es tut auch weh, sehr sogar-----schon als ich in der Nähe von Göttingen die Stacheldratgrenze zur DDR sah, mit den Wachttürmen, wo die DDR-Soldaten eingesperrt werden, damit sie nicht abhauen können, schon da kam wieder mein Hass in mir hoch.

So sitze ich also in meiner echten, wahren und einzigen Heimat, meiner Kabine 488, hänge meinen Gedanken nach und schreibe diese Zeilen. Das Zimmermädchen wollte saugen und erschrak, als sie hier jemanden vorfand. Jetzt werde ich wohl am Besten erstmal einen Rundgang machen und mir den umgebauten Varietésalon anschauen. Ich gehe zunächst zum Informationsbüro. Dort stehen einige Kollegen, wir machen uns miteinander bekannt. Sie zeigen mir den Varietésalon. Der ist wirklich umgebaut, die beiden Kammern neben der Bühne sind weg und jetzt sind dort Sitzplätze. An den Fenstern sind keine Sessel mehr, sondern Bänke, wodurch auch mehr Leute Platz haben. Es sieht gut aus. Wenn man sich nicht mehr genau an den alten Varietésalon erinnern kann, merkt man gar nicht gleich, dass er erweitert wurde. Ist geschickt gemacht.

In der Newabar hat die Besatzung wieder einmal „Забрание" – Zabranije - politische Versammlung. Es wird ihnen eingebleut, was sie dürfen und was nicht, wenn dann die Passagiere an Bord sein werden.

Von oben hört man Jazz-Musik. Da sind wohl die „Sakartvelo" am Üben. Ich gehe hinauf. Auch hier in der Ucraina-Lounge sind die roten und gelben Sessel erneuert worden. Es sind die Sakartvelo, die hier üben, aber nur Ilarion ist mir bekannt. Er sieht uns, erkennt mich aber nicht, oder tut so, als ob er mich nicht erkenne. Ich mache auch gar keinen Versuch, mich zu erkennen zu geben. Sein Verhalten vom letzten Jahr reicht mir bis heute. Ich gehe zur

Information runter und unterhalte mich ein bisschen mit dem Mädchen dort. Viel kann ich mit ihr ja nicht sprechen. Worüber denn? Ein mir sehr gut bekannter Offizier ist auch da. Zuerst hatte er mich nicht erkannt. Nun kommt Jevgenij. Der erkennt mich sofort. Er behauptet, ich würde jünger aussehen und besser. O lala, welche nicht ernst gemeinten Komplimente!

Bei all diesen Leuten habe ich irgendwie ein ungutes Gefühl. Jevgenij gehört sicher zu den Politoffizieren. Der andere Offizier fragt mich, ob ich hier an Bord arbeiten werde. „Nein, nein, ich arbeite nicht mehr für Lechak-Reisen, ich arbeite jetzt für Kranichflug".
Im selben Moment weiß ich, dass ich dies nicht hätte preisgeben sollen. Warum habe ich nicht einfach gesagt, ich würde in der Zentrale von Lechak-Reisen in Frankfurt arbeiten. So schnell können die das nun auch wieder nicht überprüfen, ob es stimmt. Aber nun ist es schon geschehen.
Man merkt direkt, wie dem Offizier ein Stein vom Herzen fällt.
Nett ist nur ein goldiger Matrose, der mich sofort wieder erkennt und wirklich herzlich ist. Das sind die echten lieben armen Teufel, gefangen von einem unmenschlichen System.
Ich bummle alleine weiter, durch die Einkaufs- oder Ladenstraße auf dem Boulevarddeck, wo sich die Verkäuferinnen im Laden lachend auf Italienisch unterhalten und immer wieder auf Deutsch sich Anweisungen zur Dekoration der Schaufenster geben. Auch noch Italienisch auf diesem Schiff!
Ich gehe in Gedanken versunken die hintere Treppe hinunter: Wie oft sind wir, Avto und ich, hier zusammen hinuntergegangen, um den neugierigen Blicken des Personals an der Information zu entgehen. Während der Weltreise habe ich dann auf der Weltkarte jeden Abend das Lechak-Reisen-Fähnchen auf der Weltkarte ein Stückchen verschoben, damit es immer genau anzeigte, wo die Vassilij sich gerade befand.

Avto ist sooo nahe, ich spüre ihn direkt neben mir. Ich gehe in meine Kabine. Alles ist schon bereit, das Couchbett gemacht, Handtücher im Bad, alles da. Ein rotes Deckchen auf dem Tisch und sogar ein Blumentopf, ein blühender Weihnachtsstern. Ich schalte das gemütliche Wandlicht an. Es ist wie damals, so, als ob es gestern gewesen sei – meine geliebte Kabine 488.

Der Schlüssel liegt auf dem Tisch. Ich rufe Sigi in seiner Kabine an, doch er ist anscheinend noch in der Stadt. So gehe ich, schließe die Tür ab und schaue gegenüber in Kabine Nr. 490 hinein, aus reiner Neugierde, Jeanettes Kabine.
Da höre ich das Telefon bei mir drin läuten. Es ist Daniel, der Assistent von Sigi. Ob ich auch zum Essen ins Bugwellen-Restaurant kommen möchte. Klar. Ich gehe, kehre aber nochmal um und ziehe andere Schuhe an. Dazu muss ich mein Captain's Case öffnen.

Im Bugwellen-Restaurant sitzen schon alle Kollegen, nur Sigi fehlt noch. Es ist immer noch der große Tisch direkt am Eingang. Unter den Kellnerinnen erkenne ich Nina, jene Nina, die so sehr in Avto verliebt war. Sie muss mich auch erkennen. Sie geht ans Telefon neben der Tür und spricht mit irgendjemandem. Dabei schaut sie mich im Spiegel böse an (ich sitze mit dem Gesicht zum großen Wandspiegel und kann sie beobachten). Nina sagt nur: „Da, da, choroscho" – ja, ja, gut. Sie legt auf.

Gleich darauf läutet das Telefon. Eine Reiseleiterin geht hin und hebt ab. Jemand möchte Sigi Herzog sprechen. Doch der ist ja noch nicht da.

Wenig später kommt Sigi mit ernstem Gesicht. Er begrüßt mich herzlich mit zwei Küsschen: „Na, wie geht's?"

„Prima, wie soll's mir gehen, wenn ich schon bei Euch hier bin?"

„Kommst Du mal gerade mit raus, bitte."

Ich ahne nicht Angenehmes. Und jetzt kommt es:

Sigi: „Ich war noch keine Minute in meiner Kabine als mich Jevgenij anrief und sagte, der Kapitän wünsche, dass Du das Schiff verlässt. Um 20.00 Uhr geht eine Fähre."

Es ist 19.35 Uhr. Meine ausgepackten Sachen muss ich auch noch einpacken. 20.00 Uhr schaffe ich nicht mehr. Und zu Ende essen würde ich auch noch gerne.

Sigi tut es aufrichtig leid. Keiner von uns hätte je so etwas erwartet, keiner. Und das nach drei Jahren. Inzwischen sollten die wissen, dass ich Valja nicht zur Flucht verholfen habe.

Ich esse also zu Ende, lasse den Kollegen gegenüber durchblicken, dass ich gehen muss. Daniel sagt, sie seien dann alle in der Aurora-Bar. Ich bitte ihn, mich in meine Kabine zu begleiten. Alleine will ich nicht mehr gehen. Im Gang stehen zwei dunkle Typen, die den ausgehängten Schiffsplan studieren und dabei uns beobachten.

Ich packe zusammen und stelle meine Sachen bei Daniel ab. Als Daniel so auf meiner Bettcouch sitzt, muss ich an all die schönen Liebesnächte denken, die ich hier erleben durfte. Ach, mein Avtoschenka! Vergangen, vorbei, aber niemals vergessen.

Daniel und ich wollen zu den anderen in die Aurora-Bar. Auf dem Seesterndeck stehen viele Russen, eingeladen vom Kapitän zu einem Bankettessen, darunter auch der Politoffizier Igor. Daniel will an ihnen vorbei, doch ich gehe ein Deck höher. Daniel kommt nach, hat zu spät geschaltet, warum ich das mache. In der „Läster-Allee", der Promenade vor dem Kaukasusclub kommt uns Jevgenij entgegen. In der Aurora-Bar übergebe ich den Kollegen eine kleine Tüte mit meinen Vanillekipferln, die ich doch extra gebacken hatte. Sie müssen diese nun ohne mich essen.

Ich stehe neben Daniel und trinke Wodka Lemon. Da kommt jener falschfreundliche Offizier, der vorher an der Information stand und fragt mich, ob mir Herzog die Nachricht des Kapitäns nicht überbracht hätte. Doch, um 22.00 Uhr gäbe es eine Fähre, dann würde ich gehen, antworte ich.

Da sagt er doch tatsächlich wortwörtlich zu mir: „Warum um 10 Uhr und nicht jetzt?"
Ich sage: „Ok, kann ich das noch trinken?" Und zeige dabei auf mein Glas. Da nickt er und murmelt etwas wie, er wisse auch nicht, was das heißen solle, was diese Nachricht bedeuten solle.
„Warum um 22.00 Uhr und nicht jetzt?" – mit diesen Worten werde ich buchstäblich von der Vassilij runtergeschmissen.
Aufkommende Tränen schlucke ich tapfer hinunter, das habe ich hier auf der Vassilij schon oft gemacht. Ich verabschiede mich von den Kollegen. Daniel begleitet mich zur Fähre. Am Ausgang steht der Offizier. Ich übersehe ihn einfach. Sigi kommt gerade vorbei, mit den Worten „Sigi, wie kommt man denn hier am Besten zur Fähre", lotsen wir ihn noch mal ins Freie. Ein paar letzte Worte. Wir sehen uns nächstes Jahr wieder. Für uns Reiseleiter zählt die Zeit nicht, zählt die Entfernung nicht.
Wir haben den falschen Weg eingeschlagen. Wir fragen einen Hafenarbeiter, der zeigt uns, dass wir wieder ein gutes Stück zurückgehen müssen. Oje, und das bei dieser Kälte! Doch da ist eine Leiter über die Mauer, über die wir beide klettern. Man klettert nicht alle Tage in der Howaldtswerft über eine Leiter.
Die Anlegestelle der Fähre ist jetzt gleich vor uns. Der Beamte dort erklärt mir den Weg zum Hauptbahnhof. Ich hole aus dem Automaten einen Fahrschein für die Fähre, kostet DM 1,70.
Der Beamte ist sehr nett. Nette Menschen tun mir jetzt besonders gut.
Schon kommt die Fähre. Ich wünsche Daniel und dem Beamten schöne Weihnachten.
„Schöne Weihnachten, das klingt ja wie Hohn, nachdem, was Dir gerade passiert ist", meint Daniel.
Es ist 20.45 Uhr, dreieinhalb Stunden war ich auf der Vassilij. Die Fähre fährt ab. 25 Minuten dauert es bis zu den Landungsbrücken. Ich sehe den roten Schornstein der Vassilij mit Hammer & Sichel und nehme Abschied, dieses Mal wohl für immer. Vielleicht werde ich eines Tages dieses Schiff hassen, so wie seine Leute, diese falschen.
Ich überlege, ob ich mein Captain's Case ausversehen offen gelassen hatte, als ich die Schuhe rausholte, oder ob es jemand von „denen" geöffnet hat. Aber so schnell kriegen die doch die Zahlenkombination des Schlosses auch wieder nicht raus, oder doch? Das Erstere ist wahrscheinlicher. Als ich nämlich zum Packen zurückkam, war das Case offen.

An den Landungsbrücken fragt mich ein Zollbeamter, ob ich etwas zu verzollen hätte. Nein!
Auch er ist nett. Hamburg gefällt mir richtig.
Mit der U-Bahn fahre ich zum Hauptbahnhof, vorbei an der Überseebrücke, wo damals, 1977, zur Weltreise der Vassilij eingeschifft wurde.
Am Hauptbahnhof will ich meine Fahrkarte von Bremerhaven – Bremen – Frankfurt umschreiben lassen, bekomme aber zusätzlich eine Fahrkarte von Hamburg nach Bremen und muss noch DM 16,-- bezahlen. Ob das so ok ist?

Ich rufe nun Andreas und Georg an. Informiere sie und frage, ob ich schon gleich morgen zu ihnen kommen kann. Klar, selbstverständlich. Wie gut, wenn man gute Freunde hat.

Britta rufe ich an. Sie ist doch zuhause bei ihrer Mutter in Stade und wollte morgen am Deich stehen, um mir auf dem Schiff zuzuwinken. Britta ist ganz geschockt und meint, ich würde ja einen echten Krimi erleben.
Albert Mayer ist nicht zu Hause. Gerade erwische ich noch den Nachtzug nach Frankfurt, der um 22.00 Uhr abfahren sollte, aber Verspätung hat. Mein Gott, was für Menschenmassen sind hier unterwegs. Ich finde ein Abteil, in dem zwei Plätze erst ab Frankfurt reserviert sind. Auf dem zweiten Platz sitzt ein sehr gut aussehender, sehr junger Ausländer, schwarze Haare, tief schwarze Augen. Man kommt ins Gespräch. Er ist Kurde aus der Osttürkei, studiert in Hamburg Medizin. Der Vater arbeitet in Stuttgart und da fährt er jetzt hin über die Feiertage. Seit 5 Monaten ist er in Deutschland, hat zwei Monate lang im Goethe-Institut Deutsch gelernt und spricht es schon sehr gut. Er ist sehr nett, höflich, wohlerzogen. So wie er aussieht, könnte er auch Georgier sein.
Ich bin hellwach, aber irgendwann schlafe ich dann doch ein.

Die Stufe des Palastes

In diesem Land möchte ich leben!

Was war das? Was für ein absurder Gedanke! Und doch, Dorothee spürte da etwas tief drin in ihrer Seele. Ein Schauer ging durch ihren Körper, sie fror, trotz 35° C Hitze und 80 %-iger Luftfeuchtigkeit.
Der Gedanke war mehr ein Gefühl, so stark, dass sie immer wieder von neuem erschrak. Sie saß auf einer Stufe, genau genommen auf der vierten Stufe, wenn man von oben runterwärts zählte. Auf der vierten Stufe des ausgegrabenen Palastes von Palenque. Soeben hatte sie Andreas aus einem Reiseführer etwas über Palenque vorgelesen. Sie klappte das Buch zu und in diesem Moment durchfuhr es sie wie ein Blitz, ein elektrisierendes Gefühl: Hier möchte ich leben!

„Te vas a enamorar en Palenque. Palenque es un cuento en la selva – Du wirst Dich in Palenque verlieben. Palenque ist ein Märchen mitten im Urwald." Wie oft hatte José Luis, den alle nur Pepe nannten, dies zu ihr gesagt. Und sie hatte sich verliebt, in Palenque, in all die anderen Orte, die sie schon besucht hatten, in dieses Land Mexiko, in seine Menschen und wohl auch ein bisschen in Chucho, einen der beiden Tänzer, die auf der Augustus Nobilis gewesen waren.

Sie war in Mexiko, hatte sich diesen Traum erfüllt, endlich einmal privat dieses Land zu erkunden. Die Jahre über hatte sie öfters mit den beiden Mädchen der Tanzgruppe, die auf der Augustus Nobilis gewesen waren, korrespondiert. Immer wieder war sie eingeladen worden. Nun war sie der Einladung endlich gefolgt und nach Mexiko geflogen. Max hatte sie am Flughafen abgeholt und zu Silvia gebracht, wo sie von der Familie wie eine eigene Tochter empfangen wurde. Es tat ihrer wunden Seele so unendlich gut.

Die Probezeit war am ersten Januar 1980 vorbei gewesen, erst jetzt konnte sie den alten Urlaub vom Vorjahr nehmen, und auch günstig fliegen, schließlich arbeitete sie bei Kranichflug. Zunächst war sie in die USA geflogen, um ihre Verwandten zu besuchen, besonders den inzwischen nun schon 95 Jahre alten Großonkel Ernst. In ihrem Innersten spürte sie, es sollte das letzte Mal sein, dass sie ihn sehen konnte. Leider behielt sie Recht. Onkel Ernst starb am 8. August – auf den Tag genau 9 Jahre nach ihrer Mamotschka, und er wurde am 11. August beerdigt, auch genau 9 Jahre nach Charlotte. Für Dorothee hatte dies sehr wohl eine Bedeutung. Für sie war es kein Zufall.

Und nun im Februar erfüllte sich ihr Traum, vier Wochen durch dieses faszinierende Land reisen zu können. Dass Andreas sie auf der Reise begleitete, war angenehm und praktisch. Sie wurde nie von Männern dumm angebaggert, immer respektiert und sie fühlte sich beschützt. Sie waren ein ideales Reisepaar.
So viele schöne Abenteuer hatten die beiden inzwischen schon erlebt. Einige Tage in Mexiko Stadt mit seinen wunderbaren Museen, den Parks, seiner unglaublichen Geschichte, die Pyramiden von Teotihuacan – dem Ort, wo die Menschen zu Göttern wurden. Genauso hatte sie sich gefühlt, als sie oben auf der Sonnenpyramide saß und die Aussicht genoss. Das koloniale Oaxaca und Monte Alban, nur wenige Kilometer von Oaxaca entfernt, eine heilige Stätte der Zapoteken und Mixteken, hoch oben auf einer abgetragenen Bergkuppe. Hier war man dem Himmel so nahe. San Cristobal de las Casas und seine indianischen Dörfer im Umland. Sie hatten in „Na Balom" übernachtet. Das Wort bedeutet „Haus des Tigers" in der Sprache Tzotzil, einer der Maya-Sprachen, die hier gesprochen wurden. Die Bezeichnung für dieses Haus entstand aus einem Missverständnis. Hier lebten einst der dänische Archäologe Frans Blom und seine Schweizer Frau Gertrude Duby Blom. Die Einheimischen konnten Blom nicht aussprechen und sagten immer Balom. Das Haus Balom – Na Balom. Und das war nun zufällig das Wort für Tiger. Frans Blom war derjenige, der hauptsächlich die Ausgrabungen in Palenque geleitet hatte. Seine Frau lebte noch in diesem Haus. Sie hatte eine Stiftung ins Leben gerufen, die den Zweck hatte, die Lacandonen im Urwald zu unterstützen. So liebevoll wie sie zu den Lacandonen war, die bei ihr zeitweise ein Zuhause fanden, während sie in der Stadt Formalitäten erledigen oder sich in der Klinik behandeln lassen mussten, so garstig konnte sie zu allen anderen sein, inklusive zu ihren Gästen, die in den zahlreichen Häusern auf dem Ge-

lände von Na Balom ihren Urlaub verbrachten. Sie wurde daher auch gerne als „der Schweizer General" bezeichnet. Gertrude Duby Blom war nicht einfach, aber bewundernswert. Eine Person, die von allen sehr respektiert wurde.

Es war gerade Karnevalszeit, die Zeit vieler traditioneller Feste in den verschiedenen Dörfern, in denen jeweils ein anderer Stamm von Mayas lebte. Karneval in Zinacantan erlebten sie direkt mit, wurden in ein Haus eingeladen, in dem nur Männer nach einem bestimmten Rhythmus tanzten und hin und wieder aus einer Schale ein kaffeebraunes alkoholisches Getränk zu sich nahmen, während draußen auf der Wiese die inzwischen schon zahlreichen Betrunkenen lagen, deren Körper ihnen nicht mehr gehorchten, die aber geistig noch ganz klar waren und sich untereinander unterhielten. Es war amüsant und traurig zugleich.

Und nun saß sie hier auf der Stufe des Palastes von Palenque, im Bundesstaat Chiapas und fror an diesem heißen Tag, weil ein Gedanke durch ihr Hirn und ein starkes Gefühl durch ihre Seele schossen, wie Blitze, wie eine Erkenntnis. Hier wollte sie leben. Nicht in Palenque, nein, aber in diesem Land. Es war verrückt. Dorothee versuchte, diese Gedanken zu verdrängen. Doch sie kamen immer wieder, längst waren sie auf der Halbinsel Yucatan, besuchten die Stadt Mérida, die Ruinen von Uxmal und von Chichen Itza. Der krönende Abschluss waren ein paar Tage auf der Isla Mujeres in der Karibik, ein paar Tage ausruhen, das türkisblaue Meer und den hellen Sandstrand genießen. Von Cancún aus flogen sie zurück ins Hochland, nach Mexiko Stadt, das 2.240 Meter über dem Meeresspiegel liegt. Sie waren so früh am Flughafen, dass sie den vorherigen Flug nehmen konnten, obwohl sie auf dem späteren gebucht waren. Als das Flugzeug dann auf der Piste des Flughafens in Mexiko Stadt aufsetzte und zu bremsen begann, kam das Flugzeug ins Rutschen. Irgendetwas war nicht in Ordnung. „Wenn unsere Freunde hören, dass dieses Flugzeug verunglückt ist, dann denken sie nur, wie gut, dass Dorothee und Andreas auf dem späteren Flug sind. Sie ahnen ja nicht, dass wir hier drin sitzen....", dieser Gedanke schoss in Sekundenschnelle durch Dorothees Kopf. Doch dann stand das Flugzeug. Alles war gut gegangen.

Beim Verlassen des Flugzeuges standen Stewardessen und Piloten vorne und verabschiedeten die Passagiere. Sie sahen sehr bleich aus, es war wohl wirklich gerade noch einmal gut gegangen.

Die „Hacienda de los Morales" war eines der besten Restaurants in Mexiko Stadt. Dorothee und Andreas luden ihre mexikanischen Freunde zu einem Abschiedsabendessen ein. In der Bar tranken sie zunächst einen Cocktail zur Einstimmung. Sie waren alle da: Silvia, Blanca, Max, Chucho und Pepe, ein Freund dieser vier, den Dorothee und Andreas erst jetzt hier im Urlaub kennen gelernt hatten. Zwei Personen waren besonders nervös an diesem Abend, Dorothee und Chucho. Zwischen ihnen herrschte eine elektrisch aufgeladene Spannung. Es war der Moment, in dem sie sich ineinander verliebten. Schon am Anfang des Urlaubs hatte es sich angekündigt, doch Dorothee wollte es nicht glauben, wollte nicht schon wieder eine Enttäuschung erleben. Irgendwann legte Chucho den Arm um Dorothee. Sie musste sich selbst einen Schubs geben, bis sie dann seine Hand berührte, ihre Hände liebten sich schon. Eine Fotografin machte ein Foto von der ganzen Gruppe. Auf die Rückseite schrieb jeder eine Widmung für Dorothee.

Chucho schrieb: „Die Menschen treffen sich, wo auch immer es sein mag, aber Deine Freundschaft lässt an gute Menschen glauben, die man nicht vergessen kann. Du wirst mir immer im Gedächtnis bleiben als eine „linda mujer – eine liebenswerte Frau", an die man sich gerne erinnert. Jesus Garcia 29-02-80."

Inzwischen war Mitternacht vorbei und es war 29. Februar 1980, ein Tag, den es nur alle vier Jahre gab, für Dorothee ein ganz besonderer Tag.

Am nächsten Tag schon saß sie wieder im Flugzeug auf dem Weg zurück nach Europa, nach Frankfurt und wusste, dass sich alles in ihrem Leben geändert hatte. Sie betrat ihre kleine gemütliche Wohnung, die Tür zum Wohnzimmer war einen Spalt weit offen. Was lag denn da auf dem Boden? Das sah ja aus wie, ja wie ein kleiner Haufen Kot. Dann brach sie in Lachen aus. Sie hatte sich nicht geirrt, es war ein kleiner Scheißhaufen, natürlich nicht echt, aus Plastik. Ein Scherzartikel, der ihrem Kollegen Ernie und seinem Freund Achim gehörte. Unter diesem klebte ein kleiner Zettel:

Liebe Dori – Scheiße, dass der Urlaub vorbei ist, dennoch „Herzlich Willkommen im trauten Heim". Ernie und Achim (wer sonst). Im Kühlschrank lag ein Schnitzel, und auf dem Küchentisch ein Zettel: „Herzlich Willkommen, ruf mich mal an, Britta". So fiel das „nach Hause kommen" dann doch nicht ganz so schwer.

Aber eines war klar: Diese, ihre erste Mexiko-Reise war im wahrsten Sinne des Wortes schicksalentscheidend. Vom ersten Moment an hatte sie sich in diesem Land „zu Hause" gefühlt. Wer weiß, vielleicht war sie in einem ihrer früheren Leben eine Maya oder Azteca gewesen? Und sie war frisch verliebt.

Olympische Spiele in Moskau

Mit einem unguten Gefühl im Bauch betrat Dorothee das Flugzeug. Sie und Hartmut hatten die Nacht bei Rudi und seiner Familie verbracht und waren am frühen Morgen dann vom Münchner Flughafen aus in Richtung Wien geflogen. Hier mussten sie umsteigen, ein anderer Flug der Austrian Airlines brachte sie nun nach Moskau. Rudi hatte beim Abschied alles Gute gewünscht und ein besorgtes Gesicht gemacht. Er dachte wohl das, was sie alle dachten: War es nicht zu riskant nach Moskau zu fliegen? Würde alles problemlos verlaufen? Welche Schwierigkeiten würde man ihnen, besonders Dorothee, in den Weg legen? Das Visum hatte sie problemlos erhalten, aber das musste noch gar nichts bedeuten. Hartmut hatte alles über ein Reisebüro organisieren lassen. Na ja, eigentlich nur die Flüge und die Hotelreservierung sowie das Visum. Sie wollten ja nur in Moskau sein, die ganze Zeit über bis die 22. Olympischen Sommerspiele vorbei sein würden.

Anfang des Jahres 1980 war die sowjetische Armee in Afghanistan einmarschiert, um dort die Rebellen, die Taliban, zu bekämpfen. Aus Protest hatten daraufhin mehrere westliche Staaten ihre Teilnahme an den olympischen Spielen abgesagt, so auch die USA und die Bundesrepublik Deutschland. Was sollten das nun für olympische Spiele werden, ohne wirkliche Konkurrenz unter den Sportlern, sozusagen die Sportler der östlichen Welt unter sich. Nun ja, man würde sehen.

Während des gesamten Fluges von Wien nach Moskau war Musik von Johann Strauß zu hören. Mit ihnen flogen einige Sportler der österreichischen Olympia-Mannschaft. Österreich als neutrales Land hatte seine Teilnahme nicht abgesagt. Außerdem waren noch ein paar Sportler der australischen Mannschaft dabei. Die Österreicher trugen weiß-rote Jacken, die Australier dunkelgrüne mit feinen hellgrünen Streifen. Langsam wurden sie auf Olympia eingestimmt.

Der Flughafen Scheremetjewo 2 war erst kurz zuvor eröffnet worden. Gebaut wurde er von Ingenieuren aus der Bundesrepublik Deutschland. Angeblich hatten 120 Männer aus der BRD, die dort beschäftigt waren, Russinnen geheiratet. Es war also doch möglich. Nur ihr war es verwehrt, Dank Valjas Flucht. Aber hätte sie böse sein sollen auf Valja, nur, weil er es vorgezogen hatte, in Freiheit zu leben? Nein, niemals.

Sie verließen das Flugzeug, gingen durch das Flughafengebäude und Dorothees Nervosität stieg mit jedem Schritt. Was wird jetzt geschehen?

Zuerst mal durch die Passkontrolle. Pass genau prüfen, Visum mit Pass vergleichen, ernst, fast böse schauen, ob das Foto auch der Person entspricht, die da vor ihm stand, dann auf den Spiegel schauen, der oben schräg über dem jeweiligen Passagier hing, so dass genau zu sehen war, ob dieser etwas

am Rücken versteckte. Was hätte man schon im Rücken verstecken können, keine Ahnung. Es dauerte eine gute Weile, dann wurde sie durchgewinkt, mit einem Knopfdruck öffnete der Passbeamte die Tür, sie betrat sowjetischen Boden, nach nun fast vier Jahren war sie wieder in der UdSSR.
Noch auf Hartmut warten. Bei ihm dauerte es etwas länger, denn eigentlich hätten sie sich nicht an diesem Schalter anstellen dürfen, war er doch nur für die Olympia-Mannschaft aus Jugoslawien vorgesehen. Hartmuts Passbeamten fiel das leider auf. Und während also Dorothee wartete und in Gedanken dem Gepäck zusah, das schon auf den Bändern im Kreis herum fuhr, beobachtete sie aus den Augenwinkeln die Pass- und Zollbeamten.
War es Einbildung oder Wirklichkeit? Da schien einer der Zollbeamten einige andere zu rufen und diesen irgendetwas über sie zu sagen. Sie meinte, dies an einer kleinen Kopfbewegung in ihre Richtung zu merken, und an dem Blick eines Beamten aus den Augenwinkeln heraus zu ihr hin. Ihr wurde es übel.
Endlich kam Hartmut. Nun war sie zumindest nicht mehr alleine.
Sie holten die Koffer und wurden zu einer der Zollkontrollstellen hingewiesen. Ein Mann, der vor ihr dran war, musste seine Koffer nur in ein Gerät stellen, das wohl das gleiche war, wie es die Sicherheitskontrollen am Frankfurter Flughafen benutzten. Dann war der Mann schon durch. Sie musste das gleiche machen, vorher aber ihren Pass abgeben. Ein blond gelockter Beamte nahm ihren Pass, las den Namen, verglich ihn offensichtlich mit einer Liste. Dorothee meinte, ein leichtes Aufleuchten seiner Augen zu bemerken. „Sicher stehen wir auf der Schwarzen Liste", dachte sie. Ihr Handgepäck, das schwarze Captain's Case wurde nebenan hingestellt, der Koffer auf eine Bank weiter hinten gehievt. Nun wurden das Captain's Case, die Handtasche und der Mantel gründlich untersucht, aber nicht allzu gründlich.
Nun kam Hartmut an die Reihe. Dorothee musste nach hinten zur Bank und den Koffer öffnen. Der Blondgelockte kontrollierte nun jedes einzelne Stück. Mein Gott, jetzt kann ich die Wolle für Nina gleich hierlassen, denn Wolle einzuführen war verboten. Aber er untersuchte nur jeden Wollknäuel, ob nicht irgendetwas in der Mitte versteckt war, sonst interessierte er sich überhaupt nicht für die Wolle. Zwei oder drei Mal fragte er nach Rubel. Weder Hartmut noch sie sprachen Russisch. Einer von den Beamten schaltete eine Lampe ein, woraufhin ein großer dicker Mann kam, wohl einer mit höherer Position.
Hartmut wurde plötzlich weggeführt. Mein Gott, jetzt wird er sicher verhört werden, und anschließend werde ich wohl verhört. Wir müssen nur das Gleiche sagen. Aber was können wir schon sagen als die Wahrheit?
Ein anderer Mann kam noch hinzu. Sie hörte, wie dieser laut las, dass sie ja in Moskau geboren sei und dann sagte er zu den anderen: „Она точно по-русский говорит – ana totschno po-russkij gawarit – sie spricht sicher Russisch".
Ja, eigentlich war es dumm sich zu verstellen, denn die waren ja auch nicht blöd.
Ihr Blick fiel auf das Kombinationsschloss ihres Captain's Case: 110 150. Das war Chuchos Geburtsdatum – 11. Januar 1950 – traurig dachte sie: „Adieu

Chucho, ob ich dich je wiedersehen darf oder muss ich jetzt Bekanntschaft mit sowjetischen Gefängnissen machen?" Nur den Bruchteil einer Sekunde dachte sie so, es kam ihr jedoch wie eine Ewigkeit vor.

Hartmut kam wieder und sagte ihr, dass er zur Leibesvisite geholt worden wäre. Gott sei Dank also kein Verhör.

Hartmut hatte dummerweise etliche Filme für den Fotoapparat und einige Super-8-Filme für die Filmkamera in seiner Manteltasche. Das war wohl verdächtig. Aber Hartmut, übergenau wie er war, wollte im Koffer nur die erlaubte Menge von zehn Filmen dabei haben, obwohl Dorothee ihm mehrmals gesagt hatte, dass selbst die sowjetischen Behörden Verständnis dafür haben würden, dass man während der olympischen Spiele mehr als sonst fotografieren wolle. Nun hatte man diese Filme in ein Röntgengerät gesteckt. Warum? Vermutlich, um sicher zu sein, dass es keine belichteten Filme mit geheimen Fotos und / oder Dokumenten waren. Das war ja mal wieder so typisch.

„Filme ok?", fragte Hartmut und wollte wissen, ob die Filme keinen Schaden erlitten hatten.

„Film ok!", sagte der Beamte und meinte damit, dass die Filme unverdächtig waren, denn später stellten sie fest, dass die Aufnahmen mit diesen Filmen meist weiße Flecken aufwiesen, mal mehr, mal weniger, je nachdem wo der Film wie viel Röntgenstrahlen abbekommen hatte. Schade um die vielen Erinnerungen.

Zwei Frauen wurden geholt, die nun eine Leibesvisite bei Dorothee durchführen sollten. Diese führten Dorothee zu einem Raum, der noch belegt war. Bald hieß es „Пожалуйста - poschaluista – Bitte". Beide Damen waren sehr nett zu Dorothee. Sie fragten, ob sie Russisch spräche. „Чутчут – tschutschut – ein kleines bisschen". Ob sie Tourist sei? Ja, olympischer Tourist. Eine der Frauen tastete Dorothee ab. Beiden war das Ganze offensichtlich sehr unangenehm. Dorothee hörte, wie eine zur anderen sagte: „Was soll dieses Mädchen schon gemacht haben. Ich weiß, sie denken, sie sei ein westlich…."

Was Westliches sie sei, das verstand sie nicht. Die Frauen sprachen einfach viel zu leise miteinander.

Bald konnte sie wieder rausgehen aus dem Raum. Draußen wartete der große, dicke Vorgesetzte, die Brust vollgehängt mit unzähligen kleinen Orden. Erhobenen Hauptes, mit herausgestrecktem Busen und in striktem Ton sagte eine der Frauen zu ihm: „Ничево – nitschewo – nichts". Er sackte direkt in sich zusammen: „Ничево – nitschewo?" fragte er ungläubig.

„Да, ничево – da, nitschewo – ja, nichts".

Endlich erhielt Dorothee ihren Reisepass und die Zollerklärung zurück, letztere allerdings ohne den notwendigen Stempel. So hätte sie gar kein Geld tauschen können. Mit saurem Gesicht protestierte sie, bekam den Stempel und konnte losgehen.

Ein junger Mann von Intourist wartete schon auf sie, waren sie doch die letzten seiner deuschen Reisegruppe. All die anderen saßen längst im Bus und wurden von Minuten zu Minute ungeduldiger.

Der Bus fuhr los, nicht in die Stadt, nein, zum alten Flughafengebäude von Scheremetjevo 1, wo eine weitere Reisegruppe aus Frankfurt mit einem Flug der sowjetischen Fluggesellschaft Aeroflot ankam. Dann fehlten einige der Koffer, die mit der nächsten Maschine nachgeliefert wurden. Also musste auch noch auf diese gewartet werden. Jeder hatte Durst, alle waren schlechter Laune. Dorothee nahm eine Tablette, eine Migräne bahnte sich an. Kein Wunder bei dieser Aufregung. Wie sollte sie die nächsten drei Wochen unter solch einem Druck, mit diesen Angstgefühlen überstehen können?

Endlich fuhren sie los zum Hotel, entlang der Leningrader Chaussée, rechts lag Tuschino, wo sie bis 1955 gelebt hatten. Sie kamen am Sokol vorbei, wo Hartmut seine Arbeitsstelle hatte, über den Leningrader Prospekt, Majakowskij-Platz, Gartenring, vorbei am Hotel Leningrad, dem Komsomolskaja-Ploschtschad, jenem Platz, wo sich gleich drei Bahnhöfe befanden zum Ismailowskij Park. Hier standen die neuesten Hotels Moskaus, extra für die Gäste der Olympischen Spiele gebaut, und noch nicht alle fertig. Was wäre denn geschehen, hätten doch alle Nationen an den Spielen teilgenommen, wären Tausende von Touristen mehr ins Land gekommen? Das reinste Chaos wäre es gewesen. Jetzt reichten die Hotelzimmer gerade für alle. Der Westen hatte mit seiner Absage also der Sowjetunion nur einen großen Gefallen getan. Irgendwie paradox, aber wahr.

Es waren fünf Hotels, fünf Hochhäuser, die als „Komplex der Gewerkschaftshotels für Touristen" bezeichnet wurden und die ersten fünf Buchstaben des kyrillischen Alphabetes trugen – А – Б – В – Г – Д (A, B, W, G, D).

Die Organisation war typisch sowjetisch, sie mussten eine Ewigkeit auf ihre Zimmerschlüssel warten. Das Zimmer lag auf der 7. Etage. Die Aufzüge fuhren mit, wie Hartmut es humorvoll ausdrückte, „sowjetischer" Geschwindigkeit, das bedeutete, man musste eine Ewigkeit auf den Aufzug warten, der dann meistens erst nach oben fuhr, statt nach unten oder umgekehrt. Und voll war er auch oft. Das Abendessen gab es um 21.00 Uhr und alle hatten dann da zu sein, sonst gab es gar nichts mehr. Das Personal war ungeschult. Erst am Tag zuvor war das Hotel eröffnet worden.

Als sich Dorothee an jenem Donnerstag, 17. Juli 1980, ins Bett legte schweiften ihre Gedanken zurück zu den Geschehnissen am Flughafen. Ja, ihr Name hatte auf einer Liste von Verdächtigen oder Passagieren, die besonders zu kontrollieren waren, gestanden. Wonach man bei ihr suchen sollte, das wussten die Beamten dort aber nicht. Einer weiß vom anderen nichts. Sie hatten die Aufgabe gehabt, sie abzusondern und zu durchsuchen. Und genau das hatten die Beamten getan. Die Wolle für Nina, der Mantel für Swetlanas Tante. Das war uninteressant. Dorothee hatte Glück gehabt, sie war wieder in ihrem Geburtsland, sogar in ihrer Geburtsstadt. Interessante Tage warteten auf sie.

Hartmut und Dorothee machten gleich am nächsten Tag ihren ersten Stadtspaziergang. Der Oktoberrevolutionsplatz war voller Menschen. Hier sollte der Läufer mit der olympischen Flamme bald vorbeikommen. Leider musste

Hartmut nun dringend auf die Toilette. Das Leninmuseum direkt hinter ihnen bot sich dazu an. Hartmut meinte, Dorothee könne ja hier die Stellung halten, er käme gleich wieder. Auf gar keinen Fall wollte sie auch nur zwei Schritte alleine gelassen werden. Der Schreck vom Vortag saß noch tief in den Gliedern. Sie ging mit ins Museum, wo es menschenleer war. Der Pförtner dort war sehr nett. Während Dorothee auf Hartmut wartete, schaute sie ständig misstrauisch um sich. Wurde sie beobachtet, verfolgt? Nein, es sah nicht danach aus. Alles schien normal und ruhig. Zurück auf dem Revolutionsplatz standen sie nun direkt vor einigen sehr hübschen blonden Männern, die Deutsch sprachen, mit sächsischem Akzent. Unwillkürlich musste Dorothee denken: „Welche Probleme würden auftreten, wenn sich einer von diesen in mich verlieben sollte? Unausdenkbar." Ein komisches Gefühl. Sie waren alle Deutsche und doch waren sie nicht gleich.
Zwischen all den Menschen konnte Dorothee die Fackelträger mit dem Olympischen Feuer nur ganz kurz erblicken. Erinnerungen an 1972 in München tauchten auf, damals hatte sie das Feuer vor dem Maximilianeum, dem Sitz des bayrischern Parlamentes gesehen. Nun sollte es über Nacht vor dem Moskauer Rathaus stehen, wohl bewacht.

Sie beide aber bummelten weiter durch die Stadt. In einem der wenigen Kaufhäuser stellten sie fest, dass hier große Mischas verkauft wurden. Mischa, das war das Maskotchen der Olympischen Spiele, ein brauner Bär mit liebem Gesicht. Mischa, das ist die Koseform für Michael. Mischas gab es in allen Größen und Varianten zu kaufen. Diese aber hier waren ca. 60 Zentimeter groß und aus Plüsch. Sie kauften zwei davon. Einer sollte für Chuchos Sohn sein, der andere für Dorothee selbst. Mit diesen Mischas fuhren sie dann in der Metro und wurden von allen Russen freundlich angesehen, die es überhaupt nicht albern, sondern so niedlich fanden, Hartmut und Dorothee mit je einem braunen lächelnden Mischa auf dem Schoß. Russen haben sich eben eine kindliche Seite in ihren Seelen bewahrt.

Die Eröffnungsfeier der XXII. olympischen Sommerspiele war grandios. Da ließen sich die Sowjets nichts nehmen. Die Busse mit den Gästen fuhren in Kolonne vom Hotelkomplex im Osten durch die Stadt durch bis zum Olympiastadion im Süden des Zentrums. Vorneweg ein Miliz-Auto, ein Polizeiauto. Alles war abgesperrt, frei für die Busse. Die Menschen standen hinter den Bäumen an den Straßenrändern oder auch direkt an der Straße, sie winkten ihnen freundlich zu. Dorothee kamen die Tränen. Sie dachte an das, was die Intourist-Reiseleiterin gesagt hatte, nämlich, dass jeder der 250 Millionen Sowjetbürger seinen Anteil für die olympischen Spiele geleistet habe, auch, wenn die meisten nur jahrelang weniger gegessen haben, jahrelang länger in der Schlange um Fleisch oder Milch anstanden, so hat tatsächlich jeder seinen eigenen Anteil geleistet. Und sie, die Touristen aßen ihnen nun die Grundnahrungsmittel weg. Und trotzdem winkten sie ihnen freundlich zu.

Um Punkt 16.00 Uhr erschien Staats- und Parteichef Leonid Breschnjew in der Ehrenloge des Stadions. Über Lautsprecher wurde er angekündigt. Beifall, die Nationalhymne wurde abgespielt, gesungene Version und mit allen Strophen, was eine Ewigkeit dauerte. Griechische Wagen mit den Olympia-Ringen fuhren ins Stadion. Ein Wagen mit dem Olympia-Emblem Moskaus folgte: die fünf olympischen Ringe, die in den Turm der Lomonossow-Universität übergehen. Dann endlich der Einmarsch der Nationen. Die Sportler vieler Staaten zogen unter der Olympiafahne ein, normalerweise wurde bekannt gegeben, dass sich in der Mitte des Stadions die Delegation des Landes xyz befand, marschierte aber nur ein Vertreter mit der Olympiafahne ein, so hieß es: „In der Mitte des Stadions nun die Vertreter des olympischen Komitees von xyz."

Erst traditionsgemäß Griechenland, dann Australien und dann das „freie" Afghanistan. Wenn man frei ist, braucht man nicht darüber zu reden. Schließlich zog ja auch nicht die Mannschaft des „freien" Australien ins Stadion. Wie verlogen das doch war! Wer hatte behauptet, dass die olympischen Spiele gar nichts mit Politik zu tun hatten?

Alle Tafeln, auf denen die Namen der Staaten standen, wurden über eine Kamera auf die großen Leinwände an den Seiten des Stadions projiziert. Alle sozialistischen bzw. mit der UdSSR befreundeten Staaten zeigte man länger und die von Dorothee getaufte „Blaue Ecke" klatschte lauten Beifall, organisiert und im Takt, was das sowjetische Publikum mitriss. Die „Blaue Ecke" war ein ganzer Block gegenüber der Ehrenloge, wo gleich gekleidete Personen saßen, die während der Eröffnungsfeier lebende Bilder zeigten, indem sie auf Kommando farbige Tafeln so zeigten, dass Bilder entstanden.

Sowjetische Kosmonauten, seit vier Monaten unterwegs im All, grüßten aus dem Universum die Menschen im Stadion. Breschnjew erklärte die Spiele für eröffnet. Unter der Musik des Klavierkonzertes Nummer 1 von Peter Tschaikowskij marschierten vier Männer mit einer Olympischen Fahne im Stechschritt ins Stadion. Unter dem Klang der Olympiahymne wurde die Fahne gehisst.

Endlich kam der Träger mit dem olympischen Feuer ins Stadion. Er übergab auf Höhe der Olympiafahne die Fackel einem zweiten Läufer, der nun zur „Blauen Ecke" lief. Die ganze Zeit hatte Dorothee schon überlegt, wie die Flamme da nach oben gebracht werden soll. Nirgends war eine Treppe oder ähnliches zu sehen. Nun, die „Blaue Ecke" bildete aus Tafeln einen kleinen Weg, über den der Flammenträger in Windeseile hinaufrannte, im Zickzack, und schon stand er oben. Für diese grandiose Idee gab es Sonderapplaus. Der Sportler verneigte sich nach allen Seiten und entfachte das olympische Feuer. Brausender Beifall, erneut die Olympiahymne, und dann wurden die weißen Tauben, Symbol des Friedens, aus ihren Käfigen befreit und flogen hinauf in den Himmel, hinauf in die Freiheit, Frieden verkündend.

„Eine Möwe möchte ich sein, die kann fliegen wohin sie will" – das hatte ihr Avtoschenka in Odessa gesagt und traurig den Möwen nachgeschaut. Auch diese weißen Tauben waren nun frei und konnten fliegen, wohin sie wollten.

Es folgte eine grandiose Show, in der alle Nationen des Sowjetreiches etwas darboten, jugendliche Turner bildeten Pyramiden, formten mit ihren Körpern fünf Ringe, die sich bewegten wie aufgehende Blüten, sich öffnende Seerosen, die sich dann wieder schlossen. Sie bildeten riesige Vasen, die sich umformten zu Samowaren. Einfach grandios. Nur ein Land wie die UdSSR mit einem so straffen System und solcher Disziplin konnte dergleichen darbieten. Die „Blaue Ecke" zeigte einen Mischa in braun auf grünem Grund, der Erfolg wünschte: Желаю Успеха - Schelaju Uspecha – ich wünsche Erfolg. Ach, der liebe Mischa!
Unter tosendem Beifall ging die Eröffnungsfeier gegen 19.30 Uhr zu Ende.

Nun erstmal warten, bis die Masse aus dem Stadion war, und dann draußen doch noch so viele Menschen. Mit der Masse mitgehen in Richtung Metro. An der Metrostation Frunsenskaja standen viele Soldaten, eng nebeneinander. Alle schauten ernst, keiner hatte auch nur das geringste Anzeichen von einem Lächeln im Gesicht. Dorothee versuchte, einige anzulächeln, aber ohne Erfolg auf Reaktionen. Vorbei an dieser Wand aus unbeweglichen Soldaten, hinunter zur Metro. Endlich wieder in der normalen Welt angekommen. Mit der Metro zur Universität und dort den Korpus Nr. 5 suchen. Bei der Aufsicht am Eingang bitten, dass man telefonieren durfte und endlich, endlich Ninas Stimme hören. Nina war von Intourist aus Sotschi nach Moskau gesandt worden. Sie wurde hier als Dolmetscherin für Deutsch benötigt und war im Studentenheim der Lomonossow-Universität auf den Leninhügeln untergebracht. Diese Nachricht hatte Dorothee gerade noch kurz vor Abreise erhalten.

Dorothee erkannte Nina trotz Dunkelheit schon von weitem. Sie fielen sich in die Arme, nach vier Jahren endlich wieder einmal, nach vier Jahren, die sie in Ungewissheit waren. Nina fragte, ob sie Bedenken hätten, wenn sie ihnen einen Propusk, also eine Einlassgenehmigung in die Uni besorgen würde. Sie müsste dann angeben, woher sie Hartmut und Dorothee kenne. Da sie nicht wusste, ob die beiden einverstanden sein würden, hatte die Gute vorsorglich schon eine Flasche Wein und zwei Gläser mitgebracht. Sie meinte, man könne sich ja erst auf eine Bank setzen, den Wein genießen und das Wiedersehen feiern. Doch es fing an zu regnen, also doch reingehen. Die Formalitäten gingen schnell. Nina musste den Namen der beiden nennen, dann wurde mehrmals mit irgendjemandem telefoniert. Und schon durften sie hinein. Im Zimmer tischte Nina echt kaukasisch auf mit Speck, Schinken, Brot, Butter, Gurken, Tomaten und viel Grünzeug.
Ja, der Tisch russischer Freunde ist immer gedeckt, sei es auch nur ein kleiner Tisch in einer Studentenbude, wo derzeit eben Nina lebte.

Im Aufzug nach unten begegneten sie einer Gruppe sehr junger Mexikaner. Sie waren gleich echt mexikanisch unkompliziert, grüßten freundlich und waren bester Stimmung. Wie Dorothee sie beneidete! Was wussten die schon vom gespaltenen Europa, von der Politik und all den Schwierigkeiten hier. Sie lebten weit entfernt in einer so ganz anderen Welt, hatten andere Probleme zu bewältigen, waren hier, um die Zeit zu genießen und konnten sich nicht im Entferntesten vorstellen, welch menschliche Dramen sich hier abspielten, wenn gegen die Regeln verstoßen wurde, wenn sozialistische Bürger sich den kapitalistischen zu sehr näherten. Ja, Dorothee beneidete diese Leute.

„Nein, Doritschka, berühre die Laufbänder nicht, sie könnten vergiftet sein." Hatte Dorothee richtig gehört? Was hatte Nina da soeben gesagt? Nina wiederholte es: „Man hat uns gewarnt, es könnte passieren, dass unsere Feinde die Handlaufbänder in der Metro mit Gift beschmieren und uns somit Schaden zufügen wollen."
Das war doch nicht zu fassen! Welch fiese Propaganda! Dem eigenen Volk Angst einjagen, Angst vor den bösen Feinden aus dem kapitalistischen Ausland, die ja nichts anderes zu tun hatten, als den Gummi dieser Laufbänder zu vergiften. Welch Schwachsinn. Wollten die ihre eigenen Leute nie in Ruhe lassen?
Nina, Hartmut und Dorothee trafen sich so oft es möglich war. Es war eine einmalige Chance, die man sich nicht entgehen lassen durfte. Wer wusste schon, wann und ob man sich jemals wieder sehen würde?

Hin und wieder waren Hartmut und Dorothee auch bei einer Sportveranstaltung, so an einem Abend bei der Leichtathletik der Damen. Die endgültige Benotung dauerte eine Ewigkeit. Zwischen den einzelnen Schiedsrichtern wurden kleine süß gekleidete Mädchen hin und hergeschickt. Offensichtlich brachten diese Informationen von einem zum anderen. Mit dem Ergebnis, dass zum Schluss logischerweise die sowjetische Sportlerin ganz knapp vorne lag und die Goldmedaille bekam. Eine Bronzemedaille gab es nicht, dafür gar zwei Silbermedaillen, die eine für die DDR, die andere für Rumänien.
Bei so viel offen gezeigtem Betrug und unsportlichen Bewertungen erzürnten sich viele der Zuschauer, natürlich nur die, die es durften, und das waren die aus den kapitalistischen Ländern. Auch Hartmut und Dorothee regten sich fürchterlich auf. Die ganze deutsche Gruppe beschloss, beim Erklingen der sowjetischen Nationalhymne nicht aufzustehen. Als diese dann erklang und die Fahnen hochgezogen wurden, standen sie doch alle auf, bis auf Hartmut und Dorothee. Einer der Wache habenden Polizisten kam schon auf sie zu, sah dann wohl, dass dies Touristen des feindlichen Auslandes waren und schaute lieber weg. Es passierte nichts. Jetzt, nach einigen Tagen hatte Dorothee wieder Mut gefasst und traute sich tatsächlich ihren Protest auf diese Weise zu bekunden.

Nachts wachte Dorothee auf und konnte nicht wieder einschlafen, erst mit einem der großen Mischas im Arm schlief sie seelig weiter, bis sie von lautem Singen geweckt wurde. Irgendwo im Hotel wurde gefeiert.

Zum Frühstück im Hotel gab es täglich Eier. Eier in allen Varianten, mal als Spiegeleier, mal als Rührreier, mal gekocht. Die Eier hingen allen schon zum Hals raus, monatelang nach der Rückkehr wollte sie keine Eier mehr essen. Dass dann die Tante von Svetlana, einer neuen russischen Freundin aus Frankfurt, die mit einem West-Deutschen verheiratet war, auch noch Eier zubereitete war zu viel.

Der Aufenthalt in Moskau sollte vor allem aber dazu dienen, auf den Spuren der Vergangenheit zu gehen und sich zu erinnern. Eines Tages stand Dorothee dann vor dem Eingang zur Klinik, in der sie geboren worden war. Leider war diese geschlossen, sie war „На ремонт – na remont – in Renovierung" – aber dennoch war sie zu ihren allerersten Wurzeln zurückgekehrt. Wie schön wäre es gewesen, wenn in diesem Moment ihre Mamotschka, wenn Charlotte hätte dabei sein können. Was hätte Charlotte nicht alles erzählen können aus jenen Zeiten!

In Dorothees Geburtsurkunde stand als Geburtsort „Tuschino – Bezirk Moskau", obwohl sie ja mitten im Herzen der Stadt geboren worden war. Doch die Deutschen Spezialisten existierten offiziell ja gar nicht. Und so wurde Dorothee dort registriert, wo sie damals wohnten, eben in jenem Ort Tuschino, damals noch ein Vorort Moskaus und nicht eingemeindet.

Inzwischen existierte ein Schreiben der bundesdeutschen Botschaft in Moskau, in dem bestätigt wurde, dass Tuschino jetzt ein Stadtteil von Moskau sei und der Geburtsort nun Moskau heißen müsse.

Hartmut hatte in der Staatsbibliothek in München herausgefunden, dass das jetzige Standesamt des Stadtteiles Tuschino in der Lodotschnaja uliza Nr. 29 sein sollte. Sie fuhren also mit der Metro nach Tuschino, weiter mit der Straßenbahn. Und tatsächlich, das Standesamt war hier. Im Zimmer Nr. 2 wurden neugeborene Kinder angemeldet. Dort also gingen sie hin. Eine nette junge Frau fragte, was sie wünschten. Sie erklärten ihr, dass Dorothee hier am 26. Januar 1953 geboren wurde und nun gerne eine neue Geburtsurkunde hätte, da in der alten noch als Geburtsort „Tuschino – Moskowskij Rajon" stand, es nun aber „Gorod Moskva" – Stadt Moskau heißen müsse.

Die Dame rief irgendjemanden an und teilte mit, dass dies zu machen sei. Nur müssten sie ins Archiv gehen, das gleich wenn man rauskommt links um die Ecke sei. Dorothee und Hartmut bedankten sich, gingen zum Archiv, wo ungefähr 10 Leute schon warteten. Na, dachte sich Dorothee, rechnen wir mal mit zwei Stunden Wartezeit. Sie setzten sich, Dorothee fing an Postkarten zu schreiben. Sie wollte die Wartezeit gut nutzen. Die anderen Leute schauten sie neugierig an. Was wollten denn diese Ausländer hier?

Schon ging die Bürotür auf, eine Dame fragte: „Wer hat gerade anrufen lassen?" Sie meldeten sich und konnten gleich hineingehen und erklären, was sie wollten. Dorothee musste einen Antrag ausfüllen. Dieses Mal also füllte sie höchstpersönlich den Antrag auf ihre eigene Geburtsurkunde aus, mit Hartmuts Hilfe. Während sie noch am Ausfüllen des Formulars war, stellte die Dame schon die Urkunde aus. 50 Kopeken mussten sie bezahlen, das Ganze wurde abgestempelt, die Marke – das Zeichen, dass bezahlt worden war – drauf geklebt und schon hielt Dorothee ihren neuen Geburtsschein in der Hand mit Geburtsort „Город Москва – Gorod Moskva – Stadt Moskau". Sie bedankten sich und gingen. Die Wartenden schauten ihnen erstaunt nach, ihnen den westlichen Ausländern, die nach 25 Jahren zurückgekehrt waren, um sich hier eine Urkunde ausstellen zu lassen. Es war peinlich, so bevorzugt zu werden, und gleichzeitig doch so praktisch.

Gleich auf der anderen Straßenseite lag der Moskau-Wolga-Kanal. Sie spazierten diesem entlang, am anderen Ufer war der Flusshafen zu sehen. Es war so friedlich, idyllisch und schön hier. Damals, vor 25 Jahren, konnten ihre Eltern nur in Begleitung hier entlanggehen. Welches Gefühl das jetzt für Hartmut sein musste!
Der Spaziergang führte sie in die Uliza Fabriziusa, der Fabrikstraße, wo immer noch die Fabrik von damals stand. Ob es noch die Straßenbahnfabrik war, in der auch Raketen hergestellt wurden, wie ein Kollege von Hartmut zufällig mitbekommen hatte, als er von nächtlichen Überstunden im Bus nach Hause gebracht wurde, dieser dann aber warten musste, weil die Raketen aus der Straßenbahnfabrik gerade auf dem Schienenweg abtransportiert wurden?
Vorbei an einer großen Straße, einbiegen in einen schmalen Weg, zwischen hohen Häusern und Bäumen hindurch. Plötzlich standen sie vor einem alten gelblichen Gebäude. „Das ist ja unser Klub", sagte Hartmut. Also waren sie mitten in der Siedlung, die damals aus 100 kleinen Holzhäusern bestanden hatte, den so genannten Finnenhäusern, weil sie aus Finnland geliefert worden waren, als Reparationsleistung der Finnen.
Dieses Gebäude diente zu jener Zeit als Klubhaus für die deutschen Spezialisten. Im Klubhaus fand das kulturelle und gesellschaftliche Leben der Spezialistenfamilien statt. Theateraufführungen, Vorträge, Kinderfeste, Sommerfest, Weihnachtsfeiern im deutschen Stil.

Jetzt war es ein Kino mit dem Namen „Полёт - Paljot - Flug". An jenem Tag lief hier ein Kinderfilm und viele Kinder kamen aus dem Gebäude. Hartmut und Dorothee wagten es und gingen hinein. Und schon standen sie im Foyer. Niemand war mehr weit und breit zu sehen, und so wagten sie sogar, die Tür zum Kinosaal zu öffnen. Drin war eine große, blonde, etwas korpulente typische Russin, die sie erstaunt ansah und sofort in dem so typisch unfreundlichen Ton jener Zeit loslegte: „Что вы хотите? - Was möchten Sie?" Dem Ton nach hätte man dies auch mit „Was fällt Ihnen ein, hier einfach so einzudringen?" übersetzen können.

Hartmut stotterte los: „Wir haben hier vor 25 Jahren gelebt. Dies hier war unser Klubhaus." Die Frau wusste sofort, wer sie waren, dass sie zu jener Gruppe „Spezialisten" gehörten. Sie selbst war damals vielleicht so um die 22 Jahre alt gewesen, hatte möglicherweise als Verkäuferin in jenem „Magazin" gearbeitet, dem einzigen Einkaufsladen in der abgesperrten Spezialisten-Siedlung, in der die Deutschen leben mussten. Sie erwähnte, dass dieses baufällige, inzwischen geschlossene Gebäude da nebenan das Magazin gewesen war.

Jedenfalls wurde die Frau erstaunlich freundlich, fast herzlich und meinte: „Ja, das waren andere Zeiten. Kommen Sie doch noch einmal hierher, besuchen sie uns zu einer Vorstellung. Schauen Sie sich hier einen Film an." Eine nette Idee. Ja, das sollten sie machen. Dorothee und Hartmut nahmen es sich fest vor.

Sie spazierten weiter. Nur wenige der alten Holzhäuschen standen noch, man musste sie zwischen all den modernen, hohen Wohnblöcken regelrecht suchen. Auf einem Weg kam ihnen ein kleines Mädchen auf einem Dreirad entgegen, ca. 2 Jahre alt.

„Vor genau 25 Jahren bin auch ich hier mit einem Dreirad entlanggefahren". Dorothee hatte sentimentale Gedanken.

Irgendwie strengte das alles an, physisch und psychisch. Es waren ja nicht nur die Erinnerungen an ihre Kindheit, auch die Erinnerungen an Charlotte, an ihre Mutti waren wieder da und taten weh. Hatte ihre Mutti im Bus zum Weißrussischen Bahnhof nicht zu ihr gesagt: „Schau Dir diese Stadt genau an, Du wirst sie vielleicht nie wieder sehen", damals als sie endlich nach Deutschland ausreisen durften, im Februar 1958! Und nun saß sie hier in Tuschino auf einer Bank, dort, wo sie ihre ersten beiden Lebensjahre verbracht hatte.

Mit der Metro ging es zum Kolchosenmarkt im Zentrum von Tuschino, auf dem es erschreckend wenig zu kaufen gab. Wo sollte das nur hinführen? Allgemein, das war Dorothee auch schon aufgefallen, gab es wesentlich weniger zu kaufen als noch vor fünf Jahren zu den Zeiten, als sie in Sotschi arbeitete.

Am Tuschinskij Voksal, dem Bahnhof von Tuschino, nahmen sie die „Elektritschka", den Vorortzug nach Moskau und fuhren bis zum Rigaer Bahnhof. Vom Tuschinskij Voksal aus waren sie 1955 nach Suchumi gebracht worden.

Eine Woche später kehrten sie nach Tuschino zurück, ins Kinotheater Paljot. Hartmut ging zur Kasse und kaufte zwei Eintrittskarten. Dabei erwähnte er wieder: „Vor 25 Jahren haben wir hier gelebt."

Die Frau an der Kasse war von ihrer Kollegin schon informiert worden. Sie nickte, man merkte, wie sie nachdachte. Sie schaute Dorothee tief in die Augen und Dorothee konnte förmlich sehen, was sie dachte, wie es im Hirn dieser Frau ratterte, wie sie zurückrechnete: Dieses junge Mädchen, vor 25 Jahren muss das ein kleines Kind, ein Baby gewesen sein, stand deutlich in den Augen der Kassiererin zu lesen.

Und dann hatte sie plötzlich Tränen in den Augen: „Ja, das waren damals schwere Zeiten." Dorothee weinte mit ihr. „Добро пожаловать – Dobro poschalovat – Willkommen in unserem Kino".

Der Film nannte sich „Портрет с дождем" - Portrait mit Regen. Er handelte von einem Seemann, der nach Hause zurückkehrt und den Kindern einer Freundin von seinen Erlebnissen erzählt. So erklärt er den Kindern, dass er im fernen Mexiko gewesen war. Plötzlich hält er einen kleinen so genannten Aztekenkalender in der Hand und beschreibt ihn genau, seine Funktionen und dass es genau genommen gar kein Kalender ist, sondern ein Stein zur Erinnerung an die Entstehung der Fünften Sonne, gemäß der Weltanschauung der Völker Mittelamerikas, bevor die Spanier sie eroberten und ihre Kultur zerstört wurde.

Jetzt begleitete sie Mexiko sogar schon bis hierher in den Klubraum aus alten, alten Zeiten.

Die Brücke Moskau (UdSSR) – Mexiko war geschaffen, von ihrer Vergangenheit über die Gegenwart in die Zukunft. Ein kalter Schauer lief Dorothee über den Rücken, die feinen Härchen an den Armen stellten sich auf, sie bekam eine Gänsehaut. Sie sah es als ein gutes Zeichen an, wie eine Bestätigung, dass ihre Entscheidung die richtige war, die Entscheidung, nach Mexiko auszuwandern.

Sie saß am Ort ihrer Vergangenheit, es war Gegenwart, auf der Leinwand sah Dorothee ihre Zukunft. Es war ein bedeutsamer Moment. Ein magischer Moment, genauso magisch wie jener Moment auf der Stufe des Palastes von Palenque.

****

„Lieber Avtoschenka,

während der olympischen Spiele bin ich zusammen mit meinem Vater in Moskau. Ich werde bald, d. h. im Januar 1981, einen Mexikaner heiraten und werde in Mexiko leben. Ich hoffe, dass Du auch so glücklich geworden bist oder bald sein wirst, wie ich es letztendlich doch noch geworden bin. Ich habe Dich nicht vergessen und ich werde Dich nicht vergessen, erinnere Dich daran.

Mein Verlobter weiß von Dir, und ich wünschte, Ihr zwei, Du und er, Ihr könntet Euch irgendwann einmal kennen lernen.

Die Entfernung und die Zeit sind unwichtig. Wichtig ist nur der Wert der Freundschaft.

Grüße an alle, an Mamma, Babuschka, Lado, Soso.
Ich arbeite seit einem Jahr für Kranichflug am Flughafen in Frankfurt am Main.
Ich umarme Dich und küsse Dich
Deine Dorothee – Doritschka"

Briefe innerhalb der Sowjetunion wurden praktisch nie zensiert. Diesen Brief musste sie einfach schreiben. Sollte Avtos Briefkasten noch unter Kontrolle stehen, so fand man zwar den Brief. Aber da sie ja angeblich bald einen Mexikaner heiraten wollte, konnte dies nur positiv für Avto gesehen werden. Bekundete Dorothee doch damit, dass sie kein Interesse mehr daran hatte, mit Avto zusammen zu sein. Mein Gott, an was man alles denken musste. Sie warf den Brief auch nicht im Hotel ein, sondern in einen ganz normalen Briefkasten auf der Straße. Im Hotel wäre er 100 % durch die Zensur gegangen, denn im Korpus „G", in dem sie wohnten, gab es nur „Touristen aus kapitalistischen Ländern", wie einer der Polizisten am Eingang zu einer Russin gesagt hatte, als diese fragte, ob hier eine bulgarische Gruppe untergebracht sei.
Und auch erst jetzt warf sie den Brief ein, zwei Tage vor der Abreise. Sollte er doch kontrolliert werden, so würde ihr bei der Ausreise noch nichts passieren können. Man musste an, jedes Detail denken.

Abends in der Hotelbar feierten sie dann Abschied, alle kapitalistischen Nationen zusammen. Als die Bar schloss, verlagerten sie die Feier ins Foyer. Die Spanier begannen Flamenco zu tanzen. Dorothee musste an ihre Reiseleiterzeit in Spanien denken. Es war eine schöne Zeit gewesen, überall auf der Welt konnte es schön sein.
Sie kam mit einem Italiener und einem Portugiesen ins Gespräch. Als der Portugiese herausfand, dass sie aus der BRD kam, fragte er: „Warum boykottiert Ihr die Spiele?" „Weil die sowjetische Armee sich in Afghanistan befindet." „Ja, aber die wurde um Hilfe gebeten."
Dorothee platzte: „Wenn Du das so glaubst, kann ich Dir nicht helfen. Glaub, was Du willst.. Außerdem diskutiere ich nachts um halb drei nicht über Politik." Sie wollte auf ihr Zimmer, dieser Typ verdarb ihr noch die gute Stimmung. Der Italiener rannte ihr nach. Das sei ein Kommunist, er sei keiner.

Die Abschlussfeier der XXII. Olympischen Spiele fand am Sonntag, 3. August 1980, statt. Das bedeutete auch Abschied von Nina. An der Universität wollten sie sich noch einmal treffen. Nina saß dort auf einer Bank und wartete. In der Hand hatte sie einen Strauß Nelken. Nelken wie damals, an jenem Freitag, 24. September 1976, als sie sich mit Hilfe ihres Intourist-Ausweises ins Hafengelände in Sotschi hineingeschmuggelt, dort auf Dorothee gewartet, mit ihr vor dem Hafen auf die georgischen Freunde gewartet hatte, die Freunde, die niemals kamen und dann eineinhalb Stunden lang ahnungslos vor dem Zimmer im Hafengebäude gesessen hatte, während Dorothee drinnen verhört wurde. Welche Angst hatte Nina wegen Dorothee ausstehen müssen? Sie wurde über Dorothee ausgefragt, immer wieder mal. Doch inzwischen war dies alles vorbei. Es regnete nicht mehr, wie sie in ihren Briefen geschrieben hatte. Und nun schenkte sie Dorothee wieder Nelken, wie damals. Auch Nina hatte die bösen Zeiten nicht vergessen, die bösen Zeiten, die aber ihre Freundschaft unzertrennbar gemacht hatten.

Wieder fuhren die Busse im Konvoi zum Olympiastadion, doch diesmal war alles menschenleer, niemand stand da und winkte. Im Stadion erklang keine Marschmusik wie bei der Eröffnung, sondern Musik wie „Ol man river", „Die Liebe vom Zigeuner stammt" aus der Oper Carmen, Edith Piaf mit „Les Feuilles mortes" und die Ouvertüre zur Operette „Die Fledermaus".

Links von ihnen befand sich wieder die von Dorothee als „Blaue Ecke" bezeichnete Gruppe mit den Tafeln, die sie zu Bildern formten. Die Fahne Griechenlands wurde gehisst unter dem Klang der griechischen Nationalhymne. Es folgte die Fahne der Sowjetunion, begleitet von der Hymne. Nun hätte eigentlich die Fahne der USA gehisst und deren Nationalhymne erklingen sollen. Doch auf eigenen Wunsch der USA wurde die Fahne der Stadt Los Angeles gehisst und die olympische Hymne gespielt. 1984 sollten die nächsten olympischen Spiele dort stattfinden.

Die olympische Fahne wurde eingeholt, die olympische Flamme wurde immer kleiner, bis sie endgültig erlosch. Eine melancholische Stimmung machte sich breit. Wieder durften weiße Tauben in die Freiheit fliegen. Dazu erklang die „Ode an die Freude" aus Beethovens 9. Sinfonie. Und ein herrliches Feuerwerk versetzte den Abendhimmel in wunderbare Farben. Die „Blaue Ecke" zeigte einen Mischa, dem eine Träne aus dem Auge tropfte und der nun keinen Erfolg mehr, sondern „Доброво пути – dobrovo puti – guten Heimweg" wünschte. Auf den elektronischen Tafeln erschien ein Mischa, der sich die Tränen aus seinem linken Auge wischte. Alle fanden das süß. Vielleicht war dieser Mischa das einzig wirklich Nette an diesen Spielen gewesen.

Leider gab es dann doch noch Marschmusik, aber auch eine nette kurze Show. Am Ende wurde ein riesiger Mischa hereingefahren, aufgehängt an vielen, vielen bunten Luftballons. Er wurde in die Mitte des Stadions gebracht, winkte zum Abschied. Ein extra hierfür komponiertes Lied erklang: До свидания, на новы встреч - Do swidanija, na nowij wstretsch – Auf Wiedersehen, bis zum nächsten Treffen.

Mischa wurde losgelassen, die Luftballons trugen ihn in den Himmel hoch, wo er bald nur noch als kleiner Punkt zu erkennen war.

Nun, Mischenka, jetzt bist du frei und kannst fliegen, wohin Du willst. Leb wohl. Ich werde Dich immer in meinem Herzen behalten und Dich nie vergessen", dachte Dorothee.

Mischas Abschied wurde von einem weiteren herrlichen Feuerwerk begleitet. Auf den Tafeln erschien:

„Au revoir aux jeux XXIII Olympiade – Auf Wiedersehen bei den Spielen der 23. Oympiade".

Kein Los Angeles war erwähnt. Nun, dieses Problem hatten sie sehr diplomatisch gelöst.

Die olympischen Spiele waren vorbei. Sie verließen das Stadion, gingen zum Bus, hinter ihnen ein junger Mexikaner mit Sombrero, in der Hand fest die Hand eines Mädchens haltend, es war wohl eine Russin oder Ostdeutsche. Ein Russe wollte seine Mütze voller Olympiazeichen gegen den mexikanischen Sombrero tauschen. Aber der Mexikaner wollte nicht. Sein Sombrero sei für das Mädchen.

Dorothee wurde traurig, da hatten sich die beiden wohl hier kennen gelernt und mussten nun Abschied nehmen. Sie blieb im sozialistischen Paradies, er flog in die Freiheit zurück. Ob er je begreifen würde, was es bedeutete, in Europa zu leben und ständig mit dieser Politik konfrontiert zu werden?

Plötzlich waren überall Menschen, sie standen am Straßenrand und winkten den Bussen zu, selbst die Polizisten winkten, auch andere, die nicht standen, sondern zu Fuß irgendwohin gingen, sie alle winkten. Dorothee liefen die Tränen über die Wangen.

Wie glücklich sie alle waren, glücklich, dass nun alles vorbei war, dass endlich das normale Leben wieder beginnen konnte, dass alles gut gegangen war. Keine Bombe explodierte, kein Anschlag wurde verübt. Alles war gut gegangen. Jetzt fingen die Einheimischen an zu feiern, denn jetzt hatten sie allen Grund dazu.

Die Rückreise war am nächsten Tag, dem 4. August. Am Flughafen ging alles schnell und unkompliziert. Kein Vergleich mit der Einreise. Als das Flugzeug der Austrian Airlines startete, regnete es wieder in Moskau. Moskau hatte geweint, weil es Dorothee und Hartmut so unfreundlich empfangen musste. Moskau weinte jetzt, weil sie abreistn. Dorothee aber war froh, wieder in einem Flugzeug zu sitzen, in dem sie sagen durfte, was sie wollte. Die beiden Mischas saßen wie kleine Kinder auf dem Schoß von Hartmut und Dorothee.

In Wien dann kurzer Aufenthalt und weiter nach München. Hartmut fuhr direkt mit Bus und Zug nach Ulm, Dorothee flog mit einem Kranichflug nach Frankfurt, war froh wieder in ihrer kleinen Wohnung zu sein. Beide Mischas wurden hinter den kleinen Fernseher gestellt und schmunzelten vor sich hin.

Diese Reise war wichtig gewesen, sehr wichtig für sie, aber sie war froh, dass es vorbei war.

Dennoch, ein bisschen Wehmut blieb immer zurück. Wer Russland kennt, muss es lieben. Es war ihr Schicksal.

„Es lebe der Weltfrieden" – das hatte ihr Intourist-Reiseleiter Valerij auf eine Ansichtskarte geschrieben und ihr gegeben. Ach, wenn es doch nur Frieden geben könnte!

Zukunft

Erschütterndes Willkommen

Bing! Dorothee wachte auf. Das Zeichen „bitte anschnallen" leuchtete auf. Der Landeanflug begann. Sie hatte wohl gut geschlafen, ein paar Stunden wenigstens. Dieser Sitz war ja auch sehr bequem. Doro durfte nämlich in der so genannten „Sleeper-Class" fliegen. Der Flug war überbucht und man hatte sie aufgrund ihres „One-Way-Business-Tickets" wie man so schön sagte „upgegraded", also in eine höhere Klasse gesetzt. Die Sleeper Class befand sich in der oberen Etage des Jumbo Jets, der Boeing 747. Die Sitze konnte man so weit verstellen, dass sie fast zu einem Bett wurden. So war es angenehm zu fliegen.

Es war Samstag, der 24. Oktober 1981. Dorothee hatte ihren Plan gezielt verfolgt und begann an diesem Tag ein neues Leben. Sie war auf dem Weg nach Mexiko, um den Rest ihres Lebens dort zu leben. Das zumindest war ihre Idee, ihr Plan. Nie hatte sie daran gezweifelt, dass ihre Entscheidung richtig war. Einige Stunden zuvor war sie in Frankfurt gestartet. Hartmut hatte die Genehmigung erhalten, sie bis zum Abfluggate des Kranichfluges nach Mexiko Stadt zu begleiten. Als sie hier Abschied nahm von ihrem Vater, als sie den Weg zum Flugzeug antrat und noch einmal zurücksah und Hartmut dort so allein und mit zusammengefallenen Schultern stehen sah, verspürte sie einen Stich im Herzen. Er sah so traurig aus. In diesem Moment begriff sie, wie unendlich schwer es für ihn sein musste, seine geliebte Tochter davongehen zu lassen, Dorothee, die seiner Charlotte so ähnlich war. „Was mache ich nur, ich muss verrückt sein", dachte sie einen kurzen Moment lang. Doch dann saß sie im Flugzeug und wollte nicht mehr zurückschauen. Die Entscheidung war gefallen. Und sie war mehrmals gefallen. Immer wieder zugunsten Mexikos, obwohl ihr so viele Steine in den Weg gelegt worden waren.

„Ich gehe nach Mexiko und werde dort heiraten", das war ihre offizielle Version, die sie allen erzählt hatte. Und jeder, oder fast jeder konnte dies verstehen. Die Wahrheit wussten nur ganz wenige, vertraute Freunde. Von einer Heirat war nicht mehr die Rede. Alles war anders gekommen als es zu Beginn schien.
Im November 1980 war sie für mehrere Wochen nach Mexiko geflogen. Chucho hatte sie am Flughafen abgeholt. Sie fuhren nach Nezahualcoyotl, jener Vorstadt von Mexiko Stadt, in der mehrere Millionen, meist arme Menschen lebten und wo auch Chucho mit seinen Pateneltern und seinem Sohn wohnte. Ja, Chucho, der ledige Chucho, hatte einen inzwischen schon 5 Jahre alten Sohn. Dieser hieß Israel (wie konnte man einem Kind nur den Namen eines Landes geben, dachte Dorothee sich), und er wurde Chuy genannt.
Arm sah das Häuschen aus, in dem die Familie wohnte. „Somos pobres", sagte die Madrina (Patentante) von Chucho entschuldigend zur Begrüßung.

Dorothee nahm sie in die Arme. Es war keine Schande arm zu sein. Nachts grübelte sie nach, wie sie hier ihre Sachen aus Deutschland unterbringen könnte. Aber Chucho plante ja, eine Wohnung in der Stadt zu mieten, wo sie dann zu dritt wohnen könnten. Der kleine Chuy war überglücklich, endlich eine so nette Mutter zu haben, nannte Dorothee von Anfang an „Mamá" oder echt mexikanisch „Mamita" und Dorothee genoss es, einen Sohn zu haben, der keine Windeln mehr brauchte, der schon sprechen und gehen konnte, der schon aus dem Gröbsten raus war.

Chuchos Mutter lebte in dem sehr entlegegen Dort Ixcamilpa. Am besten war es, ein Flugzeug zu nehmen, das vom Ort Cuautla aus direkt dorthin flog. Es waren Flugzeuge des Typs Cessna, die solche Dörfer anflogen. Die Landebahn war ein Feldweg und das Taxi, von dem sie abgeholt wurden, war ein Esel, der das ganze Gepäck und den kleinen Chuy transportieren musste.

Ein Hauch von Frieden erfüllte die Luft. Dorothee atmete diese frische Luft tief ein. Es war still, nachdem die Cessna davongeflogen war, ganz still. In der Ferne hörte man die Stimme des Priesters und die murmelnden Stimmen der Menschen, die ihre Gebete sprachen. Der Gottesdienst fand unter freiem Himmel statt. Einige Wochen zuvor hatte die Erde sehr stark gebebt, die Kirche war so beschädigt, dass man sie nicht mehr betreten durfte. Es war diese Stille und der Klang der Stimmen, die Dorothee das Gefühl gaben, hier in einer Art Paradies zu sein.

Chuchos Mutter hieß Natalia. Ein russischer Name in einem entlegenen mexikanischen Dorf! Natalia war eine besondere Person, eine Frau mit einer unglaublich positiven Ausstrahlung, einem besonderen Charme und einer magischen Anziehungskraft. Jetzt noch im Alter sah man, dass sie einst sehr schön gewesen war. Und Dorothee fing an zu begreifen, warum diese Frau Mutter von neun Kindern mit sieben verschiedenen Vätern war. Zu stark war ihre Anziehungskraft auf die Männer des Dorfes gewesen, damals als sie noch jung gewesen war. Und von Verhütung hatte hier keiner eine Ahnung. Chucho war der einzige, der das Glück hatte, bei seinen Pateneltern in der Stadt aufwachsen zu können und somit die Universität zu besuchen und Medizin zu studieren. Hier im Dorf galt er als „el Doctor". Viele Leute kamen, um Rat bei ihm zu holen, und obwohl er kein Geld von ihnen verlangte, wollten sie ihm doch wenigstens etwas geben. So kam es, dass Chucho in jenen vier Tagen, die sie im Dorf verbrachten eine gute Summe an Geld verdiente.

Am Montag gingen sie früh zurück auf das „Rollfeld", jenen Feldweg, auf dem die Cessnas landeten, und warteten auf ihr Flugzeug, das sie zurück nach Cuautla bringen sollte. Abends schon musste Dorothee wieder nach Frankfurt zurückfliegen. Das Flugzeug aber kam nicht. Langsam wurde es heiß, die Sonne brannte. Mit Sesam-Stauden bauten sie sich eine winzige Hütte, in der sie sich hinlegten. Da, ein Motorengeräusch, eine kleine Maschine setzte zur Landung an. Aber es war nicht das ihrige. Der Pilot stellte den Motor gar nicht aus, die Tür öffnete sich und zwei junge Personen stiegen aus, Lehrer und Lehrerin für die Grundschule. Und schon startete das Flugzeug wieder. Es war inzwischen 9.00 Uhr morgens. Vor einer Stunde hätte das Flugzeug schon da sein sollen. Noch wurde Dorothee nicht nervös.

Nach einer weiteren Stunde ungefähr erneut Motorengeräusch, aber dieses Mal flog die Maschine nur über sie hinweg. Wieder Enttäuschung.

Es dauerte noch zwei Stunden, bis endlich ihr Flugzeug kam, und bereits so gut wie voll besetzt war. Wie sollten sie da alle noch Platz finden, die dicke Madrina, Chucho, der kleine Chuy, Dorothee und, das kam ja noch dazu, ihre zehn Gepäckstücke, bestehend aus mehreren Kartons und Taschen. Nun, Improvisation ist alles. Chucho musste sich ganz hinten auf die Gepäckbank setzen, er hatte die Knie fast an den Ohren, so sehr musste er sich zusammenkauern. Die Madrina saß mit einem anderen Passagier auf der Rückbank. Dorothee musste hier auch noch irgendwie Platz finden. Mit einer Pobacke quetschte sie sich auf die Bank zwischen die beiden korpulenten Personen, der Madrina und dem anderen, mit der anderen Pobacke hing sie in der Luft. Gott sei Dank sollte der Flug nur 20 Minuten dauern. Der dicke Passagier vorne neben dem Piloten nahm den kleinen Chuy auf den Schoß. Das Gepäck wurde irgendwie zwischen die Menschen gequetscht. Und schon startete der Pilot die Maschine. Kurz bevor die Geschwindigkeit erreicht war, um abzuheben schrie Chucho entsetzt von hinten: „Mi mariconera, mi mariconera". Seine Herrenhandtasche fehlte. Drin waren sämtliche Dokumente, Ausweise und das in den letzten Tagen verdiente Geld. Der Pilot brach den Start ab. Natalia rannte schon hinter der Maschine her, die „mariconera" in der rechten Hand schwenkend. Sie hatte sofort bemerkt, dass da noch etwas in der Sesam-Hütte auf dem Boden lag. Dorothee zwängte sich zwischen all den Gepäckstücken und Passagieren hindurch nach vorne, stieg aus, nahm die Mariconera in Empfang. Wieder einsteigen und dann endlich starten.

Die Maschine hob ab. Sie war jedoch viel zu schwer beladen und kam nicht schnell genug in die Höhe. Der Pilot kreiste mehrmals über dem Dorf, um an Höhe zu gewinnen. Ein letzter Blick auf diese friedliche Ecke der Erde, dann endlich konnten sie in Richtung Cuautla fliegen. Die Cessna kämpfte sich langsam vorwärts. Die Bergspitzen waren gefährlich nahe. Es gelang einfach nicht hoch genug zu steigen. Sie mussten die Bergkuppen umfliegen. Mit Schrecken bemerkte Dorothee, dass die Tür neben dem dicken Passagier vorne, der Chuy auf dem Schoß hatte, nicht richtig geschlossen war. „Wenn der Dicke rausfällt, dann haben wir keine Probleme mehr mit der Höhe", dachte Dorothee, „aber dann ist Chuy auch weg". Es war schon ein Wunder, dass sie alle heil und gesund ohne weitere Zwischenfälle in Cuautla ankamen. Dort waren sämtliche Plätze in den Bussen nach Mexiko Stadt ausverkauft, sowohl zum südlichen Busbahnhof als auch zum östlichen, der viel näher an Chuchos Heim lag. Und so blieb nichts anderes übrig als ein Taxi zu mieten. Das Geld, das Chucho in Ixcamilpa verdient hatte, war somit gleich wieder ausgegeben. Aber sie schafften es, gerade noch rechtzeitig zu Hause anzukommen. Dorothee packte schnell ihre Koffer und schon musste sie zum Flughafen. Die Maschine von Kranichflug nach Frankfurt war pünktlich.

Noch oft dachte Dorothee mit einem Schmunzeln an dieses Abenteuer zurück. Alles war in Ordnung gewesen zwischen Chucho und ihr.

Im Februar 1981 feierte das Ehepaar Rochelle, oder wie Dorothee sie nannte „Tante Erika" und „Onkel Erhard" ihre Goldene Hochzeit. Familie Broningen war zur Feier eingeladen, aber nur Hartmut und Dorothee fuhren nach West-Berlin, wo sie in einem Hotel blieben. Die Feier fand im Ausflugsrestaurant Zenner im Treptower Park am Ufer der Spree in Ost-Berlin statt. Am Grenzübergang Friedrichstraße standen sie wie immer geduldig in der Warteschlange, ertrugen die strengen und böse wirkenden Blicke der Grenzbeamten, zahlten den Zwangsumtausch von 10 D-Mark zu 10 Ost-Mark und fuhren mit der S-Bahn nach Treptow.
Fast die gesamte Familie Rochelle war gekommen. Fast! Der Mann einer Enkeltochter blieb der Feier fern. Er und seine Eltern waren Mitglieder der SED und wollten kein Risiko eingehen. Es hätte Probleme geben können, wenn jemand herausgefunden hätte, dass sie „Westkontakte" hatten bei der Feier. Dem goldenen Hochzeitspaar war es aber wichtiger, dass jene Menschen zu ihrer Feier kamen, die so viele Jahre mit ihnen gemeinsam in der UdSSR verbracht hatten. Die Enkeltochter selbst kam nur für ein Viertelstündchen vorbei, nur um zu gratulieren.
Ganz anders verhielt sich der ältere Enkel. Er nutzte die Gelegenheit und bat Dorothee, ihm im Intershop etwas zu kaufen, was er sich schon lange gewünscht hatte, ein echtes Matchboxauto. Er hatte ja keine Devisen, keine harte D-Mark. Und Dorothee erfüllte ihm gerne diesen Wunsch, musste sie doch ständig daran denken, dass es nur Hartmuts Hartnäckigkeit und dem letztendlichen Einlenken der sowjetischen Regierung zu verdanken war, dass sie auf der „richtigen Seite der Mauer" leben konnte.
Die Feier hatte schon nachmittags begonnen. Gegen Abend trat eine Band auf und spielte flotte Tanzmusik. Mit dem Schneewalzer eröffnete das goldene Brautpaar den Tanz, die anderen bildeten einen Kreis um sie und schunkelten dazu. Hildegard, die älteste Tochter, immer lustig und fröhlich, sagte in einer Tanzpause frech mit echter Berliner Schnauze zu den Musikern: „Spielt doch mal wat Mexikanischet. Die junge Dame hier wandert bald nach Mexiko aus." Die jungen Männer schauten Dorothee mit großen Augen an. Wie peinlich es ihr war. Was mussten die denken? Das Mädchen kann nach Mexiko auswandern, wir können nicht einmal in den anderen Teil der Stadt!
Die Musiker lächelten und spielten „Mexican Girl" von Smokie, das in seiner deutschen Version von Bernd Clüver gesungen wurde. Nicht gerade mexikanische Musik. Sie kannten eben einfach nichts anderes. Woher sollten sie wissen, welche Musik man in Mexiko hört. Dorothee tanzte dazu und lächelte den Männern freundlich zu. Im Innersten spürte sie Stiche. Es tat ihr weh, waren diese jungen Menschen von Hildegard doch daran erinnert, worden, dass sie in einer Art Gefängnis leben mussten. Von nun an musste sie immer daran denken, wenn sie wieder einmal dieses Lied „Mexican Girl" hörte, egal ob in englischer Originalversion oder auf Deutsch.

Der berühmt-berüchtigte „Roster 13" der Fluggastabfertigung bei Kranichflug, auch „die Wilde 13" genannt, in Anlehnung an die Geschichte von Jim Knopf und Lokomotivführer Lukas, hatte im März seinen ersten großen Auftritt in der Öffentlichkeit. In einem großen Saal in Frankfurt-Sachsenhausen präsentierten sie eine dermaßen gute Show, dass die lokale Presse noch tagelang darüber berichtete. Wer von ihnen hätte sich je vorstellen können mit ihrer Turbulence-Show so erfolgreich sein zu können. Es war Dorothees Schichtgruppe und natürlich machte auch sie mit. Dorothee trat als „Vera Allerlei aus Leipzig" auf, sie marschierte unter den Klängen der Hymne der DDR auf die Bühne, als Playback lief das Lied „Der sächsische Sex", sie bewegte den Mund passend zum Text und versuchte verzweifelt einen Striptease zu präsentieren, der an der Qualität des in der DDR hergestellten Reißverschlusses scheiterte. Als sie ihre Bluse auszog und oben herum nur noch im BH da stand, ging ein Raunen durch den Saal. „Nein, Dorothee macht so etwas?" Das hätte man ihr nicht zugetraut. Offensichtlich hatte sie in der Firma den Ruf, bieder und konservativ zu sein. Jetzt bekamen die Zuschauer ein anderes Bild von ihr. Wie wenig man sie doch kannte.

Der Erfolg tat Dorothees Seele gut, denn kurz zuvor hatte sie einen seltsamen Brief von Chucho erhalten: Er könne sein Medizinstudium nicht rechtzeitig beenden, die für Mai geplante Hochzeit müsse man verschieben. Spätestens in diesem Moment hätten Zweifel in ihr aufkommen müssen. Doch Dorothee glaubte immer noch, dass Menschen die Wahrheit sagen, dass Männer die Wahrheit sagen. Sie stand nun vor der Entscheidung: „Chucho UND Mexiko verlieren oder NUR Chucho verlieren." Sie entschied sich für das Zweite. Wenn sie Chucho verlieren sollte, so konnte sie daran nichts ändern. Es war seine Entscheidung. Aber mit ihm auch Mexiko zu verlieren, das war allein ihre Entscheidung.

Dorothee machte sich auf die Suche nach Arbeit in Mexiko. In einer Samstagausgabe der Frankfurter Allgemeinen fand sie eine Anzeige auf Deutsch. Man suchte Deutsche für eine kleine Computerfirma in Mexiko Stadt. Ein erstes Vorstellungsgespräch fand in einem Restaurant am Frankfurter Flughafen statt. Bei ihrem nächsten Aufenthalt lernte sie die Leute der Firma kennen. Sie könne im November anfangen zu arbeiten, um die Arbeitsgenehmigung solle sie sich nicht sorgen. Darum würde man sich kümmern. Sie war unabhängig von Chucho!

Im Mai flog sie erneut nach Mexiko, nur in Urlaub, nicht zum Heiraten. Wieder wohnte sie bei Chucho in Netzahualcoyotl. Beim Aufräumen im Zimmer fiel ihr ein Zettel auf, der unter einer kleinen Statue lag. Es war ein Gedicht, offenbar Chucho gewidmet, unterzeichnet mit „P". Dieser Buchstabe „P" konnte Patricia bedeuten, aber genauso gut konnte er auch Pablo bedeuten. In Dorothee kam ein Verdacht auf. In der Bar im 43. Stockwerk des Torre Latinoamericano fragte sie Chucho ganz direkt: „Bist Du verliebt in Pablo? Bist Du homosexuell?"

Chucho hätte nicht einmal „Ja" sagen müssen, nur mit dem Kopf nicken, aber er schüttelte seinen Kopf – „No", nein. Warum hatte er ihr damals nicht die Wahrheit gesagt? Monate später, erst im September, nachdem sie schon längst ihre gute Stellung bei Kranichflug gekündigt hatte, nachdem sie den Mietvertrag für ihre nette kleine Wohnung gekündigt hatte, erst dann rief er sie an und fragte ganz unschuldig: „Wirst Du wirklich herkommen nach Mexiko?"

„Ja, warum?"

Erst jetzt gab er zu, dass er homosexuell war, dass Pablo und er ein Paar waren. Und Dorothee, viel zu stolz ihre Wut und Enttäuschung zu zeigen, antwortete nur: „Warum hast Du es mir nicht schon im Mai gesagt? Wo ist das Problem? Ich werde zu Beginn sowieso erstmal bei meiner Freundin Veronika in Villa Coapa wohnen. Mach Dir mal keine Sorgen um mich."

Aber es tat weh. Nie würde sie begreifen können, warum Männer dermaßen feige sein konnten, sich lieber in Lügen verstrickten und nicht fähig waren, von Anfang an die Wahrheit zu sagen. Wie gut tat es, dass genau im Moment dieses Anrufes von Chucho ihr lieber Freund Santan aus Indien zu Besuch war. Es war so wichtig, in solchen Momenten jemanden zu haben, dem man sein Leid klagen konnte.

Und so kam es, dass Dorothee allen weiterhin erzählte, sie wandere nach Mexiko aus, um zu heiraten. Wer hätte denn verstehen können, dass sie „einfach nur so" nach Mexiko gehen wollte? Nur ganz wenige Freunde kannten die volle Wahrheit. Hartmut gehörte nicht dazu.

An all dies dachte Dorothee, während das Flugzeug immer mehr an Höhe verlor und sich dieser Mega-Stadt näherte. Das unendliche Lichtermeer tauchte unter ihnen auf. Deutlich zu erkennen die großen, vielspurigen Straßen, die vielen Autos, das Verkehrschaos. Ganz niedrig flogen sie über die Dächer der Stadt, immer näher kamen die Gebäude, die Landebahn, das Flugzeug setzte auf. Es war kurz nach 18.00 Uhr. Sie war in ihrem neuen Leben angekommen.

Ihre sechs Gepäckstücke brachte sie in drei Schüben durch den Zoll. Draußen wartete José Luis, Pepe, der treue Freund von Chucho. Wenigstens er hatte sie nicht im Stich gelassen. Pepe nahm die Koffer in Empfang, Dorothee huschte wieder zurück zum Gepäckband, am Zoll vorbei. Beim dritten und letzten Mal meinte einer der Zollbeamten, sie solle doch mal die Tasche öffnen. Schwer war diese, und das war verdächtig. Am Boden der Tasche hatte Dorothee viele Bücher verstaut. Alles klar, es sind die Bücher, die so viel wiegen.

Pepe brachte Dorothee nach Villa Coapa, wo Veronika schon auf sie wartete. Veronika war eine Deutsche, die schon seit zehn Jahren hier lebte. Kennen gelernt hatten sich beide durch Dorothees Freundin Silvia. Es tat gut, hier so freundlich aufgenommen zu werden. Veronikas Bruder und dessen Freundin waren gerade noch zu Besuch. Sie hatten hier Urlaub gemacht und sollten morgen nach Deutschland zurückreisen. Also feierte man gleichzeitig Dorothees Ankunft und Abschied für Bruder und Freundin.

Dorothee saß inmitten des Wohnzimmers auf einem Stuhl, die anderen saßen teilweise auf der Couch, teilweise auf dem Boden. Es war 21.00 Uhr geworden.

„Oje, das war wohl zu viel für mich heute, all die Aufregung, der Sekt und die Höhenlage dieser Stadt", dachte Dorothee, denn plötzlich wurde es ihr schwindelig im Kopf. Aber, was war das denn? Die Hängelampe in der Ecke, schwankte diese nicht hin und her?

„Sag mal, bin ich schon besoffen vom Sekt, oder wackelt die Lampe da hinten wirklich?" fragte Dorothee den Bruder. Der drehte sich um und konnte gerade noch sagen: „Nee, die wackelt wirklich", schon hörte man Schreie draußen auf der Straße: „Está temlando, está temblando – es bebt, es bebt". Der Strom fiel aus, das bedeutete, das Erdbeben hatte eine Stärke von über 4,5 auf der Richterskala[11]. Alle rannten raus ins Freie, dort liefen inzwischen schon die Nachbarn in Pyjamas herum, aufgelöst und entsetzt, voller Angst. Veronika versuchte, ihren kleinen Sohn aus dem Bettchen zu holen, doch die Tür ließ sich nicht öffnen, sie verzog sich im Rhythmus des Bebens in ihrem Rahmen, das Schloss war blockiert.

Dorothee stand vor der Haustür an der Treppe und war fasziniert. „Wir Menschen bilden uns ein groß zu sein, alles zu beherrschen, wir können zum Mond fliegen und Atomwaffen bauen, aber wenn die Erde Lust hat zu beben, dann bebt sie. Sie tut was sie will. Wir werden sie nie beherrschen können." Ja, Dorothee war fasziniert und gleichzeitig dachte sie: „Was hat dies wohl für mich zu bedeuten? Mexiko heißt mich mit einem Beben willkommen. Ist es ein Zeichen des Schicksales? Ein Symbol für das, was auf mich zukommen wird? Werde ich ein „bebenreiches" Leben haben hier in Mexiko?"

Liverpool, Paris oder doch London?

Die Firma, bei der Dorothee in Mexiko sofort zu arbeiten begonnen hatte, befasste sich mit dem Verkauf von Computern. Momentan gab es nur einen Kunden, eine mittelständige Firma, die Zulieferer für die Autoindustrie war und Inneneinrichtungen wie Sitze und Verkleidungen herstellte. Zu diesem Kunden mussten Dorothee und ihre neue Kollegin Karin fast täglich fahren. Und dort gab es viele hübsch gekleidete Damen, die als Sekretärinnen arbeiteten.

„Das ist ein schönes Kleid, wo hast Du das gekauft?" fragte sie eines Tages eine der Frauen.

---

[11] Aus Sicherheitsgründen schaltet sich in Mexiko bei einem Erdbeben ab der Stärkle 4,5 automatisch der Strom ab.

„En Liverpool", war die Antwort.

Komisch, Mexikaner haben in der Regel nicht viel Geld und reisen kaum ins Ausland. Warum reisen die dann ausgerechnet nach Liverpool? Weil die Beatles von dort herkommen? Dorothee konnte es nicht verstehen.

Ein paar Tage später fragte sie eine andere Frau, wo sie denn ihr Kleid gekauft habe.

„En Paris Londres". Typisch Touristen, dachte Dorothee, da reisen sie durch Europa, sind jeden Tag in einer anderen Stadt und können sich hinterher nicht erinnern, wo sie was eingekauft haben, ob in Paris oder in London.

Es verging eine Woche, und wieder fragte Dorothee eine andere, wo sie ihre Kleidung kaufe.

„En Liverpool". Schon wieder Liverpool? Haben die eine Art Betriebsausflug nach Europa gemacht und sind alle gemeinsam nach Liverpool gereist, um die Wiege der Beatles kennen zu lernen? Auf die nächste Frage bekam sie dann erneut die Antwort: „En Paris Londres."

Das musste wirklich eine gemeinsame Geschäftsreise nach Europa gewesen sein. Dorothee fand das alles sehr seltsam, dachte aber nicht mehr weiter darüber nach.

Wochen später saß sie im Bus und fuhr die Avenida de los Insurgentes, der mit über 40 Kilometer längsten Straße der Stadt, entlang in Richtung Süden. Auf der „Insurgentes Sur" gab es praktisch an jeder zweiten Straßenecke eine Haltestelle. Dorothee döste vor sich hin und wachte auf, als der Bus wieder einmal hielt. Sie saß rechts und schaute zum Fenster hinaus. Was war das da hinten? Ihr Blick fiel auf ein Kaufhaus mit der großen Aufschrift PARIS LONDRES. Sie musste lachen und schaute automatisch nach vorne in Richtung Fahrer. Und was war das? Da drüben schräg gegenüber auf der anderen Seite? Da war ein noch größeres Kaufhaus und dort stand mit ganz großen Buchstaben LIVERPOOL.

Wiedersehen in Acapulco

Dorothee konnte nicht schlafen. Es lag nicht an der Hitze und feuchten Luft hier in Acapulco. Nein es lag an ihren Nerven. Sie war so sehr aufgeregt. Acht Monate war sie nun schon in Mexiko und hatte viel erlebt, viele Probleme überstanden. Der Chef der ersten Arbeitsstelle hatte sich als fieser Typ erwiesen, der gar nicht in der Lage war, ihr und Karin, der anderen Deutschen, eine Arbeitsgenehmigung zu besorgen. Es war eines der Wunder, die im Laufe eines Lebens geschehen, dass sie in der Tageszeitung „El Excelsior" eine Stellenanzeige in deutscher Sprache las. Seit einem Monat arbeitete sie nun schon im Vertriebsbüro dieser deutschen Firma, hatte nette Kollegen, angenehme Vorgesetzte und war glücklich. Um ihre Dokumente kümmerte sich der Rechtsanwalt der Firma, ein Deutsch-Mexikaner. Schon wenige Tage nach Ankunft in Mexiko hatte sie Alejo kennengelernt. Dass sie ein Paar werden würden, hätte sie damals nicht gedacht, doch nun waren sie es. Alejo hatte acht Geschwister. Die älteste Schwester Maria lebte mit Mann und Tochter in Acapulco. Das war praktisch, ein Wochenendausflug zur Schwester, ans Meer, an den Pazifik, zum Sonnen, Baden, nachts in eine der Vorstellungen in den Bars und Theatern der Hotels. Und kein Hotel bezahlen müssen. Dass die Fahrt mit dem Auto gute sieben Stunden dauerte, das war für Mexiko keine Distanz. Man musste eben früh genug abfahren am Samstagmorgen. Dieses Mal aber hatten sie sich den Luxus eines Fluges von Mexiko Stadt nach Acapulco geleistet. Dieses Mal war der Grund, hierher zu kommen auch ein ganz anderer. Die TS Vassilij Azhajew sollte Samstag und Sonntag in Acapulco sein, und Dorothee durfte die Gelegenheit nicht verpassen, ihr geliebtes Schiff wiederzusehen und es ihrem neuen Freund sowie seiner Familie zu zeigen. Wie hätte sie da schlafen können?

Schon vor 6.00 Uhr war sie auf den Beinen, an ein Frühstück war nicht zu denken, keinen Bissen hätte sie heruntergebracht. Mit dem Auto der Schwester fuhren Alejo und Dorothee in Richtung Hafen, der ganzen Costera, der Küstenstraße entlang. Schon von weitem sah sie, dass die Vassilij Azhajew in der Bucht von Acapulco angekommen war, aber noch nicht an der Pier stand. Offensichtlich blieb die Vassilij auch auf Reede in der Bucht, an der Pier war wohl kein Platz frei für sie. Sie fuhren also zur Anlegestelle der Ausflugsschiffe. Hier mussten auch die Tenderboote der Vassilij anlegen. Da stand auch schon eines von ihnen, die Beamten der „Migración" stiegen ein und ließen sich zum Schiff hinüberfahren. Es dauerte also noch, bis das Schiff frei gegeben wurde. Ungeduldiges Warten. Endlich kamen die Beamten zurück, doch das Schiff war immer noch nicht frei gegeben. Hinüberfahren konnte nur der Vertreter der mexikanischen Reiseagentur. Immerhin hatte dieser Dorothee bestätigen können, dass der Kreuzfahrtdirektor an Bord tatsächlich Sigi Herzog war. Es waren also doch noch Reiseleiter an Bord, die sie kannte. Das machte die Sache einfacher.

Gegen 8.30 Uhr kam endlich das erste Tenderboot mit Passagieren an. Dorothee entdeckte sofort Frau Tupf aus Düsseldorf, jene Dame, die ihr Passagier auf der Augustus Nobilis gewesen war, jene Frau, mit der Hartmut so gerne auf der Weltreise getanzt hatte.
„Hallo Frau Tupf", rief Dorothee.
Frau Tupf suchte erstaunt, wer ihr da zugerufen hatte, dann erkannte sie Dorothee: „Hallo, Fräulein Dorothee, welchen Bus haben Sie denn?
„Nein, Frau Tupf, ich bin schon lange nicht mehr bei Lechak-Reisen, ich lebe jetzt in Mexiko." Frau Tupf stieg aus, umarmte Dorothee herzlich, musste aber dann eiligst ihren Platz im Ausflugsbus „Stadtrundfahrt Acapulco" reservieren. Typisch, wahrscheinlich die erste Reihe natürlich. Dorothee musste lachen. Dann kam Frau Tupf zurück und sie plauderten kurz. Dorothee stellte ihr Alejo vor. „Ja, dann ist es ja klar, warum Sie in Mexiko sind."

Eine Reiseleiterin meinte, Sigi Herzog käme mit einem der nächsten Boote. Doch sie warteten umsonst. Kurz entschlossen bestiegen sie schließlich das Tenderboot und wollten sich zur Vassilij fahren lassen. Die beiden russischen Matrosen hatten schon längst angefangen, mit Dorothee zu flirten. Sie gab aber nicht zu, dass sie Russisch verstand und sprach nur auf Spanisch. Als Alejo ins Boot einstieg, erblickte sie einer der Schiffsoffiziere an der Pier und hielt ihn auf: „Who are you - Wer sind Sie?"

„We are friends of Mr. Herzog" – wir sind Freunde von Herrn Herzog. Seltsam ist das Leben. Nun war nicht sie das Problem, nun war es Alejo, dem man ansah, dass er Mexikaner und kein Europäer war.

Eine Reiseleiterin von Lechak-Reisen fuhr wieder mit ihnen im Boot zurück zum Schiff. Näher und näher kam sie, ihre geliebte Vassilij, schön wie eh und je. Anlegen, aussteigen, die Gangway hoch und schon betrat sie diesen für sie heiligen Boden – sie war zu Hause.

Die Kollegin brachte sie ins Bordreisebüro, rief von dort aus Sigi Herzog auf seiner Kabine an und gab Dorothee den Hörer.

„Nanu, was machst Du denn hier, Dori? Ich denke, Du bist in Mexiko Stadt?"

„Nee, Sigi, hast Du denn den Brief nicht bekommen? Ist der Wodka nicht kalt gestellt?"

Sigi kam sofort ins Büro runter. So ein herzliches Wiedersehen, diese feste und lange Umarmung, die Küsschen. Ach, es tat so gut, diesen Freund wiederzusehen. Sigi, der ihr in Odessa Avtandils Zettel überreicht hatte, ganz heimlich. Sigi, der mit ihr in Odessa an Land gegangen war, um sie zu schützen. Damals, an jenem Tag, an dem sie Avtandil zum letzten Mal gesehen hatte. Das alles lag nun schon sechs Jahre zurück.

Sigi hatte inzwischen ein Bäuchlein bekommen, sah etwas abgekämpft aus. Nun ja, sechs Jahre sind vergangen, sie alle waren nicht mehr die gleichen wie damals. Die Zeit bleibt nicht stehen.

Sigi bestellte Getränke und das in einem perfekten Russisch, er hatte viel dazu gelernt. Und während sie da so saßen und sich über alte und neue Zeiten unterhielten, öffnete sich die Tür und herein kam der Politoffizier Juri. Es war dieser gut aussehende Offizier, der auf seinem Kontrollgang über das Schiff Dorothee im Liegestuhl vorfand, als sie eines Abends dort den Himmel der Südsee betrachtete. Er hatte damals zu ihr gesagt: „Ich wäre jetzt gerne derjenige, an den Du denkst." Sie hatte an Avtandil gedacht, der zur selben Zeit in der Ucraina Lounge spielte, an ihn, den sie nicht lieben durfte. Und dieser Juri wollte gerne dieser Mann sein. Ob er damals ahnte, an wen sie wohl gedacht hatte?

Schnell drehte sich Dorothee weg, damit Juri sie nicht erkannte. Womöglich hätte sie das Schiff sofort verlassen müssen, auch wenn inzwischen sechs Jahre vergangen waren. Diese Demütigung wollte sie nicht noch einmal erleben. Juri musste nur etwas mit dem Agenten klären bezüglich eines Ausfluges, den 100 Besatzungsmitglieder am nächsten Tag machen sollten, wollten, durften. Seltsam genug, dass so viele Crew-Mitglieder überhaupt von Bord

durften. Möglicherweise sahen die Sowjets keine große Gefahr, dass sie ausgerechnet in einem Land wie Mexiko um Asyl bitten würden.

Dann war da noch ein anderer Reiseleiter, den Dorothee nicht kannte, der
ihnen jedoch Karten gab, um abends wieder als Besucher auf das Schiff zu
kommen. Er lud sie ein, abends hier zu essen, alle, Alejo, Dorothee und Alejos Verwandte. Doro gab Alejo eine kleine Schiffsführung, Varietésalon, Newabar und das Vassilij-Theater. Hier lagen haufenweise große Filmrollen
herum, die alle verladen werden mussten. In Acapulco war Passagierwechsel
der Weltreise, und hier wurden auch die Filme ausgetauscht. Der gute, liebe
Gregorij packte die Rollen zusammen. Er erkannte Dorothee sofort: „Das ist
jetzt acht Jahre her, dass Du an Bord warst, nicht wahr?"
„Nein, sechs Jahre! Jetzt lebe ich in Mexiko."
„Du bist schon ganz Mexikanerin geworden!", meinte Gregorij und umarmte
sie herzlich. Oja, sie konnte immer noch sagen, dass sie hier zu Hause war,
auch wenn es die Behörden ihr nicht zustanden.
Sie verließen die Vassilij, verloren aber nie den Blick auf dieses schöne weiße
Schiff, während sie an der Costera entlang zu Maria fuhren. Erst jetzt gab es
Frühstück und dann ging es an den Strand zum Sonnen und Entspannen,
immer mit dem Blick auf die Vassilj in der Bucht. Eigenartig, da war sie nun in
ihrer neuen Heimat Mexiko und vor ihr lag ihre alte Heimat, die Vassilij, die
gleichzeitig Russland und Georgien symbolisierte. Hier in Acapulco war sie
mit der Vassilij angekommen und hatte zum allerersten Mal mexikanischen
Boden betreten, im Februar 1976. Der Kreis schien sich zu schließen.

Sie schminkte sich, hübsch wollte sie aussehen für diesen Abend, die Kette,
die Avtandil ihr in Jalta gekauft hatte, hängte sie um. Diese gehörte heute
einfach dazu. Es war schon längst dunkel, als sie wieder in Richtung Anlegestelle fuhren. Vassilijs Festbeleuchtung war eingeschaltet, und all diese Lichter entlang der Bucht von Acapulco. Genau solch ein Bild hatte sie als Foto
von 1976. Noch waren sie auf Parkplatzsuche, da kamen schon die Busee
vom Flughafen mit den neuen Passagieren an. Genau das wollte sie vermeiden. Die Tenderboote waren voll, sie mussten natürlich den Passagieren den
Vortritt lassen. Das letzte volle Boot mit Sigi und anderen drin fuhr ihnen dann
davon. Also mussten sie mit zwei einsamen Gästen in einem Tenderboot
warten, bis dieses dann endlich auch zum Schiff hinüberfuhr. Der Offizier, es
war der gleiche wie heute Morgen, sagte noch, sie sollten am Eingang irgendein Dokument zur Identifikation abgeben.
Dorothee saß wieder auf der Treppe des Bootes, von hier aus hatte sie das
Schiff voll im Blick, der Anblick der Vassilij war allzu schön. Wie oft hatte sie
dieses Schiff so von Licht umflutet von Tenderbooten aus gesehen, in Bali, in
unzähligen anderen Ländern.
Es war nicht klar, in welchem Restaurant sie essen durften, mit den Reiseleitern im Bugwellen-Restaurant oder mit den Gästen im Restaurant Jalta. Also
erstmal einen Drink an der Newabar nehmen. Alejo wollte es sich dort in einer

Ecke gemütlich machen. Doch genau dort saß der Offizier Juri. Also dann direkt an die Bar. Barchef und Kellner kannten sie noch gut. Wiedersehensfreude.

Plötzlich stand ein mexikanischer Beamter der Migración neben ihnen und fragte, mit welchem Berechtigungsschein sie an Bord gekommen seien? Ihm wäre es ja egal, aber der „Jefe", der Chef der Migración sei auch an Bord, und wenn der sie sähe, dann müsse er 500 Pesos Strafe pro Person zahlen. Er war nett, schlug ihnen vor, ihre Gläser auszutrinken und dann bitte in die andere Bar zu gehen. Er war ein guter Mensch. Und just in diesem Moment kam der „Jefe" mit Begleitung und ließ sich am anderen Ende der Newabar nieder. Gott sei Dank drehte er sich nicht zu ihnen um. Sie entschwanden und besichtigten das Schiff. Denn jetzt waren auch Alejos Schwester Andrea und Marias Tochter Blanca dabei. In der Ladenstraße auf dem Boulevarddeck stand prompt wieder ein Beamter der mexikanischen Behörden. Also hoch, raus aufs offene Deck, nach hinten, über das Sportdeck wieder runter. Und prompt lief ihnen wieder Gregorij über den Weg.
Ach ja, die Russen, ihr Volk, ihre Leute. Dorothee war selig, wieder hier zu sein, zu Hause. Diese Leute waren wie sie, oder besser gesagt, sie war wie diese Leute.
Später im Restaurant musste sie die Speisekarte übersetzen und kam mit Russisch und Spanisch so durcheinander, dass sie beide Sprachen in einem Satz benutzte, was zu allgemeinem Gelächter führte.
Wo konnten sie nun noch einen Drink einnehmen, ohne den mexikanischen Beamten in die Arme zu laufen? Hoch in die Ucrainalounge. Dort spielten die Sakartvelo, allerdings in einer total neuen Besetzung. Keinen von ihnen kannte sie. Wie gerne hätte sie die Jungs gebeten, ihr ihre Lieblingslieder Suliko, Tbiliso und Serdze (Herz) vorzuspielen. Doch am Fenster saß der Jefe der Migración mit seinen Leuten. Sollte sie wegen diesem Mann nun ihre geliebten georgischen und russischen Lieder nicht hören können? Sie war sauer, traurig, enttäuscht.
Das Beste und Sicherste war, sich im Schutz einer Kabine aufzuhalten. Der nette Kollege Sven bot seine Kabine an, bestellte Getränke für sie und so konnten sie dort nett zusammen sitzen ohne ständig um sich schauen zu müssen, ob Gefahr drohte.
Paradoxe Welt – war es vor einigen Jahren noch Dorothee, die nicht an Bord kommen durfte, die des Schiffes verwiesen wurde, so lag das Problem heute nicht an ihr, sondern an ihren Freunden, die sie mitgebracht hatte. Man sah ihnen eben an, dass sie Mexikaner waren und eigentlich hätten sie eine Genehmigung benötigt, um überhaupt auf das Schiff zu dürfen, eine Genehmigung der Hafenbehörden von Acapulco. Aber wer denkt denn an so etwas?
Alejo begriff an jenem Abend viel, was Dorothee und ihre Welt betraf. Er bemerkte, dass die Russen bedrückt und traurig wirkten, ohne Hoffnung. Zuerst dachte er, sie seien schlechter Laune und fragte Doro warum.

Sigi besorgte Kaviar und Wodka für sie. Den Kaviar versteckte Dorothee in ihrer Handtasche, die Wodkaflaschen kamen in eine Lechak-Reisentüte, verdeckt durch alte Kataloge. Sigi sauste vorab zur Gangway, um zu sehen, ob die Luft rein sei. Ein Typ sei dort, evtl. vom Zoll, habe selbst eine Tasche und wolle wohl auch nach Hause. Behaglich fühlte sich Dorothee mit den Wodkaflaschen nicht.

Mit den Geschenken gingen sie runter an die Gangway, um mit dem Tenderboot an Land zu fahren. Abschied nehmen von Sigi und den anderen. Wann würde man sich wieder sehen? Und ob überhaupt?

Unten an der Gangway standen inzwischen zwei Mexikaner. Alejo unterhielt sich mit ihnen. Es schien keine Probleme zu geben. Ob sie Ausländerin sei, fragten sie Dorothee. „Si, alemana – ja, Deutsche."

„Aja, mit Recht behandelt man Sie hier wie ein Familienmitglied!" Wo verdammt hatten die beiden sie nur beobachtet?

Das Tenderboot hatte einen Defekt am Motor, sie mussten alle warten, bis dieser behoben war. Und dann passierte das, was nicht hätte passieren dürfen: Der Jefe der Migración kam mit seinen Leuten. Auch der nette Beamte, der sie an der Newabar gewarnt hatte, war dabei. Der Jefe reagierte sauer. Wie sie denn aufs Schiff gekommen wären, was sie hier machten?

Alejo stellte schnell die Tasche mit den Wodkaflaschen neben einen Tisch am Eingang. Der Nette sagte zu Alejo: „Warum sind Sie hier, ich hatte Ihnen doch gesagt aufzupassen. Jetzt werde ich mit sehr hoher Strafe belegt."

Alejo sagte schnell zu Dorothee: „Bring die Tasche weg!" Ein russischer Matrose hatte schon die gefährliche Lage erkannt und die Tasche weiter in die Ecke geschoben. Dorothee packte sie und brachte sie schnell ins Bordreisebüro, stellte sie dort mit den Worten „wir bekommen Probleme" ab und sauste zurück zur Gangway.

„Da kommt sie ja", hörte sie von weitem schon. Man wartete auf sie, dem Jefe hatte man nämlich klar gemacht, dass die Mexikaner hier alle „amigos", Freunde von Dorothee seien, und diese habe sie aufs Schiff mitgenommen. Der Jefe wollte nun sehen, womit sie sich ausgewiesen habe. Sie zeigte ihren Personalausweis. Auch die Dokumente der anderen ließ er sich zeigen. Dorothee tat so, als ob sie schlecht Spanisch spräche. Daraufhin wollte der Jefe sich mit ihr auf Englisch unterhalten, doch sie lehnte ab: „Nein, bitte Spanisch, aber langsam." Der Jefe war ganz schön angesäuselt, wohl ein Vorteil, denn so ganz klare Gedanken konnte er nicht mehr fassen, und das merkte er anscheinend auch selbst.

Auf dem Boot setzte er sich hinter Dorothee, bequatschte sie die ganze Zeit, wollte sie zum Abendessen einladen.

Nein, das geht nicht, habe schon eine Einladung.

Also dann morgen.

Da fliege ich schon zurück.

Wann?

Alejo, wann fliegt das Flugzeug ab?

16.00 Uhr.

Dussel, dachte Dorothee, warum kann er nicht sagen, dass unser Flieger schon um 12.00 Uhr geht?

Also dann lade ich Dich für 10.00 Uhr morgens zum Frühstücken in mein Haus ein. Wie ist Deine Telefonnummer?

Alejo, wie ist die Telefonnummer?

Schulterzucken von Alejo. No sé – ich weiß es nicht. Es gibt kein Telefon.

Gut, dann gebe ich Dir meine Telefonnummer. Aber trixe mich nicht aus. Ruf mich um 10 Uhr an, ob Ja oder Nein.

An Land angekommen, lud sie dann noch ein anderer Beamter zum Tanzen ein. Sie lehnten höflich, diplomatisch und freundlich ab.

Endlich waren sie diese Leute los. Alejo wollte, dass Dorothee die Flaschen am nächsten Morgen holte. Fast gab es Streit. Der Schrecken saß ihnen allen noch in den Gliedern. Ein letzter Blick auf die beleuchtete Vassilij. Es war ein kurzer, schmerzloser Abschied. Besser so.

Mit dem Auto brachten sie Andrea und Blanca nach Hause, der Kaviar wurde aus der Handtasche ausgeladen und los ging es, zum Centro Acapulco, einer hübschen Anlage, wo es Räume mit allen möglichen Vorführungen gab. Auf dem Weg dorthin meinte Alejo, man könne sich ja vorstellen, was solche Polizisten und ähnliche Leute mit Mädchen machten, die sie als illegal hier fänden, ganze Orgien. Illegal war Dorothee aber nicht im Land. Sie war erneut als Touristin eingereist. Ihre Papiere lagen inzwischen bei der Ausländerbehörde, die Arbeits- und somit auch Aufenthaltsgenehmigung war beantragt. Wie kam Alejo also dazu, dergleichen Dinge zu sagen?

Im Centro Acapulco ging gerade eine mexikanische Folklore-Show zu Ende. Sie sahen noch ein bisschen davon, und da fühlte Dorothee ganz deutlich, dass sie eigentlich immer, besonders aber heute zwischen zwei Stühlen saß. Da war ihre Heimat Russland, Georgien, ihre Leute, ihre Mentalität und da war Mexiko, ihre neue Heimat und eben doch nicht dasselbe. Sie versuchte dies Alejo zu erklären, sie sei eben wie die Russen, habe eine slawische Seele, melancholisch, supersentimental.

„Alejo, erinnerst Du Dich daran, dass ich Dir einmal in Veronikas Haus gesagt habe, wie ich Euch beneide. Ihr könnt sagen, das hier – Mexiko – ist unsere Heimat. Ich habe keine Heimat, ich weiß nicht, ob Mexiko eines Tages meine Heimat sein kann. Und Du sagtest mir: Mach Dir keine Sorgen, Mexiko wird Deine Heimat sein. Aber ich weiß es nicht. Bin mir nicht sicher. Der Distrito Federal[12] ist ein schwieriger Ort zum Leben.

Dorothee fühlte sich an jenem Abend innerlich gespalten, zwei Welten in ihrer Seele prallten aufeinander. Noch konnte sie beide Seiten nicht zusammenfügen.

---

[12] Bundesdistrikt = Hauptstadt Mexiko Stadt

Tod auf dem Vulkan

War das ein schönes Wochenende! Am frühen Samstagmorgen war Dorothee zusammen mit Alejo und einem befreundeten Ehepaar, Lupita und Mario, sowie deren beiden Kindern von Mexiko Stadt nach Veracruz gefahren. Es war der 26. Januar 1985, ihr Geburtstag. Sie wurde 32 Jahre alt. Dorothee hatte sich vorgenommen: In diesem Jahr werde ich schwanger! Sie wollte ein Kind haben, ehe es zu spät dazu war. Nicht bevor sie 30 Jahre alt war und spätestens bis sie 35 Jahre alt sein würde. Zu schrecklich war der Gedanke, dass sie das gleiche Schicksal erleiden sollte eines Tages wie ihre Mamotschka. Wenn auch sie im Alter von 61 Jahren sterben musste, dann sollte ihr Kind schon weit älter als 18 Jahre sein, sollte schon sein eigenes Leben führen, vielleicht sogar aufgehoben sein in einer anderen, einer eigenen Familie.

In Veracruz hatten sie Zimmer in einem Hotel genommen, das direkt am Hauptplatz, dem „Zócalo" lag. Abends konnten sie somit die Kinder problemlos alleine lassen, auf dem Zócalo gemütlich etwas essen und die internationale Atmosphäre genießen. Es waren wohl etliche Schiffe im Hafen, denn es wimmelte von Seeleuten, Offizieren, Matrosen aus den verschiedensten Ländern. Am Nachbartisch saßen Offiziere eines finnischen Frachters. Einer von ihnen lud sie auf das Schiff ein. Deutsches Bier und deutsche Buttermilch, und endlich wieder ein Schiff. Es war Dorothees schönstes Geburtstagsgeschenk.

Und nun war schon wieder Montag. Doro saß in ihrem kleinen Büro und wunderte sich, dass ihr Chef, ein Flame aus Belgien, um 9.00 Uhr immer noch nicht im Büro war. Ihre Arbeitszeit begann schon um 7.00 Uhr morgens. Der Chef aber kam immer später, so gegen 8.00 Uhr. Es war aber schon 9.00 Uhr vorbei. Seltsam. Noch seltsamer war es, dass auch ein Kollege aus der Ingenieurabteilung nebenan nicht erschien. Kurt Bachreiner war ein Berliner, der seit nunmehr eineinhalb Jahren in Mexiko für die Firma arbeitete. Er hatte erst im September seine Familie aus Berlin nach Mexiko kommen lassen. Ein Jahr lang war er alleine hier gewesen und hatte natürlich früher oder später eine Beziehung mit einer Mexikanerin angefangen. Diese, wen wundert es, wurde dann auch prompt schwanger, sobald sie wusste, dass Ehefrau und Kinder auch nach Mexiko kommen würden. Kurt Bachreiner hatte jetzt sozusagen zwei Familien hier. Zwar hatte er Spanischunterricht genommen, aber so richtig konnte er die Sprache immer noch nicht sprechen. Er war aber sehr stolz darauf, sämtliche mexikanischen Schimpfworte gut zu beherrschen und sie auch anzuwenden.

Dieser an sich sehr stille Mann war immer pünktlich um 7.00 Uhr im Büro. Umso seltsamer also, dass er heute nicht kam und dass auch der Chef nicht erschien. Dorothee hatte ein seltsames Gefühl, eine Art Vorahnung, ohne sich erklären zu können, warum.

Das Telefon läutete. Endlich, der Chef meldete sich: „Dorothee, ich komme erst so in etwa einer Stunde in die Firma. Ich bin hier noch mit dem Firmenrechtsanwalt und mit Gustav Schreiner zusammen. Kurt Bachreiner ist gestern ermordet worden. Aber bitte sagen Sie niemandem etwas. Ich werde es der Belegschaft dann persönlich mitteilen."

Dorothee stockte der Atem. Um Himmels Willen, was war da geschehen? Sie musste sich in Geduld fassen, versuchen, dass die Mitarbeiter im Großraumbüro nebenan nicht merkten, wie blass sie geworden war. Hin und wieder kam der eine oder andere und fragte, ob sie etwas von Kurt Bachreiner wüsste. Sie wurden alle unruhig, es war, als ob sie spürten, da musste etwas passiert sein. Schließlich war ja auch der Chef nicht da.

Die Stunde erschien eine Ewigkeit. Endlich erschien der Chef, grüßte nur kurz und verschwand in seinem Büro. Prompt kam der Leiter der Ingenieurabteilung zu Dorothee: „Was ist passiert? Der Chef ist ganz blass und aufgeregt!"

„Ich kann nichts sagen. Ich bin Secretaria und dieses Wort kommt von „secreto" (Gheimnis)." Er verstand, dass sie etwas wusste, aber nichts sagen durfte und bedrängte sie nicht weiter.

Endlich, endlich kam der Chef aus dem Büro: „Dorothee, kommen Sie bitte mit. Ich werde es jetzt der Belegschaft mitteilen." Was war geschehen?

Kurt Bachreiner war am Sonntag am frühen Nachmittag mit seiner Ehefrau und dem älteren Sohn mit dem Auto zum Vulkan Ajusco hinauf gefahren. Dort wollte er dem Sohn das Autofahren beibringen. Währenddessen legte sich Frau Bachreiner auf einer Wiese in die Sonne. Sie schreckte durch Geräusche im Gebüsch auf, sah aber niemanden weit und breit. Doch immer wieder waren die Geräusche zu hören. So stand sie auf, nahm die Decke und ging die paar Schritte zum Parkplatz. Es dauerte auch nicht lange, da kamen Kurt Bachreiner und Sohn mit dem Auto angefahren. Kaum waren sie ausgestiegen, tauchten plötzlich zwei Männer aus dem Gebüsch auf, einer hielt eine Pistole in der Hand. Sie wollten Bachreiners Auto haben. Es war ein Firmenwagen, gut versichert. Hätte er ihnen doch nur das Auto überlassen. Aber nein, er weigerte sich und muss dann offensichtlich einige mexikanische Schimpfwörter von sich gegeben haben. Die Sprachkenntnisse von Ehefrau und Sohn waren nicht gut genug, um hinterher sagen zu können, was Kurt Bachreiner genau gesagt hatte. Vermutlich waren es jedoch die allerschlimmsten Schimpfwörter, jene, die die Mutter beleidigen. Das kann kein Mexikaner ertragen, schon gar nicht einer mit kriminellem Charakter. Daraufhin muss der Mann mit der Pistole sofort auf Kurt Bachreiner geschossen haben. Dieser stürzte aber nicht hin, sondern fiel langsam auf den Boden. Vielleicht wollte er so tun, als ob er schwer getroffen sei. Die Verbrecher jedoch ließen sich nicht täuschen. Sie drehten seinen Körper mit einem Bein um und schossen noch mehrmals auf ihn. Das konnte er nicht überleben.

Ehefrau und Sohn wurden nun gezwungen, ins Auto zu steigen. Die Kriminellen fuhren los, irgendwohin und diskutierten untereinander, sollten sie die beiden auch noch töten oder leben lassen. Einer, der Mörder von Kurt Bachreiner, plädierte für das Töten, der andere war dagegen. Schließlich einigten sich beide und ließen Ehefrau und Sohn kurz vor einem Dorf aussteigen. Zuvor mussten sie noch Uhren und Schmuck abgeben.

So ohne jegliche Möglichkeit, sich zu helfen und mit dem Schrecken in den Gliedern, gingen die beiden ins Dorf, wo sie einen geöffneten Laden fanden. Der Besitzer ließ sie selbstverständlich telefonieren und verständigte die Polizei. Der Sohn, der zuhause geblieben war, rief den Kollegen Gustav Schreiner an, dieser verständigte sofort den Rechtsanwalt der Firma, und alle kamen schnellstmöglichst ins Dorf, um Frau und Sohn zu retten.

Diese schreckliche Geschichte hatte noch ein Nachspiel. Aufgrund der Tatsache, dass hier ein Ausländer ermordet worden war, strengten sich die Behörden sehr an, die Mörder zu finden. Nur eine Woche später bemerkten zwei Sicherheitspolizisten, die vor der Polizeistation eines Ortes im Estado de México (Bundesstaat, der an die Haupstadt grenzt) Wache hielten, ein Auto, das laut hupend durch den Ort fuhr. Die Fenster waren geöffnet und die Insassen des Autos krakelten, offensichtlich hatten sie viel Alkohol im Blut. „El coche del alemán" – das Auto des Deutschen! Es war das gesuchte Auto. Sofort sausten die Polizisten los und verfolgten dieses Auto, das versuchte zu entkommen. Doch sie konnten es stoppen. Die Männer aber stiegen rasend schnell aus dem Auto aus und rannten davon. Es kam zu einer filmreichen Verfolgungsjagd, die Kriminellen versteckten sich in einem Gebäude und nur Dank einer Granate, die von der Polizei ins Gebäude geworfen wurde und dort explodierte, war es möglich, drei Verbrecher festzunehmen, von denen zwei von Frau Bachreiner als diejenigen identifiziert werden konnten, die ihren Mann ermordet hatten.

Es stellte sich dann sogar heraus, dass es lang gesuchte Verbrecher waren, die etliche Polizistenmorde auf dem Gewissen hatten. Damit war klar, dass sie kein leichtes Leben im Gefängnis haben würden. Frau Bachreiner musste noch ein zweites Mal die Verbrecher identifizieren. Das war ungefähr eine Woche später. Sie berichtete, dass die beiden sichtbare Spuren zeigten, dass sie nicht gerade sanft behandelt worden waren dort im Gefängnis in Toluca, der Hauptstadt des Estado de México.

Willkommen Schnucki

„Dorilein, schlaf Du mal morgen früh aus. Ich werde zum Bäcker gehen und uns Brötchen zum Frühstück holen. Soll ich Dir etwas Besonderes mitbringen?"

„Kommst Du an einer Apotheke vorbei?"

„Ja, direkt neben dem Bäcker ist eine Apotheke. Bist Du krank, brauchst Du ein Medikament?"

„Nee, aber könntest Du mir einen Schwangerschaftstest mitbringen?"

„Dooooriii…, Du bist doch nicht etwa…?"

„Ich weiß nicht, aber ich hoffe es."

Es war Freitag, 9. August 1985. Dorothee machte wieder einmal Heimatur-
laub. Für drei Wochen war sie in Deutschland. Und seit ein paar Tagen fühlte
sie sich seltsam, anders, nicht krank, aber eben so ganz anders. Fühlt sich so
eine Schwangerschaft an? Keine Ahnung. Es war ja das erste Mal für sie.
Und wen hätte sie fragen können, welche Frau? Ihre Mamotschka war nicht
mehr da. Und sowieso empfindet es sicher jede Frau ganz anders.

Vor zwei Stunden war sie in Berlin Tegel gelandet. Andreas Mohn, ihr guter
Freund, der damals auf Mykonos die Vassilij Ashajew verpasst hatte, und
Partner von Georg Heimer, lebte seit über zwei Jahren schon in Berlin. Er
hatte sich eine sanierte Altbauwohnung in einer Seitenstraße des Kurfürsten-
dammes gekauft. Dorothee wollte hier ein paar Tage bleiben und endlich
wieder Berliner Luft einatmen.

Natürlich kaufte Andreas einen Schwangerschaftstest. Sie wollte sich aber
noch Zeit lassen bis Montagmorgen, damit der Test auch wirklich das richtige
Ergebnis zeigte.

Am Morgen des besagten Montages, es war der 12. August 1985, konnte sie
ab 6.00 Uhr vor lauter Aufregung schon nicht mehr schlafen. Um 7.00 Uhr
stand sie auf, ging auf die Toilette und führte den Schwangerschaftstest
durch, genau die Vorschriften einhaltend. Sie stellte das Gläschen auf den
Nachttisch und legte sich wieder ins Bett. Doch der Test verfärbte sich nicht.
Was sollte das nun sein? Warum bekam sie ihre Menstruation nicht, wenn sie
nun doch nicht schwanger war?

Enttäuscht drehte sie sich um und schlief fest ein. Es war wohl ihre innere
Uhr, die sie nach ungefähr weiteren 20 Minuten weckte. Sie öffnete die Augen
und blinzelte in Richtung Glasröhrchen. Dann ließ sie einen lauten Schrei los:
„Jaaaaaa.............!"

Andreas, der nebenan schlief, schreckte auf: „Um Gottes Willen, was ist passiert?"

„Ich bin schwangerrrrrr........!"

An diesem Tag begann Dorothee mit ihrem „Muttis Tagebuch an Schnucki".
Schnucki, so nannte sie das Kind, das nun in ihr heranwuchs, wusste sie
doch nicht, ob es ein Junge oder ein Mädchen sein würde. Sie hoffte, es werde ein Junge. Warum? Weil Jungs bzw. Männer es im Leben eben doch oft
leichter haben als Frauen. Trotz aller fortschreitender Emanzipation der Frau-
en, in den meisten Gesellschaften, in den meisten Ländern, werden Frauen
benachteiligt, haben weniger Rechte, werden diskriminiert. Ein Junge, ein
Mann hatte einfach viel mehr Freiheiten. Und sie wollte, dass ihr Kind ein
freier Mensch sein konnte.

Und so schrieb Dorothee an diesem Tag: Schnucki-Butzi, nun also weiß ich,
dass Du schon in mir lebst, dass Du unter meinem Herzen heranwächst.
Noch bist Du ganz klein, unscheinbar, und nur ich und Andreas wissen von
Dir. Ob Du mal Boris oder Tatjana heißen wirst? Wer weiß? Ich liebe Dich
jetzt schon, und Dein Vater Alejo auch, obwohl er noch nichts von Dir weiß.

Aber trotzdem, ich muss mich doch erst an den Gedanken gewöhnen; es ist ja auch zum ersten Mal, und ein ganz neues Gefühl. Schnucki, wir werden es schon schaffen. Wir zwei halten zusammen, nicht wahr?

Ende August flog Dorothee zurück nach Mexiko. Sie hatte außer Andreas nur noch ihrer Schulfreundin Wiwi von der Schwangerschaft erzählt. Eine weise Entscheidung, wie sich bald herausstellen sollte.

Das Ende der „Fünften Sonne"

Nach der Mythologie der Azteken leben wir nicht in einer kontinuierlich verlaufenden Zeit, sondern in Epochen, die einen in sich geschlossenen Kreis darstellen, den sie „Sonne" nennen. Wenn die Zeit kommt, dass der Kreis sich schließen wird, dann wird die Sonne zerstört, geht zugrunde, und eine neue entsteht. So haben wir bereits vier Sonnen hinter uns und leben nun in der fünften Sonne.
Die erste Sonne wurde durch Jaguare zerstört, die zweite durch Feuer, die dritte durch Wind und die vierte durch Wasser. Die fünfte Sonne, in der die Menschheit nun lebt, wird eines Tages durch eine starke Bewegung zerstört werden.

In Mexiko ist der Monat September der „Mes de la Patria" – der Monat des Vaterlandes. Alle öffentlichen Gebäude sind mit der Nationalfahne geschmückt. Die Leute bringen an ihren Autoantennen kleine Fähnchen an. Es ist ein Monat des Zusammengehörigkeitsgefühls, der Solidarität und der Feste. Auch, weil meist bis Mitte September die Regenzeit vorüber ist und das Wetter sonnig, warm und angenehm wird.

Der 19. September 1985 war ein Donnerstag. Das Wetter war ausgesprochen schön, der Himmel über der Megastadt Mexico war blau, die Luft rein und klar. Der viele Regen hatte all die Luftverschmutzung davongewaschen. Die Feierlichkeiten zum Unabhängigkeitstag waren vorüber, das verlängerte Wochenende vorbei und alles ging seinen gewohnten Gang an jenem Tag, der so schön begann.
Dorothee war pünktlich um 7.00 Uhr in der Arbeit und langweilte sich dort. Ihr belgischer Chef hatte die Firma verlassen müssen. Das war überraschend schnell gegangen. Montags gab es eine Besprechung, dienstags kündigte er an, dass man sich einig geworden sei, er würde schon bald die Firma verlassen, am Freitag war er schon nicht mehr da. Dorothee hatte momentan keinen Chef und somit keine Arbeit. Eine unsichere Situation und alles andere als beruhigend, besonders in ihrer Situation als werdende Mutter. Kam doch eine große Verantwortung, auch finanzieller Art, auf sie zu. Sie hatte die Vorgesetzten über ihre Schwangerschaft informiert und es wurde ihr zugesichert,

dass man eine Angestellte wie sie, mit diesen Sprachkenntnissen, behalten werde. Es müsse eben innerhalb der Firma umstrukturiert werden.

An jenem 19. September saß Dorothee aber immer noch in ihrem Büro und fragte sich, was wohl auf sie zukommen werde. Direkt unter ihrem Arbeitsplatz befand sich das Büro von Gustav Schreiner, dem einzigen Deutschen in der Firma, der genauso wie sie nicht aus Norddeutschland stammte, sondern aus dem Süden.
Sie hatte das Bedürfnis sich mit jemandem austauschen zu können und rief kurz entschlossen Gustav an. „Klar, komm runter. Du bekommst auch einen Kaffee hier."
Dorothee stand auf, ging um ihren Schreibtisch herum und betrat das Großraumbüro, in dem die Ingenieure ihre Arbeitsplätze hatten. Es war genau 7.19 Uhr.
Plötzlich hatte sie das Gefühl bergauf zu gehen und es wurde ihr schwindelig. Bis jetzt hatte sie außer starker Müdigkeit noch keinerlei Probleme mit der Schwangerschaft gehabt.
„Oje, jetzt geht es wohl los, die ersten unangenehmen Seiten der Schwangerschaft", dachte sie und blieb stehen.
Doch nein, das war nicht die Schwangerschaft. Das Licht ging aus, Stromausfall. Alle schauten erschrocken, sahen sich mit fragenden Augen an. Und dann, innerhalb von Sekunden war es ihnen allen klar. Das war ein „Temblor", ein Erdbeben.
Ganz ruhig drehte sich Dorothee um, ging vorsichtigen Schrittes an ihren Sitzplatz zurück, setzte sich auf den Stuhl und wartete, bis dieses Beben vorüber war. Es schien ihr eine Ewigkeit zu dauern. Der Boden unter ihr hob und senkte sich viel zu lange.
Dann war alles vorbei, nur die Kabel der Hochspannungsleitung, die an der Fabrik vorbeiführte, schwankten noch hin und her. Aber das war normal nach einem Beben.
Jetzt konnte sie durch das Ingenieursbüro durch, die Treppe hinunter und zu Gustav Schreiner ins Büro gehen. Der lächelte sie an: „Setz Dich, ich bin etwas beunruhigt. Gerade habe ich mit meiner Freundin gesprochen. Sie wollte jetzt losgehen zum Einkaufen. Sie muss im Aufzug gewesen sein, als das Erdbeben losging. Du weißt ja, wir wohnen in einem Hochhaus. Aber wir haben ein Notstromaggregat, da fährt der Aufzug dann zumindest bis ins Erdgeschoss. Ich nehme mal an, dort ist sie jetzt. Ich kann sie jedenfalls telefonisch nicht erreichen. Na ja, so schlimm war das Beben ja auch nicht, aber die Sekretärin hier im Nachbarbüro ist ganz hysterisch geworden und hat geschrien."

Es war eben jene hysterische Sekretärin, die einen kleinen Radioapparat dabei hatte, der mit Batterien funktionierte, denn der Strom war noch immer nicht zurück. Sie hatte einen Sender eingeschaltet, in dem ein Reporter berichtete, welche Schäden es in der Stadt gegeben hat. Was sie da hörten, war unfassbar und beunruhigend. Unzählige Gebäude waren zusammengestürzt, beschädigt, viele Menschen tot, verschüttet. Als Dorothee dann hörte, dass im Centro Médico, einem Krankenhauskomplex der sozialen Krankenversicherung, auch große Schäden entstanden waren, war es mit ihrer Ruhe endgültig vorbei. Das Centro Médico lag nur ca. 1,5 Kilometer Luftlinie von ihrer Wohnung entfernt. Für ein Erdbeben wahrlich keine Distanz.

Die Erlebnisse dieses schrecklichen Tages fasste Dorothee am nächsten Tag in einer Art Protokoll zusammen. Sie tippte es in ihrem Büro, inzwischen gab es wieder Strom, kopierte es mehrmals und steckte es in Briefumschläge, die sie mit deutschen Briefmarken beklebte. Jeder Brief ging an einen Verwandten oder einen Freund, mit der Bitte, weitere Freunde und Bekannte zu informieren, dass sie alles gut überlebt hatten, sie und Alejo (von Schnucki verriet sie immer noch nichts). Die Briefe gingen noch an jenem Freitag per Kurierpost nach Deutschland, wo sie am Montag in der deutschen Firmenzentrale ankommen und von dort aus abgeschickt würden. Ihre Freunde konnten also frühestens am Dienstag oder Mittwoch erfahren, dass es ihnen gut ging.

Denn leider war auch die Telefonhauptzentrale zerstört worden. Es gab keinerlei Telefonverbindung nach außerhalb der Stadt und innerhalb funktionierten nur ganz wenige Leitungen. Wie also sollte Dorothee ihren Vater Hartmut informieren, der sich logischerweise besonders große Sorgen machte. Das war nun ihre größte Sorge.

México, 20. September 1985

Liebe Freunde,

sicher habt Ihr gestern in den Nachrichten vernommen, dass es hier bei uns in der Stadt Mexico um 07.19 Uhr Ortszeit ein sehr starkes Erdbeben gegeben hat.

Meistens werden im Ausland Meldungen übertrieben oder falsch durchgegeben. Ich weiß nun nicht, was Ihr da alles zu hören bekommen habt. Heute ist Freitag, um 12.00 Uhr mittags geht die sogenannte Freitagspost (Geschäftspost) ab. So möchte ich Euch nun das Erdbeben schildern, so wie ich es erlebt habe.

Wie jeden Tag kam ich um ca. 07.00 Uhr in meiner Firma am östlichen Stadtrand an und öffnete mein Büro. Da ich seit mehr als zehn Tagen keinen Chef mehr habe, denn er wurde gefeuert, habe ich auch nicht viel zu tun. Ich warte auf neue Anweisungen, soll einen neuen Chef bekommen, denn als einzige deutschsprechende Sekretärin will man mich „natürlich" in der Firma behalten. Gerade wollte ich meinen Kollegen Gustav Schreiner besuchen gehen, der sein Büro genau unter meinem hat. Es war 07.19 Uhr, und mir wurde es ganz schwindlig, so als wäre ich auf einem Schiff und der Seegang wäre sehr stark.

Zuerst dachte ich, nanu, was ist denn los? Wohl der Kreislauf. Nur kamen mir die Gesichter der Kollegen sehr komisch vor. Die spürten offensichtlich auch etwas. Dann ging das Licht aus, und nun war es uns klar: ERDBEBEN.
Schlimm empfand ich es nicht. Ich setzte mich ruhig an meinen Platz, wartete, bis das Schwanken vorbei war, ging dann den Gang entlang und schaute zu, wie an einer nahen Hochspannungsleitung die Kabel immer noch gewaltig schaukelten.

*Meiner Meinung nach war das Beben nicht schlimm, ich ging nun endlich doch zu Gustav Schreiner, unterhielt mich mit ihm. Er erzählte, dass eine der Sekretärinnen in den unteren Büros hysterisch geschrien und dann geheult hätte. Eben diese Sekretärin hat einen kleinen Radioapparat mit Batterie. Den schaltete sie ein, und da erst wurde mir langsam bewusst, **wie schlimm dieses Beben gewesen sein muss.***

Zuerst sagte man, es sei nicht viel passiert. Dann berichtete ein Reporter, der in einem Auto durch das Zentrum fuhr, dass ein Hotel gegenüber der Bowlingbahn, wo wir jeden Mittwochabend spielen, ein Gebäude von acht Stockwerken, total zusammengestürzt sei. Das Hotel Continental (Ecke Reforma / Insurgentes) hat Schäden, drei der oberen Stockwerke stürzten in sich zusammen. Ein Gebäude in einer Nebenstraße der „Reforma" stürzte zusammen. Im Büro der Aeroflot zerbarsten alle Fenster.
Je näher der Reporter der „Avenida Juarez" kam, desto schlimmere Sachen berichtete er. Dort war einiges zusammengestürzt, andere Gebäude hatten sich zur Seite geneigt..
Dann berichtete ein anderer Reporter, dass im Centro Médico starke Schäden wären, besonders in den Abteilungen Traumatologie, Pädiatrie, Onkologie. Die Patienten müssten evakuiert werden.

Bei dieser Nachricht wurde es mir sehr mulmig. Denn dieses Centro Médico ist Luftlinie nur ca. 1,5 km von meinem Zuhause entfernt.
Ich hörte zwar nur, dass das Zentrum und die Colonia Roma schwere Schäden hätten, doch unser Personalchef meinte dann, er habe gehört, dass auch in der Colonia Alamos (wo ich wohne) Gebäude eingestürzt seien.

Zur Erklärung für diejenigen, die noch nie hier waren:
Die Stadt Mexiko ist in 16 „Delegaciones" eingeteilt, so wie Paris in seine Arrondissements oder Wien in seine Bezirke. Jede Delegación hat eine ganze Anzahl von Colonias, das sind Stadtviertel, die verschiedene Namen tragen.

Da in der Fabrik kein Strom war, wurde beschlossen, das Personal nach Hause fahren zu lassen, aber über welchen Weg? Denn der Verkehr war total verrückt. Die Ampeln funktionierten nicht, alles war verstopft, zu.

Doch Gustav Schreiner kennt geheime Wege. Ich fuhr hinter ihm her, einen Umweg von ca. 40 – 45 km, nämlich über Tlahuac und Xochimilco, also ganz im Süden herum.

Schon in Xochimilco fielen mir die offenen Stellen im Asphalt auf, teilweise Löcher, oder Aufwölbungen. Mensch, sogar bis hierher kam das Beben.

Auf der Süd-Stadtautobahn war kaum Verkehr. Ich kam bis zur „División del Norte", dort fing der Verkehrsstau an.

Ich erlebte etwas, was ich noch nie hier erlebt hatte: Die Polizisten regelten den Verkehr ganz prima. Normalerweise regeln sie ihn so, das in spätestens zehn Minuten die Kreuzung total verstopft ist und nichts mehr geht, dann verziehen sie sich und in zehn Minuten ist die Kreuzung wieder frei, weil man selbst schon sich irgendwie mit den anderen verständigt, und sich langsam vorwärts schiebt.

Doch, es war ein besonderer Tag, die Menschen in Not werden dann doch noch vernünftig.

So kam ich dann endlich auf die „Eje Central Lázaro Cárdenas" – zu Deutsch die „Zentralachsenstraße" namens Lázaro Cárdenas. Diese Straße führt mich direkt nach Hause. Normalerweise sieht man schon weit im Süden den Turm der Secretaría de Comunicaciones y Transportes = Ministerium für Nachrichten und Transport. Doch dieses Mal sah ich diesen Turm noch lange nicht. Es war irgendwie neblig, in Wahrheit war es der Staub der zusammengestürzten Gebäude, der in der Luft hing.

Ich kam genau bis zur 5. Südachse = Eje 5 Sur Eugenia, musste dort nach links, denn die „Lázaro Cárdenas" war da gesperrt. Dann bog ich aber gleich wieder nach rechts ein, fuhr parallel zur Lázaro Cárdenas und bog bei nächster Gelegenheit wieder auf die Lázaro Cárdenas ein.

So kam ich an dem Gebäude vorbei, wo Alejo früher wohnte, wo jetzt sein Bruder Rodolfo wohnt. Das Haus steht, hat keine Schäden, das konnte ich sofort erkennen.

Doch, ich wurde wieder umgeleitet. Verdammt, kann ich denn nicht mal mehr bis nach Hause fahren?

Ich bog in die Calle Galicia, die Galicia-Straße ein, die mich direkt zur Colonia Alamos führt. Kam da aber nur bis zur Hauptstraße Xola. Ein Polizist leitete wieder alles um. Ich sagte ihm, dass ich dort wohne, in der Cadiz-Straße.

„Ja, hier können Sie nicht durch, machen Sie den Bogen über die Lázaro Cárdenas und zünden Sie kein Streichholz an, da es sein kann, dass es lecke Gasleitungen gibt."

Also fuhr ich die Xola in entgegengesetzter Richtung (ist eine Einbahnstraße), bog wieder in die Lázaro Cárdenas ein, und dann gleich rechts in die Fernando-Straße.

Da bekam ich einen Schreck, denn das sich dort befindliche Arbeitsministerium, das schon seit Jahren schief stand, steht nun noch schiefer, und alle Fenster sind rausgefallen.

Ich kam bis zur Kreuzung Fernando / Toledo / Galícia. Dort war mitten auf der Straße ein großes Loch, das ich umfahren musste. Der Abschnitt der Toledo-Straße, zwischen Bolivar-Straße und Galicia-Straße, ist offen, d.h. die Straße hat eine in der Mitte verlaufende offene Linie. Der Bürgersteig ist offen, der ganze Beton des Bürgersteiges besteht auf einmal aus viereckigen „Kacheln" verschiedener Größe.

Ich überquerte die Simon Bolivar-Straße, fuhr bis zu unserem Park, an diesem vorbei, bog dort rechts in die Cadiz-Straße rein. Und dann sah ich: Unser Gebäude steht noch, auch sind die Fenster alle in Ordnung, nicht zerbrochen. Welche Erleichterung.

Ich parkte in der Straße, raste zu unserem Haus Nummer 53.

Das 2-stöckige Gebäude rechts neben unserem ist „geviertelt", d.h. es hat einen Längs- und einen Querriss. Das andere Haus links hat einen gewaltigen Riss. Und unser Gebäude steht da, wie eine unverwüstliche Burg. Ich kann es heute noch nicht fassen.

Gleich unten traf ich den Portier. Wie sieht's bei uns aus?

Alles gut, Señora, keine Risse, keine Schäden, Gashaupthähne oben auf der Azotea[13] *abgedreht, Hauptlichtschalter abgeschaltet. Wenn das Wasser aus dem Depot auf dem Dach zu Ende geht, wird es kein Wasser mehr geben, da ja die Wasserpumpe nicht pumpen kann, doch unten in der Zisterne ist Wasser, dann muss man halt Wasser hochschleppen.*

(Das sind wir ja schon von anderen Situationen wie Überschwemmungen usw. gewöhnt, aber das geht vorbei).

Da kam meine Nachbarin Chela vom Apartment 201: „Dori, hast Du schon Deine Wohnung gesehen? Wie es da aussieht? Wir haben an Euch gedacht, wart Ihr schon in der Arbeit?"

Also rannte ich sofort nach oben, machte die Tür auf. Und war mordsmäßig erstaunt. Die Vitrine stand noch, mit (fast) allen Puppen drin. In der Ecke hing immer noch brav die philippinische Lampe an der Decke.

Ich stellte sofort fest, dass Alejo schon hier gewesen sein muss. Er fängt ja auch um 07.00 Uhr an zu arbeiten, und er arbeitet ganz im Süden der Stadt, im Stadtteil San Angel, wo nichts passiert ist.

Groß war der Schaden bei uns nicht. Doch ich will lieber erzählen, wie Alejo die Wohnung vorgefunden hatte. Er kam um 14.30 Uhr dann vom Büro nach Hause und erzählte es mir:

Um 07.30 Uhr verließ er das Büro, da er im Radio gehört hatte, dass die Colonia Alamos große Schäden erlitten habe. Er kam aber erst kurz vor 09.00 Uhr an, da der Verkehr schon so schlimm war.

---

[13] Dachgeschoss, auf dem sich gewöhnlich Plätze zum Wäschewaschen und zum Aufhängen der Wäsche sowie die „Cuartos de Servicio" – Abstellräume und / oder Zimmer für Dienstpersonal befinden.

Die rollbaren Schubladen in der Küche waren nach vorne gekommen. Das rollbare Möbelstück in der Küche, das sehr schwer hervorzuziehen ist, war auch aus seiner Nische gerutscht. Er drehte sofort den Hauptgashahn zu.

*Im Wohnzimmer war eine Glasscheibe aus der Schrankwand rausgerutscht, und mitsamt den darauf stehenden Andenken aus Russland auf den Teppichboden gefallen. Sie ging **nicht** kaputt. Die Andenken haben nur geringe Schäden, die man kleben kann.*

Leider war die venezianische Likörflasche, die wir 1963 in Venedig gekauft hatten, auf den Boden gefallen und zerschellt. Die 6 dazugehörigen Likörgläser standen am Rand der Schrankwand, fielen aber nicht heraus.

Das Glashäuschen mit der mexikanischen Weihnachtskrippe aus Keramik fiel auf den Boden und ging kaputt. Von den Figuren blieben nur vier heil, auch die Mexikanische Maisgöttin aus Keramik, die im Korridor oben auf einem Brett stand, war in Brüche gegangen und Alejos Gitarre hat auch Schaden erlitten. Einige Puppen waren herausgefallen, aber auf die Couch, also ist denen nichts passiert.

Wie allerdings mein ägyptisches Kamel von der Couchecke genau entgegengesetzt unter den Onyx-Couchtisch fliegen konnte, wird mir ewig ein Rätsel bleiben.

Vermutlich kamen zwei große Wellen, eine genau von Osten mit ganz leichtem Nordeinschlag und eine von Westen.

Ich besuchte dann meine Nachbarin Chela. Bei der war, obwohl eine Etage tiefer, viel mehr passiert. Aber das lag wohl an den Möbeln. Unsere Möbel gehen bis zur Decke, kippen also nur um, wenn auch die Wand umkippt.

Doch bei denen war eine Vitrine mit lauter wertvollen Gläsern umgefallen, alles kaputt. Ein Fernsehtischchen kippte um, samt Fernseher, auch die Stereoanlage flog von ihrem Tisch. Dagegen betrachtet sind unsere Schäden ja gar nichts.

Mir tut es nur um die venezianische Likörflasche leid. Sie war ein schönes Andenken an meine Mutti.

Dann ging ich aufs Dach, wollte sehen, ob dort im Cuarto de Servicio, das ich als Rumpelkammer und Waschküche benutze, alles in Ordnung ist. Es ist.

Doch als ich aufs Dach kam, bekam ich einen gehörigen Schrecken, denn mein Blick fiel auf das Ministerium für Nachrichten und Transport. Dieses Ministerium besteht aus 3 Teilen:

1)   Der Turm, in dem in den oberen Stockwerken ein Brand ausgebrochen war, der erst nach ca. zwei Stunden gelöscht wurde. Angeblich aus Hubschraubern, denn anders kam man nicht ran. Durch diesen Brand sind auch, bis jetzt noch, alle Telefonverbindungen nach außen, d.h. nach außerhalb der Stadt, sowie ins Ausland außer Betrieb, weshalb ich also nicht in Deutschland anrufen konnte, um mitzuteilen, dass bei uns alles ok ist.

2) *Ein langes Gebäude, das in Ost-West-Richtung steht, dem nichts passiert ist.*

3) *Ein langes Gebäude, das in Nord-Süd-Richtung steht. Dieses 6 Stockwerke hohe Gebäude ist unten heil, doch die oberen drei Stockwerke sind total zerstört, umgekippt, nach hinten, nach Westen. Die Fenster sind kaputt, die Gardinen hängen heraus, wedeln im Wind.*

Beide Gebäude waren sehr hübsch, da sie mit Mosaiken aus dem Freiheitskampf Mexikos verziert waren, ähnlich den Mosaiken des Gebäudes der Bibliothek der Universität, die viele von Euch wenigstens von Bildern her kennen. Da schon ab 07.00 Uhr Leute dort arbeiteten, gab es etliche Tote, hauptsächlich Leute vom Reinigungspersonal. Meine Nachbarin Chela arbeitet dort, im 6. Stock, sie fängt aber erst um 08.00 Uhr an. Chela befand sich gerade auf der Azotea und wusch ihre Wäsche. Sie ging zu dem ihr zustehenden Platz zum Wäscheaufhängen als das Beben begann und sah von hier oben aus, wie ihr Arbeitsplatz da drüben zusammenstürzte. „Dorita, hätte es eine halbe Stunde später gebebt, dann wäre ich jetzt tot", sagte sie zu mir.
Überhaupt sind viele Gebäude zusammengestürzt, besonders viele Gebäude der Regierung, wie Ministerien u.ä., aber auch viele Hotels im Zentrum (arme Touristen), es stürzten neue und alte Gebäude zusammen, es gab Brände durch ausströmendes Gas, obwohl das doch gleich gut unter Kontrolle kam.

TLATELOLCO – ein riesiges Wohnviertel mit überdimensionalen Wohngebäuden mit ca. 15 Stockwerken, ca. 40 Gebäude. Eines davon stürzte erst ungefähr zehn Minuten nach dem Beben ein. Die Menschen wähnten sich in Sicherheit. Viele konnten sich retten, doch viele auch nicht mehr. Ungefähr 40 Gebäude müssen evakuiert werden, oder sind es schon, wegen Einsturzgefahr. Im Centro Médico sind Wände herausgebrochen, doch die Stockwerke blieben heil. Im Hospital General stürzte der Bereich der Abteilung „Entbindungsstation und Neugeborene, ein. 52 Mütter sind tot, ihre Babys verschüttet.

Aus den benachbarten Bundesstaaten kam sofort Hilfe, Polizei, Ambulanzen usw. Viele Freiwillige, besonders Jugendliche halfen. Über Radio wurde sofort bekannt gegeben, wenn irgendwo etwas fehlte, z.B. Benzin für Ambulanzen, Wasser für Leute, Medikamente oder ähnliches.
Insgesamt betrachtet war doch alles gleich organisiert. Da bewährt sich das Improvisationstalent der Mexikaner, die im Notfall ein starkes Gefühl der Solidarität aufbringen.
Ja, es stürzten auch Schulen ein, die Kinder konnten sich retten. Manche Leute sahen, wie ihre Häuser zusammenstürzten, wohlwissend, dass ihre Familien da drin sind.

Alejos Schwägerin Isabel nahm gerade ihre Gymnastikstunde in einem acht Stockwerke hohen Gebäude. Sie war im ersten Stock. Vom 8. bis 2. Stock stürzte alles wie ein „Club Sandwhich" zusammen. Der erste Stock hielt stand, doch die Treppe nach unten war weg.
Sie schrien runter auf die Straße. Die Leute dort riefen hinauf, sie sollen runterspringen, sie würden aufgefangen. Isabel kam mit zwei blauen Flecken am rechten Arm davon.

Das alte und schöne Hotel REGIS im Zentrum (am Alameda-Park) hat große Schäden, es fing nachmittags zu brennen an, noch heute Morgen brannte es, denn die Nebengebäude (einige Nachtclubs und Geschäfte) brannten mit, d.h. die ganze Manzana brennt derzeit total ab. Eine Manzana ist ein Häuserblock, d.h. alle Gebäude, die umgeben von vier Straßen ein Viereck bilden. Auch in meiner Manzana sind so gut wie alle Gebäude beschädigt. Für mich wird es ewig ein Wunder bleiben, dass ausgerechnet unser Gebäude verschont blieb. Die Erdbebenwelle lief bei uns durch, wie bei den Nachbarn. Ist unser Gebäude doch so erbebensicher gebaut, oder war es nur ein Glücksfall?

Ein seltsames Gefühl war es schon, als ich mich ins Bett legte und dachte, dass ich gesund bin, dass Alejo gesund ist, dass wir unser Zuhause haben, all unser Hab und Gut haben, alles unversehrt ist, in unserem heilen Bett ruhig schlafen können, aber die anderen.....?
Eine Kollegin wohnt in Tlatelolco, ihr Gebäude steht neben dem eingestürzten Haus. Auch sie wurde evakuiert und kann nur noch, hoffentlich, ihre Sachen aus der Wohnung holen. Wohnen kann sie dort nicht mehr.

Verglichen mit jenem Gasunglück am 19. November 1984 im Norden der Stadt, war diese Katastrophe um **Vieles** schlimmer. Wie viele Tote? Tausende sicherlich. Wie viele Verschüttete? Tausende, von denen viele nur noch tot gefunden werden. Verletzte? Auch Tausende. Und Obdachlose? Ich habe keine Ahnung.
Die Stärke des Erdbebens betrug 8,1 auf der Richterskala, das Epizentrum lag an der Küste in Höhe der Bundesstaaten Michoacán und Guerrero. Es hat 90 Sekunden lang gebebt. Es folgten 20 leichte Beben, die man nicht mehr spürte, die aber sicherlich zum Einsturz schwer geschädigter Gebäude führten.

So, der Bericht ist lang genug. Schluss damit. Ihr wisst nun, dass es uns gut geht. Ja sogar bestens. Und nicht einmal der Schreck war sehr groß, denn das Beben selbst erlebten wir in einer Gegend, wo es nicht so schlimm war.

Ich wünsche Euch alles Gute, und uns kein Beben mehr. In Japan soll es auch gebebt haben.

Herzliche Grüße aus dem erschütterten Mexiko – und schreibt mir mal.

Eure
Dorothee

Am Freitag, 20. September 1985, gelang es Dorothee nachmittags von einem öffentlichen Telefonapparat aus mit Alejo im Büro zu telefonieren. Alejo meinte, sie solle zu ihm ins Büro kommen. Dort im Süden der Stadt war alles komplett normal, keine Schäden. Und so fuhr sie los, über die Calzada de Tlalpan in Richtung Süden. Dort musste sie nach rechts abbiegen, die Calzada war gesperrt. Hier war eines der Hotels zusammengestürzt. Sie musste durch den Stadtteil Coyoacan fahren. Alles war hier so normal, die Lichter brannten, auf den Plätzen hingen die Lichtergirlanden in den Nationalfarben grün-weiß-rot, die Leute saßen in den Straßencafés. Absolut nichts war hier zu spüren von jenem Grauen nur wenige Kilometer entfernt.
Sie kam zur Avenida de los Insurgentes. Jetzt war sie bald da, nur noch über diese eine Kreuzung, dann rechts in die schmale Gasse, dort war das Büro von Alejos Firma. Die Ampel war rot. Sie musste warten.
Das Auto begann seltsam zu wackeln, der Motor stotterte. „Typisch, da habe ich das Auto erst vor wenigen Tagen in der Werkstatt zur Inspektion gehabt, und jetzt hat der Motor plötzlich Macken", dachte Dorothee. Aber es war nicht das Auto. Die Ampel über ihr in der Mitte der Straße schaukelte verdächtig stark hin und her. Die Leute in den Autos neben ihr schauten herüber, besorgte Blicke. Das war ein Nachbeben, und ein ziemlich starkes. Gebäude, die beschädigt waren, konnten jetzt leicht doch noch einstürzen.
Der Strom fiel nicht aus. Die Ampel wurde grün, sie fuhr weiter, kam zitternd in Alejos Firma an. Ein Kollege von ihm telefonierte mit seiner Frau, er schrie sie an, nur so konnte er deren Hysterie-Anfall stoppen.
Alejo empfing sie mit der guten Nachricht: „Wir haben soeben Kontakt nach Nord-Mexiko gehabt, allerdings nur per Telex. Vielleicht kannst Du ein Telex an irgendjemanden in Deutschland schicken, damit Hartmut möglichst bald informiert werden kann.

Sie wollte es versuchen. Im Telex-Adressbuch fand sie die Adresse ihrer ehemaligen Abteilung bei Kranichflug. Sie schrieb:

Hier Mexico City, ihre Ex-Kollegin Dorothee Broningen. Weiss, dass Sie in ca. 1 Std. mit dem Dienst anfangen. Habe eine riesengrosse Bitte:
Wir sind hier total abgeschnitten von der Umwelt in Bezug auf Verstaendigung. Nur Telex geht. Bitte daher dringend, moeglichst sofort bei Dienstbeginn folgende Personen anrufen:
Ulm – Hartmut Broningen (Vater) oder
Muenchen – Rudi Broningen (Bruder)

Und bitte mitteilen:

Dorothee und Alejo und das Haus alles in Ordnung – sollen sich keine Sorgen machen.

Falls meine Familie mir etwas mitteilen moechte, koennten sie evtl. ein Telex schicken? Bitte an diese Nummer mit „Att. Lic. Gonzalez".

Tausend Dank und besonders Danke fuer Ihr Verstaendnis, die Stadt sieht schlimm aus, aber wir sind ok.

Gruesse aus MEX, Gracias nochmals

Dorothee Broningen

Dann drückte sie mehrmals auf die Taste, auf der eine kleine Glocke abgebildet war. Jetzt musste es dort in Frankfurt am Flughafen läuten an deren Telex-Apparat.
Und ja, man hatte es gehört. Sofort kam eine Antwort zurück:
OK wird gemacht. Wunderbar. Tschuess.

Das war um 20.15 Uhr, in Frankfurt war bereits Samstag, 21. September 1985, 4.15 Uhr morgens.

Wie Dorothee später erfuhr, warteten die Ex-Kollegen in Frankfurt, bis es 6.00 Uhr war und riefen dann Hartmut an. Dieser stürzte sofort zum Telefon, schlafen konnte er sowieso nicht. Welche Erleichterung für ihn, endlich zu erfahren, dass die Tochter noch lebte und sogar alles in Ordnung war.

Die ehemaligen Kollegen hingen das Telex im Aufenthaltsraum an die Informationstafel. Hartmut bekam in den folgenden Tagen etliche Anrufe von einigen, die Grüße ausrichteten, alles Gute wünschten. Es war schön, in der anderen Heimat nicht vergessen worden zu sein.
An diesem Freitagabend endlich konnte Dorothee wieder schlafen, wusste sie, dass ihr Vater informiert war. Doch eine große Sorge blieb: Inwieweit hatte all diese Aufregung das in ihr heranwachsende Kind – ihren „Schnucki" – geschädigt?

Schiffsentführung

Die Stromversorgung funktionierte erst wieder nach einer Woche, solange verbrachten sie die Abende im romantischen Kerzenlicht. Mit der Wasserversorgung haperte es auch noch einige Wochen lang, mal floss ein allzu schwacher Wasserstrom in die Zisterne unter der Tiefgarage des Gebäudes, mal ein starker. Das Wasser wurde dann mit den elektrischen Pumpen in das

Wasserdepot auf dem Dach gepumpt, aber oft reichte es nicht aus, und dies, obwohl ein Großteil der Bewohner des Gebäudes aus Angst zu Verwandten oder Freunden gezogen waren. Dabei hatte sich doch gerade dieses Gebäude als besonders erdbebenfest erwiesen. Der Telefonanschluss konnte erst nach zwei Monaten repariert werden. Dorothee war schon zufrieden, dass einige öffentliche Telefonapparate auf der Straße wieder funktionierten.

Einige Wochen nach dem Beben, inzwischen hatte es unzählige Nachbeben gegeben, saß Dorothee zu Hause am Esstisch und schrieb in ihrem Tagebuch, nebenbei lief im Radio ein Sender, der auf Englisch sendete. Plötzlich horchte sie auf. Was hörte sie da?
Palästinensische Terroristen haben ein italienisches Kreuzfahrtschiff entführt, nachdem dieses den Hafen von Alexandria verlassen hatte. Die Augustus Nobilis hat ungefähr 450 Passagiere an Bord. Das Schiff hat letzte Woche Genua mit 1.100 Personen an Bord verlassen, aber die meisten der Passagiere blieben über Nacht in Kairo.
Wie schrecklich! So oft war sie im Sommer 1977 diese Strecke gefahren: Genua – Alexandria – Port Said – Haifa usw. und jedes zweite Mal fuhr sie auf die Zweitagestour nach Kairo mit, die anderen Male blieb sie an Bord. Es hätte sie damals genauso erwischen können. Welche Kollegin, welcher Kollege war jetzt gerade an Bord? Wie konnten diese Terroristen nur unbemerkt in Alexandria an Bord kommen? Was forderten sie?

Das war am 7. Oktober 1985. Am nächsten Morgen erfuhr Dorothee in den Nachrichten, dass die Augustus Nobilis auf dem Weg in den Libanon nach Beirut sei und dass die Terroristen die Freilassung von 50 in Israel inhaftierten Palästinensern forderten, sonst würden sie einen Passagier nach dem anderen, angefangen bei Bürgern der USA, erschießen und schließlich das Schiff in die Luft sprengen. Aber das Schiff fuhr seine ganz normale Route nach Port Said, dem Hafen an der Einfahrt zum Suez-Kanal.

Um ihren Forderungen Nachdruck zu verleihen, schossen die Terroristen einen behinderten amerikanischen Touristen jüdischer Abstammung aus nächster Nähe in Brust und Kopf und zwangen dann einige Matrosen, die Leiche samt Rollstuhl einfach über Bord zu werfen.
Davon wusste man aber zunächst nichts. Man verhandelte mit den Terroristen und sagte ihnen freien Abzug in ein Land ihrer Wahl zu, wenn sie den Geiseln keinen Schaden zufügen würden. Letztendlich ging alles relativ glimpflich aus. Die Terroristen sollten nach Algier ausgeflogen werden, doch das Flugzeug wurde von US-Kampffliegern abgefangen und nach Sizilien umgeleitet, wo die Terroristen dann verhaftet werden konnten. Dennoch, ein wertvolles, ein unbezahlbares Menschenleben hatte diese Entführung leider doch gekostet.

Komet Halley

Im Winter 1985 / 1986 war der Komet Halley deutlich am Himmel zu sehen. Zwar konnte man ihn in der Stadt aufgrund des Dunstes und der vielen Lichter selten erkennen, doch auf dem Lande war dies eine andere Sache. Dorothee lauschte einer Reportage im Radio: Diesen Kometen konnte man nur alle 76 Jahre sehen. Das letzte Mal war dies im Jahr 1910 der Fall gewesen, ungefähr 10 Tage vor Pfingsten 1910 war er verschwunden. Dieses Jahr könne man ihn bis Aprilbeginn sehen. Doro horchte auf. Auch das konnte kein Zufall sein: 1910 an Pfingsten war ihre Mamotschka geboren worden, 10 Tage nachdem der Komet Halley verschwunden war. Und ihr Kind sollte auch ungefähr 10 Tage nach dem Verschwinden dieses Kometen geboren werden. In diesem Moment wusste sie, ihr Kind würde viel von der Seele ihrer Mamotschka in sich tragen. Und sie sollte Recht behalten.

Dorothee und Alejo beschlossen, Nägel mit Köpfen zu machen. Sie heirateten am 6. Dezember, Nikolaustag in Deutschland, in Mexiko jedoch ein normaler Tag. Es war nur eine standesamtliche Trauung. Alejos gesamte Familie war da, von Dorothee waren ein paar Freunde aus Mexiko dabei, aus Deutschland kam niemand. Hartmut war erst kurz zuvor da gewesen und hatte sich die vom Erdbeben zerstörte Stadt angeschaut.

Hartmut kehrte erst Ende Februar wieder, um seinen Geburtstag in Mexiko zu feiern. Am 1. März 1986 wurde er 75 Jahre alt und freute sich auf seinen vierten Enkel, den ersten, den ihm Dorothee schenken würde.
Es war ein Samstag, Dorothee und Alejo standen besonders früh auf und fuhren zur Plaza Garibaldi, wo sie eine Gruppe von Mariachi-Musikern engagierten, die in einem Minibus hinter ihnen herfuhren. Leise lotsten sie die Mariachis auf die Azotea. Dorothee ging runter in die Wohnung, tat so, als ob sie Hartmuts Geburtstag total vergessen hätte, bat ihn, mit ihr nach oben zu gehen, um etwas herunterzuholen.
Oben angekommen begannen die Mariachis die Mañanitas zu spielen, ein traditionelles mexikanisches Lied, mit dem man das Geburtstagskind eigentlich aufwecken sollte. Für Hartmut war es das erste Mal in seinen 75 Lebensjahren, dass ihm ein Ständchen gesungen wurde, plötzlich hatte er Tränen in den Augen. Ja, dieser Mann, der es nie gelernt hatte, seine Gefühle zu zeigen, der gerne auch stolz behauptete, er sei gefühlsarm, dieser Mann weinte, als ihm nun dieses Ständchen gebracht wurde.
Sie fuhren alle nach Poza Rica, jener hässlichen, in den 30-er Jahren aus dem Nichts gestampften Stadt im Bundesstaat Veracruz, die nur existierte, weil hier die staatliche Erdölgesellschaft Pemex so viel Erdöl förderte. Alejos Eltern lebten dort. Hartmut lernte die „Jefes", die Chefs, kennen, wie Alejo und seine Geschwister die Eltern liebevoll bezeichneten. Wenige Monate später

starb „El Jefe", Dorothees Schwiegervater. Wie gut war es doch, dass Hartmut ihn noch hatte kennenlernen können.

Die weitere Schwangerschaft verlief problemlos, doch wie gerne hätte sie ihre Mamotschka gefragt, wie das damals war, als sie selbst schwanger war. Damals mit dem ersten Kind, das in einer Bombennacht tot auf die Welt kam, damals als Rudi mitten im Krieg geboren wurde und damals als sie, Dorothee, mitten in diesem eiskalten Winter in Moskau, fern von der Heimat, das Licht der Welt erblickte. Wie sehr vermisste sie ihre Mutti in diesen Monaten.

Die Wehen setzten erst fünf Tage nach dem ausgerechneten Termin ein. Dorothee traute sich nicht mehr Auto zu fahren und war zu Fuß zur Bank gegangen, um Geld abzuheben. Auf dem Rückweg hatte sie die erste Wehe. Alejo brachte sie abends in die Klinik, da kamen die Wehen schon regelmäßig. Doch weiter tat sich nichts. Der Schädel des Kindes war zu groß, das untere Becken Dorothees zu klein. Am Donnerstag, 17. April 1986, kam Boris per Kaiserschnitt zur Welt, er wog 3.150 Gramm, war 53 cm lang und, das Wichtigste, er war gesund. Dorothee hatte keine Vollnarkose, nur eine Periduralanästhesie und konnte dem kleinen Boris gleich einen Willkommenskuss auf die linke Schläfe drücken. An dieser Stelle wuchsen Boris später keine Haare, eine ewige Erinnerung an Muttis ersten Kuss.

Jetzt war sie selbst eine „Mutti", sie dachte an ihre Mamotschka. Wie hätte diese sich über den kleinen Boris gefreut. Der Kleine, der immer ein Grinsen im Gesicht hatte, während die anderen Babys weinten, der im Schlaf oft lachte. Boris, ihr Sonnenschein.

Der Supergau

Die Ampel an der Kreuzung Isabel la Católica und Cadiz-Straße war rot. Dorothee war auf dem Rückweg vom nördlichen Busbahnhof, wo sie „Los Jefes", ihre Schwiegereltern hingebracht hatte. Die beiden waren gleich nach Boris' Geburt zu Besuch gekommen. Für Dorothee war das zu viel Trubel, aber Los Jefes meinten es gut und die „Jefa" kochte jeden Tag sehr lecker. Somit waren sie auch eine Art Entlastung für Dorothee. Eigentlich wollte Dorothee solange warten, bis der Bus mit den beiden alten Leutchen abfuhr, doch Boris druckste so verdächtig. Der dann sofort aufsteigende Geruch bestätigte den Verdacht. Es war besser, gleich nach Hause zu fahren.

Das Autoradio war eingeschaltet, es lief Musik, es wurde gerade 12.00 Uhr mittags. Die Nachrichten kamen. Dorothee hing ihren Gedanken nach und hörte nicht genau hin. Doch, Moment, was war das? Was sagten die da? Wie furchtbar. Das Unvorstellbare, das, wovor sich die ganze Menschheit fürchtete, die Horrorvorstellung, sie schien Wirklichkeit geworden zu sein. In der Sowjetunion war ein Atomkraftwerk explodiert, irgendwo im Norden der Ukraine, an einem Ort, der sich Tschernobyl nannte. Die radioaktive Wolke schien sich hauptsächlich über die weißrussische Sowjetrepublik bis nach Skandinavien ausgedehnt zu haben. Dort hat man die erhöhte Radioaktivität in der Atmosphäre zuerst festgestellt und bei der Regierung in Moskau nachgefragt. Die wusste offenbar von nichts. Die Explosion schien schon am 26. April gewesen zu sein, heute war 2. Mai.

„Wie gut, dass ich 10.000 Kilometer entfernt bin, bis hierher wird die Radioaktivität wohl kaum kommen, und wenn, dann sehr abgeschwächt – hoffe ich". Das war Dorothees erster Gedanke. Automatisch drehte sie sich um. Boris schlief selig in seinem transportablen Bettchen.

In Europa war ausgerechnet in diesem Frühjahr das Wetter schön, sonnig, warm. Der Wind blies aus Osten, nicht wie sonst meistens aus Westen. Rudi musste seinen drei Kindern erklären, dass der Strandurlaub in Italien ausfallen musste, dass sie trotz schönen Wetters nicht im Garten spielen durften. Wie sollten Kinder das nur verstehen können? Der Radioaktivität sind die politischen Grenzen egal, auch die geographischen. Die Wolke zieht hin, wohin der Wind sie gerade nach Lust und Laune treibt.

Ein seltsam positiver Wandel vollzog sich in der Sowjetunion. Der strenge Herrscher Leonid Breschnew war 1982 gestorben. Ihm folgte Juri Andropow, auch schon ein alter Mann und obendrein krank. Prompt war er auch nur kurze Zeit im Amt. Nach seinem Tod folgte Konstantin Tschernenko, der nicht so alt, aber auch nicht gesund war. Ihm war auch nur eine kurze Amtszeit gegönnt.

Vielleicht war es diese schlechte Erfahrung mit gleich zwei Staatsoberhäuptern, die aus Alters- und Krankheitsgründen nicht lange an der Macht bleiben konnten, dass die sowjetische Regierung im Herbst 1985 einen relativ jungen Mann zum Generalsekretär der KPdSU und somit zum mächtigsten Mann im Staat ernannte – Michail Gorbatschow. Zwei russische Wörter wurden bald darauf durch ihn weltweit bekannt: Glasnost (Transparenz) und Perestroika (Umgestaltung). Besonders die Glasnost, die Transparenz, hatte im Falle von Tschernobyl gefehlt.

Dorothee musste wieder öfters an Avtandil denken. Er hätte sich mit ihr über Boris gefreut, aber wie hätte sie ihn informieren können? Am Horizont ließ sich ein kleiner, noch ganz schmaler Hoffnungsschimmer erkennen. Vielleicht, vielleicht begann die Welt sich zu ändern, zum Guten zu ändern. Eine Öffnung des Ostens, wenn die Systeme dort das Menschliche wieder erlauben würden, die Welt wäre gleich so viel schöner. Sie wagte kaum daran zu glauben. Der kleine Boris, die Arbeit im Büro, die sie nach sechs Wochen Mutterschutz wieder aufnahm, der Haushalt und ihre Ehe, die nicht gut lief, all dies nahm sie so sehr in Anspruch, sie merkte gar nicht, dass sich die Welt tatsächlich veränderte, erst langsam, dann immer schneller. Eine neue Epoche war angebrochen.

Die Nadel im Heuhaufen

Wie zu jenen Zeiten, in denen sie noch in der Sowjetunion lebten, hatte es sich Hartmut auch jetzt angewöhnt, die Briefe nach Mexiko zu nummerieren. Manch ein Brief ging verloren, manch einer kam erst nach einem später abgeschickten an. Durch die Nummerierung hatte man einen guten Überblick. Dorothee fand den Brief im großen Kasten am Eingang des Gebäudes. Hier warf der Briefträger die gesamte Post hinein, jeder holte sich dann heraus, was für ihn bestimmt war. Hartmuts Brief war dieses Mal besonders lang, denn er hatte es gewagt, erneut in die UdSSR zu reisen und zwar nach Tbilisi, Georgiens Hauptstadt. Er wollte auf nostalgischen Wegen gehen, Bekannte besuchen, aber er hatte noch einen ganz anderen Plan, von dem Dorothee jetzt erst erfuhr.

Ulm, 3. August 1987

Liebe Dorothee,

heute möchte ich Dir ausführlich von meiner Reise nach Tbilisi berichten. Die Zeit dort habe ich genutzt, um nach Avtandil zu suchen. Bekannt war mir sein Name – Avtandil Alexejewitsch Tarielani, die Adresse und seine Telefonnummer. Bei heiklen Themen beginnt man am besten erst mit dem Telefon. Am Sonntag, 26. Juli, hatte ich bei Bitschi auch von Avtandil erzählt, wobei seine Schwester Zisana meinte, da ich die Telefonnummer wüsste, könne man mal gleich anrufen. Doch erst kam das Essen, und als ich nach dem Essen wieder eine Andeutung machte, war die Begeisterung, gleich die Nummer von Avto zu wählen, offenbar verflogen. So rief ich am Montag, abends 19 Uhr die Nummer an. Die Telefonverbindung vom Hotel war oft sehr schlecht. Eine weibliche Stimme antwortete. Ich fragte nach Avtandil Alexejewitsch Tarielani. Es wurde irgendetwas mir Unverständliches geantwortet. Worauf ich den Wunsch, mit Avtandil zu sprechen wiederholte. Darauf wurde irgendein Wort gesagt und aufgelegt. Nach mehrfachen Versuchen gelang es mir, am Dienstag um dieselbe Zeit wieder, dass jemand am Telefon antwortete, wieder eine weibliche Stimme (oder ein Kind?). Meine Frage nach Avtandil wurde wohl wieder nicht verstanden, daher von mir wiederholt, worauf ich hörte, dass eine andere weibliche Person der Person am Hörer etwas zurief, worauf diese wieder ein Wort sagte und auflegte. Besseren Erfolg hatte ich am Mittwoch um dieselbe Zeit, dieses Mal von einem Straßentelefon aus. Es kam ein kurzes, aber klares Gespräch mit einer Frau zustande. Sie bestätigte mir die von mir gewählte Nummer, beteuerte aber, dass unter dieser Nummer kein Avtandil Alexejewitsch Tarielani zu erreichen sei und dass sie eine solche Person nicht kenne. Also stimmte die Telefonnummer von Avto nicht mehr. Nun war ich am Vormittag desselben Tages auf dem Leninplatz (früher Eriwan-Platz, dann Berija-Platz) bei einem Kiosk „Справочное Бюро - Spra-

wotschnije Büro" (Auskunftsbüro) und hatte nach der Kalininastraße gefragt. Die Auskunft kostete 3 Kopeken. Die Kalinin-Straße ist nicht weitab und mit der Tram No. 10 zu erreichen. Ein zugänglicher Stadtplan von Tbilisi hat folgende Eigenschaft: Es gibt viele überhaupt nicht eingezeichnete Straßen, dann sind viele Straßen ohne Namen eingezeichnet und schließlich sind einige Straßen mit Namen eingezeichnet. Dafür gibt es in der Millionenstadt ein „Nachfragebüro" auf dem Hauptplatz.

Da nun aber mir abends bekannt wurde, dass Avtos Telefonnummer nicht mehr stimmte, nahm ich zunächst fälschlicherweise an, er sei verzogen. An die Möglichkeit, dass er gar kein Telefon mehr besitzen könnte, dachte ich nicht. Am Donnerstag unternahm ich daher in diesem Punkt nichts, sondern überlegte nur. Gleich am Freitag, inzwischen war schon der 31. Juli, ging ich morgens wieder zum „Nachfragebüro". Dieses Mal zeigte ich nur ein Blatt Papier mit drei Namen und fragte nach den Telefonnummern. Man kann da auch Telefonnummern erfragen. Aber eine Nummer für unseren Avtandil konnte die Angestellte nicht finden. Probeweise verband sie mich telefonisch mit einem Anatolij Tarielani. Dieser Herr Tarielani war sehr freundlich. Ich sagte ihm, dass ich einen Avtandil suche, den ich vor vielen Jahren auf dem Schiff Vassilij Azhajew kennengelernt habe, wo ich als BRD-Tourist gewesen sei. Leider war Avtandil diesem Herrn Tarielani unbekannt. Die Angestellte hatte aber aus diesem Gespräch entnommen, dass ich BRD-Tourist bin und entwickelte nun wohl besonderen Ehrgeiz, mir zu helfen. Sie rief irgendeine Stelle, wohl eine zentrale Einwohnerauskunftstelle, an. Da sagte man ihr, dass Avtandil Alexejewitsch Tarielani in der Kalininstraße No. 16 wohnt. Also musste ich dahin. Die beiden anderen, Dato und die Sängerin Nino Dshumalidze haben auch kein Telefon.

Kurz vor 12 Uhr war ich in der Kalininstraße. Neben Haus-Nr. 18 war ein Haus, dessen Fassade gerade renoviert wurde, weswegen wohl neben dem Hofeingang, den ich zuerst sah, keine Nummer war. Später stellte ich fest, dass es ein Eckhaus ist, noch einen Eingang um die Ecke hat und dort „16" steht. Jedenfalls ging ich nun durch den Hofeingang. Zuerst betrachtete ich die Briefkästen. Da fand ich den Namen Tarielani. Da war daneben aber noch eine georgische Liste der Hausbewohner. Da konnte ich wiederum den Namen Tarielani nicht finden. Nun waren im Hof zwei Frauen gerade miteinander in ein Gespräch verwickelt. Ich sprach sie an. Auf meine Frage nach Avtandil Alexejewitsch Tarielani wurde nur gesagt, dass er hier wohnt, mit dem Finger die Wohnung im zweiten Stock gezeigt, aber hinzugefügt, dass jetzt niemand da sei, sondern erst abends. Ich habe nun wieder von meiner Bekanntschaft mit Avtandil von der Vassilij Azhajew her erzählt. Die beiden Frauen wussten offensichtlich, dass Avto früher auf diesem Schiff gearbeitet hatte. Sie fragten mich nach meinem Hotel und meinten, Avtandil könne mich abends im Hotel besuchen, denn er habe eine eigene Maschine (Auto). Ich erfuhr noch, dass er verheiratet ist und drei Kinder hat. Ich schrieb also einen Kurzbrief, den ich der jüngeren der beiden Damen gab, mit der Bitte, ihn zu übergeben. Der Inhalt war etwa wie folgt:

Lieber Avtandil!
Ich weiß nicht, ob Sie sich noch an mich erinnern. Sie haben früher auf dem Schiff Vassilij Azhajew gearbeitet und ich war auch auf diesem Schiff als Tourist aus der BRD. Ich würde sehr gerne ein paar Worte mit ihnen sprechen. Ich bin im Hotel Adscharija, Zimmer 1503. Ich warte heute Abend um 20 Uhr auf Sie. Morgen fliege ich schon nach Berlin zurück.

H. Broningen

Dann zeigte ich den Damen noch das Bild von Avto, das Du mir früher gegeben hast, damit sie es besser glauben, dass ich irgendwelche Beziehungen zu ihm hatte. Von Dir habe ich grundsätzlich nichts erwähnt. Abends richtete ich mich für den Fall, dass niemand kommt so ein: Einpacken 19.30 bis 20.30 Uhr und um 21 Uhr weggehen, um mich von Zisana zu verabschieden.

Das Telefon klingelte, ich sah auf die Uhr. Es war 20.01 Uhr.
Ich: „Hallo, wer ist dort?
Antwort: Avto.
Ich: Ich komme sofort hinunter.
Unten fand ich ihn nicht im Hotel, sondern außen vor dem Eingang. Obwohl wir uns noch nie gesehen hatten, fanden wir uns gleich. Er hat heute kurze Haare, sonst sieht er aber wohl noch ziemlich gleich aus. Wir setzten uns an einen Tisch auf der Hotelterrasse, und er besorgte zwei Tassen Kaffee und zwei „Stakan" (Glas) Saft. Dann erfolgte der Basis-Informationsaustausch. Als erstes richtete ich ihm Deine Grüße aus. Ich zeigte die mitgebrachten Fotos, allerdings warst Du da nur zweimal drauf, einmal auf „Familia González Broningen" und einmal auf einem Bild von Deinem Besuch 1983 bei Rudi „alle Broningens". Avto fand Alejo ganz sympathisch. Aus einem Brief von Dir wusste er bereits, dass Du verheiratet bist. Er erklärte, dass er Dich nie vergessen werde, dass es damals eine schöne Zeit war und dass „Мы обо плакали – my obo plakali (wir weinten beide)", als es auseinanderging.
Von dem Rest der Sachen, die ich als eventuelle Geschenke bei mir hatte, gab ich Avto, nachdem er mir gesagt hatte, seine Frau sei etwas kleiner als er, zwei Strumpfhosen Größe II und für seine Kinder drei Tafeln Schokolade und Kaugummi. Mit Avto war seine Mutter gekommen, nur war sie zunächst im Auto sitzen geblieben. Sie scheint aber über die Beziehungen zwischen ihrem jüngeren Sohn und Dir ungefähr informiert zu sein. Sie sagte mir, als Avto gerade weg war, dass mein Kurzbrief ihr übergeben worden sei, weil sie als erste nach Hause gekommen ist. Avto sah dann, als er kam, dass sie etwas liest, las es auch gleich und sagte, sofort los zum Hotel.
Denn Avto arbeitet in seinem Beruf als Musiker von 14 bis 18 Uhr im Fernsehen und dann wieder von 21 bis 22 Uhr im Restaurant Sakartvelo. Nun war es bereits 20.30 Uhr, und wir beide waren in einer leichten Hetze. Avto legte

Wert darauf, dass ich mit ihm ins Restaurant komme. Ich eilte in mein Zimmer, rief schnell Zisana an, dass ich auf jeden Fall noch kommen werde, nur wann wisse ich noch nicht, und eilte wieder mit „sowjetischer Liftgeschwindigkeit" hinunter. Wir fuhren zum Hotel Sakartvelo (kein Ausländerhotel). Das Restaurant war nicht voll. Avto besorgte vorne bei der Bühne einen Tisch und ließ „georgisch" Speisen und Getränke auftragen. Seine Mutter, ein Freund von ihm, er (mit wesentlichen beruflichen Unterbrechungen) und ich verzehrten davon nur einen Teil. Auf der Bühne waren maximal 4 Personen: Ein Gitarrist, einer mit einer Art kleinem Harmonium, Avto mit seinem Schlagzeug (er scheint auch die Gesamtleitung zu haben) und eine Sängerin. Als erstes gab Avto durchs Mikrofon bekannt, dass zu Ehren eines Gastes aus der BRD ein deutsches Lied gesungen werde. Bei meiner Kenntnis von Liedern habe ich natürlich nicht feststellen können, welches deutsche Lied nun hier georgisch gesungen wurde, aber das durfte ich mir nicht anmerken lassen. Avto ließ auch mal etwas spielen, wozu das Schlagzeug nicht erforderlich war und er selber sich daher zu uns an den Tisch setzen konnte. Aber jede Pause benutzte er zum Rauchen, und seine Mutter sagte zu mir, er rauche zu viel, und ich riet ihm daraufhin auch, weniger zu rauchen. Ich erfuhr noch: Das Orchester Sakartvelo existiert nicht mehr. Das hatte ich schon am Sonntag gemerkt. Da war ich auf dem Servicebüro und erkundigte mich u. a. nach einem „Folklore"-Abend. Ich erwähnte, dass ich gerne das Orchester Armasi sehen würde. Darauf erhielt ich die klare Antwort: Die Armasi sind zurzeit nicht in Tbilisi. Ich fragte nach den Sakartvelo. Die Antwort war: „Auch die nicht, aber am allgemeinen Gesichtsausdruck der Angestellten merkte ich, dass „Orchester Sakartvelo" für sie überhaupt kein Begriff war.
Also: Nino ist auch beim Fernsehen, genauso wie Avto. Dato ist beim Geheimdienst. Spöttisch fragte ich, welche Musik er dort spiele. Soso ist Arzt (Kardiologe) und Ilarion ist irgendwo eine Art regionaler Kulturdirektor. Über Valerji Sharkov haben wir nicht gesprochen.
Um 22 Uhr war Schluss mit der Musik. Wir saßen noch einige Minuten am Tisch zusammen. Dann fuhr Avto mit mir und seiner Mutter zu Zisana. Dort war Zisana einverstanden, dass ich die beiden Tarielanis zu überreden versuche, für fünf Minuten in die Wohnung zu kommen. Doch meinte die Mutter, fünf Minuten könne sie auch im Auto sitzen bleiben, und so blieben die angeblichen fünf Minuten auch tatsächlich fünf Minuten. Dann brachte mich Avto zum Hotel, und wir verabschiedeten uns. Er ließ Dich natürlich aller herzlichst grüßen und beteuerte aufs Neue, Dich nie zu vergessen.
Avto hat noch einen älteren Bruder, der im gleichen Haus wohnt, und zwar unter ihm im ersten Stock.

Herzliche Grüße an alle!
Papa + Opa

Avto hatte also sein Versprechen gehalten, so wie er es auf jenem Zettel fest-
gehalten hatte, damals in Odessa, an jenem 26. September 1976, als sie sich
zum letzten Mal sahen:

Ich habe Dich nicht vergessen und ich werde dich nicht vergessen.
Meine Süße, ich habe dich nicht vergessen und ich werde dich
nicht vergessen. Erinnere dich stets daran.

Dein Avtoscha

Ein wunderbares Gefühl zu wissen, dass es jemanden gab, der sie wirklich
liebte, trotz all der Ferne, trotz der inzwischen schon 11 Jahre, die vergangen
waren. Ihre Seelen waren verbunden, waren eins und sie beide spürten es,
Doritschka und ihr geliebter Avtoscha.

Es geschehen Wunder

Drei Jahre lang war sie nicht mehr in Europa gewesen, es wurde Zeit, wieder
einmal den Atlantik zu überqueren und sich vom anstrengenden Leben in
Mexiko zu erholen. Allzu viel war in den letzten Monaten geschehen.
Nachdem die sechs Wochen Mutterschutz nach Boris' Geburt vorüber waren,
kehrte Dorothee zwar in ihre alte Firma zurück. Zwischenzeitlich hatte sie
jedoch eine andere Arbeitsstelle gefunden, nicht so weit entfernt von zu Hause, sondern im Süden der Stadt, im Stadtteil Coyoacan. Die Kinderkrippe lag
fast genau auf halbem Weg, sie musste nur einen kleinen Umweg fahren, um
Boris dort früh morgens hinzubringen und erst abends wieder abzuholen. Der
arme Kleine war schon im zarten Alter von sechs Wochen den ganzen Tag
über in der Kinderkrippe, fühlte sich dort aber sehr wohl. Er war umgeben von
gleichaltrigen Babys und wurde bestens betreut. Dorothee hatte sich für eine
private Kita entschieden, denn zwei staatliche Kitas, ganz in der Nähe der
Wohnung, waren sehr überlaufen. Das Erdbeben hatte dafür gesorgt, dass
einige Kindertagesstätten nicht mehr genutzt werden konnten. Daher wurden
die Kinder in andere Betreuungsstätten gebracht. In Mexiko steht jeder be-
rufstätigen Mutter eine kostenfreie Kinderbetreuung zu. Dorothee aber konnte
es sich leisten, etwas für die Betreuung zu zahlen. Es gab genug andere Mütter, die nicht in dieser glücklichen Lage waren und auf die kostenfreien Plätze
angewiesen waren.

Der Besitzer der neuen Firma war ein Schwabe aus Esslingen bei Stuttgart.
Dorothee hatte faktisch das Schwabenland verlassen, als sie nach München
ging, im Sommer 1969, vor 27 Jahren. Ihre Vorurteile gegenüber diesen Menschen dort waren weit in den Hintergrund geraten, fast vergessen. Doch dieser Mann hatte das Talent, alle Vorurteile wieder aufzuwecken und zu bestä-

tigen. Jeder, der mit ihm direkt arbeiten musste, wurde krank, die meisten bekamen Magenprobleme, auch Dorothee. Nur merkte sie es zunächst nicht. Vollzeitberuf, eine schwierige Ehe, ein kleines Kind und dann dieser Chef. Zunehmend ging es ihr schlechter, doch sie ignorierte alle Signale, schluckte Aspirin gegen die Kopfschmerzen, ohne zu ahnen, dass diese durch Magenprobleme verursacht wurden. Zum Jahresende wollte sie kündigen, nicht wie in Mexiko üblich von einem Tag auf den anderen, nein, sechs Wochen zum Quartalsende. Sie legte am Vormittag des 3. November 1987 die schriftliche Kündigung auf den Schreibtisch des Chefs. Beim Mittagessen fühlte sie sich besonders schlecht, kurz danach erbrach sie Blut, wurde von Kollegen zur Betriebsärztin gebracht, in deren Sprechzimmer dann ein gewaltiger Blutstrom aus ihrem Magen kam und den Boden beschmutzte. Man brachte sie in die Notaufnahme der staatlichen Klinik am Venado-Park, wo sie zwei Tage blieb. Da der Kreislauf stabil war, durfte sie nach Hause, sollte am nächsten Tag jedoch zur Gastroskopie wiederkommen. Stattdessen brachte Alejo sie in eine private Klinik, denn glücklicherweise waren sie zusätzlich noch privat krankenversichert.

Sie hatte eine medikamentös bedingte Gastritis mit lauter kleinen Geschwüren. Diese hatten zu bluten begonnen. Sie hatte eben viel zu viel Aspirin geschluckt. Dass sie zusätzlich noch ein Zwölffingerdarm-geschwür hatte, entdeckte man nicht. Sie war schon zuhause, als es ihr plötzlich wieder schlecht ging. Alles psychisch bedingt, bildete sie sich ein. Leider nein. Das Geschwür blutete langsam vor sich hin. Wie der Arzt später sagte: „Dorothee, Dir läuft das Leben aus dem Darm heraus." Und so konnte nun eine größere Operation nicht mehr vermieden werden. Zuvor aber benötigte sie Bluttransfusionen, um diese Operation überhaupt überleben zu können. Aber auch ihr Herz blutete, konnte sie doch nicht bei ihrem erst eineinhalb Jahre alten Sonnenschein Boris sein.

Inzwischen war nun ein halbes Jahr vergangen. Sie hatte sich erstaunlich gut erholt. Ehe Boris zwei Jahre alt wurde, flog sie nach Deutschland. Für Boris mussten somit nur 10 % des Flugpreises bezahlt werden, er hatte keinen Anspruch auf einen eigenen Sitzplatz, aber er saß sowieso bei Mutti auf dem Schoß oder schlief selig auf dem Fußboden, weich in viele Decken gehüllt, vor Muttis Füßen.

Opa Hartmut holte sie in Frankfurt ab. Vier Monate wollten sie in Europa bleiben, möglichst viele Freunde, Verwandte und Bekannte besuchen. Alle sollten Boris kennenlernen. Es war eine schöne Zeit, ruhig, erholsam, ohne große Sorgen, gut, um endgültig gesund zu werden. Und so besuchte Dorothee nach und nach ihre Verwandten und Freunde in den Niederlanden, in Belgien, Österreich und den verschiedensten Gegenden Deutschlands. Und natürlich war auch Berlin dabei. Hier konnten sie bei Andreas Mohn wohnen, ihrem guten Freund aus alten Tagen. Leider war er inzwischen Zeuge Jehova geworden und nicht wieder zu erkennen. Ein Besuch in Müggelheim mit Spaziergang durch den Reichweilerweg, vorbei am Haus Nr. 12, jenem Haus, aus dem Dorothees Eltern im Oktober 1946 verschleppt wurden, gehörte auch zum Programm. Wie üblich besuchten sie im Anschluss Brigit Peschter, die damals die Tochter der Nachbarn gewesen war und öfters auf Rudi aufgepasst hatte. Sie lebte immer noch in Müggelheim, nun in einer anderen Straße. Ihr Sohn und ihr Enkel brachten sie gegen Abend mit dem „Trabi" zurück zur Grenze, zur Friedrichstraße, wo sie sich vor dem „Tränenpalast" verabschieden mussten, jener Halle am Bahnhof Friedrichstraße, wo alle Bürger aus dem Westen wieder ausreisen mussten. Hier flossen viele Tränen, denn man musste Abschied nehmen von Familienangehörigen, von seinen Liebsten, von Freunden. Die einen durften ausreisen, die anderen mussten bleiben. Die Bezeichnung „Tränenpalast" ist ein Zeichen des sarkastischen Humors, der den Berliner Bürgern eigen ist.

Der Enkel war neun Jahre alt und fragte seinen Vater: „Papa, warum bringen wir sie denn nicht bis zu ihrem Hotel? Das wäre doch einfacher." Und der Vater antwortete: „Tja, warum nicht. Da musst Du Honecker und Co. fragen, warum das nicht geht." Dorothee tat es in der Seele weh, dies zu hören.

Erst gegen Ende ihrer Zeit in Deutschland fuhr Dorothee mit Boris nach Frankfurt und besuchte Herbert und Valentin. Dort herrschte große Aufregung. Herbert wartete auf einige dringende und wichtige Anrufe. Lechak-Reisen wollte die Vassilij Azhajew nicht mehr unter Vertrag nehmen, daher suchten die Sowjets eine andere Firma auf dem bundesdeutschen Markt. Die Firma Walreisen hätte das Schiff beinahe unter Vertrag genommen, doch dann machten die Sowjets einen Rückzieher.
So hatte nun Herbert vor einigen Wochen einen Anruf aus Moskau erhalten, man bot ihm das Schiff unter besonders günstigen Bedingungen an, er solle sich bitte einen Geldgeber suchen.
Welche Ironie des Schicksals! Damals, 1976, waren sie beide – Herbert und Dorothee - in jenem Telex aus Moskau an Lechak-Reisen zur „Persona non grata" erklärt worden und nun dies.
Jetzt sollte Herbert privat Verträge mit ihnen abschließen! Die Welt änderte sich tatsächlich. Wenn Herbert keine Persona non grata mehr war, dann war sie, Dorothee, es sicher auch nicht mehr. Das war Perestroika, das war Glasnost.

Da ihrer Aller Herz so sehr an der geliebten Vassilij Azhajew hing, hatte sich Herbert mit Sigi Herzog und Marie Frohner beraten. Beide waren einverstanden, mit Herbert gemeinsam Neues zu wagen.
Marie hatte gute Kontakte zu Schwanreisen, einem bis jetzt noch kleinen Reiseveranstalter aus Koblenz, der bis dato vorwiegend Städtereisen organisierte. Der Eigentümer hatte das nötige Geld. Man wurde sich bald einig. Und schon mit Beginn der neuen Saison am Ende des Jahres startete die Vassilij Azhajew ihre Reisen unter Vertrag von Schwanreisen. Herbert wurde Geschäftsführer von Schwan-Seereisen, Sigi blieb als Kreuzfahrtdirektor an

Bord. Das Jahr 1988 ging zu Ende und das Jahr 1989 begann. Es sollte die Welt verändern.

1989

Ungarn macht den ersten Schritt

Es war einer jener heißen Tage im Mai, kurz bevor die Regenzeit begann. Und es gab wieder einmal Stau. Dorothee war extra in die Seitenstraße eingebogen, um diesem Stau zu entgehen, doch an deren Ende musste sie links in die Eje 6 Sur Angel Urraza einbiegen und dort war auch Stau. Und so steckte sie fest und musste sich in Geduld üben. Dabei war sie so nah an der Guardería, wo der kleine Boris schon fast von Geburt an war. Wie gut, dass sie ein Autoradio hatte. Es lief gute Musik und dann kamen die Nachrichten. Dorothee hörte wie meist nur mit halbem Ohr zu, sie hing ihren Gedanken nach. Seit Januar 1989 ging sie zur Schule. Jeden Vormittag war sie im Unterricht. Dorothee wollte ihr Examen zur staatlich geprüften Reiseleiterin für die Republik Mexiko machen. Damit würde sie im ganzen Land als Reiseleiterin arbeiten können. Sie wollte nicht mehr zurück ins Büro, nicht mehr als Sekretärin arbeiten. Man war so fremdbestimmt, hing immer von den Plänen und Launen des Chefs ab.

Moment Mal, was hatten die im Radio gerade gesagt? Doro stellte das Radio lauter. Tatsächlich, sie hatte sich nicht verhört: Ungarische Grenzpolizisten hatten damit begonnen, den Stacheldrahtzaun zu Österreich zu durchtrennen. Die Grenze zwischen Ost und West bekam Löcher. Es lief ihr kalt über den Rücken. So etwas konnte nicht ohne Folgen bleiben. Schon wenige Tage später hörte man in den Nachrichten, dass viele DDR-Bürger, die in Ungarn Urlaub machten, diese Chance nutzten, um über Österreich in die Bundesrepublik zu flüchten. Es wurden immer mehr, so viele, dass die DDR-Regierung sich bald gezwungen sah, ihren Bürgern das Reisen nach Ungarn zu untersagen. Doch der Stein war ins Rollen gekommen, das Schicksal nahm seinen Lauf und es ließ sich nicht mehr bremsen.

Havarie im hohen Norden

Wie üblich wurde Dorothee auch in jener Nacht kurz nach 3.00 Uhr wach. Es war die innere Uhr, die sie weckte. Alejo, ihr Mann, war noch nicht nach Hause gekommen. Fast jede Nacht war es dasselbe Spiel. Im Gebäude war es ganz still, und so hörte sie meist zwischen 3.30 Uhr und 3.40 Uhr den lauten Motor eines Autos, das in die Tiefgarage fuhr, immerhin 4 Etagen unter ihrer Wohnung. Es war Alejos gelber VW-Käfer. Alejo kam nach Hause. Die Tatsache, dass er fast jede Nacht um diese Zeit nach Hause kam, war für Dorothee der Beweis, dass er bei ihrer Konkurrenz, seiner Geliebten Lupita war. Diese wohnte ungefähr 15 Kilomenter südlicher. Vermutlich stellte er sich den Wecker für 3.00 Uhr, und je nach Verkehrslage dauerte es dann eine halbe Stunde oder etwas mehr, bis er hier ankam.

So war es also auch in der Nacht vom 19. auf den 20. Juni. Doch heute schlich Alejo sich nicht leise in die Wohnung. Er kam forschen Schrittes ins Schlafzimmer und legte sofort los: „Dorothee, dein Schiff wird eine zweite Titanic, die Vassilij Azhajew ist mit einem Eisberg zusammengestoßen, fast dort, wo die Titanic das Unglück hatte. Aber, mach Dir keine Sorgen, alle Passagiere und alle Crew-Mitglieder, alle deine Freunde sind gerettet. Aber das Schiff wird sinken."
Dorothee war sofort hellwach. Alejo hatte sogar unterwegs eine Zeitung gekauft, in der schon von diesem Unglück berichtet wurde. Demnach waren wirklich alle Personen bereits von Bord und in Sicherheit. Welche Erleichterung. Dennoch, der Gedanke, dass ihr geliebtes Schiff, ihr Schicksalsschiff, im kalten Nordmeer versinken sollte, traf ihre Seele so tief. Mit der Vassilij würde ein großer Teil ihrer eigenen Seele im Meer versinken, für immer.
„Beruhige dich, deine Freunde sind doch alle in Sicherheit, nur das Schiff nicht, was bist du so nervös". Alejos Bemerkungen regten sie nur noch mehr auf. Wie sollte er auch je begreifen können, was es für sie bedeutete, dass ausgerechnet dieses Schiff einen fast identischen Tod wie einst die Titanic 1912 finden sollte. Die Vassilij Azhajew hatte eine Eisscholle im Nordmeer nördlich von Spitzbergen gerammt, vorne auf der Steuerbordseite, auf der rechten Seite. Der Riss war 6 Meter lang, das Wasser war in den ganzen vorderen Teil des Schiffes eingedrungen, es neigte sich gefährlich nach vorne. Die Schiffsschraube schaute am Heck aus dem Wasser heraus. Die Ähnlichkeit zur Havarie der Titanic war erschreckend. Mit dem gravierenden Unterschied, dass die Vassilij ausreichend Rettungsboote hatte, dass die ganze Rettungsmaschinerie sofort in Gang gesetzt worden war. Alles verlief ohne Panik. Sigi Herzog hatte die Gäste ständig auf dem Laufenden gehalten, mit seiner Stimme beruhigend auf sie gewirkt. In Radio und Fernsehen hörte man die Passagiere stets betonen, wie gut organisiert und perfekt die Rettungsaktion abgelaufen sei.

In den nächsten Tagen wurde immer wieder in den Nachrichten von diesem Unglück berichtet. Mit den Pumpen an Bord der Vassilij war es zunächst gelungen, das eindringende Wasser gleich wieder herauszupumpen. Dann versagten die Pumpen, das Wasser drang weiter in das Schiff ein. Matrosen tauchten nach unten, um die Öffnung zu verschließen. Es gelang ihnen, den Riss abzudichten, so dass kein Wasser mehr eindrang. Und die Vassilij Azhajew schaffte es, aus eigener Kraft und ganz langsam bis zum Hafen von Longeyarbeen, der Hauptstadt Spitzbergens, zu fahren. Dort konnte sie soweit repariert und stabilisiert werden, dass sie es sogar selbst bis nach Hamburg schaffte und dort in der Werft wieder komplett in Stand gesetzt wurde.

Schon zwei Monate später fuhr sie wieder die deutschen Passagiere über die Weltmeere.

Sollte man nun glauben, dass dieses Unglück dazu führte, dass die Gäste nicht mehr mit diesem Schiff fahren wollten, so irrte man sich. Das Gegenteil war der Fall. Die Gäste waren sich bewusst, auf einem Schiff kann immer etwas passieren. Aber wenn auf der Vassilij etwas passiert, dann wird sofort Rettung da sein und es wird keine Panik ausbrechen. Die so schnelle und fast perfekte Rettungsaktion war die beste Reklame, die Dorothees Schiff bekommen konnte. Das Schiff war von nun ab praktisch immer ausgebucht. Und was für die neue Geschäftsidee von Herbert, Sigi und Marie am 19. Juni 1989 zunächst wie das Ende aussah, stellte sich schließlich als reiner Segen dar. Und Dorothee war glücklich, ihre geliebte Vassilij durfte weiterleben.

Der georgische Märchenprinz

Der Sommer verging. Immer mehr DDR-Bürger verließen ihre Heimat. Nachdem sie nicht mehr nach Ungarn reisen durften, flüchteten sie in die bundesdeutsche Botschaft in Prag. Es waren dermaßen viele, dass die Lage dort sich schnell dramatisierte. Wie sollten so viele Menschen auf so engem Raum über längere Zeit versorgt werden können? Am 30. September endlich fuhr der bundesdeutsche Außenminister Hans-Dietrich Genscher nach Prag und sprach zu den Flüchtlingen. Gespannt hörten sie ihm zu. Als er dann sagte: „Ich bin heute gekommen, um Ihnen mitzuteilen, dass Ihre Ausreise in die Bundesrepublik Deutschland….". Was er sonst noch sagte, verstand man nicht mehr. Seine Worte gingen in einem einzigen lauten Schrei der Menschenmenge unter. Sie hatten es geschafft, sie durften ausreisen in das andere, das freie Deutschland. Aber die Züge, die sie in die Freiheit brachten, mussten die DDR durchqueren und so manch einer in der DDR wäre gerne auf einen dieser Züge aufgesprungen. Am 7. Oktober feierte die DDR ihr 40-jähriges Bestehen und man fragte sich, wie wohl die Feier im kommenden Jahr aussehen würde.

Dorothee verfolgte all dies mit großem Interesse, mit Tränen in den Augen und mit Freude und Hoffnung in der Seele. Niemand hätte sich noch vor wenigen Monaten dergleichen vorstellen können. Das Rad der Geschichte drehte sich immer schneller.

Jedes Jahr im Herbst gibt es in Mexiko ein Kulturfestival, das Festival Cervantino, abgeleitet vom Namen des berühmten spanischen Schriftstellers Cervantes, der den Don Quichote geschrieben hatte. Die „Hauptstadt" dieses kulturellen Festivals ist Guanajuato, nordwestlich von Mexiko-Stadt gelegen. Doch auch alle anderen Städte des Landes profitieren von den vielen kulturellen Veranstaltungen.

Mario war Dorothees bester Freund. Sie hatten sich in Dorothees letzter Firma kennengelernt. Mario war extra eingestellt worden, um einen wichtigen Kunden an Land zu ziehen. Nachdem dies ihm gelungen war, hatte man ihn entlassen. Immerhin mit einer guten Abfindung. Und so kam es, dass Mario arbeitslos war, als Dorothee krank wurde und durch die Magenblutungen fast das Leben verlor. Mario versorgte in jener Zeit den kleinen Boris, holte ihn in der Guardería ab, badete ihn, wechselte die Windeln. Ach ja, Mario war solch ein lieber Mensch. Leider zog er das eigene Geschlecht dem Weiblichen vor und Dorothee dachte nur immer wieder, welch Verlust für die Frauenwelt dieser wunderbare Mann doch war.

Mario also war es, der entdeckte, dass ein georgisches Folklore-Ensemble in der Stadt auftreten werde, im Instituto Politécnico Nacional, der Technischen Universität. Er besorgte die Karten und nun standen sie vor dem großen Saal und warteten auf Einlass. Ein Kollege aus Marios neuer Arbeit und dessen Frau waren auch dabei. „Was denkst Du über die Lage in Deutschland? Wie wird das weitergehen? Unglaublich, was da gerade passiert."

Dorothee kamen schon wieder die Tränen. Sie fühlte, dass etwas ganz Großes im Gange war und hoffte nur, dass alles gut werden würde. Glauben daran konnte sie immer noch nicht.

Die Vorstellung begann und in diesem Moment tauchte Dorothee in eine andere Welt ein. Sie löste sich aus der Gegenwart und war mit Geist und Seele ganz und gar in ihrem geliebten Georgien, ihrer anderen Heimat. Sie trommelten, sie tanzten, temperamentvoll die Männer, sanft und graziös die Frauen. Sie tanzten auf Zehenspitzen und mit Säbeln. Dann stockte Dorothees Herz. Dieser Tänzer dort, mein Gott, wie er ihrem Avtandil ähnelte. Er hätte es sein können. Nein, dazu war dieser Tänzer hier viel zu jung, und auch zu groß. Avtandil war nur so groß wie sie, vielleicht ein paar Zentimeter größer. Aber doch, diese Ähnlichkeit. Sie sah nur noch ihn und war unendlich weit entfernt von jeder Realität, weit weg von Mexiko, weit weg von der Gegenwart, und dennoch, dies war Gegenwart, war das Jetzt. Sie war in Mexiko und sah eine georgische Folkloreaufführung. Das war ganz real.

Zu schnell war die Vorführung vorbei. Aber sie konnte jetzt nicht einfach nach Hause fahren. Unmöglich. Nein, sie musste diesen Tänzer kontaktieren, ihn kurz sprechen. Wo war der Künstlerausgang? Nachfragen, hingehen und vor der Tür warten. Der Direktor des Ensembles kam heraus. „Gamadschorbad" – guten Tag, begrüßte ihn Dorothee auf Georgisch, woraufhin er sie gleich mit einem Schwall in Georgisch überfiel, von dem sie natürlich nichts verstand.

Weiter warten. Die Tür öffnete sich und heraus kam „er", da stand er wahrhaftig vor ihr, groß, schlank, schwarze Haare, schwarze Augen. „Gamadschorbad", sagte Dorothee zu ihm. Er grüßte zurück. Dorothee bat um ein Autogramm und begann zu erzählen, in Moskau geboren, in Suchumi aufgewachsen, erzählte von den Freunden in Tbilisi und dass die Liebe ihres Lebens ein Georgier war. Sie erfuhr, dass der Name des Tänzers Tengis war. Das Ensemble blieb ein paar Tage in der Stadt, hatte Auftritte in anderen

Städten und sollte dann wieder für ein paar Tage hier sein. Man könne sich doch sicher einmal treffen. In welchem Hotel war das Ensemble untergebracht? Eine junge Russin, die in der sowjetischen Botschaft arbeitete, sagte Dorothee nicht nur den Namen des Hotels, sie erklärte sogar, wo es sich befand, wie man dorthin kam. Unvorstellbar noch vor einigen Monaten. Bis dato wurde immer geheim gehalten, wo sich solche Künstlergruppen aufhielten, es sollte jeglicher Kontakt vermieden werden. Glasnost war heute auch zu Dorothee gekommen.

Mario begleitete Dorothee zum Auto. „Fahr vorsichtig", meinte er sorgevoll. Er wusste genau, wie Dorothee sich jetzt fühlte. Sie versprach es ihm. Im Auto überlegte sie immer wieder, sollte sie gleich zu Rodolfo und Isabel fahren. Bei ihnen hatte sie Boris gelassen. Oder sollte sie doch schnell zum Hotel fahren, um noch ein paar Worte mit Tengis zu sprechen? Die Ampel an der Kreuzung Insurgentes Norte mit Ferrocarriles stand auf rot. Plötzlich sauste der Bus des Politécnico links an ihr vorbei, bog nach links in die Straße ein. Drin saßen die Georgier. Und in diesem Moment beschloss sie, zum Hotel zu fahren.
Sie kam zur Kreuzung der Calle Buenavista mit San Cosme, hielt kurz an, schaute nach links und fuhr dann bis zur Mitte der Straße. Von rechts kamen Autos. Sie wartete und fuhr dann geradeaus weiter. Erst jetzt merkte sie, dass sie die rote Ampel an der Kreuzung ignoriert hatte. Sie hatte nur auf die Autos geachtet. Oje, so neben der Kappe war sie, so durcheinander, so weit weg mit Seele und Geist. Verdammt, sie sollte besser aufpassen.
Im Hotel war die Lobby voll mit Georgiern, doch Tengis war nicht zu sehen. An der Rezeption gab man ihr seine Zimmernummer. Sie rief an. Er kam runter, zusammen mit einem Freund. Es war zu laut, um sich zu unterhalten. Sie gingen auf die Straße zu Dorothees Auto. Dorothee überredete beide Männer, sie zu begleiten ihren Sohn abzuholen. Man könne sich im Auto weiter unterhalten. Und so fuhren sie zu dritt zu Alejos Bruder Rodolfo und dessen Frau Isabel, die beide erstaunt waren, Dorothee gleich mit zwei Männern aus Georgien zu sehen. Boris wurde geweckt und schlief im Auto sofort wieder ein. Es gab ihr die Gelegenheit noch viel über ihr Leben und ihre Liebe zu Georgien und den Menschen dort zu erzählen. Tengis erhielt ihre Telefonnummer. Sie hoffte so sehr, ihn wiederzusehen. Er war für sie wie ein lebendes Symbol für Avtandil. Und ihr Avtoschenka war plötzlich so nah, so wirklich, so erreichbar.

Es begannen Tage, an denen sich Dorothee zwischen zwei Welten fühlte. Da war Georgien, da war Tengis und somit war da auch Avtandil, und dann war da Mexiko, ihr Sohn, ihre Wohnung, die Schule, und ihr Ehemann, der nach wie vor meist erst gegen 3.30 Uhr morgens nach Hause kam.
Ausgerechnet am nächsten Tag kam Alejo früh nach Hause, wenn man 21.00 Uhr als früh bezeichnen kann. Und Tengis rief nachts um 1.00 Uhr an, nachdem er von einer Vorstellung im 50 Kilometer entfernten Toluca zurückgekommen war. Sie hatten sich so viel zu erzählen. Tengis, dieser so gut aus-

sehende Mann, Tengis, der 15 Jahre jünger war als sie, er sagte ihr Unglaubliches: Während des Tanzens heute hätte er die ganze Zeit an sie denken
müssen, an sie, diese schöne, gutherzige, liebe Frau.
Es waren Worte, die sie schon lange nicht mehr gehört hatte, die ihrer Seele
gut taten. Ihr eigener Ehemann hatte erst vor wenigen Wochen zu ihr gesagt,
dass er sie nicht mehr liebe. Und nun trat ein um so viele Jahre jüngerer Man
in ihr Leben, kannte sie kaum und sagte solche Worte! Das war alles so paradox.

In diesem Jahr war der 24. Oktober ein Dienstag. Nun war sie genau seit acht
Jahren in ihrem geliebten Mexiko. Und es war dieser Tag, an dem das Georgische Ensemble einen freien Tag hatte. Es wurde ein Ausflug zu den Pyramiden von Teotihuacan angeboten, doch Tengis wollte diesen Tag ganz und
gar Dorothee widmen und Dorothee ihm.
Schon früh morgens war sie im Hotel. Sie rief in Tengis' Zimmer an. Der
Zimmergenosse sei gerade noch da, würde aber in fünf Minuten gehen. Sie
wartete, fuhr dann mit dem Aufzug in den 5. Stock und ging die eine Etage zu
Fuß die Treppe runter. Prompt kam ihr auf dem Gang der Zimmergenosse
entgegen. Sie lächelten sich dezent zu. Tengis hatte die Zimmertür aufgelas-
sen. Er stand im Zimmer und hatte nur die Unterhose an. Welch schöner Körper! Er zog sich an. Dorothee dachte, wozu tut er das? Ich werde ihn gleich
wieder ausziehen. Aber eben das hatte auch seinen Reiz. Eine Umarmung,
so zärtlich, so beschützend. Sie gab ihm all die Geschenke, die er mitnehmen
sollte nach Georgien, Souvenirs aus Mexiko, T-Shirts, für ihn, für Avtandil, für
die anderen Freunde dort. Der Brief an Avtoscha. Sie erklärte, was welches
Geschenk bedeutete, z. B. das Bild auf den T-Shirts, es stellte die Petlacoatl,
die in sich verschlungene Schlange, dar, Symbol für das Leben. Den Monoli-
ten hatte ihr Archäologie-Lehrer höchst persönlich im Templo Mayor ausgegraben und dann die T-Shirts mit diesem Symbol anfertigen lassen.

Tengis nahm sie zärtlich in den Arm, sie fühlte sich geborgen in seinen Armen, anerkannt, geliebt. Wie konnte das nur sein? Sie liebten sich, waren
sich so nah, verschmolzen zu einer Einheit. Für Dorothee war es ein Wunder.
Sie war 36 Jahre alt, und er war erst 21. Er war fasziniert von ihr. Mit seiner
Feinfühligkeit, die für Künstler so typisch ist, hatte er sofort ihr ganzes Wesen
erfasst. Sie hatte kein schlechtes Gewissen. Warum auch? Ihr Mann hatte
eine Geliebte, warum sollte ihr das nicht auch zustehen? Nur, dies hier war
nicht nur eine Affäre. Das waren zwei Seelen, die zueinandergefunden hatten
und ineinander verschmolzen. Schöner hätte Dorothee ihren Jahrestag, ihre
acht Jahre in Mexiko, nicht feiern können als mit diesem Mann zusammen,
mit diesem Georgier. Hätte ihr das jemand acht Jahre zuvor gesagt, sie hätte
denjenigen für verrückt erklärt. Aber das Leben geht seine eigenen, seine
sehr verschlungenen Wege.
Gemeinsam holten sie Boris nachmittags in der Guardería ab. Sie fuhren zum
Zócalo, dem Hauptplatz der Stadt, besichtigten den Templo Mayor, das Mu-

seum. Dorothee hatte sich gut vorbereitet. Sie wusste inzwischen sehr viel über die Geschichte Mexikos, besonders gefiel ihr die Geschichte des Landes bis zur Zeit der Eroberung durch die Spanier. Sie ging auf in ihrer Aufgabe, Tengis alles zu erklären, die Figuren, die Reliefs, die Legenden, all das, was Mexiko ausmachte. Und Mexiko hatte viel zu bieten. Tengis war immer mehr beeindruckt.

Es wurde spät. Den ganzen Tag hatten sie nichts gegessen. Das Restaurant im 7. Stock des Hotels Majestic direkt am Zócalo bot sich an. Von der Terrasse aus hatte man einen herrlichen Blick auf den großen Platz, sie beobachteten die feierliche Abnahme der Nationalflagge, die täglich um 18.00 Uhr von den Präsidentengarden durchgeführt wurde. Sie aßen leckere mexikanische Speisen. Tengis und Boris wurden dicke Freunde. Die Sonne ging unter und hüllte die Stadt in rotgoldenes Licht. Die Flugzeuge flogen über die Stadt in Richtung Flughafen, die Sonne spiegelte sich auf ihren metallenen Körpern. Alle Frauen richteten die Blicke auf diesen schönen jungen Mann, auf diesen Adonis, auf Tengis. Doch er hatte nur Augen für seine Doritschka. „Du bist eine so schöne Frau und eine so liebe Person". Worte, die ihre verwundete Seele heilten. Er war ihr Prinz, ihr Märchenprinz – ein georgischer Märchenprinz mitten in der Megastadt Mexiko.

Sie fuhren zu Dorothee nach Hause. Ehe Tengis die Wohnung betrat, sprach er ein paar Worte in Georgisch. Er segnete die Wohnung. Sie zeigte ihm Fotos aus ihren Zeiten in der UdSSR, als Kind, als Reiseleiterin, Fotos aus Zeiten auf der Vassilij Azhajew und sogar den Film, den sie 1975 in Tbilisi gedreht hatte. „Ich bin in Mexiko, im Haus einer Deutschen und ich sehe einen Film aus meiner Heimatstadt Tbilisi. Es ist so unglaublich". Tengis war gerührt. Sie ließ die alten Tonbandkassetten aus den Zeiten der „Vassilij" laufen. Tengis tanzte mit ihr, und dann erklang dieser Tango, das Lied „Сердце" – Herz! Sie tanzten, er zog sie ganz nah an sich heran, schaute zu ihr herab, lächelte und sang mit: „Herz, wie gut ist es, auf dieser Welt zu leben. Danke Herz, dass Du so lieben kannst."

Inzwischen war Mario gekommen. Er wollte auf Boris aufpassen. Tengis sollte Mexiko auch bei Nacht kennenlernen, meinte Dorothee. Sie landeten schließlich in der Bar des 41. Stockwerkes des Torre Latinoamericano. Beim Anblick des unendlichen Lichtermeeres zu ihren Füßen wurde Tengis erst klar, wie riesig diese Stadt war. Dagegen erschien Tbilisi wie ein Dorf. Sie tranken Tequila, nicht ohne einen Trinkspruch, den Tengis zuvor gab. So verlangte es die georgische Tradition. Sie waren sich nahe, verstanden sich ohne Worte und wussten, dass ihr gemeinsames Glück zusammen mit diesem Tag enden würde. Nur die Erinnerung und die Hoffnung auf ein baldiges Wiedersehen würden bleiben.

Noch einmal trafen sie sich. Am Wochenende kurz bevor Tengis mit seiner Gruppe nach Deutschland flog, um die Tournee dort fortzusetzen. Wie eine Familie spazierten sie zu dritt, Boris war mit dabei, durch den größten Park der Stadt, den Chapultepec-Park. Tengis wollte sich etwas ausruhen, seine

Beine schonen. Diese mussten viel leisten während einer Show. Es war ein herrlich sonniger, warmer Tag, wie meistens um diese Jahreszeit. Die Menschen genossen das Wochenende, viele Familien grillten auf den Wiesen des Parkes. Es duftete nach leckeren Speisen. Tengis schaute sich belustigt dieses Spektakel an. „Das ist ja wie bei uns in Georgien", sagte er. Dorothee stutzte. Das war es. Ja, er hatte Recht. Das musste es gewesen sein, was ihr damals – 1980 – das Gefühl gegeben hatte „in diesem Land möchte ich leben". Es war diese Ähnlichkeit zwischen Georgien und Mexiko. Zwei geographisch so weit voneinander entfernte Länder und dennoch so nah. Die Schönheit der Landschaft, die reichhaltige, die vielseitige Geschichte, die Musik, die freundlichen, temperamentvollen Menschen, so gastfreundlich, so herzlich. Ja, das war es gewesen. Die ersten Lebensjahre sind so wichtig für einen Menschen. Sie hatte ihre ersten Lebensjahre in Georgien verbracht. Und unbewusst hatte es sie immer dorthin gezogen. Das hatte auch Hartmut verstanden, der sich ein bisschen schuldig fühlte, dass seine Tochter ausgerechnet einen Georgier, einen unerreichbaren Mann, liebte. Tengis hatte ihr die Augen geöffnet.

Noch zwei Mal konnte sie ihn sehen, ihren Märchnprinzen, aber leider nur im Fernsehen. Im Kulturkanal wurden einige Vorführungen im Rahmen des Festival Cervantino gezeigt, darunter eben auch das georgische Ensemble.
„Warum springt mein Freund Tennis so beim Tanzen?", fragte Boris, „ich möchte auch so tanzen wie Tennis." Er hatte noch Schwierigkeiten das „g" direkt nach dem „n" auszusprechen. Und Boris krabbelte auf das Bett, sprang hoch, winkelte im Sprung die Beine an und ließ sich auf die Knie fallen. Eben genau so wie er es bei Tengis gesehen hatte.
Ihr Adonis hielt sein Versprechen. Er brachte Avtandil Dorothees Brief und die Geschenke. Beide lernten sich ganz zufällig aber noch vorher kennen. Avto spielte mit seiner Band bei der Hochzeit eines Freundes von Tengis. Die Welt ist so klein.

Sie reißen sie ein

In diesen Tagen weinte Dorothee oft. Die Nachrichten überschlugen sich. Jede Neuigkeit aus Deutschland berührte sie so sehr, dass ihr stets die Tränen in die Augen stiegen. Beim Autofahren war das nicht ungefährlich. An diesem Tag aber weinte sie besonders viel, und mit roten, verweinten Augen betrat sie die Guardería, um Borisito, wie man ihn in Mexiko meist nannte, abzuholen. „Señora, que pasó – Señora, was ist passiert?" fragten die Erzieherinnen ganz besorgt und erschrocken. Dorothee brachte nur ein stotterndes „La están tumbando, la están tumbando – sie reißen sie ein, sie reißen sie ein" hervor.
„Qué están tumbando – was reißen sie ein?"

„El muro de Berlin – die Berliner Mauer". Erleichterung in den Gesichtern der Erzieherinnen, ausgebreitete Arme, ein feste Umarmung und „Felicidades – Glückwünsche".

Es war der 10. November 1989, in der Nacht hatte sich die innerdeutsche Grenze durch ein Wunder geöffnet. So konnte man es wohl nennen, denn durch einen Irrtum hatte Günter Schabowski als Sprecher des Zentralkommitees der SED, bei einer Pressekonferenz behauptet, dass die von der Regierung beschlossene Reisefreiheit für DDR-Bürger anscheinend sofort in Kraft trete. Es war der schönste Irrtum der Geschichte, denn dies wurde dann sofort so in den Nachrichten in aller Welt verbreitet. Es gab kein Zurück mehr. Tausende von DDR-Bürgern wanderten zu den Grenzübergangsstellen und verlangten deren Öffnung. Dass alles so friedlich ablief, ohne Gewalt, ohne Verletzte und ohne Tote – es war und wird immer ein Wunder sein. Nun lagen sich Ost- und Westberliner in den Armen. Die Straßen West-Berlins waren überfüllt mit den typischen Trabis. Niemals hätte man sich dies vorstellen können, auch nicht in den kühnsten Träumen.

Während ihrer Ausbildung zur Reiseleiterin musste sie an mehreren Studienfahrten teilnehmen. Boris durfte dann meist bei Onkel und Tante im knapp 50 Kilomenter entfernten Toluca sein oder, wenn es nur eine Tagestour war, dann konnte er sogar mitfahren. Es war am 2. Dezember, einem Samstag, als sie wieder eine Studienfahrt hatte, nur einen Tag, in die Silberstadt Taxco und zur Archäologischen Zone Xochicalco. Sie fuhr alleine, Alejo und Boris fuhren nach Toluca. Auf dem Rückweg ließ Dorothee sich im Süden der Stadt absetzen und fuhr mit der Metro nach Hause. Obwohl viele Plätze frei waren, blieb sie stehen. Ihr gegenüber stand ein Mann, der eine Zeitung las. Sie las die Schlagzeilen und traute ihren Augen nicht. Um genauer zu lesen, ging sie etwas in die Knie, woraufhin der Mann lächeld die Arme etwas anhob. Nun konnte sie gut lesen. Da stand tatsächlich: Die beiden mächtigsten Männer der Welt, US-Präsident George Bush und der sowjetische Parteichef Michail Gorbatschow wollten sich bei Malta auf einem US-amerikanischen Militärschiff treffen. Doch der Wellengang war zu stark. Daher beschloss man, sich auf dem sowjetischen Schiff zu treffen. Und dieses sowjetische Schiff, mit dem Gorbatschow nach Malta anreiste, war „ihre" Vassilij Azhajew. Ihr Schicksalsschiff wurde nun zum Schicksalsschiff Deutschlands, Europas, ja der Welt. Denn auf diesem Gipfeltreffen der Mächtigen wurde das weitere Schicksal, wurde die Wiedervereinigung Deutschlands beschlosssen.

Das Rad der Geschichte drehte sich weiterhin immer schneller. Wenige Wochen danach erhielten auch die Menschen in den anderen europäischen Ländern ihre Freiheit: Polen, Tschechoslowakei, Ungarn, Bulgarien. Nur in Rumänien wollte der besonders schlimme Diktator Nicolae Ceaușescu absolut nicht zurücktreten. Doch das Volk ließ sich nicht mehr halten. Da er so gar kein Einsehen hatte, blieb dann nichts anderes übrig als ihn und seine Frau standrechtlich zu erschießen. Das war an Weihnachten. Am Ende des Jahres

1989 sah die Welt ganz anders aus als zu Beginn des Jahres und dies war für Dorothee wie ein Traum, der anfing, sich zu erfüllen. Am 18. März 1990 gab es die ersten wirklich freien Wahlen in der DDR, am 1. Juli dann wurde die westdeutsche D-Mark auch in der DDR eingeführt und am 3. Oktober schließlich wurden beide deutschen Staaten zu einem, Deutschland wurde wieder ein Land.

Das letzte Jahr

Im Januar 1990 bestand Dorothee ihre Prüfungen zur Reiseleitung. Ab sofort durfte sie in der ganzen mexikanischen Republik Touristengruppen führen. Auf ihrem Ausweis reichte der Platz nicht aus, in dem vermerkt war, in welchen Sprachen sie berechtigt war, Gruppen zu führen. Immerhin hatte sie sieben Sprachen angebeben.

Im selben Monat beschlossen Dorothee und Alejo, sich scheiden zu lassen. Ihre Ehe machte keinen Sinn mehr. Sie nahmen sich einen gemeinsamen Rechtsanwalt, der einen Scheidungsvertrag ausarbeitete, in dem alles auf friedliche Weise geregelt wurde. Als Scheidungsgrund gaben sie „Unverträglichkeit der Charaktere" an. Von diesem Moment an verstanden sie sich wieder viel besser, wie gute Freunde, und sie nahmen sich vor, es für immer zu bleiben. Im Sommer wurde die Ehe geschieden. Dorothee feierte dieses mit einigen Freunden.

Inzwischen stand auch fest, dass Dorothee mit Borisito nach Deutschland gehen würde. Dies war eine entsetzlich schwere Entscheidung gewesen. Wie immer, wenn sie nicht wusste, welchen Weg sie gehen sollte, machte sie eine Liste, zeigte alle Vor- und alle Nachteile eines bevorstehenden Entschlusses auf. Die Waage neigte sich sehr zum Vorteil einer Rückkehr nach Deutschland. Mehr soziale Sicherheit. Sie war noch nicht 40 Jahre alt, würde sicher bald eine relativ gute Arbeit finden, Boris war noch nicht in der Schule, würde sich bald einleben in Deutschland. Er wuchs zweisprachig auf, das war also auch kein Problem. Sie würde „harte Devisen" (D-Mark) verdienen und sechs Wochen Urlaub im Jahr haben. Die Chancen, alle zwei Jahre mit Boris in Urlaub nach Mexiko fliegen zu können, standen gut. Sie könnte sich um ihren Vater, um Hartmut, kümmern, der bald 80 Jahre alt wurde. Oja, strikt rational betrachtet war es logisch, dass sie nach Deutschland zurückkehren sollte. Rational betrachtet, ihre Gefühle spielten bei dieser Entscheidung keine Rolle. Wenn man praktisch allein für ein Kind die Verantwortung trägt, dann muss man rational bleiben. Sie wusste, dass sie es tun musste und gleichzeitig wusste sie, dass sie es bereuen würde. Sie hatte alles hier in Mexiko, eine große Familie (die von Alejo), Freunde, eine hübsche Wohnung, ein Auto und viele Angebote für interessante Arbeit als Reiseleiterin. Aber mit einem kleinen Kind zu Hause konnte sie nicht tagelang unterwegs sein. Es war alles ziemlich schwierig. Sie beruhigte sich mit dem Gedanken, dass sich Deutschland ja gewandelt hatte, vielleicht war es ja doch besser als früher, jetzt ohne Eisernen Vorhang und mit all diesen so schönen Veränderungen in ganz Europa.

Der alljährliche Weltkongress der Esperanto-Sprecher fand in jenem Jahr in Havanna auf Kuba statt. Das touristische Vorprogramm war in Mexiko geplant. Die beste Gelegenheit für Dorothee ihre neu erworbenen Kenntnisse zu nutzen und ein einwöchiges Programm auszuarbeiten. Es machte ihr so viel Spaß zusammen mit Freunden die Gruppen zu begleiten, in die Museen, zu den Pyramiden von Teotihuacan, zu einer Fahrt auf den Kanälen von Xochimilco. Dorothee war voll in ihrem Element. Erholen konnte sie sich im Anschluss auf Kuba. Diese eigenartige Mischung von Sozialismus und lateinamerikanischer Mentalität dort war einzigartig, in Europa nicht vorstellbar. Sie amüsierte sich.

Am 2. Oktober 1990 saß Dorothee mit Boris um 17.00 Uhr zuhause vor dem Fernseher. Durch die sieben Stunden Zeitdifferenz war es nun in Deutschland bereits Mitternacht. Aufgrund des Wunsches des eigenen Volkes, hörte die DDR auf zu existieren. Der 3. Oktober begann, Deutschland wurde wieder vereinigt. Am Schöneberger Rathaus läutete die Friedensglocke. Am Brandenburger Tor, am Potsdamer Platz und vielen anderen Orten wehten die schwarz-rot-goldenen Fahnen, es gab ein gigantisches Feuerwerk und die Nationalhymne erklang – Einigkeit und Recht und Freiheit – selten gab es einen Moment, in dem diese drei Worte so sehr ihre Bedeutung zeigten wie gerade jetzt. Und wieder liefen Dorothee Tränen über die Wangen. Es war ergreifend! Leider kam diese schöne Entwicklung in Europa für sie und für Avtandil zu spät, aber ihre Kinder sollten in einer besseren Welt leben.

Diesen besonderen Tag durfte sie dann in der Residenz des deutschen Botschafters in Mexiko-Stadt im Kreis all der anderen Deutschen, die hier lebten, gebührend feiern.

Einige Tage später, Mitte Oktober, fiel ihr sofort unter all den Briefen und Reklamezetteln im Briefkasten dieser eine Brief auf. Der typische Umschlag, die großen Ziffern der Postleitzahl, die auf einem extra dafür vorgesehenen Feld eingetragen waren. Dieser Brief kam aus der Sowjetunion. Und dieser Brief war von ihm, von ihrem Avtoschenka. Der erste Brief in vierzehn Jahren, der erste Brief überhaupt. Er war einen Monat unterwegs gewesen:

14. September 1990

Guten Tag, meine liebe Doritschka!

Es fällt mir sehr schwer, meinen ersten Brief an Dich zu beginnen, doch ich möchte es versuchen. Bitte entschuldige mein so langes Schweigen, aber ich denke, dass Du beim Lesen dieses Briefes verstehen wirst.

Zunächst möchte ich mich bei Dir für alles bedanken. Mit diesem kleinen Wort „alles" meine ich all die Aufmerksamkeiten und all die Geschenke, die Du mir und meiner Familie hast zukommen lassen. Ich habe fast alle Deine Briefe erhalten. Wie Du weißt, konnte ich früher nicht schreiben. Und dann, als es möglich war, dachte ich, es sei besser nicht zu schreiben und unsere Nerven aufzuwühlen. Ich dachte, dass Du mich vergessen kannst und sicher wäre das auch besser gewesen. Aber die Seele geht ihre eigenen Wege. Ich konnte niemals die Tränen in Deinen Augen vergessen als wir uns damals in Odessa verabschieden mussten. Ich erinnere mich an jedes Detail. Nur ein schlechter Mensch könnte so etwas je vergessen und ich zähle mich zu den angenehmen und „normalen" Menschen.

Es ist nicht möglich, Dir alles genau zu erzählen, was in all diesen Jahren geschehen ist. Das hieße, ein ganzes Buch zu schreiben. Ich werde mich also kurz fassen.
Ich arbeite momentan als Schlagzeuger im Orchester des georgischen Staatsfernsehens. Wir sind sehr viel unterwegs auf Tournee, in vielen Ländern. Nur in der BRD waren wir noch nicht. Aber jetzt werden wir auch bald dorthin reisen. Vom 5. bis 11. Januar 1991 werden wir in der BRD sein. Ich weiß noch nicht genau, in welchen Städten. Ich hoffe, Euch dann wiedersehen und in die Arme schließen zu können. Hier kennen Dich alle sehr gut, nur meine Mutter wird Dich nun niemals kennen lernen können. Sie ist im vergangenen Mai gestorben. Es ist ein großer Verlust für uns alle.

Über Deine Geschenke haben wir uns riesig gefreut. Tengis' Mutter hat sie uns gebracht. Meine Kinder sind ganz begeistert davon und möchten Dich unbedingt persönlich kennen lernen. Die Fotos von Deinem Sohn Boris gefallen uns sehr gut. Besonders jenes, wo er am Schlagzeug sitzt. Wenn er ein bisschen größer sein wird, kann ich ihm das Schlagzeugspielen beibringen. Ich mag mexikanische Musik sehr und freue mich jedes Mal erneut, wenn ich die von Dir gesandten Kassetten anhören kann. Auch das T-Shirt mit dem Bild der in sich verschlungenen Schlange ist sehr schön. Es ist ein Symbol für das Leben, das auch so verschlungene Wege geht. Wir sind wie kleine steuerlose Boote auf dem weiten Meer, wir wissen nicht, wo uns die Wellen hintreiben werden. Es ist Schicksal. Du verstehst sicher, was ich damit ausdrücken möchte.

Es war schön, Deinen Vater kennen zu lernen. Er ist ein sehr lieber, guter Mensch. Auch meiner Mutter hat er sehr gut gefallen damals.

Schade, dass es Dir im Leben nicht so gut ergangen ist. Aber Du darfst die Hoffnung nicht verlieren. Ich wünsche so sehr, dass es Dir bald gut gehen möge. Gewöhnlich passiert dies immer den guten und lieben Menschen. So ist das Leben!

Wie gerne möchte ich Dir auch ein Geschenk schicken, aber ich denke, es ist besser, dies zu tun, wenn Du zuhause sein wirst, in Deutschland.
Dieser Brief ist lang geworden. Ich verspreche, Dir in Zukunft regelmäßig zu schreiben und von uns zu berichten. Ich schicke Dir hier ein paar Fotos meiner Kinder. Ich denke, sie werden Dir genauso gefallen, wie Boris uns. Du siehst übrigens auf den Fotos sehr dünn aus. Das ist nicht gut. Du solltest ein bisschen zunehmen.

Ich schaue mir oft die Fotos an, die wir auf der „Vassilij Azhajew" gemacht haben, erinnere mich jener schönen Tage und wünsche mir, in jene Zeit zurückkehren und wieder ganz von vorne anfangen zu können.

Noch einmal vielen Dank für all das, was Du für mich getan hast. Dass Du mich nicht vergessen hast. Dies bedeutet für mich ein großes Glück. Ich weiß, dass ich in Dir eine wahrhafte und gute Freundin habe, welche ich sehr geliebt habe und immer lieben werde.

Mit Ungeduld warte ich auf Deine Antwort.

Dein Avtandil

Und darunter hatte er einen Satz auf Georgisch geschrieben, den sie aber nicht entziffern konnte, außer den Worten *„Dein Avto"*.

Ihre Rückkehr nach Deutschland war für Ende Januar geplant. Und nun sollte Avtandil Anfang Januar in Deutschland sein. Nein, das konnte doch nicht wahr sein. Nach all diesen Jahren diese wunderbare Gelegenheit, sich in Freiheit wiederzusehen, und dann diese Gelegenheit nicht wahrnehmen zu können, nur weil sie den Flug drei Wochen zu spät gebucht hatte. Dorothee war am Verzweifeln.
Nach neun Jahren in Mexiko hatte sie gelernt dran zu glauben, dass alles, was geschah und wie es geschah einen Sinn hatte, auch, wenn man diesen Sinn nicht verstand. Eines Tages würde man verstehen. Und so war es auch in diesem Fall. Die Tournee des Fernsehorchesters nach Deutschland fiel aus, einer der wichtigsten Musiker erkrankte schwer und so kurzfristig konnte kein Ersatz gefunden werden.

Am 30. Januar 1991 stand Dorothee mit Boris am Schalter von Kranichflug am Flughafen von Mexiko-Stadt. Alejo und ihr lieber Freund Mario begleiteten sie. Am Schalter stand eine lange Menschenschlange, deutsche Touristen, sehr sommerlich gekleidet, trotz der im Winter hier üblichen niedrigen Temperaturen. Wie sie erfuhr, waren es Passagiere der „Vassilij Azhajew", die in Acapulco ausgeschifft waren und nun zurückflogen.

„Sei mir nicht böse, Dorisita", meinte Alejo. „Aber Deine Landsleute sehen nicht besonders schön aus." Dorothee musste lachen. Da konnte sie ihm nur Recht geben.

Alles ging so schnell. Der Abschied, die letzte Umarmung. Mein Gott, wie sie Abschiede hasste, besonders so endgültige. Dann saßen sie schon im Flugzeug. Boris hatte seinen kleinen braunen Koffer mit Spielsachen dabei, jenen Koffer, den auch Dorothee auf der Fahrt von Suchumi über Moskau nach Helmstedt im Jahr 1958 mit Spielsachen mitgenommen hatte. Es gab so einige Parallelen in ihrem eigenen Leben und im Leben ihres Sohnes. Sie war damals gerade 5 Jahre alt geworden, Boris wurde im April fünf Jahre alt, und auch er verließ sein Heimatland, um nun im anderen Heimatland zu leben.
Einige Tage zuvor war der Golfkrieg ausgebrochen. Wie sie nur jetzt nach Europa gehen konnte, wo doch dort Krieg herrschte, hatte man sie gefragt. Die geographischen Kenntnisse mancher Leute waren eben nicht besonders gut.
Das Flugzeug rollte auf die Startbahn, die Motoren liefen an, ihre letzten Sekunden in diesem Land waren angebrochen. Das Flugzeug sauste über die Bahn, die Lichter des Flughafengebäudes waren vom Fenster aus zu sehen. Dann hoben sie ab in die Lüfte. In zehn Stunden ungefähr würden sie in Frankfurt landen und ein neues Leben sollte beginnen. Dorothee weinte. Sie wusste, dass diese entsetzliche Entscheidung notwendig gewesen war und sie wusste auch, dass sie es mehr als einmal bereuen sollte.

Zurück im fremden Vaterland

„Wozu packe ich eigentlich die Sachen aus, wenn ich vielleicht in einem halben Jahr schon wieder alles einpacken und von hier weg muss?"
Dorothee saß mit Boris auf dem Teppichboden im Wohnzimmer ihrer neuen Wohnung. Die Kartons standen um sie herum. Sie packten alles aus und versuchten es in den Möbeln zu verstauen. Seit fast 2 Jahren waren sie nun schon in Deutschland, hatten bisher noch bei Hartmut auf dem Eselsberg gewohnt. Nun endlich hatten sie diese Wohnung hier in einem Ort östlich von Ulm beziehen können. Sie waren weiterhin noch in Hartmuts Wohnung gemeldet, damit Boris nicht die Grundschule wechseln musste, denn hier im Dorf gab es keine Kinderbetreuung. Dort konnte Boris wenigstens nach der Schule in den Kinderhort gehen, der sich direkt neben der Schule befand.

In den letzten Monaten gab es immer wieder Schreckensmeldungen in den Nachrichten. Es kam häufig zu Angriffen auf Ausländer, oder auf Menschen, von denen gewisse Deutsche annahmen, dass sie Ausländer seien. Es betraf hauptsächlich die östlichen Gebiete des Landes, die so genannten „neuen Bundesländer", jene Länder, die früher DDR gewesen waren. Es griff wie eine

Seuche um sich. Da wurden Ausländer auf den Straßen angegriffen, Wohnungen von Ausländern angezündet. Und dann stand da sogar noch eine Menschenmasse vor den brennenden Häusern und jubelte. Es betraf Vietnamesen, Afrikaner, Türken. Dorothee nannte es später die „Türkenverbrennungsphase". Warum geschah so etwas, warum waren ihre Landsleute so voller Hass auf alles, was anders war. Warum mussten sie immer gleich von einem Extrem ins andere fallen?

Nein, wahrhaft kein schönes Gefühl zu wissen, dass auch sie mit ihrer weltoffenen Einstellung, ihrem nicht arisch aussehenden Kind, dass auch sie, wieder einmal, im eigenen Land nicht willkommen war.

Wie recht sie doch hatte. Für sie war immer klar gewesen, sollte sie je ein Kind haben, dann sollte es außer Deutschland noch ein zweites Heimatland haben. Weit entfernt von Deutschland, damit es jederzeit dort sich in Sicherheit bringen konnte, sollte die Mehrheit der Deutschen wieder dieser Krankheit vom Gedanken des Herrenmenschen verfallen. Und sie wollte nicht älter als 35 Jahre alt sein, wenn sie Mutter würde. Denn wenn sie ein ähnliches Schicksal wie Charlotte erleiden und mit 61 Jahren oder noch jünger sterben müsste, so sollte Boris doch schon erwachsen und möglichst nicht alleine mehr sein, sollte er aufgefangen werden von der Liebe einer Freundin, einer Frau und deren Familie.

Im Westen demonstrierten die Menschen für Toleranz, für Frieden und gegen diese Attacken. Es kam zur Bildung von Menschenketten, die längste wurde fast 400 km lang. Ein wahres Zeichen an all diese verblendeten, kleingeistigen, verirrten Wesen. Auch Dorothee und Boris nahmen an einer Menschenkette teil, die von Ulm, sozusagen grenzübergreifend ins bayrische Neu-Ulm führte. Und so kam es, dass beide mitten auf der Donaubrücke standen, Dorothee in Bayern, Boris in Baden-Württemberg. Es war ein schönes Gefühl der Solidarität. Solche Attacken durfte es einfach nicht geben, nirgendwo, aber schon gar nicht in Deutschland mit seiner so entsetzlichen Geschichte.

Wie oft schon hatte sie bereut, nach Deutschland zurückgekommen zu sein. Die Sehnsucht nach ihrem geliebten Mexiko ließ sie oft nicht schlafen. Es gab Phasen, da vermied sie es, mexikanische Musik zu hören. Sie musste dann immer weinen. Deutschland hatte sie ein zweites Mal nicht willkommen geheißen.

Während des Fluges von Mexiko-Stadt nach Frankfurt, damals im Januar 1991, musste ein seltsamer Wandel mit ihr geschehen sein. Von einer guten, normalen, liebevollen Mutter mutierte sie zur schlechten Mutter. Von einer attraktiven, begehrenswerten Frau mit vielen Verehrern mutierte sie zum geschlechtslosen Wesen. Von nun an sah kein Mann sie mehr an, nahm sie nicht einmal wahr. Sie war unsichtbar geworden.

Im Oktober 1981 war sie als alleinstehende, junge, unabhängige Frau nach Mexiko gegangen, im Januar 1991 kehrte sie als geschiedene, alleinerziehende Mutter zurück. Sie war eine „gescheiterte Existenz". Alleinerziehend sein, das bedeutete in Deutschland fast schon so viel, wie asozial sein. Das aber wusste Dorothee nicht. Sie wunderte sich nur über gewisse Reaktionen der Mitmenschen.

„Was, Sie arbeiten ganztags? Das schadet ihrem Kind. Das bekommt dann einen psychischen Schaden. Warum arbeiten Sie nicht einfach nur halbtags."

„Weil dann das Geld nicht reicht."

„Dann beantragen Sie doch Sozialhilfe."

Ich soll Sozialhilfe beantragen, spinnen die? Ich bin gesund, ich kann arbeiten. Ich will keine Hilfe vom Staat und dann ständig Rechenschaft ablegen müssen, was ich tue, wie ich mein Geld ausgebe. Nein, niemals!

In Ländern wie Spanien, Italien, Frankreich, den Niederlanden, Belgien und vielen mehr war es keine Schande, als Mutter den ganzen Tag zu arbeiten. Auch nicht in dem in den Augen vieler Deutscher so rückständigen Mexiko. Dort hatte eine berufstätige Mutter sogar einen Rechtsanspruch auf kostenlose Kinderbetreuung. Und all die Kinder dort in diesen Ländern entwickelten sich völlig normal. Was sollte also der Quatsch?

Und dann dieser ständige Gegenwind, der ihr entgegenkam, Missgunst, Neid. Sie musste lernen, nichts mehr zu erzählen. Es gab zu viele frustrierte Hausfrauen, die es nicht ertrugen, dass eine Frau es schaffte, den ganzen Tag zu arbeiten, ihr Kind alleine zu erziehen, den Haushalt in Ordnung zu halten und obendrein auch noch in den Urlaub zu reisen. Und dann hatte sie etwas getan, was viele so gerne tun würden, es sich aber nie trauten, sie war ausgewandert, hatte jahrelang im Ausland gelebt. Kein Wunder, dass sie jetzt als gescheiterte Existenz nach Deutschland zurückgekehrt war. O ja, Dorothee musste sich viele, meist so einfach nebenei erwähnte negative Bemerkungen anhören. Wie viel Energie sie brauchte, so alleine wie sie dastand, das sah ja keiner. Es ging auch niemanden etwas an. Wie oft musste Doro daran denken, wie ihre Mamotschka die Worte jenes Liedes aus der Operette „Das Land des Lächelns" von Franz Lehar zitiert hatte: „Immer nur lächeln, immer vergnügt, immer zufrieden, wie's immer sich fügt, lächeln trotz Weh und tausend Schmerzen, doch wie's da drinnen aussieht, geht niemand was an."

Dorothee zog sich immer mehr in sich zurück und suchte den Kontakt zu Frauen, die in ähnlichen Situationen waren. Sie versuchte zu funktionieren und möglichst den Kontakt zu allen zu vermeiden, die ihr nicht gut taten.

Eine latente Ausländerfeindlichkeit war in Deutschland stets vorhanden. Diese Erfahrung musste Boris leider in der Schule machen. Im Sommer 1992 wurde er eingeschult. Die Lehrerin, die er in der ersten und zweiten Klasse hatte, war eine ganz liebenswerte Person, die Kinder mochten sie sehr. Diese Frau war ein wahrer Segen für die Kinder.

Das änderte sich schlagartig, als Boris in die dritte Klasse kam. Die neue Lehrerin, Frau Thaler, mochte grundsätzlich keine Jungen. Die Mädchen wurden stets bevorzugt. Dann mochte sie unter den Jungen diejenigen nicht, die „Ausländer" waren, also diejenigen, die ihrer Meinung nach, nichts hier zu suchen hatten. Zu einem Jungen, der aus Sibirien stammte, sagte sie zum Beispiel: „Was macht dein Vater da jeden Morgen an der Bushaltestelle? Hat der nichts anderes zu tun?"

Ja, was machte der Vater wohl an der Bushaltestelle? Er wartete auf den Bus, um zur Arbeit zu fahren.

Zu eben diesem Jungen sagte sie auch einmal: „Na ja, dort wo du herkommst, da gibt es sicher nicht einmal Fernsehen."

Stellen Sie sich vor, Frau Thaler, selbst in Sibirien gibt es Fernsehen! Und was wäre schlimm daran, wenn es keines gäbe?

Eines Tages, nach einer Schulveranstaltung brachte Dorothee diesen Jungen und seine Mutter mit dem Auto nach Hause. Sie machte den beiden Mut: „Sprecht immer Russisch zu Hause miteinander. Wenn Du erwachsen sein wirst, dann kannst Du zwei Sprachen und hast anderen gegenüber viele Vorteile. Höre nicht auf diese dummen Menschen." Die russische Mutter umarmte Dorothee zum Abschied. Sie hatte Tränen der Dankbarkeit in den Augen. Und Dorothees Seele weinte mit ihr.

Eine der Schülerinnen in der Klasse war Rebecca Ohler. Sie war die Tochter eines evangelischen Pfarrers, der mit seiner Familie viele Jahre in Guatemala die deutsche Gemeinde betreut hatte. Rebecca war in Guatemala geboren. Sie war blond und hatte blaue Augen. Sie sah also sehr „arisch" aus.

Rebecca nun ging eines Tages, begleitet von ihrer Mitschülerin Leila Kuczak zu Frau Thaler und sprach sie direkt an:

„Frau Thaler, warum diskriminieren Sie immer die Mitschüler, die aus dem Ausland kommen. Ich bin auch Ausländerin."

„Nein, Du doch nicht. Du bist doch die Tochter des Pfarrers Ohler."

„Doch, ich bin in Guatemala geboren, ich bin auch Ausländerin."

„Und mein Vater ist Kroate, ich bin also halbe Ausländerin", sagte Leila erhobenen Hauptes.

Leila hatte aber das Glück, dass ihr (kroatischer) Vater Oberarzt an der Universitätsklinik in Ulm war.

Und da soll einer behaupten, dass in Deutschland die soziale Herkunft im Schulsystem keine Rolle spielt. Dorothee und Boris mussten am eigenen Leib erleben, dass sie auf der Verliererseite standen.

Anders war es, als Boris dann endlich in die Realschule gehen konnte. Trotz guter Noten wollte man ihm die nötige Empfehlung dazu nicht geben. Als Dorothee den Lehrern klar machte, dass Boris in Bayern in die Realschule gehen werde, da meinte man: „Ach so, sie ziehen um nach Bayern. Dann verlieren wir diesen Schüler sowieso."

Zehn Minuten später hielt Dorothee die Realschulempfehlung in der Hand. Schulpolitik auf Kosten der Zukunft der Schüler. Unglaublich!

Jetzt meldeten sie ihren Wohnsitz um, wohnten nun offiziell im kleinen Ort östlich von Ulm. Und der lag in Bayern. Es hat Vorteile an einer „Grenze" zu wohnen.

Um in die Schule zu gelangen, musste Boris den Schulbus nehmen, der die Schüler sämtlicher Dörfer einsammelte und zum Schulzentrum auf der anderen Donauseite brachte. Jetzt waren es nicht die Lehrer, sondern die mitfahrenden Schüler, die gerne diejenigen ärgerten, die ihrer bzw. ihrer Eltern Meinung nach nicht hierher gehörten, weil sie anders aussahen oder anders klingende Namen hatten.

Boris hatte ein Adressschild am Schulranzen. Das wurde angefasst, herumgedreht, gelesen: „Gonzaaalez, wo kommscht na du her?"
„Aus Mexiko".
„Ah…"
Keine weitere Reaktion. Zuhause hatten sie noch nie etwas von Mexiko gehört, es war noch nie über dieses Land gesprochen worden. Also wussten sie auch nicht, was sagen.
Aber sie ließen keine Ruhe. Am nächsten Tag fragten sie Boris:
„Was machscht dann hier in Deutschland?"
„Deutsch lernen."
Boris konnte so schlagfertig sein, dem Himmel sei Dank. Darauf wussten sie nun wirklich nicht, was sagen.
Auf dem Heimweg hielt der Bus direkt an der Wohnsiedlung. Boris stellte sich an die Tür, drückte den Knopf, damit der Fahrer wusste, jemand wollte aussteigen.
Und schon wieder kam eine dumme Bemerkung:
„So, hier wohnscht du" – es klang so, als ob man sich dafür schämen müsste, in einem mehrstöckigen Gebäude in einer Wohnung zu wohnen und nicht in einem für die Schwaben doch so wichtigen eigenen „Häusle".
Boris antwortete: „Ja, und ich habe wenigstens ein Dach über dem Kopf."
Dumme Blicke der anderen. Dass es Millionen Menschen auf dieser Erde gab, die kein Dach über dem Kopf hatten, das wussten diese Jungen im Alter von 12 Jahren immer noch nicht. Wie klein war deren Welt und die Welt ihrer Eltern?
Deutschland ist ein Land, in dem es den Menschen so gut geht. Aber sie jammern ständig, sind oft schlechter Laune und latent, oder weniger latent intolerant und ausländerfeindlich. Eine Erfahrung, die Dorothee lieber nicht gemacht hätte. Vielleicht lag es auch an der Gegend, in der sie lebte. Hätte ihr 1969 jemand gesagt, dass sie eines Tages wieder in Ulm oder um Ulm herum leben würde, sie hätte denjenigen für verrückt erklärt. Niemals. Aber nun war sie hier, weil hier ihr Vater lebte, um den sie sich auch kümmerte, weil sie wegen der schlechten Kinderbetreuungs-möglichkeiten keine andere Wahl gehabt hatte. Aber es war nicht leicht, hier zu leben, in ihrem Vaterland, das doch eigentlich auch ihre Heimat hätte sein sollen.

Die Trommel aus Lambarene

Alle vier Jahre findet in Ulm das „Fischerstechen" statt, ein traditionelles Fest, das bis ins Mittelalter zurückreicht. Vormittags ziehen die Fischer in ihren alten Trachten durch die Straßen der Stadt. An gewissen Plätzen führen sie ihren Tanz auf. Nachmittags findet dann das Stechen auf der Donau statt. Vom Ulmer und Neu-Ulmer Ufer aus fahren jeweils die Zillen, schmale Boote, aufeinander zu. In der Mitte des Flusses treffen sie zusammen, fahren dicht aneinander vorbei. Hinten steht jeweils ein „Stecher" in traditioneller Tracht eine Figur der Stadtgeschichte darstellend. Mit einer Stange versuchen sie nun den entgegenkommenden Gegner ins Wasser zu stoßen. Gewinner ist derjenige, der weder in die Donau noch ins Boot hineinfällt.

Im Juli 1994 war es wieder einmal so weit. Dorothee hatte Karten für sie beide und eine Nachbarsfamilie besorgt, so dass sie bequem von einem Tribünenplatz aus das Spektakel verfolgen konnten. Das Wetter war wunderschön, sie wollten mit den Fahrrädern an der Donau entlang bis nach Ulm fahren.

1970 hatte sie das Fischerstechen zum letzten Mal gesehen, das war nun 24 Jahre her. Damals lebte ihre Mamotschka noch, und die Welt war noch in Ordnung.

Am Abend zuvor war sie mit Boris und diesen Nachbarn beim Cityfest eines Ortes südlich von Ulm gewesen. Das war ein Muss, denn die Band, die im großen Festzelt spielte war keine andere als Martell Almas, die damals, es war nun schon 18 Jahre her, auf der Vassilij Azhajew gewesen waren. Sie war auf die Musiker zugegangen, und es war für sie fast nicht zu glauben, alle erkannten sie sofort: „Unsere Dori von der Vassilij…" Es war ein wunderschöner Abend geworden. Und sie waren alle spät ins Bett gekommen.

Umso erstaunlicher, dass sie am Sonntag schon früh wach wurde. Und so fuhr sie mit Boris schnell in die Stadt, um den Fischerumzug und –tanz zu sehen. Es herrschte eine selten gute Stimmung in Ulm. Sie fuhren gleich wieder zurück nach Hause, denn nachmittags wollten sie ja per Fahrrad in die Stadt.

Gerade zu Hause angekommen, läutete das Telefon. Dorothee war beschäftigt und so hob Boris den Hörer ab: „Mami, ein Christian Forch möchte Dich sprechen."

Christian Forch? Kannte sie nicht.

Sie nahm den Hörer. Christian Forch rief aus München an: „Sie kennen mich nicht, ich bin Filmregisseur und habe soeben einen Film in Georgien gedreht. Nun sind hier bei mir georgische Künstler, Musiker. Eine Folklore-Gruppe. Sie haben eine Tüte mit einem Brief und mit Geschenken für Sie von einem gewissen Avtandil Tarielani. Der Name sagt ihnen doch sicher etwas, nicht wahr?"

Ihr Herz stockte. Sie traute ihren Ohren nicht. Natürlich sagte ihr der Name etwas. War das jetzt ein Traum, aus dem sie gleich erwachen würde? Nein, es schien wahr zu sein. Die Gruppe hatte am Abend ein Konzert in München, im Stadtteil Berg am Laim, und sollte morgen mit einem Kleinbus nach Baden-Baden fahren. Wie konnte man Dorothee die Tüte übergeben?

Es gab nur eine Möglichkeit. Die Männer sollten auf dem Weg von München nach Baden-Baden am Montag in Ulm Stopp machen und in die Klinik kommen, in der sie nun schon seit Jahren als Sekretärin arbeitete. Einverstanden.

Am nächsten Tag hing sie sich jene schöne Kette mit dem Rosenquarzstein um den Hals, die ihr Avtandil an ihrem einzigen gemeinsamen Tag in Jalta geschenkt hatte, einen Tag bevor sie Abschied nehmen mussten. Es war ihr unmöglich sich auf die Arbeit zu konzentrieren, von Stunde zu Stunde wurde sie nervöser. Hartmut holte Boris früher in der Kita ab. Beide kamen zu ihr ins Büro und warteten dann in der Cafeteria der Klinik auf die Georgier.

Endlich, endlich ging die Tür des Büros auf, ein sympathischer junger Mann trat ein. Er lächelte sie sofort an, gerade so, als ob er sie erkennen würde. Dorothee begrüßte ihn sofort auf Georgisch „Gamadschorbad". Vor der Tür warteten die anderen vier Künstler, die von ihr ebenfalls mit einem herzlichen Gamadschorbad begrüßt wurden. Eine große Tüte, voll gepackt, stand auf der Bank neben der Tür. Die Georgier zeigten auf die Tüte. Da waren also die Geschenke für sie drin, und ein Brief. Dorothee brachte die fünf Männer zur Cafeteria, machte sie mit Hartmut und Boris bekannt und sagte, dass sie in ungefähr 40 Minuten Dienstschluss habe. So lange könnten sie hier etwas trinken und plaudern. Wie gerne wäre sie gleich dort geblieben. Georgien so nahe, unfassbar!

Es war einer der ganz wenigen ruhigen Montage, das lag an den Ferien. Gott sei Dank, denn so konnte Dorothee sich die Geschenke ansehen und vor allem konnte sie Avtandils Brief lesen.

9. Juli 1994

Grüß Dich, meine liebe Doritschka,

Für alles, alles danke ich Dir, für all die Aufmerksamkeiten. Ach, ich konnte Dir überhaupt keinen Brief schreiben, weil ich mich in einer extremen Situation befand. Ich kann Dir das nicht im Brief schreiben, aber die Jungs, meine Freunde, werden es Dir erzählen. Oder ich werde es Dir im Detail erzählen, wenn wir uns treffen werden. Ich bin gerade erst nach Tbilisi zurückgekehrt und es zeigte sich die Möglichkeit, Dir diesen Brief zu schreiben. Ich weiß, dass er Dich schnell erreichen wird.

Danke, dass Du meinen Geburtstag nicht vergessen und die Karte geschickt hast. Danke auch für die Einladung, nach Deutschland zu reisen. Leider kann ich diese momentan nicht nutzen. Nun, ich werde nicht sterben, es wird die Zeit kommen, um Dich zu sehen und um sich gemeinsam an das Vergangene zu erinnern. Jeder lebt von seinen Erinnerungen.

Was mich betrifft, so ist alles beim Alten. Gott sei Dank bin ich am Leben und gesund. Ich werde im August auf Tournee sein in Spanien, in Santander. Wenn Du auch die Gelegenheit hast, in Spanien Urlaub zu machen, so könnten wir uns dort wieder sehen.

Du schreibst sehr wenig über Deinen Boris. Ich schaue mir oft das Foto aus Mexiko an, wo er vor dem kleinen Schlagzeug sitzt. Gefällt es ihm, Schlagzeug zu spielen? Ich werde es ihm beibringen, wenn wir uns treffen.
Schreibe mir, wie es Deinem Vater geht! Über Dich selbst schreibst Du auch sehr wenig. Ich weiß nicht einmal, womit Du Dich jetzt beschäftigst.
Ich arbeite wieder beim Fernsehen, aber nebenbei gebe ich auch Schlagzeug-Unterricht, repariere Autos, sogar LKWs. Die Situation in unserem Land ist sehr, sehr schwierig geworden.

Ich wollte Spielsachen schicken, aber diese sind bei Euch sicher viel besser und schöner. So habe ich beschlossen, Boris die afrikanische Trommel zu schenken, die ich aus Afrika mitgebracht habe, als wir gemeinsam auf dem Schiff gearbeitet haben. Sie ist so viele Jahre alt, wie wir uns nicht mehr gesehen haben – 18 Jahre. Sie soll eine weitere Erinnerung an unsere Arbeit sein.
Dir schicke ich eine Korallenkette aus Indien, die ich auch damals gekauft habe. Wenn ich noch Zeit habe und bis morgen etwas finde, dann schicke ich es mit.

Du kannst gerne einen Brief an die Jungs mitgeben. Sie reisen am 31. Juli nach Tbilisi zurück und dann mit mir gemeinsam nach Spanien.

Ich verabschiede mich vorläufig. Küsse Boris von mir!!! Viele Grüße an Deinen Vater!!!

Ich küsse Dich viele, viele Male!

Dein sich stets an Dich erinnernder und Dich immer liebender

Avtandil.

P.S. Ich küsse alle noch einmal!!!!! Noch viele, viele Male!!!

Dorothee musste lächeln. Avtandil konnte sich offensichtlich nicht daran erinnern, dass sie es war, die ihm damals die Trommel geschenkt hatte. Damals, 1976, als sie noch nicht ganz gesund nach einer starken Sommergrippe den Ausflug zum Urwaldhospital von Albert Schweitzer nach Lambarene begleitet und dort zwei kleine Trommeln gekauft hatte. Die größere hatte sie Avtandil geschenkt. Die kleinere war mit ihr nach Mexiko gereist, hing dort im Wohnzimmer an der Wand und war nun wieder zurückgekehrt nach Deutschland, wo sie wieder an der Wand im Wohnzimmer hing. Nun sollten beide Trommeln vereint sein.

Avtandil hatte mit einem blauen Filzstift einige Worte an Boris auf die Trommel geschrieben:

Zur Erinnerung für den kleinen Boris von Avtandil, Tbilisi – 9/VII 1994.

Mit Tränen in den Augen holte Dorothee die restlichen Geschenke aus der Tüte: Eine wunderschöne Korallenkette und ein gelbes Spielzeugauto mit einer Fernsteuerung.

Endlich Dienstschluss, nun schnell in die Cafeteria, wo sie schon ungeduldig erwartet wurde. Die fünf Jungs hatten es eilig, mussten sie doch noch weiterfahren bis nach Baden-Baden und kannten sich nicht gut aus. Aber sie nahmen sich die Zeit, wenigstens ein bisschen mit Dorothee zu plaudern.
Avtandil war lange arbeitslos gewesen. Nach dem Zusammenbruch der Sowjetunion und als Georgien selbständig wurde, verschlechterte sich die wirtschaftliche Lage des Landes dramatisch. Nun endlich konnte er wieder im Orchester des staatlichen Fernsehens spielen. Was er nicht im Brief erwähnte, was die Jungs aber Dorothee erzählten: Avtandil war inzwischen, genauso wie sie selbst, geschieden. Aufgrund der schwierigen finanziellen Situation lebten seine Frau und Kinder aber im selben Gebäude wie er. Nur auf verschiedenen Stockwerken.
Es wäre die Gelegenheit gewesen, sich wieder zu sehen, dort in Spanien. Aber das Schicksal wollte es (noch) nicht. Dorothee hatte schon den Urlaub gebucht, sie flogen nach Mexiko. Boris freute sich, seinen Vater wieder zu sehen. Auf dem Weg dorthin machten sie drei Tage Stopp in den USA und besuchten Nino, die Sängerin der Sakartvelo. Mit ihr war Dorothee auch schon seit mehreren Jahren wieder in Kontakt. Nun war Nino mit ihrem Bruder illegal in die USA gereist und versuchte, dort irgendwie legal im Land leben zu können eines Tages.

„Bitte singt mir das Lied Suliko", bat Dorothee die Ormeli, wie die georgische Gruppe sich nannte. Vor dem Kleinbus stellten sie sich auf und sangen ihr Lieblingslied, Suliko, das Lied einer verloren gegangenen Liebe. Dann fuhren sie davon, Richtung Baden-Baden.

Diese Begegnung sollte der Beginn einer wunderbaren Freundschaft zwischen ihr, Boris und den fünf Ormelis werden. Noch oft kamen sie nach Deutschland und gaben hier Konzerte, besonders oft in München.

Wiedersehen mit der geliebten „Vassilij"

Der Weg von Ulm bis Bremerhaven war weit. Es war besser, einen Tag früher los zu fahren und Stopp zu machen, bei Herbert in Köln. Inzwischen hatte er dort eine Wohnung bezogen. Valja lebte weiterhin in Frankfurt in Herberts Wohnung. Es wurde ein schöner Abend mit Herbert. Sie hatten sich stets so viel zu erzählen. Heute hatte er leider eine sehr traurige Nachricht für sie. Valja hatte nun, nach dem Ende der UdSSR, problemlos nach Odessa reisen können, um seine Familie nach all den Jahren zu besuchen. Zweimal war er schon dort gewesen, doch das zweite Mal kehrte er krank zurück. Es folgten viele Untersuchungen und dann die schreckliche Diagnose: Morbus Hodgkin, Lymphdrüsenkrebs. Er musste es schon seit langem haben, hatte aber alle Anzeichen ignoriert. Die Ärzte gaben ihm höchstens noch ein Jahr.
So fuhren sie am nächsten Tag traurig los, weiter nach Norden, nach Bremerhaven. Am Kolumbuskai stand sie, so wie in Dorothees Zeiten, strahlte in ihrer weißen Farbe, der typische Schornstein hatte nun die Farben blau-weiß-rot, die Farben der russischen Flagge. Aber es war ihre geliebte Vassilij Azhajew. Lieber guter Herbert. Was für ein wunderbarer Freund! Er hatte es Dorothee und Boris ermöglicht, wieder eine Reise an Bord mitzufahren. Es ging hoch bis nach Spitzbergen. Sigi Herzog begrüßte die Gäste. Er strahlte über das ganze Gesicht, als er Dorothee erblickte: „Willkommen zu Hause!" Schöner hätte man es nicht ausdrücken können. Ihre Kabine lag auf dem Seesterndeck, das mit den blauen Teppichen.

Dorothee spazierte mit Boris durch das ganze Schiff, erzählte ihm an jeder Ecke von ihren Erinnerungen. Er hatte so oft davon gehört, aber nun lernte er endlich die Orte kennen. Auf dem Poseidondeck suchte sie ihre damalige Kabine Nr. 488. Die Tür stand offen. Lange blieb sie in der Kabine stehen, schloss die Augen, erinnerte sich an die schönen und glücklichen Stunden, die sie hier erleben durfte. Avtandil war ihr in diesem Moment wieder so nahe, sie spürte seine Nähe.
Abends saßen sie oben in der Ucraina-Lounge und lauschten der Musik des russischen Orchesters. Während Boris sich mit den Musikern, besonders mit dem Schlagzeuger anfreundete und dicht bei ihnen saß, setzte sich Dorothee direkt am Fenster hin, schaute hinunter auf das Meer, beobachtete die Wellen, die Gischt, verursacht durch die schnelle Fahrt des Schiffes. Sie war glücklich, sie war zuhause angekommen, lange Umwege war sie gegangen, sie war wieder da.
An der Information kaufte sie sich Ansichtskarten. Da stand sie also wieder hier an ihrer alten Arbeitsstelle, nur dieses Mal außen als Gast, nicht innen. Boris stand neben ihr. Sie bezahlte, dreht sich um und spazierte los in Richtung Kabine, in der Hand die Ansichtskarten. Sie überlegte, welche Karte an wen geschickt werden sollte. Ihre Schritte führten sie automatisch zur Treppe,

die Treppe hinunter zum Poseidondeck, den langen Gang entlang. Dann, am hinteren Treppenhaus stoppte sie und erschrak. Wohin gehe ich denn? Unsere Kabine ist doch oben auf dem Seesterndeck. Ich bin auf dem Weg zu meiner alten Kabine 488.

So stark konnte das Unterbewusstsein beinflussen. Ihre Füße hatten sie ganz automatisch den Weg gehen lassen, den sie so unzählige Male gegangen war. Sie musste sehr glücklich gewesen sein damals, dass es noch immer so stark in ihr drin war.

Diese Kreuzfahrt wurde ein weiteres unvergessliches Erlebnis, neue Erfahrungen und viele, viele Erinnerungen. Die Mitternachtssonne im hohen Norden, die wahrhaft spitzen Berge Spitzbergens eingetaucht in goldenes Licht. Alles war so voller Stille, Friede, Glück, Weite, Licht. Vor allem aber war es wichtig für Boris, der nun seine Mutti besser verstehen konnte. Er fühlte sich auf diesem Schiff auch wie zu Hause.

Valja aber ging es immer schlechter. Herbert beschloss, ihn zu Hause zu pflegen und lebte für diese Zeit wieder in Frankfurt. Er holte Valja aus dem Krankenhaus und pflegte ihn liebevoll, bis Valja von seinen Leiden erlöst wurde. Das war im April 1996, die Beerdigung fand einen Tag nach Boris' Geburtstag statt. Boris war 10 Jahre alt geworden.

Eine Kugel Eis

Peter war der jüngere Sohn von Tante Maxis zweitem Mann. Er war Gastwirt und in jenen Jahren Pächter des Restaurants in einem großen Münchner Schwimmbad. Wenn die Ormeli in München waren, ging Dorothee stets mit ihnen zu Peter. Bei ihm gab es gutes Essen. Zum Dank sangen die Ormeli mehrere Lieder für Peter, dem dann vor Rührung die Tränen kamen. Er, dieser große, starke Mann, so hart im Nehmen, war innerlich ein sensibler, feinfühliger Mensch. Peter war jedes Mal sehr glücklich, wenn die Ormeli ihn besuchten.

In jenem Sommer waren die Tage sehr heiß. Peter hatte alle Ormeli, Dorothee und Boris eingeladen. Es gab wie immer sehr viel und sehr gutes Essen. So viel, dass sie nachher sehr satt waren. Für eine Nachspeise war kein Platz mehr im Magen.

Peter aber ließ nicht locker: „Was wollts zur Nachspeisn? Nichts geht net, wollts an Eis haben?"

Nein, sie wollten nicht, es ging einfach nicht mehr. Peter ließ aber nicht locker, legte den Arm um Thomas, einen der Ormeli, und sagte: „Wenigstens a Kugel Eis, oder?"

„Nein, Danke".

„Doch, a Kugel Eis, des muas sei."

Thomas gab endlich nach. Peter verschwand in der Küche, packte den größten Schöpflöffel, den er hatte, und schöpfte damit eine riesige Kugel, so groß wie ein Ball, aus dem Speiseeis. Damit spazierte er grinsend zurück ins Restaurant. Das Gelächter war groß, und alle mussten mitessen, ehe das Eis in der Hitze zerschmolz.

Ein Jahr später waren die Ormeli wieder in München. Sie gaben ein Konzert auf einem Stadtteilfest. Peter, Dorothee, Boris, Rudi und Kerstin waren unter dem Publikum. Peter saß in der ersten Reihe ganz vorne, Dorothee direkt hinter ihm.
Während eines Liedes, an einer Stelle, an der die Ormeli ganz, ganz leise sangen, flüsterte Peter vor sich hin „eine Kugel Eis". Die armen Ormeli hatten stark damit zu kämpfen, nicht mitten in diesem feierlichen Lied in lautes Lachen auszubrechen. Ja, das war Peter!

Nostalgiereise in die alte Heimat

Seit einigen Jahren konnte Hartmut nicht mehr so gut gehen. Die Knie waren schwach. Er hatte keine Schmerzen, keine Artrhose, sie waren einfach schwach. Er musste langsam gehen und die Beine waren schnell ermüdet. Allzu lange sollten sie nicht warten mit ihrer geplanten Nostalgiereise durch Russland.

Schon im Sommer 1994 war Hartmut zusammen mit Rudi nach Samara gereist, wie die Stadt Kuibischew nun wieder hieß. Sie waren auch nach „Upra" gefahren, jenen Ort, in dem sie von 1946 bis 1950 leben mussten. Im Gebäude, in dem sie damals in einem Zimmer einer Wohnung leben mussten, gingen sie die Treppen hinauf, machten vor der Wohnungstür halt. Diese war angelehnt. Eine alte Frau kam heraus. Es war die Mutter der jetzigen Bewohner. Sie wohnte in der Wohnung nebenan. Sie habe schon die deutschen Stimmen von unten gehört. Die nette Dame lud Hartmut und Rudi in die Wohnung ihres Sohnes ein. Später lernten sie den Sohn und dessen Familie kennen. Er war Polizist, hatte ein Boot und fuhr mit ihnen hinüber zur Insel, auf der sie damals im Sommer die Wochenenden verbracht hatten.
Wie konnten diese Menschen nur so freundlich sein! Die Deutschen hatten so viel grausamen Schaden in Russland angerichtet in all den Kriegsjahren. In buchstäblich jeder Familie hatte man Opfer zu beklagen, aber sie waren nicht nachtragend, grollten nicht. Wie anders reagierten die Deutschen, unter denen es immer noch genug gab, die nicht akzeptieren konnten, dass sie nach dem Krieg aus ihrer Heimat vertrieben wurden. Es war doch Deutschland, das den Krieg begonnen hatte, und es hatte ihn verloren.

Dorothee beschloss, mit Hartmut und Boris durch Russland zu reisen. Im Sommer 2000 flogen sie nach Moskau, besuchten dort die Stätten ihrer Vergangenheit. Und so kam sie wieder nach Tuschino, zum Kino „Poljot", wo sie im Sommer 1980 jenen Film gesehen hatte – Portrait mit Regen – der ihr zeigte, dass ihr Entschluss nach Mexiko zu gehen, ihr Schicksal und die richtige Entscheidung war. Heute wusste sie, dass sie damals Recht gehabt hatte.

Sie besuchten die Klinik, in der sie geboren wurde. Die war wieder mal „na remont" – in Restaurierung.

Mit dem Nachtzug ging es nach Samara. Jener Polizist aus der Wohnung in Upra holte sie ab, endlich lernte Dorothee all das kennen, was sie nur aus Erzählungen kannte. Während der Sowjetzeit war Kuibischew eine „geschlossene Stadt" gewesen, ein Gebiet, das man nur mit Sondergenehmigung besuchen durfte, auch die Sowjetbürger. Jetzt herrschte hier auch Freiheit.

Die Frau des Polizisten war zu kranken Verwandten gereist. So stand er nun am Herd und bereitete ein Essen für seine Gäste zu. Da stand er, an jenem Ort, an dem ihre Mamotschka vor so unendlich vielen Jahren gestanden hatte, um für Hartmut und Rudi zu kochen.

Es war eine sehr emotional aufwühlende Reise für Dorothee. In Samara nahmen sie ein Schiff und fuhren die Wolga abwärts bis nach Wolgograd. Es war ein normales Linienschiff, das im Sommer von Moskau über den Kanal in die Wolga und bis deren Mündung ins Kaspische Meer bei Astrachan fuhr und dann wieder zurück. Sie fuhren mitten unter dem russischen Volk. Das Schiff legte manchmal in einer Bucht an, dann konnten sie schwimmen. Nachts spiegelte sich der Vollmond auf der Wolga, färbte das Wasser in silbernen Glanz. Es war so romantisch. Dorothee fing an zu verstehen, warum es so viele Lieder gab, die dieser Wolga gewidmet waren.

Von Wolgograd ging es per Zug entlang des Wolga-Don-Kanales bis nach Rostow, und nach ein paar Tagen von dort weiter mit dem Nachtzug, der in Moskau gestartet war, bis nach Sotschi.

Überall trafen sie Bekannte oder auch noch Unbekannte, die Esperanto sprachen und zu Freunden wurden. Menschen, mit denen sie etwas unternehmen konnten, die sie durch die Städte führten, die sie zu sich nach Hause einluden. In Sotschi warteten ihre Freunde schon ungeduldig am Bahnhof. Nina, Galina, Volodja – all die Freunde aus jenen Tagen, in denen sie hier gearbeitet hatte. Nach so vielen Jahren sich wiederzusehen und nun nicht mehr fürchten zu müssen, ständig beobachtet zu werden. Es war ein herrliches Gefühl.

Das Hafengebäude war auch gerade „na remont" - in Restaurierung. Allzu gern hätte sie Boris die Treppe und die Tür zu jenem Zimmer gezeigt, in dem sie im September 1976 einige Stunden hatte leiden müssen, während sie verhört worden war. Aber dies war leider nicht möglich.

Durch die Freunde lernten sie auch zwei junge Mädchen kennen, die gerade Esperanto gelernt hatten. Mit ihnen besuchten sie die schönen Parks der Stadt. Boris verstand sich besonders gut mit Jana, der jüngeren der beiden. Eines Nachts wachte Dorothee auf, weil Boris schniefte. „Bekommst Du eine Erkältung?"

„Nein", schluchzte Boris. Er weinte, er hatte sich in Jana verliebt und sie in ihn. Es war tragisch. Musste ihr Sohn die gleiche Dummheit begehen wie sie und sich in eine Russin verlieben? Nach wie vor war es so umständlich. Man benötigte ein Visum, eine persönliche Einladung oder eine über ein Reisebüro gebuchte Reise. Man konnte nicht einfach so in Russland einreisen. Und für Russen nach Deutschland zu reisen war sogar noch komplizierter. Armer Boris. Diese Liebesgefühle hielten ein ganzes Jahr lang an. Dann kamen die beiden Mädchen mit Mutter und Bruder zu ihnen nach Deutschland zu Besuch. Im Moment als Jana die Wohnung betrat, war der Zauber verloren. Das war seltsam, aber sicher besser so.

Das Wetter in Sotschi war nicht besonders gut, immer wieder gab es heftige Wolkenbrüche. Ausgerechnet am Tag ihrer Abreise war der Himmel dann blau und wolkenlos. Zu schade, um abzureisen, doch das Flugzeug brachte sie nach Moskau. Vom Fenster aus konnte Dorothee einen letzten Blick auf ihr geliebtes Sotschi und die Kaukasus-Berge werfen. Würde sie je wieder herkommen können?

Noch eine Nacht in Moskau, ehe es zurück nach Deutschland ging. Das Hotel Rossija, jener riesige quadratische Hotelbau mit 6.000 Hotelbetten, ursprünglich gebaut für die 6.000 Delegierten der Sowjetunion. Die mussten ja untergebracht werden, wenn sie zu ihren Versammlungen im Kreml kamen, der direkt nebenan lag. Zu dem Hotel gehörte ein hoher Gebäudeteil, eine Art Turm. Ganz oben gab es ein Restaurant, das wenig besucht war. Für normal verdienende Russen war es zu teuer geworden. Hier aßen sie abends und nahmen so Abschied von Russland. Dorothee saß am Fenster, schaute auf die Lichter der Stadt, auf den besonders schön beleuchteten Kreml – und plötzlich fühlte sie so etwas wie Stolz. Das ist die Stadt in der ich geboren wurde, meine Geburtsstadt. Was für eine wunderbare Stadt. Ja, stolz wollte sie sein, dass sie in dieser schönen Stadt geboren wurde. Nie wieder wollte sie sich schämen müssen, dass in ihren Dokumenten „Geburtsort Moskau" stand.

Es war die erste Reise, nach der Dorothee froh und erleichtert war, wieder zurück in Deutschland und in ihrer Wohnung zu sein. Vielleicht, weil sie all die Emotionen nicht länger hätte ertragen können, vielleicht weil die ständige Angst um Hartmut, für den dies alles sehr anstrengend war aufgrund seiner schwachen Beine, ihr die Ruhe raubte, die Verantwortung sie zu sehr belastete. Jedenfalls war es eine total neue Erfahrung, gerne nach einer Reise nach Hause zurück zu kehren. Ein neues Gefühl. Diese Reise war notwendig gewesen, zu gehen auf den Wegen der Vergangenheit, ihrer eigenen, der ihrer Familie aus der Zeit, bevor sie geboren wurde. Schade, dass Charlotte nicht mehr mitreisen konnte.

Nun hätte sie noch nach Georgien reisen müssen, doch die Lage dort war nach Bürgerkrieg und politischen Umwälzungen zu unsicher. Abchasien hatte sich von Georgien unabhängig erklärt, die Hauptstadt Suchumi war durch den Krieg ziemlich zerstört worden. Kaum ein Staat außer der Russischen Föderation und Kuba erkannten Abchasien als selbständigen Staat an. Nach Abchasien konnte man nur von Russland aus einreisen und nur als russischer Staatsbürger. Die Grenze zwischen Georgien und Abchasien wurde von UN-Friedenstruppen bewacht. Und so schob sie es immer und immer wieder auf.

Terror verändert die Welt

Ihre letzten Arbeitstage in der Klinik. Ja, Dorotheee hatte gewagt, diese sichere Arbeitsstelle aufzugeben. Es konnte so nicht weitergehn. Stöpsel ins Ohr, Hirn ausschalten und das Diktierte in den Computer tippen. Das noch bis zur Rente machen? Sie brauchte eine anspruchsvollere Aufgabe. Ab Oktober hatte sie eine Stelle in der Industrie.

Sie verließ das Büro und nahm wie immer das schnurlose Telefon mit. Schließlich musste sie immer und überall erreichbar sein. Gerade holte sie die Post vorne am Foyer aus dem Fach, da läutete das Telefon. Es war Boris, er war sehr aufgeregt:
„Mami, ich habe gerade den Fernseher eingeschaltet. Und da zeigen sie, dass ein Flugzeug in einen der Türme der Twin Towers in Manhattan hineingeflogen ist."
„Das ist entweder ein schrecklicher Unfall oder gar ein Terroranschlag", Dorothee dachte sofort daran, dass es schon einen solchen Anschlag gegeben hatte, im Februar 1993. Seither gab es immer wieder Drohungen. Noch während sie dies dachte, hörte sie Boris sagen:
„Mutti, jetzt fliegt gerade ein anderes Flugzeug in den anderen Turm..."
„Jetzt ist es klar, das sind Terroranschläge", und Dorothee zitterten Hände und Knie.
Unter einer Art Schock stehend ging sie zu den Damen an der Rezeption und sagte: „Mein Sohn hat gerade angerufen. Er ist am Fernseher Zeuge geworden, wie zwei Flugzeuge in die beiden Türme im Süden Manhattans in New York geflogen sind. Terroranschläge."
Die Damen schauten sie ungläubig an. Noch konnte hier keiner etwas davon wissen. Es war ja soeben erst geschehen. Es war 15.10 Uhr, in New York war es 9.10 Uhr. Und es war Dienstag, 11. September 2001.

Wie in Trance ging sie langsam zurück in ihr Büro und fühlte sich mit ihrem Wissen so schrecklich alleine. Alle arbeiteten ganz normal weiter, keiner ahnte etwas. Nur sie schleppte die Last des Wissens um die Anschläge mit sich herum.

Bald verließ sie die Klinik und fuhr mit dem Auto in die Stadt. Sie hatte einen Termin beim Zahnarzt. Die ganze Zeit lief das Radio, es wurde ausschließlich über diese Anschläge berichtet. Sie parkte das Auto im Parkhaus ein, der Sprecher im Radio unterbrach seine Kommentare und meldete: „Soeben wird gemeldet, dass einer der beiden Türme in sich zusammengestürzt ist." Dorothee blieb das Herz stehen. Bleich und zitternd kam sie in der Zahnarztpraxis an. Dort hatte noch niemand etwas mitbekommen.

Das war noch nicht das Ende der Schreckensmeldungen. Auch der zweite Turm stürzte in sich zusammen, ein weiteres Flugzeug flog in das Pentagon, das US-amerikanische Verteidigungsministerium. Und ein weiteres Flugzeug hatte wohl Kurs auf das Kapitol oder das Weiße Haus genommen. Es stürzte vor Erreichen seines Zieles ab, vermutlich, weil der Pilot es in Richtung Boden lenkte und es so zum Absturz brachte, ehe das eigentliche Ziel erreicht worden war.

Es war nicht nur die Brutalität und die präzise Ausführung der Terroranschläge, es war nicht nur das unendliche Leid und die Trauer über die vielen Toten und Verletzten, es war auch die Angst der Reaktion der Weltmacht USA auf diese Anschläge. Die Welt hatte sich innerhalb weniger Minuten, ja fast Sekunden verändert. Es würde nie mehr so sein wie es war – die Welt war plötzlich eine andere geworden.

Die Vergangenheit kehrt zurück

Genau in dieser Zeit der Anschläge hatte Herbert Scholz Besuch aus Odessa. Ihre liebe Freundin Anna und deren Ehemann Sascha waren per Bus den weiten Weg bis nach Frankfurt gefahren. Anna, das war jenes liebe Mädchen, mit dem Dorothee auf der Vassilij Azhajew gemeinsam an der Information gearbeitet hatte. Anna, der sie im Sommer 1976 Valjas Brief überreicht hatte. Anna, die eines Tages kurz darauf morgens noch an Bord und abends nicht mehr aufzufinden war. Anna, die verraten hatte, dass Dorothee ihr Valjas Brief übergeben hatte, heimlich auf der Toilette.

Sollte sie böse sein auf Anna? Nein, die bedauernswerte Anna hatte all diese Aussagen nur gemacht, weil sie unter Druck gesetzt worden war.

Und nun, nach all den vielen Jahren, hatte Herbert sie offiziell eingeladen und die Garantie für alle Kosten übernommen. Er zahlte auch die Fahrkarte für den Zug. Anna und Sascha kamen kurz nach dem schrecklichen Terrortag nach Ulm.

Da stand Dorothee also am Gleis, der Zug fuhr ein und ihre Augen suchten nach dieser kleinen Anna mit ihrem Buckel. Erst als die meisten Menschen schon verschwunden waren, entdeckte sie die beiden. Langsam kamen sie auf Dorothee zu. Wiedersehen nach 25 Jahren, nach einem Viertel Jahrhundert. Und es war doch so, als ob sie sich erst gestern gesehen hätten.

Dorothee zeigte ihnen Ulm, sie riefen Nino an, die weiterhin in New Jersey lebte, und sie plauderten viel über ihre gemeinsame Zeit auf der Vassilij Azhajew. Jetzt endlich erfuhr Dorothee, warum Anna damals so schnell das Schiff verlassen musste:
Nachdem Valja in Bremerhaven das Schiff für immer verlassen hatte, wurde Anna vom sowjetischen Geheimdienst bedrängt, über die Reiseleiter von Lechak-Reisen zu spionieren. Sie weigerte sich vehement. Was dazu führte, dass man ihr am 17. August 1976 nur eine halbe Stunde vor Auslaufen der Vassilij mitteilte, dass sie das Schiff sofort verlassen müsse. Sie konnte kaum etwas packen, sich von niemandem verabschieden. Man brachte sie auf ein Cargoschiff. Drei Tage lang war dieses noch in Bremerhaven, bis es nach Riga auslief. In diesen Tagen war Anna in ihrer Kabine eingesperrt. Von Riga aus ging es per Zug nach Odessa. Vier Mal wurde sie vom Geheimdienst verhört. Dummerweise hatte sie auf der Vassilij jenem Schenja (Jewgenij), der mit der Kellnerin Ludmilla befreundet war und diese später auch heiratete, erzählt, dass Dorothee ihr einen Brief von Valja übergeben hatte. Sie alle hatten gedacht, dass Schenja ein Freund sei. Dass er für den Geheimdienst arbeitete, das erfuhren sie erst nach dem Fall der Sowjetunion. Selbst Ludmilla fiel aus allen Wolken als sie es erfuhr und ließ sich sofort von Schenja scheiden.

Das war nun also der wahre Grund, warum Dorothee am 24. September 1976 im Hafengebäude in Sotschi verhört worden war. Darum also wussten die so genau, wann, wo und wie sie Valjas Brief überreicht hatte.
Anna und Dorothee hatten sich zwei Tage später an der Pier in Odessa noch einmal gesehen, aber nicht angesprochen. Es war zu gefährlich, überall waren Spitzel, von denen sie beide nur zu genau beobachtet wurden. Auch Avtandil natürlich.
Und Schenja war es wohl auch, der dafür gesorgt hatte, dass sie kurz vor Weihnachten 1979 nicht auf der Vassilij Azhajew von Hamburg bis Bremerhaven mitfahren durte.
Alleine die Erinnerung war schrecklich genug. Aber nun hatte sie endlich die wahren Zusammenhänge erfahren.

****

Das Jahr 2001 ging zu Ende, ein neues Jahr begann. Dorothee lag noch träumend im Bett als das Telefon läutete. Der Mann am Apparat stellte sich mit dem Namen Albrecht Felger vor. Der Name war sehr Deutsch, aber der

Mann hatte einen ausgeprägten osteuropäischen, genauer gesagt russischen Akzent: „Ich komme aus Georgien, aus Tbilisi und ich soll sie ganz herzlich von Avtandil Tarielani grüßen. Ich bin Musiker, Schlagzeuger und Avtandil war mein Lehrer. Wir haben gemeinsam in einer Band gespielt. Nun lebe ich seit zwei Monaten hier in Deutschland, in Leipzig." Dorothee stockte das Herz. Wie klein die Welt doch ist! Ein ehemaliger Schüler von Avtandil ist deutscher Abstammung und von Georgien nach Deutschland umgesiedelt, samt Familie.

Albrecht hatte deutsche Wurzeln. Sein Großvater lebte mit Familie in Deutschland. Als die Nazis an die Macht kamen, beschloss er mit der Familie nach Odessa zu Verwandten umzusiedeln, denn er war Jude. Dort lebten sie einige Jahre in relativer Sicherheit. Als Nazi-Deutschland aber im Juni 1941 die Sowjetunion überfiel, ließ Stalin aus Angst, die Deutschstämmigen könnten mit den Nazis kollaborieren, alle nach Zentralasien deportieren. Auf dem Transport dorthin ging die Tochter der Familie verloren. Sie wurde in Tbilisi gefunden, wuchs dort bei Pflegeeltern auf. Sie war Albrechts Mutter. Welch Schicksal!

Albrecht lebte nun mit Ehefrau und seiner jüngsten Tochter in Leipzig in einer der vielen leer stehenden Wohnungen. Viele Ostdeutsche waren in den Westen gegangen, weil es bei ihnen kaum noch Arbeit gab. Ganze Wohnblöcke standen leer. Genug Platz für die Aussiedler aus den osteuropäischen Ländern. Die lebten nun aber ausgerechnet im Osten, wo die Fremdenfeindlichkeit um einiges höher war als im Westen.

„Doritschka, Avtandil hat dich nicht vergessen. Er hat mir so viel von dir erzählt, wie gut du bist, was für ein edler Mensch du bist. Er liebt dich noch, wird dich immer lieben." Diese Nachricht war doch ein guter Start ins neue Jahr 2002!

Jedes Jahr trafen sie sich, die ehemaligen Spezialisten, die in der UdSSR arbeiten mussten. Inzwischen lebte kaum noch einer von ihnen, Hartmut war einer der wenigen und ein paar verwitwete Ehefrauen der Spezialisten. Alle anderen gehörten der nächsten Generation an, sie waren die Kinder der Spezialisten, inzwischen fast alle auch schon Rentner. Dorothee war und blieb die Jüngste. Sie scherzte stets: „Wenn ihr 90 Jahre alt sein werdet, dann bin ich erst 80 und immer noch das Küken!"

Jedes Jahr war das Treffen an einem anderen Ort. 2003 fand es in Meißen statt. Auf dem Weg dorthin konnte man gut Halt in Leipzig machen. Die beste Gelegenheit, Albrecht Felger und seine Familie kennenzulernen. Hartmut und Dorothee wurden mit georgischer Gastfreundschaft empfangen. Der Tisch war voller Essen, die Unterhaltung herzlich, unkompliziert, voller Erinnerungen und Gefühle. Familie Felger wollte in den Sommerferien nach Hause, nach Tbilisi, reisen. Endlich konnte Dorothee die Fotos überreichen, die Avtandil schon vor Jahren hätte erhalten sollen, Erinnerungsfotos an schöne Stunden auf der Vassilij, hinten drauf geschrieben ihre Kommentare und Gedanken zu jedem einzelnen Foto. So viele Jahre hatten sie bei ihr herumgelegen, nun konnten Felgers diese endlich Avtandil geben.

Die Nachrichten aus Tbilisi klangen gar nicht gut. Avtandil war arbeitslos geworden. Während des Krieges und der folgenden Wirtschaftskrise benötigte man kein Fernehorchester mehr. Er hielt sich mit Reparaturen von Autos über Wasser. Seine Ex-Frau und die Kinder behandelten ihn schlecht, er wohnte immer noch im selben Gebäude, nur zwei Etagen tiefer. Und, das war das Schlimmste, er hatte angefangen zu trinken und die Folgen waren schon zu sehen. Er litt unter stets geschwollenen Beinen.

Nein, in diesem Zustand wollte Dorothee ihn nun lieber nicht sehen. Und wieder, immer wieder verschob sie den Gedanken an eine Reise nach Tbilisi.

Albrecht und Dorothee blieben in Kontakt, telefonierten hin und wieder miteinander. Dorothee wunderte sich also nicht, als Albrecht sie am 16. April 2005 wieder anrief. Er teilte mit, es gehe ihnen allen gut, er hatte Arbeit als Schlagzeuger in einer Band für russischen Rock gefunden, sie hatten viele Auftritte, gaben Konzerte, machten Video-Clip-Aufnahmen.

Plötzlich begann Albrecht zu weinen, fast schluchzend sagte er ihr: „Avtandil ist gestorben."

„Wie bitte?", Dorothee hoffte, sie hatte ihn einfach falsch verstanden.

„Avtandil ist schon am 2. April gestorben. Ich habe gerade zu Hause in Tbilisi angerufen und es erfahren. Ich wusste nichts davon. Er hatte ein Sarkom in der Speiseröhre. Er bekam Schmerzen und ist zum Arzt gegangen, aber es war schon viel zu spät. Er hatte überall Metastasen. Zwei Monate lag er im Krankenhaus. Alle Freunde haben ihn finanziell unterstützt, doch Ilarion ist nicht einmal zur Beerdigung erschienen. Wenn ich etwas geahnt hätte, ich wäre sofort nach Tbilisi gereist.

Dorothee auch, statt im März in die Türkei zu reisen, wäre sie mit Albrecht nach Tbilisi gereist, um Avto wenigstens noch einmal zu sehen, noch einmal zu sprechen. Gemeinsam sich zu erinnern an ihre glückliche Zeit an Bord der TS Vassilij Azhajew. Jetzt hatte Avtandil ihre Liebe mit ins Grab genommen. Ob er vom Himmel aus dafür sorgen würde, dass ihr hier unten ein Mann begegnen würde, der sie wieder so lieben könnte wie er?

Er war noch so jung gewesen, am 12. Juni wäre er erst 55 Jahre alt geworden. Und seltsamerweise war er am selben Tag gestorben wie Papst Johannes Paul II.

Wer zu spät kommt, den bestraft das Leben. Das hatte Michail Gorbatschow zu Erich Honnecker gesagt, am 7. Oktober 1989 als die DDR ihr 40-jähriges Bestehen feierte.

Dorothee war zu spät dran, sie hatte die Gelegenheit verpasst, Avto noch einmal wiederzusehen. „Ich werde nicht sterben, und wir werden uns wieder sehen", das hatte er in einem seiner Briefe geschrieben. Doch nun war er gestorben und sie hatte nicht einmal etwas gewusst.

Trotz aller Trauer und Tränen, plötzlich war ihr Avtandil wieder so nahe wie früher, keine Grenzen, keine Probleme trennten sie mehr. Sie holte das Foto heraus, auf dem sie mit ihm vor dem Varietésalon der Vassilij stand. Von nun ab sollte es auf ihrem Nachttisch stehen, ihr letzter Blick vor dem Schlafen, ihr erster Blick nach dem Aufwachen sollten auf dieses Bild fallen. Von nun ab trug sie ihn noch fester, noch spürbarer im Herzen, tief unten in ihrer Seele. Sie waren vereint, für immer.

Sie weinte, doch außer Boris erfuhr kaum einer, wie es wirklich in ihr aussah. Jetzt musste sie wieder an Charlotte denken und an deren Lieblingsworte

Immer nur lächeln, immer vergnügt,
immer zufrieden, wie's immer sich fügt.
Lächeln trotz weh und Tausend Schmerzen,
doch wie's da drinnen aussieht, geht niemand was an.

Das deutsche Sommermärchen

„Na, das kann ja heiter werden, wenn es schon gleich beim Eröffnungsspiel Raufereien gibt". Dorothee und Boris standen in Ulm vor dem Hauptbahnhof und warteten auf ein Taxi. Die Straßen waren verstopft mit Autos, die hupend durch die Straßen fuhren. Man feierte. Soeben war das Eröffnungsspiel der Fußball-Weltmeisterschaft zu Ende gegangen. Die deutsche Nationalmannschaft hatte gegen Costa Rica mit 4:2 gewonnen. Ein schöner Auftakt, aber dass es da trotzdem zu einer Rauferei kommen musste. Vermutlich mal wieder betrunkene Fußballfans. Man hörte schon die Polizei heranfahren.

Zehn Tage lang waren sie in Dorothees alter Heimat gewesen, in Russland. Dieses Mal hatten sie sich Sankt Petersburg und Moskau angeschaut. In Sankt Petersburg wohnten sie zunächst bei einer Familie ganz im Zentrum der Stadt, in einer Nebenstraße zum Newskij Prospekt. Das Reisebüro hatte ihnen das organisiert. Nach vier Tagen zogen sie um zu ihren Freunden Igor und Tatjana Moroschewskij, die am südlichen Stadtrand wohnten. Igor war Erster Offizier an Bord der Vassilij Azhajew. Er war meistens im Sommer an Bord. Er war gerade noch zu Hause. Im Sommer 2003 hatten sie sich an Bord kennengelernt. Der liebe gute Herbert hatte Dorothee wieder einmal zu einer Reise eingeladen, zusammen mit Boris. Als eines Abends noch eine sympathische Person am Kapitänstisch im Restaurant fehlte, wurde Dorothee eingeladen. Es war aber nicht der Kapitän, der kam, sondern der Erste Offizier, Igor. Dieser war so froh, dass er nun jemanden am Tisch sitzen hatte, der seine Ansprachen, seine Trinksprüche übersetzen konnte. Seine Englischkenntnisse waren zwar gut, aber in der eigenen Sprache konnte man sich besser ausdrücken. Dorothee und Boris durften Igor auf der Kommandobrücke besuchen, wenn er Dienst hatte. Es war der Beginn einer wundervollen Freundschaft, die durch den jetzigen Besuch intensiviert wurde.

Mit dem Nachtzug fuhren sie nach Moskau und besuchten dort vor allem die Orte, die voller Nostalgie waren.

Ein Wunder, die Klinik, in der Dorothee geboren wurde, war offen, sie standen im Foyer und Dorothee dachte: „Hier also wurde ich vor 53 Jahren geboren."

Sie fuhren auch nach Tuschino. Beim Verlassen der Metrostation wurde Boris von einem Polizisten angehalten: „Dokumenti", er musste seinen Pass vorzeigen. Den hatte Dorothee bei sich. Sie erklärte, Boris sei ihr Sohn, er spräche kein Russisch und zeigte gleich beide Pässe. Armer Boris, er sah für den russischen Polizisten wahrscheinlich sehr kaukasisch aus. Und solche Leute wurden hier gerne kontrolliert.

Rudi, Dorothees Bruder, hatte durch einen glücklichen Zufall seine ehemalige Lehrerin Olga Wladimirowna ausfindig gemacht und sie auch schon einmal besucht. Natürlich fuhren Dorothee und Boris jetzt auch zu ihr. Diese inzwischen 86 Jahre alte Dame schäumte immer noch über vor Charme. Sie hatte hypnotisierend blaue Augen und war sehr kess. Jetzt verstand Dorothee, warum alle ihre ehemaligen Schüler heute noch von ihr schwärmten. Besonders aber hatten ihre Väter stets so geschwärmt von der Lehrerin ihrer Kinder. Sie muss eine wunderschöne Frau gewesen sein, war sie es doch jetzt in hohem Alter immer noch.

Olga sprach perfekt Deutsch und konnte sich noch genau an ihre „lieben deutschen Kinder" erinnern. Sie erzählte wie es damals war, als Dorothee zur Welt kam, als Charlotte mit ihr endlich nach einem Monat aus der Klinik nach Hause kam und sie Rudi früher nach Hause schickte, damit er seine kleine Schwester gleich kennenlernen konnte. Diese Frau war ein Phänomen. Alles war wieder so nah, ihre Mamotschka, ihre Kindheit, Dorothee war zu Hause. Jetzt erfuhr Dorothee auch, was es mit jenem Zettel auf sich hatte, den Rudi noch aufbewahrte und auf den Olga geschrieben hatte „Rudi ist ohne Mütze durch das Fenster gesprungen". Die Sache war nämlich so gewesen: Rudi hatte Mittelohrentzündung und blieb einige Tage zuhause. Die Mutter brachte ihn dann wieder zur Schule, aber Rudi war noch nicht ganz gesund. Deshalb sollte er seine Mütze aufbehalten. Am Ende des Unterrichts dauerte es Rudi zu lange, bis das Klassenzimmer sich leerte. Er zog es vor, durch das Fenster ins Freie zu springen, das Klassenzimmer lag im Erdgeschoss. Nicht die Tatsache des Springens war schlimm, sondern die Tatsache, dass er sich die Mütze vom Kopf genommen hatte.

„Ich sah mich doch in der Verantwortung der Mutter Bescheid zu sagen", sagte Olga. Dass sie sich nach all diesen Jahren, nach über 50 Jahren, noch so genau im Detail daran erinnern konnte!

Und nun waren sie wieder zurück in Deutschland, die Fußball-Weltmeisterschaft nahm ihren Lauf und die Stimmung in ganz Deutschland wurde von Tag zu Tag besser, offener, fröhlicher, toleranter. Plötzlich musste man sich nicht mehr schämen, wenn man die Deutschlandfahne über das Balkongeländer hängte, wenn man sich die Farben schwarz, rot, gold auf die

Wangen malte, Käppis mit den deutschen Farben trug. Plötzlich konnte man ein bisschen stolz auf Deutschland sein, ohne stets an die schreckliche Vergangenheit des eigenen Volkes denken zu müssen. Und dieses schöne Bild eines neuen, eines anderen Deutschlands ging um die Welt.

Wie fast überall in Deutschland gab es auch in Ulm Orte, an denen man sich gemeinsam die Fußballspiele anschauen konnte. Auf dem Münsterplatz waren Tribünen in Form riesiger Fußbälle, die sich wegschieben ließen, wenn hier der Markt stattfand. Danach wurden die Tribünen wieder auf den Platz geschoben. Eine große Leinwand stand auf der linken Seite und bei wichtigen Spielen musste man Eintritt zahlen. Boris verdiente sich ein bisschen Geld und arbeitete bei der Sicherheitsfirma, die hier die Kontrolle übernahm. Er war bei allen wichtigen Spielen dabei.

An einem Samstagnachmittag Ende Juni gewann Deutschland gegen Schweden mit 2:0, und wieder fuhren die Autos hupend durch die Straßen. Dorothee war bei einer Freundin in der Oststadt, packte ihre große Deutschlandfahne, ging zur Straße und stellte sich zu einer Großfamilie, die hier wartete, bis die Ampel vorne wieder auf grün schaltete und die Autos kamen, um mit der „La Ola"-Welle die Autofahrer zu begrüßen, die mit Fahnen und Hupen zurückgrüßten. Es war herrlich.

Sie band sich die Deutschlandfahne um den Bauch und hing sich die Mexiko-Fahne über die Schultern. So spazierte sie zum Münsterplatz, wo Boris Dienst hatte.

„Diese Kombination, des geht fei idde" – was auf Hochdeutsch heißt: „Diese Kombination, das geht gar nicht."

„Doch, das geht, denn wenn heute Mexiko gegen Argentinien gewinnt, wird es Deutschland nächste Woche leichter haben, die Mexikaner sind leichter zu besiegen als die Argentinier."

Das Mädchen dachte einen Moment nach und meinte dann: „Diese Kombination geht doch." Dorothees Argument hatte sie überzeugt.

Leider verlor Mexiko gegen Argentinien mit 1:2 und so hatte es Deutschland wirklich sehr schwer, eine Woche später das starke Argentinische Team zu besiegen. Am Ende stand es trotz Verlängerung immer noch bei 1:1. Es kam zum Elfmeterschießen. Es ging – wie man so schön sagt - der Punk ab, alle Welt feierte, Dorothee stand auf dem Münsterplatz und genoss diese herrliche Stimmung. Es war wie ein Wunder, Deutschland hatte sich verwandelt. Und dies hatten ihre Fußballer geschafft.

Sie gesellte sich zu den Leuten in einem Café, wo ein großer Fernseher eingeschaltet war. Ihre Nerven ertrugen das Elfmeterschießen nicht. Sie konnte nicht zuschauen, hielt die Hände vor die Augen und wartete auf einen – hoffentlichen –Jubelschrei und der kam dann auch. Ein kleines Mädchen verbarg seinen Kopf an Dorothees Schoß: „Ich kann das nicht mit ansehen, ist zu aufregend."

Die Leute sangen:

54 – 74 – 90 – 2006
Ja wir stimmen alle ein
Mit dem Herz in der Hand
Und der Leidenschaft im Bein
Werden wir Weltmeister sein

1954 – 1974 – 1990, das waren die Jahre, in denen Deutschland Fußball-
weltmeister geworden war.
Doch dann später verlor Deutschland gegen Italien und somit die Chance auf
die Meisterschaft. Im Spiel um den 3. Platz trat Deutschland gegen Portugal
an und gewann. Noch einmal wurde gefeiert. Dorothee trug heute die
Deutschlandfahne über der Schulter, den Goldstreifen nach oben.
„He, Du trägst die Fahne verkehrt herum"
„Wieso? Ich trage das Gold auf dem Herzen".
„Oh, prima Antwort".
Der junge Mann klopfte ihr anerkennend auf die Schulter und zog mit seinen
Freunden weiter.

Deutschland war auf Platz 3, doch sie waren die „Weltmeister der Herzen"
geworden. Und das war das schönste Geschenk.

Es war ein Wunder, es war wie ein Märchen, das „Deutsche Sommermär-
chen". Es hielt lange an, Deutschland hatte sich verändert. Dorothee hatte
sich ausgesöhnt mit dieser Heimat, in der sie nie willkommen gewesen war.

Eine Epoche geht zu Ende

Im Sommer 2008 stand es fest: Schwanreisen hatte endgültig beschlossen,
die Vassilij Azhajew zu verkaufen. Sie war ein Turbinenschiff und benötigte
weit mehr Treibstoff als Motorschiffe. Sie wurde zu teuer und sie konnte inzwischen längst nicht mehr mit all den vielen neuen modernen Schiffen kon-
kurrieren. Vassilij brauchte eine Rundumerneuerung, und das bedeutete hohe
Investitionen in ein Schiff, das im Unterhalt zu teuer wurde. Als Investor fand
sich ein US-amerikanisches Unternehmen, das dieses Schiff als Gegenpol zu
all den riesigen Schiffen für ein auserwähltes Publikum anbieten wollte, sowohl für Amerikaner als auch Europäer sollte das Schiff im Sommer im Mittelmeer, im Winter in der Karibik kreuzen. Es sollte auf den Namen „Bella
Venezia" umgetauft werden, eine schwarze Farbe und einen blauen Schornstein erhalten. Vassilij würde nie mehr dieselbe sein, aber sie würde weiterhin
existieren. Dennoch hieß es Abschied nehmen von diesem wunderbaren
Schiff, diesem Schiff mit seiner so besonders liebevollen Seele.
Herbert lud Dorothee im September auf eine Abschiedsreise ein. Wieder fuhr
sie nach Bremerhaven. Wieder ging sie über die Gangway hinüber zum

Schiff. Ein letzter Schritt und wieder war sie zu Hause. So begrüßte sie auch der Kreuzfahrtdirektor, der Vertreter von Siegfried Herzog: „Dori, willkommen zu Hause" und umarmte sie. Sigi selbst konnte nicht an Bord sein, er hatte im Sommer einen schweren Schlaganfall erlitten und keiner wusste, ob er je wieder an Bord arbeiten konnte. Auch das war eine Art Abschied.

Eine Stewardess brachte sie zu ihrer Kabine auf dem Seesterndeck und freute sich, dass sie mit Dorothee Russisch sprechen konnte. Dori stand in der Kabine und schaute sich um. In der Seele spürte sie einen Stich. Oja, Vassilij, du musst unbedingt renoviert werden. Alles, aber auch wirklich alles wirkte alt, der Teppichboden, die Vorhänge, die Möbel, das Bad. Damals, in den 70-er Jahren war es sehr modern, auch bei ihren Fahrten 1995 und 2002 war alles neu und ordentlich, doch jetzt merkte man, Schwanreisen hatte schon seit geraumer Zeit das Interesse an diesem Schiff verloren. Das tat weh.
Es war eine kurze Reise, von Bremerhaven nach Frankreich, zur Kanalinsel Guernsey nach Südengland und nach Holland. Sie hatten Glück mit dem Wetter, es war warm und sonnig. Besonders Guernsey gefiel ihr. Die Kanalinseln liegen näher zu Frankreich als zu England und sind doch Britisch. Wie hatte Victor Hugo es so schön beschrieben: Die Kanalinseln sind ein Stück Frankreich, das ins Meer gefallen ist und von England gefunden wurde.
An Bord war auch Igor Moroschewski. Nicht als Erster Offizier, sondern als Staff-Captain, zuständig für die Crew, für das Personal. Damit war er nicht so glücklich, weil er oft gerufen wurde, um Streigikeiten zu schlichten, auch nachts. Und Tanja, Tatjana seine Frau, besuchte ihn für einige Reisen. Welch schöner Zufall. Somit war Dorothee nicht alleine an Bord. Aber alleine war sie sowieso nicht. Die Besatzung aus Russen, Ukrainern und anderen Bürgern der ehemaligen Sowjetrepubliken verwöhnten sie so viel sie nur konnten. Viele erinnerten sich auch an Boris, der im Sommer 2005 hier zwei Reisen lang ein Praktikum als Reiseleiter gemacht hatte.
Boris war jetzt für ein halbes Jahr in Mexiko, um dort bei einem Reiseveranstalter ein Praktikum zu machen und sein Spanisch zu verbessern. Er wollte in Dorothees Fußstapfen treten und im Reisegeschäft arbeiten. Von Guernsey aus riefen sie ihn an, damit er Igor und Tanja grüßen konnte.
Ganz bewusst ging sie über das Schiff, sog alles auf, um es tief in ihrer Seele zu vergraben. Auch, wenn die Vassilij als Bella Venezia weiter existieren sollte, sie würde nie mehr die gleiche, nie mehr „ihre" Vassilij sein können. Es war nicht davon auszugehen, dass die neuen Besitzer die alte Crew übernehmen würden. Die armen Leute, sie wurden bald arbeitslos.
Empfangscocktail, Captain's Dinner, Shows im Varietésalon und abendliche Musik in der Ucrainalounge. Das Orchester dort spielte extra für sie „Serdze – Herz" – Herz, du willst nicht ruhig sein, Danke Herz, dass du so bist, Danke Herz, dass du so lieben kannst.

Das Schiff war nicht ausgebucht, die meisten Passagiere waren Stammgäste. Auch sie waren gekommen, um noch einmal auf ihrer Vassilij zu reisen, um

Abschied zu nehmen von ihrem geliebten Schiff. Es entwickelte sich ein starkes Solidaritätsgefühl zwischen den Passagieren, sie alle trauerten jetzt schon um "ihr" Schiff.

Aus den täglichen Nachrichten, die als Zeitung täglich in die Kabine geliefert wurden, erfuhr sie von der beginnenden Finanzkrise, aber Sorgen machte sie sich nicht. Sie hatte kaum Geld und konnte somit auch keines verlieren.

Im südenglischen Dover kamen die neuen Eigentümer an Bord. Die Stimmung unter der Crew veränderte sich. Obwohl die neuen Eigentümer alle Leute freundlich grüßten, empfand auch Dorothee sie fast als Feinde. Im Bugwellen-Restaurant saßen sie zufällig am Nachbartisch und Dorothee konnte ihren Gesprächen lauschen. Das musste umgebaut werden, das musste ausgetauscht, das anders eingerichtet, das total verändert werden. Irgendwie hatten sie ja Recht. Dorothee wollte hoffen, dass sie aus der Vassilij wieder ein ganz schönes Schiff machten. Sie wünschte den neuen Eigentümern, dass ihre Passagiere das Schiff genauso lieben würden, wie sie alle es geliebt hatten.

Im letzten Hafen wurden sie würdevoll von einem Shanty-Chor verabschiedet. Dorothee stand an Deck und winkte noch lange nach, die Tränen, die ihre Seele schon die letzten Tage geweint hatten, suchten sich nun einen Weg, sie weinte und ließ ihrem Kummer, ihrem Abschiedsschmerz freien Lauf.

Allzu schnell waren sie wieder in Bremerhaven. Dorothee ging von Bord und wusste, dass mit diesem Schritt vom Schiff auf die Gangway eine Epoche zu Ende gegangen war. Die Trauer darüber und die Sehnsucht nach ihrem geliebten Schiff nahm sie mit und vergrub sie tief in ihrer Seele, wie so vieles andere schon zuvor.

Zwei Abschiede und zwei Ankünfte

Was keiner sich je hätte vorstellen können, trat im November 2008 nun doch ein. Die Finanzkrise hatte auch die Firma erreicht, in der sie seit 2001 schon arbeitete. Diese Firma, die seit ihrer Gründung 1973 nur immer aufwärts strebte, hatte plötzlich ernsthafte finanzielle Probleme. Entlassungen waren nicht mehr auszuschließen. Dorothee fragte sich, warum eigentlich niemals Ruhe in ihr Leben einkehren konnte. Jedes Mal, wenn sie eine Sorge endlich los hatte, tauchte eine neue auf. Diesmal war es also die Sorge um ihren Arbeitsplatz. Aber sie wollte positiv denken.

Hartmut ging es zunehmend schlechter. Seit Juli 2002 wohnte er in einem Seniorenstift in der Ulmer Oststadt in einer kleinen Wohnung. Er war genau an jenem Tag dort eingezogen, als in der Nähe von Überlingen ein russisches Flugzeug mit vorwiegend Kindern an Bord mit einer Frachtmaschine in der Luft zusammenstieß. Die Auflösung der Wohnung auf dem Eselsberg, dem Ort ihrer Kindheit, war keine einfache Sache gewesen. Fünf Jahre lang lebte

Hartmut in der netten kleinen Wohnung im Seniorenstift, dann musste er auf die Pflegestation verlegt werden. Es war der letzte Umzug seines Lebens, das bemerkte er traurig. Seit einigen Monaten nun spürte man, dass er nicht nur körperlich, sondern auch geistig abbaute. Seine Finger verkrümmten sich, er protestierte, wenn man ihm die Faust vorsichtig öffnen wollte, wurde regelrecht böse. Wieviel er von seinem Zustand mitbekam, keiner konnte dies sagen. Dorothee fragte sich, warum das Schicksal es nicht wollte, dass er einfach friedlich einschlafen konnte. Er war inzwischen über 97 Jahre alt.

Boris hatte einige Vorstellungsgespräche und kam für drei Wochen aus Mexiko nach Deutschland. An einem Winterabend war Rudi bei Hartmut zu Besuch und auch Dorothee und Boris kamen. Hartmut war ganz klar im Kopf und fühlte sich sichtlich wohl, seine beiden Kinder und den Lieblingsenkel um sich zu haben. „So, du fliegst wieder rüber nach Mexiko!", sagte er zu Boris, „Grüß dann alle von mir." Es war ein schöner Moment, obwohl Dorothee sich bewusst war, dass ein solches „klar werden im Kopf" eine Erscheinung war, die oft gerade kurz vor dem Ende auftrat. Sie wollte in diesem Moment nicht daran denken.

An Weihnachten war Boris wieder in Mexiko. Er hatte seine Freundin Stefanie mitgenommen und wollte ihr seine Heimat zeigen, ehe Dorothee dann Anfang Januar nachkommen wollte, um mit den beiden eine Rundreise durch Mexikos Süden, Guatemala und die Halbinsel Yucatan zu machen. Auch sollte Steffi die große Familie kennenlernen, von der sie herzlich aufgenommen wurde. Es war Dorothees erstes Weihnachten alleine ohne Boris.

Dafür hatte sich ein Freund angekündigt. Josef Shemer aus Israel, Josi. Er war ein besonders herzlicher Mensch und Dorothee sehr zugetan. Er kam genau an Heilig Abend an, sein Flugzeug landete in Frankfurt. Er nahm den Zug und Dorothee holte ihn in Ulm am Hauptbahnhof ab. Schnell nach Hause und dann in die Stadt. Sie wollten den Weihnachtsgottesdienst im Ulmer Münster erleben. Oje, es war so verdammt kalt da drin, trotz dickem Mantel, Mütze, Handschuhe und Decke, sie froren sehr. Für Josi war es das erste Mal, dass er mit Christen Weihnachten feierte. Er war sehr berührt. Der Gottesdienst endete wie alle Jahre mit dem gemeinsamen Singen des „Oh. Du fröhliche…". Alle Lichter gingen aus, nur die Kerzen brannten und das riesige Münster füllte sich mit dem Gesang dieses wunderschönen Liedes. Der Posaunenchor spielte noch Weihnachtslieder, auch das bekannteste aller Lieder – Stille Nacht, Heilige Nacht. Dorothee kamen dann stets die Tränen, musste sie doch an ihre Mamotschka denken.

Im Café, das zum Ulmer Museum gehörte war es gemütlich warm. Draußen schien zwar die Sonne, aber es war immer noch bitterkalt. Dorothee fror sowieso schnell. Sie hatte sich nie mehr so richtig an die Kälte gewöhnen können und Josi war solche Temperaturen überhaupt nicht gewohnt. Er war zwar gut ausgerüstet mit Mantel, Schal, Mütze, Handschuhen, aber er fror vermutlich noch mehr als Dorothee. Nachdem sie am ersten Weihnachtstag ihrem

Gast die Ulmer Altstadt gezeigt und erklärt hatte, wollten sie heute etwas im Warmen unternehmen und waren ins Ulmer Museum gegangen. Nun saßen sie im Café, tranken gemütlich Capuccino und plauderten über all das, was sie so bewegte. Morgen schon, am 27. Dezember, wollte Josi weiterreisen, nach Norddeutschland zu einer Veranstaltung, die seit 25 Jahren stets über Silvester und Neujahr stattfand und bei der sich Menschen, die Esperanto sprechen, trafen. Dorothee hatte absichtlich dieses Jahr darauf verzichtet, daran teilzunehmen, denn bald schon flog sie nach Mexiko, und da wollte sie nicht kurz zuvor noch woandershin reisen. Morgen Vormittag wollte sie Josi am Bahnhof verabschieden und dann endlich wieder zu Hartmut fahren. Sie hatte ihn am Heilig Abend nur kurz besucht. Als sie ging, hatte er sie fragend angeschaut. „Papa, ich bekomme Besuch, ich muss zum Bahnhof. Ich komme dann in ein paar Tagen wieder, wenn der Besuch wieder weg ist." Ob Hartmut mitbekam, dass es Heilig Abend war?
Die Sonne draußen färbte alles in herrliche Farben. Zu schade, noch länger im Café sitzen zu bleiben. „Lass uns einen Spaziergang entlang der Donau machen, ehe es dunkel wird", schlug Dorothee vor.
Gemütlich spazierten sie donauaufwärts, der Sonne entgegen. An der Wilhelmshöhe bogen sie nach rechts ab, um durch die Gassen wieder zurück zum Auto zu gehen, das am Ende des Zentrums in der Neuen Straße geparkt war.

Inzwischen war es 15.30 Uhr geworden. Ihr Mobiltelefon läutete. Sie kramte es aus der Handtasche, sah auf die Nummer und wusste sofort, was dies bedeutete: Es war die Nummer der Pflegestation des Seniorenstiftes, in dem Hartmut wohnte:
„Der Zustand Ihres Vaters hat sich sehr verschlechtert. Es geht dem Ende zu, können Sie bitte kommen. Es ist jetzt ständig eine Schwester bei ihm."
„Ja, natürlich, ich komme sofort. Ich habe Besuch und bringe diesen nur noch schnell nach Hause, dann komme ich sofort."
Sie rannten los, gegen den eiskalten Wind, durch die Kälte, der Weg bis zum Auto schien unendlich. Schnell rief sie Rudi an und informierte ihn. Ob sie losfahren sollten? Nein, ich melde mich, wenn ich dort bin. Nun schnell nach Hause und Josi erklären, wo er etwas zu essen finden kann, ein Essen, das er sich problemlos alleine zubereiten kann, denn evtl. musste sie ja die ganze Nacht bei Hartmut bleiben.

Wieder läutete das Mobiltelefon, sie rannte hin, doch es war zu spät. Es war wieder die Nummer der Pflegestation. Sie rief sofort zurück: „Ihr Vater ist soeben friedlich eingeschlafen."
Sie konnte es nicht fassen, es war zu spät. Wie oft hatte sie dem Personal auf der Pflegestation gesagt, man solle sie rechtzeitig informieren, sie wolle bei ihm sein, wenn es zu Ende geht. Das war das Mindeste, was sie noch für ihn hätte tun können. Doch obwohl es ihm schon seit dem Morgen sehr schlecht ging und abzusehen war, dass er den Abend nicht mehr erleben würde, man

hatte sie erst nachmittags angerufen. Vielleicht hatte dies auch so sollen sein. Dennoch tat es ihr weh, nicht bei ihm gewesen zu sein, nicht seine Hand gehalten, gestreichelt zu haben, um ihm das Gefühl zu geben, dass wenigstens seine Tochter bei ihm war, dass er im Moment des Abschieds nicht alleine war. Es tat so schrecklich weh!

Während sie zum Auto rannte, rief sie Rudi an. Er und Kerstin wollten gleich losfahren. Wenig später traf sie auf der Pflegestation des Seniorenstiftes ein. Aishe, eine der nettesten Pflegerinnen, kam ihr auf dem Gang entgegen. Sie umarmte Dorothee: „Ich war bei ihm. Er hat immer wieder Atemaussetzer gehabt. Ich habe ihm fest die Hand gedrückt und ihm zugesprochen: Jetzt haben Sie es bald geschafft". Aishe öffnete die Tür zu Hartmuts Zimmer.
Auf dem quadratischen Tisch lag ein blaues Tischtuch, darauf schön angeordnet all die Familienfotos, die künstliche Amarillis-Blüte, die noch von seiner Feier zum 90. Geburtstag stammte, und die künstlichen Tulpen in der Vase. Auf dem Nachttisch rechts auch ein blaues Tuch, darauf standen ein Kreuz, eine brennende Kerze und daneben lag eine Bibel.
Dorothee spürte, wie sich ihr Hals zuschnürte. Die Tränen waren nun nicht mehr zurückzuhalten. Hier hatte eine muslimische Pflegerin christliche Zeichen zum Tod eines Menschen aufgestellt, der sich selbst stets als Atheist bezeichnet hatte. Es war sehr berührend.

Hartmut lag friedlich auf dem Rücken, den Mund leicht geöffnet, das Kinn durch ein Handtuch gestützt, die Hände ineinandergelegt, eine rote Rose haltend. Sein Bauch war komplett eingefallen. Er war so entsetzlich dünn, nur noch Haut und Knochen. Er war noch warm, Dorothee gab ihm einen letzten Kuss, streichelte ihn und bedauerte, dass sie wieder einmal zu spät gekommen war. Warum musste er ausgerechnet heute sterben, am zweiten Weihnachtstag? Nur einen Tag später, und sie wäre hier bei ihm gewesen. Aber vielleicht wollte das Schicksal es so, vielleicht sollte es einfach so sein, dass an diesem traurigen Tag sie nicht alleine zu Hause war, dass ein lieber Freund wie Josi bei ihr war. Von nun an fühlten sie sich noch enger verbunden.
Langsam, ganz langsam nahm Hartmuts Körpertemperatur ab, er wurde kühler und kühler, bis er ganz kalt war. Sie saß neben ihm und versuchte, sich bewusst zu machen, dass er nun tatsächlich nicht mehr da war. Er hatte die große Reise angetreten, die Reise ohne Wiederkehr, bald würde er bei Charlotte sein, bei Tante Maxi, bei Tante Rosemarie und bei Avtoschenka, bei all jenen, die schon vor ihm gegangen waren, bei all jenen, die sie so vermisste.
Als Charlotte starb, hatte Hartmut einmal geäußert: „Dreißig Jahre meines Lebens habe ich alleine gelebt, dreißig Jahre habe ich zusammen mit Charlotte gelebt, die restlichen dreißig Jahre meines Lebens werde ich wieder alleine leben". Nun es waren sogar 37 Jahre geworden. Am 1. März 2009 wäre er 98 Jahre alt geworden. Sein Ziel, Hundert Jahre alt zu werden, hatte er leider nicht erreicht.

Rudi und Kerstin kamen knapp zwei Stunden später. Gemeinsam warteten sie auf den Arzt, der den Totenschein ausstellten musste, und auf die Männer vom Beerdigungsinstitut. Hartmut hatte zu Lebzeiten seinen Körper der Anatomie der Universität Ulm vermacht. Es würde also keine Beerdigung geben. Sie beschlossen, an seinem Geburtstag sich im Familienkreis zu treffen und seiner zu gedenken. Erst im Februar 2010 lud die Abteilung Anatomie der Universität Ulm zu einem Gedenkgottesdienst an die 96 Körperspender des Jahres 2009 im Münster ein. Es war eine sehr würdevolle, schön gestaltete und bewegende Zeremonie, und obwohl man die Angehörigen der anderen Toten nicht kannte, so fühlte man eine starke Solidarität untereinander. Sie alle konnten jetzt erst richtig Abschied nehmen von ihren geliebten Menschen.

Rudi und Kerstin übernachteten bei Dorothee. Das Erste, was Dorothee am nächsten Morgen im Radio, das sie stets im Bad laufen ließ, während sie duschte, hörte, war eine Nachricht über ihre Firma. Die Banken bestanden wohl nun defitiniv darauf, dass der Eigentümer von all seinen Firmen ausgerechnet die beste und größte, genau die Firma, in der Dorothee arbeitete, verkaufen sollte, um aus seinen Schulden herauszukommen.
Dorothee musste diese Neuigkeit gleich loswerden. Kerstin war die erste, die nach ihr aufstand. „Die erste Nachricht gleich heute Morgen betrifft mal wieder meine Firma", empfing sie Kerstin. Woraufhin Kerstin mit einem Lächeln im Gesicht sagte: „Und die erste Nachricht heute Nacht: Irina und Tanja sind geboren.
Welch schöne Überraschung, welch wunderbare Nachricht: Die Zwillingsmädchen, die Töchter ihres Neffen Jens, Rudis und Kerstins Sohn, waren heute Nacht um 1.00 Uhr bzw. 1.20 Uhr geboren worden. Einen Monat vor Termin, was bei Zwillingen ja häufig vorkommt. Man hätte meinen können, Hartmut habe auf seiner Reise ins Universum den Mädels zugerufen: „Beeilt Euch, kommt jetzt schon zur Welt, damit die da unten keine Zeit zum Traurigsein haben."

Dorothee versuchte wieder einmal, möglichst gut zu funktionieren. Es blieb kaum Zeit zum Trauern. Josi musste zum Bahnhof gebracht werden, und sie fragte sich, ob er jemals wieder sie hier besuchen kommen könne, denn wenige Monate zuvor hatte Josi die schreckliche Diagnose einer Blutkrankheit bekommen, die früher oder später, aber sicher eines Tages zu einer Leukämie führen würde. Hartmuts Zimmer musste ausgeräumt werden, die behördlichen Sachen mussten erledigt, all die vielen Freunde, Bekannten und Verwandten informiert werden. Und Dorothee musste die Tage „zwischen den Jahren", wie man es nannte, arbeiten. Oja, sie musste funktionieren. Wieder unterdrückte sie ihre Trauer, nur manchmal abends kamen ihr die Tränen.
Als sie Boris in Mexiko anrief, der gerade mit seiner Freundin Steffi bei Vater und Stiefmutter war, begann dieser zu weinen. Opa war für ihn ein guter Großvater gewesen und in gewisser Weise auch Vaterersatz.

573

Den Jahreswechsel verbrachte Dorothee ganz alleine. Das war ihr recht. Sie brauchte endlich ein bisschen Ruhe. Sie stieß mit sich selber an, um 21.00 Uhr, denn da war es bereits Mitternacht in Georgien, um 22.00 Uhr, weil es dann im Großteil des europäischen Russlands Mitternacht war und um 24.00 Uhr, als auch hier das neue Jahr begann.

Der 6. Januar 2009 – Heilig Drei König, in Bayern und Baden-Württemberg ein Feiertag – war ein Dienstag. Inzwischen hatte Dorothee alles soweit erledigt, dass sie beruhigt in Urlaub gehen konnte. Nun musste sie nur noch drei Tage arbeiten und dann ging es los. Sie wollte schon am Samstagnachmittag nach Frankfurt fahren und dort übernachten, um ohne Stress und ausgeruht am Sonntag zum Flughafen fahren zu können. In diesen vier Wochen, in denen sie mit Boris und Steffi herumreisen wollte, in diesen Wochen wollte sie sich Zeit zum Nachdenken, zum Trauern, zum Erinnern nehmen. Jetzt war dies nicht möglich. Sie beschloss, diesen freien Tag zu nutzen, um endlich mal wieder ins Kino zu gehen. Bei Rückkehr nach Hause fiel ihr Blick sofort auf den blinkenden Anrufbeantworter des Telefons. Es war keine Nachricht, nur ein Rauschen war zu hören. Jemand hatte wohl von unterwegs, vom Auto aus angerufen. Es war Herberts Nummer, sein Mobiltelefon. Wenn Herbert vom Mobiltelefon anrief, dann war es etwas Dringendes. Sie rief sofort zurück.

„Hallo Dorita, gutes neues Jahr. Ich hatte Dich angerufen, aber inzwischen wirst Du es ja schon wissen".

„Ich war im Kino, komme soeben erst zurück."

„Du wirst es sicher schon wissen".

„Was, was soll ich wissen?"

Na, dass er sich umgebracht hat. Dass er sich vor den Zug geschmissen hat."

„Wer, Herbert, wer hat sich umgebracht, wer hat sich vor den Zug geschmissen?"

„Na, der Eigentümer Deiner Firma".

Nein, das konnte Dorothee nun wirklich nicht glauben. Das war nicht möglich. Der 75 Jahre alte Eigentümer soll Selbstmord begangen haben? Er war doch religiös eingestellt, irgendwie undenkbar, dass er so etwas tun könnte.

Den Computer hatte sie inzwischen längst eingeschaltet. Sofort suchte sie nach Neuigkeiten. Ja, da stand es. Vor ungefähr zwei Stunden war die Presse informiert worden. Gestern Vormittag hatte der Eigentümer den Banken nachgegeben und schriftlich zugestimmt, dass die Firma verkauft werde. Nachmittags hatte er sich auf die Schienen der Zugstrecke gelegt, die direkt vor seinem Büro vorbeiführte. Was muss ihn ihm vorgegangen sein?

Am 7. Januar eines jeden Jahres beginnt wieder das normale Arbeitsleben, wenn alle aus den Feiertagen und restlichen Urlaubstagen zurückkehren. So auch 2009. Doch die Bestürzung unter den Mitarbeitern über den freiwilligen Tod des Eigentümers der Firma war sehr groß. Die Fahnen vor dem Hauptgebäude hingen auf Halbmast und die Stimmung war entsetzlich gedrückt. In Dorothees Leben wollte einfach keine Ruhe einkehren.

Wie froh war sie, als sie am Sonntag dann endlich am Frankfurter Flughafen den Jumbo Jet nach Mexiko betreten konnte. Draußen war es weiterhin bitterkalt, -15° C, alles war mit Schnee bedeckt. Als die Maschine abhob und endlich die Wolken hinter sich ließ, als die Sonne in das Flugzeug schien, atmetete Dorothee tief durch. Die Arbeit, die Sorgen um den Arbeitsplatz, die Kälte, all die anderen Sorgen, alles ließ sie hinter sich. Nur die Trauer um Hartmut nahm sie mit. Dieser wollte sie nun während ihrer Reise Raum und Zeit geben. Sie konnte dies nicht länger verdrängen.

Am Ort des Zuckerrohres

Das Hotel lag direkt am See, einem der schönsten Seen der Welt, wie Dorothee fand, der Atitlán-See in Guatemala. Genau in diesem Hotel hatte sie im Februar 1983 mit Hartmut übernachtet. Das war noch mitten in den Zeiten des schrecklichen Bürgerkrieges, der hier in Guatemala ganze 30 Jahre gewütet hatte. Sie waren damals die einzigen Gäste des Hotels gewesen. Für sie wurde extra der Gasboiler eingeschaltet, damit sie warmes Wasser hatten. Bis vor wenigen Monaten trug das Hotel noch den Namen von damals – Hotel Monterrey. Doch nun gab es einen neuen Besitzer. Er hatte es umbenannt in „Jardines del Lago" – Seegärten. 1983 hatten sie im Zimmer Nr. 10 übernachtet und auf dem Laubengang vor der Zimmertür gemütlich Kaffee getrunken, mit Blick auf den See und die drei Vulkane Tolimán, Atitlán und San Pedro am anderen Ufer gegenüber. Nachts war Dorothee vom Schein des Vollmondes geweckt worden. Von ihrem Bett aus sah sie auf den See, dessen Oberfläche vom Mond in ein silbernes Licht getaucht war und hinter dem sich die schwarzen Schatten der Vulkane mystisch hervorhoben. Niemals hatte sie diesen unglaublich schönen, romantischen Anblick vergessen können.

Jetzt hatten sie die Zimmer 11 und 12 erhalten, direkt neben jenem von 1983. Die Zimmertür hatte Dorothee offen gelassen, um den herrlichen Blick auf den See genießen zu können.

„Mutti, ich gehe mal runter zur Rezeption und schaue dort am Computer nach meinen Emails." Boris hatte Recht. Im November hatte er sich auch bei einer Schweizer Firma vorgestellt für eine Stelle als „Program Manager" an Bord eines Flusskreuzfahrtschiffes. Man war sehr angetan von ihm und versprach, sich spätestens Mitte Januar per Mail bei ihm zu melden. Er machte sich große Hoffnungen auf diese Stelle. Heute war bereits der 19. Januar.

Dorothee versank ganz in ihre Gedanken und Erinnerungen an die Reise durch Zentralamerika mit Hartmut im Februar 1983 und an jene zwei Tage, die sie damals hier im Ort Panajachel (Ort des Zuckerrohres in der Maya-

Sprache Kakchikel) verbracht hatten, während sie die schmutzige Wäsche aussortierte, die sie hier im Hotel zum Waschen geben wollte.

Plötzlich hörte sie jemanden den Laubengang entlang rennen, und sie wusste sofort, das konnte nur Boris sein, mit einer guten Nachricht. Boris legte vor ihrer Zimmertür eine Vollbremsung ein, riss die Arme nach oben und rief freudig: „Ich habe den Job".

„Das feiern wir heute Abend". Wieder einmal hatte ihr Gefühl sie nicht getäuscht.

Hier in diesem Hotel, wo sie 26 Jahre zuvor mit Hartmut übernachtet hatte, hier in Panajachel, am Ort des Zuckerrohres, am zauberhaften Atitlán-See, hier erhielt Boris die Nachricht dieser Firma aus der Schweiz, jenem Land, in dem Hartmut aufgewachsen war, dass er seinen Traumjob bekommen hatte. Der Kreis schloss sich. Der Großvater im Himmel sorgte dafür, dass sein Enkel an jenem Ort diese gute Nachricht erhielt, an dem er, der Großvater, mit der Tochter 26 Jahre zuvor gewesen war.

Wer sich mit der Cosmovision, der Weltanschauung der Maya befasst, weiß, dass nichts Zufall ist im Leben. Alles ist bestimmt und hat seinen Grund, seine Vorsehung. Dorothee und Boris waren zutiefst berührt.

****

Die Reise führte sie weiter durch dieses einzigartige Land, das noch lange unter den Folgen des entsetzlichen Bürgerkrieges zu leiden haben würde, vom Hochland ging es hinunter ins Flachland. Am Rio Tatín, einem Nebenfluss des Rio Dulce verbrachten sie einige Nächte in einem echten Dschungel-Hotel, wuschen sich im Fluss und ließen sich mit dem Boot zur Mündung des Rio Dulce in den Atlantik bringen, wo sich die Stadt Livingston befindet. Hier lebt eine besondere Bevölkerungsgruppe, die Garifuna, Nachkommen ehemaliger Sklaven aus Afrika, vermutlich aus der Gegend des heutigen Kongo, die auf der Karibikinsel St. Vincent lebten. Als die britischen Kolonialherren mehr Land brauchten für ihre Zuckerrohrplantagen, da haben sie einfach die Sklaven an die Karibikküste verfrachtet, dort wo heute Honduras, Guatemala und Belize (ehemals Britisch Honduras) liegen. Das war im Jahr 1796. Die Garifuna sprechen eine eigene Sprache, leben unter sich, haben eine komplett andere Kultur, sehr geprägt durch Afrika und ihre uralten Wurzeln. Und dennoch sind sie ein Teil Guatemalas.

Im Restaurant Buga Mama trat eine Folklore-Gruppe auf. Der Chef der Gruppe bezeugte Dorothee gegenüber äußerst großen Respekt. Als er erfuhr, dass Dorothee Boris' Mutter war, sagte er zu ihm: „Es ist ein Geschenk Gottes, eine Mutter zu haben. Ich habe meine Mutter niemals gekannt, ich verlor sie als ich noch sehr klein war. Es ist ein Segen, eine Mutter zu haben und eine so gute Mutter, wie Du eine hast."

Es war Dorothees schönstes Geburtstagsgeschenk. Zwar war ihr eigentlicher Geburtstag erst am nächsten Tag. Aber durch die Zeitverschiebung war es in Deutschland schon längst 26. Januar geworden.

Am nächsten Tag wurden sie erst mit dem Boot von der Finca Tatín, dem Dschungel-Hotel, über den Rio Dulce zum gleichnamigen Ort gebracht. Dort nahmen sie einen überfüllten Linienbus nach Santa Elena in der Provinz Petén, im Norden Guatemalas. Und dann ging es noch mit einem Minibus nach „El Remate" am Nordufer des Petén Itza-Sees, wo sie sich in den Cabañas einer einfachen Hotelanlage einnisteten.

Ein Bad im kühlenden Wasser dieses Sees bei Sonnenuntergang, der See getaucht in ein rotgoldenes Licht, der rote Feuerball der Sonne relativ schnell im See versinkend – ihr Geburtstag hätte nicht schöner enden können. Und es war die beste Einstimmung auf den morgigen Tag, ihren Besuch der riesigen, mitten im Urwald gelegenen archäologischen Ausgrabungsstätte Tikal.

Sicher hatten ihr viele Freunde Nachrichten per Email geschickt und gratuliert. Im Dorf, dort wo der Weg zu den Cabañas begann, gab es eine Hütte mit Internet-Café. Hier konnten sie am Abend sich wieder für eine Weile mit der restlichen Welt in Verbindung setzen. Oja, viele, viele Nachrichten aus aller Welt hatte sie bekommen, mit den besten, den liebsten guten Wünschen zu ihrem Geburtstag. Darunter waren auch die Glückwünsche von Igor Moroschewskij, dem Offizier der Vassilij Azhajew. Dass dieser niemals ihren Geburtstag vergaß, berührte sie immer wieder erneut.

Igor aber gratulierte nicht nur, er hatte ihr auch eine wichtige Nachricht mitzuteilen. Dorothee konnte, wollte nicht glauben, was sie da lesen musste. Nein, dass durfte einfach nicht wahr sein: Die Amerikaner hatten die Vassilij Azhajew aufgrund der Finanzkrise doch nicht kaufen können. Nun war das Schiff nach Indien verkauft worden, um dort im Hafen von Alang verschrottet zu werden.

Nein, nein, nein – in Dorothees Seele schrie es. Das durfte doch ihrer Vassilij nicht geschehen! Welch schrecklicher Tod für ein Schiff, für ihr Schiff. Das war ein für ein Schiff so unwürdiger Tod. Wie gut hatte es da die Augustus Nobilis gehabt, die 1994 vor den Küsten Somalias versunken war, nachdem es einen Brand an Bord gegeben hatte. Warum konnte niemand ihre Vassilij kaufen und sie als Hotelschiff umbauen? Dann hätte es als „alte Dame" weiterleben können. Aber so?

Ihnen allen, die sie dieses Schiff so sehr geliebt hatten, tat es in der Seele weh, später im Internet mitzuverfolgen, wie die stolze Vassilij langsam zerstückelt wurde. Erst fehlte der Bug, dann gab es bald keinen Varietésalon und keine Ucrainalounge mehr, Orte, an denen sie so glücklich gewesen war. Als dann eines Tages gar der markante Schornstein nicht mehr stand, sondern lieblos neben dem Schiff im Wasser lag, da war die Vassilij schon gar nicht mehr zu erkennen.

Wahrhaftig, eine Epoche war zu Ende gegangen! Nicht nur Hartmut hatte aufgehört zu leben, auch ihr Schiff, das immer noch eine Verbindung zu ihrer einzigen wahren Liebe – Avtandil – gewesen war. Vassilij war nur 40 Jahre alt geworden.

Russische Zaren in Mexiko

„Wir möchten gerne mal wieder ein paar Stunden alleine sein. Das wirst Du doch verstehen, Mutti". Sie waren am Vorabend von ihrer Rundreise nach Mexiko-Stadt zurückgekehrt und wollten an diesem Freitag in eines der schönsten Museen der Welt gehen, ins Museo de Antropología e Historia, ins Museum für Anthropologie und Geschichte, gelegen im riesigen Chapultepec-Park. Dorothee konnte verstehen, dass Boris und Steffi das Bedürfnis hatten, endlich wieder etwas ohne sie zu unternehmen.

„Ok, kein Problem. Ich kenne das Museum ja gut. Ich sage Dir, was Du Steffi alles zeigen und erklären solltest. Ich begleite Euch dorthin, wir machen einen Zeitpunkt aus, wann wir uns wo wieder treffen und ich mache zwischenzeitlich etwas anderes".

„Mami, ich finde den Weg dorthin schon alleine".

„Das weiß ich, aber während Ihr im Museum seid, möchte ich durch den Chapultepec-Park spazieren. Vielleicht finde ich ja die Stelle am See, wo ich damals, hochschwanger mit Dir im Bauch, die Vorstellung von Tschaikowskijs Ballett Schwanensee gesehen habe. Die Tänzer wurden mit Booten auf die beiden Inseln gefahren, auf denen sie dann tanzten und vor uns schwammen auf dem See die echten Schwäne. Und, wer weiß, vielleicht finde ich ja auch das Denkmal, hinter dem ich in der Pause meine Blase erleichtert habe. Ich weiß bis heute nicht, wem besagtes Denkmal gewidmet ist."

Bei dieser Vorstellung mussten Dorothee und Boris lachen.

Die drei bestiegen einen der Minibusse, die den Paseo de la Reforma entlang fuhren. Am Monumento a Los Niños Heroes de Chapultepec, dem Denkmal an die Heldenkinder von Chapultepec macht der Paseo eine leichte Biegung nach Norden. Hier begann der größte Park der Stadt Mexiko. Links der Zoo, rechts die Museen. Dorothee fielen große Plakate auf, die hier in gewissen Abständen auf beiden Seiten des Paseos zu sehen waren. Da stand irgendetwas von „Los Zares Rusos". Gab es irgendwo in der Stadt eine russische Ausstellung?

Schräg gegenüber der Bushaltestelle empfing sie der große Monolith des Regengottes Tlaloc und wies ihnen den Weg zum Museum. Auch hier überall Plakate. Tatsächlich, in einem Seitengebäude des Museums gab es eine Ausstellung „Los Zares Rusos" – die russischen Zaren, mit wertvollen Ausstellungsstücken aus dem Museum der Ermitage in Sankt Petersburg.

„Während Ihr im Museum seid, werde ich diese Ausstellung besichtigen. Das ist doch genial." Dorothee wusste, dass auch dies eine Vorsehung des Schicksals war. Es war richtig gewesen, dass sie mitgefahren war. Sie verabredeten sich für zwei Stunden später am Eingang des Museums. Die beiden jungen Leute verschwanden im Haupteingang, Dorothee ging zum Seitentrakt, sie kaufte die Eintrittskarte und musste etwas warten. Trotz normalem Werktag und ohne Ferienzeit, es gab viele Menschen in der Stadt, die an solchen Ausstellungen interessiert waren. Dann konnte sie mit einer kleinen Gruppe von Mexikanern in die Ausstellung. Sie ging durch die Tür und trat ein in eine andere Welt.

Welch wunderschöne Ausstellung, mit so viel Liebe und Hingabe zusammengestellt, mit so vielen Details für jeden verständlich erklärt. Vom ersten Zaren Russlands bis zum letzten Zaren Nikolai II und dem Beginn der Oktoberrevolution wurde alles genau im Detail dargestellt. Wie die Zaren zueinander verwandt waren, was sie während ihrer Regierungszeit verändert hatten, was sie Gutes, was sie Schlechtes geleistet hatten, wie sich das Land unter ihrer Regierung veränderte. Dorothee stand da und war fasziniert, umgeben von diesen Menschen, die sie so sehr liebte. Jene Menschen Mexikos, die einer Bevölkerungsschicht angehören, die nicht auf der Sonnenseite des Lebens stand. Menschen, die es sich finanziell niemals hätten leisten können, ins Ausland zu reisen. Menschen, die, wenn sie Glück hatten, es sich höchstens einmal im Jahr leisten konnten zu ihren Verwandten zu reisen, die noch immer in den Dörfern lebten, aus denen sie stammten. Menschen, die niemals in die Welt hinausgehen konnten und daher so glücklich und dankbar waren, dass die Welt zu ihnen kam. Wie sehr sie diese, gerade eben diese Menschen liebte!

In der Magengegend, dort, wo sie einst operiert worden war, verspürte sie einen Druck, der langsam zunahm. Dort, das wusste sie inzwischen, dort befand sich ihre Seele. Die Kehle schnürte sich zu. Ein kalter Schauer lief ihr über den Rücken. Es war ein Beben, kein Erdbeben, ein Beben ihrer Seele, welches einen wahren Tsunami an Emotionen in ihr auslöste. Der Tsunami wurde stärker und stärker, er stieg in ihr hoch. Ihre Augen füllten sich mit Tränen, diese liefen ihr über die Wangen, fielen auf ihre Kleidung. Es war ihr egal. An einem anderen Ort hätte man sie komisch angesehen, nicht hier. Die Menschen um sie herum mit ihren gutmütigen Herzen und großen Seelen sahen sie an, voller Respekt, voller Mitgefühl. Sie fühlten, in dieser Frau wogten die Emotionen. Diese Frau musste eine ganz besondere Beziehung zu dieser Ausstellung haben. Dorothee musste noch mehr weinen. Das war es, warum sie diese Menschen hier so sehr liebte. Sie ließ ihren Gefühlen freien Lauf. Sie war hier in ihrem geliebten Mexiko, in dem sie sich von Anfang an willkommen und zu Hause gefühlt hatte, sie befand sich in einer Ausstellung über Russland. Ihr Geburtsland Russland war zu ihr hierhergekommen.

Noch nie im Leben hatte sie sich dermaßen glücklich gefühlt wie in diesem Augenblick. Sie fühlte es ganz deutlich: Hier und jetzt in diesem Augenblick hatten ihre mexikanische Seele und ihre russische Seele zueinander gefunden. Dorothee hatte zu sich selbst gefunden.

Epilog

Erst zu Beginn des Jahres 2017 fand Dorothee den Mut, das endlich zu verwirklichen, was sie schon längst hätte tun müssen, nach Georgien reisen und Avtandils Grab besuchen.

Aber wer wusste, wo er beerdigt war? Wer konnte ihr helfen, dieses Grab zu finden? Sie kontaktierte Albrecht Felger, jenen Schüler, Freund und Kollegen Avtandils, der nun schon seit vielen Jahren in Leipzig lebte. Albrechts Antwort kam sofort: „Doritschka, als Avtandil starb, lebte ich schon seit Jahren nicht mehr in Georgien. Ich war bei der Beerdigung nicht dabei. Aber mach Dir keine Sorgen, wir finden heraus, wo das Grab ist".

Wenig später kam eine Nachricht von einem Giorgi, Freund und Kollege von Avtandil, der nun bei seiner Tochter in London lebte. Er schrieb: „Ich weiß nicht, wo Avtandil beerdigt ist, aber mach Dir keine Sorgen, wir finden das heraus".

Es dauerte nicht lange, da kam eine Nachricht von Danil aus Vancouver, Kanada. Auch er ein Freund und Kollege von Avtandil. Danil schrieb: Doritschka, es freut mich, Dich jetzt kennenzulernen. Ich weiß leider nicht, wo das Grab von Avtandil ist. Mach Dir aber keine Sorgen, wir finden das heraus".

Danil kontaktierte einen gewissen Konstantin, den alle nur Kolja nennen. Dieser auch ein Freund und Kollege von Avtandil, lebt seit einigen Jahren in San Francisco, USA.

Das Schicksal wollte es wohl, dass Kolja gerade plante, nach Tbilisi zu reisen. Danil rief bei der Friedhofsverwaltung in Tbilisi an und konnte herausfinden, auf welchem Friedhof Avtandil beerdigt wurde. Aber wie konnte man auf diesem riesigen Gelände nun sein Grab ausfindig machen? Danil informierte Kolja, der inzwischen schon in Tbilisi angekommen war. Kolja ging auf den Friedhof und – das Schicksal meinte es gut – traf dort einen Totengräber, der sich daran erinnerte, dass nur zwei Jahre nach Avtandil dessen Adoptivsohn, den die Ehefrau mit in die Ehe geracht hatte, im jungen Alter von 33 Jahren gestorben war. Daraufhin hatte die Witwe Avtandil und seine Mutter umbetten lassen, in ein Grab direkt neben dem ihres Sohnes. Und der Totengräber wusste genau, wo sich diese beiden Gräber befanden. Kolja machte Fotos, schickte sie an Danil, der diese an Dorothee weiterleitete.

Nun wusste man, wo sich das Grab befand. Aber wer in Tbilisi könnte Dorothee dorthin begleiten, ihr zeigen, wo der Friedhof und wo das Grab ist? Wieder kam der Zufall oder eben doch das Schicksal ihr zu Hilfe: Danil plante im März nach Tbilisi zu reisen und dort zu sein, wenn Dorothee von einem dreitägigen Abstecher nach Jerevan, Armenien, zurückkehren sollte. Besser hätte man es nicht planen können.

Es war Dorothees letzter Tag in Tbilisi, nur einige Stunden vor ihrem Rückflug nach Deutschland, als Danil sie im Hotel abholte und zum Friedhof begleitete. Zunächst kaufte Dorothee auf dem Blumenmarkt einen Strauß leuchtender gelber Osterglocken. Danil musste etwas suchen, fand aber nach der ihm vorliegenden Beschreibung von Kolja sehr schnell das Grab. Es sah leer, traurig und verlassen aus. Das tat weh. Dorothee setzte sich auf die steinerne Umrandung des Doppelgrabes, küsste die Blumen, streichelte sie – und fühlte sich in diesen Momenten ihrem Avtandil unendlich nahe. Ruhe kehrte in ihre Seele ein, sie legte die Blumen auf die trockene Erde des Grabes, die nun ein Zeugnis dafür waren, dass weder er, Avtandil, noch seine Mutter (die Dorothee nie kennenlernen durfte) vergessen waren.

Dorothee verharrte einige Minuten in ihren Gedanken, erinnerte sich an all die schönen und an die traurigen Momente dieser so besonderen Liebe. Sie wusste jetzt, dass er sie noch mehr geliebt haben musste, als sie ihn. Hatten doch all seine Freunde – Albrecht, Giorgi, Danil, Kolja – sofort gewusst, wer diese Dorothee war, die sich da plötzlich nach so vielen Jahren meldete und unbedingt Avtandils Grab besuchen wollte, eben jene Frau, die er so geliebt hatte, die er nie vergessen konnte, von der er allen seinen Freunden erzählt hatte. Alles hatten sie getan, um seine Dorothee zu ihm zu bringen. Es war ihnen gelungen.

Dorothee fühlte buchstäblich Avtandils Gegenwart und ihr wurde bewusst: Wäre die Sowjetunion nur eine etwas offenere Sowjetunion gewesen, hätte damals im Sommer 1976 jener Valerij nicht das Schiff verlassen und in der Bundesrepublik um politisches Asyl gebeten, sie hätten ein gemeinsames Leben haben können, kein einfaches, aber dennoch ein glückliches Leben – gemeinsam, vereint in Liebe.

Danksagung

Dieses Buch wäre niemals entstanden, gäbe es da nicht all die lieben Menschen in meinem Leben, die an mich glauben, die mir stets Mut gemacht haben, aufzuschreiben, was mich bewegt, meine Gedanken, Gefühle, Erlebnisse, Abenteuer. Und so setzte ich mich eines Tages hin und begann zu schreiben.

Euch allen, liebe Freunde, die Ihr stets an meiner Seite seid, egal ob physisch oder virtuell über Email, Skype oder Telefon, Euch allen meinen herzlichen Dank, dass Ihr stets an mich geglaubt habt und weiterhin am mich glauben werdet.

Emma Breuninger